Gesetze für das Gastgewerbe

Textsammlung

5. Auflage
Stand der Gesetzesgebung: Bundesgesetzblatt Nr. 4 vom 30. Januar 2008

Bestell-Nr.: 04445

Ausgewählt und bearbeitet von:
   Robert Fechteler, Villingen-Schwenningen
   Dr. Viktor Lüpertz, Freiburg
   Hubert Reip, Weinstadt

Redaktion: Herbert Motz, Villingen-Schwenningen

5. Auflage 2008
Druck 5 4 3 2 1
Alle Drucke derselben Auflage sind parallel einsetzbar, da sie bis auf die Behebung von Druckfehlern untereinander unverändert sind.

ISBN 978-3-8057-0597-4

Alle Rechte vorbehalten. Das Werk ist urheberrechtlich geschützt. Jede Verwertung außerhalb der gesetzlich geregelten Fälle muß vom Verlag schriftlich genehmigt werden.

© 2008 by Fachbuchverlag Pfanneberg GmbH & Co. KG, 42781 Haan-Gruiten
http://www.pfanneberg.de

Umschlaggestaltung: LAYOUT Knörk, 42499 Hückeswagen
Satz: Cicero Computer GmbH, 53225 Bonn
Druck: Media-Print Informationstechnologie, 33100 Paderborn

Vorwort zur 1. Auflage

Die vorliegende Textsammlung beinhaltet die wichtigsten Rechtsvorschriften für das Gastgewerbe, vor allem aus den Bereichen

- Lebensmittelrecht und Gesundheitsrecht,
- Gewerberecht, Handelsrecht und Wettbewerbsrecht,
- Arbeitsrecht und Steuerrecht.

Bei der Auswahl der Rechtsvorschriften wurden überwiegend die beruflichen Erfordernisse, aber auch der private Bereich berücksichtigt.

Jeder Mitarbeiter im Gastgewerbe muss heute über die grundlegenden rechtlichen Regelungen Bescheid wissen und sich vor allen Dingen rasch über den aktuellen Stand informieren können. Er muss also handlungskompetent sein. Diesen Anspruch unterstützt die Textsammlung GESETZE für das GASTGEWERBE. Sie richtet sich an Schülerinnen und Schüler in der Aus- und Weiterbildung ebenso wie an die Ausbilder und die Praktiker, die ganz im Sinne der modernen handlungsorientierten Wissensaneignung

- den sachgerechten Umgang mit Rechtsvorschriften erlernen wollen oder
- eine Informationsquelle/Nachschlagewerk zur Beurteilung von rechtlichen Berufs- und Alltagssituationen benötigen oder
- in der Lage sein wollen selbständig Rechtsfälle zu lösen.

Die an Sachgebieten orientierte Systematik der Vorschriften sowie die Schnellübersichten ermöglichen es dem Benutzer, die gesuchten Regelungen rasch und zuverlässig zu finden.

Bearbeiter und Redaktion sind für kritische Anmerkungen und Anregungen, die sich aus der Arbeit mit der Textsammlung ergeben, sehr dankbar.

Villingen-Schwenningen, im Mai 1999   Redaktion und Bearbeiter

Zur 5. Auflage:

Stand der Gesetzgebung: Januar 2008

Die wichtigsten Gesetzesänderungen im Überblick

Nummer	Abkürzung	Änderung
1.4	SchankV	aufgehoben
1.6	SchankgefäßV	aufgehoben, dafür EO
1.6	EO	Eichordnung
1.8	UnbSpielV	aufgehoben
1.10	ArbstättV	völlig neu gefasst
2.4	ProdSG	aufgehoben, dafür GPSG
2.4	GPSG	Geräte- und Produktsicherheitsgesetz
3.3	LMHV	Neufassung
3.6	HflV	aufgehoben
3.8	Nektar- und SirupVO	aufgehoben
4.3	ZPO	§§ 851c und 851d neu: Pfändungsschutz für Altersrenten und Altersvorsorgevermögen
7.4	AGG	neu aufgenommen
7.7	TzBfG	§ 14, Abs. 3 geändert
7.21ab	SGB II	neu § 7a
7.21c	SGB IV	ab 1.1.2011 als Folge der Gesundheitsreform § 28f
7.21d	SGB V	neu aufgenommen
7.22	SvEV	Neufassung

Systematische Übersicht 1–5

Rechtsgebiete	Gesetze
1 Gaststätten- und Gewerberecht	1.1 GastG – 1.2 GastUVwV – 1.3 FStrG 1.4 SchankV (aufgehoben) – 1.5 EichG 1.6 EO – 1.7 GewO 1.8 UnbSpielV (aufgehoben) – 1.9 SpielV 1.10 ArbStättV – 1.11 JuSchG – 1.11a Alkopop StG 1.12 LadSchlG – 1.13 MRRG 1.14 BeherbStatG
2 Gesundheitsrecht	2.1 IfSG – 2.2 Min/TafelWV – 2.3 ProdHaftG 2.4 GPSG – 2.5 EiProdV
3 Lebensmittelrecht	3.1 LFGB – 3.1a LebensmittelrechtVO (EG) 3.2 ZZulV – 3.3 LMHV 3.4 LMKV – 3.5 NKV – 3.6 HflV (aufgehoben) 3.7 FrSaftV – 3.8 Nektar- und SirupVO (aufgehoben) 3.9 BierG (aufgehoben) 3.10 BierV – 3.11 WeinG 3.12 WeinV – 3.13 SchaumweinVO (EWG) 3.14 SpirituosenVO (EWG) 3.15 AGeV
4 Bürgerliches Recht	4.1 BGB 4.2 BGB-ReiseInfoV
Zivilprozessrecht	4.3 ZPO
5 Handels- und Gesellschaftsrecht	5.1 HGB – 5.2 AktG 5.3 GmbHG – 5.4 GenG 5.5 IHKG – 5.6 InsO
Preis- und Wettbewerbsrecht	5.7 GWB – 5.8 UWG 5.9 PAngG – 5.9a PAngV 5.9 b Getränkepreisauszeichnung nach PAngV

Systematische Übersicht 6–8

	Rechtsgebiete	Gesetze
6	**Steuerrecht**	
	Allgemeine Verfahrens- und Bewertungsvorschriften	6.1 AO
	Personensteuern	6.2 EStG – 6.2a EStTab – 6.2b EStR 6.2c AfATab – 6.2d LStDV 6.2e LStTab – 6.2f SolZG
	Realsteuern	6.3 GewStG
	Verkehrssteuern	6.4 UStG – 6.4a UStDV
7	**Arbeits- und Sozialrecht**	
	Regelungen zum Arbeitsverhältnis einschl. allgem. Arbeitsschutzgesetze	7.1 TVG – 7.2 BBiG – 7.2a AEVO 7.3 KSchG – 7.4 AGG 7.5 ArbPlSchG – 7.6 NachwG 7.7 TzBfG – 7.8 EntgeltFZG 7.9 LFZG (aufgehoben) – 7.10 ArbZG – 7.11 BUrlG 7.12 BEEG – 7.13 VermBG 7.14 SchwarzArbG – 7.15 ArbGG
	Betriebsverfassung und Mitbestimmung	7.16 BetrVG – 7.17 MitbestG
	Arbeitsschutz für besondere Personenkreise	7.18 JArbSchG 7.19 MuSchG
	Sozialversicherung	7.21a SGB I – 7.21b SGB II – 7.21c SGB IV 7.21d SGB V 7.22 SvEV 7.23 SozVW
8	**Wirtschaftsordnung** und **Umweltschutz**	8.1 StabG – 8.2 BDSG 8.3 BImSchG – 8.4 KrW-/AbfG 8.5 VerpackV

Gaststättengesetz

in der Neufassung vom 20. November 1998
mit Änderungen bis 7. September 2007

§ 1. Gaststättengewerbe. (1) Ein Gaststättengewerbe im Sinne dieses Gesetzes betreibt, wer im stehenden Gewerbe
1. Getränke zum Verzehr an Ort und Stelle verabreicht (Schankwirtschaft) oder
2. zubereitete Speisen zum Verzehr an Ort und Stelle verabreicht (Speisewirtschaft),

wenn der Betrieb jedermann oder bestimmten Personenkreisen zugänglich ist.

(2) Ein Gaststättengewerbe im Sinne dieses Gesetzes betreibt ferner, wer als selbständiger Gewerbetreibender im Reisegewerbe von einer für die Dauer der Veranstaltung ortsfesten Betriebsstätte aus Getränke oder zubereitete Speisen zum Verzehr an Ort und Stelle verabreicht, wenn der Betrieb jedermann oder bestimmten Personenkreisen zugänglich ist.

§ 2. Erlaubnis. (1) [1]Wer ein Gaststättengewerbe betreiben will, bedarf der Erlaubnis. [2]Die Erlaubnis kann auch nichtrechtsfähigen Vereinen erteilt werden.

(2) Der Erlaubnis bedarf nicht, wer
1. alkoholfreie Getränke,
2. unentgeltliche Kostproben,
3. zubereitete Speisen oder
4. in Verbindung mit einem Beherbergungsbetrieb Getränke und zubereitete Speisen an Hausgäste

verabreicht.

§ 3. Inhalt der Erlaubnis. (1) [1]Die Erlaubnis ist für eine bestimmte Betriebsart und für bestimmte Räume zu erteilen. [2]Die Betriebsart ist in der Erlaubnisurkunde zu bezeichnen; sie bestimmt sich nach der Art und Weise der Betriebsgestaltung, insbesondere nach den Betriebszeiten und der Art der Getränke, der zubereiteten Speisen, der Beherbergung oder der Darbietungen.

(2) Die Erlaubnis darf auf Zeit erteilt werden, soweit dieses Gesetz es zuläßt oder der Antragsteller es beantragt.

§ 4. Versagungsgründe. (1) Die Erlaubnis ist zu versagen, wenn
1. Tatsachen die Annahme rechtfertigen, daß der Antragsteller die für den Gewerbebetrieb erforderliche Zuverlässigkeit nicht besitzt, insbesondere dem Trunke ergeben ist oder befürchten läßt, daß er Unerfahrene, Leichtsinnige oder Willensschwache ausbeuten wird oder dem Alkoholmißbrauch, verbotenem Glücksspiel, der Hehlerei oder der Unsittlichkeit Vorschub leisten wird oder die Vorschriften des Gesundheits- oder Lebensmittelrechts, des Arbeits- oder Jugendschutzes nicht einhalten wird,
2. die zum Betrieb des Gewerbes oder zum Aufenthalt der Beschäftigten bestimmten Räume wegen ihrer Lage, Beschaffenheit, Ausstattung oder Einteilung für den Betrieb nicht geeignet sind, insbesondere den notwendigen Anforderungen zum Schutze der Gäste und der Beschäftigten gegen Gefahren für Leben, Gesundheit oder Sittlichkeit oder den sonst zur Aufrechterhaltung der öffentlichen Sicherheit oder Ordnung notwendigen Anforderungen nicht genügen oder
2 a. die zum Betrieb des Gewerbes für Gäste bestimmten Räume von behinderten Menschen nicht barrierefrei genutzt werden können, soweit diese Räume in einem Gebäude liegen, für das nach dem 1. November 2002 eine Baugenehmigung für die erstmalige Errichtung, für einen wesentlichen Umbau oder eine wesentliche Erweiterung erteilt wurde oder das, für den Fall, dass eine Baugenehmigung nicht erforderlich ist, nach dem 1. Mai 2002 fertig gestellt oder wesentlich umgebaut oder erweitert wurde,
3. der Gewerbebetrieb im Hinblick auf seine örtliche Lage oder auf die Verwendung der Räume dem öffentlichen Interesse widerspricht, insbesondere schädliche Umwelteinwirkungen im Sinne des Bundes-Immissionsschutzgesetzes oder sonst erhebliche Nachteile, Gefahren oder Belästigungen für die Allgemeinheit befürchten läßt,
4. der Antragsteller nicht durch eine Bescheinigung einer Industrie- und Handelskammer nachweist, daß er oder sein Stellvertreter (§ 9) über die Grundzüge der für den in Aussicht genommenen Betrieb notwendigen lebensmittelrechtlichen Kenntnisse unterrichtet worden ist und mit ihnen als vertraut gelten kann.

[2]Die Erlaubnis kann entgegen Satz 1 Nr. 2 a erteilt werden, wenn eine barrierefreie Gestaltung der Räume nicht möglich ist oder nur mit unzumutbaren Aufwendungen erreicht werden kann.

(2) Wird bei juristischen Personen oder nichtrechtsfähigen Vereinen nach Erteilung der Erlaubnis eine andere Person zur Vertretung nach

Gaststättengesetz   1.1 GastG §§ 4–12

Gesetz, Satzung oder Gesellschaftsvertrag berufen, so ist dies unverzüglich der Erlaubnisbehörde anzuzeigen.

(3) [1]Die Landesregierungen können zur Durchführung des Absatzes 1 Nr. 2 durch Rechtsverordnung die Mindestanforderungen bestimmen, die an die Lage, Beschaffenheit, Ausstattung und Einteilung der Räume im Hinblick auf die jeweilige Betriebsart und Art der zugelassenen Getränke oder Speisen zu stellen sind. [2]Die Landesregierungen können durch Rechtsverordnung
 a) zur Durchführung des Absatzes 1 Satz 1 Nr. 2 a Mindestanforderungen bestimmen, die mit dem Ziel der Herstellung von Barrierefreiheit an die Lage, Beschaffenheit, Ausstattung und Einteilung der Räume zu stellen sind, und
 b) zur Durchführung des Absatzes 1 Satz 2 die Voraussetzungen für das Vorliegen eines Falles der Unzumutbarkeit festlegen.
[3]Die Landesregierungen können durch Rechtsverordnung die Ermächtigung auf oberste Landesbehörden übertragen.

§ 5. Auflagen. (1) Gewerbetreibenden, die einer Erlaubnis bedürfen, können jederzeit Auflagen zum Schutze
1. der Gäste gegen Ausbeutung und gegen Gefahren für Leben, Gesundheit oder Sittlichkeit,
2. der im Betrieb Beschäftigten gegen Gefahren für Leben, Gesundheit oder Sittlichkeit oder
3. gegen schädliche Umwelteinwirkungen im Sinne des Bundes-Immissionsschutzgesetzes und sonst gegen erhebliche Nachteile, Gefahren oder Belästigungen für die Bewohner des Betriebsgrundstücks oder der Nachbargrundstücke sowie der Allgemeinheit

erteilt werden.

(2) Gegenüber Gewerbetreibenden, die ein erlaubnisfreies Gaststättengewerbe betreiben, können Anordnungen nach Maßgabe des Absatzes 1 erlassen werden.

§ 6. Ausschank alkoholfreier Getränke. [1]Ist der Ausschank alkoholischer Getränke gestattet, so sind auf Verlangen auch alkoholfreie Getränke zum Verzehr an Ort und Stelle zu verabreichen. [2]Davon ist mindestens ein alkoholfreies Getränk nicht teurer zu verabreichen als das billigste alkoholische Getränk. [3]Der Preisvergleich erfolgt hierbei auch auf der Grundlage des hochgerechneten Preises für einen Liter der betreffenden Getränke. [4]Die Erlaubnisbehörde kann für den Ausschank aus Automaten Ausnahmen zulassen.

§ 7. Nebenleistungen. (1) Im Gaststättengewerbe dürfen der Gewerbetreibende oder Dritte auch während der Ladenschlußzeiten Zubehörwaren an Gäste abgeben und ihnen Zubehörleistungen erbringen.

(2) Der Schank- oder Speisewirt darf außerhalb der Sperrzeit zum alsbaldigen Verzehr oder Verbrauch
1. Getränke und zubereitete Speisen, die er in seinem Betrieb verabreicht,
2. Flaschenbier, alkoholfreie Getränke, Tabak- und Süßwaren

an jedermann über die Straße abgeben.

§ 8. Erlöschen der Erlaubnis. [1]Die Erlaubnis erlischt, wenn der Inhaber den Betrieb nicht innerhalb eines Jahres nach Erteilung der Erlaubnis begonnen oder seit einem Jahr nicht mehr ausgeübt hat. [2]Die Fristen können verlängert werden, wenn ein wichtiger Grund vorliegt.

§ 9. Stellvertretungserlaubnis. [1]Wer ein erlaubnisbedürftiges Gaststättengewerbe durch einen Stellvertreter betreiben will, bedarf einer Stellvertretungserlaubnis; sie wird dem Erlaubnisinhaber für einen bestimmten Stellvertreter erteilt und kann befristet werden. [2]Die Vorschriften des § 4 Abs. 1 Nr. 1 und 4 sowie des § 8 gelten entsprechend. [3]Wird das Gewerbe nicht mehr durch den Stellvertreter betrieben, so ist dies unverzüglich der Erlaubnisbehörde anzuzeigen.

§ 10. Weiterführung des Gewerbes. [1]Nach dem Tode des Erlaubnisinhabers darf das Gaststättengewerbe auf Grund der bisherigen Erlaubnis durch den Ehegatten oder die minderjährigen Erben während der Minderjährigkeit weitergeführt werden. [2]Das gleiche gilt für Nachlaßverwalter, Nachlaßpfleger oder Testamentsvollstrecker bis zur Dauer von zehn Jahren nach dem Erbfall. [3]Die in den Sätzen 1 und 2 bezeichneten Personen haben der Erlaubnisbehörde unverzüglich Anzeige zu erstatten, wenn sie den Betrieb weiterführen wollen.

§ 11. Vorläufige Erlaubnis und vorläufige Stellvertretungserlaubnis. (1) [1]Personen, die einen erlaubnisbedürftigen Gaststättenbetrieb von einem anderen übernehmen wollen, kann die Ausübung des Gaststättengewerbes bis zur Erteilung der Erlaubnis auf Widerruf gestattet werden. [2]Die vorläufige Erlaubnis soll nicht für eine längere Zeit als drei Monate erteilt werden; die Frist kann verlängert werden, wenn ein wichtiger Grund vorliegt.

(2) Absatz 1 gilt entsprechend für die Erteilung einer vorläufigen Stellvertretungserlaubnis.

§ 12. Gestattung. (1) Aus besonderem Anlaß kann der Betrieb eines erlaubnisbedürftigen

1.1 GastG §§ 12–21 — Gaststättengesetz

Gaststättengewerbes unter erleichterten Voraussetzungen vorübergehend auf Widerruf gestattet werden.
(2) (weggefallen)
(3) Dem Gewerbetreibenden können jederzeit Auflagen erteilt werden.

§ 14. Straußwirtschaften. ¹Die Landesregierungen können durch Rechtsverordnungen zur Erleichterung des Absatzes selbsterzeugten Weines oder Apfelweines bestimmen, daß der Ausschank dieser Getränke und im Zusammenhang hiermit das Verabreichen von zubereiteten Speisen zum Verzehr an Ort und Stelle für die Dauer von höchstens vier Monaten oder, soweit dies bisher nach Landesrecht zulässig war, von höchstens sechs Monaten, und zwar zusammenhängend oder in zwei Zeitabschnitten im Jahre, keiner Erlaubnis bedarf. ²Sie können hierbei Vorschriften über
1. die persönlichen und räumlichen Voraussetzungen für den Ausschank sowie über Menge und Jahrgang des zum Ausschank bestimmten Weines oder Apfelweines,
2. das Verabreichen von Speisen zum Verzehr an Ort und Stelle,
3. die Art der Betriebsführung

erlassen. ³Die Landesregierungen können durch Rechtsverordnung die Ermächtigung auf oberste Landesbehörden oder andere Behörden übertragen.

§ 15. Rücknahme und Widerruf der Erlaubnis.
(1) Die Erlaubnis zum Betrieb eines Gaststättengewerbes ist zurückzunehmen, wenn bekannt wird, daß bei ihrer Erteilung Versagungsgründe nach § 4 Abs. 1 Nr. 1 vorlagen.
(2) Die Erlaubnis ist zu widerrufen, wenn nachträglich Tatsachen eintreten, die die Versagung der Erlaubnis nach § 4 Abs. 1 Nr. 1 rechtfertigen würden.
(3) Sie kann widerrufen werden, wenn
1. der Gewerbetreibende oder sein Stellvertreter die Betriebsart, für welche die Erlaubnis erteilt worden ist, unbefugt ändert, andere als die zugelassenen Räume zum Betrieb verwendet oder nicht zugelassene Getränke oder Speisen verabreicht oder sonstige inhaltliche Beschränkungen der Erlaubnis nicht beachtet,
2. der Gewerbetreibende oder sein Stellvertreter Auflagen nach § 5 Abs. 1 nicht innerhalb einer gesetzten Frist erfüllt,
3. der Gewerbetreibende seinen Betrieb ohne Erlaubnis durch einen Stellvertreter betreiben läßt,
4. der Gewerbetreibende oder sein Stellvertreter Personen entgegen einem nach § 21 ergangenen Verbot beschäftigt,
5. der Gewerbetreibende im Fall des § 4 Abs. 2 nicht innerhalb von sechs Monaten nach der Berufung den Nachweis nach § 4 Abs. 1 Nr. 4 erbringt,
6. der Gewerbetreibende im Fall des § 9 Satz 3 nicht innerhalb von sechs Monaten nach dem Ausscheiden des Stellvertreters den Nachweis nach § 4 Abs. 1 Nr. 4 erbringt,
7. die in § 10 Satz 1 und 2 bezeichneten Personen nicht innerhalb von sechs Monaten nach der Weiterführung den Nachweis nach § 4 Abs. 1 Nr. 4 erbringen.

(4) Die Absätze 1, 2 und 3 Nr. 1, 2 und 4 gelten entsprechend für die Rücknahme und den Widerruf der Stellvertretungserlaubnis.

§ 18. Sperrzeit. (1) ¹Für Schank- und Speisewirtschaften sowie für öffentliche Vergnügungsstätten kann durch Rechtsverordnung der Landesregierungen eine Sperrzeit allgemein festgesetzt werden. ²In der Rechtsverordnung ist zu bestimmen, daß die Sperrzeit bei Vorliegen eines öffentlichen Bedürfnisses oder besonderer örtlicher Verhältnisse allgemein oder für einzelne Betriebe verlängert, verkürzt oder aufgehoben werden kann. ³Die Landesregierungen können durch Rechtsverordnung die Ermächtigung auf oberste Landesbehörden oder andere Behörden übertragen.
(2) (weggefallen)

§ 19. Verbot des Ausschanks alkoholischer Getränke. Aus besonderem Anlaß kann der gewerbsmäßige Ausschank alkoholischer Getränke vorübergehend für bestimmte Zeit und für einen bestimmten örtlichen Bereich ganz oder teilweise verboten werden, wenn dies zur Aufrechterhaltung der öffentlichen Sicherheit oder Ordnung erforderlich ist.

§ 20. Allgemeine Verbote. Verboten ist,
1. Branntwein oder überwiegend branntweinhaltige Lebensmittel durch Automaten feilzuhalten,
2. in Ausübung eines Gewerbes alkoholische Getränke an erkennbar Betrunkene zu verabreichen,
3. im Gaststättengewerbe das Verabreichen von Speisen von der Bestellung von Getränken abhängig zu machen oder bei der Nichtbestellung von Getränken die Preise zu erhöhen,
4. im Gaststättengewerbe das Verabreichen alkoholfreier Getränke von der Bestellung alkoholischer Getränke abhängig zu machen oder bei der Nichtbestellung alkoholischer Getränke die Preise zu erhöhen.

§ 21. Beschäftigte Personen. (1) Die Beschäftigung einer Person in einem Gaststättenbetrieb

Gaststättengesetz 1.1 GastG §§ 21–26

kann dem Gewerbetreibenden untersagt werden, wenn Tatsachen die Annahme rechtfertigen, daß die Person die für ihre Tätigkeit erforderliche Zuverlässigkeit nicht besitzt.

(2) [1]Die Landesregierungen können zur Aufrechterhaltung der Sittlichkeit oder zum Schutze der Gäste durch Rechtsverordnung Vorschriften über die Zulassung, das Verhalten und die Art der Tätigkeit sowie, soweit tarifvertragliche Regelungen nicht bestehen, die Art der Entlohnung der in Gaststättenbetrieben Beschäftigten erlassen. [2]Die Landesregierungen können durch Rechtsverordnung die Ermächtigung auf oberste Landesbehörden übertragen.

(3) Die Vorschriften des § 26 des Jugendarbeitsschutzgesetzes bleiben unberührt.

§ 22. Auskunft und Nachschau. (1) Die Inhaber von Gaststättenbetrieben, ihre Stellvertreter und die mit der Leitung des Betriebes beauftragten Personen haben den zuständigen Behörden die für die Durchführung dieses Gesetzes und der auf Grund dieses Gesetzes erlassenen Rechtsverordnungen erforderlichen Auskünfte zu erteilen.

(2) [1]Die von der zuständigen Behörde mit der Überwachung des Betriebes beauftragten Personen sind befugt, Grundstücke und Geschäftsräume des Auskunftspflichtigen zu betreten, dort Prüfungen und Besichtigungen vorzunehmen und in die geschäftlichen Unterlagen des Auskunftspflichtigen Einsicht zu nehmen. [2]Der Auskunftspflichtige hat die Maßnahmen nach Satz 1 zu dulden. [3]Das Grundrecht der Unverletzlichkeit der Wohnung (Artikel 13 des Grundgesetzes) wird insoweit eingeschränkt.

(3) Der zur Erteilung einer Auskunft Verpflichtete kann die Auskunft auf solche Fragen verweigern, deren Beantwortung ihn selbst oder einen der in § 383 Abs. 1 Nr. 1 bis 3 der Zivilprozeßordnung bezeichneten Angehörigen der Gefahr strafgerichtlicher Verfolgung oder eines Verfahrens nach dem Gesetz über Ordnungswidrigkeiten aussetzen würde.

§ 23. Vereine und Gesellschaften. (1) Die Vorschriften dieses Gesetzes über den Ausschank alkoholischer Getränke finden auch auf Vereine und Gesellschaften Anwendung, die kein Gewerbe betreiben; dies gilt nicht für den Ausschank an Arbeitnehmer dieser Vereine oder Gesellschaften.

(2) [1]Werden in den Fällen des Absatzes 1 alkoholische Getränke in Räumen ausgeschenkt, die im Eigentum dieser Vereine oder Gesellschaften stehen oder ihnen mietweise, leihweise oder aus einem anderen Grunde überlassen und nicht Teil eines Gaststättenbetriebes sind, so finden die Vorschriften dieses Gesetzes mit Ausnahme der §§ 5, 6, 18, 22 sowie des § 28 Abs. 1 Nr. 2, 6, 11 und 12 und Absatz 2 Nr. 1 keine Anwendung. [2]Das Bundesministerium für Wirtschaft und Technologie kann mit Zustimmung des Bundesrates durch Rechtsverordnung bestimmen, daß auch andere Vorschriften dieses Gesetzes Anwendung finden, wenn durch den Ausschank alkoholischer Getränke Gefahren für die Sittlichkeit oder für Leben oder Gesundheit der Gäste oder der Beschäftigten entstehen.

§ 24. Realgewerbeberechtigung. (1) [1]Die Vorschriften dieses Gesetzes finden auch auf Realgewerbeberechtigungen Anwendung mit Ausnahme der Vorschriften über die Lage der Räume (§ 4 Abs. 1 Nr. 2) und über das öffentliche Interesse hinsichtlich der Verwendung der Räume (§ 4 Abs. 1 Nr. 3). [2]Realgewerbeberechtigungen, die drei Jahre lang nicht ausgeübt worden sind, erlöschen. [3]Die Frist kann von der Erlaubnisbehörde verlängert werden, wenn ein wichtiger Grund vorliegt.

(2) Die Länder können bestimmen, daß auch die in Absatz 1 ausgenommenen Vorschriften Anwendung finden, wenn um die Erlaubnis auf Grund einer Realgewerbeberechtigung für ein Grundstück nachgesucht wird, auf welchem die Erlaubnis auf Grund dieser Realgewerbeberechtigung bisher nicht ausgeübt wurde.

§ 25. Anwendungsbereich. (1) [1]Auf Kantinen für Betriebsangehörige sowie auf Betreuungseinrichtungen der im Inland stationierten ausländischen Streitkräfte, der Bundeswehr, des Bundesgrenzschutzes oder der in Gemeinschaftsunterkünften untergebrachten Polizei finden die Vorschriften dieses Gesetzes keine Anwendung. [2]Gleiches gilt für Luftfahrzeuge, Personenwagen von Eisenbahnunternehmen und anderen Schienenbahnen, Schiffe und Reisebusse, in denen anläßlich der Beförderung von Personen gastgewerbliche Leistungen erbracht werden.

(2) [1]Auf Gewerbetreibende, die am 1. Oktober 1998 eine Bahnhofsgaststätte befugt betrieben haben, findet § 34 Abs. 2 Satz 1 entsprechende Anwendung; die in § 4 Abs. 1 Nr. 2 genannten Anforderungen an die Lage, Beschaffenheit, Ausstattung oder Einteilung der zum Betrieb des Gewerbes oder zum Aufenthalt der Beschäftigten bestimmten Räume gelten als erfüllt. [2]§ 34 Abs. 3 findet mit der Maßgabe Anwendung, daß die Anzeige nach Satz 4 innerhalb von zwölf Monaten zu erstatten ist.

§ 26. Sonderregelung. (1) [1]Soweit in Bayern und Rheinland-Pfalz der Ausschank selbsterzeugter Getränke ohne Erlaubnis gestattet ist, bedarf es hierfür auch künftig keiner Erlaubnis.

1.1 GastG §§ 26–34 — Gaststättengesetz

²Die Landesregierungen können zur Aufrechterhaltung der öffentlichen Sicherheit oder Ordnung durch Rechtsverordnung allgemeine Voraussetzungen für den Ausschank aufstellen, insbesondere die Dauer des Ausschanks innerhalb des Jahres bestimmen und die Art der Betriebsführung regeln. ³Die Landesregierungen können durch Rechtsverordnung die Ermächtigung auf oberste Landesbehörden übertragen.

(2) Die in Bayern bestehenden Kommunbrauberechtigungen sowie die in Rheinland-Pfalz bestehende Berechtigung zum Ausschank selbsterzeugten Branntweins erlöschen, wenn sie seit zehn Jahren nicht mehr ausgeübt worden sind.

§ 28. Ordnungswidrigkeiten. (1) Ordnungswidrig handelt, wer vorsätzlich oder fahrlässig
1. ohne die nach § 2 Abs. 1 erforderliche Erlaubnis ein Gaststättengewerbe betreibt,
2. einer Auflage oder Anordnung nach § 5 oder einer Auflage nach § 12 Abs. 3 nicht, nicht vollständig oder nicht rechtzeitig nachkommt,
3. über den in § 7 erlaubten Umfang hinaus Waren abgibt oder Leistungen erbringt,
4. ohne die nach § 9 erforderliche Erlaubnis ein Gaststättengewerbe durch einen Stellvertreter betreibt oder in einem Gaststättengewerbe als Stellvertreter tätig ist,
5. die nach § 4 Abs. 2, § 9 Satz 3 oder § 10 Satz 3 erforderliche Anzeige nicht oder nicht unverzüglich erstattet,
6. als Inhaber einer Schankwirtschaft, Speisewirtschaft oder öffentlichen Vergnügungsstätte duldet, daß ein Gast nach Beginn der Sperrzeit in den Betriebsräumen verweilt,
7. entgegen einem Verbot nach § 19 alkoholische Getränke verabreicht,
8. einem Verbot des § 20 Nr. 1 über das Feilhalten von Branntwein oder überwiegend branntweinhaltigen Lebensmitteln zuwiderhandelt oder entgegen dem Verbot des § 20 Nr. 3 das Verabreichen von Speisen von der Bestellung von Getränken abhängig macht oder entgegen dem Verbot des § 20 Nr. 4 das Verabreichen alkoholfreier Getränke von der Bestellung alkoholischer Getränke abhängig macht,
9. entgegen dem Verbot des § 20 Nr. 2 in Ausübung eines Gewerbes alkoholische Getränke verabreicht oder in den Fällen des § 20 Nr. 4 bei Nichtbestellung alkoholischer Getränke die Preise erhöht,
10. Personen beschäftigt, deren Beschäftigung ihm nach § 21 untersagt worden ist,
11. entgegen § 22 eine Auskunft nicht, nicht richtig, nicht vollständig oder nicht rechtzeitig erteilt, den Zutritt zu den für den Betrieb benutzten Grundstücken und Räumen nicht gestattet oder die Einsicht in geschäftliche Unterlagen nicht gewährt,
12. den Vorschriften einer auf Grund der §§ 14, 18 Abs. 1, des § 21 Abs. 2 oder des § 26 Abs. 1 Satz 2 erlassenen Rechtsverordnung zuwiderhandelt, soweit die Rechtsverordnung für einen bestimmten Tatbestand auf diese Bußgeldvorschrift verweist.

(2) Ordnungswidrig handelt auch, wer
1. entgegen § 6 Satz 1 keine alkoholfreien Getränke verabreicht oder entgegen § 6 Satz 2 nicht mindestens ein alkoholfreies Getränk nicht teurer als das billigste alkoholische Getränk verabreicht,
2. (weggefallen)
3. (weggefallen)
4. als Gast in den Räumen einer Schankwirtschaft, einer Speisewirtschaft oder einer öffentlichen Vergnügungsstätte über den Beginn der Sperrzeit hinaus verweilt, obwohl der Gewerbetreibende, ein in seinem Betrieb Beschäftigter oder ein Beauftragter der zuständigen Behörde ihn ausdrücklich aufgefordert hat, sich zu entfernen.

(3) Die Ordnungswidrigkeit kann mit einer Geldbuße bis zu fünftausend Euro geahndet werden.

§ 30. Zuständigkeit und Verfahren. Die Landesregierungen oder die von ihnen bestimmten Stellen können die für die Ausführung dieses Gesetzes und der nach diesem Gesetz ergangenen Rechtsverordnungen zuständigen Behörden bestimmen; die Landesregierungen oder die von ihnen durch Rechtsverordnung bestimmten obersten Landesbehörden können ferner durch Rechtsverordnung das Verfahren, insbesondere bei Erteilung sowie bei Rücknahme und Widerruf von Erlaubnissen und bei Untersagungen, regeln.

§ 31. Anwendbarkeit der Gewerbeordnung. Auf die den Vorschriften dieses Gesetzes unterliegenden Gewerbebetriebe finden die Vorschriften der Gewerbeordnung soweit Anwendung, als nicht in diesem Gesetz besondere Bestimmungen getroffen worden sind; die Vorschriften über den Arbeitsschutz werden durch dieses Gesetz nicht berührt.

§ 34. Übergangsvorschriften. (1) Eine vor Inkrafttreten dieses Gesetzes erteilte Erlaubnis oder Gestattung gilt im bisherigen Umfang als Erlaubnis oder Gestattung im Sinne dieses Gesetzes.

(2) Soweit nach diesem Gesetz eine Erlaubnis erforderlich ist, gilt sie demjenigen als erteilt, der bei Inkrafttreten dieses Gesetzes ohne Erlaubnis oder Gestattung eine nach diesem Ge-

Gaststättengesetz 1.1 GastG § 34

setz erlaubnisbedürftige Tätigkeit befugt ausübt.

(3) [1]Der in Absatz 2 bezeichnete Erlaubnisinhaber oder derjenige, der eine vor Inkrafttreten dieses Gesetzes erteilte Erlaubnis nicht nachweisen kann, hat seinen Betrieb der zuständigen Behörde anzuzeigen. [2]Die Erlaubnisbehörde bestätigt dem Gewerbetreibenden kostenfrei und schriftlich, daß er zur Ausübung seines Gewerbes berechtigt ist. [3]Die Bestätigung muß die Betriebsart sowie die Betriebsräume bezeichnen. [4]Wird die Anzeige nicht innerhalb von sechs Monaten nach Inkrafttreten dieses Gesetzes erstattet, so erlischt die Erlaubnis.

1.2 GastUVwV   **Unterrichtungsnachweis**

Allgemeine Verwaltungsvorschrift über den Unterrichtungsnachweis im Gaststättengewerbe

vom 26. Februar 1981

1. Personenkreis

1.1 Den Unterrichtungsnachweis nach § 4 Abs. 1 Nr. 4 des Gaststättengesetzes (GastG) muß erbringen, wer die Erlaubnis (§ 2 Abs. 1 GastG) zum Betrieb einer Schank- oder Speisewirtschaft (§ 1 Abs. 1 Nr. 1, 2 GastG) beantragt. Es kommt nicht darauf an, ob die Erlaubnis eine erstmalige, eine Zusatzerlaubnis für bisher nicht von der Erlaubnis umfaßte Speisen oder Getränke oder eine Erlaubnis für die Änderung der Betriebsart sein soll. Dagegen ist der Unterrichtungsnachweis nicht erforderlich, wenn eine Zusatzerlaubnis für bisher nicht von der Erlaubnis umfaßte Räume ohne Änderung der Betriebsart beantragt wird. Betrifft der Antrag lediglich einen Beherbergungsbetrieb (§ 1 Abs. 1 Nr. 3 GastG), bedarf es ebenfalls keines Unterrichtungsnachweises.

1.2 Der Unterrichtungsnachweis ist ferner erforderlich, wenn eine Stellvertretungserlaubnis beantragt wird (§ 9 Satz 2 GastG).

1.3 Wer den Betrieb einer Schank- oder Speisewirtschaft aufgrund des § 10 GastG weiterführen will, hat innerhalb von 6 Monaten nach der Weiterführung den Unterrichtungsnachweis zu erbringen (vgl. § 15 Abs. 3 Nr. 7 GastG).

1.4 Für die Erteilung der vorläufigen Erlaubnis und der vorläufigen Stellvertretungserlaubnis (§ 11 GastG) wird der Unterrichtungsnachweis nicht vorausgesetzt.

1.5 Bei Anträgen auf Gestattung nach § 12 GastG ist der Unterrichtungsnachweis nur zu verlangen, wenn der Gewerbetreibende, sei es auch in gewissen Abständen, einen gleichartigen Betrieb derart ausüben will, daß sein Gewerbe insgesamt gesehen mit einem Gaststättenbetrieb vergleichbar ist, für den eine Erlaubnis nach § 2 Abs. 1 GastG zu erteilen wäre.

1.6 Der Nachweis bezieht sich

1.6.1 bei Anträgen auf Erteilung der Erlaubnis (1.1) auf die Unterrichtung des Antragstellers oder seines Stellvertreters;

1.6.1.1 wird die Erlaubnis für eine juristische Person oder einen nicht rechtsfähigen Verein beantragt, so ist Antragsteller die juristische Person bzw. der nicht rechtsfähige Verein.

1.6.1.1.1 In diesen Fällen wird der Nachweis, soweit es auf die Unterrichtung des Antragstellers ankommt, für die nach Gesetz, Satzung oder Gesellschaftsvertrag zur Vertretung berufenen Personen geführt. Werden nach Erteilung der Erlaubnis andere Personen zur Vertretung nach Gesetz, Satzung oder Gesellschaftsvertrag berufen, so ist der Unterrichtungsnachweis innerhalb von 6 Monaten nach der Berufung zu führen (vgl. § 15 Abs. 3 Nr. 5 GastG).

1.6.1.1.2 Bei einer juristischen Person oder einem nicht rechtsfähigen Verein mit mehreren Vertretungsberechtigten kann auf einen Unterrichtungsnachweis bei den Vertretungsberechtigten verzichtet werden, denen nicht die Leitung des Betriebes in bezug auf den Umgang mit Lebensmitteln obliegt. In diesem Fall ist zur Auflage zu machen, daß der Übergang dieser Aufgabe auf einen anderen Vertretungsberechtigten der Erlaubnisbehörde unverzüglich anzuzeigen und der Unterrichtungsnachweis innerhalb von 6 Monaten nach dem Übergang zu führen ist;

1.6.1.2 ist der Unterrichtungsnachweis lediglich für den Stellvertreter erbracht und scheidet dieser aus, so ist der Nachweis innerhalb von 6 Monaten nach dem Ausscheiden für den Gewerbetreibenden oder für einen anderen Stellvertreter zu erbringen (vgl. § Abs. 3 Nr. 6 GastG);

1.6.2 bei Anträgen auf Erteilung der Stellvertretungserlaubnis (1.2) auf die Unterrichtung des Stellvertreters;

1.6.3 bei der Weiterführung nach § 10 GastG (1.3) auf die Unterrichtung der weiterführungsberechtigten Personen oder eines Stellvertreters;

1.6.4 bei Anträgen auf Gestattung (1.5) auf die Unterrichtung des Antragstellers oder eines Stellvertreters.

Unterrichtungsnachweis — 1.2 GastUVwV

2. Zuständigkeit

2.1 Zuständig für die Unterrichtung und die Ausstellung der Bescheinigung hierüber ist die Industrie- und Handelskammer, in deren Bezirk der Antragsteller im Zeitpunkt der Unterrichtung seine Niederlassung im Gaststättengewerbe hat oder begründen will. Hat der Antragsteller keine solche Niederlassung, ist die Industrie- und Handelskammer zuständig, in deren Bezirk das Gewerbe erstmals betrieben werden soll.

2.2 In den Fällen der Nummer 3.4 kann, wenn eine Industrie- und Handelskammer die Abschlußprüfung abnimmt, auch diese neben der nach Nummer 2.1 zuständigen Kammer die Bescheinigung ausstellen.

3. Unterrichtung

3.1 Die Unterrichtung soll die Grundzüge der für den in Aussicht genommenen Betrieb notwendigen lebensmittelrechtlichen Kenntnisse vermitteln. Der in Aussicht genommene Betrieb ist der Gewerbebetrieb, den die beantragte Erlaubnis, Stellvertretungserlaubnis, Gestattung oder das Weiterführungsrecht zum Gegenstand hat. Da jedoch bei den meisten Betrieben ungeachtet ihrer Betriebsart die gleichen lebensmittelrechtlichen Vorschriften in Betracht kommen, erfolgt die Unterrichtung in der Regel für das Verabreichen von

3.1.1 Getränken und zubereiteten Speisen,
3.1.2 Getränken,
3.1.3 zubereiteten Speisen.

3.2 Die Unterrichtung soll sich erstrecken auf die jeweils einschlägigen Grundzüge

3.2.1 der Hygienevorschriften einschließlich des Bundes-Seuchengesetzes,
3.2.2 des Lebensmittelgesetzes und der darauf gestützten Verordnungen,
3.2.3 des Fleischbeschaugesetzes und der darauf gestützten Verordnungen,
3.2.4 des Milchrechts,
3.2.5 des Getränkerechts, insbesondere des Weinrechts und des Bierrechts,
3.2.6 des Getränkeschankanlagenrechts. Bei der Unterrichtung soll auf die jeweils einschlägigen Leitsätze des Deutschen Lebensmittelbuches hingewiesen werden.

3.3 Zweck des Unterrichtungsnachweises ist der Schutz der Gäste vor den Gefahren für die Gesundheit, die aus der Verletzung lebensmittelrechtlicher Vorschriften im Gaststättengewerbe erwachsen können, sowie der Schutz vor Täuschung und Irreführung. Dies geschieht durch Unterrichtung über die Grundzüge der für den in Aussicht genommenen Betrieb erforderlichen lebensmittelrechtlichen Kenntnisse in der Weise, daß die zu unterrichtende Person mit ihnen als vertraut angesehen werden kann. Der Gesetzgeber hat einen Sachkundenachweis oder sonstige wie auch immer geartete Prüfung über die Kenntnisse im Lebensmittelrecht als Voraussetzung für die selbständige Tätigkeit im Gaststättengewerbe ausgeschlossen. Die Formulierung „und mit ihnen als vertraut gelten kann" soll sicherstellen, daß die zu unterrichtende Person bei der Unterrichtung ein gebotenes Interesse an den Tag gelegt hat.

3.3.1 Die Unterrichtung erfolgt mündlich. Mehrere Personen können gemeinsam unterrichtet werden. Die Unterrichtung darf nicht lediglich in der Übergabe eines Merkblatts bestehen. Es empfiehlt sich aber, Merkblätter als Unterlage für die mündliche Unterrichtung zu verwenden und sie den zu unterrichtenden Personen zu belassen.

3.3.2 Die Unterrichtung darf die Dauer von sechs Stunden nicht überschreiten. In besonderen Fällen, z. B. wenn die Zuziehung eines Dolmetschers erforderlich ist, kann die Unterrichtung bis zu acht Stunden dauern. Sie muß innerhalb eines Tages erfolgen.

3.4 Der Teilnahme an der Unterrichtung bedarf nicht, wer die Abschlußprüfung eines staatlich anerkannten Ausbildungsberufes bei einer Industrie- und Handelskammer oder einer Handwerksinnung bestanden hat, wenn zu den Prüfungsgegenständen die Grundzüge der lebensmittelrechtlichen Vorschriften gehören, deren Kenntnis für den Betrieb von Schank- und Speisewirtschaften (nicht nur einer bestimmten Betriebsart) notwendig ist.

4. Bescheinigung

4.1 Nach Abschluß der Unterrichtung stellt die Industrie- und Handelskammer der unterrichteten Person eine Bescheinigung nach dem Muster der Anlage 1 aus.

1.2 GastUVwV **Unterrichtungsnachweis**

4.2 Die Bescheinigung gilt auch in weiteren Fällen, in denen für die unterrichtete Person ein Unterrichtungsnachweis gleicher Art zu erbringen ist.

5. Widerruf der Erlaubnis

Von der Befugnis, die Gaststättenerlaubnis zu widerrufen, ist in der Regel Gebrauch zu machen, wenn die Voraussetzungen des § 15 Abs. 3 Nr. 5, 6 oder 7 GastG vorliegen. Von dem Widerruf ist abzusehen, wenn der zum Nachweis Verpflichtete die Überschreitung der Frist nicht zu vertreten hat und angenommen werden kann, daß der Nachweis innerhalb einer angemessenen Nachfrist erbracht wird.

Unterrichtungsnachweis   1.2 GastUVwV

Anlage 1

                                Bescheinigung
               über die Unterrichtung nach § 4 Abs. 1 Nr. 4
                           des Gaststättengesetzes

Herr
Frau ....
Fräulein
                             (Name und Vorname)
geboren am .... in ....
wohnhaft in ....
ist am ....
von der Industrie- und Handelskammer ....
über die Grundzüge der für den Betrieb einer
      Schank- und Speisewirtschaft*)
      Schankwirtschaft*)
      Speisewirtschaft*)
      Schank-(Speise-)wirtschaft mit folgenden besonderen Merkmalen*)
      ....
      ....

notwendigen lebensmittelrechtlichen Kenntnisse unterrichtet worden und kann mit ihnen als vertraut gelten.
                              (Stempel/Siegel)
....
                              (Ort und Datum)
                              (Unterschrift)

_____
*) Nichtzutreffendes streichen

Anlage 2

                                Bescheinigung
               über die Unterrichtung nach § 4 Abs. 1 Nr. 4
                           des Gaststättengesetzes

Herr
Frau ....
Fräulein
                             (Name und Vorname)
geboren am .... in ....
wohnhaft in ....
hat am .... die Abschlußprüfung für den Beruf
des/der ....
      Industrie- und Handelskammer
bei der
      Handwerkskammer/Handwerksinnung*)
bestanden.
    Entsprechend der einschlägigen Ausbildungsordnung ist er/sie über die Grundzüge der für den Betrieb einer Schank- und Speisewirtschaft notwendigen lebensmittelrechtlichen Kenntnisse unterrichtet worden und kann deshalb mit ihnen als vertraut gelten.
                              (Stempel/Siegel)
....
                              (Ort und Datum)
                              (Unterschrift)

_____
*) Nichtzutreffendes streichen

Bundesfernstraßengesetz

in der Neufassung vom 28. Juni 2007

§ 15. Nebenbetriebe an den Bundesautobahnen. (1) [1]Betriebe an den Bundesautobahnen, die den Belangen der Verkehrsteilnehmer der Bundesautobahnen dienen (z. B. [2]Tankstellen, bewachte Parkplätze, Werkstätten, Verlade- und Umschlagsanlagen, Raststätten) und eine unmittelbare Zufahrt zu den Bundesautobahnen haben, sind Nebenbetriebe.

(2) [1]Der Bau von Nebenbetrieben kann auf Dritte übertragen werden. [2]Der Betrieb von Nebenbetrieben ist auf Dritte zu übertragen, soweit nicht öffentliche Interessen oder besondere betriebliche Gründe entgegenstehen. [3]Die Übertragung von Bau und Betrieb kann unter Auflagen und Bedingungen sowie befristet erfolgen; der Vorbehalt der nachträglichen Aufnahme, Änderung oder Ergänzung einer Auflage (§ 36 Verwaltungsverfahrensgesetz) ist ausgeschlossen. [4]Die Übertragung erfolgt unter Voraussetzungen, die für jeden Dritten gleichwertig sind. [5]Dies gilt besonders für Betriebszeiten, das Vorhalten von betrieblichen Einrichtungen sowie Auflagen für die Betriebsführung. [6]Hoheitliche Befugnisse gehen nicht über; die §§ 4, 17 und 18 f bis 19 a finden Anwendung.

(3) [1]Für das Recht, einen Nebenbetrieb an der Bundesautobahn zu betreiben, hat der Konzessionsinhaber eine umsatz- oder absatzabhängige Konzessionsabgabe an den Bund zu entrichten. [2]Das Bundesministerium für Verkehr, Bau- und Stadtentwicklung wird ermächtigt, durch Rechtsverordnung im Einvernehmen mit dem Bundesministerium der Finanzen ohne Zustimmung des Bundesrates die Höhe der Konzessionsabgabe festzusetzen und die Voraussetzungen sowie das Verfahren zur Erhebung der Konzessionsabgabe zu regeln. [3]Die Höhe der Konzessionsabgabe hat sich an dem Wert des wirtschaftlichen Vorteils auszurichten, der dem Konzessionsinhaber durch das Recht zuwächst, einen Nebenbetrieb an der Bundesautobahn zu betreiben; sie darf höchstens 1,53 Euro pro einhundert Liter abgegebenen Kraftstoffs und höchstens 3 vom Hundert von anderen Umsätzen betragen. [4]Die Konzessionsabgabe ist an das Bundesamt für Güterverkehr zu entrichten.

(4) [1]Vorschriften über Sperrzeiten gelten nicht für Nebenbetriebe. [2]Alkoholhaltige Getränke dürfen in der Zeit von 0.00 Uhr bis 7.00 Uhr weder ausgeschenkt noch verkauft werden.

▶ **VO über Polizeistunde in BAB-Nebenbetrieben vom 26. Juni 1956**

(1) In den Gast- und Schankwirtschaften, die Nebenbetriebe im Sinne des § 15 Abs. 1 des Bundesfernstraßengesetzes sind, beginnt die Polizeistunde um 0 Uhr und endet um 7 Uhr früh.

(2) Während der in Absatz 1 genannten Zeit dürfen Führer von Kraftfahrzeugen und sonstige Benutzer der Bundesautobahnen mit Speisen, mit nichtgeistigen Getränken und in dem im Gaststättengewerbe zulässigen Rahmen auch mit Zubehörwaren versorgt werden.

Eichgesetz

1.5 EichG § 9

Gesetz über das Meß- und Eichwesen

in der Neufassung vom 23.März 1992 mit Änderungen bis 2. Februar 2007

§ 9. Ausschankmaße. (1) Ausschankmaße sind Gefäße, die zum gewerbsmäßigen Ausschank von Getränken gegen Entgelt bestimmt sind und bei Bedarf gefüllt werden.

(2) Ausschankmaße dürfen nur in den Verkehr gebracht, verwendet oder bereitgehalten werden, wenn sie die festgelegten Volumen einhalten und das Volumen auf ihnen gekennzeichnet und angegeben ist.

(3) Das Bundesministerium für Wirtschaft und Technologie wird ermächtigt, durch Rechtsverordnung mit Zustimmung des Bundesrates zum Schutze des Verbrauchers oder zur Umsetzung von Rechtsakten der Europäischen Gemeinschaften

1. bestimmte Volumen für Ausschankmaße festzulegen,
2. Vorschriften zu erlassen über die Kennzeichnung des Volumens und die dabei einzuhaltenden Anforderungen an die Genauigkeit, die Angabe des Volumens, die Art und Weise der Kennzeichnung und der Angabe sowie über die Angabe eines Herstellerzeichens und seine Anerkennung durch die Physikalisch-Technische Bundesanstalt,
3. Ausnahmen von Absatz 2 zuzulassen.

1.6 EO §§ 3a–77 — Ausschankmaße EG-Anforderungen

Eichordnung
Vom 12. August 1988 mit Änderungen bis 13. Dezember 2007

Pflichten beim Inverkehrbringen, Verwenden und Bereithalten von Meßgeräten

§ 3a. Ausschankmaße. (1) § 9 Abs. 2 des Eichgesetzes ist nicht anzuwenden auf
1. Ausschankmaße für alkoholhaltige Mischgetränke, die unmittelbar vor dem Ausschank aus mehr als zwei Getränken gemischt werden,
2. Ausschankmaße für Kaffee-, Tee-, Kakao- oder Schokoladengetränke oder für Getränke, die auf ähnliche Art zubereitet werden,
3. Ausschankmaße für Kaltgetränke, die in Automaten durch Zusatz von Wasser hergestellt werden,
4. Ausschankmaße, die zur Ausfuhr nach Staaten außerhalb des Europäischen Wirtschaftsraums bestimmt sind.

(2) Bei der Verwendung und Bereithaltung für den Ausschank sind Ausschankmaße nur mit einem Nennvolumen von 1, 2, 4, 5 oder 10 Zentiliter oder 0,1, 0,2, 0,25, 0,3, 0,4, 0,5, 1, 1,5, 2, 3, 4, oder 5 Liter zulässig.

§ 77. Übergangsvorschriften. (3) Ausschankmaße können bis zum 30. Oktober 2016 nach den bis zum 12. Februar 2007 geltenden Vorschriften in Verkehr gebracht und in Betrieb genommen werden.

Anlage 2 Ausschankmaße EG-Anforderungen

1. Begriffsbestimmungen

1.1 Ausschankmaß
Ein Hohlmaß (beispielsweise ein Maß in Form eines Trinkglases, Kruges oder Bechers), das für die Bestimmung eines festgelegten Volumens einer zum sofortigen Verbrauch verkauften Flüssigkeit (ausgenommen Arzneimittel) ausgelegt ist.

1.2 Strichmaß
Ein Ausschankmaß mit einer Strichmarkierung zur Anzeige des Nennfassungsvermögens (Nennfüllstandsmenge).

1.3 Randmaß
Ein Ausschankmaß, bei dem das Innenvolumen gleich dem Nennfassungsvermögen (Nennfüllstandsmenge) ist.

1.4 Umfüllmaß
Ein Ausschankmaß, aus dem die Flüssigkeit vor dem Verbrauch ausgeschenkt wird.

1.5 Fassungsvermögen
Das Fassungsvermögen ist bei Randmaßen das Innenvolumen bzw. bei Strichmaßen das Innenvolumen bis zur Füllstandmarkierung.

2. Anforderungen

Für die messgerätespezifischen Anforderungen gelten die spezifischen Anforderungen nach Anhang MI-008 Kapitel II der Richtlinie 2004/22/EG in der jeweils geltenden Fassung.

Gewerbeordnung

1.7 GewO §§ 1–15a

Gewerbeordnung

in der Neufassung vom 22. Februar 1999,
mit Änderungen bis zum 21. Dezember 2007

Allgemeine Bestimmungen

§ 1. [Grundsatz der Gewerbefreiheit]. (1) Der Betrieb eines Gewerbes ist jedermann gestattet, soweit nicht durch dieses Gesetz Ausnahmen oder Beschränkungen vorgeschrieben oder zugelassen sind.

(2) Wer gegenwärtig zum Betrieb eines Gewerbes berechtigt ist, kann von demselben nicht deshalb ausgeschlossen werden, weil er den Erfordernissen dieses Gesetzes nicht genügt.

§ 3. [Betrieb verschiedener Gewerbe]. Der gleichzeitige Betrieb verschiedener Gewerbe sowie desselben Gewerbes in mehreren Betriebs- oder Verkaufsstätten ist gestattet. Eine Beschränkung der Handwerker auf den Verkauf der selbstverfertigten Waren findet nicht statt.

Stehendes Gewerbe

§ 14. [Anzeigepflicht]. (1) Wer den selbständigen Betrieb eines stehenden Gewerbes, einer Zweigniederlassung oder einer unselbständigen Zweigstelle anfängt, muß dies der zuständigen Behörde gleichzeitig anzeigen. Das Gleiche gilt, wenn
1. der Betrieb verlegt wird,
2. der Gegenstand des Gewerbes gewechselt oder auf Waren oder Leistungen ausgedehnt wird, die bei Gewerbebetrieben der angemeldeten Art nicht geschäftsüblich sind, oder
3. der Betrieb aufgegeben wird.

Steht die Aufgabe des Betriebes eindeutig fest und ist die Abmeldung nicht innerhalb eines angemessenen Zeitraums erfolgt, kann die Behörde die Abmeldung von Amts wegen vornehmen.

(2) Absatz 1 gilt auch für den Handel mit Arzneimitteln, mit Losen von Lotterien und Ausspielungen sowie mit Bezugs- und Anteilscheinen auf solche Lose und für den Betrieb von Wettannahmestellen aller Art.

(3) Wer die Aufstellung von Automaten (Waren-, Leistungs- und Unterhaltungsautomaten jeder Art) als selbständiges Gewerbe betreibt, muss die Anzeige allen Behörden erstatten, in deren Zuständigkeitsbereich Automaten aufgestellt werden. Die zuständige Behörde kann Angaben über den Aufstellungsort der einzelnen Automaten verlangen.

(4) Für die Anzeige ist
1. in den Fällen des Absatzes 1 Satz 1 (Beginn des Betriebes) ein Vordruck nach dem Muster (Gewerbeanmeldung-GewA 1),
2. in den Fällen des Absatzes 1 Satz 2 Nr. 1 (Verlegung des Betriebes) und in den Fällen des Absatzes 1 Satz 2 Nr. 2 (Wechsel oder Ausdehnung des Gegenstandes des Gewerbes) ein Vordruck nach dem Muster (Gewerbeummeldung-GewA 2),
3. in den Fällen des Absatzes 1 Satz 2 Nr. 3 (Aufgabe des Betriebes) ein Vordruck nach dem Muster (Gewerbeabmeldung-GewA 3)

zu verwenden. Die Vordrucke sind vollständig, in der vorgeschriebenen Anzahl und gut lesbar auszufüllen. Zur elektronischen Datenverarbeitung kann die zuständige Behörde Abweichungen von der Form, nicht aber vom Inhalt der Anzeige nach den Sätzen 1 und 2 zulassen.

§ 15. [Empfangsbescheinigung, Betrieb ohne Zulassung]. (1) Die Behörde bescheinigt innerhalb dreier Tage den Empfang der Anzeige.

(2) Wird ein Gewerbe, zu dessen Ausübung eine Erlaubnis, Genehmigung, Konzession oder Bewilligung (Zulassung) erforderlich ist, ohne diese Zulassung betrieben, so kann die Fortsetzung des Betriebes von der zuständigen Behörde verhindert werden. Das gleiche gilt, wenn ein Gewerbe von einer ausländischen juristischen Person begonnen wird, deren Rechtsfähigkeit im Inland nicht anerkannt wird.

§ 15a. [Anbringung von Namen und Firma].
(1) Gewerbetreibende, die eine offene Verkaufsstelle haben, eine Gaststätte betreiben oder eine sonstige offene Betriebsstätte haben, sind verpflichtet, ihren Familiennamen mit mindestens einem ausgeschriebenen Vornamen an der Außenseite oder am Eingang der offenen Verkaufsstelle, der Gaststätte oder der sonstigen offenen Betriebsstätte in deutlich lesbarer Schrift anzubringen.

(2) Gewerbetreibende, für die eine Firma im Handelsregister eingetragen ist, haben außerdem ihre Firma in der in Absatz 1 bezeichneten Weise anzubringen; ist aus der Firma der Familienname des Geschäftsinhabers mit einem ausgeschriebenen Vornamen zu ersehen, so genügt die Anbringung der Firma.

(3) Auf offene Handelsgesellschaften, Kommanditgesellschaften und Kommanditgesellschaften auf Aktien finden diese Vorschriften

mit der Maßgabe Anwendung, daß für die Namen der persönlich haftenden Gesellschafter gilt, was in betreff der Namen der Gewerbetreibenden bestimmt ist. Juristische Personen, die eine offene Verkaufsstelle haben, eine Gaststätte betreiben oder eine sonstige offene Betriebsstätte haben, haben ihre Firma oder ihren Namen in der in Absatz 1 bezeichneten Weise anzubringen.

§ 15b. [Namensangabe im Schriftverkehr].
(1) Gewerbetreibende, für die keine Firma im Handelsregister eingetragen ist, müssen auf allen Geschäftsbriefen, die an einen bestimmten Empfänger gerichtet werden, ihren Familiennamen mit mindestens einem ausgeschriebenen Vornamen und ihre ladungsfähige Anschrift angeben. Der Angaben nach Satz 1 bedarf es nicht bei Mitteilungen oder Berichten, die im Rahmen einer bestehenden Geschäftsverbindung ergehen und für die üblicherweise Vordrucke verwendet werden, in denen lediglich die im Einzelfall erforderlichen besonderen Angaben eingefügt zu werden brauchen. Bestellscheine gelten als Geschäftsbriefe im Sinne des Satzes 1; Satz 2 ist nicht auf sie anzuwenden.

§ 33a. [Schaustellungen von Personen].
(1) Wer gewerbsmäßig Schaustellungen von Personen in seinen Geschäftsräumen veranstalten oder für deren Veranstaltung seine Geschäftsräume zur Verfügung stellen will, bedarf der Erlaubnis der zuständigen Behörde. Dies gilt nicht für Darbietungen mit überwiegend künstlerischem, sportlichem, akrobatischem oder ähnlichem Charakter. Die Erlaubnis kann mit einer Befristung erteilt und mit Auflagen verbunden werden, soweit dies zum Schutze der Allgemeinheit, der Gäste oder der Bewohner des Betriebsgrundstücks oder der Nachbargrundstücke vor Gefahren, erheblichen Nachteilen oder erheblichen Belästigungen erforderlich ist; unter denselben Voraussetzungen ist auch die nachträgliche Aufnahme, Änderung und Ergänzung von Auflagen zulässig.
(2) Die Erlaubnis ist zu versagen, wenn
1. Tatsachen die Annahme rechtfertigen, daß der Antragbebetrieb erforderliche Zuverlässigkeit nicht besitzt,
2. zu erwarten ist, daß die Schaustellungen den guten Sitten zuwiderlaufen werden oder
3. der Gewerbebetrieb im Hinblick auf seine örtliche Lage oder auf die Verwendung der Räume dem öffentlichen Interesse widerspricht, insbesondere schädliche Umwelteinwirkungen im Sinne des Bundes-Immissionsschutzgesetzes oder sonst erhebliche Nachteile, Gefahren oder Belästigungen für die Allgemeinheit befürchten läßt.

§ 33b. [Tanzlustbarkeiten].
Die Abhaltung von Tanzlustbarkeiten richtet sich nach den landesrechtlichen Bestimmungen.

§ 33c. [Spielgeräte mit Gewinnmöglichkeit].
(1) Wer gewerbsmäßig Spielgeräte, die mit einer den Spielausgang beeinflussenden technischen Vorrichtung ausgestattet sind, und die die Möglichkeit eines Gewinnes bieten, aufstellen will, bedarf der Erlaubnis der zuständigen Behörde. Die Erlaubnis berechtigt nur zur Aufstellung von Spielgeräten, deren Bauart von der Physikalisch-Technischen Bundesanstalt zugelassen ist. Sie kann mit Auflagen, auch im Hinblick auf den Aufstellungsort, verbunden werden, soweit dies zum Schutze der Allgemeinheit, der Gäste oder der Bewohner des jeweiligen Betriebsgrundstücks oder der Nachbargrundstücke oder im Interesse des Jugendschutzes erforderlich ist; unter denselben Voraussetzungen ist auch die nachträgliche Aufnahme, Änderung und Ergänzung von Auflagen zulässig.
(2) Die Erlaubnis ist zu versagen, wenn Tatsachen die Annahme rechtfertigen, daß der Antragsteller die für die Aufstellung von Spielgeräten erforderliche Zuverlässigkeit nicht besitzt. Die erforderliche Zuverlässigkeit besitzt in der Regel nicht, wer in den letzten drei Jahren vor Stellung des Antrages wegen eines Verbrechens, wegen Diebstahls, Unterschlagung, Erpressung, Hehlerei, Betruges, Untreue, unerlaubter Veranstaltung eines Glücksspiels, Beteiligung am unerlaubten Glücksspiel oder wegen Vergehens nach § 12 des Jugendschutzgesetzes rechtskräftig verurteilt worden ist.
(3) Der Gewerbetreibende darf Spielgeräte im Sinne des Absatzes 1 nur aufstellen, wenn ihm die zuständige Behörde schriftlich bestätigt hat, daß der Aufstellungsort den auf der Grundlage des § 33 f Abs. 1 Nr. 1 erlassenen Durchführungsvorschriften entspricht. Sollen Spielgeräte in einer Gaststätte aufgestellt werden, so ist in der Bestätigung anzugeben, ob dies in einer Schank- oder Speisewirtschaft oder in einem Beherbergungsbetrieb erfolgen soll. Gegenüber dem Gewerbetreibenden und demjenigen, in dessen Betrieb ein Spielgerät aufgestellt worden ist, können von der zuständigen Behörde, in deren Bezirk das Spielgerät aufgestellt worden ist, Anordnungen nach Maßgabe des Absatzes 1 Satz 3 erlassen werden.

§ 33d. [Andere Spiele mit Gewinnmöglichkeit].
(1) Wer gewerbsmäßig ein anderes Spiel mit Gewinnmöglichkeit veranstalten will, bedarf der Erlaubnis der zuständigen Behörde. Die Erlaubnis kann mit einer Befristung erteilt und mit Auflagen verbunden werden, soweit

Gewerbeordnung 1.7 GewO §§ 33d–33f

dies zum Schutze der Allgemeinheit, der Gäste oder der Bewohner des Betriebsgrundstücks oder der Nachbargrundstücke oder im Interesse des Jugendschutzes erforderlich ist; unter denselben Voraussetzungen ist auch die nachträgliche Aufnahme, Änderung und Ergänzung von Auflagen zulässig.

(2) Die Erlaubnis darf nur erteilt werden, wenn der Antragsteller im Besitz einer von dem Bundeskriminalamt erteilten Unbedenklichkeitsbescheinigung oder eines Abdruckes der Unbedenklichkeitsbescheinigung ist.

(3) Die Erlaubnis ist zu versagen, wenn Tatsachen die Annahme rechtfertigen, daß der Antragsteller oder der Gewerbetreibende, in dessen Betrieb das Spiel veranstaltet werden soll, die für die Veranstaltung von anderen Spielen erforderliche Zuverlässigkeit nicht besitzt. § 33 c Abs. 2 Satz 2 gilt entsprechend.

(4) Die Erlaubnis ist zurückzunehmen, wenn bei ihrer Erteilung nicht bekannt war, daß Tatsachen der in Absatz 3 bezeichneten Art vorlagen. Die Erlaubnis ist zu widerrufen, wenn
1. nach ihrer Erteilung Tatsachen der in Absatz 3 bezeichneten Art eingetreten sind,
2. das Spiel abweichend von den genehmigten Bedingungen veranstaltet wird oder
3. die Unbedenklichkeitsbescheinigung zurückgenommen oder widerrufen worden ist.

(5) Die Erlaubnis kann widerrufen werden, wenn bei der Veranstaltung des Spieles eine der in der Erlaubnis enthaltenen Auflagen nicht beachtet oder gegen § 8 des Jugendschutzgesetzes verstoßen worden ist.

§ 33e. [Bauartzulassung und Unbedenklichkeitsbescheinigung]. (1) Die Zulassung der Bauart eines Spielgerätes oder ihrer Nachbaugeräte und die Unbedenklichkeitsbescheinigung für andere Spiele (§§ 33 c und 33d) sind zu versagen, wenn die Gefahr besteht, daß der Spieler unangemessen hohe Verluste in kurzer Zeit erleidet. Für andere Spiele im Sinne des § 33 d kann die Unbedenklichkeitsbescheinigung auch versagt werden, wenn das Spiel durch Veränderung der Spielbedingungen oder durch Veränderung der Spieleinrichtung mit einfachen Mitteln als Glücksspiel im Sinne des § 284 des Strafgesetzbuches veranstaltet werden kann. Ein Versagungsgrund im Sinne des Satzes 2 liegt insbesondere dann vor, wenn
1. es sich um ein Karten-, Würfel- oder Kugelspiel handelt, das von einem Glücksspiel im Sinne des § 284 des Strafgesetzbuches abgeleitet ist,
2. das Spiel nach den zur Prüfung eingereichten Bedingungen nicht wirtschaftlich betrieben werden kann.

(2) Die Zulassung und die Unbedenklichkeitsbescheinigung sind zurückzunehmen oder zu widerrufen, wenn Tatsachen bekannt werden, die ihre Versagung rechtfertigen würden, oder wenn der Antragsteller zugelassene Spielgeräte an den in dem Zulassungsschein bezeichneten Merkmalen verändert oder ein für unbedenklich erklärtes Spiel unter nicht genehmigten Bedingungen veranstaltet.

(3) Die Zulassung und die Unbedenklichkeitsbescheinigung können mit einer Befristung erteilt und mit Auflagen verbunden werden.

(4) Bei serienmäßig hergestellten Spielen nach § 33 d genügt es, wenn die Unbedenklichkeitsbescheinigung für das eingereichte Spiel und für Nachbauten ein Abdruck der Unbedenklichkeitsbescheinigung erteilt wird.

§ 33f. [Ermächtigung zum Erlaß von Durchführungsvorschriften]. (1) Das Bundesministerium für Wirtschaft und Technologie kann zur Durchführung der §§ 33c, 33d, 33 e und 33 i im Einvernehmen mit den Bundesministerien des Innern und für Familie, Senioren, Frauen und Jugend und mit Zustimmung des Bundesrates durch Rechtsverordnung zur Eindämmung der Betätigung des Spieltriebs, zum Schutze der Allgemeinheit und der Spieler sowie im Interesse des Jugendschutzes
1. die Aufstellung von Spielgeräten oder die Veranstaltung von anderen Spielen auf bestimmte Gewerbezweige, Betriebe oder Veranstaltungen beschränken und die Zahl der jeweils in einem Betrieb aufgestellten Spielgeräte oder veranstalteten anderen Spiele begrenzen,
2. Vorschriften über den Umfang der Befugnisse und Verpflichtungen bei der Ausübung des Gewerbes erlassen,
3. für die Zulassung oder die Erteilung der Unbedenklichkeitsbescheinigung bestimmte Anforderungen an
   a) die Art und Weise des Spielvorganges,
   b) die Art des Gewinners,
   c) den Höchsteinsatz und den Höchstgewinn,
   d) das Verhältnis der Anzahl der gewonnenen Spiele zur Anzahl der verlorenen Spiele,
   e) das Verhältnis des Einsatzes zum Gewinn bei einer bestimmten Anzahl von Spielen,
   f) die Mindestdauer eines Spieles,
   g) die technische Konstruktion und die Kennzeichnung der Spielgeräte,
   h) die Bekanntgabe der Spielregeln und des Gewinnplans sowie die Bereithaltung des Zulassungsscheines oder des Abdruckes des Zulassungsscheines, des Zulassungsbeleges oder des Abdruckes der Unbedenklichkeitsbescheinigung oder des Abdruckes der Unbedenklichkeitsbescheinigung

stellen,
4. Vorschriften über den Umfang der Verpflichtungen des Gewerbetreibenden erlassen, in

dessen Betrieb das Spielgerät aufgestellt oder das Spiel veranstaltet werden soll.

(2) Durch Rechtsverordnung können ferner
1. das Bundesministerium für Wirtschaft und Technologie im Einvernehmen mit dem Bundesministerium des Innern und mit Zustimmung des Bundesrates
   a) das Verfahren der Physikalisch-Technischen Bundesanstalt bei der Prüfung und Zulassung der Bauart von Spielgeräten sowie bei der Verlängerung der Aufstelldauer von Warenspielgeräten, die auf Volksfesten, Schützenfesten oder ähnlichen Veranstaltungen aufgestellt werden sollen, und die ihrer Konstruktion nach keine statistischen Prüfmethoden erforderlich machen, regeln und
   b) Vorschriften über die Gebühren und Auslagen für Amtshandlungen der Physikalisch-Technischen Bundesanstalt erlassen,
2. das Bundesministerium des Innern im Einvernehmen mit dem Bundesministerium für Wirtschaft und Technologie und mit Zustimmung des Bundesrates
   a) das Verfahren des Bundeskriminalamtes bei der Erteilung von Unbedenklichkeitsbescheinigungen regeln und
   b) Vorschriften über die Gebühren und Auslagen für Amtshandlungen des Bundeskriminalamtes erlassen.

§ 33g. [Einschränkung und Ausdehnung der Erlaubnispflicht]. Das Bundesministerium für Wirtschaft und Technologie kann im Einvernehmen mit den Bundesministerien des Innern und für Familie, Senioren, Frauen und Jugend und mit Zustimmung des Bundesrates durch Rechtsverordnung bestimmen, daß
1. für die Veranstaltung bestimmter anderer Spiele im Sinne des § 33 d Abs. 1 Satz 1 eine Erlaubnis nicht erforderlich ist, wenn diese Spiele überwiegend der Unterhaltung dienen und kein öffentliches Interesse an einer Erlaubnispflicht besteht,
2. die Vorschriften der §§ 33 c und 33 d auch für die nicht gewerbsmäßige Aufstellung von Spielgeräten und für die nicht gewerbsmäßige Veranstaltung anderer Spiele in Vereinen und geschlossenen Gesellschaften gelten, in denen gewohnheitsmäßig gespielt wird, wenn für eine solche Regelung ein öffentliches Interesse besteht.

§ 33h. Spielbanken, Lotterien, Glücksspiele. Die §§ 33 c bis 33 g finden keine Anwendung auf
1. die Zulassung und den Betrieb von Spielbanken,
2. die Veranstaltung von Lotterien und Ausspielungen, mit Ausnahme der gewerbsmäßig betriebenen Ausspielungen auf Volksfesten, Schützenfesten oder ähnlichen Veranstaltungen, bei denen der Gewinn in geringwertigen Gegenständen besteht,
3. die Veranstaltung anderer Spiele im Sinne des § 33 d Abs. 1 Satz 1, die Glücksspiele im Sinne des § 284 des Strafgesetzbuches sind.

§ 33i. [Spielhallen und ähnliche Unternehmen]. (1) Wer gewerbsmäßig eine Spielhalle oder ein ähnliches Unternehmen betreiben will, das ausschließlich oder überwiegend der Aufstellung von Spielgeräten oder der Veranstaltung anderer Spiele im Sinne des § 33 c Abs. 1 Satz 1 oder des § 33 d Abs. 1 Satz 1 oder der gewerbsmäßigen Aufstellung von Unterhaltungsspielen ohne Gewinnmöglichkeit dient, bedarf der Erlaubnis der zuständigen Behörde. Die Erlaubnis kann mit einer Befristung erteilt und mit Auflagen verbunden werden, soweit dies zum Schutze der Allgemeinheit, der Gäste oder der Bewohner des Betriebsgrundstücks oder der Nachbargrundstücke vor Gefahren, erheblichen Nachteilen oder erheblichen Belästigungen erforderlich ist; unter denselben Voraussetzungen ist auch die nachträgliche Aufnahme, Änderung und Ergänzung von Auflagen zulässig.

(2) Die Erlaubnis ist zu versagen, wenn
1. die in § 33 c Abs. 2 oder § 33 d Abs. 3 genannten Versagungsgründe vorliegen,
2. die zum Betrieb des Gewerbes bestimmten Räume wegen ihrer Beschaffenheit oder Lage den polizeilichen Anforderungen nicht genügen oder
3. der Betrieb des Gewerbes eine Gefährdung der Jugend, eine übermäßige Ausnutzung des Spieltriebs, schädliche Umwelteinwirkungen im Sinne des Bundes-Immissionsschutzgesetzes oder sonst eine nicht zumutbare Belästigung der Allgemeinheit, der Nachbarn oder einer im öffentlichen Interesse bestehenden Einrichtung befürchten läßt.

§ 35. [Gewerbeuntersagung wegen Unzuverlässigkeit]. (1) Die Ausübung eines Gewerbes ist von der zuständigen Behörde ganz oder teilweise zu untersagen, wenn Tatsachen vorliegen, welche die Unzuverlässigkeit des Gewerbetreibenden oder einer mit der Leitung des Gewerbebetriebes beauftragten Person in bezug auf dieses Gewerbe dartun, sofern die Untersagung zum Schutze der Allgemeinheit oder der im Betrieb Beschäftigten erforderlich ist. Die Untersagung kann auch auf die Tätigkeit als Vertretungsberechtigter eines Gewerbetreibenden oder als mit der Leitung eines Gewerbebetriebes beauftragte Person sowie auf einzelne andere oder auf alle Gewerbe erstreckt werden, soweit die festgestellten Tatsachen die Annahme rechtfertigen, daß der Gewerbetrei-

Gewerbeordnung

1.7 GewO §§ 35–149

bende auch für diese Tätigkeiten oder Gewerbe unzuverlässig ist. Das Untersagungsverfahren kann fortgesetzt werden, auch wenn der Betrieb des Gewerbes während des Verfahrens aufgegeben wird.

(2) Dem Gewerbetreibenden kann auf seinen Antrag von der zuständigen Behörde gestattet werden, den Gewerbebetrieb durch einen Stellvertreter (§ 45) fortzuführen, der die Gewähr für eine ordnungsgemäße Führung des Gewerbebetriebes bietet.

Arbeitnehmer

§ 41. [Beschäftigung von Arbeitnehmern].
Die Befugnis zum selbständigen Betrieb eines stehenden Gewerbes begreift das Recht in sich, in beliebiger Zahl Gesellen, Gehilfen, Arbeiter jeder Art und, soweit die Vorschriften des gegenwärtigen Gesetzes nicht entgegenstehen, Lehrlinge anzunehmen. In der Wahl des Arbeits- und Hilfspersonals finden keine anderen Beschränkungen statt, als die durch das gegenwärtige Gesetz festgestellten.

§ 105. [Freie Gestaltung des Arbeitsvertrages]. Arbeitgeber und Arbeitnehmer können Abschluss, Inhalt und Form des Arbeitsvertrages frei vereinbaren, soweit nicht zwingende gesetzliche Vorschriften, Bestimmungen eines anwendbaren Tarifvertrages oder einer Betriebsvereinbarung entgegenstehen. Soweit die Vertragsbedingungen wesentlich sind, richtet sich ihr Nachweis nach den Bestimmungen des Nachweisgesetzes.

§ 106. [Weisungsrecht des Arbeitgebers].
Der Arbeitgeber kann Inhalt, Ort und Zeit der Arbeitsleistung nach billigem Ermessen näher bestimmen, soweit diese Arbeitsbedingungen nicht durch den Arbeitsvertrag, Bestimmungen einer Betriebsvereinbarung, eines anwendbaren Tarifvertrages oder gesetzliche Vorschriften festgelegt sind. Dies gilt auch hinsichtlich der Ordnung und des Verhaltens der Arbeitnehmer im Betrieb. Bei der Ausübung des Ermessens hat der Arbeitgeber auch auf Behinderungen des Arbeitnehmers Rücksicht zu nehmen.

§ 107. [Berechnung und Zahlung des Arbeitsentgelts]. (1) Das Arbeitsentgelt ist in Euro zu berechnen und auszuzahlen.

(2) Arbeitgeber und Arbeitnehmer können Sachbezüge als Teil des Arbeitsentgelts vereinbaren, wenn dies dem Interesse des Arbeitnehmers oder der Eigenart des Arbeitsverhältnisses entspricht. Der Arbeitgeber darf dem Arbeitnehmer keine Waren auf Kredit überlassen. Er darf ihm nach Vereinbarung Waren in Anrechnung auf das Arbeitsentgelt überlassen, wenn die Anrechnung zu den durchschnittlichen Selbstkosten erfolgt. Die geleisteten Gegenstände müssen mittlerer Art und Güte sein, soweit nicht ausdrücklich eine andere Vereinbarung getroffen worden ist. Der Wert der vereinbarten Sachbezüge oder die Anrechnung der überlassenen Waren auf das Arbeitsentgelt darf die Höhe des pfändbaren Teils des Arbeitsentgelts nicht übersteigen.

(3) Die Zahlung eines regelmäßigen Arbeitsentgeltes kann nicht für die Fälle ausgeschlossen werden, in denen der Arbeitnehmer für seine Tätigkeit von Dritten ein Trinkgeld erhält. Trinkgeld ist ein Geldbetrag, den ein Dritter ohne rechtliche Verpflichtung dem Arbeitnehmer zusätzlich zu einer dem Arbeitgeber geschuldeten Leistung zahlt.

§ 108. [Abrechnung des Arbeitsentgelts].
(1) Dem Arbeitnehmer ist bei Zahlung des Arbeitsentgelts eine Abrechnung in Textform zu erteilen. Die Abrechnung muss mindestens Angaben über Abrechnungszeitraum und Zusammensetzung des Arbeitsentgelts enthalten. Hinsichtlich der Zusammensetzung sind insbesondere Angaben über Art und Höhe der Zuschläge, Zulagen, sonstige Vergütungen, Art und Höhe der Abzüge, Abschlagszahlungen sowie Vorschüsse erforderlich.

(2) Die Verpflichtung zur Abrechnung entfällt, wenn sich die Angaben gegenüber der letzten ordnungsgemäßen Abrechnung nicht geändert haben.

§ 109. [Zeugnis]. (1) Der Arbeitnehmer hat bei Beendigung eines Arbeitsverhältnisses Anspruch auf ein schriftliches Zeugnis. Das Zeugnis muss mindestens Angaben zu Art und Dauer der Tätigkeit (einfaches Zeugnis) enthalten. Der Arbeitnehmer kann verlangen, dass sich die Angaben darüber hinaus auf Leistung und Verhalten im Arbeitsverhältnis (qualifiziertes Zeugnis) erstrecken.

(2) Das Zeugnis muss klar und verständlich formuliert sein. Es darf keine Merkmale oder Formulierungen enthalten, die den Zweck haben, eine andere als aus der äußeren Form oder aus dem Wortlaut ersichtliche Aussage über den Arbeitnehmer zu treffen.

(3) Die Erteilung des Zeugnisses in elektronischer Form ist ausgeschlossen.

Gewerbezentralregister

§ 149. [Einrichtung eines Gewerbezentralregisters]. (1) Das Bundesamt für Justiz (Registerbehörde) führt ein Gewerbezentralregister.

| 1.9 SpielV §§ 1–5 | Veranstaltung anderer Spiele |

Verordnung über Spielgeräte und andere Spiele mit Gewinnmöglichkeit
In der Fassung vom 27. Januar 2006

Aufstellung von Geldspielgeräten

§ 1. (1) Ein Spielgerät, bei dem der Gewinn in Geld besteht (Geldspielgerät), darf nur aufgestellt werden in
1. Räumen von Schank- oder Speisewirtschaften, in denen Getränke oder zubereitete Speisen zum Verzehr an Ort und Stelle verabreicht werden, oder in Beherbergungsbetrieben,
2. Spielhallen oder ähnlichen Unternehmen oder
3. Wettannahmestellen der konzessionierten Buchmacher.

(2) Ein Geldspielgerät darf nicht aufgestellt werden in
1. Betrieben auf Volksfesten, Schützenfesten oder ähnlichen Veranstaltungen, Jahrmärkten oder Spezialmärkten,
2. Trinkhallen, Speiseeiswirtschaften, Milchstuben oder
3. Schank- oder Speisewirtschaften oder Beherbergungsbetrieben, die sich auf Sportplätzen, in Sporthallen, Tanzschulen, Badeanstalten, Sport- oder Jugendheimen oder Jugendherbergen befinden, oder in anderen Schank- oder Speisewirtschaften oder Beherbergungsbetrieben, die ihrer Art nach oder tatsächlich vorwiegend von Kindern oder Jugendlichen besucht werden.

§ 2. Ein Spielgerät, bei dem der Gewinn in Waren besteht (Warenspielgerät), darf nur aufgestellt werden
1. in Räumen von Schank- oder Speisewirtschaften, in denen Getränke oder zubereitete Speisen zum Verzehr an Ort und Stelle verabreicht werden, oder in Beherbergungsbetrieben mit Ausnahme der in § 1 Abs. 2 Nr. 2 und 3 genannten Betriebe,
2. in Spielhallen oder ähnlichen Unternehmen,
3. in Wettannahmestellen der konzessionierten Buchmacher oder
4. auf Volksfesten, Schützenfesten oder ähnlichen Veranstaltungen, Jahrmärkten oder Spezialmärkten.

§ 3. (1) [1]In Schankwirtschaften, Speisewirtschaften, Beherbergungsbetrieben und Wettannahmestellen der konzessionierten Buchmacher dürfen höchstens drei Geld- oder Warenspielgeräte aufgestellt werden. [2]Der Gewerbetreibende hat bei bis zu zwei aufgestellten Geräten durch eine ständige Aufsicht, bei drei aufgestellten Geräten durch zusätzliche technische Sicherungsmaßnahmen an den Geräten die Einhaltung von § 6 Abs. 2 des Jugendschutzgesetzes sicherzustellen. [3]Die Zahl der Warenspielgeräte, die auf Volksfesten, Schützenfesten oder ähnlichen Veranstaltungen, Jahrmärkten oder Spezialmärkten aufgestellt werden dürfen, ist nicht beschränkt.

(2) [1]In Spielhallen oder ähnlichen Unternehmen darf je 12 m^2 Grundfläche höchstens ein Geld- oder Warenspielgerät aufgestellt werden; die Gesamtzahl darf jedoch zwölf Geräte nicht übersteigen. [2]Der Aufsteller hat die Geräte einzeln oder in einer Gruppe mit jeweils höchstens zwei Geräten in einem Abstand von mindestens 1 Meter aufzustellen, getrennt durch eine Sichtblende in einer Tiefe von mindestens 0,80 Meter, gemessen von der Gerätefront in Höhe mindestens der Geräteoberkante. [3]Bei der Berechnung der Grundfläche bleiben Nebenräume wie Abstellräume, Flure, Toiletten, Vorräume und Treppen außer Ansatz.

(3) In Spielhallen oder ähnlichen Unternehmen, in denen alkoholische Getränke zum Verzehr an Ort und Stelle verabreicht werden, dürfen höchstens drei Geld- oder Warenspielgeräte aufgestellt werden.

§ 3 a. Der Gewerbetreibende, in dessen Betrieb das Spielgerät aufgestellt werden soll, darf die Aufstellung nur zulassen, wenn die Voraussetzungen des § 33 c Abs. 3 Satz 1 der Gewerbeordnung und des § 3 im Hinblick auf diesen Betrieb erfüllt sind.

Veranstaltung anderer Spiele

▶ **Erlaubnispflichtige Spiele**

§ 4. [1]Die Erlaubnis für die Veranstaltung eines anderen Spieles im Sinne des § 33 d Abs. 1 Satz 1 der Gewerbeordnung (anderes Spiel), bei dem der Gewinn in Geld besteht, darf nur erteilt werden, wenn das Spiel in Spielhallen oder ähnlichen Unternehmen veranstaltet werden soll. [2]In einer Spielhalle oder einem ähnlichen Unternehmen dürfen höchstens drei andere Spiele veranstaltet werden.

§ 5. [1]Die Erlaubnis für die Veranstaltung eines anderen Spieles, bei dem der Gewinn in Waren besteht, darf nur erteilt werden, wenn das

Spielverordnung 1.9 SpielV §§ 5–9

Spiel auf Volksfesten, Schützenfesten oder ähnlichen Veranstaltungen, Jahrmärkten oder Spezialmärkten oder in Schank- oder Speisewirtschaften oder Beherbergungsbetrieben mit Ausnahme der in § 1 Abs. 2 Nr. 2 und 3 genannten Betriebe veranstaltet werden soll. ²Im Übrigen gilt § 3 Abs. 1 entsprechend.

▶ **Erlaubnisfreie Spiele**

§ 5 a. ¹Für die Veranstaltung eines anderen Spieles ist die Erlaubnis nach § 33 d Abs. 1 Satz 1 oder § 60 a Abs. 2 Satz 2 der Gewerbeordnung nicht erforderlich, wenn das Spiel die Anforderungen der Anlage erfüllt und der Gewinn in Waren besteht. ²In Zweifelsfällen stellt das Bundeskriminalamt oder das zuständige Landeskriminalamt fest, ob diese Voraussetzungen vorliegen.

Verpflichtungen bei der Ausübung des Gewerbes

§ 6. (1) Der Aufsteller darf nur Geld- oder Warenspielgeräte aufstellen, an denen das Zulassungszeichen deutlich sichtbar angebracht ist. Der Aufsteller ist verpflichtet, dafür zu sorgen, dass Spielregeln und Gewinnplan für Spieler leicht zugänglich sind.
(2) ¹Der Veranstalter eines anderen Spieles ist verpflichtet, am Veranstaltungsort die Spielregeln und den Gewinnplan deutlich sichtbar anzubringen. ²Er hat dort die Unbedenklichkeitsbescheinigung oder den Abdruck der Unbedenklichkeitsbescheinigung und den Erlaubnisbescheid zur Einsichtnahme bereitzuhalten.
(3) ¹Der Aufsteller eines Spielgerätes oder der Veranstalter eines anderen Spieles darf Gegenstände, die nicht als Gewinn ausgesetzt sind, nicht so aufstellen, daß sie dem Spieler als Gewinne erscheinen können. ²Lebende Tiere dürfen nicht als Gewinn ausgesetzt werden.
(4) ¹Der Hersteller hat an Geldspielgeräten deutlich sichtbare auf das übermäßige Spielen und auf den Jugendschutz beziehende Warnhinweise sowie Hinweise auf Beratungsmöglichkeiten bei pathologischem Spielverhalten anzubringen. ²Der Aufsteller hat in einer Spielhalle Informationsmaterial über Risiken des übermäßigen Spielens sichtbar auszulegen.

§ 6a. Die Aufstellung und der Betrieb von Spielgeräten, die keine Bauartzulassung oder Erlaubnis nach den §§ 4, 5, 13 oder 14 erhalten haben oder die keiner Erlaubnis nach § 5a bedürfen, ist verboten,
a) wenn diese als Gewinn Berechtigungen zum Weiterspielen sowie sonstige Gewinnberechtigungen oder Chancenerhöhungen anbieten oder
b) wenn auf der Grundlage ihrer Spielergebnisse Gewinne ausgegeben, ausgezahlt, auf Konten, Geldkarten oder ähnliche zur Geldauszahlung benutzbare Speichermedien aufgebucht werden.
²Die Rückgewähr getätigter Einsätze ist unzulässig. ³Die Gewährung von Freispielen ist nur zulässig, wenn sie ausschließlich in unmittelbarem zeitlichen Anschluss an das entgeltliche Spiel abgespielt werden und nicht mehr als sechs Freispiele gewonnen werden können.

§ 7. Der Aufsteller hat ein Geldspielgerät spätestens 24 Monate nach dem im Zulassungszeichen angegebenen Beginn der Aufstellung und danach spätestens alle weiteren 24 Monate auf seine Übereinstimmung mit der zugelassenen Bauart durch einen vereidigten und öffentlich bestellten Sachverständigen oder eine von der Physikalisch-Technischen Bundesanstalt zugelassene Stelle auf seine Kosten überprüfen zu lassen.
(2) Wird die Übereinstimmung festgestellt, hat der Prüfer dies mit einer Prüfplakette, deren Form von der Physikalisch-Technischen Bundesanstalt festgelegt wird, am Gerät sowie mit einer Prüfbescheinigung, die dem Geräteinhaber ausgehändigt wird, zu bestätigen.
(3) Der Aufsteller darf ein Geldspielgerät nur aufstellen, wenn der im Zulassungszeichen angegebene Beginn der Aufstellung oder die Ausstellung einer nach Absatz 2 erteilten Prüfplakette nicht länger als 24 Monate zurückliegt.
(4) Der Aufsteller hat ein Geld- oder Warenspielgerät, das in seiner ordnungsgemäßen Funktion gestört ist, dessen Spiel- und Gewinnplan nicht leicht zugänglich ist, dessen Frist gemäß Absatz 3 oder dessen im Zulassungszeichen angegebene Aufstelldauer abgelaufen ist, unverzüglich aus dem Verkehr zu ziehen.

§ 8. (1) Der Aufsteller eines Spielgerätes oder der Veranstalter eines anderen Spieles darf am Spiel nicht teilnehmen, andere Personen nicht beauftragen, an dem Spiel teilzunehmen, und nicht gestatten oder dulden, daß in seinem Unternehmen Beschäftigte an dem Spiel teilnehmen, soweit nicht im Zulassungsschein oder in der Unbedenklichkeitsbescheinigung Ausnahmen zugelassen sind.
(2) Der Veranstalter eines anderen Spieles darf zum Zweck des Spieles keinen Kredit gewähren oder durch Beauftragte gewähren lassen und nicht zulassen, daß in seinem Unternehmen Beschäftigte solche Kredite gewähren.

§ 9. ¹Der Aufsteller eines Spielgerätes oder der Veranstalter eines anderen Spieles darf dem

1.9 SpielV §§ 9–19

Spieler für weitere Spiele hinsichtlich der Höhe der Einsätze keine Vergünstigungen insbesondere keine unentgeltlichen Spiele, Nachlässe des Einsatzes oder auf den Einsatz oder darüber hinausgehende sonstige finanzielle Vergünstigungen gewähren. ²Er darf als Warengewinn nur Gegenstände anbieten, deren Gestehungskosten den Wert von 60 Euro nicht überschreiten, und darf gewonnene Gegenstände nicht zurückkaufen.

(2) Der Aufsteller eines Spielgerätes oder der Veranstalter eines anderen Spieles darf dem Spieler neben der Ausgabe von Gewinnen über gemäß den §§ 33c und 33d der Gewerbeordnung zugelassene Spielgeräte oder andere Spiele keine sonstigen Gewinnchancen in Aussicht stellen und keine Zahlungen oder sonstige finanziellen Vergünstigungen gewähren.

§ 10. Der Veranstalter eines anderen Spieles, bei dem der Gewinn in Geld besteht, darf Kindern und Jugendlichen, ausgenommen verheirateten Jugendlichen, den Zutritt zu den Räumen, in denen das Spiel veranstaltet wird, nicht gestatten.

Zulassung von Spielgeräten

§ 11. Über den Antrag auf Zulassung der Bauart eines Spielgerätes im Sinne des § 33 c Abs. 1 Satz 1 der Gewerbeordnung entscheidet die Physikalisch-Technische Bundesanstalt im Benehmen mit dem Bundeskriminalamt.

Ordnungswidrigkeiten

§ 19. (1) Ordnungswidrig im Sinne des § 144 Abs. 2 Nr. 1 der Gewerbeordnung handelt, wer vorsätzlich oder fahrlässig in Ausübung eines stehenden Gewerbes
1. entgegen § 3 Abs. 1 Satz 1, Abs. 2 Satz 1 oder Abs. 3 mehr als die zulässige Zahl von Spielgeräten aufstellt,
1a. entgegen § 3 Abs. 1 Satz 2 nicht sicherstellt, dass Kinder oder Jugendliche nicht an Spielgeräten spielen,
1b. entgegen § 3 Abs. 2 Satz 2 Spielgeräte nicht richtig aufstellt,
2. entgegen § 3a die Aufstellung von Spielgeräten in seinem Betrieb zulässt,
3. entgegen § 6 Abs. 1 Satz 1 ein Spielgerät aufstellt,
3a. entgegen § 6 Abs. 1 Satz 2 nicht dafür sorgt, dass die Spielregeln und der Gewinnplan leicht zugänglich sind,
4. entgegen § 6 Abs. 2 die Spielregeln oder den Gewinnplan nicht deutlich sichtbar anbringt oder die Unbedenklichkeitsbescheinigung, einen Abdruck der Unbedenklichkeitsbescheinigung oder den Erlaubnisbescheid am Veranstaltungsort nicht bereithält,
5. entgegen § 6 Abs. 3 Satz 1 Gegenstände so aufstellt, dass sie dem Spieler als Gewinne erscheinen können, oder entgegen § 6 Abs. 3 Satz 2 lebende Tiere als Gewinn aussetzt,
5a. entgegen § 6a Satz 2 einen Einsatz zurückgewährt,
5b. entgegen § 6a Satz 3 ein Freispiel gewährt,
6. entgegen § 7 Abs. 1 ein Geldspielgerät nicht, nicht richtig oder nicht rechtzeitig überprüfen lässt,
6a. entgegen § 7 Abs. 3 ein Geldspielgerät aufstellt,
6b. entgegen § 7 Abs. 4 ein Spielgerät nicht aus dem Verkehr zieht,
7. der Vorschrift des § 8 zuwiderhandelt,
8. entgegen § 9 Abs. 1 Vergünstigungen gewährt oder gewonnene Gegenstände zurückkauft oder gewonnene Gegenstände in einen Gewinn umtauscht, dessen Gestehungskosten den zulässigen Höchstgewinn überschreiten,
8a. entgegen § 9 Abs. 2 neben der Ausgabe von Gewinnen über gemäß den §§ 33c und 33d der Gewerbeordnung zugelassene Spielgeräte oder andere Spiele sonstige Gewinnchancen in Aussicht stellt oder Zahlungen oder sonstige finanzielle Vergünstigungen gewährt,
9. der Vorschrift des § 10 über den Schutz von Kindern und Jugendlichen zuwiderhandelt.

Anlage (zu § 5 a)

1. Begünstigt nach § 5 a sind
    a) Preisspiele und Gewinnspiele, die in Schank- oder Speisewirtschaften, Beherbergungsbetrieben, auf Volksfesten, Schützenfesten oder ähnlichen Veranstaltungen, Jahrmärkten oder Spezialmärkten
    b) Ausspielungen, die auf Volksfesten, Schützenfesten oder ähnlichen Veranstaltungen, Jahrmärkten oder Spezialmärkten und
    c) Jahrmarktspielgeräte für Spiele, die auf Volksfesten, Schützenfesten oder ähnlichen Veranstaltungen, Jahrmärkten oder Spezialmärkten veranstaltet werden.
2. Preisspiele sind unter Beteiligung von mehreren Spielern turniermäßig betriebene Geschicklichkeitsspiele, bei denen das Entgelt

Spielverordnung   1.9 SpielV Anlage (zu § 5 a)

für die Teilnahme höchstens 15 Euro beträgt.

3. Gewinnspiele sind unter Beteiligung von einem oder mehreren Spielern betriebene, auf kurze Zeit angelegte Geschicklichkeitsspiele, bei denen die Gestehungskosten eines Gewinns höchstens 60 Euro betragen.

4. Ausspielungen sind auf den in Nummer 1 Buchstabe b genannten Veranstaltungen übliche Glücksspiele, bei denen die Gestehungskosten eines Gewinns höchstens 60 Euro betragen. Mindestens 50 vom Hundert der Gesamteinsätze müssen als Gewinn an die Spieler zurückfließen, mindestens 20 vom Hundert der Gewinnentscheide müssen zu Gewinnen führen.

5. Jahrmarktspielgeräte sind unter Steuerungseinfluss des Spielers betriebene Spielautomaten mit beobachtbarem Spielablauf, die so beschaffen sind, dass Gewinnmarken nicht als Einsatz verwendet werden können und ausgewiesene Gewinne nicht zum Weiterspielen angeboten werden. Die Gestehungskosten eines Gewinns betragen höchstens 60 Euro. Mindestens 50 vom Hundert der Einsätze fließen an den Spieler zurück.

1.10 ArbStättV §§ 2–5 Einrichten und Betreiben von Arbeitsstätten

Verordnung über Arbeitsstätten
vom 12. August 2004 mit Änderungen bis 20. Juli 2007

Einrichten und Betreiben von Arbeitsstätten

§ 2. [Begriffsbestimmungen]. (1) Arbeitsstätten sind:
1. Orte in Gebäuden oder im Freien, die sich auf dem Gelände eines Betriebes oder einer Baustelle befinden und die zur Nutzung für Arbeitsplätze vorgesehen sind,
2. andere Orte in Gebäuden oder im Freien, die sich auf dem Gelände eines Betriebes oder einer Baustelle befinden und zu denen Beschäftigte im Rahmen ihrer Arbeit Zugang haben.

(2) Arbeitsplätze sind Bereiche von Arbeitsstätten, in denen sich Beschäftigte bei der von ihnen auszuübenden Tätigkeit regelmäßig über einen längeren Zeitraum oder im Verlauf der täglichen Arbeitszeit nicht nur kurzfristig aufhalten müssen.

(3) Arbeitsräume sind die Räume, in denen Arbeitsplätze innerhalb von Gebäuden dauerhaft eingerichtet sind.

(4) Zur Arbeitsstätte gehören auch:
1. Verkehrswege, Fluchtwege, Notausgänge,
2. Lager-, Maschinen- und Nebenräume,
3. Sanitärräume (Umkleide-, Wasch- und Toilettenräume),
4. Pausen- und Bereitschaftsräume,
5. Erste-Hilfe-Räume,
6. Unterkünfte.

Zur Arbeitsstätte gehören auch Einrichtungen, soweit für diese in dieser Verordnung besondere Anforderungen gestellt werden und sie dem Betrieb der Arbeitsstätte dienen.

(5) Einrichten ist die Bereitstellung und Ausgestaltung der Arbeitsstätte. Das Einrichten umfasst insbesondere:
1. bauliche Maßnahmen oder Veränderungen,
2. Ausstatten mit Maschinen, Anlagen, Mobiliar, anderen Arbeitsmitteln sowie Beleuchtungs-, Lüftungs-, Heizungs-, Feuerlösch- und Versorgungseinrichtungen,
3. Anlegen und Kennzeichnen von Verkehrs- und Fluchtwegen, Kennzeichnen von Gefahrenstellen und brandschutztechnischen Ausrüstungen,
4. Festlegen von Arbeitsplätzen.

(6) Betreiben von Arbeitsstätten umfasst das Benutzen und Instandhalten der Arbeitsstätte.

§ 4. [Besondere Anforderungen an das Betreiben von Arbeitsstätten]. (1) Der Arbeitgeber hat die Arbeitsstätte instand zu halten und dafür zu sorgen, dass festgestellte Mängel unverzüglich beseitigt werden. Können Mängel, mit denen eine unmittelbare erhebliche Gefahr verbunden ist, nicht sofort beseitigt werden, ist die Arbeit insoweit einzustellen.

(2) Der Arbeitgeber hat dafür zu sorgen, dass Arbeitsstätten den hygienischen Erfordernissen entsprechend gereinigt werden. Verunreinigungen und Ablagerungen, die zu Gefährdungen führen können, sind unverzüglich zu beseitigen.

(3) Der Arbeitgeber hat Sicherheitseinrichtungen zur Verhütung oder Beseitigung von Gefahren, insbesondere Sicherheitsbeleuchtungen, Feuerlöscheinrichtungen, Signalanlagen, Notaggregate und Notschalter sowie raumlufttechnische Anlagen, in regelmäßigen Abständen sachgerecht warten und auf ihre Funktionsfähigkeit prüfen zu lassen.

(4) Verkehrswege, Fluchtwege und Notausgänge müssen ständig freigehalten werden, damit sie jederzeit benutzt werden können. Der Arbeitgeber hat Vorkehrungen zu treffen, dass die Beschäftigten bei Gefahr sich unverzüglich in Sicherheit bringen und schnell gerettet werden können. Der Arbeitgeber hat einen Flucht- und Rettungsplan aufzustellen, wenn Lage, Ausdehnung und Art der Benutzung der Arbeitsstätte dies erfordern. Der Plan ist an geeigneten Stellen in der Arbeitsstätte auszulegen oder auszuhängen. In angemessenen Zeitabständen ist entsprechend dieses Planes zu üben.

(5) Der Arbeitgeber hat Mittel und Einrichtungen zur ersten Hilfe zur Verfügung zu stellen und diese regelmäßig auf ihre Vollständigkeit und Verwendungsfähigkeit prüfen zu lassen.

§ 5. [Nichtraucherschutz]. (1) Der Arbeitgeber hat die erforderlichen Maßnahmen zu treffen, damit die nicht rauchenden Beschäftigten in Arbeitsstätten wirksam vor den Gesundheitsgefahren durch Tabakrauch geschützt sind. Soweit erforderlich, hat der Arbeitgeber ein allgemeines oder auf einzelne Bereiche der Arbeitsstätte beschränktes Rauchverbot zu erlassen.

(2) In Arbeitsstätten mit Publikumsverkehr hat der Arbeitgeber Schutzmaßnahmen nach Absatz 1 nur insoweit zu treffen, als die Natur des Betriebes und die Art der Beschäftigung es zulassen.

Arbeitsstättenverordnung 1.10 ArbStättV / Anhang

§ 6. [Arbeitsräume, Sanitärräume, Pausen- und Bereitschaftsräume, Erste-Hilfe-Räume, Unterkünfte]. (1) Der Arbeitgeber hat solche Arbeitsräume bereitzustellen, die eine ausreichende Grundfläche und Höhe sowie einen ausreichenden Luftraum aufweisen.

(2) Der Arbeitgeber hat Toilettenräume bereitzustellen. Wenn es die Art der Tätigkeit oder gesundheitliche Gründe erfordern, sind Waschräume vorzusehen. Geeignete Umkleideräume sind zur Verfügung zu stellen, wenn die Beschäftigten bei ihrer Tätigkeit besondere Arbeitskleidung tragen müssen und es ihnen nicht zuzumuten ist, sich in einem anderen Raum umzukleiden. Umkleide-, Wasch- und Toilettenräume sind für Männer und Frauen getrennt einzurichten oder es ist eine getrennte Nutzung zu ermöglichen. Bei Arbeiten im Freien und auf Baustellen mit wenigen Beschäftigten sind Waschgelegenheiten und abschließbare Toiletten ausreichend.

(3) Bei mehr als zehn Beschäftigten, oder wenn Sicherheits- oder Gesundheitsgründe dies erfordern, ist den Beschäftigten ein Pausenraum oder ein entsprechender Pausenbereich zur Verfügung zu stellen. Dies gilt nicht, wenn die Beschäftigten in Büroräumen oder vergleichbaren Arbeitsräumen beschäftigt sind und dort gleichwertige Voraussetzungen für eine Erholung während der Pause gegeben sind. Fallen in die Arbeitszeit regelmäßig und häufig Arbeitsbereitschaftszeiten oder Arbeitsunterbrechungen und sind keine Pausenräume vorhanden, so sind für die Beschäftigten Räume für Bereitschaftszeiten einzurichten. Schwangere Frauen und stillende Mütter müssen sich während der Pausen und, soweit es erforderlich ist, auch während der Arbeitszeit unter geeigneten Bedingungen hinlegen und ausruhen können.

(4) Erste-Hilfe-Räume oder vergleichbare Einrichtungen müssen entsprechend der Unfallgefahren oder der Anzahl der Beschäftigten, der Art der ausgeübten Tätigkeiten sowie der räumlichen Größe der Betriebe vorhanden sein.

Anhang Anforderungen an Arbeitsstätten

▶ Allgemeine Anforderungen

1.5. [Fußböden, Wände, Decken, Dächer]. (1) Die Oberflächen der Fußböden, Wände und Decken müssen so beschaffen sein, dass sie den Erfordernissen des Betreibens entsprechen und leicht zu reinigen sind. An Arbeitsplätzen müssen die Arbeitsstätten unter Berücksichtigung der Art des Betriebes und der körperlichen Tätigkeit eine ausreichende Dämmung gegen Wärme und Kälte sowie eine ausreichende Isolierung gegen Feuchtigkeit aufweisen.

(2) Die Fußböden der Räume dürfen keine Unebenheiten, Löcher, Stolperstellen oder gefährlichen Schrägen aufweisen. Sie müssen gegen Verrutschen gesichert, tragfähig, trittsicher und rutschhemmend sein.

(3) Durchsichtige oder lichtdurchlässige Wände, insbesondere Ganzglaswände im Bereich von Arbeitsplätzen oder Verkehrswegen, müssen deutlich gekennzeichnet sein und aus bruchsicherem Werkstoff bestehen oder so gegen die Arbeitsplätze und Verkehrswege abgeschirmt sein, dass die Beschäftigten nicht mit den Wänden in Berührung kommen und beim Zersplittern der Wände nicht verletzt werden können.

(4) Dächer aus nicht durchtrittsicherem Material dürfen nur betreten werden, wenn Ausrüstungen vorhanden sind, die ein sicheres Arbeiten ermöglichen.

1.6. [Fenster, Oberlichter]. (1) Fenster, Oberlichter und Lüftungsvorrichtungen müssen sich von den Beschäftigten sicher öffnen, schließen, verstellen und arretieren lassen. Sie dürfen nicht so angeordnet sein, dass sie in geöffnetem Zustand eine Gefahr für die Beschäftigten darstellen.

(2) Fenster und Oberlichter müssen so ausgewählt oder ausgerüstet und eingebaut sein, dass sie ohne Gefährdung der Ausführenden und anderer Personen gereinigt werden können.

1.7. [Türen, Tore]. (1) Die Lage, Anzahl, Abmessungen und Ausführung insbesondere hinsichtlich der verwendeten Werkstoffe von Türen und Toren müssen sich nach der Art und Nutzung der Räume oder Bereiche richten.

(2) Durchsichtige Türen müssen in Augenhöhe gekennzeichnet sein.

(3) Pendeltüren und -tore müssen durchsichtig sein oder ein Sichtfenster haben.

(4) Bestehen durchsichtige oder lichtdurchlässige Flächen von Türen und Toren nicht aus bruchsicherem Werkstoff und ist zu befürchten, dass sich die Beschäftigten beim Zersplittern verletzen können, sind diese Flächen gegen Eindrücken zu schützen.

(5) Schiebetüren und -tore müssen gegen Ausheben und Herausfallen gesichert sein. Türen und Tore, die sich nach oben öffnen, müssen gegen Herabfallen gesichert sein.

(6) In unmittelbarer Nähe von Toren, die vorwiegend für den Fahrzeugverkehr bestimmt sind, müssen gut sichtbar gekennzeichnete, stets zugängliche Türen für Fußgänger vorhanden sein. Diese Türen sind nicht erforderlich, wenn der Durchgang durch die Tore für Fußgänger gefahrlos möglich ist.

1.10 ArbStättV / Anhang **Anforderungen an Arbeitsstätten**

(7) Kraftbetätigte Türen und Tore müssen sicher benutzbar sein. Dazu gehört, dass sie
a) ohne Gefährdung der Beschäftigten bewegt werden oder zum Stillstand kommen können,
b) mit selbsttätig wirkenden Sicherungen ausgestattet sind,
c) auch von Hand zu öffnen sind, sofern sie sich bei Stromausfall nicht automatisch öffnen.

(8) Besondere Anforderungen gelten für Türen im Verlauf von Fluchtwegen (Ziffer 2.3).

1.8. [Verkehrswege]. (1) Verkehrswege, einschließlich Treppen, fest angebrachte Steigleitern und Laderampen müssen so angelegt und bemessen sein, dass sie je nach ihrem Bestimmungszweck leicht und sicher begangen oder befahren werden können und in der Nähe Beschäftigte nicht gefährdet werden.

(2) Die Bemessung der Verkehrswege, die dem Personenverkehr, Güterverkehr oder Personen- und Güterverkehr dienen, muss sich nach der Anzahl der möglichen Benutzer und der Art des Betriebes richten.

(3) Werden Transportmittel auf Verkehrswegen eingesetzt, muss für Fußgänger ein ausreichender Sicherheitsabstand gewahrt werden.

(4) Verkehrswege für Fahrzeuge müssen an Türen und Toren, Durchgängen, Fußgängerwegen und Treppenaustritten in ausreichendem Abstand vorbeiführen.

(5) Soweit Nutzung und Einrichtung der Räume es zum Schutz der Beschäftigten erfordern, müssen die Begrenzungen der Verkehrswege gekennzeichnet sein.

(6) Besondere Anforderungen gelten für Fluchtwege (Ziffer 2.3).

▶ **Maßnahmen zum Schutz vor besonderen Gefahren**

2.1. [Schutz vor Absturz und herabfallenden Gegenständen, Betreten von Gefahrenbereichen]. Arbeitsplätze und Verkehrswege, bei denen die Gefahr des Absturzes von Beschäftigten oder des Herabfallens von Gegenständen besteht oder die an Gefahrenbereiche grenzen, müssen mit Einrichtungen versehen sein, die verhindern, dass Beschäftigte abstürzen oder durch herabfallende Gegenstände verletzt werden oder in die Gefahrenbereiche gelangen. Arbeitsplätze und Verkehrswege nach Satz 1 müssen gegen unbefugtes Betreten gesichert und gut sichtbar als Gefahrenbereich gekennzeichnet sein. Zum Schutz derjenigen, die diese Bereiche betreten müssen, sind geeignete Maßnahmen zu treffen.

§ 2.2. [Schutz vor Entstehungsbränden].
(1) Arbeitsstätten müssen je nach

a) Abmessung und Nutzung,
b) der Brandgefährdung vorhandener Einrichtungen und Materialien,
c) der größtmöglichen Anzahl anwesender Personen

mit einer ausreichenden Anzahl geeigneter Feuerlöscheinrichtungen und erforderlichenfalls Brandmeldern und Alarmanlagen ausgestattet sein.

(2) Nicht selbsttätige Feuerlöscheinrichtungen müssen als solche dauerhaft gekennzeichnet, leicht zu erreichen und zu handhaben sein.

(3) Selbsttätig wirkende Feuerlöscheinrichtungen müssen mit Warneinrichtungen ausgerüstet sein, wenn bei ihrem Einsatz Gefahren für die Beschäftigten auftreten können.

2.3. [Fluchtwege und Notausgänge].
(1) Fluchtwege und Notausgänge müssen
a) sich in Anzahl, Anordnung und Abmessung nach der Nutzung, der Einrichtung und den Abmessungen der Arbeitsstätte sowie nach der höchstmöglichen Anzahl der dort anwesenden Personen richten,
b) auf möglichst kurzem Weg ins Freie oder, falls dies nicht möglich ist, in einen gesicherten Bereich führen,
c) in angemessener Form und dauerhaft gekennzeichnet sein.

Sie sind mit einer Sicherheitsbeleuchtung auszurüsten, wenn das gefahrlose Verlassen der Arbeitsstätte für die Beschäftigten, insbesondere bei Ausfall der allgemeinen Beleuchtung, nicht gewährleistet ist.

(2) Türen im Verlauf von Fluchtwegen oder Türen von Notausgängen müssen
a) sich von innen ohne besondere Hilfsmittel jederzeit leicht öffnen lassen, solange sich Beschäftigte in der Arbeitsstätte befinden,
b) in angemessener Form und dauerhaft gekennzeichnet sein.

Türen von Notausgängen müssen sich nach außen öffnen lassen. In Notausgängen sind Karussell- und Schiebetüren nicht zulässig.

▶ **Arbeitsbedingungen**

3.1. [Bewegungsfläche]. (1) Die freie unverstellte Fläche am Arbeitsplatz muss so bemessen sein, dass sich die Beschäftigten bei ihrer Tätigkeit ungehindert bewegen können.

(2) Ist dies nicht möglich, muss den Beschäftigten in der Nähe des Arbeitsplatzes eine andere ausreichend große Bewegungsfläche zur Verfügung stehen.

3.2. [Anordnung der Arbeitsplätze]. Arbeitsplätze sind in der Arbeitsstätte so anzuordnen, dass Beschäftigte

Arbeitsstättenverordnung 1.10 ArbStättV / Anhang

a) sie sicher erreichen und verlassen können,
b) sich bei Gefahr schnell in Sicherheit bringen können,
c) durch benachbarte Arbeitsplätze, Transporte oder Einwirkungen von außerhalb nicht gefährdet werden.

3.3. [Ausstattung]. Jedem Beschäftigten muss mindestens eine Kleiderablage zur Verfügung stehen, sofern Umkleideräume nach § 6 Abs. 2 Satz 3 nicht vorhanden sind.

3.4. [Beleuchtung und Sichtverbindung].
(1) Die Arbeitsstätten müssen möglichst ausreichend Tageslicht erhalten und mit Einrichtungen für eine der Sicherheit und dem Gesundheitsschutz der Beschäftigten angemessenen künstlichen Beleuchtung ausgestattet sein.
(2) Die Beleuchtungsanlagen sind so auszuwählen und anzuordnen, dass sich dadurch keine Unfall- oder Gesundheitsgefahren ergeben können.
(3) Arbeitsstätten, in denen die Beschäftigten bei Ausfall der Allgemeinbeleuchtung Unfallgefahren ausgesetzt sind, müssen eine ausreichende Sicherheitsbeleuchtung haben.

3.5. [Raumtemperatur]. (1) In Arbeits-, Pausen-, Bereitschafts-, Sanitär-, Kantinen- und Erste-Hilfe-Räumen, in denen aus betriebstechnischer Sicht keine spezifischen Anforderungen an die Raumtemperatur gestellt werden, muss während der Arbeitszeit unter Berücksichtigung der Arbeitsverfahren, der körperlichen Beanspruchung der Beschäftigten und des spezifischen Nutzungszwecks des Raumes eine gesundheitlich zuträgliche Raumtemperatur bestehen.
(2) Fenster, Oberlichter und Glaswände müssen je nach Art der Arbeit und der Arbeitsstätte eine Abschirmung der Arbeitsstätten gegen übermäßige Sonneneinstrahlung ermöglichen.

3.6. [Lüftung]. (1) In umschlossenen Arbeitsräumen muss unter Berücksichtigung der Arbeitsverfahren, der körperlichen Beanspruchung und der Anzahl der Beschäftigten sowie der sonstigen anwesenden Personen ausreichend gesundheitlich zuträgliche Atemluft vorhanden sein.
(2) Ist für das Betreiben von Arbeitsstätten eine raumlufttechnische Anlage erforderlich, muss diese jederzeit funktionsfähig sein. Eine Störung muss durch eine selbsttätige Warneinrichtung angezeigt werden. Es müssen Vorkehrungen getroffen sein, durch die die Beschäftigten im Fall einer Störung gegen Gesundheitsgefahren geschützt sind.
(3) Werden Klimaanlagen oder mechanische Belüftungseinrichtungen verwendet, ist sicherzustellen, dass die Beschäftigten keinem störenden Luftzug ausgesetzt sind.
(4) Ablagerungen und Verunreinigungen in raumlufttechnischen Anlagen, die zu einer unmittelbaren Gesundheitsgefährdung durch die Raumluft führen können, müssen umgehend beseitigt werden.

3.7. [Lärm]. In Arbeitsstätten ist der Schalldruckpegel so niedrig zu halten, wie es nach der Art des Betriebes möglich ist. Der Beurteilungspegel am Arbeitsplatz in Arbeitsräumen darf auch unter Berücksichtigung der von außen einwirkenden Geräusche höchstens 85 dB (A) betragen; soweit dieser Beurteilungspegel nach der betrieblich möglichen Lärmminderung zumutbarerweise nicht einzuhalten ist, darf er bis zu 5 dB (A) überschritten werden.

▶ **Sanitärräume, Pausen- und Bereitschaftsräume, Erste-Hilfe-Räume, Unterkünfte**

4.1. [Sanitärräume]. (1) Toilettenräume sind mit verschließbaren Zugängen, einer ausreichenden Anzahl von Toilettenbecken und Handwaschgelegenheiten zur Verfügung zu stellen. Sie müssen sich sowohl in der Nähe der Arbeitsplätze als auch in der Nähe von Pausen- und Bereitschaftsräumen, Wasch- und Umkleideräumen befinden.
(2) Waschräume nach 6 Abs. 2 Satz 2 sind
a) in der Nähe des Arbeitsplatzes und sichtgeschützt einzurichten,
b) so zu bemessen, dass die Beschäftigten sich den hygienischen Erfordernissen entsprechend und ungehindert reinigen können; dazu muss fließendes warmes und kaltes Wasser, Mittel zum Reinigen und gegebenenfalls zum Desinfizieren sowie zum Abtrocknen der Hände vorhanden sein,
c) mit einer ausreichenden Anzahl geeigneter Duschen zur Verfügung zu stellen, wenn es die Art der Tätigkeit oder gesundheitliche Gründe erfordern.
Sind Waschräume nach § 6 Abs. 2 Satz 2 nicht erforderlich, müssen in der Nähe des Arbeitsplatzes und der Umkleideräume ausreichende und angemessene Waschgelegenheiten mit fließendem Wasser (erforderlichenfalls mit warmem Wasser), Mitteln zum Reinigen und zum Abtrocknen der Hände zur Verfügung stehen.
(3) Umkleideräume nach § 6 Abs. 2 Satz 3 müssen
a) leicht zugänglich und von ausreichender Größe und sichtgeschützt eingerichtet werden; entsprechend der Anzahl gleichzeiti-

1.10 ArbStättV / Anhang — Anforderungen an Arbeitsstätten

ger Benutzer muss genügend freie Bodenfläche für ungehindertes Umkleiden vorhanden sein,
b) mit Sitzgelegenheiten sowie mit verschließbaren Einrichtungen ausgestattet sein, in denen jeder Beschäftigte seine Kleidung aufbewahren kann.

Kleiderschränke für Arbeitskleidung und Schutzkleidung sind von Kleiderschränken für persönliche Kleidung und Gegenstände zu trennen, wenn Umstände dies erfordern.

(4) Wasch- und Umkleideräume, die voneinander räumlich getrennt sind, müssen untereinander leicht erreichbar sein.

4.2. [Pausen- und Bereitschaftsräume].
(1) Pausenräume oder entsprechende Pausenbereiche nach § 6 Abs. 3 Satz 1 sind
a) für die Beschäftigten leicht erreichbar an ungefährdeter Stelle und in ausreichender Größe bereitzustellen,
b) entsprechend der Anzahl der gleichzeitigen Benutzer mit leicht zu reinigenden Tischen und Sitzgelegenheiten mit Rückenlehne auszustatten,
c) als separate Räume zu gestalten, wenn die Beurteilung der Arbeitsbedingungen und der Arbeitsstätte dies erfordern.

(2) Bereitschaftsräume nach § 6 Abs. 3 Satz 3 und Pausenräume, die als Bereitschaftsräume genutzt werden, müssen dem Zweck entsprechend ausgestattet sein.

4.3. [Erste-Hilfe-Räume]. (1) Erste-Hilfe-Räume nach § 6 Abs. 4 müssen an ihren Zugängen als solche gekennzeichnet und für Personen mit Rettungstransportmitteln leicht zugänglich sein.

(2) Sie sind mit den erforderlichen Einrichtungen und Materialien zur ersten Hilfe auszustatten. An einer deutlich gekennzeichneten Stelle müssen Anschrift und Telefonnummer der örtlichen Rettungsdienste angegeben sein.

(3) Erste-Hilfe-Ausstattung ist darüber hinaus überall dort aufzubewahren, wo es die Arbeitsbedingungen erfordern. Sie muss leicht zugänglich und einsatzbereit sein. Die Aufbewahrungsstellen müssen als solche gekennzeichnet und gut erreichbar sein.

4.4. [Unterkünfte]. (1) Unterkünfte müssen entsprechend ihrer Belegungszahl ausgestattet sein mit:
a) Wohn- und Schlafbereich (Betten, Schränken, Tischen, Stühlen),
b) Essbereich,
c) Sanitäreinrichturigen.

(2) Bei Anwesenheit von männlichen und weiblichen Beschäftigten ist dies bei der Zuteilung der Räume zu berücksichtigen.

Jugendschutzgesetz

Vom 23. Juli 2002 mit Änderungen bis zum 20. Juli 2007

Allgemeines

§ 1. Begriffsbestimmungen. (1) Im Sinne dieses Gesetzes
1. sind Kinder Personen, die noch nicht 14 Jahre alt sind,
2. sind Jugendliche Personen, die 14, aber noch nicht 18 Jahre alt sind,
3. ist personensorgeberechtigte Person, wem allein oder gemeinsam mit einer anderen Person nach den Vorschriften des Bürgerlichen Gesetzbuchs die Personensorge zusteht,
4. ist erziehungsbeauftragte Person, jede Person über 18 Jahren, soweit sie auf Dauer oder zeitweise aufgrund einer Vereinbarung mit der personensorgeberechtigten Person Erziehungsaufgaben wahrnimmt oder soweit sie ein Kind oder eine jugendliche Person im Rahmen der Ausbildung oder der Jugendhilfe betreut.

(2) [1]Trägermedien im Sinne dieses Gesetzes sind Medien mit Texten, Bildern oder Tönen auf gegenständlichen Trägern, die zur Weitergabe geeignet, zur unmittelbaren Wahrnehmung bestimmt oder in einem Vorführ- oder Spielgerät eingebaut sind. [2]Dem gegenständlichen Verbreiten, Überlassen, Anbieten oder Zugänglichmachen von Trägermedien steht das elektronische Verbreiten, Überlassen, Anbieten oder Zugänglichmachen gleich, soweit es sich nicht um Rundfunk im Sinne des § 2 des Rundfunkstaatsvertrages handelt.

(3) [1]Telemedien im Sinne dieses Gesetzes sind Medien, die nach dem Telemediengesetz übermittelt oder zugänglich gemacht werden. [2]Als Übermitteln oder Zugänglichmachen im Sinne von Satz 1 gilt das Bereithalten eigener oder fremder Inhalte.

(4) Versandhandel im Sinne dieses Gesetzes ist jedes entgeltliche Geschäft, das im Wege der Bestellung und Übersendung einer Ware durch Postversand oder elektronischen Versand ohne persönlichen Kontakt zwischen Lieferant und Besteller oder ohne dass durch technische oder sonstige Vorkehrungen sichergestellt ist, dass kein Versand an Kinder und Jugendliche erfolgt, vollzogen wird.

(5) Die Vorschriften der §§ 2 bis 14 dieses Gesetzes gelten nicht für verheiratete Jugendliche.

§ 2. Prüfungs- und Nachweispflicht. (1) [1]Soweit es nach diesem Gesetz auf die Begleitung durch eine erziehungsbeauftragte Person ankommt, haben die in § 1 Abs. 1 Nr. 4 genannten Personen ihre Berechtigung auf Verlangen darzulegen. [2]Veranstalter und Gewerbetreibende haben in Zweifelsfällen die Berechtigung zu überprüfen.

(2) [1]Personen, bei denen nach diesem Gesetz Altersgrenzen zu beachten sind, haben ihr Lebensalter auf Verlangen in geeigneter Weise nachzuweisen. [2]Veranstalter und Gewerbetreibende haben in Zweifelsfällen das Lebensalter zu überprüfen.

§ 3. Bekanntmachung der Vorschriften. (1) Veranstalter und Gewerbetreibende haben die nach den §§ 4 bis 13 für ihre Betriebseinrichtungen und Veranstaltungen geltenden Vorschriften sowie bei öffentlichen Filmveranstaltungen die Alterseinstufung von Filmen oder die Anbieterkennzeichnung nach § 14 Abs. 7 durch deutlich sichtbaren und gut lesbaren Aushang bekannt zu machen.

(2) [1]Zur Bekanntmachung der Alterseinstufung von Filmen und von Film- und Spielprogrammen dürfen Veranstalter und Gewerbetreibende nur die in § 14 Abs. 2 genannten Kennzeichnungen verwenden. [2]Wer einen Film für öffentliche Filmveranstaltungen weitergibt, ist verpflichtet, den Veranstalter bei der Weitergabe auf die Alterseinstufung oder die Anbieterkennzeichnung nach § 14 Abs. 7 hinzuweisen. [3]Für Filme, Film- und Spielprogramme, die nach § 14 Abs. 2 von der obersten Landesbehörde oder einer Organisation der freiwilligen Selbstkontrolle im Rahmen des Verfahrens nach § 14 Abs. 6 gekennzeichnet sind, darf bei der Ankündigung oder Werbung weder auf jugendbeeinträchtigende Inhalte hingewiesen werden noch darf die Ankündigung oder Werbung in jugendbeeinträchtigender Weise erfolgen.

Jugendschutz in der Öffentlichkeit

§ 4. Gaststätten. (1) [1]Der Aufenthalt in Gaststätten darf Kindern und Jugendlichen unter 16 Jahren nur gestattet werden, wenn eine personensorgeberechtigte oder erziehungsbeauftragte Person sie begleitet oder wenn sie in der Zeit zwischen 5 Uhr und 23 Uhr eine Mahlzeit oder ein Getränk einnehmen. [2]Jugendlichen ab 16 Jahren darf der Aufenthalt in Gaststätten ohne Begleitung einer personensorgeberechtigten oder erziehungsbeauftragten Person in der Zeit von 24 Uhr und 5 Uhr morgens nicht gestattet werden.

1.11 JuSchG §§ 4–10 — Jugendschutz in der Öffentlichkeit

(2) Absatz 1 gilt nicht, wenn Kinder oder Jugendliche an einer Veranstaltung eines anerkannten Trägers der Jugendhilfe teilnehmen oder sich auf Reisen befinden.

(3) Der Aufenthalt in Gaststätten, die als Nachtbar oder Nachtclub geführt werden, und in vergleichbaren Vergnügungsbetrieben darf Kindern und Jugendlichen nicht gestattet werden.

(4) Die zuständige Behörde kann Ausnahmen von Absatz 1 genehmigen.

§ 5. Tanzveranstaltungen. (1) Die Anwesenheit bei öffentlichen Tanzveranstaltungen ohne Begleitung einer personensorgeberechtigten oder erziehungsbeauftragten Person darf Kindern und Jugendlichen unter 16 Jahren nicht und Jugendlichen ab 16 Jahren längstens bis 24 Uhr gestattet werden.

(2) Abweichend von Absatz 1 darf die Anwesenheit Kindern bis 22 Uhr und Jugendlichen unter 16 Jahren bis 24 Uhr gestattet werden, wenn die Tanzveranstaltung von einem anerkannten Träger der Jugendhilfe durchgeführt wird oder der künstlerischen Betätigung oder der Brauchtumspflege dient.

(3) Die zuständige Behörde kann Ausnahmen genehmigen.

§ 6. Spielhallen, Glücksspiele. (1) Die Anwesenheit in öffentlichen Spielhallen oder ähnlichen vorwiegend dem Spielbetrieb dienenden Räumen darf Kindern und Jugendlichen nicht gestattet werden.

(2) Die Teilnahme an Spielen mit Gewinnmöglichkeit in der Öffentlichkeit darf Kindern und Jugendlichen nur auf Volksfesten, Schützenfesten, Jahrmärkten, Spezialmärkten oder ähnlichen Veranstaltungen und nur unter der Voraussetzung gestattet werden, dass der Gewinn in Waren von geringem Wert besteht.

§ 7. Jugendgefährdende Veranstaltungen und Betriebe. [1]Geht von einer öffentlichen Veranstaltung oder einem Gewerbebetrieb eine Gefährdung für das körperliche, geistige oder seelische Wohl von Kindern oder Jugendlichen aus, so kann die zuständige Behörde anordnen, dass der Veranstalter oder Gewerbetreibende Kindern und Jugendlichen die Anwesenheit nicht gestattet darf. [2]Die Anordnung kann Altersbegrenzungen, Zeitbegrenzungen oder andere Auflagen enthalten, wenn dadurch die Gefährdung ausgeschlossen oder wesentlich gemindert wird.

§ 8. Jugendgefährdende Orte. [1]Hält sich ein Kind oder eine jugendliche Person an einem Ort auf, an dem ihm oder ihr eine unmittelbare Gefahr für das körperliche, geistige oder seelische Wohl droht, so hat die zuständige Behörde oder Stelle die zur Abwendung der Gefahr erforderlichen Maßnahmen zu treffen. [2]Wenn nötig, hat sie das Kind oder die jugendliche Person
1. zum Verlassen des Ortes anzuhalten,
2. der erziehungsberechtigten Person im Sinne des § 7 Abs. 1 Nr. 6 des Achten Buches Sozialgesetzbuch zuzuführen oder, wenn keine erziehungsberechtigte Person erreichbar ist, in die Obhut des Jugendamtes zu bringen.

[3]In schwierigen Fällen hat die zuständige Behörde oder Stelle das Jugendamt über den jugendgefährdenden Ort zu unterrichten.

§ 9. Alkoholische Getränke. (1) In Gaststätten, Verkaufsstellen oder sonst in der Öffentlichkeit dürfen
1. Branntwein, branntweinhaltige Getränke oder Lebensmittel, die Branntwein in nicht nur geringfügiger Menge enthalten, an Kinder und Jugendliche,
2. andere alkoholische Getränke an Kinder und Jugendliche unter 16 Jahren

weder abgegeben werden noch darf ihnen der Verzehr gestattet werden.

(2) Absatz 1 Nr. 2 gilt nicht, wenn Jugendliche von einer personensorgeberechtigten Person begleitet werden.

(3) [1]In der Öffentlichkeit dürfen alkoholische Getränke nicht in Automaten angeboten werden. [2]Dies gilt nicht, wenn ein Automat
1. an einem für Kinder und Jugendliche unzugänglichen Ort aufgestellt ist oder
2. in einem gewerblich genutzten Raum aufgestellt und durch technische Vorrichtungen oder durch ständige Aufsicht sichergestellt ist, dass Kinder und Jugendliche alkoholische Getränke nicht entnehmen können.

[3]§ 20 Nr. 1 des Gaststättengesetzes bleibt unberührt.

(4) Alkoholhaltige Süßgetränke im Sinne des § 1 Abs. 2 und 3 des Alkopopsteuergesetzes dürfen gewerbsmäßig nur mit dem Hinweis „Abgabe an Personen unter 18 Jahren verboten, § 9 Jugendschutzgesetz" in den Verkehr gebracht werden. Dieser Hinweis ist auf der Fertigpackung in der gleichen Schriftart und in der gleichen Größe und Farbe wie die Marken- oder Phantasienamen oder, soweit nicht vorhanden, wie die Verkehrsbezeichnung zu halten und bei Flaschen auf dem Frontetikett anzubringen.

§ 10. Rauchen in der Öffentlichkeit, Tabakwaren. (1) In Gaststätten, Verkaufsstellen oder sonst in der Öffentlichkeit dürfen Tabakwaren an Kinder oder Jugendliche weder abgegeben werden noch darf ihnen das Rauchen gestattet werden.

(2) [1]In der Öffentlichkeit dürfen Tabakwaren nicht in Automaten angeboten werden. [2]Dies gilt nicht, wenn ein Automat

Jugendschutzgesetz 1.11 JuSchG §§ 10–30

1. an einem Kindern und Jugendlichen unter 16 Jahren unzugänglichen Ort aufgestellt ist oder
2. durch technische Vorrichtungen oder durch ständige Aufsicht sichergestellt ist, dass Kinder und Jugendliche unter 16 Jahren Tabakwaren nicht entnehmen können.

§ 28. Bußgeldvorschriften. (1) Ordnungswidrig handelt, wer als Veranstalter oder Gewerbetreibender vorsätzlich oder fahrlässig
1. entgegen § 3 Abs. 1 die für seine Betriebseinrichtung oder Veranstaltung geltenden Vorschriften nicht, nicht richtig oder nicht in der vorgeschriebenen Weise bekannt macht,
2. entgegen § 3 Abs. 2 Satz 1 eine Kennzeichnung verwendet,
3. entgegen § 3 Abs. 2 Satz 2 einen Hinweis nicht, nicht richtig oder nicht rechtzeitig gibt,
4. entgegen § 3 Abs. 2 Satz 3 einen Hinweis gibt, einen Film oder ein Film- oder Spielprogramm ankündigt oder für einen Film oder ein Film- oder Spielprogramm wirbt,
5. entgegen § 4 Abs. 1 oder 3 einem Kind oder einer jugendlichen Person den Aufenthalt in einer Gaststätte gestattet,
6. entgegen § 5 Abs. 1 einem Kind oder einer jugendlichen Person die Anwesenheit bei einer öffentlichen Tanzveranstaltung gestattet,
7. entgegen § 6 Abs. 1 einem Kind oder einer jugendlichen Person die Anwesenheit in einer öffentlichen Spielhalle oder einem dort genannten Raum gestattet,
8. entgegen § 6 Abs. 2 einem Kind oder einer jugendlichen Person die Teilnahme an einem Spiel mit Gewinnmöglichkeit gestattet,
9. einer vollziehbaren Anordnung nach § 7 Satz 1 zuwiderhandelt,
10. entgegen § 9 Abs. 1 ein alkoholisches Getränk an ein Kind oder eine jugendliche Person abgibt oder ihm oder ihr den Verzehr gestattet,
11. entgegen § 9 Abs. 3 Satz 1 ein alkoholisches Getränk in einem Automaten anbietet,
11a. entgegen § 9 Abs. 4 alkoholhaltige Süßgetränke in den Verkehr bringt,
12. entgegen § 10 Abs. 1 Tabakwaren abgibt oder einem Kind oder einer jugendlichen Person das Rauchen gestattet,
13. entgegen § 10 Abs. 2 Satz 1 Tabakwaren in einem Automaten anbietet,

§ 30. Inkrafttreten, Außerkrafttreten.
(1) Dieses Gesetz tritt an dem Tag in Kraft, an dem der Staatsvertrag der Länder über den Schutz der Menschenwürde und den Jugendschutz in Rundfunk und Telemedien in Kraft tritt. Gleichzeitig treten das Gesetz zum Schutze der Jugend in der Öffentlichkeit vom 25. Februar 1985 (BGBl. I S. 425), zuletzt geändert durch Artikel 8 a des Gesetzes vom 15. Dezember 2001 (BGBl. I S. 3762) und das Gesetz über die Verbreitung jugendgefährdender Schriften und Medieninhalte in der Fassung der Bekanntmachung vom 12. Juli 1985 (BGBl. I S. 1502), zuletzt geändert durch Artikel 8 b des Gesetzes vom 15. Dezember 2001 (BGBl. I S. 3762) außer Kraft. Das Bundesministerium für Familie, Senioren, Frauen und Jugend gibt das Datum des Inkrafttretens dieses Gesetzes im Bundesgesetzblatt bekannt.

(2) Abweichend von Absatz 1 Satz 1 treten § 10 Abs. 2 und § 28 Abs. 1 Nr. 13 am 1. Januar 2007 in Kraft.

Gesetz über die Erhebung einer Sondersteuer auf alkoholhaltige Süßgetränke (Alkopops) zum Schutz junger Menschen
Vom 23. Juli 2004

§ 1. Steuergebiet, Steuergegenstand. (1) Alkoholhaltige Süßgetränke (Alkopops) unterliegen im Steuergebiet einer Sondersteuer zum Schutz junger Menschen (Alkopopsteuer). Steuergebiet ist das Gebiet der Bundesrepublik Deutschland ohne das Gebiet Büsingen und ohne die Insel Helgoland. Die Alkopopsteuer ist eine Verbrauchsteuer im Sinne der Abgabenordnung.

(2) Alkopops im Sinne dieses Gesetzes sind Getränke
– auch in gefrorener Form –, die
– aus einer Mischung von Getränken mit einem Alkoholgehalt von 1,2 % vol oder weniger oder gegorenen Getränken mit einem Alkoholgehalt von mehr als 1,2 % vol mit Erzeugnissen nach § 130 Abs. 1 des Gesetzes über das Branntweinmonopol bestehen,
– einen Alkoholgehalt von mehr als 1,2 % vol, aber weniger als 10 % vol aufweisen,
– trinkfertig gemischt in verkaufsfertigen, verschlossenen Behältnissen abgefüllt sind und
– als Erzeugnisse nach § 130 Abs. 1 des Gesetzes über das Branntweinmonopol der Branntweinsteuer unterliegen.

(3) Als Alkopops gelten auch industriell vorbereitete Mischungskomponenten von Getränken nach Absatz 2, die in einer gemeinsamen Verpackung enthalten sind.

§ 2. Steuertarif. Die Steuer bemisst sich nach der in dem Alkopop enthaltenen Alkoholmenge. Sie beträgt für einen Hektoliter reinen Alkohol, gemessen bei einer Temperatur von 20°C: 5 550 Euro.

§ 4. Aufkommensverwendung, Aufkommensverteilung. Das Netto-Mehraufkommen aus der Alkopopsteuer ist zur Finanzierung von Maßnahmen zur Suchtprävention der Bundeszentrale für gesundheitliche Aufklärung zu verwenden. Das Netto-Mehraufkommen der Alkopopsteuer ergibt sich aus der Differenz zwischen dem Aufkommen der Alkopopsteuer und den Mindereinnahmen bei der Branntweinsteuer, die sich durch die Einführung der Alkopopsteuer ergeben. Die Bundesregierung wird ermächtigt, das Verfahren zur Berechnung des Netto-Mehraufkommens durch Rechtsverordnung zu regeln.

§ 5. Bericht der Bundesregierung über die Auswirkungen des Gesetzes. Die Bundesregierung berichtet dem Deutschen Bundestag zum 1. Juli 2005 über die Auswirkungen des Gesetzes auf den Alkoholkonsum von Jugendlichen unter 18 Jahren sowie die Marktentwicklung von Alkopops und vergleichbaren Getränken.

Ladenschlußgesetz

1.12 LadSchlG §§ 1–8

Gesetz über den Ladenschluß
In der Fassung vom 2. Juni 2003 mit Änderungen bis 31. Oktober 2006

Begriffsbestimmungen

§ 1. Verkaufsstellen. (1) Verkaufsstellen im Sinne dieses Gesetzes sind
1. Ladengeschäfte aller Art, Apotheken, Tankstellen und Bahnhofsverkaufsstellen,
2. sonstige Verkaufsstände und -buden, Kioske, Basare und ähnliche Einrichtungen, falls in ihnen ebenfalls von einer festen Stelle aus ständig Waren zum Verkauf an jedermann feilgehalten werden. Dem Feilhalten steht das Zeigen von Mustern, Proben und ähnlichem gleich, wenn Warenbestellungen in der Einrichtung entgegengenommen werden,
3. Verkaufsstellen von Genossenschaften.

(2) Zur Herbeiführung einer einheitlichen Handhabung des Gesetzes kann das Bundesministerium für Arbeit und Soziales im Einvernehmen mit dem Bundesministerium für Wirtschaft und Technologie durch Rechtsverordnung mit Zustimmung des Bundesrates bestimmen, welche Einrichtungen Verkaufsstellen gemäß Absatz 1 sind.

§ 2. Begriffsbestimmungen. (1) Feiertage im Sinne dieses Gesetzes sind die gesetzlichen Feiertage.

(2) Reisebedarf im Sinne dieses Gesetzes sind Zeitungen, Zeitschriften, Straßenkarten, Stadtpläne, Reiselektüre, Schreibmaterialien, Tabakwaren, Schnittblumen; Reisetoilettenartikel, Filme, Tonträger, Bedarf für Reiseapotheken, Reiseandenken und Spielzeug geringeren Wertes, Lebens- und Genussmittel in kleineren Mengen sowie ausländische Geldsorten.

Ladenschlußzeiten

§ 3. Allgemeine Ladenschlußzeiten.
Verkaufsstellen müssen zu folgenden Zeiten für den geschäftlichen Verkehr mit Kunden geschlossen sein:
1. an Sonn- und Feiertagen,
2. montags bis samstags bis 6 Uhr und ab 20 Uhr,
3. am 24. Dezember, wenn dieser Tag auf einen Werktag fällt, bis 6 Uhr und ab 14 Uhr.

Verkaufsstellen für Bäckerwaren dürfen abweichend von Satz 1 den Beginn der Ladenöffnungszeit an Werktagen auf 5.30 Uhr vorverlegen. Die beim Ladenschluß anwesenden Kunden dürfen noch bedient werden.

§ 4. Apotheken. (1) Abweichend von den Vorschriften des § 3 dürfen Apotheken an allen Tagen während des ganzen Tages geöffnet sein. An Werktagen während der allgemeinen Ladenschlußzeiten (§ 3) und an Sonn- und Feiertagen ist nur die Abgabe von Arznei-, Krankenpflege-, Säuglingspflege- und Säuglingsnährmitteln, hygienischen Artikeln sowie Desinfektionsmitteln gestattet.

(2) Die nach Landesrecht zuständige Verwaltungsbehörde hat für eine Gemeinde oder für benachbarte Gemeinden mit mehreren Apotheken anzuordnen, dass während der allgemeinen Ladenschlusszeiten (§ 3) abwechselnd ein Teil der Apotheken geschlossen sein muss. An den geschlossenen Apotheken ist an sichtbarer Stelle ein Aushang anzubringen, der die zur Zeit offenen Apotheken bekannt gibt. Dienstbereitschaft der Apotheken steht der Offenhaltung gleich.

§ 5. Zeitungen und Zeitschriften. Abweichend von den Vorschriften des § 3 dürfen Kioske für den Verkauf von Zeitungen und Zeitschriften an Sonn- und Feiertagen von 11 Uhr bis 13 Uhr geöffnet sein.

§ 6. Tankstellen. (1) Abweichend von den Vorschriften des § 3 dürfen Tankstellen an allen Tagen während des ganzen Tages geöffnet sein.

(2) An Werktagen während der allgemeinen Ladenschlußzeiten (§ 3) und an Sonn- und Feiertagen ist nur die Abgabe von Ersatzteilen für Kraftfahrzeuge, soweit dies für die Erhaltung oder Wiederherstellung der Fahrbereitschaft notwendig ist, sowie die Abgabe von Betriebsstoffen und von Reisebedarf gestattet.

§ 7. (weggefallen).

§ 8. Verkaufsstellen auf Personenbahnhöfen.
(1) Abweichend von den Vorschriften des § 3 dürfen Verkaufsstellen auf Personenbahnhöfen von Eisenbahnen und Magnetschwebebahnen, soweit sie den Bedürfnissen des Reiseverkehrs zu dienen bestimmt sind, an allen Tagen während des ganzen Tages geöffnet sein, am 24. Dezember jedoch nur bis 17.00 Uhr. Während der allgemeinen Ladenschlußzeiten ist der Verkauf von Reisebedarf zulässig.

(2a) Die Landesregierungen werden ermächtigt, durch Rechtsverordnung zu bestimmen, daß in Städten mit über 200000 Einwohnern zur Versorgung der Berufspendler und der anderen

1.12 LadSchlG §§ 8–14 — Ladenschlußzeiten

Reisenden mit Waren des täglichen Ge- und Verbrauchs sowie mit Geschenkartikeln
1. Verkaufsstellen auf Personenbahnhöfen des Schienenfernverkehrs und
2. Verkaufsstellen innerhalb einer baulichen Anlage, die einen Personenbahnhof des Schienenfernverkehrs mit einem Verkehrsknotenpunkt des Nah- und Stadtverkehrs verbindet,

an Werktagen von 6 bis 22 Uhr geöffnet sein dürfen; sie haben dabei die Größe der Verkaufsfläche auf das für diesen Zweck erforderliche Maß zu begrenzen.

§ 9. Verkaufsstellen auf Flughäfen und in Fährhäfen. (1) Abweichend von den Vorschriften des § 3 dürfen Verkaufsstellen auf Flughäfen an allen Tagen während des ganzen Tages geöffnet sein, am 24. Dezember jedoch nur bis siebzehn Uhr. An Werktagen während der allgemeinen Ladenschlußzeiten (§ 3) und an Sonn- und Feiertagen ist nur die Abgabe von Reisebedarf an Reisende gestattet.

(3) Die Landesregierungen werden ermächtigt, durch Rechtsverordnung abweichend von Absatz 1 Satz 2 zu bestimmen, daß auf internationalen Verkehrsflughäfen und in internationalen Fährhäfen Waren des täglichen Ge- und Verbrauchs sowie Geschenkartikel an Werktagen während der allgemeinen Ladenschlußzeiten (§ 3) und an Sonn- und Feiertagen auch an andere Personen als an Reisende abgegeben werden dürfen; sie haben die Größe der Verkaufsflächen auf das für diesen Zweck erforderliche Maß zu begrenzen.

§ 10. Kur- und Erholungsorte. (1) Die Landesregierungen können durch Rechtsverordnung bestimmen, daß und unter welchen Voraussetzungen und Bedingungen in Kurorten und einzeln aufzuführenden Ausflugs-, Erholungs- und Wallfahrtsorten mit besonders starkem Fremdenverkehr Badegegenstände, Devotionalien, frische Früchte, alkoholfreie Getränke, Milch- und Milcherzeugnisse im Sinne des § 4 Abs. 2 des Milch- und Fettgesetzes in der im Bundesgesetzblatt Teil III, Gliederungsnummer 7842-1, veröffentlichten bereinigten Fassung, Süßwaren, Tabakwaren, Blumen und Zeitungen sowie Waren, die für diese Orte kennzeichnend sind, abweichend von den Vorschriften des § 3 Abs. 1 Nr. 1 an jährlich höchstens vierzig Sonn- und Feiertagen bis zur Dauer von acht Stunden verkauft werden dürfen. Sie können durch Rechtsverordnung die Festsetzung der zugelassenen Öffnungszeiten auf andere Stellen übertragen. Bei der Festsetzung der Öffnungszeiten ist auf die Zeit des Hauptgottesdienstes Rücksicht zu nehmen.

(2) In den nach Absatz 1 erlassenen Rechtsverordnungen kann die Offenhaltung auf bestimmte Ortsteile beschränkt werden.

§ 11. Verkauf in ländlichen Gebieten an Sonntagen. (1) Die Landesregierungen oder die von ihnen bestimmten Stellen können durch Rechtsverordnung bestimmen, daß und unter welchen Voraussetzungen und Bedingungen in ländlichen Gebieten während der Zeit der Feldbestellung und Ernte abweichend von den Vorschriften des § 3 alle oder bestimmte Arten von Verkaufsstellen an Sonn- und Feiertagen bis zur Dauer von zwei Stunden geöffnet sein dürfen, falls dies zur Befriedigung dringender Kaufbedürfnisse der Landbevölkerung erforderlich ist.

§ 12. Verkauf bestimmter Waren an Sonntagen. (1) Das Bundesministerium für Arbeit und Soziales bestimmt im Einvernehmen mit dem Bundesministerien für Wirtschaft und Technologie und für Ernährung, Landwirtschaft und Verbraucherschutz durch Rechtsverordnung mit Zustimmung des Bundesrates, daß und wie lange an Sonn- und Feiertagen abweichend von der Vorschrift des § 3 Abs. 1 Nr. 1 Verkaufsstellen für die Abgabe von Milch und Milcherzeugnissen im Sinne des § 4 Abs. 2 des Milch- und Fettgesetzes in der im Bundesgesetzblatt Teil III, Gliederungsnummer 7842-1, veröffentlichten bereinigten Fassung, Bäcker- und Konditorwaren, frischen Früchten, Blumen und Zeitungen geöffnet sein dürfen.

(2) In den nach Absatz 1 erlassenen Rechtsverordnungen kann die Offenhaltung auf bestimmte Sonn- und Feiertage oder Jahreszeiten sowie auf bestimmte Arten von Verkaufsstellen beschränkt werden. Eine Offenhaltung am 2. Weihnachts-, Oster- und Pfingstfeiertag soll nicht zugelassen werden. Die Lage der zugelassenen Öffnungszeiten wird unter Berücksichtigung der Zeit des Hauptgottesdienstes von den Landesregierungen oder den von ihnen bestimmten Stellen durch Rechtsverordnung festgesetzt.

§ 14. Weitere Verkaufssonntage. (1) Abweichend von der Vorschrift des § 3 Abs. 1 Nr. 1 dürfen Verkaufsstellen aus Anlaß von Märkten, Messen oder ähnlichen Veranstaltungen an jährlich höchstens vier Sonn- und Feiertagen geöffnet sein. Diese Tage werden von den Landesregierungen oder den von ihnen bestimmten Stellen durch Rechtsverordnung freigegeben.

(2) Bei der Freigabe kann die Offenhaltung auf bestimmte Bezirke und Handelszweige beschränkt werden. Der Zeitraum, während dessen die Verkaufsstellen geöffnet sein dürfen, ist anzugeben. Er darf fünf zusammenhängende Stunden nicht überschreiten, muß spätestens

um achtzehn Uhr enden und soll außerhalb der Zeit des Hauptgottesdienstes liegen.

(3) Sonn- und Feiertage im Dezember dürfen nicht freigegeben werden. In Orten, für die eine Regelung nach § 10 Abs. 1 Satz 1 getroffen ist, dürfen Sonn- und Feiertage nach Absatz 1 nur freigegeben werden, soweit die Zahl dieser Tage zusammen mit den nach § 10 Abs. 1 Nr. 1 freigegebenen Sonn- und Feiertagen 40 nicht übersteigt.

§ 15. Sonntagsverkauf am 24. Dezember.
Abweichend von der Vorschrift des § 3 Abs. 1 Nr. 1 dürfen, wenn der 24. Dezember auf einen Sonntag fällt,
1. Verkaufsstellen, die gemäß § 12 oder den hierauf gestützten Vorschriften an Sonn- und Feiertagen geöffnet sein dürfen,
2. Verkaufsstellen, die überwiegend Lebens- und Genußmittel feilhalten,
3. alle Verkaufsstellen für die Abgabe von Weihnachtsbäumen

während höchstens drei Stunden bis längstens vierzehn Uhr geöffnet sein.

§ 16. (weggefallen).

1.13 MRRG §§ 1–2   Allgemeine Bestimmungen

Melderechtsrahmengesetz
Neufassung vom 19. April 2002, mit Änderungen bis zum 20. Dezember 2007

Allgemeine Bestimmungen

§ 1. Aufgaben und Befugnisse der Meldebehörden. (1) Die für das Meldewesen zuständigen Behörden der Länder (Meldebehörden) haben die in ihrem Zuständigkeitsbereich wohnhaften Personen (Einwohner) zu registrieren, um deren Identität und Wohnungen feststellen und nachweisen zu können. Sie erteilen Melderegisterauskünfte, wirken bei der Durchführung von Aufgaben anderer Behörden oder sonstiger öffentlicher Stellen mit und übermitteln Daten. Zur Erfüllung ihrer Aufgaben führen die Meldebehörden Melderegister. Diese enthalten Daten, die bei den Betroffenen erhoben, von Behörden und sonstigen öffentlichen Stellen übermittelt oder sonst amtlich bekannt werden.

(2) Die Meldebehörden dürfen personenbezogene Daten, die im Melderegister gespeichert werden, nur nach Maßgabe dieses Gesetzes oder sonstiger Rechtsvorschriften erheben, verarbeiten oder nutzen. Daten nicht meldepflichtiger Einwohner dürfen auf Grund einer den Vorschriften des jeweiligen Landesdatenschutzgesetzes entsprechenden Einwilligung erhoben, verarbeitet und genutzt werden.

§ 2. Speicherung von Daten. (1) Zur Erfüllung ihrer Aufgaben nach § 1 Abs. 1 Satz 1 und 2 speichern die Meldebehörden folgende Daten einschließlich der zum Nachweis ihrer Richtigkeit erforderlichen Hinweise im Melderegister:
1. Familiennamen,
2. frühere Namen,
3. Vornamen,
4. Doktorgrad,
5. (weggefallen),
6. Tag und Ort der Geburt,
7. Geschlecht,
8. (weggefallen),
9. gesetzlicher Vertreter (Vor- und Familiennamen, Doktorgrad, Anschrift, Tag der Geburt, Sterbetag),
10. Staatsangehörigkeiten,
11. rechtliche Zugehörigkeit zu einer Religionsgesellschaft,
12. gegenwärtige und frühere Anschriften, Haupt- und Nebenwohnung, bei Zuzug aus dem Ausland auch die letzte frühere Anschrift im Inland,
13. Tag des Ein- und Auszugs,
14. Familienstand, bei Verheirateten oder Lebenspartnern zusätzlich Tag und Ort der Eheschließung oder der Begründung der Lebenspartnerschaft,
15. Ehegatte oder Lebenspartner (Vor- und Familienname, Doktorgrad, Tag der Geburt, Anschrift, Sterbetag),
16. minderjährige Kinder (Vor- und Familiennamen, Tag der Geburt, Sterbetag),
17. Ausstellungsbehörde, -datum, Gültigkeitsdauer und Seriennummer des Personalausweises/Passes,
18. Übermittlungssperren,
19. Sterbetag und -ort.

(2) Über die in Absatz 1 genannten Daten hinaus speichern die Meldebehörden im Melderegister folgende Daten einschließlich der zum Nachweis ihrer Richtigkeit erforderlichen Hinweise:
1. für die Vorbereitung von Wahlen zum Deutschen Bundestag und zum Europäischen Parlament
   die Tatsache, dass der Betroffene
   a) von der Wahlberechtigung oder der Wählbarkeit ausgeschlossen ist,
   b) als Unionsbürger (§ 6 Abs. 3 Satz 1 des Europawahlgesetzes) bei der Wahl des Europäischen Parlaments von Amts wegen in ein Wählerverzeichnis im Inland einzutragen ist; ebenfalls zu speichern sind die Gebietskörperschaft oder der Wahlkreis im Herkunftsmitgliedstaat, wo er zuletzt in ein Wählerverzeichnis eingetragen war,
2. für die Ausstellung von Lohnsteuerkarten steuerrechtliche Daten (Steuerklasse, Freibeträge, rechtliche Zugehörigkeit des Ehegatten zu einer Religionsgesellschaft, Rechtsstellung und Zuordnung der Kinder, Vor- und Familiennamen sowie Anschrift der Stiefeltern),
3. für die Ausstellung von Pässen und Personalausweisen
   die Tatsache, dass Passversagungsgründe vorliegen, ein Pass versagt oder entzogen oder eine Anordnung nach § 2 Abs. 2 des Gesetzes über Personalausweise getroffen worden ist,
4. für staatsangehörigkeitsrechtliche Verfahren
   die Tatsache, dass nach § 29 des Staatsangehörigkeitsgesetzes ein Verlust der deutschen Staatsangehörigkeit eintreten kann,
5. für Zwecke der Suchdienste
   die Anschrift vom 1. September 1939 derjenigen Einwohner, die aus den in § 1 Abs. 2 Nr. 3 des Bundesvertriebenengesetzes bezeichneten Gebieten stammen.

(3) Durch Landesgesetz kann bestimmt werden, dass für die Erfüllung von Aufgaben der Länder weitere Daten gespeichert werden.

Melderechtsrahmengesetz

§ 5. Meldegeheimnis. (1) Den bei Meldebehörden oder anderen Stellen, die im Auftrag der Meldebehörden handeln, beschäftigten Personen ist es untersagt, personenbezogene Daten unbefugt zu erheben, zu verarbeiten oder zu nutzen.
(2) Bei Personen, die bei Stellen beschäftigt sind, die im Auftrag der Meldebehörden handeln, ist sicherzustellen, dass sie nach Maßgabe von Absatz 1 verpflichtet werden. Ihre Pflichten bestehen auch nach Beendigung ihrer Tätigkeit fort.
(3) Das Nähere über Zeitpunkt und Form der Verpflichtung ist durch Landesrecht zu regeln.

Meldepflichten

§ 16. Besondere Meldepflicht in Beherbergungsstätten, Krankenhäusern, Heimen und ähnlichen Einrichtungen. (1) Soweit für die Unterkunft in Beherbergungsstätten eine Ausnahme von der Pflicht zur Anmeldung bei der Meldebehörde zugelassen ist, haben die beherbergten Personen Meldevordrucke handschriftlich auszufüllen und zu unterschreiben; beherbergte Ausländer haben sich dabei gegenüber dem Leiter der Beherbergungsstätte oder seinem Beauftragten durch die Vorlage eines gültigen Identitätsdokuments auszuweisen. Mitreisende Ehegatten oder Lebenspartner und minderjährige Kinder sowie Teilnehmer von Reisegesellschaften können durch Landesrecht von dieser Verpflichtung ausgenommen werden. Die Leiter der Beherbergungsstätten oder ihre Beauftragten haben auf die Erfüllung dieser Meldepflicht hinzuwirken und die ausgefüllten Meldevordrucke nach Maßgabe des Landesrechts für die zuständige Behörde bereitzuhalten oder dieser zu übermitteln. Die Sätze 1 bis 3 gelten entsprechend, wenn Personen in Zelten, Wohnwagen oder Wasserfahrzeugen auf Plätzen übernachten, die gewerbs- oder geschäftsmäßig überlassen werden. Näheres über die besondere Meldepflicht von Ausländern ist durch Landesrecht zu regeln.
(2) Soweit das Landesrecht für die Unterkunft in Krankenhäusern, Pflegeheimen oder ähnlichen Einrichtungen Ausnahmen von der Pflicht zur Anmeldung bei der Meldebehörde zulässt, haben die in einer solchen Einrichtung aufgenommenen Personen dem Leiter der Einrichtung oder seinem Beauftragten die durch das Landesrecht bestimmten Angaben über ihre Identität zu machen. Die Leiter der Einrichtungen oder ihre Beauftragten sind verpflichtet, diese Angaben unverzüglich in ein Verzeichnis aufzunehmen. Der zuständigen Behörde ist hieraus Auskunft zu erteilen, wenn dies nach ihrer Feststellung zur Abwehr einer erheblichen und gegenwärtigen Gefahr, zur Verfolgung von Straftaten oder zur Aufklärung des Schicksals von Vermissten und Unfallopfern im Einzelfall erforderlich ist.
(3) Die nach den Absätzen 1 und 2 erhobenen Angaben dürfen nur von den dort genannten Behörden für Zwecke der Gefahrenabwehr oder der Strafverfolgung sowie zur Aufklärung der Schicksale von Vermissten und Unfallopfern ausgewertet und verarbeitet werden, soweit durch Bundes- oder Landesrecht nichts anderes bestimmt ist.
(4) Die Form, der Inhalt und die Dauer der Aufbewahrung der Meldevordrucke nach Absatz 1 oder der Verzeichnisse nach Absatz 2 sowie das Nähere über ihre Bereithaltung für die zuständige Behörde oder die Übermittlung an diese sind durch Landesrecht zu regeln.

Anpassungs- und Schlussvorschriften

§ 23. Anpassung der Landesgesetzgebung; unmittelbare Geltung. (1) Die Länder haben ihr Melderecht den Vorschriften dieses Gesetzes innerhalb von zwei Jahren nach dem Inkrafttreten dieses Gesetzes anzupassen.

1.14 BeherbStatG §§ 1–8 — Beherbergungsstatistikgesetz

Gesetz zur Neuordnung der Statistik über die Beherbergung im Reiseverkehr
Vom 22. Mai 2002, mit Änderungen bis zum 7. September 2007

§ 1. Anordnung, Zweck. Über die Beherbergung im Reiseverkehr (vorübergehende Beherbergung) werden statistische Erhebungen bei Beherbergungsbetrieben als Bundesstatistik durchgeführt.

§ 2. Periodizität, Berichtszeitraum. (1) Die Erhebungen werden monatlich durchgeführt. Die Zahl der Gästezimmer nach § 4 Nr. 3 ist jährlich zu erheben.
(2) Berichtszeitraum für die monatliche Erhebung ist der dem Zeitpunkt der Erhebung vorangegangene Kalendermonat. Stichtag für die jährliche Erhebung ist der 31. Juli.

§ 3. Erhebungsbereich. (1) Beherbergungsbetriebe im Sinne des § 1 sind Betriebe und Betriebsteile, die nach Einrichtung und Zweckbestimmung dazu dienen, mehr als acht Gäste gleichzeitig vorübergehend zu beherbergen.
(2) Die Erhebungen erstrecken sich auf
a) die Bereiche des Abschnitts H (Gastgewerbe)
 Gruppe 55.1 Hotels, Gasthöfe, Pensionen und Hotels garnis und
 Gruppe 55.2 Sonstiges Beherbergungsgewerbe
der statistischen Systematik der Wirtschaftszweige in der Europäischen Gemeinschaft (NACE Rev. 1) gemäß Verordnung (EWG) Nr. 3037/90 des Rates vom 9. Oktober 1990 (ABl. EG Nr. L 293 S. 1) in der jeweils geltenden Fassung und
b) Vorsorge- und Rehabilitationseinrichtungen.

§ 4. Erhebungsmerkmale. Erhebungsmerkmale sind:
1. Zahl der Ankünfte und Übernachtungen von Gästen; bei Gästen, deren Wohnsitz oder gewöhnlicher Aufenthalt außerhalb Deutschlands liegt, werden diese Angaben auch in der Unterteilung nach Herkunftsländern erfasst,
2. Zahl der angebotenen Gästebetten oder bei Campingplätzen der Stellplätze,
3. bei Hotels, Gasthöfen, Pensionen und Hotels garnis zusätzlich Zahl der Gästezimmer.

§ 5. Hilfsmerkmale. Hilfsmerkmale sind:
1. Name und Anschrift des Beherbergungsbetriebs,
2. Name und Telekommunikationsanschlussnummern der für Rückfragen zur Verfügung stehenden Person.

§ 6. Auskunftspflicht. (1) Für die Erhebungen besteht Auskunftspflicht. Auskunftspflichtig ist der Inhaber, die Inhaberin, der Leiter oder die Leiterin des Beherbergungsbetriebs. Die Auskunftserteilung zu den Angaben nach § 5 Nr. 2 ist freiwillig.
(2) Die Auskunftspflicht erstreckt sich bei erstmaliger Heranziehung auch auf abgelaufene Berichtszeiträume des Kalenderjahres und des Vorjahres.

§ 7. Übermittlungsregelung. An die obersten Bundes- und Landesbehörden dürfen für die Verwendung gegenüber den gesetzgebenden Körperschaften und für Zwecke der Planung, jedoch nicht für die Regelung von Einzelfällen, vom Statistischen Bundesamt und den statistischen Ämtern der Länder Tabellen mit statistischen Ergebnissen übermittelt werden, auch soweit Tabellenfelder nur einen einzigen Fall ausweisen.

§ 8. Inkrafttreten, Außerkrafttreten. Dieses Gesetz tritt am 1. Januar 2003 in Kraft.

Gesetz zur Verhütung und Bekämpfung von Infektionskrankheiten beim Menschen

Vom 20. Juli 2000 mit Änderungen bis 13. Dezember 2007

Gesundheitliche Anforderungen an das Personal beim Umgang mit Lebensmitteln

§ 42. Tätigkeits- und Beschäftigungsverbote

(1) Personen, die
1. an Typhus abdominalis, Paratyphus, Cholera, Shigellenruhr, Salmonellose, einer anderen infektiösen Gastroenteritis oder Virushepatitis A oder E erkrankt oder dessen verdächtig sind,
2. an infizierten Wunden oder an Hautkrankheiten erkrankt sind, bei denen die Möglichkeit besteht, dass deren Krankheitserreger über Lebensmittel übertragen werden können,
3. die Krankheitserreger Shigellen, Salmonellen, enterohämorrhagische Escherichia coli oder Choleravibrionen ausscheiden,

dürfen nicht tätig sein oder beschäftigt werden
a) beim Herstellen, Behandeln oder Inverkehrbringen der in Absatz 2 genannten Lebensmittel, wenn sie dabei mit diesen in Berührung kommen, oder
b) in Küchen von Gaststätten und sonstigen Einrichtungen mit oder zu Gemeinschaftsverpflegung.

Satz 1 gilt entsprechend für Personen, die mit Bedarfsgegenständen, die für die dort genannten Tätigkeiten verwendet werden, so in Berührung kommen, dass eine Übertragung von Krankheitserregern auf die Lebensmittel im Sinne des Absatzes 2 zu befürchten ist. Die Sätze 1 und 2 gelten nicht für den privaten hauswirtschaftlichen Bereich.

(2) Lebensmittel im Sinne des Absatzes 1 sind
1. Fleisch, Geflügelfleisch und Erzeugnisse daraus
2. Milch und Erzeugnisse auf Milchbasis
3. Fische, Krebse oder Weichtiere und Erzeugnisse daraus
4. Eiprodukte
5. Säuglings- und Kleinkindernahrung
6. Speiseeis und Speiseeishalberzeugnisse
7. Backwaren mit nicht durchgebackener oder durcherhitzter Füllung oder Auflage
8. Feinkost-, Rohkost- und Kartoffelsalate, Marinaden, Mayonnaisen, andere emulgierte Soßen, Nahrungshefen.

(3) Personen, die in amtlicher Eigenschaft, auch im Rahmen ihrer Ausbildung, mit den in Absatz 2 bezeichneten Lebensmitteln oder mit Bedarfsgegenständen im Sinne des Absatzes 1 Satz 2 in Berührung kommen, dürfen ihre Tätigkeit nicht ausüben, wenn sie an einer der in Absatz 1 Nr. 1 genannten Krankheiten erkrankt oder dessen verdächtig sind, an einer der in Absatz 1 Nr. 2 genannten Krankheiten erkrankt sind oder die in Absatz 1 Nr. 3 genannten Krankheitserreger ausscheiden.

(4) Das Gesundheitsamt kann Ausnahmen von den Verboten nach dieser Vorschrift zulassen, wenn Maßnahmen durchgeführt werden, mit denen eine Übertragung der aufgeführten Erkrankungen und Krankheitserreger verhütet werden kann.

(5) Das Bundesministerium für Gesundheit wird ermächtigt, durch Rechtsverordnung mit Zustimmung des Bundesrates den Kreis der in Absatz 1 Nr. 1 und 2 genannten Krankheiten, der in Absatz 1 Nr. 3 genannten Krankheitserreger und der in Absatz 2 genannten Lebensmittel einzuschränken, wenn epidemiologische Erkenntnisse dies zulassen, oder zu erweitern, wenn dies zum Schutz der menschlichen Gesundheit vor einer Gefährdung durch Krankheitserreger erforderlich ist. In dringenden Fällen kann zum Schutz der Bevölkerung die Rechtsverordnung ohne Zustimmung des Bundesrates erlassen werden. Eine auf der Grundlage des Satzes 2 erlassene Verordnung tritt ein Jahr nach ihrem Inkrafttreten außer Kraft; ihre Geltungsdauer kann mit Zustimmung des Bundesrates verlängert werden.

§ 43. Belehrung, Bescheinigung des Gesundheitsamtes

(1) Personen dürfen gewerbsmäßig die in § 42 Abs. 1 bezeichneten Tätigkeiten erstmalig nur dann ausüben und mit diesen Tätigkeiten erstmalig nur dann beschäftigt werden, wenn durch eine nicht mehr als drei Monate alte Bescheinigung des Gesundheitsamtes oder eines vom Gesundheitsamt beauftragten Arztes nachgewiesen ist, dass sie
1. über die in § 42 Abs. 1 genannten Tätigkeitsverbote und über die Verpflichtungen nach den Absätzen 2, 4 und 5 in mündlicher und schriftlicher Form vom Gesundheitsamt oder von einem durch das Gesundheitsamt beauftragten Arzt belehrt wurden und
2. nach der Belehrung im Sinne der Nummer 1 schriftlich erklärt haben, dass ihnen keine Tatsachen für ein Tätigkeitsverbot bei ihnen bekannt sind.

Liegen Anhaltspunkt vor, dass bei einer Person Hinderungsgründe nach § 42 Abs. 1 bestehen, so darf die Bescheinigung erst ausgestellt werden, wenn durch ein ärztliches Zeugnis nachgewiesen ist, dass Hinderungsgründe nicht oder nicht mehr bestehen.

(2) Treten bei Personen nach Aufnahme ihrer Tätigkeit Hinderungsgründe nach § 42 Abs. 1 auf, sind sie verpflichtet, dies ihrem Arbeitgeber oder Dienstherrn unverzüglich mitzuteilen.

(3) Werden dem Arbeitgeber oder Dienstherrn Anhaltspunkte oder Tatsachen bekannt, die ein Tätigkeitsverbot nach § 42 Abs. 1 begründen, so hat dieser unverzüglich die zur Verhinderung der Weiterverbreitung der Krankheitserreger erforderlichen Maßnahmen einzuleiten.

(4) Der Arbeitgeber hat Personen, die eine der in § 42 Abs. 1 Satz 1 oder 2 genannten Tätigkeiten ausüben, nach Aufnahme ihrer Tätigkeit und im Weiteren jährlich über die in § 42 Abs. 1 genannten Tätigkeitsverbote und über die Verpflichtung nach Absatz 2 zu belehren. Die Teilnahme an der Belehrung ist zu dokumentieren. Die Sätze 1 und 2 finden für Dienstherren entsprechende Anwendung.

(5) Die Bescheinigung nach Absatz 1 und die letzte Dokumentation der Belehrung nach Absatz 4 sind beim Arbeitgeber aufzubewahren. Der Arbeitgeber hat die Nachweise nach Satz 1 und, sofern er eine in § 42 Abs. 1 bezeichnete Tätigkeit selbst ausübt, die ihn betreffende Bescheinigung nach Absatz 1 Satz 1 an der Betriebsstätte verfügbar zu halten und der zuständigen Behörde und ihren beauftragten auf Verlangen vorzulegen. Bei Tätigkeiten an wechselnden Standorten genügt die Vorlage einer beglaubigten Abschrift oder einer beglaubigten Kopie.

(6) Im Falle der Geschäftsunfähigkeit oder der beschränkten Geschäftsfähigkeit treffen die Verpflichtungen nach Absatz 1 Satz 1 Nr. 2 und Absatz 2 denjenigen, dem die Sorge für die Person zusteht. Die gleiche Verpflichtung trifft auch den Betreuer, soweit die Sorge für die Person zu seinem Aufgabenkreis gehört. Die den Arbeitgeber oder Dienstherrn betreffenden Verpflichtungen nach dieser Vorschrift gelten entsprechend für Personen, die die in § 42 Abs. 1 genannten Tätigkeiten selbständig ausüben.

(7) Das Bundesministerium für Gesundheit wird ermächtigt, durch Rechtsverordnung mit Zustimmung des Bundesrates Untersuchungen und weitergehende Anforderungen vorzuschreiben oder Anforderungen einzuschränken, wenn Rechtsakte der Europäischen Gemeinschaft dies erfordern.

Mineral- und Tafelwasser-Verordnung   2.2 Min/TafelWV §§ 1–8

Verordnung über natürliches Mineralwasser, Quellwasser und Tafelwasser
Vom 1. August 1984, mit Änderungen bis 1. Dezember 2006

Allgemeine Vorschriften

§ 1. [Anwendungsbereich] (1) Diese Verordnung gilt für das Herstellen, Behandeln und Inverkehrbringen von natürlichem Mineralwasser, von Quellwasser und Tafelwasser sowie von sonstigem in zur Abgabe an den Verbraucher bestimmten Fertigpackungen abgefülltem Trinkwasser. Sie gilt nicht für Heilwasser. Soweit diese Verordnung nichts anderes bestimmt, gelten für Quellwasser und für sonstiges Trinkwasser nach Satz 1 im Übrigen die Vorschriften der Trinkwasserverordnung.

(2) Dem Verbraucher stehen Gaststätten, Einrichtungen zur Gemeinschaftsverpflegung sowie Gewerbetreibende, soweit sie Erzeugnisse im Sinne des Absatzes 1 Satz 1 zum Verbrauch in ihrer Betriebsstätte beziehen, gleich.

Natürliches Mineralwasser

§ 2. [Begriffsbestimmungen] Natürliches Mineralwasser ist Wasser, das folgende besondere Anforderungen erfüllt:
1. Es hat seinen Ursprung in unterirdischen, vor Verunreinigungen geschützten Wasservorkommen und wird aus einer oder mehreren natürlichen oder künstlich erschlossenen Quellen gewonnen;
2. es ist von ursprünglicher Reinheit und gekennzeichnet durch seinen Gehalt an Mineralien, Spurenelementen oder sonstigen Bestandteilen und gegebenenfalls durch bestimmte, insbesondere ernährungsphysiologische Wirkungen;
3. seine Zusammensetzung, seine Temperatur und seine übrigen wesentlichen Merkmale bleiben im Rahmen natürlicher Schwankungen konstant; durch Schwankungen in der Schüttung werden sie nicht verändert.

§ 7. [Abfüllung und Verpackung]
(1) Natürliches Mineralwasser, das nicht unmittelbar nach seiner Gewinnung oder Bearbeitung verbraucht wird, muß am Quellort abgefüllt werden. Es darf gewerbsmäßig nur in zur Abgabe an Verbraucher im Sinne des § 3 Nr. 4 des Lebensmittel- und Futtermittelgesetzbuches bestimmten Fertigpackungen in den Verkehr gebracht werden.

(2) Die zur Abfüllung von natürlichem Mineralwasser verwendeten Fertigpackungen müssen mit einem Verschluß versehen sein, der geeignet ist Verfälschungen oder Verunreinigungen zu vermeiden.

§ 8. [Kennzeichnung] (1) Für ein natürliches Mineralwasser sind die Bezeichnung „natürliches Mineralwasser" sowie die nach den Absätzen 2 bis 4 vorgeschriebenen Bezeichnungen Verkehrsbezeichnung im Sinne der Lebensmittel-Kennzeichnungsverordnung.

(2) Als „natürliches kohlensäurehaltiges Mineralwasser" muß ein Wasser bezeichnet werden, das
1. nach einer etwaigen Dekantation und nach der Abfüllung denselben Gehalt an eigenem Kohlendioxid (Quellkohlensäure) wie am Quellaustritt besitzt, auch wenn das im Verlauf dieser Behandlung und unter Berücksichtigung üblicher technischer Toleranzen frei gewordene Kohlendioxid durch eine entsprechende Menge Kohlendioxid desselben Quellvorkommens ersetzt wurde, und
2. unter normalen Druck- und Temperaturverhältnissen von Natur aus oder nach dem Abfüllen spontan und leicht wahrnehmbar Kohlendioxid freisetzt.

(3) Als „natürliches Mineralwasser mit eigener Quellkohlensäure versetzt" muß ein Wasser bezeichnet werden, dessen Gehalt an Kohlendioxid, das dem gleichen Quellvorkommen entstammt, nach etwaiger Dekantation und nach der Abfüllung höher ist als am Quellaustritt.

(4) Als „natürliches Mineralwasser mit Kohlensäure versetzt" muß ein Wasser bezeichnet werden, das mit Kohlendioxid versetzt wurde, das eine andere Herkunft hat als das Quellvorkommen, aus dem das Wasser stammt.

(8) Natürliches Mineralwasser darf gewerbsmäßig nur in den Verkehr gebracht werden, wenn auf dem Behältnis deutlich sichtbar, leicht lesbar und unverwischbar angebracht ist:
1. die Angabe „Dieses Wasser ist einem zugelassenen Oxidationsverfahren mit ozonangereicherter Luft unterzogen worden" in unmittelbarer Nähe des Analysenauszugs, sofern eine Behandlung mit ozonangereicherter Luft stattgefunden hat;
2. der Hinweis „Enthält mehr als 1,5 mg/l Fluorid: Für Säuglinge und Kinder unter 7 Jahren nicht zum regelmäßigen Verzehr geeignet" in unmittelbarer Nähe der Verkehrsbezeichnung, sofern das natürliche Mineralwasser mehr als 1,5 Milligramm Fluorid im Liter enthält;
3. ein Warnhinweis in deutscher Sprache, dass es wegen des erhöhten Fluoridgehaltes nur in begrenzten Mengen verzehrt werden darf,

sofern der Gehalt an Fluorid 5 Milligramm im Liter übersteigt.
(9) Abweichend von § 3 Abs. 1 der Lebensmittel-Kennzeichnungsverordnung braucht bei natürlichem Mineralwasser, das mit Kohlensäure versetzt ist, das Kohlendioxid nicht im Verzeichnis der Zutaten angegeben zu werden, wenn auf die zugesetzte Kohlensäure in der Verkehrsbezeichnung hingewiesen wird.

§ 9. [Irreführende Angaben] (1) Ein natürliches Mineralwasser, das aus ein und derselben Quellnutzung stammt, darf nicht unter mehreren Quellnamen oder anderen gewerblichen Kennzeichen in den Verkehr gebracht werden, die den Eindruck erwecken können, das Mineralwasser stamme aus verschiedenen Quellen.

(2) Wird für ein natürliches Mineralwasser auf Etiketten oder Aufschriften oder in der Werbung zusätzlich zum Namen der Quelle oder dem Ort ihrer Nutzung ein anderes gewerbliches Kennzeichen verwendet, das den Eindruck des Namens einer Quelle oder des Ortes einer Quellnutzung erwecken kann, so muß der Name der Quelle oder der Ort ihrer Nutzung in Buchstaben angegeben werden, die mindestens eineinhalbmal so hoch und breit sind wie der größte Buchstabe, der für die Angabe des anderen gewerblichen Kennzeichens benutzt wird.

(3) Wird bei einem natürlichen Mineralwasser im Verkehr oder in der Werbung auf den Gehalt an bestimmten Inhaltsstoffen oder auf eine besondere Eignung des Wassers hingewiesen, so sind bei den in Anlage 6 aufgeführten oder bei gleichsinnigen Angaben die dort genannten Anforderungen einzuhalten.

Quellwasser, Tafelwasser

§ 10. [Begriffsbestimmungen] (1) Quellwasser ist Wasser, das
1. seinen Ursprung in unterirdischen Wasservorkommen hat und aus einer oder mehreren natürlichen oder künstlich erschlossenen Quellen gewonnen worden ist,
2. bei der Herstellung keinen oder lediglich den nach § 6 Abs. 1 in Verbindung mit Abs. 2 und 3 zulässigen Verfahren unterworfen worden ist.

(2) Tafelwasser ist Wasser, das eine oder mehrere der in § 11 Abs. 1 erfaßten Zutaten enthält.

§ 11. [Herstellung] (1) Zur Herstellung von Tafelwasser dürfen außer Trinkwasser und natürlichem Mineralwasser nur verwendet werden:
1. Natürliches salzreiches Wasser (Natursole) oder durch Wasserentzug im Gehalt an Salzen angereichertes natürliches Mineralwasser,
2. Meerwasser,
3. Natriumchlorid,
4. Zusatzstoffe nach Maßgabe der Zusatzstoff-Zulassungsverordnung.

(2) (weggefallen)

(3) Tafelwasser darf nur so hergestellt werden, daß die in § 6 in Verbindung mit Anlage 2 der Trinkwasserverordnung für Trinkwasser festgesetzten Grenzwerte für chemische Stoffe eingehalten sind.

§ 15. [Irreführende Angaben] (1) Quellwasser und Tafelwasser dürfen nicht unter Bezeichnungen, Angaben, sonstigen Hinweisen oder Aufmachungen gewerbsmäßig in den Verkehr gebracht werden, die
1. geeignet sind, zu einer Verwechslung mit natürlichen Mineralwässern zu führen, insbesondere die Bezeichnungen Mineralwasser, Sprudel, Säuerling, bei Tafelwasser auch die Bezeichnungen Quelle, Bronn, Brunnen; dies gilt auch für Wortverbindungen, Phantasienamen oder Abbildungen, sei es auch nur als Bestandteil der Firma des Herstellers oder Verkäufers oder im Zusammenhang mit dieser;
2. auf eine bestimmte geographische Herkunft eines Tafelwassers oder eines seiner Bestandteile, ausgenommen Sole, hinweisen oder die geeignet sind, eine solche geographische Herkunft vorzutäuschen.

(2) Es dürfen Tafelwasser, das den Anforderungen des § 11 Abs. 3 entspricht, sowie Quellwasser mit einem Hinweis auf ihre Eignung für die Säuglingsernährung gewerbsmäßig nur in den Verkehr gebracht werden, wenn der Gehalt an Sulfat 240 Milligramm, an Natrium 20 Milligramm, an Nitrat 10 Milligramm, an Fluorid 0,7 Milligramm, an Mangan 0,05 Milligramm, an Nitrit 0,02 Milligramm, an Arsen 0,005 Milligramm, an Uran 0,002 Milligramm in einem Liter nicht überschreitet und die in § 4 Abs. 1 Satz 3 genannten Grenzwerte auch bei der Abgabe an den Verbraucher eingehalten werden. Darüber hinaus darf die Aktivitätskonzentration von Radium-226 den Wert 125 Millibecquerel in einem Liter und von Radium-228 den Wert 20 Millibecquerel in einem Liter nicht überschreiten. Sind beide Radionuklide enthalten, darf die Summe der Aktivitätskonzentrationen, ausgedrückt in Vonhundertteilen der zulässigen Höchstkonzentration, 100 nicht überschreiten.

(3) Die Absätze 1 und 2 gelten entsprechend für die Verwendung der dort genannten Bezeichnungen, Angaben, sonstigen Hinweise oder Aufmachungen in der Werbung für Quellwasser und Tafelwasser.

Gesetz über die Haftung für fehlerhafte Produkte

vom 15. Dezember 1989, mit Änderungen bis zum 19. Juli 2002

§ 1. Haftung (1) ¹Wird durch den Fehler eines Produkts jemand getötet, sein Körper oder seine Gesundheit verletzt oder eine Sache beschädigt, so ist der Hersteller des Produkts verpflichtet, dem Geschädigten den daraus entstehenden Schaden zu ersetzen. ²Im Falle der Sachbeschädigung gilt dies nur, wenn eine andere Sache als das fehlerhafte Produkt beschädigt wird und diese andere Sache ihrer Art nach gewöhnlich für den privaten Ge- oder Verbrauch bestimmt und hierzu von dem Geschädigten hauptsächlich verwendet worden ist.

(2) Die Ersatzpflicht des Herstellers ist ausgeschlossen, wenn
1. er das Produkt nicht in den Verkehr gebracht hat,
2. nach den Umständen davon auszugehen ist, daß das Produkt den Fehler, der den Schaden verursacht hat, noch nicht hatte, als der Hersteller es in den Verkehr brachte,
3. er das Produkt weder für den Verkauf oder eine andere Form des Vertriebs mit wirtschaftlichem Zweck hergestellt noch im Rahmen seiner beruflichen Tätigkeit hergestellt oder vertrieben hat,
4. der Fehler darauf beruht, daß das Produkt in dem Zeitpunkt, in dem der Hersteller es in den Verkehr brachte, dazu zwingenden Rechtsvorschriften entsprochen hat, oder
5. der Fehler nach dem Stand der Wissenschaft und Technik in dem Zeitpunkt, in dem der Hersteller das Produkt in den Verkehr brachte, nicht erkannt werden konnte.

(3) ¹Die Ersatzpflicht des Herstellers eines Teilprodukts ist ferner ausgeschlossen, wenn der Fehler durch die Konstruktion des Produkts, in welches das Teilprodukt eingearbeitet wurde, oder durch die Anleitungen des Herstellers des Produkts verursacht worden ist. ²Satz 1 ist auf den Hersteller eines Grundstoffs entsprechend anzuwenden.

(4) ¹Für den Fehler, den Schaden und den ursächlichen Zusammenhang zwischen Fehler und Schaden trägt der Geschädigte die Beweislast. ²Ist streitig, ob die Ersatzpflicht gemäß Absatz 2 oder 3 ausgeschlossen ist, so trägt der Hersteller die Beweislast.

§ 2. Produkt Produkt im Sinne dieses Gesetzes ist jede bewegliche Sache, auch wenn sie einen Teil einer anderen beweglichen Sache oder einer unbeweglichen Sache bildet, sowie Elektrizität.

§ 3. Fehler (1) Ein Produkt hat einen Fehler, wenn es nicht die Sicherheit bietet, die unter Berücksichtigung aller Umstände, inbesondere
a) seiner Darbietung,
b) des Gebrauchs, mit dem billigerweise gerechnet werden kann,
c) des Zeitpunkts, in dem es in den Verkehr gebracht wurde,
berechtigterweise erwartet werden kann.

(2) Ein Produkt hat nicht allein deshalb einen Fehler, weil später ein verbessertes Produkt in den Verkehr gebracht wurde.

§ 4. Hersteller (1) ¹Hersteller im Sinne dieses Gesetzes ist, wer das Endprodukt, einen Grundstoff oder ein Teilprodukt hergestellt hat. ²Als Hersteller gilt auch jeder, der sich durch das Anbringen seines Namens, seiner Marke oder eines anderen unterscheidungskräftigen Kennzeichens als Hersteller ausgibt.

(2) Als Hersteller gilt ferner, wer ein Produkt zum Zweck des Verkaufs, der Vermietung, des Mietkaufs oder einer anderen Form des Vertriebs mit wirtschaftlichem Zweck im Rahmen seiner geschäftlichen Tätigkeit in den Geltungsbereich des Abkommens über den Europäischen Wirtschaftsraum einführt oder verbringt.

(3) ¹Kann der Hersteller des Produkts nicht festgestellt werden, so gilt jeder Lieferant als dessen Hersteller, es sei denn, daß er dem Geschädigten innerhalb eines Monats, nachdem ihm dessen diesbezügliche Aufforderung zugegangen ist, den Hersteller oder diejenige Person benennt, die ihm das Produkt geliefert hat. ²Dies gilt auch für ein eingeführtes Produkt, wenn sich bei diesem die in Absatz 2 genannte Person nicht feststellen läßt, selbst wenn der Name des Herstellers bekannt ist.

§ 5. Mehrere Ersatzpflichtige ¹Sind für denselben Schaden mehrere Hersteller nebeneinander zum Schadensersatz verpflichtet, so haften sie als Gesamtschuldner. ²Im Verhältnis der Ersatzpflichtigen zueinander hängt, soweit nichts anderes bestimmt ist, die Verpflichtung zum Ersatz sowie der Umfang des zu leistenden Ersatzes von den Umständen, insbesondere davon ab, inwieweit der Schaden vorwiegend von dem einen oder dem anderen Teil verursacht worden ist; im übrigen gelten die §§ 421 bis 425 sowie § 426 Abs. 1 Satz 2 und Abs. 2 des Bürgerlichen Gesetzbuchs.

§ 6. Haftungsminderung (1) Hat bei der Entstehung des Schadens ein Verschulden des Geschädigten mitgewirkt, so gilt § 254 des Bürgerlichen Gesetzbuchs; im Falle der Sachbeschädigung steht das Verschulden desjenigen, der die tatsächliche Gewalt über die Sache ausübt, dem Verschulden des Geschädigten gleich.

(2) ¹Die Haftung des Herstellers wird nicht gemindert, wenn der Schaden durch einen Fehler des Produkts und zugleich durch die Handlung eines Dritten verursacht worden ist. ²§ 5 Satz 2 gilt entsprechend.

§ 7. Umfang der Ersatzpflicht bei Tötung (1) ¹Im Falle der Tötung ist Ersatz der Kosten einer versuchten Heilung sowie des Vermögensnachteils zu leisten, den der Getötete dadurch erlitten hat, daß während der Krankheit seine Erwerbsfähigkeit aufgehoben oder gemindert war oder seine Bedürfnisse vermehrt waren. ²Der Ersatzpflichtige hat außerdem die Kosten der Beerdigung demjenigen zu ersetzen, der diese Kosten zu tragen hat.

(2) ¹Stand der Getötete zur Zeit der Verletzung zu einem Dritten in einem Verhältnis, aus dem er diesem gegenüber kraft Gesetzes unterhaltspflichtig war oder unterhaltspflichtig werden konnte, und ist dem Dritten infolge der Tötung das Recht auf Unterhalt entzogen, so hat der Ersatzpflichtige dem Dritten insoweit Schadensersatz zu leisten, als der Getötete während der mutmaßlichen Dauer seines Lebens zur Gewährung des Unterhalts verpflichtet gewesen wäre. ²Die Ersatzpflicht tritt auch ein, wenn der Dritte zur Zeit der Verletzung gezeugt, aber noch nicht geboren war.

§ 8. Umfang der Ersatzpflicht bei Körperverletzung Im Falle der Verletzung des Körpers oder der Gesundheit ist Ersatz der Kosten der Heilung sowie des Vermögensnachteils zu leisten, den der Verletzte dadurch erleidet, daß infolge der Verletzung zeitweise oder dauernd seine Erwerbsfähigkeit aufgehoben oder gemindert ist oder seine Bedürfnisse vermehrt sind. Wegen des Schadens, der nicht Vermögensschaden ist, kann auch eine billige Entschädigung in Geld gefordert werden.

§ 9. Schadensersatz durch Geldrente (1) Der Schadensersatz wegen Aufhebung oder Minderung der Erwerbsfähigkeit und wegen vermehrter Bedürfnisse des Verletzten sowie der nach § 7 Abs. 2 einem Dritten zu gewährende Schadensersatz ist für die Zukunft durch eine Geldrente zu leisten.

(2) § 843 Abs. 2 bis 4 des Bürgerlichen Gesetzbuchs ist entsprechend anzuwenden.

§ 10. Haftungshöchstbetrag (1) Sind Personenschäden durch ein Produkt oder gleiche Produkte mit demselben Fehler verursacht worden, so haftet der Ersatzpflichtige nur bis zu einem Höchstbetrag von 85 Millionen Euro.

(2) Übersteigen die den mehreren Geschädigten zu leistenden Entschädigungen den in Absatz 1 vorgesehenen Höchstbetrag, so verringern sich die einzelnen Entschädigungen in dem Verhältnis, in dem ihr Gesamtbetrag zu dem Höchstbetrag steht.

§ 11. Selbstbeteiligung bei Sachbeschädigung Im Falle der Sachbeschädigung hat der Geschädigte einen Schaden bis zu einer Höhe von 500 Euro selbst zu tragen.

§ 12. Verjährung (1) Der Anspruch nach § 1 verjährt in drei Jahren von dem Zeitpunkt an, in dem der Ersatzberechtigte von dem Schaden, dem Fehler und von der Person des Ersatzpflichtigen Kenntnis erlangt hat oder hätte erlangen müssen.

(2) Schweben zwischen dem Ersatzpflichtigen und dem Ersatzberechtigten Verhandlungen über den zu leistenden Schadensersatz, so ist die Verjährung gehemmt, bis die Fortsetzung der Verhandlungen verweigert wird.

(3) Im übrigen sind die Vorschriften des Bürgerlichen Gesetzbuchs über die Verjährung anzuwenden.

§ 13. Erlöschen von Ansprüchen (1) ¹Der Anspruch nach § 1 erlischt zehn Jahre nach dem Zeitpunkt, in dem der Hersteller das Produkt, das den Schaden verursacht hat, in den Verkehr gebracht hat. ²Dies gilt nicht, wenn über den Anspruch ein Rechtsstreit oder ein Mahnverfahren anhängig ist.

(2) ¹Auf den rechtskräftig festgestellten Anspruch oder auf den Anspruch aus einem anderen Vollstreckungstitel ist Absatz 1 Satz 1 nicht anzuwenden. ²Gleiches gilt für den Anspruch, der Gegenstand eines außergerichtlichen Vergleichs ist oder der durch rechtsgeschäftliche Erklärung anerkannt wurde.

§ 14. Unabdingbarkeit ¹Die Ersatzpflicht des Herstellers nach diesem Gesetz darf im voraus weder ausgeschlossen noch beschränkt werden. ²Entgegenstehende Vereinbarungen sind nichtig.

§ 15. Arzneimittelhaftung; Haftung nach anderen Rechtsvorschriften (1) Wird infolge der Anwendung eines zum Gebrauch bei Menschen bestimmten Arzneimittels, das im Geltungsbereich des Arzneimittelgesetzes an den Verbraucher abgegeben wurde und der Pflicht zur Zulassung unterliegt oder durch Rechtsverordnung von der Zulassung befreit worden ist, jemand getötet, sein Körper oder seine Gesundheit verletzt, so sind die Vorschriften des Produkthaftungsgesetzes nicht anzuwenden.

Produkthaftungsgesetz

(2) Eine Haftung aufgrund anderer Vorschriften bleibt unberührt.

§ 16. Übergangsvorschrift Dieses Gesetz ist nicht auf Produkte anwendbar, die vor seinem Inkrafttreten in den Verkehr gebracht worden sind.

Gesetz über technische Arbeitsmittel und Verbraucherprodukte
Vom 6. Januar 2004 mit Änderungen bis 7. Juli 2005

Allgemeine Vorschriften

§ 1. Anwendungsbereich. (1) Dieses Gesetz gilt für das Inverkehrbringen und Ausstellen von Produkten, das selbständig im Rahmen einer wirtschaftlichen Unternehmung erfolgt. Dieses Gesetz gilt nicht für das Inverkehrbringen und Ausstellen gebrauchter Produkte, die
1. als Antiquitäten überlassen werden oder
2. vor ihrer Verwendung instand gesetzt oder wieder aufgearbeitet werden müssen, sofern der Inverkehrbringer denjenigen, dem sie überlassen werden, darüber ausreichend unterrichtet.

Dieses Gesetz gilt ferner nicht für das Inverkehrbringen und Ausstellen technischer Arbeitsmittel, die ihrer Bauart nach ausschließlich zur Verwendung für militärische Zwecke bestimmt sind.

(2) Dieses Gesetz gilt auch für die Errichtung und den Betrieb überwachungsbedürftiger Anlagen, die gewerblichen oder wirtschaftlichen Zwecken dienen oder durch die Beschäftigte gefährdet werden können, mit Ausnahme der überwachungsbedürftigen Anlagen der Fahrzeuge von Magnetschwebebahnen, soweit diese Fahrzeuge den Bestimmungen des Bundes zum Bau und Betrieb solcher Bahnen unterliegen,
2. des rollenden Materials von Eisenbahnunternehmungen ausgenommen Ladegutbehälter, soweit dieses Material den Bestimmungen der Bau- und Betriebsordnungen des Bundes und der Länder unterliegt,
3. in Unternehmen des Bergwesens, ausgenommen in deren Tagesanlagen.

(3) Die der Gewährleistung von Sicherheit und Gesundheit beim Inverkehrbringen oder Ausstellen von Produkten dienenden Vorschriften dieses Gesetzes gelten nicht, soweit in anderen Rechtsvorschriften entsprechende oder weitergehende Anforderungen an die Gewährleistung von Sicherheit und Gesundheit vorgesehen sind.

(4) Rechtsvorschriften, die der Gewährleistung von Sicherheit und Gesundheit bei der Verwendung von Produkten dienen, bleiben unberührt; dies gilt insbesondere für Vorschriften, die den Arbeitgeber hierzu verpflichten.

§ 2. Begriffsbestimmungen. (1) Produkte sind
1. technische Arbeitsmittel und
2. Verbraucherprodukte.

(2) Technische Arbeitsmittel sind verwendungsfertige Arbeitseinrichtungen, die bestimmungsgemäß ausschließlich bei der Arbeit verwendet werden, deren Zubehörteile sowie Schutzausrüstungen, die nicht Teil einer Arbeitseinrichtung sind, und Teile von technischen Arbeitsmitteln, wenn sie in einer Rechtsverordnung nach § 3 Abs. 1 oder 2 erfasst sind.

(3) Verbraucherprodukte sind Gebrauchsgegenstände und sonstige Produkte, die für Verbraucher bestimmt sind oder unter vernünftigerweise vorhersehbaren Bedingungen von Verbrauchern benutzt werden können, selbst wenn sie nicht für diese bestimmt sind. Als Verbraucherprodukte gelten auch Gebrauchsgegenstände und sonstige Produkte, die dem Verbraucher im Rahmen der Erbringung einer Dienstleistung zur Verfügung gestellt werden.

(4) Verwendungsfertig sind Arbeitseinrichtungen und Gebrauchsgegenstände, wenn sie bestimmungsgemäß verwendet werden können, ohne dass weitere Teile eingefügt zu werden brauchen. Verwendungsfertig sind Arbeitseinrichtungen und Gebrauchsgegenstände auch, wenn
1. alle Teile, aus denen sie zusammengesetzt werden sollen, von derselben Person in den Verkehr gebracht werden,
2. sie nur noch aufgestellt oder angeschlossen zu werden brauchen oder
3. sie ohne die Teile in den Verkehr gebracht werden, die üblicherweise gesondert beschafft und bei der bestimmungsgemäßen Verwendung eingefügt werden.

(5) Bestimmungsgemäße Verwendung ist
1. die Verwendung, für die ein Produkt nach den Angaben desjenigen, der es in den Verkehr bringt, geeignet ist oder
2. die übliche Verwendung, die sich aus der Bauart und Ausführung des Produkts ergibt.

(6) Vorhersehbare Fehlanwendung ist die Verwendung eines Produkts in einer Weise, die von demjenigen, der es in den Verkehr bringt, nicht vorgesehen ist, sich jedoch aus dem vernünftigerweise vorhersehbaren Verhalten des jeweiligen zu erwartenden Verwenders ergeben kann.

(7) Überwachungsbedürftige Anlagen sind
1. Dampfkesselanlagen mit Ausnahme von Dampfkesselanlagen auf Seeschiffen,
2. Druckbehälteranlagen außer Dampfkesseln,
3. Anlagen zur Abfüllung von verdichteten, verflüssigten oder unter Druck gelösten Gasen,
4. Leitungen unter innerem Überdruck für brennbare, ätzende oder giftige Gase, Dämpfe oder Flüssigkeiten,
5. Aufzugsanlagen,
6. Anlagen in explosionsgefährdeten Bereichen,

Geräte- und Produktsicherheitsgesetz 2.4 GPSG §§ 2–15

7. Getränkeschankanlagen und Anlagen zur Herstellung kohlensaurer Getränke,
8. Acetylenanlagen und Calciumcarbidlager,
9. Anlagen zur Lagerung, Abfüllung und Beförderung von brennbaren Flüssigkeiten.

Zu den Anlagen gehören auch Mess-, Steuer- und Regeleinrichtungen, die dem sicheren Betrieb der Anlage dienen. Zu den in den Nummern 2, 3 und 4 bezeichneten überwachungsbedürftigen Anlagen gehören nicht die Energieanlagen im Sinne des § 3 Nr. 15 des Energiewirtschaftsgesetzes. Überwachungsbedürftige Anlagen stehen den Produkten im Sinne des Absatzes 1 gleich, soweit sie nicht schon von Absatz 1 erfasst werden.

(8) Inverkehrbringen ist jedes Überlassen eines Produkts an einen anderen, unabhängig davon, ob das Produkt neu, gebraucht, wiederaufgearbeitet oder wesentlich verändert worden ist. Die Einfuhr in den Europäischen Wirtschaftsraum steht dem Inverkehrbringen eines neuen Produkts gleich.

(9) Ausstellen ist das Aufstellen oder Vorführen von Produkten zum Zwecke der Werbung.

(10) Hersteller ist jede natürliche oder juristische Person, die
1. ein Produkt herstellt oder
2. ein Produkt wiederaufarbeitet oder wesentlich verändert und erneut in den Verkehr bringt.

Als Hersteller gilt auch jeder, der geschäftsmäßig seinen Namen, seine Marke oder ein anderes unterscheidungskräftiges Kennzeichen an einem Produkt anbringt und sich dadurch als Hersteller ausgibt, oder der als sonstiger Inverkehrbringer die Sicherheitseigenschaften eines Verbraucherprodukts beeinflusst.

(11) Bevollmächtigter ist jede im Europäischen Wirtschaftsraum niedergelassene natürliche oder juristische Person, die vom Hersteller schriftlich dazu ermächtigt wurde, in seinem Namen zu handeln.

(12) Einführer ist jede im Europäischen Wirtschaftsraum niedergelassene natürliche oder juristische Person, die ein Produkt aus einem Drittland in den Europäischen Wirtschaftsraum einführt oder dieses veranlasst.

(13) Händler ist, wer geschäftsmäßig ein Produkt in den Verkehr bringt und nicht Hersteller im Sinne von Absatz 10, Bevollmächtigter im Sinne von Absatz 11 oder Einführer im Sinne von Absatz 12 ist.

Überwachungsbedürftige Anlagen

§ 14. Ermächtigung zum Erlass von Rechtsverordnungen. (1) Zum Schutze der Beschäftigten und Dritter vor Gefahren durch Anlagen, die mit Rücksicht auf ihre Gefährlichkeit einer besonderen Überwachung bedürfen (überwachungsbedürftige Anlagen), wird die Bundesregierung ermächtigt, nach Anhörung der beteiligten Kreise mit Zustimmung des Bundesrates durch Rechtsverordnung zu bestimmen,
1. dass die Errichtung solcher Anlagen, ihre Inbetriebnahme, die Vornahme von Änderungen an bestehenden Anlagen und sonstige die Anlagen betreffenden Umstände angezeigt und der Anzeige bestimmte Unterlagen beigefügt werden müssen;
2. dass die Errichtung solcher Anlagen, ihr Betrieb sowie die Vornahme von Änderungen an bestehenden Anlagen der Erlaubnis einer in der Rechtsverordnung bezeichneten oder nach Bundes- oder Landesrecht zuständigen Behörde bedürfen;
2a. dass solche Anlagen oder Teile von solchen Anlagen nach einer Bauartprüfung allgemein zugelassen und mit der allgemeinen Zulassung Auflagen zum Betrieb und zur Wartung verbunden werden können;
3. dass solche Anlagen, insbesondere die Errichtung, die Herstellung, die Bauart, die Werkstoffe, die Ausrüstung und die Unterhaltung sowie ihr Betrieb bestimmten, dem Stand der Technik entsprechenden Anforderungen genügen müssen;
4. dass solche Anlagen einer Prüfung vor Inbetriebnahme, regelmäßig wiederkehrenden Prüfungen und Prüfungen auf Grund behördlicher Anordnungen unterliegen.

(4) Erlaubnisse nach einer Rechtsverordnung nach Absatz 2 erlöschen, wenn der Inhaber innerhalb von zwei Jahren nach deren Erteilung nicht mit der Errichtung der Anlage begonnen, die Bauausführung zwei Jahre unterbrochen oder die Anlage während eines Zeitraumes von drei Jahren nicht betrieben hat. Die Fristen können auf Antrag von der Erlaubnisbehörde aus wichtigem Grund verlängert werden.

§ 15. Befugnisse der zuständigen Behörde. (1) Die zuständige Behörde kann im Einzelfall die erforderlichen Maßnahmen zur Durchführung der durch Rechtsverordnung nach § 14 auferlegten Pflichten anordnen. Sie kann darüber hinaus die Maßnahmen anordnen, die im Einzelfall erforderlich sind, um Gefahren für Beschäftigte oder Dritte abzuwenden.

(2) Die zuständige Behörde kann die Stilllegung oder Beseitigung einer Anlage anordnen, die ohne die auf Grund einer Rechtsverordnung nach § 14 Abs. 1 Nr. 2 oder 4 erforderliche Erlaubnis oder Prüfung durch eine zugelassene Überwachungsstelle errichtet, betrieben oder geändert wird.

(3) Im Falle von Anordnungen nach Absatz 1 kann die zuständige Behörde den Betrieb der betreffenden Anlage bis zur Herstellung des

den Anordnungen entsprechenden Zustandes untersagen. Das Gleiche gilt, wenn eine Anordnung nach anderen, die Einrichtung oder die Arbeitsstätte, in der die Anlage betrieben wird, betreffenden Vorschriften getroffen wird.

§ 16. Zutrittsrecht des Beauftragten der zugelassenen Überwachungsstelle. Eigentümer von überwachungsbedürftigen Anlagen und Personen, die solche Anlagen herstellen oder betreiben, sind verpflichtet, auf Verlangen den Beauftragten zugelassener Überwachungsstellen, denen die Prüfung der Anlagen obliegt, die Anlagen zugänglich zu machen, die vorgeschriebene oder behördlich angeordnete Prüfung zu gestatten, die hierfür benötigten Arbeitskräfte und Hilfsmittel bereitzustellen und ihnen die Angaben zu machen und die Unterlagen vorzulegen, die zur Erfüllung ihrer Aufgaben erforderlich sind. Das Grundrecht des Artikels 13 des Grundgesetzes wird insoweit eingeschränkt.

Verordnung über die hygienischen Anforderungen an Eier, Eiprodukte und roheihaltige Lebensmittel

Vom 17. Dezember 1993, mit Änderungen bis zum 8. August 2007

Anforderungen an Eier und roheihaltige Lebensmittel

§ 7. Anforderungen an roheihaltige Lebensmittel in Gaststätten und Einrichtungen zur Gemeinschaftsverpflegung. (1) In Gaststätten und Einrichtungen zur Gemeinschaftsverpflegung dürfen unbeschadet des Absatzes 4 Lebensmittel, die dort unter Verwendung von rohen Bestandteilen der Hühnereier hergestellt und nicht einem Erhitzungsverfahren nach Absatz 2 unterzogen worden sind, nur an Verbraucher im Sinne von § 6 Abs. 1 des Lebensmittel- und Bedarfsgegenständegesetzes abgegeben werden, wenn
1. diese Lebensmittel zum unmittelbaren Verzehr an Ort und Stelle bestimmt sind und
2. a) sofern es sich um bestimmungsgemäß erwärmt zu verzehrende Lebensmittel handelt, die Abgabe nicht später als zwei Stunden nach der Herstellung erfolgt,
   b) sofern es sich um bestimmungsgemäß kalt zu verzehrende Lebensmittel handelt, diese innerhalb von zwei Stunden nach der Herstellung
      aa) auf eine Temperatur von höchstens +7 °C abgekühlt, bei dieser oder einer niedrigeren Temperatur gehalten und innerhalb von 24 Stunden nach Herstellung abgegeben werden oder
      bb) tiefgefroren, bei dieser Temperatur gehalten und innerhalb von 24 Stunden nach dem Auftauen abgegeben werden, wobei die Temperatur von +7 °C nicht überschritten werden darf.

(2) Ein Erhitzungsverfahren im Sinne dieser Verordnung ist ein Verfahren, das sicherstellt, dass Salmonellen abgetötet werden.

(3) Abweichend von Absatz 1 Nr. 1 dürfen die in Absatz 1 genannten Lebensmittel außer Haus zum unmittelbaren Verzehr abgegeben werden, sofern sie unter Beachtung der Anforderungen in Absatz 1 Nr. 2 kurz vor der Abgabe zubereitet und verzehrsfertig hergerichtet wurden. Wer diese Lebensmittel an Verbraucher im Sinne von § 6 Abs. 1 des Lebensmittel- und Bedarfsgegenständegesetzes abgibt, hat ihnen bei der Abgabe den schriftlichen Hinweis „sofort verbrauchen" beizufügen.

(4) Wer eine Einrichtung zur Gemeinschaftsverpflegung für alte oder kranke Menschen oder Kinder betreibt, muss Lebensmittel, die er dort unter Verwendung von rohen Bestandteilen der Hühnereier hergestellt hat, vor deren Abgabe zum Verzehr unter Beachtung der Vorschriften des § 4 der Lebensmittelhygiene-Verordnung einem Erhitzungsverfahren nach Absatz 2 unterziehen.

Lebensmittel- und Futtermittelgesetzbuch   3.1 LFGB §§ 1–2

Lebensmittel-, Bedarfsgegenstände- und Futtermittelgesetzbuch
Vom 26. April 2006 mit Änderungen bis 5. November 2007

Allgemeine Bestimmungen

§ 1. Zweck des Gesetzes. (1) Zweck des Gesetzes ist es,
1. bei Lebensmitteln, Futtermitteln, kosmetischen Mitteln und Bedarfsgegenständen den Schutz der Verbraucherinnen und Verbraucher durch Vorbeugung gegen eine oder Abwehr einer Gefahr für die menschliche Gesundheit sicherzustellen,
2. vor Täuschung beim Verkehr mit Lebensmitteln, Futtermitteln, kosmetischen Mitteln und Bedarfsgegenständen zu schützen,
3. die Unterrichtung der Wirtschaftsbeteiligten und
   a) der Verbraucherinnen und Verbraucher beim Verkehr mit Lebensmitteln, kosmetischen Mitteln und Bedarfsgegenständen,
   b) der Verwenderinnen und Verwender beim Verkehr mit Futtermitteln
   sicherzustellen,
4. a) bei Futtermitteln
      aa) den Schutz von Tieren durch Vorbeugung gegen eine oder Abwehr einer Gefahr für die tierische Gesundheit sicherzustellen,
      bb) vor einer Gefahr für den Naturhaushalt durch in tierischen Ausscheidungen vorhandene unerwünschte Stoffe, die ihrerseits bereits in Futtermitteln vorhanden gewesen sind, zu schützen,
   b) durch Futtermittel die tierische Erzeugung so zu fördern, dass
      aa) die Leistungsfähigkeit der Nutztiere erhalten und verbessert wird und
      bb) die von Nutztieren gewonnenen Lebensmittel und sonstigen Produkte den an sie gestellten qualitativen Anforderungen, auch im Hinblick auf ihre Unbedenklichkeit für die menschliche Gesundheit, entsprechen.

§ 2. Begriffsbestimmungen. (1) Erzeugnisse sind Lebensmittel, einschließlich Lebensmittel-Zusatzstoffe, Futtermittel, kosmetische Mittel und Bedarfsgegenstände.
(2) Lebensmittel sind Lebensmittel im Sinne des Artikels 2 der Verordnung (EG) Nr. 178/2002.
(3) Lebensmittel-Zusatzstoffe sind Stoffe mit oder ohne Nährwert, die in der Regel weder selbst als Lebensmittel verzehrt noch als charakteristische Zutat eines Lebensmittels verwendet werden und die einem Lebensmittel aus technologischen Gründen beim Herstellen oder Behandeln zugesetzt werden, wodurch sie selbst oder ihre Abbau- oder Reaktionsprodukte mittelbar oder unmittelbar zu einem Bestandteil des Lebensmittels werden oder werden können. Den Lebensmittel-Zusatzstoffen stehen gleich
1. Stoffe mit oder ohne Nährwert, die üblicherweise weder selbst als Lebensmittel verzehrt noch als charakteristische Zutat eines Lebensmittels verwendet werden und die einem Lebensmittel aus anderen als technologischen Gründen beim Herstellen oder Behandeln zugesetzt werden, wodurch sie selbst oder ihre Abbau- oder Reaktionsprodukte mittelbar oder unmittelbar zu einem Bestandteil des Lebensmittels werden oder werden können; ausgenommen sind Stoffe, die natürlicher Herkunft oder den natürlichen chemisch gleich sind und nach allgemeiner Verkehrsauffassung überwiegend wegen ihres Nähr-, Geruchs- oder Geschmackswertes oder als Genussmittel verwendet werden,
2. Mineralstoffe und Spurenelemente sowie deren Verbindungen außer Kochsalz,
3. Aminosäuren und deren Derivate,
4. Vitamine A und D sowie deren Derivate.
Als Lebensmittel-Zusatzstoffe gelten nicht
1. Stoffe, die nicht selbst als Zutat eines Lebensmittels verzehrt werden, jedoch aus technologischen Gründen während der Be- oder Verarbeitung von Lebensmitteln verwendet werden und unbeabsichtigte, technisch unvermeidbare Rückstände oder Abbau- oder Reaktionsprodukte von Rückständen in gesundheitlich unbedenklichen Anteilen im für die Verbraucherin oder den Verbraucher bestimmten Lebensmittel hinterlassen können, die sich technolgisch nicht auf dieses Lebensmittel auswirken (Verarbeitungshilfsstoffe),
2. zur Verwendung in Lebensmitteln bestimmte Aromen, ausgenommen künstliche Aromastoffe im Sinne des Artikels 1 Abs. 2 Buchstabe b Unterbuchstabe iii der Richtlinie 88/388/EWG des Rates vom 22. Juni 1988 zur Angleichung der Rechtsvorschriften der Mitgliedstaaten über Aromen zur Verwendung in Lebensmitteln und über Ausgangsstoffe für ihre Herstellung (ABl. EG Nr. L 184 S. 61),
3. Pflanzenschutzmittel im Sinne des Pflanzenschutzgesetzes.
(6) Bedarfsgegenstände sind
1. Materialien und Gegenstände im Sinne des Artikels 1 Abs. 2 der Verordnung (EG)

Nr. 1935/2004 des Europäischen Parlaments und des Rates vom 27. Oktober 2004 über Materialien und Gegenstände, die dazu bestimmt sind, mit Lebensmitteln in Berührung zu kommen und zur Aufhebung der Richtlinien 80/590/EWG und 89/109/EWG (ABl. EU Nr. L 338 S. 4),
2. Packungen, Behältnisse oder sonstige Umhüllungen, die dazu bestimmt sind, mit kosmetischen Mitteln in Berührung zu kommen,
3. Gegenstände, die dazu bestimmt sind, mit den Schleimhäuten des Mundes in Berührung zu kommen,
4. Gegenstände, die zur Körperpflege bestimmt sind,
5. Spielwaren und Scherzartikel,
6. Gegenstände, die dazu bestimmt sind, nicht nur vorübergehend mit dem menschlichen Körper in Berührung zu kommen, wie Bekleidungsgegenstände, Bettwäsche, Masken, Perücken, Haarteile, künstliche Wimpern, Armbänder,
7. Reinigungs- und Pflegemittel, die für den häuslichen Bedarf oder für Bedarfsgegenstände im Sinne der Nummer 1 bestimmt sind,
8. Imprägnierungsmittel und sonstige Ausrüstungsmittel für Bedarfsgegenstände im Sinne der Nummer 6, die für den häuslichen Bedarf bestimmt sind,
9. Mittel und Gegenstände zur Geruchsverbesserung in Räumen, die zum Aufenthalt von Menschen bestimmt sind.

Bedarfsgegenstände sind nicht Gegenstände, die nach § 2 Abs. 2 des Arzneimittelgesetzes als Arzneimittel gelten, nach § 3 des Medizinproduktegesetzes Medizinprodukte oder Zubehör für Medizinprodukte oder nach § 3b des Chemikaliengesetzes Biozid-Produkte sind.

§ 3. Weitere Begriffsbestimmungen. Im Sinne dieses Gesetzes sind:
1. Inverkehrbringen: Inverkehrbringen im Sinne des Artikels 3 Nr. 8 der Verordnung (EG) Nr. 178/2002; für kosmetische Mittel, Bedarfsgegenstände und mit Lebensmitteln verwechselbare Produkte gilt Artikel 3 Nr. 8 der Verordnung (EG) Nr. 178/2002 entsprechend,
2. Herstellen: das Gewinnen, einschließlich des Schlachtens oder Erlegens lebender Tiere, deren Fleisch als Lebensmittel zu dienen bestimmt ist, das Herstellen, das Zubereiten, das Be- und Verarbeiten und das Mischen,
3. Behandeln: das Wiegen, Messen, Um- und Abfüllen, Stempeln, Bedrucken, Verpacken, Kühlen, Gefrieren, Tiefgefrieren, Auftauen, Lagern, Aufbewahren, Befördern sowie jede sonstige Tätigkeit, die nicht als Herstellen oder Inverkehrbringen anzusehen ist,

4. Verbraucherin oder Verbraucher: Endverbraucher im Sinne des Artikels 3 Nr. 18 der Verordnung (EG) Nr. 178/2002, im Übrigen diejenige, an die oder derjenige, an den ein kosmetisches Mittel oder ein Bedarfsgegenstand zur persönlichen Verwendung oder zur Verwendung im eigenen Haushalt abgegeben wird, wobei Gewerbetreibende, soweit sie ein kosmetisches Mittel oder einen Bedarfsgegenstand zum Verbrauch innerhalb ihrer Betriebsstätte beziehen, der Verbraucherin oder dem Verbraucher gleichstehen,
5. Verzehren: das Aufnehmen von Lebensmitteln durch den Menschen durch Essen, Kauen, Trinken sowie durch jede sonstige Zufuhr von Stoffen in den Magen,
6. Lebensmittelunternehmen: Lebensmittelunternehmen im Sinne des Artikels 3 Nr. 2 der Verordnung (EG) Nr. 178/2002,
7. Lebensmittelunternehmerin oder Lebensmittelunternehmer: Lebensmittelunternehmer im Sinne des Artikels 3 Nr. 3 der Verordnung (EG) Nr. 178/2002,
8. mit Lebensmitteln verwechselbare Produkte: Produkte, die zwar keine Lebensmittel sind, bei denen jedoch auf Grund ihrer Form, ihres Geruchs, ihrer Farbe, ihres Aussehens, ihrer Aufmachung, ihrer Kennzeichnung, ihres Volumens oder ihrer Größe vorhersehbar ist, dass sie von den Verbraucherinnen und Verbrauchern, insbesondere von Kindern, mit Lebensmitteln verwechselt werden und deshalb zum Mund geführt, gelutscht oder geschluckt werden, wodurch insbesondere die Gefahr des Erstickens, der Vergiftung, der Perforation oder des Verschlusses des Verdauungskanals entstehen kann; ausgenommen sind Arzneimittel, die einem Zulassungs- oder Registrierungsverfahren unterliegen.

§ 4. Vorschriften zum Geltungsbereich.
(1) Die Vorschriften dieses Gesetzes
1. für Lebensmittel gelten auch für lebende Tiere, deren Fleisch als Lebensmittel zu dienen bestimmt ist, soweit dieses Gesetz dies bestimmt,
2. für Lebensmittel-Zusatzstoffe gelten auch für die ihnen nach § 2 Abs. 3 Satz 2 oder auf Grund des Absatzes 3 Nr. 2 gleichgestellten Stoffe,
3. für kosmetische Mittel gelten auch für Mittel zum Tätowieren einschließlich vergleichbarer Stoffe und Zubereitungen aus Stoffen, die dazu bestimmt sind, zur Beeinflussung des Aussehens in oder unter die menschliche Haut eingebracht zu werden und dort, auch vorübergehend, zu verbleiben,
4. und der auf Grund dieses Gesetzes erlassenen Rechtsverordnungen gelten nicht für Erzeugnisse im Sinne des Weingesetzes – aus-

Lebensmittel- und Futtermittelgesetzbuch   3.1 LFGB §§ 4–12

genommen die in § 1 Abs. 2 des Weingesetzes genannten Erzeugnisse –; sie gelten jedoch, soweit das Weingesetz oder auf Grund des Weingesetzes erlassene Rechtsverordnungen auf Vorschriften dieses Gesetzes oder der auf Grund dieses Gesetzes erlassenen Rechtsverordnungen verweisen.

(2) In Rechtsverordnungen nach diesem Gesetz können
1. Gaststätten, Einrichtungen zur Gemeinschaftsverpflegung sowie Gewerbetreibende, soweit sie in § 2 Abs. 2, 5 und 6 genannte Erzeugnisse zum Verbrauch innerhalb ihrer Betriebsstätte beziehen, der Verbraucherin oder dem Verbraucher gleichgestellt werden,
2. weitere als in den §§ 2 und 3 genannte Begriffsbestimmungen oder davon abweichende Begriffsbestimmungen vorgesehen werden, soweit dadurch der Anwendungsbereich dieses Gesetzes nicht erweitert wird.

Verkehr mit Lebensmitteln

§ 5. Verbote zum Schutz der Gesundheit.
(1) Es ist verboten, Lebensmittel für andere derart herzustellen oder zu behandeln, dass ihr Verzehr gesundheitsschädlich im Sinne des Artikels 14 Abs. 2 Buchstabe a der Verordnung (EG) Nr. 178/2002 ist. Das Verbot des Artikels 14 Abs. 1 in Verbindung mit Abs. 2 Buchstabe a der Verordnung (EG) Nr. 178/2002 über das Inverkehrbringen gesundheitsschädlicher Lebensmittel bleibt unberührt.

(2) Es ist ferner verboten,
1 Stoffe, die keine Lebensmittel sind und deren Verzehr gesundheitsschädlich im Sinne des Artikels 14 Abs. 2 Buchstabe a der Verordnung (EG) Nr. 178/2002 ist, als Lebensmittel in den Verkehr zu bringen.
2. mit Lebensmitteln verwechselbare Produkte für andere herzustellen, zu behandeln oder in den Verkehr zu bringen.

§ 6. Verbote für Lebensmittel-Zusatzstoffe.
(1) Es ist verboten,
1. bei dem gewerbsmäßigen Herstellen oder Behandeln von Lebensmitteln, die dazu bestimmt sind, in den Verkehr gebracht zu werden,
   a) nicht zugelassene Lebensmittel-Zusatzstoffe unvermischt oder in Mischungen mit anderen Stoffen zu verwenden,
   b) Ionenaustauscher zu benutzen, soweit dadurch nicht zugelassene Lebensmittel-Zusatzstoffe in die Lebensmittel gelangen,
   c) Verfahren zu dem Zweck anzuwenden, nicht zugelassene Lebensmittel-Zusatzstoffe in den Lebensmitteln zu erzeugen,
2. Lebensmittel gewerbsmäßig in den Verkehr zu bringen, die entgegen dem Verbot der Nummer 1 hergestellt oder behandelt sind oder einer nach § 7 Abs. 1 oder 2 Nr. 1 oder 5 erlassenen Rechtsverordnung nicht entsprechen,
3. Lebensmittel-Zusatzstoffe oder Ionenaustauscher, die bei dem gewerbsmäßigen Herstellen oder Behandeln von Lebensmitteln nicht verwendet werden dürfen, für eine solche Verwendung oder zur Verwendung bei dem Herstellen oder Behandeln von Lebensmitteln durch die Verbraucherin oder den Verbraucher gewerbsmäßig in den Verkehr zu bringen.

(2) Absatz 1 Nr. 1 Buchstabe a findet keine Anwendung auf Enzyme und Mikroorganismenkulturen. Absatz 1 Nr. 1 Buchstabe c findet keine Anwendung auf Stoffe, die bei einer allgemein üblichen küchenmäßigen Zubereitung von Lebensmitteln entstehen.

§ 11. Vorschriften zum Schutz vor Täuschung.
(1) Es ist verboten, Lebensmittel unter irreführender Bezeichnung, Angabe oder Aufmachung gewerbsmäßig in den Verkehr zu bringen oder für Lebensmittel allgemein oder im Einzelfall mit irreführenden Darstellungen oder sonstigen Aussagen zu werben. Eine Irreführung liegt insbesondere dann vor, wenn
1. bei einem Lebensmittel zur Täuschung geeignete Bezeichnungen, Angaben, Aufmachungen, Darstellungen oder sonstige Aussagen über Eigenschaften, insbesondere über Art, Beschaffenheit, Zusammensetzung, Menge, Haltbarkeit, Ursprung, Herkunft oder Art der Herstellung oder Gewinnung verwendet werden,
2. einem Lebensmittel Wirkungen beigelegt werden, die ihm nach den Erkenntnissen der Wissenschaft nicht zukommen oder die wissenschaftlich nicht hinreichend gesichert sind,
3. zu verstehen gegeben wird, dass ein Lebensmittel besondere Eigenschaften hat, obwohl alle vergleichbaren Lebensmittel dieselben Eigenschaften haben,
4. einem Lebensmittel der Anschein eines Arzneimittels gegeben wird.

§ 12. Verbot der krankheitsbezogenen Werbung.
(1) Es ist verboten, beim Verkehr mit Lebensmitteln oder in der Werbung für Lebensmittel allgemein oder im Einzefall
1. Aussagen, die sich auf die Beseitigung, Linderung oder Verhütung von Krankheiten beziehen,
2. Hinweise auf ärztliche Empfehlungen oder ärztliche Gutachten,
3. Krankengeschichten oder Hinweise auf solche,

4. Äußerungen Dritter, insbesondere Dank-, Anerkennungs- oder Empfehlungsschreiben, soweit sie sich auf die Beseitigung oder Linderung von Krankheiten beziehen, sowie Hinweise auf solche Äußerungen,
5. bildliche Darstellungen von Personen in der Berufskleidung oder bei der Ausübung der Tätigkeit von Angehörigen der Heilberufe, des Heilgewerbes oder des Arzneimittelhandels,
6. Aussagen, die geeignet sind, Angstgefühle hervorzurufen oder auszunutzen,
7. Schriften oder schriftliche Angaben, die dazu anleiten, Krankheiten mit Lebensmitteln zu behandeln,

zu verwenden.

(2) Die Verbote des Absatzes 1 gelten nicht für die Werbung gegenüber Angehörigen der Heilberufe, des Heilgewerbes oder der Heilhilfsberufe. Die Verbote des Absatzes 1 Nr. 1 und 7 gelten nicht für diätetische Lebensmittel, soweit nicht das Bundesministerium durch Rechtsverordnung mit Zustimmung des Bundesrates etwas anderes bestimmt.

§ 15. Deutsches Lebensmittelbuch. (1) Das Deutsche Lebensmittelbuch ist eine Sammlung von Leitsätzen, in denen Herstellung, Beschaffenheit oder sonstige Merkmale von Lebensmitteln, die für die Verkehrsfähigkeit der Lebensmittel von Bedeutung sind, beschrieben werden.

(2) Die Leitsätze werden von der Deutschen Lebensmittelbuch-Kommission unter Berücksichtigung des von der Bundesregierung anerkannten internationalen Lebensmittelstandards beschlossen.

(3) Die Leitsätze werden vom Bundesministerium im Einvernehmen mit den Bundesministerien der Justiz und für Wirtschaft und Technologie veröffentlicht. Die Veröffentlichung von Leitsätzen kann aus rechtlichen oder fachlichen Gründen abgelehnt oder rückgängig gemacht werden.

§ 42. Durchführung der Überwachung. (1) Die Überwachung der Einhaltung dieses Gesetzes, der auf Grund dieses Gesetzes erlassenen Rechtsverordnungen und der unmittelbar geltenden Rechtsakte der Europäischen Gemeinschaft im Anwendungsbereich dieses Gesetzes ist durch fachlich ausgebildete Personen durchzuführen. Das Bundesministerium wird ermächtigt, durch Rechtsverordnung mit Zustimmung des Bundesrates
1. vorzuschreiben, dass bestimmte Überwachungsmaßnahmen einer wissenschaftlich ausgebildeten Person obliegen und dabei andere fachlich ausgebildete Personen nach Weisung der zuständigen Behörde und unter der fachlichen Aufsicht einer wissenschaftlich ausgebildeten Person eingesetzt werden können,
2. vorzuschreiben, dass abweichend von Satz 1 bestimmte Überwachungsmaßnahmen von sachkundigen Personen durchgeführt werden können,
3. Vorschriften über die
   a) Anforderungen an die Sachkunde zu erlassen, die an die in Nummer 1 genannte wissenschaftlich ausgebildete Person und die in Nummer 2 genannten sachkundigen Personen,
   b) fachliche Anforderungen zu erlassen, die an die in Satz 1 genannten Personen
   zu stellen sind, sowie das Verfahren des Nachweises der Sachkunde und der fachlichen Anforderungen zu regeln.

Die Landesregierungen werden ermächtigt, Rechtsverordnungen nach Satz 2 Nr. 3 zu erlassen, soweit das Bundesministerium von seiner Befugnis keinen Gebrauch macht. Die Landesregierungen sind befugt, die Ermächtigung durch Rechtsverordnung auf andere Behörden zu übertragen.

(2) Soweit es zur Überwachung der Einhaltung der Rechtsakte der Europäischen Gemeinschaft, dieses Gesetzes und der auf Grund dieses Gesetzes erlassenen Rechtsverordnungen erforderlich ist, sind die mit der Überwachung beauftragten Personen, bei Gefahr im Verzug auch alle Beamten der Polizei, befugt,
1. Grundstücke, Betriebsräume und Transportmittel, in oder auf denen
   a) Erzeugnisse gewerbsmäßig hergestellt, behandelt oder in den Verkehr gebracht werden,
   b) sich lebende Tiere im Sinne des § 4 Abs. 1 Nr. 1 befinden oder
   c) Futtermittel verfüttert werden,
   sowie die dazugehörigen Geschäftsräume während der üblichen Betriebs- oder Geschäftszeit zu betreten;
2. zur Verhütung dringender Gefahren für die öffentliche Sicherheit und Ordnung
   a) die in Nummer 1 bezeichneten Grundstücke, Betriebsräume und Räume auch außerhalb der dort genannten Zeiten,
   b) Wohnräume der nach Nummer 4 zur Auskunft Verpflichteten
   zu betreten; das Grundrecht der Unverletzlichkeit der Wohnung (Artikel 13 des Grundgesetzes) wird insoweit eingeschränkt;
3. alle geschäftlichen Schrift- und Datenträger, insbesondere Aufzeichnungen, Frachtbriefe, Herstellungsbeschreibungen und Unterlagen über die bei der Herstellung verwendeten Stoffe, einzusehen und hieraus Abschriften, Auszüge, Ausdrucke oder Kopien, auch von Datenträgern, anzufertigen oder Ausdrucke

Lebensmittel- und Futtermittelgesetzbuch   3.1 LFGB §§ 42–44

von elektronisch gespeicherten Daten zu verlangen sowie Mittel, Einrichtungen und Geräte zur Beförderung von Erzeugnissen oder lebenden Tieren im Sinne des § 4 Abs. 1 Nr. 1 zu besichtigen und zu fotografieren;
4. von natürlichen und juristischen Personen und nicht rechtsfähigen Personenvereinigungen alle erforderlichen Auskünfte, insbesondere solche über die Herstellung, das Behandeln, die zur Verarbeitung gelangenden Stoffe und deren Herkunft, das Inverkehrbringen und das Verfüttern zu verlangen;
5. entsprechend § 43 Proben zu fordern oder zu entnehmen.

(3) Soweit es zur Durchführung von Vorschriften, die durch Rechtsakte der Europäischen Gemeinschaft, dieses Gesetz oder durch auf Grund dieses Gesetzes erlassene Rechtsverordnungen geregelt ist, erforderlich ist, sind auch die Sachverständigen der Mitgliedstaaten, der Kommission und der EFTA-Überwachungsbehörde in Begleitung der mit der Überwachung beauftragten Personen berechtigt, Befugnisse nach Absatz 2 Nr. 1, 3 und 4 wahrzunehmen und Proben nach Maßgabe des § 43 Abs. 1 Satz 1 und Abs. 4 zu entnehmen. Die Befugnisse nach Absatz 2 Nr. 1 und 3 gelten auch für diejenigen, die sich in der Ausbildung zu einer die Überwachung durchführenden Person befinden.

(4) Die Zollstellen können den Verdacht von Verstößen gegen Verbote und Beschränkungen dieses Gesetzes oder der nach diesem Gesetz erlassenen Rechtsverordnungen, der sich bei der Durchführung des Gesetzes über das Branntweinmonopol ergibt, den zuständigen Verwaltungsbehörden mitteilen.

(5) Die Staatsanwaltschaft hat die nach § 38 Abs. 1 Satz 1 zuständige Behörde unverzüglich über die Einleitung des Strafverfahrens, soweit es sich um Verstöße gegen Verbote und Beschränkungen dieses Gesetzes, der nach diesem Gesetz erlassenen Rechtsverordnungen oder der unmittelbar geltenden Rechtsakte der Europäischen Gemeinschaft im Anwendungsbereich dieses Gesetzes bezieht, unter Angabe der Rechtsvorschriften zu unterrichten. Satz 1 gilt nicht, wenn das Verfahren auf Grund einer Abgabe der Verwaltungsbehörde nach § 41 Abs. 1 des Gesetzes über Ordnungswidrigkeiten eingeleitet worden ist. Eine Übermittlung personenbezogener Daten nach Satz 1 unterbleibt, soweit und solange ihr Zwecke des Strafverfahrens oder besondere bundesgesetzliche oder entsprechende landesgesetzliche Verwendungsregelungen entgegenstehen.

§ 43. Probenahme. (1) Die mit der Überwachung beauftragten Personen und, bei Gefahr im Verzug, die Beamten der Polizei sind befugt, gegen Empfangsbescheinigung Proben nach ihrer Auswahl zum Zweck der Untersuchung zu fordern oder zu entnehmen. Soweit in Rechtsverordnungen nach diesem Gesetz nichts anderes bestimmt ist, ist ein Teil der Probe oder, sofern die Probe nicht oder ohne Gefährdung des Untersuchungszwecks nicht in Teile von gleicher Beschaffenheit teilbar ist, ein zweites Stück der gleichen Art, soweit vorhanden aus demselben Los, und von demselben Hersteller wie das als Probe entnommene, zurückzulassen; der Hersteller kann auf die Zurücklassung einer Probe verzichten.

(2) Zurückzulassende Proben sind amtlich zu verschließen oder zu versiegeln. Sie sind mit dem Datum der Probenahme und dem Datum des Tages zu versehen, nach dessen Ablauf der Verschluss oder die Versiegelung als aufgehoben gelten.

(3) Derjenige, bei dem die Probe zurückgelassen worden ist und der nicht der Hersteller ist, hat die Probe sachgerecht zu lagern und aufzubewahren und sie auf Verlangen des Herstellers auf dessen Kosten und Gefahr einem vom Hersteller bestimmten, nach lebensmittelrechtlichen Vorschriften zugelassenen privaten Sachverständigen zur Untersuchung auszuhändigen.

(4) Für Proben, die im Rahmen der amtlichen Überwachung nach diesem Gesetz entnommen werden, wird grundsätzlich keine Entschädigung geleistet. Im Einzelfall ist eine Entschädigung bis zur Höhe des Verkaufspreises zu leisten, wenn andernfalls eine unbillige Härte eintreten würde.

§ 44. Duldungs-, Mitwirkungs- und Übermittlungspflichten. (1) Die Inhaberinnen oder Inhaber der in § 42 Abs. 2 bezeichneten Grundstücke, Räume, Einrichtungen und Geräte und die von ihnen bestellten Vertreter sind verpflichtet, die Maßnahmen nach den §§ 41 bis 43 zu dulden und die in der Überwachung tätigen Personen bei der Erfüllung ihrer Aufgabe zu unterstützen, insbesondere ihnen auf Verlangen
1. die Räume und Geräte zu bezeichnen,
2. Räume und Behältnisse zu öffnen und
3. die Entnahme der Proben zu ermöglichen.

(2) Die in § 42 Abs. 2 Nr. 4 genannten Personen und Personenvereinigungen sind verpflichtet, den in der Überwachung tätigen Pesonen auf Verlangen unverzüglich die dort genannten Auskünfte zu erteilen. Vorbehaltlich des Absatzes 3 kann der zur Auskunft Verpflichtete die Auskunft auf solche Fragen verweigern, deren Beantwortung ihn selbst oder einen der in § 383 Abs. 1 Nr. 1 bis 3 der Zivilprozessordnung bezeichneten Angehörigen der Gefahr strafgerichtlicher Verfolgung oder eines Verfahrens nach dem Gesetz über Ordnungswidrigkeiten aussetzen würde.

Verordnung (EG) Nr. 178/2002 des Europäischen Parlaments und des Rates zur Festlegung der allgemeinen Grundsätze und Anforderungen des Lebensmittelrechts

Vom 28. Januar 2002

Art. 1. Anwendungsbereich. (3) Diese Verordnung gilt für alle Produktions-, Verarbeitungs- und Vertriebsstufen von Lebensmitteln und Futtermitteln. Sie gilt nicht für die Primärproduktion für den privaten häuslichen Gebrauch oder für die häusliche Verarbeitung, Handhabung oder Lagerung von Lebensmitteln zum häuslichen privaten Verbrauch.

Art. 2. Definition von „Lebensmittel" Im Sinne dieser Verordnung sind „Lebensmittel" alle Stoffe oder Erzeugnisse, die dazu bestimmt sind oder von denen nach vernünftigem Ermessen erwartet werden kann, dass sie in verarbeitetem, teilweise verarbeitetem oder unverarbeitetem Zustand von Menschen aufgenommen werden.

Zu „Lebensmitteln" zählen auch Getränke, Kaugummi sowie alle Stoffe – einschließlich Wasser –, die dem Lebensmittel bei seiner Herstellung oder Ver- oder Bearbeitung absichtlich zugesetzt werden. Wasser zählt hierzu unbeschadet der Anforderungen der Richtlinien 80/778/EWG und 98/83/EG ab der Stelle der Einhaltung im Sinne des Artikels 6 der Richtlinie 98/83/EG.

Nicht zu „Lebensmitteln" gehören:
a) Futtermittel;
b) lebende Tiere, soweit sie nicht für das Inverkehrbringen zum menschlichen Verzehr hergerichtet worden sind,
c) Pflanzen vor dem Ernten,
d) Arzneimittel im Sinne der Richtlinien 65/65/EWG und 92/73/EWG des Rates,
e) kosmetische Mittel im Sinne der Richtlinie 76/768/EWG des Rates,
f) Tabak und Tabakerzeugnisse im Sinne der Richtlinie 89/622/EWG des Rates,
g) Betäubungsmittel und psychotrope Stoffe im Sinne des Einheitsübereinkommens der Vereinten Nationen über Suchtstoffe, 1961, und des Übereinkommens der Vereinten Nationen über psychotrope Stoffe, 1971.
h) Rückstände und Kontaminanten.

Art. 3. Sonstige Definitionen. Im Sinne dieser Verordnung bezeichnet der Ausdruck
2. „Lebensmittelunternehmen" alle Unternehmen, gleichgültig, ob sie auf Gewinnerzielung ausgerichtet sind oder nicht und ob sie öffentlich oder privat sind, die eine mit der Produktion, der Verarbeitung und dem Vertrieb von Lebensmitteln zusammenhängende Tätigkeit ausführen;
3. „Lebensmittelunternehmer" die natürlichen oder juristischen Personen, die dafür verantwortlich sind, dass die Anforderungen des Lebensmittelrechts in dem ihrer Kontrolle unterstehenden Lebensmittelunternehmen erfüllt werden;
8. „Inverkehrbringen" das Bereithalten von Lebensmitteln oder Futtermitteln für Verkaufszwecke einschließlich des Anbietens zum Verkauf oder jeder anderen Form der Weitergabe, gleichgültig, ob unentgeltlich oder nicht, sowie den Verkauf, den Vertrieb oder andere Formen der Weitergabe selbst;
18. „Endverbraucher" den letzten Verbraucher eines Lebensmittels, der das Lebensmittel nicht im Rahmen der Tätigkeit eines Lebensmittelunternehmens verwendet.

Art. 14. Anforderungen an die Lebensmittelsicherheit. (1) Lebensmittel, die nicht sicher sind, dürfen nicht in Verkehr gebracht werden.

(2) Lebensmittel gelten als nicht sicher, wenn davon auszugehen ist, dass sie
a) gesundheitsschädlich sind,
b) für den Verzehr durch den Menschen ungeeignet sind.

(3) Bei der Entscheidung der Frage, ob ein Lebensmittel sicher ist oder nicht, sind zu berücksichtigen:
a) die normalen Bedingungen seiner Verwendung durch den Verbraucher und auf allen Produktions-, Verarbeitungs- und Vertriebsstufen sowie
b) die dem Verbraucher vermittelten Informationen einschließlich der Angaben auf dem Etikett oder sonstige ihm normalerweise zugängliche Informationen über die Vermeidung bestimmter die Gesundheit beeinträchtigender Wirkungen eines bestimmten Lebensmittels oder einer bestimmten Lebensmittelkategorie.

(4) Bei der Entscheidung der Frage, ob ein Lebensmittel gesundheitsschädlich ist, sind zu berücksichtigen
a) die wahrscheinlichen sofortigen und/oder kurzfristigen und/oder langfristigen Auswirkungen des Lebensmittels nicht nur auf die Gesundheit des Verbrauchers, sondern auch auf nachfolgende Generationen,

b) die wahrscheinlichen kumulativen toxischen Auswirkungen,
c) die besondere gesundheitliche Empfindlichkeit einer bestimmten Verbrauchergruppe, falls das Lebensmittel für diese Gruppe von Verbrauchern bestimmt ist.

(5) Bei der Entscheidung der Frage, ob ein Lebensmittel für den Verzehr durch den Menschen ungeeignet ist, ist zu berücksichtigen, ob das Lebensmittel infolge einer durch Fremdstoffe oder auf andere Weise bewirkten Kontamination, durch Fäulnis, Verderb oder Zersetzung ausgehend von dem beabsichtigten Verwendungszweck nicht für den Verzehr durch den Menschen inakzeptabel geworden ist.

Verordnung über die Zulassung von Zusatzstoffen zu Lebensmitteln zu technologischen Zwecken

Vom 29. Januar 1998, mit Änderungen bis zum 8. August 2007

§ 1. Allgemeine Vorschriften. (1) Die in den Anlagen aufgeführten Zusatzstoffe sind nach Maßgabe dieser Verordnung für die Verwendung beim gewerbsmäßigen Herstellen und Behandeln von Lebensmitteln zu den in den §§ 3 bis 6a angegebenen technologischen Zwecken zugelassen.

(2) Rechtsvorschriften, die bei bestimmten Lebensmitteln die Kenntlichmachung abweichend von den Vorschriften dieser Verordnung regeln, sowie die Vorschriften der Lebensmittel-Kennzeichnungsverordnung über das Verzeichnis der Zutaten bleiben unberührt.

(3) Die §§ 3 bis 6 gelten nicht für Zusatzstoffe, die für den Zusatz zu Trinkwasser nach Verlassen der in § 8 der Trinkwasserverordnung genannten Entnahmestellen bestimmt sind.

§ 2. Begriffsbestimmungen. Im Sinne dieser Verordnung bedeutet:
1. „unbehandelte Lebensmittel": Lebensmittel, die keiner Herstellung oder Behandlung unterzogen worden sind, die zu einer substantiellen Änderung des Originalzustands der Lebensmittel führt; eine substantielle Änderung liegt insbesondere nicht vor, wenn die Lebensmittel geteilt, ausgelöst, getrennt, ausgebeint, fein zerkleinert, enthäutet, geschält, gemahlen, geschnitten, gesäubert, garniert, tiefgefroren, gefroren, gekühlt, geschliffen oder enthülst, verpackt oder ausgepackt worden sind,
2. „Höchstmenge": höchstzulässiger Gehalt an zugesetzten Zusatzstoffen in Lebensmitteln in dem Zustand, in dem die Lebensmittel in den Verkehr gebracht werden, falls in den Anlagen zu dieser Verordnung nichts anderes festgelegt ist; sofern ein Lebensmittel noch der Zubereitung bedarf, bezieht sich die jeweilige Höchstmenge auf das nach der Gebrauchsanleitung zubereitete Lebensmittel;
3. „ohne Zuckerzusatz": ohne Zusatz von Monosacchariden oder Disacchariden und ohne Zusatz von Lebensmitteln, die wegen ihrer süßenden Eigenschaften verwendet werden;
4. „brennwertvermindert": Lebensmittel mit einem Brennwert, der mindestens um 30 vom Hundert gegenüber dem Brennwert des ursprünglichen Lebensmittels oder eines gleichartigen Erzeugnisses vermindert ist;
5. „Verbraucher": Verbraucher im Sinne des § 3 Nr. 4 des Lebensmittel- und Futtermittelgesetzbuches; dem Verbraucher stehen Gaststätten, Einrichtungen zur Gemeinschaftsverpflegung sowie Gewerbetreibende, soweit sie Lebensmittel zum Verbrauch innerhalb ihrer Betriebsstätte beziehen, gleich.

§ 3. Farbstoffe. (1) Zum Färben von Lebensmitteln oder zum Erzielen von Farbeffekten bei Lebensmitteln sind die in Anlage 1 aufgeführten Zusatzstoffe und deren Aluminiumlacke für die jeweils dort genannten Lebensmittel zugelassen.

(2) Zusatzstoffe nach Absatz 1 sind nicht für die Herstellung von Bier zugelassen, das unter der Bezeichnung „nach dem deutschen Reinheitsgebot gebraut" oder gleichsinnigen Angaben in den Verkehr gebracht wird.

(3) Die in Anlage 1 aufgeführten Zusatzstoffe sind zum Färben von Eiern oder zum Erzielen von Farbeffekten bei Eiern oder für Stempelaufdrucke auf Schalen von Eiern im Sinne der Verordnung (EG) Nr. 2295/2003 der Kommission vom 23. Dezember 2003 mit Durchführungsbestimmungen zur Verordnung (EWG) Nr. 1907/90 des Rates über bestimmte Vermarktungsnormen für Eier (ABl. EU Nr. L 340 S. 16, 2004 Nr. L 72 S. 91), geändert durch die Verordnung (EG) Nr. 1515/2004 der Kommission vom 26. August 2004 (ABl. EU Nr. L 278 S. 7), zugelassen.

§ 4. Süßungsmittel. (1) Zum Süßen von Lebensmitteln sind die in Anlage 2 aufgeführten Zusatzstoffe für die dort genannten Lebensmittel und für Tafelsüßen zugelassen.

(2) Zusatzstoffe nach Absatz 1 sind nicht für die Herstellung von Bier zugelassen, das unter der Bezeichnung „nach dem deutschen Reinheitsgebot gebraut" oder gleichsinnigen Angaben in den Verkehr gebracht wird.

§ 5. Andere Zusatzstoffe als Farbstoffe und Süßungsmittel. (1) Die in den Anlagen 3, 4 und 5 aufgeführten Zusatzstoffe sind für die dort genannten Lebensmittel zu den in Anlage 7 angegebenen technologischen Zwecken zugelassen.

(2) Für nichtalkoholische, aromatisierte Getränke, alkoholfreien Wein und Flüssigteekonzentrat ist Dimethyldicarbonat (E 242) als Zusatzstoff zugelassen. Bei dem gewerbsmäßigen Herstellen oder Behandeln der in Satz 1 genannten Getränke dürfen nicht mehr als 250 Milligramm Dimethyldicarbonat (E 242) je Liter zugesetzt werden. Die in Satz 1 genannten Getränke dürfen an den Verbraucher nur abgegeben werden, wenn Dimethyldicarbonat (E 242) in dem Getränk nicht mehr nachweisbar ist.

Zusatzstoff-Zulassungsverordnung 3.2 ZZulV §§ 5–9

(3) Abweichend von Absatz 1 dürfen bei der Herstellung von Bier, das unter der Bezeichnung „nach dem deutschen Reinheitsgebot gebraut" oder gleichsinnigen Angaben in den Verkehr gebracht wird, nur verwendet werden:
1. bei der Bierbereitung abgefangenes Kohlendioxid,
2. Kohlendioxid und Stickstoff, wenn sie bis auf technisch unvermeidbare Mengen nicht in das Bier übergehen; eine Erhöhung des Kohlensäuregehaltes des Bieres darf durch die Verwendung nicht eintreten.

§ 6. Zusatzstoffe für Säuglings- und Kleinkindernahrung. Die in Anlage 6 aufgeführten Zusatzstoffe sind für die dort genannten Lebensmittel zu den in Anlage 7 angegebenen technologischen Zwecken zugelassen.

§ 6a. Zusatzstoffe für Trinkwasser. Für den Zusatz zu Trinkwasser nach Verlassen der in § 8 der Trinkwasserverordnung genannten Entnahmestellen sind die in Anlage 6a Spalte 2 aufgeführten Zusatzstoffe einschließlich ihrer Ionen, sofern sie durch Ionenaustauscher oder Elektrolyse zugefügt werden, zu den in Spalte 3 jeweils genannten technologischen Zwecken zugelassen.

§ 7. Höchstmengenfestsetzungen. (1) Bei dem Herstellen oder Behandeln von Lebensmitteln, die in den Anlagen 1 bis 6a aufgeführt und die dazu bestimmt sind, in den Verkehr gebracht zu werden, dürfen die nach § 3 Abs. 1, § 4 Abs. 1, § 5 Abs. 1, § 6 und § 6a zugelassenen Zusatzstoffe über die in den Anlagen jeweils festgesetzten Höchstmengen, auch im Sinne des Absatzes 2, hinaus nicht verwendet werden. Bei den in Anlage 1 aufgeführten Lebensmitteln ist die Höchstmenge auf die Menge der färbenden Anteile des Zusatzstoffes zu beziehen.

(2) Sind in den Anlagen Zusatzstoffe für Lebensmittel „quantum satis (qs)" zugelassen, dürfen sie nach der guten Herstellungspraxis nur in der Menge verwendet werden, die erforderlich ist, um die gewünschte Wirkung zu erzielen, und unter der Voraussetzung, daß der Verbraucher dadurch nicht irregeführt wird.

(3) Sofern in den Anlagen für Lebensmittel mehrere Zusatzstoffe mit einer gemeinsamen Höchstmenge zugelassen sind, dürfen diese Stoffe vorbehaltlich besonderer Regelungen einzeln oder insgesamt bis zu dieser Höchstmenge verwendet werden.

§ 8. Verwendung von Lebensmitteln mit Zusatzstoffen. (1) Lebensmitteln, die als Zutat für ein anderes Lebensmittel bestimmt sind, dürfen auch die Zusatzstoffe zugesetzt werden, die nur für das andere Lebensmittel zugelassen sind.

(2) Lebensmittel mit einem zulässigen Gehalt an Farbstoffen dürfen auch als Zutat für andere Lebensmittel verwendet werden, für die diese Zusatzstoffe nicht zugelassen sind. Dies gilt nicht für in Anlage 1 Teil A Nr. 1 bis 30 aufgeführte Lebensmittel.

(3) Lebensmittel mit einem zulässigen Gehalt an Süßungsmittel dürfen auch als Zutat für Lebensmittel ohne Zuckerzusatz oder mit vermindertem Brennwert, diätetische Lebensmittel, die für eine Reduktionsdiät bestimmt sind, oder für Lebensmittel mit langer Haltbarkeit verwendet werden, für die diese Zusatzstoffe nicht zugelassen sind.

(4) Lebensmittel mit einem zulässigen Gehalt an Zusatzstoffen im Sinne der §§ 5 und 6a dürfen auch als Zutat für andere Lebensmittel verwendet werden, für die diese Zusatzstoffe nicht zugelassen sind. Dies gilt nicht für in Anlage 4 Teil A Nr. 1 bis 13 aufgeführte Lebensmittel.

(5) Zusatzstoffe, die in einem Lebensmittel eine technologische Wirkung ausüben, dürfen in Aromen nur dann verwendet werden, wenn sie auch für das andere Lebensmittel zugelassen sind.

(6) Die Absätze 1 bis 5 gelten nicht für Säuglings- und Kleinkindernahrung, sofern in Anlage 6 nichts anderes bestimmt ist.

§ 9. Kenntlichmachung. (1) Der Gehalt an Zusatzstoffen in Lebensmitteln muß bei der Abgabe an Verbraucher wie folgt nach Absatz 6 kenntlich gemacht werden:
1. bei Lebensmitteln mit einem Gehalt an Farbstoffen durch die Angabe „mit Farbstoff",
2. bei Lebensmitteln mit einem Gehalt an Zusatzstoffen, die zur Konservierung verwendet werden, durch die Angabe mit „Konservierungsstoff" oder „konserviert"; diese Angaben können durch folgende Angaben ersetzt werden:
   a) „mit Nitritpökelsalz" bei Lebensmitteln mit einem Gehalt an Natrium- oder Kaliumnitrit, auch gemischt und in Mischungen mit Kochsalz, jodiertem Kochsalz oder Kochsalzersatz,
   b) „mit Nitrat" bei Lebensmitteln mit einem Gehalt an Natrium- oder Kaliumnitrat, auch gemischt,
   c) „mit Nitritpökelsalz und Nitrat" bei Lebensmitteln mit einem Gehalt an Natrium- oder Kaliumnitrit und Natrium- oder Kaliumnitrat, jeweils auch gemischt und in Mischungen mit Kochsalz, jodiertem Kochsalz oder Kochsalzersatz,
3. bei Lebensmitteln mit einem Gehalt an Zusatzstoffen, die als Antioxidationsmittel verwendet werden, durch die Angabe „mit Antioxidationsmittel",
4. bei Lebensmitteln mit einem Gehalt an Zu-

satzstoffen, die als Geschmacksverstärker verwendet werden, durch die Angabe „mit Geschmacksverstärker",
5. bei Lebensmitteln mit einem Gehalt an Zusatzstoffen der Anlage 5 Teil B von mehr als 10 Milligramm in einem Kilogramm oder einem Liter, berechnet als Schwefeldioxid, durch die Angabe „geschwefelt",
6. bei Oliven mit einem Gehalt an Eisen-II-gluconat (E 579) oder Eisen-II-lactat (E 585) durch die Angabe „geschwärzt",
7. bei frischen Zitrusfrüchten, Melonen, Äpfeln und Birnen mit einem Gehalt an Zusatzstoffen der Nummern E 901 bis E 904, E 912 oder E 914, die zur Oberflächenbehandlung verwendet werden, durch die Angabe „gewachst",
8. bei Fleischerzeugnissen mit einem Gehalt an Zusatzstoffen der Nummern E 338 bis E 341, E 450 bis E 452, die bei der Herstellung der Fleischerzeugnisse verwendet werden, durch die Angabe „mit Phosphat".

(2) Der Gehalt an einem Zusatzstoff der Anlage 2 in Lebensmitteln, ausgenommen Tafelsüßen, ist in Verbindung mit der Verkehrsbezeichnung durch die Angabe „mit Süßungsmittel", bei mehreren Zusatzstoffen der Anlage 2 durch die Angabe „mit Süßungsmitteln", nach Absatz 6 kenntlich zu machen. Bei Lebensmitteln, ausgenommen Tafelsüßen, mit einem Gehalt an einem Zuckerzusatz im Sinne des § 2 Nr. 3 und einem Zusatzstoff der Anlage 2 ist dies durch die Angabe „mit einer Zuckerart und Süßungsmittel", sofern mehrere Zuckerzusätze oder mehrere Zusatzstoffe der Anlage 2 enthalten sind, sind die betreffenden Zutaten in der Mehrzahl jeweils in Verbindung mit der Verkehrsbezeichnung nach Absatz 6 kenntlich zu machen. Werden Lebensmittel im Sinne des Satzes 2 lose oder nach Maßgabe des § 1 Abs. 2 der Lebensmittel-Kennzeichnungsverordnung an den Verbraucher abgegeben, so reicht die Angabe nach Satz 1 aus.

(3) Bei Tafelsüßen ist der Gehalt an Zusatzstoffen der Anlage 2 durch die Angabe „auf der Grundlage von ...", ergänzt durch den oder die Namen der für die Tafelsüße verwendeten Süßungsmittel, in Verbindung mit der Verkehrsbezeichnung nach Absatz 6 kenntlich zu machen.

(4) Tafelsüßen und andere Lebensmittel, die Aspartam oder Aspartam-Acesulfamsalz enthalten, dürfen nur in den Verkehr gebracht werden, wenn der Hinweis „enthält eine Phenylalaninquelle" nach Absatz 6 angegeben ist.

(5) Tafelsüßen mit einem Gehalt an Zusatzstoffen der Nummern E 420, E 421, E 953, E 965 bis E 967 und andere Lebensmittel mit einem Gehalt an diesen Zusatzstoffen von mehr als 100 Gramm in einem Kilogramm oder einem Liter dürfen nur in den Verkehr gebracht werden, wenn der Hinweis „kann bei übermäßigem Verzehr abführend wirken" nach Absatz 6 angegeben ist.

(6) Die Angaben nach Absatz 1 bis 5 sind gut sichtbar, in leicht lesbarer Schrift und unverwischbar anzugeben. Sie sind wie folgt anzubringen:
1. bei loser Abgabe von Lebensmitteln auf einem Schild auf oder neben dem Lebensmittel,
2. bei der Angabe von Lebensmitteln in Umhüllungen oder Fertigpackungen nach § 1 Abs. 2 der Lebensmittel-Kennzeichnungsverordnung auf einem Schild auf oder neben dem Lebensmittel, auf der Umhüllung oder auf der Fertigpackung,
3. bei der Abgabe von Lebensmitteln in Fertigpackungen, die nach der Lebensmittel-Kennzeichnungsverordnung zu kennzeichnen sind, auf der Fertigpackung oder dem mit ihr verbundenen Etikett,
4. bei der Abgabe von Lebensmitteln im Versandhandel auch in den Angebotslisten,
5. bei der Abgabe von Lebensmitteln in Gaststätten auf Speise- und Getränkekarten,
6. bei der Abgabe von Lebensmitteln in Einrichtungen zur Gemeinschaftsverpflegung auf Speisekarten oder in Preisverzeichnissen oder, soweit keine solchen ausgelegt oder ausgehängt werden, in einem sonstigen Aushang oder einer schriftlichen Mitteilung.

In den Fällen der Nummern 5 und 6 dürfen die vorgeschriebenen Angaben in Fußnoten angebracht werden, wenn bei der Verkehrsbezeichnung auf diese hingewiesen wird.

(7) Bei Lebensmitteln, die in zur Abgabe an den Verbraucher bestimmten Fertigpackungen verpackt sind, und deren Haltbarkeit durch eine Schutzatmosphäre verlängert wird, ist der Hinweis „unter Schutzatmosphäre verpackt" anzugeben. Absatz 6 Satz 1 und 2 Nr. 3 gilt entsprechend.

(8) Die Angaben nach Absatz 1 können entfallen,
1. wenn Zusatzstoffe nur den Zutaten eines Lebensmittels zugesetzt sind, sofern die Zusatzstoffe in dem Lebensmittel keine technologische Wirkung mehr ausüben,
2. bei Lebensmitteln in Fertigpackungen, wenn auf der Umhüllung oder der Fertigpackung ein Verzeichnis der Zutaten im Sinne der Lebensmittel-Kennzeichnungsverordnung angegeben ist, oder
3. bei Lebensmitteln, die lose oder in Umhüllungen oder Fertigpackungen nach § 1 Abs. 2 der Lebensmittel-Kennzeichnungsverordnung an den Verbraucher im Sinne des § 2 Nr. 5 Halbsatz 1 abgegeben werden, wenn in einem Aushang oder in einer schriftlichen Aufzeichnung, die dem Endverbraucher unmittelbar zugänglich ist, alle bei der Herstellung des Lebensmittels verwendeten Zusatzstoffe an-

Zusatzstoff-Zulassungsverordnung   3.2 ZZulV § 9

gegeben werden; auf die Aufzeichnung muß bei dem Lebensmittel oder in einem Aushang hingewiesen werden; Absatz 6 Satz 1 sowie die §§ 5 und 6 der Lebensmittel-Kennzeichnungsverordnung gelten entsprechend.

(9) Die Angaben nach Absatz 1 Nr. 2 und 7 müssen bei Zitrusfrüchten, die an andere Personen als Verbraucher abgegeben werden, auf einer Außenfläche der Packungen oder Behältnisse angebracht sein; Absatz 6 Satz 1 gilt entsprechend.

Liste der Zusatzstoffe mit E-Nummern, die Lebensmitteln zugesetzt werden dürfen

E-Nr.	Verkehrsbezeichnung gemäß Zusatzstoff-Verkehrsverordnung (ZVerkV)
1	2
E 100	Kurkumin
E 101	i) Riboflavin, ii) Riboflavin-5'-Phosphat
E 102	Tartrazin
E 104	Chinolingelb
E 110	Gelborange S
E 120	Echtes Karmin
E 122	Azorubin
E 123	Amaranth
E 124	Cochenillerot A
E 127	Erythrosin
E 128	Rot 2G
E 129	Allurarot AC
E 131	Patentblau V
E 132	Indigotin I
E 133	Brillantblau FCF
E 140	i) Chlorophylle, ii) Chlorophylline
E 308	Gamma-Tocopherol
E 309	Delta-Tocopherol
E 310	Propylgallat
E 311	Octylgallat
E 312	Dodecylgallat
E 315	Isoascorbinsäure
E 316	Natriumisoascorbat
E 320	Butylhydroxyanisol (BHA)
E 321	Butylhydroxytoluol (BHT)
E 322	Lecithine
E 325	Natriumlactat
E 326	Kaliumlactat
E 327	Calciumlactat
E 330	Citronensäure
E 331	Natriumcitrate, i) Mononatriumcitrat, ii) Dinatriumcitrat, iii) Trinatriumcitrat

E-Nr.	Verkehrsbezeichnung gemäß Zusatzstoff-Verkehrsverordnung (ZVerkV)
1	2
E 332	Kaliumcitrate, i) Monokaliumcitrat, ii) Trikaliumcitrat
E 333	Calciumcitrate, i) Monocalciumcitrat, ii) Dicalciumcitrat, iii) Tricalciumcitrat
E 334	L(+)-Weinsäure
E 335	Natriumtartrate, i) Mononatriumtartrat, ii) Dinatriumtartrat
E 336	Kaliumtartrate, i) Monokaliumtartrat, ii) Dikaliumtartrat
E 337	Kaliumnatriumtartrat
E 338	Phosphorsäure
E 339	Natriumphosphate, i) Mononatriumphosphat, ii) Dinatriumphosphat, iii) Trinatriumphosphat
E 340	Kaliumphosphate, i) Monokaliumphosphat, ii) Dikaliumphosphat, ii) Trikaliumphosphat
E 341	Calciumphosphate, i) Monocalciumphosphat, ii) Dicalciumphosphat, iii) Tricalciumphosphat
E 343	Magnesiumphosphate, i) Monomagnesiumphosphat, ii) Dimagnesiumphosphat
E 350	Natriummalate, i) Natriummalat, ii) Natriumhydrogenmalat
E 351	Kaliummalat
E 352	Calciummalate, i) Calciummalat; ii) Calciumhydrogenmalat
E 353	Metaweinsäure
E 354	Calciumtartrat
E 355	Adipinsäure
E 356	Natriumadipat
E 357	Kaliumadipat
E 363	Bernsteinsäure
E 380	Triammoniumcitrat
E 385	Calciumdinatriumethylendiamintetraacetat
E 400	Alginsäure
E 401	Natriumalginat

3.2 ZZulV § 9 — Zusatzstoff-Zulassungsverordnung

E-Nr.	Verkehrsbezeichnung gemäß Zusatzstoff-Verkehrsverordnung (ZVerkV)
1	2
E 402	Kaliumalginat
E 403	Ammoniumalginat
E 404	Calciumalginat
E 405	Propylenglycolalginat
E 406	Agar-Agar
E 407	Carrageen
E 407a	Verarbeitete Eucheuma-Algen
E 410	Johannisbrotkernmehl
E 412	Guarkernmehl
E 413	Traganth
E 414	Gummi arabicum
E 415	Xanthan
E 416	Karaya
E 417	Tarakernmehl
E 418	Gelan
E 420	Sorbit, i) Sorbit, ii) Sorbitsirup
E 421	Mannit
E 422	Glycerin
E 425	Konjak, i) Konjakgummi, ii) Konjak-Glukomannan
E 431	Polyoxyethylen-(40)-stearat
E 432	Polyoxyethylensorbitanmonolaurat (Polysorbat 20)
E 433	Polyoxyethylensorbitanmonooleat (Polysorbat 80)
E 434	Polyoxyethylensorbitanmonopalmitat (Polysorbat 40)
E 435	Polyoxyethylensorbitanmonostearat (Polysorbat 60)
E 436	Polyoxyethylensorbitantristearat (Polysorbat 65)
E 440	Pektine, i) Pektin, ii) Amidiertes Pektin
E 442	Ammoniumsalze von Phosphatidsäuren
E 444	Saccharoseacetatisobutyrat
E 445	Glycerinester aus Wurzelharz
E 450	Diphosphate, i) Dinatriumdiphosphat, ii) Trinatriumdiphosphat, iii) Tetranatriumdiphosphat, v) Tetrakaliumdiphosphat, vi) Dicalciumdiphosphat, vii) Calciumdihydrogendiphosphat
E 451	Triphosphate, i) Pentanatriumtriphosphat, ii) Pentakaliumtriphosphat
E 452	Polyphosphate, i) Natriumpolyphosphat, ii) Kaliumpolyphosphat, iii) Natriumcalciumpolyphosphat, iv) Calciumpolyphosphat
E 459	Beta-Cyclodextrin
E 460	Cellulose, i) Mikrokristalline Cellulose, ii) Cellulosepulver
E 461	Methylcellulose
E 463	Hydroxypropylcellulose
E 464	Hydroxypropylmethylcellulose
E 465	Ethylmethylcellulose
E 466	Carboxylmethylcellulose, Natriumcarboxylmethylcellulose
E 468	Vernetzte Natriumcarboxymethylcellulose
E 469	Enzymatisch hydrolysierte Carboxymethylcellulose
E 470a	Natrium-, Kalium- und Calciumsalze von Speisefettsäuren
E 470b	Magnesiumsalze von Speisefettsäuren
E 471	Mono- und Diglyceride von Speisefettsäuren
E 472a	Essigsäureester von Mono- und Diglyceriden von Speisefettsäuren
E 472b	Milchsäureester von Mono- und Diglyceriden von Speisefettsäuren
E 472c	Citronensäureester von Mono- und Diglyceriden von Speisefettsäuren
E 472d	Weinsäureester von Mono- und Diglyceriden von Speisefettsäuren
E 472e	Mono- und Diacetylenweinsäureester von Mono- und Diglyceriden von Speisefettsäuren
E 472f	Gemischte Wein- und Essigsäureester von Mono- und Diglyceriden von Speisefettsäuren
E 473	Zuckerester von Speisefettsäuren
E 474	Zuckerglyceride
E 475	Polyglycerinester von Speisefettsäuren
E 476	Polyglycerin-Polyricinoleat
E 477	Propylenglycolester von Speisefettsäuren

Zusatzstoff-Zulassungsverordnung 3.2 ZZulV § 9

E-Nr.	Verkehrsbezeichnung gemäß Zusatz-stoff-Verkehrsverordnung(ZVerkV)	E-Nr.	Verkehrsbezeichnung gemäß Zusatz-stoff-Verkehrsverordnung(ZVerkV)
1	2	1	2
E 479b	Thermooxidiertes Sojaöl mit Mono- und Diglyceriden von Speisefettsäuren	E 529	Calciumoxid
		E 530	Magnesiumoxid
		E 535	Natriumferrocyanid
E 481	Natriumstearoyl-2-lactylat	E 536	Kaliumferrocyanid
E 482	Calciumstearoyl-2-lactylat	E 538	Calciumferrocyanid
E 483	Stearoyltartrat	E 451	Saures Natriumaluminiumphosphat
E 491	Sorbitanmonostearat	E 551	Siliciumdioxid
E 492	Sorbitantristearat	E 552	Calciumsilicat
E 493	Sorbitanmonolaurat	E 553a	i) Magnesiumsilikat, ii) Magnesiumtrisilikat
E 494	Sorbitanmonooleat		
E 495	Sorbitanmonopalmitat	E 553b	Talkum
E 500	Natriumcarbonate, i) Natriumcarbonat, ii) Natriumhydrogencarbonat, iii) Natriumsesquicarbonat	E 554	Natriumaluminiumsilikat
		E 555	Kaliumaluminiumsilikat
		E 556	Calciumaluminiumsilikat
		E 558	Bentonit
		E 559	Aluminiumsilikat (Kaolin)
E 501	Kaliumcarbonate, i) Kaliumcarbonat, ii) Kaliumhydrogencarbonat	E 570	Fettsäuren
		E 574	Gluconsäure
		E 575	Clucono-delta-lacton
E 503	Ammoniumcarbonate, i) Ammoniumcarbonat, ii) Ammoniumhydrogencarbonat	E 576	Natriumgluconat
		E 577	Kaliumgluconat
		E 578	Calciumgluconat
E 504	Magnesiumcarbonate, i) Magniumcarbonat, ii) Magnesiumhydroxidcarbonat, iii) Magnesiumhydrogencarbonat	E 579	Eisen-II-gluconat
		E 585	Eisen-II-lactat'
		E 620	Glutaminsäure
		E 621	Mononatriumglutamat
E 507	Chlorwasserstoffsäure	E 622	Monokaliumglutamat
E 508	Kaliumchlorid	E 623	Calciumdiglutamat
E 509	Calciumchlorid	E 624	Monoammoniumglutamat
E 511	Magnesiumchlorid	E 625	Magnesiumdiglutamat
E 512	Zinn-II-chlorid	E 626	Guanylsäure
E 513	Schwefelsäure	E 627	Dinatriumguanylat
E 514	Natriumsulfate, i) Natriumsulfat, ii) Natriumhydrogensulfat	E 628	Dikaliumguanylat
		E 629	Calciumguanylat
		E 630	Inosinsäure
E 515	Kaliumsulfate, i) Kaliumsulfat, ii) Kaliumhydrogensulfat	E 631	Dinatriuminosinat
		E 632	Diakaliuminosinat
		E 633	Calciuminosinat
E 516	Calciumsulfat	E 634	Calcium-5'-ribonucleotid
E 517	Ammoniumsulfat	E 635	Dinatrium-5'-ribonucleotid
E 520	Aluminiumsulfat	E 640	Glycin und dessen Natriumsalz
E 521	Aluminiumnatriumsulfat	E 900	Dimethylpolysiloxan
E 522	Aluminiumkaliumsalufat	E 901	Bienenwachse, weiß und gelb
E 523	Aluminiumammoniumsulfat	E 902	Candelillawachs
E 524	Natriumhydroxid	E 903	Carnaubawachs
E 525	Kaliumhydroxid	E 904	Schellack
E 526	Calciumhydroxid	E 905	Mikrokristallines Wachs
E 527	Ammoniumhydroxid		
E 528	Magnesiumhydroxid		

3.2 ZZulV § 9 Zusatzstoffe für bestimmte technologische Zwecke

E-Nr.	Verkehrsbezeichnung gemäß Zusatzstoff-Verkehrsverordnung(ZVerkV)
1	2
E 912	Montansäureester
E 914	Polyethylenwachsoxidate
E 920	L-Cystein
E 927b	Carbamid
E 938	Argon
E 939	Helium
E 941	Stickstoff
E 942	Distickstoffmonoxid
E 948	Sauerstoff
E 950	Acesulfam-K
E 954	Aspartam
E 952	Cyclohexansulfamidsäure und ihre Na- und Ca-Salze, i) Cyclohexansulfamidsäure, ii) Natriumcyclamat, iii) Calciumcyclamat
E 953	Isomalt
E 954	Saccharin und seine Na-, K- und Ca-Salze, i) Saccharin, ii) Saccharin-Natrium, iii) Saccharin-Calcium, iv) Saccharin-Kalium
E 957	Thaumatin
E 959	Neohesperidin DC
E 965	Maltit i) Maltit ii) Maltitsirup
E 966	Lactit
E 967	Xylit
E 999	Quillajaextrakt
E 1103	Invertase
E 1105	Lysozym
E 1200	Polydextrose
E 1201	Polyvinylpyrrolidon
E 1202	Polyvinylpolypyrrolidon
E 1404	Oxidierte Stärke
E 1410	Monostärkephosphat
E 1412	Distärkephosphat
E 1413	Phosphatiertes Distärkephosphat
E 1414	Acetyliertes Distärkephosphat
E 1420	Acetylierte Stärke
E 1422	Acetyliertes Distärkeadipat
E 1440	Hydroxypropylstärke
E 1442	Hydroxypropyldistärkephosphat
E 1450	Stärkenatriumoctenylsuccinat
E 1451	Acetylierte oxidierte Stärke
E 1505	Triethylcitrat
E 1518	Glycerintriacetat
E 1520	1,2-Propandiol

Anlage 7 (zu § 5 Abs. 1) Zusatzstoffe für bestimmte technologische Zwecke

1. „Konservierungsstoffe" sind Stoffe, die die Haltbarkeit von Lebensmitteln verlängern, indem sie sie vor den schädlichen Auswirkungen von Mikroorganismen schützen.
2. „Antioxidationsmittel" sind Stoffe, die die Haltbarkeit von Lebensmitteln verlängern, in dem sie sie vor den schädlichen Auswirkungen der Oxidation, wie Ranzigwerden von Fett und Farbveränderungen, schützen.
3. „Trägerstoffe einschließlich Trägerlösungsmittel" sind Stoffe, die verwendet werden, um einen Lebensmittelzusatzstoff oder ein Aroma zu lösen, zu verdünnen, zu dispergieren oder auf andere Weise physikalisch zu modifizieren, ohne seine Funktion zu verändern (und ohne selbst eine technologische Wirkung auszuüben), um dessen Handhabung, Einsatz oder Verwendung zu erleichtern.
4. „Säuerungsmittel" sind Stoffe, die den Säuregrad eines Lebensmittels erhöhen und/ oder diesem einen sauren Geschmack verleihen.
5. „Säureregulatoren" sind Stoffe, die den Säuregrad oder die Alkalität eines Lebensmittels verändern oder steuern.
6. „Trennmittel" sind Stoffe, die die Tendenz der einzelnen Partikel eines Lebensmittels, aneinander haften zu bleiben, herabsetzen.
7. „Schaumverhüter" sind Stoffe, die die Schaumbildung verhindern oder verringern.
8. „Füllstoffe" sind Stoffe, die einen Teil des Volumens eines Lebensmittels bilden, ohne nennenswert zu dessen Gehalt an verwertbarer Energie beizutragen.
9. „Emulgatoren" sind Stoffe, die es ermöglichen, die einheitliche Dispersion zweier oder mehrerer nichtmischbarer Phasen, wie z.B. Öl und Wasser, in einem Lebensmittel herzustellen oder aufrechtzuerhalten.
10. „Schmelzsalze" sind Stoffe, die in Käse enthaltene Proteine in eine dispergierte Form überführen und hierdurch eine homogene Verteilung von Fett und anderen Bestandteilen herbeiführen.
11. „Festigungsmittel" sind Stoffe, die dem Zellgewebe von Obst und Gemüse Festigkeit und Frische verleihen bzw. diese erhalten oder die zusammen mit einem Geliermittel ein Gel erzeugen oder festigen.
12. „Geschmacksverstärker" sind Stoffe, die den Geschmack und/oder Geruch eines Lebensmittels verstärken.

Zusatzstoff-Zulassungsverordnung 3.2 ZZulV § 9

13. „Schaummittel" sind Stoffe, die die Bildung einer einheitlichen Dispersion einer gasförmigen Phase in einem flüssigen oder festen Lebensmittel ermöglichen.
14. „Geliermittel" sind Stoffe, die Lebensmitteln durch Gelbildung eine verfestigte Form geben.
15. „Überzugmittel (einschließlich Gleitmittel)" sind Stoffe, die der Außenoberfläche eines Lebensmittel ein glänzendes Aussehen verleihen oder einen Schutzüberzug bilden.
16. „Feuchthaltemittel" sind Stoffe, die das Austrocknen von Lebensmitteln verhindern, indem sie die Auswirkungen einer Atmosphäre mit geringem Feuchtigkeitsgehalt ausgleichen, oder Stoffe, die die Auflösung eines Pulvers in einem wässrigen Medium fördern.
17. „Modifizierte Stärken" sind durch ein oder mehrmalige chemische Behandlung aus essbaren Stärken gewonnene Stoffe. Diese essbaren Stärken können einer physikalischen oder enzymatischen Behandlung unterzogen und durch Säure- oder Alkalibehandlung dünnkochend gemacht oder gebleicht worden sein.
18. „Packgase" sind Gase außer Luft, die vor oder nach dem Lebensmittel oder gleichzeitig mit diesem in das entsprechende Behältnis abgefüllt worden sind.
19. „Treibgase" sind Gase, die ein Lebensmittel aus seinem Behältnis herauspressen.

Verordnung über Anforderungen an die Hygiene beim Herstellen, Behandeln und Inverkehrbringen von Lebensmitteln

Vom 8. August 2007

§ 1. Anwendungsbereich. Diese Verordnung dient der Regelung spezifischer lebensmittelhygienischer Fragen sowie der Umsetzung und Durchführung von Rechtsakten der Europäischen Gemeinschaft auf dem Gebiet der Lebensmittelhygiene.

§ 2. Begriffsbestimmungen. (1) Im Sinne dieser Verordnung sind
1. nachteilige Beeinflussung: eine Ekel erregende oder sonstige Beeinträchtigung der einwandfreien hygienischen Beschaffenheit von Lebensmitteln, wie durch Mikroorganismen, Verunreinigungen, Witterungseinflüsse, Gerüche, Temperaturen, Gase, Dämpfe, Rauch, Aerosole, tierische Schädlinge, menschliche und tierische Ausscheidungen sowie durch Abfälle, Abwässer, Reinigungsmittel, Pflanzenschutzmittel, Tierarzneimittel, Biozid-Produkte oder ungeeignete Behandlungs- und Zubereitungsverfahren,
2. leicht verderbliches Lebensmittel: ein Lebensmittel, das in mikrobiologischer Hinsicht in kurzer Zeit leicht verderblich ist und dessen Verkehrsfähigkeit nur bei Einhaltung bestimmter Temperaturen oder sonstiger Bedingungen erhalten werden kann,
3. Erlegen: Töten von Groß- und Kleinwild nach jagdrechtlichen Vorschriften.

(2) Im Übrigen gelten die Begriffsbestimmungen des
1. Artikels 2 Abs. 1 der Verordnung (EG) Nr. 852/2004 des Europäischen Parlaments und des Rates vom 29. April 2004 über Lebensmittelhygiene (ABl. EU Nr. L 139 S. 1, Nr. L 226 S. 3) und
2. Anhangs I der Verordnung (EG) Nr. 853/2004 des Europäischen Parlaments und des Rates vom 29. April 2004 mit spezifischen Hygienevorschriften für Lebensmittel tierischen Ursprungs (ABl. EU Nr. L 139 S. 55, Nr. L 226 S. 22)

entsprechend.

§ 3. Allgemeine Hygieneanforderungen. Lebensmittel dürfen nur so hergestellt, behandelt oder in den Verkehr gebracht werden, dass sie bei Beachtung der im Verkehr erforderlichen Sorgfalt der Gefahr einer nachteiligen Beeinflussung nicht ausgesetzt sind. Mit lebenden Tieren nach § 4 Abs. 1 Nr. 1 des Lebensmittel- und Futtermittelgesetzbuches darf nur so umgegangen werden, dass von ihnen zu gewinnende Lebensmittel bei Beachtung der im Verkehr erforderlichen Sorgfalt der Gefahr einer nachteiligen Beeinflussung nicht ausgesetzt sind.

§ 4. Schulung. (1) Leicht verderbliche Lebensmittel dürfen nur von Personen hergestellt, behandelt oder in den Verkehr gebracht werden, die auf Grund einer Schulung nach Anhang II Kapitel XII Nr. 1 der Verordnung (EG) Nr. 852/2004 über ihrer jeweiligen Tätigkeit entsprechende Fachkenntnisse auf den in Anlage 1 genannten Sachgebieten verfügen. Die Fachkenntnisse nach Satz 1 sind auf Verlangen der zuständigen Behörde nachzuweisen. Satz 1 gilt nicht, soweit ausschließlich verpackte Lebensmittel gewogen, gemessen, gestempelt, bedruckt oder in den Verkehr gebracht werden. Satz 1 gilt nicht für die Primärproduktion und die Abgabe kleiner Mengen von Primärerzeugnissen nach § 5.

(2) Bei Personen, die eine wissenschaftliche Ausbildung oder eine Berufsausbildung abgeschlossen haben, in der Kenntnisse und Fertigkeiten auf dem Gebiet des Verkehrs mit Lebensmitteln einschließlich der Lebensmittelhygiene vermittelt werden, wird vermutet, dass sie für eine der jeweiligen Ausbildung entsprechende Tätigkeit
1. nach Anhang II Kapitel XII Nr. 1 der Verordnung (EG) Nr. 852/2004 in Fragen der Lebensmittelhygiene geschult sind und
2. über nach Absatz 1 erforderliche Fachkenntnisse verfügen.

§ 5. Anforderungen an die Abgabe kleiner Mengen bestimmter Primärerzeugnisse.

(1) Wer kleine Mengen der in Absatz 2 genannten Primärerzeugnisse direkt an Verbraucher oder an örtliche Betriebe des Einzelhandels zur unmittelbaren Abgabe an Verbraucher abgibt, hat bei deren Herstellung und Behandlung unbeschadet der Anforderungen der Tierische Lebensmittel-Hygieneverordnung die Anforderungen der Anlage 2 einzuhalten. Örtliche Betriebe des Einzelhandels sind im Falle von Absatz 2 Nr. 2 Betriebe des Einzelhandels, die im Umkreis von nicht mehr als 100 Kilometern vom Wohnort des Jägers oder dem Erlegeort des Wildes gelegen sind.

(2) Kleine Mengen im Sinne des Absatzes 1 Satz 1 sind im Falle von
1. pflanzlichen Primärerzeugnissen, Honig, lebenden, frischen oder zubereiteten Fischerei-

Lebensmittelhygiene-Verordnung 3.3 LMHV §§ 5–6

erzeugnissen, deren Beschaffenheit nicht wesentlich verändert wurde, oder lebenden Muscheln aus eigener Erzeugung, eigenem Fang oder eigener Ernte:
   a) bei direkter Abgabe an Verbraucher haushaltsübliche Mengen,
   b) bei Abgabe an Betriebe des Einzelhandels Mengen, die der für den jeweiligen Betrieb tagesüblichen Abgabe an Verbraucher entsprechen,
2. erlegtem Wild: die Strecke eines Jagdtages,
3. Eiern: Eier aus eigener Erzeugung von Betrieben mit weniger als 350 Legehennen.

§ 6. Herstellung bestimmter traditioneller Lebensmittel. Für Lebensmittelunternehmer, die ein in Anlage 3 Spalte 1 genanntes Lebensmittel herstellen, gelten die in Anlage 3 Spalte 2 jeweils bezeichneten Anforderungen des Anhangs II der Verordnung (EG) Nr. 852/2004 nicht hinsichtlich der in Anlage 3 Spalte 3 jeweils bezeichneten Räume oder Geräte und Ausrüstungen.

Anlage 1 (zu § 4 Abs. 1 Satz 1)
Anforderungen an Fachkenntnisse in der Lebensmittelhygiene

1. Eigenschaften und Zusammensetzung des jeweiligen Lebensmittels
2. Hygienische Anforderungen an die Herstellung und Verarbeitung des jeweiligen Lebensmittels
3. Lebensmittelrecht
4. Warenkontrolle, Haltbarkeitsprüfung und Kennzeichnung
5. Betriebliche Eigenkontrollen und Rückverfolgbarkeit
6. Havarieplan, Krisenmanagement
7. Hygienische Behandlung des jeweiligen Lebensmittels
8. Anforderungen an Kühlung und Lagerung des jeweiligen Lebensmittels
9. Vermeidung einer nachteiligen Beeinflussung des jeweiligen Lebensmittels beim Umgang mit Lebensmittelabfällen, ungenießbaren Nebenerzeugnissen und anderen Abfällen
10. Reinigung und Desinfektion

Anlage 2 (zu § 5 Abs. 1 Satz 1)
Anforderungen an die Abgabe kleiner Mengen von Primärerzeugnissen

1. Zur Vermeidung einer nachteiligen Beeinflussung von Primärerzeugnissen sind die jeweils angemessenen Maßnahmen zu treffen, um
   a) Wände, Böden und Arbeitsflächen in Betriebsstätten sowie Verkaufseinrichtungen, Anlagen, Ausrüstungsgegenstände, Behältnisse, Container und Fahrzeuge, die mit Primärerzeugnissen in Berührung kommen können, instand zu halten, regelmäßig zu reinigen und erforderlichenfalls in geeigneter Weise zu desinfizieren,
   b) hygienische Herstellungs-, Transport- und Lagerungsbedingungen für die Primärerzeugnisse sowie deren Sauberkeit in angemessener Weise sicherzustellen,
   c) beim Umgang mit und bei der Reinigung von Primärerzeugnissen Trinkwasser oder, falls angemessen, sauberes Wasser oder sauberes Meerwasser zu verwenden,
   d) Abfälle und gefährliche Stoffe so zu lagern, damit so umzugehen und sie so zu entsorgen, dass eine Kontamination der Primärerzeugnisse verhindert wird.
2. Zur Sicherstellung einer guten Lebensmittelhygiene in Betrieben und Verkaufseinrichtungen gilt zusätzlich Folgendes:
   a) Bei der Lagerung von Primärerzeugnissen ist das Risiko einer Verunreinigung so weit wie möglich zu vermeiden.
   b) Erforderlichenfalls muss eine ausreichende Versorgung mit kaltem oder warmem Trinkwasser oder mit sauberem Wasser vorhanden sein.
   c) Erforderlichenfalls müssen geeignete Vorrichtungen zum Reinigen und Desinfizieren von Räumlichkeiten, Arbeitsgeräten und Ausrüstungsgegenständen vorhanden sein.
   d) Erforderlichenfalls müssen geeignete Vorrichtungen zur Ermöglichung einer angemessenen Personalhygiene, Vorrichtungen zum hygienischen Waschen und Trocknen der Hände sowie hygienische Sanitäreinrichtungen und Umkleidemöglichkeiten zur Verfügung stehen.
   e) Erforderlichenfalls müssen zur Säuberung von Primärerzeugnissen geeignete Vorrichtungen für eine hygienische Vorgehensweise vorhanden sein.
   f) Erforderlichenfalls müssen angemessene Vorrichtungen oder Einrichtungen zur Einhaltung geeigneter Temperaturbedingungen für die Primärerzeugnisse vorhanden sein.
   g) Umhüllungen und Verpackungen müssen so gelagert werden, dass sie nicht verunreinigt werden können.
3. Es sind die jeweils angemessenen Maßnahmen zu treffen, um sicherzustellen, dass
   a) das für die Behandlung von Primärerzeugnissen eingesetzte Personal gesund und in Bezug auf Gesundheitsrisiken und in Fragen der Lebensmittelhygiene geschult ist,
   b) Personen, die mit Primärerzeugnissen umgehen, ein hohes Maß an persönlicher Hy-

3.3 LMHV § 6 — Anlage 3 (zu § 6) Traditionelle Lebensmittel

giene halten sowie geeignete und saubere Arbeitskleidung und erforderlichenfalls Schutzkleidung tragen,
c) Personen mit infizierten Wunden, Hautinfektionen oder Geschwüren nicht mit Primärerzeugnissen umgehen, wenn nicht ausgeschlossen werden kann, dass Primärerzeugnisse direkt oder indirekt kontaminiert werden können.

Anlage 3 (zu § 6) Traditionelle Lebensmittel

Lebensmittel	Anforderungen des Anhangs II der Verordnung (EG) Nr. 852/2004 an Räume, Geräte und Ausrüstungen
1	3
Milcherzeugnisse	Räume mit a) gemauerten Bodenflächen, Wandflächen oder Decken, b) mit Bodenflächen, Wandflächen oder Decken aus offenporigem Naturstein c) mit Bodenflächen aus anderen natürlichen Materialien, in denen die Lebensmittel reifen oder geräuchert werden, Höhlen oder Felsenkeller, in denen die Lebensmittel reifen a) Kessel aus Kupfer, b) Arbeitsgeräte aus Holz, c) Gewebe aus Naturfasern oder sonstigen Materialien pflanzlicher Herkunft, die zur Herstellung, Lagerung oder Verpackung der Erzeugnisse verwendet werden
Im Naturreifeverfahren hergestellte Rohwürste	Räume mit a) gemauerten Bodenflächen, Wandflächen oder Decken, b) mit Bodenflächen, Wandflächen oder Decken aus offenporigem Naturstein, c) mit Bodenflächen aus anderen natürlichen Materialien, in denen die Erzeugnisse reifen oder geräuchert werden Spieße und Stellagen aus Holz, an denen die Erzeugnisse während der Reifung oder Räucherung aufgehängt werden.
Rohe Pökelfleischerzeugnisse	Räume, Kammern oder Türme mit a) gemauerten Bodenflächen, Wandflächen oder Decken, b) mit Bodenflächen oder Wandflächen aus offenporigem Naturstein, c) mit Decken aus Naturstein oder anderen natürlichen Materialien, in denen die Erzeugnisse reifen oder geräuchert werden Spieße und Stellagen aus Holz, an denen die Erzeugnisse während der Reifung oder Räucherung aufgehängt werden
Latwerge und Süßwaren	Kessel aus Kupfer, die zur Herstellung der Erzeugnisse verwendet werden
Fruchtaufstriche, Süßwaren, Suppen und Eintöpfe	Geräte aus Holz, die zur Herstellung der Erzeugnisse verwendet werden

Lebensmittelhygiene-Verordnung 3.3 LMHV **Anlage 3**

1	3
Obst und Gemüse in Essig- oder Essig-Zuckerlösung, Gemüse in milchsaurer Gärung, Essig	Fässer und Töpfe aus Holz oder Steingut, die zur Herstellung der Erzeugnisse verwendet werden
Brot und Backwaren	Geräte und Ausrüstungen aus Holz, Eisen oder offenporigem Stein, die zur Herstellung der Erzeugnisse verwendet werden

3.4 LMKV §§ 1–3 — Allgemeine Vorschriften

Verordnung über die Kennzeichnung von Lebensmitteln
Vom 15. Dezember 1999, mit Änderungen bis zum 18. Dezember 2007

Allgemeine Vorschriften

§ 1. Anwendungsbereich. (1) Diese Verordnung gilt für die Kennzeichnung von Lebensmitteln in Fertigpackungen im Sinne des § 6 Abs. 1 des Eichgesetzes, die dazu bestimmt sind, an Verbraucher (§ 3 Nr. 4 des Lebensmittel- und Futtermittelgesetzbuches) abgegeben zu werden. Dem Verbraucher stehen Gaststätten, Einrichtungen zur Gemeinschaftsverpflegung sowie Gewerbetreibende, soweit sie Lebensmittel zum Verbrauch innerhalb ihrer Betriebsstätte beziehen, gleich.

(2) Diese Verordnung gilt nicht für die Kennzeichnung von Lebensmitteln in Fertigpackungen, die in der Verkaufsstätte zur alsbaldigen Abgabe an den Verbraucher hergestellt und dort, jedoch nicht zur Selbstbedienung, abgegeben werden.

(3) Die Vorschriften dieser Verordnung gelten ferner nicht für die Kennzeichnung von
1. bis 6. (weggefallen)
7. Aromen,
8. Stoffen, die in Anlage 2 der Zusatzstoff-Verkehrsverordnung aufgeführt sind,
9. Lebensmitteln, soweit deren Kennzeichnung in Verordnungen des Rates oder der Kommission der Europäischen Union geregelt ist.

Für Milcherzeugnisse, die in der Butterverordnung, Käseverordnung oder Verordnung über Milcherzeugnisse geregelt sind, sowie für Konsummilch im Sinne der Konsummilch-Kennzeichnungsverordnung gilt diese Verordnung nur, soweit Vorschriften der genannten Verordnungen sie für anwendbar erklären.

§ 2. Unberührtheitsklausel. Rechtsvorschriften, die für bestimmte Lebensmittel in Fertigpackungen eine von den Vorschriften dieser Verordnung abweichende oder zusätzliche Kennzeichnung vorschreiben, bleiben unberührt.

§ 3. Kennzeichnungselemente. (1) Lebensmittel in Fertigpackungen dürfen gewerbsmäßig nur in den Verkehr gebracht werden, wenn angegeben sind:
1. die Verkehrsbezeichnung nach Maßgabe des § 4 Abs. 1 bis 4,
1a. Angaben nach Maßgabe des § 4 Abs. 5,
2. der Name oder die Firma und die Anschrift des Herstellers, des Verpackers oder eines in einem Mitgliedstaat der Europäischen Union oder in einem anderen Vertragsstaat des Abkommens über den Europäischen Wirtschaftsraum niedergelassenen Verkäufers,
3. das Verzeichnis der Zutaten nach Maßgabe der §§ 5 und 6,
4. das Mindesthaltbarkeitsdatum nach Maßgabe des § 7 oder bei in mikrobiologischer Hinsicht sehr leicht verderblichen Lebensmittel das Verbrauchsdatum nach Maßgabe des § 7 a Abs. 1 bis 3,
5. der vorhandene Alkoholgehalt bei Getränken mit einem Alkoholgehalt von mehr als 1,2 Volumenprozent nach Maßgabe des § 7b,
6. die Menge bestimmter Zutaten oder Gattungen von Zutaten nach Maßgabe des § 8,
7. nach Maßgabe des § 9a die Angabe der dort genannten Stoffe,
8. nach Maßgabe der Verordnung (EG) Nr. 608/2004 der Kommission vom 31. März 2004 über die Etikettierung von Lebensmitteln und Lebensmittelzutaten mit Phytosterin-, Phytosterinester-, Phytostanol- und/oder Phytostanolesterzusatz (ABl. EU Nr. L 97 S. 44) die Angaben
   a) des Artikels 2 Satz 2 Nr. 1, 3, 4, 5, 7 und 8 der Verordnung (EG) Nr. 608/2004,
   b) des Artikels 2 Satz 2 Nr. 2 und 6 der Verordnung (EG) Nr. 608/2004.

(2) Die Angaben nach Absatz 1 Nr. 2, 3, 7 und 8 können entfallen
1. bei einzeln abgegebenen figürlichen Zuckerwaren,
2. bei Fertigpackungen, deren größte Einzelfläche weniger als 10 cm2 beträgt,
3. bei zur Wiederverwendung bestimmten Glasflaschen, die eine unverwischbare Aufschrift tragen und dementsprechend weder ein Etikett noch eine Halsschleife oder ein Brustschild haben,
4. bei Fertigpackungen, die verschiedene Mahlzeiten oder Teile von Mahlzeiten in vollständig gekennzeichneten Fertigpackungen enthalten und zu karitativen Zwecken abgegeben werden.

(3) Die Angaben nach Absatz 1 sind auf der Fertigpackung oder einem mit ihr verbundenen Etikett an gut sichtbarer Stelle in deutscher Sprache, leicht verständlich, deutlich lesbar und unverwischbar anzubringen. Die Angaben nach Absatz 1 können auch in einer anderen leicht verständlichen Sprache angegeben werden, wenn dadurch die Information des Verbrauchers nicht beeinträchtigt wird. Sie dürfen nicht durch andere Angaben oder Bildzeichen

Lebensmittel-Kennzeichnungsverordnung   3.4 LMKV §§ 3–5

verdeckt oder getrennt werden; die Angaben nach Absatz 1 Nr. 1, 4 und 5 und die Mengenkennzeichnung nach § 7 Abs. 1 des Eichgesetzes sind im gleichen Sichtfeld anzubringen.

(4) Abweichend von Absatz 3 können
1. die Angaben nach Absatz 1 bei
   a) tafelfertig zubereiteten, portionierten Gerichten, die zur Abgabe an Einrichtungen zur Gemeinschaftsverpflegung zum Verzehr an Ort und Stelle bestimmt sind,
   b) Fertigpackungen, die unter dem Namen oder der Firma eines in einem Mitgliedstaat der Europäischen Union oder in einem anderen Vertragsstaat des Abkommens über den Europäischen Wirtschaftsraum niedergelassenen Verkäufers in den Verkehr gebracht werden sollen, bei der Abgabe an diesen,
   c) Lebensmitteln in Fertigpackungen, die zur Abgabe an Verbraucher im Sinne des § 1 Abs. 1 Satz 2 bestimmt sind, um dort zubereitet, verarbeitet, aufgeteilt oder abgegeben zu werden,
2. die Angaben nach Absatz 1 bei Fleisch in Reife- und Transportpackungen, die zur Abgabe an Verbraucher im Sinne des § 1 Abs. 1 Satz 2 bestimmt sind,

in den dazugehörenden Geschäftspapieren enthalten sein, wenn sichergestellt ist, dass diese Papiere mit allen Etikettierungsangaben entweder die Lebensmittel, auf die sie sich beziehen, begleiten, oder vor oder gleichzeitig mit der Lieferung abgesandt wurden. Im Falle der Nummer 1 Buchstabe b und c sind die in Absatz 1 Nr. 1, 2 und 4 genannten Angaben auch auf der äußeren Verpackung der Lebensmittel anzubringen. Im Falle des Absatzes 2 Nr. 3 müssen die Angaben nach Absatz 1 Nr. 1 und 4 nicht im gleichen Sichtfenster angebracht sein.

(5) Die Angaben nach Absatz 1 können entfallen bei
1. Lebensmitteln, die kurz vor der Abgabe zubereitet und verzehrfertig hergerichtet
   a) in Gaststätten und Einrichtungen zur Gemeinschaftsverpflegung im Rahmen der Selbstbedienung oder
   b) zu karitativen Zwecken

zum unmittelbaren Verzehr abgegeben werden,
2. Dauerbackwaren und Süßwaren, die in der Verkaufsstätte zur alsbaldigen Abgabe an den Verbraucher verpackt werden, sofern die Unterrichtung des Verbrauchers über die Angaben nach Absatz 1 auf andere Weise gewährleistet ist.

(6) Abweichend von Absatz 3 können die Angaben nach Absatz 1 bei Brötchen auf einem Schild auf oder neben der Ware angebracht werden.

§ 4. Verkehrsbezeichnung. (1) Die Verkehrsbezeichnung eines Lebensmittels ist die in Rechtsvorschriften festgelegte Bezeichnung, bei deren Fehlen
1. die nach allgemeiner Verkehrsauffassung übliche Bezeichnung oder
2. eine Beschreibung des Lebensmittels und erforderlichenfalls seiner Verwendung, die es dem Verbraucher ermöglicht, die Art des Lebensmittels zu erkennen und es von verwechselbaren Erzeugnissen zu unterscheiden.

(2) Abweichend von Absatz 1 gilt als Verkehrsbezeichnung für ein Lebensmittel ferner die Bezeichnung, unter der das Lebensmittel in einem anderen Mitgliedstaat der Europäischen Union oder einem anderen Vertragsstaat des Abkommens über den Europäischen Wirtschaftsraum rechtmäßig hergestellt und rechtmäßig in den Verkehr gebracht wird. Diese Verkehrsbezeichnung ist durch beschreibende Angaben zu ergänzen, wenn anderenfalls, insbesondere unter Berücksichtigung der sonstigen in dieser Verordnung vorgeschriebenen Angaben, der Verbraucher nicht in der Lage wäre, die Art des Lebensmittels zu erkennen und es von verwechselbaren Erzeugnissen zu unterscheiden. Die Angaben nach Satz 2 sind in der Nähe der Verkehrsbezeichnung anzubringen.

(3) Absatz 2 gilt nicht, wenn das Lebensmittel im Hinblick auf seine Zusammensetzung oder Herstellung von einem unter der verwendeten Verkehrsbezeichnung bekannten Lebensmittel derart abweicht, dass durch die in Absatz 2 vorgesehenen Angaben eine Unterrichtung des Verbrauchers nicht gewährleistet werden kann.

(4) Hersteller- oder Handelsmarken oder Fantasienamen können die Verkehrsbezeichnung nicht ersetzen.

(5) Die Verkehrsbezeichnung wird durch die Angabe „aufgetaut" ergänzt, wenn das Lebensmittel gefroren oder tiefgefroren war und die Unterlassung einer solchen Angabe geeignet wäre, beim Verbraucher einen Irrtum herbeizuführen.

§ 5. Begriffsbestimmung der Zutaten.
(1) Zutat ist jeder Stoff, einschließlich der Zusatzstoffe, der bei der Herstellung eines Lebensmittels verwendet wird und unverändert oder verändert im Enderzeugnis vorhanden ist. Besteht eine Zutat eines Lebensmittels aus mehreren Zutaten (zusammengesetzte Zutat), so gelten diese als Zutaten des Lebensmittels.

(2) Als Zutaten gelten nicht:
1. Bestandteile einer Zutat, die während der Herstellung vorübergehend entfernt und dem Lebensmittel wieder hinzugefügt werden, ohne daß sie mengenmäßig ihren ursprünglichen Anteil überschreiten,
2. Stoffe der Anlage 2 der Zusatzstoff-Verkehrs-

verordnung, Aromen, Enzyme und Mikroorganismenkulturen, die in einer oder mehreren Zutaten eines Lebensmittels enthalten waren, sofern sie im Enderzeugnis keine technologische Wirkung ausüben,
3. Stoffe im Sinne des § 2 Abs. 3. Satz 3 Nr. 1 des Lebensmittel- und Futtermittelgesetzbuches,
4. Lösungsmittel und Trägerstoffe für Stoffe der Anlage 2 der Zusatzstoff-Verkehrsverordnung, Aromen, Enzyme und Mikroorganismenkulturen, sofern sie in nicht mehr als technologisch erforderlichen Mengen verwendet werden,
5. Extraktionslösungsmittel,
6. Stoffe, die auf dieselbe Weise und zu demselben Zweck wie Stoffe im Sinne des § 2 Abs. 3 Satz 3 Nr. 1 des Lebensmittel- und Futtermittelgesetzbuches verwendet werden und – auch in veränderter Form – im Enderzeugnis vorhanden sind.

(3) Abweichend von Absatz 2 gelten Stoffe im Sinne des Absatzes 2 Nr. 2 bis 6 als Zutaten, soweit diese als Zutaten der Anlage 3 Nr. 1 hergestellt worden sind und unverändert oder verändert im Enderzeugnis vorhanden sind, es sei denn, die Verkehrsbezeichnung des Lebensmittels lässt auf das Vorhandensein des jeweiligen Stoffes schließen.

§ 6. Verzeichnis der Zutaten. (1) Das Verzeichnis der Zutaten besteht aus einer Aufzählung der Zutaten des Lebensmittels in absteigender Reihenfolge ihres Gewichtsanteils zum Zeitpunkt ihrer Verwendung bei der Herstellung des Lebensmittels. Der Aufzählung ist ein geeigneter Hinweis voranzustellen, in dem das Wort „Zutaten" erscheint.

(2) Abweichend von Absatz 1
1. sind zugefügtes Wasser und flüchtige Zutaten nach Maßgabe ihres Gewichtsanteils am Enderzeugnis anzugeben, wobei der Anteil des zugefügten Wassers durch Abzug der Summe der Gewichtsanteile aller anderen verwendeten Zutaten von der Gesamtmenge des Enderzeugnisses ermittelt wird; die Angabe kann entfallen, sofern der errechnete Anteil nicht mehr als 5 Gewichtshundertteile beträgt;
2. können die in konzentrierter oder getrockneter Form verwendeten und bei der Herstellung des Lebensmittels in ihren ursprünglichen Zustand zurückgeführten Zutaten nach Maßgabe ihres Gewichtsanteils vor der Eindickung oder vor dem Trocknen im Verzeichnis angegeben werden; dabei kann die Angabe des lediglich zur Rückverdünnung zugesetzten Wassers entfallen.
3. kann die Angabe des Zusatzes von Wasser bei Aufgussflüssigkeiten, die üblicherweise nicht mitverzehrt werden, entfallen;
4. können bei konzentrierten oder getrockneten Lebensmitteln, bei deren bestimmungsgemäßem Gebrauch Wasser zuzusetzen ist, die Zutaten in der Reihenfolge ihres Anteils an dem in seinen ursprünglichen Zustand zurückgeführten Erzeugnis angegeben werden, sofern das Verzeichnis der Zutaten eine Angabe wie „Zutaten des gebrauchsfertigen Erzeugnisses" enthält;
5. können Obst-, Gemüse- oder Pilzmischungen, sofern sich die Obst-, Gemüse- oder Pilzarten in ihrem Gewichtsanteil nicht wesentlich unterscheiden, im Verzeichnis der Zutaten unter der Bezeichnung „Obst", „Gemüse" oder „Pilze", gefolgt von dem Hinweis „in veränderlichen Gewichtsanteilen", unmittelbar gefolgt von den vorhandenen Obst-, Gemüse- oder Pilzsorten angegeben werden; in diesem Fall ist die Mischung nach dem Gewichtsanteil der Gesamtheit der jeweils vorhandenen Obst-, Gemüse- oder Pilzsorten im Verzeichnis der Zutaten anzugeben;
6. können bei Gewürzmischungen oder Gewürzzubereitungen die Gewürzarten in anderer Reihenfolge angegeben werden, sofern sich die Gewürzarten in ihrem Gewichtsanteil nicht wesentlich unterscheiden und im Verzeichnis der Zutaten ein Hinweis wie „in veränderlichen Gewichtsanteilen" erfolgt;
7. können Zutaten, deren Anteil weniger als 2 Gewichtshundertteile des Enderzeugnisses beträgt, in beliebiger Reihenfolge nach den übrigen Zutaten angegeben werden;
8. kann eine zusammengesetzte Zutat (§ 5 Abs. 1 Satz 2) nach Maßgabe ihres Gewichtsanteils angegeben werden, sofern für sie eine Verkehrsbezeichnung durch Rechtsvorschrift festgelegt oder nach allgemeiner Verkehrsauffassung üblich ist und eine Aufzählung ihrer Zutaten in absteigender Reihenfolge des Gewichtsanteils zum Zeitpunkt der Verwendung bei ihrer Herstellung unmittelbar folgt; diese Aufzählung ist nicht erforderlich, wenn
a) die zusammengesetzte Zutat ein Lebensmittel ist, für das ein Verzeichnis der Zutaten nicht vorgeschrieben ist, oder
b) der Anteil der zusammengesetzten Zutat weniger als 2 Gewichtshundertteile des Enderzeugnisses beträgt und die Zusammensetzung der zusammengesetzten Zutat in einer Rechtsvorschrift festgelegt ist oder die zusammengesetzte Zutat aus Gewürz- oder Kräutermischungen oder aus Mischungen derartiger Erzeugnisse besteht; Absatz 5 bleibt unberührt;
9. können nach Art, Beschaffenheit und Charakter vergleichbare und untereinander austauschbare Zutaten, deren Anteil weniger als 2 Gewichtshundertteile des Enderzeugnisses beträgt, mit dem Vermerk „Enthält ... und/

Lebensmittel-Kennzeichnungsverordnung 3.4 LMKV §§ 6–7

oder ..." angegeben werden, sofern mindestens eine von höchstens zwei Zutaten im Enderzeugnis vorhanden ist.
Satz 1 Nr. 8 Buchstabe b sowie Nr. 9 gelten nicht für Stoffe der Anlage 2 der Zusatzstoff-Verkehrsverordnung, Enzyme und Mikroorganismenkulturen, ausgenommen Natriumjodat und Kaliumjodat. Abweichend von Satz 1 Nr. 8 Buchstabe a und b sowie Nr. 9 sind Zutaten der Anlage 3 stets anzugeben, es sei denn, die Verkehrsbezeichnung des Lebensmittels lässt auf das Vorhandensein der jeweiligen Zutat schließen.
(3) Die Zutaten sind mit ihrer Verkehrsbezeichnung nach Maßgabe des § 4 anzugeben.
(4) Abweichend von Absatz 3
1. kann bei Zutaten, die zu einer der in Anlage 1 aufgeführten Klassen gehören, der Name dieser Klasse angegeben werden; der Klassenname „Stärke" ist durch die Angabe der spezifischen pflanzlichen Herkunft zu ergänzen, wenn die Zutaten Gluten enthalten könnten;
2. müssen Stoffe der Anlage 2 der Zusatzstoff-Verkehrsverordnung, die zu einer der in Anlage 2 aufgeführten Klassen gehören, ausgenommen physikalisch oder enzymatisch modifizierte Stärken, mit dem Namen dieser Klasse, gefolgt von der Verkehrsbezeichnung oder der E-Nummer angegeben werden; gehört eine Zutat zu mehreren Klassen, so ist die Klasse anzugeben, der die Zutat auf Grund ihrer hauptsächlichen Wirkung für das betreffende Lebensmittel zuzuordnen ist; der Klassenname „modifizierte Stärke" ist durch die Angabe der spezifischen pflanzlichen Herkunft zu ergänzen, wenn diese Zutaten Gluten enthalten könnten; im Übrigen genügt bei chemisch modifizierten Stärken die Angabe des Klassennamens.
(5) Bei Verwendung von Aromen ist im Verzeichnis der Zutaten das Wort „Aroma", eine genauere Bezeichnung oder eine Beschreibung des Aromas anzugeben. Abweichend von Satz 1 sind
1. Chinin oder dessen Salze als solche oder als Chinin und
2. Koffein als solches
unmittelbar nach der Bezeichnung „Aroma" anzugeben. Das Wort „natürlich" und gleichsinnige Angaben dürfen nur nach Maßgabe des § 4 b der Aromenverordnung gebraucht werden.
(5a) Im Fall von Zutaten der Anlage 3 ist der Angabe nach Absatz 3, 4 Nr. 1 oder 2 sowie Absatz 5 Satz 1 eine Bezeichnung der Zutat dieser Anlage hinzuzufügen, sofern die Angabe nicht auf das Vorhandensein der jeweiligen Zutat schließen lässt. Dies gilt nicht, sofern die Verkehrsbezeichnung des Lebensmittels auf das Vorhandensein der jeweiligen Zutat schließen lässt.
(6) Die Angabe des Verzeichnisses der Zutaten ist nicht erforderlich bei
1. frischem Obst, frischem Gemüse und Kartoffeln, nicht geschält, geschnitten oder ähnlich behandelt,
2. Getränken mit einem Alkoholgehalt von mehr als 1,2 Volumenprozent, ausgenommen Bier,
3. Erzeugnissen aus nur einer Zutat, sofern die Verkehrsbezeichnung des Lebensmittels dieselbe Bezeichnung wie die Zutat hat oder die Verkehrsbezeichnung des Lebensmittels eindeutig auf die Art der Zutat schließen lässt.
Abweichend von Satz 1 sind Zutaten der Anlage 3 stets anzugeben, es sei denn, die Verkehrsbezeichnung des Lebensmittels lässt auf das Vorhandensein der jeweiligen Zutat schließen. Im Fall des Satzes 1 Nr. 2 ist der Aufzählung der Zutaten der Anlage 3 das Wort „Enthält" voranzustellen; dies gilt nicht, sofern die Zutaten der Anlage 3 in einem Verzeichnis der Zutaten angegeben sind.

§ 7. Mindesthaltbarkeitsdatum. (1) Das Mindesthaltbarkeitsdatum eines Lebensmittels ist das Datum, bis zu dem dieses Lebensmittel unter angemessenen Aufbewahrungsbedingungen seine spezifischen Eigenschaften behält.
(2) Das Mindesthaltbarkeitsdatum ist unverschlüsselt mit den Worten „mindestens haltbar bis" unter Angabe von Tag, Monat und Jahr in dieser Reihenfolge anzugeben. Die Angabe von Tag, Monat und Jahr kann auch an anderer Stelle erfolgen, wenn in Verbindung mit der Angabe nach Satz 1 auf diese Stelle hingewiesen wird.
(3) Abweichend von Absatz 2 kann bei Lebensmitteln
1. deren Mindesthaltbarkeit nicht mehr als drei Monate beträgt, die Angabe des Jahres entfallen,
2. a) deren Mindesthaltbarkeit mehr als drei Monate beträgt, der Tag,
   b) deren Mindesthaltbarkeit mehr als achtzehn Monate beträgt, der Tag und der Monat entfallen, wenn das Mindesthaltbarkeitsdatum unverschlüsselt mit den Worten „mindestens haltbar bis Ende..." angegeben wird.
(4) (weggefallen)
(5) Ist die angegebene Mindesthaltbarkeit nur bei Einhaltung bestimmter Temperaturen oder sonstiger Bedingungen gewährleistet, so ist ein entsprechender Hinweis in Verbindung mit der Angabe nach den Absätzen 2 und 3 anzubringen.
(6) Die Angabe des Mindesthaltbarkeitsdatums ist nicht erforderlich bei:

1. frischem Obst, frischem Gemüse und Kartoffeln, nicht geschält, geschnitten oder ähnlich behandelt, ausgenommen Keime von Samen und ähnlichen Erzeugnissen, wie Sprossen von Hülsenfrüchten,
2. Getränken mit einem Alkoholgehalt von 10 oder mehr Volumenprozent,
3. alkoholfreien Erfrischungsgetränken, Fruchtsäften, Fruchtnektaren und alkoholhaltigen Getränken in Behältnissen von mehr als 5 Litern, die zur Abgabe an Verbraucher im Sinne des § 1 Abs. 1 Satz 2 bestimmt sind,
4. Speiseeis in Portionspackungen,
5. Backwaren, die ihrer Art nach normalerweise innerhalb 24 Stunden nach ihrer Herstellung verzehrt werden,
6. Speisesalz, ausgenommen jodiertes Speisesalz,
7. Zucker in fester Form,
8. Zuckerwaren, die fast nur aus Zuckerarten mit Aromastoffen oder Farbstoffen oder Aromastoffen und Farbstoffen bestehen,
9. Kaugummi und ähnlichen Erzeugnissen zum Kauen,
10. weinähnlichen und schaumweinähnlichen Getränken und hieraus weiterverarbeiteten alkoholhaltigen Getränken.

§ 7a. Verbrauchsdatum. (1) Bei in mikrobiologischer Hinsicht sehr leicht verderblichen Lebensmitteln, die nach kurzer Zeit eine unmittelbare Gefahr für die menschliche Gesundheit darstellen könnten, ist anstelle des Mindesthaltbarkeitsdatums das Verbrauchsdatum anzugeben.

(2) Diesem Datum ist die Angabe „verbrauchen bis" voranzustellen, verbunden mit
1. dem Datum selbst oder
2. einem Hinweis darauf, wo das Datum in der Etikettierung zu finden ist. Diesen Angaben ist eine Beschreibung der einzuhaltenden Aufbewahrungsbedingungen hinzuzufügen.

(3) Das Datum besteht aus der unverschlüsselten Angabe von Tag, Monat und gegebenenfalls Jahr in dieser Reihenfolge.

(4) Lebensmittel nach Absatz 1 dürfen nach Ablauf des Verbrauchsdatums nicht mehr in den Verkehr gebracht werden.

§ 7b. Vorhandener Alkoholgehalt. (1) Der Angabe des vorhandenen Alkoholgehaltes ist der bei 20°C bestimmte Alkoholgehalt zugrunde zu legen.

(2) Der vorhandene Alkoholgehalt ist in Volumenprozenten bis auf höchstens eine Dezimalstelle anzugeben. Dieser Angabe ist das Symbol „ % vol" anzufügen. Der Angabe kann das Wort „Alkohol" oder die Abkürzung „alc." vorangestellt werden.

(3) Für die Angabe des Alkoholgehalts sind die in Anlage 4 aufgeführten Abweichungen zulässig. Die Abweichungen gelten unbeschadet der Toleranzen, die sich aus der für die Bestimmung des Alkoholgehalts verwendeten Analysemethode ergeben.

§ 8. Mengenkennzeichnung von Zutaten.
(1) Die Menge einer bei der Herstellung eines zusammengesetzten Lebensmittels verwendeten Zutat oder einer verwendeten Klasse oder vergleichbaren Gruppe von Zutaten (Gattung von Zutaten) ist gemäß Absatz 4 anzugeben,
1. wenn die Bezeichnung der Zutat oder der Gattung von Zutaten in der Verkehrsbezeichnung des Lebensmittels angegeben ist,
2. wenn die Verkehrsbezeichnung darauf hindeutet, dass das Lebensmittel die Zutat oder die Gattung von Zutaten enthält,
3. wenn die Zutat oder die Gattung von Zutaten auf dem Etikett durch Worte, Bilder oder eine graphische Darstellung hervorgehoben ist oder
4. wenn die Zutat oder die Gattung von Zutaten von wesentlicher Bedeutung für die Charakterisierung des Lebensmittels und seine Unterscheidung von anderen Lebensmitteln ist, mit denen es aufgrund seiner Bezeichnung oder seines Aussehens verwechselt werden könnte.

Lebensmittel in Fertigpackungen dürfen ohne die nach Satz 1 vorgeschriebenen Angaben gewerbsmäßig nicht in den Verkehr gebracht werden.

(2) Absatz 1 gilt nicht
1. für eine Zutat oder Gattung von Zutaten,
   a) deren Abtropfgewicht nach § 11 der Fertigpackungsverordnung angegeben ist,
   b) deren Mengenangabe bereits auf dem Etikett durch eine andere Rechtsvorschrift vorgeschrieben ist,
   c) die in geringer Menge zur Geschmacksgebung verwendet wird oder
   d) die, obwohl sie in der Verkehrsbezeichnung aufgeführt wird, für die Wahl des Verbrauchers nicht ausschlaggebend ist, da unterschiedliche Mengen für die Charakterisierung des betreffenden Lebensmittels nicht wesentlich sind oder es von ähnlichen Lebensmitteln unterscheiden;
2. wenn die Rechtsvorschriften die Menge der Zutat oder der Gattung von Zutaten konkret festgelegt, deren Angabe auf dem Etikett in den Rechtsvorschriften aber nicht vorgesehen ist;
3. in den Fällen des § 6 Abs. 2 Nr. 5.

(3) Absatz 1 Nr. 1 bis 3 gilt nicht
1. in den Fällen des § 9 Abs. 2 und 3 der Zusatzstoff-Zulassungsverordnung;

Lebensmittel-Kennzeichnungsverordnung   3.4 LMKV §§ 8–10

2. für die Angabe von Vitaminen oder Mineralstoffen, sofern eine Nährwertkennzeichnung dieser Stoffe erfolgt.

(4) Die Menge der Zutaten oder der Gattung von Zutaten ist in Gewichtshundertteilen, bezogen auf den Zeitpunkt ihrer Verwendung bei der Herstellung des Lebensmittels, anzugeben. Die Angabe hat in der Verkehrsbezeichnung, in ihrer unmittelbaren Nähe oder im Verzeichnis der Zutaten bei der Angabe der betroffenen Zutat oder Gattung von Zutaten zu erfolgen. Abweichend von Satz 1

1. ist die Menge der bei der Herstellung des Lebensmittels verwendeten Zutat oder Zutaten bei Lebensmitteln, denen infolge einer Hitze- oder einer sonstigen Behandlung Feuchtigkeit entzogen wurde, nach ihrem Anteil bei der Verwendung, bezogen auf das Enderzeugnis anzugeben; übersteigt hiernach die Menge einer Zutat oder die in der Etikettierung anzugebende Gesamtmenge aller Zutaten 100 Gewichtshundertteile, so erfolgt die Angabe in Gewicht der für die Herstellung von 100 Gramm des Enderzeugnisses verwendeten Zutat oder Zutaten;
2. ist die Menge flüchtiger Zutaten nach Maßgabe ihres Gewichtsanteiles im Enderzeugnis anzugeben;
3. kann die Menge an Zutaten im Sinne des § 6 Abs. 2 Nr. 2 nach Maßgabe ihres Gewichtsanteiles vor der Eindickung oder dem Trocknen angegeben werden;
4. kann bei Lebensmitteln im Sinne des § 6 Abs. 2 Nr. 4 die Menge an Zutaten nach Maßgabe ihres Gewichtsanteiles an dem in seinen ursprünglichen Zustand zurückgeführten Erzeugnis angegeben werden.

Satz 3 Nr. 1 bis 4 gilt entsprechend für Gattungen von Zutaten.

5. Bei Getränken, die im verzehrfertigen Zustand mehr als 150 Milligramm Koffein pro Liter enthalten, ist die Angabe „erhöhter Koffeingehalt", gefolgt von der Angabe des Koffeingehaltes in Klammern in Milligramm pro 100 Milliliter, im selben Sichtfeld wie die Verkehrsbezeichnung anzubringen. Bei konzentrierten Getränken kann auf den verzehrfertigen Zustand Bezug genommen werden. Die Angaben nach Satz 1 sind nicht erforderlich bei Getränken auf der Basis von Kaffee, Tee oder Kaffee- oder Tee-Extrakt, deren Verkehrsbezeichnung die Wortbestandteile „Kaffee" oder „Tee" enthält.

Straftaten und Ordnungswidrigkeiten

§ 10. (1) Nach § 59 Abs. 1 Nr. 21 Buchstabe a des Lebensmittel- und Futtermittelgesetzbuches wird bestraft, wer entgegen § 3 Abs. 1 Nr. 1a oder Nr. 8 Buchstabe a oder § 7a Abs. 4 ein Lebensmittel gewerbsmäßig in den Verkehr bringt.

(2) Wer eine nach Absatz 1 bezeichnete Handlung fahrlässig begeht, handelt nach § 60 Abs. 1 des Lebensmittel- und Futtermittelgesetzbuches ordnungswidrig.

(3) Ordnungswidrig im Sinne des § 60 Abs. 2 Nr. 26 Buchstabe a des Lebensmittel- und Futtermittelgesetzbuches handelt, wer vorsätzlich oder fahrlässig entgegen § 3 Abs. 1 Nr. 1, 2, 3, 4, 5, 6, 7 oder 8 Buchstabe b jeweils in Verbindung mit Abs. 3 Satz 1 oder 3 Lebensmittel in Fertigpackungen gewerbsmäßig in den Verkehr bringt, die nicht oder nicht in der vorgeschriebenen Weise mit den dort vorgeschriebenen Angaben gekennzeichnet sind.

Anlage 2 (zu § 6 Abs. 4 Nr. 2)
Klassen von Zutaten, bei denen die aufgeführten Bezeichnungen verwendet werden müssen:

Farbstoff	Backtriebmittel
Konservierungsstoff	Schaumverhüter
Antioxidationsmittel	Überzugsmittel
Emulgator	Schmelzsalz (nur bei
Verdickungsmittel	Schmelzkäse und
Geliermittel	Erzeugnissen auf
Stabilisator	der Grundlage von
Geschmacksverstärker	Schmelzkäse)
Säuerungsmittel	Mehlbehandlungsmittel
Säureregulator	Festigungsmittel
Trennmittel	Feuchthaltemittel
modifizierte Stärke	Füllstoff
Süßstoff	Treibgas

Anlage 3 (zu § 3 Abs. 1 Nr. 3, § 5 Abs. 3 und § 6 Abs. 2, 5a und 6)
Zutaten, die allergische oder andere Unverträglichkeitsreaktionen auslösen können.

1. a) Glutenhaltige Getreide (d.h. Weizen, Roggen, Gerste, Hafer, Dinkel, Kamut oder deren Hybridstämme) sowie daraus hergestellte Erzeugnisse; außer:
     aa) Glukosesirupe auf Weizenbasis einschließlich Dextrose,

3.4 LMKV Anlage 3 Zutaten, die allergische ... Reaktionen auslösen

bb) Maltodextrine auf Weizenbasis,
cc) Glukosesirupe auf Gerstenbasis,
dd) Getreide zur Herstellung von Destillaten oder Ethylalkohol landwirtschaftlichen Ursprungs für Spirituosen und andere alkoholische Getränke;
b) Krebstiere und daraus hergestellte Erzeugnisse;
c) Eier und daraus hergestellte Erzeugnisse;
d) Fische und daraus hergestellte Erzeugnisse; außer:
  aa) Fischgelatine, die als Trägerstoff für Vitamin- oder Karotinoidzubereitungen verwendet wird,
  bb) Fischgelatine oder Hausenblase, die als Klärhilfsmittel in Bier und Wein verwendet wird;
e) Erdnüsse und daraus hergestellte Erzeugnisse;
f) Sojabohnen und daraus hergestellte Erzeugnisse; außer:
  aa) vollständig raffiniertes Sojabohnenöl und -fett,
  bb) natürliche gemischte Tocopherole (E 306), natürliches D-alpha-Tocopherol, natürliches D-alpha-Tocopherolacetat, natürliches D-alpha-Tocopherolsukzinat aus Sojabohnenquellen,
  cc) aus pflanzlichen Ölen aus Sojabohnen gewonnene Phytosterine und Phytosterinester,
  dd) aus Pflanzenölsterinen gewonnene Phytostanolester aus Sojabohnenquellen;
g) Milch und daraus hergestellte Erzeugnisse (einschließlich Laktose); außer:
  aa) Molke zur Herstellung von Destillaten oder Ethylalkohol landwirtschaftlichen Ursprungs für Spirituosen und andere alkoholische Getränke,
  bb) Lactit;
h) Schalenfrüchte, d.h. Mandeln (Amygdalus communis L.), Haselnüsse (Corylus avellana), Walnüsse (Juglans regia), Kaschunüsse (Anacardium occidentale), Pecannüsse (Carya illinoiesis (Wangenh.) K. Koch), Paranüsse (Bertholletia excelsa), Pistazien (Pistacia vera), Macadamianüsse und Queenslandnüsse (Macadamia ternifolia)) sowie daraus hergestellte Erzeugnisse; außer:
Schalenfrüchte für die Herstellung von Destillaten oder Ethylalkohol landwirtschaftlichen Ursprungs für Spirituosen und andere alkoholische Getränke;
i) Sellerie und daraus hergestellte Erzeugnisse;
j) Senf und daraus hergestellte Erzeugnisse;
k) Sesamsamen und daraus hergestellte Erzeugnisse;
l) Schwefeldioxid und Sulfite in Konzentrationen von mehr als 10 mg/kg oder 10 mg/l, als SO_2 angegeben.
2. Stoffe im Sinne des § 5 Abs. 3.

Nährwert-Kennzeichnungsverordnung

Verordnung über nährwertbezogene Angaben bei Lebensmitteln und die Nährwertkennzeichnung von Lebensmitteln

Vom 25. November 1994, mit Änderungen bis zum 22. Februar 2006

§ 1. Anwendungsbereich. (1) Diese Verordnung regelt die nährwertbezogenen Angaben im Verkehr mit Lebensmitteln und in der Werbung für Lebensmittel sowie die Nährwertkennzeichnung von Lebensmitteln, soweit sie zur Abgabe an den Verbraucher bestimmt sind. Dem Verbraucher stehen Gaststätten, Einrichtungen zur Gemeinschaftsverpflegung sowie Gewerbetreibende, soweit sie Lebensmittel zum Verbrauch innerhalb ihrer Betriebsstätte beziehen, gleich.
(2) Die Vorschriften dieser Verordnung gelten nicht für natürliches Mineralwasser, Trink- und Quellwasser.
(3) Mit Ausnahme des § 6 gelten die Vorschriften dieser Verordnung nicht für Nahrungsergänzungen.
(4) Die Vorschriften der Diätverordnung bleiben unberührt.

§ 2. Begriffsbestimmungen. Im Sinne dieser Verordnung bedeutet:
1. nährwertbezogene Angabe:
   jede im Verkehr mit Lebensmitteln oder in der Werbung für Lebensmittel erscheinende Darstellung oder Aussage, mit der erklärt, suggeriert oder mittelbar zum Ausdruck gebracht wird, daß ein Lebensmittel auf Grund seines Energiegehaltes oder Nährstoffgehaltes besondere Nährwerteigenschaften besitzt. Die durch Rechtsvorschrift vorgeschriebene Angabe der Art oder der Menge eines Nährstoffes sowie Angaben oder Hinweise auf den Alkoholgehalt eines Lebensmittels sind keine nährwertbezogenen Angaben im Sinne dieser Verordnung.
2. Nährwertkennzeichnung:
   jede in der Etikettierung eines Lebensmittels erscheinende Angabe über
   a) den Brennwert,
   b) den Gehalt an Eiweiß, Kohlenhydraten, Fett, Ballaststoffen,
   c) die in Anlage 1 aufgeführten und gemäß den dort angegebenen Werten in signifikanten Mengen vorhandenen Vitamine und Mineralstoffe sowie Natrium,
   d) Stoffe, die einer der Nährstoffgruppen nach den Buchstaben b und c angehören oder deren Bestandteil bilden, einschließlich Cholesterin.
3. Brennwert:
   der berechnete Energiegehalt eines Lebensmittels, wobei der Berechnung für
   – ein Gramm Fett   37 kJ (oder 9 kcal),
   – ein Gramm Eiweiß   17 kJ (oder 4 kcal),
   – ein Gramm Kohlenhydrate (ausgenommen mehrwertige Alkohole)   17 kJ (oder 4 kcal),
   – ein Gramm Ethylalkohol   29 kJ (oder 7 kcal),
   – ein Gramm organische Säure   13 kJ (oder 3 kcal),
   – ein Gramm mehrwertige Alkohole   10 kJ (oder 2,4 kcal),
   – ein Gramm Salatrims   25 kJ (oder 6 kcal).
   zugrunde gelegt werden
4. Eiweiß:
   der nach der Formel „Eiweiß = Gesamtstickstoff (nach Kjeldahl) x 6,25" berechnete Eiweißgehalt; im Einzelfall können auch andere anerkannte lebensmittelspezifische Faktoren verwendet werden.
5. Kohlenhydrat:
   jegliches Kohlenhydrat, das im menschlichen Stoffwechsel umgesetzt wird, einschließlich mehrwertiger Alkohole.
6. Zucker:
   alle in Lebensmitteln vorhandenen Monosaccharide und Disaccharide, ausgenommen mehrwertige Alkohole.
7. Fett:
   alle Lipide, einschließlich Phospholipide.
8. gesättigte Fettsäuren:
   Fettsäuren ohne Doppelbindung.
9. einfach ungesättigte Fettsäuren:
   Fettsäuren mit einer cis-Doppelbindung.
10. mehrfach ungesättigte Fettsäuren:
    Fettsäuren mit durch cis-cis-Methylengruppen unterbrochenen Doppelbindungen.
11. „durchschnittlicher Wert" oder „durchschnittlicher Gehalt":
    der Wert oder der Gehalt, der die in einem bestimmten Lebensmittel enthaltenen Nährstoffmengen am besten repräsentiert und jahreszeitlich bedingte Unterschiede, Verbrauchsmuster und sonstige Faktoren berücksichtigt, die eine Veränderung des tatsächlichen Wertes bewirken können.

§ 3. Beschränkung nährwertbezogener Angaben. Im Verkehr mit Lebensmitteln oder

3.5 NKV §§ 3–5   Nährwert-Kennzeichnungsverordnung

in der Werbung dürfen nur nährwertbezogene Angaben verwendet werden, die sich auf den Brennwert oder auf die in § 2 Nr. 2 aufgeführten Nährstoffe, Nährstoffgruppen, deren Bestandteile oder auf Kochsalz beziehen.

§ 4. Nährwertkennzeichnung. (1) Wer nährwertbezogene Angaben nach § 3 im Verkehr mit Lebensmitteln oder in der Werbung für Lebensmittel mit Ausnahme produktübergreifender Werbekampagnen verwendet, hat folgende Nährwertkennzeichnung anzugeben:
1. den Brennwert und den Gehalt an Eiweiß, Kohlenhydraten und Fett oder
2. den Brennwert und den Gehalt an Eiweiß, Kohlenhydraten, Zucker, Fett, gesättigten Fettsäuren, Ballaststoffen und Natrium

des Lebensmittels, über das die nährwertbezogene Angabe erfolgt. Bezieht sich die nährwertbezogene Angabe auf Zucker, gesättigte Fettsäuren, Ballaststoffe, Natrium oder Kochsalz, so hat die Nährwertkennzeichnung mit den Angaben gemäß Nummer 2 zu erfolgen.

(2) Die Nährwertkennzeichnung darf zusätzlich zu den Angaben nach Absatz 1 den Gehalt an
1. Stärke,
2. mehrwertigen Alkoholen,
3. einfach ungesättigten Fettsäuren,
4. mehrfach ungesättigten Fettsäuren,
5. Cholesterin oder
6. den in Anlage 1 aufgeführten und gemäß den dort angegebenen Werten in signifikanten Mengen vorhandenen Vitaminen und Mineralstoffen

enthalten.

(3) Bezieht sich eine nährwertbezogene Angabe auf Stoffe, die einer der in Absatz 1 oder 2 genannten Nährstoffgruppen angehören oder deren Bestandteil bilden, so ist die Angabe des Gehaltes dieser Stoffe erforderlich. Bei der Angabe des Gehaltes an einfach oder mehrfach ungesättigten Fettsäuren oder an Cholesterin ist zusätzlich der Gehalt an gesättigten Fettsäuren anzugeben. Diese Angabe verpflichtet nicht zu der Nährwertkennzeichnung gemäß Absatz 1 Nr. 2.

§ 5. Art und Weise der Kennzeichnung.
(1) Die Angaben nach § 4 sind in einer Tabelle zusammenzufassen und untereinander aufzuführen. Sofern die Anordnung der Angaben aus Platzmangel untereinander nicht möglich ist, dürfen diese hintereinander aufgeführt werden. Die Angaben nach § 4 Abs. 1 sind in der dort angegebenen Reihenfolge anzugeben.

(2) Die Angabe des Brennwertes und des Gehaltes an Nährstoffen oder Nährstoffbestandteilen hat je 100 Gramm oder 100 Milliliter des Lebensmittels zu erfolgen. Bei Lebensmitteln in Fertigpackungen, die erst nach Zugabe von anderen Lebensmitteln verzehrfertig sind, können diese Angaben statt dessen auf der Grundlage der Zubereitung gemacht werden, sofern ausreichend genaue Angaben über die Zubereitungsweise gemacht werden und die Angaben sich auf das verbrauchsfertige Lebensmittel beziehen. Zusätzlich können die Angaben je Portion erfolgen, die mengenmäßig auf dem Etikett festgelegt ist, oder je Portion, sofern die Anzahl der in der Verpackung enthaltenen Portionen angegeben ist.

(3) Die Angabe des Brennwertes und des Gehaltes an Nährstoffen oder Nährstoffbestandteilen hat jeweils mit dem durchschnittlichen Wert oder Gehalt sowie in folgenden Einheiten zu erfolgen:
1. der Brennwert in Kilojoule (kJ) und Kilokalorien (kcal),
2. der Gehalt an Eiweiß, Kohlenhydraten, Fett (ausgenommen Cholesterin), Ballaststoffen und Natrium in Gramm (g),
3. der Gehalt an Cholesterin in Milligramm (mg),
4. der Gehalt an Vitaminen und Mineralstoffen in den in Anlage 1 aufgeführten Einheiten.

(4) In den Fällen, in denen Zucker, mehrwertige Alkohole oder Stärke angegeben werden, hat diese Angabe unmittelbar auf die Angabe des Kohlenhydratgehaltes in folgender Weise zu erfolgen:

Kohlenhydrate   g,
davon
– Zucker   g,
– mehrwertige Alkohole   g,
– Stärke   g.

(5) In den Fällen, in denen die Menge oder die Art der Fettsäuren oder die Menge des Cholesterins angegeben wird, hat diese Angabe unmittelbar auf die Angabe des Gesamtfetts in folgender Weise zu erfolgen:

Fett   g,
davon
– gesättigte Fettsäuren   g,
– einfach ungesättigte Fettsäuren   g,
– mehrfach ungesättigte Fettsäuren   g,
– Cholesterin   mg.

(6) Angaben über Vitamine und Mineralstoffe müssen zusätzlich als Prozentsatz der in Anlage 1 empfohlenen Tagesdosen ausgedrückt werden.

(7) Die Angaben der Nährwertkennzeichnung sind an gut sichtbarer Stelle, in deutscher Sprache, leicht lesbar und bei Fertigpackungen unverwischbar anzubringen. Sie können auch in einer anderen leicht verständlichen Sprache angegeben werden, wenn dadurch die Information des Verbrauchers nicht beeinträchtigt wird. Die Angaben sind wie folgt anzubringen:

Nährwert-Kennzeichnungsverordnung 3.5 NKV §§ 5–6

1. bei Abgabe in Fertigpackungen auf der Fertigpackung oder einem mit ihr verbundenen Etikett,
2. bei anderer Abgabe als in Fertigpackungen jeweils in Zusammenhang mit den nährwertbezogenen Angaben.

(8) Abweichend von Absatz 7 Satz 3 Nr. 1 können die Angaben
1. bei Abgabe der Fertigpackungen an Gaststätten oder Einrichtungen zur Gemeinschaftsverpflegung auf einer Sammelpackung oder in einem den Erzeugnissen beigefügten Begleitpapier enthalten sein;
2. bei Fertigpackungen, die in der Verkaufsstätte zur alsbaldigen Abgabe an den Verbraucher hergestellt und dort, jedoch nicht zur Selbstbedienung, abgegeben werden, jeweils im Zusammenhang mit den nährwertbezogenen Angaben erfolgen;
3. bei Fertigpackungen, die in Gaststätten oder Einrichtungen zur Gemeinschaftsverpflegung zur alsbaldigen Abgabe an den Verbraucher hergestellt und dort, jedoch nicht zur Selbstbedienung, abgegeben werden, in einer dem Verbraucher zugänglichen Aufzeichnung enthalten sein, wenn der Verbraucher darauf aufmerksam gemacht wird.

(9) Abweichend von Absatz 7 Satz 3 Nr. 2 können die Angaben
1. bei loser Abgabe an Gaststätten oder Einrichtungen zur Gemeinschaftsverpflegung in einem den Erzeugnissen beigefügten Begleitpapier enthalten sein;
2. bei Abgabe in Gaststätten oder Einrichtungen zur Gemeinschaftsverpflegung zum Verzehr an Ort und Stelle in einer dem Verbraucher zugänglichen Aufzeichnung enthalten sein, wenn der Verbraucher darauf aufmerksam gemacht wird.

§ 6. Verbot bestimmter Hinweise. (1) Es ist verboten, im Verkehr mit Lebensmitteln oder in der Werbung für Lebensmittel Bezeichnungen, Angaben oder Aufmachungen zu verwenden, die darauf hindeuten, daß ein Lebensmittel schlankmachende, schlankheitsfördernde oder gewichtsverringernde Eigenschaften besitzt. Satz 1 gilt nicht für Lebensmittel in Sinne des § 14 a der Diätverordnung, die zur Verwendung als Tagesration bestimmt sind.

(2) Es ist ferner verboten, im Verkehr mit Lebensmitteln oder in der Werbung für Lebensmittel Bezeichnungen, Angaben oder Aufmachungen zu verwenden, die

1. auf einen geringen Brennwert hindeuten, wenn
   a) bei Lebensmitteln, ausgenommen Getränken, Suppen und Brühen, der Brennwert mehr als 210 Kilojoule oder 50 Kilokalorien pro 100 Gramm des verzehrfertigen Lebensmittels beträgt,
   b) bei Getränken, Suppen und Brühen der Brennwert mehr als 84 Kilojoule oder 20 Kilokalorien pro 100 Milliliter des verzehrfertigen Lebensmittels beträgt;
2. auf einen verminderten Brennwert hindeuten, wenn der Brennwert den durchschnittlichen Brennwert vergleichbarer herkömmlicher Lebensmittel um weniger als 30 vom Hundert unterschreitet,
3. auf einen verminderten Nährstoffgehalt hindeuten, wenn der Gehalt an Nährstoffen den durchschnittlichen Nährstoffgehalt vergleichbarer herkömmlicher Lebensmittel um weniger als 30 vom Hundert unterschreitet; abweichend davon darf auf eine Kochsalz- oder Natriumverminderung nur bei den in Anlage 2 genannten Lebensmitteln hingewiesen werden; die dort festgesetzen Höchstwerte der Natriumgehalte dürfen nicht überschritten werden.
4. auf einen geringen Kochsalz- oder Natriumgehalt hindeuten, wenn
   a) bei Lebensmitteln, ausgenommen Getränken, der Natriumgehalt mehr als 120 Milligramm pro 100 Gramm des verzehrfertigen Lebensmittels beträgt,
   b) bei Getränken der Natriumgehalt mehr als 2 Milligramm pro 100 Milliliter des verzehrfertigen Lebensmittels beträgt.

(3) Im Verkehr mit Lebensmitteln, die zur Verwendung als Mahlzeit oder anstelle einer Mahlzeit bestimmt sind, oder in der Werbung für solche Lebensmittel dürfen Bezeichnungen oder Angaben, die auf einen geringen oder verminderten Brennwert hindeuten, nur verwendet werden, wenn der physiologische Brennwert des verzehrsfertigen Lebensmittels 1680 Kilojoule oder 400 Kilokalorien pro Mahlzeit nicht überschreitet.

(4) Abweichend von Absatz 3 darf in Gaststätten oder Einrichtungen zur Gemeinschaftsverpflegung für Hauptmahlzeiten zum Verzehr an Ort und Stelle der Hinweis „zur gewichtskontrollierten Ernährung" verwendet werden, sofern der Brennwert 2100 Kilojoule oder 500 Kilokalorien pro Hauptmahlzeit nicht überschreitet.

3.5 NKV Anlagen 1 und 2   Nährwert-Kennzeichnungsverordnung

Anlage 1 (zu § 2 Nr. 2 Buchstabe c, § 4 Abs. 2 Nr. 6 und § 5 Abs. 3 Nr. 4 und Abs. 6)

Vitamine und Mineralstoffe, die in der Angabe enthalten sein können, und ihre empfohlene Tagesdosis

Vitamin A µg	800	Vitamin D µg	5
Vitamin B1 mg	1,4	Vitamin E mg	10
Vitamin B2 mg	1,6	Biotin mg	0,15
Vitamin B6 mg	2	Calcium mg	800
Pantothensäure mg	6	Phosphor mg	800
Folsäure µg	200	Eisen mg	14
Niacin mg	18	Magnesium mg	300
Vitamin B12 µg	1	Zing mg	15
Vitamin C mg	60	Jod µg	150

In der Regel sollte eine Menge von mindestens 15 Prozent der in dieser Anlage angegebenen empfohlenen Tagesdosis in 100 g oder 100 ml oder in einer Packung, sofern die Packung nur eine einzige Portion enthält, bei der Festsetzung der signifikanten Menge berücksichtigt werden.

Dies gilt nicht, wenn auf einen verminderten oder geringen Gehalt an den Vitaminen oder Mineralstoffen hingewiesen wird.

Anlage 2 (§ 6 Abs. 2 Nr. 3)

Lebensmittel	Natriumgehalt des verzehrfertigen Lebensmittels höchstens mg in 100 g
Brot, Kleingebäck und sonstige Backwaren	250
Fertiggerichte und fertige Teilgerichte	250
Suppen, Brühen und Soßen	250
Erzeugnisse aus Fischen, Krusten-, Schalen- und Weichtieren	250
Kartoffeltrockenerzeugnisse	300
Kochwürste	400
Käse und Erzeugnisse aus Käse	450
Brühwürste und Kochpökelwaren	500

Verordnung über Fruchtsaft, einige ähnliche Erzeugnisse und Fruchtnektar
Vom 24. Mai 2004 mit Änderungen bis 9. Oktober 2006

§ 1. Anwendungsbereich. Die in Anlage 1 aufgeführten Erzeugnisse unterliegen dieser Verordnung, soweit sie dazu bestimmt sind, als Lebensmittel gewerbsmäßig in den Verkehr gebracht zu werden.

§ 2. Zutaten, Herstellungsanforderungen.
(1) Die Ausgangserzeugnisse für Erzeugnisse nach Anlage 1 müssen den Anforderungen der Anlage 2 entsprechen.
(2) Für die Herstellung von Erzeugnissen nach Anlage 1 dürfen die in Anlage 3 aufgeführten Zutaten nach den dort genannten Maßgaben verwendet werden.
(3) Für die Herstellung von Erzeugnissen nach Anlage 1 dürfen die in Anlage 4 Abschnitt A aufgeführten Verfahren nach den dort genannten Maßgaben angewendet werden.
(4) Bei dem gewerbsmäßigen Herstellen von Erzeugnissen nach Anlage 1 dürfen
1. vorbehaltlich Absatz 5 Satz 2 und Absatz 7 andere als die in den Absätzen 1 und 2 bezeichneten Zutaten nicht verwendet und
2. andere als in Anlage 4 Abschnitt A bezeichnete Verfahren nicht angewendet
werden.
(5) Als Zusatzstoffe für die Bearbeitung von Erzeugnissen nach Anlage 1 bei ihrer Herstellung sind die in Anlage 4 Abschnitt B aufgeführten Stoffe nur nach den dort genannten Maßgaben zugelassen. Im Übrigen sind die Vorschriften der Zusatzstoff-Zulassungsverordnung anzuwenden.
(6) Fruchtnektare müssen die nach Anlage 5 vorgeschriebenen Mindestgehalte an Fruchtsaft oder Fruchtmark aufweisen.
(7) Unberührt bleiben die Vorschriften über diätetische und vitaminisierte Lebensmittel.

§ 3. Kennzeichnung. (1) Für die in Anlage 1 aufgeführten Erzeugnisse sind die dort in Spalte 1 genannten Bezeichnungen Verkehrsbezeichnungen im Sinne der Lebensmittel-Kennzeichnungsverordnung.
(2) Die in Anlage 1 vorgeschriebenen Bezeichnungen sind den dort in Spalte 1 genannten Erzeugnissen vorbehalten. Abweichend von Satz 1 dürfen Erzeugnisse aus einer einzigen Fruchtart nur dann in den Verkehr gebracht werden, wenn der Wortbestandteil „Frucht" durch die Bezeichnung der Fruchtart ersetzt wurde. Die Bezeichnung „Süßmost" darf nur in Verbindung mit der Verkehrsbezeichnung „Fruchtsaft" oder „Fruchtnektar" verwendet werden für:
1. Fruchtsaft, der aus Birnen, gegebenenfalls unter Hinzufügen von Äpfeln, jedoch ohne Zuckerzusatz hergestellt wurde,
2. Fruchtnektar, der ausschließlich aus Fruchtsäften, konzentrierten Fruchtsäften oder einem Gemisch dieser beiden Erzeugnisse hergestellt wurde, die auf Grund ihres hohen Säuregehaltes zum unmittelbaren Genuss nicht geeignet sind.

(3) In Anlage 1 aufgeführte Erzeugnisse dürfen gewerbsmäßig nur in den Verkehr gebracht werden, wenn zusätzlich zu den nach der Lebensmittel-Kennzeichnungsverordnung vorgeschriebenen Angaben nach Maßgabe des Absatzes 4 angegeben sind:
1. bei Erzeugnissen aus zwei oder mehr Fruchtarten in Ergänzung der Verkehrsbezeichnung die verwendeten Fruchtarten in absteigender Reihenfolge des Volumens der verwendeten Fruchtsäfte oder des Fruchtmarks,
2. bei Fruchtsäften, denen zur Erzielung eines süßen Geschmacks Zuckerarten zugesetzt wurden, in Ergänzung der Verkehrsbezeichnung die Angabe „gezuckert" oder „mit Zuckerzusatz", gefolgt von der Angabe der höchstens zugesetzten Zuckermenge in Gramm je Liter, bezogen auf die Trockenmasse,
3. bei Fruchtsäften der Zusatz von Fruchtfleisch oder Zellen,
4. bei Mischungen aus Fruchtsäften und aus Konzentrat gewonnenen Fruchtsäften sowie bei Fruchtnektar, der ganz oder teilweise aus einem oder mehreren konzentrierten Erzeugnissen gewonnen wurde, die Angabe „aus Fruchtsaftkonzentrat(en)" oder „teilweise aus Fruchtsaftkonzentrat(en)",
5. bei Fruchtnektar der Mindestgehalt an Fruchtsaft oder Fruchtmark durch die Angabe „Fruchtgehalt: mindestens ... %",
6. bei konzentrierten Fruchtsäften oder Fruchtsaftkonzentraten, die nicht zur Abgabe an Verbraucher, wobei dem Verbraucher Gaststätten, Einrichtungen zur Gemeinschaftsverpflegung sowie Gewerbetreibende, soweit sie Lebensmittel zum Verbrauch innerhalb ihrer Betriebsstätte beziehen, gleichstehen, bestimmt sind, und denen Zuckerarten oder Zitronensaft oder nach der Zusatzstoff-Zulassungsverordnung zugelassene Säuerungs-

3.7 FrSaftV § 3   Anlage 1 (zu den §§ 1, 2 und 3 Abs. 1 bis 3)

mittel zugesetzt wurden, die Angabe der jeweilig zugesetzten Menge.
Abweichend von Satz 1 Nr. 1 kann bei aus drei oder mehr Fruchtarten hergestellten Erzeugnissen statt der dort vorgeschriebenen Angabe die Angabe „Mehrfrucht", eine ähnliche Angabe oder die Angabe der Zahl der verwendeten Fruchtarten gebraucht werden; Zitronensaft, der nach Maßgabe von Anlage 3 Nr. 2 verwendet wurde, muss bei der Feststellung der Zahl der verwendeten Fruchtarten nicht berücksichtigt werden.

(4) Die Angabe nach Absatz 3 Satz 1 Nr. 4 ist deutlich hervortretend und in Verbindung mit der Verkehrsbezeichnung anzubringen. Die Angabe nach Absatz 3 Satz 1 Nr. 5 ist im selben Sichtfeld wie die Verkehrsbezeichnung anzubringen. Im Übrigen gilt für die Art und Weise der Kennzeichnung nach Absatz 3 § 3 Abs. 3 Satz 1, 2 und 3 erster Halbsatz und Abs. 4 der Lebensmittel-Kennzeichnungsverordnung entsprechend.

Anlage 1 (zu den §§ 1, 2 und 3 Abs. 1 bis 3)

Verkehrsbezeichnungen, Herstellungsanforderungen

Verkehrsbezeichnungen	Herstellungsanforderungen
1. a) Fruchtsaft	a) Fruchtsaft ist das gärfähige, jedoch nicht gegorene, aus gesunden und reifen Früchten (frisch oder durch Kälte haltbar gemacht) einer oder mehrerer Fruchtarten gewonnene Erzeugnis, das die für den Saft dieser Frucht/Früchte charakteristische Farbe, das dafür charakteristische Aroma und den dafür charakteristischen Geschmack besitzt. Aus dem Saft stammendes Aroma, Fruchtfleisch und Zellen, die bei der Verarbeitung abgetrennt wurden, dürfen demselben Saft wieder hinzugefügt werden. Bei Zitrusfrüchten stammt der Fruchtsaft vom Endokarp; Limettensaft kann jedoch gemäß den nach redlichem Handelsbrauch üblichen Verfahren, die es ermöglichen, das Vorhandensein von Bestandteilen der äußeren Fruchtteile im Saft so weit wie möglich einzuschränken, auch aus der ganzen Frucht hergestellt werden.
b) Fruchtsaft aus Fruchtsaftkonzentrat	b) Fruchtsaft aus Fruchtsaftkonzentrat ist das Erzeugnis, das gewonnen wird, indem das dem Saft bei der Konzentrierung entzogene Wasser dem Fruchtsaftkonzentrat wieder hinzugefügt wird und die dem Saft verloren gegangenen Aromastoffe sowie gegebenenfalls Fruchtfleisch und Zellen, die beim Prozess der Herstellung des betreffenden Fruchtsaftes oder von Fruchtsaft derselben Art zurückgewonnen wurden, zugesetzt werden. Das zugefügte Wasser muss, insbesondere unter chemischen, mikrobiologischen und organoleptischen Gesichtspunkten, geeignet sein, die wesentlichen Merkmale des Saftes zu gewährleisten. Das auf diese Art gewonnene Erzeugnis muss im Vergleich zu einem durchschnittlichen, aus Früchten derselben Art gemäß Buchstabe a gewonnenen Saft zumindest gleichartige organoleptische und analytische Eigenschaften aufweisen. Bei Traubensaft dürfen die Weinsäuresalze, die bei der Herstellung abgetrennt wurden, wieder zugefügt werden.
2. Konzentrierter Fruchtsaft/ Fruchtsaftkonzentrat	Konzentrierter Fruchtsaft oder Fruchtsaftkonzentrat ist das Erzeugnis, das aus dem Saft einer oder mehrerer Fruchtarten durch physikalischen Entzug eines bestimmten Teils des natürlich enthaltenen Wassers gewonnen wird. Wenn das Erzeugnis zum direkten Verbrauch bestimmt ist, muss dieser Entzug mindestens 50 % betragen.
3. Getrockneter Fruchtsaft/ Fruchtsaftpulver	Getrockneter Fruchtsaft oder Fruchtsaftpulver ist das Erzeugnis, das aus dem Saft einer oder mehrerer Fruchtarten durch physikalischen Entzug nahezu des gesamten natürlich enthaltenen Wassers hergestellt ist.

Fruchtsaftverordnung 3.7 FrSaftV **Anlagen 2-4**

Verkehrsbezeichnungen	Herstellungsanforderungen
4. Fruchtnektar	a) Fruchtnektar ist das gärfähige, jedoch nicht gegorene Erzeugnis, das durch Zusatz von Wasser und Zuckerarten oder Honig zu den unter den Nummern 1 bis 3 genannten Erzeugnissen zu Fruchtmark oder zu einem Gemisch dieser Erzeugnisse hergestellt wird und außerdem der Anlage 5 entspricht. Der Zusatz von Zuckerarten oder Honig ist bis zu höchstens 20 % des Gesamtgewichts des fertigen Erzeugnisses zulässig. b) Abweichend von Buchstabe a können die in Anlage 5 Abschnitte II und III aufgeführten Früchte sowie Aprikosen einzeln sowie untereinander gemischt zur Herstellung von Nektaren ohne Zusatz von Zuckerarten oder Honig oder gemäß der Zusatzstoff-Zulassungsverordnung zugelassenen Süßungsmitteln verwendet werden.

Anlage 2 (zu § 2 Abs. 1)

Ausgangserzeugnisse

1. Frucht:
   alle Früchte mit Ausnahme von Tomaten,
2. Fruchtmark:
   das gärfähige, jedoch nicht gegorene Erzeugnis, das durch Passieren des genießbaren Teils der ganzen oder geschälten Frucht ohne Abtrennen des Saftes gewonnen wird.
3. konzentriertes Fruchtmark:
   das aus Fruchtmark durch physikalischen Entzug eines Teils des natürlich enthaltenen Wassers gewonnene Erzeugnis,
4. Fruchtfleisch oder Zellen:
   die aus den genießbaren Teilen von Früchten der gleichen Art ohne Abtrennung des Saftes gewonnenen Erzeugnisse; bei Zitrusfrüchten sind Fruchtfleisch oder Zellen ferner die aus dem Endokarp gewonnenen Saftsäcke.

Anlage 3 (zu § 2 Abs. 2)

Zutaten

Bei der Herstellung von Erzeugnissen nach Anlage 1 dürfen folgende Zutaten verwendet werden:
1. a) Zuckerarten nach Maßgabe der Zuckerartenverordnung mit einem Wassergehalt von weniger als 2 %: bei Erzeugnissen nach Anlage 1 Nr. 1 Buchstabe a,
   b) Zuckerarten nach Maßgabe der Zuckerartenverordnung sowie Fructosesirup: bei Erzeugnissen nach Anlage 1 Nr. 1 Buchstabe b bis Nr. 3,
   c) die unter Buchstabe b genannten Zuckerarten sowie aus Früchten stammende Zuckerarten: bei dem Erzeugnis nach Anlage 1 Nr. 4.

Die Verwendung von Zuckerarten ist vorbehaltlich der Regelung in Nummer 2 bei der Herstellung der in Anlage 1 Nr. 1 bis 3 genannten Erzeugnisse mit Ausnahme von Birnen- und Traubensaft zur Korrektur des sauren Geschmacks in einer Menge von höchstens 15 g/l oder zur Erzielung eines süßen Geschmacks in einer Menge von insgesamt höchstens 150 g/l zugelassen. Die Höchstmengen sind auf die Trockenmasse der Zuckerarten zu beziehen.
2. Zitronensaft oder konzentrierter Zitronensaft: bei allen Erzeugnissen nach Anlage 1 zur Korrektur des sauren Geschmacks in einer Menge von höchstens 3 g/l, berechnet als wasserfreie Zitronensäure.

Die gleichzeitige Verwendung sowohl von Zuckerarten als auch von Zitronensaft oder konzentriertem Zitronensaft oder nach Maßgabe der Zusatzstoff-Zulassungsverordnung zugelassenen Säuerungsmitteln bei der Herstellung der in Anlage 1 Nr. 1 bis 3 genannten Erzeugnisse ist verboten.
3. Honig: bei Erzeugnissen nach Anlage 1 Nr. 4.
4. Kohlensäure.

Anlage 4 (zu § 2 Abs. 3 und 5)

A. Verfahren

Bei der Herstellung der in Anlage 1 genannten Erzeugnisse dürfen folgende Verfahren angewendet werden:
1. die physikalischen Verfahren:
   a) mechanische Extraktionsverfahren;
   b) die üblichen physikalischen Verfahren, einschließlich der Extraktion des essbaren Teils der Früchte, ausgenommen Weintrauben, mit Wasser („inline"-Verfahren) zur Herstellung der Fruchtsaftkonzentrate, sofern die so gewonnenen Fruchtsäfte den Anforderungen von Anlage 1 Nr. 1 entsprechen;
   c) bei Traubensäften ist für den Fall, dass die Trauben mit Schwefeldioxid behandelt

87

3.7 FrSaftV — Anlage 5 (zu § 2 Abs. 6)

wurden, eine Entschwefelung durch physikalische Verfahren zulässig, sofern die Gesamtmenge an Schwefeldioxid im Enderzeugnis 10 mg/l nicht überschreitet;

2. das Bearbeiten mit Speisegelatine.

B. Zusatzstoffe für die Bearbeitung

1. pektolytische, proteolytische und amylolytische Enzyme;
2. Tannine;
3. Bentonit, Kieselsol, Kohle;
4. chemisch inerte Filterstoffe und Fällungsmittel wie Perlit, Kieselgur, Zellulose, unlösliches Polyamid, Polyvinylpolypyrolidon oder Polystyrol, die den Vorschriften der Bedarfsgegenständeverordnung entsprechen;
5. chemisch inerte Adsorptionsstoffe, die den Vorschriften der Bedarfsgegenständeverordnung entsprechen und dazu verwendet werden, den Limonoid- und Naringingehalt des Zitrussaftes zu verrringern, ohne hierdurch die limonoiden Glukoside, die Säure, die Zucker (einschließlich der Oligosaccharide) oder den Mineralgehalt erheblich zu vermindern.

Anlage 5 (zu § 2 Abs. 6)

Besondere Vorschriften für Fruchtnektar

	Fruchtnektar aus	Mindestgehalt an Fruchtsaft oder Fruchtmark (in Vol-% des fertigen Erzeugnisses)
I.	Früchten mit saurem, zum unmittelbaren Genuss nicht geeignetem Saft:	
	Passionsfrucht	25
	Quito-Orangen	25
	schwarze Johannisbeeren	25
	weiße Johannisbeeren	25
	rote Johannisbeeren	25
	Stachelbeeren	30
	Sanddorn	25
	Schlehen	30
	Pflaumen	30
	Zwetschgen	30
	Ebereschen	30
	Hagebutten	40
	Sauerkirschen	35
	andere Kirschen	40
	Heidelbeeren	40
	Holunderbeeren	50
	Himbeeren	40
	Aprikosen	40
	Erdbeeren	40
	Brombeeren	40
	Preiselbeeren	30

Fruchtsaftverordnung 3.7 FrSaftV Anlage 5

	Fruchtnektar aus	Mindestgehalt an Fruchtsaft oder Fruchtmark (in Vol-% des fertigen Erzeugnisses)
	Quitten	50
	Zitronen und Limetten	25
	andere Früchte dieser Kategorie	25
II.	**säurearmen oder sehr aromatischen Früchten oder Früchten, die viel Fruchtfleisch enthalten, mit zum unmittelbaren Genuss nicht geeignetem Saft:**	
	Mangos	25
	Bananen	25
	Guaven	25
	Papayas	25
	Litschis	25
	Acerolas	25
	Stachelannonen	25
	Netzannonen	25
	Cherimoyas	25
	Granatäpfel	25
	Kaschuäpfel	25
	Mombinpflaumen	25
	Umbus	25
	andere Früchte dieser Kategorie	25
III.	**Früchten mit zum unmittelbaren Genuss geeignetem Saft:**	
	Äpfel	50
	Birnen	50
	Pfirsiche	50
	Zitrusfrüchte, außer Zitronen und Limetten	50
	Ananas	50
	andere Früchte dieser Kategorie	50

Bierverordnung

Vom 2. Juli 1990, mit Änderungen bis zum 1. September 2005

§ 1. Schutz der Bezeichnung Bier. (1) Unter der Bezeichnung Bier – allein oder in Zusammensetzung – oder unter Bezeichnungen oder bildlichen Darstellungen, die den Anschein erwecken, als ob es sich um Bier handelt, dürfen gewerbsmäßig nur Getränke in den Verkehr gebracht werden, die gegoren sind und den Vorschriften des § 9 Abs. 1, 2 und 4 bis 6 des Vorläufigen Biergesetzes und den §§ 16 bis 19, § 20 Abs. 1 Satz 2 und §§ 21 und 22 Abs. 1 der Verordnung zur Durchführung des Vorläufigen Biergesetzes entsprechen.

(2) Abweichend von Absatz 1 dürfen im Ausland hergestellte gegorene Getränke, die nicht den in Absatz 1 genannten Vorschriften entsprechen, unter der Bezeichnung „Bier" gewerbsmäßig in den Verkehr gebracht werden, wenn sie im jeweiligen Herstellungsland unter der Bezeichnung „Bier" oder einer dieser Bezeichnung entsprechenden Verkehrsbezeichnung verkehrsfähig sind. Sind diesen Getränken zulassungsbedürftige Zusatzstoffe zugesetzt worden, so gilt dies jedoch nur, wenn für diese Zusatzstoffe eine Ausnahmeregelung nach dem Lebensmittel- und Futtermittelgesetzbuch getroffen worden ist.

(3) Ein Getränk, bei dem die Gärung unterbrochen ist, gilt ebenfalls als gegoren.

§ 2. (weggefallen)

§ 3. Kenntlichmachung der Biergattungen (1) Bier mit einem Stammwürzegehalt von weniger als 7 vom Hundert darf nur unter der Bezeichnung „Bier mit niedrigem Stammwürzegehalt", Bier mit einem Stammwürzegehalt von 7 oder mehr als 7, aber weniger als 11 vom Hundert darf nur unter der Bezeichnung „Schankbier" gewerbsmäßig in den Verkehr gebracht werden.

(2) Bier darf unter der Bezeichnung „Starkbier", „Bockbier" oder einer sonstigen Bezeichnung, die den Anschein erweckt, als ob das Bier besonders stark eingebraut sei, gewerbsmäßig nur in den Verkehr gebracht werden, wenn der Stammwürzegehalt 16 vom Hundert oder mehr beträgt.

§ 4. (weggefallen)

Weingesetz

Vom 16. Mai 2001, mit Änderungen bis 10. Januar 2008

Allgemeine Bestimmungen

§ 1. Zweck (1) Dieses Gesetz regelt den Anbau, das Verarbeiten, das Inverkehrbringen und die Absatzförderung von Wein und sonstigen Erzeugnissen des Weinbaus, soweit dies nicht in für den Weinbau und die Weinwirtschaft unmittelbar geltenden Rechtsakten der Europäischen Gemeinschaft geregelt ist.

(2) Abweichend von Absatz 1 gilt dieses Gesetz, mit Ausnahme der §§ 4 bis 12 und der §§ 29 und 30 sowie der auf Grund der vorstehend genannten Vorschriften erlassenen Rechtsverordnungen, nicht für das Verarbeiten und das Inverkehrbringen von
1. Weintrauben, die nicht zur Herstellung von Erzeugnissen bestimmt sind,
2. Traubensaft,
3. konzentriertem Traubensaft und
4. Weinessig.

§ 2. Begriffsbestimmungen
1. Erzeugnisse: die in den Rechtsakten der Europäischen Gemeinschaft genannten Erzeugnisse des Weinbaus ohne Rücksicht auf ihren Ursprung, die in der Verordnung (EWG) Nr. 1601/91 des Rates vom 10. Juni 1991 zur Festlegung der allgemeinen Regeln für die Begriffsbestimmung, Bezeichnung und Aufmachung aromatisierten Weines, aromatisierter weinhaltiger Getränke und aromatisierter weinhaltiger Cocktails (ABl. EG Nr. L 149 S. 1, Nr. L 349 S. 47) in der jeweils geltenden Fassung genannten Getränke sowie weinhaltige Getränke,
2. Weinhaltige Getränke: unter Verwendung von Erzeugnissen des Weinbaus hergestellte, üblicherweise unverändert dem Verzehr dienende nicht aromatisierte alkoholische Getränke, wenn der Anteil der Erzeugnisse im fertigen Getränk mehr als 50 vom Hundert beträgt und bei der Herstellung eine Gärung nicht stattgefunden hat,
3. Inländischer Wein: im Inland aus inländischen Weintrauben hergestellter Wein,
4. Gemeinschaftserzeugnisse: in Mitgliedstaaten der Europäischen Gemeinschaft hergestellte Erzeugnisse,
5. Erzeugnisse aus Vertragsstaaten: in Staaten, die – ohne Mitglied der Europäischen Gemeinschaft zu sein – Vertragsstaaten des Abkommens über den europäischen Wirtschaftsraum (Vertragsstaaten) sind, hergestellte Erzeugnisse,
6. Drittlandserzeugnisse: in Staaten, die nicht der Europäischen Gemeinschaft angehören und die nicht Vertragsstaaten sind, hergestellte Erzeugnisse,
7. Ertragsrebfläche: die bestockte Rebfläche vom zweiten Weinwirtschaftsjahr nach dem der Pflanzung,
8. Hektarertrag: der in Weintrauben-, Traubenmost- oder Weinmengen festgesetzte Ertrag je Hektar Ertragsrebfläche,
9. Gesamthektarertrag: Summe der Hektarerträge der einzelnen im Ertrag stehenden Rebflächen eines Weinbaubetriebes,
10. Verarbeiten: Herstellen, Abfüllen und Umfüllen,
11. Herstellen: jedes Behandeln, Verschneiden, Verwenden und jedes sonstige Handeln, durch das bei einem Erzeugnis eine Einwirkung erzielt wird; Lagern ist Herstellen nur, soweit dieses Gesetz oder eine auf Grund dieses Gesetzes erlassene Rechtsverordnung das Lagern für erforderlich erklärt oder soweit gelagert wird, um dadurch auf das Erzeugnis einzuwirken,
12. Behandeln: das Zusetzen von Stoffen und das Anwenden von Verfahren,
13. Zusetzen: das Hinzufügen von Stoffen mit Ausnahme des Verschneidens; Zusetzen ist auch das Übergehen von Stoffen von Behältnissen oder sonstigen der Verarbeitung oder Lagerung dienenden Gegenständen auf ein Erzeugnis, soweit nicht in diesem Gesetz oder in einer auf Grund dieses Gesetzes erlassenen Rechtsverordnung bestimmt ist, daß ein solches Übergehen nicht als Zusetzen gilt,
14. Verschneiden: das Vermischen von Erzeugnissen miteinander und untereinander,
15. Abfüllen: das Einfüllen in ein Behältnis, dessen Rauminhalt nicht mehr als sechzig Liter beträgt und das anschließend fest verschlossen wird,
16. Verwenden: jedes Verarbeiten eines Erzeugnisses zu einem anderen Erzeugnis,
17. Verwerten: jedes Verarbeiten eines Erzeugnisses zu einem anderen Lebensmittel, das kein Erzeugnis ist,
18. Inverkehrbringen: das Anbieten, Vorrätighalten zum Verkauf oder zu sonstiger Abgabe, Feilhalten und jedes Abgeben an andere; nicht als Inverkehrbringen gilt das Anstellen eines Erzeugnisses bei der Prüfungsbehörde zur Erteilung einer Amtlichen Prüfungsnummer,
19. Einfuhr: Verbringen von Nichtgemein-

3.11 WeinG §§ 2–17   **Qualitätswein b. A.**

schaftswaren (Drittlandserzeugnissen) und von Waren aus Vertragsstaaten (Erzeugnisse aus Vertragsstaaten) in das Inland,
20. Ausfuhr: Verbringen von Gemeinschaftswaren (Gemeinschaftserzeugnissen) in einen Vertragsstaat oder in ein Drittland,
21. Begleitpapiere: die nach den Rechtsakten der Europäischen Gemeinschaft oder auf Grund dieses Gesetzes für die Beförderung von Erzeugnissen im Zollgebiet der Europäischen Gemeinschaft vorgeschriebenen Dokumente,
22. Lage: eine bestimmte Rebfläche (Einzellage) oder die Zusammenfassung solcher Flächen (Großlage), aus deren Erträgen gleichwertige Weine gleichartiger Geschmacksrichtungen hergestellt zu werden pflegen und die in einer Gemeinde oder in mehreren Gemeinden desselben bestimmten Anbaugebietes belegen sind,
23. Bereich: eine Zusammenfassung mehrerer Lagen, aus deren Erträgen Weine gleichartiger Geschmacksrichtung hergestellt zu werden pflegen und die in nahe beieinander liegenden Gemeinden desselben bestimmten Anbaugebietes belegen sind.

§ 3. Weinbaugebiet   (1) Für Qualitätswein bestimmter Anbaugebiete (Qualitätswein b. A.) werden folgende bestimmte Anbaugebiete festgelegt:
1. Ahr,
2. Baden,
3. Franken,
4. Hessische Bergstraße,
5. Mittelrhein,
6. Mosel,
7. Nahe,
8. Pfalz,
9. Rheingau,
10. Rheinhessen,
11. Saale-Unstrut,
12. Sachsen,
13. Württemberg.

In diesen Gebieten ist auch der Anbau von Reben zur Erzeugung von Tafelwein zulässig.

(2) Das Bundesministerium für Ernährung, Landwirtschaft und Verbraucherschutz wird ermächtigt, durch Rechtsverordnung mit Zustimmung des Bundesrates
1. Weinbaugebiete und Untergebiete für Tafelwein,
2. Gebiete für die Bezeichnung von Landwein festzulegen. Die Gebiete nach Satz 1 sind in Anlehnung an herkömmliche geographische Begriffe für solche geographischen Räume festzulegen, in denen traditionell Weinbau betrieben wird.

(3) Die in Absatz 1 und in Rechtsverordnungen nach Absatz 2 Nr. 1 festgelegten Gebiete bilden zusammen das deutsche Weinanbaugebiet.

(4) Die Landesregierungen grenzen durch Rechtsverordnung die in Absatz 1 genannten und die in Rechtsverordnungen nach Absatz 2 festgelegten Gebiete ab.

Verarbeitung

§ 15. Erhöhung des Alkoholgehaltes, Süßung
Das Bundesministerium für Ernährung, Landwirtschaft und Verbraucherschutz wird ermächtigt, durch Rechtsverordnung mit Zustimmung des Bundesrates, soweit dies zur Steigerung der Qualität der Erzeugnisse erforderlich ist,
1. das Erhöhen des vorhandenen oder potentiellen natürlichen Alkoholgehaltes der Erzeugnisse zuzulassen,
2. das Süßen der Erzeugnisse zuzulassen,
3. vorbehaltlich der Nummern 4 bis 6 die Voraussetzungen und Anforderungen an das Erhöhen des Alkoholgehaltes und das Süßen, einschließlich der dazu anwendbaren Methoden, zu regeln,
4. eine durch das Erhöhen des Alkoholgehaltes bedingte Volumenänderung eines Erzeugnisses zu begrenzen,
5. vorzuschreiben, daß das Erhöhen des Alkoholgehaltes eines Erzeugnisses nicht zur Folge haben darf, daß dessen Gesamtalkoholgehalt einen bestimmten Wert übersteigt,
6. den Gesamtalkoholgehalt der zum Süßen verwendeten Erzeugnisse zu begrenzen und vorzuschreiben, daß durch das Süßen der Gesamtalkoholgehalt des gesüßten Erzeugnisses um nicht mehr als 2 Volumenprozent erhöht werden darf,
7. das Umrechnungsverfahren für das Ermitteln der Alkoholgehalte festzulegen.

Qualitätswein b. A.

§ 17. Qualitätswein b. A.   (1) Qualitätswein und die Prädikatsweine Kabinett, Spätlese oder Auslese müssen mindestens 7 Volumenprozent vorhandenen Alkohol, die Prädikatsweine Beerenauslese, Trockenbeerenauslese und Eiswein müssen mindestens 5,5 Volumenprozent vorhandenen Alkohol aufweisen.

(2) Das Bundesministerium für Ernährung, Landwirtschaft und Verbraucherschutz wird ermächtigt, durch Rechtsverordnung mit Zustimmung des Bundesrates festzulegen, unter welchen Voraussetzungen
1. das Herstellen eines Qualitätsweins b. A. außerhalb des bestimmten Anbaugebietes zulässig ist,
2. das Herabstufen eines Qualitätsweins b. A.

auf der Erzeugerstufe vorgenommen werden darf.

(3) Die Landesregierungen bestimmen durch Rechtsverordnung, soweit ein wirtschaftliches Bedürfnis besteht oder dies zur Durchführung der Rechtsakte der Europäischen Gemeinschaft erforderlich ist,
1. die Anbau-, Ernte- und Keltermethoden, die notwendig sind, um eine optimale Qualität von Qualitätswein b. A. zu gewährleisten, insbesondere Erziehungsart, Anschnitt, Ausdünnung, Rebschutz und Düngung; dabei können sie zulassen, daß Rebflächen beregnet werden, wenn die Umweltbedingungen dies rechtfertigen; ferner können sie die Beregnung von nicht im Ertrag stehenden Rebflächen sowie zum Frostschutz zulassen,
2. unter Berücksichtigung von Klima, Bodenbeschaffenheit und Rebsorte die natürlichen Mindestalkoholgehalte für Qualitätswein b. A. und Prädikatswein; die natürlichen Mindestalkoholgehalte
   a) können für einzelne bestimmte Anbaugebiete oder Teile davon unterschiedlich festgesetzt werden,
   b) dürfen in der Weinbauzone A bei Qualitätswein b. A nicht unter 7,0 Volumenprozent, bei Prädikatswein nicht unter 9,5 Volumenprozent liegen; für die bestimmten Anbaugebiete Ahr, Mittelrhein, Mosel und Saale-Unstrut darf für bestimmte Rebsorten und für bestimmte Rebflächen der natürliche Mindestalkoholgehalt bei Qualitätswein b. A. bis auf 6,0 Volumenprozent, bei Prädikatswein bis auf 9,0 Volumenprozent herabgesetzt werden,
   c) dürfen in der Weinbauzone B bei Qualitätswein b. A. nicht unter 8,0 Volumenprozent, bei Prädikatswein nicht unter 10,0 Volumenprozent liegen,
   d) sind bei Prädikatswein nach dem Prädikat abgestuft festzulegen,
   e) für Eiswein müssen mindestens dem im jeweiligen Anbaugebiet für das Prädikat Beerenauslese festgesetzten Mindestalkoholgehalt entsprechen.

(4) Die Landesregierungen stellen durch Rechtsverordnung die Verzeichnisse der auf der zur Herstellung von Qualitätswein b. A. geeigneten Rebsorten auf.

§ 19. Qualitätsprüfung der Qualitätsweine b. A. und bestimmter Qualitätsschaumweine

(1) Abgefüllter inländischer Wein darf als Qualitätswein b. A. oder Qualitätswein, im Inland hergestellter Schaumwein darf als Qualitätsschaumwein b. A. oder Sekt b. A., im Inland hergestellter Likörwein darf als Qualitätslikörwein b. A., im Inland hergestellter Perlwein darf als Qualitätsperlwein b. A. nur bezeichnet werden, wenn für ihn auf Antrag eine amtliche Prüfungsnummer zugeteilt worden ist.

(2) Einem im Inland hergestellten Qualitätsschaumwein oder Sekt, der mit einer Rebsortenangabe versehen werden soll, kann auf Antrag eine amtliche Prüfungsnummer zugeteilt werden.

(3) Eine amtliche Prüfungsnummer wird einem Erzeugnis nach Absatz 1 oder 2 zugeteilt, wenn es
1. die für dieses Erzeugnis typischen Bewertungsmerkmale aufweist und
2. den Vorschriften der Rechtsakte der Europäischen Gemeinschaft, dieses Gesetzes und der auf Grund dieses Gesetzes erlassenen Rechtsverordnungen entspricht.

Die amtliche Prüfungsnummer ist auf den Behältnissen anzugeben.

§ 20. Qualitätsprüfung der Prädikatsweine

(1) Inländischer Wein darf als Prädikatswein in Verbindung mit einem der Begriffe Kabinett, Spätlese, Auslese, Beerenauslese, Trockenbeerenauslese oder Eiswein nur bezeichnet werden, wenn ihm das Prädikat auf Antrag unter Zuteilung einer amtlichen Prüfungsnummer zuerkannt worden ist.

(2) Ein Prädikat wird einem Wein zuerkannt, wenn er
1. die für dieses Prädikat typischen Bewertungsmerkmale aufweist und
2. den Vorschriften der Rechtsakte der Europäischen Gemeinschaft, dieses Gesetzes und der auf Grund dieses Gesetzes erlassenen Rechtsverordnungen entspricht.

Die amtliche Prüfungsnummer ist auf den Behältnissen anzugeben.

(3) Das Prädikat Kabinett wird einem Wein zuerkannt, wenn eine Anreicherung nicht vorgenommen worden ist.

(4) Die übrigen Prädikatsweine müssen zusätzlich zu den Anforderungen nach Absatz 3 aus Lesegut der folgenden Beschaffenheit hergestellt sein:
1. Bei der Spätlese dürfen nur vollreife Weintrauben verwendet werden, die in einer späten Lese geerntet worden sind.
2. Bei der Auslese dürfen nur vollreife oder edelfaule Weintrauben verwendet werden.
3. Bei der Beerenauslese dürfen nur edelfaule oder wenigstens überreife Beeren verwendet werden.
4. Bei der Trockenbeerenauslese dürfen nur weitgehend eingeschrumpfte edelfaule Beeren verwendet werden; ist wegen besonderer Sorteneigenschaft oder besonderer Witterung ausnahmsweise keine Edelfäule eingetreten, genügt auch Überreife der eingeschrumpften Beeren.
5. Bei Eiswein müssen die verwendeten Wein-

3.11 WeinG §§ 20–23 — Bezeichnung

trauben bei ihrer Lese und Kelterung gefroren sein.

(5) Für die Zuerkennung der in Absatz 4 Nr. 3 und 4 genannten Prädikate muß das Erntegut von Hand gelesen worden sein.

(6) Die Landesregierungen können durch Rechtsverordnung zur Sicherung der Qualität oder soweit ein wirtschaftliches Bedürfnis besteht, vorschreiben, daß für die Zuerkennung der Prädikate Auslese oder Eiswein das Erntegut von Hand gelesen worden sein muß.

Bezeichnung

§ 22. Landwein (1) Die Bezeichnung eines Tafelweines als Landwein setzt voraus, daß
1. der Wein ausschließlich aus Weintrauben stammt, die in einem Landweingebiet geerntet worden sind,
2. konzentrierter Traubenmost nicht zugesetzt worden ist und
3. eine Konzentrierung durch Kälte nicht vorgenommen worden ist.

Die Bezeichnung Landwein darf nur verwendet werden, wenn seine Herstellung zugelassen ist.

(2) Die Landesregierungen können durch Rechtsverordnung das Herstellen von Landwein zulassen. In der Rechtsverordnung sind, soweit dies zur Durchführung von Rechtsakten der Europäischen Gemeinschaft erforderlich ist, die Produktionsbedingungen für die einzelnen Landweine festzusetzen. Der natürliche Mindestalkoholgehalt ist unter Berücksichtigung der für Qualitätsweine desselben geographischen Raumes geltenden Werte festzusetzen; er muß mindestens um 0,5 Volumenprozent höher festgesetzt werden als der für Tafelwein geltende Wert.

§ 23. Geographische Bezeichnungen (1) Zur Angabe der Herkunft von Erzeugnissen sind nur zulässig
1. bei Qualitätswein b. A. zusätzlich zu dem auf Grund der Rechtsakte der Europäischen Gemeinschaft vorgeschriebenen Namen des bestimmten Anbaugebietes
   a) die Namen von in die Weinbergsrolle eingetragenen Lagen und Bereichen,
   b) Namen von Gemeinden und Ortsteilen,
2. bei Landwein die Namen von Landweingebieten,
3. bei Tafelwein, der nicht Landwein ist, die Namen von Weinbaugebieten und Untergebieten,
4. bei anderen Erzeugnissen, für die nach den Rechtsakten der Europäischen Gemeinschaft Namen von geographischen Einheiten festgelegt werden dürfen, die geographischen Bezeichnungen, die unter Berücksichtigung der in den Nummern 1 bis 3 genannten Namen in einer Rechtsverordnung nach § 24 Abs. 2 Nr. 1 geregelt sind.

(2) Zur Angabe der Herkunft eines Qualitätsschaumweines oder Sektes oder der zu ihrer Herstellung verwendeten Erzeugnisse sind nur die Namen von Weinbaugebieten und Untergebieten zulässig, soweit sie in den Rechtsakten der Europäischen Gemeinschaft aufgeführt sind.

(3) Das Bundesministerium für Ernährung, Landwirtschaft und Verbraucherschutz wird ermächtigt, durch Rechtsverordnung mit Zustimmung des Bundesrates
1. die Voraussetzungen für die Eintragung und Bezeichnung von Lagen und Bereichen in die Weinbergsrolle festzulegen,
2. Bestimmungen über die Zuordnung von Rebflächen zu treffen, die keiner Lage angehören.

(4) Die Landesregierungen regeln durch Rechtsverordnung die Einrichtung und Führung der Weinbergsrolle; dabei sind für die in Absatz 1 Nr. 1 Buchstabe a genannten geographischen Einheiten
1. die Abgrenzung,
2. das Nähere über die Voraussetzungen und das Verfahren für Eintragungen und Löschungen einschließlich der Feststellung und Festsetzung der Namen,
3. die Antragsberechtigung sowie Inhalt und Form der Anträge nach Absatz 3 Nr. 1 zur Eintragung,
4. die Eintragungen und Löschungen von Amts wegen

festzulegen.

Weinverordnung

Vom 14. Mai 2002, mit Änderungen bis zum 27. September 2007

Weinanbaugebiet

§ 1. Weinbaugebiete für Tafelwein (zu § 3 Abs. 2 Satz 1 Nr. 1 des Weingesetzes) Für Tafelweine werden folgende Weinbaugebiete mit ihren Untergebieten festgelegt:
1. Albrechtsburg,
2. Bayern,
   a) Donau,
   b) Lindau,
   c) Main,
3. Neckar,
4. Niederlausitz
5. Oberrhein,
   a) Burgengau,
   b) Römertor,
6. Rhein-Mosel,
   a) Moseltal,
   b) Rhein,
7. Stargarder Land.

§ 2. Landweingebiete (zu § 3 Abs. 2 Satz 1 Nr. 2 des Weingesetzes) Für die Bezeichnung von Landwein werden folgende Gebiete festgelegt:
1. Ahrtaler Landwein,
2. Badischer Landwein,
3. Bayerischer Bodensee-Landwein,
4. Brandenburger Landwein,
5. Landwein Main,
6. Landwein der Mosel,
7. Landwein der Ruwer,
8. Landwein der Saar,
9. Mecklenburger Landwein,
10. Mitteldeutscher Landwein,
11. Nahegauer Landwein,
12. Pfälzer Landwein,
13. Regensburger Landwein,
14. Rheinburgen-Landwein,
15. Rheingauer Landwein,
16. Rheinischer Landwein,
17. Saarländischer Landwein der Mosel,
18. Sächsischer Landwein,
19. Schwäbischer Landwein,
20. Starkenburger Landwein,
21. Taubertäler Landwein.

Anbauregeln

§ 4. Anbaueignung von Rebflächen (zu § 7 Abs. 2 Satz 1 Nr. 1 und 2 des Weingesetzes)
Eine Fläche ist für die Erzeugung von Qualitätswein b.A. geeignet, wenn zu erwarten ist, daß auf der Fläche in den in Anlage 1 aufgeführten bestimmten Anbaugebieten oder Bereichen die dort genannten Rebsorten (Vergleichsrebsorten) bei herkömmlichen Anbaumethoden im zehnjährigen Durchschnitt einen Weinmost ergeben, der die in Anlage 1 aufgeführten Mindestgehalte an natürlichem Alkohol (Mindestmostgewichte) erreicht.

§ 10. Hektarertragsregelung (zu § 12 Abs. 1 Nr. 1, 2 und 5 und Abs. 2 und § 33 Nr. 2 i.V.m. § 54 Abs. 1 des Weingesetzes) (1) Für die Umrechnung der Mengen nach § 9 Abs. 2 Satz 2 in Verbindung mit § 2 Nr. 8 des Weingesetzes entsprechen
1. 100 Kilogramm Weintrauben = 75 Liter Wein,
2. 100 Liter Traubenmost = 95 Liter Wein.

(2) Die Landesregierungen können durch Rechtsverordnung
1. die Voraussetzungen und das Verfahren für die gesonderte Berechnung der Gesamthektarerträge im Sinne des § 9 Abs. 1 Satz 2 des Weingesetzes regeln,
2. vorschreiben, daß und in welcher Weise die gesonderte Berechnung der Gesamthektarerträge im Sinne des § 9 Abs. 1 Satz 2 des Weingesetzes zu melden ist.

Verarbeitung

§ 15. Erhöhung des natürlichen Alkoholgehalts (zu § 15 Nr. 1, 3 und 4 des Weingesetzes)
(1) Der im gärfähig befüllten Behältnis festgestellte vorhandene oder potentielle natürliche Alkoholgehalt von gemaischten Rotweintrauben, Traubenmost, teilweise gegorenem Traubenmost und Jungwein, soweit diese Erzeugnisse aus nach § 8c des Weingesetzes klassifizierten Rebsorten hergestellt worden sind, sowie von zur Gewinnung von Tafelwein geeignetem Wein und Tafelwein darf nach Maßgabe des Anhangs V Buchstaben C und D der Verordnung (EG) Nr. 1493/1999 erhöht werden.

(2) Der im gärfähig befüllten Behältnis festgestellte vorhandene oder potentielle natürliche Alkoholgehalt von gemaischten Rotweintrauben, Traubenmost, teilweise gegorenem Traubenmost, Jungwein und Wein, soweit diese Erzeugnisse zur Erzeugung von Qualitätswein b.A. geeignet sind, darf nach Maßgabe des Anhangs V Buchstaben C und D Nr. 1 bis 6 und 9 der Verordnung (EG) Nr. 1493/1999 erhöht werden.

(3) Die Erhöhung des natürlichen Alkoholgehalts darf bei den in Absatz 2 genannten Erzeugnissen nicht mit konzentriertem Trauben-

most oder durch Konzentrierung durch Kälte vorgenommen werden.

(4) Die Anreicherung der Cuvée am Herstellungsort der Schaumweine wird nach Maßgabe des Anhangs V Buchstabe H Nr. 4 Satz 1 der Verordnung (EG) Nr. 1493/1999 zugelassen.

§ 16. Süßung (zu § 15 Nr. 2, 3 und 6 des Weingesetzes) (1) Qualitätswein und Prädikatswein darf nach Maßgabe des Anhangs VI Buchstabe G Nr. 2 und 3 der Verordnung (EG) Nr. 1493/1999 nur mit Traubenmost gesüßt werden.

(2) Bei Qualitätswein und Prädikatswein sowie bei Landwein darf zur Süßung von Weißwein nur Traubenmost aus Weißweintrauben, zur Süßung von Rotwein und Roséwein nur Traubenmost aus Rotweintrauben und zur Süßung von Rotling Traubenmost derselben Art, Traubenmost aus Weißweintrauben oder Traubenmost aus Rotweintrauben verwendet werden.

§ 17. Umrechnung von Oechslegraden in Volumenprozent Alkohol (zu § 15 Nr. 7 des Weingesetzes) Die Ermittlung des natürlichen Alkoholgehalts in Volumenprozent (% vol) aus den Oechslegraden (°Oe) erfolgt nach der in der Anlage 8 aufgeführten Tabelle. Für andere Umrechnungen ist die Tabelle nicht anzuwenden.

Qualitätswein b.A.

§ 19. Herstellen von Qualitätswein b.A. außerhalb des bestimmten Anbaugebiets (zu § 17 Abs. 2 Nr. 1 des Weingesetzes) (1) Qualitätswein und Prädikatswein darf, soweit ein wirtschaftliches Bedürfnis besteht, nach Maßgabe des Anhangs VI Buchstabe D Nr. 3 Unterabs. 1 der Verordnung (EG) Nr. 1493/1999 in einem Gebiet in unmittelbarer Nähe des bestimmten Anbaugebietes hergestellt werden, in dem die Weintrauben geerntet worden sind.

(2) Qualitätsschaumwein b.A. darf, soweit ein wirtschaftliches Bedürfnis besteht, nach Maßgabe des Anhangs VI Buchstabe D Nr. 4 Unterabs. 1 der Verordnung (EG) Nr. 1493/1999 in einem Gebiet in unmittelbarer Nähe des bestimmten Anbaugebietes hergestellt werden, in dem die zu seiner Herstellung verwendeten Weintrauben geerntet worden sind.

(3) Die zuständige Stelle des weinbautreibenden Landes, in dessen Gebiet die Herstellung vorgenommen werden soll, kann nach Maßgabe,
1. des Anhangs VI Buchstabe D Nr. 3 Unterabs. 2 der Verordnung (EG) Nr. 1493/1999 und der zu seiner Durchführung erlassenen Rechtsakte der Europäischen Gemeinschaft genehmigen, dass aus Weintrauben und Traubenmost außerhalb eines Gebietes in unmittelbarer Nähe des betreffenden bestimmten Anbaugebietes, in dem die Weintrauben geerntet worden sind, Qualitätswein oder Prädikatswein hergestellt werden;
2. des Anhangs VI Buchstabe D Nr. 4 Unterabs. 2 der Verordnung (EG) Nr. 1493/1999 und der zu seiner Durchführung erlassenen Rechtsakte der Europäischen Gemeinschaft genehmigen, daß Qualitätsschaumwein b.A. außerhalb eines Gebietes in unmittelbarer Nähe des betreffenden bestimmten Anbaugebietes, in dem die zu seiner Herstellung verwendeten Weintrauben geerntet worden sind, hergestellt wird.

(4) Qualitätsperlwein b.A. darf, soweit ein wirtschaftliches Bedürfnis besteht, nach Maßgabe des entsprechend anzuwendenden Anhangs VI Buchstabe D Nr. 4 Unterabs. 1 in Verbindung mit Nr. 1 Buchstabe b der Verordnung (EG) Nr. 1493/1999 in einem Gebiet in unmittelbarer Nähe des bestimmten Anbaugebietes, in dem die zu seiner Herstellung verwendeten Weintrauben geerntet worden sind, hergestellt werden.

§ 20. Herabstufung auf der Erzeugungsstufe (zu § 17 Abs. 2 Nr. 2 und § 33 Nr. 7 i.V.m. § 54 des Weingesetzes) (1) Auf der Erzeugungsstufe kann der Erzeuger gegenüber der Einstufung in der Weinerzeugungsmeldung Qualitätswein und Prädikatswein zu
1. Tafelwein,
2. Wein, der zur Herstellung von Tafelwein geeignet ist, oder
3. Wein, der weder Tafelwein noch zur Herstellung von Tafelwein geeignet ist,
herabstufen. Die Herabstufung ist nur zulässig, soweit
1. dem Wein eine amtliche Prüfungsnummer nicht zugeteilt werden dürfte oder
2. hierfür ein wirtschaftliches Bedürfnis besteht.

(2) Die Landesregierungen können durch Rechtsverordnung bestimmen, daß der Erzeuger die Herabstufung eines Weines, dem eine amtliche Prüfungsnummer zugeteilt worden ist, der zuständigen Stelle unverzüglich schriftlich zu melden hat.

(3) (weggefallen)

(4) Als Erzeuger im Sinne des Absatzes 1 gilt
1. die natürliche oder juristische Person,
2. die Vereinigung der in Nummer 1 genannten Personen,
3. die nicht rechtsfähige Personenvereinigung, die aus frischen Weintrauben, Traubenmost, teilweise gegorenem Traubenmost oder nicht abgefülltem Wein, die aus Eigenproduktion stammen oder erworben worden sind, das herabzustufende Erzeugnis erzeugt hat.

Weinverordnung   **3.12 WeinV § 21**

§ 21. Qualitätsprüfung (zu § 21 Abs. 1 Nr. 1 i.V.m. § 54 Abs. 1 des Weingesetzes) (1) Eine Prüfnummer wird einem Qualitätswein b.A. zugeteilt, wenn
1. der Traubenmost oder die Maische im gärfähig befüllten Behältnis mindestens den für den jeweiligen Wein vorgeschriebenen natürlichen Mindestalkoholgehalt aufgewiesen hat und
2. er in Aussehen, Geruch und Geschmack frei von Fehlern ist.

Die amtliche Prüfungsnummer ist auf den Behältnissen anzugeben.

(2) Abweichend von Absatz 1 Nr. 1 und § 18 Abs. 9 Satz 1 und 2 ist, soweit es sich um Qualitätswein, Prädikatswein, Qualitätsperlwein b.A. und Qualitätsschaumwein b.A. handelt, bei Verschnitten im gärfähig befüllten Behältnis der für den namengebenden Verschnittanteil vorgeschriebene natürliche Mindestalkoholgehalt und, soweit ein namensgebender Verschnittanteil nicht vorhanden ist, der natürliche Mindestalkoholgehalt maßgebend, der sich aus dem gewogenen Mittel der jeweils vorgeschriebenen natürlichen Mindestalkoholgehalte der Verschnittanteile ergibt.

(3) Einem Wein, der nach Anhang IV Nr. 4 Buchstabe e der Verordnung (EG) Nr. 1493/1999 mit Eichenholzstücken behandelt worden ist, darf eine Prüfungsnummer für einen Prädikatswein nicht zugeteilt werden.

(4) Die Landesregierungen können durch Rechtsverordnung zur Erhaltung der Eigenart der Erzeugnisse vorschreiben, dass eine Prüfungsnummer einem Qualitätswein nur zugeteilt werden darf, wenn sein Gesamtalkoholgehalt, sofern der festgestellte vorhandene oder potenzielle natürliche Alkoholgehalt nach § 15 Abs. 2 erhöht worden ist, einen bestimmten Wert nicht übersteigt.

Verordnung (EWG) Nr. 2333/92 des Rates zur Festlegung der Grundregeln für die Bezeichnung und Aufmachung von Schaumwein und Schaumwein mit zugesetzter Kohlensäure

Vom 13. Juli 1992, mit Änderungen bis zum 26. Juni 1996

Art. 1. (1) Mit dieser Verordnung werden die Grundregeln festgelegt für die Bezeichnung und Aufmachung von
a) in der Gemeinschaft hergestelltem Schaumwein im Sinne von Anhang 1 Nummer 15 der Verordnung (EWG) Nr. 822/87,
b) aus der Gemeinschaft stammenden Schaumwein mit zugesetzter Kohlensäure im Sinne von Anhang 1 Nummer 16 der Verordnung (EWG) Nr. 822/87, ...

Art. 3. (1) Bei den in Artikel 1 Absatz 1 genannten Erzeugnissen muß die Etikettierung folgende Angaben enthalten:
a) die genaue Angabe der Verkehrsbezeichnung nach Maßgabe des Artikels 5 Absatz 2,
b) das Nennvolumen des Erzeugnisses,
c) eine Angabe über die Art des Erzeugnisses nach Maßgabe des Artikels 5 Absatz 3,
d) den vorhandenen Alkoholgehalt in Volumenprozenten gemäß Durchführungsbestimmungen, die noch zu erlassen sind.

(2) Bei den in Artikel 1 Absatz 1 Buchstaben a) und b) genannten Erzeugnissen muß die Etikettierung zusätzlich zu den in Absatz 1 aufgeführten Angaben folgendes enthalten:
– den Namen oder den Firmennamen des Herstellers oder eines in der Gemeinschaft ansässigen Verkäufers sowie
– den Namen der Gemeinde oder des Gemeindeteils und des Mitgliedstaats, in der bzw. dem die obengenannte Person ihren Sitz hat, nach Maßgabe des Artikels 5 Absätze 4 und 5. Die Erzeugermitgliedstaaten können jedoch vorschreiben, daß der ausgeschriebene Name oder Firmenname des Herstellers anzugeben ist. Wird auf dem Etikett der Name oder die Firma des Herstellers angegeben und erfolgt die Herstellung in einer anderen Gemeinde oder einem anderen Gemeindeteil oder in einem anderen Mitgliedstaat als nach Unterabsatz 1, so werden die dort genannten Angaben durch die Angabe des Namens der Gemeinde oder des Gemeindeteils, in dem die Herstellung erfolgt, sowie im Falle der Herstellung in einem anderen Mitgliedstaat durch die Angabe dieses Mitgliedstaats ergänzt.

(3) Bei den in Artikel 1 Absatz 1 Buchstaben c) und d) genannten Erzeugnissen muß die Etikettierung außer den in Absatz 1 aufgeführten Angaben folgende Angaben enthalten:
a) den Namen oder den Firmennamen des Einführers sowie der Gemeinde und des Mitgliedstaats, in der bzw. dem dieser seinen Sitz hat,
b) den Namen oder den Firmennamen des Herstellers sowie der Gemeinde und des Drittlands, in der bzw. dem dieser seinen Sitz hat, nach Maßgabe des Artikels 5 Absätze 4 und 5.

(4) Die Etikettierung muß in folgenden Fällen zusätzliche Angaben enthalten:
– bei Erzeugnissen im Sinne von Artikel 68 der Verordnung (EWG) Nr. 822/87, die aus Wein mit Ursprung in Drittländern hergestellt sind, muß die Etikettierung die Angabe, daß das Erzeugnis aus eingeführtem Wein hergestellt ist, sowie den Namen des Drittlandes enthalten, aus dem der für die Bereitung der Cuvée verwendete Wein stammt;
– bei Qualitätsschaumwein b. A. ist auf der Etikettierung der Name des bestimmten Anbaugebiets anzugeben, in dem die bei der Herstellung verwendeten Trauben geerntet worden sind;
– bei aromatischen Qualitätsschaumweinen gemäß Artikel 1 Absatz 2 Buchstabe b) der Verordnung (EWG) Nr. 2332/92 muß die Etikettierung entweder den Namen der Rebsorte, aus der sie hergestellt wurden, oder die Angabe „aus Trauben aromatischer Sorten hergestellt" enthalten.

Art. 5. (1) Die in Artikel 3 genannten Angaben sind
– zusammen im gleichen Sichtbereich auf dem Behältnis selbst anzubringen und
– in leicht lesbaren, unverwischbaren und ausreichend großen Schriftzeichen so anzubringen, daß sie sich vor dem Hintergrund, auf dem sie aufgedruckt sind, von allen anderen schriftlichen Angaben und Zeichnungen deutlich abheben.
Jedoch dürfen die vorgeschriebenen Angaben über den Importeur außerhalb des Sichtbereichs, in dem sich die anderen vorgeschriebenen Angaben befinden, angebracht werden.

(2) Die Verkehrsbezeichnung gemäß Artikel 3 Absatz 1 Buchstabe a) wird durch einen der folgenden Begriffe angegeben:
a) bei einem Schaumwein gemäß Artikel 1 Absatz 2 Buchstabe a) der Verordnung (EWG) Nr. 2332/92 durch „Schaumwein";
b) bei einem Qualitätsschaumwein gemäß Ar-

Schaumweinverordnung 3.13 VO(EWG) Nr. 2333/92 Art. 5

tikel 1 Absatz 2 Buchstabe b) der Verordnung (EWG) Nr. 2332/92, mit Ausnahme des Schaumweins im Sinne des Buchstabens d) des vorliegenden Absatzes, durch „Qualitätsschaumwein" oder „Sekt";

c) bei einem Qualitätsschaumwein b. A. gemäß Artikel 1 Absatz 2 Buchstabe c) der Verordnung (EWG) Nr. 2332/92 durch
   – „Qualitätsschaumwein bestimmter Anbaugebiete" oder „Qualitätsschaumwein b. A." oder „Sekt bestimmter Anbaugebiete" oder „Sekt b. A." oder durch
   – einen der herkömmlichen spezifischen Begriffe im Sinne von Artikel 15 Absatz 2 der Verordnung (EWG) Nr. 823/87, deren Verzeichnis noch aufzustellen ist und unter denen der Mitgliedstaat, in dem die Herstellung stattgefunden hat, die Auswahl trifft, oder durch
   – einen der Namen der bestimmten Anbaugebiete für Qualitätsschaumweine b. A. nach Artikel 15 Absatz 7 Unterabsatz 3 der Verordnung (EWG) Nr. 823/87 oder durch
   – die gleichzeitige Verwendung dieser beiden Angaben.
   Die Mitgliedstaaten können jedoch für bestimmte auf ihrem Hoheitsgebiet hergestellte Qualitätsschaumweine b. A. vorschreiben, daß bestimmte im ersten Unterabsatz genannte Angaben allein oder zusammen zu verwenden sind.

d) bei einem aromatischen Qualitätsschaumwein gemäß Artikel 1 Absatz 2 Buchstabe b) der Verordnung (EWG) Nr. 2332/92 durch „aromatischen Qualitätsschaumwein";

e) bei einem aus einem Drittland stammenden Schaumwein durch
   – „Schaumwein"
   oder
   – „Qualitätsschaumwein" oder „Sekt", wenn die für seine Herstellung festgelegten Bedingungen als den in Titel III der Verordnung (EWG) Nr. 2332/92 aufgeführten Bedingungen gleichwertig anerkannt worden sind.
   Bei diesem Schaumwein gehört zu der Verkehrsbezeichnung ein Hinweis auf das Drittland, in dem die verarbeiteten Weintrauben geerntet, zu Wein verarbeitet und zu Schaumwein weiterverarbeitet worden sind. Sind die zur Herstellung des Schaumweins verwendeten Erzeugnisse in einem anderen Land gewonnen worden als dem Land, in dem die Herstellung stattgefunden hat, so muß sich die Angabe des Herstellungslands gemäß Artikel 3 Absatz 3 deutlich von den Angaben auf der Etikettierung abheben;

f) bei einem aus der Gemeinschaft oder einem Drittland stammenden Schaumwein mit zugesetzter Kohlensäure durch „Schaumwein mit zugesetzter Kohlensäure". Wird in der für diese Angabe verwendeten Sprache nicht deutlich, daß Kohlensäure zugesetzt worden ist, so wird die Etikettierung nach noch festzulegenden Einzelheiten durch den Hinweis „durch Zusatz von Kohlensäure hergestellt" ergänzt.

(3) Die in Artikel 3 Absatz 1 Buchstabe c) vorgeschriebene Angabe der Art des Erzeugnisses nach Maßgabe seines Zuckergehalts erfolgt durch einen der folgenden Begriffe, der in dem Mitgliedstaat oder dem Drittland, für den bzw. das das Erzeugnis bestimmt ist und in dem es zum unmittelbaren menschlichen Verbrauch angeboten wird, verständlich ist:

– ‚brut nature', ‚naturherb', ‚bruto natural', ‚pas dosé', ‚dosage zéro' oder ‚dosaggio zero':
   wenn sein Zuckergehalt unter 3 g je Liter liegt; diese Angaben dürfen nur für Erzeugnisse verwendet werden, denen nach der Schaumbildung kein Zucker zugesetzt wurde;

– ‚extra brut', ‚extra herb' oder ‚extra bruto':
   wenn sein Zuckergehalt zwischen 0 und 6 g je Liter liegt;

– ‚brut', ‚herb' oder ‚bruto':
   wenn sein Zuckergehalt unter 15 g je Liter liegt;

– ‚extra dry', ‚extra trocken' oder ‚extra seco':
   wenn sein Zuckergehalt zwischen 12 und 20 g je Liter liegt;

– ‚sec', ‚trocken', ‚secco' oder ‚asciutto', ‚dry', ‚tør', ‚ξηρός' oder ‚seco', ‚torr' oder ‚kuiva':
   wenn sein Zuckergehalt zwischen 17 und 35 g je Liter liegt;

– ‚demi-sec', ‚halbtrocken', ‚abboccato', ‚medium dry', ‚halvtør', ‚semi seco', ‚meio seco', ‚halvtorr' oder ‚puolikuiva':
   wenn sein Zuckergehalt zwischen 33 und 50 g je Liter liegt;

– ‚doux', ‚mild', ‚dolce', ‚sweet', ‚sød', ‚dulce', ‚doce', ‚söt' oder ‚makea':
   wenn sein Zuckergehalt über 50 g je Liter liegt.

Ermöglicht der Zuckergehalt des Erzeugnisses die Angabe von zwei in Unterabsatz 1 aufgeführten Begriffen, so darf der Hersteller oder Einführer nur einen davon nach seiner Wahl verwenden.

Abweichend von Artikel 3 Absatz 1 Buchstabe c) kann die Angabe der Art des Erzeugnisses gemäß Unterabsatz 1 bei aromatischen Qualitätsschaumweinen und bei aromatischen Qualitätsschaumweinen b. A. im Sinne des Artikels 1 Absatz 2 Buchstabe b) bzw. c) der Verordnung (EWG) Nr. 2332/92 durch die Angabe des durch die Analyse ermittelten Zuckergehalts in Gramm je Liter ersetzt werden.

Zur Angabe der Art des Erzeugnisses nach Maßgabe seines Zuckergehalts sind auf der Etikettierung nur die in den Unterabsätzen 1 und 3 vorgesehenen Angaben zulässig.

(4) Der Namen oder der Firmenname des Herstellers sowie der Name der Gemeinde oder des Gemeindeteils und des Mitgliedstaats, in der bzw. dem er seinen Sitz hat, werden folgendermaßen angegeben:
– entweder im vollen Wortlaut,
– oder bei in der Gemeinschaft hergestellten Erzeugnissen anhand einer Kennziffer, sofern der Name oder der Firmenname der Person oder Personenvereinigung, die nicht Hersteller ist, jedoch an der Vermarktung des Erzeugnisses beteiligt war, sowie der Name der Gemeinde oder des Gemeindeteils und des Mitgliedstaats, in der bzw. dem diese Person oder Personenvereinigung ihren Sitz hat, im vollen Wortlaut angegeben werden.

(5) Wird auf dem Etikett der Name einer Gemeinde oder eines Gemeindeteils angegeben, um entweder den Sitz des Herstellers oder einer anderen Person, die an der Vermarktung des Erzeugnisses beteiligt war, oder den Ort der Herstellung zu bezeichnen, und enthält diese Angabe den Namen eines bestimmten Anbaugebiets im Sinne des Artikels 3 der Verordnung (EWG) Nr. 823/87, bei dem es sich nicht um den Namen handelt, der für die Bezeichnung des betreffenden Erzeugnisses verwendet werden darf, so wird dieser Name anhand einer Kennziffer angegeben.

Die Mitgliedstaaten können jedoch für die Bezeichnung der in ihrem Hoheitsgebiet hergestellten Erzeugnisse andere geeignete Maßnahmen vorschreiben, insbesondere hinsichtlich der Größe der Schriftzeichen für diese Angaben, mit denen sich Verwechslungen in bezug auf den geographischen Ursprung des Weines vermeiden lassen.

(6) Die zur Angabe der Herstellungsweise verwendeten Begriffe können in den Durchführungsbestimmungen vorgeschrieben werden.

Art. 10. (1) Die in Artikel 1 Absatz 1 genannten Erzeugnisse dürfen nur in Glasflaschen abgefüllt sein, zum Verkauf vorrätig gehalten und in den Verkehr gebracht werden, die
a) folgendermaßen verschlossen sind:
– mit einem pilzförmigen Stopfen aus Kork oder einem anderen für den Kontakt mit Lebensmitteln zugelassenen Stoff mit Haltevorrichtung, gegebenenfalls mit einem Plättchen bedeckt, wobei der Stopfen ganz und der Flaschenhals ganz oder teilweise mit Folien umkleidet ist,
– mit einem sonstigen geeigneten Verschluß, wenn es sich um Flaschen mit einem Nennvolumen bis zu 0,20 Litern handelt, und
b) gemäß den Vorschriften dieser Verordnung etikettiert sind.

| Spirituosenverordnung | 3.14 VO(EWG) Nr. 1576/89 Art. 1 |

Verordnung (EWG) Nr. 1576/89 des Rates zur Festlegung der allgemeinen Regeln für die Begriffsbestimmung, Bezeichnung und Aufmachung von Spirituosen

Vom 29. Mai 1989, mit Änderungen bis zum 22. Dezember 1994

Art. 1. (1) In dieser Verordnung werden allgemeine Regeln für die Begriffsbestimmung, Bezeichnung und Aufmachung von Spirituosen festgelegt.

(2) Für die Zwecke dieser Verordnung gilt als Spirituose die alkoholische Flüssigkeit, die
- zum menschlichen Verbrauch bestimmt ist,
- besondere organoleptische Eigenschaften und, abgesehen von den Erzeugnissen in Anhang III Nummer 1, einen Mindestalkoholgehalt von 15 % vol aufweist und
- wie folgt gewonnen wird:
  - entweder unmittelbar durch Destillieren mit oder ohne Zusatz von Aromastoffen aus natürlichen vergorenen Erzeugnissen und/oder durch Einmaischen von pflanzlichen Stoffen und/oder durch Zusatz von Aromastoffen, Zucker oder sonstigen Süßstoffen gemäß Absatz 3 Buchstabe a) und/oder sonstigen landwirtschaftlichen Erzeugnissen in Äthylalkohol landwirtschaftlichen Ursprungs und/oder in Destillaten landwirtschaftlichen Ursprungs und/oder in Brand im Sinne dieser Verordnung
  - oder durch Mischung einer Spirituose mit
    - einer oder mehreren anderen Spirituosen,
    - Äthylalkohol landwirtschaftlichen Ursprungs, Destillaten landwirtschaftlichen Ursprungs oder Brand,
    - einem oder mehreren alkoholischen Getränken,
    - einem oder mehreren Getränken.

(4) Begriffsbestimmungen einzelner Arten von Spirituosen. Für die Zwecke dieser Verordnung gelten als

a) Rum:
1. Die Spirituose, die ausschließlich durch alkoholische Gärung und Destillation von aus der Herstellung von Rohrzucker stammender Melasse oder Sirup oder aber von dem Saft des Zuckerrohrs selbst gewonnen und auf weniger als 96 % vol destilliert wird, so daß das Destillationserzeugnis in wahrnehmbarem Maße die besonderen organoleptischen Merkmale von Rum aufweist.
2. Die ausschließlich aus der alkoholischen Gärung und der Destillation von Saft aus Zuckerrohr gewonnene Spirituose, die die besonderen Aromamerkmale von Rum sowie einen Gehalt an flüchtigen Stoffen von mindestens 225 g/hl r. A. aufweist. Diese Spirituose darf mit der Bezeichnung „landwirtschaftlich" als Ergänzung der Bezeichnung „Rum" zusammen mit einer der geographischen Bezeichnungen der französischen überseeischen Departements gemäß Anhang II vermarktet werden.

b) Whisky oder Whiskey:
Die Spirituose, die durch Destillieren von Getreidemaisch gewonnen wird,
- die durch die in ihr enthaltenen Malzamylasen mit oder ohne andere natürliche Enzyme verzuckert,
- mit Hefe vergoren,
- zu weniger als 94,8 % vol so destilliert worden ist, daß das Destillationserzeugnis das Aroma und den Geschmack der verwendeten Ausgangsstoffe aufweist.

und die mindestens drei Jahre lang in Holzfässern mit einem Fassungsvermögen von 700 Litern oder weniger gereift ist.

c) Getreidespirituose:
1. Die Spirituose, die durch Destillieren aus vergorener Getreidemaische gewonnen wird und die organoleptischen Merkmale der Ausgangsstoffe aufweist.
Die Bezeichnung „Getreidespirituose" kann für das in Deutschland sowie in den Gebieten der Gemeinschaft mit Deutsch als eine der Amtssprachen hergestellte Getränk durch die Bezeichnung „Korn" oder „Kornbrand" ersetzt werden, sofern dieses Getränk in diesen Regionen herkömmlicherweise hergestellt wird und wenn die Getreidespirituose ohne Zugabe von Zusatzstoffen dort wie folgt gewonnen wird:
- entweder ausschließlich durch Destillieren von vergorener Maische aus vollem Korn von Weizen, Gerste, Hafer, Roggen oder Buchweizen mit allen seinen Bestandteilen,
- oder durch erneutes Destillieren eines gemäß dem ersten Gedankenstrich gewonnenen Destillats.

2. Um die Bezeichnung „Getreidebrand" führen zu können, muß die Getreidespirituose durch Destillieren zu weniger als 95 % vol aus vergorener Getreidemaische gewonnen werden und die organoleptischen Merkmale der Ausgangsstoffe aufweisen.

d) Branntwein:

3.14 VO(EWG) Nr. 1576/89 Art. 1 — Spirituosenverordnung

Die Spirituose,
- die ausschließlich durch Destillieren zu weniger als 86 % vol von Wein oder Brennwein oder durch erneutes Destillieren zu weniger als 86 % vol eines Weindestillats gewonnen wird;
- die einen Gehalt an flüchtigen Bestandteilen von 125 g/hl r. A. oder mehr und
- einen Höchstgehalt an Methanol von 200 g/hl r. A. aufweist.

Gereifter Branntwein kann weiterhin unter der Bezeichnung „Branntwein" vermarktet werden, wenn seine Reifezeit mindestens der Reifezeit für das in Buchstabe e) genannte Erzeugnis entspricht.

e) Brandy oder Weinbrand:
Die Spirituose,
- die aus Branntwein mit oder ohne Weindestillat, das zu weniger als 94,8 % vol destilliert ist, gewonnen wird, sofern dieses Destillat höchstens 50 % des Alkoholgehalts des Fertigerzeugnisses nicht übersteigt und
- die in Eichenholzbehältern mindestens ein Jahr oder aber mindestens sechs Monate, wenn das Fassungsvermögen der Eichenfässer unter 1000 Litern liegt, gereift ist;
- die einen Gehalt an flüchtigen Bestandteilen von 125 g/hl r. A. oder mehr ausschließlich aus der Destillation bzw. der erneuten Destillation der verwendeten Ausgangsstoffe aufweist;
- einen Höchstgehalt an Methanol von 200 g/hl r. A. aufweist.

f) Tresterbrand oder Trester:
1. a) Die Spirituose,
   - die aus vergorenem und destilliertem Traubentrester entweder unmittelbar durch Wasserdampf oder nach Zusatz von Wasser gewonnen wird, dem in einem nach dem Verfahren des Artikels 15 zu bestimmenden Umfang Trub zugesetzt worden sein kann, wobei die Destillation unter Beigabe des Tresters zu weniger als 86 % vol vorgenommen wird; eine erneute Destillation auf demselben Alkoholgehalt ist zulässig;
   - die einen Gehalt an flüchtigen Bestandteilen von 140 g/hl r. A. oder mehr und einen Höchstgehalt an Methanol von 1000 g/hl r. A. aufweist.

b) Während der Übergangszeit, die für Portugal in der Beitrittsakte von 1985 vorgesehen ist, kann in Portugal jedoch Tresterbrand vermarktet werden, der dort erzeugt wurde und einen Höchstgehalt an Methanol von 1500 g/hl r. A. aufweist.

2. Die Bezeichnung „Trester" oder „Tresterbrand" kann nur für die in Italien hergestellte Spirituose durch die Bezeichnung „Grappa" ersetzt werden.

g) Brand aus Obsttrester:
Die Spirituose, die durch Gärung und Destillieren von Obsttrester gewonnen wird. Die Destillationsbedingungen, die Merkmale des Erzeugnisses und weitere Einzelheiten werden nach dem Verfahren des Artikels 15 festgelegt.

i) Obstbrand:
1. a) Die Spirituose,
   - die ausschließlich durch alkoholische Gärung und Destillieren einer frischen fleischigen Frucht oder des frischen Mosts dieser Frucht mit oder ohne Steine gewonnen wird,
   - die zu weniger als 86 % vol so destilliert wird, daß das Destillat das Aroma und den Geschmack der verwendeten Frucht behält,
   - die einen Gehalt an flüchtigen Bestandteilen von 200 g/hl r. A. oder mehr aufweist,
   - die einen Höchstgehalt an Methanol von 1000 g/hl r. A. aufweist und
   - deren Blausäuregehalt bei Steinobstbrand 10 g/hl r. A. nicht überschreiten darf.

b) Ausnahmen von den Bestimmungen des Buchstabens a) dritter, vierter und fünfter Gedankenstrich können nach dem Verfahren des Artikels 15 beschlossen werden, insbesondere für die herkömmlichen Erzeugnisse, deren Herstellung und Verkauf einen wesentlichen Bestandteil des Einkommens bestimmter Obsterzeuger der Gemeinschaft ausmachen.

c) Die so definierte Spirituose wird unter Voranstellung des Namens der verwendeten Frucht als „-brand" bezeichnet: Kirschbrand oder Kirsch, Pflaumenbrand oder Slibowitz, Mirabellenbrand, Pfirsichbrand, Apfelbrand, Birnenbrand, Aprikosenbrand, Feigenbrand, Brand aus Zitrusfrüchten, Brand aus Weintrauben oder Brand aus sonstigen Früchten. Sie kann auch unter Voranstellung des Namens der verwendeten Frucht als -wasser bezeichnet werden.
Der Ausdruck Williams ist Birnenbrand vorbehalten, der ausschließlich aus Birnen der Sorte „Williams" gewonnen wird. Werden die Maischen zweier oder mehrerer Obstarten zusammen destilliert, so wird das Erzeugnis als „Obstbrand" bezeichnet. Ergänzend können die einzelnen Arten in abstei-

Spirituosenverordnung 3.14 VO(EWG) Nr. 1576/89 Art. 1

gender Reihenfolge der verwendeten Mengen angeführt werden.
d) Die Fälle, in denen die Bezeichnung der Frucht an die Stelle der Bezeichnung „-brand" unter Voranstellung des Namens der betreffenden Frucht treten kann, und die Voraussetzungen, unter denen dies geschehen kann, werden nach dem Verfahren des Artikels 15 festgelegt.
2. Als „-brand" unter Voranstellung des Namens der verwendeten Frucht können ferner Spirituosen bezeichnet werden, die durch Einmaischen bestimmter Beeren und sonstiger Früchte wie z. B. Himbeeren, Brombeeren, Heidelbeeren und anderen, die teilweise vergoren oder nichtvergoren sind, in Äthylalkohol landwirtschaftlichen Ursprungs oder in Brand oder in einem Destillat entsprechend den Definitionen in dieser Verordnung und anschließendes Destillieren bei einer Mindestmenge von 100 kg Früchten auf 20 l r. A. gewonnen werden.
Um eine Verwechslung mit den Obstbränden nach Nummer 1 zu vermeiden, werden die Bedingungen für die Verwendung der Bezeichnung „-brand" unter Voranstellung des Namens der verwendeten Frucht sowie die betreffenden Früchte nach dem Verfahren des Artikels 15 festgelegt.
3. Die durch Einmaischen ganzer, nicht vergorener Früchte im Sinne der Nummer 2 in Äthylalkohol landwirtschaftlichen Ursprungs und durch anschließendes Destillieren gewonnenen Getränke können als „-geist" unter Voranstellung des Namens der verwendeten Frucht bezeichnet werden.
j) Brand aus Apfel- oder Birnenwein:
Die Spirituose,
– die durch ausschließliches Destillieren von Apfel- oder Birnenwein hergestellt wird und
– die den unter Buchstabe i) Nummer 1 Buchstabe a) zweiter, dritter und vierter Gedankenstrich genannten Anforderungen für Obstbrand entspricht.
k) Enzian:
Die aus einem Enziandestillat hergestellte Spirituose, die durch Gärung von Enzianwurzeln mit oder ohne Zusatz von Äthylalkohol landwirtschaftlichen Ursprungs gewonnen wird.
l) Obstspirituose:
1. Die Spirituose, die durch Einmaischen einer Frucht in Äthylalkohol landwirtschaftlichen Ursprungs und/oder in Destillat landwirtschaftlichen Ursprungs und/oder in Brand entsprechend den Definitionen in dieser Verordnung in einem gemäß dem Verfahren nach Artikel 15 zu bestimmenden Mindestverhältnis gewonnen wird.
Zur Aromatisierung können dieser Spirituose Aromastoffe und/oder Aromaextrakte zugesetzt werden, die nicht von der verarbeiteten Frucht herrühren. Diese Aromastoffe und Aromaextrakte sind in Artikel 1 Absatz 2 Buchstabe b) Ziffer i) bzw. Buchstabe c) der Richtlinie 88/388/EWG definiert. Jedoch muß der charakteristische Geschmack des Getränks sowie dessen Färbung ausschließlich von der verarbeiteten Frucht stammen.
2. Das so definierte Getränk wird als „Spirituose" unter Voranstellung des Namens der verwendeten Frucht bezeichnet. Gemäß dem Verfahren des Artikels 15 wird bestimmt, in welchen Fällen und unter welchen Bedingungen diese Bezeichnung durch den Namen der Frucht ersetzt werden kann.
Als Pacharán kann jedoch nur die Obstspirituose bezeichnet werden, die in Spanien durch Einmaischen von Schlehen (Prunus espinosa) mit einer Fruchtmindestmenge von 250 g je Liter reinen Alkohols gewonnen wird.
m) Spirituose mit Wacholder:
1. a) Die Spirituose, die durch Aromatisieren von Äthylalkohol landwirtschaftlichen Ursprungs und/oder Getreidebrand und/oder Getreidedestillat mit Wacholderbeeren (Juniperus communis) gewonnen wird.
Andere natürliche Aromastoffe und/oder naturidentische Aromastoffe nach Artikel 1 Absatz 2 Buchstabe b) Ziffern i) und ii) der Richtlinie 88/388/EWG und/oder Aromaextrakte nach Artikel 1 Absatz 2 Buchstabe c) derselben Richtlinie und/oder Duftstoffpflanzen oder Teile davon können zusätzlich verwendet werden, wobei die organoleptischen Merkmale der Wacholderbeeren wahrnehmbar bleiben müssen, wenn auch zuweilen in abgeschwächter Form.
b) Das Getränk trägt eine der folgenden Bezeichnungen: Wacholder, Ginebra oder Genebra. Über die Verwendung dieser Bezeichnungen ist nach dem Verfahren des Artikels 15 zu entscheiden.
c) Der für die als Geniévre, Jenever, Genever und Peket bezeichneten Spirituosen verwendete Alkohol muß die entsprechenden organoleptischen Eigenschaften für die Herstellung der genannten Erzeugnisse aufweisen und darf einen Methanolgehalt von höch-

3.14 VO(EWG) Nr. 1576/89 Art. 1 — Spirituosenverordnung

stens 5 g/hl r. A. und einen Gehalt an Aldehyden, ausgedrückt in Azetaldehyd, von höchstens 0,2 g/hl r. A. haben. Der Wacholderbeerengeschmack muß bei diesen Erzeugnissen nicht wahrnehmbar sein.

2. a) Das Getränk kann als Gin bezeichnet werden, wenn es durch Aromatisieren von Äthylalkohol landwirtschaftlichen Ursprungs, der die entsprechenden organoleptischen Merkmale aufweist, mit natürlichen Aromastoffen und/oder naturidentischen Aromastoffen nach Artikel 1 Absatz 2 Buchstabe b) Ziffern i) und ii) der Richtlinie 88/388/EWG und/oder Aromaextrakten nach Artikel 1 Absatz 2 Buchstabe c) derselben Richtlinie gewonnen wird, wobei der Wacholderbeergeschmack vorherrschend bleiben muß.

b) Das Getränk kann auch als „destillierter Gin" bezeichnet werden, wenn es ausschließlich durch die erneute Destillation von Äthylalkohol landwirtschaftlichen Ursprungs von angemessener Qualität mit den gewünschten organoleptischen Merkmalen und einem ursprünglichen Alkoholgehalt von mindestens 96 % vol in Destillierapparaten, die herkömmlicherweise für Gin verwendet werden, unter Zusetzen von Wacholderbeeren und anderen natürlichen pflanzlichen Stoffen hergestellt wird, wobei der Wacholdergeschmack vorherrschend bleiben muß. Die Bezeichnung „destillierter Gin" darf auch für eine Mischung der Erzeugnisse dieser Destillation mit Äthylalkohol landwirtschaftlichen Ursprungs von gleicher Zusammensetzung und Reinheit und gleichem Alkoholgehalt verwendet werden. Zur Aromatisierung von destilliertem Gin können zusätzlich auch natürliche und/oder naturidentische Aromastoffe und/oder Aromaextrakte nach Buchstabe a) verwendet werden. London Gin gehört zur Getränkeart destillierter Gin. Gin, der durch einen einfachen Zusatz von Essenzen oder Aromastoffen zu Äthylalkohol landwirtschaftlichen Ursprungs gewonnen wird, darf nicht die Bezeichnung destillierter Gin tragen.

n) „Kümmel" oder „Spirituosen mit Kümmel":

1. Die Spirituose, die durch Aromatisieren von Äthylalkohol landwirtschaftlichen Ursprungs mit Kümmel (Carum carvi L.) gewonnen wird.

Andere natürliche und/oder naturidentische Aromastoffe nach Artikel 1 Absatz 2 Buchstabe b) Ziffern i) und ii) der Richtlinie 88/388/EWG und/oder Aromaextrakte nach Artikel 1 Absatz 2 Buchstabe c) derselben Richtlinie können zusätzlich verwendet werden, der Kümmelgeschmack muß aber vorherrschend bleiben.

2. a) Für die Spirituose im Sinne von Nummer 1 ist auch die Bezeichnung Akvavit oder Aquavit zulässig, wenn die Aromatisierung mit einem Kräuterdestillat oder Gewürzdestillat vorgenommen wurde.

Andere Aromastoffe gemäß Nummer 1 Unterabsatz 2 können zusätzlich verwendet werden, aber ein wesentlicher Teil des Aromas muß aus der Destillation von Kümmelsamen und/oder Dillsamen (Anethum graveolens L.) stammen, wobei der Zusatz ätherischer Öle unzulässig ist.

b) Der Geschmack von Bitterstoffen darf nicht dominierend sein. Der Extraktgehalt darf nicht mehr als 1,5 g/100 ml betragen.

o) Spirituose mit Anis:

1. Die Spirituose, die durch Aromatisieren von Äthylalkohol landwirtschaftlichen Ursprungs mit natürlichen Extrakten von Sternanis (Illicium verum), Anis (Pimpinella anisum), Fenchel (Foeniculum vulgare) oder anderen Pflanzen, die im wesentlichen das gleiche Aroma aufweisen, nach einem der folgenden Verfahren hergestellt wird:
   – Einmaischen und/oder Destillation,
   – erneute Destillation des Alkohols unter Zusatz von Samen oder anderen Teilen der vorgenannten Pflanzen,
   – Beigabe von natürlichen destillierten Extrakten von Anispflanzen,
   – Kombination der drei vorgenannten Methoden.

Andere natürliche Pflanzenextrakte oder würzende Samen können ergänzend verwendet werden, jedoch muß der Anisgeschmack vorherrschend bleiben.

2. Eine Spirituose mit Anis darf Pastis genannt werden, wenn sie außerdem natürliche Extrakte aus Süßholz (Glycyrrhiza glabra) und damit auch sogenannte „Chalkone" (Farbstoffe) sowie Glycyrrhizinsäure enthält; der Glycyrrhizinsäuregehalt muß mindestens 0,05 Gramm pro Liter betragen und darf 0,5 Gramm pro Liter nicht übersteigen.

Pastis hat einen Zuckergehalt von weniger als 100 Gramm pro Liter und einen Anetholgehalt von mindestens 1,5 Gramm und höchstens 2 Gramm pro Liter.

Spirituosenverordnung 3.14 VO(EWG) Nr. 1576/89 Art. 1

3. Eine Spirituose mit Anis darf als Ouzo bezeichnet werden, wenn sie
   - ausschließlich in Griechenland hergestellt wird;
   - durch Zusammenstellung von Alkoholen gewonnen wird, die durch Destillation oder Einmaischen unter Zusatz von Anis und/gegebenenfalls Fenchelsamen, des Mastix eines auf der Insel Chios beheimateten Mastixbaums (Pistacia lentiscus Chia oder latifolia) und von anderen würzenden Samen, Pflanzen und Früchten aromatisiert werden, wobei der durch Destillation aromatisierte Alkohol mindestens 20 % des Alkoholgehalts des Ouzo ausmachen muß.

   Dieses Destillat muß
   - durch Destillation in herkömmlichen, nichtkontinuierlich arbeitenden Destillationsgeräten aus Kupfer mit einem Fassungsvermögen von 1000 Litern oder weniger gewonnen werden;
   - einen Alkoholgehalt von mindestens 55 % vol und höchstens 80 % vol aufweisen.

   Ouzo muß farblos sein und darf einen Zuckergehalt von bis zu 50 Gramm pro Liter haben.

4. Eine Spirituose mit Anis darf als Anis bezeichnet werden, wenn ihr charakteristisches Aroma ausschließlich von Anis (Pimpinella anisum) und/oder Sternanis (Illicium verum) und/oder Fenchel (Foeniculum vulgare) herrührt. Das Getränk darf die Bezeichnung „destillierter Anis" tragen, wenn sein Alkoholgehalt zu mindestens 20 % aus Alkohol besteht, der unter Beigabe der genannten Samen destilliert wurde.

p) Spirituose mit bitterem Geschmack oder Bitter.
   Die Spirituose mit vorherrschend bitterem Geschmack, die durch Aromatisieren von Äthylalkohol landwirtschaftlichen Ursprungs mit natürlichen und/oder naturidentischen Aromastoffen nach Artikel 1 Absatz 2 Buchstabe b) Ziffern i) und ii) der Richtlinie 88/388/EWG und/oder Aromaextrakten nach Artikel 1 Absatz 2 Buchstabe c) derselben Richtlinie gewonnen wurde.
   Diese Spirituose darf auch unter der Bezeichnung Bitter allein oder in Verbindung mit einem anderen Begriff vermarktet werden.
   Die Möglichkeit, den Begriff Bitter auch für nicht in vorliegendem Artikel genannte Erzeugnisse zu verwenden, bleibt unberührt.

q) Wodka:
   Die Spirituose, die aus Äthylalkohol landwirtschaftlichen Ursprungs entweder durch Rektifikation oder durch Filtrieren über Aktivkohle – gegebenenfalls mit anschließender einfacher Destillation – oder eine gleichwertige Behandlung gewonnen wird, welche die organoeleptischen Merkmale der verwendeten Ausgangsstoffe selektiv abschwächt. Durch Zusatz von Aromastoffen können dem Erzeugnis besondere organoleptische Eigenschaften, insbesondere ein weicher Geschmack, verliehen werden.

r) Likör:
   1. Die Spirituose,
      - die einen Mindestzuckergehalt, ausgedrückt als Invertzucker, von 100 g/l aufweist, sofern nach dem Verfahren des Artikels 15 nichts anderes beschlossen wird,
      - die durch Aromatisieren von Äthylalkohol landwirtschaftlichen Ursprungs oder eines Destillats landwirtschaftlichen Ursprungs oder einer oder mehrerer Spirituosen im Sinne dieser Verordnung oder einer Mischung der genannten gesüßten Erzeugnisse, denen gegebenenfalls Erzeugnisse landwirtschaftlichen Ursprungs wie Rahm, Milch oder andere Milcherzeugnisse, Obst, Wein sowie aromatisierter Wein beigegeben werden, gewonnen wird.

   2. Die Bezeichnung „-creme" mit vorangestellter Bezeichnung der betreffenden Frucht oder des verwendeten Ausgangsstoffes mit Ausnahme von Milcherzeugnissen ist Likören mit einem Mindestzuckergehalt, ausgedrückt als Invertzucker, von 250 g/l vorbehalten.
      Jedoch ist die Bezeichnung „Cassiscreme" den Likören aus schwarzen Johannisbeeren mit einem Mindestzuckergehalt, ausgedrückt als Invertzucker, von 400 g/l vorbehalten.

   3. Die Bezeichnungen „Jägertee", „Jagertee" und „Jagatee" sind Likören mit Ursprung in Österreich vorbehalten, die unter Verwendung von Äthylalkohol landwirtschaftlichen Ursprungs, von Essenzen aus bestimmten Spirituosen oder von Tee gewonnen werden und denen mehrere natürliche Aromastoffe im Sinne des Artikels 1 Absatz 2 Buchstabe b Ziffer i) der Richtlinie 88/388/EWG hinzugefügt werden. Der Alkoholgehalt beträgt mindestens 22,5 % vol. Der Mindestzuckergehalt ausgedrückt als Invertzucker, beträgt 100 g/l.

s) Eierlikör oder Advokat/Advocaat/Avocat:
   Die Spirituose, aromatisiert oder nicht, die aus Äthylalkohol landwirtschaftlichen Ursprungs gewonnen wird und als Bestandteile hochwertiges Eigelb, Eiweiß und Zucker oder Honig enthält. Sie enthält mindestens 150 g

3.14 VO(EWG) Nr. 1576/89 Art. 1–3 — Spirituosenverordnung

Zucker oder Honig pro Liter. Das Enderzeugnis enthält mindestens 140 g Eigelb pro Liter.

t) Likör mit Eizusatz:
Die Spirituose, aromatisiert oder nicht, die aus Äthylalkohol landwirtschaftlichen Ursprungs gewonnen wird und als charakteristische Bestandteile hochwertiges Eigelb, Eiweiß und Zucker oder Honig enthält. Sie enthält mindestens 150 g Zucker oder Honig pro Liter. Das Enderzeugnis enthält mindestens 70 g Eigelb pro Liter.

Art. 3. (1) Mit Ausnahme der Spirituose mit Wacholder im Sinne des Artikels 1 Absatz 4 Buchstabe m) Nummer 1 müssen für die Zulassung zur Abgabe an den Endverbraucher in der Gemeinschaft unter einer in Artikel 1 Absatz 4 genannten Bezeichnung die nachstehend aufgeführten alkoholischen Getränke mit Ausnahme bestimmter Erzeugnisse, deren Alkoholgehalt in Anhang III angegeben ist, folgenden Mindestalkoholgehalt aufweisen:

- 40 %   Whisky/Whiskey
          Pastis
- 37,5 % Rum
          Rum-Verschnitt
          Branntwein
          Tresterbrand
          Brand aus Obsttrester
          Korinthenbrand
          Obstbrand
          Brand aus Apfel- oder Birnenwein
          Enzian
          Gin/destillierter Gin
          Akvavit
          Aquavit
          Wodka
          Grappa
          Ouzo
          Kornbrand
- 36 %   Brandy/Weinbrand
- 35 %   Getreidespirituose/Getreidebrand
          Anis
- 32 %   Korn
- 30 %   Kümmel oder Spirituose mit Kümmel
          (ausgenommen Akvavit/Aquavit)
- 25 %   Obstspirituose
- 15 %   Spirituose mit Anis
          (ausgenommen Ouzo, Pastis, Anis);

die übrigen, vorstehend nicht genannten Erzeugnisse des Artikels 1 Absatz 4.

Alkoholhaltige Getränke-Verordnung 3.15 AGeV §§ 1–9

Verordnung über bestimmte alkoholhaltige Getränke
Vom 30. Juni 2003, mit Änderungen bis 13. Januar 2004

§ 1. Weinbrand oder Brandy Bei der gewerbsmäßigen Herstellung von Weinbrand oder Brandy im Sinne des Artikels 1 Abs. 4 Buchstabe e der Verordnung (EWG) Nr. 1576/89... dürfen über die nach der Verordnung (EWG) Nr. 1576/89 zulässigen Stoffe hinaus nur folgende Stoffe verwendet werden:
1. zur Abrundung der Geschmacks- und Geruchsmerkmale Auszüge, die
   a) durch Lagerung von Weindestillat auf Eichenholz oder Eichenholzspänen oder
   b) durch Lagerung von Weindestillat auf getrockneten Pflaumen, grünen (unreifen) Walnüssen, auch getrocknet, oder getrockneten Mandelschalen, auch geröstet,
   hergestellt wurden, wobei das zur Herstellung verwendete Weindestillat zu weniger als 94,8 Volumenprozent destilliert worden sein muß,
2. die nach Maßgabe der Zusatzstoff-Zulassungsverordnung zugelassenen Zusatzstoffe. Die in Art. 1 Abs. 3 Buchstabe a der Verordnung (EWG) Nr. 1576/89 aufgeführten Erzeugnisse können auch karamellisiert sein.

(2) Die Auszüge nach Absatz 1 Nr. 1 müssen auf kaltem Wege hergestellt werden; dabei dürfen die aus ihren Rückständen gewonnenen Destillate verwendet werden.

(3) Weinbrand oder Brandy, bei dem andere als nach Absatz 1 Nr. 1 in Verbindung mit Absatz 2 zulässige Stoffe verwendet worden sind, darf gewerbsmäßig nicht in den Verkehr gebracht werden.

§ 2. Deutscher Weinbrand Eine Spirituose im Sinne des Artikels 1 Abs. 4 Buchstabe e der Verordnung (EWG) Nr. 1576/89 darf unter der Verkehrsbezeichnung „Deutscher Weinbrand" gewerbsmäßig nur in den Verkehr gebracht werden, wenn
1. die Herstellung, ausgenommen die des Destillates, im Inland erfolgt ist,
2. die zur Herstellung verwendeten Weintrauben ausschließlich von Rebsorten stammen, die von einem Mitgliedstaat der Europäischen Gemeinschaft gemäß Artikel 19 Abs. 1 und 2 der Verordnung (EG) Nr. 1493/1999 des Rates vom 17. Mai 1999 über die gemeinsame Marktorganisation für Wein (ABl. EG Nr. L 179 S. 1), zuletzt geändert durch die Verordnung (EG) Nr. 2585/2001 des Rates vom 19. Dezember 2001 (ABl. EG Nr. L 345 S. 10), klassifiziert wurden,
3. das Erzeugnis ausschließlich durch Destillieren zu weniger als 86 Volumenprozent von Wein oder Brennwein oder durch erneutes Destillieren zu weniger als 86 Volumenprozent eines Weindestillats gewonnen worden ist und eine Gesamtmenge an den höheren Alkoholen Isobutanol, 1-Propanol und Isoamylalkohole von mehr als 150 Gramm je Hektoliter reinen Alkohols enthält,
4. das gesamte verwendete Weindestillat mindestens zwölf Monate in Eichenholzfässern mit einem Füllungsvermögen von höchstens 1000 Litern gereift ist,
5. an Zuckerarten nur die in Anlage 1 Nr. 1 bis 6 der Zuckerartenverordnung aufgeführten Zuckerarten, auch karamellisiert, und nur in einer Menge verwendet worden sind, daß der Gesamtgehalt an Zucker, als Invertzucker berechnet, in einem Liter des gebrauchsfertigen Erzeugnisses nicht mehr als 20 Gramm beträgt,
6. zur Abrundung der Geruchs- und Geschmacksmerkmale nur nach Maßgabe des § 1 Abs. 1 Nr. 1 hergestellte Auszüge aus den dort in Buchstabe b genannten Stoffen verwendet worden sind,
7. der Weinbrand eine geldgelbe bis goldbraune Farbe hat, die typischen Merkmale der verwendeten Ausgangserzeugnisse aufweist und in Aussehen, Geruch und Geschmack frei von Fehlern ist,
8. der Alkoholgehalt der fertigen Spirituose mindestens 38 Volumenprozent beträgt und
9. das Behältnis mit einer nach dem Verfahren der §§ 4 und 5 erteilten Prüfungsnummer versehen ist, die von der jeweils nach Landesrecht zuständigen Stelle (zuständige Stelle) vergeben wird.

§ 3. Hinweise auf das Alter Es ist verboten, Weinbrand oder Brandy mit Hinweisen auf das Alter in den Verkehr zu bringen oder bei diesem Erzeugnis mit solchen Hinweisen zu werben, wenn das Erzeugnis oder das zu seiner Herstellung verwendete Destillat weniger als zwölf Monate in Eichenholzfässern gereift ist. Satz 1 gilt entsprechend für Deutschen Weinbrand.

§ 9. Spirituosen mit geographischen Angaben Die in Anlage 4 aufgeführten Spirituosen dürfen gewerbsmäßig unter den dort in Spalte 2 aufgeführten Verkehrsbezeichnungen nur in den Verkehr gebracht werden, wenn sie zusätzlich zu den für ihre Produktkategorie in Artikel 1 Abs. 4 der Verordnung (EWG) Nr. 1576/89 genannten Anforderungen die in Spalte 3 festgesetzten Voraussetzungen erfüllen.

3.15 AGeV § 9 Alkoholhaltige Getränke-Verordnung

Anlage 4
(zu § 9)

Spirituosen mit geographischen Angaben

Lfd.Nr.	Verkehrsbezeichnungen	Voraussetzungen
1	2	3
1.	Schwarzwälder Kirschwasser, Schwarzwälder Himbeergeist, Schwarzwälder Williamsbirne, Schwarzwälder Mirabellenwasser, Schwarzwälder Zwetschgenwasser	Herstellung im Schwarzwald aus den jeweiligen Früchten des Schwarzwaldes und seines nahe gelegenen Vorlandes. Zum Gebiet „Schwarzwald und sein nahe gelegenes Vorland" zählen vom Regierungsbezirk Freiburg die Landkreise Breisgau-Hochschwarzwald, Emmendingen, Konstanz, Lörrach, Ortenaukreis, Rottweil, Schwarzwald-Baar-Kreis, Tuttlingen, Waldshut und die kreisfreien Städte Freiburg und Offenburg, und vom Regierungsbezirk Karlsruhe die Landkreise Calw, Enzkreis, Freudenstadt, Karlsruhe, Rastatt und die kreisfreien Städte Baden-Baden und Karlsruhe.
2.	Fränkisches Kirschwasser, Fränkisches Zwetschgenwasser, Fränkischer Obstler	Herstellung in Franken aus den jeweiligen Früchten von Franken. Zum Gebiet „Franken" zählen die Regierungsbezirke Unter-, Mittel- und Oberfranken. „Fränkischer Obstler" darf nur aus Birnen und Äpfeln hergestellt werden.
3.	Bayerischer Gebirgsenzian	Herstellung im Freistaat Bayern aus Enzianwurzeln, angebaut in den bayerischen Alpen oder dem bayerischen Alpenvorland.
4.	Ostfriesischer Korngenever	Herstellung in Ostfriesland. Zum Gebiet „Ostfriesland" zählen vom Regierungsbezirk Weser-Ems die Landkreise Aurich, Leer und Wittmund und die kreisfreie Stadt Emden. Der Alkoholgehalt besteht ausschließlich aus Korndestillat.
5.	Steinhäger	Herstellung in Steinhagen. Bei der Weiterverarbeitung des Wacholderlutters durch erneute Destillation darf nur Äthylalkohol landwirtschaftlichen Ursprungs oder Korndestillat sowie Wasser zugesetzt werden. Die Beigabe von anderen Zutaten mit Ausnahme einer geringen Menge an Wacholderbeeren ist unzulässig.
6.	Berliner Kümmel, Hamburger Kümmel, Münchener Kümmel	Herstellung in den jeweiligen Stadtgebieten und den jeweiligen Landkreisen.

Alkoholhaltige Getränke-Verordnung 3.15 AGeV Anlage 4

Lfd.Nr.	Verkehrsbezeichnungen	Voraussetzungen
1	2	3
7.	Bayerischer Kräuterlikör	Herstellung im Freistaat Bayern.
8.	Benediktbeurer Klosterlikör	Herstellung in Benediktbeuren nach Maßgabe der dortigen Praxis.
9.	Chiemseer Klosterlikör	Herstellung auf der Insel Frauen-Chiemsee nach Maßgabe der dortigen Praxis.
10.	Ettaler Klosterlikör	Herstellung in Ettal nach Maßgabe der dortigen Praxis.

Bürgerliches Gesetzbuch

Vom 18. August 1896, in der Neufassung vom 2. Januar 2002
mit Änderungen bis zum 21. Dezember 2007

Erstes Buch. Allgemeiner Teil

Personen

▶ **Natürliche Personen, Verbraucher, Unternehmer**

§ 1. Beginn der Rechtsfähigkeit. Die Rechtsfähigkeit des Menschen beginnt mit der Vollendung der Geburt.

§ 2. Eintritt der Volljährigkeit. Die Volljährigkeit tritt mit der Vollendung des achtzehnten Lebensjahres ein.

§ 7. Wohnsitz; Begründung und Aufhebung.
(1) Wer sich an einem Orte ständig niederlässt, begründet an diesem Orte seinen Wohnsitz.
(2) Der Wohnsitz kann gleichzeitig an mehreren Orten bestehen.
(3) Der Wohnsitz wird aufgehoben, wenn die Niederlassung mit dem Willen aufgehoben wird, sie aufzugeben.

§ 8. Wohnsitz nicht voll Geschäftsfähiger.
(1) Wer geschäftsunfähig oder in der Geschäftsfähigkeit beschränkt ist, kann ohne den Willen seines gesetzlichen Vertreters einen Wohnsitz weder begründen noch aufheben.
(2) Ein Minderjähriger, der verheiratet ist oder war, kann selbständig einen Wohnsitz begründen und aufheben.

§ 13. Verbraucher. Verbraucher ist jede natürliche Person, die ein Rechtsgeschäft zu einem Zweck abschließt, der weder ihrer gewerblichen noch ihrer selbständigen beruflichen Tätigkeit zugerechnet werden kann.

§ 14. Unternehmer. (1) Unternehmer ist eine natürliche oder juristische Person oder eine rechtsfähige Personengesellschaft, die bei Abschluss eines Rechtsgeschäfts in Ausübung ihrer gewerblichen oder selbständigen beruflichen Tätigkeit handelt.
(2) Eine rechtsfähige Personengesellschaft ist eine Personengesellschaft, die mit der Fähigkeit ausgestattet ist, Rechte zu erwerben und Verbindlichkeiten einzugehen.

▶ **Juristische Personen**

§ 21. Nichtwirtschaftlicher Verein. Ein Verein, dessen Zweck nicht auf einen wirtschaftlichen Geschäftsbetrieb gerichtet ist, erlangt Rechtsfähigkeit durch Eintragung in das Vereinsregister des zuständigen Amtsgerichts.

§ 26. Vorstand; Vertretung. (1) [1]Der Verein muss einen Vorstand haben. [2]Der Vorstand kann aus mehreren Personen bestehen.
(2) [1]Der Vorstand vertritt den Verein gerichtlich und außergerichtlich; er hat die Stellung eines gesetzlichen Vertreters. [2]Der Umfang seiner Vertretungsmacht kann durch die Satzung mit Wirkung gegen Dritte beschränkt werden.

§ 41. Auflösung des Vereins. [1]Der Verein kann durch Beschluss der Mitgliederversammlung aufgelöst werden. [2]Zu dem Beschluss ist eine Mehrheit von drei Vierteln der erschienenen Mitglieder erforderlich, wenn nicht die Satzung ein anderes bestimmt.

§ 45. Anfall des Vereinsvermögens. (1) Mit der Auflösung des Vereins oder der Entziehung der Rechtsfähigkeit fällt das Vermögen an die in der Satzung bestimmten Personen.
(2) [1]Durch die Satzung kann vorgeschrieben werden, dass die Anfallberechtigten durch Beschluss der Mitgliederversammlung oder eines anderen Vereinsorgans bestimmt werden. [2]Ist der Zweck des Vereins nicht auf einen wirtschaftlichen Geschäftsbetrieb gerichtet, so kann die Mitgliederversammlung auch ohne eine solche Vorschrift das Vermögen einer öffentlichen Stiftung oder Anstalt zuweisen.
(3) Fehlt es an einer Bestimmung der Anfallberechtigten, so fällt das Vermögen, wenn der Verein nach der Satzung ausschließlich den Interessen seiner Mitglieder diente, an die zur Zeit der Auflösung oder der Entziehung der Rechtsfähigkeit vorhandenen Mitglieder zu gleichen Teilen, andernfalls an den Fiskus des Bundesstaats, in dessen Gebiet der Verein seinen Sitz hatte.

§ 54. Nichtrechtsfähige Vereine. [1]Auf Vereine, die nicht rechtsfähig sind, finden die Vorschriften über die Gesellschaft Anwendung. [2]Aus einem Rechtsgeschäft, das im Namen eines solchen Vereins einem Dritten gegenüber vorgenommen wird, haftet der Handelnde persönlich; handeln mehrere, so haften sie als Gesamtschuldner.

Sachen und Tiere

§ 90. Begriff der Sache. Sachen im Sinne des Gesetzes sind nur körperliche Gegenstände.

§ 90a. Tiere. [1]Tiere sind keine Sachen. [2]Sie werden durch besondere Gesetze geschützt. [3]Auf sie sind die für Sachen geltenden Vorschriften entsprechend anzuwenden, soweit nicht etwas anderes bestimmt ist.

§ 91. Vertretbare Sachen. Vertretbare Sachen im Sinne des Gesetzes sind bewegliche Sachen, die im Verkehre nach Zahl, Maß oder Gewicht bestimmt zu werden pflegen.

§ 92. Verbrauchbare Sachen. (1) Verbrauchbare Sachen im Sinne des Gesetzes sind bewegliche Sachen, deren bestimmungsmäßiger Gebrauch in dem Verbrauch oder in der Veräußerung besteht.

§ 93. Wesentliche Bestandteile einer Sache. Bestandteile einer Sache, die voneinander nicht getrennt werden können, ohne dass der eine oder der andere zerstört oder in seinem Wesen verändert wird (wesentliche Bestandteile), können nicht Gegenstand besonderer Rechte sein.

§ 94. Wesentliche Bestandteile eines Grundstücks oder Gebäudes. (1) [1]Zu den wesentlichen Bestandteilen eines Grundstücks gehören die mit dem Grund und Boden fest verbundenen Sachen, insbesondere Gebäude, sowie die Erzeugnisse des Grundstücks, solange sie mit dem Boden zusammenhängen. [2]Samen wird mit dem Aussäen, eine Pflanze wird mit dem Einpflanzen wesentlicher Bestandteil des Grundstücks.
(2) Zu den wesentlichen Bestandteilen eines Gebäudes gehören die zur Herstellung des Gebäudes eingefügten Sachen.

§ 97. Zubehör. (1) [1]Zubehör sind bewegliche Sachen, die, ohne Bestandteile der Hauptsache zu sein, dem wirtschaftlichen Zwecke der Hauptsache zu dienen bestimmt sind und zu ihr in einem dieser Bestimmung entsprechenden räumlichen Verhältnisse stehen. [2]Eine Sache ist nicht Zubehör, wenn sie im Verkehr nicht als Zubehör angesehen wird.
(2) [1]Die vorübergehende Benutzung einer Sache für den wirtschaftlichen Zweck einer anderen begründet nicht die Zubehöreigenschaft. [2]Die vorübergehende Trennung eines Zubehörstücks von der Hauptsache hebt die Zubehöreigenschaft nicht auf.

§ 99. Früchte. (1) Früchte einer Sache sind die Erzeugnisse der Sache und die sonstige Ausbeute, welche aus der Sache ihrer Bestimmung gemäß gewonnen wird.
(2) Früchte eines Rechts sind die Erträge, welche das Recht seiner Bestimmung gemäß gewährt. ...

§ 100. Nutzungen. Nutzungen sind die Früchte einer Sache oder eines Rechts sowie die Vorteile, welche der Gebrauch der Sache oder des Rechts gewährt.

Rechtsgeschäfte

▶ **Geschäftsfähigkeit**

§ 104. Geschäftsunfähigkeit. Geschäftsunfähig ist:
1. wer nicht das siebente Lebensjahr vollendet hat;
2. wer sich in einem die freie Willensbestimmung ausschließenden Zustand krankhafter Störung der Geistestätigkeit befindet, sofern nicht der Zustand seiner Natur nach ein vorübergehender ist.

§ 105. Nichtigkeit der Willenserklärung.
(1) Die Willenserklärung eines Geschäftsunfähigen ist nichtig.
(2) Nichtig ist auch eine Willenserklärung, die im Zustand der Bewusstlosigkeit oder vorübergehender Störung der Geistestätigkeit abgegeben wird.

§ 105 a. Geschäfte des täglichen Lebens. [1]Tätigt ein volljähriger Geschäftsunfähiger ein Geschäft des täglichen Lebens, das mit geringwertigen Mitteln bewirkt werden kann, so gilt der von ihm geschlossene Vertrag in Ansehung von Leistung und, soweit vereinbart, Gegenleistung als wirksam, sobald Leistung und Gegenleistung bewirkt sind. [2]Satz 1 gilt nicht bei einer erheblichen Gefahr für die Person oder das Vermögen des Geschäftsunfähigen.

§ 106. Beschränkte Geschäftsfähigkeit Minderjähriger. Ein Minderjähriger, der das siebente Lebensjahr vollendet hat, ist nach Maßgabe der §§ 107 bis 113 in der Geschäftsfähigkeit beschränkt.

§ 107. Einwilligung des gesetzlichen Vertreters. Der Minderjährige bedarf zu einer Willenserklärung, durch die er nicht lediglich einen rechtlichen Vorteil erlangt, der Einwilligung seines gesetzlichen Vertreters.

Bürgerliches Gesetzbuch 4.1 BGB §§ 108–119

§ 108. Vertragsschluss ohne Einwilligung. (1) Schließt der Minderjährige einen Vertrag ohne die erforderliche Einwilligung des gesetzlichen Vertreters, so hängt die Wirksamkeit des Vertrags von der Genehmigung des Vertreters ab.
(2) [1]Fordert der andere Teil den Vertreter zur Erklärung über die Genehmigung auf, so kann die Erklärung nur ihm gegenüber erfolgen; eine vor der Aufforderung dem Minderjährigen gegenüber erklärte Genehmigung oder Verweigerung der Genehmigung wird unwirksam. [2]Die Genehmigung kann nur bis zum Ablauf von zwei Wochen nach dem Empfang der Aufforderung erklärt werden; wird sie nicht erklärt, so gilt sie als verweigert.
(3) Ist der Minderjährige unbeschränkt geschäftsfähig geworden, so tritt seine Genehmigung an die Stelle der Genehmigung des Vertreters.

§ 109. Widerrufsrecht des anderen Teils. (1) [1]Bis zur Genehmigung des Vertrags ist der andere Teil zum Widerruf berechtigt. [2]Der Widerruf kann auch dem Minderjährigen gegenüber erklärt werden.
(2) Hat der andere Teil die Minderjährigkeit gekannt, so kann er nur widerrufen, wenn der Minderjährige der Wahrheit zuwider die Einwilligung des Vertreters behauptet hat; er kann auch in diesem Falle nicht widerrufen, wenn ihm das Fehlen der Einwilligung bei dem Abschluss des Vertrags bekannt war.

§ 110. Bewirken der Leistung mit eigenen Mitteln. Ein von dem Minderjährigen ohne Zustimmung des gesetzlichen Vertreters geschlossener Vertrag gilt als von Anfang an wirksam, wenn der Minderjährige die vertragsmäßige Leistung mit Mitteln bewirkt, die ihm zu diesem Zweck oder zu freier Verfügung von dem Vertreter oder mit dessen Zustimmung von einem Dritten überlassen worden sind.

§ 111. Einseitige Rechtsgeschäfte. Ein einseitiges Rechtsgeschäft, das der Minderjährige ohne die erforderliche Einwilligung des gesetzlichen Vertreters vornimmt, ist unwirksam. ...

§ 112. Selbständiger Betrieb eines Erwerbsgeschäfts. (1) [1]Ermächtigt der gesetzliche Vertreter mit Genehmigung des Vormundschaftsgerichts den Minderjährigen zum selbständigen Betrieb eines Erwerbsgeschäfts, so ist der Minderjährige für solche Rechtsgeschäfte unbeschränkt geschäftsfähig, welche der Geschäftsbetrieb mit sich bringt. [2]Ausgenommen sind Rechtsgeschäfte, zu denen der Vertreter der Genehmigung des Vormundschaftsgerichts bedarf.
(2) Die Ermächtigung kann von dem Vertreter nur mit Genehmigung des Vormundschaftsgerichts zurückgenommen werden.

§ 113. Dienst- oder Arbeitsverhältnis. (1) [1]Ermächtigt der gesetzliche Vertreter den Minderjährigen, in Dienst oder in Arbeit zu treten, so ist der Minderjährige für solche Rechtsgeschäfte unbeschränkt geschäftsfähig, welche die Eingehung oder Aufhebung eines Dienst- oder Arbeitsverhältnisses der gestatteten Art oder die Erfüllung der sich aus einem solchen Verhältnis ergebenden Verpflichtungen betreffen. [2]Ausgenommen sind Verträge, zu denen der Vertreter der Genehmigung des Vormundschaftsgerichts bedarf.
(2) Die Ermächtigung kann von dem Vertreter zurückgenommen oder eingeschränkt werden.
(3) [1]Ist der gesetzliche Vertreter ein Vormund, so kann die Ermächtigung, wenn sie von ihm verweigert wird, auf Antrag des Minderjährigen durch das Vormundschaftsgericht ersetzt werden. [2]Das Vormundschaftsgericht hat die Ermächtigung zu ersetzen, wenn sie im Interesse des Mündels liegt.
(4) Die für einen einzelnen Fall erteilte Ermächtigung gilt im Zweifel als allgemeine Ermächtigung zur Eingehung von Verhältnissen derselben Art.

▶ **Willenserklärung**

§ 116. Geheimer Vorbehalt. [1]Eine Willenserklärung ist nicht deshalb nichtig, weil sich der Erklärende insgeheim vorbehält, das Erklärte nicht zu wollen. [2]Die Erklärung ist nichtig, wenn sie einem anderen gegenüber abzugeben ist und dieser den Vorbehalt kennt.

§ 117. Scheingeschäft. (1) Wird eine Willenserklärung, die einem anderen gegenüber abzugeben ist, mit dessen Einverständnis nur zum Schein abgegeben, so ist sie nichtig.
(2) Wird durch ein Scheingeschäft ein anderes Rechtsgeschäft verdeckt, so finden die für das verdeckte Rechtsgeschäft geltenden Vorschriften Anwendung.

§ 118. Mangel der Ernstlichkeit. Eine nicht ernstlich gemeinte Willenserklärung, die in der Erwartung abgegeben wird, der Mangel der Ernstlichkeit werde nicht verkannt werden, ist nichtig.

§ 119. Anfechtbarkeit wegen Irrtums. (1) Wer bei der Abgabe einer Willenserklärung über deren Inhalt im Irrtum war oder eine Erklärung dieses Inhalts überhaupt nicht abgeben wollte, kann die Erklärung anfechten, wenn anzunehmen ist, dass er sie bei Kenntnis der Sachlage und bei verständiger Würdigung des Falles nicht abgegeben haben würde.

(2) Als Irrtum über den Inhalt der Erklärung gilt auch der Irrtum über solche Eigenschaften der Person oder der Sache, die im Verkehr als wesentlich angesehen werden.

§ 120. Anfechtbarkeit wegen falscher Übermittlung. Eine Willenserklärung, welche durch die zur Übermittlung verwendete Person oder Einrichtung unrichtig übermittelt worden ist, kann unter der gleichen Voraussetzung angefochten werden wie nach § 119 eine irrtümlich abgegebene Willenserklärung.

§ 121. Anfechtungsfrist. (1) ¹Die Anfechtung muss in den Fällen der §§ 119, 120 ohne schuldhaftes Zögern (unverzüglich) erfolgen, nachdem der Anfechtungsberechtigte von dem Anfechtungsgrunde Kenntnis erlangt hat. ²Die einem Abwesenden gegenüber erfolgte Anfechtung gilt als rechtzeitig erfolgt, wenn die Anfechtungserklärung unverzüglich abgesendet worden ist.

(2) Die Anfechtung ist ausgeschlossen, wenn seit der Abgabe der Willenserklärung zehn Jahre verstrichen sind.

§ 122. Schadensersatzpflicht des Anfechtenden. (1) Ist eine Willenserklärung nach § 118 nichtig oder auf Grund der §§ 119, 120 angefochten, so hat der Erklärende, wenn die Erklärung einem anderen gegenüber abzugeben war, diesem, andernfalls jedem Dritten den Schaden zu ersetzen, den der andere oder der Dritte dadurch erleidet, dass er auf die Gültigkeit der Erklärung vertraut, jedoch nicht über den Betrag des Interesses hinaus, welches der andere oder der Dritte an der Gültigkeit der Erklärung hat.

(2) Die Schadensersatzpflicht tritt nicht ein, wenn der Beschädigte den Grund der Nichtigkeit oder der Anfechtbarkeit kannte oder infolge von Fahrlässigkeit nicht kannte (kennen musste).

§ 123. Anfechtbarkeit wegen Täuschung oder Drohung. (1) Wer zur Abgabe einer Willenserklärung durch arglistige Täuschung oder widerrechtlich durch Drohung bestimmt worden ist, kann die Erklärung anfechten.

(2) ¹Hat ein Dritter die Täuschung verübt, so ist eine Erklärung, die einem anderen gegenüber abzugeben war, nur dann anfechtbar, wenn dieser die Täuschung kannte oder kennen musste. ²Soweit ein anderer als derjenige, welchem gegenüber die Erklärung abzugeben war, aus der Erklärung unmittelbar ein Recht erworben hat, ist die Erklärung ihm gegenüber anfechtbar, wenn er die Täuschung kannte oder kennen musste.

§ 124. Anfechtungsfrist. (1) Die Anfechtung einer nach § 123 anfechtbaren Willenserklärung kann nur binnen Jahresfrist erfolgen.

(2) ¹Die Frist beginnt im Falle der arglistigen Täuschung mit dem Zeitpunkt, in welchem der Anfechtungsberechtigte die Täuschung entdeckt, im Falle der Drohung mit dem Zeitpunkt, in welchem die Zwangslage aufhört. ²Auf den Lauf der Frist finden die für die Verjährung geltenden Vorschriften der §§ 206, 210, 211 entsprechende Anwendung.

(3) Die Anfechtung ist ausgeschlossen, wenn seit der Abgabe der Willenserklärung zehn Jahre verstrichen sind.

§ 125. Nichtigkeit wegen Formmangels. ¹Ein Rechtsgeschäft, welches der durch Gesetz vorgeschriebenen Form ermangelt, ist nichtig. ²Der Mangel der durch Rechtsgeschäft bestimmten Form hat im Zweifel gleichfalls Nichtigkeit zur Folge.

§ 126. Schriftform. (1) Ist durch Gesetz schriftliche Form vorgeschrieben, so muss die Urkunde von dem Aussteller eigenhändig durch Namensunterschrift oder mittels notariell beglaubigten Handzeichens unterzeichnet werden.

(2) ¹Bei einem Vertrage muss die Unterzeichnung der Parteien auf derselben Urkunde erfolgen. ²Werden über den Vertrag mehrere gleich lautende Urkunden aufgenommen, so genügt es, wenn jede Partei die für die andere Partei bestimmte Urkunde unterzeichnet.

(3) Die schriftliche Form kann durch die elektronische Form ersetzt werden, wenn sich nicht aus dem Gesetz ein anderes ergibt.

(4) Die schriftliche Form wird durch die notarielle Beurkundung ersetzt.

§ 126 a. Elektronische Form. (1) Soll die gesetzlich vorgeschriebene schriftliche Form durch die elektronische Form ersetzt werden, so muss der Aussteller der Erklärung dieser seinen Namen hinzufügen und das elektronische Dokument mit einer qualifizierten elektronischen Signatur nach dem Signaturgesetz versehen.

(2) Bei einem Vertrag müssen die Parteien jeweils ein gleich lautendes Dokument in der in Absatz 1 bezeichneten Weise elektronisch signieren.

§ 126 b. Textform. Ist durch Gesetz Textform vorgeschrieben, so muss die Erklärung in einer Urkunde oder auf andere zur dauerhaften Wiedergabe in Schriftzeichen geeignete Weise abgegeben, die Person des Erklärenden genannt

Bürgerliches Gesetzbuch

und der Abschluss der Erklärung durch Nachbildung der Namensunterschrift oder anders erkennbar gemacht werden.

§ 127. Vereinbarte Form. (1) Die Vorschriften des § 126, des § 126 a oder des § 126 b gelten im Zweifel auch für die durch Rechtsgeschäft bestimmte Form.

(2) ¹Zur Wahrung der durch Rechtsgeschäft bestimmten schriftlichen Form genügt, soweit nicht ein anderer Wille anzunehmen ist, die telekommunikative Übermittlung und bei einem Vertrag der Briefwechsel. ²Wird eine solche Form gewählt, so kann nachträglich eine dem § 126 entsprechende Beurkundung verlangt werden.

(3) ¹Zur Wahrung der durch Rechtsgeschäft bestimmten elektronischen Form genügt, soweit nicht ein anderer Wille anzunehmen ist, auch eine andere als die in § 126 a bestimmte elektronische Signatur und bei einem Vertrag der Austausch von Angebots- und Annahmeerklärung, die jeweils mit einer elektronischen Signatur versehen sind. ²Wird eine solche Form gewählt, so kann nachträglich eine dem § 126 a entsprechende elektronische Signierung oder, wenn diese einer der Parteien nicht möglich ist, eine dem § 126 entsprechende Beurkundung verlangt werden.

§ 128. Notarielle Beurkundung. Ist durch Gesetz notarielle Beurkundung eines Vertrags vorgeschrieben, so genügt es, wenn zunächst der Antrag und sodann die Annahme des Antrags von einem Notar beurkundet wird.

§ 129. Öffentliche Beglaubigung. (1) ¹Ist durch Gesetz für eine Erklärung öffentliche Beglaubigung vorgeschrieben, so muss die Erklärung schriftlich abgefasst und die Unterschrift des Erklärenden von einem Notar beglaubigt werden. ²Wird die Erklärung von dem Aussteller mittels Handzeichens unterzeichnet, so ist die im § 126 Abs. 1 vorgeschriebene Beglaubigung des Handzeichens erforderlich und genügend.

(2) Die öffentliche Beglaubigung wird durch die notarielle Beurkundung der Erklärung ersetzt.

§ 130. Wirksamwerden der Willenserklärung gegenüber Abwesenden. (1) ¹Eine Willenserklärung, die einem anderen gegenüber abzugeben ist, wird, wenn sie in dessen Abwesenheit abgegeben wird, in dem Zeitpunkt wirksam, in welchem sie ihm zugeht. ²Sie wird nicht wirksam, wenn dem anderen vorher oder gleichzeitig ein Widerruf zugeht.

(2) Auf die Wirksamkeit der Willenserklärung ist es ohne Einfluss, wenn der Erklärende nach der Abgabe stirbt oder geschäftsunfähig wird.

(3) Diese Vorschriften finden auch dann Anwendung, wenn die Willenserklärung einer Behörde gegenüber abzugeben ist.

§ 133. Auslegung einer Willenserklärung. Bei der Auslegung einer Willenserklärung ist der wirkliche Wille zu erforschen und nicht an dem buchstäblichen Sinne des Ausdrucks zu haften.

§ 134. Gesetzliches Verbot. Ein Rechtsgeschäft, das gegen ein gesetzliches Verbot verstößt, ist nichtig, wenn sich nicht aus dem Gesetz ein anderes ergibt.

§ 138. Sittenwidriges Rechtsgeschäft; Wucher. (1) Ein Rechtsgeschäft, das gegen die guten Sitten verstößt, ist nichtig.

(2) Nichtig ist insbesondere ein Rechtsgeschäft, durch das jemand unter Ausbeutung der Zwangslage, der Unerfahrenheit, des Mangels an Urteilsvermögen oder der erheblichen Willensschwäche eines anderen sich oder einem Dritten für eine Leistung Vermögensvorteile versprechen oder gewähren lässt, die in einem auffälligen Missverhältnis zu der Leistung stehen.

§ 139. Teilnichtigkeit. Ist ein Teil eines Rechtsgeschäfts nichtig, so ist das ganze Rechtsgeschäft nichtig, wenn nicht anzunehmen ist, dass es auch ohne den nichtigen Teil vorgenommen sein würde.

§ 140. Umdeutung. Entspricht ein nichtiges Rechtsgeschäft den Erfordernissen eines anderen Rechtsgeschäfts, so gilt das letztere, wenn anzunehmen ist, dass dessen Geltung bei Kenntnis der Nichtigkeit gewollt sein würde.

§ 142. Wirkung der Anfechtung. (1) Wird ein anfechtbares Rechtsgeschäft angefochten, so ist es als von Anfang an nichtig anzusehen.

(2) Wer die Anfechtbarkeit kannte oder kennen musste, wird, wenn die Anfechtung erfolgt, so behandelt, wie wenn er die Nichtigkeit des Rechtsgeschäfts gekannt hätte oder hätte kennen müssen.

§ 143. Anfechtungserklärung. (1) Die Anfechtung erfolgt durch Erklärung gegenüber dem Anfechtungsgegner.

(2) Anfechtungsgegner ist bei einem Vertrag der andere Teil, im Falle des § 123 Abs. 2 Satz 2 derjenige, welcher aus dem Vertrag unmittelbar ein Recht erworben hat.

(3) ¹Bei einem einseitigen Rechtsgeschäft, das einem anderen gegenüber vorzunehmen war, ist der andere der Anfechtungsgegner.

[2]Das Gleiche gilt bei einem Rechtsgeschäft, das einem anderen oder einer Behörde gegenüber vorzunehmen war, auch dann, wenn das Rechtsgeschäft der Behörde gegenüber vorgenommen worden ist.

(4) [1]Bei einem einseitigen Rechtsgeschäft anderer Art ist Anfechtungsgegner jeder, der auf Grund des Rechtsgeschäfts unmittelbar einen rechtlichen Vorteil erlangt hat. [2]Die Anfechtung kann jedoch, wenn die Willenserklärung einer Behörde gegenüber abzugeben war, durch Erklärung gegenüber der Behörde erfolgen; die Behörde soll die Anfechtung demjenigen mitteilen, welcher durch das Rechtsgeschäft unmittelbar betroffen worden ist.

§ 144. Bestätigung des anfechtbaren Rechtsgeschäfts. (1) Die Anfechtung ist ausgeschlossen, wenn das anfechtbare Rechtsgeschäft von dem Anfechtungsberechtigten bestätigt wird.

(2) Die Bestätigung bedarf nicht der für das Rechtsgeschäft bestimmten Form.

▶ **Vertrag**

§ 145. Bindung an den Antrag. Wer einem anderen die Schließung eines Vertrags anträgt, ist an den Antrag gebunden, es sei denn, dass er die Gebundenheit ausgeschlossen hat.

§ 146. Erlöschen des Antrags. Der Antrag erlischt, wenn er dem Antragenden gegenüber abgelehnt oder wenn er nicht diesem gegenüber nach den §§ 147 bis 149 rechtzeitig angenommen wird.

§ 147. Annahmefrist. (1) [1]Der einem Anwesenden gemachte Antrag kann nur sofort angenommen werden. [2]Dies gilt auch von einem mittels Fernsprechers oder einer sonstigen technischen Einrichtung von Person zu Person gemachten Antrage.

(2) Der einem Abwesenden gemachte Antrag kann nur bis zu dem Zeitpunkt angenommen werden, in welchem der Antragende den Eingang der Antwort unter regelmäßigen Umständen erwarten darf.

§ 148. Bestimmung einer Annahmefrist. Hat der Antragende für die Annahme des Antrags eine Frist bestimmt, so kann die Annahme nur innerhalb der Frist erfolgen.

§ 149. Verspätet zugegangene Annahmeerklärung. [1]Ist eine dem Antragenden verspätet zugegangene Annahmeerklärung dergestalt abgesendet worden, dass sie bei regelmäßiger Beförderung ihm rechtzeitig zugegangen sein würde, und musste der Antragende dies erkennen, so hat er die Verspätung dem Annehmenden unverzüglich nach dem Empfange der Erklärung anzuzeigen, sofern es nicht schon vorher geschehen ist. [2]Verzögert er die Absendung der Anzeige, so gilt die Annahme als nicht verspätet.

§ 150. Verspätete und abändernde Annahme. (1) Die verspätete Annahme eines Antrags gilt als neuer Antrag.

(2) Eine Annahme unter Erweiterungen, Einschränkungen oder sonstigen Änderungen gilt als Ablehnung verbunden mit einem neuen Antrag.

§ 151. Annahme ohne Erklärung gegenüber dem Antragenden. [1]Der Vertrag kommt durch die Annahme des Antrags zustande, ohne dass die Annahme dem Antragenden gegenüber erklärt zu werden braucht, wenn eine solche Erklärung nach der Verkehrssitte nicht zu erwarten ist oder der Antragende auf sie verzichtet hat. [2]Der Zeitpunkt, in welchem der Antrag erlischt, bestimmt sich nach dem aus dem Antrag oder den Umständen zu entnehmenden Willen des Antragenden.

§ 154. Offener Einigungsmangel; fehlende Beurkundung. (1) [1]Solange nicht die Parteien sich über alle Punkte eines Vertrags geeinigt haben, über die nach der Erklärung auch nur einer Partei eine Vereinbarung getroffen werden soll, ist im Zweifel der Vertrag nicht geschlossen. [2]Die Verständigung über einzelne Punkte ist auch dann nicht bindend, wenn eine Aufzeichnung stattgefunden hat.

(2) Ist eine Beurkundung des beabsichtigten Vertrags verabredet worden, so ist im Zweifel der Vertrag nicht geschlossen, bis die Beurkundung erfolgt ist.

§ 155. Versteckter Einigungsmangel. Haben sich die Parteien bei einem Vertrage, den sie als geschlossen ansehen, über einen Punkt, über den eine Vereinbarung getroffen werden sollte, in Wirklichkeit nicht geeinigt, so gilt das Vereinbarte, sofern anzunehmen ist, dass der Vertrag auch ohne eine Bestimmung über diesen Punkt geschlossen sein würde.

§ 156. Vertragsschluss bei Versteigerung. [1]Bei einer Versteigerung kommt der Vertrag erst durch den Zuschlag zustande. [2]Ein Gebot erlischt, wenn ein Übergebot abgegeben oder die Versteigerung ohne Erteilung des Zuschlags geschlossen wird.

§ 157. Auslegung von Verträgen. Verträge sind so auszulegen, wie Treu und Glauben mit Rücksicht auf die Verkehrssitte es erfordern.

Bürgerliches Gesetzbuch

▶ Vertretung und Vollmacht

§ 164. Wirkung der Erklärung des Vertreters. (1) ¹Eine Willenserklärung, die jemand innerhalb der ihm zustehenden Vertretungsmacht im Namen des Vertretenen abgibt, wirkt unmittelbar für und gegen den Vertretenen. ²Es macht keinen Unterschied, ob die Erklärung ausdrücklich im Namen des Vertretenen erfolgt oder ob die Umstände ergeben, dass sie in dessen Namen erfolgen soll.
(2) Tritt der Wille, in fremdem Namen zu handeln, nicht erkennbar hervor, so kommt der Mangel des Willens, im eigenen Namen zu handeln, nicht in Betracht.
(3) Die Vorschriften des Absatzes 1 finden entsprechende Anwendung, wenn eine gegenüber einem anderen abzugebende Willenserklärung dessen Vertreter gegenüber erfolgt.

§ 165. Beschränkt geschäftsfähiger Vertreter. Die Wirksamkeit einer von oder gegenüber einem Vertreter abgegebenen Willenserklärung wird nicht dadurch beeinträchtigt, dass der Vertreter in der Geschäftsfähigkeit beschränkt ist.

§ 166. Willensmängel; Wissenszurechnung. (1) Soweit die rechtlichen Folgen einer Willenserklärung durch Willensmängel oder durch die Kenntnis oder das Kennenmüssen gewisser Umstände beeinflusst werden, kommt nicht die Person des Vertretenen, sondern die des Vertreters in Betracht.
(2) ¹Hat im Falle einer durch Rechtsgeschäft erteilten Vertretungsmacht (Vollmacht) der Vertreter nach bestimmten Weisungen des Vollmachtgebers gehandelt, so kann sich dieser in Ansehung solcher Umstände, die er selbst kannte, nicht auf die Unkenntnis des Vertreters berufen. ²Dasselbe gilt von Umständen, die der Vollmachtgeber kennen musste, sofern das Kennenmüssen der Kenntnis gleichsteht.

§ 170. Wirkungsdauer der Vollmacht. Wird die Vollmacht durch Erklärung gegenüber einem Dritten erteilt, so bleibt sie diesem gegenüber in Kraft, bis ihm das Erlöschen von dem Vollmachtgeber angezeigt wird.

§ 171. Wirkungsdauer bei Kundgebung. (1) Hat jemand durch besondere Mitteilung an einen Dritten oder durch öffentliche Bekanntmachung kundgegeben, dass er einen anderen bevollmächtigt habe, so ist dieser auf Grund der Kundgebung in dem ersteren Falle dem Dritten gegenüber, im letzteren Falle jedem Dritten gegenüber zur Vertretung befugt.
(2) Die Vertretungsmacht bleibt bestehen, bis die Kundgebung in derselben Weise, wie sie erfolgt ist, widerrufen wird.

§ 172. Vollmachtsurkunde. (1) Der besonderen Mitteilung einer Bevollmächtigung durch den Vollmachtgeber steht es gleich, wenn dieser dem Vertreter eine Vollmachtsurkunde ausgehändigt hat und der Vertreter sie dem Dritten vorlegt.
(2) Die Vertretungsmacht bleibt bestehen, bis die Vollmachtsurkunde dem Vollmachtgeber zurückgegeben oder für kraftlos erklärt wird.

§ 177. Vertragsschluss durch Vertreter ohne Vertretungsmacht. (1) Schließt jemand ohne Vertretungsmacht im Namen eines anderen einen Vertrag, so hängt die Wirksamkeit des Vertrags für und gegen den Vertretenen von dessen Genehmigung ab.
(2) ¹Fordert der andere Teil den Vertretenen zur Erklärung über die Genehmigung auf, so kann die Erklärung nur ihm gegenüber erfolgen; eine vor der Aufforderung dem Vertreter gegenüber erklärte Genehmigung oder Verweigerung der Genehmigung wird unwirksam. ²Die Genehmigung kann nur bis zum Ablauf von zwei Wochen nach dem Empfang der Aufforderung erklärt werden; wird sie nicht erklärt, so gilt sie als verweigert.

§ 178. Widerrufsrecht des anderen Teils. ¹Bis zur Genehmigung des Vertrags ist der andere Teil zum Widerrufe berechtigt, es sei denn, dass er den Mangel der Vertretungsmacht bei dem Abschlusse des Vertrags gekannt hat. ²Der Widerruf kann auch dem Vertreter gegenüber erklärt werden.

§ 179. Haftung des Vertreters ohne Vertretungsmacht. (1) Wer als Vertreter einen Vertrag geschlossen hat, ist, sofern er nicht seine Vertretungsmacht nachweist, dem anderen Teile nach dessen Wahl zur Erfüllung oder zum Schadensersatze verpflichtet, wenn der Vertretene die Genehmigung des Vertrags verweigert.
(2) Hat der Vertreter den Mangel der Vertretungsmacht nicht gekannt, so ist er nur zum Ersatze desjenigen Schadens verpflichtet, welchen der andere Teil dadurch erleidet, dass er auf die Vertretungsmacht vertraut, jedoch nicht über den Betrag des Interesses hinaus, welches der andere Teil an der Wirksamkeit des Vertrags hat.
(3) ¹Der Vertreter haftet nicht, wenn der andere Teil den Mangel der Vertretungsmacht kannte oder kennen musste. ²Der Vertreter haftet auch dann nicht, wenn er in der Geschäftsfähigkeit beschränkt war, es sei denn, dass er mit Zustimmung seines gesetzlichen Vertreters gehandelt hat.

4.1 BGB §§ 181–196　　　　Erstes Buch. Allgemeiner Teil

§ 181. Insichgeschäft. Ein Vertreter kann, soweit nicht ein anderes ihm gestattet ist, im Namen des Vertretenen mit sich im eigenen Namen oder als Vertreter eines Dritten ein Rechtsgeschäft nicht vornehmen, es sei denn, dass das Rechtsgeschäft ausschließlich in der Erfüllung einer Verbindlichkeit besteht.

▶ **Einwilligung und Genehmigung**

§ 182. Zustimmung. (1) Hängt die Wirksamkeit eines Vertrags oder eines einseitigen Rechtsgeschäfts, das einem anderen gegenüber vorzunehmen ist, von der Zustimmung eines Dritten ab, so kann die Erteilung sowie die Verweigerung der Zustimmung sowohl dem einen als dem anderen Teile gegenüber erklärt werden.
(2) Die Zustimmung bedarf nicht der für das Rechtsgeschäft bestimmten Form. …

§ 183. Widerruflichkeit der Einwilligung. [1]Die vorherige Zustimmung (Einwilligung) ist bis zur Vornahme des Rechtsgeschäfts widerruflich, soweit nicht aus dem ihrer Erteilung zugrunde liegenden Rechtsverhältnisse sich ein anderes ergibt. [2]Der Widerruf kann sowohl dem einen als dem anderen Teile gegenüber erklärt werden.

§ 184. Rückwirkung der Genehmigung. (1) Die nachträgliche Zustimmung (Genehmigung) wirkt auf den Zeitpunkt der Vornahme des Rechtsgeschäfts zurück, soweit nicht ein anderes bestimmt ist.
(2) Durch die Rückwirkung werden Verfügungen nicht unwirksam, die vor der Genehmigung über den Gegenstand des Rechtsgeschäfts von dem Genehmigenden getroffen worden oder im Wege der Zwangsvollstreckung oder der Arrestvollziehung oder durch den Insolvenzverwalter erfolgt sind.

Fristen. Termine

§ 187. Fristbeginn. (1) Ist für den Anfang einer Frist ein Ereignis oder ein in den Lauf eines Tages fallender Zeitpunkt maßgebend, so wird bei der Berechnung der Frist der Tag nicht mitgerechnet, in welchen das Ereignis oder der Zeitpunkt fällt.
(2) [1]Ist der Beginn eines Tages der für den Anfang einer Frist maßgebende Zeitpunkt, so wird dieser Tag bei der Berechnung der Frist mitgerechnet. [2]Das Gleiche gilt von dem Tage der Geburt bei der Berechnung des Lebensalters.

§ 188. Fristende. (1) Eine nach Tagen bestimmte Frist endigt mit dem Ablaufe des letzten Tages der Frist.
(2) Eine Frist, die nach Wochen, nach Monaten oder nach einem mehrere Monate umfassenden Zeitraume – Jahr, halbes Jahr, Vierteljahr – bestimmt ist, endigt im Falle des § 187 Abs. 1 mit dem Ablaufe desjenigen Tages der letzten Woche oder des letzten Monats, welcher durch seine Benennung oder seine Zahl dem Tage entspricht, in den das Ereignis oder der Zeitpunkt fällt, im Falle des § 187 Abs. 2 mit dem Ablaufe desjenigen Tages der letzten Woche oder des letzten Monats, welcher dem Tage vorhergeht, der durch seine Benennung oder seine Zahl dem Anfangstage der Frist entspricht.
(3) Fehlt bei einer nach Monaten bestimmten Frist in dem letzten Monate der für ihren Ablauf maßgebende Tag, so endigt die Frist mit dem Ablaufe des letzten Tages dieses Monats.

§ 193. Sonn- und Feiertag; Sonnabend. Ist an einem bestimmten Tag oder innerhalb einer Frist eine Willenserklärung abzugeben oder eine Leistung zu bewirken und fällt der bestimmte Tag oder der letzte Tag der Frist auf einen Sonntag, einen am Erklärungs- oder Leistungsorte staatlich anerkannten allgemeinen Feiertag oder einen Sonnabend, so tritt an die Stelle eines solchen Tages der nächste Werktag.

Verjährung

▶ **Gegenstand und Dauer der Verjährung**

§ 194. Gegenstand der Verjährung. (1) Das Recht, von einem anderen ein Tun oder Unterlassen zu verlangen (Anspruch), unterliegt der Verjährung.
(2) Ansprüche aus einem familienrechtlichen Verhältnis unterliegen der Verjährung nicht, soweit sie auf die Herstellung des dem Verhältnis entsprechenden Zustandes für die Zukunft gerichtet sind.

§ 195. Regelmäßige Verjährungsfrist. Die regelmäßige Verjährungsfrist beträgt drei Jahre.

§ 196. Verjährungsfrist bei Rechten an einem Grundstück. Ansprüche auf Übertragung des Eigentums an einem Grundstück sowie auf Begründung, Übertragung oder Aufhebung eines Rechts an einem Grundstück oder auf Änderung des Inhalts eines solchen Rechts sowie die Ansprüche auf die Gegenleistung verjähren in zehn Jahren.

Bürgerliches Gesetzbuch

§ 197. Dreißigjährige Verjährungsfrist. (1) In 30 Jahren verjähren, soweit nicht ein anderes bestimmt ist,
1. Herausgabeansprüche aus Eigentum und anderen dinglichen Rechten,
2. familien- und erbrechtliche Ansprüche,
3. rechtskräftig festgestellte Ansprüche,
4. Ansprüche aus vollstreckbaren Vergleichen oder vollstreckbaren Urkunden,
5. Ansprüche, die durch die im Insolvenzverfahren erfolgte Feststellung vollstreckbar geworden sind und
6. Ansprüche auf Erstattung der Kosten der Zwangsvollstreckung.

(2) Soweit Ansprüche nach Absatz 1 Nr. 2 regelmäßig wiederkehrende Leistungen oder Unterhaltsleistungen und Ansprüche nach Absatz 1 Nr. 3 bis 5 künftig fällig werdende regelmäßig wiederkehrende Leistungen zum Inhalt haben, tritt an die Stelle der Verjährungsfrist von 30 Jahren die regelmäßige Verjährungsfrist.

§ 198. Verjährung bei Rechtsnachfolge. Gelangt eine Sache, hinsichtlich derer ein dinglicher Anspruch besteht, durch Rechtsnachfolge in den Besitz eines Dritten, so kommt die während des Besitzes des Rechtsvorgängers verstrichene Verjährungszeit dem Rechtsnachfolger zugute.

§ 199. Beginn der regelmäßigen Verjährungsfrist und Höchstfristen. (1) Die regelmäßige Verjährungsfrist beginnt mit dem Schluss des Jahres, in dem
1. der Anspruch entstanden ist und
2. der Gläubiger von den den Anspruch begründenden Umständen und der Person des Schuldners Kenntnis erlangt oder ohne grobe Fahrlässigkeit erlangen müsste.

(2) Schadensersatzansprüche, die auf der Verletzung des Lebens, des Körpers, der Gesundheit oder der Freiheit beruhen, verjähren ohne Rücksicht auf ihre Entstehung und die Kenntnis oder grob fahrlässige Unkenntnis in 30 Jahren von der Begehung der Handlung, der Pflichtverletzung oder dem sonstigen, den Schaden auslösenden Ereignis an.

(3) Sonstige Schadensersatzansprüche verjähren
1. ohne Rücksicht auf die Kenntnis oder grob fahrlässige Unkenntnis in zehn Jahren von ihrer Entstehung an und
2. ohne Rücksicht auf ihre Entstehung und die Kenntnis oder grob fahrlässige Unkenntnis in 30 Jahren von der Begehung der Handlung, der Pflichtverletzung oder dem sonstigen, den Schaden auslösenden Ereignis an.

Maßgeblich ist die früher endende Frist.

(4) Andere Ansprüche als Schadensersatzansprüche verjähren ohne Rücksicht auf die Kenntnis oder grob fahrlässige Unkenntnis in zehn Jahren von ihrer Entstehung an.

(5) Geht der Anspruch auf ein Unterlassen, so tritt an die Stelle der Entstehung die Zuwiderhandlung.

§ 200. Beginn anderer Verjährungsfristen. ¹Die Verjährungsfrist von Ansprüchen, die nicht der regelmäßigen Verjährungsfrist unterliegen, beginnt mit der Entstehung des Anspruchs, soweit nicht ein anderer Verjährungsbeginn bestimmt ist. ²§ 199 Abs. 5 findet entsprechende Anwendung.

§ 201. Beginn der Verjährungsfrist von festgestellten Ansprüchen. ¹Die Verjährung von Ansprüchen der in § 197 Abs. 1 Nr. 3 bis 6 bezeichneten Art beginnt mit der Rechtskraft der Entscheidung, der Errichtung des vollstreckbaren Titels oder der Feststellung im Insolvenzverfahren, nicht jedoch vor der Entstehung des Anspruchs. ²§ 199 Abs. 5 findet entsprechende Anwendung.

§ 202. Unzulässigkeit von Vereinbarungen über die Verjährung. (1) Die Verjährung kann bei Haftung wegen Vorsatzes nicht im Voraus durch Rechtsgeschäft erleichtert werden.

(2) Die Verjährung kann durch Rechtsgeschäft nicht über eine Verjährungsfrist von 30 Jahren ab dem gesetzlichen Verjährungsbeginn hinaus erschwert werden.

▶ **Hemmung, Ablaufhemmung und Neubeginn der Verjährung**

§ 203. Hemmung der Verjährung bei Verhandlungen. ¹Schweben zwischen dem Schuldner und dem Gläubiger Verhandlungen über den Anspruch oder die den Anspruch begründenden Umstände, so ist die Verjährung gehemmt, bis der eine oder der andere Teil die Fortsetzung der Verhandlungen verweigert. ²Die Verjährung tritt frühestens drei Monate nach dem Ende der Hemmung ein.

§ 204. Hemmung der Verjährung durch Rechtsverfolgung. (1) Die Verjährung wird gehemmt durch
1. die Erhebung der Klage auf Leistung oder auf Feststellung des Anspruchs, auf Erteilung der Vollstreckungsklausel oder auf Erlass des Vollstreckungsurteils,
2. die Zustellung des Antrags im vereinfachten Verfahren über den Unterhalt Minderjähriger,
3. die Zustellung des Mahnbescheids im Mahnverfahren,
4. die Veranlassung der Bekanntgabe des Güteantrags, der bei einer durch die Landes-

justizverwaltung eingerichteten oder anerkannten Gütestelle oder, wenn die Parteien den Einigungsversuch einvernehmlich unternehmen, bei einer sonstigen Gütestelle, die Streitbeilegungen betreibt, eingereicht ist; wird die Bekanntgabe demnächst nach der Einreichung des Antrags veranlasst, so tritt die Hemmung der Verjährung bereits mit der Einreichung ein,

5. die Geltendmachung der Aufrechnung des Anspruchs im Prozess,
6. die Zustellung der Streitverkündung,
7. die Zustellung des Antrags auf Durchführung eines selbständigen Beweisverfahrens,
8. den Beginn eines vereinbarten Begutachtungsverfahrens oder die Beauftragung des Gutachters in dem Verfahren nach § 641 a,
9. die Zustellung des Antrags auf Erlass eines Arrestes, einer einstweiligen Verfügung oder einer einstweiligen Anordnung, oder, wenn der Antrag nicht zugestellt wird, dessen Einreichung, wenn der Arrestbefehl, die einstweilige Verfügung oder die einstweilige Anordnung innerhalb eines Monats seit Verkündung oder Zustellung an den Gläubiger dem Schuldner zugestellt wird,
10. die Anmeldung des Anspruchs im Insolvenzverfahren oder im Schifffahrtsrechtlichen Verteilungsverfahren,
11. den Beginn des schiedsrichterlichen Verfahrens,
12. die Einreichung des Antrags bei einer Behörde, wenn die Zulässigkeit der Klage von der Vorentscheidung dieser Behörde abhängt und innerhalb von drei Monaten nach Erledigung des Gesuchs die Klage erhoben wird; dies gilt entsprechend für bei einem Gericht oder bei einer in Nummer 4 bezeichneten Gütestelle zu stellende Anträge, deren Zulässigkeit von der Vorentscheidung einer Behörde abhängt,
13. die Einreichung des Antrags bei dem höheren Gericht, wenn dieses das zuständige Gericht zu bestimmen hat und innerhalb von drei Monaten nach Erledigung des Gesuchs die Klage erhoben oder der Antrag, für den die Gerichtsstandsbestimmung zu erfolgen hat, gestellt wird, und
14. die Veranlassung der Bekanntgabe des erstmaligen Antrags auf Gewährung von Prozesskostenhilfe; wird die Bekanntgabe demnächst nach der Einreichung des Antrags veranlasst, so tritt die Hemmung der Verjährung bereits mit der Einreichung ein.

(2) ¹Die Hemmung nach Absatz 1 endet sechs Monate nach der rechtskräftigen Entscheidung oder anderweitigen Beendigung des eingeleiteten Verfahrens. ²Gerät das dadurch in Stillstand, dass die Parteien es nicht betreiben, so tritt an die Stelle der Beendigung des Verfahrens die letzte Verfahrenshandlung der Parteien, des Gerichts oder der sonst mit dem Verfahren befassten Stelle. ³Die Hemmung beginnt erneut, wenn eine der Parteien das Verfahren weiter betreibt.

(3) Auf die Frist nach Absatz 1 Nr. 9, 12 und 13 finden die §§ 206, 210 und 211 entsprechende Anwendung.

§ 205. Hemmung der Verjährung bei Leistungsverweigerungsrecht. Die Verjährung ist gehemmt, solange der Schuldner auf Grund einer Vereinbarung mit dem Gläubiger vorübergehend zur Verweigerung der Leistung berechtigt ist.

§ 206. Hemmung der Verjährung bei höherer Gewalt. Die Verjährung ist gehemmt, solange der Gläubiger innerhalb der letzten sechs Monate der Verjährungsfrist durch höhere Gewalt an der Rechtsverfolgung gehindert ist.

§ 207. Hemmung der Verjährung aus familiären und ähnlichen Gründen. (1) ¹Die Verjährung von Ansprüchen zwischen Ehegatten ist gehemmt, solange die Ehe besteht. ²Das Gleiche gilt für Ansprüche zwischen

1. Lebenspartnern, solange die Lebenspartnerschaft besteht,
2. Eltern und Kindern und dem Ehegatten eines Elternteils und dessen Kindern während der Minderjährigkeit der Kinder,
3. dem Vormund und dem Mündel während der Dauer des Vormundschaftsverhältnisses,
4. dem Betreuten und dem Betreuer während der Dauer des Betreuungsverhältnisses, und
5. dem Pflegling und dem Pfleger während der Dauer der Pflegschaft.

³Die Verjährung von Ansprüchen des Kindes gegen den Beistand ist während der Dauer der Beistandschaft gehemmt.

(2) § 208 bleibt unberührt.

§ 208. Hemmung der Verjährung bei Ansprüchen wegen Verletzung der sexuellen Selbstbestimmung. ¹Die Verjährung von Ansprüchen wegen Verletzung der sexuellen Selbstbestimmung ist bis zur Vollendung des 21. Lebensjahres des Gläubigers gehemmt. ²Lebt der Gläubiger von Ansprüchen wegen Verletzung der sexuellen Selbstbestimmung bei Beginn der Verjährung mit dem Schuldner in häuslicher Gemeinschaft, so ist die Verjährung auch bis zur Beendigung der häuslichen Gemeinschaft gehemmt.

§ 209. Wirkung der Hemmung. Der Zeitraum, während dessen die Verjährung gehemmt ist, wird in die Verjährungsfrist nicht eingerechnet.

Bürgerliches Gesetzbuch

§ 210. Ablaufhemmung bei nicht voll Geschäftsfähigen. (1) [1]Ist eine geschäftsunfähige oder in der Geschäftsfähigkeit beschränkte Person ohne gesetzlichen Vertreter, so tritt eine für oder gegen sie laufende Verjährung nicht vor dem Ablauf von sechs Monaten nach dem Zeitpunkt ein, in dem die Person unbeschränkt geschäftsfähig oder der Mangel der Vertretung behoben wird. [2]Ist die Verjährungsfrist kürzer als sechs Monate, so tritt der für die Verjährung bestimmte Zeitraum an die Stelle der sechs Monate.
(2) Absatz 1 findet keine Anwendung, soweit eine in der Geschäftsfähigkeit beschränkte Person prozessfähig ist.

§ 212. Neubeginn der Verjährung. (1) Die Verjährung beginnt erneut, wenn
1. der Schuldner dem Gläubiger gegenüber den Anspruch durch Abschlagszahlung, Zinszahlung, Sicherheitsleistung oder in anderer Weise anerkennt oder
2. eine gerichtliche oder behördliche Vollstreckungshandlung vorgenommen oder beantragt wird.

(2) Der erneute Beginn der Verjährung infolge einer Vollstreckungshandlung gilt als nicht eingetreten, wenn die Vollstreckungshandlung auf Antrag des Gläubigers oder wegen Mangels der gesetzlichen Voraussetzungen aufgehoben wird.
(3) Der erneute Beginn der Verjährung durch den Antrag auf Vornahme einer Vollstreckungshandlung gilt als nicht eingetreten, wenn dem Antrag nicht stattgegeben oder der Antrag vor der Vollstreckungshandlung zurückgenommen oder die erwirkte Vollstreckungshandlung nach Absatz 2 aufgehoben wird.

§ 213. Hemmung, Ablaufhemmung und erneuter Beginn der Verjährung bei anderen Ansprüchen. Die Hemmung, Ablaufhemmung und der erneute Beginn der Verjährung gelten auch für Ansprüche, die aus demselben Grund wahlweise neben dem Anspruch oder an seiner Stelle gegeben sind.

▶ **Rechtsfolgen der Verjährung**

§ 214. Wirkung der Verjährung. (1) Nach Eintritt der Verjährung ist der Schuldner berechtigt, die Leistung zu verweigern.
(2) [1]Das zur Befriedigung eines verjährten Anspruchs Geleistete kann nicht zurückgefordert werden, auch wenn in Unkenntnis der Verjährung geleistet worden ist. [2]Das Gleiche gilt von einem vertragsmäßigen Anerkenntnis sowie einer Sicherheitsleistung des Schuldners.

§ 215. Aufrechnung und Zurückbehaltungsrecht nach Eintritt der Verjährung. Die Verjährung schließt die Aufrechnung und die Geltendmachung eines Zurückbehaltungsrechts nicht aus, wenn der Anspruch in dem Zeitpunkt noch nicht verjährt war, in dem erstmals aufgerechnet oder die Leistung verweigert werden konnte.

§ 216. Wirkung der Verjährung bei gesicherten Ansprüchen. (1) Die Verjährung eines Anspruchs, für den eine Hypothek, eine Schiffshypothek oder ein Pfandrecht besteht, hindert den Gläubiger nicht, seine Befriedigung aus dem belasteten Gegenstand zu suchen.
(2) [1]Ist zur Sicherung eines Anspruchs ein Recht verschafft worden, so kann die Rückübertragung nicht auf Grund der Verjährung des Anspruchs gefordert werden. [2]Ist das Eigentum vorbehalten, so kann der Rücktritt vom Vertrag auch erfolgen, wenn der gesicherte Anspruch verjährt ist.
(3) Die Absätze 1 und 2 finden keine Anwendung auf die Verjährung von Ansprüchen auf Zinsen und andere wiederkehrende Leistungen.

§ 217. Verjährung von Nebenleistungen. Mit dem Hauptanspruch verjährt der Anspruch auf die von ihm abhängenden Nebenleistungen, auch wenn die für diesen Anspruch geltende besondere Verjährung noch nicht eingetreten ist.

§ 218. Unwirksamkeit des Rücktritts. (1) [1]Der Rücktritt wegen nicht oder nicht vertragsgemäß erbrachter Leistung ist unwirksam, wenn der Anspruch auf die Leistung oder der Nacherfüllungsanspruch verjährt ist und der Schuldner sich hierauf beruft. [2]Dies gilt auch, wenn der Schuldner nach § 275 Abs. 1 bis 3, § 439 Abs. 3 oder § 635 Abs. 3 nicht zu leisten braucht und der Anspruch auf die Leistung oder der Nacherfüllungsanspruch verjährt wäre. [3]§ 216 Abs. 2 Satz 2 bleibt unberührt.
(2) § 214 Abs. 2 findet entsprechende Anwendung.

Ausübung der Rechte

§ 226. Schikaneverbot. Die Ausübung eines Rechtes ist unzulässig, wenn sie nur den Zweck haben kann, einem anderen Schaden zuzufügen.

§ 227. Notwehr. (1) Eine durch Notwehr gebotene Handlung ist nicht widerrechtlich.
(2) Notwehr ist diejenige Verteidigung, welche erforderlich ist, um einen gegenwärtigen rechtswidrigen Angriff von sich oder einem anderen abzuwenden.

§ 228. Notstand. ¹Wer eine fremde Sache beschädigt oder zerstört, um eine durch sie drohende Gefahr von sich oder einem anderen abzuwenden, handelt nicht widerrechtlich, wenn die Beschädigung oder die Zerstörung zur Abwendung der Gefahr erforderlich ist und der Schaden nicht außer Verhältnis zu der Gefahr steht. ²Hat der Handelnde die Gefahr verschuldet, so ist er zum Schadensersatz verpflichtet.

§ 229. Selbsthilfe. Wer zum Zwecke der Selbsthilfe eine Sache wegnimmt, zerstört oder beschädigt oder wer zum Zwecke der Selbsthilfe einen Verpflichteten, welcher der Flucht verdächtig ist, festnimmt oder den Widerstand des Verpflichteten gegen eine Handlung, die dieser zu dulden verpflichtet ist, beseitigt, handelt nicht widerrechtlich, wenn obrigkeitliche Hilfe nicht rechtzeitig zu erlangen ist und ohne sofortiges Eingreifen die Gefahr besteht, dass die Verwirklichung des Anspruchs vereitelt oder wesentlich erschwert werde.

§ 230. Grenzen der Selbsthilfe. (1) Die Selbsthilfe darf nicht weiter gehen, als zur Abwendung der Gefahr erforderlich ist.

...

Sicherheitsleistung

§ 232. Arten. (1) Wer Sicherheit zu leisten hat, kann dies bewirken durch Hinterlegung von Geld oder Wertpapieren,
durch Verpfändung von Forderungen, die in das *Reichsschuldbuch* oder in das Staatsschuldbuch eines *Bundesstaats* eingetragen sind,
durch Verpfändung beweglicher Sachen,
durch Bestellung von Schiffshypotheken an Schiffen oder Schiffsbauwerken, die in einem deutschen Schiffsregister oder Schiffsbauregister eingetragen sind,
durch Bestellung von Hypotheken an inländischen Grundstücken,
durch Verpfändung von Forderungen, für die eine Hypothek an einem inländischen Grundstücke besteht, oder durch Verpfändung von Grundschulden oder Rentenschulden an inländischen Grundstücken.

(2) Kann die Sicherheit nicht in dieser Weise geleistet werden, so ist die Stellung eines tauglichen Bürgen zulässig.

§ 233. Wirkung der Hinterlegung. Mit der Hinterlegung erwirbt der Berechtigte ein Pfandrecht an dem hinterlegten Gelde oder an den hinterlegten Wertpapieren und, wenn das Geld oder die Wertpapiere in das Eigentum des Fiskus oder der als Hinterlegungsstelle bestimmten Anstalt übergehen, ein Pfandrecht an der Forderung auf Rückerstattung.

§ 234. Geeignete Wertpapiere. (1) ¹Wertpapiere sind zur Sicherheitsleistung nur geeignet, wenn sie auf den Inhaber lauten, einen Kurswert haben und einer Gattung angehören, in der Mündelgeld angelegt werden darf. ²Den Inhaberpapieren stehen Orderpapiere gleich, die mit Blankoindossament versehen sind.

(2) Mit den Wertpapieren sind die Zins-, Renten-, Gewinnanteil- und Erneuerungsscheine zu hinterlegen.

(3) Mit Wertpapieren kann Sicherheit nur in Höhe von drei Vierteilen des Kurswertes geleistet werden.

Zweites Buch. Recht der Schuldverhältnisse

Inhalt der Schuldverhältnisse

▶ **Verpflichtung zur Leistung**

§ 241. Pflichten aus dem Schuldverhältnis.
(1) ¹Kraft des Schuldverhältnisses ist der Gläubiger berechtigt, von dem Schuldner eine Leistung zu fordern. ²Die Leistung kann auch in einem Unterlassen bestehen.

(2) Das Schuldverhältnis kann nach seinem Inhalt jeden Teil zur Rücksicht auf die Rechte, Rechtsgüter und Interessen des anderen Teils verpflichten.

§ 241a. Unbestellte Leistungen. (1) Durch die Lieferung unbestellter Sachen oder durch die Erbringung unbestellter sonstiger Leistungen durch einen Unternehmer an einen Verbraucher wird ein Anspruch gegen diesen nicht begründet.

(2) Gesetzliche Ansprüche sind nicht ausgeschlossen, wenn die Leistung nicht für den Empfänger bestimmt war oder in der irrigen Vorstellung einer Bestellung erfolgte und der Empfänger dies erkannt hat oder bei Anwendung der im Verkehr erforderlichen Sorgfalt hätte erkennen können.

(3) Eine unbestellte Leistung liegt nicht vor, wenn dem Verbraucher statt der bestellten eine nach Qualität und Preis gleichwertige Leistung angeboten wird und er darauf hingewiesen wird, dass er zur Annahme nicht verpflichtet ist und die Kosten der Rücksendung nicht zu tragen hat.

Bürgerliches Gesetzbuch

§ 242. Leistung nach Treu und Glauben. Der Schuldner ist verpflichtet, die Leistung so zu bewirken, wie Treu und Glauben mit Rücksicht auf die Verkehrssitte es erfordern.

§ 243. Gattungsschuld. (1) Wer eine nur der Gattung nach bestimmte Sache schuldet, hat eine Sache von mittlerer Art und Güte zu leisten.
(2) Hat der Schuldner das zur Leistung einer solchen Sache seinerseits Erforderliche getan, so beschränkt sich das Schuldverhältnis auf diese Sache.

§ 244. Fremdwährungsschuld. (1) Ist eine in einer anderen Währung als Euro ausgedrückte Geldschuld im Inland zu zahlen, so kann die Zahlung in Euro erfolgen, es sei denn, dass Zahlung in der anderen Währung ausdrücklich vereinbart ist.
(2) Die Umrechnung erfolgt nach dem Kurswert, der zur Zeit der Zahlung für den Zahlungsort maßgebend ist.

§ 246. Gesetzlicher Zinssatz. Ist eine Schuld nach Gesetz oder Rechtsgeschäft zu verzinsen, so sind vier vom Hundert für das Jahr zu entrichten, sofern nicht ein anderes bestimmt ist.

§ 247. Basiszinssatz. (1) [1]Der Basiszinssatz beträgt 3,62 Prozent. [2]Er verändert sich zum 1. Januar und 1. Juli eines jeden Jahres um die Prozentpunkte, um welche die Bezugsgröße seit der letzten Veränderung des Basiszinssatzes gestiegen oder gefallen ist. [3]Bezugsgröße ist der Zinssatz für die jüngste Hauptrefinanzierungsoperation der Europäischen Zentralbank vor dem ersten Kalendertag des betreffenden Halbjahres.
(2) Die Deutsche Bundesbank gibt den geltenden Basiszinssatz unverzüglich nach den in Absatz 1 Satz 2 genannten Zeitpunkten im Bundesanzeiger bekannt[1].

§ 248. Zinseszinsen. (1) Eine im Voraus getroffene Vereinbarung, dass fällige Zinsen wieder Zinsen tragen sollen, ist nichtig.
(2) [1]Sparkassen, Kreditanstalten und Inhaber von Bankgeschäften können im Voraus vereinbaren, dass nicht erhobene Zinsen von Einlagen als neue verzinsliche Einlagen gelten sollen. [2]Kreditanstalten, die berechtigt sind, für den Betrag der von ihnen gewährten Darlehen verzinsliche Schuldverschreibungen auf den Inhaber auszugeben, können sich bei solchen Darlehen die Verzinsung rückständiger Zinsen im Voraus versprechen lassen.

§ 249. Art und Umfang des Schadensersatzes. (1) Wer zum Schadensersatze verpflichtet ist, hat den Zustand herzustellen, der bestehen würde, wenn der zum Ersatze verpflichtende Umstand nicht eingetreten wäre.
(2) Ist wegen Verletzung einer Person oder wegen Beschädigung einer Sache Schadensersatz zu leisten, so kann der Gläubiger statt der Herstellung den dazu erforderlichen Geldbetrag verlangen.

§ 250. Schadensersatz in Geld nach Fristsetzung. [1]Der Gläubiger kann dem Ersatzpflichtigen zur Herstellung eine angemessene Frist mit der Erklärung bestimmen, dass er die Herstellung nach dem Ablaufe der Frist ablehne. [2]Nach dem Ablaufe der Frist kann der Gläubiger den Ersatz in Geld verlangen, wenn nicht die Herstellung rechtzeitig erfolgt; der Anspruch auf die Herstellung ist ausgeschlossen.

§ 251. Schadensersatz in Geld ohne Fristsetzung. (1) Soweit die Herstellung nicht möglich oder zur Entschädigung des Gläubigers nicht genügend ist, hat der Ersatzpflichtige den Gläubiger in Geld zu entschädigen.
(2) Der Ersatzpflichtige kann den Gläubiger in Geld entschädigen, wenn die Herstellung nur mit unverhältnismäßigen Aufwendungen möglich ist. ...

§ 252. Entgangener Gewinn. [1]Der zu ersetzende Schaden umfasst auch den entgangenen Gewinn. [2]Als entgangen gilt der Gewinn, welcher nach dem gewöhnlichen Laufe der Dinge oder nach den besonderen Umständen, insbesondere nach den getroffenen Anstalten und Vorkehrungen, mit Wahrscheinlichkeit erwartet werden konnte.

§ 253. Immaterieller Schaden. (1) Wegen eines Schadens, der nicht Vermögensschaden ist, kann Entschädigung in Geld nur in den durch das Gesetz bestimmten Fällen gefordert werden.
(2) Ist wegen einer Verletzung des Körpers, der Gesundheit, der Freiheit oder der sexuellen Selbstbestimmung Schadensersatz zu leisten, kann auch wegen des Schadens, der nicht Vermögensschaden ist, eine billige Entschädigung in Geld gefordert werden.

§ 254. Mitverschulden. (1) Hat bei der Entstehung des Schadens ein Verschulden des Beschädigten mitgewirkt, so hängt die Verpflichtung zum Ersatze sowie der Umfang des zu leistenden Ersatzes von den Umständen, insbesondere davon ab, inwieweit der Schaden vorwiegend von dem einen oder dem anderen Teile verursacht worden ist.

---

1 Der aktuelle Basiszinssatz beträgt am 1. Januar 2007 2,70 %

(2) [1]Dies gilt auch dann, wenn sich das Verschulden des Beschädigten darauf beschränkt, dass er unterlassen hat, den Schuldner auf die Gefahr eines ungewöhnlich hohen Schadens aufmerksam zu machen, die der Schuldner weder kannte noch kennen musste, oder dass er unterlassen hat, den Schaden abzuwenden oder zu mindern. [2]Die Vorschrift des § 278 findet entsprechende Anwendung.

§ 266. Teilleistungen. Der Schuldner ist zu Teilleistungen nicht berechtigt.

§ 267. Leistung durch Dritte. (1) [1]Hat der Schuldner nicht in Person zu leisten, so kann auch ein Dritter die Leistung bewirken. [2]Die Einwilligung des Schuldners ist nicht erforderlich.
(2) Der Gläubiger kann die Leistung ablehnen, wenn der Schuldner widerspricht.

§ 269. Leistungsort. (1) Ist ein Ort für die Leistung weder bestimmt noch aus den Umständen, insbesondere aus der Natur des Schuldverhältnisses, zu entnehmen, so hat die Leistung an dem Orte zu erfolgen, an welchem der Schuldner zur Zeit der Entstehung des Schuldverhältnisses seinen Wohnsitz hatte.
(2) Ist die Verbindlichkeit im Gewerbebetriebe des Schuldners entstanden, so tritt, wenn der Schuldner seine gewerbliche Niederlassung an einem anderen Orte hatte, der Ort der Niederlassung an die Stelle des Wohnsitzes.
(3) Aus dem Umstand allein, dass der Schuldner die Kosten der Versendung übernommen hat, ist nicht zu entnehmen, dass der Ort, nach welchem die Versendung zu erfolgen hat, der Leistungsort sein soll.

§ 270. Zahlungsort. (1) Geld hat der Schuldner im Zweifel auf seine Gefahr und seine Kosten dem Gläubiger an dessen Wohnsitz zu übermitteln.
(2) Ist die Forderung im Gewerbebetriebe des Gläubigers entstanden, so tritt, wenn der Gläubiger seine gewerbliche Niederlassung an einem anderen Orte hat, der Ort der Niederlassung an die Stelle des Wohnsitzes.
(3) Erhöhen sich infolge einer nach der Entstehung des Schuldverhältnisses eintretenden Änderung des Wohnsitzes oder der gewerblichen Niederlassung des Gläubigers die Kosten oder die Gefahr der Übermittelung, so hat der Gläubiger im ersteren Falle die Mehrkosten, im letzteren Falle die Gefahr zu tragen.
(4) Die Vorschriften über den Leistungsort bleiben unberührt.

§ 271. Leistungszeit. (1) Ist eine Zeit für die Leistung weder bestimmt noch aus den Umständen zu entnehmen, so kann der Gläubiger die Leistung sofort verlangen, der Schuldner sie sofort bewirken.
(2) Ist eine Zeit bestimmt, so ist im Zweifel anzunehmen, dass der Gläubiger die Leistung nicht vor dieser Zeit verlangen, der Schuldner aber sie vorher bewirken kann.

§ 272. Zwischenzinsen. Bezahlt der Schuldner eine unverzinsliche Schuld vor der Fälligkeit, so ist er zu einem Abzuge wegen der Zwischenzinsen nicht berechtigt.

§ 273. Zurückbehaltungsrecht. (1) Hat der Schuldner aus demselben rechtlichen Verhältnis, auf dem seine Verpflichtung beruht, einen fälligen Anspruch gegen den Gläubiger, so kann er, sofern nicht aus dem Schuldverhältnisse sich ein anderes ergibt, die geschuldete Leistung verweigern, bis die ihm gebührende Leistung bewirkt wird (Zurückbehaltungsrecht).
(3) [1]Der Gläubiger kann die Ausübung des Zurückbehaltungsrechts durch Sicherheitsleistung abwenden. [2]Die Sicherheitsleistung durch Bürgen ist ausgeschlossen.

§ 275. Ausschluss der Leistungspflicht.
(1) Der Anspruch auf Leistung ist ausgeschlossen, soweit diese für den Schuldner oder für jedermann unmöglich ist.
(2) [1]Der Schuldner kann die Leistung verweigern, soweit diese einen Aufwand erfordert, der unter Beachtung des Inhalts des Schuldverhältnisses und der Gebote von Treu und Glauben in einem groben Missverhältnis zu dem Leistungsinteresse des Gläubigers steht. [2]Bei der Bestimmung der dem Schuldner zuzumutenden Anstrengungen ist auch zu berücksichtigen, ob der Schuldner das Leistungshindernis zu vertreten hat.
(3) Der Schuldner kann die Leistung ferner verweigern, wenn er die Leistung persönlich zu erbringen hat und sie ihm unter Abwägung des seiner Leistung entgegenstehenden Hindernisses mit dem Leistungsinteresse des Gläubigers nicht zugemutet werden kann.
(4) Die Rechte des Gläubigers bestimmen sich nach den §§ 280, 283 bis 285, 311 a und 326.

§ 276. Verantwortlichkeit des Schuldners.
(1) [1]Der Schuldner hat Vorsatz und Fahrlässigkeit zu vertreten, wenn eine strengere oder mildere Haftung weder bestimmt noch aus dem sonstigen Inhalt des Schuldverhältnisses, insbesondere aus der Übernahme einer Garantie oder eines Beschaffungsrisikos zu entnehmen ist. [2]Die Vorschriften der §§ 827 und 828 finden entsprechende Anwendung.
(2) Fahrlässig handelt, wer die im Verkehr erforderliche Sorgfalt außer Acht lässt.

Bürgerliches Gesetzbuch

(3) Die Haftung wegen Vorsatzes kann dem Schuldner nicht im Voraus erlassen werden.

§ 277. Sorgfalt in eigenen Angelegenheiten.
Wer nur für diejenige Sorgfalt einzustehen hat, welche er in eigenen Angelegenheiten anzuwenden pflegt, ist von der Haftung wegen grober Fahrlässigkeit nicht befreit.

§ 278. Verantwortlichkeit des Schuldners für Dritte. ¹Der Schuldner hat ein Verschulden seines gesetzlichen Vertreters und der Personen, deren er sich zur Erfüllung seiner Verbindlichkeit bedient, in gleichem Umfange zu vertreten wie eigenes Verschulden. ²Die Vorschrift des § 276 Abs. 3 findet keine Anwendung.

§ 280. Schadensersatz wegen Pflichtverletzung. (1) ¹Verletzt der Schuldner eine Pflicht aus dem Schuldverhältnis, so kann der Gläubiger Ersatz des hierdurch entstehenden Schadens verlangen. ²Dies gilt nicht, wenn der Schuldner die Pflichtverletzung nicht zu vertreten hat.
(2) Schadensersatz wegen Verzögerung der Leistung kann der Gläubiger nur unter der zusätzlichen Voraussetzung des § 286 verlangen.
(3) Schadensersatz statt der Leistung kann der Gläubiger nur unter den zusätzlichen Voraussetzungen des § 281, des § 282 oder des § 283 verlangen.

§ 281. Schadensersatz statt der Leistung wegen nicht oder nicht wie geschuldet erbrachter Leistung. (1) ¹Soweit der Schuldner die fällige Leistung nicht oder nicht wie geschuldet erbringt, kann der Gläubiger unter den Voraussetzungen des § 280 Abs. 1 Schadensersatz statt der Leistung verlangen, wenn er dem Schuldner erfolglos eine angemessene Frist zur Leistung oder Nacherfüllung bestimmt hat. ²Hat der Schuldner eine Teilleistung bewirkt, so kann der Gläubiger Schadensersatz statt der ganzen Leistung nur verlangen, wenn er an der Teilleistung kein Interesse hat. ³Hat der Schuldner die Leistung nicht wie geschuldet bewirkt, so kann der Gläubiger Schadensersatz statt der ganzen Leistung nicht verlangen, wenn die Pflichtverletzung unerheblich ist.
(2) Die Fristsetzung ist entbehrlich, wenn der Schuldner die Leistung ernsthaft und endgültig verweigert oder wenn besondere Umstände vorliegen, die unter Abwägung der beiderseitigen Interessen die sofortige Geltendmachung des Schadensersatzanspruchs rechtfertigen.
(3) Kommt nach der Art der Pflichtverletzung eine Fristsetzung nicht in Betracht, so tritt an deren Stelle eine Abmahnung.
(4) Der Anspruch auf die Leistung ist ausgeschlossen, sobald der Gläubiger statt der Leistung Schadensersatz verlangt hat.

(5) Verlangt der Gläubiger Schadensersatz statt der ganzen Leistung, so ist der Schuldner zur Rückforderung des Geleisteten nach den §§ 346 bis 348 berechtigt.

§ 282. Schadensersatz statt der Leistung wegen Verletzung einer Pflicht nach § 241 Abs. 2.
Verletzt der Schuldner eine Pflicht nach § 241 Abs. 2, kann der Gläubiger unter den Voraussetzungen des § 280 Abs. 1 Schadensersatz statt der Leistung verlangen, wenn ihm die Leistung durch den Schuldner nicht mehr zuzumuten ist.

§ 283. Schadensersatz statt der Leistung bei Ausschluss der Leistungspflicht. ¹Braucht der Schuldner nach § 275 Abs. 1 bis 3 nicht zu leisten, kann der Gläubiger unter den Voraussetzungen des § 280 Abs. 1 Schadensersatz statt der Leistung verlangen. ²§ 281 Abs. 1 Satz 2 und 3 und Abs. 5 findet entsprechende Anwendung.

§ 284. Ersatz vergeblicher Aufwendungen.
Anstelle des Schadensersatzes statt der Leistung kann der Gläubiger Ersatz der Aufwendungen verlangen, die er im Vertrauen auf den Erhalt der Leistung gemacht hat und billigerweise machen durfte, es sei denn, deren Zweck wäre auch ohne die Pflichtverletzung des Schuldners nicht erreicht worden.

§ 285. Herausgabe des Ersatzes. (1) Erlangt der Schuldner infolge des Umstandes, auf Grund dessen er die Leistung nach § 275 Abs. 1 bis 3 nicht zu erbringen braucht, für den geschuldeten Gegenstand einen Ersatz oder einen Ersatzanspruch, so kann der Gläubiger Herausgabe des als Ersatz Empfangenen oder Abtretung des Ersatzanspruchs verlangen.
(2) Kann der Gläubiger Schadensersatz statt der Leistung verlangen, so mindert sich dieser, wenn er von dem in Absatz 1 bestimmten Recht Gebrauch macht, um den Wert des erlangten Ersatzes oder Ersatzanspruchs.

§ 286. Verzug des Schuldners. (1) ¹Leistet der Schuldner auf eine Mahnung des Gläubigers nicht, die nach dem Eintritt der Fälligkeit erfolgt, so kommt er durch die Mahnung in Verzug. ²Der Mahnung stehen die Erhebung der Klage auf die Leistung sowie die Zustellung eines Mahnbescheids im Mahnverfahren gleich.
(2) Der Mahnung bedarf es nicht, wenn
1. für die Leistung eine Zeit nach dem Kalender bestimmt ist,
2. der Leistung ein Ereignis vorauszugehen hat und eine angemessene Zeit für die Leistung in der Weise bestimmt ist, dass sie sich von dem

Ereignis an nach dem Kalender berechnen lässt,
3. der Schuldner die Leistung ernsthaft und endgültig verweigert,
4. aus besonderen Gründen unter Abwägung der beiderseitigen Interessen der sofortige Eintritt des Verzugs gerechtfertigt ist.

(3) ¹Der Schuldner einer Entgeltforderung kommt spätestens in Verzug, wenn er nicht innerhalb von 30 Tagen nach Fälligkeit und Zugang einer Rechnung oder gleichwertigen Zahlungsaufstellung leistet; dies gilt gegenüber einem Schuldner, der Verbraucher ist, nur, wenn auf diese Folgen in der Rechnung oder Zahlungsaufstellung besonders hingewiesen worden ist. ²Wenn der Zeitpunkt des Zugangs der Rechnung oder Zahlungsaufstellung unsicher ist, kommt der Schuldner, der nicht Verbraucher ist, spätestens 30 Tage nach Fälligkeit und Empfang der Gegenleistung in Verzug.

(4) Der Schuldner kommt nicht in Verzug, solange die Leistung infolge eines Umstandes unterbleibt, den er nicht zu vertreten hat.

§ 287. Verantwortlichkeit während des Verzugs. ¹Der Schuldner hat während des Verzugs jede Fahrlässigkeit zu vertreten. ²Er haftet wegen der Leistung auch für Zufall, es sei denn, dass der Schaden auch bei rechtzeitiger Leistung eingetreten sein würde.

§ 288. Verzugszinsen. (1) ¹Eine Geldschuld ist während des Verzugs zu verzinsen. ²Der Verzugszinssatz beträgt für das Jahr fünf Prozentpunkte über dem Basiszinssatz.

(2) Bei Rechtsgeschäften, an denen ein Verbraucher nicht beteiligt ist, beträgt der Zinssatz für Entgeltforderungen acht Prozentpunkte über dem Basiszinssatz.

(3) Der Gläubiger kann aus einem anderen Rechtsgrund höhere Zinsen verlangen.

(4) Die Geltendmachung eines weiteren Schadens ist nicht ausgeschlossen.

▶ **Verzug des Gläubigers**

§ 293. Annahmeverzug. Der Gläubiger kommt in Verzug, wenn er die ihm angebotene Leistung nicht annimmt.

§ 294. Tatsächliches Angebot. Die Leistung muss dem Gläubiger so, wie sie zu bewirken ist, tatsächlich angeboten werden.

§ 295. Wörtliches Angebot. ¹Ein wörtliches Angebot des Schuldners genügt, wenn der Gläubiger ihm erklärt hat, dass er die Leistung nicht annehmen werde, oder wenn zur Bewirkung der Leistung eine Handlung des Gläubigers erforderlich ist, insbesondere wenn der Gläubiger die geschuldete Sache abzuholen hat. ²Dem Angebote der Leistung steht die Aufforderung an den Gläubiger gleich, die erforderliche Handlung vorzunehmen.

§ 296. Entbehrlichkeit des Angebots. ¹Ist für die von dem Gläubiger vorzunehmende Handlung eine Zeit nach dem Kalender bestimmt, so bedarf es des Angebots nur, wenn der Gläubiger die Handlung rechtzeitig vornimmt. ²Das Gleiche gilt, wenn der Handlung ein Ereignis vorauszugehen hat und eine angemessene Zeit für die Handlung in der Weise bestimmt ist, dass sie sich von dem Ereignis an nach dem Kalender berechnen lässt.

§ 300. Wirkungen des Gläubigerverzugs.
(1) Der Schuldner hat während des Verzugs des Gläubigers nur Vorsatz und grobe Fahrlässigkeit zu vertreten.

(2) Wird eine nur der Gattung nach bestimmte Sache geschuldet, so geht die Gefahr mit dem Zeitpunkt auf den Gläubiger über, in welchem er dadurch in Verzug kommt, dass er die angebotene Sache nicht annimmt.

§ 301. Wegfall der Verzinsung. Von einer verzinslichen Geldschuld hat der Schuldner während des Verzugs des Gläubigers Zinsen nicht zu entrichten.

§ 304. Ersatz von Mehraufwendungen. Der Schuldner kann im Falle des Verzugs des Gläubigers Ersatz der Mehraufwendungen verlangen, die er für das erfolglose Angebot sowie für die Aufbewahrung und Erhaltung des geschuldeten Gegenstandes machen musste.

Gestaltung rechtsgeschäftlicher Schuldverhältnisse durch Allgemeine Geschäftsbedingungen

§ 305. Einbeziehung Allgemeiner Geschäftsbedingungen in den Vertrag. (1) ¹Allgemeine Geschäftsbedingungen sind alle für eine Vielzahl von Verträgen vorformulierten Vertragsbedingungen, die eine Vertragspartei (Verwender) der anderen Vertragspartei bei Abschluss eines Vertrags stellt. ²Gleichgültig ist, ob die Bestimmungen einen äußerlich gesonderten Bestandteil des Vertrags bilden oder in die Vertragsurkunde selbst aufgenommen werden, welchen Umfang sie haben, in welcher Schriftart sie verfasst sind und welche Form der Vertrag hat. ³Allgemeine Geschäftsbedingungen liegen nicht vor, soweit die Vertragsbedingungen zwischen den Vertragsparteien im Einzelnen ausgehandelt sind.

Bürgerliches Gesetzbuch 4.1 BGB §§ 305–307

(2) Allgemeine Geschäftsbedingungen werden nur dann Bestandteil eines Vertrags, wenn der Verwender bei Vertragsschluss
1. die andere Vertragspartei ausdrücklich oder, wenn ein ausdrücklicher Hinweis wegen der Art des Vertragsschlusses nur unter unverhältnismäßigen Schwierigkeiten möglich ist, durch deutlich sichtbaren Aushang am Ort des Vertragsschlusses auf sie hinweist und
2. der anderen Vertragspartei die Möglichkeit verschafft, in zumutbarer Weise, die auch eine für den Verwender erkennbare körperliche Behinderung der anderen Vertragspartei angemessen berücksichtigt, von ihrem Inhalt Kenntnis zu nehmen,

und wenn die andere Vertragspartei mit ihrer Geltung einverstanden ist.

(3) Die Vertragsparteien können für eine bestimmte Art von Rechtsgeschäften die Geltung bestimmter Allgemeiner Geschäftsbedingungen unter Beachtung der in Absatz 2 bezeichneten Erfordernisse im Voraus vereinbaren.

§ 305 a. Einbeziehung in besonderen Fällen.

Auch ohne Einhaltung der in § 305 Abs. 2 Nr. 1 und 2 bezeichneten Erfordernisse werden einbezogen, wenn die andere Vertragspartei mit ihrer Geltung einverstanden ist,
1. die mit Genehmigung der zuständigen Verkehrsbehörde oder auf Grund von internationalen Übereinkommen erlassenen Tarife und Ausführungsbestimmungen der Eisenbahnen und die nach Maßgabe des Personenbeförderungsgesetzes genehmigten Beförderungsbedingungen der Straßenbahnen, Obusse und Kraftfahrzeuge im Linienverkehr in den Beförderungsvertrag,
2. die im Amtsblatt der Bundesagentur für Elektrizität, Gas, Telekommunikation, Post und Eisenbahnen veröffentlichten und in den Geschäftsstellen des Verwenders bereitgehaltenen Allgemeinen Geschäftsbedingungen
   a) in Beförderungsverträge, die außerhalb von Geschäftsräumen durch den Einwurf von Postsendungen in Briefkästen abgeschlossen werden,
   b) in Verträge über Telekommunikations-, Informations- und andere Dienstleistungen, die unmittelbar durch Einsatz von Fernkommunikationsmitteln und während der Erbringung einer Telekommunikationsdienstleistung in einem Mal erbracht werden, wenn die Allgemeinen Geschäftsbedingungen der anderen Vertragspartei nur unter unverhältnismäßigen Schwierigkeiten vor dem Vertragsschluss zugänglich gemacht werden können.

§ 305 b. Vorrang der Individualabrede.

Individuelle Vertragsabreden haben Vorrang vor Allgemeinen Geschäftsbedingungen.

§ 305 c. Überraschende und mehrdeutige Klauseln.

(1) Bestimmungen in Allgemeinen Geschäftsbedingungen, die nach den Umständen, insbesondere nach dem äußeren Erscheinungsbild des Vertrags, so ungewöhnlich sind, dass der Vertragspartner des Verwenders mit ihnen nicht zu rechnen braucht, werden nicht Vertragsbestandteil.

(2) Zweifel bei der Auslegung Allgemeiner Geschäftsbedingungen gehen zu Lasten des Verwenders.

§ 306. Rechtsfolgen bei Nichteinbeziehung und Unwirksamkeit.

(1) Sind Allgemeine Geschäftsbedingungen ganz oder teilweise nicht Vertragsbestandteil geworden oder unwirksam, so bleibt der Vertrag im Übrigen wirksam.

(2) Soweit die Bestimmungen nicht Vertragsbestandteil geworden oder unwirksam sind, richtet sich der Inhalt des Vertrags nach den gesetzlichen Vorschriften.

(3) Der Vertrag ist unwirksam, wenn das Festhalten an ihm auch unter Berücksichtigung der nach Absatz 2 vorgesehenen Änderung eine unzumutbare Härte für eine Vertragspartei darstellen würde.

§ 306 a. Umgehungsverbot.

Die Vorschriften dieses Abschnitts finden auch Anwendung, wenn sie durch anderweitige Gestaltungen umgangen werden.

§ 307. Inhaltskontrolle.

(1) ^{1}Bestimmungen in Allgemeinen Geschäftsbedingungen sind unwirksam, wenn sie den Vertragspartner des Verwenders entgegen den Geboten von Treu und Glauben unangemessen benachteiligen. ^{2}Eine unangemessene Benachteiligung kann sich auch daraus ergeben, dass die Bestimmung nicht klar und verständlich ist.

(2) Eine unangemessene Benachteiligung ist im Zweifel anzunehmen, wenn eine Bestimmung
1. mit wesentlichen Grundgedanken der gesetzlichen Regelung, von der abgewichen wird, nicht zu vereinbaren ist oder
2. wesentliche Rechte oder Pflichten, die sich aus der Natur des Vertrags ergeben, so einschränkt, dass die Erreichung des Vertragszwecks gefährdet ist.

(3) ^{1}Die Absätze 1 und 2 sowie die §§ 308 und 309 gelten nur für Bestimmungen in Allgemeinen Geschäftsbedingungen, durch die von Rechtsvorschriften abweichende oder diese ergänzende Regelungen vereinbart werden. ^{2}Andere Bestimmungen können nach Absatz 1 Satz

2 in Verbindung mit Absatz 1 Satz 1 unwirksam sein.

§ 308. Klauselverbote mit Wertungsmöglichkeit. In Allgemeinen Geschäftsbedingungen ist insbesondere unwirksam
1. (Annahme- und Leistungsfrist)
eine Bestimmung, durch die sich der Verwender unangemessen lange oder nicht hinreichend bestimmte Fristen für die Annahme oder Ablehnung eines Angebots oder die Erbringung einer Leistung vorbehält; ausgenommen hiervon ist der Vorbehalt, erst nach Ablauf der Widerrufs- oder Rückgabefrist nach § 355 Abs. 1 und 2 und § 356 zu leisten;
2. (Nachfrist)
eine Bestimmung, durch die sich der Verwender für die von ihm zu bewirkende Leistung abweichend von Rechtsvorschriften eine unangemessen lange oder nicht hinreichend bestimmte Nachfrist vorbehält;
3. (Rücktrittsvorbehalt) die Vereinbarung eines Rechts des Verwenders, sich ohne sachlich gerechtfertigten und im Vertrag angegebenen Grund von seiner Leistungspflicht zu lösen; dies gilt nicht für Dauerschuldverhältnisse;
4. (Änderungsvorbehalt)
die Vereinbarung eines Rechts des Verwenders, die versprochene Leistung zu ändern oder von ihr abzuweichen, wenn nicht die Vereinbarung der Änderung oder Abweichung unter Berücksichtigung der Interessen des Verwenders für den anderen Vertragsteil zumutbar ist;
5. (Fingierte Erklärungen)
eine Bestimmung, wonach eine Erklärung des Vertragspartners des Verwenders bei Vornahme oder Unterlassung einer bestimmten Handlung als von ihm abgegeben oder nicht abgegeben gilt, es sei denn, dass
a) dem Vertragspartner eine angemessene Frist zur Abgabe einer ausdrücklichen Erklärung eingeräumt ist und
b) der Verwender sich verpflichtet, den Vertragspartner bei Beginn der Frist auf die vorgesehene Bedeutung seines Verhaltens besonders hinzuweisen;
dies gilt nicht für Verträge, in die Teil B der Verdingungsordnung für Bauleistungen insgesamt einbezogen ist;
6. (Fiktion des Zugangs)
eine Bestimmung, die vorsieht, dass eine Erklärung des Verwenders von besonderer Bedeutung dem anderen Vertragsteil als zugegangen gilt;
7. (Abwicklung von Verträgen)
eine Bestimmung, nach der der Verwender für den Fall, dass eine Vertragspartei vom Vertrag zurücktritt oder den Vertrag kündigt,

a) eine unangemessen hohe Vergütung für die Nutzung oder den Gebrauch einer Sache oder eines Rechts oder für erbrachte Leistungen oder
b) einen unangemessen hohen Ersatz von Aufwendungen verlangen kann;
8. (Nichtverfügbarkeit der Leistung)
die nach Nummer 3 zulässige Vereinbarung eines Vorbehalts des Verwenders, sich von der Verpflichtung zur Erfüllung des Vertrags bei Nichtverfügbarkeit der Leistung zu lösen, wenn sich der Verwender nicht verpflichtet,
a) den Vertragspartner unverzüglich über die Nichtverfügbarkeit zu informieren und
b) Gegenleistungen des Vertragspartners unverzüglich zu erstatten.

§ 309. Klauselverbote ohne Wertungsmöglichkeit. Auch soweit eine Abweichung von den gesetzlichen Vorschriften zulässig ist, ist in Allgemeinen Geschäftsbedingungen unwirksam
1. (Kurzfristige Preiserhöhungen)
eine Bestimmung, welche die Erhöhung des Entgelts für Waren oder Leistungen vorsieht, die innerhalb von vier Monaten nach Vertragsschluss geliefert oder erbracht werden sollen; dies gilt nicht bei Waren oder Leistungen, die im Rahmen von Dauerschuldverhältnissen geliefert oder erbracht werden;
2. (Leistungsverweigerungsrechte)
eine Bestimmung, durch die
a) das Leistungsverweigerungsrecht, das dem Vertragspartner des Verwenders nach § 320 zusteht, ausgeschlossen oder eingeschränkt wird, oder
b) ein dem Vertragspartner des Verwenders zustehendes Zurückbehaltungsrecht, soweit es auf demselben Vertragsverhältnis beruht, ausgeschlossen oder eingeschränkt, insbesondere von der Anerkennung von Mängeln durch den Verwender abhängig gemacht wird;
3. (Aufrechnungsverbot)
eine Bestimmung, durch die dem Vertragspartner des Verwenders die Befugnis genommen wird, mit einer unbestrittenen oder rechtskräftig festgestellten Forderung aufzurechnen;
4. (Mahnung, Fristsetzung)
eine Bestimmung, durch die der Verwender von der gesetzlichen Obliegenheit freigestellt wird, den anderen Vertragsteil zu mahnen oder ihm eine Frist für die Leistung oder Nacherfüllung zu setzen;
5. (Pauschalierung von Schadensersatzansprüchen)
die Vereinbarung eines pauschalierten Anspruchs des Verwenders auf Schadensersatz oder Ersatz einer Wertminderung, wenn
a) die Pauschale den in den geregelten Fäl-

Bürgerliches Gesetzbuch   4.1 BGB § 309

len nach dem gewöhnlichen Lauf der Dinge zu erwartenden Schaden oder die gewöhnlich eintretende Wertminderung übersteigt, oder

b) dem anderen Vertragsteil nicht ausdrücklich der Nachweis gestattet wird, ein Schaden oder eine Wertminderung sei überhaupt nicht entstanden oder wesentlich niedriger als die Pauschale;

6. (Vertragsstrafe)
eine Bestimmung, durch die dem Verwender für den Fall der Nichtabnahme oder verspäteten Abnahme der Leistung, des Zahlungsverzugs oder für den Fall, dass der andere Vertragsteil sich vom Vertrag löst, Zahlung einer Vertragsstrafe versprochen wird;

7. (Haftungsausschluss bei Verletzung von Leben, Körper, Gesundheit und bei grobem Verschulden)

a) (Verletzung von Leben, Körper, Gesundheit)
ein Ausschluss oder eine Begrenzung der Haftung für Schäden aus der Verletzung des Lebens, des Körpers oder der Gesundheit, die auf einer fahrlässigen Pflichtverletzung des Verwenders oder einer vorsätzlichen oder fahrlässigen Pflichtverletzung eines gesetzlichen Vertreters oder Erfüllungsgehilfen des Verwenders beruhen;

b) (grobes Verschulden)
ein Ausschluss oder eine Begrenzung der Haftung für sonstige Schäden, die auf einer grob fahrlässigen Pflichtverletzung des Verwenders oder auf einer vorsätzlichen oder grob fahrlässigen Pflichtverletzung eines gesetzlichen Vertreters oder Erfüllungsgehilfen des Verwenders beruhen;

die Buchstaben a und b gelten nicht für Haftungsbeschränkungen in den nach Maßgabe des Personenbeförderungsgesetzes genehmigten Beförderungsbedingungen und Tarifvorschriften der Straßenbahnen, Obusse und Kraftfahrzeuge im Linienverkehr, soweit sie nicht zum Nachteil des Fahrgastes von der Verordnung über die Allgemeinen Beförderungsbedingungen für den Straßenbahn- und Obusverkehr sowie den Linienverkehr mit Kraftfahrzeugen vom 27. Februar 1970 abweichen; Buchstabe b gilt nicht für Haftungsbeschränkungen für staatlich genehmigte Lotterie- oder Ausspielverträge;

8. (Sonstige Haftungsausschlüsse bei Pflichtverletzung)

a) (Ausschluss des Rechts, sich vom Vertrag zu lösen)
eine Bestimmung, die bei einer vom Verwender zu vertretenden, nicht in einem Mangel der Kaufsache oder des Werks bestehenden Pflichtverletzung das Recht des anderen Vertragsteils, sich vom Vertrag zu lösen, ausschließt oder einschränkt; dies gilt nicht für die in der Nummer 7 bezeichneten Beförderungsbedingungen und Tarifvorschriften unter den dort genannten Voraussetzungen;

b) (Mängel)
eine Bestimmung, durch die bei Verträgen über Lieferungen neu hergestellter Sachen und über Werkleistungen

aa) (Ausschluss und Verweisung auf Dritte)
die Ansprüche gegen den Verwender wegen eines Mangels insgesamt oder bezüglich einzelner Teile ausgeschlossen, auf die Einräumung von Ansprüchen gegen Dritte beschränkt oder von der vorherigen gerichtlichen Inanspruchnahme Dritter abhängig gemacht werden;

bb) (Beschränkung auf Nacherfüllung)
die Ansprüche gegen den Verwender insgesamt oder bezüglich einzelner Teile auf ein Recht auf Nacherfüllung beschränkt werden, sofern dem anderen Vertragsteil nicht ausdrücklich das Recht vorbehalten wird, bei Fehlschlagen der Nacherfüllung zu mindern oder, wenn nicht eine Bauleistung Gegenstand der Mängelhaftung ist, nach seiner Wahl vom Vertrag zurückzutreten;

cc) (Aufwendungen bei Nacherfüllung)
die Verpflichtung des Verwenders ausgeschlossen oder beschränkt wird, die zum Zwecke der Nacherfüllung erforderlichen Aufwendungen, insbesondere Transport-, Wege-, Arbeits- und Materialkosten, zu tragen;

dd) (Vorenthalten der Nacherfüllung)
der Verwender die Nacherfüllung von der vorherigen Zahlung des vollständigen Entgelts oder eines unter Berücksichtigung des Mangels unverhältnismäßig hohen Teils des Entgelts abhängig macht;

ee) (Ausschlussfrist für Mängelanzeige)
der Verwender dem anderen Vertragsteil für die Anzeige nicht offensichtlicher Mängel eine Ausschlussfrist setzt, die kürzer ist als die nach dem Doppelbuchstaben ff zulässige Frist;

ff) (Erleichterung der Verjährung)
die Verjährung von Ansprüchen gegen den Verwender wegen eines Mangels in den Fällen des § 438 Abs. 1 Nr. 2 und des § 634 a Abs. 1 Nr. 2 erleichtert oder in den sonstigen Fällen eine weniger als ein Jahr betragende Verjährungsfrist ab dem gesetzlichen Verjährungsbeginn erreicht wird; dies

gilt nicht für Verträge, in die Teil B der Verdingungsordnung für Bauleistungen insgesamt einbezogen ist;
9. (Laufzeit bei Dauerschuldverhältnissen) bei einem Vertragsverhältnis, das die regelmäßige Lieferung von Waren oder die regelmäßige Erbringung von Dienst- oder Werkleistungen durch den Verwender zum Gegenstand hat,
   a) eine den anderen Vertragsteil länger als zwei Jahre bindende Laufzeit des Vertrags,
   b) eine den anderen Vertragsteil bindende stillschweigende Verlängerung des Vertragsverhältnisses um jeweils mehr als ein Jahr oder
   c) zu Lasten des anderen Vertragsteils eine längere Kündigungsfrist als drei Monate vor Ablauf der zunächst vorgesehenen oder stillschweigend verlängerten Vertragsdauer;
   dies gilt nicht für Verträge über die Lieferung als zusammengehörig verkaufter Sachen, für Versicherungsverträge sowie für Verträge zwischen den Inhabern urheberrechtlicher Rechte und Ansprüche und Verwertungsgesellschaften im Sinne des Gesetzes über die Wahrnehmung von Urheberrechten und verwandten Schutzrechten;
10. (Wechsel des Vertragspartners) eine Bestimmung, wonach bei Kauf-, Dienst- oder Werkverträgen ein Dritter anstelle des Verwenders in die sich aus dem Vertrag ergebenden Rechte und Pflichten eintritt oder eintreten kann, es sei denn, in der Bestimmung wird
    a) der Dritte namentlich bezeichnet, oder
    b) dem anderen Vertragsteil das Recht eingeräumt, sich vom Vertrag zu lösen;
11. (Haftung des Abschlussvertreters) eine Bestimmung, durch die der Verwender einem Vertreter, der den Vertrag für den anderen Vertragsteil abschließt,
    a) ohne hierauf gerichtete ausdrückliche und gesonderte Erklärung eine eigene Haftung oder Einstandspflicht oder
    b) im Falle vollmachtsloser Vertretung eine über § 179 hinausgehende Haftung auferlegt;
12. (Beweislast) eine Bestimmung, durch die der Verwender die Beweislast zum Nachteil des anderen Vertragsteils ändert, insbesondere indem er
    a) diesem die Beweislast für Umstände auferlegt, die im Verantwortungsbereich des Verwenders liegen, oder
    b) den anderen Vertragsteil bestimmte Tatsachen bestätigen lässt;

Buchstabe b gilt nicht für Empfangsbekenntnisse, die gesondert unterschrieben oder mit einer gesonderten qualifizierten elektronischen Signatur versehen sind;
13. (Form von Anzeigen und Erklärungen) eine Bestimmung, durch die Anzeigen oder Erklärungen, die der Verwender oder einem Dritten gegenüber abzugeben sind, an eine strengere Form als die Schriftform oder an besondere Zugangserfordernisse gebunden werden.

§ 310. Anwendungsbereich. (1) ¹§ 305 Abs. 2 und 3 und die §§ 308 und 309 finden keine Anwendung auf Allgemeine Geschäftsbedingungen, die gegenüber einem Unternehmer, einer juristischen Person des öffentlichen Rechts oder einem öffentlich-rechtlichen Sondervermögen verwendet werden. ²§ 307 Abs. 1 und 2 findet in den Fällen des Satzes 1 auch insoweit Anwendung, als dies zur Unwirksamkeit von in den §§ 308 und 309 genannten Vertragsbestimmungen führt; auf die im Handelsverkehr geltenden Gewohnheiten und Gebräuche ist angemessen Rücksicht zu nehmen.

(2) ¹Die §§ 308 und 309 finden keine Anwendung auf Verträge der Elektrizitäts-, Gas-, Fernwärme- und Wasserversorgungsunternehmen über die Versorgung von Sonderabnehmern mit elektrischer Energie, Gas, Fernwärme und Wasser aus dem Versorgungsnetz, soweit die Versorgungsbedingungen nicht zum Nachteil der Abnehmer von Verordnungen über Allgemeine Bedingungen für die Versorgung von Tarifkunden mit elektrischer Energie, Gas, Fernwärme und Wasser abweichen. ²Satz 1 gilt entsprechend für Verträge über die Entsorgung von Abwasser.

(3) Bei Verträgen zwischen einem Unternehmer und einem Verbraucher (Verbraucherverträge) finden die Vorschriften dieses Abschnitts mit folgenden Maßgaben Anwendung:
1. Allgemeine Geschäftsbedingungen gelten als vom Unternehmer gestellt, es sei denn, dass sie durch den Verbraucher in den Vertrag eingeführt wurden;
2. § 305 c Abs. 2 und die §§ 306 und 307 bis 309 dieses Gesetzes sowie Artikel 29 a des Einführungsgesetzes zum Bürgerlichen Gesetzbuche finden auf vorformulierte Vertragsbedingungen auch dann Anwendung, wenn diese nur zur einmaligen Verwendung bestimmt sind und soweit der Verbraucher auf Grund der Vorformulierung auf ihren Inhalt keinen Einfluss nehmen konnte;
3. bei der Beurteilung der unangemessenen Benachteiligung nach § 307 Abs. 1 und 2 sind auch die den Vertragsschluss begleitenden Umstände zu berücksichtigen.

(4) ¹Dieser Abschnitt findet keine Anwendung bei Verträgen auf dem Gebiet des Erb-,

Familien- und Gesellschaftsrechts sowie auf Tarifverträge, Betriebs- und Dienstvereinbarungen. ²Bei der Anwendung auf Arbeitsverträge sind die im Arbeitsrecht geltenden Besonderheiten angemessen zu berücksichtigen; § 305 Abs. 2 und 3 ist nicht anzuwenden. ³Tarifverträge, Betriebs- und Dienstvereinbarungen stehen Rechtsvorschriften im Sinne von § 307 Abs. 3 gleich.

Schuldverhältnisse aus Verträgen

▶ **Begründung, Inhalt und Beendigung**

§ 311. Rechtsgeschäftliche und rechtsgeschäftsähnliche Schuldverhältnisse. (1) Zur Begründung eines Schuldverhältnisses durch Rechtsgeschäft sowie zur Änderung des Inhalts eines Schuldverhältnisses ist ein Vertrag zwischen den Beteiligten erforderlich, soweit nicht das Gesetz ein anderes vorschreibt.

(2) Ein Schuldverhältnis mit Pflichten nach § 241 Abs. 2 entsteht auch durch
1. die Aufnahme von Vertragsverhandlungen,
2. die Anbahnung eines Vertrags, bei welcher der eine Teil im Hinblick auf eine etwaige rechtsgeschäftliche Beziehung dem anderen Teil die Möglichkeit zur Einwirkung auf seine Rechte, Rechtsgüter und Interessen gewährt oder ihm diese anvertraut, oder
3. ähnliche geschäftliche Kontakte.

(3) ¹Ein Schuldverhältnis mit Pflichten nach § 241 Abs. 2 kann auch zu Personen entstehen, die nicht selbst Vertragspartei werden sollen. ²Ein solches Schuldverhältnis entsteht insbesondere, wenn der Dritte in besonderem Maße Vertrauen für sich in Anspruch nimmt und dadurch die Vertragsverhandlungen oder den Vertragsschluss erheblich beeinflusst.

§ 311 b. Verträge über Grundstücke, das Vermögen und den Nachlass. (1) ¹Ein Vertrag, durch den sich der eine Teil verpflichtet, das Eigentum an einem Grundstück zu übertragen oder zu erwerben, bedarf der notariellen Beurkundung. ²Ein ohne Beachtung dieser Form geschlossener Vertrag wird seinem ganzen Inhalt nach gültig, wenn die Auflassung und die Eintragung in das Grundbuch erfolgen.

(2) Ein Vertrag, durch den sich der eine Teil verpflichtet, sein künftiges Vermögen oder einen Bruchteil seines künftigen Vermögens zu übertragen oder mit einem Nießbrauch zu belasten, ist nichtig.

(3) Ein Vertrag, durch den sich der eine Teil verpflichtet, sein gegenwärtiges Vermögen oder einen Bruchteil seines gegenwärtigen Vermögens zu übertragen oder mit einem Nießbrauch zu belasten, bedarf der notariellen Beurkundung.

(4) ¹Ein Vertrag über den Nachlass eines noch lebenden Dritten ist nichtig. ²Das Gleiche gilt von einem Vertrag über den Pflichtteil oder ein Vermächtnis aus dem Nachlass eines noch lebenden Dritten.

(5) ¹Absatz 4 gilt nicht für einen Vertrag, der unter künftigen gesetzlichen Erben über den gesetzlichen Erbteil oder den Pflichtteil eines von ihnen geschlossen wird. ²Ein solcher Vertrag bedarf der notariellen Beurkundung.

§ 311 c. Erstreckung auf Zubehör. Verpflichtet sich jemand zur Veräußerung oder Belastung einer Sache, so erstreckt sich diese Verpflichtung im Zweifel auch auf das Zubehör der Sache.

§ 312. Widerrufsrecht bei Haustürgeschäften. (1) ¹Bei einem Vertrag zwischen einem Unternehmer und einem Verbraucher, der eine entgeltliche Leistung zum Gegenstand hat und zu dessen Abschluss der Verbraucher
1. durch mündliche Verhandlungen an seinem Arbeitsplatz oder im Bereich einer Privatwohnung,
2. anlässlich einer vom Unternehmer oder von einem Dritten zumindest auch im Interesse des Unternehmers durchgeführten Freizeitveranstaltung oder
3. im Anschluss an ein überraschendes Ansprechen in Verkehrsmitteln oder im Bereich öffentlich zugänglicher Verkehrsflächen

bestimmt worden ist (Haustürgeschäft), steht dem Verbraucher ein Widerrufsrecht gemäß § 355 zu. ²Dem Verbraucher kann anstelle des Widerrufsrechts ein Rückgaberecht nach § 356 eingeräumt werden, wenn zwischen dem Verbraucher und dem Unternehmer im Zusammenhang mit diesem oder einem späteren Geschäft auch eine ständige Verbindung aufrechterhalten werden soll.

(2) Die erforderliche Belehrung über das Widerrufs- oder Rückgaberecht muss auf die Rechtsfolgen des § 357 Abs. 1 und 3 hinweisen.

(3) Das Widerrufs- oder Rückgaberecht besteht unbeschadet anderer Vorschriften nicht bei Versicherungsverträgen oder wenn
1. im Fall von Absatz 1 Nr. 1 die mündlichen Verhandlungen, auf denen der Abschluss des Vertrags beruht, auf vorhergehende Bestellung des Verbrauchers geführt worden sind oder
2. die Leistung bei Abschluss der Verhandlungen sofort erbracht und bezahlt wird und das Entgelt 40 Euro nicht übersteigt oder
3. die Willenserklärung des Verbrauchers von einem Notar beurkundet worden ist.

§ 312 a. Verhältnis zu anderen Vorschriften. Steht dem Verbraucher zugleich nach Maßgabe anderer Vorschriften ein Widerrufs- oder

Rückgaberecht nach § 355 oder § 356 dieses Gesetzes, nach § 126 des Investmentgesetzes zu, ist das Widerrufs- oder Rückgaberecht nach § 312 ausgeschlossen.

§ 312 b. Fernabsatzverträge. (1) Fernabsatzverträge sind Verträge über die Lieferung von Waren oder über die Erbringung von Dienstleistungen, einschließlich Finanzdienstleistungen, die zwischen einem Unternehmer und einem Verbraucher unter ausschließlicher Verwendung von Fernkommunikationsmitteln abgeschlossen werden, es sei denn, dass der Vertragsschluss nicht im Rahmen eines für den Fernabsatz organisierten Vertriebs- oder Dienstleistungssystems erfolgt. Finanzdienstleistungen im Sinne des Satzes 1 sind Bankdienstleistungen sowie Dienstleistungen im Zusammenhang mit einer Kreditgewährung, Versicherung, Altersversorgung von Einzelpersonen, Geldanlage oder Zahlung.

(2) Fernkommunikationsmittel sind Kommunikationsmittel, die zur Anbahnung oder zum Abschluss eines Vertrags zwischen einem Verbraucher und einem Unternehmer ohne gleichzeitige körperliche Anwesenheit der Vertragsparteien eingesetzt werden können, insbesondere Briefe, Kataloge, Telefonanrufe, Telekopien, E-Mails sowie Rundfunk, Tele- und Mediendienste.

(3) Die Vorschriften über Fernabsatzverträge finden keine Anwendung auf Verträge
1. über Fernunterricht (§ 1 Fernunterrichtsschutzgesetz),
2. über die Teilzeitnutzung von Wohngebäuden (§ 481),
3. über Versicherungen sowie deren Vermittlung,
4. über die Veräußerung von Grundstücken und grundstücksgleichen Rechten, die Begründung, Veräußerung und Aufhebung von dinglichen Rechten an Grundstücken und grundstücksgleichen Rechten sowie über die Errichtung von Bauwerken,
5. über die Lieferung von Lebensmitteln, Getränken oder sonstigen Haushaltsgegenständen des täglichen Bedarfs, die am Wohnsitz, am Aufenthaltsort oder am Arbeitsplatz eines Verbrauchers von Unternehmern im Rahmen häufiger und regelmäßiger Fahrten geliefert werden,
6. über die Erbringung von Dienstleistungen in den Bereichen Unterbringung, Beförderung, Lieferung von Speisen und Getränken sowie Freizeitgestaltung, wenn sich der Unternehmer bei Vertragsschluss verpflichtet, die Dienstleistungen zu einem bestimmten Zeitpunkt oder innerhalb eines genau angegebenen Zeitraums zu erbringen,
7. die geschlossen werden

a) unter Verwendung von Warenautomaten oder automatisierten Geschäftsräumen oder
b) mit Betreibern von Telekommunikationsmitteln auf Grund der Benutzung von öffentlichen Fernsprechern, soweit sie deren Benutzung zum Gegenstand haben.

(4) Bei Vertragsverhältnissen, die eine erstmalige Vereinbarung mit daran anschließenden aufeinander folgenden Vorgängen oder eine daran anschließende Reihe getrennter, in einem zeitlichen Zusammenhang stehender Vorgänge der gleichen Art umfassen, finden die Vorschriften über Fernabsatzverträge nur Anwendung auf die erste Vereinbarung. Wenn derartige Vorgänge ohne eine solche Vereinbarung aufeinander folgen, gelten die Vorschriften über Informationspflichten des Unternehmers nur für den ersten Vorgang. Findet jedoch länger als ein Jahr kein Vorgang der gleichen Art mehr statt, so gilt der nächste Vorgang als der erste Vorgang einer neuen Reihe im Sinne von Satz 2.

(5) Weitergehende Vorschriften zum Schutz des Verbrauchers bleiben unberührt.

§ 312 c. Unterrichtung des Verbrauchers bei Fernabsatzverträgen. (1) [1]Der Unternehmer hat dem Verbraucher rechtzeitig vor Abgabe von dessen Vertragserklärung in einer dem eingesetzten Fernkommunikationsmittel entsprechenden Weise klar und verständlich und unter Angabe des geschäftlichen Zwecks die Informationen zur Verfügung zu stellen, für die dies in der Rechtsverordnung nach Artikel 240 des Einführungsgesetzes zum Bürgerlichen Gesetzbuche bestimmt ist. [2]Der Unternehmer hat bei von ihm veranlassten Telefongesprächen seine Identität und den geschäftlichen Zweck des Kontakts bereits zu Beginn eines jeden Gesprächs ausdrücklich offen zu legen.

(2) [1]Der Unternehmer hat dem Verbraucher ferner die Vertragsbestimmungen einschließlich der Allgemeinen Geschäftsbedingungen sowie die in der Rechtsverordnung nach Artikel 240 des Einführungsgesetzes zum Bürgerlichen Gesetzbuche bestimmten Informationen in dem dort bestimmten Umfang und der dort bestimmten Art und Weise in Textform mitzuteilen, und zwar
1. bei Finanzdienstleistungen rechtzeitig vor Abgabe von dessen Vertragserklärung oder, wenn auf Verlangen des Verbrauchers der Vertrag telefonisch oder unter Verwendung eines anderen Fernkommunikationsmittels geschlossen wird, das die Mitteilung in Textform vor Vertragsschluss nicht gestattet, unverzüglich nach Abschluss des Fernabsatzvertrags;
2. bei sonstigen Dienstleistungen und bei der

Lieferung von Waren alsbald, spätestens bis zur vollständigen Erfüllung des Vertrags, bei Waren spätestens bis zur Lieferung an den Verbraucher. ²Eine Mitteilung nach Satz 1 Nr. 2 ist entbehrlich bei Dienstleistungen, die unmittelbar durch Einsatz von Fernkommunikationsmitteln erbracht werden, sofern diese Leistungen in einem Mal erfolgen und über den Betreiber der Fernkommunikationsmittel abgerechnet werden. ³Der Verbraucher muss sich in diesem Falle aber über die Anschrift der Niederlassung des Unternehmers informieren können, bei der er Beanstandungen vorbringen kann.

(3) ¹Bei Finanzdienstleistungen kann der Verbraucher während der Laufzeit des Vertrags jederzeit vom Unternehmer verlangen, dass ihm dieser die Vertragsbestimmungen einschließlich der Allgemeinen Geschäftsbedingungen in einer Urkunde zur Verfügung stellt.

(4) ¹Weitergehende Einschränkungen bei der Verwendung von Fernkommunikationsmitteln und weitergehende Informationspflichten auf Grund anderer Vorschriften bleiben unberührt.

§ 312 d. Widerrufs- und Rückgaberecht bei Fernabsatzverträgen. (1) ¹Dem Verbraucher steht bei einem Fernabsatzvertrag ein Widerrufsrecht nach § 355 zu. ²Anstelle des Widerrufsrechts kann dem Verbraucher bei Verträgen über die Lieferung von Waren ein Rückgaberecht nach § 356 eingeräumt werden.

(2) ¹Die Widerrufsfrist beginnt abweichend von § 355 Abs. 2 Satz 1 nicht vor Erfüllung der Informationspflichten gemäß § 312 c Abs. 2, bei der Lieferung von Waren nicht vor dem Tag ihres Eingangs beim Empfänger, bei der wiederkehrenden Lieferung gleichartiger Waren nicht vor dem Tag des Eingangs der ersten Teillieferung und bei Dienstleistungen nicht vor dem Tag des Vertragsschlusses.

(3) ¹Das Widerrufsrecht erlischt bei einer Dienstleistung auch in folgenden Fällen:
1. bei einer Finanzdienstleistung, wenn der Vertrag von beiden Seiten auf ausdrücklichen Wunsch des Verbrauchers vollständig erfüllt ist, bevor der Verbraucher sein Widerrufsrecht ausgeübt hat,
2. bei einer sonstigen Dienstleistung, wenn der Unternehmer mit der Ausführung der Dienstleistung mit ausdrücklicher Zustimmung des Verbrauchers vor Ende der Widerrufsfrist begonnen hat oder der Verbraucher diese selbst veranlasst hat.

(4) ¹Das Widerrufsrecht besteht, soweit nicht ein anderes bestimmt ist, nicht bei Fernabsatzverträgen
1. zur Lieferung von Waren, die nach Kundenspezifikation angefertigt werden oder eindeutig auf die persönlichen Bedürfnisse zuge-

schnitten sind oder die auf Grund ihrer Beschaffenheit nicht für eine Rücksendung geeignet sind oder schnell verderben können oder deren Verfalldatum überschritten würde,
2. zur Lieferung von Audio- oder Videoaufzeichnungen oder von Software, sofern die gelieferten Datenträger vom Verbraucher entsiegelt worden sind,
3. zur Lieferung von Zeitungen, Zeitschriften und Illustrierten,
4. zur Erbringung von Wett- und Lotterie-Dienstleistungen,
5. die in der Form von Versteigerungen (§ 156) geschlossen werden, oder
6. die die Lieferung von Waren oder die Erbringung von Finanzdienstleistungen zum Gegenstand haben, deren Preis auf dem Finanzmarkt Schwankungen unterliegt, auf die der Unternehmer keinen Einfluss hat ...

...

§ 312 e. Pflichten im elektronischen Geschäftsverkehr. (1) ¹Bedient sich ein Unternehmer zum Zwecke des Abschlusses eines Vertrags über die Lieferung von Waren oder über die Erbringung von Dienstleistungen eines Tele- oder Mediendienstes (Vertrag im elektronischen Geschäftsverkehr), hat er dem Kunden
1. angemessene, wirksame und zugängliche technische Mittel zur Verfügung zu stellen, mit deren Hilfe der Kunde Eingabefehler vor Abgabe seiner Bestellung erkennen und berichtigen kann,
2. die in der Rechtsverordnung nach Artikel 241 des Einführungsgesetzes zum Bürgerlichen Gesetzbuche bestimmten Informationen rechtzeitig vor Abgabe von dessen Bestellung klar und verständlich mitzuteilen,
3. den Zugang von dessen Bestellung unverzüglich auf elektronischem Wege zu bestätigen und
4. die Möglichkeit zu verschaffen, die Vertragsbestimmungen einschließlich der Allgemeinen Geschäftsbedingungen bei Vertragsschluss abzurufen und in wiedergabefähiger Form zu speichern.

²Bestellung und Empfangsbestätigung im Sinne von Satz 1 Nr. 3 gelten als zugegangen, wenn die Parteien, für die sie bestimmt sind, sie unter gewöhnlichen Umständen abrufen können.

(2) ¹Absatz 1 Satz 1 Nr. 1 bis 3 findet keine Anwendung, wenn der Vertrag ausschließlich durch individuelle Kommunikation geschlossen wird. ²Absatz 1 Satz 1 Nr. 1 bis 3 und Satz 2 findet keine Anwendung, wenn zwischen Vertragsparteien, die nicht Verbraucher sind, etwas anderes vereinbart wird.

(3) ¹Weitergehende Informationspflichten auf Grund anderer Vorschriften bleiben unberührt. ²Steht dem Kunden ein Widerrufsrecht gemäß

§ 355 zu, beginnt die Widerrufsfrist abweichend von § 355 Abs. 2 Satz 1 nicht vor Erfüllung der in Absatz 1 Satz 1 geregelten Pflichten.

§ 312 f. Abweichende Vereinbarungen. ¹Von den Vorschriften dieses Untertitels darf, soweit nicht ein anderes bestimmt ist, nicht zum Nachteil des Verbrauchers oder Kunden abgewichen werden. ²Die Vorschriften dieses Untertitels finden, soweit nicht ein anderes bestimmt ist, auch Anwendung, wenn sie durch anderweitige Gestaltungen umgangen werden.

§ 313. Störung der Geschäftsgrundlage. (1) Haben sich Umstände, die zur Grundlage des Vertrags geworden sind, nach Vertragsschluss schwerwiegend verändert und hätten die Parteien den Vertrag nicht oder mit anderem Inhalt geschlossen, wenn sie diese Veränderung vorausgesehen hätten, so kann Anpassung des Vertrags verlangt werden, soweit einem Teil unter Berücksichtigung aller Umstände des Einzelfalls, insbesondere der vertraglichen oder gesetzlichen Risikoverteilung, das Festhalten am unveränderten Vertrag nicht zugemutet werden kann.

(2) Einer Veränderung der Umstände steht es gleich, wenn wesentliche Vorstellungen, die zur Grundlage des Vertrags geworden sind, sich als falsch herausstellen.

(3) ¹Ist eine Anpassung des Vertrags nicht möglich oder einem Teil nicht zumutbar, so kann der benachteiligte Teil vom Vertrag zurücktreten. ²An die Stelle des Rücktrittsrechts tritt für Dauerschuldverhältnisse das Recht zur Kündigung.

§ 314. Kündigung von Dauerschuldverhältnissen aus wichtigem Grund. (1) ¹Dauerschuldverhältnisse kann jeder Vertragsteil aus wichtigem Grund ohne Einhaltung einer Kündigungsfrist kündigen. ²Ein wichtiger Grund liegt vor, wenn dem kündigenden Teil unter Berücksichtigung aller Umstände des Einzelfalls und unter Abwägung der beiderseitigen Interessen die Fortsetzung des Vertragsverhältnisses bis zur vereinbarten Beendigung oder bis zum Ablauf einer Kündigungsfrist nicht zugemutet werden kann.

(2) ¹Besteht der wichtige Grund in der Verletzung einer Pflicht aus dem Vertrag, ist die Kündigung erst nach erfolglosem Ablauf einer zur Abhilfe bestimmten Frist oder nach erfolgloser Abmahnung zulässig. ²§ 323 Abs. 2 findet entsprechende Anwendung.

(3) Der Berechtigte kann nur innerhalb einer angemessenen Frist kündigen, nachdem er vom Kündigungsgrund Kenntnis erlangt hat.

(4) Die Berechtigung, Schadensersatz zu verlangen, wird durch die Kündigung nicht ausgeschlossen.

▶ **Gegenseitiger Vertrag**

§ 320. Einrede des nichterfüllten Vertrags. Wer aus einem gegenseitigen Vertrage verpflichtet ist, kann die ihm obliegende Leistung bis zur Bewirkung der Gegenleistung verweigern, es sei denn, dass er vorzuleisten verpflichtet ist. ...

§ 321. Unsicherheitseinrede. (1) ¹Wer aus einem gegenseitigen Vertrag vorzuleisten verpflichtet ist, kann die ihm obliegende Leistung verweigern, wenn nach Abschluss des Vertrags erkennbar wird, dass sein Anspruch auf die Gegenleistung durch mangelnde Leistungsfähigkeit des anderen Teils gefährdet wird. ²Das Leistungsverweigerungsrecht entfällt, wenn die Gegenleistung bewirkt oder Sicherheit für sie geleistet wird.

(2) ¹Der Vorleistungspflichtige kann eine angemessene Frist bestimmen, in welcher der andere Teil Zug um Zug gegen die Leistung nach seiner Wahl die Gegenleistung zu bewirken oder Sicherheit zu leisten hat. ²Nach erfolglosem Ablauf der Frist kann der Vorleistungspflichtige vom Vertrag zurücktreten. ³§ 323 findet entsprechende Anwendung.

§ 323. Rücktritt wegen nicht oder nicht vertragsgemäß erbrachter Leistung. (1) Erbringt bei einem gegenseitigen Vertrag der Schuldner eine fällige Leistung nicht oder nicht vertragsgemäß, so kann der Gläubiger, wenn er dem Schuldner erfolglos eine angemessene Frist zur Leistung oder Nacherfüllung bestimmt hat, vom Vertrag zurücktreten.

(2) Die Fristsetzung ist entbehrlich, wenn
1. der Schuldner die Leistung ernsthaft und endgültig verweigert,
2. der Schuldner die Leistung zu einem im Vertrag bestimmten Termin oder innerhalb einer bestimmten Frist nicht bewirkt und der Gläubiger im Vertrag den Fortbestand seines Leistungsinteresses an die Rechtzeitigkeit der Leistung gebunden hat oder
3. besondere Umstände vorliegen, die unter Abwägung der beiderseitigen Interessen den sofortigen Rücktritt rechtfertigen.

(3) Kommt nach der Art der Pflichtverletzung eine Fristsetzung nicht in Betracht, so tritt an deren Stelle eine Abmahnung.

(4) Der Gläubiger kann bereits vor dem Eintritt der Fälligkeit der Leistung zurücktreten, wenn offensichtlich ist, dass die Voraussetzungen des Rücktritts eintreten werden.

Bürgerliches Gesetzbuch 4.1 BGB §§ 323–343

(5) ¹Hat der Schuldner eine Teilleistung bewirkt, so kann der Gläubiger vom ganzen Vertrag nur zurücktreten, wenn er an der Teilleistung kein Interesse hat. ²Hat der Schuldner die Leistung nicht vertragsgemäß bewirkt, so kann der Gläubiger vom Vertrag nicht zurücktreten, wenn die Pflichtverletzung unerheblich ist.

(6) Der Rücktritt ist ausgeschlossen, wenn der Gläubiger für den Umstand, der ihn zum Rücktritt berechtigen würde, allein oder weit überwiegend verantwortlich ist oder wenn der vom Schuldner nicht zu vertretende Umstand zu einer Zeit eintritt, zu welcher der Gläubiger im Verzug der Annahme ist.

§ 324. Rücktritt wegen Verletzung einer Pflicht nach § 241 Abs. 2. Verletzt der Schuldner bei einem gegenseitigen Vertrag eine Pflicht nach § 241 Abs. 2, so kann der Gläubiger zurücktreten, wenn ihm ein Festhalten am Vertrag nicht mehr zuzumuten ist.

§ 325. Schadensersatz und Rücktritt. Das Recht, bei einem gegenseitigen Vertrag Schadensersatz zu verlangen, wird durch den Rücktritt nicht ausgeschlossen.

§ 326. Befreiung von der Gegenleistung und Rücktritt beim Ausschluss der Leistungspflicht. (1) ¹Braucht der Schuldner nach § 275 Abs. 1 bis 3 nicht zu leisten, entfällt der Anspruch auf die Gegenleistung; bei einer Teilleistung findet § 441 Abs. 3 entsprechende Anwendung. ²Satz 1 gilt nicht, wenn der Schuldner im Fall der nicht vertragsgemäßen Leistung die Nacherfüllung nach § 275 Abs. 1 bis 3 nicht zu erbringen braucht.

(2) ¹Ist der Gläubiger für den Umstand, auf Grund dessen der Schuldner nach § 275 Abs. 1 bis 3 nicht zu leisten braucht, allein oder weit überwiegend verantwortlich oder tritt dieser vom Schuldner nicht zu vertretende Umstand zu einer Zeit ein, zu welcher der Gläubiger im Verzug der Annahme ist, so behält der Schuldner den Anspruch auf die Gegenleistung. ²Er muss sich jedoch dasjenige anrechnen lassen, was er infolge der Befreiung von der Leistung erspart oder durch anderweitige Verwendung seiner Arbeitskraft erwirbt oder zu erwerben böswillig unterlässt.

(3) ¹Verlangt der Gläubiger nach § 285 Herausgabe des für den geschuldeten Gegenstand erlangten Ersatzes oder Abtretung des Ersatzanspruchs, so bleibt er zur Gegenleistung verpflichtet. ²Diese mindert sich jedoch nach Maßgabe des § 441 Abs. 3 insoweit, als der Wert des Ersatzes oder des Ersatzanspruchs hinter dem Wert der geschuldeten Leistung zurückbleibt.

(4) Soweit die nach dieser Vorschrift nicht geschuldete Gegenleistung bewirkt ist, kann das Geleistete nach den §§ 346 bis 348 zurückgefordert werden.

(5) Braucht der Schuldner nach § 275 Abs. 1 bis 3 nicht zu leisten, kann der Gläubiger zurücktreten; auf den Rücktritt findet § 323 mit der Maßgabe entsprechende Anwendung, dass die Fristsetzung entbehrlich ist.

§ 328. Vertrag zugunsten Dritter. (1) Durch Vertrag kann eine Leistung an einen Dritten mit der Wirkung bedungen werden, dass der Dritte unmittelbar das Recht erwirbt, die Leistung zu fordern.

(2) In Ermangelung einer besonderen Bestimmung ist aus den Umständen, insbesondere aus dem Zwecke des Vertrags, zu entnehmen, ob der Dritte das Recht erwerben, ob das Recht des Dritten sofort oder nur unter gewissen Voraussetzungen entstehen und ob den Vertragschließenden die Befugnis vorbehalten sein soll, das Recht des Dritten ohne dessen Zustimmung aufzuheben oder zu ändern.

▶ **Vertragsstrafe**

§ 339. Verwirkung der Vertragsstrafe. ¹Verspricht der Schuldner dem Gläubiger für den Fall, dass er seine Verbindlichkeit nicht oder nicht in gehöriger Weise erfüllt, die Zahlung einer Geldsumme als Strafe, so ist die Strafe verwirkt, wenn er in Verzug kommt. ²Besteht die geschuldete Leistung in einem Unterlassen, so tritt die Verwirkung mit der Zuwiderhandlung ein.

§ 340. Strafversprechen für Nichterfüllung. (1) ¹Hat der Schuldner die Strafe für den Fall versprochen, dass er seine Verbindlichkeit nicht erfüllt, so kann der Gläubiger die verwirkte Strafe statt der Erfüllung verlangen. ²Erklärt der Gläubiger dem Schuldner, dass er die Strafe verlange, so ist der Anspruch auf Erfüllung ausgeschlossen.

(2) ¹Steht dem Gläubiger ein Anspruch auf Schadensersatz wegen Nichterfüllung zu, so kann er die verwirkte Strafe als Mindestbetrag des Schadens verlangen. ²Die Geltendmachung eines weiteren Schadens ist nicht ausgeschlossen.

§ 341. Strafversprechen für nicht gehörige Erfüllung. (1) Hat der Schuldner die Strafe für den Fall versprochen, dass er seine Verbindlichkeit nicht in gehöriger Weise, insbesondere nicht zu der bestimmten Zeit, erfüllt, so kann der Gläubiger die verwirkte Strafe neben der Erfüllung verlangen. …

§ 343. Herabsetzung der Strafe. (1) ¹Ist eine verwirkte Strafe unverhältnismäßig hoch, so kann sie auf Antrag des Schuldners durch Urteil auf den angemessenen Betrag herabgesetzt werden. ²Bei der Beurteilung der Angemessenheit ist jedes berechtigte Interesse des Gläubigers, nicht bloß das Vermögensinteresse, in Betracht zu ziehen. ³Nach der Entrichtung der Strafe ist die Herabsetzung ausgeschlossen. ...

▶ Rücktritt

§ 346. Wirkungen des Rücktritts. (1) Hat sich eine Vertragspartei vertraglich den Rücktritt vorbehalten oder steht ihr ein gesetzliches Rücktrittsrecht zu, so sind im Fall des Rücktritts die empfangenen Leistungen zurückzugewähren und die gezogenen Nutzungen herauszugeben.
(2) ¹Statt der Rückgewähr oder Herausgabe hat der Schuldner Wertersatz zu leisten, soweit
1. die Rückgewähr oder die Herausgabe nach der Natur des Erlangten ausgeschlossen ist,
2. er den empfangenen Gegenstand verbraucht, veräußert, belastet, verarbeitet oder umgestaltet hat,
3. der empfangene Gegenstand sich verschlechtert hat oder untergegangen ist; jedoch bleibt die durch die bestimmungsgemäße Ingebrauchnahme entstandene Verschlechterung außer Betracht.

²Ist im Vertrag eine Gegenleistung bestimmt, ist sie bei der Berechnung des Wertersatzes zugrunde zu legen; ist Wertersatz für den Gebrauchsvorteil eines Darlehens zu leisten, kann nachgewiesen werden, dass der Wert des Gebrauchsvorteils niedriger war.
(3) ¹Die Pflicht zum Wertersatz entfällt,
1. wenn sich der zum Rücktritt berechtigende Mangel erst während der Verarbeitung oder Umgestaltung des Gegenstandes gezeigt hat,
2. soweit der Gläubiger die Verschlechterung oder den Untergang zu vertreten hat oder der Schaden bei ihm gleichfalls eingetreten wäre,
3. wenn im Fall eines gesetzlichen Rücktrittsrechts die Verschlechterung oder der Untergang beim Berechtigten eingetreten ist, obwohl dieser diejenige Sorgfalt beobachtet hat, die er in eigenen Angelegenheiten anzuwenden pflegt.

²Eine verbleibende Bereicherung ist herauszugeben.
(4) Der Gläubiger kann wegen Verletzung einer Pflicht aus Absatz 1 nach Maßgabe der §§ 280 bis 283 Schadensersatz verlangen.

§ 347. Nutzungen und Verwendungen nach Rücktritt. (1) ¹Zieht der Schuldner Nutzungen entgegen den Regeln einer ordnungsmäßigen Wirtschaft nicht, obwohl ihm das möglich gewesen wäre, so ist er dem Gläubiger zum Wertersatz verpflichtet. ²Im Fall eines gesetzlichen Rücktrittsrechts hat der Berechtigte hinsichtlich der Nutzungen nur für diejenige Sorgfalt einzustehen, die er in eigenen Angelegenheiten anzuwenden pflegt.
(2) ¹Gibt der Schuldner den Gegenstand zurück, leistet er Wertersatz oder ist seine Wertersatzpflicht gemäß § 346 Abs. 3 Nr. 1 oder 2 ausgeschlossen, so sind ihm notwendige Verwendungen zu ersetzen. ²Andere Aufwendungen sind zu ersetzen, soweit der Gläubiger durch diese bereichert wird.

§ 348. Erfüllung Zug-um-Zug. Die sich aus dem Rücktritt ergebenden Verpflichtungen der Parteien sind Zug um Zug zu erfüllen. ...

§ 350. Erlöschen des Rücktrittsrechts nach Fristsetzung. ¹Ist für die Ausübung des vertraglichen Rücktrittsrechts eine Frist nicht vereinbart, so kann dem Berechtigten von dem anderen Teil für die Ausübung eine angemessene Frist bestimmt werden. ²Das Rücktrittsrecht erlischt, wenn nicht der Rücktritt vor dem Ablauf der Frist erklärt wird.

§ 352. Aufrechnung nach Nichterfüllung.
Der Rücktritt wegen Nichterfüllung einer Verbindlichkeit wird unwirksam, wenn der Schuldner sich von der Verbindlichkeit durch Aufrechnung befreien konnte und unverzüglich nach dem Rücktritt die Aufrechnung erklärt.

▶ Widerrufs- und Rückgaberecht bei Verbraucherverträgen

§ 355. Widerrufsrecht bei Verbraucherverträgen. (1) ¹Wird einem Verbraucher durch Gesetz ein Widerrufsrecht nach dieser Vorschrift eingeräumt, so ist er an seine auf den Abschluss des Vertrags gerichtete Willenserklärung nicht mehr gebunden, wenn er sie fristgerecht widerrufen hat. ²Der Widerruf muss keine Begründung enthalten und ist in Textform oder durch Rücksendung der Sache innerhalb von zwei Wochen gegenüber dem Unternehmer zu erklären; zur Fristwahrung genügt die rechtzeitige Absendung.
(2) ¹Die Frist beginnt mit dem Zeitpunkt, zu dem dem Verbraucher eine deutlich gestaltete Belehrung über sein Widerrufsrecht, die ihm entsprechend den Erfordernissen des eingesetzten Kommunikationsmittels seine Rechte deutlich macht, in Textform mitgeteilt worden ist, die auch Namen und Anschrift desjenigen, gegenüber dem der Widerruf zu erklären ist, und einen Hinweis auf den Fristbeginn und die Regelung des Absatzes 1 Satz 2 enthält. ²Wird die Belehrung nach Vertragsschluss mitgeteilt, beträgt die Frist abweichend von Absatz 1 Satz 2

Bürgerliches Gesetzbuch

4.1 BGB §§ 355–358

einen Monat. ³Ist der Vertrag schriftlich abzuschließen, so beginnt die Frist nicht zu laufen, bevor dem Verbraucher auch eine Vertragsurkunde, der schriftliche Antrag des Verbrauchers oder eine Abschrift der Vertragsurkunde oder des Antrags zur Verfügung gestellt werden. ⁴Ist der Fristbeginn streitig, so trifft die Beweislast den Unternehmer.

(3) ¹Das Widerrufsrecht erlischt spätestens sechs Monate nach Vertragsschluss. ²Bei der Lieferung von Waren beginnt die Frist nicht vor dem Tag ihres Eingangs beim Empfänger. ³Abweichend von Satz 1 erlischt das Widerrufsrecht nicht, wenn der Verbraucher nicht ordnungsgemäß über sein Widerrufsrecht belehrt worden ist, bei Fernabsatzverträgen über Finanzdienstleistungen ferner nicht, wenn der Unternehmer seine Mitteilungspflichten gemäß § 312c Abs. 2 Nr. 1 nicht ordnungsgemäß erfüllt hat.

§ 356. Rückgaberecht bei Verbraucherverträgen. (1) ¹Das Widerrufsrecht nach § 355 kann, soweit dies ausdrücklich durch Gesetz zugelassen ist, beim Vertragsschluss auf Grund eines Verkaufsprospekts im Vertrag durch ein uneingeschränktes Rückgaberecht ersetzt werden. ²Voraussetzung ist, dass

1. im Verkaufsprospekt eine deutlich gestaltete Belehrung über das Rückgaberecht enthalten ist,
2. der Verbraucher den Verkaufsprospekt in Abwesenheit des Unternehmers eingehend zur Kenntnis nehmen konnte und
3. dem Verbraucher das Rückgaberecht in Textform eingeräumt wird.

(2) ¹Das Rückgaberecht kann innerhalb der Widerrufsfrist, die jedoch nicht vor Erhalt der Sache beginnt, und nur durch Rücksendung der Sache oder, wenn die Sache nicht als Paket versandt werden kann, durch Rücknahmeverlangen ausgeübt werden. ²§ 355 Abs. 1 Satz 2 findet entsprechende Anwendung.

§ 357. Rechtsfolgen des Widerrufs und der Rückgabe. (1) ¹Auf das Widerrufs- und das Rückgaberecht finden, soweit nicht ein anderes bestimmt ist, die Vorschriften über den gesetzlichen Rücktritt entsprechende Anwendung. ²§ 286 Abs. 3 gilt für die Verpflichtung zur Erstattung von Zahlungen nach dieser Vorschrift entsprechend; die dort bestimmte Frist beginnt mit der Widerrufs- oder Rückgabeerklärung des Verbrauchers. ³Dabei beginnt die Frist im Hinblick auf eine Erstattungspflichtung des Verbrauchers mit Abgabe dieser Erklärung, im Hinblick auf eine Erstattungsverpflichtung des Unternehmers mit deren Zugang.

(2) ¹Der Verbraucher ist bei Ausübung des Widerrufsrechts zur Rücksendung verpflichtet, wenn die Sache durch Paket versandt werden kann. ²Kosten und Gefahr der Rücksendung trägt bei Widerruf und Rückgabe der Unternehmer. ³Wenn ein Widerrufsrecht nach § 312d Abs. 1 Satz 1 besteht, dürfen dem Verbraucher die regelmäßigen Kosten der Rücksendung vertraglich auferlegt werden, wenn der Preis der zurückzusendenden Sache einen Betrag von 40 Euro nicht übersteigt oder wenn bei einem höheren Preis der Sache der Verbraucher die Gegenleistung oder eine Teilzahlung zum Zeitpunkt des Widerrufs noch nicht erbracht hat, es sei denn, dass die gelieferte Ware nicht der bestellten entspricht.

(3) ¹Der Verbraucher hat abweichend von § 346 Abs. 2 Satz 1 Nr. 3 Wertersatz für eine durch die bestimmungsgemäße Ingebrauchnahme der Sache entstandene Verschlechterung zu leisten, wenn er spätestens bei Vertragsschluss in Textform auf diese Rechtsfolge und eine Möglichkeit hingewiesen worden ist, sie zu vermeiden. ²Dies gilt nicht, wenn die Verschlechterung ausschließlich auf die Prüfung der Sache zurückzuführen ist. ³§ 346 Abs. 3 Satz 1 Nr. 3 findet keine Anwendung, wenn der Verbraucher über sein Widerrufsrecht ordnungsgemäß belehrt worden ist oder hiervon anderweitig Kenntnis erlangt hat.

(4) Weitergehende Ansprüche bestehen nicht.

§ 358. Verbundene Verträge. (1) Hat der Verbraucher seine auf den Abschluss eines Vertrags über die Lieferung einer Ware oder die Erbringung einer anderen Leistung durch einen Unternehmer gerichtete Willenserklärung wirksam widerrufen, so ist er auch an seine auf den Abschluss eines mit diesem Vertrag verbundenen Verbraucherdarlehensvertrags gerichtete Willenserklärung nicht mehr gebunden.

(2) ¹Hat der Verbraucher seine auf den Abschluss eines Verbraucherdarlehensvertrags gerichtete Willenserklärung wirksam widerrufen, so ist er auch an seine auf den Abschluss eines mit diesem Verbraucherdarlehensvertrag verbundenen Vertrags über die Lieferung einer Ware oder die Erbringung einer anderen Leistung gerichtete Willenserklärung nicht mehr gebunden. ²Kann der Verbraucher die auf den Abschluss des verbundenen Vertrags gerichtete Willenserklärung nach Maßgabe dieses Untertitels widerrufen, gilt allein Absatz 1 und sein Widerrufsrecht aus § 495 Abs. 1 ist ausgeschlossen. ³Erklärt der Verbraucher im Fall des Satzes 2 dennoch den Widerruf des Verbraucherdarlehensvertrags, gilt dies als Widerruf des verbundenen Vertrags gegenüber dem Unternehmer gemäß Absatz 1.

(3) ¹Ein Vertrag über die Lieferung einer Ware oder die Erbringung einer anderen Lei-

stung und ein Verbraucherdarlehensvertrag sind verbunden, wenn das Darlehen ganz oder teilweise der Finanzierung des anderen Vertrags dient und beide Verträge eine wirtschaftliche Einheit bilden. ²Eine wirtschaftliche Einheit ist insbesondere anzunehmen, wenn der Unternehmer selbst die Gegenleistung des Verbrauchers finanziert, oder im Fall der Finanzierung durch einen Dritten, wenn sich der Darlehensgeber bei der Vorbereitung oder dem Abschluss des Verbraucherdarlehensvertrags der Mitwirkung des Unternehmers bedient. ...

(4) ¹§ 357 gilt für den verbundenen Vertrag entsprechend. ²Im Falle des Absatzes 1 sind jedoch Ansprüche auf Zahlung von Zinsen und Kosten aus der Rückabwicklung des Verbraucherdarlehensvertrags gegen den Verbraucher ausgeschlossen. ³Der Darlehensgeber tritt im Verhältnis zum Verbraucher hinsichtlich der Rechtsfolgen des Widerrufs oder der Rückgabe in die Rechte und Pflichten des Unternehmers aus dem verbundenen Vertrag ein, wenn das Darlehen dem Unternehmer bei Wirksamwerden des Widerrufs oder der Rückgabe bereits zugeflossen ist.

(5) Die erforderliche Belehrung über das Widerrufs- oder Rückgaberecht muss auf die Rechtsfolgen nach Absatz 1 und Absatz 2 Satz 1 und 2 hinweisen.

§ 359. Einwendungen bei verbundenen Verträgen. ¹Der Verbraucher kann die Rückzahlung des Darlehens verweigern, soweit Einwendungen aus dem verbundenen Vertrag ihn gegenüber dem Unternehmer, mit dem er den verbundenen Vertrag geschlossen hat, zur Verweigerung seiner Leistung berechtigen würden. ²Dies gilt nicht, wenn das finanzierte Entgelt 200 Euro nicht überschreitet, sowie bei Einwendungen, die auf einer zwischen diesem Unternehmer und dem Verbraucher nach Abschluss des Verbraucherdarlehensvertrags vereinbarten Vertragsänderung beruhen. ³Kann der Verbraucher Nacherfüllung verlangen, so kann er die Rückzahlung des Darlehens erst verweigern, wenn die Nacherfüllung fehlgeschlagen ist.

Erlöschen der Schuldverhältnisse

▶ **Erfüllung**

§ 362. Erlöschen durch Leistung. (1) Das Schuldverhältnis erlischt, wenn die geschuldete Leistung an den Gläubiger bewirkt wird.

(2) Wird an einen Dritten zum Zwecke der Erfüllung geleistet, so findet die Vorschrift des § 185 Anwendung.

§ 364. Annahme an Erfüllungs statt. (1) Das Schuldverhältnis erlischt, wenn der Gläubiger eine andere als die geschuldete Leistung an Erfüllungs statt annimmt.

(2) Übernimmt der Schuldner zum Zwecke der Befriedigung des Gläubigers diesem gegenüber eine neue Verbindlichkeit, so ist im Zweifel nicht anzunehmen, dass er die Verbindlichkeit an Erfüllungs statt übernimmt.

§ 366. Anrechnung der Leistung auf mehrere Forderungen. (1) Ist der Schuldner dem Gläubiger aus mehreren Schuldverhältnissen zu gleichartigen Leistungen verpflichtet und reicht das von ihm Geleistete nicht zur Tilgung sämtlicher Schulden aus, so wird diejenige Schuld getilgt, welche er bei der Leistung bestimmt.

(2) Trifft der Schuldner keine Bestimmung, so wird zunächst die fällige Schuld, unter mehreren fälligen Schulden diejenige, welche dem Gläubiger geringere Sicherheit bietet, unter mehreren gleich sicheren die dem Schuldner lästigere, unter mehreren gleich lästigen die ältere Schuld und bei gleichem Alter jede Schuld verhältnismäßig getilgt.

§ 368. Quittung. Der Gläubiger hat gegen Empfang der Leistung auf Verlangen ein schriftliches Empfangsbekenntnis (Quittung) zu erteilen. ...

§ 369. Kosten der Quittung. (1) Die Kosten der Quittung hat der Schuldner zu tragen und vorzuschießen, sofern nicht aus dem zwischen ihm und dem Gläubiger bestehenden Rechtsverhältnisse sich ein anderes ergibt. ...

§ 370. Leistung an den Überbringer der Quittung. Der Überbringer einer Quittung gilt als ermächtigt, die Leistung zu empfangen, sofern nicht die dem Leistenden bekannten Umstände der Annahme einer solchen Ermächtigung entgegenstehen.

§ 371. Rückgabe des Schuldscheins. ¹Ist über die Forderung ein Schuldschein ausgestellt worden, so kann der Schuldner neben der Quittung Rückgabe des Schuldscheins verlangen. ²Behauptet der Gläubiger, zur Rückgabe außerstande zu sein, so kann der Schuldner das öffentlich beglaubigte Anerkenntnis verlangen, dass die Schuld erloschen sei.

▶ **Hinterlegung**

§ 372. Voraussetzungen. Geld, Wertpapiere und sonstige Urkunden sowie Kostbarkeiten kann der Schuldner bei einer dazu bestimmten öffentlichen Stelle für den Gläubiger hinterlegen, wenn der Gläubiger im Verzuge der Annahme ist. ...

§ 374. Hinterlegungsort; Anzeigepflicht.

(1) Die Hinterlegung hat bei der Hinterlegungsstelle des Leistungsorts zu erfolgen; hinterlegt der Schuldner bei einer anderen Stelle, so hat er dem Gläubiger den daraus entstehenden Schaden zu ersetzen.

(2) ¹Der Schuldner hat dem Gläubiger die Hinterlegung unverzüglich anzuzeigen; im Falle der Unterlassung ist er zum Schadensersatze verpflichtet. ²Die Anzeige darf unterbleiben, wenn sie untunlich ist.

§ 376. Rücknahmerecht.

(1) Der Schuldner hat das Recht, die hinterlegte Sache zurückzunehmen.

(2) Die Rücknahme ist ausgeschlossen:
1. wenn der Schuldner der Hinterlegungsstelle erklärt, dass er auf das Recht zur Rücknahme verzichte;
2. wenn der Gläubiger der Hinterlegungsstelle die Annahme erklärt;
3. wenn der Hinterlegungsstelle ein zwischen dem Gläubiger und dem Schuldner ergangenes rechtskräftiges Urteil vorgelegt wird, das die Hinterlegung für rechtmäßig erklärt.

§ 378. Wirkung der Hinterlegung bei ausgeschlossener Rücknahme.

Ist die Rücknahme der hinterlegten Sache ausgeschlossen, so wird der Schuldner durch die Hinterlegung von seiner Verbindlichkeit in gleicher Weise befreit, wie wenn er zur Zeit der Hinterlegung an den Gläubiger geleistet hätte.

§ 379. Wirkung der Hinterlegung bei nicht ausgeschlossener Rücknahme.

(1) Ist die Rücknahme der hinterlegten Sache nicht ausgeschlossen, so kann der Schuldner den Gläubiger auf die hinterlegte Sache verweisen.

(2) Solange die Sache hinterlegt ist, trägt der Gläubiger die Gefahr und ist der Schuldner nicht verpflichtet, Zinsen zu zahlen oder Ersatz für nicht gezogene Nutzungen zu leisten.

(3) Nimmt der Schuldner die hinterlegte Sache zurück, so gilt die Hinterlegung als nicht erfolgt.

§ 381. Kosten der Hinterlegung.

Die Kosten der Hinterlegung fallen dem Gläubiger zur Last, sofern nicht der Schuldner die hinterlegte Sache zurücknimmt.

§ 382. Erlöschen des Gläubigerrechts.

Das Recht des Gläubigers auf den hinterlegten Betrag erlischt mit dem Ablaufe von dreißig Jahren nach dem Empfange der Anzeige von der Hinterlegung, wenn nicht der Gläubiger sich vorher bei der Hinterlegungsstelle meldet; der Schuldner ist zur Rücknahme berechtigt, auch wenn er auf das Recht zur Rücknahme verzichtet hat.

§ 383. Versteigerung hinterlegungsunfähiger Sachen.

(1) ¹Ist die geschuldete bewegliche Sache zur Hinterlegung nicht geeignet, so kann der Schuldner sie im Falle des Verzugs des Gläubigers am Leistungsorte versteigern lassen und den Erlös hinterlegen. ²Das Gleiche gilt in den Fällen des § 372 Satz 2, wenn der Verderb der Sache zu besorgen oder die Aufbewahrung mit unverhältnismäßigen Kosten verbunden ist.

(2) Ist von der Versteigerung am Leistungsort ein angemessener Erfolg nicht zu erwarten, so ist die Sache an einem geeigneten anderen Orte zu versteigern.

(3) ¹Die Versteigerung hat durch einen für den Versteigerungsort bestellten Gerichtsvollzieher oder zu Versteigerungen befugten anderen Beamten oder öffentlich angestellten Versteigerer öffentlich zu erfolgen (öffentliche Versteigerung). ²Zeit und Ort der Versteigerung sind unter allgemeiner Bezeichnung der Sache öffentlich bekannt zu machen. …

§ 384. Androhung der Versteigerung.

(1) Die Versteigerung ist erst zulässig, nachdem sie dem Gläubiger angedroht worden ist; die Androhung darf unterbleiben, wenn die Sache dem Verderb ausgesetzt und mit dem Aufschube der Versteigerung Gefahr verbunden ist.

(2) Der Schuldner hat den Gläubiger von der Versteigerung unverzüglich zu benachrichtigen; im Falle der Unterlassung ist er zum Schadensersatze verpflichtet.

(3) Die Androhung und die Benachrichtigung dürfen unterbleiben, wenn sie untunlich sind.

§ 385. Freihändiger Verkauf.

Hat die Sache einen Börsen- oder Marktpreis, so kann der Schuldner den Verkauf aus freier Hand durch einen zu solchen Verkäufen öffentlich ermächtigten Handelsmäkler oder durch eine zur öffentlichen Versteigerung befugte Person zum laufenden Preis bewirken.

§ 386. Kosten der Versteigerung.

Die Kosten der Versteigerung oder des nach § 385 erfolgten Verkaufs fallen dem Gläubiger zur Last, sofern nicht der Schuldner den hinterlegten Erlös zurücknimmt.

▶ Aufrechnung

§ 387. Voraussetzungen.

Schulden zwei Personen einander Leistungen, die ihrem Gegenstande nach gleichartig sind, so kann jeder Teil seine Forderung gegen die Forderung des anderen Teiles aufrechnen, sobald er die ihm gebührende Leistung fordern und die ihm obliegende Leistung bewirken kann.

4.1 BGB §§ 388–409   Zweites Buch. Recht der Schuldverhältnisse

§ 388. Erklärung der Aufrechnung. ¹Die Aufrechnung erfolgt durch Erklärung gegenüber dem anderen Teile. ²Die Erklärung ist unwirksam, wenn sie unter einer Bedingung oder einer Zeitbestimmung abgegeben wird.

§ 389. Wirkung der Aufrechnung. Die Aufrechnung bewirkt, dass die Forderungen, soweit sie sich decken, als in dem Zeitpunkt erloschen gelten, in welchem sie zur Aufrechnung geeignet einander gegenübergetreten sind.

▶ Erlass

§ 397. Erlassvertrag, negatives Schuldanerkenntnis. (1) Das Schuldverhältnis erlischt, wenn der Gläubiger dem Schuldner durch Vertrag die Schuld erlässt.

(2) Das Gleiche gilt, wenn der Gläubiger durch Vertrag mit dem Schuldner anerkennt, dass das Schuldverhältnis nicht bestehe.

Übertragung einer Forderung

§ 398. Abtretung. ¹Eine Forderung kann von dem Gläubiger durch Vertrag mit einem anderen auf diesen übertragen werden (Abtretung). ²Mit dem Abschlusse des Vertrags tritt der neue Gläubiger an die Stelle des bisherigen Gläubigers.

§ 400. Ausschluss bei unpfändbaren Forderungen. Eine Forderung kann nicht abgetreten werden, soweit sie der Pfändung nicht unterworfen ist.

§ 401. Übergang der Neben- und Vorzugsrechte. (1) Mit der abgetretenen Forderung gehen die Hypotheken, Schiffshypotheken oder Pfandrechte, die für sie bestehen, sowie die Rechte aus einer für sie bestellten Bürgschaft auf den neuen Gläubiger über. …

§ 402. Auskunftspflicht; Urkundenauslieferung. Der bisherige Gläubiger ist verpflichtet, dem neuen Gläubiger die zur Geltendmachung der Forderung nötige Auskunft zu erteilen und ihm die zum Beweise der Forderung dienenden Urkunden, soweit sie sich in seinem Besitze befinden, auszuliefern.

§ 403. Pflicht zur Beurkundung. ¹Der bisherige Gläubiger hat dem neuen Gläubiger auf Verlangen eine öffentlich beglaubigte Urkunde über die Abtretung auszustellen. ²Die Kosten hat der neue Gläubiger zu tragen und vorzuschießen.

§ 404. Einwendungen des Schuldners. Der Schuldner kann dem neuen Gläubiger die Einwendungen entgegensetzen, die zur Zeit der Abtretung der Forderung gegen den bisherigen Gläubiger begründet waren.

§ 406. Aufrechnung gegenüber dem neuen Gläubiger. Der Schuldner kann eine ihm gegen den bisherigen Gläubiger zustehende Forderung auch dem neuen Gläubiger gegenüber aufrechnen, es sei denn, dass er bei dem Erwerb der Forderung von der Abtretung Kenntnis hatte oder dass die Forderung erst nach der Erlangung der Kenntnis und später als die abgetretene Forderung fällig geworden ist.

§ 407. Rechtshandlungen gegenüber dem bisherigen Gläubiger. (1) Der neue Gläubiger muss eine Leistung, die der Schuldner nach der Abtretung an den bisherigen Gläubiger bewirkt, sowie jedes Rechtsgeschäft, das nach der Abtretung zwischen dem Schuldner und dem bisherigen Gläubiger in Ansehung der Forderung vorgenommen wird, gegen sich gelten lassen, es sei denn, dass der Schuldner die Abtretung bei der Leistung oder der Vornahme des Rechtsgeschäfts kennt.

(2) Ist in einem nach der Abtretung zwischen dem Schuldner und dem bisherigen Gläubiger anhängig gewordenen Rechtsstreit ein rechtskräftiges Urteil über die Forderung ergangen, so muss der neue Gläubiger das Urteil gegen sich gelten lassen, es sei denn, dass der Schuldner die Abtretung bei dem Eintritte der Rechtshängigkeit gekannt hat.

§ 408. Mehrfache Abtretung. (1) Wird eine abgetretene Forderung von dem bisherigen Gläubiger nochmals an einen Dritten abgetreten, so finden, wenn der Schuldner an den Dritten leistet oder wenn zwischen dem Schuldner und dem Dritten ein Rechtsgeschäft vorgenommen oder ein Rechtsstreit anhängig wird, zugunsten des Schuldners die Vorschriften des § 407 dem früheren Erwerber gegenüber entsprechende Anwendung.

(2) Das Gleiche gilt, wenn die bereits abgetretene Forderung durch gerichtlichen Beschluss einem Dritten überwiesen wird oder wenn der bisherige Gläubiger dem Dritten gegenüber anerkennt, dass die bereits abgetretene Forderung kraft Gesetzes auf den Dritten übergegangen sei.

§ 409. Abtretungsanzeige. (1) ¹Zeigt der Gläubiger dem Schuldner an, dass er die Forderung abgetreten habe, so muss er dem Schuldner gegenüber die angezeigte Abtretung gegen sich gelten lassen, auch wenn sie nicht erfolgt oder nicht wirksam ist. ²Der Anzeige steht es gleich, wenn der Gläubiger eine Urkunde über die Abtretung dem in der Urkunde bezeichneten neuen Gläubiger ausgestellt hat und dieser sie dem Schuldner vorlegt.

(2) Die Anzeige kann nur mit Zustimmung desjenigen zurückgenommen werden, welcher als der neue Gläubiger bezeichnet worden ist.

§ 410. Aushändigung der Abtretungsurkunde.
(1) ¹Der Schuldner ist dem neuen Gläubiger gegenüber zur Leistung nur gegen Aushändigung einer von dem bisherigen Gläubiger über die Abtretung ausgestellten Urkunde verpflichtet. ²Eine Kündigung oder eine Mahnung des neuen Gläubigers ist unwirksam, wenn sie ohne Vorlegung einer solchen Urkunde erfolgt und der Schuldner sie aus diesem Grunde unverzüglich zurückweist.

(2) Diese Vorschriften finden keine Anwendung, wenn der bisherige Gläubiger dem Schuldner die Abtretung schriftlich angezeigt hat.

Schuldübernahme

§ 414. Vertrag zwischen Gläubiger und Übernehmer. Eine Schuld kann von einem Dritten durch Vertrag mit dem Gläubiger in der Weise übernommen werden, dass der Dritte an die Stelle des bisherigen Schuldners tritt.

Mehrheit von Schuldnern und Gläubigern

§ 420. Teilbare Leistung. Schulden mehrere eine teilbare Leistung oder haben mehrere eine teilbare Leistung zu fordern, so ist im Zweifel jeder Schuldner nur zu einem gleichen Anteile verpflichtet, jeder Gläubiger nur zu einem gleichen Anteile berechtigt.

§ 421. Gesamtschuldner. ¹Schulden mehrere eine Leistung in der Weise, dass jeder die ganze Leistung zu bewirken verpflichtet, der Gläubiger aber die Leistung nur einmal zu fordern berechtigt ist (Gesamtschuldner), so kann der Gläubiger die Leistung nach seinem Belieben von jedem der Schuldner ganz oder zu einem Teile fordern. ²Bis zur Bewirkung der ganzen Leistung bleiben sämtliche Schuldner verpflichtet.

§ 422. Wirkung der Erfüllung. (1) ¹Die Erfüllung durch einen Gesamtschuldner wirkt auch für die übrigen Schuldner. ²Das Gleiche gilt von der Leistung an Erfüllungs statt, der Hinterlegung und der Aufrechnung.

(2) Eine Forderung, die einem Gesamtschuldner zusteht, kann nicht von den übrigen Schuldnern aufgerechnet werden.

§ 426. Ausgleichungspflicht, Forderungsübergang. (1) ¹Die Gesamtschuldner sind im Verhältnisse zueinander zu gleichen Anteilen verpflichtet, soweit nicht ein anderes bestimmt ist. ²Kann von einem Gesamtschuldner der auf ihn entfallende Beitrag nicht erlangt werden, so ist der Ausfall von den übrigen zur Ausgleichung verpflichteten Schuldnern zu tragen.

(2) ¹Soweit ein Gesamtschuldner den Gläubiger befriedigt und von den übrigen Schuldnern Ausgleichung verlangen kann, geht die Forderung des Gläubigers gegen die übrigen Schuldner auf ihn über. ²Der Übergang kann nicht zum Nachteile des Gläubigers geltend gemacht werden.

§ 427. Gemeinschaftliche vertragliche Verpflichtung. Verpflichten sich mehrere durch Vertrag gemeinschaftlich zu einer teilbaren Leistung, so haften sie im Zweifel als Gesamtschuldner.

§ 428. Gesamtgläubiger. ¹Sind mehrere eine Leistung in der Weise zu fordern berechtigt, dass jeder die ganze Leistung fordern kann, der Schuldner aber die Leistung nur einmal zu bewirken verpflichtet ist (Gesamtgläubiger), so kann der Schuldner nach seinem Belieben an jeden der Gläubiger leisten. ²Dies gilt auch dann, wenn einer der Gläubiger bereits Klage auf die Leistung erhoben hat.

Einzelne Schuldverhältnisse

▶ **Kauf, Tausch**

Allgemeine Vorschriften

§ 433. Vertragstypische Pflichten beim Kaufvertrag. (1) ¹Durch den Kaufvertrag wird der Verkäufer einer Sache verpflichtet, dem Käufer die Sache zu übergeben und das Eigentum an der Sache zu verschaffen. ²Der Verkäufer hat dem Käufer die Sache frei von Sach- und Rechtsmängeln zu verschaffen.

(2) Der Käufer ist verpflichtet, dem Verkäufer den vereinbarten Kaufpreis zu zahlen und die gekaufte Sache abzunehmen.

§ 434. Sachmangel. (1) ¹Die Sache ist frei von Sachmängeln, wenn sie bei Gefahrübergang die vereinbarte Beschaffenheit hat. ²Soweit die Beschaffenheit nicht vereinbart ist, ist die Sache frei von Sachmängeln,
1. wenn sie sich für die nach dem Vertrag vorausgesetzte Verwendung eignet, sonst
2. wenn sie sich für die gewöhnliche Verwendung eignet und eine Beschaffenheit aufweist, die bei Sachen der gleichen Art üblich

ist und die der Käufer nach der Art der Sache erwarten kann.
³Zu der Beschaffenheit nach Satz 2 Nr. 2 gehören auch Eigenschaften, die der Käufer nach den öffentlichen Äußerungen des Verkäufers, des Herstellers (§ 4 Abs. 1 und 2 des Produkthaftungsgesetzes) oder seines Gehilfen insbesondere in der Werbung oder bei der Kennzeichnung über bestimmte Eigenschaften der Sache erwarten kann, es sei denn, dass der Verkäufer die Äußerung nicht kannte und auch nicht kennen musste, dass sie im Zeitpunkt des Vertragsschlusses in gleichwertiger Weise berichtigt war oder dass sie die Kaufentscheidung nicht beeinflussen konnte.
(2) ¹Ein Sachmangel ist auch dann gegeben, wenn die vereinbarte Montage durch den Verkäufer oder dessen Erfüllungsgehilfen unsachgemäß durchgeführt worden ist. ²Ein Sachmangel liegt bei einer zur Montage bestimmten Sache ferner vor, wenn die Montageanleitung mangelhaft ist, es sei denn, die Sache ist fehlerfrei montiert worden.
(3) Einem Sachmangel steht es gleich, wenn der Verkäufer eine andere Sache oder eine zu geringe Menge liefert.

§ 435. Rechtsmangel. ¹Die Sache ist frei von Rechtsmängeln, wenn Dritte in Bezug auf die Sache keine oder nur die im Kaufvertrag übernommenen Rechte gegen den Käufer geltend machen können. ²Einem Rechtsmangel steht es gleich, wenn im Grundbuch ein Recht eingetragen ist, das nicht besteht.

§ 437. Rechte des Käufers bei Mängeln. Ist die Sache mangelhaft, kann der Käufer, wenn die Voraussetzungen der folgenden Vorschriften vorliegen und soweit nicht ein anderes bestimmt ist,
1. nach § 439 Nacherfüllung verlangen,
2. nach den §§ 440, 323 und 326 Abs. 5 von dem Vertrag zurücktreten oder nach § 441 den Kaufpreis mindern und
3. nach den §§ 440, 280, 281, 283 und 311 a Schadensersatz oder nach § 284 Ersatz vergeblicher Aufwendungen verlangen.

§ 438. Verjährung der Mängelansprüche.
(1) Die in § 437 Nr. 1 und 3 bezeichneten Ansprüche verjähren
1. in 30 Jahren, wenn der Mangel
 a) in einem dinglichen Recht eines Dritten, auf Grund dessen Herausgabe der Kaufsache verlangt werden kann, oder
 b) in einem sonstigen Recht, das im Grundbuch eingetragen ist,
 besteht,
2. in fünf Jahren
 a) bei einem Bauwerk und

 b) bei einer Sache, die entsprechend ihrer üblichen Verwendungsweise für ein Bauwerk verwendet worden ist und dessen Mangelhaftigkeit verursacht hat, und
3. im Übrigen in zwei Jahren.
(2) Die Verjährung beginnt bei Grundstücken mit der Übergabe, im Übrigen mit der Ablieferung der Sache.
(3) ¹Abweichend von Absatz 1 Nr. 2 und 3 und Absatz 2 verjähren die Ansprüche in der regelmäßigen Verjährungsfrist, wenn der Verkäufer den Mangel arglistig verschwiegen hat. ²Im Falle des Absatzes 1 Nr. 2 tritt die Verjährung jedoch nicht vor Ablauf der dort bestimmten Frist ein.
(4) ¹Für das in § 437 bezeichnete Rücktrittsrecht gilt § 218. ²Der Käufer kann trotz einer Unwirksamkeit des Rücktritts nach § 218 Abs. 1 die Zahlung des Kaufpreises insoweit verweigern, als er auf Grund des Rücktritts dazu berechtigt sein würde. ³Macht er von diesem Recht Gebrauch, kann der Verkäufer vom Vertrag zurücktreten.
(5) Auf das in § 437 bezeichnete Minderungsrecht finden § 218 und Absatz 4 Satz 2 entsprechende Anwendung.

§ 439. Nacherfüllung. (1) Der Käufer kann als Nacherfüllung nach seiner Wahl die Beseitigung des Mangels oder die Lieferung einer mangelfreien Sache verlangen.
(2) Der Verkäufer hat die zum Zweck der Nacherfüllung erforderlichen Aufwendungen, insbesondere Transport-, Wege-, Arbeits- und Materialkosten zu tragen.
(3) ¹Der Verkäufer kann die vom Käufer gewählte Art der Nacherfüllung unbeschadet des § 275 Abs. 2 und 3 verweigern, wenn sie nur mit unverhältnismäßigen Kosten möglich ist. ²Dabei sind insbesondere der Wert der Sache in mangelfreiem Zustand, die Bedeutung des Mangels und die Frage zu berücksichtigen, ob auf die andere Art der Nacherfüllung ohne erhebliche Nachteile für den Käufer zurückgegriffen werden könnte. ³Der Anspruch des Käufers beschränkt sich in diesem Fall auf die andere Art der Nacherfüllung; das Recht des Verkäufers, auch diese unter den Voraussetzungen des Satzes 1 zu verweigern, bleibt unberührt.
(4) Liefert der Verkäufer zum Zweck der Nacherfüllung eine mangelfreie Sache, so kann er vom Käufer Rückgewähr der mangelhaften Sache nach Maßgabe der §§ 346 bis 348 verlangen.

§ 440. Besondere Bestimmungen für Rücktritt und Schadensersatz. ¹Außer in den Fällen des § 281 Abs. 2 und des § 323 Abs. 2 bedarf es der Fristsetzung auch dann nicht, wenn der Verkäufer beide Arten der Nacherfüllung gemäß § 439

Bürgerliches Gesetzbuch

Abs. 3 verweigert oder wenn die dem Käufer zustehende Art der Nacherfüllung fehlgeschlagen oder ihm unzumutbar ist. ²Eine Nachbesserung gilt nach dem erfolglosen zweiten Versuch als fehlgeschlagen, wenn sich nicht insbesondere aus der Art der Sache oder des Mangels oder den sonstigen Umständen etwas anderes ergibt.

§ 441. Minderung. (1) ¹Statt zurückzutreten, kann der Käufer den Kaufpreis durch Erklärung gegenüber dem Verkäufer mindern. ²Der Ausschlussgrund des § 323 Abs. 5 Satz 2 findet keine Anwendung.

(2) Sind auf der Seite des Käufers oder auf der Seite des Verkäufers mehrere beteiligt, so kann die Minderung nur von allen oder gegen alle erklärt werden.

(3) ¹Bei der Minderung ist der Kaufpreis in dem Verhältnis herabzusetzen, in welchem zur Zeit des Vertragsschlusses der Wert der Sache in mangelfreiem Zustand zu dem wirklichen Wert gestanden haben würde. ²Die Minderung ist, soweit erforderlich, durch Schätzung zu ermitteln.

(4) ¹Hat der Käufer mehr als den geminderten Kaufpreis gezahlt, so ist der Mehrbetrag vom Verkäufer zu erstatten. ²§ 346 Abs. 1 und § 347 Abs. 1 finden entsprechende Anwendung.

§ 442. Kenntnis des Käufers. (1) ¹Die Rechte des Käufers wegen eines Mangels sind ausgeschlossen, wenn er bei Vertragsschluss den Mangel kennt. ²Ist dem Käufer ein Mangel infolge grober Fahrlässigkeit unbekannt geblieben, kann der Käufer Rechte wegen dieses Mangels nur geltend machen, wenn der Verkäufer den Mangel arglistig verschwiegen oder eine Garantie für die Beschaffenheit der Sache übernommen hat.

(2) Ein im Grundbuch eingetragenes Recht hat der Verkäufer zu beseitigen, auch wenn es der Käufer kennt.

§ 443. Beschaffenheits- und Haltbarkeitsgarantie. (1) Übernimmt der Verkäufer oder ein Dritter eine Garantie für die Beschaffenheit der Sache oder dafür, dass die Sache für eine bestimmte Dauer eine bestimmte Beschaffenheit behält (Haltbarkeitsgarantie), so stehen dem Käufer im Garantiefall unbeschadet der gesetzlichen Ansprüche die Rechte aus der Garantie zu den in der Garantieerklärung und der einschlägigen Werbung angegebenen Bedingungen gegenüber demjenigen zu, der die Garantie eingeräumt hat.

(2) Soweit eine Haltbarkeitsgarantie übernommen worden ist, wird vermutet, dass ein während ihrer Geltungsdauer auftretender Sachmangel die Rechte aus der Garantie begründet.

§ 444. Haftungsausschluss. Auf eine Vereinbarung, durch welche die Rechte des Käufers wegen eines Mangels ausgeschlossen oder beschränkt werden, kann sich der Verkäufer nicht berufen, soweit er den Mangel arglistig verschwiegen oder eine Garantie für die Beschaffenheit der Sache übernommen hat.

§ 445. Haftungsbegrenzung bei öffentlichen Versteigerungen. Wird eine Sache auf Grund eines Pfandrechts in einer öffentlichen Versteigerung unter der Bezeichnung als Pfand verkauft, so stehen dem Käufer Rechte wegen eines Mangels nur zu, wenn der Verkäufer den Mangel arglistig verschwiegen oder eine Garantie für die Beschaffenheit der Sache übernommen hat.

§ 446. Gefahr- und Lastenübergang. ¹Mit der Übergabe der verkauften Sache geht die Gefahr des zufälligen Untergangs und der zufälligen Verschlechterung auf den Käufer über. ²Von der Übergabe an gebühren dem Käufer die Nutzungen und trägt er die Lasten der Sache. ³Der Übergabe steht es gleich, wenn der Käufer im Verzug der Annahme ist.

§ 447. Gefahrübergang beim Versendungskauf. (1) Versendet der Verkäufer auf Verlangen des Käufers die verkaufte Sache nach einem anderen Ort als dem Erfüllungsort, so geht die Gefahr auf den Käufer über, sobald der Verkäufer die Sache dem Spediteur, dem Frachtführer oder der sonst zur Ausführung der Versendung bestimmten Person oder Anstalt ausgeliefert hat.

(2) Hat der Käufer eine besondere Anweisung über die Art der Versendung erteilt und weicht der Verkäufer ohne dringenden Grund von der Anweisung ab, so ist der Verkäufer dem Käufer für den daraus entstehenden Schaden verantwortlich.

§ 448. Kosten der Übergabe und vergleichbare Kosten. (1) Der Verkäufer trägt die Kosten der Übergabe der Sache, der Käufer die Kosten der Abnahme und der Versendung der Sache nach einem anderen Ort als dem Erfüllungsort.

(2) Der Käufer eines Grundstücks trägt die Kosten der Beurkundung des Kaufvertrags und der Auflassung, der Eintragung ins Grundbuch und der zu der Eintragung erforderlichen Erklärungen.

§ 449. Eigentumsvorbehalt. (1) Hat sich der Verkäufer einer beweglichen Sache das Eigentum bis zur Zahlung des Kaufpreises vorbehalten, so ist im Zweifel anzunehmen, dass das Eigentum unter der aufschiebenden Bedingung

vollständiger Zahlung des Kaufpreises übertragen wird (Eigentumsvorbehalt).
(2) Auf Grund des Eigentumsvorbehalts kann der Verkäufer die Sache nur herausverlangen, wenn er vom Vertrag zurückgetreten ist.
(3) Die Vereinbarung eines Eigentumsvorbehalts ist nichtig, soweit der Eigentumsübergang davon abhängig gemacht wird, dass der Käufer Forderungen eines Dritten, insbesondere eines mit dem Verkäufer verbundenen Unternehmens, erfüllt.

§ 451. Kauf durch ausgeschlossenen Käufer.
(1) [1]Die Wirksamkeit eines dem § 450 zuwider erfolgten Kaufs und der Übertragung des gekauften Gegenstandes hängt von der Zustimmung der bei dem Verkauf als Schuldner, Eigentümer oder Gläubiger Beteiligten ab. [2]Fordert der Käufer einen Beteiligten zur Erklärung über die Genehmigung auf, so findet § 177 Abs. 2 entsprechende Anwendung.
(2) Wird infolge der Verweigerung der Genehmigung ein neuer Verkauf vorgenommen, so hat der frühere Käufer für die Kosten des neuen Verkaufs sowie für einen Mindererlös aufzukommen.

§ 452. Schiffskauf.
Die Vorschriften dieses Untertitels über den Kauf von Grundstücken finden auf den Kauf von eingetragenen Schiffen und Schiffsbauwerken entsprechende Anwendung.

§ 453. Rechtskauf.
(1) Die Vorschriften über den Kauf von Sachen finden auf den Kauf von Rechten und sonstigen Gegenständen entsprechende Anwendung.
(2) Der Verkäufer trägt die Kosten der Begründung und Übertragung des Rechts.
(3) Ist ein Recht verkauft, das zum Besitz einer Sache berechtigt, so ist der Verkäufer verpflichtet, dem Käufer die Sache frei von Sach- und Rechtsmängeln zu übergeben.

Besondere Arten des Kaufs

§ 454. Zustandekommen des Kaufvertrags.
(1) [1]Bei einem Kauf auf Probe oder auf Besichtigung steht die Billigung des gekauften Gegenstandes im Belieben des Käufers. [2]Der Kauf ist im Zweifel unter der aufschiebenden Bedingung der Billigung geschlossen.
(2) Der Verkäufer ist verpflichtet, dem Käufer die Untersuchung des Gegenstandes zu gestatten.

§ 455. Billigungsfrist.
[1]Die Billigung eines auf Probe oder auf Besichtigung gekauften Gegenstandes kann nur innerhalb der vereinbarten Frist und in Ermangelung einer solchen nur bis zum Ablauf einer dem Käufer von dem Verkäufer bestimmten angemessenen Frist erklärt werden. [2]War die Sache dem Käufer zum Zwecke der Probe oder der Besichtigung übergeben, so gilt sein Schweigen als Billigung.

§ 463. Voraussetzungen der Ausübung des Vorkaufsrechts.
Wer in Ansehung eines Gegenstandes zum Vorkauf berechtigt ist, kann das Vorkaufsrecht ausüben, sobald der Verpflichtete mit einem Dritten einen Kaufvertrag über den Gegenstand geschlossen hat.

§ 464. Ausübung des Vorkaufrechts.
(1) [1]Die Ausübung des Vorkaufsrechts erfolgt durch Erklärung gegenüber dem Verpflichteten. [2]Die Erklärung bedarf nicht der für den Kaufvertrag bestimmten Form.
(2) Mit der Ausübung des Vorkaufsrechts kommt der Kauf zwischen dem Berechtigten und dem Verpflichteten unter den Bestimmungen zustande, welche der Verpflichtete mit dem Dritten vereinbart hat.

§ 469. Mitteilungspflicht, Ausübungsfrist.
(1) [1]Der Verpflichtete hat dem Vorkaufsberechtigten den Inhalt des mit dem Dritten geschlossenen Vertrags unverzüglich mitzuteilen. [2]Die Mitteilung des Verpflichteten wird durch die Mitteilung des Dritten ersetzt.
(2) [1]Das Vorkaufsrecht kann bei Grundstücken nur bis zum Ablauf von zwei Monaten, bei anderen Gegenständen nur bis zum Ablauf einer Woche nach dem Empfang der Mitteilung ausgeübt werden. [2]Ist für die Ausübung eine Frist bestimmt, so tritt diese an die Stelle der gesetzlichen Frist.

§ 471. Verkauf bei Zwangsvollstreckung oder Insolvenz.
Das Vorkaufsrecht ist ausgeschlossen, wenn der Verkauf im Wege der Zwangsvollstreckung oder aus einer Insolvenzmasse erfolgt.

§ 472. Mehrere Vorkaufsberechtigte.
[1]Steht das Vorkaufsrecht mehreren gemeinschaftlich zu, so kann es nur im Ganzen ausgeübt werden. [2]Ist es für einen der Berechtigten erloschen oder übt einer von ihnen sein Recht nicht aus, so sind die übrigen berechtigt, das Vorkaufsrecht im Ganzen auszuüben.

§ 473. Unübertragbarkeit.
[1]Das Vorkaufsrecht ist nicht übertragbar und geht nicht auf die Erben des Berechtigten über, sofern nicht ein anderes bestimmt ist. [2]Ist das Recht auf eine bestimmte Zeit beschränkt, so ist es im Zweifel vererblich.

Bürgerliches Gesetzbuch

Verbrauchsgüterkauf

§ 474. Begriff des Verbrauchsgüterkaufs. (1) ¹Kauft ein Verbraucher von einem Unternehmer eine bewegliche Sache (Verbrauchsgüterkauf), gelten ergänzend die folgenden Vorschriften. ²Dies gilt nicht für gebrauchte Sachen, die in einer öffentlichen Versteigerung verkauft werden, an der der Verbraucher persönlich teilnehmen kann.
(2) Die §§ 445 und 447 finden auf die in diesem Untertitel geregelten Kaufverträge keine Anwendung.

§ 475. Abweichende Vereinbarungen. (1) ¹Auf eine vor Mitteilung eines Mangels an den Unternehmer getroffene Vereinbarung, die zum Nachteil des Verbrauchers von den §§ 433 bis 435, 437, 439 bis 443, sowie von den Vorschriften dieses Untertitels abweicht, kann der Unternehmer sich nicht berufen. ²Die in Satz 1 bezeichneten Vorschriften finden auch Anwendung, wenn sie durch anderweitige Gestaltungen umgangen werden.
(2) Die Verjährung der in § 437 bezeichneten Ansprüche kann vor Mitteilung eines Mangels an den Unternehmer nicht durch Rechtsgeschäft erleichtert werden, wenn die Vereinbarung zu einer Verjährungsfrist ab dem gesetzlichen Verjährungsbeginn von weniger als zwei Jahren, bei gebrauchten Sachen von weniger als einem Jahr führt.
(3) Die Absätze 1 und 2 gelten unbeschadet der §§ 307 bis 309 nicht für den Ausschluss oder die Beschränkung des Anspruchs auf Schadensersatz.

§ 476. Beweislastumkehr. Zeigt sich innerhalb von sechs Monaten seit Gefahrübergang ein Sachmangel, so wird vermutet, dass die Sache bereits bei Gefahrübergang mangelhaft war, es sei denn, diese Vermutung ist mit der Art der Sache oder des Mangels unvereinbar.

§ 477. Sonderbestimmungen für Garantien. (1) ¹Eine Garantieerklärung (§ 443) muss einfach und verständlich abgefasst sein. ²Sie muss enthalten
1. den Hinweis auf die gesetzlichen Rechte des Verbrauchers sowie darauf, dass sie durch die Garantie nicht eingeschränkt werden und
2. den Inhalt der Garantie und alle wesentlichen Angaben, die für die Geltendmachung der Garantie erforderlich sind, insbesondere die Dauer und den räumlichen Geltungsbereich des Garantieschutzes sowie Namen und Anschrift des Garantiegebers.

(2) Der Verbraucher kann verlangen, dass ihm die Garantieerklärung in Textform mitgeteilt wird.

(3) Die Wirksamkeit der Garantieverpflichtung wird nicht dadurch berührt, dass eine der vorstehenden Anforderungen nicht erfüllt wird.

§ 478. Rückgriff des Unternehmers. (1) Wenn der Unternehmer die verkaufte neu hergestellte Sache als Folge ihrer Mangelhaftigkeit zurücknehmen musste oder der Verbraucher den Kaufpreis gemindert hat, bedarf es für die in § 437 bezeichneten Rechte des Unternehmers gegen den Unternehmer, der ihm die Sache verkauft hatte (Lieferant), wegen des vom Verbraucher geltend gemachten Mangels einer sonst erforderlichen Fristsetzung nicht.
(2) Der Unternehmer kann beim Verkauf einer neu hergestellten Sache von seinem Lieferanten Ersatz der Aufwendungen verlangen, die der Unternehmer im Verhältnis zum Verbraucher nach § 439 Abs. 2 zu tragen hatte, wenn der vom Verbraucher geltend gemachte Mangel bereits beim Übergang der Gefahr auf den Unternehmer vorhanden war.
(3) In den Fällen der Absätze 1 und 2 findet § 476 mit der Maßgabe Anwendung, dass die Frist mit dem Übergang der Gefahr auf den Verbraucher beginnt.
(4) ¹Auf eine vor Mitteilung eines Mangels an den Lieferanten getroffene Vereinbarung, die zum Nachteil des Unternehmers von den §§ 433 bis 435, 437, 439 bis 443, sowie von den Absätzen 1 bis 3 und von § 479 abweicht, kann sich der Lieferant nicht berufen, wenn dem Rückgriffsgläubiger kein gleichwertiger Ausgleich eingeräumt wird. ²Satz 1 gilt unbeschadet des § 307 nicht für den Ausschluss oder die Beschränkung des Anspruchs auf Schadensersatz. ³Die in Satz 1 bezeichneten Vorschriften finden auch Anwendung, wenn sie durch anderweitige Gestaltungen umgangen werden.
(5) Die Absätze 1 bis 4 finden auf die Ansprüche des Lieferanten und der übrigen Käufer in der Lieferkette gegen die jeweiligen Verkäufer entsprechende Anwendung, wenn die Schuldner Unternehmer sind.
(6) § 377 des Handelsgesetzbuchs bleibt unberührt.

§ 479. Verjährung von Rückgriffsansprüchen. (1) Die in § 478 Abs. 2 bestimmten Aufwendungsersatzansprüche verjähren in zwei Jahren ab Ablieferung der Sache.
(2) ¹Die Verjährung der in den §§ 437 und 478 Abs. 2 bestimmten Ansprüche des Unternehmers gegen seinen Lieferanten wegen des Mangels einer an einen Verbraucher verkauften neu hergestellten Sache tritt frühestens zwei Monate nach dem Zeitpunkt ein, in dem der Unternehmer die Ansprüche des Verbrauchers erfüllt hat. ²Diese Ablaufhemmung endet spätestens fünf Jahre nach dem Zeitpunkt, in dem der

Lieferant die Sache dem Unternehmer abgeliefert hat.

(3) Die vorstehenden Absätze finden auf die Ansprüche des Lieferanten und der übrigen Käufer in der Lieferkette gegen die jeweiligen Verkäufer entsprechende Anwendung, wenn die Schuldner Unternehmer sind.

Tausch

§ 480. Tausch. Auf den Tausch finden die Vorschriften über den Kauf entsprechende Anwendung.

▶ Darlehensvertrag; Finanzierungshilfen und Ratenlieferungsverträge zwischen einem Unternehmer und einem Verbraucher

Darlehensvertrag

§ 488. Vertragstypische Pflichten beim Darlehensvertrag. (1) ¹Durch den Darlehensvertrag wird der Darlehensgeber verpflichtet, dem Darlehensnehmer einen Geldbetrag in der vereinbarten Höhe zur Verfügung zu stellen. ²Der Darlehensnehmer ist verpflichtet, einen geschuldeten Zins zu zahlen und bei Fälligkeit das zur Verfügung gestellte Darlehen zurückzuerstatten.

(2) Die vereinbarten Zinsen sind, soweit nicht ein anderes bestimmt ist, nach dem Ablauf je eines Jahres und, wenn das Darlehen vor dem Ablauf eines Jahres zurückzuerstatten ist, bei der Rückzahlung zu entrichten.

(3) ¹Ist für die Rückerstattung des Darlehens eine Zeit nicht bestimmt, so hängt die Fälligkeit davon ab, dass der Darlehensgeber oder der Darlehensnehmer kündigt. ²Die Kündigungsfrist beträgt drei Monate. ³Sind Zinsen nicht geschuldet, so ist der Darlehensnehmer auch ohne Kündigung zur Rückerstattung berechtigt.

§ 489. Ordentliches Kündigungsrecht des Darlehensnehmers. (1) Der Darlehensnehmer kann einen Darlehensvertrag, bei dem für einen bestimmten Zeitraum ein fester Zinssatz vereinbart ist, ganz oder teilweise kündigen,
1. wenn die Zinsbindung vor der für die Rückzahlung bestimmten Zeit endet und keine neue Vereinbarung über den Zinssatz getroffen ist, unter Einhaltung einer Kündigungsfrist von einem Monat frühestens für den Ablauf des Tages, an dem die Zinsbindung endet; ist eine Anpassung des Zinssatzes in bestimmten Zeiträumen bis zu einem Jahr vereinbart, so kann der Darlehensnehmer jeweils nur für den Ablauf des Tages, an dem die Zinsbindung endet, kündigen;
2. wenn das Darlehen einem Verbraucher gewährt und nicht durch ein Grund- oder Schiffspfandrecht gesichert ist, nach Ablauf von sechs Monaten nach dem vollständigen Empfang unter Einhaltung einer Kündigungsfrist von drei Monaten;
3. in jedem Fall nach Ablauf von zehn Jahren nach dem vollständigen Empfang unter Einhaltung einer Kündigungsfrist von sechs Monaten; wird nach dem Empfang des Darlehens eine neue Vereinbarung über die Zeit der Rückzahlung oder den Zinssatz getroffen, so tritt der Zeitpunkt dieser Vereinbarung an die Stelle des Zeitpunkts der Auszahlung.

(2) Der Darlehensnehmer kann einen Darlehensvertrag mit veränderlichem Zinssatz jederzeit unter Einhaltung einer Kündigungsfrist von drei Monaten kündigen.

(3) Eine Kündigung des Darlehensnehmers nach den Absätzen 1 und 2 gilt als nicht erfolgt, wenn er den geschuldeten Betrag nicht binnen zwei Wochen nach Wirksamwerden der Kündigung zurückzahlt.

(4) ¹Das Kündigungsrecht des Darlehensnehmers nach den Absätzen 1 und 2 kann nicht durch Vertrag ausgeschlossen oder erschwert werden. ²Dies gilt nicht bei Darlehen an den Bund, ein Sondervermögen des Bundes, ein Land, eine Gemeinde, einen Gemeindeverband, die Europäischen Gemeinschaften oder ausländische Gebietskörperschaften.

§ 490. Außerordentliches Kündigungsrecht. (1) Wenn in den Vermögensverhältnissen des Darlehensnehmers oder in der Werthaltigkeit einer für das Darlehen gestellten Sicherheit eine wesentliche Verschlechterung eintritt oder einzutreten droht, durch die die Rückerstattung des Darlehens, auch unter Verwertung der Sicherheit, gefährdet wird, kann der Darlehensgeber den Darlehensvertrag vor Auszahlung des Darlehens im Zweifel stets, nach Auszahlung nur in der Regel fristlos kündigen.

(2) ¹Der Darlehensnehmer kann einen Darlehensvertrag, bei dem für einen bestimmten Zeitraum ein fester Zinssatz vereinbart und das Darlehen durch ein Grund- oder Schiffspfandrecht gesichert ist, unter Einhaltung der Fristen des § 489 Abs. 1 Nr. 2 vorzeitig kündigen, wenn seine berechtigten Interessen dies gebieten. ²Ein solches Interesse liegt insbesondere vor, wenn der Darlehensnehmer ein Bedürfnis nach einer anderweitigen Verwertung der zur Sicherung des Darlehens beliehenen Sache hat. ³Der Darlehensnehmer hat dem Darlehensgeber denjenigen Schaden zu ersetzen, der diesem aus der vorzeitigen Kündigung entsteht (Vorfälligkeitsentschädigung).

(3) Die Vorschriften der §§ 313 und 314 bleiben unberührt.

Bürgerliches Gesetzbuch

4.1 BGB §§ 491–493

§ 491. Verbraucherdarlehensvertrag. (1) Für entgeltliche Darlehensverträge zwischen einem Unternehmer als Darlehensgeber und einem Verbraucher als Darlehensnehmer (Verbraucherdarlehensvertrag) gelten vorbehaltlich der Absätze 2 und 3 ergänzend die folgenden Vorschriften.

(2) Die folgenden Vorschriften finden keine Anwendung auf Verbraucherdarlehensverträge,
1. bei denen das auszuzahlende Darlehen (Nettodarlehensbetrag) 200 Euro nicht übersteigt;
2. die ein Arbeitgeber mit seinem Arbeitnehmer zu Zinsen abschließt, die unter den marktüblichen Sätzen liegen;
3. die im Rahmen der Förderung des Wohnungswesens und des Städtebaus auf Grund öffentlich-rechtlicher Bewilligungsbescheide oder auf Grund von Zuwendungen aus öffentlichen Haushalten unmittelbar zwischen der die Fördermittel vergebenden öffentlich-rechtlichen Anstalt und dem Darlehensnehmer zu Zinssätzen abgeschlossen werden, die unter den marktüblichen Sätzen liegen.

(3) Keine Anwendung finden ferner
1. § 358 Abs. 2, 4 und 5 und die §§ 492 bis 495 auf Verbraucherdarlehensverträge, die in ein nach den Vorschriften der Zivilprozessordnung errichtetes gerichtliches Protokoll aufgenommen oder notariell beurkundet sind, wenn das Protokoll oder die notarielle Urkunde den Jahreszins, die bei Abschluss des Vertrags in Rechnung gestellten Kosten des Darlehens sowie die Voraussetzungen enthält, unter denen der Jahreszins oder die Kosten geändert werden können;
2. § 358 Abs. 2, 4 und 5 und § 359 auf Verbraucherdarlehensverträge, die der Finanzierung des Erwerbs von Wertpapieren, Devisen, Derivaten oder Edelmetallen dienen.

§ 492. Schriftform, Vertragsinhalt. (1) ¹Verbraucherdarlehensverträge sind, soweit nicht eine strengere Form vorgeschrieben ist, schriftlich abzuschließen. ²Der Abschluss des Vertrags in elektronischer Form ist ausgeschlossen. ³Der Schriftform ist genügt, wenn Antrag und Annahme durch die Vertragsparteien jeweils getrennt schriftlich erklärt werden. ⁴Die Erklärung des Darlehensgebers bedarf keiner Unterzeichnung, wenn sie mit Hilfe einer automatischen Einrichtung erstellt wird. ⁵Die vom Darlehensnehmer zu unterzeichnende Vertragserklärung muss angeben
1. den Nettodarlehensbetrag, gegebenenfalls die Höchstgrenze des Darlehens;
2. den Gesamtbetrag aller vom Darlehensnehmer zur Tilgung des Darlehens sowie zur Zahlung der Zinsen und sonstigen Kosten zu entrichtenden Teilzahlungen, wenn der Gesamtbetrag bei Abschluss des Verbraucherdarlehensvertrags für die gesamte Laufzeit der Höhe nach feststeht, bei Darlehen mit veränderlichen Bedingungen, die in Teilzahlungen getilgt werden, einen Gesamtbetrag auf der Grundlage der bei Abschluss des Vertrags maßgeblichen Darlehensbedingungen;
3. die Art und Weise der Rückzahlung des Darlehens oder, wenn eine Vereinbarung hierüber nicht vorgesehen ist, die Regelung der Vertragsbeendigung;
4. den Zinssatz und alle sonstigen Kosten des Darlehens, die, soweit ihre Höhe bekannt ist, im Einzelnen zu bezeichnen, im Übrigen dem Grunde nach anzugeben sind, einschließlich etwaiger vom Darlehensnehmer zu tragender Vermittlungskosten;
5. den effektiven Jahreszins oder, wenn eine Änderung des Zinssatzes oder anderer preisbestimmender Faktoren vorbehalten ist, den anfänglichen effektiven Jahreszins; zusammen mit dem anfänglichen effektiven Jahreszins ist auch anzugeben, unter welchen Voraussetzungen preisbestimmende Faktoren geändert werden können und auf welchen Zeitraum Belastungen, die sich aus einer nicht vollständigen Auszahlung oder aus einem Zuschlag zu dem Darlehen ergeben, bei der Berechnung des effektiven Jahreszinses verrechnet werden;
6. die Kosten einer Restschuld- oder sonstigen Versicherung, die im Zusammenhang mit dem Verbraucherdarlehensvertrag abgeschlossen wird;
7. zu bestellende Sicherheiten.
…

(2) ¹Effektiver Jahreszins ist die in einem Prozentsatz des Nettodarlehensbetrags anzugebende Gesamtbelastung pro Jahr. ²Die Berechnung des effektiven und des anfänglichen effektiven Jahreszinses richtet sich nach § 6 der Verordnung zur Regelung der Preisangaben.

(3) Der Darlehensgeber hat dem Darlehensnehmer eine Abschrift der Vertragserklärungen zur Verfügung zu stellen.

(4) ¹Die Absätze 1 und 2 gelten auch für die Vollmacht, die ein Darlehensnehmer zum Abschluss eines Verbraucherdarlehensvertrags erteilt. ²Satz 1 gilt nicht für die Prozessvollmacht und eine Vollmacht, die notariell beurkundet ist.

§ 493. Überziehungskredit. (1) ¹Die Bestimmungen des § 492 gelten nicht für Verbraucherdarlehensverträge, bei denen ein Kreditinstitut einem Darlehensnehmer das Recht einräumt, sein laufendes Konto in bestimmter Höhe zu überziehen, wenn außer den Zinsen für das in Anspruch genommene Darlehen keine weiteren Kosten in Rechnung gestellt werden und die Zinsen nicht in kürzeren Perioden als drei Monaten belastet werden. ²Das Kreditinstitut

hat den Darlehensnehmer vor der Inanspruchnahme eines solchen Darlehens zu unterrichten über
1. die Höchstgrenze des Darlehens;
2. den zum Zeitpunkt der Unterrichtung geltenden Jahreszins;
3. die Bedingungen, unter denen der Zinssatz geändert werden kann;
4. die Regelung der Vertragsbeendigung.
³Die Vertragsbedingungen nach Satz 2 Nr. 1 bis 4 sind dem Darlehensnehmer spätestens nach der ersten Inanspruchnahme des Darlehens zu bestätigen. ⁴Ferner ist der Darlehensnehmer während der Inanspruchnahme des Darlehens über jede Änderung des Jahreszinses zu unterrichten. ⁵Die Bestätigung nach Satz 3 und die Unterrichtung nach Satz 4 haben in Textform zu erfolgen; es genügt, wenn sie auf einem Kontoauszug erfolgen.

(2) Duldet das Kreditinstitut die Überziehung eines laufenden Kontos und wird das Konto länger als drei Monate überzogen, so hat das Kreditinstitut den Darlehensnehmer über den Jahreszins, die Kosten sowie die diesbezüglichen Änderungen zu unterrichten; dies kann in Form eines Ausdrucks auf einem Kontoauszug erfolgen.

§ 494. Rechtsfolgen von Formmängeln.
(1) Der Verbraucherdarlehensvertrag und die auf Abschluss eines solchen Vertrags vom Verbraucher erteilte Vollmacht sind nichtig, wenn die Schriftform insgesamt nicht eingehalten ist oder wenn eine der in § 492 Abs. 1 Satz 5 Nr. 1 bis 6 vorgeschriebenen Angaben fehlt.

(2) ¹Ungeachtet eines Mangels nach Absatz 1 wird der Verbraucherdarlehensvertrag gültig, soweit der Darlehensnehmer das Darlehen empfängt oder in Anspruch nimmt. ²Jedoch ermäßigt sich der dem Verbraucherdarlehensvertrag zugrunde gelegte Zinssatz (§ 492 Abs. 1 Satz 5 Nr. 4) auf den gesetzlichen Zinssatz, wenn seine Angabe, die Angabe des effektiven oder anfänglichen effektiven Jahreszinses (§ 492 Abs. 1 Satz 5 Nr. 5) oder die Angabe des Gesamtbetrags (§ 492 Abs. 1 Satz 5 Nr. 2, Abs. 1 a) fehlt. ³Nicht angegebene Kosten werden vom Darlehensnehmer nicht geschuldet. ⁴Vereinbarte Teilzahlungen sind unter Berücksichtigung der verminderten Zinsen oder Kosten neu zu berechnen. ⁵Ist nicht angegeben, unter welchen Voraussetzungen preisbestimmende Faktoren geändert werden können, so entfällt die Möglichkeit, diese zum Nachteil des Darlehensnehmers zu ändern. ⁶Sicherheiten können bei fehlenden Angaben hierüber nicht gefordert werden; dies gilt nicht, wenn der Nettodarlehensbetrag 50 000 Euro übersteigt.

(3) Ist der effektive oder der anfängliche effektive Jahreszins zu niedrig angegeben, so vermindert sich der dem Verbraucherdarlehensvertrag zugrunde gelegte Zinssatz um den Prozentsatz, um den der effektive oder anfängliche effektive Jahreszins zu niedrig angegeben ist.

§ 495. Widerrufsrecht. (1) Dem Darlehensnehmer steht bei einem Verbraucherdarlehensvertrag ein Widerrufsrecht nach § 355 zu.

(2) Absatz 1 findet keine Anwendung auf die in § 493 Abs. 1 Satz 1 genannten Verbraucherdarlehensverträge, wenn der Darlehensnehmer nach dem Vertrag das Darlehen jederzeit ohne Einhaltung einer Kündigungsfrist und ohne zusätzliche Kosten zurückzahlen kann.

§ 496. Einwendungsverzicht, Wechsel- und Scheckverbot. (1) Eine Vereinbarung, durch die der Darlehensnehmer auf das Recht verzichtet, Einwendungen, die ihm gegenüber dem Darlehensgeber zustehen, gemäß § 404 einem Abtretungsgläubiger entgegenzusetzen oder eine ihm gegen den Darlehensgeber zustehende Forderung gemäß § 406 auch dem Abtretungsgläubiger gegenüber aufzurechnen, ist unwirksam.

(2) ¹Der Darlehensnehmer darf nicht verpflichtet werden, für die Ansprüche des Darlehensgebers aus dem Verbraucherdarlehensvertrag eine Wechselverbindlichkeit einzugehen. ²Der Darlehensgeber darf vom Darlehensnehmer zur Sicherung seiner Ansprüche aus dem Verbraucherdarlehensvertrag einen Scheck nicht entgegennehmen. ³Der Darlehensnehmer kann vom Darlehensgeber jederzeit die Herausgabe eines Wechsels oder Schecks, der entgegen Satz 1 oder 2 begeben worden ist, verlangen. ⁴Der Darlehensgeber haftet für jeden Schaden, der dem Darlehensnehmer aus einer solchen Wechsel- oder Scheckbegebung entsteht.

§ 497. Behandlung der Verzugszinsen, Anrechnung von Teilleistungen. (1) ¹Soweit der Darlehensnehmer mit Zahlungen, die er auf Grund des Verbraucherdarlehensvertrags schuldet, in Verzug kommt, hat er den geschuldeten Betrag gemäß § 288 Abs. 1 zu verzinsen; dies gilt nicht für Immobiliardarlehensverträge. ²Bei diesen Verträgen beträgt der Verzugszinssatz für das Jahr zweieinhalb Prozentpunkte über dem Basiszinssatz. ³Im Einzelfall kann der Darlehensgeber einen höheren oder der Darlehensnehmer einen niedrigeren Schaden nachweisen.

(2) ¹Die nach Eintritt des Verzugs anfallenden Zinsen sind auf einem gesonderten Konto zu verbuchen und dürfen nicht in ein Kontokorrent mit dem geschuldeten Betrag oder anderen Forderungen des Darlehensgebers eingestellt werden. ²Hinsichtlich dieser Zinsen gilt § 289 Satz

Bürgerliches Gesetzbuch

4.1 BGB §§ 497–502

2 mit der Maßgabe, dass der Darlehensgeber Schadensersatz nur bis zur Höhe des gesetzlichen Zinssatzes (§ 246) verlangen kann.

(3) ¹Zahlungen des Darlehensnehmers, die zur Tilgung der gesamten fälligen Schuld nicht ausreichen, werden abweichend von § 367 Abs. 1 zunächst auf die Kosten der Rechtsverfolgung, dann auf den übrigen geschuldeten Betrag (Absatz 1) und zuletzt auf die Zinsen (Absatz 2) angerechnet. ²Der Darlehensgeber darf Teilzahlungen nicht zurückweisen. ³Die Verjährung der Ansprüche auf Darlehensrückerstattung und Zinsen ist vom Eintritt des Verzugs nach Absatz 1 an bis zu ihrer Feststellung in einer in § 197 Abs. 1 Nr. 3 bis 5 bezeichneten Art gehemmt, jedoch nicht länger als zehn Jahre von ihrer Entstehung an. ⁴Auf die Ansprüche auf Zinsen ist § 197 Abs. 2 keine Anwendung. ⁵Die Sätze 1 bis 4 finden keine Anwendung, soweit Zahlungen auf Vollstreckungstitel geleistet werden, deren Hauptforderung auf Zinsen lautet.

…

§ 498. Gesamtfälligstellung bei Teilzahlungsdarlehen. (1) ¹Wegen Zahlungsverzugs des Darlehensnehmers kann der Darlehensgeber den Verbraucherdarlehensvertrag bei einem Darlehen, das in Teilzahlungen zu tilgen ist, nur kündigen, wenn
1. der Darlehensnehmer mit mindestens zwei aufeinander folgenden Teilzahlungen ganz oder teilweise und mindestens zehn Prozent, bei einer Laufzeit des Verbraucherdarlehensvertrags über drei Jahre mit fünf Prozent des Nennbetrags des Darlehens oder des Teilzahlungspreises in Verzug ist und
2. der Darlehensgeber dem Darlehensnehmer erfolglos eine zweiwöchige Frist zur Zahlung des rückständigen Betrags mit der Erklärung gesetzt hat, dass er bei Nichtzahlung innerhalb der Frist die gesamte Restschuld verlange.

²Der Darlehensgeber soll dem Darlehensnehmer spätestens mit der Fristsetzung ein Gespräch über die Möglichkeiten einer einverständlichen Regelung anbieten.

(2) Kündigt der Darlehensgeber den Verbraucherdarlehensvertrag, so vermindert sich die Restschuld um die Zinsen und sonstigen laufzeitabhängigen Kosten des Darlehens, die bei staffelmäßiger Berechnung auf die Zeit nach Wirksamwerden der Kündigung entfallen.

…

Finanzierungshilfen zwischen einem Unternehmer und einem Verbraucher

§ 499. Zahlungsaufschub, sonstige Finanzierungshilfe. (1) Die Vorschriften der §§ 358, 359 und 492 Abs. 1 bis 3 und der §§ 494 bis 498 finden vorbehaltlich der Absätze 2 und 3 entsprechende Anwendung auf Verträge, durch die ein Unternehmer einem Verbraucher einen entgeltlichen Zahlungsaufschub von mehr als drei Monaten oder eine sonstige entgeltliche Finanzierungshilfe gewährt.

(2) Für Finanzierungsleasingverträge und Verträge, die die Lieferung einer bestimmten Sache oder die Erbringung einer bestimmten anderen Leistung gegen Teilzahlungen zum Gegenstand haben (Teilzahlungsgeschäfte), gelten vorbehaltlich des Absatzes 3 die in den §§ 500 bis 504 geregelten Besonderheiten.

(3) ¹Die Vorschriften dieses Untertitels finden in dem in § 491 Abs. 2 und 3 bestimmten Umfang keine Anwendung. ²Bei einem Teilzahlungsgeschäft tritt an die Stelle des in § 491 Abs. 2 Nr. 1 genannten Nettodarlehensbetrags der Barzahlungspreis.

§ 500. Finanzierungsleasingverträge. Auf Finanzierungsleasingverträge zwischen einem Unternehmer und einem Verbraucher finden lediglich die Vorschriften der §§ 358, 359, 492 Abs. 1 Satz 1 bis 4, § 492 Abs. 2 und 3 und § 495 Abs. 1 sowie der §§ 496 bis 498 entsprechende Anwendung.

§ 501. Teilzahlungsgeschäfte. ¹Auf Teilzahlungsgeschäfte zwischen einem Unternehmer und einem Verbraucher finden lediglich die Vorschriften der §§ 358, 359, 492 Abs. 1 Satz 1 bis 4, § 492 Abs. 2 und 3, § 495 Abs. 1 sowie der §§ 496 bis 498 entsprechende Anwendung. ²Im Übrigen gelten die folgenden Vorschriften.

§ 502. Erforderliche Angaben, Rechtsfolgen von Formmängeln bei Teilzahlungsgeschäften. (1) ¹Die vom Verbraucher zu unterzeichnende Vertragserklärung muss bei Teilzahlungsgeschäften angeben
1. den Barzahlungspreis;
2. den Teilzahlungspreis (Gesamtbetrag von Anzahlung und allen vom Verbraucher zu entrichtenden Teilzahlungen einschließlich Zinsen und sonstiger Kosten);
3. Betrag, Zahl und Fälligkeit der einzelnen Teilzahlungen;
4. den effektiven Jahreszins;
5. die Kosten einer Versicherung, die im Zusammenhang mit dem Teilzahlungsgeschäft abgeschlossen wird;
6. die Vereinbarung eines Eigentumsvorbehalts oder einer anderen zu bestellenden Sicherheit.

²Der Angabe eines Barzahlungspreises und eines effektiven Jahreszinses bedarf es nicht, wenn der Unternehmer nur gegen Teilzahlungen Sachen liefert oder Leistungen erbringt.

(2) Die Erfordernisse des Absatzes 1, des § 492 Abs. 1 Satz 1 bis 4 und des § 492 Abs. 3 gelten nicht für Teilzahlungsgeschäfte im Fernabsatz, wenn die in Absatz 1 Satz 1 Nr. 1 bis 5 bezeichneten Angaben mit Ausnahme des Betrags der einzelnen Teilzahlungen dem Verbraucher so rechtzeitig in Textform mitgeteilt sind, dass er die Angaben vor dem Abschluss des Vertrags eingehend zur Kenntnis nehmen kann.

(3) ¹Das Teilzahlungsgeschäft ist nichtig, wenn die Schriftform des § 492 Abs. 1 Satz 1 bis 4 nicht eingehalten ist oder wenn eine der im Absatz 1 Satz 1 Nr. 1 bis 5 vorgeschriebenen Angaben fehlt. ²Ungeachtet eines Mangels nach Satz 1 wird das Teilzahlungsgeschäft gültig, wenn dem Verbraucher die Sache übergeben oder die Leistung erbracht wird. ³Jedoch ist der Barzahlungspreis höchstens mit dem gesetzlichen Zinssatz zu verzinsen, wenn die Angabe des Teilzahlungspreises oder des effektiven Jahreszinses fehlt. ⁴Ist ein Barzahlungspreis nicht genannt, so gilt im Zweifel der Marktpreis als Barzahlungspreis. ⁵Die Bestellung von Sicherheiten kann bei fehlenden Angaben hierüber nicht gefordert werden. ⁶Ist der effektive oder der anfängliche effektive Jahreszins zu niedrig angegeben, so vermindert sich der Teilzahlungspreis um den Prozentsatz, um den der effektive oder anfängliche effektive Jahreszins zu niedrig angegeben ist.

§ 503. Rückgaberecht, Rücktritt bei Teilzahlungsgeschäften. (1) Anstelle des dem Verbraucher gemäß § 495 Abs. 1 zustehenden Widerrufsrechts kann dem Verbraucher ein Rückgaberecht nach § 356 eingeräumt werden.

(2) ¹Der Unternehmer kann von einem Teilzahlungsgeschäft wegen Zahlungsverzugs des Verbrauchers nur unter den in § 498 Abs. 1 bezeichneten Voraussetzungen zurücktreten. ²Der Verbraucher hat dem Unternehmer auch die infolge des Vertrags gemachten Aufwendungen zu ersetzen. ³Bei der Bemessung der Vergütung von Nutzungen einer zurückzugewährenden Sache ist auf die inzwischen eingetretene Wertminderung Rücksicht zu nehmen. ⁴Nimmt der Unternehmer die auf Grund des Teilzahlungsgeschäfts gelieferte Sache wieder an sich, gilt dies als Ausübung des Rücktrittsrechts, es sei denn, der Unternehmer einigt sich mit dem Verbraucher, diesem den gewöhnlichen Verkaufswert der Sache im Zeitpunkt der Wegnahme zu vergüten. ⁵Satz 4 gilt entsprechend, wenn ein Vertrag über die Lieferung einer Sache mit einem Verbraucherdarlehensvertrag verbunden ist (§ 358 Abs. 2) und wenn der Darlehensgeber die Sache an sich nimmt; im Fall des Rücktritts bestimmt sich das Rechtsverhältnis zwischen dem Darlehensgeber und dem Verbraucher nach den Sätzen 2 und 3.

§ 504. Vorzeitige Zahlung bei Teilzahlungsgeschäften. ¹Erfüllt der Verbraucher vorzeitig seine Verbindlichkeiten aus dem Teilzahlungsgeschäft, so vermindert sich der Teilzahlungspreis um die Zinsen und sonstigen laufzeitabhängigen Kosten, die bei gestaffelter Berechnung auf die Zeit nach der vorzeitigen Erfüllung entfallen. ²Ist ein Barzahlungspreis gemäß § 502 Abs. 1 Satz 2 nicht anzugeben, so ist der gesetzliche Zinssatz (§ 246) zugrunde zu legen. ³Zinsen und sonstige laufzeitabhängige Kosten kann der Unternehmer jedoch für die ersten neun Monate der ursprünglich vorgesehenen Laufzeit auch dann verlangen, wenn der Verbraucher seine Verbindlichkeiten vor Ablauf dieses Zeitraums erfüllt.

Ratenlieferungsverträge zwischen einem Unternehmer und einem Verbraucher

§ 505. Ratenlieferungsverträge. (1) ¹Dem Verbraucher steht vorbehaltlich des Satzes 2 bei Verträgen mit einem Unternehmer, in denen die Willenserklärung des Verbrauchers auf den Abschluss eines Vertrags gerichtet ist, der
1. die Lieferung mehrerer als zusammengehörend verkaufter Sachen in Teilleistungen zum Gegenstand hat und bei dem das Entgelt für die Gesamtheit der Sachen in Teilzahlungen zu entrichten ist, oder
2. die regelmäßige Lieferung von Sachen gleicher Art zum Gegenstand hat, oder
3. die Verpflichtung zum wiederkehrenden Erwerb oder Bezug von Sachen zum Gegenstand hat

ein Widerrufsrecht gemäß § 355 zu. ²Dies gilt nicht in dem in § 491 Abs. 2 und 3 bestimmten Umfang. ³Dem in § 491 Abs. 2 Nr. 1 genannten Nettodarlehensbetrag entspricht die Summe aller vom Verbraucher bis zum frühestmöglichen Kündigungszeitpunkt zu entrichtenden Teilzahlungen.

(2) ¹Der Ratenlieferungsvertrag nach Absatz 1 bedarf der schriftlichen Form. ²Satz 1 gilt nicht, wenn dem Verbraucher die Möglichkeit verschafft wird, die Vertragsbestimmungen einschließlich der Allgemeinen Geschäftsbedingungen bei Vertragsschluss abzurufen und in wiedergabefähiger Form zu speichern. ³Der Unternehmer hat dem Verbraucher den Vertragsinhalt in Textform mitzuteilen.

Bürgerliches Gesetzbuch

4.1 BGB §§ 506–550

Unabdingbarkeit, Anwendung auf Existenzgründer

§ 506. Abweichende Vereinbarungen. ¹Von den Vorschriften der §§ 491 bis 505 darf nicht zum Nachteil des Verbrauchers abgewichen werden. ²Diese Vorschriften finden auch Anwendung, wenn sie durch anderweitige Gestaltungen umgangen werden. ...

§ 507. Anwendung auf Existenzgründer. Die §§ 491 bis 506 gelten auch für natürliche Personen, die sich ein Darlehen, einen Zahlungsaufschub oder eine sonstige Finanzierungshilfe für die Aufnahme einer gewerblichen oder selbständigen beruflichen Tätigkeit gewähren lassen oder zu diesem Zweck einen Ratenlieferungsvertrag schließen, es sei denn, der Nettodarlehensbetrag oder Barzahlungspreis übersteigt 50.000 Euro.

▶ Schenkung

§ 516. Begriff der Schenkung. (1) Eine Zuwendung, durch die jemand aus seinem Vermögen einen anderen bereichert, ist Schenkung, wenn beide Teile darüber einig sind, dass die Zuwendung unentgeltlich erfolgt.

(2) ¹Ist die Zuwendung ohne den Willen des anderen erfolgt, so kann ihn der Zuwendende unter Bestimmung einer angemessenen Frist zur Erklärung über die Annahme auffordern. ²Nach dem Ablaufe der Frist gilt die Schenkung als angenommen, wenn nicht der andere sie vorher abgelehnt hat. ...

§ 518. Form des Schenkungsversprechens. (1) Zur Gültigkeit eines Vertrags, durch den eine Leistung schenkweise versprochen wird, ist die notarielle Beurkundung des Versprechens erforderlich. ...

(2) Der Mangel der Form wird durch die Bewirkung der versprochenen Leistung geheilt.

§ 521. Haftung des Schenkers. Der Schenker hat nur Vorsatz und grobe Fahrlässigkeit zu vertreten.

§ 530. Widerruf der Schenkung. (1) Eine Schenkung kann widerrufen werden, wenn sich der Beschenkte durch eine schwere Verfehlung gegen den Schenker oder einen nahen Angehörigen des Schenkers groben Undankes schuldig macht. ...

▶ Mietvertrag, Pachtvertrag

§ 535. Inhalt und Hauptpflichten des Mietvertrags. (1) ¹Durch den Mietvertrag wird der Vermieter verpflichtet, dem Mieter den Gebrauch der Mietsache während der Mietzeit zu gewähren. ²Der Vermieter hat die Mietsache dem Mieter in einem zum vertragsgemäßen Gebrauch geeigneten Zustand zu überlassen und sie während der Mietzeit in diesem Zustand zu erhalten. ³Er hat die auf der Mietsache ruhenden Lasten zu tragen.

(2) Der Mieter ist verpflichtet, dem Vermieter die vereinbarte Miete zu entrichten.

§ 536. Mietminderung bei Sach- und Rechtsmängeln. (1) ¹Hat die Mietsache zur Zeit der Überlassung an den Mieter einen Mangel, der ihre Tauglichkeit zum vertragsgemäßen Gebrauch aufhebt, oder entsteht während der Mietzeit ein solcher Mangel, so ist der Mieter für die Zeit, in der die Tauglichkeit aufgehoben ist, von der Entrichtung der Miete befreit. ²Für die Zeit, während der die Tauglichkeit gemindert ist, hat er nur eine angemessen herabgesetzte Miete zu entrichten. ³Eine unerhebliche Minderung der Tauglichkeit bleibt außer Betracht. ...

§ 536 c. Während der Mietzeit auftretende Mängel; Mängelanzeige durch den Mieter.

(1) ¹Zeigt sich im Laufe der Mietzeit ein Mangel der Mietsache oder wird eine Maßnahme zum Schutze der Mietsache gegen eine nicht vorhergesehene Gefahr erforderlich, so hat der Mieter dies dem Vermieter unverzüglich anzuzeigen. ²Das Gleiche gilt, wenn ein Dritter sich ein Recht an der Sache anmaßt.

(2) Unterlässt der Mieter die Anzeige, so ist er dem Vermieter zum Ersatz des daraus entstehenden Schadens verpflichtet. ...

§ 538. Abnutzung der Mietsache durch vertragsgemäßen Gebrauch. Veränderungen oder Verschlechterungen der Mietsache, die durch den vertragsgemäßen Gebrauch herbeigeführt werden, hat der Mieter nicht zu vertreten.

§ 540. Gebrauchsüberlassung an Dritte. (1) ¹Der Mieter ist ohne die Erlaubnis des Vermieters nicht berechtigt, den Gebrauch der Mietsache einem Dritten zu überlassen, insbesondere sie weiter zu vermieten. ²Verweigert der Vermieter die Erlaubnis, so kann der Mieter das Mietverhältnis außerordentlich mit der gesetzlichen Frist kündigen, sofern nicht in der Person des Dritten ein wichtiger Grund vorliegt. ...

§ 550. Form des Mietvertrags. ¹Wird der Mietvertrag für längere Zeit als ein Jahr nicht in schriftlicher Form geschlossen, so gilt er für unbestimmte Zeit. ²Die Kündigung ist jedoch frühestens zum Ablauf eines Jahres nach Überlassung des Wohnraums zulässig.

4.1 BGB §§ 551–598 — Zweites Buch. Recht der Schuldverhältnisse

§ 551. Begrenzung und Anlage von Mietsicherheiten. (1) Hat der Mieter dem Vermieter für die Erfüllung seiner Pflichten Sicherheit zu leisten, so darf diese vorbehaltlich des Absatzes 3 Satz 4 höchstens das Dreifache der auf einen Monat entfallenden Miete ohne die als Pauschale oder als Vorauszahlung ausgewiesenen Betriebskosten betragen.

(2) ¹Ist als Sicherheit eine Geldsumme bereitzustellen, so ist der Mieter zu drei gleichen monatlichen Teilzahlungen berechtigt. ²Die erste Teilzahlung ist zu Beginn des Mietverhältnisses fällig.

(3) ¹Der Vermieter hat eine ihm als Sicherheit überlassene Geldsumme bei einem Kreditinstitut zu dem für Spareinlagen mit dreimonatiger Kündigungsfrist üblichen Zinssatz anzulegen. ²Die Vertragsparteien können eine andere Anlageform vereinbaren. ³In beiden Fällen muss die Anlage vom Vermögen des Vermieters getrennt erfolgen und stehen die Erträge dem Mieter zu. ⁴Sie erhöhen die Sicherheit. ⁵Bei Wohnraum in einem Studenten- oder Jugendwohnheim besteht für den Vermieter keine Pflicht, die Sicherheitsleistung zu verzinsen.

(4) Eine zum Nachteil des Mieters abweichende Vereinbarung ist unwirksam.

§ 553. Gestattung der Gebrauchsüberlassung an Dritte. (1) ¹Entsteht für den Mieter nach Abschluss des Mietvertrags ein berechtigtes Interesse, einen Teil des Wohnraums einem Dritten zum Gebrauch zu überlassen, so kann er von dem Vermieter die Erlaubnis hierzu verlangen. ²Dies gilt nicht, wenn in der Person des Dritten ein wichtiger Grund vorliegt, der Wohnraum übermäßig belegt würde oder dem Vermieter die Überlassung aus sonstigen Gründen nicht zugemutet werden kann. ...

§ 554. Duldung von Erhaltungs- und Modernisierungsmaßnahmen. (1) Der Mieter hat Maßnahmen zu dulden, die zur Erhaltung der Mietsache erforderlich sind.

(2) ¹Maßnahmen zur Verbesserung der Mietsache, zur Einsparung von Energie oder Wasser oder zur Schaffung neuen Wohnraums hat der Mieter zu dulden. ²Dies gilt nicht, wenn die Maßnahme für ihn, seine Familie oder einen anderen Angehörigen seines Haushalts eine Härte bedeuten würde, die auch unter Würdigung der berechtigten Interessen des Vermieters und anderer Mieter in dem Gebäude nicht zu rechtfertigen ist. ...

§ 556 b. Fälligkeit der Miete, Aufrechnungs- und Zurückbehaltungsrecht. (1) Die Miete ist zu Beginn, spätestens bis zum dritten Werktag der einzelnen Zeitabschnitte zu entrichten, nach denen sie bemessen ist.

...

§ 558. Mieterhöhung bis zur ortsüblichen Vergleichsmiete. (1) ¹Der Vermieter kann die Zustimmung zu einer Erhöhung der Miete bis zur ortsüblichen Vergleichsmiete verlangen, wenn die Miete in dem Zeitpunkt, zu dem die Erhöhung eintreten soll, seit 15 Monaten unverändert ist. ²Das Mieterhöhungsverlangen kann frühestens ein Jahr nach der letzten Mieterhöhung geltend gemacht werden. ³Erhöhungen nach den §§ 559 bis 560 werden nicht berücksichtigt.

...

§ 566. Kauf bricht nicht Miete. (1) Wird der vermietete Wohnraum nach der Überlassung an den Mieter von dem Vermieter an einen Dritten veräußert, so tritt der Erwerber anstelle des Vermieters in die sich während der Dauer seines Eigentums aus dem Mietverhältnis ergebenden Rechte und Pflichten ein.

...

§ 568. Form und Inhalt der Kündigung. (1) Die Kündigung des Mietverhältnisses bedarf der schriftlichen Form.

...

§ 573. Ordentliche Kündigung des Vermieters. (1) ¹Der Vermieter kann nur kündigen, wenn er ein berechtigtes Interesse an der Beendigung des Mietverhältnisses hat. ²Die Kündigung zum Zwecke der Mieterhöhung ist ausgeschlossen.

...

§ 573 c. Fristen der ordentlichen Kündigung. (1) ¹Die Kündigung ist spätestens am dritten Werktag eines Kalendermonats zum Ablauf des übernächsten Monats zulässig. ²Die Kündigungsfrist für den Vermieter verlängert sich nach fünf und acht Jahren seit der Überlassung des Wohnraums um jeweils drei Monate.

...

§ 581. Vertragstypische Pflichten beim Pachtvertrag. (1) ¹Durch den Pachtvertrag wird der Verpächter verpflichtet, dem Pächter den Gebrauch des verpachteten Gegenstandes und den Genuss der Früchte, soweit sie nach den Regeln einer ordnungsmäßigen Wirtschaft als Ertrag anzusehen sind, während der Pachtzeit zu gewähren. ²Der Pächter ist verpflichtet, dem Verpächter die vereinbarte Pacht zu entrichten.

...

▶ **Leihe**

§ 598. Vertragstypische Pflichten bei der Leihe. Durch den Leihvertrag wird der Verleiher einer Sache verpflichtet, dem Entleiher

Bürgerliches Gesetzbuch

den Gebrauch der Sache unentgeltlich zu gestatten.

§ 599. Haftung des Verleihers. Der Verleiher hat nur Vorsatz und grobe Fahrlässigkeit zu vertreten.

§ 602. Abnutzung der Sache. Veränderungen oder Verschlechterungen der geliehenen Sache, die durch den vertragsmäßigen Gebrauch herbeigeführt werden, hat der Entleiher nicht zu vertreten.

§ 603. Vertragsmäßiger Gebrauch. [1]Der Entleiher darf von der geliehenen Sache keinen anderen als den vertragsmäßigen Gebrauch machen. [2]Er ist ohne die Erlaubnis des Verleihers nicht berechtigt, den Gebrauch der Sache einem Dritten zu überlassen.

§ 604. Rückgabepflicht. (1) Der Entleiher ist verpflichtet, die geliehene Sache nach dem Ablaufe der für die Leihe bestimmten Zeit zurückzugeben.
(2) [1]Ist eine Zeit nicht bestimmt, so ist die Sache zurückzugeben, nachdem der Entleiher den sich aus dem Zwecke der Leihe ergebenden Gebrauch gemacht hat. [2]Der Verleiher kann die Sache schon vorher zurückfordern, wenn so viel Zeit verstrichen ist, dass der Entleiher den Gebrauch hätte machen können.
(3) Ist die Dauer der Leihe weder bestimmt noch aus dem Zwecke zu entnehmen, so kann der Verleiher die Sache jederzeit zurückfordern.
(4) Überlässt der Entleiher den Gebrauch der Sache einem Dritten, so kann der Verleiher sie nach der Beendigung der Leihe auch von dem Dritten zurückfordern.
(5) Die Verjährung des Anspruchs auf Rückgabe der Sache beginnt mit der Beendigung der Leihe.

▶ **Sachdarlehensvertrag**

§ 607. Vertragstypische Pflichten beim Sachdarlehensvertrag. (1) [1]Durch den Sachdarlehensvertrag wird der Darlehensgeber verpflichtet, dem Darlehensnehmer eine vereinbarte vertretbare Sache zu überlassen. [2]Der Darlehensnehmer ist zur Zahlung eines Darlehensentgelts und bei Fälligkeit zur Rückerstattung von Sachen gleicher Art, Güte und Menge verpflichtet.
(2) Die Vorschriften dieses Titels finden keine Anwendung auf die Überlassung von Geld.

§ 608. Kündigung. (1) Ist für die Rückerstattung der überlassenen Sache eine Zeit nicht bestimmt, hängt die Fälligkeit davon ab, dass der Darlehensgeber oder der Darlehensnehmer kündigt.

(2) Ein auf unbestimmte Zeit abgeschlossener Sachdarlehensvertrag kann, soweit nicht ein anderes vereinbart ist, jederzeit vom Darlehensgeber oder Darlehensnehmer ganz oder teilweise gekündigt werden.

§ 609. Entgelt. Ein Entgelt hat der Darlehensnehmer spätestens bei Rückerstattung der überlassenen Sache zu bezahlen.

▶ **Dienstvertrag**

§ 611. Vertragstypische Pflichten beim Dienstvertrag. (1) Durch den Dienstvertrag wird derjenige, welcher Dienste zusagt, zur Leistung der versprochenen Dienste, der andere Teil zur Gewährung der vereinbarten Vergütung verpflichtet.
(2) Gegenstand des Dienstvertrags können Dienste jeder Art sein.

§ 612a. Maßregelungsverbot. Der Arbeitgeber darf einen Arbeitnehmer bei einer Vereinbarung oder einer Maßnahme nicht benachteiligen, weil der Arbeitnehmer in zulässiger Weise seine Rechte ausübt.

§ 613. Unübertragbarkeit. [1]Der zur Dienstleistung Verpflichtete hat die Dienste im Zweifel in Person zu leisten. [2]Der Anspruch auf die Dienste ist im Zweifel nicht übertragbar.

§ 613a. Rechte und Pflichten bei Betriebsübergang. (1) [1]Geht ein Betrieb oder Betriebsteil durch Rechtsgeschäft auf einen anderen Inhaber über, so tritt dieser in die Rechte und Pflichten aus den im Zeitpunkt des Übergangs bestehenden Arbeitsverhältnissen ein. [2]Sind diese Rechte und Pflichten durch Rechtsnormen eines Tarifvertrages oder durch eine Betriebsvereinbarung geregelt, so werden sie Inhalt des Arbeitsverhältnisses zwischen dem neuen Inhaber und dem Arbeitnehmer und dürfen nicht vor Ablauf eines Jahres nach dem Zeitpunkt des Übergangs zum Nachteil des Arbeitnehmers geändert werden. [3]Satz 2 gilt nicht, wenn die Rechte und Pflichten bei dem neuen Inhaber durch Rechtsnormen eines anderen Tarifvertrags oder durch eine andere Betriebsvereinbarung geregelt werden. [4]Vor Ablauf der Frist nach Satz 2 können die Rechte und Pflichten geändert werden, wenn der Tarifvertrag oder die Betriebsvereinbarung nicht mehr gilt oder bei fehlender beiderseitiger Tarifgebundenheit im Geltungsbereich eines anderen Tarifvertrags dessen Anwendung zwischen dem neuen Inhaber und dem Arbeitnehmer vereinbart wird.

(4) ¹Die Kündigung des Arbeitsverhältnisses eines Arbeitnehmers durch den bisherigen Arbeitgeber oder durch den neuen Inhaber wegen des Übergangs eines Betriebs oder eines Betriebsteils ist unwirksam. ²Das Recht zur Kündigung des Arbeitsverhältnisses aus anderen Gründen bleibt unberührt.

(5) Der bisherige Arbeitgeber oder der neue Inhaber hat die von einem Übergang betroffenen Arbeitnehmer vor dem Übergang in Textform zu unterrichten über:
1. den Zeitpunkt oder den geplanten Zeitpunkt des Übergangs,
2. den Grund für den Übergang,
3. die rechtlichen, wirtschaftlichen und sozialen Folgen des Übergangs für die Arbeitnehmer und
4. die hinsichtlich der Arbeitnehmer in Aussicht genommenen Maßnahmen.

(6) ¹Der Arbeitnehmer kann dem Übergang des Arbeitsverhältnisses innerhalb eines Monats nach Zugang der Unterrichtung nach Absatz 5 schriftlich widersprechen. ²Der Widerspruch kann gegenüber dem bisherigen Arbeitgeber oder dem neuen Inhaber erklärt werden.

§ 614. Fälligkeit der Vergütung. ¹Die Vergütung ist nach der Leistung der Dienste zu entrichten. ²Ist die Vergütung nach Zeitabschnitten bemessen, so ist sie nach dem Ablaufe der einzelnen Zeitabschnitte zu entrichten.

§ 615. Vergütung bei Annahmeverzug und bei Betriebsrisiko. ¹Kommt der Dienstberechtigte mit der Annahme der Dienste in Verzug, so kann der Verpflichtete für die infolge des Verzugs nicht geleisteten Dienste die vereinbarte Vergütung verlangen, ohne zur Nachleistung verpflichtet zu sein. ²Er muss sich jedoch den Wert desjenigen anrechnen lassen, was er infolge des Unterbleibens der Dienstleistung erspart oder durch anderweitige Verwendung seiner Dienste erwirbt oder zu erwerben böswillig unterlässt. ³Die Sätze 1 und 2 gelten entsprechend in den Fällen, in denen der Arbeitgeber das Risiko des Arbeitsausfalls trägt.

§ 616. Vorübergehende Verhinderung. ¹Der zur Dienstleistung Verpflichtete wird des Anspruchs auf die Vergütung nicht dadurch verlustig, dass er für eine verhältnismäßig nicht erhebliche Zeit durch einen in seiner Person liegenden Grund ohne sein Verschulden an der Dienstleistung verhindert wird. ²Er muss sich jedoch den Betrag anrechnen lassen, welcher ihm für die Zeit der Verhinderung aus einer auf Grund gesetzlicher Verpflichtung bestehenden Kranken- oder Unfallversicherung zukommt.

§ 619 a. Beweislast bei Haftung des Arbeitnehmers. Abweichend von § 280 Abs. 1 hat der Arbeitnehmer dem Arbeitgeber Ersatz für den aus der Verletzung einer Pflicht aus dem Arbeitsverhältnis entstehenden Schaden nur zu leisten, wenn er die Pflichtverletzung zu vertreten hat.

§ 620. Beendigung des Dienstverhältnisses.
(1) Das Dienstverhältnis endigt mit dem Ablaufe der Zeit, für die es eingegangen ist.
(2) Ist die Dauer des Dienstverhältnisses weder bestimmt noch aus der Beschaffenheit oder dem Zwecke der Dienste zu entnehmen, so kann jeder Teil das Dienstverhältnis nach Maßgabe der §§ 621 bis 623 kündigen.
(3) Für Arbeitsverträge, die auf bestimmte Zeit abgeschlossen werden, gilt das Teilzeit- und Befristungsgesetz.

§ 621. Kündigungsfristen bei Dienstverhältnissen. Bei einem Dienstverhältnis, das kein Arbeitsverhältnis im Sinne des § 622 ist, ist die Kündigung zulässig,
1. wenn die Vergütung nach Tagen bemessen ist, an jedem Tag für den Ablauf des folgenden Tages;
2. wenn die Vergütung nach Wochen bemessen ist, spätestens am ersten Werktag einer Woche für den Ablauf des folgenden Sonnabends;
3. wenn die Vergütung nach Monaten bemessen ist, spätestens am fünfzehnten eines Monats für den Schluss des Kalendermonats;
4. wenn die Vergütung nach Vierteljahren oder längeren Zeitabschnitten bemessen ist, unter Einhaltung einer Kündigungsfrist von sechs Wochen für den Schluss eines Kalendervierteljahres;
5. wenn die Vergütung nicht nach Zeitabschnitten bemessen ist, jederzeit; bei einem die Erwerbstätigkeit des Verpflichteten vollständig oder hauptsächlich in Anspruch nehmenden Dienstverhältnis ist jedoch eine Kündigungsfrist von zwei Wochen einzuhalten.

§ 622. Kündigungsfristen bei Arbeitsverhältnissen. (1) Das Arbeitsverhältnis eines Arbeiters oder eines Angestellten (Arbeitnehmers) kann mit einer Frist von vier Wochen zum Fünfzehnten oder zum Ende eines Kalendermonats gekündigt werden.
(2) ¹Für eine Kündigung durch den Arbeitgeber beträgt die Kündigungsfrist, wenn das Arbeitsverhältnis in dem Betrieb oder Unternehmen
1. zwei Jahre bestanden hat, einen Monat zum Ende eines Kalendermonats,
2. fünf Jahre bestanden hat, zwei Monate zum Ende eines Kalendermonats,

Bürgerliches Gesetzbuch

4.1 BGB §§ 622–632a

3. acht Jahre bestanden hat, drei Monate zum Ende eines Kalendermonats,
4. zehn Jahre bestanden hat, vier Monate zum Ende eines Kalendermonats,
5. zwölf Jahre bestanden hat, fünf Monate zum Ende eines Kalendermonats,
6. fünfzehn Jahre bestanden hat, sechs Monate zum Ende eines Kalendermonats,
7. zwanzig Jahre bestanden hat, sieben Monate zum Ende eines Kalendermonats.

²Bei der Berechnung der Beschäftigungsdauer werden Zeiten, die vor der Vollendung des fünfundzwanzigsten Lebensjahres des Arbeitnehmers liegen, nicht berücksichtigt.

(3) ¹Während einer vereinbarten Probezeit, längstens für die Dauer von sechs Monaten, kann das Arbeitsverhältnis mit einer Frist von zwei Wochen gekündigt werden.

(4) ¹Von den Absätzen 1 bis 3 abweichende Regelungen können durch Tarifvertrag vereinbart werden. ²Im Geltungsbereich eines solchen Tarifvertrages gelten die abweichenden tarifvertraglichen Bestimmungen zwischen nichttarifgebundenen Arbeitgebern und Arbeitnehmern, wenn ihre Anwendung zwischen ihnen vereinbart ist.

(5) ¹Einzelvertraglich kann eine kürzere als die in Absatz 1 genannte Kündigungsfrist nur vereinbart werden,
1. wenn ein Arbeitnehmer zur vorübergehenden Aushilfe eingestellt ist; dies gilt nicht, wenn das Arbeitsverhältnis über die Zeit von drei Monaten hinaus fortgesetzt wird;
2. wenn der Arbeitgeber in der Regel nicht mehr als zwanzig Arbeitnehmer ausschließlich der zu ihrer Berufsbildung Beschäftigten beschäftigt und die Kündigungsfrist vier Wochen nicht unterschreitet. ²Bei der Feststellung der Zahl der beschäftigten Arbeitnehmer sind teilzeitbeschäftigte Arbeitnehmer mit einer regelmäßigen wöchentlichen Arbeitszeit von nicht mehr als 20 Stunden mit 0,5 und nicht mehr als 30 Stunden mit 0,75 zu berücksichtigen.

³Die einzelvertragliche Vereinbarung längerer als der in den Absätzen 1 bis 3 genannten Kündigungsfristen bleibt hiervon unberührt.

(6) Für die Kündigung des Arbeitsverhältnisses durch den Arbeitnehmer darf keine längere Frist vereinbart werden als für die Kündigung durch den Arbeitgeber.

§ 623. Schriftform der Kündigung. Die Beendigung von Arbeitsverhältnissen durch Kündigung oder Auflösungsvertrag sowie die Befristung bedürfen zu ihrer Wirksamkeit der Schriftform; die elektronische Form ist ausgeschlossen.

§ 626. Fristlose Kündigung aus wichtigem Grund. (1) Das Dienstverhältnis kann von jedem Vertragsteil aus wichtigem Grund ohne Einhaltung einer Kündigungsfrist gekündigt werden, wenn Tatsachen vorliegen, auf Grund derer dem Kündigenden unter Berücksichtigung aller Umstände des Einzelfalles und unter Abwägung der Interessen beider Vertragsteile die Fortsetzung des Dienstverhältnisses bis zum Ablauf der Kündigungsfrist oder bis zu der vereinbarten Beendigung des Dienstverhältnisses nicht zugemutet werden kann.

(2) ¹Die Kündigung kann nur innerhalb von zwei Wochen erfolgen. ²Die Frist beginnt mit dem Zeitpunkt, in dem der Kündigungsberechtigte von den für die Kündigung maßgebenden Tatsachen Kenntnis erlangt. ³Der Kündigende muss dem anderen Teil auf Verlangen den Kündigungsgrund unverzüglich schriftlich mitteilen.

§ 630. Pflicht zur Zeugniserteilung. ¹Bei der Beendigung eines dauernden Dienstverhältnisses kann der Verpflichtete von dem anderen Teile ein schriftliches Zeugnis über das Dienstverhältnis und dessen Dauer fordern. ²Das Zeugnis ist auf Verlangen auf die Leistungen und die Führung im Dienste zu erstrecken. ³Die Erteilung des Zeugnisses in elektronischer Form ist ausgeschlossen. ⁴Wenn der Verpflichtete ein Arbeitnehmer ist, findet § 109 der Gewerbeordnung Anwendung.

▶ **Werkvertrag und ähnliche Verträge**

§ 631. Vertragstypische Pflichten beim Werkvertrag. (1) Durch den Werkvertrag wird der Unternehmer zur Herstellung des versprochenen Werkes, der Besteller zur Entrichtung der vereinbarten Vergütung verpflichtet.

(2) Gegenstand des Werkvertrags kann sowohl die Herstellung oder Veränderung einer Sache als ein anderer durch Arbeit oder Dienstleistung herbeizuführender Erfolg sein.

§ 632. Vergütung. (1) Eine Vergütung gilt als stillschweigend vereinbart, wenn die Herstellung des Werkes den Umständen nach nur gegen eine Vergütung zu erwarten ist.

(2) Ist die Höhe der Vergütung nicht bestimmt, so ist bei dem Bestehen einer Taxe die taxmäßige Vergütung, in Ermangelung einer Taxe die übliche Vergütung als vereinbart anzusehen.

(3) Ein Kostenanschlag ist im Zweifel nicht zu vergüten.

§ 632a. Abschlagszahlungen. ¹Der Unternehmer kann von dem Besteller für in sich abgeschlossene Teile des Werkes Abschlagszahlungen für die erbrachten vertragsmäßigen Leistungen verlangen. ²Dies gilt auch für erforderliche Stoffe oder Bauteile, die eigens angefertigt oder angeliefert sind. ³Der Anspruch besteht nur, wenn dem Besteller Eigentum an den Teilen des Werkes, an den Stoffen oder Bauteilen übertragen oder Sicherheit hierfür geleistet wird.

§ 633. Sach- und Rechtsmangel. (1) Der Unternehmer hat dem Besteller das Werk frei von Sach- und Rechtsmängeln zu verschaffen.

(2) ¹Das Werk ist frei von Sachmängeln, wenn es die vereinbarte Beschaffenheit hat. ²Soweit die Beschaffenheit nicht vereinbart ist, ist das Werk frei von Sachmängeln,
1. wenn es sich für die nach dem Vertrag vorausgesetzte, sonst
2. für die gewöhnliche Verwendung eignet und eine Beschaffenheit aufweist, die bei Werken der gleichen Art üblich ist und die der Besteller nach der Art des Werks erwarten kann.

³Einem Sachmangel steht es gleich, wenn der Unternehmer ein anderes als das bestellte Werk oder das Werk in zu geringer Menge herstellt.

(3) Das Werk ist frei von Rechtsmängeln, wenn Dritte in Bezug auf das Werk keine oder nur die im Vertrag übernommenen Rechte gegen den Besteller geltend machen können.

§ 634. Rechte des Bestellers bei Mängeln. Ist das Werk mangelhaft, kann der Besteller, wenn die Voraussetzungen der folgenden Vorschriften vorliegen und soweit nicht ein anderes bestimmt ist,
1. nach § 635 Nacherfüllung verlangen,
2. nach § 637 den Mangel selbst beseitigen und Ersatz der erforderlichen Aufwendungen verlangen,
3. nach den §§ 636, 323 und 326 Abs. 5 von dem Vertrag zurücktreten oder nach § 638 die Vergütung mindern und
4. nach den §§ 636, 280, 281, 283 und 311a Schadensersatz oder nach § 284 Ersatz vergeblicher Aufwendungen verlangen.

§ 634 a. Verjährung der Mängelansprüche.
(1) Die in § 634 Nr. 1, 2 und 4 bezeichneten Ansprüche verjähren
1. vorbehaltlich der Nummer 2 in zwei Jahren bei einem Werk, dessen Erfolg in der Herstellung, Wartung oder Veränderung einer Sache oder in der Erbringung von Planungs- oder Überwachungsleistungen hierfür besteht,
2. in fünf Jahren bei einem Bauwerk und einem Werk, dessen Erfolg in der Erbringung von Planungs- oder Überwachungsleistungen hierfür besteht, und
3. im Übrigen in der regelmäßigen Verjährungsfrist.

(2) Die Verjährung beginnt in den Fällen des Absatzes 1 Nr. 1 und 2 mit der Abnahme.

(3) ¹Abweichend von Absatz 1 Nr. 1 und 2 und Absatz 2 verjähren die Ansprüche in der regelmäßigen Verjährungsfrist, wenn der Unternehmer den Mangel arglistig verschwiegen hat. ²Im Fall des Absatzes 1 Nr. 2 tritt die Verjährung jedoch nicht vor Ablauf der dort bestimmten Frist ein.

(4) ¹Für das in § 634 bezeichnete Rücktrittsrecht gilt § 218. ²Der Besteller kann trotz einer Unwirksamkeit des Rücktritts nach § 218 Abs. 1 die Zahlung der Vergütung insoweit verweigern, als er auf Grund des Rücktritts dazu berechtigt sein würde. ³Macht er von diesem Recht Gebrauch, kann der Unternehmer vom Vertrag zurücktreten.

(5) Auf das in § 634 bezeichnete Minderungsrecht finden § 218 und Absatz 4 Satz 2 entsprechende Anwendung.

§ 635. Nacherfüllung. (1) Verlangt der Besteller Nacherfüllung, so kann der Unternehmer nach seiner Wahl den Mangel beseitigen oder ein neues Werk herstellen.

(2) Der Unternehmer hat die zum Zwecke der Nacherfüllung erforderlichen Aufwendungen, insbesondere Transport-, Wege-, Arbeits- und Materialkosten zu tragen.

(3) Der Unternehmer kann die Nacherfüllung unbeschadet des § 275 Abs. 2 und 3 verweigern, wenn sie nur mit unverhältnismäßigen Kosten möglich ist.

(4) Stellt der Unternehmer ein neues Werk her, so kann er vom Besteller Rückgewähr des mangelhaften Werks nach Maßgabe der §§ 346 bis 348 verlangen.

§ 636. Besondere Bestimmungen für Rücktritt und Schadensersatz. Außer in den Fällen der §§ 281 Abs. 2 und 323 Abs. 2 bedarf es der Fristsetzung auch dann nicht, wenn der Unternehmer die Nacherfüllung gemäß § 635 Abs. 3 verweigert oder wenn die Nacherfüllung fehlgeschlagen oder dem Besteller unzumutbar ist.

§ 637. Selbstvornahme. (1) Der Besteller kann wegen eines Mangels des Werks nach erfolglosem Ablauf einer von ihm zur Nacherfüllung bestimmten angemessenen Frist den Mangel selbst beseitigen und Ersatz der erforderlichen Aufwendungen verlangen, wenn nicht der Unternehmer die Nacherfüllung zu Recht verweigert.

(2) ¹§ 323 Abs. 2 findet entsprechende Anwendung. ²Der Bestimmung einer Frist bedarf es auch dann nicht, wenn die Nacherfüllung fehlgeschlagen oder dem Besteller unzumutbar ist.

Bürgerliches Gesetzbuch 4.1 BGB §§ 637–651

(3) Der Besteller kann von dem Unternehmer für die zur Beseitigung des Mangels erforderlichen Aufwendungen Vorschuss verlangen.

§ 638. Minderung. (1) ¹Statt zurückzutreten, kann der Besteller die Vergütung durch Erklärung gegenüber dem Unternehmer mindern. ²Der Ausschlussgrund des § 323 Abs. 5 Satz 2 findet keine Anwendung.

(2) Sind auf der Seite des Bestellers oder auf der Seite des Unternehmers mehrere beteiligt, so kann die Minderung nur von allen oder gegen alle erklärt werden.

(3) ¹Bei der Minderung ist die Vergütung in dem Verhältnis herabzusetzen, in welchem zur Zeit des Vertragsschlusses der Wert des Werks in mangelfreiem Zustand zu dem wirklichen Wert gestanden haben würde. ²Die Minderung ist, soweit erforderlich, durch Schätzung zu ermitteln.

(4) ¹Hat der Besteller mehr als die geminderte Vergütung gezahlt, so ist der Mehrbetrag vom Unternehmer zu erstatten. ²§ 346 Abs. 1 und § 347 Abs. 1 finden entsprechende Anwendung.

§ 639. Haftungsausschluss. Auf eine Vereinbarung, durch welche die Rechte des Bestellers wegen eines Mangels ausgeschlossen oder beschränkt werden, kann sich der Unternehmer nicht berufen, soweit er den Mangel arglistig verschwiegen oder eine Garantie für die Beschaffenheit des Werks übernommen hat.

§ 640. Abnahme. (1) ¹Der Besteller ist verpflichtet, das vertragsmäßig hergestellte Werk abzunehmen, sofern nicht nach der Beschaffenheit des Werkes die Abnahme ausgeschlossen ist. ²Wegen unwesentlicher Mängel kann die Abnahme nicht verweigert werden. ³Der Abnahme steht es gleich, wenn der Besteller das Werk nicht innerhalb einer ihm vom Unternehmer bestimmten angemessenen Frist abnimmt, obwohl er dazu verpflichtet ist.

(2) Nimmt der Besteller ein mangelhaftes Werk ab, obschon er den Mangel kennt, so stehen ihm die in § 634 Nr. 1 bis 3 bezeichneten Rechte nur zu, wenn er sich seine Rechte wegen des Mangels bei der Abnahme vorbehält.

§ 641. Fälligkeit der Vergütung. (1) ¹Die Vergütung ist bei der Abnahme des Werkes zu entrichten. ²Ist das Werk in Teilen abzunehmen und die Vergütung für die einzelnen Teile bestimmt, so ist die Vergütung für jeden Teil bei dessen Abnahme zu entrichten.
…

§ 641a. Fertigstellungsbescheinigung. (1) Der Abnahme steht es gleich, wenn dem Unternehmer von einem Gutachter eine Bescheinigung darüber erteilt wird, dass

1. das versprochene Werk, im Falle des § 641 Abs. 1 Satz 2 auch ein Teil desselben, hergestellt ist und
2. das Werk frei von Mängeln ist, die der Besteller gegenüber dem Gutachter behauptet hat oder die für den Gutachter bei einer Besichtigung feststellbar sind,

(Fertigstellungsbescheinigung). ²Das gilt nicht, wenn das Verfahren nach den Absätzen 2 bis 4 nicht eingehalten worden ist oder wenn die Voraussetzungen des § 640 Abs. 1 Satz 1 und 2 nicht gegeben waren; …

§ 644. Gefahrtragung. (1) ¹Der Unternehmer trägt die Gefahr bis zur Abnahme des Werkes. ²Kommt der Besteller in Verzug der Annahme, so geht die Gefahr auf ihn über. ³Für den zufälligen Untergang und eine zufällige Verschlechterung des von dem Besteller gelieferten Stoffes ist der Unternehmer nicht verantwortlich.

(2) Versendet der Unternehmer das Werk auf Verlangen des Bestellers nach einem anderen Orte als dem Erfüllungsorte, so finden die für den Kauf geltenden Vorschriften des § 446 entsprechende Anwendung.

§ 648a. Bauhandwerkersicherung. (1) Der Unternehmer eines Bauwerks, einer Außenanlage oder eines Teils davon kann vom Besteller Sicherheit für die von ihm zu erbringenden Vorleistungen einschließlich dazugehöriger Nebenforderungen in der Weise verlangen, dass er dem Besteller zur Leistung der Sicherheit eine angemessene Frist mit der Erklärung bestimmt, dass er nach dem Ablauf der Frist seine Leistung verweigere. …

§ 649. Kündigungsrecht des Bestellers. ¹Der Besteller kann bis zur Vollendung des Werkes jederzeit den Vertrag kündigen. ²Kündigt der Besteller, so ist der Unternehmer berechtigt, die vereinbarte Vergütung zu verlangen; er muss sich jedoch dasjenige anrechnen lassen, was er infolge der Aufhebung des Vertrags an Aufwendungen erspart oder durch anderweitige Verwendung seiner Arbeitskraft erwirbt oder zu erwerben böswillig unterlässt.

§ 651. Anwendung des Kaufrechts. ¹Auf einen Vertrag, der die Lieferung herzustellender oder zu erzeugender beweglicher Sachen zum Gegenstand hat, finden die Vorschriften über den Kauf Anwendung. ²§ 442 Abs. 1 Satz 1 findet bei diesen Verträgen auch Anwendung, wenn der Mangel auf den vom Besteller gelieferten Stoff zurückzuführen ist. ³Soweit es sich bei den herzustellenden oder zu erzeugenden beweglichen Sachen um nicht vertretbare Sachen handelt, sind auch die §§ 642, 643, 645, 649 und

650 mit der Maßgabe anzuwenden, dass an die Stelle der Abnahme der nach den §§ 446 und 447 maßgebliche Zeitpunkt tritt.

§ 651 a. Vertragstypische Pflichten beim Reisevertrag. (1) [1]Durch den Reisevertrag wird der Reiseveranstalter verpflichtet, dem Reisenden eine Gesamtheit von Reiseleistungen (Reise) zu erbringen. [2]Der Reisende ist verpflichtet, dem Reiseveranstalter den vereinbarten Reisepreis zu zahlen. ...

(3) [1]Der Reiseveranstalter hat dem Reisenden bei oder unverzüglich nach Vertragsschluss eine Urkunde über den Reisevertrag (Reisebestätigung) zur Verfügung zu stellen. [2]Die Reisebestätigung und ein Prospekt, den der Reiseveranstalter zur Verfügung stellt, müssen die in der Rechtsverordnung nach Artikel 238 des Einführungsgesetzes zum Bürgerlichen Gesetzbuche bestimmten Angaben enthalten.

(4) [1]Der Reiseveranstalter kann den Reisepreis nur erhöhen, wenn dies mit genauen Angaben zur Berechnung des neuen Preises im Vertrag vorgesehen ist und damit einer Erhöhung der Beförderungskosten, der Abgaben für bestimmte Leistungen, wie Hafen- oder Flughafengebühren, oder einer Änderung der für die betreffende Reise geltenden Wechselkurse Rechnung getragen wird. [2]Eine Preiserhöhung, die ab dem zwanzigsten Tag vor dem vereinbarten Abreisetermin verlangt wird, ist unwirksam. [3]§ 309 Nr. 1 bleibt unberührt.

...

§ 651 b. Vertragsübertragung. (1) [1]Bis zum Reisebeginn kann der Reisende verlangen, dass statt seiner ein Dritter in die Rechte und Pflichten aus dem Reisevertrag eintritt. [2]Der Reiseveranstalter kann dem Eintritt des Dritten widersprechen, wenn dieser den besonderen Reiseerfordernissen nicht genügt oder seiner Teilnahme gesetzliche Vorschriften oder behördliche Anordnungen entgegenstehen.

(2) Tritt ein Dritter in den Vertrag ein, so haften er und der Reisende dem Reiseveranstalter als Gesamtschuldner für den Reisepreis und die durch den Eintritt des Dritten entstehenden Mehrkosten.

§ 651 c. Abhilfe. (1) Der Reiseveranstalter ist verpflichtet, die Reise so zu erbringen, dass sie die zugesicherten Eigenschaften hat und nicht mit Fehlern behaftet ist, die den Wert oder die Tauglichkeit zu dem gewöhnlichen oder nach dem Vertrag vorausgesetzten Nutzen aufheben oder mindern.

(2) [1]Ist die Reise nicht von dieser Beschaffenheit, so kann der Reisende Abhilfe verlangen. [2]Der Reiseveranstalter kann die Abhilfe verweigern, wenn sie einen unverhältnismäßigen Aufwand erfordert.

(3) [1]Leistet der Reiseveranstalter nicht innerhalb einer vom Reisenden bestimmten angemessenen Frist Abhilfe, so kann der Reisende selbst Abhilfe schaffen und Ersatz der erforderlichen Aufwendungen verlangen. [2]Der Bestimmung einer Frist bedarf es nicht, wenn die Abhilfe von dem Reiseveranstalter verweigert wird oder wenn die sofortige Abhilfe durch ein besonderes Interesse des Reisenden geboten wird.

§ 651 d. Minderung. (1) [1]Ist die Reise im Sinne des § 651 c Abs. 1 mangelhaft, so mindert sich für die Dauer des Mangels der Reisepreis nach Maßgabe des § 638 Abs. 3. [2]§ 638 Abs. 4 findet entsprechende Anwendung.

(2) Die Minderung tritt nicht ein, soweit es der Reisende schuldhaft unterlässt, den Mangel anzuzeigen.

§ 651 e. Kündigung wegen Mangels. (1) [1]Wird die Reise infolge eines Mangels der in § 651 c bezeichneten Art erheblich beeinträchtigt, so kann der Reisende den Vertrag kündigen. [2]Dasselbe gilt, wenn ihm die Reise infolge eines solchen Mangels aus wichtigem, dem Reiseveranstalter erkennbarem Grund nicht zuzumuten ist.

(2) [1]Die Kündigung ist erst zulässig, wenn der Reiseveranstalter eine ihm vom Reisenden bestimmte angemessene Frist hat verstreichen lassen, ohne Abhilfe zu leisten. [2]Der Bestimmung einer Frist bedarf es nicht, wenn die Abhilfe unmöglich ist oder vom Reiseveranstalter verweigert wird oder wenn die sofortige Kündigung des Vertrags durch ein besonderes Interesse des Reisenden gerechtfertigt wird.

(3) [1]Wird der Vertrag gekündigt, so verliert der Reiseveranstalter den Anspruch auf den vereinbarten Reisepreis. [2]Er kann jedoch für die bereits erbrachten oder zur Beendigung der Reise noch zu erbringenden Reiseleistungen eine nach § 638 Abs. 3 zu bemessende Entschädigung verlangen. [3]Dies gilt nicht, soweit diese Leistungen infolge der Aufhebung des Vertrags für den Reisenden kein Interesse haben.

(4) [1]Der Reiseveranstalter ist verpflichtet, die infolge der Aufhebung des Vertrags notwendigen Maßnahmen zu treffen, insbesondere, falls der Vertrag die Rückbeförderung umfasste, den Reisenden zurückzubefördern. [2]Die Mehrkosten fallen dem Reiseveranstalter zur Last.

§ 651 f. Schadensersatz. (1) Der Reisende kann unbeschadet der Minderung oder der Kündigung Schadensersatz wegen Nichterfüllung verlangen, es sei denn, der Mangel der Reise beruht auf einem Umstand, den der Reiseveranstalter nicht zu vertreten hat.

Bürgerliches Gesetzbuch   4.1 BGB §§ 651 f–651 k

(2) Wird die Reise vereitelt oder erheblich beeinträchtigt, so kann der Reisende auch wegen nutzlos aufgewendeter Urlaubszeit eine angemessene Entschädigung in Geld verlangen.

§ 651 g. Ausschlussfrist, Verjährung. (1) [1]Ansprüche nach den §§ 651 c bis 651 f hat der Reisende innerhalb eines Monats nach der vertraglich vorgesehenen Beendigung der Reise gegenüber dem Reiseveranstalter geltend zu machen. [2]§ 174 ist nicht anzuwenden. [3]Nach Ablauf der Frist kann der Reisende Ansprüche nur geltend machen, wenn er ohne Verschulden an der Einhaltung der Frist verhindert worden ist.
(2) [1]Ansprüche des Reisenden nach den §§ 651 c bis 651 f verjähren in zwei Jahren. [2]Die Verjährung beginnt mit dem Tage, an dem die Reise dem Vertrag nach enden sollte.

§ 651 h. Zulässige Haftungsbeschränkung.
(1) Der Reiseveranstalter kann durch Vereinbarung mit dem Reisenden seine Haftung für Schäden, die nicht Körperschäden sind, auf den dreifachen Reisepreis beschränken,
1. soweit ein Schaden des Reisenden weder vorsätzlich noch grob fahrlässig herbeigeführt wird oder
2. soweit der Reiseveranstalter für einen dem Reisenden entstehenden Schaden allein wegen eines Verschuldens eines Leistungsträgers verantwortlich ist.
(2) Gelten für eine von einem Leistungsträger zu erbringende Reiseleistung internationale Übereinkommen oder auf solchen beruhende gesetzliche Vorschriften, nach denen ein Anspruch auf Schadensersatz nur unter bestimmten Voraussetzungen oder Beschränkungen entsteht oder geltend gemacht werden kann oder unter bestimmten Voraussetzungen ausgeschlossen ist, so kann sich auch der Reiseveranstalter gegenüber dem Reisenden hierauf berufen.

§ 651 i. Rücktritt vor Reisebeginn. (1) Vor Reisebeginn kann der Reisende jederzeit vom Vertrag zurücktreten.
(2) [1]Tritt der Reisende vom Vertrag zurück, so verliert der Reiseveranstalter den Anspruch auf den vereinbarten Reisepreis. [2]Er kann jedoch eine angemessene Entschädigung verlangen. [3]Die Höhe der Entschädigung bestimmt sich nach dem Reisepreis unter Abzug des Wertes der vom Reiseveranstalter ersparten Aufwendungen sowie dessen, was er durch anderweitige Verwendung der Reiseleistungen erwerben kann.
(3) Im Vertrag kann für jede Reiseart unter Berücksichtigung der gewöhnlich ersparten Aufwendungen und des durch anderweitige Verwendung der Reiseleistungen gewöhnlich möglichen Erwerbs ein Vomhundertsatz des Reisepreises als Entschädigung festgesetzt werden.

§ 651 j. Kündigung wegen höherer Gewalt.
(1) Wird die Reise infolge bei Vertragsabschluss nicht voraussehbarer höherer Gewalt erheblich erschwert, gefährdet oder beeinträchtigt, so können sowohl der Reiseveranstalter als auch der Reisende den Vertrag allein nach Maßgabe dieser Vorschrift kündigen.
(2) [1]Wird der Vertrag nach Absatz 1 gekündigt, so finden die Vorschriften des § 651 e Abs. 3 Satz 1 und 2, Abs. 4 Satz 1 Anwendung. [2]Die Mehrkosten für die Rückbeförderung sind von den Parteien je zur Hälfte zu tragen. [3]Im Übrigen fallen die Mehrkosten dem Reisenden zur Last.

§ 651 k. Sicherstellung, Zahlung. (1) Der Reiseveranstalter hat sicherzustellen, dass dem Reisenden erstattet werden
1. der gezahlte Reisepreis, soweit Reiseleistungen infolge Zahlungsunfähigkeit oder Eröffnung des Insolvenzverfahrens über das Vermögen des Reiseveranstalters ausfallen, und
2. notwendige Aufwendungen, die dem Reisenden infolge Zahlungsunfähigkeit oder Eröffnung des Insolvenzverfahrens über das Vermögen des Reiseveranstalters für die Rückreise entstehen.

[2]Die Verpflichtungen nach Satz 1 kann der Reiseveranstalter nur erfüllen
1. durch eine Versicherung bei einem im Geltungsbereich dieses Gesetzes zum Geschäftsbetrieb befugten Versicherungsunternehmen oder
2. durch ein Zahlungsversprechen eines im Geltungsbereich dieses Gesetzes zum Geschäftsbetrieb befugten Kreditinstituts.

(2) [1]Der Versicherer oder das Kreditinstitut (Kundengeldabsicherer) kann seine Haftung für die von ihm in einem Jahr insgesamt nach diesem Gesetz zu erstattenden Beträge auf 110 Millionen Euro begrenzen. [2]Übersteigen die in einem Jahr von einem Kundengeldabsicherer insgesamt nach diesem Gesetz zu erstattenden Beträge die in Satz 1 genannten Höchstbeträge, so verringern sich die einzelnen Erstattungsansprüche in dem Verhältnis, in dem ihr Gesamtbetrag zum Höchstbetrag steht.

(3) [1]Zur Erfüllung seiner Verpflichtung nach Absatz 1 hat der Reiseveranstalter dem Reisenden einen unmittelbaren Anspruch gegen den Kundengeldabsicherer zu verschaffen und durch Übergabe einer von diesem oder auf dessen Veranlassung ausgestellten Bestätigung (Sicherungsschein) nachzuweisen. [2]Der Kundengeldabsicherer kann sich gegenüber einem

Reisenden, dem ein Sicherungsschein ausgehändigt worden ist, weder auf Einwendungen aus dem Kundengeldabsicherungsvertrag noch darauf berufen, dass der Sicherungsschein erst nach Beendigung des Kundengeldabsicherungsvertrags ausgestellt worden ist. [3]In den Fällen des Satzes 2 geht der Anspruch des Reisenden gegen den Reiseveranstalter auf den Kundengeldabsicherer über, soweit dieser den Reisenden befriedigt. [4]Ein Reisevermittler ist dem Reisenden gegenüber verpflichtet, den Sicherungsschein auf seine Gültigkeit hin zu überprüfen, wenn er ihn dem Reisenden aushändigt.

(4) [1]Reiseveranstalter und Reisevermittler dürfen Zahlungen des Reisenden auf den Reisepreis vor Beendigung der Reise nur fordern oder annehmen, wenn dem Reisenden ein Sicherungsschein übergeben wurde. [2]Ein Reisevermittler gilt als vom Reiseveranstalter zur Annahme von Zahlungen auf den Reisepreis ermächtigt, wenn er einen Sicherungsschein übergibt oder sonstige dem Reiseveranstalter zuzurechnende Umstände ergeben, dass er von diesem damit betraut ist, Reiseverträge für ihn zu vermitteln. [3]Dies gilt nicht, wenn die Annahme von Zahlungen durch den Reisevermittler in hervorgehobener Form gegenüber dem Reisenden ausgeschlossen ist.

(5) [1]Hat im Zeitpunkt des Vertragsschlusses der Reiseveranstalter seine Hauptniederlassung in einem anderen Mitgliedstaat der Europäischen Gemeinschaften oder in einem anderen Vertragsstaat des Abkommens über den Europäischen Wirtschaftsraum, so genügt der Reiseveranstalter seiner Verpflichtung nach Absatz 1 auch dann, wenn er dem Reisenden Sicherheit in Übereinstimmung mit den Vorschriften des anderen Staates leistet und diese den Anforderungen nach Absatz 1 Satz 1 entspricht. [2]Absatz 4 gilt mit der Maßgabe, dass dem Reisenden die Sicherheitsleistung nachgewiesen werden muss.

(6) Die Absätze 1 bis 5 gelten nicht, wenn
1. der Reiseveranstalter nur gelegentlich und außerhalb seiner gewerblichen Tätigkeit Reisen veranstaltet,
2. die Reise nicht länger als 24 Stunden dauert, keine Übernachtung einschließt und der Reisepreis 75 Euro nicht übersteigt,
3. der Reiseveranstalter eine juristische Person des öffentlichen Rechts ist, über deren Vermögen ein Insolvenzverfahren unzulässig ist.

§ 651 m. Abweichende Vereinbarungen. [1]Von den Vorschriften der §§ 651 a bis 651 l kann vorbehaltlich des Satzes 2 nicht zum Nachteil des Reisenden abgewichen werden. [2]Die in § 651 g Abs. 2 bestimmte Verjährung kann erleichtert werden, vor Mitteilung eines Mangels an den Reiseveranstalter jedoch nicht, wenn die Vereinbarung zu einer Verjährungsfrist ab dem in § 651 g Abs. 2 Satz 2 bestimmten Verjährungsbeginn von weniger als einem Jahr führt.

▶ **Auslobung**

§ 657. Bindendes Versprechen. Wer durch öffentliche Bekanntmachung eine Belohnung für die Vornahme einer Handlung, insbesondere für die Herbeiführung eines Erfolges, aussetzt, ist verpflichtet, die Belohnung demjenigen zu entrichten, welcher die Handlung vorgenommen hat, auch wenn dieser nicht mit Rücksicht auf die Auslobung gehandelt hat.

§ 661a. Gewinnzusagen. Ein Unternehmer, der Gewinnzusagen oder vergleichbare Mitteilungen an Verbraucher sendet und durch die Gestaltung dieser Zusendung den Eindruck erweckt, dass der Verbraucher einen Preis gewonnen hat, hat dem Verbraucher diesen Preis zu leisten.

▶ **Auftrag und Geschäftsbesorgungsvertrag**

§ 662. Vertragstypische Pflichten beim Auftrag. Durch die Annahme eines Auftrags verpflichtet sich der Beauftragte, ein ihm von dem Auftraggeber übertragenes Geschäft für diesen unentgeltlich zu besorgen.

§ 670. Ersatz von Aufwendungen. Macht der Beauftragte zum Zwecke der Ausführung des Auftrags Aufwendungen, die er den Umständen nach für erforderlich halten darf, so ist der Auftraggeber zum Ersatz verpflichtet.

§ 675. Entgeltliche Geschäftsbesorgung. (1) Auf einen Dienstvertrag oder einen Werkvertrag, der eine Geschäftsbesorgung zum Gegenstand hat, finden, soweit in diesem Untertitel nichts Abweichendes bestimmt wird, die Vorschriften der §§ 663, 665 bis 670, 672 bis 674 und, wenn dem Verpflichteten das Recht zusteht, ohne Einhaltung einer Kündigungsfrist zu kündigen, auch die Vorschriften des § 671 Abs. 2 entsprechende Anwendung.

(2) Wer einem anderen einen Rat oder eine Empfehlung erteilt, ist, unbeschadet der sich aus einem Vertragsverhältnis, einer unerlaubten Handlung oder einer sonstigen gesetzlichen Bestimmung ergebenden Verantwortlichkeit, zum Ersatz des aus der Befolgung des Rates oder der Empfehlung entstehenden Schadens nicht verpflichtet.

Bürgerliches Gesetzbuch

▶ Geschäftsführung ohne Auftrag

§ 677. Pflichten des Geschäftsführers. Wer ein Geschäft für einen anderen besorgt, ohne von ihm beauftragt oder ihm gegenüber sonst dazu berechtigt zu sein, hat das Geschäft so zu führen, wie das Interesse des Geschäftsherrn mit Rücksicht auf dessen wirklichen oder mutmaßlichen Willen es erfordert.

§ 678. Geschäftsführung gegen den Willen des Geschäftsherrn. Steht die Übernahme der Geschäftsführung mit dem wirklichen oder dem mutmaßlichen Willen des Geschäftsherrn in Widerspruch und musste der Geschäftsführer dies erkennen, so ist er dem Geschäftsherrn zum Ersatze des aus der Geschäftsführung entstehenden Schadens auch dann verpflichtet, wenn ihm ein sonstiges Verschulden nicht zur Last fällt.

§ 680. Geschäftsführung zur Gefahrenabwehr. Bezweckt die Geschäftsführung die Abwendung einer dem Geschäftsherrn drohenden dringenden Gefahr, so hat der Geschäftsführer nur Vorsatz und grobe Fahrlässigkeit zu vertreten.

§ 681. Nebenpflichten des Geschäftsführers. Der Geschäftsführer hat die Übernahme der Geschäftsführung, sobald es tunlich ist, dem Geschäftsherrn anzuzeigen und, wenn nicht mit dem Aufschube Gefahr verbunden ist, dessen Entschließung abzuwarten. ...

§ 683. Ersatz von Aufwendungen. Entspricht die Übernahme der Geschäftsführung dem Interesse und dem wirklichen oder dem mutmaßlichen Willen des Geschäftsherrn, so kann der Geschäftsführer wie ein Beauftragter Ersatz seiner Aufwendungen verlangen. ...

§ 684. Herausgabe der Bereicherung. [1]Liegen die Voraussetzungen des § 683 nicht vor, so ist der Geschäftsherr verpflichtet, dem Geschäftsführer alles, was er durch die Geschäftsführung erlangt, nach den Vorschriften über die Herausgabe einer ungerechtfertigten Bereicherung herauszugeben. [2]Genehmigt der Geschäftsherr die Geschäftsführung, so steht dem Geschäftsführer der im § 683 bestimmte Anspruch zu.

▶ Verwahrung

§ 688. Vertragstypische Pflichten bei der Verwahrung. Durch den Verwahrungsvertrag wird der Verwahrer verpflichtet, eine ihm von dem Hinterleger übergebene bewegliche Sache aufzubewahren.

§ 689. Vergütung. Eine Vergütung für die Aufbewahrung gilt als stillschweigend vereinbart, wenn die Aufbewahrung den Umständen nach nur gegen eine Vergütung zu erwarten ist.

§ 690. Haftung bei unentgeltlicher Verwahrung. Wird die Aufbewahrung unentgeltlich übernommen, so hat der Verwahrer nur für diejenige Sorgfalt einzustehen, welche er in eigenen Angelegenheiten anzuwenden pflegt.

§ 691. Hinterlegung bei Dritten. [1]Der Verwahrer ist im Zweifel nicht berechtigt, die hinterlegte Sache bei einem Dritten zu hinterlegen. [2]Ist die Hinterlegung bei einem Dritten gestattet, so hat der Verwahrer nur ein ihm bei dieser Hinterlegung zur Last fallendes Verschulden zu vertreten. [3]Für das Verschulden eines Gehilfen ist er nach § 278 verantwortlich.

§ 692. Änderung der Aufbewahrung. [1]Der Verwahrer ist berechtigt, die vereinbarte Art der Aufbewahrung zu ändern, wenn er den Umständen nach annehmen darf, dass der Hinterleger bei Kenntnis der Sachlage die Änderung billigen würde. [2]Der Verwahrer hat vor der Änderung dem Hinterleger Anzeige zu machen und dessen Entschließung abzuwarten, wenn nicht mit dem Aufschube Gefahr verbunden ist.

§ 693. Ersatz von Aufwendungen. Macht der Verwahrer zum Zwecke der Aufbewahrung Aufwendungen, die er den Umständen nach für erforderlich halten darf, so ist der Hinterleger zum Ersatze verpflichtet.

§ 694. Schadensersatzpflicht des Hinterlegers. Der Hinterleger hat den durch die Beschaffenheit der hinterlegten Sache dem Verwahrer entstehenden Schaden zu ersetzen, es sei denn, dass er die gefahrdrohende Beschaffenheit der Sache bei der Hinterlegung weder kennt noch kennen muss oder dass er sie dem Verwahrer angezeigt oder dieser sie ohne Anzeige gekannt hat.

§ 695. Rückforderungsrecht des Hinterlegers. [1]Der Hinterleger kann die hinterlegte Sache jederzeit zurückfordern, auch wenn für die Aufbewahrung eine Zeit bestimmt ist. [2]Die Verjährung des Anspruchs auf Rückgabe der Sache beginnt mit der Rückforderung.

§ 696. Rücknahmeanspruch des Verwahrers. [1]Der Verwahrer kann, wenn eine Zeit für die Aufbewahrung nicht bestimmt ist, jederzeit die Rücknahme der hinterlegten Sache verlangen. [2]Ist eine Zeit bestimmt, so kann er die vorzeitige Rücknahme nur verlangen, wenn ein wichtiger Grund vorliegt. [3]Die Verjährung des Anspruchs beginnt mit dem Verlangen auf Rücknahme.

§ 697. Rückgabeort. Die Rückgabe der hinterlegten Sache hat an dem Orte zu erfolgen, an welchem die Sache aufzubewahren war; der Verwahrer ist nicht verpflichtet, die Sache dem Hinterleger zu bringen.

§ 700. Unregelmäßiger Verwahrungsvertrag. (1) Werden vertretbare Sachen in der Art hinterlegt, dass das Eigentum auf den Verwahrer übergehen und dieser verpflichtet sein soll, Sachen von gleicher Art, Güte und Menge zurückzugewähren, so finden bei Geld die Vorschriften über den Darlehensvertrag, bei anderen Sachen die Vorschriften über den Sachdarlehensvertrag Anwendung.
...

§ 701. Haftung des Gastwirts. (1) Ein Gastwirt, der gewerbsmäßig Fremde zur Beherbergung aufnimmt, hat den Schaden zu ersetzen, der durch den Verlust, die Zerstörung oder die Beschädigung von Sachen entsteht, die ein im Betrieb dieses Gewerbes aufgenommener Gast eingebracht hat.
(2) Als eingebracht gelten
1. Sachen, welche in der Zeit, in der der Gast zur Beherbergung aufgenommen ist, in die Gastwirtschaft oder an einen von dem Gastwirt oder dessen Leuten angewiesenen oder von dem Gastwirt allgemein hierzu bestimmten Ort außerhalb der Gastwirtschaft gebracht oder sonst außerhalb der Gastwirtschaft von dem Gastwirt oder dessen Leuten in Obhut genommen sind,
2. Sachen, welche innerhalb einer angemessenen Frist vor oder nach der Zeit, in der der Gast zur Beherbergung aufgenommen war, von dem Gastwirt oder seinen Leuten in Obhut genommen sind.
²Im Falle einer Anweisung oder einer Übernahme der Obhut durch Leute des Gastwirts gilt dies jedoch nur, wenn sie dazu bestellt oder nach den Umständen als dazu bestellt anzusehen waren.
(3) Die Ersatzpflicht tritt nicht ein, wenn der Verlust, die Zerstörung oder die Beschädigung von dem Gast, einem Begleiter des Gastes oder einer Person, die der Gast bei sich aufgenommen hat, oder durch die Beschaffenheit der Sachen oder durch höhere Gewalt verursacht wird.
(4) Die Ersatzpflicht erstreckt sich nicht auf Fahrzeuge, auf Sachen, die in einem Fahrzeug belassen worden sind, und auf lebende Tiere.

§ 702. Beschränkung der Haftung; Wertsachen. (1) Der Gastwirt haftet auf Grund des § 701 nur bis zu einem Betrag, der dem Hundertfachen des Beherbergungspreises für einen Tag entspricht, jedoch mindestens bis zu dem Betrag von 600 Euro und höchstens bis zu dem Betrag von 3 500 Euro; für Geld, Wertpapiere und Kostbarkeiten tritt an die Stelle von 3 500 Euro der Betrag von 800 Euro.
(2) Die Haftung des Gastwirts ist unbeschränkt,
1. wenn der Verlust, die Zerstörung oder die Beschädigung von ihm oder seinen Leuten verschuldet ist,
2. wenn es sich um eingebrachte Sachen handelt, die er zur Aufbewahrung übernommen oder deren Übernahme zur Aufbewahrung er entgegen der Vorschrift des Absatzes 3 abgelehnt hat.
(3) ¹Der Gastwirt ist verpflichtet, Geld, Wertpapiere, Kostbarkeiten und andere Wertsachen zur Aufbewahrung zu übernehmen, es sei denn, dass sie im Hinblick auf die Größe oder den Rang der Gastwirtschaft von übermäßigem Wert oder Umfang oder dass sie gefährlich sind. ²Er kann verlangen, dass sie in einem verschlossenen oder versiegelten Behältnis übergeben werden.

§ 702 a. Erlass der Haftung. (1) ¹Die Haftung des Gastwirts kann im Voraus nur erlassen werden, soweit sie den nach § 702 Abs. 1 maßgeblichen Höchstbetrag übersteigt. ²Auch insoweit kann sie nicht erlassen werden für den Fall, dass der Verlust, die Zerstörung oder die Beschädigung von dem Gastwirt oder von Leuten des Gastwirts vorsätzlich oder grob fahrlässig verursacht wird oder dass es sich um Sachen handelt, deren Übernahme zur Aufbewahrung der Gastwirt entgegen der Vorschrift des § 702 Abs. 3 abgelehnt hat.
(2) Der Erlass ist nur wirksam, wenn die Erklärung des Gastes schriftlich erteilt ist und wenn sie keine anderen Bestimmungen enthält.

§ 703. Erlöschen des Schadensersatzanspruchs. ¹Der dem Gast auf Grund der §§ 701, 702 zustehende Anspruch erlischt, wenn nicht der Gast unverzüglich, nachdem er von dem Verlust, der Zerstörung oder der Beschädigung Kenntnis erlangt hat, dem Gastwirt Anzeige macht. ²Dies gilt nicht, wenn die Sachen von dem Gastwirt zur Aufbewahrung übernommen waren oder wenn der Verlust, die Zerstörung oder die Beschädigung von ihm oder seinen Leuten verschuldet ist.

§ 704. Pfandrecht des Gastwirts. ¹Der Gastwirt hat für seine Forderungen für Wohnung und andere dem Gast zur Befriedigung seiner Bedürfnisse gewährte Leistungen, mit Einschluss der Auslagen, ein Pfandrecht an den eingebrachten Sachen des Gastes. ²Die für das Pfandrecht des Vermieters geltenden Vorschriften des § 562 Abs. 1 Satz 2 und der §§ 562 a bis 562 d finden entsprechende Anwendung.

Bürgerliches Gesetzbuch

▶ Gesellschaft

§ 705. Inhalt des Gesellschaftsvertrags. Durch den Gesellschaftsvertrag verpflichten sich die Gesellschafter gegenseitig, die Erreichung eines gemeinsamen Zweckes in der durch den Vertrag bestimmten Weise zu fördern, insbesondere die vereinbarten Beiträge zu leisten.

§ 706. Beiträge der Gesellschafter. (1) Die Gesellschafter haben in Ermangelung einer anderen Vereinbarung gleiche Beiträge zu leisten.
...

§ 707. Erhöhung des vereinbarten Beitrags. Zur Erhöhung des vereinbarten Beitrags oder zur Ergänzung der durch Verlust verminderten Einlage ist ein Gesellschafter nicht verpflichtet.

§ 708. Haftung der Gesellschafter. Ein Gesellschafter hat bei der Erfüllung der ihm obliegenden Verpflichtungen nur für diejenige Sorgfalt einzustehen, welche er in eigenen Angelegenheiten anzuwenden pflegt.

§ 709. Gemeinschaftliche Geschäftsführung. (1) Die Führung der Geschäfte der Gesellschaft steht den Gesellschaftern gemeinschaftlich zu; für jedes Geschäft ist die Zustimmung aller Gesellschafter erforderlich.
(2) Hat nach dem Gesellschaftsvertrage die Mehrheit der Stimmen zu entscheiden, so ist die Mehrheit im Zweifel nach der Zahl der Gesellschafter zu berechnen.

§ 710. Übertragung der Geschäftsführung. [1]Ist im Gesellschaftsvertrage die Führung der Geschäfte einem Gesellschafter oder mehreren Gesellschaftern übertragen, so sind die übrigen Gesellschafter von der Geschäftsführung ausgeschlossen. [2]Ist die Geschäftsführung mehreren Gesellschaftern übertragen, so finden die Vorschriften des § 709 entsprechende Anwendung.

§ 711. Widerspruchsrecht. [1]Steht nach dem Gesellschaftsvertrage die Führung der Geschäfte allen oder mehreren Gesellschaftern in der Art zu, dass jeder allein zu handeln berechtigt ist, so kann jeder der Vornahme eines Geschäfts durch den anderen widersprechen. [2]Im Falle des Widerspruchs muss das Geschäft unterbleiben.

§ 714. Vertretungsmacht. Soweit einem Gesellschafter nach dem Gesellschaftsvertrag die Befugnis zur Geschäftsführung zusteht, ist er im Zweifel auch ermächtigt, die anderen Gesellschafter Dritten gegenüber zu vertreten.

§ 716. Kontrollrecht der Gesellschafter. (1) Ein Gesellschafter kann, auch wenn er von der Geschäftsführung ausgeschlossen ist, sich von den Angelegenheiten der Gesellschaft persönlich unterrichten, die Geschäftsbücher und die Papiere der Gesellschaft einsehen und sich aus ihnen eine Übersicht über den Stand des Gesellschaftsvermögens anfertigen.
...

§ 718. Gesellschaftsvermögen. (1) Die Beiträge der Gesellschafter und die durch die Geschäftsführung für die Gesellschaft erworbenen Gegenstände werden gemeinschaftliches Vermögen der Gesellschafter (Gesellschaftsvermögen).
(2) Zu dem Gesellschaftsvermögen gehört auch, was auf Grund eines zu dem Gesellschaftsvermögen gehörenden Rechtes oder als Ersatz für die Zerstörung, Beschädigung oder Entziehung eines zu dem Gesellschaftsvermögen gehörenden Gegenstandes erworben wird.

§ 719. Gesamthänderische Bindung. (1) Ein Gesellschafter kann nicht über seinen Anteil an dem Gesellschaftsvermögen und an den einzelnen dazu gehörenden Gegenständen verfügen; er ist nicht berechtigt, Teilung zu verlangen.
(2) Gegen eine Forderung, die zum Gesellschaftsvermögen gehört, kann der Schuldner nicht eine ihm gegen einen einzelnen Gesellschafter zustehende Forderung aufrechnen.

§ 721. Gewinn- und Verlustverteilung. (1) Ein Gesellschafter kann den Rechnungsabschluss und die Verteilung des Gewinns und Verlusts erst nach der Auflösung der Gesellschaft verlangen.
(2) Ist die Gesellschaft von längerer Dauer, so hat der Rechnungsabschluss und die Gewinnverteilung im Zweifel am Schluss jedes Geschäftsjahrs zu erfolgen.

§ 722. Anteile am Gewinn und Verlust. (1) Sind die Anteile der Gesellschafter am Gewinn und Verluste nicht bestimmt, so hat jeder Gesellschafter ohne Rücksicht auf die Art und die Größe seines Beitrags einen gleichen Anteil am Gewinn und Verlust.
(2) Ist nur der Anteil am Gewinn oder am Verluste bestimmt, so gilt die Bestimmung im Zweifel für Gewinn und Verlust.

§ 723. Kündigung durch Gesellschafter. (1) [1]Ist die Gesellschaft nicht für eine bestimmte Zeit eingegangen, so kann jeder Gesellschafter sie jederzeit kündigen. [2]Ist eine Zeitdauer bestimmt, so ist die Kündigung vor

dem Ablaufe der Zeit zulässig, wenn ein wichtiger Grund vorliegt. ³Ein wichtiger Grund liegt insbesondere vor,
1. wenn ein anderer Gesellschafter eine ihm nach dem Gesellschaftsvertrag obliegende wesentliche Verpflichtung vorsätzlich oder aus grober Fahrlässigkeit verletzt hat oder wenn die Erfüllung einer solchen Verpflichtung unmöglich wird;
2. wenn der Gesellschafter das 18. Lebensjahr vollendet hat.

⁴Der volljährig Gewordene kann die Kündigung nach Nummer 2 nur binnen drei Monaten von dem Zeitpunkt an erklären, in welchem er von seiner Gesellschafterstellung Kenntnis hatte oder haben musste. ⁵Das Kündigungsrecht besteht nicht, wenn der Gesellschafter bezüglich des Gegenstandes der Gesellschaft zum selbständigen Betrieb eines Erwerbsgeschäftes gemäß § 112 ermächtigt war oder der Zweck der Gesellschaft allein der Befriedigung seiner persönlichen Bedürfnisse diente. ⁶Unter den gleichen Voraussetzungen ist, wenn eine Kündigungsfrist bestimmt ist, die Kündigung ohne Einhaltung der Frist zulässig.
...

§ 726. Auflösung wegen Erreichens oder Unmöglichwerdens des Zwecks. Die Gesellschaft endigt, wenn der vereinbarte Zweck erreicht oder dessen Erreichung unmöglich geworden ist.

§ 727. Auflösung durch Tod eines Gesellschafters. (1) Die Gesellschaft wird durch den Tod eines der Gesellschafter aufgelöst, sofern nicht aus dem Gesellschaftsvertrage sich ein anderes ergibt.
...

§ 728. Auflösung durch Insolvenz der Gesellschaft oder eines Gesellschafters. (1) ¹Die Gesellschaft wird durch die Eröffnung des Insolvenzverfahrens über das Vermögen der Gesellschaft aufgelöst. ²Wird das Verfahren auf Antrag des Schuldners eingestellt oder nach der Bestätigung eines Insolvenzplans, der den Fortbestand der Gesellschaft vorsieht, aufgehoben, so können die Gesellschafter die Fortsetzung der Gesellschaft beschließen.
(2) ¹Die Gesellschaft wird durch die Eröffnung des Insolvenzverfahrens über das Vermögen eines Gesellschafters aufgelöst. ²Die Vorschriften § 727 Abs. 2 Satz 2, 3 finden Anwendung.

§ 736. Ausscheiden eines Gesellschafters, Nachhaftung. (1) Ist im Gesellschaftsvertrage bestimmt, dass, wenn ein Gesellschafter kündigt oder stirbt oder wenn das Insolvenzverfahren über sein Vermögen eröffnet wird, die Gesellschaft unter den übrigen Gesellschaftern fortbestehen soll, so scheidet bei dem Eintritt eines solchen Ereignisses der Gesellschafter, in dessen Person es eintritt, aus der Gesellschaft aus.
(2) Die für Personenhandelsgesellschaften geltenden Regelungen über die Begrenzung der Nachhaftung gelten sinngemäß.

▶ **Unvollkommene Verbindlichkeiten**

§ 762. Spiel, Wette. (1) ¹Durch Spiel oder durch Wette wird eine Verbindlichkeit nicht begründet. ²Das auf Grund des Spieles oder der Wette Geleistete kann nicht deshalb zurückgefordert werden, weil eine Verbindlichkeit nicht bestanden hat.
...

§ 763. Lotterie- und Ausspielvertrag. ¹Ein Lotterievertrag oder ein Ausspielvertrag ist verbindlich, wenn die Lotterie oder die Ausspielung staatlich genehmigt ist. ²Anderenfalls finden die Vorschriften des § 762 Anwendung.

▶ **Bürgschaft**

§ 765. Vertragstypische Pflichten bei der Bürgschaft. (1) Durch den Bürgschaftsvertrag verpflichtet sich der Bürge gegenüber dem Gläubiger eines Dritten, für die Erfüllung der Verbindlichkeit des Dritten einzustehen.
(2) Die Bürgschaft kann auch für eine künftige oder eine bedingte Verbindlichkeit übernommen werden.

§ 766. Schriftform der Bürgschaftserklärung. ¹Zur Gültigkeit des Bürgschaftsvertrags ist schriftliche Erteilung der Bürgschaftserklärung erforderlich. ²Die Erteilung der Bürgschaftserklärung in elektronischer Form ist ausgeschlossen. ³Soweit der Bürge die Hauptverbindlichkeit erfüllt, wird der Mangel der Form geheilt.

§ 767. Umfang der Bürgschaftsschuld. (1) ¹Für die Verpflichtung des Bürgen ist der jeweilige Bestand der Hauptverbindlichkeit maßgebend. ²Dies gilt insbesondere auch, wenn die Hauptverbindlichkeit durch Verschulden oder Verzug des Hauptschuldners geändert wird. ³Durch ein Rechtsgeschäft, das der Hauptschuldner nach der Übernahme der Bürgschaft vornimmt, wird die Verpflichtung des Bürgen nicht erweitert.
...

§ 768. Einreden des Bürgen. (1) ¹Der Bürge kann die dem Hauptschuldner zustehenden Einreden geltend machen. ²Stirbt der Hauptschuldner, so kann sich der Bürge nicht darauf

berufen, dass der Erbe für die Verbindlichkeit nur beschränkt haftet.
(2) Der Bürge verliert eine Einrede nicht dadurch, dass der Hauptschuldner auf sie verzichtet.

§ 769. Mitbürgschaft. Verbürgen sich mehrere für dieselbe Verbindlichkeit, so haften sie als Gesamtschuldner, auch wenn sie die Bürgschaft nicht gemeinschaftlich übernehmen.

§ 770. Einreden der Anfechtbarkeit und der Aufrechenbarkeit. (1) Der Bürge kann die Befriedigung des Gläubigers verweigern, solange dem Hauptschuldner das Recht zusteht, das seiner Verbindlichkeit zugrunde liegende Rechtsgeschäft anzufechten.
(2) Die gleiche Befugnis hat der Bürge, solange sich der Gläubiger durch Aufrechnung gegen eine fällige Forderung des Hauptschuldners befriedigen kann.

§ 771. Einrede der Vorausklage. ^{1}Der Bürge kann die Befriedigung des Gläubigers verweigern, solange nicht der Gläubiger eine Zwangsvollstreckung gegen den Hauptschuldner ohne Erfolg versucht hat (Einrede der Vorausklage). ^{2}Erhebt der Bürge die Einrede der Vorausklage, ist die Verjährung des Anspruchs des Gläubigers gegen den Bürgen gehemmt, bis der Gläubiger eine Zwangsvollstreckung gegen den Hauptschuldner ohne Erfolg versucht hat.

§ 773. Ausschluss der Einrede der Vorausklage. (1) Die Einrede der Vorausklage ist ausgeschlossen:
1. wenn der Bürge auf die Einrede verzichtet, insbesondere wenn er sich als Selbstschuldner verbürgt hat;
2. wenn die Rechtsverfolgung gegen den Hauptschuldner infolge einer nach der Übernahme der Bürgschaft eingetretenen Änderung des Wohnsitzes, der gewerblichen Niederlassung oder des Aufenthaltsorts des Hauptschuldners wesentlich erschwert ist;
3. wenn über das Vermögen des Hauptschuldners das Insolvenzverfahren eröffnet ist;
4. wenn anzunehmen ist, dass die Zwangsvollstreckung in das Vermögen des Hauptschuldners nicht zur Befriedigung des Gläubigers führen wird.
(2) In den Fällen der Nummern 3, 4 ist die Einrede insoweit zulässig, als sich der Gläubiger aus einer beweglichen Sache des Hauptschuldners befriedigen kann, an der er ein Pfandrecht oder ein Zurückbehaltungsrecht hat; die Vorschrift des § 772 Abs. 2 Satz 2 findet Anwendung.

§ 774. Gesetzlicher Forderungsübergang. (1) Soweit der Bürge den Gläubiger befriedigt, geht die Forderung des Gläubigers gegen den Hauptschuldner auf ihn über. ...

▶ **Schuldversprechen, Schuldanerkenntnis**

§ 780. Schuldversprechen. ^{1}Zur Gültigkeit eines Vertrags, durch den eine Leistung in der Weise versprochen wird, dass das Versprechen die Verpflichtung selbständig begründen soll (Schuldversprechen), ist, soweit nicht eine andere Form vorgeschrieben ist, schriftliche Erteilung des Versprechens erforderlich. ^{2}Die Erteilung des Versprechens in elektronischer Form ist ausgeschlossen.

§ 781. Schuldanerkenntnis. ^{1}Zur Gültigkeit eines Vertrags, durch den das Bestehen eines Schuldverhältnisses anerkannt wird (Schuldanerkenntnis), ist schriftliche Erteilung der Anerkennungserklärung erforderlich. ^{2}Die Erteilung der Anerkennungserklärung in elektronischer Form ist ausgeschlossen. ^{3}Ist für die Begründung des Schuldverhältnisses, dessen Bestehen anerkannt wird, eine andere Form vorgeschrieben, so bedarf der Anerkennungsvertrag dieser Form.

▶ **Anweisung**

§ 783. Rechte aus der Anweisung. Händigt jemand eine Urkunde, in der er einen anderen anweist, Geld, Wertpapiere oder andere vertretbare Sachen an einen Dritten zu leisten, dem Dritten aus, so ist dieser ermächtigt, die Leistung bei dem Angewiesenen im eigenen Namen zu erheben; der Angewiesene ist ermächtigt, für Rechnung des Anweisenden an den Anweisungsempfänger zu leisten.

§ 784. Annahme der Anweisung. (1) Nimmt der Angewiesene die Anweisung an, so ist er dem Anweisungsempfänger gegenüber zur Leistung verpflichtet; er kann ihm nur solche Einwendungen entgegensetzen, welche die Gültigkeit der Annahme betreffen oder sich aus dem Inhalte der Anweisung oder dem Inhalte der Annahme ergeben oder dem Angewiesenen unmittelbar gegen den Anweisungsempfänger zustehen.
(2) Die Annahme erfolgt durch einen schriftlichen Vermerk auf der Anweisung. ...

§ 785. Aushändigung der Anweisung. Der Angewiesene ist nur gegen Aushändigung der Anweisung zur Leistung verpflichtet.

▶ Ungerechtfertigte Bereicherung

§ 812. Herausgabeanspruch. (1) Wer durch die Leistung eines anderen oder in sonstiger Weise auf dessen Kosten etwas ohne rechtlichen Grund erlangt, ist ihm zur Herausgabe verpflichtet.
...

§ 816. Verfügung eines Nichtberechtigten. (1) Trifft ein Nichtberechtigter über einen Gegenstand eine Verfügung, die dem Berechtigten gegenüber wirksam ist, so ist er dem Berechtigten zur Herausgabe des durch die Verfügung Erlangten verpflichtet.
...

§ 822. Herausgabepflicht Dritter. Wendet der Empfänger das Erlangte unentgeltlich einem Dritten zu, so ist, soweit infolgedessen die Verpflichtung des Empfängers zur Herausgabe der Bereicherung ausgeschlossen ist, der Dritte zur Herausgabe verpflichtet, wie wenn er die Zuwendung von dem Gläubiger ohne rechtlichen Grund erhalten hätte.

▶ Unerlaubte Handlungen

§ 823. Schadensersatzpflicht. (1) Wer vorsätzlich oder fahrlässig das Leben, den Körper, die Gesundheit, die Freiheit, das Eigentum oder ein sonstiges Recht eines anderen widerrechtlich verletzt, ist dem anderen zum Ersatze des daraus entstehenden Schadens verpflichtet.
(2) [1]Die gleiche Verpflichtung trifft denjenigen, welcher gegen ein den Schutz eines anderen bezweckendes Gesetz verstößt. [2]Ist nach dem Inhalte des Gesetzes ein Verstoß gegen dieses auch ohne Verschulden möglich, so tritt die Ersatzpflicht nur im Falle des Verschuldens ein.

§ 824. Kreditgefährdung. (1) Wer der Wahrheit zuwider eine Tatsache behauptet oder verbreitet, die geeignet ist, den Kredit eines anderen zu gefährden oder sonstige Nachteile für dessen Erwerb oder Fortkommen herbeizuführen, hat dem anderen den daraus entstehenden Schaden auch dann zu ersetzen, wenn er die Unwahrheit zwar nicht kennt, aber kennen muss.
...

§ 826. Sittenwidrige vorsätzliche Schädigung. Wer in einer gegen die guten Sitten verstoßenden Weise einem anderen vorsätzlich Schaden zufügt, ist dem anderen zum Ersatze des Schadens verpflichtet.

§ 827. Ausschluss und Minderung der Verantwortlichkeit. [1]Wer im Zustande der Bewusstlosigkeit oder in einem die freie Willensbestimmung ausschließenden Zustande krankhafter Störung der Geistestätigkeit einem anderen Schaden zufügt, ist für den Schaden nicht verantwortlich. [2]Hat er sich durch geistige Getränke oder ähnliche Mittel in einen vorübergehenden Zustand dieser Art versetzt, so ist er für einen Schaden, den er in diesem Zustande widerrechtlich verursacht, in gleicher Weise verantwortlich, wie wenn ihm Fahrlässigkeit zur Last fiele; die Verantwortlichkeit tritt nicht ein, wenn er ohne Verschulden in den Zustand geraten ist.

§ 828. Minderjährige. (1) Wer nicht das siebente Lebensjahr vollendet hat, ist für einen Schaden, den er einem anderen zufügt, nicht verantwortlich.
(2) [1]Wer das siebente, aber nicht das zehnte Lebensjahr vollendet hat, ist für den Schaden, den er bei einem Unfall mit einem Kraftfahrzeug, einer Schienenbahn oder einer Schwebebahn einem anderen zufügt, nicht verantwortlich. [2]Dies gilt nicht, wenn er die Verletzung vorsätzlich herbeigeführt hat.
(3) Wer das 18. Lebensjahr noch nicht vollendet hat, ist, sofern seine Verantwortlichkeit nicht nach Absatz 1 oder 2 ausgeschlossen ist, für den Schaden, den er einem anderen zufügt, nicht verantwortlich, wenn er bei der Begehung der schädigenden Handlung nicht die zur Erkenntnis der Verantwortlichkeit erforderliche Einsicht hat.

§ 829. Ersatzpflicht aus Billigkeitsgründen. Wer in einem der in den §§ 823 bis 826 bezeichneten Fälle für einen von ihm verursachten Schaden auf Grund der §§ 827, 828 nicht verantwortlich ist, hat gleichwohl, sofern der Ersatz des Schadens nicht von einem aufsichtspflichtigen Dritten erlangt werden kann, den Schaden insoweit zu ersetzen, als die Billigkeit nach den Umständen, insbesondere nach den Verhältnissen der Beteiligten, eine Schadloshaltung erfordert und ihm nicht die Mittel entzogen werden, deren er zum angemessenen Unterhalte sowie zur Erfüllung seiner gesetzlichen Unterhaltspflichten bedarf.

§ 830. Mittäter und Beteiligte. (1) [1]Haben mehrere durch eine gemeinschaftlich begangene unerlaubte Handlung einen Schaden verursacht, so ist jeder für den Schaden verantwortlich. [2]Das Gleiche gilt, wenn sich nicht ermitteln lässt, wer von mehreren Beteiligten den Schaden durch seine Handlung verursacht hat.
(2) Anstifter und Gehilfen stehen Mittätern gleich.

Bürgerliches Gesetzbuch 4.1 BGB §§ 831–840

§ 831. Haftung für den Verrichtungsgehilfen.
(1) ¹Wer einen anderen zu einer Verrichtung bestellt, ist zum Ersatze des Schadens verpflichtet, den der andere in Ausführung der Verrichtung einem Dritten widerrechtlich zufügt. ²Die Ersatzpflicht tritt nicht ein, wenn der Geschäftsherr bei der Auswahl der bestellten Person und, sofern er Vorrichtungen oder Gerätschaften zu beschaffen oder die Ausführung der Verrichtung zu leiten hat, bei der Beschaffung oder der Leitung die im Verkehr erforderliche Sorgfalt beobachtet oder wenn der Schaden auch bei Anwendung dieser Sorgfalt entstanden sein würde.
(2) Die gleiche Verantwortlichkeit trifft denjenigen, welcher für den Geschäftsherrn die Besorgung eines der im Absatz 1 Satz 2 bezeichneten Geschäfte durch Vertrag übernimmt.

§ 832. Haftung des Aufsichtspflichtigen.
(1) ¹Wer kraft Gesetzes zur Führung der Aufsicht über eine Person verpflichtet ist, die wegen Minderjährigkeit oder wegen ihres geistigen oder körperlichen Zustandes der Beaufsichtigung bedarf, ist zum Ersatze des Schadens verpflichtet, den diese Person einem Dritten widerrechtlich zufügt. ²Die Ersatzpflicht tritt nicht ein, wenn er seiner Aufsichtspflicht genügt oder wenn der Schaden auch bei gehöriger Aufsichtsführung entstanden sein würde.
(2) Die gleiche Verantwortlichkeit trifft denjenigen, welcher die Führung der Aufsicht durch Vertrag übernimmt.

§ 833. Haftung des Tierhalters. ¹Wird durch ein Tier ein Mensch getötet oder der Körper oder die Gesundheit eines Menschen verletzt oder eine Sache beschädigt, so ist derjenige, welcher das Tier hält, verpflichtet, dem Verletzten den daraus entstehenden Schaden zu ersetzen. ²Die Ersatzpflicht tritt nicht ein, wenn der Schaden durch ein Haustier verursacht wird, das dem Beruf, der Erwerbstätigkeit oder dem Unterhalt des Tierhalters zu dienen bestimmt ist, und entweder der Tierhalter bei der Beaufsichtigung des Tieres die im Verkehr erforderliche Sorgfalt beobachtet oder der Schaden auch bei Anwendung dieser Sorgfalt entstanden sein würde.

§ 834. Haftung des Tieraufsehers. ¹Wer für denjenigen, welcher ein Tier hält, die Führung der Aufsicht über das Tier durch Vertrag übernimmt, ist für den Schaden verantwortlich, den das Tier einem Dritten in der im § 833 bezeichneten Weise zufügt. ²Die Verantwortlichkeit tritt nicht ein, wenn er bei der Führung der Aufsicht die im Verkehr erforderliche Sorgfalt beobachtet oder wenn der Schaden auch bei Anwendung dieser Sorgfalt entstanden sein würde.

§ 836. Haftung des Grundstücksbesitzers.
(1) ¹Wird durch den Einsturz eines Gebäudes oder eines anderen mit einem Grundstücke verbundenen Werkes oder durch die Ablösung von Teilen des Gebäudes oder des Werkes ein Mensch getötet, der Körper oder die Gesundheit eines Menschen verletzt oder eine Sache beschädigt, so ist der Besitzer des Grundstücks, sofern der Einsturz oder die Ablösung die Folge fehlerhafter Errichtung oder mangelhafter Unterhaltung ist, verpflichtet, dem Verletzten den daraus entstehenden Schaden zu ersetzen. ²Die Ersatzpflicht tritt nicht ein, wenn der Besitzer zum Zwecke der Abwendung der Gefahr die im Verkehr erforderliche Sorgfalt beobachtet hat.
(2) Ein früherer Besitzer des Grundstücks ist für den Schaden verantwortlich, wenn der Einsturz oder die Ablösung innerhalb eines Jahres nach der Beendigung seines Besitzes eintritt, es sei denn, dass er während seines Besitzes die im Verkehr erforderliche Sorgfalt beobachtet hat oder ein späterer Besitzer durch Beobachtung dieser Sorgfalt die Gefahr hätte abwenden können.
(3) Besitzer im Sinne dieser Vorschriften ist der Eigenbesitzer.

§ 837. Haftung des Gebäudebesitzers. Besitzt jemand auf einem fremden Grundstück in Ausübung eines Rechts ein Gebäude oder ein anderes Werk, so trifft ihn anstelle des Besitzers des Grundstücks die im § 836 bestimmte Verantwortlichkeit.

§ 838. Haftung des Gebäudeunterhaltungspflichtigen. Wer die Unterhaltung eines Gebäudes oder eines mit einem Grundstück verbundenen Werkes für den Besitzer übernimmt oder das Gebäude oder das Werk vermöge eines ihm zustehenden Nutzungsrechts zu unterhalten hat, ist für den durch den Einsturz oder die Ablösung von Teilen verursachten Schaden in gleicher Weise verantwortlich wie der Besitzer.
...

§ 840. Haftung mehrerer. (1) Sind für den aus einer unerlaubten Handlung entstehenden Schaden mehrere nebeneinander verantwortlich, so haften sie als Gesamtschuldner.
(2) Ist neben demjenigen, welcher nach den §§ 831, 832 zum Ersatz des von einem anderen verursachten Schadens verpflichtet ist, auch der andere für den Schaden verantwortlich, so ist in ihrem Verhältnis zueinander der andere allein, im Falle des § 829 der Aufsichtspflichtige allein verpflichtet.
(3) Ist neben demjenigen, welcher nach den §§ 833 bis 838 zum Ersatz des Schadens verpflichtet ist, ein Dritter für den Schaden verant-

4.1 BGB §§ 840–870 — Drittes Buch. Sachenrecht

wortlich, so ist in ihrem Verhältnis zueinander der Dritte allein verpflichtet.

§ 842. Umfang der Ersatzpflicht bei Verletzung einer Person. Die Verpflichtung zum Schadensersatze wegen einer gegen die Person gerichteten unerlaubten Handlung erstreckt sich auf die Nachteile, welche die Handlung für den Erwerb oder das Fortkommen des Verletzten herbeiführt.

§ 843. Geldrente oder Kapitalabfindung.
(1) Wird infolge einer Verletzung des Körpers oder der Gesundheit die Erwerbsfähigkeit des Verletzten aufgehoben oder gemindert oder tritt eine Vermehrung seiner Bedürfnisse ein, so ist dem Verletzten durch Entrichtung einer Geldrente Schadensersatz zu leisten.
(3) Statt der Rente kann der Verletzte eine Abfindung in Kapital verlangen, wenn ein wichtiger Grund vorliegt.

(4) Der Anspruch wird nicht dadurch ausgeschlossen, dass ein anderer dem Verletzten Unterhalt zu gewähren hat.

§ 852. Herausgabeanspruch nach Eintritt der Verjährung. ¹Hat der Ersatzpflichtige durch eine unerlaubte Handlung auf Kosten des Verletzten etwas erlangt, so ist er auch nach Eintritt der Verjährung des Anspruchs auf Ersatz des aus einer unerlaubten Handlung entstandenen Schadens zur Herausgabe nach den Vorschriften über die Herausgabe einer ungerechtfertigten Bereicherung verpflichtet. ²Dieser Anspruch verjährt in zehn Jahren von seiner Entstehung an, ohne Rücksicht auf die Entstehung in 30 Jahren von der Begehung der Verletzungshandlung oder dem sonstigen, den Schaden auslösenden Ereignis an.

Drittes Buch. Sachenrecht

Besitz

§ 854. Erwerb des Besitzes. (1) Der Besitz einer Sache wird durch die Erlangung der tatsächlichen Gewalt über die Sache erworben.
(2) Die Einigung des bisherigen Besitzers und des Erwerbers genügt zum Erwerbe, wenn der Erwerber in der Lage ist, die Gewalt über die Sache auszuüben.

§ 855. Besitzdiener. Übt jemand die tatsächliche Gewalt über eine Sache für einen anderen in dessen Haushalt oder Erwerbsgeschäft oder in einem ähnlichen Verhältnis aus, vermöge dessen er den sich auf die Sache beziehenden Weisungen des anderen Folge zu leisten hat, so ist nur der andere Besitzer.

§ 856. Beendigung des Besitzes. (1) Der Besitz wird dadurch beendigt, dass der Besitzer die tatsächliche Gewalt über die Sache aufgibt oder in anderer Weise verliert.
...

§ 858. Verbotene Eigenmacht. (1) Wer dem Besitzer ohne dessen Willen den Besitz entzieht oder ihn im Besitze stört, handelt, sofern nicht das Gesetz die Entziehung oder die Störung gestattet, widerrechtlich (verbotene Eigenmacht).

§ 859. Selbsthilfe des Besitzers. (1) Der Besitzer darf sich verbotener Eigenmacht mit Gewalt erwehren.

(2) Wird eine bewegliche Sache dem Besitzer mittels verbotener Eigenmacht weggenommen, so darf er sie dem auf frischer Tat betroffenen oder verfolgten Täter mit Gewalt wieder abnehmen.
...

§ 861. Anspruch wegen Besitzentziehung.
(1) Wird der Besitz durch verbotene Eigenmacht dem Besitzer entzogen, so kann dieser die Wiedereinräumung des Besitzes von demjenigen verlangen, welcher ihm gegenüber fehlerhaft besitzt.
(2) Der Anspruch ist ausgeschlossen, wenn der entzogene Besitz dem gegenwärtigen Besitzer oder dessen Rechtsvorgänger gegenüber fehlerhaft war und in dem letzten Jahre vor der Entziehung erlangt worden ist.

§ 868. Mittelbarer Besitz. Besitzt jemand eine Sache als Nießbraucher, Pfandgläubiger, Pächter, Mieter, Verwahrer oder in einem ähnlichen Verhältnisse, vermöge dessen er einem anderen gegenüber auf Zeit zum Besitze berechtigt oder verpflichtet ist, so ist auch der andere Besitzer (mittelbarer Besitz).

§ 869. Ansprüche des mittelbaren Besitzers. Wird gegen den Besitzer verbotene Eigenmacht verübt, so stehen die in den §§ 861, 862 bestimmten Ansprüche auch dem mittelbaren Besitzer zu. ...

§ 870. Übertragung des mittelbaren Besitzes. Der mittelbare Besitz kann dadurch auf einen

Bürgerliches Gesetzbuch

4.1 BGB §§ 870–906

anderen übertragen werden, dass diesem der Anspruch auf Herausgabe der Sache abgetreten wird.

§ 872. Eigenbesitz. Wer eine Sache als ihm gehörend besitzt, ist Eigenbesitzer.

Allgemeine Vorschriften über Rechte an Grundstücken

§ 873. Erwerb durch Einigung und Eintragung. (1) Zur Übertragung des Eigentums an einem Grundstücke, zur Belastung eines Grundstücks mit einem Rechte sowie zur Übertragung oder Belastung eines solchen Rechtes ist die Einigung des Berechtigten und des anderen Teiles über den Eintritt der Rechtsänderung und die Eintragung der Rechtsänderung in das Grundbuch erforderlich, soweit nicht das Gesetz ein anderes vorschreibt.
(2) Vor der Eintragung sind die Beteiligten an die Einigung nur gebunden, wenn die Erklärungen notariell beurkundet oder vor dem Grundbuchamt abgegeben oder bei diesem eingereicht sind oder wenn der Berechtigte dem anderen Teil eine den Vorschriften der Grundbuchordnung entsprechende Eintragungsbewilligung ausgehändigt hat.

§ 875. Aufhebung eines Rechtes. (1) ^{1}Zur Aufhebung eines Rechtes an einem Grundstück ist, soweit nicht das Gesetz ein anderes vorschreibt, die Erklärung des Berechtigten, dass er das Recht aufgebe, und die Löschung des Rechtes im Grundbuch erforderlich. ^{2}Die Erklärung ist dem Grundbuchamt oder demjenigen gegenüber abzugeben, zu dessen Gunsten sie erfolgt.
...

§ 891. Gesetzliche Vermutung. (1) Ist im Grundbuche für jemand ein Recht eingetragen, so wird vermutet, dass ihm das Recht zustehe.
(2) Ist im Grundbuch ein eingetragenes Recht gelöscht, so wird vermutet, dass das Recht nicht bestehe.

§ 892. Öffentlicher Glaube des Grundbuchs. (1) ^{1}Zugunsten desjenigen, welcher ein Recht an einem Grundstück oder ein Recht an einem solchen Rechte durch Rechtsgeschäft erwirbt, gilt der Inhalt des Grundbuchs als richtig, es sei denn, dass ein Widerspruch gegen die Richtigkeit eingetragen oder die Unrichtigkeit dem Erwerber bekannt ist. ^{2}Ist der Berechtigte in der Verfügung über ein im Grundbuch eingetragenes Recht zugunsten einer bestimmten Person beschränkt, so ist die Beschränkung dem Erwerber gegenüber nur wirksam, wenn sie aus dem Grundbuch ersichtlich oder dem Erwerber bekannt ist.
...

Eigentum

▶ **Inhalt des Eigentums**

§ 903. Befugnisse des Eigentümers. ^{1}Der Eigentümer einer Sache kann, soweit nicht das Gesetz oder Rechte Dritter entgegenstehen, mit der Sache nach Belieben verfahren und andere von jeder Einwirkung ausschließen. ^{2}Der Eigentümer eines Tieres hat bei der Ausübung seiner Befugnisse die besonderen Vorschriften zum Schutz der Tiere zu beachten.

§ 904. Notstand. ^{1}Der Eigentümer einer Sache ist nicht berechtigt, die Einwirkung eines anderen auf die Sache zu verbieten, wenn die Einwirkung zur Abwendung einer gegenwärtigen Gefahr notwendig und der drohende Schaden gegenüber dem aus der Einwirkung dem Eigentümer entstehenden Schaden unverhältnismäßig groß ist. ^{2}Der Eigentümer kann Ersatz des ihm entstehenden Schadens verlangen.

§ 905. Begrenzung des Eigentums. ^{1}Das Recht des Eigentümers eines Grundstücks erstreckt sich auf den Raum über der Oberfläche und auf den Erdkörper unter der Oberfläche. ^{2}Der Eigentümer kann jedoch Einwirkungen nicht verbieten, die in solcher Höhe oder Tiefe vorgenommen werden, dass er an der Ausschließung kein Interesse hat.

§ 906. Zuführung unwägbarer Stoffe. (1) ^{1}Der Eigentümer eines Grundstücks kann die Zuführung von Gasen, Dämpfen, Gerüchen, Rauch, Ruß, Wärme, Geräusch, Erschütterungen und ähnliche von einem anderen Grundstück ausgehende Einwirkungen insoweit nicht verbieten, als die Einwirkung die Benutzung seines Grundstücks nicht oder nur unwesentlich beeinträchtigt. ^{2}Eine unwesentliche Beeinträchtigung liegt in der Regel vor, wenn die in Gesetzen oder Rechtsverordnungen festgelegten Grenz- oder Richtwerte von den nach diesen Vorschriften ermittelten und bewerteten Einwirkungen nicht überschritten werden. ^{3}Gleiches gilt für Werte in allen gemeinen Verwaltungsvorschriften, die nach § 48 des Bundes-Immissionsschutzgesetzes erlassen worden sind und den Stand der Technik wiedergeben.
(2) ^{1}Das Gleiche gilt insoweit, als eine wesentliche Beeinträchtigung durch eine ortsübliche Benutzung des anderen Grundstücks herbeigeführt wird und nicht durch Maßnahmen verhindert werden kann, die Benutzern dieser Art wirtschaftlich zumutbar sind. ^{2}Hat der

4.1 BGB §§ 906–925   Drittes Buch. Sachenrecht

Eigentümer hiernach eine Einwirkung zu dulden, so kann er von dem Benutzer des anderen Grundstücks einen angemessenen Ausgleich in Geld verlangen, wenn die Einwirkung eine ortsübliche Benutzung seines Grundstücks oder dessen Ertrag über das zumutbare Maß hinaus beeinträchtigt.
...

§ 907. Gefahrdrohende Anlagen. (1) [1]Der Eigentümer eines Grundstücks kann verlangen, dass auf den Nachbargrundstücken nicht Anlagen hergestellt oder gehalten werden, von denen mit Sicherheit vorauszusehen ist, dass ihr Bestand oder ihre Benutzung eine unzulässige Einwirkung auf sein Grundstück zur Folge hat. [2]Genügt eine Anlage den landesgesetzlichen Vorschriften, die einen bestimmten Abstand von der Grenze oder sonstige Schutzmaßregeln vorschreiben, so kann die Beseitigung der Anlage erst verlangt werden, wenn die unzulässige Einwirkung tatsächlich hervortritt.

(2) Bäume und Sträucher gehören nicht zu den Anlagen im Sinne dieser Vorschriften.

§ 908. Drohender Gebäudeeinsturz. Droht einem Grundstücke die Gefahr, dass es durch den Einsturz eines Gebäudes oder eines anderen Werkes, das mit dem Nachbargrundstücke verbunden ist, oder durch die Ablösung von Teilen des Gebäudes oder des Werkes beschädigt wird, so kann der Eigentümer von demjenigen, welcher ... für den eintretenden Schaden verantwortlich sein würde, verlangen, dass er die zur Abwendung der Gefahr erforderliche Vorkehrung trifft.

§ 909. Vertiefung. Ein Grundstück darf nicht in der Weise vertieft werden, dass der Boden des Nachbargrundstücks die erforderliche Stütze verliert, es sei denn, dass für eine genügende anderweitige Befestigung gesorgt ist.

§ 910. Überhang. (1) [1]Der Eigentümer eines Grundstücks kann Wurzeln eines Baumes oder eines Strauches, die von einem Nachbargrundstück eingedrungen sind, abschneiden und behalten. [2]Das Gleiche gilt von herüberragenden Zweigen, wenn der Eigentümer dem Besitzer des Nachbargrundstücks eine angemessene Frist zur Beseitigung bestimmt hat und die Beseitigung nicht innerhalb der Frist erfolgt.

(2) Dem Eigentümer steht dieses Recht nicht zu, wenn die Wurzeln oder die Zweige die Benutzung des Grundstücks nicht beeinträchtigen.

§ 911. Überfall. [1]Früchte, die von einem Baume oder einem Strauche auf ein Nachbargrundstück hinüberfallen, gelten als Früchte dieses Grundstücks. [2]Diese Vorschrift findet keine Anwendung, wenn das Nachbargrundstück dem öffentlichen Gebrauche dient.

§ 912. Überbau; Duldungspflicht. (1) Hat der Eigentümer eines Grundstücks bei der Errichtung eines Gebäudes über die Grenze gebaut, ohne dass ihm Vorsatz oder grobe Fahrlässigkeit zur Last fällt, so hat der Nachbar den Überbau zu dulden, es sei denn, dass er vor oder sofort nach der Grenzüberschreitung Widerspruch erhoben hat.

(2) [1]Der Nachbar ist durch eine Geldrente zu entschädigen. [2]Für die Höhe der Rente ist die Zeit der Grenzüberschreitung maßgebend.

§ 917. Notweg. (1) [1]Fehlt einem Grundstücke die zur ordnungsmäßigen Benutzung notwendige Verbindung mit einem öffentlichen Wege, so kann der Eigentümer von den Nachbarn verlangen, dass sie bis zur Hebung des Mangels die Benutzung ihrer Grundstücke zur Herstellung der erforderlichen Verbindung dulden. [2]Die Richtung des Notwegs und der Umfang des Benutzungsrechts werden erforderlichen Falles durch Urteil bestimmt.

(2) Die Nachbarn, über deren Grundstücke der Notweg führt, sind durch eine Geldrente zu entschädigen. ...

§ 923. Grenzbaum. (1) Steht auf der Grenze ein Baum, so gebühren die Früchte und, wenn der Baum gefällt wird, auch der Baum den Nachbarn zu gleichen Teilen.

(2) [1]Jeder der Nachbarn kann die Beseitigung des Baumes verlangen. [2]Die Kosten der Beseitigung fallen den Nachbarn zu gleichen Teilen zur Last. [3]Der Nachbar, der die Beseitigung verlangt, hat jedoch die Kosten allein zu tragen, wenn der andere auf sein Recht an dem Baume verzichtet; er erwirbt in diesem Falle mit der Trennung das Alleineigentum. [4]Der Anspruch auf die Beseitigung ist ausgeschlossen, wenn der Baum als Grenzzeichen dient und den Umständen nach nicht durch ein anderes zweckmäßiges Grenzzeichen ersetzt werden kann.

(3) Diese Vorschriften gelten auch für einen auf der Grenze stehenden Strauch.

▶ **Erwerb und Verlust des Eigentums an Grundstücken**

§ 925. Auflassung. (1) [1]Die zur Übertragung des Eigentums an einem Grundstück nach § 873 erforderliche Einigung des Veräußerers und des Erwerbers (Auflassung) muss bei gleichzeitiger Anwesenheit beider Teile vor einer zuständigen Stelle erklärt werden. [2]Zur Entgegennahme der Auflassung ist, unbeschadet der Zuständigkeit weiterer Stellen, jeder Notar zuständig. [3]Eine

Bürgerliches Gesetzbuch

4.1 BGB §§ 925–947

Auflassung kann auch in einem gerichtlichen Vergleich oder in einem rechtskräftig bestätigten Insolvenzplan erklärt werden.

▶ **Erwerb und Verlust des Eigentums an beweglichen Sachen**

Übertragung

§ 929. Einigung und Übergabe. ¹Zur Übertragung des Eigentums an einer beweglichen Sache ist erforderlich, dass der Eigentümer die Sache dem Erwerber übergibt und beide darüber einig sind, dass das Eigentum übergehen soll. ²Ist der Erwerber im Besitze der Sache, so genügt die Einigung über den Übergang des Eigentums.

§ 930. Besitzkonstitut. Ist der Eigentümer im Besitze der Sache, so kann die Übergabe dadurch ersetzt werden, dass zwischen ihm und dem Erwerber ein Rechtsverhältnis vereinbart wird, vermöge dessen der Erwerber den mittelbaren Besitz erlangt.

§ 931. Abtretung des Herausgabeanspruchs. Ist ein Dritter im Besitze der Sache, so kann die Übergabe dadurch ersetzt werden, dass der Eigentümer dem Erwerber den Anspruch auf Herausgabe der Sache abtritt.

§ 932. Gutgläubiger Erwerb vom Nichtberechtigten. (1) ¹Durch eine nach § 929 erfolgte Veräußerung wird der Erwerber auch dann Eigentümer, wenn die Sache nicht dem Veräußerer gehört, es sei denn, dass er zu der Zeit, zu der er nach diesen Vorschriften das Eigentum erwerben würde, nicht in gutem Glauben ist. ²In dem Falle des § 929 Satz 2 gilt dies jedoch nur dann, wenn der Erwerber den Besitz von dem Veräußerer erlangt hatte.
(2) Der Erwerber ist nicht in gutem Glauben, wenn ihm bekannt oder infolge grober Fahrlässigkeit unbekannt ist, dass die Sache nicht dem Veräußerer gehört.

§ 933. Gutgläubiger Erwerb bei Besitzkonstitut. Gehört eine nach § 930 veräußerte Sache nicht dem Veräußerer, so wird der Erwerber Eigentümer, wenn ihm die Sache von dem Veräußerer übergeben wird, es sei denn, dass er zu dieser Zeit nicht in gutem Glauben ist.

§ 934. Gutgläubiger Erwerb bei Abtretung des Herausgabeanspruchs. Gehört eine nach § 931 veräußerte Sache nicht dem Veräußerer, so wird der Erwerber, wenn der Veräußerer mittelbarer Besitzer der Sache ist, mit der Abtretung des Anspruchs, anderenfalls dann Eigentümer, wenn er den Besitz der Sache von dem Dritten erlangt, es sei denn, dass er zur Zeit der Abtretung oder des Besitzerwerbes nicht in gutem Glauben ist.

§ 935. Kein gutgläubiger Erwerb von abhanden gekommenen Sachen. (1) ¹Der Erwerb des Eigentums auf Grund der §§ 932 bis 934 tritt nicht ein, wenn die Sache dem Eigentümer gestohlen worden, verloren gegangen oder sonst abhanden gekommen war. ²Das Gleiche gilt, falls der Eigentümer nur mittelbarer Besitzer war, dann, wenn die Sache dem Besitzer abhanden gekommen war.
(2) Diese Vorschriften finden keine Anwendung auf Geld oder Inhaberpapiere sowie auf Sachen, die im Wege öffentlicher Versteigerung veräußert werden.

§ 936. Erlöschen von Rechten Dritter. (1) ¹Ist eine veräußerte Sache mit dem Rechte eines Dritten belastet, so erlischt das Recht mit dem Erwerbe des Eigentums. ²In dem Falle des § 929 Satz 2 gilt dies jedoch nur dann, wenn der Erwerber den Besitz von dem Veräußerer erlangt hatte.
...

Ersitzung

§ 937. Voraussetzungen, Ausschluss bei Kenntnis. (1) Wer eine bewegliche Sache zehn Jahre im Eigenbesitz hat, erwirbt das Eigentum (Ersitzung).
(2) Die Ersitzung ist ausgeschlossen, wenn der Erwerber bei dem Erwerbe des Eigenbesitzes nicht in gutem Glauben ist oder wenn er später erfährt, dass ihm das Eigentum nicht zusteht.

Verbindung, Vermischung, Verarbeitung

§ 946. Verbindung mit einem Grundstück. Wird eine bewegliche Sache mit einem Grundstücke dergestalt verbunden, dass sie wesentlicher Bestandteil des Grundstücks wird, so erstreckt sich das Eigentum an dem Grundstück auf diese Sache.

§ 947. Verbindung mit beweglichen Sachen. (1) Werden bewegliche Sachen miteinander dergestalt verbunden, dass sie wesentliche Bestandteile einer einheitlichen Sache werden, so werden die bisherigen Eigentümer Miteigentümer dieser Sache; die Anteile bestimmen sich nach dem Verhältnisse des Wertes, den die Sachen zur Zeit der Verbindung haben.
(2) Ist eine der Sachen als die Hauptsache anzusehen, so erwirbt ihr Eigentümer das Alleineigentum.

§ 948. Vermischung. (1) Werden bewegliche Sachen miteinander untrennbar vermischt oder vermengt, so finden die Vorschriften des § 947 entsprechende Anwendung.

(2) Der Untrennbarkeit steht es gleich, wenn die Trennung der vermischten oder vermengten Sachen mit unverhältnismäßigen Kosten verbunden sein würde.

§ 949. Erlöschen von Rechten Dritter. [1]Erlischt nach den §§ 946 bis 948 das Eigentum an einer Sache, so erlöschen auch die sonstigen an der Sache bestehenden Rechte. [2]Erwirbt der Eigentümer der belasteten Sache Miteigentum, so bestehen die Rechte an dem Anteile fort, der an die Stelle der Sache tritt. [3]Wird der Eigentümer der belasteten Sache Alleineigentümer, so erstrecken sich die Rechte auf die hinzutretende Sache.

§ 950. Verarbeitung. (1) [1]Wer durch Verarbeitung oder Umbildung eines oder mehrerer Stoffe eine neue bewegliche Sache herstellt, erwirbt das Eigentum an der neuen Sache, sofern nicht der Wert der Verarbeitung oder der Umbildung erheblich geringer ist als der Wert des Stoffes. [2]Als Verarbeitung gilt auch das Schreiben, Zeichnen, Malen, Drucken, Gravieren oder eine ähnliche Bearbeitung der Oberfläche.

(2) Mit dem Erwerbe des Eigentums an der neuen Sache erlöschen die an dem Stoffe bestehenden Rechte.

§ 951. Entschädigung für Rechtsverlust. (1) [1]Wer infolge der Vorschriften der §§ 946 bis 950 einen Rechtsverlust erleidet, kann von demjenigen, zudessen Gunsten die Rechtsänderung eintritt, Vergütung in Geld nach den Vorschriften über die Herausgabe einer ungerechtfertigten Bereicherung fordern. [2]Die Wiederherstellung des früheren Zustandes kann nicht verlangt werden.

(2) Die Vorschriften über die Verpflichtung zum Schadensersatze wegen unerlaubter Handlungen sowie die Vorschriften über den Ersatz von Verwendungen und über das Recht zur Wegnahme einer Einrichtung bleiben unberührt. …

§ 952. Eigentum an Schuldurkunden. (1) [1]Das Eigentum an dem über eine Forderung ausgestellten Schuldscheine steht dem Gläubiger zu. [2]Das Recht eines Dritten an der Forderung erstreckt sich auf den Schuldschein.

(2) Das Gleiche gilt für Urkunden über andere Rechte, kraft deren eine Leistung gefordert werden kann, insbesondere für Hypotheken-, Grundschuld- und Rentenschuldbriefe.

Erwerb von Erzeugnissen und sonstigen Bestandteilen einer Sache

§ 953. Eigentum an getrennten Erzeugnissen und Bestandteilen. Erzeugnisse und sonstige Bestandteile einer Sache gehören auch nach der Trennung dem Eigentümer der Sache, soweit sich nicht aus den §§ 954 bis 957 ein anderes ergibt.

§ 954. Erwerb durch dinglich Berechtigten. Wer vermöge eines Rechtes an einer fremden Sache befugt ist, sich Erzeugnisse oder sonstige Bestandteile der Sache anzueignen, erwirbt das Eigentum an ihnen, unbeschadet der Vorschriften der §§ 955 bis 957, mit der Trennung.

§ 955. Erwerb durch gutgläubigen Eigenbesitzer. (1) [1]Wer eine Sache im Eigenbesitze hat, erwirbt das Eigentum an den Erzeugnissen und sonstigen zu den Früchten der Sache gehörenden Bestandteilen, unbeschadet der Vorschriften der §§ 956, 957, mit der Trennung. [2]Der Erwerb ist ausgeschlossen, wenn der Eigenbesitzer nicht zum Eigenbesitz oder ein anderer vermöge eines Rechtes an der Sache zum Fruchtbezuge berechtigt ist und der Eigenbesitzer bei dem Erwerbe des Eigenbesitzes nicht in gutem Glauben ist oder vor der Trennung den Rechtsmangel erfährt.

(2) Dem Eigenbesitzer steht derjenige gleich, welcher die Sache zum Zwecke der Ausübung eines Nutzungsrechts an ihr besitzt.
…

§ 956. Erwerb durch persönlich Berechtigten. (1) Gestattet der Eigentümer einem anderen, sich Erzeugnisse oder sonstige Bestandteile der Sache anzueignen, so erwirbt dieser das Eigentum an ihnen, wenn der Besitz der Sache ihm überlassen ist, mit der Trennung, anderenfalls mit der Besitzergreifung.
…

Aneignung

§ 958. Eigentumserwerb an beweglichen herrenlosen Sachen. (1) Wer eine herrenlose bewegliche Sache in Eigenbesitz nimmt, erwirbt das Eigentum an der Sache.

(2) Das Eigentum wird nicht erworben, wenn die Aneignung gesetzlich verboten ist oder wenn durch die Besitzergreifung das Aneignungsrecht eines anderen verletzt wird.

§ 959. Aufgabe des Eigentums. Eine bewegliche Sache wird herrenlos, wenn der Eigentümer in der Absicht, auf das Eigentum zu verzichten, den Besitz der Sache aufgibt.

Bürgerliches Gesetzbuch

§ 965. Anzeigepflicht des Finders. (1) Wer eine verlorene Sache findet und an sich nimmt, hat dem Verlierer oder dem Eigentümer oder einem sonstigen Empfangsberechtigten unverzüglich Anzeige zu machen.
(2) ¹Kennt der Finder die Empfangsberechtigten nicht oder ist ihm ihr Aufenthalt unbekannt, so hat er den Fund und die Umstände, welche für die Ermittlung der Empfangsberechtigten erheblich sein können, unverzüglich der zuständigen Behörde anzuzeigen. ²Ist die Sache nicht mehr als zehn Euro wert, so bedarf es der Anzeige nicht.

§ 966. Verwahrungspflicht. (1) Der Finder ist zur Verwahrung der Sache verpflichtet.
(2) ¹Ist der Verderb der Sache zu besorgen oder ist die Aufbewahrung mit unverhältnismäßigen Kosten verbunden, so hat der Finder die Sache öffentlich versteigern zu lassen. ²Vor der Versteigerung ist der zuständigen Behörde Anzeige zu machen. ³Der Erlös tritt an die Stelle der Sache.

§ 967. Ablieferungspflicht. Der Finder ist berechtigt und auf Anordnung der zuständigen Behörde verpflichtet, die Sache oder den Versteigerungserlös an die zuständige Behörde abzuliefern.

§ 968. Umfang der Haftung. Der Finder hat nur Vorsatz und grobe Fahrlässigkeit zu vertreten.

§ 969. Herausgabe an den Verlierer. Der Finder wird durch die Herausgabe der Sache an den Verlierer auch den sonstigen Empfangsberechtigten gegenüber befreit.

§ 970. Ersatz von Aufwendungen. Macht der Finder zum Zwecke der Verwahrung oder Erhaltung der Sache oder zum Zwecke der Ermittlung eines Empfangsberechtigten Aufwendungen, die er den Umständen nach für erforderlich halten darf, so kann er von dem Empfangsberechtigten Ersatz verlangen.

§ 971. Finderlohn. (1) ¹Der Finder kann von dem Empfangsberechtigten einen Finderlohn verlangen. ²Der Finderlohn beträgt von dem Wert der Sache bis zu 500 Euro fünf vom Hundert, von dem Mehrwert drei vom Hundert, bei Tieren drei vom Hundert. ³Hat die Sache nur für den Empfangsberechtigten einen Wert, so ist der Finderlohn nach billigem Ermessen zu bestimmen.
(2) Der Anspruch ist ausgeschlossen, wenn der Finder die Anzeigepflicht verletzt oder den Fund auf Nachfrage verheimlicht.

§ 972. Zurückbehaltungsrecht des Finders. Auf die in den §§ 970, 971 bestimmten Ansprüche finden die für die Ansprüche des Besitzers gegen den Eigentümer wegen Verwendungen geltenden Vorschriften der §§ 1000 bis 1002 entsprechende Anwendung.

§ 973. Eigentumserwerb des Finders. (1) ¹Mit dem Ablauf von sechs Monaten nach der Anzeige des Fundes bei der zuständigen Behörde erwirbt der Finder das Eigentum an der Sache, es sei denn, dass vorher ein Empfangsberechtigter dem Finder bekannt geworden ist oder sein Recht bei der zuständigen Behörde angemeldet hat. ²Mit dem Erwerb des Eigentums erlöschen die sonstigen Rechte an der Sache.
(2) ¹Ist die Sache nicht mehr als zehn Euro wert, so beginnt die sechsmonatige Frist mit dem Fund. ²Der Finder erwirbt das Eigentum nicht, wenn er den Fund auf Nachfrage verheimlicht. ³Die Anmeldung eines Rechts bei der zuständigen Behörde steht dem Erwerb des Eigentums nicht entgegen.

§ 974. Eigentumserwerb nach Verschweigung. ¹Sind vor dem Ablauf der sechsmonatigen Frist Empfangsberechtigte dem Finder bekannt geworden oder haben sie bei einer Sache, die mehr als zehn Euro wert ist, ihre Rechte bei der zuständigen Behörde rechtzeitig angemeldet, so kann der Finder die Empfangsberechtigten nach der Vorschrift des § 1003 zur Erklärung über die ihm nach den §§ 970 bis 972 zustehenden Ansprüche auffordern. ²Mit dem Ablauf der für die Erklärung bestimmten Frist erwirbt der Finder das Eigentum und erlöschen die sonstigen Rechte an der Sache, wenn nicht die Empfangsberechtigten sich rechtzeitig zu der Befriedigung der Ansprüche bereit erklären.

§ 975. Rechte des Finders nach Ablieferung. ¹Durch die Ablieferung der Sache oder des Versteigerungserlöses an die zuständige Behörde werden die Rechte des Finders nicht berührt. ²Lässt die zuständige Behörde die Sache versteigern, so tritt der Erlös an die Stelle der Sache. ³Die zuständige Behörde darf die Sache oder den Erlös nur mit Zustimmung des Finders einem Empfangsberechtigten herausgeben.

§ 976. Eigentumserwerb der Gemeinde. (1) Verzichtet der Finder der zuständigen Behörde gegenüber auf das Recht zum Erwerb des Eigentums an der Sache, so geht sein Recht auf die Gemeinde des Fundorts über.
(2) Hat der Finder nach der Ablieferung der Sache oder des Versteigerungserlöses an die zuständige Behörde auf Grund der Vorschriften der §§ 973, 974 das Eigentum erworben, so geht es auf die Gemeinde des Fundorts über, wenn

nicht der Finder vor dem Ablauf einer ihm von der zuständigen Behörde bestimmten Frist die Herausgabe verlangt.

§ 977. Bereicherungsanspruch. [1]Wer infolge der Vorschriften der §§ 973, 974, 976 einen Rechtsverlust erleidet, kann in den Fällen der §§ 973, 974 von dem Finder, in den Fällen des § 976 von der Gemeinde des Fundorts die Herausgabe des durch die Rechtsänderung Erlangten nach den Vorschriften über die Herausgabe einer ungerechtfertigten Bereicherung fordern. [2]Der Anspruch erlischt mit dem Ablauf von drei Jahren nach dem Übergang des Eigentums auf den Finder oder die Gemeinde, wenn nicht die gerichtliche Geltendmachung vorher erfolgt.

§ 978. Fund in öffentlicher Behörde oder Verkehrsanstalt. (1) [1]Wer eine Sache in den Geschäftsräumen oder den Beförderungsmitteln einer öffentlichen Behörde oder einer dem öffentlichen Verkehr dienenden Verkehrsanstalt findet und an sich nimmt, hat die Sache unverzüglich an die Behörde oder die Verkehrsanstalt oder an einen ihrer Angestellten abzuliefern. [2]Die Vorschriften der §§ 965 bis 967 und 969 bis 977 finden keine Anwendung.

(2) [1]Ist die Sache nicht weniger als 50 Euro wert, so kann der Finder von dem Empfangsberechtigten einen Finderlohn verlangen. [2]Der Finderlohn besteht in der Hälfte des Betrags, der sich bei Anwendung des § 971 Abs. 1 Satz 2, 3 ergeben würde. [3]Der Anspruch ist ausgeschlossen, wenn der Finder Bediensteter der Behörde oder der Verkehrsanstalt ist oder der Finder die Ablieferungspflicht verletzt. [4]Die für die Ansprüche des Besitzers gegen den Eigentümer wegen Verwendungen geltende Vorschrift des § 1001 findet auf den Finderlohnanspruch entsprechende Anwendung. [5]Besteht ein Anspruch auf Finderlohn, so hat die Behörde oder die Verkehrsanstalt dem Finder die Herausgabe der Sache an einen Empfangsberechtigten anzuzeigen.

(3) [1]Fällt der Versteigerungserlös oder gefundenes Geld an den nach § 981 Abs. 1 Berechtigten, so besteht ein Anspruch auf Finderlohn nach Absatz 2 Satz 1 bis 3 gegen diesen. [2]Der Anspruch erlischt mit dem Ablauf von drei Jahren nach seiner Entstehung gegen den in Satz 1 bezeichneten Berechtigten.

§ 979. Öffentliche Versteigerung. (1) [1]Die Behörde oder die Verkehrsanstalt kann die an sie abgelieferte Sache öffentlich versteigern lassen. [2]Die öffentlichen Behörden und Verkehrsanstalten des Reichs, der Bundesstaaten und der Gemeinden können die Versteigerung durch einen ihrer Beamten vornehmen lassen.

(2) Der Erlös tritt an die Stelle der Sache.

§ 980. Öffentliche Bekanntmachung des Fundes. (1) Die Versteigerung ist erst zulässig, nachdem die Empfangsberechtigten in einer öffentlichen Bekanntmachung des Fundes zur Anmeldung ihrer Rechte unter Bestimmung einer Frist aufgefordert worden sind und die Frist verstrichen ist; sie ist unzulässig, wenn eine Anmeldung rechtzeitig erfolgt ist.

(2) Die Bekanntmachung ist nicht erforderlich, wenn der Verderb der Sache zu besorgen oder die Aufbewahrung mit unverhältnismäßigen Kosten verbunden ist.

§ 981. Empfang des Versteigerungserlöses. (1) Sind seit dem Ablauf der in der öffentlichen Bekanntmachung bestimmten Frist drei Jahre verstrichen, so fällt der Versteigerungserlös, wenn nicht ein Empfangsberechtigter sein Recht angemeldet hat, bei Reichsbehörden und Reichsanstalten an den Reichsfiskus, bei Landesbehörden und Landesanstalten an den Fiskus des Bundesstaats, bei Gemeindebehörden und Gemeindeanstalten an die Gemeinde, bei Verkehrsanstalten, die von einer Privatperson betrieben werden, an diese.

(2) [1]Ist die Versteigerung ohne die öffentliche Bekanntmachung erfolgt, so beginnt die dreijährige Frist erst, nachdem die Empfangsberechtigten in einer öffentlichen Bekanntmachung des Fundes zur Anmeldung ihrer Rechte aufgefordert worden sind. [2]Das Gleiche gilt, wenn gefundenes Geld abgeliefert worden ist.

(3) Die Kosten werden von dem herauszugebenden Betrag abgezogen.

§ 982. Ausführungsvorschriften. Die in den §§ 980, 981 vorgeschriebene Bekanntmachung erfolgt bei Reichsbehörden und Reichsanstalten nach den von dem Bundesrat, in den übrigen Fällen nach den von der Zentralbehörde des Bundesstaats erlassenen Vorschriften.

§ 983. Unanbringbare Sachen bei Behörden. Ist eine öffentliche Behörde im Besitz einer Sache, zu deren Herausgabe sie verpflichtet ist, ohne dass die Verpflichtung auf Vertrag beruht, so finden, wenn der Behörde der Empfangsberechtigte oder dessen Aufenthalt unbekannt ist, die Vorschriften der §§ 979 bis 982 entsprechende Anwendung.

§ 984. Schatzfund. Wird eine Sache, die so lange verborgen gelegen hat, dass der Eigentümer nicht mehr zu ermitteln ist (Schatz), entdeckt und infolge der Entdeckung in Besitz genommen, so wird das Eigentum zur Hälfte von dem Entdecker, zur Hälfte von dem Eigentümer der Sache erworben, in welcher der Schatz verborgen war.

Bürgerliches Gesetzbuch

4.1 BGB §§ 985–1105

▶ Ansprüche aus dem Eigentum

§ 985. Herausgabeanspruch. Der Eigentümer kann von dem Besitzer die Herausgabe der Sache verlangen.

§ 986. Einwendungen des Besitzers. (1) Der Besitzer kann die Herausgabe der Sache verweigern, wenn er oder der mittelbare Besitzer, von dem er sein Recht zum Besitz ableitet, dem Eigentümer gegenüber zum Besitze berechtigt ist.
...

§ 1006. Eigentumsvermutung für Besitzer. (1) ¹Zugunsten des Besitzers einer beweglichen Sache wird vermutet, dass er Eigentümer der Sache sei. ²Dies gilt jedoch nicht einem früheren Besitzer gegenüber, dem die Sache gestohlen worden, verloren gegangen oder sonst abhanden gekommen ist, es sei denn, dass es sich um Geld oder Inhaberpapiere handelt.
(2) Zugunsten eines früheren Besitzers wird vermutet, dass er während der Dauer seines Besitzes Eigentümer der Sache gewesen sei.
(3) Im Falle eines mittelbaren Besitzes gilt die Vermutung für den mittelbaren Besitzer.

▶ Miteigentum

§ 1008. Miteigentum nach Bruchteilen. Steht das Eigentum an einer Sache mehreren nach Bruchteilen zu, so gelten die Vorschriften der §§ 1009 bis 1011.

§ 1009. Belastung zugunsten eines Miteigentümers. (1) Die gemeinschaftliche Sache kann auch zugunsten eines Miteigentümers belastet werden.
(2) Die Belastung eines gemeinschaftlichen Grundstücks zugunsten des jeweiligen Eigentümers eines anderen Grundstücks sowie die Belastung eines anderen Grundstücks zugunsten der jeweiligen Eigentümer des gemeinschaftlichen Grundstücks wird nicht dadurch ausgeschlossen, dass das andere Grundstück einem Miteigentümer des gemeinschaftlichen Grundstücks gehört.

Dienstbarkeiten

▶ Grunddienstbarkeiten

§ 1018. Gesetzlicher Inhalt der Grunddienstbarkeit. Ein Grundstück kann zugunsten des jeweiligen Eigentümers eines anderen Grundstücks in der Weise belastet werden, dass dieser das Grundstück in einzelnen Beziehungen benutzen darf oder dass auf dem Grundstücke gewisse Handlungen nicht vorgenommen werden dürfen oder dass die Ausübung eines Rechtes ausgeschlossen ist, das sich aus dem Eigentum an dem belasteten Grundstücke dem anderen Grundstücke gegenüber ergibt (Grunddienstbarkeit).

▶ Nießbrauch

§ 1030. Gesetzlicher Inhalt des Nießbrauchs an Sachen. (1) Eine Sache kann in der Weise belastet werden, dass derjenige, zu dessen Gunsten die Belastung erfolgt, berechtigt ist, die Nutzungen der Sache zu ziehen (Nießbrauch).
...

§ 1068. Gesetzlicher Inhalt des Nießbrauchs an Rechten. (1) Gegenstand des Nießbrauchs kann auch ein Recht sein.
...

Vorkaufsrecht

§ 1094. Gesetzlicher Inhalt des dinglichen Vorkaufsrechts. (1) Ein Grundstück kann in der Weise belastet werden, dass derjenige, zu dessen Gunsten die Belastung erfolgt, dem Eigentümer gegenüber zum Vorkaufe berechtigt ist.
...

§ 1098. Wirkung des Vorkaufsrechts. (1) ¹Das Rechtsverhältnis zwischen dem Berechtigten und dem Verpflichteten bestimmt sich nach den Vorschriften der §§ 463–473. ²Das Vorkaufsrecht kann auch dann ausgeübt werden, wenn das Grundstück von dem Insolvenzverwalter aus freier Hand verkauft wird.
(2) Dritten gegenüber hat das Vorkaufsrecht die Wirkung einer Vormerkung zur Sicherung des durch die Ausübung des Rechts entstehenden Anspruchs auf Übertragung des Eigentums.
(3) Steht ein nach § 1094 Abs. 1 begründetes Vorkaufsrecht einer juristischen Person oder einer rechtsfähigen Personengesellschaft zu, so gelten, wenn seine Übertragbarkeit nicht vereinbart ist, für die Übertragung des Rechts die Vorschriften der §§ 1059 a bis 1059 d entsprechend.

Reallasten

§ 1105. Gesetzlicher Inhalt der Reallast. (1) ¹Ein Grundstück kann in der Weise belastet werden, dass an denjenigen, zu dessen Gunsten die Belastung erfolgt, wiederkehrende Leistungen aus dem Grundstücke zu entrichten sind (Reallast). ²Als Inhalt der Reallast kann auch vereinbart werden, dass die zu entrichtenden Leistungen sich ohne weiteres an veränderte Verhältnisse anpassen, wenn anhand der in der Vereinbarung festgelegten Voraussetzungen Art und Umfang der Belastung des Grundstücks bestimmt werden können.

(2) Die Reallast kann auch zugunsten des jeweiligen Eigentümers eines anderen Grundstücks bestellt werden.

Hypothek, Grundschuld, Rentenschuld

▶ Hypothek

§ 1113. Gesetzlicher Inhalt der Hypothek. (1) Ein Grundstück kann in der Weise belastet werden, dass an denjenigen, zu dessen Gunsten die Belastung erfolgt, eine bestimmte Geldsumme zur Befriedigung wegen einer ihm zustehenden Forderung aus dem Grundstücke zu zahlen ist (Hypothek).
...

§ 1115. Eintragung der Hypothek. (1) Bei der Eintragung der Hypothek müssen der Gläubiger, der Geldbetrag der Forderung und, wenn die Forderung verzinslich ist, der Zinssatz, wenn andere Nebenleistungen zu entrichten sind, ihr Geldbetrag im Grundbuch angegeben werden; im Übrigen kann zur Bezeichnung der Forderung auf die Eintragungsbewilligung Bezug genommen werden.

(2) Bei der Eintragung der Hypothek für ein Darlehen einer Kreditanstalt, deren Satzung von der zuständigen Behörde öffentlich bekannt gemacht worden ist, genügt zur Bezeichnung der außer den Zinsen satzungsgemäß zu entrichtenden Nebenleistungen die Bezugnahme auf die Satzung.

§ 1116. Brief- und Buchhypothek. (1) Über die Hypothek wird ein Hypothekenbrief erteilt.

(2) [1]Die Erteilung des Briefes kann ausgeschlossen werden. [2]Die Ausschließung kann auch nachträglich erfolgen. [3]Zu der Ausschließung ist die Einigung des Gläubigers und des Eigentümers sowie die Eintragung in das Grundbuch erforderlich; ...

§ 1117. Erwerb der Briefhypothek. (1) [1]Der Gläubiger erwirbt, sofern nicht die Erteilung des Hypothekenbriefs ausgeschlossen ist, die Hypothek erst, wenn ihm der Brief von dem Eigentümer des Grundstücks übergeben wird. [2]Auf die Übergabe finden die Vorschriften des § 929 Satz 2 und der §§ 930, 931 Anwendung.

(2) Die Übergabe des Briefes kann durch die Vereinbarung ersetzt werden, dass der Gläubiger berechtigt sein soll, sich den Brief von dem Grundbuchamt aushändigen zu lassen.

(3) Ist der Gläubiger im Besitze des Briefes, so wird vermutet, dass die Übergabe erfolgt sei.

§ 1132. Gesamthypothek. (1) [1]Besteht für die Forderung eine Hypothek an mehreren Grundstücken (Gesamthypothek), so haftet jedes Grundstück für die ganze Forderung. [2]Der Gläubiger kann die Befriedigung nach seinem Belieben aus jedem der Grundstücke ganz oder zu einem Teil suchen.
...

§ 1133. Gefährdung der Sicherheit der Hypothek. [1]Ist infolge einer Verschlechterung des Grundstücks die Sicherheit der Hypothek gefährdet, so kann der Gläubiger dem Eigentümer eine angemessene Frist zur Beseitigung der Gefährdung bestimmen. [2]Nach dem Ablaufe der Frist ist der Gläubiger berechtigt, sofort Befriedigung aus dem Grundstücke zu suchen, wenn nicht die Gefährdung durch Verbesserung des Grundstücks oder durch anderweitige Hypothekenbestellung beseitigt worden ist. ...

§ 1134. Unterlassungsklage. (1) Wirkt der Eigentümer oder ein Dritter auf das Grundstück in solcher Weise ein, dass eine die Sicherheit der Hypothek gefährdende Verschlechterung des Grundstücks zu besorgen ist, so kann der Gläubiger auf Unterlassung klagen.

(2) [1]Geht die Einwirkung von dem Eigentümer aus, so hat das Gericht auf Antrag des Gläubigers die zur Abwendung der Gefährdung erforderlichen Maßregeln anzuordnen. [2]Das Gleiche gilt, wenn die Verschlechterung deshalb zu besorgen ist, weil der Eigentümer die erforderlichen Vorkehrungen gegen Einwirkungen Dritter oder gegen andere Beschädigungen unterlässt.

§ 1136. Rechtsgeschäftliche Verfügungsbeschränkung. Eine Vereinbarung, durch die sich der Eigentümer dem Gläubiger gegenüber verpflichtet, das Grundstück nicht zu veräußern oder nicht weiter zu belasten, ist nichtig.

§ 1137. Einreden des Eigentümers. (1) Der Eigentümer kann gegen die Hypothek die dem persönlichen Schuldner gegen die Forderung sowie die nach § 770 einem Bürgen zustehenden Einreden geltend machen.
...

§ 1138. Öffentlicher Glaube des Grundbuchs. Die Vorschriften der §§ 891 bis 899 gelten für die Hypothek auch in Ansehung der Forderung und der dem Eigentümer nach § 1137 zustehenden Einreden.

§ 1142. Befriedigungsrecht des Eigentümers. (1) Der Eigentümer ist berechtigt, den Gläubiger zu befriedigen, wenn die Forderung ihm gegenüber fällig geworden oder wenn der persönliche Schuldner zur Leistung berechtigt ist.

§ 1144. Aushändigung der Urkunden. Der Eigentümer kann gegen Befriedigung des Gläubigers die Aushändigung des Hypothekenbriefs und der sonstigen Urkunden verlangen, die zur Berichtigung des Grundbuchs oder zur Löschung der Hypothek erforderlich sind.

§ 1147. Befriedigung durch Zwangsvollstreckung. Die Befriedigung des Gläubigers aus dem Grundstück und den Gegenständen, auf die sich die Hypothek erstreckt, erfolgt im Wege der Zwangsvollstreckung.

§ 1152. Teilhypothekenbrief. [1]Im Falle einer Teilung der Forderung kann, sofern nicht die Erteilung des Hypothekenbriefs ausgeschlossen ist, für jeden Teil ein Teilhypothekenbrief hergestellt werden; die Zustimmung des Eigentümers des Grundstücks ist nicht erforderlich. [2]Der Teilhypothekenbrief tritt für den Teil, auf den er sich bezieht, an die Stelle des bisherigen Briefes.

§ 1153. Übertragung von Hypothek und Forderung. (1) Mit der Übertragung der Forderung geht die Hypothek auf den neuen Gläubiger über.
(2) Die Forderung kann nicht ohne die Hypothek, die Hypothek kann nicht ohne die Forderung übertragen werden.

§ 1154. Abtretung der Forderung. (1) [1]Zur Abtretung der Forderung ist Erteilung der Abtretungserklärung in schriftlicher Form und Übergabe des Hypothekenbriefs erforderlich; die Vorschriften des § 1117 finden Anwendung. [2]Der bisherige Gläubiger hat auf Verlangen des neuen Gläubigers die Abtretungserklärung auf seine Kosten öffentlich beglaubigen zu lassen.
(2) Die schriftliche Form der Abtretungserklärung kann dadurch ersetzt werden, dass die Abtretung in das Grundbuch eingetragen wird.
(3) Ist die Erteilung des Hypothekenbriefs ausgeschlossen, so finden auf die Abtretung der Forderung die Vorschriften der §§ 873, 878 entsprechende Anwendung.

§ 1162. Aufgebot des Hypothekenbriefs. Ist der Hypothekenbrief abhanden gekommen oder vernichtet, so kann er im Wege des Aufgebotsverfahrens für kraftlos erklärt werden.

§ 1163. Eigentümerhypothek. (1) [1]Ist die Forderung, für welche die Hypothek bestellt ist, nicht zur Entstehung gelangt, so steht die Hypothek dem Eigentümer zu. [2]Erlischt die Forderung, so erwirbt der Eigentümer die Hypothek.
(2) Eine Hypothek, für welche die Erteilung des Hypothekenbriefs nicht ausgeschlossen ist, steht bis zur Übergabe des Briefes an den Gläubiger dem Eigentümer zu.

§ 1164. Übergang der Hypothek auf den Schuldner. (1) [1]Befriedigt der persönliche Schuldner den Gläubiger, so geht die Hypothek insoweit auf ihn über, als er von dem Eigentümer oder einem Rechtsvorgänger des Eigentümers Ersatz verlangen kann. [2]Ist dem Schuldner nur teilweise Ersatz zu leisten, so kann der Eigentümer die Hypothek, soweit sie auf ihn übergegangen ist, nicht zum Nachteil der Hypothek des Schuldners geltend machen.
(2) Der Befriedigung des Gläubigers steht es gleich, wenn sich Forderung und Schuld in einer Person vereinigen.

§ 1177. Eigentümergrundschuld, Eigentümerhypothek. (1) [1]Vereinigt sich die Hypothek mit dem Eigentum in einer Person, ohne dass dem Eigentümer auch die Forderung zusteht, so verwandelt sich die Hypothek in eine Grundschuld. [2]In Ansehung der Verzinslichkeit, des Zinssatzes, der Zahlungszeit, der Kündigung und des Zahlungsorts bleiben die für die Forderung getroffenen Bestimmungen maßgebend.
(2) Steht dem Eigentümer auch die Forderung zu, so bestimmen sich seine Rechte aus der Hypothek, solange die Vereinigung besteht, nach den für eine Grundschuld des Eigentümers geltenden Vorschriften.

§ 1179. Löschungsvormerkung. Verpflichtet sich der Eigentümer einem anderen gegenüber, die Hypothek löschen zu lassen, wenn sie sich mit dem Eigentum in einer Person vereinigt, so kann zur Sicherung des Anspruchs auf Löschung eine Vormerkung in das Grundbuch eingetragen werden, wenn demjenigen, zu dessen Gunsten die Eintragung vorgenommen werden soll,
1. ein anderes gleichrangiges oder nachrangiges Recht als eine Hypothek, Grundschuld oder Rentenschuld am Grundstück zusteht oder
2. ein Anspruch auf Einräumung eines solchen anderen Rechts oder auf Übertragung des Eigentums am Grundstück zusteht; der Anspruch kann auch ein künftiger oder bedingter sein.

§ 1179 a. Löschungsanspruch bei fremden Rechten. (1) [1]Der Gläubiger einer Hypothek kann von dem Eigentümer verlangen, dass dieser eine vorrangige oder gleichrangige Hypothek löschen lässt, wenn sie im Zeitpunkt der Eintragung der Hypothek des Gläubigers mit dem Eigentum in einer Person vereinigt ist oder eine solche Vereinigung später eintritt. [2]Ist das Eigentum nach der Eintragung der nach Satz 1 begünstigten Hypothek durch Sondernachfolge auf einen anderen übergegangen, so ist jeder Eigentümer wegen der zur Zeit seines Eigentums bestehenden Vereinigungen zur Löschung verpflichtet. [3]Der Löschungsanspruch ist in gleicher Weise gesichert, als wenn zu seiner Sicherung gleichzeitig mit der begünstigten Hypothek eine Vormerkung in das Grundbuch eingetragen worden wäre.

(2) [1]Die Löschung einer Hypothek, die nach § 1163 Abs. 1 Satz 1 mit dem Eigentum in einer Person vereinigt ist, kann nach Absatz 1 erst verlangt werden, wenn sich ergibt, dass die zu sichernde Forderung nicht mehr entstehen wird; der Löschungsanspruch besteht von diesem Zeitpunkt ab jedoch auch wegen der vorher bestehenden Vereinigungen. [2]Durch die Vereinigung einer Hypothek mit dem Eigentum nach § 1163 Abs. 2 wird ein Anspruch nach Absatz 1 nicht begründet.

(3) Liegen bei der begünstigten Hypothek die Voraussetzungen des § 1163 vor, ohne dass das Recht für den Eigentümer oder seinen Rechtsnachfolger im Grundbuch eingetragen ist, so besteht der Löschungsanspruch für den eingetragenen Gläubiger oder seinen Rechtsnachfolger.

(4) Tritt eine Hypothek im Range zurück, so sind auf die Löschung der ihr infolge der Rangänderung vorgehenden oder gleichstehenden Hypothek die Absätze 1 bis 3 mit der Maßgabe entsprechend anzuwenden, dass an die Stelle des Zeitpunkts der Eintragung des zurückgetretenen Rechts der Zeitpunkt der Eintragung der Rangänderung tritt.

(5) [1]Als Inhalt einer Hypothek, deren Gläubiger nach den vorstehenden Vorschriften ein Anspruch auf Löschung zusteht, kann der Ausschluss dieses Anspruchs vereinbart werden; der Ausschluss kann auf einen bestimmten Fall der Vereinigung beschränkt werden. [2]Der Ausschluss ist unter Bezeichnung der Hypotheken, die dem Löschungsanspruch ganz oder teilweise nicht unterliegen, im Grundbuch anzugeben; ist der Ausschluss nicht für alle Fälle der Vereinigung vereinbart, so kann zur näheren Bezeichnung der erfassten Fälle auf die Eintragungsbewilligung Bezug genommen werden. [3]Wird der Ausschluss aufgehoben, so entstehen dadurch nicht Löschungsansprüche für Vereinigungen, die nur vor dieser Aufhebung bestanden haben.

§ 1180. Auswechslung der Forderung. (1) [1]An die Stelle der Forderung, für welche die Hypothek besteht, kann eine andere Forderung gesetzt werden. [2]Zu der Änderung ist die Einigung des Gläubigers und des Eigentümers sowie die Eintragung in das Grundbuch erforderlich; die Vorschriften des § 873 Abs. 2 und der §§ 876, 878 finden entsprechende Anwendung.

(2) [1]Steht die Forderung, die an die Stelle der bisherigen Forderung treten soll, nicht dem bisherigen Hypothekengläubiger zu, so ist dessen Zustimmung erforderlich; die Zustimmung ist dem Grundbuchamt oder demjenigen gegenüber zu erklären, zu dessen Gunsten sie erfolgt. [2]Die Vorschriften des § 875 Abs. 2 und des § 876 finden entsprechende Anwendung.

§ 1181. Erlöschen durch Befriedigung aus dem Grundstück. (1) Wird der Gläubiger aus dem Grundstücke befriedigt, so erlischt die Hypothek.

(2) Erfolgt die Befriedigung des Gläubigers aus einem der mit einer Gesamthypothek belasteten Grundstücke, so werden auch die übrigen Grundstücke frei.

...

§ 1184. Sicherungshypothek. (1) Eine Hypothek kann in der Weise bestellt werden, dass das Recht des Gläubigers aus der Hypothek sich nur nach der Forderung bestimmt und der Gläubiger sich zum Beweise der Forderung nicht auf die Eintragung berufen kann (Sicherungshypothek).

(2) Die Hypothek muss im Grundbuch als Sicherungshypothek bezeichnet werden.

§ 1185. Buchhypothek; unanwendbare Vorschriften. (1) Bei der Sicherungshypothek ist die Erteilung des Hypothekenbriefs ausgeschlossen.

...

§ 1186. Zulässige Umwandlungen. [1]Eine Sicherungshypothek kann in eine gewöhnliche Hypothek, eine gewöhnliche Hypothek kann in eine Sicherungshypothek umgewandelt werden. [2]Die Zustimmung der im Range gleich oder nachstehenden Berechtigten ist nicht erforderlich.

...

▶ Grundschuld, Rentenschuld
Grundschuld

§ 1191. Gesetzlicher Inhalt der Grundschuld.

(1) Ein Grundstück kann in der Weise belastet werden, dass an denjenigen, zu dessen Gunsten die Belastung erfolgt, eine bestimmte Geldsumme aus dem Grundstück zu zahlen ist (Grundschuld).

(2) Die Belastung kann auch in der Weise erfolgen, dass Zinsen von der Geldsumme sowie

andere Nebenleistungen aus dem Grundstück zu entrichten sind.

§ 1192. Anwendbare Vorschriften. (1) Auf die Grundschuld finden die Vorschriften über die Hypothek entsprechende Anwendung, soweit sich nicht daraus ein anderes ergibt, dass die Grundschuld nicht die Forderung voraussetzt.

(2) Für Zinsen der Grundschuld gelten die Vorschriften über die Zinsen einer Hypothekenforderung.

Pfandrecht an beweglichen Sachen und an Rechten

▶ Pfandrecht an beweglichen Sachen

§ 1204. Gesetzlicher Inhalt des Pfandrechts an beweglichen Sachen. (1) Eine bewegliche Sache kann zur Sicherung einer Forderung in der Weise belastet werden, dass der Gläubiger berechtigt ist, Befriedigung aus der Sache zu suchen (Pfandrecht).
...

§ 1205. Bestellung. (1) ¹Zur Bestellung des Pfandrechts ist erforderlich, dass der Eigentümer die Sache dem Gläubiger übergibt und beide darüber einig sind, dass dem Gläubiger das Pfandrecht zustehen soll. ²Ist der Gläubiger im Besitze der Sache, so genügt die Einigung über die Entstehung des Pfandrechts.

(2) Die Übergabe einer im mittelbaren Besitze des Eigentümers befindlichen Sache kann dadurch ersetzt werden, dass der Eigentümer den mittelbaren Besitz auf den Pfandgläubiger überträgt und die Verpfändung dem Besitzer anzeigt.

§ 1207. Verpfändung durch Nichtberechtigten. Gehört die Sache nicht dem Verpfänder, so finden auf die Verpfändung die für den Erwerb des Eigentums geltenden Vorschriften der §§ 932, 934, 935 entsprechende Anwendung.

§ 1219. Rechte des Pfandgläubigers bei drohendem Verderb. (1) Wird durch den drohenden Verderb des Pfandes oder durch eine zu besorgende wesentliche Minderung des Wertes die Sicherheit des Pfandgläubigers gefährdet, so kann dieser das Pfand öffentlich versteigern lassen.

(2) ¹Der Erlös tritt an die Stelle des Pfandes. ²Auf Verlangen des Verpfänders ist der Erlös zu hinterlegen.

§ 1220. Androhung der Versteigerung. (1) ¹Die Versteigerung des Pfandes ist erst zulässig, nachdem sie dem Verpfänder angedroht worden ist; die Androhung darf unterbleiben, wenn das Pfand dem Verderb ausgesetzt und mit dem Aufschub der Versteigerung Gefahr verbunden ist. ²Im Falle der Wertminderung ist außer der Androhung erforderlich, dass der Pfandgläubiger dem Verpfänder zur Leistung anderweitiger Sicherheit eine angemessene Frist bestimmt hat und diese verstrichen ist.

(2) Der Pfandgläubiger hat den Verpfänder von der Versteigerung unverzüglich zu benachrichtigen; im Falle der Unterlassung ist er zum Schadensersatz verpflichtet.
...

§ 1221. Freihändiger Verkauf. Hat das Pfand einen Börsen- oder Marktpreis, so kann der Pfandgläubiger den Verkauf aus freier Hand durch einen zu solchen Verkäufen öffentlich ermächtigten Handelsmäkler oder durch eine zur öffentlichen Versteigerung befugte Person zum laufenden Preis bewirken.

§ 1223. Rückgabepflicht; Einlösungsrecht. (1) Der Pfandgläubiger ist verpflichtet, das Pfand nach dem Erlöschen des Pfandrechts dem Verpfänder zurückzugeben.
...

§ 1228. Befriedigung durch Pfandverkauf. (1) Die Befriedigung des Pfandgläubigers aus dem Pfand erfolgt durch Verkauf.

(2) Der Pfandgläubiger ist zum Verkauf berechtigt, sobald die Forderung ganz oder zum Teil fällig ist. ...

§ 1230. Auswahl unter mehreren Pfändern. ¹Unter mehreren Pfändern kann der Pfandgläubiger, soweit nicht ein anderes bestimmt ist, diejenigen auswählen, welche verkauft werden sollen. ²Er kann nur so viele Pfänder zum Verkauf bringen, als zu seiner Befriedigung erforderlich sind.

§ 1233. Ausführung des Verkaufs. (1) Der Verkauf des Pfandes ist nach den Vorschriften der §§ 1234 bis 1240 zu bewirken.

(2) Hat der Pfandgläubiger für sein Recht zum Verkauf einen vollstreckbaren Titel gegen den Eigentümer erlangt, so kann er den Verkauf auch nach den für den Verkauf einer gepfändeten Sache geltenden Vorschriften bewirken lassen.

§ 1234. Verkaufsandrohung; Wartefrist. (1) Der Pfandgläubiger hat dem Eigentümer den Verkauf vorher anzudrohen und dabei den Geldbetrag zu bezeichnen, wegen dessen der Verkauf stattfinden soll. ...

4.1 BGB §§ 1234–1629a Viertes Buch. Familienrecht

(2) ¹Der Verkauf darf nicht vor dem Ablauf eines Monats nach der Androhung erfolgen. ²Ist die Androhung unstatthaft, so wird der Monat von dem Eintritt der Verkaufsberechtigung an berechnet.

§ 1235. Öffentliche Versteigerung. (1) Der Verkauf des Pfandes ist im Wege öffentlicher Versteigerung zu bewirken.

(2) Hat das Pfand einen Börsen- oder Marktpreis, so findet die Vorschrift des § 1221 Anwendung.

§ 1236. Versteigerungsort. ¹Die Versteigerung hat an dem Orte zu erfolgen, an dem das Pfand aufbewahrt wird. ²Ist von einer Versteigerung an dem Aufbewahrungsort ein angemessener Erfolg nicht zu erwarten, so ist das Pfand an einem geeigneten anderen Orte zu versteigern.

§ 1237. Öffentliche Bekanntmachung. ¹Zeit und Ort der Versteigerung sind unter allgemeiner Bezeichnung des Pfandes öffentlich bekannt zu machen. ²Der Eigentümer und Dritte, denen Rechte an dem Pfande zustehen, sind besonders zu benachrichtigen; …

§ 1238. Verkaufsbedingungen. (1) Das Pfand darf nur mit der Bestimmung verkauft werden, dass der Käufer den Kaufpreis sofort bar zu entrichten hat und seiner Rechte verlustig sein soll, wenn dies nicht geschieht.
…

§ 1239. Mitbieten durch Gläubiger und Eigentümer. (1) Der Pfandgläubiger und der Eigentümer können bei der Versteigerung mitbieten.

…

§ 1241. Benachrichtigung des Eigentümers. Der Pfandgläubiger hat den Eigentümer von dem Verkauf des Pfandes und dem Ergebnis unverzüglich zu benachrichtigen, sofern nicht die Benachrichtigung unstatthaft ist.

§ 1242. Wirkungen der rechtmäßigen Veräußerung. (1) ¹Durch die rechtmäßige Veräußerung des Pfandes erlangt der Erwerber die gleichen Rechte, wie wenn er die Sache von dem Eigentümer erworben hätte. ²Dies gilt auch dann, wenn dem Pfandgläubiger der Zuschlag erteilt wird.

(2) ¹Pfandrechte an der Sache erlöschen, auch wenn sie dem Erwerber bekannt waren. ²Das Gleiche gilt von einem Nießbrauch, es sei denn, dass er allen Pfandrechten im Range vorgeht.

§ 1247. Erlös aus dem Pfand. ¹Soweit der Erlös aus dem Pfande dem Pfandgläubiger zu seiner Befriedigung gebührt, gilt die Forderung als von dem Eigentümer berichtigt. ²Im Übrigen tritt der Erlös an die Stelle des Pfandes.
…

§ 1257. Gesetzliches Pfandrecht. Die Vorschriften über das durch Rechtsgeschäft bestellte Pfandrecht finden auf ein kraft Gesetzes entstandenes Pfandrecht entsprechende Anwendung.

Viertes Buch. Familienrecht

Verwandtschaft

§ 1629. Vertretung des Kindes. (1) ¹Die elterliche Sorge umfasst die Vertretung des Kindes. ²Die Eltern vertreten das Kind gemeinschaftlich; ist eine Willenserklärung gegenüber dem Kind abzugeben, so genügt die Abgabe gegenüber einem Elternteil. ³Ein Elternteil vertritt das Kind alleine, soweit er die elterliche Sorge allein ausübt oder ihm die Entscheidung nach § 1628 übertragen ist. ⁴Bei Gefahr im Verzug ist jeder Elternteil dazu berechtigt, alle Rechtshandlungen vorzunehmen, die zum Wohl des Kindes notwendig sind; der andere Elternteil ist unverzüglich zu unterrichten.

(2) ¹Der Vater und die Mutter können das Kind insoweit nicht vertreten, als nach § 1795 ein Vormund von der Vertretung des Kindes ausgeschlossen ist. ²Steht die elterliche Sorge für ein Kind den Eltern gemeinsam zu, so kann der Elternteil, in dessen Obhut sich das Kind befindet, Unterhaltsansprüche des Kindes gegen den anderen Elternteil geltend machen. ³Das Familiengericht kann dem Vater und der Mutter nach § 1796 die Vertretung entziehen; dies gilt nicht für die Feststellung der Vaterschaft.

(3) ¹Sind die Eltern des Kindes miteinander verheiratet, so kann ein Elternteil, solange die Eltern getrennt leben oder eine Ehesache zwischen ihnen anhängig ist, Unterhaltsansprüche des Kindes gegen den anderen Elternteil nur im eigenen Namen geltend machen. ²Eine von einem Elternteil erwirkte gerichtliche Entscheidung und ein zwischen den Eltern geschlossener gerichtlicher Vergleich wirken auch für und gegen das Kind.

§ 1629a. Beschränkung der Minderjährigenhaftung. (1) ¹Die Haftung für Verbindlich-

Bürgerliches Gesetzbuch

keiten, die die Eltern im Rahmen ihrer gesetzlichen Vertretungsmacht oder sonstige vertretungsberechtigte Personen im Rahmen ihrer Vertretungsmacht durch Rechtsgeschäft oder eine sonstige Handlung mit Wirkung für das Kind begründet haben, oder die auf Grund eines während der Minderjährigkeit erfolgten Erwerbs von Todes wegen entstanden sind, beschränkt sich auf den Bestand des bei Eintritt der Volljährigkeit vorhandenen Vermögens des Kindes; dasselbe gilt für Verbindlichkeiten aus Rechtsgeschäften, die der Minderjährige gemäß §§ 107, 108 oder § 111 mit Zustimmung seiner Eltern vorgenommen hat oder für Verbindlichkeiten aus Rechtsgeschäften, zu denen die Eltern die Genehmigung des Vormundschaftsgerichts erhalten haben. ²Beruft sich der volljährig Gewordene auf die Beschränkung der Haftung, so finden die für die Haftung des Erben geltenden Vorschriften der §§ 1990, 1991 entsprechende Anwendung.
...

§ 1643. Genehmigungspflichtige Rechtsgeschäfte. (1) Zu Rechtsgeschäften für das Kind bedürfen die Eltern der Genehmigung des Familiengerichts in den Fällen, in denen nach § 1821 und nach § 1822 Nr. 1, 3, 5, 8 bis 11 ein Vormund der Genehmigung bedarf.

(2) Das Gleiche gilt für die Ausschlagung einer Erbschaft oder eines Vermächtnisses sowie für den Verzicht auf einen Pflichtteil. ...
...

Vormundschaft, Rechtliche Betreuung, Pflegschaft

▶ Vormundschaft

§ 1773. Voraussetzungen. (1) Ein Minderjähriger erhält einen Vormund, wenn er nicht unter elterlicher Sorge steht oder wenn die Eltern weder in den die Person noch in den das Vermögen betreffenden Angelegenheiten zur Vertretung des Minderjährigen berechtigt sind.

(2) Ein Minderjähriger erhält einen Vormund auch dann, wenn sein Familienstand nicht zu ermitteln ist.

§ 1776. Benennungsrecht der Eltern. (1) Als Vormund ist berufen, wer von den Eltern des Mündels als Vormund benannt ist.

(2) Haben der Vater und die Mutter verschiedene Personen benannt, so gilt die Benennung durch den zuletzt verstorbenen Elternteil.

§ 1793. Aufgaben des Vormunds. (1) Der Vormund hat das Recht und die Pflicht, für die Person und das Vermögen des Mündels zu sorgen, insbesondere den Mündel zu vertreten.
...

§ 1822. Genehmigung für sonstige Geschäfte. Der Vormund bedarf der Genehmigung des Vormundschaftsgerichts:
1. zu einem Rechtsgeschäft, durch das der Mündel zu einer Verfügung über sein Vermögen im Ganzen oder über eine ihm angefallene Erbschaft oder über seinen künftigen gesetzlichen Erbteil oder seinen künftigen Pflichtteil verpflichtet wird, sowie zu einer Verfügung über den Anteil des Mündels an einer Erbschaft;
2. zur Ausschlagung einer Erbschaft oder eines Vermächtnisses, zum Verzicht auf einen Pflichtteil sowie zu einem Erbteilungsvertrag;
3. zu einem Vertrage, der auf den entgeltlichen Erwerb oder die Veräußerung eines Erwerbsgeschäfts gerichtet ist, sowie zu einem Gesellschaftsvertrage, der zum Betrieb eines Erwerbsgeschäfts eingegangen wird;
4. zu einem Pachtvertrag über ein Landgut oder einen gewerblichen Betrieb;
5. zu einem Miet- oder Pachtvertrag oder einem anderen Vertrage, durch den der Mündel zu wiederkehrenden Leistungen verpflichtet wird, wenn das Vertragsverhältnis länger als ein Jahr nach dem Eintritt der Volljährigkeit des Mündels fortdauern soll;
6. zu einem Lehrvertrage, der für längere Zeit als ein Jahr geschlossen wird;
7. zu einem auf die Eingehung eines Dienst- oder Arbeitsverhältnisses gerichteten Vertrage, wenn der Mündel zu persönlichen Leistungen für längere Zeit als ein Jahr verpflichtet werden soll;
8. zu Aufnahme von Geld auf den Kredit des Mündels;
9. zur Ausstellung einer Schuldverschreibung auf den Inhaber oder zur Eingehung einer Verbindlichkeit aus einem Wechsel oder einem anderen Papiere, das durch Indossament übertragen werden kann;
10. zur Übernahme einer fremden Verbindlichkeit, insbesondere zur Eingehung einer Bürgschaft;
11. zur Erteilung einer Prokura;
12. zu einem Vergleich oder einem Schiedsvertrag, es sei denn, dass der Gegenstand des Streites oder der Ungewissheit in Geld schätzbar ist und den Wert von 3000 Euro nicht übersteigt oder der Vergleich einem schriftlichen oder protokollierten gerichtlichen Vergleichsvorschlag entspricht;
13. zu einem Rechtsgeschäfte, durch das die für eine Forderung des Mündels bestehende Sicherheit aufgehoben oder gemin-

dert oder die Verpflichtung dazu begründet wird.

▶ Rechtliche Betreuung

§ 1896. Voraussetzungen. (1) [1]Kann ein Volljähriger auf Grund einer psychischen Krankheit oder einer körperlichen, geistigen oder seelischen Behinderung seine Angelegenheiten ganz oder teilweise nicht besorgen, so bestellt das Vormundschaftsgericht auf seinen Antrag oder von Amts wegen für ihn einen Betreuer. [2]Den Antrag kann auch ein Geschäftsunfähiger stellen. [3]Soweit der Volljährige auf Grund einer körperlichen Behinderung seine Angelegenheiten nicht besorgen kann, darf der Betreuer nur auf Antrag des Volljährigen bestellt werden, es sei denn, dass dieser seinen Willen nicht kundtun kann.
(1a) Gegen den freien Willen des Volljährigen darf ein Betreuer nicht bestellt werden.
(2) Ein Betreuer darf nur für Aufgabenkreise bestellt werden, in denen die Betreuung erforderlich ist. ...

§ 1901. Umfang der Betreuung, Pflichten des Betreuers. (1) Die Betreuung umfasst alle Tätigkeiten, die erforderlich sind, um die Angelegenheiten des Betreuten nach Maßgabe der folgenden Vorschriften rechtlich zu besorgen.
(2) [1]Der Betreuer hat die Angelegenheiten des Betreuten so zu besorgen, wie es dessen Wohl entspricht. [2]Zum Wohl des Betreuten gehört auch die Möglichkeit, im Rahmen seiner Fähigkeiten sein Leben nach seinen eigenen Wünschen und Vorstellungen zu gestalten.
...

§ 1902. Vertretung des Betreuten. In seinem Aufgabenkreis vertritt der Betreuer den Betreuten gerichtlich und außergerichtlich.

§ 1903. Einwilligungsvorbehalt. (1) [1]Soweit dies zur Abwendung einer erheblichen Gefahr für die Person oder das Vermögen des Betreuten erforderlich ist, ordnet das Vormundschaftsgericht an, dass der Betreute zu einer Willenserklärung, die den Aufgabenkreis des Betreuers betrifft, dessen Einwilligung bedarf (Einwilligungsvorbehalt). [2]Die §§ 108 bis 113, 131 Abs. 2 und § 210 gelten entsprechend.
(2) Ein Einwilligungsvorbehalt kann sich nicht erstrecken auf Willenserklärungen, die auf Eingehung einer Ehe oder Begründung einer Lebenspartnerschaft gerichtet sind, auf Verfügungen von Todes wegen und auf Willenserklärungen, zu denen ein beschränkt Geschäftsfähiger nach den Vorschriften des Buches vier und fünf nicht der Zustimmung seines gesetzlichen Vertreters bedarf.
(3) [1]Ist ein Einwilligungsvorbehalt angeordnet, so bedarf der Betreute dennoch nicht der Einwilligung seines Betreuers, wenn die Willenserklärung dem Betreuten lediglich einen rechtlichen Vorteil bringt. [2]Soweit das Gericht nichts anderes anordnet, gilt dies auch, wenn die Willenserklärung eine geringfügige Angelegenheit des täglichen Lebens betrifft.
...

Informationspflichten-Verordnung 4.2 BGB-ReiseInfoV §§ 4–6

Verordnung über Informations- und Nachweispflichten nach bürgerlichem Recht
Vom 05. August 2002 mit Änderungen bis 2. Dezember 2004

Pflichten von Reiseveranstaltern

§ 4. Prospektangaben. (1) Stellt der Reiseveranstalter über die von ihm veranstalteten Reisen einen Prospekt zur Verfügung, so muss dieser deutlich lesbare, klare und genaue Angaben enthalten über den Reisepreis, die Höhe einer zu leistenden Anzahlung, die Fälligkeit des Restbetrags und außerdem, soweit für die Reise von Bedeutung, über folgende Merkmale der Reise:
1. Bestimmungsort;
2. Transportmittel (Merkmale und Klasse),
3. Unterbringung (Art, Lage, Kategorie oder Komfort und Hauptmerkmale sowie – soweit vorhanden – ihre Zulassung und touristische Einstufung),
4. Mahlzeiten,
5. Reiseroute,
6. Pass- und Visumerfordernisse für Angehörige des Mitgliedstaates, in dem die Reise angeboten wird, sowie über gesundheitspolizeiliche Formalitäten, die für die Reise und den Aufenthalt erforderlich sind,
7. eine für die Durchführung der Reise erforderliche Mindestteilnehmerzahl sowie die Angabe, bis zu welchem Zeitpunkt vor dem vertraglich vereinbarten Reisebeginn dem Reisenden die Erklärung spätestens zugegangen sein muss, dass die Teilnehmerzahl nicht erreicht und die Reise nicht durchgeführt wird.

Die in dem Prospekt enthaltenen Angaben sind für den Reiseveranstalter bindend. Er kann jedoch vor Vertragsschluss eine Änderung erklären, soweit er dies in dem Prospekt vorbehalten hat. Der Reiseveranstalter und der Reisende können vom Prospekt abweichende Leistungen vereinbaren.

(2) Absatz 1 gilt entsprechend, soweit Angaben über die veranstalteten Reisen in einem von dem Reiseveranstalter zur Verfügung gestellten Bild- und Tonträger enthalten sind.

§ 5. Unterrichtung vor Vertragsschluss. Der Reiseveranstalter ist verpflichtet, den Reisenden, bevor dieser seine auf den Vertragsschluß gerichtete Willenserklärung (Buchung) abgibt, zu unterrichten über
1. Pass- und Visumerfordernisse, insbesondere über die Fristen zur Erlangung dieser Dokumente. Diese Verpflichtung bezieht sich auf die Erfordernisse für Angehörige des Mitgliedstaats, in dem die Reise angeboten wird,
2. gesundheitspolizeiliche Formalitäten,

soweit diese Angaben nicht bereits in einem von dem Reiseveranstalter herausgegebenen und dem Reisenden zur Verfügung gestellten Prospekt enthalten und inzwischen keine Änderungen eingetreten sind.

§ 6. Reisebestätigung, Allgemeine Reisebedingungen. (1) Der Reiseveranstalter hat dem Reisenden bei oder unverzüglich nach Vertragsschluss eine Urkunde über den Reisevertrag (Reisebestätigung) auszuhändigen.

(2) Die Reisebestätigung muss, sofern nach der Art der Reise von Bedeutung, außer den in § 4 Abs. 1 genannten Angaben über Reisepreis und Zahlungsmodalitäten sowie über die Merkmale der Reise nach Abs. 1 Nr. 2, 3, 4, 5 und 7 folgende Angaben enthalten:
1. endgültiger Bestimmungsort oder, wenn die Reise mehrere Aufenthalte umfasst, die einzelnen Bestimmungsorte sowie die einzelnen Zeiträume und deren Termine,
2. Tag, voraussichtliche Zeit und Ort der Abreise und Rückkehr,
3. Besuche, Ausflüge und sonstige im Reisepreis inbegriffene Leistungen,
4. Hinweise auf etwa vorbehaltene Preisänderungen sowie deren Bestimmungsfaktoren (§ 651 a Abs. 4 des Bürgerlichen Gesetzbuchs) und auf nicht im Reisepreis enthaltene Abgaben,
5. vereinbarte Sonderwünsche des Reisenden,
6. Name und ladungsfähige Anschrift des Reiseveranstalters,
7. über die Obliegenheit des Reisenden, dem Reiseveranstalter einen aufgetretenen Mangel anzuzeigen, sowie darüber, dass vor der Kündigung des Reisevertrages (§ 651 e des Bürgerlichen Gesetzbuchs) dem Reiseveranstalter eine angemessene Frist zur Abhilfeleistung zu setzen ist, wenn nicht die Abhilfe unmöglich ist oder vom Reiseveranstalter verweigert wird oder wenn die sofortige Kündigung des Vertrages durch ein besonderes Interesse des Reisenden gerechtfertigt wird,
8. über die nach § 651 g des Bürgerlichen Gesetzbuchs einzuhaltenden Fristen, unter namentlicher Angabe der Stelle, gegenüber der Ansprüche geltend zu machen sind,
9. über den möglichen Abschluß einer Reiserücktrittskostenversicherung oder einer Versicherung zur Deckung der Rückführungskosten bei Unfall oder Krankheit unter

Angabe von Namen und Anschrift des Versicherers.

(3) Legt der Reiseveranstalter dem Vertrag Allgemeine Geschäftsbedingungen zugrunde, müssen diese dem Reisenden vor Vertragsschluss vollständig übermittelt werden.

(4) Der Reiseveranstalter kann seine Verpflichtungen nach den Absätzen 2 und 3 auch dadurch erfüllen, dass er auf die in einem von ihm herausgegebenen und dem Reisenden zur Verfügung gestellten Prospekt enthaltenen Angaben verweist, die den Anforderungen nach den Absätzen 2 und 3 entsprechen. In jedem Fall hat die Reisebestätigung den Reisepreis und die Zahlungsmodalitäten anzugeben.

(5) Die Absätze 1 bis 4 gelten nicht, wenn die Buchungserklärung des Reisenden weniger als 7 Werktage vor Reisebeginn abgegeben wird. Der Reisende ist jedoch spätestens bei Antritt der Reise über die in Absatz 2 Nr. 7 bezeichnete Obliegenheit und die in Absatz 2 Nr. 8 bezeichneten Angaben zu unterrichten.

§ 8. Unterrichtung vor Beginn der Reise.

(1) Der Reiseveranstalter hat den Reisenden rechtzeitig vor Beginn der Reise zu unterrichten
1. über Abfahrts- und Ankunftszeiten, Orte von Zwischenstationen und die dort zu erreichenden Anschlussverbindungen,
2. wenn der Reisende bei der Beförderung einen bestimmten Platz einzunehmen hat, über diesen Platz,
3. über Namen, Anschrift und Telefonnummer der örtlichen Vertretung des Reiseveranstalters oder – wenn nicht vorhanden – der örtlichen Stellen, die dem Reisenden bei Schwierigkeiten Hilfe leisten können; wenn auch solche Stellen nicht bestehen, sind dem Reisenden eine Notrufnummer und sonstige Angaben mitzuteilen, mit deren Hilfe er mit dem Veranstalter Verbindung aufnehmen kann.

Bei Auslandsreisen Minderjähriger ist die bei der Buchung angegebene Person darüber zu unterrichten, wie eine unmittelbare Verbindung zu dem Kind oder dem an dessen Aufenthaltsort Verantwortlichen hergestellt werden kann.

(2) Eine besondere Mitteilung nach Absatz 1 ist nicht erforderlich, soweit die jeweilige Angabe bereits in einem dem Reisenden zur Verfügung gestellten Prospekt oder der Reisebestätigung enthalten ist und inzwischen keine Änderungen eingetreten sind.

§ 11. Gelegenheitsreiseveranstalter. Die §§ 4 bis 8 gelten nicht für Reiseveranstalter, die nur gelegentlich und außerhalb ihrer gewerblichen Tätigkeit Pauschalreisen veranstalten.

Zivilprozessordnung
Neufassung vom 5. Dezember 2005, mit Änderungen bis zum 21. Dezember 2007

Buch 1. Allgemeine Vorschriften

Gerichte

▶ **Gerichtsstand**

§ 12. Allgemeiner Gerichtsstand; Begriff Das Gericht, bei dem eine Person ihren allgemeinen Gerichtsstand hat, ist für alle gegen sie zu erhebenden Klagen zuständig, sofern nicht für eine Klage ein ausschließlicher Gerichtsstand begründet ist.

§ 13. Allgemeiner Gerichtsstand des Wohnsitzes Der allgemeine Gerichtsstand einer Person wird durch den Wohnsitz bestimmt.

§ 17. Allg. Gerichtsstand juristischer Personen (1) ¹Der allgemeine Gerichtsstand der Gemeinden, der Korporationen sowie derjenigen Gesellschaften, Genossenschaften oder anderen Vereine und derjenigen Stiftungen, Anstalten und Vermögensmassen, die als solche verklagt werden können, wird durch den Sitz bestimmt. ²Als Sitz gilt, wenn sich nichts anderes ergibt, der Ort, wo die Verwaltung geführt wird. ...

§ 24. Ausschließlicher dinglicher Gerichtsstand (1) Für Klagen, durch die das Eigentum, eine dingliche Belastung oder die Freiheit von einer solchen geltend gemacht wird, für Grenzscheidungs-, Teilungs- und Besitzklagen ist, sofern es sich um unbewegliche Sachen handelt, das Gericht ausschließlich zuständig, in dessen Bezirk die Sache belegen ist.
(2) Bei den eine Grunddienstbarkeit, eine Reallast oder ein Vorkaufsrecht betreffenden Klagen ist die Lage des dienenden oder belasteten Grundstücks entscheidend.

§ 29. Besonderer Gerichtsstand des Erfüllungsortes (1) Für Streitigkeiten aus einem Vertragsverhältnis und über dessen Bestehen ist das Gericht des Ortes zuständig, an dem die streitige Verpflichtung zu erfüllen ist.
(2) Eine Vereinbarung über den Erfüllungsort begründet die Zuständigkeit nur, wenn die Vertragsparteien Kaufleute, juristische Personen des öffentlichen Rechts oder öffentlich-rechtliche Sondervermögen sind.

§ 29a. Ausschließlicher Gerichtsstand bei Miet- oder Pachträumen (1) Für Streitigkeiten über Ansprüche aus Miet- oder Pachtverhältnissen über Räume oder über das Bestehen solcher Verhältnisse ist das Gericht ausschließlich zuständig, in dessen Bezirk sich die Räume befinden.
...

§ 29c. Besonderer Gerichtsstand für Haustürgeschäfte (1) ¹Für Klagen aus Haustürgeschäften (§ 312 des Bürgerlichen Gesetzbuchs) ist das Gericht zuständig, in dessen Bezirk der Verbraucher zur Zeit der Klageerhebung seinen Wohnsitz, in Ermangelung eines solchen seinen gewöhnlichen Aufenthalt hat. ²Für Klagen gegen den Verbraucher ist dieses Gericht ausschließlich zuständig. ...

▶ **Vereinbarung über die Zuständigkeit der Gerichte**

§ 38. Zugelassene Gerichtsstandsvereinbarung (1) Ein an sich unzuständiges Gericht des ersten Rechtszuges wird durch ausdrückliche oder stillschweigende Vereinbarung der Parteien zuständig, wenn die Vertragsparteien Kaufleute, juristische Personen des öffentlichen Rechts oder öffentlich-rechtliche Sondervermögen sind.
(2) ¹Die Zuständigkeit eines Gerichts des ersten Rechtszuges kann ferner vereinbart werden, wenn mindestens eine der Vertragsparteien keinen allgemeinen Gerichtsstand im Inland hat. ²Die Vereinbarung muss schriftlich abgeschlossen oder, falls sie mündlich getroffen wird, schriftlich bestätigt werden. ³Hat eine der Parteien einen inländischen allgemeinen Gerichtsstand, so kann für das Inland nur ein Gericht gewählt werden, bei dem diese Partei ihren allgemeinen Gerichtsstand hat oder ein besonderer Gerichtsstand begründet ist.
(3) Im Übrigen ist eine Gerichtsstandsvereinbarung nur zulässig, wenn sie ausdrücklich und schriftlich
1. nach dem Entstehen der Streitigkeit oder
2. für den Fall geschlossen wird, dass die im Klageweg in Anspruch zu nehmende Partei nach Vertragsschluss ihren Wohnsitz oder gewöhnlichen Aufenthaltsort aus dem Geltungsbereich dieses Gesetzes verlegt oder ihr Wohnsitz oder gewöhnlicher Aufenthalt im Zeitpunkt der Klageerhebung nicht bekannt ist.

§ 39. Zuständigkeit infolge rügeloser Verhandlung Die Zuständigkeit eines Gerichts des ersten Rechtszuges wird ferner dadurch begründet, dass der Beklagte, ohne die Unzuständigkeit geltend zu machen, zur Hauptsache mündlich verhandelt. ...

§ 40. Unwirksame und unzulässige Gerichtsstandvereinbarung (1) Die Vereinbarung hat keine rechtliche Wirkung, wenn sie nicht auf ein bestimmtes Rechtsverhältnis und die aus ihm entspringenden Rechtsstreitigkeiten sich bezieht.
(2) Eine Vereinbarung ist unzulässig, wenn
1. der Rechtsstreit nichtvermögensrechtliche Ansprüche betrifft, die den Amtsgerichten ohne Rücksicht auf den Wert des Streitgegenstandes zugewiesen sind, oder
2. für die Klage ein ausschließlicher Gerichtsstand begründet ist.
²In diesen Fällen wird die Zuständigkeit eines Gerichts auch nicht durch rügeloses Verhandeln zur Hauptsache begründet.

Parteien

▶ Parteifähigkeit. Prozessfähigkeit

§ 50. Parteifähigkeit (1) Parteifähig ist, wer rechtsfähig ist.
(2) Ein Verein, der nicht rechtsfähig ist, kann verklagt werden; in dem Rechtsstreit hat der Verein die Stellung eines rechtsfähigen Vereins.

§ 52. Umfang der Prozessfähigkeit Eine Person ist insoweit prozessfähig, als sie sich durch Verträge verpflichten kann.

Sicherheitsleistung

§ 109. Rückgabe der Sicherheit (1) Ist die Veranlassung für eine Sicherheitsleistung weggefallen, so hat auf Antrag das Gericht, das die Bestellung der Sicherheit angeordnet oder zugelassen hat, eine Frist zu bestimmen, binnen der ihm die Partei, zu deren Gunsten die Sicherheit geleistet ist, die Einwilligung in die Rückgabe der Sicherheit zu erklären oder die Erhebung der Klage wegen ihrer Ansprüche nachzuweisen hat.
(2) ¹Nach Ablauf der Frist hat das Gericht auf Antrag die Rückgabe der Sicherheit anzuordnen, wenn nicht inzwischen die Erhebung der Klage nachgewiesen ist; ist die Sicherheit durch eine Bürgschaft bewirkt worden, so ordnet das Gericht das Erlöschen der Bürgschaft an. ²Die Anordnung wird erst mit der Rechtskraft wirksam.

(3) ¹Die Anträge und die Einwilligung in die Rückgabe der Sicherheit können vor der Geschäftsstelle zu Protokoll erklärt werden. ²Die Entscheidungen ergehen durch Beschluss.
(4) Gegen den Beschluss, durch den der im Absatz 1 vorgesehene Antrag abgelehnt wird, steht dem Antragsteller, gegen die im Absatz 2 bezeichnete Entscheidung steht beiden Teilen die sofortige Beschwerde zu.

Verfahren

▶ Mündliche Verhandlung

§ 128. Grundsatz der Mündlichkeit, schriftliches Verfahren (1) Die Parteien verhandeln über den Rechtsstreit vor dem erkennenden Gericht mündlich.
(2) Mit Zustimmung der Parteien, die nur bei einer wesentlichen Änderung der Prozeßlage widerruflich ist, kann das Gericht eine Entscheidung ohne mündliche Verhandlung treffen.
...

§ 129. Vorbereitende Schriftsätze (1) In Anwaltsprozessen wird die mündliche Verhandlung durch Schriftsätze vorbereitet.
(2) In anderen Prozessen kann den Parteien durch richterliche Anordnung aufgegeben werden, die mündliche Verhandlung durch Schriftsätze oder zu Protokoll der Geschäftsstelle abzugebende Erklärungen vorzubereiten.

§ 129a. Anträge und Erklärungen zu Protokoll (1) Anträge und Erklärungen, deren Abgabe vor dem Urkundsbeamten der Geschäftsstelle zulässig ist, können vor der Geschäftsstelle eines jeden Amtsgerichts zu Protokoll abgegeben werden.
(2) ¹Die Geschäftsstelle hat das Protokoll unverzüglich an das Gericht zu übermitteln, an das der Antrag oder die Erklärung gerichtet ist. ²Die Wirkung einer Prozesshandlung tritt frühestens ein, wenn das Protokoll dort eingeht. ³Die Übermittlung des Protokolls kann demjenigen, der den Antrag oder die Erklärung zu Protokoll abgegeben hat, mit seiner Zustimmung überlassen werden.

§ 130. Inhalt der Schriftsätze Die vorbereitenden Schriftsätze sollen enthalten:
1. die Bezeichnung der Parteien und ihrer gesetzlichen Vertreter nach Namen, Stand oder Gewerbe, Wohnort und Parteistellung; die Bezeichnung des Gerichts und des Streitgegenstandes; die Zahl der Anlagen;
2. die Anträge, welche die Partei in der Gerichtssitzung zu stellen beabsichtigt;
3. die Angabe der zur Begründung der Anträge dienenden tatsächlichen Verhältnisse;

Zivilprozessordnung 4.3 ZPO §§ 130–192

4. die Erklärung über die tatsächlichen Behauptungen des Gegners;
5. die Bezeichnung der Beweismittel, deren sich die Partei zum Nachweis oder zur Widerlegung tatsächlicher Behauptungen bedienen will, sowie die Erklärung über die von dem Gegner bezeichneten Beweismittel;
6. die Unterschrift der Person, die den Schriftsatz verantwortet, bei Übermittlung durch einen Telefaxdienst (Telekopie) die Wiedergabe der Unterschrift in der Kopie.

§ 130a. Elektronisches Dokument (1) ^{1}Soweit für vorbereitende Schriftsätze und deren Anlagen, für Anträge und Erklärungen der Parteien sowie für Auskünfte, Aussagen, Gutachten und Erklärungen Dritter die Schriftform vorgesehen ist, genügt dieser Form die Aufzeichnung als elektronisches Dokument, wenn dieses für die Bearbeitung durch das Gericht geeignet ist. ^{2}Die verantwortende Person soll das Dokument mit einer qualifizierten elektronischen Signatur nach dem Signaturgesetz versehen.
…

§ 130b. Gerichtliches elektronisches Dokument (1) Soweit dieses Gesetz dem Richter, dem Rechtspfleger, dem Urkundsbeamten der Geschäftsstelle oder dem Gerichtsvollzieher die handschriftliche Unterzeichnung vorschreibt, genügt dieser Form die Aufzeichnung als elektronisches Dokument, wenn die verantwortenden Personen am Ende des Dokuments ihren Namen hinzufügen und das Dokument mit einer qualifizierten elektronischen Signatur versehen.

§ 131. Beifügung von Urkunden (1) Dem vorbereitenden Schriftsatz sind die in den Händen der Partei befindlichen Urkunden, auf die in dem Schriftsatz Bezug genommen wird, in Urschrift oder in Abschrift beizufügen.
…

▶ **Verfahren bei Zustellungen**

§ 166. Zustellung (1) Zustellung ist die Bekanntgabe eines Dokumentes an eine Person in der in diesem Titel bestimmten Form.
(2) Dokumente, deren Zustellung vorgeschrieben oder vom Gericht angeordnet ist, sind von Amts wegen zuzustellen, soweit nicht anderes bestimmt ist.

§ 175. Zustellung durch Einschreiben mit Rückschein Ein Schriftstück kann durch Einschreiben mit Rückschein zugestellt werden. Zum Nachweis der Zustellung genügt der Rückschein.

§ 182. Zustellungsurkunde (1) ^{1}Zum Nachweis der Zustellung nach den §§ 171, 177 bis 181 ist eine Urkunde auf dem hierfür vorgesehenen Vordruck anzufertigen. ^{2}Für diese Zustellungsurkunde gilt § 418.
(2) Die Zustellungsurkunde muss enthalten:
1. die Bezeichnung der Person, der zugestellt werden soll,
2. die Bezeichnung der Person, an die der Brief oder das Schriftstück übergeben wurde,
3. im Falle des § 171 die Angabe, dass die Vollmachtsurkunde vorgelegen hat,
4. im Falle der §§ 178, 180 die Angabe des Grundes, der diese Zustellung rechtfertigt und wenn nach § 181 verfahren wurde, die Bemerkung, wie die schriftliche Mitteilung abgegeben wurde,
5. im Falle des § 179 die Erwähnung, wer die Annahme verweigert hat und dass der Brief am Ort der Zustellung zurückgelassen oder an den Absender zurückgesandt wurde,
6. die Bemerkung, dass der Tag der Zustellung auf dem Umschlag, der das zuzustellende Schriftstück enthält, vermerkt ist,
7. den Ort, das Datum und auf Anordnung der Geschäftsstelle auch die Uhrzeit der Zustellung,
8. Name, Vorname und Unterschrift des Zustellers sowie die Angabe des beauftragten Unternehmens oder der ersuchten Behörde.
(3) Die Zustellungsurkunde ist der Geschäftsstelle unverzüglich zurückzuleiten.

§ 185. Öffentliche Zustellung Die Zustellung kann durch öffentliche Bekanntmachung (öffentliche Zustellung) erfolgen, wenn
1. der Aufenthaltsort einer Person unbekannt und eine Zustellung an einen Vertreter oder Zustellungsbevollmächtigten nicht möglich ist,
2. eine Zustellung im Ausland nicht möglich ist oder keinen Erfolg verspricht oder
3. die Zustellung nicht erfolgen kann, weil der Ort der Zustellung die Wohnung einer Person ist, die nach den §§ 18 bis 20 des Gerichtsverfassungsgesetzes der Gerichtsbarkeit nicht unterliegt.

§ 190. Einheitliche Zustellungsformulare Das Bundesministerium der Justiz wird ermächtigt, durch Rechtsverordnung mit Zustimmung des Bundesrates zur Vereinfachung und Vereinheitlichung der Zustellung Formulare einzuführen.

§ 192. Zustellung durch Gerichtsvollzieher (1) Die von den Parteien zu betreibenden Zustellungen erfolgen durch den Gerichtsvollzieher nach Maßgabe der §§ 193 und 194.
(2) ^{1}Die Partei übergibt dem Gerichtsvollzieher das zuzustellende Schriftstück mit den erfor-

derlichen Abschriften. ²Der Gerichtsvollzieher beglaubigt die Abschriften; er kann fehlende Abschriften selbst herstellen.

(3) ¹Im Verfahren vor dem Amtsgericht kann die Partei den Gerichtsvollzieher unter Vermittlung der Geschäftsstelle des Prozessgerichts mit der Zustellung beauftragen. ²Insoweit hat diese den Gerichtsvollzieher mit der Zustellung zu beauftragen.

§ 193. Ausführung der Zustellung (1) ¹Der Gerichtsvollzieher beurkundet auf der Urschrift des zuzustellenden Schriftstücks oder auf dem mit der Urschrift zu verbindenden hierfür vorgesehenen Vordruck die Ausführung der Zustellung nach § 182 Abs. 2 und vermerkt die Person, in deren Auftrag er zugestellt hat. ²Bei Zustellung durch Aufgabe zur Post ist das Datum und die Anschrift, unter der die Aufgabe erfolgte, zu vermerken.

(2) Der Gerichtsvollzieher vermerkt auf dem zu übergebenden Schriftstück den Tag der Zustellung, sofern er nicht eine beglaubigte Abschrift der Zustellungsurkunde übergibt.

(3) Die Zustellungsurkunde ist der Partei zu übermitteln, für die zugestellt wurde.

§ 251. Ruhen des Verfahrens ¹Das Gericht hat das Ruhen des Verfahrens anzuordnen, wenn beide Parteien dies beantragen und anzunehmen ist, dass wegen Schwebens von Vergleichsverhandlungen oder aus sonstigen wichtigen Gründen diese Anordnung zweckmäßig ist. ²Die Anordnung hat auf den Lauf der im § 233 bezeichneten Fristen keinen Einfluss.

Buch 2. Verfahren im ersten Rechtszug

Verfahren vor den Landgerichten

▶ Verfahren bis zum Urteil

§ 253. Klageschrift (1) Die Erhebung der Klage erfolgt durch Zustellung eines Schriftsatzes (Klageschrift).

(2) Die Klageschrift muss enthalten:
1. die Bezeichnung der Parteien und des Gerichts;
2. die bestimmte Angabe des Gegenstandes und des Grundes des erhobenen Anspruchs, sowie einen bestimmten Antrag.

(3) Die Klageschrift soll ferner die Angabe des Wertes des Streitgegenstandes enthalten, wenn hiervon die Zuständigkeit des Gerichts abhängt und der Streitgegenstand nicht in einer bestimmten Geldsumme besteht, sowie eine Äußerung dazu, ob einer Entscheidung der Sache durch den Einzelrichter Gründe entgegenstehen.

(4) Außerdem sind die allgemeinen Vorschriften über die vorbereitenden Schriftsätze auch auf die Klageschrift anzuwenden.

(5) Die Klageschrift sowie sonstige Anträge und Erklärungen einer Partei, die zugestellt werden sollen, sind bei dem Gericht schriftlich unter Beifügung der für die Zustellung erforderlichen Zahl von Abschriften einzureichen. Einer Beifügung von Abschriften bedarf es nicht, soweit die Klageschrift elektronisch eingereicht wird.

§ 271. Zustellung der Klageschrift (1) Die Klageschrift ist unverzüglich zuzustellen.

(2) Mit der Zustellung ist der Beklagte aufzufordern, einen Rechtsanwalt zu bestellen, wenn er eine Verteidigung gegen die Klage beabsichtigt.

§ 272. Bestimmung der Verfahrensweise

(1) Der Rechtsstreit ist in der Regel in einem umfassend vorbereiteten Termin zur mündlichen Verhandlung (Haupttermin) zu erledigen.
...

§ 274. Ladung der Parteien; Einlassungsfrist

(1) Nach der Bestimmung des Termins zur mündlichen Verhandlung ist die Ladung der Parteien durch die Geschäftsstelle zu veranlassen.

(2) Die Ladung ist dem Beklagten mit der Klageschrift zuzustellen, wenn das Gericht einen frühen ersten Verhandlungstermin bestimmt.

(3) ¹Zwischen der Zustellung der Klageschrift und dem Termin zur mündlichen Verhandlung muss ein Zeitraum von mindestens zwei Wochen liegen (Einlassungsfrist). ²Ist die Zustellung im Ausland vorzunehmen, so hat der Vorsitzende bei der Festsetzung des Termins die Einlassungsfrist zu bestimmen.

§ 276. Schriftliches Vorverfahren (1) ¹Bestimmt der Vorsitzende keinen frühen ersten Termin zur mündlichen Verhandlung, so fordert er den Beklagten mit der Zustellung der Klage auf, wenn er sich gegen die Klage verteidigen wolle, dies binnen einer Notfrist von zwei Wochen nach Zustellung der Klageschrift dem Gericht schriftlich anzuzeigen; der Kläger ist von der Aufforderung zu unterrichten. ²Zugleich ist dem Beklagten eine Frist von mindestens zwei weiteren Wochen zur schriftlichen Klageerwiderung zu setzen. ³Ist die Zustellung der Klage im

Zivilprozessordnung 4.3 ZPO §§ 276–338

Ausland vorzunehmen, so bestimmt der Vorsitzende die Frist nach Satz 1. ...

§ 277. Klageerwiderung, Replik (1) In der Klageerwiderung hat der Beklagte seine Verteidigungsmittel vorzubringen, soweit es nach der Prozesslage einer sorgfältigen und auf Förderung des Verfahrens bedachten Prozessführung entspricht. ...

§ 278. Gütliche Streitbeilegung, Güteverhandlung, Vergleich (1) Das Gericht soll in jeder Lage des Verfahrens auf eine gütliche Beilegung des Rechtsstreits oder einzelner Streitpunkte bedacht sein.
(2) ¹Der mündlichen Verhandlung geht zum Zwecke der gütlichen Beilegung des Rechtsstreits eine Güteverhandlung voraus, es sei denn, es hat bereits ein Einigungsversuch vor einer außergerichtlichen Gütestelle stattgefunden oder die Güteverhandlung erscheint erkennbar aussichtslos. ²Das Gericht hat in der Güteverhandlung den Sach- und Streitstand mit den Parteien unter freier Würdigung aller Umstände zu erörtern und, soweit erforderlich, Fragen zu stellen. ³Die erschienenen Parteien sollen hierzu persönlich gehört werden.
(3) ¹Für die Güteverhandlung sowie für weitere Güteversuche soll das persönliche Erscheinen der Parteien angeordnet werden. ²§ 141 Abs. 1 Satz 2, Abs. 2 und 3 gilt entsprechend. ...

▶ Urteil

§ 300. Endurteil (1) Ist der Rechtsstreit zur Endentscheidung reif, so hat das Gericht sie durch Endurteil zu erlassen. ...

§ 306. Verzicht Verzichtet der Kläger bei der mündlichen Verhandlung auf den geltend gemachten Anspruch, so ist er auf Grund des Verzichts mit dem Anspruch abzuweisen, wenn der Beklagte die Abweisung beantragt.

§ 307. Anerkenntnis Erkennt eine Partei den gegen sie geltend gemachten Anspruch ganz oder zum Teil an, so ist sie dem Anerkenntnis gemäß zu verurteilen. Einer mündlichen Verhandlung bedarf es insoweit nicht.

§ 310. Termin der Urteilsverkündung
(1) ¹Das Urteil wird in dem Termin, in dem die mündliche Verhandlung geschlossen wird, oder in einem sofort anzuberaumenden Termin verkündet. ²Dieser wird nur dann über drei Wochen hinaus angesetzt, wenn wichtige Gründe, insbesondere der Umfang oder die Schwierigkeit der Sache, dies erfordern.
(3) Bei einem Anerkenntnisurteil und einem Versäumnisurteil, die nach §§ 307, 331 Abs. 3 ohne mündliche Verhandlung ergehen, wird die Verkündung durch die Zustellung des Urteils ersetzt. Dasselbe gilt bei einem Urteil, das den Einspruch gegen ein Versäumnisurteil verwirft (§ 341 Abs. 2).

§ 312. Anwesenheit der Parteien (1) Die Wirksamkeit der Verkündung eines Urteils ist von der Anwesenheit der Parteien nicht abhängig. ...

§ 313. Form und Inhalt des Urteils (1) Das Urteil enthält:
1. die Bezeichnung der Parteien, ihrer gesetzlichen Vertreter und der Prozessbevollmächtigten;
2. die Bezeichnung des Gerichts und die Namen der Richter, die bei der Entscheidung mitgewirkt haben;
3. den Tag, an dem die mündliche Verhandlung geschlossen worden ist;
4. die Urteilsformel;
5. den Tatbestand;
6. die Entscheidungsgründe.
...

▶ Versäumnisurteil

§ 330. Versäumnisurteil gegen den Kläger Erscheint der Kläger im Termin zur mündlichen Verhandlung nicht, so ist auf Antrag das Versäumnisurteil dahin zu erlassen, dass der Kläger mit der Klage abzuweisen sei.

§ 331. Versäumnisurteil gegen den Beklagten
(1) Beantragt der Kläger gegen den im Termin zur mündlichen Verhandlung nicht erschienenen Beklagten das Versäumnisurteil, so ist das tatsächliche mündliche Vorbringen des Klägers als zugestanden anzunehmen. ...
(2) Soweit es den Klageantrag rechtfertigt, ist nach dem Antrag zu erkennen; soweit dies nicht der Fall ist, ist die Klage abzuweisen.
(3) Hat der Beklagte entgegen § 276 Abs. 1 Satz 1, Abs. 2 nicht rechtzeitig angezeigt, dass er sich gegen die Klage verteidigen wolle, so trifft auf Antrag des Klägers das Gericht die Entscheidung ohne mündliche Verhandlung; ...

§ 338. Einspruch ¹Der Partei, gegen die ein Versäumnisurteil erlassen ist, steht gegen das Urteil der Einspruch zu. ²Hierauf ist die Partei zugleich mit der Zustellung des Urteils schriftlich hinzuweisen; dabei sind das Gericht, bei dem der Einspruch einzulegen ist, und die einzuhaltende Frist und Form mitzuteilen.

§ 339. Einspruchsfrist (1) Die Einspruchsfrist beträgt zwei Wochen; sie ist eine Notfrist und beginnt mit der Zustellung des Versäumnisurteils.
...

§ 340. Einspruchsschrift (1) Der Einspruch wird durch Einreichung der Einspruchsschrift bei dem Prozessgericht eingelegt.
...

§ 340a. Zustellung der Einspruchsschrift [1]Die Einspruchsschrift ist der Gegenpartei zuzustellen. [2]Dabei ist mitzuteilen, wann das Versäumnisurteil zugestellt und Einspruch eingelegt worden ist. [3]Die erforderliche Zahl von Abschriften soll die Partei mit der Einspruchsschrift einreichen. Dies gilt nicht, wenn die Einspruchsschrift als elektronisches Dokument übermittelt wird.

§ 341a. Einspruchstermin Wird der Einspruch nicht als unzulässig verworfen, so ist der Termin zur mündlichen Verhandlung über den Einspruch und die Hauptsache zu bestimmen und den Parteien bekanntzumachen.

§ 342. Wirkung des zulässigen Einspruchs Ist der Einspruch zulässig, so wird der Prozess, soweit der Einspruch reicht, in die Lage zurückversetzt, in der er sich vor Eintritt der Versäumnis befand.

▶ **Beweis durch Augenschein**

§ 371. Beweis durch Augenschein (1) Der Beweis durch Augenschein wird durch die Bezeichnung des Gegenstandes des Augenscheins und durch die Angabe der zu beweisenden Tatsachen angetreten.
(2) [1]Befindet sich der Gegenstand nach der Behauptung des Beweisführers im Besitz eines Dritten, so wird der Beweis außerdem durch den Antrag angetreten, zur Herbeischaffung des Gegenstandes eine Frist zu setzen oder eine Anordnung nach § 144 zu erlassen. [2]Die §§ 422 bis 432 gelten entsprechend.
(3) Vereitelt eine Partei die ihr zumutbare Einnahme des Augenscheins, so können die Behauptungen des Gegners über die Beschaffenheit des Gegenstandes als bewiesen angesehen werden.

§ 372. Beweisaufnahme (1) Das Prozessgericht kann anordnen, dass bei der Einnahme des Augenscheins ein oder mehrere Sachverständige zuzuziehen seien.
(2) Es kann einem Mitglied des Prozessgerichts oder einem anderen Gericht die Einnahme des Augenscheins übertragen, auch die Ernennung der zuzuziehenden Sachverständigen überlassen.

▶ **Zeugenbeweis**

§ 373. Beweisantritt Der Zeugenbeweis wird durch die Benennung der Zeugen und die Bezeichnung der Tatsachen, über welche die Vernehmung der Zeugen stattfinden soll, angetreten.

§ 391. Zeugenbeeidigung Ein Zeuge ist ... zu beeidigen, wenn das Gericht dies mit Rücksicht auf die Bedeutung der Aussage oder zur Herbeiführung einer wahrheitsgemäßen Aussage für geboten erachtet und die Parteien auf die Beeidigung nicht verzichten.

▶ **Beweis durch Sachverständige**

§ 402. Anwendbarkeit der Vorschriften für Zeugen Für den Beweis durch Sachverständige gelten die Vorschriften über den Beweis durch Zeugen entsprechend, insoweit nicht in den nachfolgenden Paragraphen abweichende Vorschriften enthalten sind.

§ 403. Beweisantritt Der Beweis wird durch die Bezeichnung der zu begutachtenden Punkte angetreten.

§ 404. Sachverständigenauswahl (1) [1]Die Auswahl der zuzuziehenden Sachverständigen und die Bestimmung ihrer Anzahl erfolgt durch das Prozessgericht. [2]Es kann sich auf die Ernennung eines einzigen Sachverständigen beschränken. ...

▶ **Beweis durch Urkunden**

§ 415. Beweiskraft öffentlicher Urkunden über Erklärungen (1) Urkunden, die von einer öffentlichen Behörde innerhalb der Grenzen ihrer Amtsbefugnisse oder von einer mit öffentlichem Glauben versehenen Person innerhalb des ihr zugewiesenen Geschäftskreises in der vorgeschriebenen Form aufgenommen sind (öffentliche Urkunden), begründen, wenn sie über eine vor der Behörde oder der Urkundsperson abgegebene Erklärung errichtet sind, vollen Beweis des durch die Behörde oder die Urkundsperson beurkundeten Vorganges.
(2) Der Beweis, dass der Vorgang unrichtig beurkundet sei, ist zulässig.

§ 416. Beweiskraft von Privaturkunden Privaturkunden begründen, sofern sie von den Ausstellern unterschrieben oder mittels notariell beglaubigten Handzeichens unterzeichnet sind, vollen Beweis dafür, dass die in ihnen enthaltenen Erklärungen von den Ausstellern abgegeben sind.

Zivilprozessordnung

§ 417. Beweiskraft öffentlicher Urkunden über amtliche Anordnung, Verfügung oder Entscheidung Die von einer Behörde ausgestellten, eine amtliche Anordnung, Verfügung oder Entscheidung enthaltenden öffentlichen Urkunden begründen vollen Beweis ihres Inhalts.

▶ Beweis durch Parteivernehmung

§ 445. Vernehmung des Gegners, Beweisantritt (1) Eine Partei, die den ihr obliegenden Beweis mit anderen Beweismitteln nicht vollständig geführt oder andere Beweismittel nicht vorgebracht hat, kann den Beweis dadurch antreten, dass sie beantragt, den Gegner über die zu beweisenden Tatsachen zu vernehmen.

(2) Der Antrag ist nicht zu berücksichtigen, wenn er Tatsachen betrifft, deren Gegenteil das Gericht für erwiesen erachtet.

▶ Abnahme von Eiden und Bekräftigungen

§ 478. Eidesleistung in Person Der Eid muss von dem Schwurpflichtigen in Person geleistet werden.

§ 496. Einreichung von Schriftsätzen; Erklärungen zu Protokoll Die Klage, die Klageerwiderung sowie sonstige Anträge und Erklärungen einer Partei, die zugestellt werden sollen, sind bei dem Gericht schriftlich einzureichen oder mündlich zum Protokoll der Geschäftsstelle anzubringen.

Buch 3. Rechtsmittel

Berufung

§ 511. Statthaftigkeit der Berufung (1) Die Berufung findet gegen die im ersten Rechtszug erlassenen Endurteile statt.

(2) Die Berufung ist nur zulässig, wenn
1. der Wert des Beschwerdegegenstandes sechshundert Euro übersteigt oder
2. das Gericht des ersten Rechtszuges die Berufung im Urteil zugelassen hat.

(3) Der Berufungskläger hat den Wert nach Absatz 2 Nr. 1 glaubhaft zu machen; zur Versicherung an Eides statt darf er nicht zugelassen werden.

(4) Das Gericht des ersten Rechtszuges lässt die Berufung zu, wenn
1. die Rechtssache grundsätzliche Bedeutung hat oder die Fortbildung des Rechts oder die Sicherung einer einheitlichen Rechtsprechung eine Entscheidung des Berufungsgerichts erfordert und
2. die Partei durch das Urteil mit nicht mehr als 600 Euro beschwert ist.

²Das Berufungsgericht ist an die Zulassung gebunden.

§ 525. Allgemeine Verfahrensgrundsätze ¹Auf das weitere Verfahren sind die im ersten Rechtszuge für das Verfahren vor den Landgerichten geltenden Vorschriften entsprechend anzuwenden, soweit sich nicht Abweichungen aus den Vorschriften dieses Abschnitts ergeben. ²Einer Güteverhandlung bedarf es nicht.

Revision

§ 545. Revisionsgründe (1) Die Revision kann nur darauf gestützt werden, dass die Entscheidung auf der Verletzung des Bundesrechts oder einer Vorschrift beruht, deren Geltungsbereich sich über den Bezirk eines Oberlandesgerichts hinaus erstreckt.

(2) Die Revision kann nicht darauf gestützt werden, dass das Gericht des ersten Rechtszuges seine Zuständigkeit zu Unrecht angenommen oder verneint hat.

§ 546. Begriff der Rechtsverletzung Das Recht ist verletzt, wenn eine Rechtsnorm nicht oder nicht richtig angewendet worden ist.

§ 549. Revisionseinlegung (1) ¹Die Revision wird durch Einreichung der Revisionsschrift bei dem Revisionsgericht eingelegt. ²Die Revisionsschrift muss enthalten:
1. die Bezeichnung des Urteils, gegen das die Revision gerichtet wird;
2. die Erklärung, dass gegen dieses Urteil Revision eingelegt werde.

³§ 544 Abs. 6 Satz 2 bleibt unberührt.

(3) Die allgemeinen Vorschriften über die vorbereitenden Schriftsätze sind auch auf die Revisionsschrift anzuwenden.

§ 550. Zustellung der Revisionsschrift (1) Mit der Revisionsschrift soll eine Ausfertigung oder beglaubigte Abschrift des angefochtenen Urteils vorgelegt werden, soweit dies nicht bereits nach § 544 Abs. 1 Satz 4 geschehen ist.

(2) Die Revisionsschrift ist der Gegenpartei zuzustellen.

Buch 5. Urkunden- und Wechselprozess

§ 592. Zulässigkeit Ein Anspruch, welcher die Zahlung einer bestimmten Geldsumme oder die Leistung einer bestimmten Menge anderer vertretbarer Sachen oder Wertpapiere zum Gegenstand hat, kann im Urkundenprozess geltend gemacht werden, wenn die sämtlichen zur Begründung des Anspruchs erforderlichen Tatsachen durch Urkunden bewiesen werden können. ...

§ 595. Keine Widerklage; Beweismittel
(1) Widerklagen sind nicht statthaft.
(2) Als Beweismittel sind bezüglich der Echtheit oder Unechtheit einer Urkunde sowie bezüglich anderer als der im § 592 erwähnten Tatsachen nur Urkunden und Antrag auf Parteivernehmung zulässig.
(3) Der Urkundenbeweis kann nur durch Vorlegung der Urkunden angetreten werden.

§ 598. Zurückweisung von Einwendungen Einwendungen des Beklagten sind, wenn der dem Beklagten obliegende Beweis nicht mit den im Urkundenprozess zulässigen Beweismitteln angetreten oder mit solchen Beweismitteln nicht vollständig geführt ist, als im Urkundenprozess unstatthaft zurückzuweisen.

§ 602. Wechselprozess Werden im Urkundenprozess Ansprüche aus Wechseln im Sinne des Wechselgesetzes geltend gemacht (Wechselprozess), so sind die nachfolgenden besonderen Vorschriften anzuwenden.

§ 603. Gerichtsstand (1) Wechselklagen können sowohl bei dem Gericht des Zahlungsortes als bei dem Gericht angestellt werden, bei dem der Beklagte seinen allgemeinen Gerichtsstand hat. ...

§ 604. Klageinhalt, Ladungsfrist (1) Die Klage muss die Erklärung enthalten, dass im Wechselprozess geklagt werde.
(2) ^{1}Die Ladungsfrist beträgt mindestens vierundzwanzig Stunden, wenn die Ladung an dem Ort, der Sitz des Prozessgerichts ist, zugestellt wird. ^{2}In Anwaltsprozessen beträgt sie mindestens drei Tage, wenn die Ladung an einem anderen Ort zugestellt wird, der im Bezirk des Prozessgerichts liegt oder von dem ein Teil zu dessen Bezirk gehört.
(3) In den höheren Instanzen beträgt die Ladungsfrist mindestens vierundzwanzig Stunden, wenn die Zustellung der Berufungs- oder Revisionsschrift oder der Ladung an dem Ort erfolgt, der Sitz des höheren Gerichts ist; mindestens drei Tage, wenn die Zustellung an einem anderen Ort erfolgt, der ganz oder zum Teil in dem Landgerichtsbezirk liegt, in dem das höhere Gericht seinen Sitz hat; mindestens eine Woche, wenn die Zustellung sonst im Inland erfolgt.

§ 605. Beweisvorschriften (1) Soweit es zur Erhaltung des wechselmäßigen Anspruchs der rechtzeitigen Protesterhebung nicht bedarf, ist als Beweismittel bezüglich der Vorlegung des Wechsels der Antrag auf Parteivernehmung zulässig.
(2) Zur Berücksichtigung einer Nebenforderung genügt, dass sie glaubhaft gemacht ist.

§ 605a. Scheckprozess Werden im Urkundenprozess Ansprüche aus Schecks im Sinne des Scheckgesetzes geltend gemacht (Scheckprozess), so sind die §§ 602 bis 605 entsprechend anzuwenden.

Buch 7. Mahnverfahren

§ 688. Zulässigkeit (1) Wegen eines Anspruchs, der die Zahlung einer bestimmten Geldsumme in Euro zum Gegenstand hat, ist auf Antrag des Antragstellers ein Mahnbescheid zu erlassen.
(2) Das Mahnverfahren findet nicht statt:
1. für Ansprüche eines Unternehmers aus einem Vertrag gemäß den §§ 491 bis 504 des Bürgerlichen Gesetzbuchs, wenn der nach den §§ 492, 502 des Bürgerlichen Gesetzbuchs anzugebende effektive oder anfängliche effektive Jahreszins den bei Vertragsschluss geltenden Basiszinssatz nach § 247 des Bürgerlichen Gesetzbuchs um mehr als zwölf Prozentpunkte übersteigt;
2. wenn die Geltendmachung des Anspruchs von einer noch nicht erbrachten Gegenleistung abhängig ist;
3. wenn die Zustellung des Mahnbescheids durch öffentliche Bekanntmachung erfolgen müsste.
...

§ 689. Zuständigkeit, maschinelle Bearbeitung (1) ^{1}Das Mahnverfahren wird von den Amtsgerichten durchgeführt. ^{2}Eine maschinelle Bearbeitung ist zulässig. ^{3}Bei dieser Bearbeitung sollen Eingänge spätestens an dem Arbeitstag erledigt sein, der dem Tag des Eingangs folgt.

Zivilprozessordnung   4.3 ZPO §§ 689–696

(2) Ausschließlich zuständig ist das Amtsgericht, bei dem der Antragsteller seinen allgemeinen Gerichtsstand hat. ...

§ 690. Mahnantrag (1) Der Antrag muss auf den Erlass eines Mahnbescheids gerichtet sein und enthalten:
1. die Bezeichnung der Parteien, ihrer gesetzlichen Vertreter und der Prozessbevollmächtigten;
2. die Bezeichnung des Gerichts, bei dem der Antrag gestellt wird;
3. die Bezeichnung des Anspruchs unter bestimmter Angabe der verlangten Leistung; Haupt- und Nebenforderungen sind gesondert und einzeln zu bezeichnen, Ansprüche aus Verträgen gemäß den §§ 491 bis 504 des Bürgerlichen Gesetzbuchs, auch unter Angabe des Datums des Vertragsabschlusses und des nach den §§ 492, 502 des Bürgerlichen Gesetzbuchs anzugebenden effektiven oder anfänglichen effektiven Jahreszinses;
4. die Erklärung, dass der Anspruch nicht von einer Gegenleistung abhängt oder dass die Gegenleistung erbracht ist;
5. die Bezeichnung des Gerichts, das für ein streitiges Verfahren zuständig ist.

(2) Der Antrag bedarf der handschriftlichen Unterzeichnung.

(3) Der Antrag kann in einer nur maschinell lesbaren Form übermittelt werden, wenn diese dem Gericht für seine maschinelle Bearbeitung geeignet erscheint. Wird der Antrag von einem Rechtsanwalt oder einer registrierten Person nach § 10 Abs. 1 Satz 1 Nr. 1 des Reichsdienstleistungsgesetzes gestellt, ist nur diese Form der Antragstellung zulässig. Der handschriftlichen Unterzeichnung bedarf es nicht, wenn in anderer Weise gewährleistet ist, dass der Antrag nicht ohne den Willen des Antragstellers übermittelt wird.

§ 692. Mahnbescheid (1) Der Mahnbescheid enthält:
1. die in § 690 Abs. 1 Nr. 1 bis 5 bezeichneten Erfordernisse des Antrags;
2. den Hinweis, dass das Gericht nicht geprüft hat, ob dem Antragsteller der geltend gemachte Anspruch zusteht;
3. die Aufforderung, innerhalb von zwei Wochen seit der Zustellung des Mahnbescheids, soweit der geltend gemachte Anspruch als begründet angesehen wird, die behauptete Schuld nebst den geforderten Zinsen und der dem Betrag nach bezeichneten Kosten zu begleichen oder dem Gericht mitzuteilen, ob und in welchem Umfang dem geltend gemachten Anspruch widersprochen wird;
4. den Hinweis, dass ein dem Mahnbescheid entsprechender Vollstreckungsbescheid ergehen kann, aus dem der Antragsteller die Zwangsvollstreckung betreiben kann, falls der Antragsgegner nicht bis zum Fristablauf Widerspruch erhoben hat;
5. für den Fall, dass Formulare eingeführt sind, den Hinweis, dass der Widerspruch mit einem Formular der beigefügten Art erhoben werden soll, der auch bei jedem Amtsgericht erhältlich ist und ausgefüllt werden kann;
6. für den Fall des Widerspruchs die Ankündigung, an welches Gericht die Sache abgegeben wird, mit dem Hinweis, dass diesem Gericht die Prüfung seiner Zuständigkeit vorbehalten bleibt.

(2) An Stelle einer handschriftlichen Unterzeichnung genügt ein entsprechender Stempelabdruck.

§ 693. Zustellung des Mahnbescheids (1) Der Mahnbescheid wird dem Antragsgegner zugestellt.

(2) Die Geschäftsstelle setzt den Antragsteller von der Zustellung des Mahnbescheids in Kenntnis.

§ 694. Widerspruch gegen den Mahnbescheid
(1) Der Antragsgegner kann gegen den Anspruch oder einen Teil des Anspruchs bei dem Gericht, das den Mahnbescheid erlassen hat, schriftlich Widerspruch erheben, solange der Vollstreckungsbescheid nicht verfügt ist.

(2) [1]Ein verspäteter Widerspruch wird als Einspruch behandelt. [2]Dies ist dem Antragsgegner, der den Widerspruch erhoben hat, mitzuteilen.

§ 695. Mitteilung des Widerspruchs; Abschriften Das Gericht hat den Antragsteller von dem Widerspruch und dem Zeitpunkt seiner Erhebung in Kenntnis zu setzen. ...

§ 696. Verfahren nach Widerspruch (1) [1]Wird rechtzeitig Widerspruch erhoben und beantragt eine Partei die Durchführung des streitigen Verfahrens, so gibt das Gericht, das den Mahnbescheid erlassen hat, den Rechtsstreit von Amts wegen an das Gericht ab, das in dem Mahnbescheid gemäß § 692 Abs. 1 Nr. 1 bezeichnet worden ist, wenn die Parteien übereinstimmend die Abgabe an ein anderes Gericht verlangen, an dieses. [2]Der Antrag kann in den Antrag auf Erlass des Mahnbescheids aufgenommen werden. [3]Die Abgabe ist den Parteien mitzuteilen; sie ist nicht anfechtbar. [4]Mit Eingang der Akten bei dem Gericht, an das er abgegeben wird, gilt der Rechtsstreit als dort anhängig. ...

(2) [1]Ist das Mahnverfahren maschinell bearbeitet worden, so tritt, sofern die Akte nicht elektronisch übermittelt wird, an die Stelle der Akten ein maschinell erstellter Aktenausdruck.

²Für diesen gelten die Vorschriften über die Beweiskraft öffentlicher Urkunden entsprechend. § 298 findet keine Anwendung.
(3) Die Streitsache gilt als mit Zustellung des Mahnbescheides rechtshängig geworden, wenn sie alsbald nach der Erhebung des Widerspruches abgegeben wird.
(4) ¹Der Antrag auf Durchführung des streitigen Verfahrens kann bis zum Beginn der mündlichen Verhandlung des Antragsgegners zur Hauptsache zurückgenommen werden. ²Die Zurücknahme kann vor der Geschäftsstelle zu Protokoll erklärt werden. ³Mit der Zurücknahme ist die Streitsache als nicht rechtshängig geworden anzusehen. ...

§ 697. Einleitung des Streitverfahrens (1) Die Geschäftsstelle des Gerichts, an das die Streitsache abgegeben wird, hat dem Antragsteller unverzüglich aufzugeben, seinen Anspruch binnen zwei Wochen in einer der Klageschrift entsprechenden Form zu begründen. § 270 Satz 2 gilt entsprechend.
(2) ¹Bei Eingang der Anspruchsbegründung ist wie nach Eingang einer Klage weiter zu verfahren. ²Zur schriftlichen Klageerwiderung im Vorverfahren nach § 276 kann auch eine mit der Zustellung der Anspruchsbegründung beginnende Frist gesetzt werden.
(3) ¹Geht die Anspruchsbegründung nicht rechtzeitig ein, so wird bis zu ihrem Eingang Termin zur mündlichen Verhandlung nur auf Antrag des Antragsgegners bestimmt. ²Mit der Terminbestimmung setzt der Vorsitzende dem Antragsteller eine Frist zur Begründung des Anspruchs; ...
(4) ¹Der Antragsgegner kann den Widerspruch bis zum Beginn seiner mündlichen Verhandlung zur Hauptsache zurücknehmen, jedoch nicht nach Erlass eines Versäumnisurteils gegen ihn. ²Die Zurücknahme kann zu Protokoll der Geschäftsstelle erklärt werden. ...

§ 699. Vollstreckungsbescheid (1) ¹Auf der Grundlage des Mahnbescheids erlässt das Gericht auf Antrag einen Vollstreckungsbescheid, wenn der Antragsgegner nicht rechtzeitig Widerspruch erhoben hat. ²Der Antrag kann nicht vor Ablauf der Widerspruchsfrist gestellt werden; er hat die Erklärung zu enthalten, ob und welche Zahlungen auf den Mahnbescheid geleistet worden sind; ...
(3) ¹In den Vollstreckungsbescheid sind die bisher entstandenen Kosten des Verfahrens aufzunehmen. ²Der Antragsteller braucht die Kosten nur zu berechnen, wenn das Mahnverfahren nicht maschinell bearbeitet wird; im Übrigen genügen die zur maschinellen Berechnung erforderlichen Angaben.
(4) Der Vollstreckungsbescheid wird dem Antragsgegner von Amts wegen zugestellt, wenn nicht der Antragsteller die Übermittlung an sich zur Zustellung im Parteibetrieb beantragt hat. ...

§ 700. Einspruch gegen den Vollstreckungsbescheid (1) Der Vollstreckungsbescheid steht einem für vorläufig vollstreckbar erklärten Versäumnisurteil gleich.
(2) Die Streitsache gilt als mit der Zustellung des Mahnbescheids rechtshängig geworden.
(3) Wird Einspruch eingelegt, so gibt das Gericht, das den Vollstreckungsbescheid erlassen hat, den Rechtsstreit von Amts wegen an das Gericht ab, das in dem Mahnbescheid gemäß § 692 Abs. 1 Nr. 1 bezeichnet worden ist, ...

§ 701. Wegfall der Wirkung des Mahnbescheids ¹Ist Widerspruch nicht erhoben und beantragt der Antragsteller den Erlass des Vollstreckungsbescheids nicht binnen einer sechsmonatigen Frist, die mit der Zustellung des Mahnbescheids beginnt, so fällt die Wirkung des Mahnbescheids weg. ²Dasselbe gilt, wenn der Vollstreckungsbescheid rechtzeitig beantragt ist, der Antrag aber zurückgewiesen wird.

§ 702. Form von Anträgen und Erklärungen (1) ¹Im Mahnverfahren können die Anträge und Erklärungen vor dem Urkundsbeamten der Geschäftsstelle abgegeben werden. ²Soweit Formulare eingeführt sind, werden diese ausgefüllt; der Urkundsbeamte vermerkt unter Angabe des Gerichts und des Datums, dass er den Antrag oder die Erklärung aufgenommen hat. ³Auch soweit Vordrucke nicht eingeführt sind, ist für den Antrag auf Erlass eines Mahnbescheids oder eines Vollstreckungsbescheids bei dem für das Mahnverfahren zuständigen Gericht die Aufnahme eines Protokolls nicht erforderlich.
(2) Der Antrag auf Erlass eines Mahnbescheids oder eines Vollstreckungsbescheids wird dem Antragsgegner nicht mitgeteilt.

§ 703a. Urkunden-, Wechsel- und Scheckmahnverfahren (1) Ist der Antrag des Antragstellers auf den Erlass eines Urkunden-, Wechsel- oder Scheckmahnbescheids gerichtet, so wird der Mahnbescheid als Urkunden-, Wechsel- oder Scheckmahnbescheid bezeichnet.
(2) Für das Urkunden-, Wechsel- und Scheckmahnverfahren gelten folgende besondere Vorschriften:
1. die Bezeichnung als Urkunden-, Wechsel- oder Scheckmahnbescheid hat die Wirkung, daß die Streitsache, wenn rechtzeitig Widerspruch erhoben wird, im Urkunden-, Wechsel- oder Scheckprozess anhängig wird;

Zivilprozessordnung 4.3 ZPO §§ 703a–757

2. die Urkunden sollen in dem Antrag auf Erlass des Mahnbescheids und in dem Mahnbescheid bezeichnet werden; ist die Sache an das Streitgericht abzugeben, so müssen die Urkunden in Urschrift oder in Abschrift der Anspruchsbegründung beigefügt werden;
3. im Mahnverfahren ist nicht zu prüfen, ob die gewählte Prozessart statthaft ist;
4. beschränkt sich der Widerspruch auf den Antrag, dem Beklagten die Ausführung seiner Rechte vorzubehalten, so ist der Vollstreckungsbescheid unter diesem Vorbehalt zu erlassen. ²Auf das weitere Verfahren ist die Vorschrift des § 600 entsprechend anzuwenden.

§ 703b. Sonderregelungen für maschinelle Bearbeitung (1) Bei maschineller Bearbeitung werden Beschlüsse, Verfügungen und Ausfertigungen mit dem Gerichtssiegel versehen; einer Unterschrift bedarf es nicht.
...

Buch 8. Zwangsvollstreckung

Allgemeine Vorschriften

§ 704. Vollstreckbare Endurteile (1) Die Zwangsvollstreckung findet statt aus Endurteilen, die rechtskräftig oder für vorläufig vollstreckbar erklärt sind.
...

§ 721. Räumungsfrist (1) Wird auf Räumung von Wohnraum erkannt, so kann das Gericht auf Antrag oder von Amts wegen dem Schuldner eine den Umständen nach angemessene Räumungsfrist gewähren.
...

§ 725. Vollstreckungsklausel Die Vollstreckungsklausel:
„Vorstehende Ausfertigung wird dem usw. (Bezeichnung der Partei) zum Zwecke der Zwangsvollstreckung erteilt"
ist der Ausfertigung des Urteils am Schluss beizufügen, von dem Urkundsbeamten der Geschäftsstelle zu unterschreiben und mit dem Gerichtssiegel zu versehen.

§ 740. Zwangsvollstreckung in das Gesamtgut (1) Leben die Ehegatten in Gütergemeinschaft und verwaltet einer von ihnen das Gesamtgut allein, so ist zur Zwangsvollstreckung in das Gesamtgut ein Urteil gegen diesen Ehegatten erforderlich und genügend.
(2) Verwalten die Ehegatten das Gesamtgut gemeinschaftlich, so ist die Zwangsvollstreckung in das Gesamtgut nur zulässig, wenn beide Ehegatten zur Leistung verurteilt sind.

§ 753. Vollstreckung durch Gerichtsvollzieher (1) Die Zwangsvollstreckung wird, soweit sie nicht den Gerichten zugewiesen ist, durch Gerichtsvollzieher durchgeführt, die sie im Auftrag des Gläubigers zu bewirken haben.
...

§ 754. Vollstreckungsauftrag In dem schriftlichen, elektronischen oder mündlichen Auftrag zur Zwangsvollstreckung in Verbindung mit der Übermittlung der vollstreckbaren Ausfertigung liegt die Beauftragung des Gerichtsvollziehers, die Zahlungen oder sonstigen Leistungen in Empfang zu nehmen, über das Empfangene wirksam zu quittieren und dem Schuldner, wenn dieser seiner Verbindlichkeit genügt hat, die vollstreckbare Ausfertigung auszuliefern.

§ 755. Ermächtigung des Gerichtsvollziehers ¹Dem Schuldner und Dritten gegenüber wird der Gerichtsvollzieher zur Vornahme der Zwangsvollstreckung und der im § 754 bezeichneten Handlungen durch den Besitz der vollstreckbaren Ausfertigung ermächtigt. ²Der Mangel oder die Beschränkung des Auftrags kann diesen Personen gegenüber von dem Gläubiger nicht geltend gemacht werden.

§ 756. Zwangsvollstreckung bei Leistung Zug um Zug Hängt die Vollstreckung von einer Zug um Zug zu bewirkenden Leistung des Gläubigers an den Schuldner ab, so darf der Gerichtsvollzieher die Zwangsvollstreckung nicht beginnen, bevor er dem Schuldner die diesem gebührende Leistung in einer der Verzug der Annahme begründenden Weise angeboten hat, sofern nicht der Beweis, dass der Schuldner befriedigt oder im Verzug der Annahme ist, durch öffentliche oder öffentlich beglaubigte Urkunden geführt wird und eine Abschrift dieser Urkunden bereits zugestellt ist oder gleichzeitig zugestellt wird.
...

§ 757. Übergabe des Titels und Quittung (1) Der Gerichtsvollzieher hat nach Empfang der Leistungen dem Schuldner die vollstreckbare Ausfertigung nebst einer Quittung auszuliefern, bei teilweiser Leistung diese auf der vollstreckbaren Ausfertigung zu vermerken und

dem Schuldner Quittung zu erteilen.
...

§ 758. Durchsuchung; Gewaltanwendung
(1) Der Gerichtsvollzieher ist befugt, die Wohnung und die Behältnisse des Schuldners zu durchsuchen, soweit der Zweck der Vollstreckung dies erfordert.
(2) Er ist befugt, die verschlossenen Haustüren, Zimmertüren und Behältnisse öffnen zu lassen.
(3) Er ist, wenn er Widerstand findet, zur Anwendung von Gewalt befugt und kann zu diesem Zweck die Unterstützung der polizeilichen Vollzugsorgane nachsuchen.

§ 759. Zuziehung von Zeugen Wird bei einer Vollstreckungshandlung Widerstand geleistet oder ist bei einer in der Wohnung des Schuldners vorzunehmenden Vollstreckungshandlung weder der Schuldner noch eine zu seiner Familie gehörige oder in dieser Familie dienende erwachsene Person anwesend, so hat der Gerichtsvollzieher zwei erwachsene Personen oder einen Gemeinde- oder Polizeibeamten als Zeugen zuzuziehen.

§ 766. Erinnerung gegen Art und Weise der Zwangsvollstreckung (1) Über Anträge, Einwendungen und Erinnerungen, welche die Art und Weise der Zwangsvollstreckung oder das vom Gerichtsvollzieher bei ihr zu beobachtende Verfahren betreffen, entscheidet das Vollstreckungsgericht. Es ist befugt, die im § 732 Abs. 2 bezeichneten Anordnungen zu erlassen.
(2) Dem Vollstreckungsgericht steht auch die Entscheidung zu, wenn ein Gerichtsvollzieher sich weigert, einen Vollstreckungsauftrag zu übernehmen oder eine Vollstreckungshandlung dem Auftrag gemäß auszuführen, oder wenn wegen der von dem Gerichtsvollzieher in Ansatz gebrachten Kosten Erinnerungen erhoben werden.

§ 767. Vollstreckungsabwehrklage (1) Einwendungen, die den durch das Urteil festgestellten Anspruch selbst betreffen, sind von dem Schuldner im Wege der Klage bei dem Prozessgericht des ersten Rechtszuges geltend zu machen.
(2) Sie sind nur insoweit zulässig, als die Gründe, auf denen sie beruhen, erst nach dem Schluss der mündlichen Verhandlung, in der Einwendungen nach den Vorschriften dieses Gesetzes spätestens hätten geltend gemacht werden müssen, entstanden sind und durch Einspruch nicht mehr geltend gemacht werden können.
(3) Der Schuldner muss in der von ihm zu erhebenden Klage alle Einwendungen geltend machen, die er zur Zeit der Erhebung der Klage geltend zu machen imstande war.

§ 771. Drittwiderspruchsklage (1) Behauptet ein Dritter, dass ihm an dem Gegenstand der Zwangsvollstreckung ein die Veräußerung hinderndes Recht zustehe, so ist der Widerspruch gegen die Zwangsvollstreckung im Wege der Klage bei dem Gericht geltend zu machen, in dessen Bezirk die Zwangsvollstreckung erfolgt.
...

§ 793. Sofortige Beschwerde Gegen Entscheidungen, die im Zwangsvollstreckungsverfahren ohne mündliche Verhandlung ergehen können, findet sofortige Beschwerde statt.

§ 794. Weitere Vollstreckungstitel (1) Die Zwangsvollstreckung findet ferner statt:
1. aus Vergleichen, die zwischen den Parteien oder zwischen einer Partei und einem Dritten zur Beilegung des Rechtsstreits seinem ganzen Umfang nach oder in Betreff eines Teiles des Streitgegenstandes vor einem deutschen Gericht oder vor einer durch die Landesjustizverwaltung eingerichteten oder anerkannten Gütestelle abgeschlossen sind, sowie aus Vergleichen, die gemäß § 118 Abs. 1 Satz 3 oder § 492 Abs. 3 zu richterlichem Protokoll genommen sind;
2. aus Kostenfestsetzungsbeschlüssen;
2a. aus Beschlüssen, die in einem vereinfachten Verfahren über den Unterhalt Minderjähriger den Unterhalt festsetzen, einen Unterhaltstitel abändern oder den Antrag zurückweisen;
2b. (weggefallen)
3. aus Entscheidungen, gegen die das Rechtsmittel der Beschwerde stattfindet, dies gilt nicht für Entscheidungen nach § 620 Nr. 1, 3 und § 620b in Verbindung mit § 620 Nr. 1, 3;
3a. aus einstweiligen Anordnungen nach den §§ 127a, 620 Nr. 4 bis 10, dem § 621f und dem § 621g Satz 1, soweit Gegenstand des Verfahrens Regelungen nach der Verordnung über die Behandlung der Ehewohnung und des Hausrats sind, sowie nach dem § 644;
4. aus Vollstreckungsbescheiden;
4a. aus Entscheidungen, die Schiedssprüche für vollstreckbar erklären, sofern die Entscheidungen rechtskräftig oder für vorläufig vollstreckbar erklärt sind;
4b. aus Beschlüssen nach § 796b oder § 796c;
5. aus Urkunden, die von einem deutschen Gericht oder von einem deutschen Notar innerhalb der Grenzen seiner Amtsbefugnisse in der vorgeschriebenen Form aufgenommen sind, sofern die Urkunde über

Zivilprozessordnung

4.3 ZPO §§ 794–807

einen Anspruch errichtet ist, der einer vergleichsweisen Regelung zugänglich, nicht auf Abgabe einer Willenserklärung gerichtet ist und nicht den Bestand eines Mietverhältnisses über Wohnraum betrifft, und der Schuldner sich in der Urkunde wegen des zu bezeichnenden Anspruchs der sofortigen Zwangsvollstreckung unterworfen hat.

(2) Soweit nach den Vorschriften der §§ 737, 743, des § 745 Abs. 2 und des § 748 Abs. 2 die Verurteilung eines Beteiligten zur Duldung der Zwangsvollstreckung erforderlich ist, wird sie dadurch ersetzt, dass der Beteiligte in einer nach Absatz 1 Nr. 5 aufgenommenen Urkunde die sofortige Zwangsvollstreckung in die seinem Recht unterworfenen Gegenstände bewilligt.

§ 800. Vollstreckbare Urkunde gegen den jeweiligen Grundstückseigentümer (1) ¹Der Eigentümer kann sich in einer nach § 794 Abs. 1 Nr. 5 aufgenommenen Urkunde in Ansehung einer Hypothek, einer Grundschuld oder einer Rentenschuld der sofortigen Zwangsvollstreckung in der Weise unterwerfen, dass die Zwangsvollstreckung aus der Urkunde gegen den jeweiligen Eigentümer des Grundstücks zulässig sein soll. ²Die Unterwerfung bedarf in diesem Fall der Eintragung in das Grundbuch.

(2) Bei der Zwangsvollstreckung gegen einen späteren Eigentümer, der im Grundbuch eingetragen ist, bedarf es nicht der Zustellung der den Erwerb des Eigentums nachweisenden öffentlichen oder öffentlich beglaubigten Urkunde.

(3) Ist die sofortige Zwangsvollstreckung gegen den jeweiligen Eigentümer zulässig, so ist für die im § 797 Abs. 5 bezeichneten Klagen das Gericht zuständig, in dessen Bezirk das Grundstück belegen ist.

Zwangsvollstreckung wegen Geldforderungen

▶ **Zwangsvollstreckung in das bewegliche Vermögen**

Allgemeine Vorschriften

§ 803. Pfändung (1) ¹Die Zwangsvollstreckung in das bewegliche Vermögen erfolgt durch Pfändung. ²Sie darf nicht weiter ausgedehnt werden, als es zur Befriedigung des Gläubigers und zur Deckung der Kosten der Zwangsvollstreckung erforderlich ist.

(2) Die Pfändung hat zu unterbleiben, wenn sich von der Verwertung der zu pfändenden Gegenstände ein Überschuss über die Kosten der Zwangsvollstreckung nicht erwarten lässt.

§ 804. Pfändungspfandrecht (1) Durch die Pfändung erwirbt der Gläubiger ein Pfandrecht an dem gepfändeten Gegenstande.

(2) Das Pfandrecht gewährt dem Gläubiger im Verhältnis zu anderen Gläubigern dieselben Rechte wie ein durch Vertrag erworbenes Faustpfandrecht; es geht Pfand- und Vorzugsrechten vor, die für den Fall eines Insolvenzverfahrens den Faustpfandrechten nicht gleichgestellt sind.

(3) Das durch eine frühere Pfändung begründete Pfandrecht geht demjenigen vor, das durch eine spätere Pfändung begründet wird.

§ 805. Klage auf vorzugsweise Befriedigung (1) Der Pfändung einer Sache kann ein Dritter, der sich nicht im Besitz der Sache befindet, auf Grund eines Pfand- oder Vorzugsrechts nicht widersprechen; er kann jedoch seinen Anspruch auf vorzugsweise Befriedigung aus dem Erlös im Wege der Klage geltend machen, ohne Rücksicht darauf, ob seine Forderung fällig ist oder nicht.

...

§ 806. Keine Gewährleistung bei Pfandveräußerung Wird ein Gegenstand auf Grund der Pfändung veräußert, so steht dem Erwerber wegen eines Mangels im Recht oder wegen eines Mangels der veräußerten Sache ein Anspruch auf Gewährleistung nicht zu.

§ 807. Eidesstattliche Versicherung (1) Der Schuldner ist nach Erteilung des Auftrags nach § 900 Abs. 1 verpflichtet, ein Verzeichnis seines Vermögens vorzulegen und für seine Forderungen den Grund und die Beweismittel zu bezeichnen, wenn
1. die Pfändung zu einer vollständigen Befriedigung des Gläubigers nicht geführt hat,
2. der Gläubiger glaubhaft macht, dass er durch die Pfändung seine Befriedigung nicht vollständig erlangen könne,
3. der Schuldner die Durchsuchung (§ 758) verweigert hat oder
4. der Gerichtsvollzieher den Schuldner wiederholt in seiner Wohnung nicht angetroffen hat, nachdem er einmal die Vollstreckung mindestens zwei Wochen vorher angekündigt hatte; dies gilt nicht, wenn der Schuldner seine Abwesenheit genügend entschuldigt und den Grund glaubhaft macht.

(2) Aus dem Vermögensverzeichnis müssen auch ersichtlich sein
1. die in den letzten zwei Jahren vor dem ersten zur Abgabe der eidesstattlichen Versicherung anberaumten Termin vorgenommenen entgeltlichen Veräußerungen des Schuldners an eine nahestehende Person (§ 138 der Insolvenzordnung);
2. die in den letzten vier Jahren vor dem ersten

zur Abgabe der eidesstattlichen Versicherung anberaumten Termin von dem Schuldner vorgenommenen unentgeltlichen Leistungen, sofern sie sich nicht auf gebräuchliche Gelegenheitsgeschenke geringen Werts richteten.
²Sachen, die nach § 811 Abs. 1 Nr. 1, 2 der Pfändung offensichtlich nicht unterworfen sind, brauchen in dem Vermögensverzeichnis nicht angegeben zu werden, es sei denn, dass eine Austauschpfändung in Betracht kommt.

(3) ¹Der Schuldner hat zu Protokoll an Eides Statt zu versichern, dass er die von ihm verlangten Angaben nach bestem Wissen und Gewissen richtig und vollständig gemacht habe. ²Die Vorschriften der §§ 478 bis 480, 483 gelten entsprechend.

Zwangsvollstreckung in körperliche Sachen

§ 808. Pfändung beim Schuldner (1) Die Pfändung der im Gewahrsam des Schuldners befindlichen körperlichen Sachen wird dadurch bewirkt, dass der Gerichtsvollzieher sie in Besitz nimmt.

(2) ¹Andere Sachen als Geld, Kostbarkeiten und Wertpapiere sind im Gewahrsam des Schuldners zu belassen, sofern nicht hierdurch die Befriedigung des Gläubigers gefährdet wird. ²Werden die Sachen im Gewahrsam des Schuldners belassen, so ist die Wirksamkeit der Pfändung dadurch bedingt, dass durch Anlegung von Siegeln oder auf sonstige Weise die Pfändung ersichtlich gemacht ist.

(3) Der Gerichtsvollzieher hat den Schuldner von der erfolgten Pfändung in Kenntnis zu setzen.

§ 809. Pfändung beim Gläubiger oder bei Dritten Die vorstehenden Vorschriften sind auf die Pfändung von Sachen, die sich im Gewahrsam des Gläubigers oder eines zur Herausgabe bereiten Dritten befinden, entsprechend anzuwenden.

§ 811. Unpfändbare Sachen Folgende Sachen sind der Pfändung nicht unterworfen:
1. die dem persönlichen Gebrauch oder dem Haushalt dienenden Sachen, insbesondere Kleidungsstücke, Wäsche, Betten, Haus- und Küchengerät, soweit der Schuldner ihrer zu einer seiner Berufstätigkeit und seiner Verschuldung angemessenen, bescheidenen Lebens- und Haushaltsführung bedarf; ferner Gartenhäuser, Wohnlauben und ähnliche Wohnzwecken dienende Einrichtungen, die der Zwangsvollstreckung in das bewegliche Vermögen unterliegen und deren der Schuldner oder seine Familie zur ständigen Unterkunft bedarf;
2. die für den Schuldner, seine Familie und seine Hausangehörigen, die ihm im Haushalt helfen, auf vier Wochen erforderlichen Nahrungs-, Feuerungs- und Beleuchtungsmittel oder, soweit für diesen Zeitraum solche Vorräte nicht vorhanden und ihre Beschaffung auf anderem Wege nicht gesichert ist, der zur Beschaffung erforderliche Geldbetrag;
5. bei Personen, die aus ihrer körperlichen oder geistigen Arbeit oder sonstigen persönlichen Leistungen ihren Erwerb ziehen, die zur Fortsetzung dieser Erwerbstätigkeit erforderlichen Gegenstände.
8. bei Personen, die wiederkehrende Einkünfte der in den §§ 850 bis 850 b bezeichneten Art beziehen, ein Geldbetrag, der dem der Pfändung nicht unterworfenen Teil der Einkünfte für die Zeit von der Pfändung bis zu dem nächsten Zahlungstermin entspricht; ...

§ 811a. Austauschpfändung (1) Die Pfändung einer nach § 811 Abs. 1 Nr. 1, 5 und 6 unpfändbaren Sache kann zugelassen werden, wenn der Gläubiger dem Schuldner vor der Wegnahme der Sache ein Ersatzstück, das dem geschützten Verwendungszweck genügt, oder den zur Beschaffung eines solchen Ersatzstückes erforderlichen Geldbetrag überlässt; ist dem Gläubiger die rechtzeitige Ersatzbeschaffung nicht möglich oder nicht zuzumuten, so kann die Pfändung mit der Maßgabe zugelassen werden, dass dem Schuldner der zur Ersatzbeschaffung erforderliche Geldbetrag aus dem Vollstreckungserlös überlassen wird (Austauschpfändung). ...

§ 812. Pfändung von Hausrat Gegenstände, die zum gewöhnlichen Hausrat gehören und im Haushalt des Schuldners gebraucht werden, sollen nicht gepfändet werden, wenn ohne weiteres ersichtlich ist, dass durch ihre Verwertung nur ein Erlös erzielt werden würde, der zu dem Wert außer allem Verhältnis steht.

§ 814. Öffentliche Versteigerung Die gepfändeten Sachen sind von dem Gerichtsvollzieher öffentlich zu versteigern. ...

§ 815. Gepfändetes Geld (1) Gepfändetes Geld ist dem Gläubiger abzuliefern.
...

§ 816. Zeit und Ort der Versteigerung
(1) Die Versteigerung der gepfändeten Sachen darf nicht vor Ablauf einer Woche seit dem Tage der Pfändung geschehen, sofern nicht der Gläubiger und der Schuldner über eine frühere

Zivilprozessordnung

Versteigerung sich einigen oder diese erforderlich ist, um die Gefahr einer beträchtlichen Wertverringerung der zu versteigernden Sache abzuwenden oder um unverhältnismäßige Kosten einer längeren Aufbewahrung zu vermeiden.

(2) Die Versteigerung erfolgt in der Gemeinde, in der die Pfändung geschehen ist, oder an einem anderen Ort im Bezirk des Vollstreckungsgerichts, sofern nicht der Gläubiger und der Schuldner über einen dritten Ort sich einigen.

(3) Zeit und Ort der Versteigerung sind unter allgemeiner Bezeichnung der zu versteigernden Sachen öffentlich bekanntzumachen.

(4) Bei der Versteigerung gelten die Vorschriften des § 1239 Abs. 1 Satz 1, Abs. 2 des Bürgerlichen Gesetzbuchs entsprechend.

§ 817. Zuschlag und Ablieferung (1) Dem Zuschlag an den Meistbietenden soll ein dreimaliger Aufruf vorausgehen; die Vorschriften des § 156 des Bürgerlichen Gesetzbuchs sind anzuwenden.

(2) Die Ablieferung einer zugeschlagenen Sache darf nur gegen bare Zahlung geschehen. ...

§ 818. Einstellung der Versteigerung Die Versteigerung wird eingestellt, sobald der Erlös zur Befriedigung des Gläubigers und zur Deckung der Kosten der Zwangsvollstreckung hinreicht.

§ 819. Wirkung des Erlösempfanges Die Empfangnahme des Erlöses durch den Gerichtsvollzieher gilt als Zahlung von seiten des Schuldners, ...

§ 821. Verwertung von Wertpapieren Gepfändete Wertpapiere sind, wenn sie einen Börsen- oder Marktpreis haben, von dem Gerichtsvollzieher aus freier Hand zum Tageskurs zu verkaufen und, wenn sie einen solchen Preis nicht haben, nach den allgemeinen Bestimmungen zu versteigern.

Zwangsvollstreckung in Forderungen und andere Vermögensrechte

§ 828. Zuständigkeit des Vollstreckungsgerichts (1) Die gerichtlichen Handlungen, welche die Zwangsvollstreckung in Forderungen und andere Vermögensrechte zum Gegenstand haben, erfolgen durch das Vollstreckungsgericht.

(2) Als Vollstreckungsgericht ist das Amtsgericht, bei dem der Schuldner im Inland seinen allgemeinen Gerichtsstand hat, und sonst das Amtsgericht zuständig, bei dem nach § 23 gegen den Schuldner Klage erhoben werden kann. ...

§ 829. Pfändung von Geldforderungen
(1) ¹Soll eine Geldforderung gepfändet werden, so hat das Gericht dem Drittschuldner zu verbieten, an den Schuldner zu zahlen. ²Zugleich hat das Gericht an den Schuldner das Gebot zu erlassen, sich jeder Verfügung über die Forderung, insbesondere ihrer Einziehung, zu enthalten. ...

(2) Der Gläubiger hat den Beschluss dem Drittschuldner zustellen zu lassen. ...

(3) Mit der Zustellung des Beschlusses an den Drittschuldner ist die Pfändung als bewirkt anzusehen.
...

§ 830. Pfändung einer Hypothekenforderung
(1) ¹Zur Pfändung einer Forderung, für die eine Hypothek besteht, ist außer dem Pfändungsbeschluss die Übergabe des Hypothekenbriefes an den Gläubiger erforderlich. ²Wird die Übergabe im Wege der Zwangsvollstreckung erwirkt, so gilt sie als erfolgt, wenn der Gerichtsvollzieher den Brief zum Zwecke der Ablieferung an den Gläubiger wegnimmt. ³Ist die Erteilung des Hypothekenbriefes ausgeschlossen, so ist die Eintragung der Pfändung in das Grundbuch erforderlich; die Eintragung erfolgt auf Grund des Pfändungsbeschlusses.
...

§ 831. Pfändung indossabler Papiere Die Pfändung von Forderungen aus Wechseln und anderen Papieren, die durch Indossament übertragen werden können, wird dadurch bewirkt, dass der Gerichtsvollzieher diese Papiere in Besitz nimmt.

§ 832. Pfändungsumfang bei fortlaufenden Bezügen Das Pfandrecht, das durch die Pfändung einer Gehaltsforderung oder einer ähnlichen in fortlaufenden Bezügen bestehenden Forderung erworben wird, erstreckt sich auch auf die nach der Pfändung fällig werdenden Beträge.

§ 835. Überweisung einer Geldforderung
(1) Die gepfändete Geldforderung ist dem Gläubiger nach seiner Wahl zur Einziehung oder an Zahlungs statt zum Nennwert zu überweisen.

(2) Im letzteren Falle geht die Forderung auf den Gläubiger mit der Wirkung über, dass er, soweit die Forderung besteht, wegen seiner Forderung an den Schuldner als befriedigt anzusehen ist. ...

§ 836. Wirkung der Überweisung (1) Die Überweisung ersetzt die förmlichen Erklärungen des Schuldners, von denen nach den Vorschriften des bürgerlichen Rechts die Berechtigung zur Einziehung der Forderung abhängig ist. ...

§ 840. Erklärungspflicht des Drittschuldners
(1) Auf Verlangen des Gläubigers hat der Drittschuldner binnen zwei Wochen, von der Zustellung des Pfändungsbeschlusses an gerechnet, dem Gläubiger zu erklären:
1. ob und inwieweit er die Forderung als begründet anerkenne und Zahlung zu leisten bereit sei;
2. ob und welche Ansprüche andere Personen an die Forderung machen;
3. ob und wegen welcher Ansprüche die Forderung bereits für andere Gläubiger gepfändet sei.

(2) ^{1}Die Aufforderung zur Abgabe dieser Erklärungen muss in die Zustellungsurkunde aufgenommen werden. ^{2}Der Drittschuldner haftet dem Gläubiger für den aus der Nichterfüllung seiner Verpflichtung entstehenden Schaden.

(3) ^{1}Die Erklärungen des Drittschuldners können bei Zustellung des Pfändungsbeschlusses oder innerhalb der im ersten Absatz bestimmten Frist an den Gerichtsvollzieher erfolgen. ^{2}Im ersteren Fall sind sie in die Zustellungsurkunde aufzunehmen und von dem Drittschuldner zu unterschreiben.

§ 850. Pfändungsschutz für Arbeitseinkommen (1) Arbeitseinkommen, das in Geld zahlbar ist, kann nur nach Maßgabe der §§ 850 a bis 850 i gepfändet werden.
...

§ 850 a. Unpfändbare Bezüge Unpfändbar sind
1. zur Hälfte die für die Leistung von Mehrarbeitsstunden gezahlten Teile des Arbeitseinkommens;
2. die für die Dauer eines Urlaubs über das Arbeitseinkommen hinaus gewährten Bezüge, Zuwendungen aus Anlass eines besonderen Betriebsereignisses und Treugelder, soweit sie den Rahmen des Üblichen nicht übersteigen;
3. Aufwandsentschädigungen, Auslösungsgelder und sonstige soziale Zulagen für auswärtige Beschäftigungen, das Entgelt für selbstgestelltes Arbeitsmaterial, Gefahrenzulagen sowie Schmutz- und Erschwerniszulagen, soweit diese Bezüge den Rahmen des Üblichen nicht übersteigen;
4. Weihnachtsvergütungen bis zum Betrag der Hälfte des monatlichen Arbeitseinkommens, höchstens aber bis zum Betrag von 500 Euro;
5. Heirats- und Geburtsbeihilfen, sofern die Vollstreckung wegen anderer als der aus Anlass der Heirat oder der Geburt entstandenen Ansprüche betrieben wird;

6. Erziehungsgelder, Studienbeihilfen und ähnliche Bezüge;
7. Sterbe- und Gnadenbezüge aus Arbeits- oder Dienstverhältnissen;
8. Blindenzulagen.

§ 850 b. Bedingt pfändbare Bezüge (1) Unpfändbar sind ferner
1. Renten, die wegen einer Verletzung des Körpers oder der Gesundheit zu entrichten sind;
2. Unterhaltsrenten, die auf gesetzlicher Vorschrift beruhen, sowie die wegen Entziehung einer solchen Forderung zu entrichtenden Renten;
3. fortlaufende Einkünfte, die ein Schuldner aus Stiftungen oder sonst auf Grund der Fürsorge und Freigebigkeit eines Dritten oder auf Grund eines Altenteils oder Auszugsvertrags bezieht;
4. Bezüge aus Witwen-, Waisen-, Hilfs- und Krankenkassen, die ausschließlich oder zu einem wesentlichen Teil zu Unterstützungszwecken gewährt werden, ferner Ansprüche aus Lebensversicherungen, die nur auf den Todesfall des Versicherungsnehmers abgeschlossen sind, wenn die Versicherungssumme 3 579 Euro nicht übersteigt.

(2) Diese Bezüge können nach den für Arbeitseinkommen geltenden Vorschriften gepfändet werden, wenn die Vollstreckung in das sonstige bewegliche Vermögen des Schuldners zu einer vollständigen Befriedigung des Gläubigers nicht geführt hat oder voraussichtlich nicht führen wird und wenn nach den Umständen des Falles, insbesondere nach der Art der beizutreibenden Anspruchs und der Höhe der Bezüge, die Pfändung der Billigkeit entspricht.

(3) Das Vollstreckungsgericht soll vor seiner Entscheidung die Beteiligten hören.

§ 850 c. Pfändungsgrenzen für Arbeitseinkommen (Pfändungsschutz-Tabelle: Anlage zu § 850c, nach § 916)
(1) Arbeitseinkommen ist unpfändbar, wenn es, je nach dem Zeitraum, für den es gezahlt wird, nicht mehr als
   985,15 Euro monatlich,
   226,72 Euro wöchentlich oder
   45,34 Euro täglich beträgt.
^{2}Gewährt der Schuldner auf Grund einer gesetzlichen Verpflichtung seinem Ehegatten, einem früheren Ehegatten, seinem Lebenspartner, einem früheren Lebenspartner oder einem Verwandten oder ... einem Elternteil Unterhalt, so erhöht sich der Betrag, bis zu dessen Höhe Arbeitseinkommen unpfändbar ist, auf bis zu 2 182,15 Euro monatlich, 502,20 Euro wöchentlich oder 100,44 Euro täglich und zwar um 370,76 Euro monatlich, 85,32 Euro wöchentlich oder 17,06 Euro täglich für die erste Person, der

Zivilprozessordnung   4.3 ZPO §§ 850 c–864

Unterhalt gewährt wird, und um je 206,56 Euro monatlich, 47,54 Euro wöchentlich oder 9,51 Euro täglich für die zweite bis fünfte Person.
(2) ¹Übersteigt das Arbeitseinkommen den Betrag, bis zu dessen Höhe es je nach der Zahl der Personen, denen der Schuldner Unterhalt gewährt, nach Absatz 1 unpfändbar ist, so ist es hinsichtlich des überschießenden Betrages zu einem Teil unpfändbar, und zwar in Höhe von drei Zehnteln, wenn der Schuldner keiner der in Absatz 1 genannten Personen Unterhalt gewährt, zwei weiteren Zehnteln für die erste Person, der Unterhalt gewährt wird und je einem weiteren Zehntel für die zweite bis fünfte Person. ²Der Teil des Arbeitseinkommens, der 3 020,06 Euro monatlich (695,03 Euro wöchentlich, 139,01 Euro täglich) übersteigt, bleibt bei der Berechnung des unpfändbaren Betrages unberücksichtigt.
...

§ 850 k. Pfändungsschutz für Kontoguthaben aus Arbeitseinkommen (1) Werden wiederkehrende Einkünfte der in den §§ 850 bis 850 b bezeichneten Art auf das Konto des Schuldners bei einem Geldinstitut überwiesen, so ist eine Pfändung des Guthabens auf Antrag des Schuldners vom Vollstreckungsgericht insoweit aufzuheben, als das Guthaben dem der Pfändung nicht unterworfenen Teil der Einkünfte für die Zeit von der Pfändung bis zu dem nächsten Zahlungstermin entspricht.
(2) ¹Das Vollstreckungsgericht hebt die Pfändung des Guthabens für den Teil vorab auf, dessen der Schuldner bis zum nächsten Zahlungstermin dringend bedarf, um seinen notwendigen Unterhalt zu bestreiten und seine laufenden gesetzlichen Unterhaltspflichten gegenüber den dem Gläubiger vorgehenden Berechtigten zu erfüllen oder die dem Gläubiger gleichstehenden Unterhaltsberechtigten gleichmäßig zu befriedigen. ²Der vorab freigegebene Teil des Guthabens darf den Betrag nicht übersteigen, der dem Schuldner voraussichtlich nach Absatz 1 zu belassen ist. ³Der Schuldner hat glaubhaft zu machen, dass wiederkehrende Einkünfte der in den §§ 850 bis 850 b bezeichneten Art auf das Konto überwiesen worden sind und dass die Voraussetzungen des Satzes 1 vorliegen. ⁴Die Anhörung des Gläubigers unterbleibt, wenn der damit verbundene Aufschub dem Schuldner nicht zuzumuten ist.
(3) Im Übrigen ist das Vollstreckungsgericht befugt, die in § 732 Abs. 2 bezeichneten Anordnungen zu erlassen.

§ 851 c. Pfändungsschutz bei Altersrenten
(1) Ansprüche auf Leistungen, die auf Grund von Verträgen gewährt werden, dürfen nur wie Arbeitseinkommen gepfändet werden, wenn

1. die Leistung in regelmäßigen Zeitabständen lebenslang und nicht vor Vollendung des 60. Lebensjahres oder nur bei Eintritt der Berufsunfähigkeit gewährt wird,
2. über die Ansprüche aus dem Vertrag nicht verfügt werden darf,
3. die Bestimmung von Dritten mit Ausnahme von Hinterbliebenen als Berechtigte ausgeschlossen ist und
4. die Zahlung einer Kapitalleistung, ausgenommen eine Zahlung für den Todesfall, nicht vereinbart wurde.

(2) ¹Um dem Schuldner den Aufbau einer angemessenen Alterssicherung zu ermöglichen, kann er unter Berücksichtigung der Entwicklung auf dem Kapitalmarkt, des Sterblichkeitsrisikos und der Höhe der Pfändungsfreigrenze, nach seinem Lebensalter gestaffelt, jährlich einen bestimmten Betrag unpfändbar auf der Grundlage eines in Absatz 1 bezeichneten Vertrags bis zu einer Gesamtsumme von 238 000 Euro ansammeln. ²Der Schuldner darf vom 18. bis zum vollendeten 29. Lebensjahr 2 000 Euro, vom 30. bis zum vollendeten 39. Lebensjahr 4 000 Euro, vom 40. bis zum vollendeten 47. Lebensjahr 4 500 Euro, vom 48. bis zum vollendeten 53. Lebensjahr 6 000 Euro, vom 54. bis zum vollendeten 59. Lebensjahr 8 000 Euro und vom 60. bis zum vollendeten 65. Lebensjahr 9 000 Euro jährlich ansammeln. ³Übersteigt der Rückkaufwert der Alterssicherung den unpfändbaren Betrag, sind drei Zehntel des überschießenden Betrags unpfändbar. ⁴Satz 3 gilt nicht für den Teil des Rückkaufwerts, der den dreifachen Wert des in Satz 1 genannten Betrags übersteigt.
...

§ 851 d. Pfändungsschutz bei steuerlich gefördertem Altersvorsorgevermögen Monatliche Leistungen in Form einer lebenslangen Rente oder monatlicher Ratenzahlungen im Rahmen eines Auszahlungsplans nach § 1 Abs. 1 Satz 1 Nr. 4 des Altersvorsorgeverträge-Zertifizierungsgesetzes aus steuerlich gefördertem Altersvorsorgevermögen sind wie Arbeitseinkommen pfändbar.

▶ Zwangsvollstreckung in das unbewegliche Vermögen

§ 864. Gegenstand der Immobiliarvollstreckung (1) Der Zwangsvollstreckung in das unbewegliche Vermögen unterliegen außer den Grundstücken die Berechtigungen, für welche sich auf Grundstücke beziehenden Vorschriften gelten, die im Schiffsregister eingetragenen Schiffe und die Schiffsbauwerke, die im Schiffsbauregister eingetragen sind oder in dieses Register eingetragen werden können.

(2) Die Zwangsvollstreckung in den Bruchteil eines Grundstücks, einer Berechtigung der im Absatz 1 bezeichneten Art oder eines Schiffes oder Schiffsbauwerks ist nur zulässig, wenn der Bruchteil in dem Anteil eines Miteigentümers besteht oder wenn sich der Anspruch des Gläubigers auf ein Recht gründet, mit dem der Bruchteil als solcher belastet ist.

§ 866. Arten der Vollstreckung (1) Die Zwangsvollstreckung in ein Grundstück erfolgt durch Eintragung einer Sicherungshypothek für die Forderung, durch Zwangsversteigerung und durch Zwangsverwaltung.

...

§ 867. Zwangshypothek (1) [1]Die Sicherungshypothek wird auf Antrag des Gläubigers in das Grundbuch eingetragen; die Eintragung ist auf dem vollstreckbaren Titel zu vermerken. [2]Mit der Eintragung entsteht die Hypothek. [3]Das Grundstück haftet auch für die dem Schuldner zur Last fallenden Kosten der Eintragung.

...

§ 868. Erwerb der Zwangshypothek durch den Eigentümer (1) Wird durch eine vollstreckbare Entscheidung die zu vollstreckende Entscheidung oder ihre vorläufige Vollstreckbarkeit aufgehoben oder die Zwangsvollstreckung für unzulässig erklärt oder deren Einstellung angeordnet, so erwirbt der Eigentümer des Grundstücks die Hypothek.
(2) Das Gleiche gilt, wenn durch eine gerichtliche Entscheidung die einstweilige Einstellung der Vollstreckung und zugleich die Aufhebung der erfolgten Vollstreckungsmaßregeln angeordnet wird oder wenn die zur Abwendung der Vollstreckung nachgelassene Sicherheitsleistung oder Hinterlegung erfolgt.

§ 869. Zwangsversteigerung und Zwangsverwaltung Die Zwangsversteigerung und die Zwangsverwaltung werden durch ein besonderes Gesetz geregelt.

Eidesstattliche Versicherung und Haft

§ 899. Zuständigkeit (1) Für die Abnahme der eidesstattlichen Versicherung in den Fällen der §§ 807, 836 und 883 ist der Gerichtsvollzieher bei dem Amtsgericht zuständig, in dessen Bezirk der Schuldner im Zeitpunkt der Auftragserteilung seinen Wohnsitz oder in Ermangelung eines solchen seinen Aufenthaltsort hat.
(2) [1]Ist das angegangene Gericht nicht zuständig, gibt es die Sache auf Antrag des Gläubigers an das zuständige Gericht ab. [2]Die Abgabe ist nicht bindend.

§ 900. Verfahren zur Abnahme der eidesstattlichen Versicherung (1) [1]Das Verfahren beginnt mit dem Auftrag des Gläubigers zur Bestimmung eines Termins zur Abgabe der eidesstattlichen Versicherung. [2]Der Gerichtsvollzieher hat für die Ladung des Schuldners zu dem Termin Sorge zu tragen. [3]Er hat ihm die Ladung zuzustellen, auch wenn dieser einen Prozessbevollmächtigten bestellt hat; einer Mitteilung an den Prozessbevollmächtigten bedarf es nicht. [4]Dem Gläubiger ist die Terminsbestimmung nach Maßgabe des § 357 Abs. 2 mitzuteilen.

§ 901. Erlass eines Haftbefehls [1]Gegen den Schuldner, der in dem zur Abgabe der eidesstattlichen Versicherung bestimmten Termin nicht erscheint oder die Abgabe der eidesstattlichen Versicherung ohne Grund verweigert, hat das Gericht zur Erzwingung der Abgabe auf Antrag einen Haftbefehl zu erlassen. [2]In dem Haftbefehl sind der Gläubiger, der Schuldner und der Grund der Verhaftung zu bezeichnen. [3]Einer Zustellung des Haftbefehls vor seiner Vollziehung bedarf es nicht.

§ 902. Eidesstattliche Versicherung des Verhafteten (1) [1]Der verhaftete Schuldner kann zu jeder Zeit bei dem zuständigen Gerichtsvollzieher des Amtsgerichts des Haftortes verlangen, ihm die eidesstattliche Versicherung abzunehmen. [2]Dem Verlangen ist ohne Verzug stattzugeben. [3]Dem Gläubiger ist die Teilnahme zu ermöglichen, wenn er dies beantragt hat und die Versicherung gleichwohl ohne Verzug abgenommen werden kann.
(2) Nach Abgabe der eidesstattlichen Versicherung wird der Schuldner aus der Haft entlassen und der Gläubiger hiervon in Kenntnis gesetzt.
(3) [1]Kann der Schuldner vollständige Angaben nicht machen, weil er die dazu notwendigen Unterlagen nicht bei sich hat, so kann der Gerichtsvollzieher einen neuen Termin bestimmen und die Vollziehung des Haftbefehls bis zu diesem Termin aussetzen. [2]§ 900 Abs. 1 Satz 2 bis 4 gilt entsprechend.

§ 909. Verhaftung (1) [1]Die Verhaftung des Schuldners erfolgt durch einen Gerichtsvollzieher. [2]Dem Schuldner ist der Haftbefehl bei der Verhaftung in beglaubigter Abschrift zu übergeben.
(2) Die Vollziehung des Haftbefehls ist unstatthaft, wenn seit dem Tage, an dem der Haftbefehl erlassen wurde, drei Jahre vergangen sind.

Zivilprozessordnung 4.3 ZPO §§ 911–916

§ 911. Erneuerung der Haft nach Entlassung
Gegen den Schuldner, der ohne sein Zutun auf Antrag des Gläubigers aus der Haft entlassen ist, findet auf Antrag desselben Gläubigers eine Erneuerung der Haft nicht statt.

§ 913. Haftdauer ¹Die Haft darf die Dauer von sechs Monaten nicht übersteigen. ²Nach Ablauf der sechs Monate wird der Schuldner von Amts wegen aus der Haft entlassen.

§ 914. Wiederholte Verhaftung (1) Ein Schuldner, gegen den wegen Verweigerung der Abgabe der eidesstattlichen Versicherung nach § 807 dieses Gesetzes oder nach § 284 der Abgabenordnung eine Haft von sechs Monaten vollstreckt ist, kann auch auf Antrag eines anderen Gläubigers von neuem zur Abgabe einer solchen eidesstattlichen Versicherung durch Haft nur angehalten werden, wenn glaubhaft gemacht wird, dass der Schuldner später Vermögen erworben hat oder dass ein bisher bestehendes Arbeitsverhältnis mit dem Schuldner aufgelöst ist.
(2) Diese Vorschrift ist nicht anzuwenden, wenn seit der Beendigung der Haft drei Jahre verstrichen sind.

§ 915. Schuldnerverzeichnis (1) ¹Das Vollstreckungsgericht führt ein Verzeichnis der Personen, die in einem bei ihm anhängigen Verfahren die eidesstattliche Versicherung nach § 807 abgegeben haben oder gegen die nach § 901 die Haft angeordnet ist. ²In dieses Schuldnerverzeichnis sind auch die Personen aufzunehmen, die eine eidesstattliche Versicherung nach § 284 der Abgabenordnung oder vor einer Verwaltungsvollstreckungsbehörde abgegeben haben. ³Die Vollstreckung einer Haft ist in dem Verzeichnis zu vermerken, wenn sie sechs Monate gedauert hat. ⁴Geburtsdaten der Personen sind, soweit bekannt, einzutragen.
(3) ¹Personenbezogene Informationen aus dem Schuldnerverzeichnis dürfen nur für Zwecke der Zwangsvollstreckung verwendet werden, sowie um gesetzliche Pflichten zur Prüfung der wirtschaftlichen Zuverlässigkeit zu erfüllen, um Voraussetzungen für die Gewährung von öffentlichen Leistungen zu prüfen oder um wirtschaftliche Nachteile abzuwenden, die daraus entstehen können, dass Schuldner ihren Zahlungsverpflichtungen nicht nachkommen, oder soweit dies zur Verfolgung von Straftaten erforderlich ist. ²Die Informationen dürfen nur für den Zweck verwendet werden, für den sie übermittelt worden sind. ³Nichtöffentliche Stellen sind darauf bei der Übermittlung hinzuweisen.

§ 915a. Löschung (1) Eine Eintragung im Schuldnerverzeichnis wird nach Ablauf von drei Jahren seit dem Ende des Jahres gelöscht, in dem die eidesstattliche Versicherung abgegeben, die Haft angeordnet oder die sechsmonatige Haftvollstreckung beendet worden ist. ...
(2) Eine Eintragung im Schuldnerverzeichnis wird vorzeitig gelöscht, wenn
1. Die Befriedigung des Gläubigers, der gegen den Schuldner das Verfahren zur Abnahme der eidesstattlichen Versicherung betrieben hat, nachgewiesen worden ist oder
2. der Wegfall des Eintragungsgrundes dem Vollstreckungsgericht bekannt geworden ist.

§ 915 b. Auskunft; Löschungsfiktion (1) ¹Der Urkundsbeamte der Geschäftsstelle erteilt auf Antrag Auskunft, welche Angaben über eine bestimmte Person in dem Schuldnerverzeichnis eingetragen sind, wenn dargelegt wird, dass die Auskunft für einen der in § 915 Abs. 3 bezeichneten Zwecke erforderlich ist. ²Ist eine Eintragung vorhanden, so ist auch das Datum des in Absatz 2 genannten Ereignisses mitzuteilen.
...

Arrest und einstweilige Verfügung

§ 916. Arrestanspruch (1) Der Arrest findet zur Sicherung der Zwangsvollstreckung in das bewegliche oder unbewegliche Vermögen wegen einer Geldforderung oder wegen eines Anspruchs statt, der in eine Geldforderung übergehen kann.
...

4.3 ZPO   Anlage zu § 850c   Pfändungsgrenzen für Arbeitseinkommen

Pfändungsgrenzen für Arbeitseinkommen

Anlage zu § 850 c ZPO (Pfändungsschutz – Tabelle)

Nettolohn monatlich	Pfändbarer Betrag bei Unterhaltspflicht für … Personen					
	0	1	2	3	4	5 und mehr
	in EUR					
bis 989,99	–	–	–	–	–	–
990,00 bis 999,99	3,40	–	–	–	–	–
1000,00 bis 1009,99	10,40	–	–	–	–	–
1010,00 bis 1019,99	17,40	–	–	–	–	–
1020,00 bis 1029,99	24,40	–	–	–	–	–
1030,00 bis 1039,99	31,40	–	–	–	–	–
1040,00 bis 1049,99	38,40	–	–	–	–	–
1050,00 bis 1059,99	45,40	–	–	–	–	–
1060,00 bis 1069,99	52,40	–	–	–	–	–
1070,00 bis 1079,99	59,40	–	–	–	–	–
1080,00 bis 1089,99	66,40	–	–	–	–	–
1090,00 bis 1099,99	73,40	–	–	–	–	–
1100,00 bis 1109,99	80,40	–	–	–	–	–
1110,00 bis 1119,99	87,40	–	–	–	–	–
1120,00 bis 1129,99	94,40	–	–	–	–	–
1130,00 bis 1139,99	101,40	–	–	–	–	–
1140,00 bis 1149,99	108,40	–	–	–	–	–
1150,00 bis 1159,99	115,40	–	–	–	–	–
1160,00 bis 1169,99	122,40	–	–	–	–	–
1170,00 bis 1179,99	129,40	–	–	–	–	–
1180,00 bis 1189,99	136,40	–	–	–	–	–
1190,00 bis 1199,99	143,40	–	–	–	–	–
1200,00 bis 1209,99	150,40	–	–	–	–	–
1210,00 bis 1219,99	157,40	–	–	–	–	–
1220,00 bis 1229,99	164,40	–	–	–	–	–
1230,00 bis 1239,99	171,40	–	–	–	–	–
1240,00 bis 1249,99	178,40	–	–	–	–	–
1250,00 bis 1259,99	185,40	–	–	–	–	–
1260,00 bis 1269,99	192,40	–	–	–	–	–
1270,00 bis 1279,99	199,40	–	–	–	–	–
1280,00 bis 1289,99	206,40	–	–	–	–	–
1290,00 bis 1299,99	213,40	–	–	–	–	–

Zivilprozessordnung — 4.3 ZPO Anlage zu § 850c

Nettolohn monatlich	Pfändbarer Betrag bei Unterhaltspflicht für ... Personen					
	0	1	2	3	4	5 und mehr
	in EUR					
1300,00 bis 1309,99	220,40	–	–	–	–	–
1310,00 bis 1319,99	227,40	–	–	–	–	–
1320,00 bis 1329,99	234,40	–	–	–	–	–
1330,00 bis 1339,99	241,40	–	–	–	–	–
1340,00 bis 1349,99	248,40	–	–	–	–	–
1350,00 bis 1359,99	255,40	–	–	–	–	–
1360,00 bis 1369,99	262,40	2,05	–	–	–	–
1370,00 bis 1379,99	269,40	7,05	–	–	–	–
1380,00 bis 1389,99	276,40	12,05	–	–	–	–
1390,00 bis 1399,99	283,40	17,05	–	–	–	–
1400,00 bis 1409,99	290,40	22,05	–	–	–	–
1410,00 bis 1419,99	297,40	27,05	–	–	–	–
1420,00 bis 1429,99	304,40	32,05	–	–	–	–
1430,00 bis 1439,99	311,40	37,05	–	–	–	–
1440,00 bis 1449,99	318,40	42,05	–	–	–	–
1450,00 bis 1459,99	325,40	47,05	–	–	–	–
1460,00 bis 1469,99	332,40	52,05	–	–	–	–
1470,00 bis 1479,99	339,40	57,05	–	–	–	–
1480,00 bis 1489,99	346,40	62,05	–	–	–	–
1490,00 bis 1499,99	353,40	67,05	–	–	–	–
1500,00 bis 1509,99	360,40	72,05	–	–	–	–
1510,00 bis 1519,99	367,40	77,05	–	–	–	–
1520,00 bis 1529,99	374,40	82,05	–	–	–	–
1530,00 bis 1539,99	381,40	87,05	–	–	–	–
1540,00 bis 1549,99	388,40	92,05	–	–	–	–
1550,00 bis 1559,99	395,40	97,05	–	–	–	–
1560,00 bis 1569,99	402,40	102,05	–	–	–	–
1570,00 bis 1579,99	409,40	107,05	3,01	–	–	–
1580,00 bis 1589,99	416,40	112,05	7,01	–	–	–
1590,00 bis 1599,99	423,40	117,05	11,01	–	–	–
1600,00 bis 1609,99	430,40	122,05	15,01	–	–	–
1610,00 bis 1619,99	437,40	127,05	19,01	–	–	–
1620,00 bis 1629,99	444,40	132,05	23,01	–	–	–
1630,00 bis 1639,99	451,40	137,05	27,01	–	–	–
1640,00 bis 1649,99	458,40	142,05	31,01	–	–	–
1650,00 bis 1659,99	465,40	147,05	35,01	–	–	–
1660,00 bis 1669,99	472,40	152,05	39,01	–	–	–
1670,00 bis 1679,99	479,40	157,05	43,01	–	–	–
1680,00 bis 1689,99	486,40	162,05	47,01	–	–	–
1690,00 bis 1699,99	493,40	167,05	51,01	–	–	–

4.3 ZPO Anlage zu § 850c   Pfändungsgrenzen für Arbeitseinkommen

Nettolohn monatlich	Pfändbarer Betrag bei Unterhaltspflicht für ... Personen					
	0	1	2	3	4	5 und mehr
	in EUR					
1700,00 bis 1709,99	500,40	172,05	55,01	–	–	–
1710,00 bis 1719,99	507,40	177,05	59,01	–	–	–
1720,00 bis 1729,99	514,40	182,05	63,01	–	–	–
1730,00 bis 1739,99	521,40	187,05	67,01	–	–	–
1740,00 bis 1749,99	528,40	192,05	71,01	–	–	–
1750,00 bis 1759,99	535,40	197,05	75,01	–	–	–
1760,00 bis 1769,99	542,40	202,05	79,01	–	–	–
1770,00 bis 1779,99	549,40	207,05	83,01	0,29	–	–
1780,00 bis 1789,99	556,40	212,05	87,01	3,29	–	–
1790,00 bis 1799,99	563,40	217,05	91,01	6,29	–	–
1800,00 bis 1809,99	570,40	222,05	95,01	9,29	–	–
1810,00 bis 1819,99	577,40	227,05	99,01	12,29	–	–
1820,00 bis 1829,99	584,40	232,05	103,01	15,29	–	–
1830,00 bis 1839,99	591,40	237,05	107,01	18,29	–	–
1840,00 bis 1849,99	598,40	242,05	111,01	21,29	–	–
1850,00 bis 1859,99	605,40	247,05	115,01	24,29	–	–
1860,00 bis 1869,99	612,40	252,05	119,01	27,29	–	–
1870,00 bis 1879,99	619,40	257,05	123,01	30,29	–	–
1880,00 bis 1889,99	626,40	262,05	127,01	33,29	–	–
1890,00 bis 1899,99	633,40	267,05	131,01	36,29	–	–
1900,00 bis 1909,99	640,40	272,05	135,01	39,29	–	–
1910,00 bis 1919,99	647,40	277,05	139,01	42,29	–	–
1920,00 bis 1929,99	654,40	282,05	143,01	45,29	–	–
1930,00 bis 1939,99	661,40	287,05	147,01	48,29	–	–
1940,00 bis 1949,99	668,40	292,05	151,01	51,29	–	–
1950,00 bis 1959,99	675,40	297,05	155,01	54,29	–	–
1960,00 bis 1969,99	682,40	302,05	159,01	57,29	–	–
1970,00 bis 1979,99	689,40	307,05	163,01	60,29	–	–
1980,00 bis 1989,99	696,40	312,05	167,01	63,29	0,88	–
1990,00 bis 1999,99	703,40	317,05	171,01	66,29	2,88	–
2000,00 bis 2009,99	710,40	322,05	175,01	69,29	4,88	–
2010,00 bis 2019,99	717,40	327,05	179,01	72,29	6,88	–
2020,00 bis 2029,99	724,40	332,05	183,01	75,29	8,88	–
2030,00 bis 2039,99	731,40	337,05	187,01	78,29	10,88	–
2040,00 bis 2049,99	738,40	342,05	191,01	81,29	12,88	–
2050,00 bis 2059,99	745,40	347,05	195,01	84,29	14,88	–
2060,00 bis 2069,99	752,40	352,05	199,01	87,29	16,88	–
2070,00 bis 2079,99	759,40	357,05	203,01	90,29	18,88	–
2080,00 bis 2089,99	766,40	362,05	207,01	93,29	20,88	–
2090,00 bis 2099,99	773,40	367,05	211,01	96,29	22,88	–

Zivilprozessordnung   **4.3 ZPO Anlage zu § 850c**

Nettolohn monatlich	Pfändbarer Betrag bei Unterhaltspflicht für ... Personen					
	0	1	2	3	4	5 und mehr
	in EUR					
2100,00 bis 2109,99	780,40	372,05	215,01	99,29	24,88	
2110,00 bis 2119,99	787,40	377,05	219,01	102,29	26,88	
2120,00 bis 2129,99	794,40	382,05	223,01	105,29	28,88	
2130,00 bis 2139,99	801,40	387,05	227,01	108,29	30,88	
2140,00 bis 2149,99	808,40	392,05	231,01	111,29	32,88	
2150,00 bis 2159,99	815,40	397,05	235,01	114,29	34,88	
2160,00 bis 2169,99	822,40	402,05	239,01	117,29	36,88	
2170,00 bis 2179,99	829,40	407,05	243,01	120,29	38,88	
2180,00 bis 2189,99	836,40	412,05	247,01	123,29	40,88	
2190,00 bis 2199,99	843,40	417,05	251,01	126,29	42,88	0,79
2200,00 bis 2209,99	850,40	422,05	255,01	129,29	44,88	1,79
2210,00 bis 2219,99	857,40	427,05	259,01	132,29	46,88	2,79
2220,00 bis 2229,99	864,40	432,05	263,01	135,29	48,88	3,79
2230,00 bis 2239,99	871,40	437,05	267,01	138,29	50,88	4,79
2240,00 bis 2249,99	878,40	442,05	271,01	141,29	52,88	5,79
2250,00 bis 2259,99	885,40	447,05	275,01	144,29	54,88	6,79
2260,00 bis 2269,99	892,40	452,05	279,01	147,29	56,88	7,79
2270,00 bis 2279,99	899,40	457,05	283,01	150,29	58,88	8,79
2280,00 bis 2289,99	906,40	462,05	287,01	153,29	60,88	9,79
2290,00 bis 2299,99	913,40	467,05	291,01	156,29	62,88	10,79
2300,00 bis 2309,99	920,40	472,05	295,01	159,29	64,88	11,79
2310,00 bis 2319,99	927,40	477,05	299,01	162,29	66,88	12,79
2320,00 bis 2329,99	934,40	482,05	303,01	165,29	68,88	13,79
2330,00 bis 2339,99	941,40	487,05	307,01	168,29	70,88	14,79
2340,00 bis 2349,99	948,40	492,05	311,01	171,29	72,88	15,79
2350,00 bis 2359,99	955,40	497,05	315,01	174,29	74,88	16,79
2360,00 bis 2369,99	962,40	502,05	319,01	1777,29	76,88	17,79
2370,00 bis 2379,99	969,40	507,05	323,01	180,29	78,88	18,79
2380,00 bis 2389,99	976,40	512,05	327,01	183,29	80,88	19,79
2390,00 bis 2399,99	983,40	517,05	331,01	186,29	82,88	20,79
2400,00 bis 2409,99	990,40	522,05	335,01	189,29	84,88	21,79
2410,00 bis 2419,99	997,40	527,05	339,01	192,29	86,88	22,79
2420,00 bis 2429,99	1004,40	532,05	343,01	195,29	88,88	23,79
2430,00 bis 2439,99	1011,40	537,05	347,01	198,29	90,88	24,79
2440,00 bis 2449,99	1018,40	542,05	351,01	201,29	92,88	25,79
2450,00 bis 2459,99	1025,40	547,05	355,01	204,29	94,88	26,79
2460,00 bis 2469,99	1032,40	552,05	359,01	207,29	96,88	27,79
2470,00 bis 2479,99	1039,40	557,05	363,01	210,29	98,88	28,79
2480,00 bis 2489,99	1046,40	562,05	367,01	213,29	100,88	29,79
2490,00 bis 2499,99	1053,40	567,05	371,01	216,29	102,88	30,79

4.3 ZPO Anlage zu § 850c Pfändungsgrenzen für Arbeitseinkommen

Nettolohn monatlich	Pfändbarer Betrag bei Unterhaltspflicht für ... Personen					
	0	1	2	3	4	5 und mehr
	in EUR					
2500,00 bis 2509,99	1060,40	572,05	375,01	219,29	104,88	31,79
2510,00 bis 2519,99	1067,40	577,05	379,01	222,29	106,88	32,79
2520,00 bis 2529,99	1074,40	582,05	383,01	225,29	108,88	33,79
2530,00 bis 2539,99	1081,40	587,05	387,01	228,29	110,88	34,79
2540,00 bis 2549,99	1088,40	592,05	391,01	231,29	112,88	35,79
2550,00 bis 2559,99	1095,40	597,05	395,01	234,29	114,88	36,79
2560,00 bis 2569,99	1102,40	602,05	399,01	237,29	116,88	37,79
2570,00 bis 2579,99	1109,40	607,05	403,01	240,29	118,88	38,79
2580,00 bis 2589,99	1116,40	612,05	407,01	243,29	120,88	39,79
2590,00 bis 2599,99	1123,40	617,05	411,01	246,29	122,88	40,79
2600,00 bis 2609,99	1130,40	622,05	415,01	249,29	124,88	41,79
2610,00 bis 2619,99	1137,40	627,05	419,01	252,29	126,88	42,79
2620,00 bis 2629,99	1144,40	632,05	423,01	255,29	128,88	43,79
2630,00 bis 2639,99	1151,40	637,05	427,01	258,29	130,88	44,79
2640,00 bis 2649,99	1158,40	642,05	431,01	261,29	132,88	45,79
2650,00 bis 2659,99	1165,40	647,05	435,01	264,29	134,88	46,79
2660,00 bis 2669,99	1172,40	652,05	439,01	267,29	136,88	47,79
2670,00 bis 2679,99	1179,40	657,05	443,01	270,29	138,88	48,79
2680,00 bis 2689,99	1186,40	662,05	447,01	273,29	140,88	49,79
2690,00 bis 2699,99	1193,40	667,05	451,01	276,29	142,88	50,79
2700,00 bis 2709,99	1200,40	672,05	455,01	279,29	144,88	51,79
2710,00 bis 2719,99	1207,40	677,05	459,01	282,29	146,88	52,79
2720,00 bis 2729,99	1214,40	682,05	463,01	285,29	148,88	53,79
2730,00 bis 2739,99	1221,40	687,05	467,01	288,29	150,88	54,79
2740,00 bis 2749,99	1228,40	692,05	471,01	291,29	152,88	55,79
2750,00 bis 2759,99	1235,40	697,05	475,01	294,29	154,88	56,79
2760,00 bis 2769,99	1242,40	702,05	479,01	297,29	156,88	57,79
2770,00 bis 2779,99	1249,40	707,05	483,01	300,29	158,88	58,79
2780,00 bis 2789,99	1256,40	712,05	487,01	303,29	160,88	59,79
2790,00 bis 2799,99	1263,40	717,05	491,01	306,29	162,88	60,79
2800,00 bis 2809,99	1270,40	722,05	495,01	309,29	164,88	61,79
2810,00 bis 2819,99	1277,40	727,05	499,01	312,29	166,88	62,79
2820,00 bis 2829,99	1284,40	732,05	503,01	315,29	168,88	63,79
2830,00 bis 2839,99	1291,40	737,05	507,01	318,29	170,88	64,79
2840,00 bis 2849,99	1298,40	742,05	511,01	321,29	172,88	65,79
2850,00 bis 2859,00	1305,40	747,05	515,01	324,29	174,88	66,79
2860,00 bis 2869,99	1312,40	752,05	519,01	327,29	176,88	67,79
2870,00 bis 2879,99	1319,40	757,05	523,01	330,29	178,88	68,79
2880,00 bis 2889,99	1326,40	762,05	527,01	333,29	180,88	69,79

Zivilprozessordnung   4.3 ZPO Anlage zu § 850c

Nettolohn monatlich	Pfändbarer Betrag bei Unterhaltspflicht für ... Personen					
	0	1	2	3	4	5 und mehr
	in EUR					
2890,00 bis 2899,99	1333,40	767,05	531,01	336,29	182,88	70,79
2900,00 bis 2909,99	1340,40	772,05	535,01	339,29	184,88	71,79
2910,00 bis 2919,99	1347,40	777,05	539,01	342,29	186,88	72,79
2920,00 bis 2929,99	1354,40	782,05	543,01	345,29	188,88	73,79
2930,00 bis 2939,99	1361,40	787,05	547,01	348,29	190,88	74,79
2940,00 bis 2949,99	1368,40	792,05	551,01	351,29	192,88	75,79
2950,00 bis 2959,99	1375,40	797,05	555,01	354,29	194,88	76,79
2960,00 bis 2969,99	1382,40	802,05	559,01	357,29	196,88	77,79
2970,00 bis 2979,99	1389,40	807,05	563,01	360,29	198,99	78,79
2980,00 bis 2989,99	1396,40	812,05	567,01	363,29	200,88	79,79
2990,00 bis 2999,99	1403,40	817,05	571,01	366,29	202,88	80,79
3000,00 bis 3009,99	1410,40	822,05	575,01	369,29	204,88	81,79
3010,00 bis 3019,99	1417,40	827,05	579,01	372,29	206,88	82,79
3020,00 bis 3020,06	1424,40	832,05	583,01	375,29	208,88	83,79
Der Mehrbetrag ab 3020,06 EUR ist voll pfändbar.					

Arbeitsrecht — -Schweigepflicht -Treuepflicht   Rechte -Vergütung -Urlaub -Fürsorge -Beschäftigung
Pflichten des AN -Dienstleistung -Keine Rufschädigung

210 (frei)

Handelsgesetzbuch
Vom 10. Mai 1897, mit Änderungen bis zum 21. Dezember 2007

Erstes Buch. Handelsstand

Kaufleute

§ 1. Istkaufmann (1) Kaufmann im Sinne dieses Gesetzbuchs ist, wer ein Handelsgewerbe betreibt.

(2) Handelsgewerbe ist jeder Gewerbebetrieb, es sei denn, daß das Unternehmen nach Art oder Umfang einen in kaufmännischer Weise eingerichteten Geschäftsbetrieb nicht erfordert.

§ 2. Kannkaufmann [1]Ein gewerbliches Unternehmen, dessen Gewerbebetrieb nicht schon nach § 1 Abs. 2 Handelsgewerbe ist, gilt als Handelsgewerbe im Sinne dieses Gesetzbuchs, wenn die Firma des Unternehmens in das Handelsregister eingetragen ist. [2]Der Unternehmer ist berechtigt, aber nicht verpflichtet, die Eintragung nach den für die Eintragung kaufmännischer Firmen geltenden Vorschriften herbeizuführen. [3]Ist die Eintragung erfolgt, so findet eine Löschung der Firma auch auf Antrag des Unternehmers statt, sofern nicht die Voraussetzung des § 1 Abs. 2 eingetreten ist.

§ 3. Land- und Forstwirtschaft; Kannkaufmann (1) Auf den Betrieb der Land- und Forstwirtschaft finden die Vorschriften des § 1 keine Anwendung.

(2) Für ein land- oder forstwirtschaftliches Unternehmen, das nach Art und Umfang einen in kaufmännischer Weise eingerichteten Geschäftsbetrieb erfordert, gilt § 2 mit der Maßgabe, daß nach Eintragung in das Handelsregister eine Löschung der Firma nur nach den allgemeinen Vorschriften stattfindet, welche für die Löschung kaufmännischer Firmen gelten.

(3) Ist mit dem Betrieb der Land- oder Forstwirtschaft ein Unternehmen verbunden, das nur ein Nebengewerbe des land- oder forstwirtschaftlichen Unternehmens darstellt, so finden auf das im Nebengewerbe betriebene Unternehmen die Vorschriften der Absätze 1 und 2 entsprechende Anwendung.

§ 5. Kaufmann kraft Eintragung Ist eine Firma im Handelsregister eingetragen, so kann gegenüber demjenigen, welcher sich auf die Eintragung beruft, nicht geltend gemacht werden, daß das unter der Firma betriebene Gewerbe kein Handelsgewerbe sei.

§ 6. Handelsgesellschaften; Formkaufmann (1) Die in betreff der Kaufleute gegebenen Vorschriften finden auch auf die Handelsgesellschaften Anwendung.

(2) Die Rechte und Pflichten eines Vereins, dem das Gesetz ohne Rücksicht auf den Gegenstand des Unternehmens die Eigenschaft eines Kaufmanns beilegt, bleiben unberührt, auch wenn die Voraussetzungen des § 1 Abs. 2 nicht vorliegen.

Handelsregister; Unternehmensregister

§ 8. Handelsregister Das Handelsregister wird von den Gerichten elektronsich geführt.

§ 8a. Eintragungen in das Handelsregister; Verordnungsermächtigung (1) Eine Eintragung in das Handelsregister wird wirksam, sobald sie in den für die Handelsregistereintragungen bestimmten Datenspeicher aufgenommen ist und auf Dauer inhaltlich unverändert in lesbarer Form wiedergegeben werden kann.

(2) Die Landesregierungen werden ermächtigt, durch Rechtsverordnung nähere Bestimmungen über die elektronische Führung des Handelsregisters, die elektronische Anmeldung, die elektronische Einreichung von Dokumenten sowie deren Aufbewahrung zu treffen. ...

§ 9. Einsichtnahme in das Handelsregister und das Unternehmensregister (1) Die Einsichtnahme in das Handelsregister sowie in die zum Handelsregister eingereichten Dokumente ist jedem zu Informationszwecken gestattet. ...

§ 10. Bekanntmachung der Eintragungen [1]Das Gericht macht die Eintragungen in das Handelsregister in dem von der Landesjustizverwaltung bestimmten elektronischen Informations- und Kommunikationssystem in der zeitlichen Folge ihrer Eintragung nach Tagen geordnet bekannt; § 9 Abs. 1 Satz 4 und 5 gilt entsprechend. [2]Soweit nicht das Gesetz etwas anderes vorschreibt, werden die Eintragungen ihrem ganzen Inhalt nach veröffentlicht.

§ 12. Anmeldung zur Eintragung und Einreichungen (1) Anmeldungen zur Eintragung in das Handelsregister sind elektronisch in öffentlich beglaubigter Form einzureichen. Die gleiche Form ist für eine Vollmacht zur Anmeldung erforderlich. ...

(2) Dokumente sind elektronisch einzureichen. ...

§ 14. Festsetzung von Zwangsgeld [1]Wer seiner Pflicht zur Anmeldung oder zur Einreichung von Dokumenten zum Handelsregister nicht nachkommt, ist hierzu von dem Registergericht durch Festsetzung von Zwangsgeld anzuhalten. [2]Das einzelne Zwangsgeld darf den Betrag von fünftausend Euro nicht übersteigen.

§ 15. Publizität des Handelsregisters (1) Solange eine in das Handelsregister einzutragende Tatsache nicht eingetragen und bekanntgemacht ist, kann sie von demjenigen, in dessen Angelegenheiten sie einzutragen war, einem Dritten nicht entgegengesetzt werden, es sei denn, daß sie diesem bekannt war.
(2) [1]Ist die Tatsache eingetragen und bekanntgemacht worden, so muß ein Dritter sie gegen sich gelten lassen. [2]Dies gilt nicht bei Rechtshandlungen, die innerhalb von fünfzehn Tagen nach der Bekanntmachung vorgenommen werden, sofern der Dritte beweist, daß er die Tatsache weder kannte noch kennen mußte.
(3) Ist eine einzutragende Tatsache unrichtig bekanntgemacht, so kann sich ein Dritter demjenigen gegenüber, in dessen Angelegenheiten die Tatsache einzutragen war, auf die bekanntgemachte Tatsache berufen, es sei denn, daß er die Unrichtigkeit kannte.
(4) Für den Geschäftsverkehr mit einer in das Handelsregister eingetragenen Zweigniederlassung eines Unternehmens mit Sitz oder Hauptniederlassung im Ausland ist im Sinne dieser Vorschriften die Eintragung und Bekanntmachung durch das Gericht der Zweigniederlassung entscheidend. ...

Handelsfirma

§ 17. Begriff (1) Die Firma eines Kaufmanns ist der Name, unter dem er seine Geschäfte betreibt und die Unterschrift abgibt.
(2) Ein Kaufmann kann unter seiner Firma klagen und verklagt werden.

§ 18. Firma des Einzelkaufmanns (1) Die Firma muß zur Kennzeichnung des Kaufmanns geeignet sein und Unterscheidungskraft besitzen.
(2) [1]Die Firma darf keine Angaben enthalten, die geeignet sind, über geschäftliche Verhältnisse, die für die angesprochenen Verkehrskreise wesentlich sind, irrezuführen. [2]Im Verfahren vor dem Registergericht wird die Eignung zur Irreführung nur berücksichtigt, wenn sie ersichtlich ist.

§ 19. Bezeichnung der Firma eines Einzelkaufmanns, einer OHG oder KG (1) Die Firma muß, auch wenn sie nach den §§ 21, 22, 24 oder nach anderen gesetzlichen Vorschriften fortgeführt wird, enthalten:
1. bei Einzelkaufleuten die Bezeichnung „eingetragener Kaufmann", „eingetragene Kauffrau" oder eine allgemein verständliche Abkürzung dieser Bezeichnung, insbesondere „e.K.", „e.Kfm." oder „e.Kfr.";
2. bei einer offenen Handelsgesellschaft die Bezeichnung „offene Handelsgesellschaft" oder eine allgemein verständliche Abkürzung dieser Bezeichnung;
3. bei einer Kommanditgesellschaft die Bezeichnung „Kommanditgesellschaft" oder eine allgemein verständliche Abkürzung dieser Bezeichnung.
(2) Wenn in einer offenen Handelsgesellschaft oder Kommanditgesellschaft keine natürliche Person persönlich haftet, muß die Firma, auch wenn sie nach den §§ 21, 22, 24 oder nach anderen gesetzlichen Vorschriften fortgeführt wird, eine Bezeichnung enthalten, welche die Haftungsbeschränkung kennzeichnet.

§ 21. Fortführung bei Namensänderung Wird ohne eine Änderung der Person der in der Firma enthaltene Name des Geschäftsinhabers oder eines Gesellschafters geändert, so kann die bisherige Firma fortgeführt werden.

§ 22. Fortführung bei Erwerb des Handelsgeschäfts (1) Wer ein bestehendes Handelsgeschäft unter Lebenden oder von Todes wegen erwirbt, darf für das Geschäft die bisherige Firma, auch wenn sie den Namen des bisherigen Geschäftsinhabers enthält, mit oder ohne Beifügung eines das Nachfolgeverhältnis andeutenden Zusatzes fortführen, wenn der bisherige Geschäftsinhaber oder dessen Erben in die Fortführung der Firma ausdrücklich willigen.
(2) Wird ein Handelsgeschäft auf Grund eines Nießbrauchs eines Pachtvertrags oder eines ähnlichen Verhältnisses übernommen, so finden diese Vorschriften entsprechende Anwendung.

§ 23. Veräußerungsverbot Die Firma kann nicht ohne das Handelsgeschäft, für welches sie geführt wird, veräußert werden.

§ 24. Fortführung bei Änderungen im Gesellschafterbestand (1) Wird jemand in ein bestehendes Handelsgeschäft als Gesellschafter aufgenommen oder tritt ein neuer Gesellschafter in eine Handelsgesellschaft ein oder scheidet aus einer solchen ein Gesellschafter aus, so kann ungeachtet dieser Veränderung die bisherige Firma fortgeführt werden, auch wenn sie den Namen des bisherigen Geschäftsinhabers oder Namen von Gesellschaftern enthält.

(2) Bei dem Ausscheiden eines Gesellschafters, dessen Name in der Firma enthalten ist, bedarf es zur Fortführung der Firma der ausdrücklichen Einwilligung des Gesellschafters oder seiner Erben.

§ 25. Haftung des Erwerbers bei Firmenfortführung (1) [1]Wer ein unter Lebenden erworbenes Handelsgeschäft unter der bisherigen Firma mit oder ohne Beifügung eines das Nachfolgeverhältnis andeutenden Zusatzes fortführt, haftet für alle im Betriebe des Geschäfts begründeten Verbindlichkeiten des früheren Inhabers. [2]Die in dem Betriebe begründeten Forderungen gelten den Schuldnern gegenüber als auf den Erwerber übergegangen, falls der bisherige Inhaber oder seine Erben in die Fortführung der Firma gewilligt haben.

(2) Eine abweichende Vereinbarung ist einem Dritten gegenüber nur wirksam, wenn sie in das Handelsregister eingetragen und bekanntgemacht oder von dem Erwerber oder dem Veräußerer dem Dritten mitgeteilt worden ist.

(3) Wird die Firma nicht fortgeführt, so haftet der Erwerber eines Handelsgeschäfts für die früheren Geschäftsverbindlichkeiten nur, wenn ein besonderer Verpflichtungsgrund vorliegt, insbesondere wenn die Übernahme der Verbindlichkeiten in handelsüblicher Weise von dem Erwerber bekanntgemacht worden ist.

§ 26. Verjährung gegen den früheren Inhaber; Fristen (1) [1]Ist der Erwerber des Handelsgeschäfts auf Grund der Fortführung der Firma oder auf Grund der in § 25 Abs. 3 bezeichneten Kundmachung für die früheren Geschäftsverbindlichkeiten haftbar, so haftet der frühere Geschäftsinhaber für diese Verbindlichkeiten nur, wenn sie vor Ablauf von fünf Jahren fällig und daraus Ansprüche gegen ihn in einer in § 197 Abs. 1 Nr. 3 bis 5 des Bürgerlichen Gesetzbuchs bezeichneten Art festgestellt sind oder eine gerichtliche oder behördliche Vollstreckungshandlung vorgenommen oder beantragt wird; bei öffentlich-rechtlichen Verbindlichkeiten genügt der Erlaß eines Verwaltungsakts. [2]Die Frist beginnt im Falle des § 25 Abs. 1 mit dem Ende des Tages, an dem der neue Inhaber der Firma in das Handelsregister des Gerichts der Hauptniederlassung eingetragen wird, im Falle des § 25 Abs. 3 mit dem Ende des Tages, an dem die Übernahme kundgemacht wird. [3]Die für die Verjährung geltenden §§ 204, 206, 210, 211 und 212 Abs. 2 und 3 des Bürgerlichen Gesetzbuches sind entsprechend anzuwenden.

§ 27. Haftung des Erben bei Geschäftsfortführung (1) Wird ein zu einem Nachlasse gehörendes Handelsgeschäft von dem Erben fortgeführt, so finden auf die Haftung des Erben für die früheren Geschäftsverbindlichkeiten die Vorschriften des § 25 entsprechende Anwendung.

(2) [1]Die unbeschränkte Haftung nach § 25 Abs. 1 tritt nicht ein, wenn die Fortführung des Geschäfts vor dem Ablaufe von drei Monaten nach dem Zeitpunkt, in welchem der Erbe von dem Anfalle der Erbschaft Kenntnis erlangt hat, eingestellt wird. [2]Auf den Lauf der Frist finden die für die Verjährung geltenden Vorschriften des § 210 des Bürgerlichen Gesetzbuchs entsprechende Anwendung. [3]Ist bei dem Ablaufe der drei Monate das Recht zur Ausschlagung der Erbschaft noch nicht verloren, so endigt die Frist nicht vor dem Ablaufe der Ausschlagungsfrist.

§ 28. Eintritt in das Geschäft eines Einzelkaufmanns (1) [1]Tritt jemand als persönlich haftender Gesellschafter oder als Kommanditist in das Geschäft eines Einzelkaufmanns ein, so haftet die Gesellschaft, auch wenn sie die frühere Firma nicht fortführt, für alle im Betriebe des Geschäfts entstandenen Verbindlichkeiten des früheren Geschäftsinhabers. [2]Die in dem Betriebe begründeten Forderungen gelten den Schuldnern gegenüber als auf die Gesellschaft übergegangen.

(2) Eine abweichende Vereinbarung ist einem Dritten gegenüber nur wirksam, wenn sie in das Handelsregister eingetragen und bekanntgemacht oder von einem Gesellschafter dem Dritten mitgeteilt worden ist.

§ 29. Anmeldung der Firma Jeder Kaufmann ist verpflichtet, seine Firma und den Ort seiner Handelsniederlassung bei dem Gericht, in dessen Bezirke sich die Niederlassung befindet, zur Eintragung in das Handelsregister anzumelden.

§ 30. Unterscheidbarkeit (1) Jede neue Firma muß sich von allen an demselben Ort oder in derselben Gemeinde bereits bestehenden und in das Handelsregister oder in das Genossenschaftsregister eingetragenen Firmen deutlich unterscheiden.

(2) Hat ein Kaufmann mit einem bereits eingetragenen Kaufmanne die gleichen Vornamen und den gleichen Familiennamen und will auch er sich dieser Namen als seiner Firma bedienen, so muß er der Firma einen Zusatz beifügen, durch den sie sich von der bereits eingetragenen Firma deutlich unterscheidet.

(3) Besteht an dem Orte oder in der Gemeinde, wo eine Zweigniederlassung errichtet wird, bereits eine gleiche eingetragene Firma, so muß der Firma für die Zweigniederlassung

ein der Vorschrift des Absatzes 2 entsprechender Zusatz beigefügt werden.

§ 31. Änderung der Firma; Erlöschen (1) Eine Änderung der Firma oder ihrer Inhaber sowie die Verlegung der Niederlassung an einen anderen Ort ist nach den Vorschriften des § 29 zur Eintragung in das Handelsregister anzumelden.
(2) Das gleiche gilt, wenn die Firma erlischt.

§ 32. Insolvenz (1) [1]Wird über das Vermögen eines Kaufmanns das Insolvenzverfahren eröffnet, so ist dies von Amts wegen in das Handelsregister einzutragen. [2]Das gleiche gilt für
1. die Aufhebung des Eröffnungsbeschlusses,
2. die Bestellung eines vorläufigen Insolvenzverwalters, wenn zusätzlich dem Schuldner ein allgemeines Verfügungsverbot auferlegt oder angeordnet wird, daß Verfügungen des Schuldners nur mit Zustimmung des vorläufigen Insolvenzverwalters wirksam sind, und die Aufhebung einer derartigen Sicherungsmaßnahme.
3. die Anordnung der Eigenverwaltung durch den Schuldner und deren Aufhebung sowie die Anordnung der Zustimmungsbedürftigkeit bestimmter Rechtsgeschäfte des Schuldners,
4. die Einstellung und die Aufhebung des Verfahrens,
5. die Überwachung der Erfüllung eines Insolvenzplans und die Aufhebung der Überwachung.

§ 33. Juristische Person (1) Eine juristische Person, deren Eintragung in das Handelsregister mit Rücksicht auf den Gegenstand oder auf die Art und den Umfang ihres Gewerbebetriebes zu erfolgen hat, ist von sämtlichen Mitgliedern des Vorstandes zur Eintragung anzumelden.
(2) [1]Der Anmeldung sind die Satzung der juristischen Person und die Urkunden über die Bestellung des Vorstandes in Urschrift oder in öffentlich beglaubigter Abschrift beizufügen; ferner ist anzugeben, welche Vertretungsmacht die Vorstandsmitglieder haben. [2]Bei der Eintragung sind die Firma und der Sitz der juristischen Person, der Gegenstand des Unternehmens, die Mitglieder des Vorstandes und ihre Vertretungsmacht anzugeben. ...
(3) Die Errichtung einer Zweigniederlassung ist durch den Vorstand anzumelden.
...

§ 34. Anmeldung und Eintragung von Änderungen (1) Jede Änderung der ... Satzung, die Auflösung der juristischen Person, falls sie nicht die Folge der Eröffnung des Insolvenzverfahrens ist, sowie die Personen der Liquidatoren,

ihre Vertretungsmacht, jeder Wechsel der Liquidatoren und jede Änderung ihrer Vertretungsmacht sind zur Eintragung in das Handelsregister anzumelden.

§ 37. Unzulässiger Firmengebrauch (1) Wer eine nach den Vorschriften dieses Abschnitts ihm nicht zustehende Firma gebraucht, ist von dem Registergerichte zur Unterlassung des Gebrauchs der Firma durch Festsetzung von Ordnungsgeld anzuhalten.
(2) [1]Wer in seinen Rechten dadurch verletzt wird, daß ein anderer eine Firma unbefugt gebraucht, kann von diesem die Unterlassung des Gebrauchs der Firma verlangen. [2]Ein nach sonstigen Vorschriften begründeter Anspruch auf Schadensersatz bleibt unberührt.

§ 37a. Angaben auf Geschäftsbriefen (1) Auf allen Geschäftsbriefen des Kaufmanns, gleichviel welcher Form, die an einen bestimmten Empfänger gerichtet werden, müssen seine Firma, die Bezeichnung nach § 19 Abs. 1 Nr. 1, der Ort seiner Handelsniederlassung, das Registergericht und die Nummer, unter der die Firma in das Handelsregister eingetragen ist, angegeben werden.
(2) Der Angaben nach Absatz 1 bedarf es nicht bei Mitteilungen oder Berichten, die im Rahmen einer bestehenden Geschäftsverbindung ergehen und für die üblicherweise Vordrucke verwendet werden, in denen lediglich die im Einzelfall erforderlichen besonderen Angaben eingefügt zu werden brauchen.
(3) [1]Bestellscheine gelten als Geschäftsbriefe im Sinne des Absatzes 1. [2]Absatz 2 ist auf sie nicht anzuwenden.
(4) [1]Wer seiner Pflicht nach Absatz 2 nicht nachkommt, ist hierzu von dem Registergericht durch Festsetzung von Zwangsgeld anzuhalten. [2]§ 14 Satz 2 gilt entsprechend.

Prokura und Handlungsvollmacht

§ 48. Erteilung der Prokura; Gesamtprokura
(1) Die Prokura kann nur von dem Inhaber des Handelsgeschäfts oder seinem gesetzlichen Vertreter und nur mittels ausdrücklicher Erklärung erteilt werden.
(2) Die Erteilung kann an mehrere Personen gemeinschaftlich erfolgen (Gesamtprokura).

§ 49. Umfang der Prokura (1) Die Prokura ermächtigt zu allen Arten von gerichtlichen und außergerichtlichen Geschäften und Rechtshandlungen, die der Betrieb eines Handelsgewerbes mit sich bringt.
(2) Zur Veräußerung und Belastung von Grundstücken ist der Prokurist nur ermächtigt, wenn ihm diese Befugnis besonders erteilt ist.

Handelsgesetzbuch 5.1 HGB §§ 50–59

§ 50. Beschränkung des Umfanges (1) Eine Beschränkung des Umfanges der Prokura ist Dritten gegenüber unwirksam.

(2) Dies gilt insbesondere von der Beschränkung, daß die Prokura nur für gewisse Geschäfte oder gewisse Arten von Geschäften oder nur unter gewissen Umständen oder für eine gewisse Zeit oder an einzelnen Orten ausgeübt werden soll.

(3) ¹Eine Beschränkung der Prokura auf den Betrieb einer von mehreren Niederlassungen des Geschäftsinhabers ist Dritten gegenüber nur wirksam, wenn die Niederlassungen unter verschiedenen Firmen betrieben werden. ²Eine Verschiedenheit der Firmen im Sinne dieser Vorschrift wird auch dadurch begründet, daß für eine Zweigniederlassung der Firma ein Zusatz beigefügt wird, der sie als Firma der Zweigniederlassung bezeichnet.

§ 51. Zeichnung des Prokuristen Der Prokurist hat in der Weise zu zeichnen, daß er der Firma seinen Namen mit einem die Prokura andeutenden Zusatze beifügt.

§ 52. Widerruflichkeit; Unübertragbarkeit; Tod des Inhabers (1) Die Prokura ist ohne Rücksicht auf das der Erteilung zugrunde liegende Rechtsverhältnis jederzeit widerruflich, unbeschadet des Anspruchs auf die vertragsmäßige Vergütung.

(2) Die Prokura ist nicht übertragbar.

(3) Die Prokura erlischt nicht durch den Tod des Inhabers des Handelsgeschäfts.

§ 53. Anmeldung der Erteilung und des Erlöschens; Zeichnung des Prokuristen (1) ¹Die Erteilung der Prokura ist von dem Inhaber des Handelsgeschäfts zur Eintragung in das Handelsregister anzumelden. ²Ist die Prokura als Gesamtprokura erteilt, so muß auch dies zur Eintragung angemeldet werden.

(2) Das Erlöschen der Prokura ist in gleicher Weise wie die Erteilung zur Eintragung anzumelden.

§ 54. Handlungsvollmacht (1) Ist jemand ohne Erteilung der Prokura zum Betrieb eines Handelsgewerbes oder zur Vornahme einer bestimmten zu einem Handelsgewerbe gehörigen Art von Geschäften oder zur Vornahme einzelner zu einem Handelsgewerbe gehöriger Geschäfte ermächtigt, so erstreckt sich die Vollmacht (Handlungsvollmacht) auf alle Geschäfte und Rechtshandlungen, die der Betrieb eines derartigen Handelsgewerbes oder die Vornahme derartiger Geschäfte gewöhnlich mit sich bringt.

(2) Zur Veräußerung oder Belastung von Grundstücken, zur Eingehung von Wechselverbindlichkeiten, zur Aufnahme von Darlehen und zur Prozeßführung ist der Handlungsbevollmächtigte nur ermächtigt, wenn ihm eine solche Befugnis besonders erteilt ist.

(3) Sonstige Beschränkungen der Handlungsvollmacht braucht ein Dritter nur dann gegen sich gelten zu lassen, wenn er sie kannte oder kennen mußte.

§ 55. Abschlußvertreter (1) Die Vorschriften des § 54 finden auch Anwendung auf Handlungsbevollmächtigte, die Handelsvertreter sind oder die als Handlungsgehilfen damit betraut sind, außerhalb des Betriebes des Prinzipals Geschäfte in dessen Namen abzuschließen.

(2) Die ihnen erteilte Vollmacht zum Abschluß von Geschäften bevollmächtigt sie nicht, abgeschlossene Verträge zu ändern, insbesondere Zahlungsfristen zu gewähren.

(3) Zur Annahme von Zahlungen sind sie nur berechtigt, wenn sie dazu bevollmächtigt sind.

(4) Sie gelten als ermächtigt, die Anzeige von Mängeln einer Ware, die Erklärung, daß eine Ware zur Verfügung gestellt werde, sowie ähnliche Erklärungen, durch die ein Dritter seine Rechte aus mangelhafter Leistung geltend macht oder sich vorbehält, entgegenzunehmen; sie können die dem Unternehmer (Prinzipal) zustehenden Rechte auf Sicherung des Beweises geltend machen.

§ 56. Angestellte in Laden oder Warenlager Wer in einem Laden oder in einem offenen Warenlager angestellt ist, gilt als ermächtigt zu Verkäufen und Empfangnahmen, die in einem derartigen Laden oder Warenlager gewöhnlich geschehen.

§ 57. Zeichnung des Handlungsbevollmächtigten Der Handlungsbevollmächtigte hat sich bei der Zeichnung jedes eine Prokura andeutenden Zusatzes zu enthalten; er hat mit einem das Vollmachtsverhältnis ausdrückenden Zusatze zu zeichnen.

§ 58. Unübertragbarkeit der Handlungsvollmacht Der Handlungsbevollmächtigte kann ohne Zustimmung des Inhabers des Handelsgeschäfts seine Handlungsvollmacht auf einen anderen nicht übertragen.

Handlungsgehilfen und Handlungslehrlinge

§ 59. Handlungsgehilfe ¹Wer in einem Handelsgewerbe zur Leistung kaufmännischer

215

Dienste gegen Entgelt angestellt ist (Handlungsgehilfe), hat soweit nicht besondere Vereinbarungen über die Art und den Umfang seiner Dienstleistungen oder über die ihm zukommende Vergütung getroffen sind, die dem Ortsgebrauch entsprechenden Dienste zu leisten sowie die dem Ortsgebrauch entsprechende Vergütung zu beanspruchen. ²In Ermangelung eines Ortsgebrauchs gelten die den Umständen nach angemessenen Leistungen als vereinbart.

§ 60. Gesetzliches Wettbewerbsverbot
(1) Der Handlungsgehilfe darf ohne Einwilligung des Prinzipals weder ein Handelsgewerbe betreiben noch in dem Handelszweig des Prinzipals für eigene oder fremde Rechnung Geschäfte machen.
(2) Die Einwilligung zum Betrieb eines Handelsgewerbes gilt als erteilt, wenn dem Prinzipal bei der Anstellung des Gehilfen bekannt ist, daß er das Gewerbe betreibt, und der Prinzipal die Aufgabe des Betriebs nicht ausdrücklich vereinbart.

§ 61. Verletzung des Wettbewerbsverbots
(1) Verletzt der Handlungsgehilfe die ihm nach § 60 obliegende Verpflichtung, so kann der Prinzipal Schadensersatz fordern; er kann statt dessen verlangen, daß der Handlungsgehilfe die für eigene Rechnung gemachten Geschäfte als für Rechnung des Prinzipals eingegangen gelten lasse und die aus Geschäften für fremde Rechnung bezogene Vergütung herausgebe oder seinen Anspruch auf die Vergütung abtrete.
(2) Die Ansprüche verjähren in drei Monaten von dem Zeitpunkt an, in welchem der Prinzipal Kenntnis von dem Abschlusse des Geschäfts erlangt oder ohne grobe Fahrlässigkeit erlangen müsste; sie verjähren ohne Rücksicht auf diese Kenntnis oder grob fahrlässige Unkenntnis in fünf Jahren von dem Abschlusse des Geschäfts an.

§ 62. Fürsorgepflicht des Arbeitgebers (1) Der Prinzipal ist verpflichtet, die Geschäftsräume und die für den Geschäftsbetrieb bestimmten Vorrichtungen und Gerätschaften so einzurichten und zu unterhalten, auch den Geschäftsbetrieb und die Arbeitszeit so zu regeln, daß der Handlungsgehilfe gegen eine Gefährdung seiner Gesundheit, soweit die Natur des Betriebs es gestattet, geschützt und die Aufrechterhaltung der guten Sitten und des Anstandes gesichert ist.
(2) Ist der Handlungsgehilfe in die häusliche Gemeinschaft aufgenommen, so hat der Prinzipal in Ansehung des Wohn- und Schlafraums, der Verpflegung sowie der Arbeits- und Erholungszeit diejenigen Einrichtungen und Anord-

nungen zu treffen, welche mit Rücksicht auf die Gesundheit, die Sittlichkeit und die Religion des Handlungsgehilfen erforderlich sind.
(3) Erfüllt der Prinzipal die ihm in Ansehung des Lebens und der Gesundheit des Handlungsgehilfen obliegenden Verpflichtungen nicht, so finden auf seine Verpflichtung zum Schadensersatze die für unerlaubte Handlungen geltenden Vorschriften der §§ 842 bis 846 des Bürgerlichen Gesetzbuchs entsprechende Anwendung.
(4) Die dem Prinzipal hiernach obliegenden Verpflichtungen können nicht im voraus durch Vertrag aufgehoben oder beschränkt werden.

§ 64. Gehaltszahlung ¹Die Zahlung des dem Handlungsgehilfen zukommenden Gehalts hat am Schlusse jedes Monats zu erfolgen. ²Eine Vereinbarung, nach der die Zahlung des Gehalts später erfolgen soll, ist nichtig.

§ 65. Provision Ist bedungen, daß der Handlungsgehilfe für Geschäfte, die von ihm geschlossen oder vermittelt werden, Provision erhalten solle, so sind die für die Handelsvertreter geltenden Vorschriften des § 87 Abs. 1 und 3 sowie der §§ 87 a bis 87 c anzuwenden.

§ 74. Vertragliches Wettbewerbsverbot; bezahlte Karenz (1) Eine Vereinbarung zwischen dem Prinzipal und dem Handlungsgehilfen, die den Gehilfen für die Zeit nach Beendigung des Dienstverhältnisses in seiner gewerblichen Tätigkeit beschränkt (Wettbewerbsverbot), bedarf der Schriftform und der Aushändigung einer vom Prinzipal unterzeichneten, die vereinbarten Bestimmungen enthaltenden Urkunde an den Gehilfen.
(2) Das Wettbewerbsverbot ist nur verbindlich, wenn sich der Prinzipal verpflichtet, für die Dauer des Verbots eine Entschädigung zu zahlen, die für jedes Jahr des Verbots mindestens die Hälfte der von dem Handlungsgehilfen zuletzt bezogenen vertragsmäßigen Leistungen erreicht.

§ 74a. Unverbindliches oder nichtiges Verbot
(1) ¹Das Wettbewerbsverbot ist insoweit unverbindlich, als es nicht zum Schutze eines berechtigten geschäftlichen Interesses des Prinzipals dient. ²Es ist ferner unverbindlich, soweit es unter Berücksichtigung der gewährten Entschädigung nach Ort, Zeit oder Gegenstand eine unbillige Erschwerung des Fortkommens des Gehilfen enthält. ³Das Verbot kann nicht auf einen Zeitraum von mehr als zwei Jahren von der Beendigung des Dienstverhältnisses an erstreckt werden.
(2) ¹Das Verbot ist nichtig, wenn der Gehilfe zur Zeit des Abschlusses minderjährig ist oder

wenn sich der Prinzipal die Erfüllung auf Ehrenwort oder unter ähnlichen Versicherungen versprechen läßt. ²Nichtig ist auch die Vereinbarung, durch die ein Dritter an Stelle des Gehilfen die Verpflichtung übernimmt, daß sich der Gehilfe nach der Beendigung des Dienstverhältnisses in seiner gewerblichen Tätigkeit beschränken werde.

(3) Unberührt bleiben die Vorschriften des § 138 des Bürgerlichen Gesetzbuchs über die Nichtigkeit von Rechtsgeschäften, die gegen die guten Sitten verstoßen.

§ 75. Unwirksamwerden des Wettbewerbsverbots (1) Löst der Gehilfe das Dienstverhältnis gemäß den Vorschriften der §§ 70 und 71 wegen vertragswidrigen Verhaltens des Prinzipals auf, so wird das Wettbewerbverbot unwirksam, wenn der Gehilfe vor Ablauf eines Monats nach der Kündigung schriftlich erklärt, daß er sich an die Vereinbarung nicht gebunden erachte.

(2) ¹In gleicher Weise wird das Wettbewerbverbot unwirksam, wenn der Prinzipal das Dienstverhältnis kündigt, es sei denn, daß für die Kündigung ein erheblicher Anlaß in der Person des Gehilfen vorliegt oder daß sich der Prinzipal bei der Kündigung bereit erklärt, während der Dauer der Beschränkung dem Gehilfen die vollen zuletzt von ihm bezogenen vertragsmäßigen Leistungen zu gewähren. ²Im letzteren Falle finden die Vorschriften des § 74 b entsprechende Anwendung.

Handelsvertreter

§ 84. Begriff des Handelsvertreters (1) ¹Handelsvertreter ist, wer als selbständiger Gewerbetreibender ständig damit betraut ist, für einen anderen Unternehmer (Unternehmer) Geschäfte zu vermitteln oder in dessen Namen abzuschließen. ²Selbständig ist, wer im wesentlichen frei seine Tätigkeit gestalten und seine Arbeitszeit bestimmen kann.

(2) Wer, ohne selbständig im Sinne des Absatzes 1 zu sein, ständig damit betraut ist, für einen Unternehmer Geschäfte zu vermitteln oder in dessen Namen abzuschließen, gilt als Angestellter.

(3) Der Unternehmer kann auch ein Handelsvertreter sein.

(4) Die Vorschriften dieses Abschnittes finden auch Anwendung, wenn das Unternehmen des Handelsvertreters nach Art oder Umfang einen in kaufmännischer Weise eingerichteten Geschäftsbetrieb nicht erfordert.

§ 86. Pflichten des Handelsvertreters (1) Der Handelsvertreter hat sich um die Vermittlung oder den Abschluß von Geschäften zu bemühen; er hat hierbei das Interesse des Unternehmers wahrzunehmen.

(2) Er hat dem Unternehmer die erforderlichen Nachrichten zu geben, namentlich ihm von jeder Geschäftsvermittlung und von jedem Geschäftsabschluß unverzüglich Mitteilung zu machen.

(3) Er hat seine Pflichten mit der Sorgfalt eines ordentlichen Kaufmanns wahrzunehmen.

(4) Von den Absätzen 1 und 2 abweichende Vereinbarungen sind unwirksam.

§ 86a. Pflichten des Unternehmers (1) Der Unternehmer hat dem Handelsvertreter die zur Ausübung seiner Tätigkeit erforderlichen Unterlagen, wie Muster, Zeichnungen, Preislisten, Werbedrucksachen, Geschäftsbedingungen, zur Verfügung zu stellen.

(2) ¹Der Unternehmer hat dem Handelsvertreter die erforderlichen Nachrichten zu geben. ²Er hat ihm unverzüglich die Annahme oder Ablehnung eines vom Handelsvertreter vermittelten oder ohne Vertretungsmacht abgeschlossenen Geschäfts und die Nichtausführung eines von ihm vermittelten oder abgeschlossenen Geschäfts mitzuteilen. ³Er hat ihn unverzüglich zu unterrichten, wenn er Geschäfte voraussichtlich nur in erheblich geringerem Umfange abschließen kann oder will, als der Handelsvertreter unter gewöhnlichen Umständen erwarten konnte.

(3) Von den Absätzen 1 und 2 abweichende Vereinbarungen sind unwirksam.

§ 87. Provisionspflichtige Geschäfte (1) ¹Der Handelsvertreter hat Anspruch auf Provision für alle während des Vertragsverhältnisses abgeschlossenen Geschäfte, die auf seine Tätigkeit zurückzuführen sind oder mit Dritten abgeschlossen werden, die er als Kunden für Geschäfte der gleichen Art geworben hat. ²Ein Anspruch auf Provision besteht für ihn nicht, wenn und soweit die Provision nach Absatz 3 dem ausgeschiedenen Handelsvertreter zusteht.

(2) ¹Ist dem Handelsvertreter ein bestimmter Bezirk oder ein bestimmter Kundenkreis zugewiesen, so hat er Anspruch auf Provision auch für die Geschäfte, die ohne seine Mitwirkung mit Personen seines Bezirkes oder seines Kundenkreises während des Vertragsverhältnisses abgeschlossen sind. ²Dies gilt nicht, wenn und soweit die Provision nach Absatz 3 dem ausgeschiedenen Handelsvertreter zusteht.

(3) Für ein Geschäft, das erst nach Beendigung des Vertragsverhältnisses abgeschlossen ist, hat der Handelsvertreter Anspruch auf Provision nur, wenn
1. er das Geschäft vermittelt hat oder es eingeleitet und so vorbereitet hat, daß der Abschluß überwiegend auf seine Tätigkeit zurückzuführen ist, und das Geschäft innerhalb

einer angemessenen Frist nach Beendigung des Vertragsverhältnisses abgeschlossen worden ist oder
2. vor Beendigung des Vertragsverhältnisses das Angebot des Dritten zum Abschluß eines Geschäfts, für das der Handelsvertreter nach Absatz 1 Satz 1 oder Absatz 2 Satz 1 Anspruch auf Provision hat, dem Handelsvertreter oder dem Unternehmer zugegangen ist.
²Der Anspruch auf Provision nach Satz 1 steht dem nachfolgenden Handelsvertreter anteilig zu, wenn wegen besonderer Umstände eine Teilung der Provision der Billigkeit entspricht.

(4) Neben dem Anspruch auf Provision für abgeschlossene Geschäfte hat der Handelsvertreter Anspruch auf Inkassoprovision für die von ihm auftragsgemäß eingezogenen Beträge.

§ 87a. Fälligkeit der Provision (1) Der Handelsvertreter hat Anspruch auf Provision, sobald und soweit der Unternehmer das Geschäft ausgeführt hat.

(2) Steht fest, daß der Dritte nicht leistet, so entfällt der Anspruch auf Provision; bereits empfangene Beträge sind zurückzugewähren.

(3) ¹Der Handelsvertreter hat auch dann einen Anspruch auf Provision, wenn feststeht, daß der Unternehmer das Geschäft ganz oder teilweise nicht oder nicht so ausführt, wie es abgeschlossen worden ist. ²Der Anspruch entfällt im Falle der Nichtausführung, wenn und soweit diese auf Umständen beruht, die vom Unternehmer nicht zu vertreten sind.

(4) Der Anspruch auf Provision wird am letzten Tag des Monats fällig, in dem nach § 87 c Abs. 1 über den Anspruch abzurechnen ist.

§ 87b. Höhe der Provision (1) Ist die Höhe der Provision nicht bestimmt, so ist der übliche Satz als vereinbart anzusehen.

(2) ¹Die Provision ist von dem Entgelt zu berechnen, das der Dritte oder der Unternehmer zu leisten hat. ²Nachlässe bei Barzahlung sind nicht abzuziehen; dasselbe gilt für Nebenkosten, namentlich für Fracht, Verpackung, Zoll, Steuern, es sei denn, daß die Nebenkosten dem Dritten besonders in Rechnung gestellt sind. ³Die Umsatzsteuer, die lediglich auf Grund der steuerrechtlichen Vorschriften in der Rechnung gesondert ausgewiesen ist, gilt nicht als besonders in Rechnung gestellt.

Handelsmakler

§ 93. Begriff (1) Wer gewerbsmäßig für andere Personen, ohne von ihnen aufgrund eines Vertragsverhältnisses ständig damit betraut zu sein, die Vermittlung von Verträgen über Anschaffung oder Veräußerung von Waren oder Wertpapieren, über Versicherungen, Güterbeförderungen, Schiffsmiete oder sonstige Gegenstände des Handelsverkehrs übernimmt, hat die Rechte und Pflichten eines Handelsmaklers.

(2) Auf die Vermittlung anderer als der bezeichneten Geschäfte, insbesondere auf die Vermittlung von Geschäften über unbewegliche Sachen, finden, auch wenn die Vermittlung durch einen Handelsmakler erfolgt, die Vorschriften dieses Abschnitts keine Anwendung.

(3) Die Vorschriften dieses Abschnittes finden auch Anwendung, wenn das Unternehmen des Handelsmaklers nach Art oder Umfang einen in kaufmännischer Weise eingerichteten Geschäftsbetrieb nicht erfordert.

§ 94. Schlußnote (1) Der Handelsmakler hat, sofern nicht die Parteien ihm dies erlassen oder der Ortsgebrauch mit Rücksicht auf die Gattung der Ware davon entbindet, unverzüglich nach dem Abschlusse des Geschäfts jeder Partei eine von ihm unterzeichnete Schlußnote zuzustellen, welche die Parteien, den Gegenstand und die Bedingungen des Geschäfts, insbesondere bei Verkäufen von Waren oder Wertpapieren deren Gattung und Menge sowie den Preis und die Zeit der Lieferung, enthält.

(2) Bei Geschäften, die nicht sofort erfüllt werden sollen, ist die Schlußnote den Parteien zu ihrer Unterschrift zuzustellen und jeder Partei die von der anderen unterschriebene Schlußnote zu übersenden.

(3) Verweigert eine Partei die Annahme oder Unterschrift der Schlußnote, so hat der Handelsmakler davon der anderen Partei unverzüglich Anzeige zu machen.

§ 97. Keine Inkassovollmacht Der Handelsmakler gilt nicht als ermächtigt, eine Zahlung oder eine andere im Vertrage bedungene Leistung in Empfang zu nehmen.

§ 98. Haftung gegenüber beiden Parteien Der Handelsmakler haftet jeder der beiden Parteien für den durch sein Verschulden entstehenden Schaden.

§ 99. Lohnanspruch gegen beide Parteien Ist unter den Parteien nichts darüber vereinbart, wer den Maklerlohn bezahlen soll, so ist er in Ermangelung eines abweichenden Ortsgebrauchs von jeder Partei zur Hälfte zu entrichten.

Handelsgesetzbuch   5.1 HGB §§ 105–113

Zweites Buch. Handelsgesellschaften und Stille Gesellschaft

Offene Handelsgesellschaft

▶ **Errichtung der Gesellschaft**

§ 105. Begriff der OHG; Anwendbarkeit des BGB
(1) Eine Gesellschaft, deren Zweck auf den Betrieb eines Handelsgewerbes unter gemeinschaftlicher Firma gerichtet ist, ist eine offene Handelsgesellschaft, wenn bei keinem der Gesellschafter die Haftung gegenüber den Gesellschaftsgläubigern beschränkt ist.
(2) ¹Eine Gesellschaft, deren Gewerbebetrieb nicht schon nach § 1 Abs. 2 Handelsgewerbe ist oder die nur eigenes Vermögen verwaltet, ist offene Handelsgesellschaft, wenn die Firma des Unternehmens in das Handelsregister eingetragen ist. ²§ 2 Satz 2 und 3 gilt entsprechend.
(3) Auf die offene Handelsgesellschaft finden, soweit nicht in diesem Abschnitt ein anderes vorgeschrieben ist, die Vorschriften des Bürgerlichen Gesetzbuchs über die Gesellschaft Anwendung.

§ 106. Anmeldung zum Handelsregister
(1) Die Gesellschaft ist bei dem Gericht, in dessen Bezirke sie ihren Sitz hat, zur Eintragung in das Handelsregister anzumelden.
(2) Die Anmeldung hat zu enthalten:
1. den Namen, Vornamen, Geburtsdatum und Wohnort jedes Gesellschafters;
2. die Firma der Gesellschaft und den Ort, wo sie ihren Sitz hat;
3. *(aufgehoben)*
4. die Vertretungsmacht der Gesellschafter.

§ 107. Anzumeldende Änderungen   Wird die Firma einer Gesellschaft geändert oder der Sitz der Gesellschaft an einen anderen Ort verlegt, tritt ein neuer Gesellschafter in die Gesellschaft ein oder ändert sich die Vertretungsmacht eines Gesellschafters, so ist dies ebenfalls zur Eintragung in das Handelsregister anzumelden.

§ 108. Anmeldung durch alle Gesellschafter; Aufbewahrung der Unterschriften   Die Anmeldungen sind von sämtlichen Gesellschaftern zu bewirken.

▶ **Rechtsverhältnisse der Gesellschafter untereinander**

§ 109. Gesellschaftsvertrag   Das Rechtsverhältnis der Gesellschafter untereinander richtet sich zunächst nach dem Gesellschaftsvertrage; die Vorschriften der §§ 110 bis 122 finden nur insoweit Anwendung, als nicht durch den Gesellschaftsvertrag ein anderes bestimmt ist.

§ 110. Ersatz für Aufwendungen und Verluste
(1) Macht der Gesellschafter in den Gesellschaftsangelegenheiten Aufwendungen, die er den Umständen nach für erforderlich halten darf, oder erleidet er unmittelbar durch seine Geschäftsführung oder aus Gefahren, die mit ihr untrennbar verbunden sind, Verluste, so ist ihm die Gesellschaft zum Ersatze verpflichtet.
(2) Aufgewendetes Geld hat die Gesellschaft von der Zeit der Aufwendung an zu verzinsen.

§ 111. Verzinsungspflicht   (1) Ein Gesellschafter, der seine Geldeinlage nicht zur rechten Zeit einzahlt oder eingenommenes Gesellschaftsgeld nicht zur rechten Zeit an die Gesellschaftskasse abliefert oder unbefugt Geld aus der Gesellschaftskasse für sich entnimmt, hat Zinsen von dem Tage an zu entrichten, an welchem die Zahlung oder die Ablieferung hätte geschehen sollen oder die Herausnahme des Geldes erfolgt ist.
(2) Die Geltendmachung eines weiteren Schadens ist nicht ausgeschlossen.

§ 112. Wettbewerbsverbot   (1) Ein Gesellschafter darf ohne Einwilligung der anderen Gesellschafter weder in dem Handelszweige der Gesellschaft Geschäfte machen noch an einer anderen gleichartigen Handelsgesellschaft als persönlich haftender Gesellschafter teilnehmen.
(2) Die Einwilligung zur Teilnahme an einer anderen Gesellschaft gilt als erteilt, wenn den übrigen Gesellschaftern bei Eingehung der Gesellschaft bekannt ist, daß der Gesellschafter an einer anderen Gesellschaft als persönlich haftender Gesellschafter teilnimmt, und gleichwohl die Aufgabe dieser Beteiligung nicht ausdrücklich bedungen wird.

§ 113. Verletzung des Wettbewerbsverbots
(1) Verletzt ein Gesellschafter die ihm nach § 112 obliegende Verpflichtung, so kann die Gesellschaft Schadensersatz fordern; sie kann statt dessen von dem Gesellschafter verlangen, daß er die für eigene Rechnung gemachten Geschäfte als für Rechnung der Gesellschaft eingegangen gelten lasse und die aus Geschäften für fremde Rechnung bezogene Vergütung herausgebe oder seinen Anspruch auf die Vergütung abtrete.
(2) Über die Geltendmachung dieser Ansprüche beschließen die übrigen Gesellschafter.
(3) Die Ansprüche verjähren in drei Monaten von dem Zeitpunkt an, in welchem die übrigen Gesellschafter von dem Abschlusse des Geschäfts oder von der Teilnahme des Gesellschafters an der anderen Gesellschaft Kenntnis erlangen oder ohne grobe Fahrlässigkeit erlangen

müssten; sie verjähren ohne Rücksicht auf diese Kenntnis oder grob fahrlässige Unkenntnis in fünf Jahren von ihrer Entstehung an.

§ 114. Geschäftsführung (1) Zur Führung der Geschäfte der Gesellschaft sind alle Gesellschafter berechtigt und verpflichtet.

(2) Ist im Gesellschaftsvertrage die Geschäftsführung einem Gesellschafter oder mehreren Gesellschaftern übertragen, so sind die übrigen Gesellschafter von der Geschäftsführung ausgeschlossen.

§ 115. Geschäftsführung durch mehrere Gesellschafter (1) Steht die Geschäftsführung allen oder mehreren Gesellschaftern zu, so ist jeder von ihnen allein zu handeln berechtigt; widerspricht jedoch ein anderer geschäftsführender Gesellschafter der Vornahme einer Handlung, so muß diese unterbleiben.

(2) Ist im Gesellschaftsvertrage bestimmt, daß die Gesellschafter, denen die Geschäftsführung zusteht, nur zusammen handeln können, so bedarf es für jedes Geschäft der Zustimmung aller geschäftsführenden Gesellschafter, es sei denn, daß Gefahr im Verzug ist.

§ 116. Umfang der Geschäftsführungsbefugnis (1) Die Befugnis zur Geschäftsführung erstreckt sich auf alle Handlungen, die der gewöhnliche Betrieb des Handelsgewerbes der Gesellschaft mit sich bringt.

(2) Zur Vornahme von Handlungen, die darüber hinausgehen, ist ein Beschluß sämtlicher Gesellschafter erforderlich.

(3) ^{1}Zur Bestellung eines Prokuristen bedarf es der Zustimmung aller geschäftsführenden Gesellschafter, es sei denn, daß Gefahr im Verzug ist. ^{2}Der Widerruf der Prokura kann von jedem der zur Erteilung oder zur Mitwirkung bei der Erteilung befugten Gesellschafter erfolgen.

§ 117. Entziehung der Geschäftsführungsbefugnis Die Befugnis zur Geschäftsführung kann einem Gesellschafter auf Antrag der übrigen Gesellschafter durch gerichtliche Entscheidung entzogen werden, wenn ein wichtiger Grund vorliegt; ein solcher Grund ist insbesondere grobe Pflichtverletzung oder Unfähigkeit zur ordnungsmäßigen Geschäftsführung.

§ 118. Kontrollrecht der Gesellschafter

(1) Ein Gesellschafter kann, auch wenn er von der Geschäftsführung ausgeschlossen ist, sich von den Angelegenheiten der Gesellschaft persönlich unterrichten, die Handelsbücher und die Papiere der Gesellschaft einsehen und sich aus ihnen eine Bilanz und einen Jahresabschluß anfertigen.

§ 119. Beschlußfassung (1) Für die von den Gesellschaftern zu fassenden Beschlüsse bedarf es der Zustimmung aller zur Mitwirkung bei der Beschlußfassung berufenen Gesellschafter.

(2) Hat nach dem Gesellschaftsvertrage die Mehrheit der Stimmen zu entscheiden, so ist die Mehrheit im Zweifel nach der Zahl der Gesellschafter zu berechnen.

§ 120. Gewinn und Verlust (1) Am Schlusse jedes Geschäftsjahrs wird auf Grund der Bilanz der Gewinn oder der Verlust des Jahres ermittelt und für jeden Gesellschafter sein Anteil daran berechnet.

(2) Der einem Gesellschafter zukommende Gewinn wird dem Kapitalanteile des Gesellschafters zugeschrieben; der auf einen Gesellschafter entfallende Verlust sowie das während des Geschäftsjahrs auf den Kapitalanteil entnommene Geld wird davon abgeschrieben.

§ 121. Verteilung von Gewinn und Verlust

(1) ^{1}Von dem Jahresgewinne gebührt jedem Gesellschafter zunächst ein Anteil in Höhe von vier vom Hundert seines Kapitalanteils. ^{2}Reicht der Jahresgewinn hierzu nicht aus, so bestimmen sich die Anteile nach einem entsprechend niedrigeren Satze.

(2) ^{1}Bei der Berechnung des nach Absatz 1 einem Gesellschafter zukommenden Gewinnanteils werden Leistungen, die der Gesellschafter im Laufe des Geschäftsjahrs als Einlage gemacht hat, nach dem Verhältnisse der seit der Leistung abgelaufenen Zeit berücksichtigt. ^{2}Hat der Gesellschafter im Laufe des Geschäftsjahrs Geld auf seinen Kapitalanteil entnommen, so werden die entnommenen Beträge nach dem Verhältnisse der bis zur Entnahme abgelaufenen Zeit berücksichtigt.

(3) Derjenige Teil des Jahresgewinns, welcher den nach den Absätzen 1 und 2 zu berechnenden Gewinnanteile übersteigt, sowie der Verlust eines Geschäftsjahrs wird unter die Gesellschafter nach Köpfen verteilt.

§ 122. Entnahmen (1) Jeder Gesellschafter ist berechtigt, aus der Gesellschaftskasse Geld bis zum Betrage von vier vom Hundert seines für das letzte Geschäftsjahr festgestellten Kapitalanteils zu seinen Lasten zu erheben und, soweit es nicht zum offenbaren Schaden der Gesellschaft gereicht, auch die Auszahlung seines den bezeichneten Betrag übersteigenden Anteils am Gewinne des letzten Jahres zu verlangen.

(2) Im übrigen ist ein Gesellschafter nicht befugt, ohne Einwilligung der anderen Gesellschafter seinen Kapitalanteil zu vermindern.

Handelsgesetzbuch

▶ Rechtsverhältnis der Gesellschafter zu Dritten

§ 123. Wirksamkeit im Verhältnis zu Dritten

(1) Die Wirksamkeit der offenen Handelsgesellschaft tritt im Verhältnisse zu Dritten mit dem Zeitpunkt ein, in welchem die Gesellschaft in das Handelsregister eingetragen wird.

(2) Beginnt die Gesellschaft ihre Geschäfte schon vor der Eintragung, so tritt die Wirksamkeit mit dem Zeitpunkte des Geschäftsbeginns ein, soweit nicht aus § 2 oder § 105 Abs. 2 sich ein anderes ergibt.

(3) Eine Vereinbarung, daß die Gesellschaft erst mit einem späteren Zeitpunkt ihren Anfang nehmen soll, ist Dritten gegenüber unwirksam.

§ 124. Rechtliche Selbständigkeit; Zwangsvollstreckung in Gesellschaftsvermögen

(1) Die offene Handelsgesellschaft kann unter ihrer Firma Rechte erwerben und Verbindlichkeiten eingehen, Eigentum und andere dingliche Rechte an Grundstücken erwerben, vor Gericht klagen und verklagt werden.

(2) Zur Zwangsvollstreckung in das Gesellschaftsvermögen ist ein gegen die Gesellschaft gerichteter vollstreckbarer Schuldtitel erforderlich.

§ 125. Vertretung der Gesellschaft (1) Zur Vertretung der Gesellschaft ist jeder Gesellschafter ermächtigt, wenn er nicht durch den Gesellschaftsvertrag von der Vertretung ausgeschlossen ist.

(2) ¹Im Gesellschaftsvertrage kann bestimmt werden, daß alle oder mehrere Gesellschafter nur in Gemeinschaft zur Vertretung der Gesellschaft ermächtigt sein sollen (Gesamtvertretung). ²Die zur Gesamtvertretung berechtigten Gesellschafter können einzelne von ihnen zur Vornahme bestimmter Geschäfte oder bestimmter Arten von Geschäften ermächtigen. ³Ist der Gesellschaft gegenüber eine Willenserklärung abzugeben, so genügt die Abgabe gegenüber einem der zur Mitwirkung bei der Vertretung befugten Gesellschafter.

(3) ¹Im Gesellschaftsvertrage kann bestimmt werden, daß die Gesellschafter, wenn nicht mehrere zusammen handeln, nur in Gemeinschaft mit einem Prokuristen zur Vertretung der Gesellschaft ermächtigt sein sollen. ²Die Vorschriften des Absatzes 2 Satz 2 und 3 finden in diesem Falle entsprechende Anwendung.

(4) *(aufgehoben)*

§ 125a. Angaben auf Geschäftsbriefen

(1) ¹Auf allen Geschäftsbriefen der Gesellschaft, gleichviel welcher Form, die an einen bestimmten Empfänger gerichtet werden, müssen die Rechtsform und der Sitz der Gesellschaft, das Registergericht und die Nummer, unter der die Gesellschaft in das Handelsregister eingetragen ist, angegeben werden. ²Bei einer Gesellschaft, bei der kein Gesellschafter eine natürliche Person ist, sind auf den Geschäftsbriefen der Gesellschaft ferner die Firmen der Gesellschafter anzugeben sowie für die Gesellschafter die nach § 35 a des Gesetzes betreffend die Gesellschaften mit beschränkter Haftung oder § 80 des Aktiengesetzes für Geschäftsbriefe vorgeschriebenen Angaben zu machen. ³Die Angaben nach Satz 2 sind nicht erforderlich, wenn zu den Gesellschaftern der Gesellschaft eine offene Handelsgesellschaft oder Kommanditgesellschaft gehört, bei der ein persönlich haftender Gesellschafter eine natürliche Person ist.

(2) Für Vordrucke und Bestellscheine ist § 37 a Abs. 2 und 3, für Zwangsgelder gegen die zur Vertretung der Gesellschaft ermächtigten Gesellschafter oder deren organschaftliche Vertreter und die Liquidatoren ist § 37 a Abs. 4 entsprechend anzuwenden.

§ 126. Umfang der Vertretungsmacht (1) Die Vertretungsmacht der Gesellschafter erstreckt sich auf alle gerichtlichen und außergerichtlichen Geschäfte und Rechtshandlungen einschließlich der Veräußerung und Belastung von Grundstücken sowie der Erteilung und des Widerrufs einer Prokura.

(2) Eine Beschränkung des Umfanges der Vertretungsmacht ist Dritten gegenüber unwirksam; dies gilt insbesondere von der Beschränkung, daß sich die Vertretung nur auf gewisse Geschäfte oder Arten von Geschäften erstrecken oder daß sie nur unter gewissen Umständen oder für eine gewisse Zeit oder an einzelnen Orten stattfinden soll.

§ 127. Entziehung der Vertretungsmacht

Die Vertretungsmacht kann einem Gesellschafter auf Antrag der übrigen Gesellschafter durch gerichtliche Entscheidung entzogen werden, wenn ein wichtiger Grund vorliegt; ein solcher Grund ist insbesondere grobe Pflichtverletzung oder Unfähigkeit zur ordnungsgemäßen Vertretung der Gesellschaft.

§ 128. Persönliche Haftung der Gesellschafter

¹Die Gesellschafter haften für die Verbindlichkeiten der Gesellschaft den Gläubigern als Gesamtschuldner persönlich. ²Eine entgegenstehende Vereinbarung ist Dritten gegenüber unwirksam.

§ 129. Einwendungen des Gesellschafters

(1) Wird ein Gesellschafter wegen einer Verbindlichkeit der Gesellschaft in Anspruch genommen, so kann er Einwendungen, die nicht in seiner Person begründet sind, nur insoweit

geltend machen, als sie von der Gesellschaft erhoben werden können.

(2) Der Gesellschafter kann die Befriedigung des Gläubigers verweigern, solange der Gesellschaft das Recht zusteht, das ihrer Verbindlichkeit zugrunde liegende Rechtsgeschäft anzufechten.

(3) Die gleiche Befugnis hat der Gesellschafter, solange sich der Gläubiger durch Aufrechnung gegen eine fällige Forderung der Gesellschaft befriedigen kann.

(4) Aus einem gegen die Gesellschaft gerichteten vollstreckbaren Schuldtitel findet die Zwangsvollstreckung gegen die Gesellschafter nicht statt.

§ 130. Haftung des eintretenden Gesellschafters (1) Wer in eine bestehende Gesellschaft eintritt, haftet gleich den anderen Gesellschaftern nach Maßgabe der §§ 128 und 129 für die vor seinem Eintritte begründeten Verbindlichkeiten der Gesellschaft, ohne Unterschied, ob die Firma eine Änderung erleidet oder nicht.

(2) Eine entgegenstehende Vereinbarung ist Dritten gegenüber unwirksam.

§ 130a. Antragspflicht bei Zahlungsunfähigkeit oder Überschuldung (1) ^{1}Wird eine Gesellschaft, bei der kein Gesellschafter eine natürliche Person ist, zahlungsunfähig oder ergibt sich die Überschuldung der Gesellschaft, so ist die Eröffnung des Insolvenzverfahrens zu beantragen; dies gilt nicht, wenn zu den Gesellschaftern der offenen Handelsgesellschaft eine andere offene Handelsgesellschaft oder Kommanditgesellschaft gehört, bei der ein persönlich haftender Gesellschafter eine natürliche Person ist. ^{2}Antragspflichtig sind die organschaftlichen Vertreter der zur Vertretung der Gesellschaft ermächtigten Gesellschafter und die Liquidatoren. ^{3}Der Antrag ist ohne schuldhaftes Zögern, spätestens aber drei Wochen nach Eintritt der Zahlungsunfähigkeit oder der Überschuldung der Gesellschaft zu stellen. ^{4}Der Antrag ist nicht schuldhaft verzögert, wenn die Antragspflichtigen die Eröffnung des gerichtlichen Vergleichsverfahrens mit der Sorgfalt eines ordentlichen und gewissenhaften Geschäftsleiters betreiben.

(2) ^{1}Nachdem die Zahlungsunfähigkeit der Gesellschaft eingetreten ist oder sich ihre Überschuldung ergeben hat, dürfen die organschaftlichen Vertreter der zur Vertretung der Gesellschaft ermächtigten Gesellschafter und die Liquidatoren für die Gesellschaft keine Zahlungen leisten. ^{2}Dies gilt nicht von Zahlungen, die auch nach diesem Zeitpunkt mit der Sorgfalt eines ordentlichen und gewissenhaften Geschäftsleiters vereinbar sind.

(3) ^{1}Wird entgegen Absatz 1 die Eröffnung des Insolvenzverfahrens nicht oder nicht rechtzeitig beantragt oder werden entgegen Absatz 2 Zahlungen geleistet, nachdem die Zahlungsunfähigkeit der Gesellschaft eingetreten ist oder sich ihre Überschuldung ergeben hat, so sind die organschaftlichen Vertreter der zur Vertretung der Gesellschaft ermächtigten Gesellschafter und die Liquidatoren der Gesellschaft gegenüber zum Ersatz des daraus entstehenden Schadens als Gesamtschuldner verpflichtet. ^{2}Ist dabei streitig, ob sie die Sorgfalt eines ordentlichen und gewissenhaften Geschäftsleiters angewandt haben, so trifft sie die Beweislast. ^{3}Die Ersatzpflicht kann durch Vereinbarung mit den Gesellschaftern weder eingeschränkt noch ausgeschlossen werden.

§ 130b. Strafvorschriften (1) Mit Freiheitsstrafe bis zu drei Jahren oder mit Geldstrafe wird bestraft, wer es entgegen § 130a Abs. 1 oder 4 unterläßt, als organschaftlicher Vertreter oder Liquidator bei Zahlungsunfähigkeit oder Überschuldung der Gesellschaft die Eröffnung des Insolvenzverfahrens zu beantragen.

(2) Handelt der Täter fahrlässig, so ist die Strafe Freiheitsstrafe bis zu einem Jahr oder Geldstrafe.

§ 132. Kündigung eines Gesellschafters Die Kündigung eines Gesellschafters kann, wenn die Gesellschaft für unbestimmte Zeit eingegangen ist, nur für den Schluß eines Geschäftsjahrs erfolgen; sie muß mindestens sechs Monate vor diesem Zeitpunkte stattfinden.

§ 133. Auflösung durch gerichtliche Entscheidung (1) Auf Antrag eines Gesellschafters kann die Auflösung der Gesellschaft vor dem Ablaufe der für ihre Dauer bestimmten Zeit oder bei einer für unbestimmte Zeit eingegangenen Gesellschaft ohne Kündigung durch gerichtliche Entscheidung ausgesprochen werden, wenn ein wichtiger Grund vorliegt.

(2) Ein solcher Grund ist insbesondere vorhanden, wenn ein anderer Gesellschafter eine ihm nach dem Gesellschaftsvertrag obliegende wesentliche Verpflichtung vorsätzlich oder aus grober Fahrlässigkeit verletzt oder wenn die Erfüllung einer solchen Verpflichtung unmöglich wird.

(3) Eine Vereinbarung, durch welche das Recht des Gesellschafters, die Auflösung der Gesellschaft zu verlangen, ausgeschlossen oder diesen Vorschriften zuwider beschränkt wird, ist nichtig.

§ 137. Tod oder Konkurs eines Gesellschafters *(aufgehoben)*

§ 138. Ausscheiden eines Gesellschafters *(aufgehoben)*

§ 139. Fortsetzung mit den Erben (1) Ist im Gesellschaftsvertrag bestimmt, daß im Falle des Todes eines Gesellschafters die Gesellschaft mit dessen Erben fortgesetzt werden soll, so kann jeder Erbe sein Verbleiben in der Gesellschaft davon abhängig machen, daß ihm unter Belassung des bisherigen Gewinnanteils die Stellung eines Kommanditisten eingeräumt und der auf ihn fallende Teil der Einlage des Erblassers als seine Kommanditeinlage anerkannt wird.

(2) Nehmen die übrigen Gesellschafter einen dahingehenden Antrag nicht an, so ist dieser befugt, ohne Einhaltung einer Kündigungsfrist sein Ausscheiden aus der Gesellschaft zu erklären.

§ 140. Ausschließung eines Gesellschafters
(1) [1]Tritt in der Person eines Gesellschafters ein Umstand ein, der nach § 133 für die übrigen Gesellschafter das Recht begründet, die Auflösung der Gesellschaft zu verlangen, so kann vom Gericht anstatt der Auflösung die Ausschließung dieses Gesellschafters aus der Gesellschaft ausgesprochen werden, sofern die übrigen Gesellschafter dies beantragen. [2]Der Ausschließungsklage steht nicht entgegen, daß nach der Ausschließung nur ein Gesellschafter verbleibt.

(2) Für die Auseinandersetzung zwischen der Gesellschaft und dem ausgeschlossenen Gesellschafter ist die Vermögenslage der Gesellschaft in dem Zeitpunkte maßgebend, in welchem die Klage auf Ausschließung erhoben ist.

§ 141. Fortbestehung bei Gläubigerkündigung oder Konkurs *(aufgehoben)*

§ 142. Übernahme des Geschäfts durch einen Gesellschafter *(aufgehoben)*

§ 143. Anmeldung von Auflösung und Ausscheiden (1) [1]Die Auflösung der Gesellschaft ist von sämtlichen Gesellschaftern zur Eintragung in das Handelsregister anzumelden. [2]Dies gilt nicht in den Fällen der Eröffnung oder der Ablehnung der Eröffnung des Insolvenzverfahrens über das Vermögen der Gesellschaft (§ 131 Abs. 1 Nr. 3 und Abs. 2 Nr. 1). [3]In diesen Fällen hat das Gericht die Auflösung und ihren Grund von Amts wegen einzutragen. [4]Im Falle der Löschung der Gesellschaft (§ 131 Abs. 2 Nr. 2) entfällt die Eintragung der Auflösung.

(2) Absatz 1 Satz 1 gilt entsprechend für das Ausscheiden eines Gesellschafters aus der Gesellschaft.

▶ **Verjährung. Zeitliche Begrenzung der Haftung**

§ 159. Ansprüche gegen einen Gesellschafter
(1) Die Ansprüche gegen einen Gesellschafter aus Verbindlichkeiten der Gesellschaft verjähren in fünf Jahren nach der Auflösung der Gesellschaft, sofern nicht der Anspruch gegen die Gesellschaft einer kürzeren Verjährung unterliegt.

§ 160. Haftung des ausscheidenden Gesellschafters (1) [1]Scheidet ein Gesellschafter der Gesellschaft aus, so haftet er für ihre bis dahin begründeten Verbindlichkeiten, wenn sie vor Ablauf von fünf Jahren nach dem Ausscheiden fällig und daraus Ansprüche gegen ihn in einer in § 197 Abs. 1 Nr. 3 bis 5 des Bürgerlichen Gesetzbuchs bezeichneten Art festgestellt sind oder eine gerichtliche oder behördliche Vollstreckungshandlung vorgenommen oder beantragt wird; bei öffentlichrechtlichen Verbindlichkeiten genügt der Erlaß eines Verwaltungsakts. [2]Die Frist beginnt mit dem Ende des Tages, an dem das Ausscheiden in das Handelsregister des für den Sitz der Gesellschaft zuständigen Gerichts eingetragen wird. [3]Die für die Verjährung geltenden §§ 204, 206, 210, 211 und 212 Abs. 2 und 3 des Bürgerlichen Gesetzbuches sind entsprechend anzuwenden.

Kommanditgesellschaft

§ 161. Begriff der KG; Anwendbarkeit der OHG-Vorschriften (1) Eine Gesellschaft, deren Zweck auf den Betrieb eines Handelsgewerbes unter gemeinschaftlicher Firma gerichtet ist, ist eine Kommanditgesellschaft, wenn bei einem oder bei einigen von den Gesellschaftern die Haftung gegenüber den Gesellschaftsgläubigern auf den Betrag einer bestimmten Vermögenseinlage beschränkt ist (Kommanditisten), während bei dem anderen Teile der Gesellschafter eine Beschränkung der Haftung nicht stattfindet (persönlich haftende Gesellschafter).

(2) Soweit nicht in diesem Abschnitt ein anderes vorgeschrieben ist, finden auf die Kommanditgesellschaft die für die offene Handelsgesellschaft geltenden Vorschriften Anwendung.

§ 162. Anmeldung zum Handelsregister
(1) Die Anmeldung der Gesellschaft hat außer den in § 106 Abs. 2 vorgesehenen Angaben die Bezeichnung der Kommanditisten und den Betrag der Einlage eines jeden von ihnen zu enthalten. Ist eine Gesellschaft bürgerlichen Rechts Kommanditist, so sind auch deren Gesellschafter entsprechend § 106 Abs. 2 und spä-

tere Änderungen in der Zusammensetzung der Gesellschafter zur Eintragung anzumelden.
(2) Bei der Bekanntmachung der Eintragung der Gesellschaft sind keine Angaben zu den Kommanditisten zu machen; die Vorschriften des § 15 sind insoweit nicht anzuwenden.
(3) Diese Vorschriften finden im Falle des Eintritts eines Kommanditisten in eine bestehende Handelsgesellschaft und im Falle des Ausscheidens eines Kommanditisten aus einer Kommanditgesellschaft entsprechende Anwendung.

§ 163. Rechtsverhältnis der Gesellschafter untereinander Für das Verhältnis der Gesellschafter untereinander gelten in Ermangelung abweichender Bestimmungen des Gesellschaftsvertrags die besonderen Vorschriften der §§ 164 bis 169.

§ 164. Geschäftsführung ^{1}Die Kommanditisten sind von der Führung der Geschäfte der Gesellschaft ausgeschlossen; sie können einer Handlung der persönlich haftenden Gesellschafter nicht widersprechen, es sei denn, daß die Handlung über den gewöhnlichen Betrieb des Handelsgewerbes der Gesellschaft hinausgeht. ^{2}Die Vorschriften des § 116 Abs. 3 bleiben unberührt.

§ 165. Wettbewerbsverbot Die §§ 112 und 113 finden auf die Kommanditisten keine Anwendung.

§ 166. Kontrollrecht (1) Der Kommanditist ist berechtigt, die abschriftliche Mitteilung des Jahresabschlusses zu verlangen und dessen Richtigkeit unter Einsicht der Bücher und Papiere zu prüfen.
(2) Die in § 118 dem von der Geschäftsführung ausgeschlossenen Gesellschafter eingeräumten weiteren Rechte stehen dem Kommanditisten nicht zu.
(3) Auf Antrag eines Kommanditisten kann das Gericht, wenn wichtige Gründe vorliegen, die Mitteilung einer Bilanz und eines Jahresabschlusses oder sonstiger Aufklärungen sowie die Vorlegung der Bücher und Papiere jederzeit anordnen.

§ 167. Gewinn und Verlust (1) Die Vorschriften des § 120 über die Berechnung des Gewinns oder Verlustes gelten auch für den Kommanditisten.
(2) Jedoch wird der einem Kommanditisten zukommende Gewinn seinem Kapitalanteil nur so lange zugeschrieben, als dieser den Betrag der bedungenen Einlage nicht erreicht.
(3) An dem Verluste nimmt der Kommanditist nur bis zum Betrage seines Kapitalanteils und seiner noch rückständigen Einlage teil.

§ 168. Verteilung von Gewinn und Verlust
(1) Die Anteile der Gesellschafter am Gewinne bestimmen sich, soweit der Gewinn den Betrag von vier vom Hundert der Kapitalanteile nicht übersteigt, nach den Vorschriften des § 121 Abs. 1 und 2.
(2) In Ansehung des Gewinns, welcher diesen Betrag übersteigt, sowie in Ansehung des Verlustes gilt, soweit nicht ein anderes vereinbart ist, ein den Umständen nach angemessenes Verhältnis der Anteile als bedungen.

§ 169. Gewinnauszahlung (1) ^{1}§ 122 findet auf den Kommanditisten keine Anwendung. ^{2}Dieser hat nur Anspruch auf Auszahlung des ihm zukommenden Gewinns; er kann auch die Auszahlung des Gewinns nicht fordern, solange sein Kapitalanteil durch Verlust unter den auf die bedungene Einlage geleisteten Betrag herabgemindert ist oder durch die Auszahlung unter diesen Betrag herabgemindert werden würde.
(2) Der Kommanditist ist nicht verpflichtet, den bezogenen Gewinn wegen späterer Verluste zurückzuzahlen.

§ 170. Vertretung der KG Der Kommanditist ist zur Vertretung der Gesellschaft nicht ermächtigt.

§ 171. Haftung des Kommanditisten (1) Der Kommanditist haftet den Gläubigern der Gesellschaft bis zur Höhe seiner Einlage unmittelbar; die Haftung ist ausgeschlossen, soweit die Einlage geleistet ist.

§ 172. Umfang der Haftung (1) Im Verhältnisse zu den Gläubigern der Gesellschaft wird nach der Eintragung in das Handelsregister die Einlage eines Kommanditisten durch den in der Eintragung angegebenen Betrag bestimmt.
(3) Eine Vereinbarung der Gesellschafter, durch die einem Kommanditisten die Einlage erlassen oder gestundet wird, ist den Gläubigern gegenüber unwirksam.
(4) ^{1}Soweit die Einlage eines Kommanditisten zurückbezahlt wird, gilt sie den Gläubigern gegenüber als nicht geleistet. ^{2}Das gleiche gilt, soweit ein Kommanditist Gewinnanteile entnimmt, während sein Kapitalanteil durch Verlust unter den Betrag der geleisteten Einlage herabgemindert ist, oder soweit durch die Entnahme des Kapitalanteils unter den bezeichneten Betrag herabgemindert wird.

§ 173. Haftung bei Eintritt als Kommanditist
(1) Wer in eine bestehende Handelsgesellschaft als Kommanditist eintritt, haftet nach Maßgabe der §§ 171 und 172 für die vor seinem Eintritt begründeten Verbindlichkeiten der Gesellschaft, ohne Unterschied, ob die Firma eine Änderung erleidet oder nicht.

(2) Eine entgegenstehende Vereinbarung ist Dritten gegenüber unwirksam.

§ 176. Haftung vor Eintragung (1) ¹Hat die Gesellschaft ihre Geschäfte begonnen, bevor sie in das Handelsregister des Gerichts, in dessen Bezirke sie ihren Sitz hat, eingetragen ist, so haftet jeder Kommanditist, der dem Geschäftsbeginn zugestimmt hat, für die bis zur Eintragung begründeten Verbindlichkeiten der Gesellschaft gleich einem persönlich haftenden Gesellschafter, es sei denn, daß seine Beteiligung als Kommanditist dem Gläubiger bekannt war. ²Diese Vorschrift kommt nicht zur Anwendung, soweit sich aus § 2 oder § 105 Abs. 2 ein anderes ergibt.
(2) Tritt ein Kommanditist in eine bestehende Handelsgesellschaft ein, so findet die Vorschrift des Absatzes 1 Satz 1 für die in der Zeit zwischen seinem Eintritt und dessen Eintragung in das Handelsregister begründeten Verbindlichkeiten der Gesellschaft entsprechende Anwendung.

§ 177. Tod des Kommanditisten Beim Tod eines Kommanditisten wird die Gesellschaft mangels abweichender vertraglicher Bestimmungen mit den Erben fortgesetzt.

§ 177a. Angaben auf Geschäftsbriefen; Antragspflicht bei Zahlungsunfähigkeit oder Überschuldung Die §§ 125a, 130 a und 130 b gelten auch für die Gesellschaft, bei der ein Kommanditist eine natürliche Person ist ...

Stille Gesellschaft

§ 230. Begriff und Wesen der stillen Gesellschaft (1) Wer sich als stiller Gesellschafter an dem Handelsgewerbe, das ein anderer betreibt, mit einer Vermögenseinlage beteiligt, hat die Einlage so zu leisten, daß sie in das Vermögen des Inhabers des Handelsgeschäfts übergeht.
(2) Der Inhaber wird aus den in dem Betriebe geschlossenen Geschäften allein berechtigt und verpflichtet.

§ 231. Gewinn und Verlust (1) Ist der Anteil des stillen Gesellschafters am Gewinn und Verluste nicht bestimmt, so gilt ein den Umständen nach angemessener Anteil als bedungen.
(2) Im Gesellschaftsvertrage kann bestimmt werden, daß der stille Gesellschafter nicht am Verluste beteiligt sein soll; seine Beteiligung am Gewinne kann nicht ausgeschlossen werden.

§ 232. Gewinn- und Verlustrechnung (1) Am Schlusse jedes Geschäftsjahrs wird der Gewinn und Verlust berechnet und der auf den stillen Gesellschafter fallende Gewinn ihm ausbezahlt.

(2) ¹Der stille Gesellschafter nimmt an dem Verluste nur bis zum Betrage seiner eingezahlten oder rückständigen Einlage teil. ²Er ist nicht verpflichtet, den bezogenen Gewinn wegen späterer Verluste zurückzuzahlen; jedoch wird, solange seine Einlage durch Verlust vermindert ist, der jährliche Gewinn zur Deckung des Verlustes verwendet.

§ 233. Kontrollrecht des stillen Gesellschafters (1) Der stille Gesellschafter ist berechtigt, die abschriftliche Mitteilung des Jahresabschlusses zu verlangen und dessen Richtigkeit unter Einsicht der Bücher und Papiere zu prüfen.

§ 234. Kündigung der Gesellschaft; Tod des stillen Gesellschafters (1) ¹Auf die Kündigung der Gesellschaft durch einen der Gesellschafter oder durch einen Gläubiger des stillen Gesellschafters finden die Vorschriften der §§ 132, 134 und 135 entsprechende Anwendung. ²Die Vorschriften des § 723 des Bürgerlichen Gesetzbuchs über das Recht, die Gesellschaft aus wichtigen Gründen ohne Einhaltung einer Frist zu kündigen, bleiben unberührt.
(2) Durch den Tod des stillen Gesellschafters wird die Gesellschaft nicht aufgelöst.

§ 235. Auseinandersetzung (1) Nach der Auflösung der Gesellschaft hat sich der Inhaber des Handelsgeschäfts mit dem stillen Gesellschafter auseinanderzusetzen und dessen Guthaben in Geld zu berichtigen.
(2) ¹Die zur Zeit der Auflösung schwebenden Geschäfte werden von dem Inhaber des Handelsgeschäfts abgewickelt. ²Der stille Gesellschafter nimmt teil an dem Gewinn und Verluste, der sich aus diesen Geschäften ergibt.
(3) Er kann am Schlusse jedes Geschäftsjahrs Rechenschaft über die inzwischen beendigten Geschäfte, Auszahlung des ihm gebührenden Betrags und Auskunft über den Stand der noch schwebenden Geschäfte verlangen.

§ 236. Insolvenz des Inhabers (1) Wird über das Vermögen des Inhabers des Handelsgeschäfts das Insolvenzverfahren eröffnet, so kann der stille Gesellschafter wegen der Einlage, soweit sie den Betrag des auf ihn fallenden Anteils am Verlust übersteigt, seine Forderung als Insolvenzgläubiger geltend machen.
(2) Ist die Einlage rückständig, so hat sie der stille Gesellschafter bis zu dem Betrage, welcher zur Deckung seines Anteils am Verlust erforderlich ist, zur Insolvenzmasse einzuzahlen.

Drittes Buch. Handelsbücher

Vorschriften für alle Kaufleute

▶ **Buchführung und Inventar**

§ 238. Buchführungspflicht (1) [1]Jeder Kaufmann ist verpflichtet, Bücher zu führen und in diesen seine Handelsgeschäfte und die Lage seines Vermögens nach den Grundsätzen ordnungsmäßiger Buchführung ersichtlich zu machen. [2]Die Buchführung muß so beschaffen sein, daß sie einem sachverständigen Dritten innerhalb angemessener Zeit einen Überblick über die Geschäftsvorfälle und über die Lage des Unternehmens vermitteln kann. [3]Die Geschäftsvorfälle müssen sich in ihrer Entstehung und Abwicklung verfolgen lassen.

(2) Der Kaufmann ist verpflichtet, eine mit der Urschrift übereinstimmende Wiedergabe der abgesandten Handelsbriefe (Kopie, Abdruck, Abschrift oder sonstige Wiedergabe des Wortlauts auf einem Schrift-, Bild- oder anderen Datenträger) zurückzubehalten.

§ 239. Führung der Handelsbücher (1) [1]Bei der Führung der Handelsbücher und bei den sonst erforderlichen Aufzeichnungen hat sich der Kaufmann einer lebenden Sprache zu bedienen. [2]Werden Abkürzungen, Ziffern, Buchstaben oder Symbole verwendet, muß im Einzelfall deren Bedeutung eindeutig festliegen.

(2) Die Eintragungen in Büchern und die sonst erforderlichen Aufzeichnungen müssen vollständig, richtig, zeitgerecht und geordnet vorgenommen werden.

(3) [1]Eine Eintragung oder eine Aufzeichnung darf nicht in einer Weise verändert werden, daß der ursprüngliche Inhalt nicht mehr feststellbar ist. [2]Auch solche Veränderungen dürfen nicht vorgenommen werden, deren Beschaffenheit es ungewiß läßt, ob sie ursprünglich oder erst später gemacht worden sind.

(4) [1]Die Handelsbücher und die sonst erforderlichen Aufzeichnungen können auch in der geordneten Ablage von Belegen bestehen oder auf Datenträgern geführt werden, soweit diese Formen der Buchführung einschließlich des dabei angewandten Verfahrens den Grundsätzen ordnungsmäßiger Buchführung entsprechen. [2]Bei der Führung der Handelsbücher und der sonst erforderlichen Aufzeichnungen auf Datenträgern muß insbesondere sichergestellt sein, daß die Daten während der Dauer der Aufbewahrungsfrist verfügbar sind und jederzeit innerhalb angemessener Frist lesbar gemacht werden können. [3]Absätze 1 bis 3 gelten sinngemäß.

§ 240. Inventar (1) Jeder Kaufmann hat zu Beginn seines Handelsgewerbes seine Grundstücke, seine Forderungen und Schulden, den Betrag seines baren Geldes sowie seine sonstigen Vermögensgegenstände genau zu verzeichnen und dabei den Wert der einzelnen Vermögensgegenstände und Schulden anzugeben.

(2) [1]Er hat demnächst für den Schluß eines jeden Geschäftsjahrs ein solches Inventar aufzustellen. [2]Die Dauer des Geschäftsjahres darf zwölf Monate nicht überschreiten. [3]Die Aufstellung des Inventars ist innerhalb der einem ordnungsmäßigen Geschäftsgang entsprechenden Zeit zu bewirken.

(3) [1]Vermögensgegenstände des Sachanlagevermögens sowie Roh-, Hilfs- und Betriebsstoffe können, wenn sie regelmäßig ersetzt werden und ihr Gesamtwert für das Unternehmen von nachrangiger Bedeutung ist, mit einer gleichbleibenden Menge und einem gleichbleibenden Wert angesetzt werden, sofern ihr Bestand in seiner Größe, seinem Wert und seiner Zusammensetzung nur geringen Veränderungen unterliegt. [2]Jedoch ist in der Regel alle drei Jahre eine körperliche Bestandsaufnahme durchzuführen.

(4) Gleichartige Vermögensgegenstände des Vorratsvermögens sowie andere gleichartige oder annähernd gleichwertige bewegliche Vermögensgegenstände und Schulden können jeweils zu einer Gruppe zusammengefaßt und mit dem gewogenen Durchschnittswert angesetzt werden.

§ 241. Inventurvereinfachungsverfahren. (1) [1]Bei der Aufstellung des Inventars darf der Bestand der Vermögensgegenstände nach Art, Menge und Wert auch mit Hilfe anerkannter mathematisch-statistischer Methoden auf Grund von Stichproben ermittelt werden. [2]Das Verfahren muß den Grundsätzen ordnungsmäßiger Buchführung entsprechen. [3]Der Aussagewert des auf diese Weise aufgestellten Inventars muß dem Aussagewert eines auf Grund einer körperlichen Bestandsaufnahme aufgestellten Inventars gleichkommen.

(2) Bei der Aufstellung des Inventars für den Schluß eines Geschäftsjahrs bedarf es einer körperlichen Bestandsaufnahme der Vermögensgegenstände für diesen Zeitpunkt nicht, soweit durch Anwendung eines den Grundsätzen ordnungsmäßiger Buchführung entsprechenden anderen Verfahrens gesichert ist, daß der Bestand der Vermögensgegenstände nach Art, Menge und Wert auch ohne die körperliche Bestandsaufnahme für diesen Zeitpunkt festgestellt werden kann.

Handelsgesetzbuch 5.1 HGB §§ 241–249

(3) In dem Inventar für den Schluß eines Geschäftsjahrs brauchen Vermögensgegenstände nicht verzeichnet zu werden, wenn
1. der Kaufmann ihren Bestand auf Grund einer körperlichen Bestandsaufnahme oder auf Grund eines nach Absatz 2 zulässigen anderen Verfahrens nach Art, Menge und Wert in einem besonderen Inventar verzeichnet hat, das für einen Tag innerhalb der letzten drei Monate vor oder der ersten beiden Monate nach dem Schluß des Geschäftsjahrs aufgestellt ist, und
2. auf Grund des besonderen Inventars durch Anwendung eines den Grundsätzen ordnungsmäßiger Buchführung entsprechenden Fortschreibungs- oder Rückrechnungsverfahrens gesichert ist, daß der am Schluß des Geschäftsjahrs vorhandene Bestand der Vermögensgegenstände für diesen Zeitpunkt ordnungsgemäß bewertet werden kann.

▶ **Eröffnungsbilanz und Jahresabschluß**

Allgemeine Vorschriften

§ 242. Pflicht zur Aufstellung. (1) ^{1}Der Kaufmann hat zu Beginn seines Handelsgewerbes und für den Schluß eines jeden Geschäftsjahrs einen das Verhältnis seines Vermögens und seiner Schulden darstellenden Abschluß (Eröffnungsbilanz, Bilanz) aufzustellen. ^{2}Auf die Eröffnungsbilanz sind die für den Jahresabschluß geltenden Vorschriften entsprechend anzuwenden, soweit sie sich auf die Bilanz beziehen.
(2) Er hat für den Schluß eines jeden Geschäftsjahrs eine Gegenüberstellung der Aufwendungen und Erträge des Geschäftsjahrs (Gewinn- und Verlustrechnung) aufzustellen.
(3) Die Bilanz und die Gewinn- und Verlustrechnung bilden den Jahresabschluß.

§ 243. Aufstellungsgrundsatz. (1) Der Jahresabschluß ist nach den Grundsätzen ordnungsmäßiger Buchführung aufzustellen.
(2) Er muß klar und übersichtlich sein.
(3) Der Jahresabschluß ist innerhalb der einem ordnungsmäßigen Geschäftsgang entsprechenden Zeit aufzustellen.

§ 244. Sprache. Währungseinheit. Der Jahresabschluß ist in deutscher Sprache und in Euro aufzustellen.

§ 245. Unterzeichnung. ^{1}Der Jahresabschluß ist vom Kaufmann unter Angabe des Datums zu unterzeichnen. ^{2}Sind mehrere persönlich haftende Gesellschafter vorhanden, so haben sie alle zu unterzeichnen.

Ansatzvorschriften

§ 246. Vollständigkeit. Verrechnungsverbot.
(1) ^{1}Der Jahresabschluß hat sämtliche Vermögensgegenstände, Schulden, Rechnungsabgrenzungsposten, Aufwendungen und Erträge zu enthalten, soweit gesetzlich nichts anderes bestimmt ist. ^{2}Vermögensgegenstände, die unter Eigentumsvorbehalt erworben oder an Dritte für eigene oder fremde Verbindlichkeiten verpfändet oder in anderer Weise als Sicherheit übertragen worden sind, sind in die Bilanz des Sicherungsgebers aufzunehmen. ^{3}In die Bilanz des Sicherungsnehmers sind sie nur aufzunehmen, wenn es sich um Bareinlagen handelt.
(2) Posten der Aktivseite dürfen nicht mit Posten der Passivseite, Aufwendungen nicht mit Erträgen, Grundstücksrechte nicht mit Grundstückslasten verrechnet werden.

§ 247. Inhalt der Bilanz. (1) In der Bilanz sind das Anlage- und das Umlaufvermögen, das Eigenkapital, die Schulden sowie die Rechnungsabgrenzungsposten gesondert auszuweisen und hinreichend aufzugliedern.
(2) Beim Anlagevermögen sind nur die Gegenstände auszuweisen, die bestimmt sind, dauernd dem Geschäftsbetrieb zu dienen.
(3) ^{1}Passivposten, die für Zwecke der Steuern vom Einkommen und vom Ertrag zulässig sind, dürfen in der Bilanz gebildet werden. ^{2}Sie sind als Sonderposten mit Rücklageanteil auszuweisen und nach Maßgabe des Steuerrechts aufzulösen. ^{3}Einer Rückstellung bedarf es insoweit nicht.

§ 248. Bilanzierungsverbote. (1) Aufwendungen für die Gründung des Unternehmens und für die Beschaffung des Eigenkapitals dürfen in die Bilanz nicht als Aktivposten aufgenommen werden.
(2) Für immaterielle Vermögensgegenstände des Anlagevermögens, die nicht entgeltlich erworben wurden, darf ein Aktivposten nicht angesetzt werden.
(3) Aufwendungen für den Abschluß von Versicherungsverträgen dürfen nicht aktiviert werden.

§ 249. Rückstellungen. (1) ^{1}Rückstellungen sind für ungewisse Verbindlichkeiten und für drohende Verluste aus schwebenden Geschäften zu bilden. ^{2}Ferner sind Rückstellungen zu bilden für
1. im Geschäftsjahr unterlassene Aufwendungen für Instandhaltung, die im folgenden Geschäftsjahr innerhalb von drei Monaten, oder

für Abraumbeseitigung, die im folgenden Geschäftsjahr nachgeholt werden,
2. Gewährleistungen, die ohne rechtliche Verpflichtung erbracht werden.
[3]Rückstellungen dürfen für unterlassene Aufwendungen für Instandhaltung auch gebildet werden, wenn die Instandhaltung nach Ablauf der Frist nach Satz 2 Nr. 1 innerhalb des Geschäftsjahrs nachgeholt wird.

(2) Rückstellungen dürfen außerdem für ihrer Eigenart nach genau umschriebene, dem Geschäftsjahr oder einem früheren Geschäftsjahr zuzuordnende Aufwendungen gebildet werden, die am Abschlußstichtag wahrscheinlich oder sicher, aber hinsichtlich ihrer Höhe oder des Zeitpunkts ihres Eintritts unbestimmt sind.

(3) [1]Für andere als die in den Absätzen 1 und 2 bezeichneten Zwecke dürfen Rückstellungen nicht gebildet werden. [2]Rückstellungen dürfen nur aufgelöst werden, soweit der Grund hierfür entfallen ist.

§ 250. Rechnungsabgrenzungsposten.

(1) [1]Als Rechnungsabgrenzungsposten sind auf der Aktivseite Ausgaben vor dem Abschlußstichtag auszuweisen, soweit sie Aufwand für eine bestimmte Zeit nach diesem Tag darstellen. [2]Ferner dürfen ausgewiesen werden
1. als Aufwand berücksichtigte Zölle und Verbrauchsteuern, soweit sie auf am Abschlußstichtag auszuweisende Vermögensgegenstände des Vorratsvermögens entfallen,
2. als Aufwand berücksichtigte Umsatzsteuer auf am Abschlußstichtag auszuweisende oder von den Vorräten offen abgesetzte Anzahlungen.

(2) Auf der Passivseite sind als Rechnungsabgrenzungsposten Einnahmen vor dem Abschlußstichtag auszuweisen, soweit sie Ertrag für eine bestimmte Zeit nach diesem Tag darstellen.

(3) [1]Ist der Rückzahlungsbetrag einer Verbindlichkeit höher als der Ausgabebetrag, so darf der Unterschiedsbetrag in den Rechnungsabgrenzungsposten auf der Aktivseite aufgenommen werden. [2]Der Unterschiedsbetrag ist durch planmäßige jährliche Abschreibungen zu tilgen, die auf die gesamte Laufzeit der Verbindlichkeit verteilt werden können.

§ 251. Haftungsverhältnisse.

[1]Unter der Bilanz sind, sofern sie nicht auf der Passivseite auszuweisen sind, Verbindlichkeiten aus der Begebung und Übertragung von Wechseln, aus Bürgschaften, Wechsel- und Scheckbürgschaften und aus Gewährleistungsverträgen sowie Haftungsverhältnisse aus der Bestellung von Sicherheiten für fremde Verbindlichkeiten zu vermerken; sie dürfen in einem Betrag angegeben werden. [2]Haftungsverhältnisse sind auch anzugeben, wenn ihnen gleichwertige Rückgriffsforderungen gegenüberstehen.

Bewertungsvorschriften

§ 252. Allgemeine Bewertungsgrundsätze.

(1) Bei der Bewertung der im Jahresabschluß ausgewiesenen Vermögensgegenstände und Schulden gilt insbesondere folgendes:
1. Die Wertansätze in der Eröffnungsbilanz des Geschäftsjahrs müssen mit denen der Schlußbilanz des vorhergehenden Geschäftsjahrs übereinstimmen.
2. Bei der Bewertung ist von der Fortführung der Unternehmenstätigkeit auszugehen, sofern dem nicht tatsächliche oder rechtliche Gegebenheiten entgegenstehen.
3. Die Vermögensgegenstände und Schulden sind zum Abschlußstichtag einzeln zu bewerten.
4. Es ist vorsichtig zu bewerten, namentlich sind alle vorhersehbaren Risiken und Verluste, die bis zum Abschlußstichtag entstanden sind, zu berücksichtigen, selbst wenn diese erst zwischen dem Abschlußstichtag und dem Tag der Aufstellung des Jahresabschlusses bekanntgeworden sind; Gewinne sind nur zu berücksichtigen, wenn sie am Abschlußstichtag realisiert sind.
5. Aufwendungen und Erträge des Geschäftsjahrs sind unabhängig von den Zeitpunkten der entsprechenden Zahlungen im Jahresabschluß zu berücksichtigen.
6. Die auf den vorhergehenden Jahresabschluß angewandten Bewertungsmethoden sollen beibehalten werden.

(2) Von den Grundsätzen des Absatzes 1 darf nur in begründeten Ausnahmefällen abgewichen werden.

§ 253. Wertansätze der Vermögensgegenstände und Schulden.

(1) [1]Vermögensgegenstände sind höchstens mit den Anschaffungs- oder Herstellungskosten, vermindert um Abschreibungen nach den Absätzen 2 und 3 anzusetzen. [2]Verbindlichkeiten sind zu ihrem Rückzahlungsbetrag, Rentenverpflichtungen, für die eine Gegenleistung nicht mehr zu erwarten ist, zu ihrem Barwert und Rückstellungen nur in Höhe des Betrags anzusetzen, der nach vernünftiger kaufmännischer Beurteilung notwendig ist; Rückstellungen dürfen nur abgezinst werden, soweit die ihnen zugrundeliegenden Verbindlichkeiten einen Zinsanteil enthalten.

(2) [1]Bei Vermögensgegenständen des Anlagevermögens, deren Nutzung zeitlich begrenzt ist, sind die Anschaffungs- oder Herstellungskosten um planmäßige Abschreibungen zu vermindern. [2]Der Plan muß die Anschaffungs- oder

Herstellungskosten auf die Geschäftsjahre verteilen, in denen der Vermögensgegenstand voraussichtlich genutzt werden kann. ³Ohne Rücksicht darauf, ob ihre Nutzung zeitlich begrenzt ist, können bei Vermögensgegenständen des Anlagevermögens außerplanmäßige Abschreibungen vorgenommen werden, um die Vermögensgegenstände mit dem niedrigeren Wert anzusetzen, der ihnen am Abschlußstichtag beizulegen ist; sie sind vorzunehmen bei einer voraussichtlich dauernden Wertminderung.

(3) ¹Bei Vermögensgegenständen des Umlaufvermögens sind Abschreibungen vorzunehmen, um diese mit einem niedrigeren Wert anzusetzen, der sich aus einem Börsen- oder Marktpreis am Abschlußstichtag ergibt. ²Ist ein Börsen- oder Marktpreis nicht festzustellen und übersteigen die Anschaffungs- oder Herstellungskosten den Wert, der den Vermögensgegenständen am Abschlußstichtag beizulegen ist, so ist auf diesen Wert abzuschreiben. ³Außerdem dürfen Abschreibungen vorgenommen werden, soweit diese nach vernünftiger kaufmännischer Beurteilung notwendig sind, um zu verhindern, daß in der nächsten Zukunft der Wertansatz dieser Vermögensgegenstände auf Grund von Wertschwankungen geändert werden muß.

(4) Abschreibungen sind außerdem im Rahmen vernünftiger kaufmännischer Beurteilung zulässig.

(5) Ein niedrigerer Wertansatz nach Absatz 2 Satz 3, Absatz 3 oder 4 darf beibehalten werden, auch wenn die Gründe dafür nicht mehr bestehen.

§ 254. Steuerrechtliche Abschreibungen.
¹Abschreibungen können auch vorgenommen werden, um Vermögensgegenstände des Anlage- oder Umlaufvermögens mit dem niedrigeren Wert anzusetzen, der nur nach steuerrechtlich zulässiger Abschreibung beruht. ²§ 253 Abs. 5 ist entsprechend anzuwenden.

§ 255. Anschaffungs- und Herstellungskosten.
(1) ¹Anschaffungskosten sind die Aufwendungen, die geleistet werden, um einen Vermögensgegenstand zu erwerben und ihn in einen betriebsbereiten Zustand zu versetzen, soweit sie dem Vermögensgegenstand einzeln zugeordnet werden können. ²Zu den Anschaffungskosten gehören auch die Nebenkosten sowie die nachträglichen Anschaffungskosten. ³Anschaffungspreisminderungen sind abzusetzen.

(2) ¹Herstellungskosten sind die Aufwendungen, die durch den Verbrauch von Gütern und die Inanspruchnahme von Diensten für die Herstellung eines Vermögensgegenstands, seine Erweiterung oder für eine über seinen ursprünglichen Zustand hinausgehende wesentliche Verbesserung entstehen. ²Dazu gehören die Materialkosten, die Fertigungskosten und die Sonderkosten der Fertigung. ³Bei der Berechnung der Herstellungskosten dürfen auch angemessene Teile der notwendigen Materialgemeinkosten, der notwendigen Fertigungsgemeinkosten und des Wertverzehrs des Anlagevermögens, soweit er durch die Fertigung veranlaßt ist, eingerechnet werden. ⁴Kosten der allgemeinen Verwaltung sowie Aufwendungen für soziale Einrichtungen des Betriebs, für freiwillige soziale Leistungen und für betriebliche Altersversorgung brauchen nicht eingerechnet zu werden. ⁵Aufwendungen im Sinne der Sätze 3 und 4 dürfen nur insoweit berücksichtigt werden, als sie auf den Zeitraum der Herstellung entfallen. ⁶Vertriebskosten dürfen nicht in die Herstellungskosten einbezogen werden.

(3) ¹Zinsen für Fremdkapital gehören nicht zu den Herstellungskosten. ²Zinsen für Fremdkapital, das zur Finanzierung der Herstellung eines Vermögensgegenstands verwendet wird, dürfen angesetzt werden, soweit sie auf den Zeitraum der Herstellung entfallen; in diesem Falle gelten sie als Herstellungskosten des Vermögensgegenstands.

(4) ¹Als Geschäfts- oder Firmenwert darf der Unterschiedsbetrag angesetzt werden, um den die für die Übernahme eines Unternehmens bewirkte Gegenleistung den Wert der einzelnen Vermögensgegenstände des Unternehmens abzüglich der Schulden im Zeitpunkt der Übernahme übersteigt. ²Der Betrag ist in jedem folgenden Geschäftsjahr zu mindestens einem Viertel durch Abschreibungen zu tilgen. ³Die Abschreibung des Geschäfts- oder Firmenwerts kann aber auch planmäßig auf die Geschäftsjahre verteilt werden, in denen er voraussichtlich genutzt wird.

§ 256. Bewertungsvereinfachungsverfahren.
¹Soweit es den Grundsätzen ordnungsmäßiger Buchführung entspricht, kann für den Wertansatz gleichartiger Vermögensgegenstände des Vorratsvermögens unterstellt werden, daß die zuerst oder daß die zuletzt angeschafften oder hergestellten Vermögensgegenstände zuerst oder in einer sonstigen bestimmten Folge verbraucht oder veräußert worden sind. ²§ 240 Abs. 3 und 4 ist auch auf den Jahresabschluß anwendbar.

▶ Aufbewahrung und Vorlage

§ 257. Aufbewahrung von Unterlagen. Aufbewahrungsfristen.
(1) Jeder Kaufmann ist verpflichtet, die folgenden Unterlagen geordnet aufzubewahren:
1. Handelsbücher, Inventare, Eröffnungsbilanzen, Jahresabschlüsse, Lageberichte, Kon-

zernabschlüsse, Einzelabschlüsse nach § 325 Abs. 2a, Konzernlageberichte sowie die zu ihrem Verständnis erforderlichen Arbeitsanweisungen und sonstigen Organisationsunterlagen,
2. die empfangenen Handelsbriefe,
3. Wiedergaben der abgesandten Handelsbriefe,
4. Belege für Buchungen in den von ihm nach § 238 Abs. 1 zu führenden Büchern (Buchungsbelege).

(2) Handelsbriefe sind nur Schriftstücke, die ein Handelsgeschäft betreffen.

(3) Mit Ausnahme der Eröffnungsbilanzen und Abschlüsse können die in Absatz 1 aufgeführten Unterlagen auch als Wiedergabe auf einem Bildträger oder auf anderen Datenträgern aufbewahrt werden, wenn dies den Grundsätzen ordnungsmäßiger Buchführung entspricht und sichergestellt ist, daß die Wiedergabe oder die Daten
1. mit den empfangenen Handelsbriefen und den Buchungsbelegen bildlich und mit den anderen Unterlagen inhaltlich übereinstimmen, wenn sie lesbar gemacht werden,
2. während der Dauer der Aufbewahrungsfrist verfügbar sind und jederzeit innerhalb angemessener Frist lesbar gemacht werden können.

²Sind Unterlagen auf Grund des § 239 Abs. 4 Satz 1 auf Datenträgern hergestellt worden, können statt des Datenträgers die Daten auch ausgedruckt aufbewahrt werden; die ausgedruckten Unterlagen können auch nach Satz 1 aufbewahrt werden.

(4) Die in Absatz 1 Nr. 1 und 4 aufgeführten Unterlagen sind zehn Jahre und die sonstigen in Absatz 1 aufgeführten Unterlagen sechs Jahre aufzubewahren.

(5) Die Aufbewahrungsfrist beginnt mit dem Schluß des Kalenderjahrs, in dem die letzte Eintragung in das Handelsbuch gemacht, das Inventar aufgestellt, die Eröffnungsbilanz oder der Jahresabschluß festgestellt, der Einzelabschluss nach § 325 Abs. 2a oder der Konzernabschluß aufgestellt, der Handelsbrief empfangen oder abgesandt worden oder der Buchungsbeleg entstanden ist.

Ergänzende Vorschriften für Kapitalgesellschaften (Aktiengesellschaften, Kommanditgesellschaften auf Aktien und Gesellschaften mit beschränkter Haftung) sowie bestimmte Personenhandelsgesellschaften

▶ **Jahresabschluß der Kapitalgesellschaft und Lagebericht**

Allgemeine Vorschriften

§ 264. Pflicht zur Aufstellung. (1) ¹Die gesetzlichen Vertreter einer Kapitalgesellschaft haben den Jahresabschluß (§ 242) um einen Anhang zu erweitern, der mit der Bilanz und der Gewinn- und Verlustrechnung eine Einheit bildet, sowie einen Lagebericht aufzustellen. ²Der Jahresabschluß und der Lagebericht sind von den gesetzlichen Vertretern in den ersten drei Monaten des Geschäftsjahrs für das vergangene Geschäftsjahr aufzustellen. ³Kleine Kapitalgesellschaften (§ 267 Abs. 1) brauchen den Lagebericht nicht aufzustellen; sie dürfen den Jahresabschluß auch später aufstellen, wenn dies einem ordnungsgemäßen Geschäftsgang entspricht, jedoch innerhalb der ersten sechs Monate des Geschäftsjahres.

(2) ¹Der Jahresabschluß der Kapitalgesellschaft hat unter Beachtung der Grundsätze ordnungsmäßiger Buchführung ein den tatsächlichen Verhältnissen entsprechendes Bild der Vermögens-, Finanz- und Ertragslage der Kapitalgesellschaft zu vermitteln. ²Führen besondere Umstände dazu, daß der Jahresabschluß ein den tatsächlichen Verhältnissen entsprechendes Bild im Sinne des Satzes 1 nicht vermittelt, so sind im Anhang zusätzliche Angaben zu machen. ...

§ 264a. Anwendung auf bestimmte offene Handelsgesellschaften und Kommanditgesellschaften. (1) Die Vorschriften des Ersten bis Fünften Unterabschnitts des Zweiten Abschnitts sind auch anzuwenden auf offene Handelsgesellschaften und Kommanditgesellschaften, bei denen nicht wenigstens ein persönlich haftender Gesellschafter
1. eine natürliche Person oder
2. eine offene Handelsgesellschaft, Kommanditgesellschaft oder andere Personengesellschaft mit einer natürlichen Person als persönlich haftendem Gesellschafter
ist oder sich die Verbindung von Gesellschaften dieser Art fortsetzt.

(2) In den Vorschriften dieses Abschnitts gelten als gesetzliche Vertreter einer offenen Handelsgesellschaft und Kommanditgesellschaft

nach Absatz 1 die Mitglieder des vertretungsberechtigten Organs der vertretungsberechtigten Gesellschaften.

§ 265. Allgemeine Grundsätze für die Gliederung. (1) ¹Die Form der Darstellung, insbesondere die Gliederung der aufeinanderfolgenden Bilanzen und Gewinn- und Verlustrechnungen, ist beizubehalten, soweit nicht in Ausnahmefällen wegen besonderer Umstände Abweichungen erforderlich sind. ²Die Abweichungen sind im Anhang anzugeben und zu begründen.
(2) ¹In der Bilanz sowie in der Gewinn- und Verlustrechnung ist zu jedem Posten der entsprechende Betrag des vorhergehenden Geschäftsjahrs anzugeben. ²Sind die Beträge nicht vergleichbar, so ist dies im Anhang anzugeben und zu erläutern. ³Wird der Vorjahresbetrag angepaßt, so ist auch dies im Anhang anzugeben und zu erläutern.
(3) ¹Fällt ein Vermögensgegenstand oder eine Schuld unter mehrere Posten der Bilanz, so ist die Mitzugehörigkeit zu anderen Posten bei dem Posten, unter dem der Ausweis erfolgt ist, zu vermerken oder im Anhang anzugeben, wenn dies zur Aufstellung eines klaren und übersichtlichen Jahresabschlusses erforderlich ist. ²Eigene Anteile dürfen unabhängig von ihrer Zweckbestimmung nur unter dem dafür vorgesehenen Posten im Umlaufvermögen ausgewiesen werden.
(4) ¹Sind mehrere Geschäftszweige vorhanden und bedingt dies die Gliederung des Jahresabschlusses nach verschiedenen Gliederungsvorschriften, so ist der Jahresabschluß nach der für einen Geschäftszweig vorgeschriebenen Gliederung aufzustellen und nach der für die anderen Geschäftszweige vorgeschriebenen Gliederung zu ergänzen. ²Die Ergänzung ist im Anhang anzugeben und zu begründen.
(5) ¹Eine weitere Untergliederung der Posten ist zulässig; dabei ist jedoch die vorgeschriebene Gliederung zu beachten. ²Neue Posten dürfen hinzugefügt werden, wenn ihr Inhalt nicht von einem vorgeschriebenen Posten gedeckt wird.
(6) Gliederung und Bezeichnung der mit arabischen Zahlen versehenen Posten der Bilanz und der Gewinn- und Verlustrechnung sind zu ändern, wenn dies wegen Besonderheiten der Kapitalgesellschaft zur Aufstellung eines klaren und übersichtlichen Jahresabschlusses erforderlich ist.
(7) Die mit arabischen Zahlen versehenen Posten der Bilanz und der Gewinn- und Verlustrechnung können, wenn nicht besondere Formblätter vorgeschrieben sind, zusammengefaßt ausgewiesen werden, wenn
1. sie einen Betrag enthalten, der für die Vermittlung eines den tatsächlichen Verhältnissen entsprechenden Bildes im Sinne des § 264 Abs. 2 nicht erheblich ist, oder
2. dadurch die Klarheit der Darstellung vergrößert wird; in diesem Falle müssen die zusammengefaßten Posten jedoch im Anhang gesondert ausgewiesen werden.

(8) Ein Posten der Bilanz oder der Gewinn- und Verlustrechnung, der keinen Betrag ausweist, braucht nicht aufgeführt zu werden, es sei denn, daß im vorhergehenden Geschäftsjahr unter diesem Posten ein Betrag ausgewiesen wurde.

Bilanz

§ 266. Gliederung der Bilanz. (1) ¹Die Bilanz ist in Kontoform aufzustellen. ²Dabei haben große und mittelgroße Kapitalgesellschaften (§ 267 Abs. 3, 2) auf der Aktivseite die in Absatz 2 und auf der Passivseite die in Absatz 3 bezeichneten Posten gesondert und in der vorgeschriebenen Reihenfolge auszuweisen. ³Kleine Kapitalgesellschaften (§ 267 Abs. 1) brauchen nur eine verkürzte Bilanz aufzustellen, in die nur die in den Absätzen 2 und 3 mit Buchstaben und römischen Zahlen bezeichneten Posten gesondert und in der vorgeschriebenen Reihenfolge aufgenommen werden.
(2) Aktivseite
A. Anlagevermögen:
  I. Immaterielle Vermögensgegenstände:
    1. Konzessionen, gewerbliche Schutzrechte und ähnliche Rechte und Werte sowie Lizenzen an solchen Rechten und Werten;
    2. Geschäfts- oder Firmenwert;
    3. geleistete Anzahlungen;
  II. Sachanlagen:
    1 Grundstücke, grundstücksgleiche Rechte und Bauten einschließlich der Bauten auf fremden Grundstücken;
    2. technische Anlagen und Maschinen;
    3. andere Anlagen, Betriebs- und Geschäftsausstattung;
    4. geleistete Anzahlungen und Anlagen im Bau;
  III. Finanzanlagen:
    1. Anteile an verbundenen Unternehmen;
    2. Ausleihungen an verbundene Unternehmen;
    3. Beteiligungen;
    4. Ausleihungen an Unternehmen, mit denen ein Beteiligungsverhältnis besteht;
    5. Wertpapiere des Anlagevermögens;
    6. sonstige Ausleihungen.
B. Umlaufvermögen:
  I. Vorräte:
    1. Roh-, Hilfs- und Betriebsstoffe;

5.1 HGB §§ 266–268   Drittes Buch. Handelsbücher

    2. unfertige Erzeugnisse, unfertige Leistungen;
    3. fertige Erzeugnisse und Waren;
    4. geleistete Anzahlungen;
  II. Forderungen und sonstige Vermögensgegenstände;
    1. Forderungen aus Lieferungen und Leistungen;
    2. Forderungen gegen verbundene Unternehmen;
    3. Forderungen gegen Unternehmen, mit denen ein Beteiligungsverhältnis besteht;
    4. sonstige Vermögensgegenstände;
  III. Wertpapiere:
    1. Anteile an verbundenen Unternehmen;
    2. eigene Anteile;
    3. sonstige Wertpapiere;
  IV. Kassenbestand, Bundesbankguthaben, Guthaben bei Kreditinstituten und Schecks.
C. Rechnungsabgrenzungsposten.
(3) Passivseite
A. Eigenkapital:
  I. Gezeichnetes Kapital;
  II. Kapitalrücklage;
  III. Gewinnrücklagen:
    1. gesetzliche Rücklage;
    2. Rücklage für eigene Anteile;
    3. satzungsmäßige Rücklagen;
    4. andere Gewinnrücklagen;
  IV. Gewinnvortrag/Verlustvortrag;
  V. Jahresüberschuß/Jahresfehlbetrag.
B. Rückstellungen:
    1. Rückstellungen für Pensionen und ähnliche Verpflichtungen;
    2. Steuerrückstellungen;
    3. sonstige Rückstellungen.
C. Verbindlichkeiten:
    1. Anleihen, davon konvertibel;
    2. Verbindlichkeiten gegenüber Kreditinstituten;
    3. erhaltene Anzahlungen auf Bestellungen;
    4. Verbindlichkeiten aus Lieferungen und Leistungen;
    5. Verbindlichkeiten aus der Annahme gezogener Wechsel und der Ausstellung eigener Wechsel;
    6. Verbindlichkeiten gegenüber verbundenen Unternehmen;
    7. Verbindlichkeiten gegenüber Unternehmen, mit denen ein Beteiligungsverhältnis besteht;
    8. sonstige Verbindlichkeiten, davon aus Steuern, davon im Rahmen der sozialen Sicherheit.
D. Rechnungsabgrenzungsposten.

§ 267. Umschreibung der Größenklassen.
(1) Kleine Kapitalgesellschaften sind solche, die mindestens zwei der drei nachstehenden Merkmale nicht überschreiten:
1. 4 015 000 Euro Bilanzsumme nach Abzug eines auf der Aktivseite ausgewiesenen Fehlbetrags (§ 268 Abs. 3).
2. 8 030 000 Euro Umsatzerlöse in den zwölf Monaten vor dem Abschlußstichtag.
3. Im Jahresdurchschnitt fünfzig Arbeitnehmer.

(2) Mittelgroße Kapitalgesellschaften sind solche, die mindestens zwei der in Absatz 1 bezeichneten Merkmale überschreiten und jeweils mindestens zwei der drei nachstehenden Merkmale nicht überschreiten:
1. 16 060 000 Euro Bilanzsumme nach Abzug eines auf der Aktivseite ausgewiesenen Fehlbetrags (§ 268 Abs. 3).
2. 32 120 000 Euro Umsatzerlöse in den zwölf Monaten vor dem Abschlußstichtag.
3. Im Jahresdurchschnitt zweihundertfünfzig Arbeitnehmer.

(3) [1]Große Kapitalgesellschaften sind solche, die mindestens zwei der drei in Absatz 2 bezeichneten Merkmale überschreiten. [2]Eine Kapitalgesellschaft gilt stets als große, wenn sie einen organisierten Markt im Sinne des § 2 Abs. 5 des Wertpapierhandelsgesetzes durch von ihr ausgegebene Wertpapiere im Sinne des § 2 Abs. 1 Satz 1 des Wertpapierhandelsgesetzes in Anspruch nimmt oder die Zulassung zum Handel an einem organisierten Markt beantragt worden ist.

(4) [1]Die Rechtsfolgen der Merkmale nach den Absätzen 1 bis 3 Satz 1 treten nur ein, wenn sie an den Abschlußstichtagen von zwei aufeinanderfolgenden Geschäftsjahren über- oder unterschritten werden. [2]Im Falle der Umwandlung oder Neugründung treten die Rechtsfolgen schon ein, wenn die Voraussetzungen des Absatzes 1, 2 oder 3 am ersten Abschlußstichtag nach der Umwandlung oder Neugründung vorliegen.

(5) Als durchschnittliche Zahl der Arbeitnehmer gilt der vierte Teil der Summe aus den Zahlen der jeweils am 31. März, 30. Juni, 30. September und 31. Dezember beschäftigten Arbeitnehmer einschließlich der im Ausland beschäftigten Arbeitnehmer, jedoch ohne die zu ihrer Berufsausbildung Beschäftigten.

(6) Informations- und Auskunftsrechte der Arbeitnehmervertretung nach anderen Gesetzen bleiben unberührt.

§ 268. Vorschriften zu einzelnen Posten der Bilanz. Bilanzvermerke. (1) [1]Die Bilanz darf auch unter Berücksichtigung der vollständigen oder teilweisen Verwendung des Jahresergebnisses aufgestellt werden. [2]Wird die Bilanz unter Berücksichtigung der teilweisen Verwendung des Jahresergebnisses aufgestellt, so tritt an die Stelle der Posten „Jahresüberschuß/Jahresfehlbetrag" und „Gewinnvortrag/Verlustvortrag" der Posten „Bilanzgewinn/Bilanzverlust"; ein vorhandener Gewinn- oder Verlustvortrag ist in den Posten „Bilanzgewinn/Bilanzverlust" einzubeziehen und in der Bilanz oder im Anhang gesondert anzugeben.

(2) ¹In der Bilanz oder im Anhang ist die Entwicklung der einzelnen Posten des Anlagevermögens und des Postens „Aufwendungen für die Ingangsetzung und Erweiterung des Geschäftsbetriebs" darzustellen. ²Dabei sind, ausgehend von den gesamten Anschaffungs- und Herstellungskosten, die Zugänge, Abgänge, Umbuchungen und Zuschreibungen des Geschäftsjahrs sowie die Abschreibungen in ihrer gesamten Höhe gesondert aufzuführen. ³Die Abschreibungen des Geschäftsjahrs sind entweder in der Bilanz bei dem betreffenden Posten zu vermerken oder im Anhang in einer der Gliederung des Anlagevermögens entsprechenden Aufgliederung anzugeben.

(3) Ist das Eigenkapital durch Verluste aufgebraucht und ergibt sich ein Überschuß der Passivposten über die Aktivposten, so ist dieser Betrag am Schluß der Bilanz auf der Aktivseite gesondert unter der Bezeichnung „Nicht durch Eigenkapital gedeckter Fehlbetrag" auszuweisen.

(4) ¹Der Betrag der Forderungen mit einer Restlaufzeit von mehr als einem Jahr ist bei jedem gesondert ausgewiesenen Posten zu vermerken. ²Werden unter dem Posten „sonstige Vermögensgegenstände" Beträge für Vermögensgegenstände ausgewiesen, die erst nach dem Abschlußstichtag rechtlich entstehen, so müssen Beträge, die einen größeren Umfang haben, im Anhang erläutert werden.

(5) ¹Der Betrag der Verbindlichkeiten mit einer Restlaufzeit bis zu einem Jahr ist bei jedem gesondert ausgewiesenen Posten zu vermerken. ²Erhaltene Anzahlungen auf Bestellungen sind, soweit Anzahlungen auf Vorräte nicht von dem Posten „Vorräte" offen abgesetzt werden, unter der Posten Verbindlichkeiten gesondert auszuweisen. ³Sind unter dem Posten „Verbindlichkeiten" Beträge für Verbindlichkeiten ausgewiesen, die erst nach dem Abschlußstichtag rechtlich entstehen, so müssen Beträge, die einen größeren Umfang haben, im Anhang erläutert werden.

(6) Ein nach § 250 Abs. 3 in den Rechnungsabgrenzungsposten auf der Aktivseite aufgenommener Unterschiedsbetrag ist in der Bilanz gesondert auszuweisen oder im Anhang anzugeben.

(7) Die in § 251 bezeichneten Haftungsverhältnisse sind jeweils gesondert unter der Bilanz oder im Anhang unter Angabe der gewährten Pfandrechte und sonstigen Sicherheiten anzugeben; bestehen solche Verpflichtungen gegenüber verbundenen Unternehmen, so sind sie gesondert anzugeben.

§ 269. Aufwendungen für die Ingangsetzung und Erweiterung des Geschäftsbetriebs. ¹Die Aufwendungen für die Ingangsetzung des Geschäftsbetriebs und dessen Erweiterung dürfen, soweit sie nicht bilanzierungsfähig sind, als Bilanzierungshilfe aktiviert werden; der Posten ist in der Bilanz unter der Bezeichnung „Aufwendungen für die Ingangsetzung und Erweiterung des Geschäftsbetriebs" vor dem Anlagevermögen auszuweisen und im Anhang zu erläutern. ²Werden solche Aufwendungen in der Bilanz ausgewiesen, so dürfen Gewinne nur ausgeschüttet werden, wenn die nach der Ausschüttung verbleibenden jederzeit auflösbaren Gewinnrücklagen zuzüglich eines Gewinnvortrags und abzüglich eines Verlustvortrags dem angesetzten Betrag mindestens entsprechen.

§ 270. Bildung bestimmter Posten. (1) ¹Einstellungen in die Kapitalrücklage und deren Auflösung sind bereits bei der Aufstellung der Bilanz vorzunehmen. ²Satz 1 ist auf Einstellungen in den Sonderposten mit Rücklageanteil und dessen Auflösung anzuwenden.

(2) Wird die Bilanz unter Berücksichtigung der vollständigen oder teilweisen Verwendung des Jahresergebnisses aufgestellt, so sind Entnahmen aus Gewinnrücklagen sowie Einstellungen in Gewinnrücklagen, die nach Gesetz, Gesellschaftsvertrag oder Satzung vorzunehmen sind oder auf Grund solcher Vorschriften beschlossen worden sind, bereits bei der Aufstellung der Bilanz zu berücksichtigen.

§ 271. Beteiligungen. Verbundene Unternehmen. (1) ¹Beteiligungen sind Anteile an anderen Unternehmen, die bestimmt sind, dem eigenen Geschäftsbetrieb durch Herstellung einer dauernden Verbindung zu jenen Unternehmen zu dienen. ²Dabei ist es unerheblich, ob die Anteile in Wertpapieren verbrieft sind oder nicht. ³Als Beteiligung gelten im Zweifel Anteile an einer Kapitalgesellschaft, die insgesamt den fünften Teil des Nennkapitals dieser Gesellschaft überschreiten. ⁴Auf die Berechnung ist § 16 Abs. 2 und 4 des Aktiengesetzes entsprechend anzuwenden. ⁵Die Mitgliedschaft in einer eingetragenen Genossenschaft gilt nicht als Beteiligung im Sinne dieses Buches.

(2) Verbundene Unternehmen im Sinne dieses Buches sind solche Unternehmen, die als Mutter- oder Tochterunternehmen (§ 290) in den Konzernabschluß eines Mutterunternehmens nach den Vorschriften über die Vollkonsolidierung einzubeziehen sind, das als oberstes Mut-

terunternehmen den am weitestgehenden Konzernabschluß nach dem Zweiten Unterabschnitt aufzustellen hat, auch wenn der Aufstellung unterbleibt, oder das einen befreienden Konzernabschluß nach § 291 oder nach einer nach § 292 erlassenen Rechtsverordnung aufstellt oder aufstellen könnte; Tochterunternehmen, die nach § 296 nicht einbezogen werden, sind ebenfalls verbundene Unternehmen.

§ 272. Eigenkapital. (1) ¹Gezeichnetes Kapital ist das Kapital, auf das die Haftung der Gesellschafter für die Verbindlichkeiten der Kapitalgesellschaft gegenüber den Gläubigern beschränkt ist. ²Die ausstehenden Einlagen auf das gezeichnete Kapital sind auf der Aktivseite vor dem Anlagevermögen gesondert auszuweisen und entsprechend zu bezeichnen; die davon eingeforderten Einlagen sind zu vermerken. ³Die nicht eingeforderten ausstehenden Einlagen dürfen auch von dem Posten „Gezeichnetes Kapital" offen abgesetzt werden; in diesem Falle ist der verbleibende Betrag als Posten „Eingefordertes Kapital" in der Hauptspalte der Passivseite auszuweisen und ist außerdem der eingeforderte, aber noch nicht eingezahlte Betrag unter den Forderungen gesondert auszuweisen und entsprechend zu bezeichnen. ⁴Der Nennbetrag oder, falls ein solcher nicht vorhanden ist, der rechnerische Wert von nach § 71 Abs. 1 Nr. 6 oder 8 des Aktiengesetzes zur Einziehung erworbenen Aktien ist in der Vorspalte offen von dem Posten „Gezeichnetes Kapital" als Kapitalrückzahlung abzusetzen. ⁵Ist der Erwerb der Aktien nicht zur Einziehung erfolgt, ist Satz 4 auch anzuwenden, soweit in dem Beschluß über den Rückkauf die spätere Veräußerung von einem Beschluß der Hauptversammlung in entsprechender Anwendung des § 182 Abs. 1 Satz 1 des Aktiengesetzes abhängig gemacht worden ist. ⁶Wird der Nennbetrag oder der rechnerische Wert von Aktien nach Satz 4 abgesetzt, ist der Unterschiedsbetrag dieser Aktien zwischen ihrem Nennbetrag oder dem rechnerischen Wert und ihrem Kaufpreis mit anderen Gewinnrücklagen (§ 266 Abs. 3 A.III.4.) zu verrechnen; weitergehende Anschaffungskosten sind als Aufwand des Geschäftsjahres zu berücksichtigen.

(2) Als Kapitalrücklage sind auszuweisen
1. der Betrag, der bei der Ausgabe von Anteilen einschließlich von Bezugsanteilen über den Nennbetrag oder, falls ein Nennbetrag nicht vorhanden ist, über den rechnerischen Wert hinaus erzielt wird;
2. der Betrag, der bei der Ausgabe von Schuldverschreibungen für Wandlungsrechte und Optionsrechte zum Erwerb von Anteilen erzielt wird;
3. der Betrag von Zuzahlungen, die Gesellschafter gegen Gewährung eines Vorzugs für ihre Anteile leisten;
4. der Betrag von anderen Zuzahlungen, die Gesellschafter in das Eigenkapital leisten.

(3) ¹Als Gewinnrücklagen dürfen nur Beträge ausgewiesen werden, die im Geschäftsjahr oder in einem früheren Geschäftsjahr aus dem Ergebnis gebildet worden sind. ²Dazu gehören aus dem Ergebnis zu bildende gesetzliche oder auf Gesellschaftsvertrag oder Satzung beruhende Rücklagen und andere Gewinnrücklagen.

(4) ¹In eine Rücklage für eigene Anteile ist ein Betrag einzustellen, der dem auf der Aktivseite der Bilanz für die eigenen Anteile anzusetzenden Betrag entspricht. ²Die Rücklage darf nur aufgelöst werden, soweit die eigenen Anteile ausgegeben, veräußert oder eingezogen werden oder soweit nach § 253 Abs. 3 auf der Aktivseite ein niedrigerer Betrag angesetzt wird. ³Die Rücklage, die bereits bei der Aufstellung der Bilanz vorzunehmen ist, darf aus vorhandenen Gewinnrücklagen gebildet werden, soweit diese frei verfügbar sind. ⁴Die Rücklage nach Satz 1 ist auch für Anteile eines herrschenden oder eines mit Mehrheit beteiligten Unternehmens zu bilden.

§ 273. Sonderposten mit Rücklageanteil.
¹Der Sonderposten mit Rücklageanteil (§ 247 Abs. 3) darf nur insoweit gebildet werden, als das Steuerrecht die Anerkennung des Wertansatzes bei der steuerrechtlichen Gewinnermittlung davon abhängig macht, daß der Sonderposten in der Bilanz gebildet wird. ²Er ist auf der Passivseite vor den Rückstellungen auszuweisen; die Vorschriften, nach denen er gebildet worden ist, sind in der Bilanz oder im Anhang anzugeben.

§ 274. Steuerabgrenzung. (1) ¹Ist der dem Geschäftsjahr und früheren Geschäftsjahren zuzurechnende Steueraufwand zu niedrig, weil der nach den steuerrechtlichen Vorschriften zu versteuernde Gewinn niedriger als das handelsrechtliche Ergebnis ist, und gleicht sich der zu niedrige Steueraufwand späterer Geschäftsjahre in späteren Geschäftsjahren voraussichtlich aus, so ist in Höhe der voraussichtlichen Steuerbelastung nachfolgender Geschäftsjahre eine Rückstellung nach § 249 Abs. 1 Satz 1 zu bilden und in der Bilanz oder im Anhang gesondert anzugeben. ²Die Rückstellung ist aufzulösen, sobald die höhere Steuerbelastung eintritt oder mit ihr voraussichtlich nicht mehr zu rechnen ist.

(2) ¹Ist der dem Geschäftsjahr und früheren Geschäftsjahren zuzurechnende Steueraufwand zu hoch, weil der nach den steuerrechtlichen Vorschriften zu versteuernde Gewinn höher als das handelsrechtliche Ergebnis ist, und

Handelsgesetzbuch

gleicht sich der zu hohe Steueraufwand des Geschäftsjahrs und früherer Geschäftsjahre in späteren Geschäftsjahren voraussichtlich aus, so darf in Höhe der voraussichtlichen Steuerentlastung nachfolgender Geschäftsjahre ein Abgrenzungsposten als Bilanzierungshilfe auf der Aktivseite der Bilanz gebildet werden. ²Dieser Posten ist unter entsprechender Bezeichnung gesondert auszuweisen und im Anhang zu erläutern. ³Wird ein solcher Posten ausgewiesen, so dürfen Gewinne nur ausgeschüttet werden, wenn die nach Ausschüttung verbleibenden jederzeit auflösbaren Gewinnrücklagen zuzüglich eines Gewinnvortrags und abzüglich eines Verlustvortrags dem angesetzten Betrag mindestens entsprechen. ⁴Der Betrag ist aufzulösen, sobald die Steuerentlastung eintritt oder mit ihr voraussichtlich nicht mehr zu rechnen ist.

§ 274a. Größenabhängige Erleichterungen.
Kleine Kapitalgesellschaften sind von der Anwendung der folgenden Vorschriften befreit:
1. § 268 Abs. 2 über die Aufstellung eines Anlagengitters,
2. § 268 Abs. 4 Satz 2 über die Pflicht zur Erläuterung bestimmter Forderungen im Anhang,
3. § 268 Abs. 5 Satz 3 über die Erläuterung bestimmter Verbindlichkeiten im Anhang,
4. § 268 Abs. 6 über den Rechnungsabgrenzungsposten nach § 250 Abs. 3,
5. § 269 Satz 1 insoweit, als die Aufwendungen für die Ingangsetzung und Erweiterung des Geschäftsbetriebs im Anhang erläutert werden müssen.

Gewinn- und Verlustrechnung

§ 275. Gliederung. (1) ¹Die Gewinn- und Verlustrechnung ist in Staffelform nach dem Gesamtkostenverfahren oder dem Umsatzkostenverfahren aufzustellen. ²Dabei sind die in Absatz 2 oder 3 bezeichneten Posten in der angegebenen Reihenfolge gesondert auszuweisen.
(2) Bei Anwendung des Gesamtkostenverfahrens sind auszuweisen:
1. Umsatzerlöse
2. Erhöhung oder Verminderung des Bestands an fertigen und unfertigen Erzeugnissen
3. andere aktivierte Eigenleistungen
4. sonstige betriebliche Erträge
5. Materialaufwand:
   a) Aufwendungen für Roh-, Hilfs- und Betriebsstoffe und für bezogene Waren
   b) Aufwendungen für bezogene Leistungen
6. Personalaufwand:
   a) Löhne und Gehälter
   b) soziale Abgaben und Aufwendungen für Altersversorgung und für Unterstützung, davon für Altersversorgung
7. Abschreibungen:
   a) auf immaterielle Vermögensgegenstände des Anlagevermögens und Sachanlagen sowie auf aktivierte Aufwendungen für die Ingangsetzung und Erweiterung des Geschäftsbetriebs
   b) auf Vermögensgegenstände des Umlaufvermögens, soweit diese die in der Kapitalgesellschaft üblichen Abschreibungen überschreiten
8. sonstige betriebliche Aufwendungen
9. Erträge aus Beteiligungen, davon aus verbundenen Unternehmen
10. Erträge aus anderen Wertpapieren und Ausleihungen des Finanzanlagevermögens, davon aus verbundenen Unternehmen
11. sonstige Zinsen und ähnliche Erträge, davon aus verbundenen Unternehmen
12. Abschreibungen auf Finanzanlagen und auf Wertpapiere des Umlaufvermögens
13. Zinsen und ähnliche Aufwendungen, davon an verbundene Unternehmen
14. Ergebnis der gewöhnlichen Geschäftstätigkeit
15. außerordentliche Erträge
16. außerordentliche Aufwendungen
17. außerordentliches Ergebnis
18. Steuern vom Einkommen und vom Ertrag
19. sonstige Steuern
20. Jahresüberschuß/Jahresfehlbetrag.

(3) Bei Anwendung des Umsatzkostenverfahrens sind auszuweisen:
1. Umsatzerlöse
2. Herstellungskosten der zur Erzielung der Umsatzerlöse erbrachten Leistungen
3. Bruttoergebnis vom Umsatz
4. Vertriebskosten
5. allgemeine Verwaltungskosten
6. sonstige betriebliche Erträge
7. sonstige betriebliche Aufwendungen
8. Erträge aus Beteiligungen, davon aus verbundenen Unternehmen
9. Erträge aus anderen Wertpapieren und Ausleihungen des Finanzanlagevermögens, davon aus verbundenen Unternehmen
10. sonstige Zinsen und ähnliche Erträge, davon aus verbundenen Unternehmen
11. Abschreibungen auf Finanzanlagen und auf Wertpapiere des Umlaufvermögens
12. Zinsen und ähnliche Aufwendungen, davon an verbundene Unternehmen
13. Ergebnis der gewöhnlichen Geschäftstätigkeit
14. außerordentliche Erträge
15. außerordentliche Aufwendungen
16. außerordentliches Ergebnis

17. Steuern vom Einkommen und vom Ertrag
18. sonstige Steuern
19. Jahresüberschuß/Jahresfehlbetrag

(4) Veränderungen der Kapital- und Gewinnrücklagen dürfen in der Gewinn- und Verlustrechnung erst nach dem Posten „Jahresüberschuß/Jahresfehlbetrag" ausgewiesen werden.

§ 276. Größenabhängige Erleichterungen.
[1]Kleine und mittelgroße Kapitalgesellschaften (§ 267 Abs. 1, 2) dürfen die Posten § 275 Abs. 2 Nr. 1 bis 5 oder Abs. 3 Nr. 1 bis 3 und 6 zu einem Posten unter der Bezeichnung „Rohergebnis" zusammenfassen. [2]Kleine Kapitalgesellschaften brauchen außerdem die in § 277 Abs. 4 Satz 2 und 3 verlangten Erläuterungen zu den Posten „außerordentliche Erträge" und „außerordentliche Aufwendungen" nicht zu machen.

§ 277. Vorschriften zu einzelnen Posten der Gewinn- und Verlustrechnung. (1) Als Umsatzerlöse sind die Erlöse aus dem Verkauf und der Vermietung oder Verpachtung von für die gewöhnliche Geschäftstätigkeit der Kapitalgesellschaft typischen Erzeugnissen und Waren sowie aus für die gewöhnliche Geschäftstätigkeit der Kapitalgesellschaft typischen Dienstleistungen nach Abzug von Erlösschmälerungen und der Umsatzsteuer auszuweisen.

(2) Als Bestandsveränderungen sind sowohl Änderungen der Menge als auch solche des Wertes zu berücksichtigen; Abschreibungen jedoch nur, soweit diese die in der Kapitalgesellschaft sonst üblichen Abschreibungen nicht überschreiten.

(3) [1]Außerplanmäßige Abschreibungen nach § 253 Abs. 2 Satz 3 sowie Abschreibungen nach § 253 Abs. 3 Satz 3 sind jeweils gesondert auszuweisen oder im Anhang anzugeben. [2]Erträge und Aufwendungen aus Verlustübernahme und auf Grund einer Gewinngemeinschaft, eines Gewinnabführungs- oder eines Teilgewinnabführungsvertrags erhaltene oder abgeführte Gewinne sind jeweils gesondert unter entsprechender Bezeichnung auszuweisen.

(4) [1]Unter den Posten „außerordentliche Erträge" und „außerordentliche Aufwendungen" sind Erträge und Aufwendungen auszuweisen, die außerhalb der gewöhnlichen Geschäftstätigkeit der Kapitalgesellschaft anfallen. [2]Die Posten sind hinsichtlich ihres Betrags und ihrer Art im Anhang zu erläutern, soweit die ausgewiesenen Beträge für die Beurteilung der Ertragslage nicht von untergeordneter Bedeutung sind. [3]Satz 2 gilt auch für Erträge und Aufwendungen, die einem anderen Geschäftsjahr zuzurechnen sind.

§ 278. Steuern. [1]Die Steuern vom Einkommen und vom Ertrag sind auf der Grundlage des Beschlusses über die Verwendung des Ergebnisses zu berechnen; liegt ein solcher Beschluß im Zeitpunkt der Feststellung des Jahresabschlusses nicht vor, so ist vom Vorschlag über die Verwendung des Ergebnisses auszugehen. [2]Weicht der Beschluß über die Verwendung des Ergebnisses vom Vorschlag ab, so braucht der Jahresabschluß nicht geändert zu werden.

Bewertungsvorschriften

§ 279. Nichtanwendung von Vorschriften. Abschreibungen. (1) [1]§ 253 Abs. 4 ist nicht anzuwenden. [2]§ 253 Abs. 2 Satz 3 darf, wenn es sich nicht um eine voraussichtlich dauernde Wertminderung handelt, nur auf Vermögensgegenstände, die Finanzanlagen sind, angewendet werden.

(2) Abschreibungen nach § 254 dürfen nur insoweit vorgenommen werden, als das Steuerrecht ihre Anerkennung bei der steuerrechtlichen Gewinnermittlung davon abhängig macht, daß sie sich aus der Bilanz ergeben.

§ 280. Wertaufholungsgebot. (1) [1]Wird bei einem Vermögensgegenstand eine Abschreibung nach § 253 Abs. 2 Satz 3 oder Abs. 3 oder § 254 Satz 1 vorgenommen und stellt sich in einem späteren Geschäftsjahr heraus, daß die Gründe dafür nicht mehr bestehen, so ist der Betrag dieser Abschreibung im Umfang der Werterhöhung unter Berücksichtigung der Abschreibungen, die inzwischen vorzunehmen gewesen wären, zuzuschreiben. [2]§ 253 Abs. 5, § 254 Satz 2 sind insoweit nicht anzuwenden.

(2) Von der Zuschreibung nach Absatz 1 kann abgesehen werden, wenn der niedrigere Wertansatz bei der steuerrechtlichen Gewinnermittlung beibehalten werden kann und wenn Voraussetzung für die Beibehaltung ist, daß der niedrigere Wertansatz auch in der Bilanz beibehalten wird.

(3) Im Anhang ist der Betrag der im Geschäftsjahr aus steuerrechtlichen Gründen unterlassenen Zuschreibungen anzugeben und hinreichend zu begründen.

§ 281. Berücksichtigung steuerrechtlicher Vorschriften. (1) [1]Die nach § 254 zulässigen Abschreibungen dürfen auch in der Weise vorgenommen werden, daß der Unterschiedsbetrag zwischen der nach § 253 in Verbindung mit § 279 und der nach § 254 zulässigen Bewertung in den Sonderposten mit Rücklageanteil eingestellt wird. [2]In der Bilanz oder im Anhang sind die Vorschriften anzugeben, nach denen die Wertberichtigung gebildet worden ist. [3]Unbeschadet steuerrechtlicher Vorschriften über

Handelsgesetzbuch 5.1 HGB §§ 281–285

die Auflösung ist die Wertberichtigung insoweit aufzulösen, als die Vermögensgegenstände, für die sie gebildet worden ist, aus dem Vermögen ausscheiden oder die steuerrechtliche Wertberichtigung durch handelsrechtliche Abschreibungen ersetzt wird.

(2) ¹Im Anhang ist der Betrag der im Geschäftsjahr allein nach steuerrechtlichen Vorschriften vorgenommenen Abschreibungen, getrennt nach Anlage- und Umlaufvermögen, anzugeben, soweit er sich nicht aus der Bilanz oder der Gewinn- und Verlustrechnung ergibt, und hinreichend zu begründen. ²Erträge aus der Auflösung des Sonderpostens mit Rücklageanteil sind in dem Posten „sonstige betriebliche Erträge", Einstellungen in den Sonderposten mit Rücklageanteil sind in dem Posten „sonstige betriebliche Aufwendungen" der Gewinn- und Verlustrechnung gesondert auszuweisen oder im Anhang anzugeben.

§ 282. Abschreibung der Aufwendungen für die Ingangsetzung und Erweiterung des Geschäftsbetriebs. Für die Ingangsetzung und Erweiterung des Geschäftsbetriebs ausgewiesene Beträge sind in jedem folgenden Geschäftsjahr zu mindestens einem Viertel durch Abschreibungen zu tilgen.

§ 283. Wertansatz des Eigenkapitals. Das gezeichnete Kapital ist zum Nennbetrag anzusetzen.

Anhang

§ 284. Erläuterung der Bilanz und der Gewinn- und Verlustrechnung. Wertansatz des Eigenkapitals. (1) In den Anhang sind diejenigen Angaben aufzunehmen, die zu den einzelnen Posten der Bilanz oder der Gewinn- und Verlustrechnung vorgeschrieben oder die im Anhang zu machen sind, weil sie in Ausübung eines Wahlrechts nicht in die Bilanz oder in die Gewinn- und Verlustrechnung aufgenommen wurden.

(2) Im Anhang müssen
1. die auf die Posten der Bilanz und der Gewinn- und Verlustrechnung angewandten Bilanzierungs- und Bewertungsmethoden angegeben werden;
2. die Grundlagen für die Umrechnung in Euro angegeben werden, soweit der Jahresabschluß Posten enthält, denen Beträge zugrunde liegen, die auf fremde Währung lauten oder ursprünglich auf fremde Währung lauteten;
3. Abweichungen von Bilanzierungs- und Bewertungsmethoden angegeben und begründet werden; deren Einfluß auf die Vermögens-, Finanz- und Ertragslage ist gesondert darzustellen;
4. bei Anwendung einer Bewertungsmethode nach § 240 Abs. 4, § 256 Satz 1 die Unterschiedsbeträge pauschal für die jeweilige Gruppe ausgewiesen werden, wenn die Bewertung im Vergleich zu einer Bewertung auf der Grundlage des letzten vor dem Abschlußstichtag bekannten Börsenkurses oder Marktpreises einen erheblichen Unterschied aufweist;
5. Angaben über die Einbeziehung von Zinsen für Fremdkapital in die Herstellungskosten gemacht werden.

§ 285. Sonstige Pflichtangaben. Ferner sind im Anhang anzugeben:
1. zu den in der Bilanz ausgewiesenen Verbindlichkeiten
   a) der Gesamtbetrag der Verbindlichkeiten mit einer Restlaufzeit von mehr als fünf Jahren,
   b) der Gesamtbetrag der Verbindlichkeiten, die durch Pfandrechte oder ähnliche Rechte gesichert sind, unter Angabe von Art und Form der Sicherheiten;
2. die Aufgliederung der in Nummer 1 verlangten Angaben für jeden Posten der Verbindlichkeiten nach dem vorgeschriebenen Gliederungsschema, sofern sich diese Angaben nicht aus der Bilanz ergeben;
3. der Gesamtbetrag der sonstigen finanziellen Verpflichtungen, die nicht in der Bilanz erscheinen und auch nicht nach § 251 anzugeben sind, sofern diese Angabe für die Beurteilung der Finanzlage von Bedeutung ist; davon sind Verpflichtungen gegenüber verbundenen Unternehmen gesondert anzugeben;
4. die Aufgliederung der Umsatzerlöse nach Tätigkeitsbereichen sowie nach geographisch bestimmten Märkten, soweit sich, unter Berücksichtigung der Organisation des Verkaufs von für die gewöhnliche Geschäftstätigkeit der Kapitalgesellschaft typischen Erzeugnissen und der für die gewöhnliche Geschäftstätigkeit der Kapitalgesellschaft typischen Dienstleistungen, die Tätigkeitsbereiche und geographisch bestimmten Märkte untereinander erheblich unterscheiden;
5. das Ausmaß, in dem das Jahresergebnis dadurch beeinflußt wurde, daß bei Vermögensgegenständen im Geschäftsjahr oder in früheren Geschäftsjahren Abschreibungen nach §§ 254, 280 Abs. 2 auf Grund steuerrechtlicher Vorschriften vorgenommen oder beibehalten wurden oder ein Sonderposten nach § 273 gebildet wurde; ferner das Ausmaß erheblicher künftiger

Belastungen, die sich aus einer solchen Bewertung ergeben;
6. in welchem Umfang die Steuern vom Einkommen und vom Ertrag das Ergebnis der gewöhnlichen Geschäftstätigkeit und das außerordentliche Ergebnis belasten;
7. die durchschnittliche Zahl der während des Geschäftsjahrs beschäftigten Arbeitnehmer getrennt nach Gruppen;
8. bei Anwendung des Umsatzkostenverfahrens (§ 275 Abs. 3)
   a) der Materialaufwand des Geschäftsjahrs, gegliedert nach § 275 Abs. 2 Nr. 5,
   b) der Personalaufwand des Geschäftsjahrs, gegliedert nach § 275 Abs. 2 Nr. 6;
9. für die Mitglieder des Geschäftsführungsorgans, eines Aufsichtsrats, eines Beirats oder einer ähnlichen Einrichtung jeweils für jede Personengruppe
   a) die für die Tätigkeit im Geschäftsjahr gewährten Gesamtbezüge (Gehälter, Gewinnbeteiligungen, Bezugsrechte und sonstige aktienbasierte Vergütungen, Aufwandsentschädigungen, Versicherungsentgelte, Provisionen und Nebenleistungen jeder Art). In die Gesamtbezüge sind auch Bezüge einzurechnen, die nicht ausgezahlt, sondern in Ansprüche anderer Art umgewandelt oder zur Erhöhung anderer Ansprüche verwendet werden. Außer den Bezügen für das Geschäftsjahr sind die weiteren Bezüge anzugeben, die im Geschäftsjahr gewährt, bisher aber in keinem Jahresabschluß angegeben worden sind ...
   b) die Gesamtbezüge (Abfindungen, Ruhegehälter, Hinterbliebenenbezüge und Leistungen verwandter Art) der früheren Mitglieder der bezeichneten Organe und ihrer Hinterbliebenen. Buchstabe a Satz 2 und 3 ist entsprechend anzuwenden. Ferner ist der Betrag der für diese Personengruppe gebildeten Rückstellungen für laufende Pensionen und Anwartschaften auf Pensionen und der Betrag der für diese Verpflichtungen nicht gebildeten Rückstellungen anzugeben;
   c) die gewährten Vorschüsse und Kredite unter Angabe der Zinssätze, der wesentlichen Bedingungen und der gegebenenfalls im Geschäftsjahr zurückgezahlten Beträge sowie die zugunsten dieser Personen eingegangenen Haftungsverhältnisse;
10. alle Mitglieder des Geschäftsführungsorgans und eines Aufsichtsrats, auch wenn sie im Geschäftsjahr oder später ausgeschieden sind, mit dem Familiennamen und mindestens einem ausgeschriebenen Vornamen, einschließlich des ausgeübten Berufs und bei börsennotierten Gesellschaften auch der Mitgliedschaft in Aufsichtsräten und anderen Kontrollgremien im Sinne des § 125 Abs. 1 Satz 3 des Aktiengesetzes. Der Vorsitzende eines Aufsichtsrats, seine Stellvertreter und ein etwaiger Vorsitzender des Geschäftsführungsorgans sind als solche zu bezeichnen;
11. Name und Sitz anderer Unternehmen, von denen die Kapitalgesellschaft oder eine für Rechnung der Kapitalgesellschaft handelnde Person mindestens den fünften Teil der Anteile besitzt; außerdem sind die Höhe des Anteils am Kapital, das Eigenkapital und das Ergebnis des letzten Geschäftsjahrs dieser Unternehmen anzugeben, für das ein Jahresabschluß vorliegt; auf die Berechnung der Anteile ist § 16 Abs. 2 und 4 des Aktiengesetzes entsprechend anzuwenden; ferner sind von börsennotierten Kapitalgesellschaften zusätzlich alle Beteiligungen an großen Kapitalgesellschaften anzugeben, die fünf vom Hundert der Stimmrechte überschreiten; ...
12. Rückstellungen, die in der Bilanz unter dem Posten „sonstige Rückstellungen" nicht gesondert ausgewiesen werden, sind zu erläutern, wenn sie einen nicht unerheblichen Umfang haben;
13. bei Anwendung des § 255 Abs. 4 Satz 3 die Gründe für die planmäßige Abschreibung des Geschäfts- oder Firmenwerts;
14. Name und Sitz des Mutterunternehmens der Kapitalgesellschaft, das den Konzernabschluß für den größten Kreis von Unternehmen aufstellt, und ihres Mutterunternehmens, das den Konzernabschluß für den kleinsten Kreis von Unternehmen aufstellt, sowie im Falle der Offenlegung der von diesen Mutterunternehmen aufgestellten Konzernabschlüsse der Ort, wo diese erhältlich sind; ...

§ 288. Größenabhängige Erleichterungen.

[1]Kleine Kapitalgesellschaften im Sinne des § 267 Abs. 1 brauchen die Angaben nach § 284 Abs. 2 Nr. 4, § 285 Satz 1 Nr. 2 bis 8 Buchstabe a, Nr. 9 Buchstabe a und b und Nr. 12, 17 und 18 nicht zu machen. [2]Mittelgroße Kapitalgesellschaften im Sinne des § 267 Abs. 2 brauchen die Angaben nach § 285 Satz 1 Nr. 4 nicht zu machen.

Handelsgesetzbuch

5.1 HGB §§ 289–352

Lagebericht

§ 289. (1) [1]Im Lagebericht sind der Geschäftsverlauf einschließlich des Geschäftsergebnisses und die Lage der Kapitalgesellschaft so darzustellen, dass ein den tatsächlichen Verhältnissen entsprechendes Bild vermittelt wird. [2]Er hat eine ausgewogene und umfassende, dem Umfang und der Komplexität der Geschäftstätigkeit entsprechende Analyse des Geschäftsverlaufs und der Lage der Gesellschaft zu enthalten. [3]In die Analyse sind die für die Geschäftstätigkeit bedeutsamsten finanziellen Leistungsindikatoren einzubeziehen und unter Bezugnahme auf die im Jahresabschluss ausgewiesenen Beträge und Angaben zu erläutern. [4]Ferner ist im Lagebericht die voraussichtliche Entwicklung mit ihren wesentlichen Chancen und Risiken zu beurteilen und zu erläutern; zugrunde liegende Annahmen sind anzugeben. …

(2) Der Lagebericht soll auch eingehen auf:

1. Vorgänge von besonderer Bedeutung, die nach dem Schluß des Geschäftsjahrs eingetreten sind;
2. a) die Risikomanagementziele und -methoden der Gesellschaft einschließlich ihrer Methoden zur Absicherung aller wichtigen Arten von Transaktionen, die im Rahmen der Bilanzierung von Sicherungsgeschäften erfasst werden, sowie
   b) die Preisänderungs-, Ausfall- und Liquiditätsrisiken sowie die Risiken aus Zahlungsstromschwankungen, denen die Gesellschaft ausgesetzt ist,
   jeweils in Bezug auf die Verwendung von Finanzinstrumenten durch die Gesellschaft und sofern dies für die Beurteilung der Lage oder der voraussichtlichen Entwicklung von Belang ist;
3. den Bereich Forschung und Entwicklung,
4. bestehende Zweigniederlassungen der Gesellschaft; …

Viertes Buch. Handelsgeschäfte

Allgemeine Vorschriften

§ 343. Begriff der Handelsgeschäfte. (1) Handelsgeschäfte sind alle Geschäfte eines Kaufmanns, die zum Betriebe seines Handelsgewerbes gehören.

§ 344. Vermutung für das Handelsgeschäft.
(1) Die von einem Kaufmanne vorgenommenen Rechtsgeschäfte gelten im Zweifel als zum Betriebe seines Handelsgewerbes gehörig.
(2) Die von einem Kaufmanne gezeichneten Schuldscheine gelten als im Betriebe seines Handelsgewerbes gezeichnet, sofern nicht aus der Urkunde sich das Gegenteil ergibt.

§ 345. Einseitige Handelsgeschäfte. Auf ein Rechtsgeschäft, das für einen der beiden Teile ein Handelsgeschäft ist, kommen die Vorschriften über Handelsgeschäfte für beide Teile gleichmäßig zur Anwendung, soweit nicht aus diesen Vorschriften sich ein anderes ergibt.

§ 346. Handelsbräuche. Unter Kaufleuten ist in Ansehung der Bedeutung und Wirkung von Handlungen und Unterlassungen auf die im Handelsverkehre geltenden Gewohnheiten und Gebräuche Rücksicht zu nehmen.

§ 347. Sorgfaltspflicht. (1) Wer aus einem Geschäfte, das auf seiner Seite ein Handelsgeschäft ist, einem anderen zur Sorgfalt verpflichtet ist, hat für die Sorgfalt eines ordentlichen Kaufmanns einzustehen.

(2) Unberührt bleiben die Vorschriften des Bürgerlichen Gesetzbuchs, nach welchen der Schuldner in bestimmten Fällen nur grobe Fahrlässigkeit zu vertreten hat oder nur für diejenige Sorgfalt einzustehen hat, welche er in eigenen Angelegenheiten anzuwenden pflegt.

§ 348. Vertragsstrafe. Eine Vertragsstrafe, die von einem Kaufmann im Betriebe seines Handelsgewerbes versprochen ist, kann nicht auf Grund der Vorschriften des § 343 des Bürgerlichen Gesetzbuchs herabgesetzt werden.

§ 349. Keine Einrede der Vorausklage. [1]Dem Bürgen steht, wenn die Bürgschaft für ihn ein Handelsgeschäft ist, die Einrede der Vorausklage nicht zu. [2]Das gleiche gilt unter der bezeichneten Voraussetzung für denjenigen, welcher aus einem Kreditauftrag als Bürge haftet.

§ 350. Formfreiheit. Auf eine Bürgschaft, ein Schuldversprechen oder ein Schuldanerkenntnis finden, sofern die Bürgschaft auf der Seite des Bürgen, das Versprechen oder das Anerkenntnis auf der Seite des Schuldners ein Handelsgeschäft ist, die Formvorschriften des § 766 Satz 1 und 2, des § 780 und des § 781 Satz 1 und 2 des Bürgerlichen Gesetzbuches keine Anwendung.

§ 352. Gesetzlicher Zinssatz. (1) [1]Die Höhe der gesetzlichen Zinsen, mit Ausnahme der Verzugszinsen, ist bei beiderseitigen Handelsgeschäften fünf vom Hundert für das Jahr. [2]Das gleiche gilt, wenn für eine Schuld aus einem solchen Handelsgeschäfte Zinsen ohne Bestimmung des Zinsfußes versprochen sind.

(2) Ist in diesem Gesetzbuche die Verpflichtung zur Zahlung von Zinsen ohne Bestimmung der Höhe ausgesprochen, so sind darunter Zinsen zu fünf vom Hundert für das Jahr zu verstehen.

§ 353. Fälligkeitszinsen. ¹Kaufleute untereinander sind berechtigt, für ihre Forderungen aus beiderseitigen Handelsgeschäften vom Tage der Fälligkeit an Zinsen zu fordern. ²Zinsen von Zinsen können auf Grund dieser Vorschrift nicht gefordert werden.

§ 354. Provision; Lagergeld; Zinsen. (1) Wer in Ausübung seines Handelsgewerbes einem anderen Geschäfte besorgt oder Dienste leistet, kann dafür auch ohne Verabredung Provision und, wenn es sich um Aufbewahrung handelt, Lagergeld nach den an dem Orte üblichen Sätzen fordern.

(2) Für Darlehen, Vorschüsse, Auslagen und andere Verwendungen kann er vom Tage der Leistung an Zinsen berechnen.

§ 358. Zeit der Leistung. Bei Handelsgeschäften kann die Leistung nur während der gewöhnlichen Geschäftszeit bewirkt und gefordert werden.

§ 359. Vereinbarte Zeit der Leistung; „acht Tage". (1) Ist als Zeit der Leistung das Frühjahr oder der Herbst oder ein in ähnlicher Weise bestimmter Zeitpunkt vereinbart, so entscheidet im Zweifel der Handelsgebrauch des Ortes der Leistung.

(2) Ist eine Frist von acht Tagen vereinbart, so sind hierunter im Zweifel volle acht Tage zu verstehen.

§ 360. Gattungsschuld. Wird eine nur der Gattung nach bestimmte Ware geschuldet, so ist Handelsgut mittlerer Art und Güte zu leisten.

§ 362. Schweigen des Kaufmanns auf Anträge. (1) ¹Geht einem Kaufmanne, dessen Gewerbebetrieb die Besorgung von Geschäften für andere mit sich bringt, ein Antrag über die Besorgung solcher Geschäfte von jemand zu, mit dem er in Geschäftsverbindung steht, so ist er verpflichtet, unverzüglich zu antworten; sein Schweigen gilt als Annahme des Antrags. ²Das gleiche gilt, wenn einem Kaufmann ein Antrag über die Besorgung von Geschäften von jemand zugeht, dem gegenüber er sich zur Besorgung solcher Geschäfte erboten hat.

(2) Auch wenn der Kaufmann den Antrag ablehnt, hat er die mitgesendeten Waren auf Kosten des Antragstellers, soweit er für diese Kosten gedeckt ist und soweit es ohne Nachteil für

ihn geschehen kann, einstweilen vor Schaden zu bewahren.

§ 369. Kaufmännisches Zurückbehaltungsrecht. (1) ¹Ein Kaufmann hat wegen der fälligen Forderungen, welche ihm gegen einen anderen Kaufmann aus den zwischen ihnen geschlossenen beiderseitigen Handelsgeschäften zustehen, ein Zurückbehaltungsrecht an den beweglichen Sachen und Wertpapieren des Schuldners, welche mit dessen Willen auf Grund von Handelsgeschäften in seinen Besitz gelangt sind, sofern er sie noch im Besitze hat, insbesondere mittels Konnossements, Ladescheins oder Lagerscheins darüber verfügen kann. ²Das Zurückbehaltungsrecht ist auch dann begründet, wenn das Eigentum an dem Gegenstande von dem Schuldner auf den Gläubiger übergegangen oder von einem Dritten für den Schuldner auf den Gläubiger übertragen, aber auf den Schuldner zurückzuübertragen ist.

(2) Einem Dritten gegenüber besteht das Zurückbehaltungsrecht insoweit, als dem Dritten die Einwendungen gegen den Anspruch des Schuldners auf Herausgabe des Gegenstandes entgegengesetzt werden können.

Handelskauf

§ 373. Annahmeverzug des Käufers. (1) Ist der Käufer mit der Annahme der Ware im Verzuge, so kann der Verkäufer die Ware auf Gefahr und Kosten des Käufers in einem öffentlichen Lagerhaus oder sonst in sicherer Weise hinterlegen.

(2) ¹Er ist ferner befugt, nach vorgängiger Androhung die Ware öffentlich versteigern zu lassen; er kann, wenn die Ware einen Börsen- oder Marktpreis hat, vorgängiger Androhung den Verkauf auch aus freier Hand durch einen zu solchen Verkäufen öffentlich ermächtigten Handelsmakler oder durch eine zur öffentlichen Versteigerung befugte Person zum laufenden Preise bewirken. ²Ist die Ware dem Verderb ausgesetzt und Gefahr im Verzuge, so bedarf es der vorgängigen Androhung nicht; dasselbe gilt, wenn die Androhung aus anderen Gründen untunlich ist.

(3) Der Selbsthilfeverkauf erfolgt für Rechnung des säumigen Käufers.

(4) Der Verkäufer und der Käufer können bei der öffentlichen Versteigerung mitbieten.

(5) ¹Im Falle der öffentlichen Versteigerung hat der Verkäufer den Käufer von der Zeit und dem Orte der Versteigerung vorher zu benachrichtigen; von dem vollzogenen Verkaufe hat er bei jeder Art des Verkaufs dem Käufer unverzüglich Nachricht zu geben. ²Im Falle der Unterlassung ist er zum Schadensersatze verpflichtet.

Handelsgesetzbuch

³Die Benachrichtigungen dürfen unterbleiben, wenn sie untunlich sind.

§ 374. Vorschriften des BGB über Annahmeverzug. Durch die Vorschriften des § 373 werden die Befugnisse nicht berührt, welche dem Verkäufer nach dem Bürgerlichen Gesetzbuche zustehen, wenn der Käufer im Verzuge der Annahme ist.

§ 375. Bestimmungskauf. (1) Ist bei dem Kaufe einer beweglichen Sache dem Käufer die nähere Bestimmung über Form, Maß oder ähnliche Verhältnisse vorbehalten, so ist der Käufer verpflichtet, die vorbehaltene Bestimmung zu treffen.

(2) ¹Ist der Käufer mit der Erfüllung dieser Verpflichtung in Verzug, so kann der Verkäufer die Bestimmung statt des Käufers vornehmen oder gemäß den §§ 280, 281 des Bürgerlichen Gesetzbuchs Schadensersatz statt der Leistung verlangen oder gemäß § 323 des Bürgerlichen Gesetzbuchs vom Vertrag zurücktreten. ²Im ersten Falle hat der Verkäufer die von ihm getroffene Bestimmung dem Käufer mitzuteilen und ihm zugleich eine angemessene Frist zur Vornahme einer anderweitigen Bestimmung zu setzen. ³Wird eine solche innerhalb der Frist von dem Käufer nicht vorgenommen, so ist die von dem Verkäufer getroffene Bestimmung maßgebend.

§ 376. Fixhandelskauf. (1) ¹Ist bedungen, daß die Leistung des einen Teiles genau zu einer festbestimmten Zeit oder innerhalb einer festbestimmten Frist bewirkt werden soll, so kann der andere Teil, wenn die Leistung nicht zu der bestimmten Zeit oder nicht innerhalb der bestimmten Frist erfolgt, von dem Vertrage zurücktreten oder, falls der Schuldner im Verzug ist, statt der Erfüllung Schadensersatz wegen Nichterfüllung verlangen. ²Erfüllung kann er nur beanspruchen, wenn er sofort nach dem Ablaufe der Zeit oder der Frist dem Gegner anzeigt, daß er auf Erfüllung bestehe.

(2) Wird Schadensersatz wegen Nichterfüllung verlangt und hat die Ware einen Börsen- oder Marktpreis, so kann der Unterschied des Kaufpreises und des Börsen- oder Marktpreises zur Zeit und am Orte der geschuldeten Leistung gefordert werden.

§ 377. Untersuchungs- und Rügepflicht. (1) Ist der Kauf für beide Teile ein Handelsgeschäft, so hat der Käufer die Ware unverzüglich nach der Ablieferung durch den Verkäufer, soweit dies nach ordnungsmäßigem Geschäftsgange tunlich ist, zu untersuchen und, wenn sich ein Mangel zeigt, dem Verkäufer unverzüglich Anzeige zu machen.

(2) Unterläßt der Käufer die Anzeige, so gilt die Ware als genehmigt, es sei denn, daß es sich um einen Mangel handelt, der bei der Untersuchung nicht erkennbar war.

(3) Zeigt sich später ein solcher Mangel, so muß die Anzeige unverzüglich nach der Entdeckung gemacht werden; anderenfalls gilt die Ware auch in Ansehung dieses Mangels als genehmigt.

(4) Zur Erhaltung der Rechte des Käufers genügt die rechtzeitige Absendung der Anzeige.

(5) Hat der Verkäufer den Mangel arglistig verschwiegen, so kann er sich auf diese Vorschriften nicht berufen.

§ 379. Einstweilige Aufbewahrung; Notverkauf. (1) Ist der Kauf für beide Teile ein Handelsgeschäft, so ist der Käufer, wenn er die ihm von einem anderen Orte übersendete Ware beanstandet, verpflichtet, für ihre einstweilige Aufbewahrung zu sorgen.

(2) Er kann die Ware, wenn sie dem Verderb ausgesetzt und Gefahr im Verzug ist, unter Beobachtung der Vorschriften des § 373 verkaufen lassen.

§ 380. Taragewicht. (1) Ist der Kaufpreis nach dem Gewichte der Ware zu berechnen, so kommt das Gewicht der Verpackung (Taragewicht) in Abzug, wenn nicht aus dem Vertrag oder dem Handelsgebrauche des Ortes, an welchem der Verkäufer zu erfüllen hat, sich ein anderes ergibt.

(2) Ob und in welcher Höhe das Taragewicht nach einem bestimmten Ansatz oder Verhältnisse statt nach genauer Ausmittelung abzuziehen ist, sowie, ob und wieviel als Gutgewicht zugunsten des Käufers zu berechnen ist oder als Vergütung für schadhafte oder unbrauchbare Teile (Refaktie) gefordert werden kann, bestimmt sich nach dem Vertrag oder dem Handelsgebrauche des Ortes, an welchem der Verkäufer zu erfüllen hat.

§ 381. Kauf von Wertpapieren; Werklieferungsvertrag. (1) Die in diesem Abschnitte für den Kauf von Waren getroffenen Vorschriften gelten auch für den Kauf von Wertpapieren.

(2) Sie finden auch auf einen Vertrag Anwendung, der die Lieferung herzustellender oder zu erzeugender beweglicher Sachen zum Gegenstand hat.

Kommissionsgeschäft

§ 383. Kommissionär; Kommissionsvertrag. (1) Kommissionär ist, wer es gewerbsmäßig übernimmt, Waren oder Wertpapiere für Rechnung eines anderen (des Kommittenten) in eigenem Namen zu kaufen oder zu verkaufen.

(2) Die Vorschriften dieses Abschnitts finden auch Anwendung, wenn das Unternehmen des Kommissionärs nach Art oder Umfang einen in kaufmännischer Weise eingerichteten Geschäftsbetrieb nicht erfordert und die Firma des Unternehmens nicht nach § 2 in das Handelsregister eingetragen ist ...

§ 384. Pflichten des Kommissionärs. (1) Der Kommissionär ist verpflichtet, das übernommene Geschäft mit der Sorgfalt eines ordentlichen Kaufmanns auszuführen; er hat hierbei das Interesse des Kommittenten wahrzunehmen und dessen Weisungen zu befolgen.

(2) Er hat dem Kommittenten die erforderlichen Nachrichten zu geben, insbesondere von der Ausführung der Kommission unverzüglich Anzeige zu machen; er ist verpflichtet, dem Kommittenten über das Geschäft Rechenschaft abzulegen und ihm dasjenige herauszugeben, was er aus der Geschäftsbesorgung erlangt hat.

(3) Der Kommissionär haftet dem Kommittenten für die Erfüllung des Geschäfts, wenn er ihm nicht zugleich mit der Anzeige von der Ausführung der Kommission den Dritten namhaft macht, mit dem er das Geschäft abgeschlossen hat.

§ 385. Weisungen des Kommittenten. Handelt der Kommissionär nicht gemäß den Weisungen des Kommittenten, so ist er diesem zum Ersatze des Schadens verpflichtet; der Kommittent braucht das Geschäft nicht für seine Rechnung gelten zu lassen.

Aktiengesetz

5.2 AktG §§ 1–11

Aktiengesetz

In der Fassung vom 6. September 1965, mit Änderungen bis zum 16. Juli 2007

Erstes Buch. Aktiengesellschaft

Allgemeine Vorschriften

§ 1. Wesen der Aktiengesellschaft. (1) ¹Die Aktiengesellschaft ist eine Gesellschaft mit eigener Rechtspersönlichkeit. ²Für die Verbindlichkeiten der Gesellschaft haftet den Gläubigern nur das Gesellschaftsvermögen.
(2) Die Aktiengesellschaft hat ein in Aktien zerlegtes Grundkapital.

§ 2. Gründerzahl. An der Feststellung des Gesellschaftsvertrags (der Satzung) müssen sich eine oder mehrere Personen beteiligen, welche die Aktien gegen Einlagen übernehmen.

§ 3. Formkaufmann; Börsennotierung. (1) Die Aktiengesellschaft gilt als Handelsgesellschaft, auch wenn der Gegenstand des Unternehmens nicht im Betrieb eines Handelsgewerbes besteht.
(2) Börsennotiert im Sinne dieses Gesetzes sind Gesellschaften, deren Aktien an einem Markt gehandelt werden, der von staatlich anerkannten Stellen geregelt und überwacht wird, regelmäßig stattfindet und für das Publikum mittelbar oder unmittelbar zugänglich ist.

§ 4. Firma. (1) Die Firma der Aktiengesellschaft muß, auch wenn sie nach § 22 des Handelsgesetzbuchs oder nach anderen gesetzlichen Vorschriften fortgeführt wird, die Bezeichnung „Aktiengesellschaft" oder eine allgemein verständliche Abkürzung dieser Bezeichnung enthalten.

§ 5. Sitz. (1) Sitz der Gesellschaft ist der Ort, den die Satzung bestimmt.
(2) Die Satzung hat als Sitz in der Regel den Ort, wo die Gesellschaft einen Betrieb hat, oder den Ort zu bestimmen, wo sich die Geschäftsleitung befindet oder die Verwaltung geführt wird.

§ 6. Grundkapital. Das Grundkapital muß auf einen Nennbetrag in Euro lauten.

§ 7. Mindestnennbetrag des Grundkapitals. Der Mindestnennbetrag des Grundkapitals ist fünfzigtausend Euro.

§ 8. Form und Mindestbeträge der Aktien. (1) Die Aktien können entweder als Nennbetragsaktien oder als Stückaktien begründet werden.
(2) ¹Nennbetragsaktien müssen auf mindestens einen Euro lauten. ²Aktien über einen geringeren Nennbetrag sind nichtig. ³Für den Schaden aus der Ausgabe sind die Ausgeber den Inhabern als Gesamtschuldner verantwortlich. ⁴Höhere Aktiennennbeträge müssen auf volle Euro lauten.
(3) ¹Stückaktien lauten auf keinen Nennbetrag. ²Die Stückaktien einer Gesellschaft sind am Grundkapital in gleichem Umfang beteiligt. ³Der auf die einzelne Aktie entfallende anteilige Betrag des Grundkapitals darf einen Euro nicht unterschreiten. ⁴Absatz 2 Satz 2 und 3 findet entsprechende Anwendung.
(4) Der Anteil am Grundkapital bestimmt sich bei Nennbetragsaktien nach dem Verhältnis ihres Nennbetrags zum Grundkapital, bei Stückaktien nach der Zahl der Aktien.
(5) Die Aktien sind unteilbar.
(6) Diese Vorschriften gelten auch für Anteilscheine, die den Aktionären vor der Ausgabe der Aktien erteilt werden (Zwischenscheine).

§ 9. Ausgabebetrag der Aktien. (1) Für einen geringeren Betrag als den Nennbetrag oder den auf die einzelne Stückaktie entfallenden anteiligen Betrag des Grundkapitals dürfen Aktien nicht ausgegeben werden (geringster Ausgabebetrag).
(2) Für einen höheren Betrag ist die Ausgabe zulässig.

§ 10. Aktien und Zwischenscheine. (1) Die Aktien können auf den Inhaber oder auf Namen lauten.
(2) ¹Sie müssen auf Namen lauten, wenn sie vor der vollen Leistung des Ausgabebetrags ausgegeben werden. ²Der Betrag der Teilleistungen ist in der Aktie anzugeben.
(3) Zwischenscheine müssen auf Namen lauten.
(4) ¹Zwischenscheine auf den Inhaber sind nichtig. ²Für den Schaden aus der Ausgabe sind die Ausgeber den Inhabern als Gesamtschuldner verantwortlich.
(5) In der Satzung kann der Anspruch des Aktionärs auf Verbriefung seines Anteils ausgeschlossen oder eingeschränkt werden.

§ 11. Aktien besonderer Gattung. ¹Die Aktien können verschiedene Rechte gewähren, namentlich bei der Verteilung des Gewinns und des Gesellschaftsvermögens. ²Aktien mit gleichen Rechten bilden eine Gattung.

§ 12. Stimmrecht. Keine Mehrstimmrechte. (1) ¹Jede Aktie gewährt das Stimmrecht. ²Vorzugsaktien können nach den Vorschriften des Gesetzes als Aktien ohne Stimmrecht ausgegeben werden.
(2) Mehrstimmrechte sind unzulässig.

§ 15. Verbundene Unternehmen. Verbundene Unternehmen sind rechtlich selbständige Unternehmen, die im Verhältnis zueinander in Mehrheitsbesitz stehende Unternehmen und mit Mehrheit beteiligte Unternehmen (§ 16), abhängige und herrschende Unternehmen (§ 17), Konzernunternehmen (§ 18), wechselseitig beteiligte Unternehmen (§ 19) oder Vertragsteile eines Unternehmensvertrags (§§ 291, 292) sind.

§ 16. In Mehrheitsbesitz stehende Unternehmen und mit Mehrheit beteiligte Unternehmen. (1) Gehört die Mehrheit der Anteile eines rechtlich selbständigen Unternehmens einem anderen Unternehmen oder steht einem anderen Unternehmen die Mehrheit der Stimmrechte zu (Mehrheitsbeteiligung), so ist das Unternehmen ein in Mehrheitsbesitz stehendes Unternehmen, das andere Unternehmen ein an ihm mit Mehrheit beteiligtes Unternehmen.

§ 17. Abhängige und herrschende Unternehmen. (1) Abhängige Unternehmen sind rechtlich selbständige Unternehmen, auf die ein anderes Unternehmen (herrschendes Unternehmen) unmittelbar oder mittelbar einen beherrschenden Einfluß ausüben kann.
(2) Von einem in Mehrheitsbesitz stehenden Unternehmen wird vermutet, daß es von dem an ihm mit Mehrheit beteiligten Unternehmen abhängig ist.

§ 18. Konzern und Konzernunternehmen. (1) ¹Sind ein herrschendes und ein oder mehrere abhängige Unternehmen unter der einheitlichen Leitung des herrschenden Unternehmens zusammengefaßt, so bilden sie einen Konzern; die einzelnen Unternehmen sind Konzernunternehmen. ²Unternehmen, zwischen denen ein Beherrschungsvertrag (§ 291) besteht oder von denen das eine in das andere eingegliedert ist (§ 319), sind als unter einheitlicher Leitung zusammengefaßt anzusehen. ³Von einem abhängigen Unternehmen wird vermutet, daß es mit dem herrschenden Unternehmen einen Konzern bildet.
(2) Sind rechtlich selbständige Unternehmen, ohne daß das eine Unternehmen von dem anderen abhängig ist, unter einheitlicher Leitung zusammengefaßt, so bilden sie auch einen Konzern; die einzelnen Unternehmen sind Konzernunternehmen.

§ 19. Wechselseitig beteiligte Unternehmen. (1) ¹Wechselseitig beteiligte Unternehmen sind Unternehmen mit Sitz im Inland in der Rechtsform einer Kapitalgesellschaft, die dadurch verbunden sind, daß jedem Unternehmen mehr als der vierte Teil der Anteile des anderen Unternehmens gehört. ²Für die Feststellung, ob einem Unternehmen mehr als der vierte Teil der Anteile des anderen Unternehmens gehört, gilt § 16 Abs. 2 Satz 1, Abs. 4.
(2) Gehört einem wechselseitig beteiligten Unternehmen an dem anderen Unternehmen eine Mehrheitsbeteiligung oder kann das eine auf das andere Unternehmen unmittelbar oder mittelbar einen beherrschenden Einfluß ausüben, so ist das eine als herrschendes, das andere als abhängiges Unternehmen anzusehen.
(3) Gehört jedem der wechselseitig beteiligten Unternehmen an dem anderen Unternehmen eine Mehrheitsbeteiligung oder kann jedes auf das andere unmittelbar oder mittelbar einen beherrschenden Einfluß ausüben, so gelten beide Unternehmen als herrschend und als abhängig.

§ 20. Mitteilungspflichten. (1) ¹Sobald einem Unternehmen mehr als der vierte Teil der Aktien einer Aktiengesellschaft mit Sitz im Inland gehört, hat es dies der Gesellschaft unverzüglich schriftlich mitzuteilen. ²Für die Feststellung, ob dem Unternehmen mehr als der vierte Teil der Aktien gehört, gilt § 16 Abs. 2 Satz 1, Abs. 4.
(2) Für die Mitteilungspflicht nach Absatz 1 rechnen zu den Aktien, die dem Unternehmen gehören, auch Aktien,
1. deren Übereignung das Unternehmen, ein von ihm abhängiges Unternehmen oder ein anderer für Rechnung des Unternehmens oder eines von diesem abhängigen Unternehmens verlangen kann;
2. zu deren Abnahme das Unternehmen, ein von ihm abhängiges Unternehmen oder ein anderer für Rechnung des Unternehmens oder eines von diesem abhängigen Unternehmens verpflichtet ist.
(3) Ist das Unternehmen eine Kapitalgesellschaft, so hat es, sobald ihm ohne Hinzurechnung der Aktien nach Absatz 2 mehr als der vierte Teil der Aktien gehört, auch dies der Gesellschaft unverzüglich schriftlich mitzuteilen.
(4) Sobald dem Unternehmen eine Mehrheitsbeteiligung (§ 16 Abs. 1) gehört, hat es auch dies der Gesellschaft unverzüglich schriftlich mitzuteilen.
(5) Besteht die Beteiligung in der nach Absatz 1, 3 oder 4 mitteilungspflichtigen Höhe nicht mehr, so ist dies der Gesellschaft unverzüglich schriftlich mitzuteilen.
(6) ¹Die Gesellschaft hat das Bestehen einer Beteiligung, die ihr nach Absatz 1 oder 4 mit-

geteilt worden ist, unverzüglich in den Gesellschaftsblättern bekanntzumachen; dabei ist das Unternehmen anzugeben, dem die Beteiligung gehört. ²Wird der Gesellschaft mitgeteilt, daß die Beteiligung in der nach Absatz 1 oder 4 mitteilungspflichtigen Höhe nicht mehr besteht, so ist auch dies unverzüglich in den Gesellschaftsblättern bekanntzumachen.

(7) ¹Rechte aus Aktien, die einem nach Absatz 1 oder 4 mitteilungspflichtigen Unternehmen gehören, bestehen für die Zeit, für die das Unternehmen die Mitteilungspflicht nicht erfüllt, weder für das Unternehmen noch für ein von ihm abhängiges Unternehmen oder für einen anderen, der für Rechnung des Unternehmens oder eines von diesem abhängigen Unternehmens handelt. ²Dies gilt nicht für Ansprüche nach § 58 Abs. 4 und § 271, wenn die Mitteilung nicht vorsätzlich unterlassen wurde und nachgeholt worden ist.
...

§ 21. Mitteilungspflichten der Gesellschaft.
(1) ¹Sobald der Gesellschaft mehr als der vierte Teil der Anteile einer anderen Kapitalgesellschaft mit Sitz im Inland gehört, hat sie dies dem Unternehmen, an dem die Beteiligung besteht, unverzüglich schriftlich mitzuteilen. ²Für die Feststellung, ob der Gesellschaft mehr als der vierte Teil der Anteile gehört, gilt § 16 Abs. 2 Satz 1, Abs. 4 sinngemäß.

(2) Sobald der Gesellschaft eine Mehrheitsbeteiligung (§ 16 Abs. 1) an einem anderen Unternehmen gehört, hat sie dies dem Unternehmen, an dem die Mehrheitsbeteiligung besteht, unverzüglich schriftlich mitzuteilen.
...

Gründung der Gesellschaft

§ 23. Feststellung der Satzung. (1) ¹Die Satzung muß durch notarielle Beurkundung festgestellt werden. ²Bevollmächtigte bedürfen einer notariell beglaubigten Vollmacht.

(2) In der Urkunde sind anzugeben
1. die Gründer;
2. bei Nennbetragsaktien der Nennbetrag, bei Stückaktien die Zahl, der Ausgabebetrag und, wenn mehrere Gattungen bestehen, die Gattung der Aktien, die jeder Gründer übernimmt;
3. der eingezahlte Betrag des Grundkapitals.

(3) Die Satzung muß bestimmen
1. die Firma und den Sitz der Gesellschaft;
2. den Gegenstand des Unternehmens; namentlich ist bei Industrie- und Handelsunternehmen die Art der Erzeugnisse und Waren, die hergestellt und gehandelt werden sollen, näher anzugeben;
3. die Höhe des Grundkapitals;
4. die Nennbeträge der Aktien und die Zahl der Aktien jeden Nennbetrags sowie, wenn mehrere Gattungen bestehen, die Gattung der Aktien und die Zahl der Aktien jeder Gattung;
5. ob die Aktien auf den Inhaber oder auf den Namen ausgestellt werden;
6. die Zahl der Mitglieder des Vorstands oder die Regeln, nach denen diese Zahl festgelegt wird.

(4) Die Satzung muß ferner Bestimmungen über die Form der Bekanntmachungen der Gesellschaft enthalten.

(5) ¹Die Satzung kann von den Vorschriften dieses Gesetzes nur abweichen, wenn es ausdrücklich zugelassen ist. ²Ergänzende Bestimmungen der Satzung sind zulässig, es sei denn, daß dieses Gesetz eine abschließende Regelung enthält.

§ 24. Umwandlung von Aktien. Die Satzung kann bestimmen, daß auf Verlangen eines Aktionärs seine Inhaberaktie in eine Namensaktie oder seine Namensaktie in eine Inhaberaktie umzuwandeln ist.

§ 26. Sondervorteile. Gründungsaufwand.
(1) Jeder einem einzelnen Aktionär oder einem Dritten eingeräumte besondere Vorteil muß in der Satzung unter Bezeichnung des Berechtigten festgesetzt werden.

§ 27. Sacheinlagen. Sachübernahmen. (1) Sollen Aktionäre Einlagen machen, die nicht durch Einzahlung des Ausgabebetrags der Aktien zu leisten sind (Sacheinlagen), oder soll die Gesellschaft vorhandene oder herzustellende Anlagen oder andere Vermögensgegenstände übernehmen (Sachübernahmen), so müssen in der Satzung festgesetzt werden der Gegenstand der Sacheinlage oder der Sachübernahme, die Person, von der die Gesellschaft den Gegenstand erwirbt, und der Nennbetrag, bei Stückaktien die Zahl der bei der Sacheinlage zu gewährenden Aktien oder die bei der Sachübernahme zu gewährende Vergütung.

§ 28. Gründer. Die Aktionäre, die die Satzung festgestellt haben, sind die Gründer der Gesellschaft.

§ 29. Errichtung der Gesellschaft. Mit der Übernahme aller Aktien durch die Gründer ist die Gesellschaft errichtet.

§ 30. Bestellung des Aufsichtsrats, des Vorstands und des Abschlußprüfers. (1) ¹Die Gründer haben den ersten Aufsichtsrat der Gesellschaft und den Abschlußprüfer für das erste Voll- oder Rumpfgeschäftsjahr zu bestellen. ²Die Bestellung bedarf notarieller Beurkundung.

(2) Auf die Zusammensetzung und die Bestellung des ersten Aufsichtsrats sind die Vorschriften über die Bestellung von Aufsichtsratsmitgliedern der Arbeitnehmer nicht anzuwenden.

(3) ¹Die Mitglieder des ersten Aufsichtsrats können nicht für längere Zeit als bis zur Beendigung der Hauptversammlung bestellt werden, die über die Entlastung für das erste Voll- oder Rumpfgeschäftsjahr beschließt. ²Der Vorstand hat rechtzeitig vor Ablauf der Amtszeit des ersten Aufsichtsrats bekanntzumachen, nach welchen gesetzlichen Vorschriften der nächste Aufsichtsrat nach seiner Ansicht zusammenzusetzen ist; §§ 96 bis 99 sind anzuwenden.

(4) Der Aufsichtsrat bestellt den ersten Vorstand.

§ 32. Gründungsbericht. (1) Die Gründer haben einen schriftlichen Bericht über den Hergang der Gründung zu erstatten (Gründungsbericht).

(3) Im Gründungsbericht ist ferner anzugeben, ob und in welchem Umfang bei der Gründung für Rechnung eines Mitgliedes des Vorstands oder des Aufsichtsrats Aktien übernommen worden sind und ob und in welcher Weise ein Mitglied des Vorstands oder des Aufsichtsrats sich einen besonderen Vorteil oder für die Gründung oder ihre Vorbereitung eine Entschädigung oder Belohnung ausbedungen hat.

§ 33. Gründungsprüfung. Allgemeines.
(1) Die Mitglieder des Vorstands und des Aufsichtsrats haben den Hergang der Gründung zu prüfen.

§ 36. Anmeldung der Gesellschaft. (1) Die Gesellschaft ist bei dem Gericht von allen Gründern und Mitgliedern des Vorstands und des Aufsichtsrats zur Eintragung in das Handelsregister anzumelden.

(2) ¹Die Anmeldung darf erst erfolgen, wenn auf jede Aktie, soweit nicht Sacheinlagen vereinbart sind, der eingeforderte Betrag ordnungsgemäß eingezahlt worden ist (§ 54 Abs. 3) und, soweit er nicht bereits zur Bezahlung der bei der Gründung angefallenen Steuern und Gebühren verwandt wurde, endgültig zur freien Verfügung des Vorstands steht. ²Wird die Gesellschaft nur durch eine Person errichtet, so hat der Gründer zusätzlich für den Teil der Geldeinlage, der den eingeforderten Betrag übersteigt, eine Sicherung zu bestellen.

§ 36a. Leistung der Einlagen. (1) Bei Bareinlagen muß der eingeforderte Betrag (§ 36 Abs. 2) mindestens ein Viertel des geringsten Ausgabebetrags und bei Ausgabe der Aktien für einen höheren als diesen auch den Mehrbetrag umfassen.

(2) Sacheinlagen sind vollständig zu leisten.

§ 37. Inhalt der Anmeldung. (1) ¹In der Anmeldung ist zu erklären, daß die Voraussetzungen des § 36 Abs. 2 und des § 36 a erfüllt sind; dabei sind der Betrag, zu dem die Aktien ausgegeben werden, und der darauf eingezahlte Betrag anzugeben. ²Es ist nachzuweisen, daß der eingezahlte Betrag endgültig zur freien Verfügung des Vorstands steht. ³Ist der Betrag gemäß § 54 Abs. 3 durch Gutschrift auf ein Konto eingezahlt worden, so ist der Nachweis durch eine Bestätigung des kontoführenden Instituts zu führen. ⁴Für die Richtigkeit der Bestätigung ist das Institut der Gesellschaft verantwortlich. ⁵Sind von dem eingezahlten Betrag Steuern und Gebühren bezahlt worden, so ist dies nach Art und Höhe der Beträge nachzuweisen.

(3) In der Anmeldung ist ferner anzugeben, welche Vertretungsbefugnis die Vorstandsmitglieder haben.

(4) Der Anmeldung sind beizufügen
1. die Satzung und die Urkunden, in denen die Satzung festgestellt worden ist und die Aktien von den Gründern übernommen worden sind;
2. im Fall der §§ 26 und 27 die Verträge, die den Festsetzungen zugrunde liegen oder zu ihrer Ausführung geschlossen worden sind, und eine Berechnung des der Gesellschaft zur Last fallenden Gründungsaufwands; in der Berechnung sind die Vergütungen nach Art und Höhe und die Empfänger einzeln anzuführen;
3. die Urkunden über die Bestellung des Vorstands und des Aufsichtsrats;
3a. eine Liste der Mitglieder des Aufsichtsrats, aus welcher Name, Vorname, ausgeübter Beruf und Wohnort der Mitglieder ersichtlich ist;
4. der Gründungsbericht und die Prüfungsberichte der Mitglieder des Vorstands und des Aufsichtsrats sowie der Gründungsprüfer nebst ihren urkundlichen Unterlagen;
5. wenn der Gegenstand des Unternehmens oder eine andere Satzungsbestimmung der staatlichen Genehmigung bedarf, die Genehmigungsurkunde.

(5) Für die Einreichung von Unterlagen nach diesem Gesetz gilt § 12 Abs. 2 des Handelsgesetzbuches entsprechend.

(6) Die eingereichten Schriftstücke werden beim Gericht in Urschrift, Ausfertigung oder öffentlich beglaubigter Abschrift aufbewahrt.

§ 38. Prüfung durch das Gericht. (1) ¹Das Gericht hat zu prüfen, ob die Gesellschaft ordnungsgemäß errichtet und angemeldet ist. ²Ist dies nicht der Fall, so hat es die Eintragung abzulehnen.

§ 39. Inhalt der Eintragung. (1) ¹Bei der Eintragung der Gesellschaft sind die Firma und der Sitz der Gesellschaft, der Gegenstand des Unternehmens, die Höhe des Grundkapitals, der Tag der Feststellung der Satzung und die Vorstandsmitglieder anzugeben. ²Ferner ist einzutragen, welche Vertretungsbefugnis die Vorstandsmitglieder haben.

§ 40. *aufgehoben.*

§ 41. Handeln im Namen der Gesellschaft vor der Eintragung. Verbotene Aktienausgabe. (1) ¹Vor der Eintragung in das Handelsregister besteht die Aktiengesellschaft als solche nicht. ²Wer vor der Eintragung der Gesellschaft in ihrem Namen handelt, haftet persönlich; handeln mehrere, so haften sie als Gesamtschuldner.

§ 42. Einpersonen-Gesellschaft. Gehören alle Aktien allein oder neben der Gesellschaft einem Aktionär, ist unverzüglich eine entsprechende Mitteilung unter Angabe von Name, Vorname, Geburtsdatum und Wohnort des alleinigen Aktionärs zum Handelsregister einzureichen.

Rechtsverhältnisse der Gesellschaft und der Gesellschafter

§ 53a. Gleichbehandlung der Aktionäre. Aktionäre sind unter gleichen Voraussetzungen gleich zu behandeln.

§ 54. Hauptverpflichtung der Aktionäre. (1) Die Verpflichtung der Aktionäre zur Leistung der Einlagen wird durch den Ausgabebetrag der Aktien begrenzt.

(2) Soweit nicht in der Satzung Sacheinlagen festgesetzt sind, haben die Aktionäre den Ausgabebetrag der Aktien einzuzahlen.

(3) ¹Der vor der Anmeldung der Gesellschaft eingeforderte Betrag kann nur in gesetzlichen Zahlungsmitteln oder durch Gutschrift auf ein Konto bei einem Kreditinstitut oder einem nach § 53 Abs. 1 Satz 1 oder § 53 b Abs. 1 Satz 1 oder Abs. 7 des Gesetzes über das Kreditwesen tätigen Unternehmen der Gesellschaft oder des Vorstands zu seiner freien Verfügung eingezahlt werden. ²Forderungen des Vorstands aus diesen Einzahlungen gelten als Forderungen der Gesellschaft.

(4) ¹Der Anspruch der Gesellschaft auf Leistung der Einlagen verjährt in zehn Jahren von seiner Entstehung an. ²Wird das Insolvenzverfahren über das Vermögen der Gesellschaft eröffnet, so tritt die Verjährung nicht vor Ablauf von sechs Monaten ab dem Zeitpunkt der Eröffnung ein.

§ 55. Nebenverpflichtungen der Aktionäre. (1) Ist die Übertragung der Aktien an die Zustimmung der Gesellschaft gebunden, so kann die Satzung Aktionären die Verpflichtung auferlegen, neben den Einlagen auf das Grundkapital wiederkehrende, nicht in Geld bestehende Leistungen zu erbringen.

§ 57. Keine Rückgewähr, keine Verzinsung der Einlagen. (1) ¹Den Aktionären dürfen die Einlagen nicht zurückgewährt werden. ²Als Rückgewähr von Einlagen gilt nicht die Zahlung des Erwerbspreises beim zulässigen Erwerb eigener Aktien.

(2) Den Aktionären dürfen Zinsen weder zugesagt noch ausgezahlt werden.

(3) Vor Auflösung der Gesellschaft darf unter die Aktionäre nur der Bilanzgewinn verteilt werden.

§ 58. Verwendung des Jahresüberschusses. (1) ¹Die Satzung kann nur für den Fall, daß die Hauptversammlung den Jahresabschluß feststellt, bestimmen, daß Beträge aus dem Jahresüberschuß in andere Gewinnrücklagen einzustellen sind. ²Auf Grund einer solchen Satzungsbestimmung kann höchstens die Hälfte des Jahresüberschusses in andere Gewinnrücklagen eingestellt werden. ³Dabei sind Beträge, die in die gesetzliche Rücklage einzustellen sind, und ein Verlustvortrag vorab vom Jahresüberschuß abzuziehen.

(2) ¹Stellen Vorstand und Aufsichtsrat den Jahresabschluß fest, so können sie einen Teil des Jahresüberschusses, höchstens jedoch die Hälfte, in andere Gewinnrücklagen einstellen. ²Die Satzung kann Vorstand und Aufsichtsrat zur Einstellung eines größeren oder kleineren Teils des Jahresüberschusses ermächtigen. ³Auf Grund einer solchen Satzungsbestimmung dürfen Vorstand und Aufsichtsrat keine Beträge in andere Gewinnrücklagen einstellen, wenn die anderen Gewinnrücklagen die Hälfte des Grundkapitals übersteigen oder soweit sie nach der Einstellung die Hälfte übersteigen würden. ⁴Absatz 1 Satz 3 gilt sinngemäß.

(2a) ¹Unbeschadet der Absätze 1 und 2 können Vorstand und Aufsichtsrat den Eigenkapitalanteil von Wertaufholungen bei Vermögensgegenständen des Anlage- und Umlaufvermögens und von bei der steuerrechtlichen Gewinnermittlung gebildeten Passivposten, die nicht im Sonderposten mit Rücklageanteil ausgewiesen werden dürfen, in andere Gewinnrücklagen einstellen. ²Der Betrag dieser Rücklagen ist entweder in der Bilanz gesondert auszuweisen oder im Anhang anzugeben.

(3) ¹Die Hauptversammlung kann im Beschluß über die Verwendung des Bilanzgewinns weitere Beträge in Gewinnrücklagen einstellen oder als Gewinn vortragen. ²Sie kann ferner, wenn die Satzung sie hierzu ermächtigt, auch eine andere Verwendung als nach Satz 1 oder als die Verteilung unter die Aktionäre beschließen.

(4) Die Aktionäre haben Anspruch auf den Bilanzgewinn, soweit er nicht nach Gesetz oder Satzung, durch Hauptversammlungsbeschluß nach Absatz 3 oder als zusätzlicher Aufwand auf Grund des Gewinnverwendungsbeschlusses von der Verteilung unter die Aktionäre ausgeschlossen ist.

(5) Sofern die Satzung dies vorsieht, kann die Hauptversammlung auch eine Sachausschüttung beschließen.

§ 60. Gewinnverteilung. (1) Die Anteile der Aktionäre am Gewinn bestimmen sich nach ihren Anteilen am Grundkapital.

§ 63. Folgen nicht rechtzeitiger Einzahlung. (1) ¹Die Aktionäre haben die Einlagen nach Aufforderung durch den Vorstand einzuzahlen. ²Die Aufforderung ist, wenn die Satzung nichts anderes bestimmt, in den Gesellschaftsblättern bekanntzumachen.

(2) ¹Aktionäre, die den eingeforderten Betrag nicht rechtzeitig einzahlen, haben ihn vom Eintritt der Fälligkeit an mit fünf vom Hundert für das Jahr zu verzinsen. ²Die Geltendmachung eines weiteren Schadens ist nicht ausgeschlossen.

(3) Für den Fall nicht rechtzeitiger Einzahlung kann die Satzung Vertragsstrafen festsetzen.

§ 67. Eintragung im Aktienregister. (1) Namensaktien sind unter Angabe des Namens, Geburtsdatums und der Adresse des Inhabers sowie der Stückzahl oder der Aktiennummer und bei Nennbetragsaktien des Betrags in das Aktienregister der Gesellschaft einzutragen.

(2) Im Verhältnis zur Gesellschaft gilt als Aktionär nur, wer als solcher im Aktienregister eingetragen ist.

§ 68. Übertragung von Namensaktien; Vinkulierung. (1) ¹Namensaktien können auch durch Indossament übertragen werden. ²Für die Form des Indossaments, den Rechtsausweis des Inhabers und seine Verpflichtung zur Herausgabe gelten sinngemäß Artikel 12, 13 und 16 des Wechselgesetzes.

(2) ¹Die Satzung kann die Übertragung an die Zustimmung der Gesellschaft binden. ²Die Zustimmung erteilt der Vorstand. ³Die Satzung kann jedoch bestimmen, daß der Aufsichtsrat oder die Hauptversammlung über die Erteilung der Zustimmung beschließt. ⁴Die Satzung kann die Gründe bestimmen, aus denen die Zustimmung verweigert werden darf.

(3) Bei Übertragung durch Indossament ist die Gesellschaft verpflichtet, die Ordnungsmäßigkeit der Reihe der Indossamente, nicht aber die Unterschriften zu prüfen.

(4) Diese Vorschriften gelten sinngemäß für Zwischenscheine.

Verfassung der Aktiengesellschaft

▶ **Vorstand**

§ 76. Leitung der Aktiengesellschaft. (1) Der Vorstand hat unter eigener Verantwortung die Gesellschaft zu leiten.

(2) ¹Der Vorstand kann aus einer oder mehreren Personen bestehen. ²Bei Gesellschaften mit einem Grundkapital von mehr als drei Millionen Euro hat er aus mindestens zwei Personen zu bestehen, es sei denn, die Satzung bestimmt, daß er aus einer Person besteht. ³Die Vorschriften über die Bestellung eines Arbeitsdirektors bleiben unberührt.

§ 77. Geschäftsführung. (1) Besteht der Vorstand aus mehreren Personen, so sind sämtliche Vorstandsmitglieder nur gemeinschaftlich zur Geschäftsführung befugt.

§ 78. Vertretung. (1) Der Vorstand vertritt die Gesellschaft gerichtlich und außergerichtlich.

(2) ¹Besteht der Vorstand aus mehreren Personen, so sind, wenn die Satzung nichts anderes bestimmt, sämtliche Vorstandsmitglieder nur gemeinschaftlich zur Vertretung der Gesellschaft befugt. ²Ist eine Willenserklärung gegenüber der Gesellschaft abzugeben, so genügt die Abgabe gegenüber einem Vorstandsmitglied.

(3) Die Satzung kann auch bestimmen, daß einzelne Vorstandsmitglieder allein oder in Gemeinschaft mit einem Prokuristen zur Vertretung der Gesellschaft befugt sind.

§ 79. Zeichnung durch Vorstandsmitglieder. Vorstandsmitglieder zeichnen für die Gesellschaft, indem sie der Firma der Gesellschaft oder der Benennung des Vorstands ihre Namensunterschrift hinzufügen.

§ 80. Angaben auf Geschäftsbriefen. (1) ¹Auf allen Geschäftsbriefen, gleichviel welcher Form, die an einen bestimmten Empfänger gerichtet werden, müssen die Rechtsform und der Sitz der Gesellschaft, das Registergericht des Sitzes der Gesellschaft und die Nummer, unter der die Gesellschaft in das Handelsregister eingetragen ist, sowie alle Vorstandsmitglieder und der Vorsitzende des Aufsichtsrats mit dem Familiennamen und mindestens einem ausgeschriebenen Vornamen angegeben werden. ²Der Vorsitzende des Vorstands ist als solcher zu bezeichnen. ³Werden Angaben über das Kapital der Gesellschaft gemacht, so müssen in jedem Fall das Grundkapital sowie, wenn auf die Aktien der Ausgabebetrag nicht vollständig eingezahlt ist, der Gesamtbetrag der ausstehenden Einlagen angegeben werden.

§ 81. Änderung des Vorstands und der Vertretungsbefugnis seiner Mitglieder. (1) Jede Änderung des Vorstands oder der Vertretungsbefugnis eines Vorstandsmitglieds hat der Vorstand zur Eintragung in das Handelsregister anzumelden.

§ 83. Vorbereitung und Ausführung von Hauptversammlungsbeschlüssen. (1) Der Vorstand ist zur Verlangen der Hauptversammlung verpflichtet, Maßnahmen, die in die Zuständigkeit der Hauptversammlung fallen, vorzubereiten.

§ 84. Bestellung und Abberufung des Vorstands. (1) ¹Vorstandsmitglieder bestellt der Aufsichtsrat auf höchstens fünf Jahre. ²Eine wiederholte Bestellung oder Verlängerung der Amtszeit, jeweils für höchstens fünf Jahre, ist zulässig.
(2) Werden mehrere Personen zu Vorstandsmitgliedern bestellt, so kann der Aufsichtsrat ein Mitglied zum Vorsitzenden des Vorstands ernennen.
(3) Der Aufsichtsrat kann die Bestellung zum Vorstandsmitglied und die Ernennung zum Vorsitzenden des Vorstands widerrufen, wenn ein wichtiger Grund vorliegt.

§ 85. Bestellung durch das Gericht. (1) ¹Fehlt ein erforderliches Vorstandsmitglied, so hat in dringenden Fällen das Gericht auf Antrag eines Beteiligten das Mitglied zu bestellen. ²Gegen die Entscheidung ist die sofortige Beschwerde zulässig.

§ 87. Grundsätze für die Bezüge der Vorstandsmitglieder. (1) ¹Der Aufsichtsrat hat bei der Festsetzung der Gesamtbezüge der einzelnen Vorstandsmitglieds (Gehalt, Gewinnbeteiligungen, Aufwandsentschädigungen, Versicherungsentgelte, Provisionen und Nebenleistungen jeder Art) dafür zu sorgen, daß die Gesamtbezüge in einem angemessenen Verhältnis zu den Aufgaben des Vorstandsmitglieds und zur Lage der Gesellschaft stehen. ²Dies gilt sinngemäß für Ruhegehalt, Hinterbliebenenbezüge und Leistungen verwandter Art.

§ 88. Wettbewerbsverbot. (1) ¹Die Vorstandsmitglieder dürfen ohne Einwilligung des Aufsichtsrats weder ein Handelsgewerbe betreiben noch im Geschäftszweig der Gesellschaft für eigene oder fremde Rechnung Geschäfte machen. ²Sie dürfen ohne Einwilligung auch nicht Mitglied des Vorstands oder Geschäftsführer oder persönlich haftender Gesellschafter einer anderen Handelsgesellschaft sein. ³Die Einwilligung des Aufsichtsrats kann nur für bestimmte Handelsgewerbe oder Handelsgesellschaften oder für bestimmte Arten von Geschäften erteilt werden.

(2) ¹Verstößt ein Vorstandsmitglied gegen dieses Verbot, so kann die Gesellschaft Schadenersatz fordern. ²Sie kann statt dessen von dem Mitglied verlangen, daß es die für eigene Rechnung gemachten Geschäfte als für Rechnung der Gesellschaft eingegangen gelten läßt und die aus Geschäften für fremde Rechnung bezogene Vergütung herausgibt oder seinen Anspruch auf die Vergütung abtritt.

(3) ¹Die Ansprüche der Gesellschaft verjähren in drei Monaten seit dem Zeitpunkt, in dem die übrigen Vorstandsmitglieder und die Aufsichtsratsmitglieder von der zum Schadensersatz verpflichtenden Handlung Kenntnis erlangen oder ohne grobe Fahrlässigkeit erlangen müssten. ²Sie verjähren ohne Rücksicht auf diese Kenntnis oder grob fahrlässige Unkenntnis in fünf Jahren von ihrer Entstehung an.

§ 90. Berichte an den Aufsichtsrat. (1) Der Vorstand hat dem Aufsichtsrat zu berichten über
1. die beabsichtigte Geschäftspolitik und andere grundsätzliche Fragen der Unternehmensplanung (insbesondere die Finanz-, Investitions- und Personalplanung), ...
2. die Rentabilität der Gesellschaft, insbesondere die Rentabilität des Eigenkapitals;
3. den Gang der Geschäfte, insbesondere den Umsatz, und die Lage der Gesellschaft;
4. Geschäfte, die für die Rentabilität oder Liquidität der Gesellschaft von erheblicher Bedeutung sein können.
...
²Außerdem ist dem Vorsitzenden des Aufsichtsrats aus sonstigen wichtigen Anlässen zu berichten; als wichtiger Anlaß ist auch ein dem Vorstand bekanntgewordener geschäftlicher Vorgang bei einem verbundenen Unternehmen anzusehen, der auf die Lage der Gesellschaft von erheblichem Einfluß sein kann.

(3) Der Aufsichtsrat kann vom Vorstand jederzeit einen Bericht verlangen über Angelegenheiten der Gesellschaft, über ihre rechtlichen und geschäftlichen Beziehungen zu verbundenen Unternehmen sowie über geschäftliche Vorgänge bei diesen Unternehmen, die auf

die Lage der Gesellschaft von erheblichem Einfluß sein können. ...
(4) Die Berichte haben den Grundsätzen einer gewissenhaften und getreuen Rechenschaft zu entsprechen. ...
(5) Jedes Aufsichtsratmitglied hat das Recht, von den Berichten Kenntnis zu nehmen. ...

§ 91. Organisation; Buchführung. (1) Der Vorstand hat dafür zu sorgen, daß die erforderlichen Handelsbücher geführt werden.
(2) Der Vorstand hat geeignete Maßnahmen zu treffen, insbesondere ein Überwachungssystem einzurichten, damit den Fortbestand der Gesellschaft gefährdende Entwicklungen früh erkannt werden.

§ 92. Vorstandspflichten bei Verlust, Überschuldung oder Zahlungsunfähigkeit. (1) Ergibt sich bei Aufstellung der Jahresbilanz oder einer Zwischenbilanz oder ist bei pflichtmäßigem Ermessen anzunehmen, daß ein Verlust in Höhe der Hälfte des Grundkapitals besteht, so hat der Vorstand unverzüglich die Hauptversammlung einzuberufen und ihr dies anzuzeigen.
(2) ^{1}Wird die Gesellschaft zahlungsunfähig, so hat der Vorstand ohne schuldhaftes Zögern, spätestens aber drei Wochen nach Eintritt der Zahlungsunfähigkeit, die Eröffnung des Insolvenzverfahrens zu beantragen. ^{2}Dies gilt sinngemäß, wenn sich eine Überschuldung der Gesellschaft ergibt.
(3) Nachdem die Zahlungsunfähigkeit der Gesellschaft eingetreten ist oder sich ihre Überschuldung ergeben hat, darf der Vorstand keine Zahlungen leisten.

§ 93. Sorgfaltspflicht und Verantwortlichkeit der Vorstandsmitglieder. (1) ^{1}Die Vorstandsmitglieder haben bei ihrer Geschäftsführung die Sorgfalt eines ordentlichen und gewissenhaften Geschäftsleiters anzuwenden. ... ^{3}Über vertrauliche Angaben und Geheimnisse der Gesellschaft, namentlich Betriebs- oder Geschäftsgeheimnisse, die den Vorstandsmitgliedern durch ihre Tätigkeit im Vorstand bekanntgeworden sind, haben sie Stillschweigen zu bewahren. ...
(2) ^{1}Vorstandsmitglieder, die ihre Pflichten verletzen, sind der Gesellschaft zum Ersatz des daraus entstehenden Schadens als Gesamtschuldner verpflichtet.

▶ **Aufsichtsrat**

§ 95. Zahl der Aufsichtsratsmitglieder. ^{1}Der Aufsichtsrat besteht aus drei Mitgliedern. ^{2}Die Satzung kann eine bestimmte höhere Zahl festsetzen. ^{3}Die Zahl muß durch drei teilbar sein.

^{4}Die Höchstzahl der Aufsichtsratsmitglieder beträgt bei Gesellschaften mit einem Grundkapital
bis zu 1 500 000 Euro neun,
von mehr als 1 500 000 Euro fünfzehn,
von mehr als 10 000 000 Euro einundzwanzig.

§ 96. Zusammensetzung des Aufsichtsrats.
(1) ^{1}Der Aufsichtsrat setzt sich zusammen
bei Gesellschaften, für die das Mitbestimmungsgesetz gilt, aus Aufsichtsratsmitgliedern der Aktionäre und der Arbeitnehmer,
bei Gesellschaften, für die das Montan-Mitbestimmungsgesetz gilt, aus Aufsichtsratsmitgliedern der Aktionäre und der Arbeitnehmer und aus weiteren Mitgliedern,
bei Gesellschaften, für die die §§ 5 bis 13 des Mitbestimmungsergänzungsgesetzes gelten, aus Aufsichtsratsmitgliedern der Aktionäre und der Arbeitnehmer und aus einem weiteren Mitglied,
bei Gesellschaften, für die das Drittelbeteiligungsgesetz gilt, aus Aufsichtsratsmitgliedern der Aktionäre und der Arbeitnehmer,
bei Gesellschaften, für die das Gesetz über die Mitbestimmung der Arbeitnehmer bei einer grenzüberschreitenden Verschmelzung gilt, aus Aufsichtsratsmitgliedern der Aktionäre und der Arbeitnehmer,
bei den übrigen Gesellschaften nur aus Aufsichtsratsmitgliedern der Aktionäre.

§ 100. Persönliche Voraussetzungen für Aufsichtsratsmitglieder. (1) ^{1}Mitglied des Aufsichtsrats kann nur eine natürliche, unbeschränkt geschäftsfähige Person sein.
(2) ^{1}Mitglied des Aufsichtsrats kann nicht sein, wer
1. bereits in zehn Handelsgesellschaften, die gesetzlich einen Aufsichtsrat zu bilden haben, Aufsichtsratsmitglied ist,
2. gesetzlicher Vertreter eines von der Gesellschaft abhängigen Unternehmens ist, oder
3. gesetzlicher Vertreter einer anderen Kapitalgesellschaft ist, deren Aufsichtsrat ein Vorstandsmitglied der Gesellschaft angehört.
...

§ 101. Bestellung der Aufsichtsratsmitglieder.
(1) ^{1}Die Mitglieder des Aufsichtsrats werden von der Hauptversammlung gewählt, soweit sie nicht in den Aufsichtsrat zu entsenden oder als Aufsichtsratsmitglieder der Arbeitnehmer nach dem Mitbestimmungsgesetz, dem Mitbestimmungsergänzungsgesetz, dem Drittelbeteiligungsgesetz oder dem Gesetz über die Mitbestimmung der Arbeitnehmer bei einer grenzüberschreitenden Verschmelzung zu wählen sind.

§ 102. Amtszeit der Aufsichtsratsmitglieder.
(1) ^{1}Aufsichtsratsmitglieder können nicht für

längere Zeit als bis zur Beendigung der Hauptversammlung bestellt werden, die über die Entlastung für das vierte Geschäftsjahr nach dem Beginn der Amtszeit beschließt. ²Das Geschäftsjahr, in dem die Amtszeit beginnt, wird nicht mitgerechnet.

(2) ¹Das Amt des Ersatzmitglieds erlischt spätestens mit Ablauf der Amtszeit des weggefallenen Aufsichtsratsmitglieds.

§ 103. Abberufung der Aufsichtsratsmitglieder.
(1) ¹Aufsichtsratsmitglieder, die von der Hauptversammlung ohne Bindung an einen Wahlvorschlag gewählt worden sind, können von ihr vor Ablauf der Amtszeit abberufen werden. ²Der Beschluß bedarf einer Mehrheit, die mindestens drei Viertel der abgegebenen Stimmen umfaßt. ³Die Satzung kann eine andere Mehrheit und weitere Erfordernisse bestimmen.

§ 105. Unvereinbarkeit der Zugehörigkeit zum Vorstand und zum Aufsichtsrat.
(1) ¹Ein Aufsichtsratsmitglied kann nicht zugleich Vorstandsmitglied, dauernd Stellvertreter von Vorstandsmitgliedern, Prokurist oder zum gesamten Geschäftsbetrieb ermächtigter Handlungsbevollmächtigter der Gesellschaft sein.

§ 110. Einberufung des Aufsichtsrats.
(1) ¹Jedes Aufsichtsratsmitglied oder der Vorstand kann unter Angabe des Zwecks und der Gründe verlangen, daß der Vorsitzende des Aufsichtsrats unverzüglich den Aufsichtsrat einberuft.

(3) ¹Der Aufsichtsrat muss zwei Sitzungen im Kalenderhalbjahr abhalten. ...

§ 111. Aufgaben und Rechte des Aufsichtsrats.
(1) ¹Der Aufsichtsrat hat die Geschäftsführung zu überwachen.

(2) ¹Der Aufsichtsrat kann die Bücher und Schriften der Gesellschaft sowie die Vermögensgegenstände, namentlich die Gesellschaftskasse und die Bestände an Wertpapieren und Waren, einsehen und prüfen. ²Er kann damit auch einzelne Mitglieder oder für bestimmte Aufgaben besondere Sachverständige beauftragen.

(3) ¹Der Aufsichtsrat hat eine Hauptversammlung einzuberufen, wenn das Wohl der Gesellschaft es fordert. ²Für den Beschluß genügt die einfache Mehrheit.

(4) ¹Maßnahmen der Geschäftsführung können dem Aufsichtsrat nicht übertragen werden. ²Die Satzung oder der Aufsichtsrat hat jedoch zu bestimmen, daß bestimmte Arten von Geschäften nur mit seiner Zustimmung vorgenommen werden dürfen. ³Verweigert der Aufsichtsrat seine Zustimmung, so kann der Vorstand verlangen, daß die Hauptversammlung über die Zustimmung beschließt.

(5) ¹Die Aufsichtsratsmitglieder können ihre Aufgaben nicht durch andere wahrnehmen lassen.

§ 112. Vertretung der Gesellschaft gegenüber Vorstandsmitgliedern.
¹Vorstandsmitgliedern gegenüber vertritt der Aufsichtsrat die Gesellschaft gerichtlich und außergerichtlich.

§ 113. Vergütung der Aufsichtsratsmitglieder.
(1) ¹Den Aufsichtsratsmitgliedern kann für ihre Tätigkeit eine Vergütung gewährt werden. ²Sie kann in der Satzung festgesetzt oder von der Hauptversammlung bewilligt werden. ³Sie soll in einem angemessenen Verhältnis zu den Aufgaben der Aufsichtsratsmitglieder und zur Lage der Gesellschaft stehen. ⁴Ist die Vergütung in der Satzung festgesetzt, so kann die Hauptversammlung eine Satzungsänderung, durch welche die Vergütung herabgesetzt wird, mit einfacher Stimmenmehrheit beschließen.

(3) ¹Wird den Aufsichtsratsmitgliedern ein Anteil am Jahresgewinn der Gesellschaft gewährt, so berechnet sich der Anteil nach dem Bilanzgewinn, vermindert um einen Betrag von mindestens vier vom Hundert der auf die geringsten Ausgabebetrag der Aktien geleisteten Einlagen. ²Entgegenstehende Festsetzungen sind nichtig.

§ 116. Sorgfaltspflicht und Verantwortlichkeit der Aufsichtsratsmitglieder.
¹Für die Sorgfaltspflicht und Verantwortlichkeit der Aufsichtsratsmitglieder gilt § 93 über die Sorgfaltspflicht und Verantwortlichkeit der Vorstandsmitglieder sinngemäß. ...

▶ Hauptversammlung

Rechte der Hauptversammlung

§ 118. Allgemeines.
(1) ¹Die Aktionäre üben ihre Rechte in den Angelegenheiten der Gesellschaft in der Hauptversammlung aus, soweit das Gesetz nichts anderes bestimmt.

(2) ¹Die Mitglieder des Vorstands und des Aufsichtsrats sollen an der Hauptversammlung teilnehmen. ...

§ 119. Rechte der Hauptversammlung.
(1) ¹Die Hauptversammlung beschließt in den im Gesetz und in der Satzung ausdrücklich bestimmten Fällen, namentlich über
1. die Bestellung der Mitglieder des Aufsichtsrats, soweit sie nicht in den Aufsichtsrat zu entsenden oder als Aufsichtsratsmitglieder der Arbeitnehmer nach dem Mitbestimmungsgesetz, dem Mitbestimmungsergänzungsgesetz, dem Drittelbeteiligungsgesetz oder dem Gesetz über die Mitbestimmung der

Arbeitnehmer bei einer grenzüberschreitenden Verschmelzung zu wählen sind;
2. die Verwendung des Bilanzgewinns;
3. die Entlastung der Mitglieder des Vorstands und des Aufsichtsrats;
4. die Bestellung des Abschlußprüfers;
5. Satzungsänderungen;
6. Maßnahmen der Kapitalbeschaffung und der Kapitalherabsetzung;
7. die Bestellung von Prüfern zur Prüfung von Vorgängen bei der Gründung oder der Geschäftsführung;
8. die Auflösung der Gesellschaft.

(2) [1]Über Fragen der Geschäftsführung kann die Hauptversammlung nur entscheiden, wenn der Vorstand es verlangt.

§ 120. Entlastung. (1) [1]Die Hauptversammlung beschließt alljährlich in den ersten acht Monaten des Geschäftsjahrs über die Entlastung der Mitglieder des Vorstands und über die Entlastung der Mitglieder des Aufsichtsrats.

(2) [1]Durch die Entlastung billigt die Hauptversammlung die Verwaltung der Gesellschaft durch die Mitglieder des Vorstands und des Aufsichtsrats. [2]Die Entlastung enthält keinen Verzicht auf Ersatzansprüche.

Einberufung der Hauptversammlung

§ 121. Allgemeines. (1) [1]Die Hauptversammlung ist in den durch Gesetz oder Satzung bestimmten Fällen sowie dann einzuberufen, wenn das Wohl der Gesellschaft es fordert.

(2) [1]Die Hauptversammlung wird durch den Vorstand einberufen, der darüber mit einfacher Mehrheit beschließt.

(3) [1]Die Einberufung ist in den Gesellschaftsblättern bekanntzumachen. [2]Sie muß die Firma, den Sitz der Gesellschaft, Zeit und Ort der Hauptversammlung und die Bedingungen angeben, von denen die Teilnahme an der Hauptversammlung und die Ausübung des Stimmrechts abhängen.

(4) [1]Sind die Aktionäre der Gesellschaft namentlich bekannt, so kann die Hauptversammlung mit eingeschriebenem Brief einberufen werden, wenn die Satzung nichts anderes bestimmt; der Tag der Absendung gilt als Tag der Bekanntmachung. [2]Die §§ 125 bis 127 gelten sinngemäß.

(5) [1]Wenn die Satzung nichts anderes bestimmt, soll die Hauptversammlung am Sitz der Gesellschaft stattfinden. [2]Sind die Aktien der Gesellschaft an einer deutschen Börse zum Handel im regulierten Markt zugelassen, so kann, wenn die Satzung nichts anderes bestimmt, die Hauptversammlung auch am Sitz der Börse stattfinden.

(6) [1]Sind alle Aktionäre erschienen oder vertreten, kann die Hauptversammlung Beschlüsse ohne Einhaltung der Bestimmungen dieses Unterabschnitts fassen, soweit kein Aktionär der Beschlußfassung widerspricht.

§ 122. Einberufung auf Verlangen einer Minderheit. (1) [1]Die Hauptversammlung ist einzuberufen, wenn Aktionäre, deren Anteile zusammen den zwanzigsten Teil des Grundkapitals erreichen, die Einberufung schriftlich unter Angabe des Zwecks und der Gründe verlangen; das Verlangen ist an den Vorstand zu richten.

§ 124. Bekanntmachung der Tagesordnung. (1) [1]Die Tagesordnung der Hauptversammlung ist bei der Einberufung in den Gesellschaftsblättern bekanntzumachen. ... [3]§ 121 Abs. 4 gilt sinngemäß.

§ 125. Mitteilungen für die Aktionäre und an Aufsichtsratsmitglieder. (1) [1]Der Vorstand hat binnen zwölf Tagen nach der Bekanntmachung der Einberufung der Hauptversammlung im elektronischen Bundesanzeiger den Kreditinstituten und den Vereinigungen von Aktionären, die in der letzten Hauptversammlung Stimmrechte für Aktionäre ausgeübt oder die Mitteilung verlangt haben, die Einberufung der Hauptversammlung und die Bekanntmachung der Tagesordnung mitzuteilen. [2]In der Mitteilung ist auf die Möglichkeiten der Ausübung des Stimmrechts durch einen Bevollmächtigten, auch durch eine Vereinigung von Aktionären, hinzuweisen. [3]Bei börsennotierten Gesellschaften sind einem Vorschlag zur Wahl von Aufsichtsratsmitgliedern Angaben zu deren Mitgliedschaft in anderen gesetzlich zu bildenden Aufsichtsräten beizufügen; Angaben zu ihrer Mitgliedschaft in vergleichbaren in- und ausländischen Kontrollgremien von Wirtschaftsunternehmen sollen beigefügt werden.

§ 128. Abstimmungsvorschlag im Aktionärsinteresse; Weitergabe von Mitteilungen. (1) [1]Nimmt ein Kreditinstitut spätestens einundzwanzig Tage vor dem Tage der Hauptversammlung für Aktionäre Inhaberaktien der Gesellschaft in Verwahrung oder wird es für Namensaktien, die ihm nicht gehören, im Aktienregister eingetragen, so hat es die Mitteilungen nach § 125 Abs. 1 unverzüglich an die Aktionäre weiterzugeben.

(2) [1]Beabsichtigt das Kreditinstitut, in der Hauptversammlung das Stimmrecht für Aktionäre auszuüben, so hat es im Fall des Absatzes 1 dem Aktionär außerdem eigene Vorschläge für die Ausübung des Stimmrechts zu den einzelnen Gegenständen der Tagesordnung mitzuteilen. [2]Verwahrt ein Kreditinstitut für Aktionäre Namensaktien der Gesellschaft, für die es nicht

Aktiengesetz 5.2 AktG §§ 128–135

im Aktienregister eingetragen ist, hat es die Vorschläge zugänglich zu machen und nur dann mitzuteilen, wenn es von den nach § 124 Abs. 3 Satz 1 bekannt gemachten Vorschlägen des Vorstandes oder des Aufsichtsrates abweichen möchte; die Aktionäre sind über dieses Verfahren jährlich zu informieren. [3]Bei den Vorschlägen hat sich das Kreditinstitut vom Interesse des Aktionärs leiten zu lassen und organisatorische Vorkehrungen dafür zu treffen, dass Eigeninteressen aus anderen Geschäftsbereichen nicht einfließen; es hat ein Mitglied der Geschäftsleitung zu benennen, das die Einhaltung dieser Pflichten sowie die ordnungsgemäße Ausübung des Stimmrechts und deren Dokumentation zu überwachen hat. [4]Zusammen mit seinen Vorschlägen hat das Kreditinstitut den Aktionär um Erteilung von Weisungen für die Ausübung des Stimmrechts zu bitten und darauf hinzuweisen, dass es, wenn der Aktionär nicht rechtzeitig eine andere Weisung erteilt, das Stimmrecht entsprechend den eigenen Vorschlägen ausüben werde. [5]Die Erteilung von Weisungen zu den einzelnen Gegenständen der Tagesordnung ist dem Aktionär zu erleichtern, etwa durch ein Formblatt oder Bildschirmformular. [6]Gehört ein Vorstandsmitglied oder ein Mitarbeiter des Kreditinstituts dem Aufsichtsrat der Gesellschaft oder ein Vorstandsmitglied oder ein Mitarbeiter der Gesellschaft dem Aufsichtsrat des Kreditinstituts an, so hat das Kreditinstitut auch dies mitzuteilen. [7]Hält das Kreditinstitut an der Gesellschaft eine Beteiligung, die nach § 21 des Wertpapierhandelsgesetzes meldepflichtig ist, oder gehörte es einem Konsortium an, das die innerhalb von fünf Jahren zeitlich letzte Emission von Wertpapieren der Gesellschaft übernommen hat, so ist auch dies mitzuteilen. [8]Hat das Kreditinstitut seine Vorschläge nach Satz 2 nur zugänglich zu machen, obliegen die Mitteilungspflichten nach den Sätzen 6 und 7 der Gesellschaft.

(3) [1]Soweit ein Aktionär nach Einberufung der Hauptversammlung dem Kreditinstitut zu einzelnen Gegenständen der Tagesordnung Weisungen für die Ausübung des Stimmrechts erteilt hat, braucht das Kreditinstitut keine eigenen Vorschläge nach Absatz 2 mitzuteilen und den Aktionär nicht um Erteilung von Weisungen zu bitten.

§ 130. Niederschrift. (1) [1]Jeder Beschluß der Hauptversammlung ist durch eine über die Verhandlung notariell aufgenommene Niederschrift zu beurkunden. ... [3]Bei nichtbörsennotierten Gesellschaften reicht eine vom Vorsitzenden des Aufsichtsrats zu unterzeichnende Niederschrift aus, soweit keine Beschlüsse gefaßt werden, für die das Gesetz eine Dreiviertel- oder größere Mehrheit bestimmt.

§ 131. Auskunftsrecht des Aktionärs. (1) [1]Jedem Aktionär ist auf Verlangen in der Hauptversammlung vom Vorstand Auskunft über Angelegenheiten der Gesellschaft zu geben, soweit sie zur sachgemäßen Beurteilung des Gegenstands der Tagesordnung erforderlich ist. ...

Stimmrecht

§ 133. Grundsatz der einfachen Stimmenmehrheit. (1) [1]Die Beschlüsse der Hauptversammlung bedürfen der Mehrheit der abgegebenen Stimmen (einfache Stimmenmehrheit), soweit nicht Gesetz oder Satzung eine größere Mehrheit oder weitere Erfordernisse bestimmen.

(2) [1]Für Wahlen kann die Satzung andere Bestimmungen treffen.

§ 134. Stimmrecht. (1) [1]Das Stimmrecht wird nach Aktiennennbeträgen, bei Stückaktien nach deren Zahl ausgeübt. [2]Für den Fall, daß einem Aktionär mehrere Aktien gehören, kann bei einer nichtbörsennotierten Gesellschaft die Satzung das Stimmrecht durch Festsetzung eines Höchstbetrags oder von Abstufungen beschränken. [3]Die Satzung kann außerdem bestimmen, daß zu den Aktien, die dem Aktionär gehören, auch die Aktien rechnen, die einem anderen für seine Rechnung gehören.

(3) [1]Das Stimmrecht kann durch einen Bevollmächtigten ausgeübt werden. [2]Für die Vollmacht ist die schriftliche Form erforderlich und genügend.

§ 135. Ausübung des Stimmrechts durch Kreditinstitute und geschäftsmäßig Handelnde. (1) [1]Ein Kreditinstitut darf das Stimmrecht für Aktien, die ihm nicht gehören und als deren Inhaber es nicht im Aktienregister eingetragen ist, nur ausüben, wenn es bevollmächtigt ist. [2]In der eigenen Hauptversammlung darf das bevollmächtigte Kreditinstitut das Stimmrecht auf Grund der Vollmacht nicht ausüben, soweit der Aktionär eine ausdrückliche Weisung zu den einzelnen Gegenständen der Tagesordnung erteilt hat. [3]In der Hauptversammlung einer Gesellschaft, an der es mit mehr als fünf vom Hundert des Grundkapitals unmittelbar oder über eine Mehrheitsbeteiligung mittelbar beteiligt ist, darf es das Stimmrecht nur ausüben oder ausüben lassen, soweit der Aktionär eine ausdrückliche Weisung zu den einzelnen Gegenständen der Tagesordnung erteilt hat; dies gilt nicht, wenn es eigene Stimmrechte weder ausübt noch ausüben läßt.

(2) [1]Die Vollmacht darf nur einem bestimmten Kreditinstitut erteilt werden. [2]Das Kreditinstitut hat den Aktionär jährlich und deutlich

hervorgehoben auf die jederzeitige Möglichkeit des Widerrufs und auf andere Vertretungsmöglichkeiten (§ 125 Abs. 1 Satz 2) hinzuweisen. ^{3}Die Vollmachtserklärung muss vollständig sein und darf nur mit der Stimmrechtsausübung verbundene Erklärungen enthalten. ^{4}Sie ist vom Kreditinstitut nachprüfbar festzuhalten. ^{5}Erbietet sich das Kreditinstitut zur Übernahme einer Vollmacht, so hat es auf andere Vertretungsmöglichkeiten (§ 125 Abs. 1 Satz 2) hinzuweisen.

(3) ^{1}Das bevollmächtigte Kreditinstitut darf Personen, die nicht seine Angestellten sind, nur unterbevollmächtigen, wenn die Vollmacht eine Unterbevollmächtigung ausdrücklich gestattet. ^{2}Gleiches gilt für eine Übertragung der Vollmacht durch das bevollmächtigte Kreditinstitut.

(4) ^{1}Auf Grund der Vollmacht kann das Kreditinstitut das Stimmrecht unter Benennung des Aktionärs in dessen Namen ausüben. ^{2}Wenn es die Vollmacht bestimmt, kann das Kreditinstitut das Stimmrecht auch im Namen dessen, den es angeht, ausüben. ^{3}In beiden Fällen genügt zum Nachweis seiner Stimmberechtigung gegenüber der Gesellschaft die Erfüllung der in der Satzung für die Ausübung des Stimmrechts vorgesehenen Erfordernisse; enthält die Satzung darüber keine Bestimmungen, genügt die Vorlegung der Aktien oder einer Bescheinigung über die Hinterlegung der Aktien bei einem Notar oder einer Wertpapiersammelbank.

(5) ^{1}Hat der Aktionär dem Kreditinstitut keine Weisung für die Ausübung des Stimmrechts erteilt, so hat das Kreditinstitut das Stimmrecht entsprechend seinen eigenen, dem Aktionär nach § 128 Abs. 2 mitgeteilten Vorschlägen auszuüben, es sei denn, daß das Kreditinstitut den Umständen nach annehmen darf, daß der Aktionär bei Kenntnis der Sachlage die abweichende Ausübung des Stimmrechts billigen würde.

(6) ^{1}Die Wirksamkeit der Stimmabgabe wird durch einen Verstoß gegen Absatz 1 Satz 2, Absätze 2, 3 und 5 nicht beeinträchtigt.

(7) ^{1}Ein Kreditinstitut darf das Stimmrecht für Namensaktien, die ihm nicht gehören, nur auf Grund einer Ermächtigung ausüben. ^{2}Auf die Ermächtigung sind Absatz 1 Satz 2 und 3 sowie die Absätze 2, 3 und 5 anzuwenden. ^{3}Im übrigen gilt Absatz 6.

(8) ^{1}Ist das Kreditinstitut bei der Ausübung des Stimmrechts von einer Weisung des Aktionärs oder, wenn der Aktionär keine Weisung erteilt hat, von seinem eigenen, dem Aktionär nach § 128 Abs. 2 mitgeteilten Vorschlag abgewichen, so hat es dies dem Aktionär mitzuteilen und die Gründe anzugeben.

(9) ^{1}Die Absätze 1 bis 8 gelten sinngemäß für die Ausübung des Stimmrechts durch
1. Vereinigungen von Aktionären,

2. Geschäftsleiter und Angestellte eines Kreditinstituts, wenn die ihnen nicht gehörenden Aktien dem Kreditinstitut zur Verwahrung anvertraut sind,
3. Personen, die sich geschäftsmäßig gegenüber Aktionären zur Ausübung des Stimmrechts in der Hauptversammlung erbieten. ^{2}Dies gilt nicht, wenn derjenige, der das Stimmrecht ausüben will, gesetzlicher Vertreter, Ehegatte oder Lebenspartner des Aktionärs oder mit ihm bis zum vierten Grade verwandt oder verschwägert ist.

(10) ^{1}Ein Kreditinstitut ist verpflichtet, den Auftrag eines Aktionärs zur Ausübung des Stimmrechts in einer Hauptversammlung anzunehmen, wenn es für den Aktionär Aktien der Gesellschaft verwahrt oder es an seiner Stelle im Aktienregister eingetragen ist und sich gegenüber der Gesellschaft zur Ausübung des Stimmrechts in derselben Hauptversammlung erboten hat. ^{2}Die Verpflichtung besteht nicht, wenn das Kreditinstitut am Ort der Hauptversammlung keine Niederlassung hat und der Aktionär die Übertragung der Vollmacht auf oder die Unterbevollmächtigung von Personen, die nicht Angestellte des Kreditinstituts sind, nicht gestattet hat.

(11) ^{1}Die Verpflichtung des Kreditinstituts zum Ersatz eines aus der Verletzung der Absätze 1 bis 3, 5, 7, 8 oder 10 entstehenden Schadens kann im voraus weder ausgeschlossen noch beschränkt werden.

(12) ^{1}§ 125 Abs. 5 gilt entsprechend.

Vorzugsaktien ohne Stimmrecht

§ 139. Wesen. (1) ^{1}Für Aktien, die mit einem nachzuzahlenden Vorzug bei der Verteilung des Gewinns ausgestattet sind, kann das Stimmrecht ausgeschlossen werden (Vorzugsaktien ohne Stimmrecht).

(2) ^{1}Vorzugsaktien ohne Stimmrecht dürfen nur bis zur Hälfte des Grundkapitals ausgegeben werden.

§ 140. Rechte der Vorzugsaktionäre. (1) ^{1}Die Vorzugsaktien ohne Stimmrecht gewähren mit Ausnahme des Stimmrechts die jedem Aktionär aus der Aktie zustehenden Rechte.

(2) ^{1}Wird der Vorzugsbetrag in einem Jahr nicht oder nicht vollständig gezahlt und der Rückstand im nächsten Jahr nicht neben dem vollen Vorzug dieses Jahres nachgezahlt, so haben die Vorzugsaktionäre das Stimmrecht, bis die Rückstände nachgezahlt sind.

Aktiengesetz

Rechnungslegung. Gewinnverwendung

▶ **Jahresabschluß und Lagebericht. Entsprechenserklärung**

§ 150. Gesetzliche Rücklage, Kapitalrücklage. (1) ¹In der Bilanz des nach den §§ 242, 264 des Handelsgesetzbuchs aufzustellenden Jahresabschlusses ist eine gesetzliche Rücklage zu bilden.
(2) ¹In diese ist der zwanzigste Teil des um einen Verlustvortrag aus dem Vorjahr geminderten Jahresüberschusses einzustellen, bis die gesetzliche Rücklage und die Kapitalrücklagen nach § 272 Abs. 2 Nr. 1 bis 3 des Handelsgesetzbuchs zusammen den zehnten oder den in der Satzung bestimmten höheren Teil des Grundkapitals erreichen.
(3) ¹Übersteigen die gesetzliche Rücklage und die Kapitalrücklagen nach § 272 Abs. 2 Nr. 1 bis 3 des Handelsgesetzbuchs zusammen nicht den zehnten oder den in der Satzung bestimmten höheren Teil des Grundkapitals, so dürfen sie nur verwandt werden
1. zum Ausgleich eines Jahresfehlbetrags, soweit er nicht durch einen Gewinnvortrag aus dem Vorjahr gedeckt ist und nicht durch Auflösung anderer Gewinnrücklagen ausgeglichen werden kann;
2. zum Ausgleich eines Verlustvortrags aus dem Vorjahr, soweit er nicht durch einen Jahresüberschuß gedeckt ist und nicht durch Auflösung anderer Gewinnrücklagen ausgeglichen werden kann.
(4) ¹Übersteigen die gesetzliche Rücklage und die Kapitalrücklagen nach § 272 Abs. 2 Nr. 1 bis 3 des Handelsgesetzbuchs zusammen den zehnten oder den in der Satzung bestimmten höheren Teil des Grundkapitals, so darf der übersteigende Betrag verwandt werden
1. zum Ausgleich eines Jahresfehlbetrags, soweit er nicht durch einen Gewinnvortrag aus dem Vorjahr gedeckt ist;
2. zum Ausgleich eines Verlustvortrags aus dem Vorjahr, soweit er nicht durch einen Jahresüberschuß gedeckt ist;
3. zur Kapitalerhöhung aus Gesellschaftsmitteln nach den §§ 207 bis 220.
²Die Verwendung nach den Nummern 1 und 2 ist nicht zulässig, wenn gleichzeitig Gewinnrücklagen zur Gewinnausschüttung aufgelöst werden.

§ 152. Vorschriften zur Bilanz. (1) ¹Das Grundkapital ist in der Bilanz als gezeichnetes Kapital auszuweisen. ²Dabei ist der auf jede Aktiengattung entfallende Betrag des Grundkapitals gesondert anzugeben. ³Bedingtes Kapital ist mit dem Nennbetrag zu vermerken. ⁴Bestehen Mehrstimmrechtsaktien, so sind beim gezeichneten Kapital die Gesamtstimmenzahl der Mehrstimmrechtsaktien und die der übrigen Aktien zu vermerken.
(2) ¹Zu dem Posten „Kapitalrücklage" sind in der Bilanz oder im Anhang gesondert anzugeben
1. der Betrag, der während des Geschäftsjahrs eingestellt wurde;
2. der Betrag, der für das Geschäftsjahr entnommen wird.
(3) ¹Zu den einzelnen Posten der Gewinnrücklagen sind in der Bilanz oder im Anhang jeweils gesondert anzugeben
1. die Beträge, die die Hauptversammlung aus dem Bilanzgewinn des Vorjahrs eingestellt hat;
2. die Beträge, die aus dem Jahresüberschuß des Geschäftsjahrs eingestellt werden;
3. die Beträge, die für das Geschäftsjahr entnommen werden.

§ 158. Vorschriften zur Gewinn- und Verlustrechnung. (1) ¹Die Gewinn- und Verlustrechnung ist nach dem Posten „Jahresüberschuß/Jahresfehlbetrag" in Fortführung der Numerierung um die folgenden Posten zu ergänzen:
1. Gewinnvortrag/Verlustvortrag aus dem Vorjahr
2. Entnahmen aus der Kapitalrücklage
3. Entnahmen aus Gewinnrücklagen
   a) aus der gesetzlichen Rücklage
   b) aus der Rücklage für eigene Aktien
   c) aus satzungsmäßigen Rücklagen
   d) aus anderen Gewinnrücklagen
4. Einstellungen in Gewinnrücklagen
   a) in die gesetzliche Rücklage
   b) in die Rücklage für eigene Aktien
   c) in satzungsmäßige Rücklagen
   d) in andere Gewinnrücklagen
5. Bilanzgewinn/Bilanzverlust.
²Die Angaben nach Satz 1 können auch im Anhang gemacht werden.
(2) ¹Von dem Ertrag aus einem Gewinnabführungs- oder Teilgewinnabführungsvertrag ist ein vertraglich zu leistender Ausgleich für außenstehende Gesellschafter abzusetzen; übersteigt dieser den Ertrag, so ist der übersteigende Betrag unter den Aufwendungen aus Verlustübernahme auszuweisen. ²Andere Beträge dürfen nicht abgesetzt werden.

▶ **Prüfung des Jahresabschlusses**
Prüfung durch den Aufsichtsrat

§ 170. Vorlage an den Aufsichtsrat. (1) ¹Der Vorstand hat den Jahresabschluß und den Lagebericht unverzüglich nach ihrer Aufstellung dem Aufsichtsrat vorzulegen. ...

(2) ¹Zugleich hat der Vorstand dem Aufsichtsrat den Vorschlag vorzulegen, den er der Hauptversammlung für die Verwendung des Bilanzgewinns machen will. ²Der Vorschlag ist, sofern er keine abweichende Gliederung bedingt, wie folgt zu gliedern:
1. Verteilung an die Aktionäre ...
2. Einstellung in Gewinnrücklagen ...
3. Gewinnvortrag ...
4. Bilanzgewinn ...

§ 171. Prüfung durch den Aufsichtsrat.
(1) ¹Der Aufsichtsrat hat den Jahresabschluß, den Lagebericht und den Vorschlag für die Verwendung des Bilanzgewinns zu prüfen, ... ²Ist der Jahresabschluß oder der Konzernabschluss durch einen Abschlußprüfer zu prüfen, so hat dieser an den Verhandlungen des Aufsichtsrats oder eines Ausschusses über diese Vorlagen teilzunehmen und über wesentliche Ergebnisse seiner Prüfung zu berichten.

(2) ¹Der Aufsichtsrat hat über das Ergebnis der Prüfung schriftlich an die Hauptversammlung zu berichten. ²In dem Bericht hat der Aufsichtsrat auch mitzuteilen, in welcher Art und in welchem Umfang er die Geschäftsführung der Gesellschaft während des Geschäftsjahrs geprüft hat; bei börsennotierten Gesellschaften hat er insbesondere anzugeben, welche Ausschüsse gebildet worden sind, sowie die Zahl seiner Sitzungen und die der Ausschüsse mitzuteilen. ³Ist der Jahresabschluß durch einen Abschlußprüfer zu prüfen, so hat der Aufsichtsrat ferner zu dem Ergebnis der Prüfung des Jahresabschlusses durch den Abschlußprüfer Stellung zu nehmen. ⁴Am Schluß des Berichts hat der Aufsichtsrat zu erklären, ob nach dem abschließenden Ergebnis seiner Prüfung Einwendungen zu erheben sind und ob er den vom Vorstand aufgestellten Jahresabschluß billigt. ...

(3) ¹Der Aufsichtsrat hat seinen Bericht innerhalb eines Monats, nachdem ihm die Vorlagen zugegangen sind, dem Vorstand zuzuleiten. ²Wird der Bericht dem Vorstand nicht innerhalb der Frist zugeleitet, hat der Vorstand dem Aufsichtsrat unverzüglich eine weitere Frist von nicht mehr als einem Monat zu setzen. ³Wird der Bericht dem Vorstand nicht vor Ablauf der weiteren Frist zugeleitet, gilt der Jahresabschluß als vom Aufsichtsrat nicht gebilligt; ...

(4) ¹Die Absätze 1 bis 3 gelten auch hinsichtlich eines Einzelabschlusses nach § 325 Abs. 2a des Handelsgesetzbuchs. Der Vorstand darf den in Satz 1 genannten Abschluss erst nach dessen Billigung durch den Aufsichtsrat offen legen.

▶ **Feststellung des Jahresabschlusses. Gewinnverwendung**

Feststellung des Jahresabschlusses

§ 172. Feststellung durch Vorstand und Aufsichtsrat. ¹Billigt der Aufsichtsrat den Jahresabschluß, so ist dieser festgestellt, sofern nicht Vorstand und Aufsichtsrat beschließen, die Feststellung des Jahresabschlusses der Hauptversammlung zu überlassen.

§ 173. Feststellung durch die Hauptversammlung. (1) ¹Haben Vorstand und Aufsichtsrat beschlossen, die Feststellung des Jahresabschlusses der Hauptversammlung zu überlassen, oder hat der Aufsichtsrat den Jahresabschluß nicht gebilligt, so stellt die Hauptversammlung den Jahresabschluß fest. ...

(2) ¹Auf den Jahresabschluß sind bei der Feststellung die für seine Aufstellung geltenden Vorschriften anzuwenden. ²Die Hauptversammlung darf bei der Feststellung des Jahresabschlusses nur die Beträge in Gewinnrücklagen einstellen, die nach Gesetz oder Satzung einzustellen sind.

Gewinnverwendung

§ 174. (1) ¹Die Hauptversammlung beschließt über die Verwendung des Bilanzgewinns. ²Sie ist hierbei an den festgestellten Jahresabschluß gebunden.

(2) ¹In dem Beschluß ist die Verwendung des Bilanzgewinns im einzelnen darzulegen, namentlich sind anzugeben
1. der Bilanzgewinn;
2. der an die Aktionäre auszuschüttende Betrag oder Sachwert;
3. die in Gewinnrücklagen einzustellenden Beträge;
4. ein Gewinnvortrag;
5. der zusätzliche Aufwand auf Grund des Beschlusses.

(3) ¹Der Beschluß führt nicht zu einer Änderung des festgestellten Jahresabschlusses.

Ordentliche Hauptversammlung

§ 175. Einberufung. (1) ¹Unverzüglich nach Eingang des Berichts des Aufsichtsrats hat der Vorstand die Hauptversammlung zur Entgegennahme des festgestellten Jahresabschlusses und des Lageberichts eines vom Aufsichtsrat gebilligten Einzelabschlusses nach § 325 Abs. 2a des Handelsgesetzbuches sowie zur Beschlußfassung über die Verwendung eines Bilanzgewinns ... einzuberufen. ²Die Hauptversammlung hat in den ersten acht Monaten des Geschäftsjahrs stattzufinden.

Aktiengesetz

Satzungsänderung. Maßnahmen der Kapitalbeschaffung und Kapitalherabsetzung

▶ Satzungsänderung

§ 179. Beschluß der Hauptversammlung. (1) ¹Jede Satzungsänderung bedarf eines Beschlusses der Hauptversammlung. ²Die Befugnis zu Änderungen, die nur die Fassung betreffen, kann die Hauptversammlung dem Aufsichtsrat übertragen.
(2) ¹Der Beschluß der Hauptversammlung bedarf einer Mehrheit, die mindestens drei Viertel des bei der Beschlußfassung vertretenen Grundkapitals umfaßt. ²Die Satzung kann eine andere Kapitalmehrheit, für eine Änderung des Gegenstands des Unternehmens jedoch nur eine größere Kapitalmehrheit bestimmen. ³Sie kann weitere Erfordernisse aufstellen.

§ 181. Eintragung der Satzungsänderung. (1) ¹Der Vorstand hat die Satzungsänderung zur Eintragung in das Handelsregister anzumelden.

▶ Maßnahmen der Kapitalbeschaffung

Kapitalerhöhung gegen Einlagen

§ 182. Voraussetzungen. (1) ¹Eine Erhöhung des Grundkapitals gegen Einlagen kann nur mit einer Mehrheit beschlossen werden, die mindestens drei Viertel des bei der Beschlußfassung vertretenen Grundkapitals umfaßt. ²Die Satzung kann eine andere Kapitalmehrheit, für die Ausgabe von Vorzugsaktien ohne Stimmrecht jedoch nur eine größere Kapitalmehrheit bestimmen. ³Sie kann weitere Erfordernisse aufstellen. ⁴Die Kapitalerhöhung kann nur durch Ausgabe neuer Aktien ausgeführt werden. ⁵Bei Gesellschaften mit Stückaktien muß sich die Zahl der Aktien in demselben Verhältnis wie das Grundkapital erhöhen.

§ 183. Kapitalerhöhung mit Sacheinlagen. (1) ¹Wird eine Sacheinlage (§ 27 Abs. 1 und 2) gemacht, so müssen ihr Gegenstand, die Person, von der die Gesellschaft den Gegenstand erwirbt, und der Nennbetrag, bei Stückaktien die Zahl der bei der Sacheinlage zu gewährenden Aktien im Beschluß über die Erhöhung des Grundkapitals festgesetzt werden.

§ 184. Anmeldung des Beschlusses. (1) ¹Der Vorstand und der Vorsitzende des Aufsichtsrats haben den Beschluß über die Erhöhung des Grundkapitals zur Eintragung in das Handelsregister anzumelden. ²Der Bericht über die Prüfung von Sacheinlagen … ist der Anmeldung beizufügen.

(2) ¹In der Anmeldung ist anzugeben, welche Einlagen auf das bisherige Grundkapital noch nicht geleistet sind und warum sie nicht erlangt werden können.

§ 185. Zeichnung der neuen Aktien. (1) ¹Die Zeichnung der neuen Aktien geschieht durch schriftliche Erklärung (Zeichnungsschein), aus der die Beteiligung nach der Zahl und bei Nennbetragsaktien dem Nennbetrag und, wenn mehrere Gattungen ausgegeben werden, die Gattung der Aktien hervorgehen muß. ²Der Zeichnungsschein soll doppelt ausgestellt werden.

§ 186. Bezugsrecht. (1) ¹Jedem Aktionär muß auf sein Verlangen ein seinem Anteil an dem bisherigen Grundkapital entsprechender Teil der neuen Aktien zugeteilt werden.
(2) ¹Der Vorstand hat den Ausgabebetrag oder die Grundlagen für seine Festlegung und zugleich eine Bezugsfrist gemäß Absatz 1 in den Gesellschaftsblättern bekannt zu machen. ²Sind nur die Grundlagen der Festlegung angegeben, so hat er spätestens drei Tage vor Ablauf der Bezugsfrist den Ausgabebetrag in den Gesellschaftsblättern und über ein elektronisches Informationsmedium bekannt zu machen.
(3) ¹Das Bezugsrecht kann ganz oder zum Teil nur im Beschluß über die Erhöhung des Grundkapitals ausgeschlossen werden. ²In diesem Fall bedarf der Beschluß neben den in Gesetz oder Satzung für die Kapitalerhöhung aufgestellten Erfordernissen einer Mehrheit, die mindestens drei Viertel des bei der Beschlußfassung vertretenen Grundkapitals umfaßt. ³Die Satzung kann eine größere Kapitalmehrheit und weitere Erfordernisse bestimmen. ⁴Ein Ausschluß des Bezugsrechts ist insbesondere dann zulässig, wenn die Kapitalerhöhung gegen Bareinlagen zehn vom Hundert des Grundkapitals nicht übersteigt und der Ausgabebetrag den Börsenpreis nicht wesentlich unterschreitet.
(4) ¹Ein Beschluß, durch den das Bezugsrecht ganz oder zum Teil ausgeschlossen wird, darf nur gefaßt werden, wenn die Ausschließung ausdrücklich und ordnungsgemäß (§ 124 Abs. 1) bekanntgemacht worden ist.
(5) ¹Als Ausschluß des Bezugsrechts ist es nicht anzusehen, wenn nach dem Beschluß die neuen Aktien von einem Kreditinstitut oder einem nach § 53 Abs. 1 Satz 1 oder § 53 b Abs. 1 Satz 1 oder Abs. 7 des Gesetzes über das Kreditwesen tätigen Unternehmen mit der Verpflichtung übernommen werden sollen, sie den Aktionären zum Bezug anzubieten. …

§ 187. Zusicherung von Rechten auf den Bezug neuer Aktien. (1) ¹Rechte auf den Bezug neuer

Aktien können nur unter Vorbehalt des Bezugsrechts der Aktionäre zugesichert werden.

(2) ¹Zusicherungen vor dem Beschluß über die Erhöhung des Grundkapitals sind der Gesellschaft gegenüber unwirksam.

§ 188. Anmeldung und Eintragung der Durchführung. (1) ¹Der Vorstand und der Vorsitzende des Aufsichtsrats haben die Durchführung der Erhöhung des Grundkapitals zur Eintragung in das Handelsregister anzumelden.

§ 189. Wirksamwerden der Kapitalerhöhung. ¹Mit der Eintragung der Durchführung der Erhöhung des Grundkapitals ist das Grundkapital erhöht.

Bedingte Kapitalerhöhung

§ 192. Voraussetzungen. (1) ¹Die Hauptversammlung kann eine Erhöhung des Grundkapitals beschließen, die nur so weit durchgeführt werden soll, wie von einem Umtausch- oder Bezugsrecht Gebrauch gemacht wird, das die Gesellschaft auf die neuen Aktien (Bezugsaktien) einräumt (bedingte Kapitalerhöhung).

(2) ¹Die bedingte Kapitalerhöhung soll nur zu folgenden Zwecken beschlossen werden:
1. zur Gewährung von Umtausch- oder Bezugsrechten an Gläubiger von Wandelschuldverschreibungen;
2. zur Vorbereitung des Zusammenschlusses mehrerer Unternehmen;
3. zur Gewährung von Bezugsrechten an Arbeitnehmer und Mitglieder der Geschäftsführung der Gesellschaft oder eines verbundenen Unternehmens im Wege des Zustimmungs- oder Ermächtigungsbeschlusses.

(3) ¹Der Nennbetrag des bedingten Kapitals darf die Hälfte und der Nennbetrag des nach Absatz 2 Nr. 3 beschlossenen Kapitals den zehnten Teil des Grundkapitals, das zur Zeit der Beschlußfassung über die bedingte Kapitalerhöhung vorhanden ist, nicht übersteigen. ²§ 182 Abs. 1 Satz 5 gilt sinngemäß.

(4) ¹Ein Beschluß der Hauptversammlung, der dem Beschluß über die bedingte Kapitalerhöhung entgegensteht, ist nichtig.

(5) ¹Die folgenden Vorschriften über das Bezugsrecht gelten sinngemäß für das Umtauschrecht.

Genehmigtes Kapital

§ 202. Voraussetzungen. (1) ¹Die Satzung kann den Vorstand für höchstens fünf Jahre nach Eintragung der Gesellschaft ermächtigen, das Grundkapital bis zu einem bestimmten Nennbetrag (genehmigtes Kapital) durch Ausgabe neuer Aktien gegen Einlagen zu erhöhen.

(2) ¹Die Ermächtigung kann auch durch Satzungsänderung für höchstens fünf Jahre nach Eintragung der Satzungsänderung erteilt werden. ²Der Beschluß der Hauptversammlung bedarf einer Mehrheit, die mindestens drei Viertel des bei der Beschlußfassung vertretenen Grundkapitals umfaßt. ³Die Satzung kann eine größere Kapitalmehrheit und weitere Erfordernisse bestimmen. ⁴§ 182 Abs. 2 gilt.

(3) ¹Der Nennbetrag des genehmigten Kapitals darf die Hälfte des Grundkapitals, das zur Zeit der Ermächtigung vorhanden ist, nicht übersteigen. ²Die neuen Aktien sollen nur mit Zustimmung des Aufsichtsrats ausgegeben werden. ³§ 182 Abs. 1 Satz 5 gilt sinngemäß.

(4) ¹Die Satzung kann auch vorsehen, daß die neuen Aktien an Arbeitnehmer der Gesellschaft ausgegeben werden.

Kapitalerhöhung aus Gesellschaftsmitteln

§ 207. Voraussetzungen. (1) ¹Die Hauptversammlung kann eine Erhöhung des Grundkapitals durch Umwandlung der Kapitalrücklage und von Gewinnrücklagen in Grundkapital beschließen.

(2) ¹Für den Beschluß und für die Anmeldung des Beschlusses gelten § 182 Abs. 1, § 184 Abs. 1 sinngemäß. ²Gesellschaften mit Stückaktien können ihr Grundkapital auch ohne Ausgabe von Aktien erhöhen; der Beschluß über die Kapitalerhöhung muß die Art der Erhöhung angeben.

(3) ¹Dem Beschluß ist eine Bilanz zugrunde zu legen.

§ 208. Umwandlungsfähigkeit von Kapital- und Gewinnrücklagen. (1) ¹Die Kapitalrücklage und die Gewinnrücklagen, die in Grundkapital umgewandelt werden sollen, müssen in der letzten Jahresbilanz und, wenn dem Beschluß eine andere Bilanz zugrunde gelegt wird, auch in dieser Bilanz unter „Kapitalrücklage" oder „Gewinnrücklagen" oder im letzten Beschluß über die Verwendung des Jahresüberschusses oder des Bilanzgewinns als Zuführung zu diesen Rücklagen ausgewiesen sein. ²Vorbehaltlich des Absatzes 2 können andere Gewinnrücklagen und deren Zuführungen in voller Höhe, die Kapitalrücklage und die gesetzliche Rücklage sowie deren Zuführungen nur, soweit sie zusammen den in der Satzung bestimmten höheren Teil des bisherigen Grundkapitals übersteigen, in Grundkapital umgewandelt werden.

(2) ¹Die Kapitalrücklage und die Gewinnrücklagen sowie deren Zuführungen können

Aktiengesetz

nicht umgewandelt werden, soweit in der zugrunde gelegten Bilanz ein Verlust einschließlich eines Verlustvortrags ausgewiesen ist. [2]Gewinnrücklagen und deren Zuführungen, die für einen bestimmten Zweck bestimmt sind, dürfen nur umgewandelt werden, soweit dies mit ihrer Zweckbestimmung vereinbar ist.

§ 212. Aus der Kapitalerhöhung Berechtigte.
[1]Neue Aktien stehen den Aktionären im Verhältnis ihrer Anteile am bisherigen Grundkapital zu. [2]Ein entgegenstehender Beschluß der Hauptversammlung ist nichtig.

▶ Maßnahmen der Kapitalherabsetzung

Ordentliche Kapitalherabsetzung

§ 222. Voraussetzungen.
(1) [1]Eine Herabsetzung des Grundkapitals kann nur mit einer Mehrheit beschlossen werden, die mindestens drei Viertel des bei der Beschlußfassung vertretenen Grundkapitals umfaßt. [2]Die Satzung kann eine größere Kapitalmehrheit und weitere Erfordernisse bestimmen.
(2) [1]Sind mehrere Gattungen von stimmberechtigten Aktien vorhanden, so bedarf der Beschluß der Hauptversammlung zu seiner Wirksamkeit der Zustimmung der Aktionäre jeder Gattung. [2]Über die Zustimmung haben die Aktionäre jeder Gattung einen Sonderbeschluß zu fassen. [3]Für diesen gilt Absatz 1.
(3) [1]In dem Beschluß ist festzusetzen, zu welchem Zweck die Herabsetzung stattfindet, namentlich ob Teile des Grundkapitals zurückgezahlt werden sollen.
(4) [1]Die Herabsetzung des Grundkapitals erfordert bei Gesellschaften mit Nennbetragsaktien die Herabsetzung des Nennbetrags der Aktien. [2]Soweit der auf die einzelne Aktie entfallende anteilige Betrag des herabgesetzten Grundkapitals den Mindestbetrag nach § 8 Abs. 2 Satz 1 oder Abs. 3 Satz 3 unterschreiten würde, erfolgt die Herabsetzung durch Zusammenlegung der Aktien. [3]Der Beschluß muß die Art der Herabsetzung angeben.

Vereinfachte Kapitalherabsetzung

§ 229. Voraussetzungen.
(1) [1]Eine Herabsetzung des Grundkapitals, die dazu dienen soll, Wertminderungen auszugleichen, sonstige Verluste zu decken oder Beträge in die Kapitalrücklage einzustellen, kann in vereinfachter Form vorgenommen werden. [2]Im Beschluß ist festzusetzen, daß die Herabsetzung zu diesen Zwecken stattfindet.
(2) [1]Die vereinfachte Kapitalherabsetzung ist nur zulässig, nachdem der Teil der gesetzlichen Rücklage und der Kapitalrücklage, um den diese zusammen über zehn vom Hundert des nach der Herabsetzung verbleibenden Grundkapitals hinausgehen, sowie die Gewinnrücklagen vorweg aufgelöst sind. [2]Sie ist nicht zulässig, solange ein Gewinnvortrag vorhanden ist.

§ 230. Verbot von Zahlungen an die Aktionäre.
[1]Die Beträge, die aus der Auflösung der Kapital- oder Gewinnrücklagen und aus der Kapitalherabsetzung gewonnen werden, dürfen nicht zu Zahlungen an die Aktionäre und nicht dazu verwandt werden, die Aktionäre von der Verpflichtung zur Leistung von Einlagen zu befreien. [2]Sie dürfen nur verwandt werden, um Wertminderungen auszugleichen, sonstige Verluste zu decken und Beträge in die Kapitalrücklage oder in die gesetzliche Rücklage einzustellen. [3]Auch eine Verwendung zu einem dieser Zwecke ist nur zulässig, soweit sie im Beschluß als Zweck der Herabsetzung angegeben ist.

§ 233. Gewinnausschüttung. Gläubigerschutz.
(1) [1]Gewinn darf nicht ausgeschüttet werden, bevor die gesetzliche Rücklage und die Kapitalrücklage zusammen zehn vom Hundert des Grundkapitals erreicht haben. [2]Als Grundkapital gilt dabei der Nennbetrag, der sich durch die Herabsetzung ergibt, mindestens aber der in § 7 bestimmte Mindestnennbetrag.
(2) [1]Die Zahlung eines Gewinnanteils von mehr als vier vom Hundert ist erst für ein Geschäftsjahr zulässig, das später als zwei Jahre nach der Beschlußfassung über die Kapitalherabsetzung beginnt. [2]Dies gilt nicht, wenn die Gläubiger, deren Forderungen vor der Bekanntmachung der Eintragung des Beschlusses begründet worden waren, befriedigt oder sichergestellt sind, soweit sie sich binnen sechs Monaten nach der Bekanntmachung des Jahresabschlusses, auf Grund dessen die Gewinnverteilung beschlossen ist, zu diesem Zweck gemeldet haben. [3]Einer Sicherstellung der Gläubiger bedarf es nicht, die im Fall des Insolvenzverfahrens ein Recht auf vorzugsweise Befriedigung aus einer Deckungsmasse haben, die nach gesetzlicher Vorschrift zu ihrem Schutz errichtet und staatlich überwacht ist. [4]Die Gläubiger sind in der Bekanntmachung nach § 325 Abs. 2 des Handelsgesetzbuchs auf die Befriedigung oder Sicherstellung hinzuweisen.
(3) [1]Die Beträge, die aus der Auflösung von Kapital- und Gewinnrücklagen und aus der Kapitalherabsetzung gewonnen sind, dürfen auch nach diesen Vorschriften nicht als Gewinn ausgeschüttet werden.

Auflösung und Nichtigerklärung der Gesellschaft

▶ **Auflösung**

Auflösungsgründe und Anmeldung

§ 262. Auflösungsgründe. (1) ¹Die Aktiengesellschaft wird aufgelöst
1. durch Ablauf der in der Satzung bestimmten Zeit;
2. durch Beschluß der Hauptversammlung; dieser bedarf einer Mehrheit, die mindestens drei Viertel des bei der Beschlußfassung vertretenen Grundkapitals umfaßt; die Satzung kann eine größere Kapitalmehrheit und weitere Erfordernisse bestimmen;
3. durch die Eröffnung des Insolvenzverfahrens über das Vermögen der Gesellschaft;
4. mit der Rechtskraft des Beschlusses, durch den die Eröffnung des Insolvenzverfahrens mangels einer den Kosten des Verfahrens entsprechenden Insolvenzmasse abgelehnt wird;
...

Zweites Buch. Kommanditgesellschaft auf Aktien

§ 278. Wesen der Kommanditgesellschaft auf Aktien. (1) ¹Die Kommanditgesellschaft auf Aktien ist eine Gesellschaft mit eigener Rechtspersönlichkeit, bei der mindestens ein Gesellschafter den Gesellschaftsgläubigern unbeschränkt haftet (persönlich haftender Gesellschafter) und die übrigen an dem in Aktien zerlegten Grundkapital beteiligt sind, ohne persönlich für die Verbindlichkeiten der Gesellschaft zu haften (Kommanditaktionäre).
(2) ¹Das Rechtsverhältnis der persönlich haftenden Gesellschafter untereinander und gegenüber der Gesamtheit der Kommanditaktionäre sowie gegenüber Dritten, namentlich die Befugnis der persönlich haftenden Gesellschafter zur Geschäftsführung und zur Vertretung der Gesellschaft, bestimmt sich nach den Vorschriften des Handelsgesetzbuchs über die Kommanditgesellschaft.
(3) ¹Im übrigen gelten für die Kommanditgesellschaft auf Aktien, soweit sich aus den folgenden Vorschriften oder aus dem Fehlen eines Vorstands nichts anderes ergibt, die Vorschriften des Ersten Buchs über die Aktiengesellschaft sinngemäß.

§ 279. Firma. (1) ¹Die Firma der Kommanditgesellschaft auf Aktien muß, auch wenn sie nach § 22 des Handelsgesetzbuchs oder nach anderen gesetzlichen Vorschriften fortgeführt wird, die Bezeichnung „Kommanditgesellschaft auf Aktien" oder eine allgemein verständliche Abkürzung dieser Bezeichnung enthalten.
(2) ¹Wenn in der Gesellschaft keine natürliche Person persönlich haftet, muß die Firma, auch wenn sie nach § 22 des Handelsgesetzbuchs oder nach anderen gesetzlichen Vorschriften fortgeführt wird, eine Bezeichnung enthalten, welche die Haftungsbeschränkung kennzeichnet.

§ 280. Feststellung der Satzung. Gründer.
(1) ¹Die Satzung muß durch notarielle Beurkundung festgestellt werden.

Drittes Buch. Verbundene Unternehmen

Unternehmensverträge

▶ **Arten von Unternehmensverträgen**

§ 291. Beherrschungsvertrag. Gewinnabführungsvertrag. (1) ¹Unternehmensverträge sind Verträge, durch die eine Aktiengesellschaft oder Kommanditgesellschaft auf Aktien die Leitung ihrer Gesellschaft einem anderen Unternehmen unterstellt (Beherrschungsvertrag) oder sich verpflichtet, ihren ganzen Gewinn an ein anderes Unternehmen abzuführen (Gewinnabführungsvertrag). ²Als Vertrag über die Abführung des ganzen Gewinns gilt auch ein Vertrag, durch den eine Aktiengesellschaft oder Kommanditgesellschaft auf Aktien es übernimmt, ihr Unternehmen für Rechnung eines anderen Unternehmens zu führen.
(2) ¹Stellen sich Unternehmen, die voneinander nicht abhängig sind, durch Vertrag unter einheitliche Leitung, ohne daß dadurch eines von ihnen von einem anderen vertragschließenden Unternehmen abhängig wird, so ist dieser Vertrag kein Beherrschungsvertrag.
(3) ¹Leistungen der Gesellschaft auf Grund eines Beherrschungs- oder eines Gewinnabführungsvertrags gelten nicht als Verstoß gegen die §§ 57, 58 und 60.

Aktiengesetz

§ 292. Andere Unternehmensverträge.
(1) ¹Unternehmensverträge sind ferner Verträge, durch die eine Aktiengesellschaft oder Kommanditgesellschaft auf Aktien
1. sich verpflichtet, ihren Gewinn oder den Gewinn einzelner ihrer Betriebe ganz oder zum Teil mit dem Gewinn anderer Unternehmen oder einzelner Betriebe anderer Unternehmen zur Aufteilung eines gemeinschaftlichen Gewinns zusammenzulegen (Gewinngemeinschaft),
2. sich verpflichtet, einen Teil ihres Gewinns oder den Gewinn einzelner ihrer Betriebe ganz oder zum Teil an einen anderen abzuführen (Teilgewinnabführungsvertrag),
3. den Betrieb ihres Unternehmens einem anderen verpachtet oder sonst überläßt (Betriebspachtvertrag, Betriebsüberlassungsvertrag).

▶ Abschluß, Änderung und Beendigung von Unternehmensverträgen

§ 293. Zustimmung der Hauptversammlung.
(1) ¹Ein Unternehmensvertrag wird nur mit Zustimmung der Hauptversammlung wirksam. ²Der Beschluß bedarf einer Mehrheit, die mindestens drei Viertel des bei der Beschlußfassung vertretenen Grundkapitals umfaßt. ³Die Satzung kann eine größere Kapitalmehrheit und weitere Erfordernisse bestimmen. ⁴Auf den Beschluß sind die Bestimmungen des Gesetzes und der Satzung über Satzungsänderungen nicht anzuwenden.
(2) ¹Ein Beherrschungs- oder ein Gewinnabführungsvertrag wird, wenn der andere Vertragsteil eine Aktiengesellschaft oder Kommanditgesellschaft auf Aktien ist, nur wirksam, wenn auch die Hauptversammlung dieser Gesellschaft zustimmt. ²Für den Beschluß gilt Absatz 1 Satz 2 bis 4 sinngemäß.

§ 294. Eintragung. Wirksamwerden.
(1) ¹Der Vorstand der Gesellschaft hat das Bestehen und die Art des Unternehmensvertrags sowie den Namen des anderen Vertragsteils zur Eintragung in das Handelsregister anzumelden; beim Bestehen einer Vielzahl von Teilgewinnabführungsverträgen kann anstelle des Namens des anderen Vertragsteils auch hier eine andere Bezeichnung eingetragen werden, die den jeweiligen Teilgewinnabführungsvertrag konkret bestimmt. …
(2) ¹Der Vertrag wird erst wirksam, wenn sein Bestehen in das Handelsregister des Sitzes der Gesellschaft eingetragen worden ist.

Leitungsmacht und Verantwortlichkeit bei Abhängigkeit von Unternehmen

§ 308. Leitungsmacht.
(1) ¹Besteht ein Beherrschungsvertrag, so ist das herrschende Unternehmen berechtigt, dem Vorstand der Gesellschaft hinsichtlich der Leitung der Gesellschaft Weisungen zu erteilen.

Eingegliederte Gesellschaften

§ 319. Eingliederung.
(1) ¹Die Hauptversammlung einer Aktiengesellschaft kann die Eingliederung der Gesellschaft in eine andere Aktiengesellschaft mit Sitz im Inland (Hauptgesellschaft) beschließen, wenn sich alle Aktien der Gesellschaft in der Hand der zukünftigen Hauptgesellschaft befinden. ²Auf den Beschluß sind die Bestimmungen des Gesetzes und der Satzung über Satzungsänderungen nicht anzuwenden.

Gesetz betreffend die Gesellschaften mit beschränkter Haftung

In der Fassung vom 20. April 1892, mit Änderungen bis zum 19. April 2007

Errichtung der Gesellschaft

§ 1. [Zweck] Gesellschaften mit beschränkter Haftung können nach Maßgabe der Bestimmungen dieses Gesetzes zu jedem gesetzlich zulässigen Zweck durch eine oder mehrere Personen errichtet werden.

§ 2. [Form des Gesellschaftsvertrags] (1) [1]Der Gesellschaftsvertrag bedarf notarieller Form. [2]Er ist von sämtlichen Gesellschaftern zu unterzeichnen.

§ 3. [Inhalt des Gesellschaftsvertrags] (1) Der Gesellschaftsvertrag muß enthalten:
1. die Firma und den Sitz der Gesellschaft,
2. den Gegenstand des Unternehmens,
3. den Betrag des Stammkapitals,
4. den Betrag der von jedem Gesellschafter auf das Stammkapital zu leistenden Einlage (Stammeinlage).

§ 4. [Firma] Die Firma der Gesellschaft muß, auch wenn sie nach § 22 des Handelsgesetzbuchs oder nach anderen gesetzlichen Vorschriften fortgeführt wird, die Bezeichnung „Gesellschaft mit beschränkter Haftung" oder eine allgemein verständliche Abkürzung dieser Bezeichnung enthalten.

§ 4a. [Sitz der Gesellschaft] (1) Sitz der Gesellschaft ist der Ort, den der Gesellschaftsvertrag bestimmt.
(2) Als Sitz der Gesellschaft hat der Gesellschaftsvertrag in der Regel den Ort, an dem die Gesellschaft einen Betrieb hat, oder den Ort zu bestimmen, an dem sich die Geschäftsleitung befindet oder die Verwaltung geführt wird.

§ 5. [Stammkapital; Stammeinlage] (1) Das Stammkapital der Gesellschaft muß mindestens fünfundzwanzigtausend Euro, die Stammeinlage jedes Gesellschafters muß mindestens hundert Euro betragen.
(2) Kein Gesellschafter kann bei Errichtung der Gesellschaft mehrere Stammeinlagen übernehmen.
(3) [1]Der Betrag der Stammeinlage kann für die einzelnen Gesellschafter verschieden bestimmt werden. [2]Er muß in Euro durch fünfzig teilbar sein. [3]Der Gesamtbetrag der Stammeinlagen muß mit dem Stammkapital übereinstimmen.
(4) [1]Sollen Sacheinlagen geleistet werden, so müssen der Gegenstand der Sacheinlage und der Betrag der Stammeinlage, auf die sich die Sacheinlage bezieht, im Gesellschaftsvertrag festgesetzt werden. [2]Die Gesellschafter haben in einem Sachgründungsbericht die für die Angemessenheit der Leistungen für Sacheinlagen wesentlichen Umstände darzulegen und beim Übergang eines Unternehmens auf die Gesellschaft die Jahresergebnisse der beiden letzten Geschäftsjahre anzugeben.

§ 6. [Geschäftsführer] (1) Die Gesellschaft muß einen oder mehrere Geschäftsführer haben.
(2) [1]Geschäftsführer kann nur eine natürliche, unbeschränkt geschäftsfähige Person sein. [2]Ein Betreuter, der bei der Besorgung seiner Vermögensangelegenheiten ganz oder teilweise einem Einwilligungsvorbehalt (§ 1903 des Bürgerlichen Gesetzbuches) unterliegt, kann nicht Geschäftsführer sein. [3]Wer wegen einer Straftat nach den §§ 283 bis 283 d des Strafgesetzbuchs verurteilt worden ist, kann auf die Dauer von fünf Jahren seit der Rechtskraft des Urteils nicht Geschäftsführer sein; …
(3) [1]Zu Geschäftsführern können Gesellschafter oder andere Personen bestellt werden. [2]Die Bestellung erfolgt entweder im Gesellschaftsvertrag oder nach Maßgabe der Bestimmungen des dritten Abschnitts.
(4) Ist im Gesellschaftsvertrag bestimmt, daß sämtliche Gesellschafter zur Geschäftsführung berechtigt sein sollen, so gelten nur die der Gesellschaft bei Festsetzung dieser Bestimmung angehörenden Personen als die bestellten Geschäftsführer.

§ 7. [Anmeldung] (1) Die Gesellschaft ist bei dem Gericht, in dessen Bezirk sie ihren Sitz hat, zur Eintragung in das Handelsregister anzumelden.
(2) [1]Die Anmeldung darf erst erfolgen, wenn auf jede Stammeinlage, soweit nicht Sacheinlagen vereinbart sind, ein Viertel eingezahlt ist. [2]Insgesamt muß auf das Stammkapital mindestens soviel eingezahlt sein, daß der Gesamtbetrag der eingezahlten Geldeinlagen zuzüglich des Gesamtbetrags der Stammeinlagen, für die Sacheinlagen zu leisten sind, die Hälfte des Mindeststammkapitals gemäß § 5 Abs. 1 erreicht. [3]Wird die Gesellschaft nur durch eine Person errichtet, so darf die Anmeldung erst erfolgen, wenn mindestens die nach den Sätzen 1 und 2 vorgeschriebenen Einzahlungen geleistet sind und der Gesellschafter für den übrigen Teil der Geldeinlage eine Sicherung bestellt hat.

GmbH-Gesetz

5.3 GmbHG §§ 7–19

(3) Die Sacheinlagen sind vor der Anmeldung der Gesellschaft zur Eintragung in das Handelsregister so an die Gesellschaft zu bewirken, daß sie endgültig zur freien Verfügung der Geschäftsführer stehen.

§ 9. [Geldeinlage statt Sacheinlage] (1) Erreicht der Wert einer Sacheinlage im Zeitpunkt der Anmeldung der Gesellschaft zur Eintragung in das Handelsregister nicht den Betrag der dafür übernommenen Stammeinlage, hat der Gesellschafter in Höhe des Fehlbetrags eine Einlage in Geld zu leisten.

(2) Der Anspruch der Gesellschaft verjährt in zehn Jahren seit der Eintragung der Gesellschaft in das Handelsregister.

§ 9c. [Ablehnung der Eintragung] (1) ¹Ist die Gesellschaft nicht ordnungsgemäß errichtet und angemeldet, so hat das Gericht die Eintragung abzulehnen. ²Dies gilt auch, wenn Sacheinlagen überbewertet worden sind.

§ 10. [Eintragung in das Handelsregister]
(1) ¹Bei der Eintragung in das Handelsregister sind die Firma und der Sitz der Gesellschaft, der Gegenstand des Unternehmens, die Höhe des Stammkapitals, der Tag des Abschlusses des Gesellschaftsvertrages und die Personen der Geschäftsführer anzugeben. ²Ferner ist einzutragen, welche Vertretungsbefugnis die Geschäftsführer haben.

§ 11. [Rechtszustand vor der Eintragung]
(1) Vor der Eintragung in das Handelsregister des Sitzes der Gesellschaft besteht die Gesellschaft mit beschränkter Haftung als solche nicht.
(2) Ist vor der Eintragung im Namen der Gesellschaft gehandelt worden, so haften die Handelnden persönlich und solidarisch.

Rechtsverhältnisse der Gesellschafter

§ 13. [Juristische Person; Handelsgesellschaft]
(1) Die Gesellschaft mit beschränkter Haftung als solche hat selbständig ihre Rechte und Pflichten; sie kann Eigentum und andere dingliche Rechte an Grundstücken erwerben, vor Gericht klagen und verklagt werden.
(2) Für die Verbindlichkeiten der Gesellschaft haftet den Gläubigern derselben nur das Gesellschaftsvermögen.
(3) Die Gesellschaft gilt als Handelsgesellschaft im Sinne des Handelsgesetzbuchs.

§ 14. [Geschäftsanteil] Der Geschäftsanteil jedes Gesellschafters bestimmt sich nach dem Betrage der von ihm übernommenen Stammeinlage.

§ 15. [Übertragung von Geschäftsanteilen]
(1) Die Geschäftsanteile sind veräußerlich und vererblich.
(2) Erwirbt ein Gesellschafter zu seinem ursprünglichen Geschäftsanteil weitere Geschäftsanteile, so behalten dieselben ihre Selbständigkeit.
(3) Zur Abtretung von Geschäftsanteilen durch Gesellschafter bedarf es eines in notarieller Form geschlossenen Vertrages.

§ 16. [Rechtsstellung von Veräußerer und Erwerber] (1) Der Gesellschaft gegenüber gilt im Fall der Veräußerung des Geschäftsanteils nur derjenige als Erwerber, dessen Erwerb unter Nachweis des Übergangs bei der Gesellschaft angemeldet ist.

§ 19. [Einzahlungen auf die Stammeinlage]
(1) Die Einzahlungen auf die Stammeinlagen sind nach dem Verhältnis der Geldeinlagen zu leisten.
(2) ¹Von der Verpflichtung zur Leistung der Einlagen können die Gesellschafter nicht befreit werden. ²Gegen den Anspruch der Gesellschaft ist die Aufrechnung nicht zulässig. ³An dem Gegenstand einer Sacheinlage kann wegen Forderungen, welche sich nicht auf den Gegenstand beziehen, kein Zurückbehaltungsrecht geltend gemacht werden.
(3) Durch eine Kapitalherabsetzung können die Gesellschafter von der Verpflichtung zur Leistung von Einlagen höchstens in Höhe des Betrags befreit werden, um den das Stammkapital herabgesetzt worden ist.
(4) Vereinigen sich innerhalb von drei Jahren nach der Eintragung der Gesellschaft in das Handelsregister alle Geschäftsanteile in der Hand eines Gesellschafters oder daneben in der Hand der Gesellschaft, so hat der Gesellschafter innerhalb von drei Monaten seit der Vereinigung der Geschäftsanteile alle Geldeinlagen voll einzuzahlen oder der Gesellschaft für die Zahlung der noch ausstehenden Beträge eine Sicherung zu bestellen oder einen Teil der Geschäftsanteile an einen Dritten zu übertragen.
(5) Eine Leistung auf die Stammeinlage, welche nicht in Geld besteht oder welche durch Aufrechnung einer für die Überlassung von Vermögensgegenständen zu gewährenden Vergütung bewirkt wird, befreit den Gesellschafter von seiner Verpflichtung nur, soweit sie in Ausführung einer nach § 5 Abs. 4 Satz 1 getroffenen Bestimmung erfolgt.
(6) Der Anspruch der Gesellschaft auf Leistung der Einlagen verjährt in zehn Jahren von seiner Entstehung an. Wird das Insolvenzverfahren über das Vermögen der Gesellschaft eröffnet, so tritt die Verjährung nicht vor Ablauf

von sechs Monaten ab dem Zeitpunkt der Eröffnung ein.

§ 20. [Verzugszinsen] Ein Gesellschafter, welcher den auf die Stammeinlage eingeforderten Betrag nicht zur rechten Zeit einzahlt, ist zur Entrichtung von Verzugszinsen von Rechts wegen verpflichtet.

§ 21. [Kaduzierung] (1) [1]Im Fall verzögerter Einzahlung kann an den säumigen Gesellschafter eine erneute Aufforderung zur Zahlung binnen einer zu bestimmenden Nachfrist unter Androhung seines Ausschlusses mit dem Geschäftsanteil, auf welchen die Zahlung zu erfolgen hat, erlassen werden. [2]Die Aufforderung erfolgt mittels eingeschriebenen Briefes. [3]Die Nachfrist muß mindestens einen Monat betragen.

(2) [1]Nach fruchtlosem Ablauf der Frist ist der säumige Gesellschafter seines Geschäftsanteils und der geleisteten Teilzahlungen zugunsten der Gesellschaft verlustig zu erklären. [2]Die Erklärung erfolgt mittels eingeschriebenen Briefes.

(3) Wegen des Ausfalls, welchen die Gesellschaft an dem rückständigen Betrag oder den später auf den Geschäftsanteil eingeforderten Beträgen der Stammeinlage erleidet, bleibt ihr der ausgeschlossene Gesellschafter verhaftet.

§ 23. [Versteigerung des Geschäftsanteils] [1]Ist die Zahlung des rückständigen Betrages von Rechtsvorgängern nicht zu erlangen, so kann die Gesellschaft den Geschäftsanteil im Wege öffentlicher Versteigerung verkaufen lassen. [2]Eine andere Art des Verkaufs ist nur mit Zustimmung des ausgeschlossenen Gesellschafters zulässig.

§ 24. [Aufbringung von Fehlbeträgen] [1]Soweit eine Stammeinlage weder von den Zahlungspflichtigen eingezogen, noch durch Verkauf des Geschäftsanteils gedeckt werden kann, haben die übrigen Gesellschafter den Fehlbetrag nach Verhältnis ihrer Geschäftsanteile aufzubringen. [2]Beiträge, welche von einzelnen Gesellschaftern nicht zu erlangen sind, werden nach dem bezeichneten Verhältnis auf die übrigen verteilt.

§ 25. [Zwingende Vorschriften] Von den in den §§ 21 bis 24 bezeichneten Rechtsfolgen können die Gesellschafter nicht befreit werden.

§ 26. [Nachschußpflicht] (1) Im Gesellschaftsvertrag kann bestimmt werden, daß die Gesellschafter über den Betrag der Stammeinlagen hinaus die Einforderung von weiteren Einzahlungen (Nachschüssen) beschließen können.

(2) Die Einzahlung der Nachschüsse hat nach Verhältnis der Geschäftsanteile zu erfolgen.

(3) Die Nachschußpflicht kann im Gesellschaftsvertrag auf einen bestimmten, nach Verhältnis der Geschäftsanteile festzusetzenden Betrag beschränkt werden.

§ 27. [Unbeschränkte Nachschußpflicht] (1) [1]Ist die Nachschußpflicht nicht auf einen bestimmten Betrag beschränkt, so hat jeder Gesellschafter, falls er die Stammeinlage vollständig eingezahlt hat, das Recht, sich von der Zahlung des auf den Geschäftsanteil eingeforderten Nachschusses dadurch zu befreien, daß er innerhalb eines Monats nach der Aufforderung zur Einzahlung den Geschäftsanteil der Gesellschaft zur Befriedigung aus demselben zur Verfügung stellt. [2]Ebenso kann die Gesellschaft, wenn der Gesellschafter binnen der angegebenen Frist weder von der bezeichneten Befugnis Gebrauch macht, noch die Einzahlung leistet, demselben mittels eingeschriebenen Briefes erklären, daß sie den Geschäftsanteil als zur Verfügung gestellt betrachte.

(2) [1]Die Gesellschaft hat den Geschäftsanteil innerhalb eines Monats nach der Erklärung des Gesellschafters oder der Gesellschaft im Wege öffentlicher Versteigerung verkaufen zu lassen. [2]Eine andere Art des Verkaufs ist nur mit Zustimmung des Gesellschafters zulässig. [3]Ein nach Deckung der Verkaufskosten und des rückständigen Nachschusses verbleibender Überschuß gebührt dem Gesellschafter.

(3) [1]Ist die Befriedigung der Gesellschaft durch den Verkauf nicht zu erlangen, so fällt der Geschäftsanteil der Gesellschaft zu. [2]Dieselbe ist befugt, den Anteil für eigene Rechnung zu veräußern.

(4) Im Gesellschaftsvertrag kann die Anwendung der vorstehenden Bestimmungen auf den Fall beschränkt werden, daß die auf den Geschäftsanteil eingeforderten Nachschüsse einen bestimmten Betrag überschreiten.

§ 28. [Beschränkte Nachschußpflicht] (1) [1]Ist die Nachschußpflicht auf einen bestimmten Betrag beschränkt, so finden, wenn im Gesellschaftsvertrag nichts anderes festgesetzt ist, im Fall verzögerter Einzahlung von Nachschüssen die auf die Einzahlung der Stammeinlagen bezüglichen Vorschriften der §§ 21 bis 23 entsprechende Anwendung. [2]Das gleiche gilt im Fall des § 27 Abs. 4 auch bei unbeschränkter Nachschußpflicht, soweit die Nachschüsse den im Gesellschaftsvertrag festgesetzten Betrag nicht überschreiten.

§ 29. [Gewinnverwendung] (1) [1]Die Gesellschafter haben Anspruch auf den Jahresüberschuß zuzüglich eines Gewinnvortrags und abzüglich eines Verlustvortrags, soweit der sich ergebende Betrag nicht nach Gesetz oder Gesell-

GmbH-Gesetz 5.3 GmbHG §§ 29–38

schaftsvertrag, durch Beschluß nach Absatz 2 oder als zusätzlicher Aufwand auf Grund des Beschlusses über die Verwendung des Ergebnisses von der Verteilung unter die Gesellschafter ausgeschlossen ist. [2]Wird die Bilanz unter Berücksichtigung der teilweisen Ergebnisverwendung aufgestellt oder werden Rücklagen aufgelöst, so haben die Gesellschafter abweichend von Satz 1 Anspruch auf den Bilanzgewinn.

(2) Im Beschluß über die Verwendung des Ergebnisses können die Gesellschafter, wenn der Gesellschaftsvertrag nichts anderes bestimmt, Beträge in Gewinnrücklagen einstellen oder als Gewinn vortragen.

(3) [1]Die Verteilung erfolgt nach Verhältnis der Geschäftsanteile. [2]Im Gesellschaftsvertrag kann ein anderer Maßstab der Verteilung festgesetzt werden.

§ 30. [Rückzahlungen] (1) Das zur Erhaltung des Stammkapitals erforderliche Vermögen der Gesellschaft darf an die Gesellschafter nicht ausgezahlt werden.

Vertretung und Geschäftsführung

§ 35. [Vertretung durch Geschäftsführer]
(1) Die Gesellschaft wird durch die Geschäftsführer gerichtlich und außergerichtlich vertreten.

(2) [1]Dieselben haben in der durch den Gesellschaftsvertrag bestimmten Form ihre Willenserklärungen kundzugeben und für die Gesellschaft zu zeichnen. [2]Ist nichts darüber bestimmt, so muß die Erklärung und Zeichnung durch sämtliche Geschäftsführer erfolgen. [3]Ist der Gesellschaft gegenüber eine Willenserklärung abzugeben, so genügt es, wenn dieselbe an einen der Geschäftsführer erfolgt.

(3) Die Zeichnung geschieht in der Weise, daß die Zeichnenden zu der Firma der Gesellschaft ihre Namensunterschrift beifügen.

(4) Befinden sich alle Geschäftsanteile der Gesellschaft in der Hand eines Gesellschafters oder daneben in der Hand der Gesellschaft und ist er zugleich deren alleiniger Geschäftsführer, so ist auf seine Rechtsgeschäfte mit der Gesellschaft § 181 des Bürgerlichen Gesetzbuchs anzuwenden. ...

§ 35a. [Angaben auf Geschäftsbriefen]
(1) [1]Auf allen Geschäftsbriefen gleichviel welcher Art, die an einen bestimmten Empfänger gerichtet werden, müssen die Rechtsform und der Sitz der Gesellschaft, das Registergericht des Sitzes der Gesellschaft und die Nummer, unter der die Gesellschaft in das Handelsregister eingetragen ist, sowie alle Geschäftsführer und, sofern die Gesellschaft einen Aufsichtsrat gebildet und dieser einen Vorsitzenden hat, der Vorsitzende des Aufsichtsrats mit dem Familiennamen und mindestens einem ausgeschriebenen Vornamen angegeben werden. [2]Werden Angaben über das Kapital der Gesellschaft gemacht, so müssen in jedem Falle das Stammkapital sowie, wenn nicht alle in Geld zu leistenden Einlagen eingezahlt sind, der Gesamtbetrag der ausstehenden Einlagen angegeben werden.

(2) Der Angaben nach Absatz 1 Satz 1 bedarf es nicht bei Mitteilungen oder Berichten, die im Rahmen einer bestehenden Geschäftsverbindung ergehen und für die üblicherweise Vordrucke verwendet werden, in denen lediglich die im Einzelfall erforderlichen besonderen Angaben eingefügt zu werden brauchen.

(3) [1]Bestellscheine gelten als Geschäftsbriefe im Sinne des Absatzes 1. [2]Absatz 2 ist auf sie nicht anzuwenden.

(4) Auf allen Geschäftsbriefen und Bestellscheinen, die von einer Zweigniederlassung einer Gesellschaft mit beschränkter Haftung mit Sitz im Ausland verwendet werden, müssen das Register, bei dem die Zweigniederlassung geführt wird, und die Nummer des Registereintrags angegeben werden; ...

§ 36. [Wirkung der Vertretung] Die Gesellschaft wird durch die in ihrem Namen von den Geschäftsführern vorgenommenen Rechtsgeschäfte berechtigt und verpflichtet; ...

§ 37. [Beschränkung der Vertretungsbefugnis]
(1) Die Geschäftsführer sind der Gesellschaft gegenüber verpflichtet, die Beschränkungen einzuhalten, welche für den Umfang ihrer Befugnis, die Gesellschaft zu vertreten, durch den Gesellschaftsvertrag oder, soweit dieser nicht ein anderes bestimmt, durch die Beschlüsse der Gesellschafter festgesetzt sind.

(2) [1]Gegen dritte Personen hat eine Beschränkung der Befugnis der Geschäftsführer, die Gesellschaft zu vertreten, keine rechtliche Wirkung. [2]Dies gilt insbesondere für den Fall, daß die Vertretung sich nur auf gewisse Geschäfte oder Arten von Geschäften erstrecken oder nur unter gewissen Umständen oder für eine gewisse Zeit oder an einzelnen Orten stattfinden soll, oder daß die Zustimmung der Gesellschafter oder eines Organs der Gesellschaft für einzelne Geschäfte erforderlich ist.

§ 38. [Widerruf der Bestellung] (1) Die Bestellung der Geschäftsführer ist zu jeder Zeit widerruflich, unbeschadet der Entschädigungsansprüche aus bestehenden Verträgen.

(2) ¹Im Gesellschaftsvertrag kann die Zulässigkeit des Widerrufs auf den Fall beschränkt werden, daß wichtige Gründe denselben notwendig machen. ²Als solche Gründe sind insbesondere grobe Pflichtverletzung oder Unfähigkeit zur ordnungsmäßigen Geschäftsführung anzusehen.

§ 41. [Buchführung] (1) Die Geschäftsführer sind verpflichtet, für die ordnungsmäßige Buchführung der Gesellschaft zu sorgen.

§ 42. [Bilanz] (1) In der Bilanz des nach den §§ 242, 264 des Handelsgesetzbuchs aufzustellenden Jahresabschlusses ist das Stammkapital als gezeichnetes Kapital auszuweisen.

(2) ¹Das Recht der Gesellschaft zur Einziehung von Nachschüssen der Gesellschafter ist in der Bilanz insoweit zu aktivieren, als die Einziehung bereits beschlossen ist und den Gesellschaftern ein Recht, durch Verweisung auf den Geschäftsanteil sich von der Zahlung der Nachschüsse zu befreien, nicht zusteht. ²Der nachzuschießende Betrag ist auf der Aktivseite unter den Forderungen gesondert unter der Bezeichnung „Eingeforderte Nachschüsse" auszuweisen, soweit mit der Zahlung gerechnet werden kann. ³Ein dem Aktivposten entsprechender Betrag ist auf der Passivseite in dem Posten „Kapitalrücklage" gesondert auszuweisen.

(3) Ausleihungen, Forderungen und Verbindlichkeiten gegenüber Gesellschaftern sind in der Regel als solche jeweils gesondert auszuweisen oder im Anhang anzugeben; werden sie unter anderen Posten ausgewiesen, so muß diese Eigenschaft vermerkt werden.

§ 43. [Haftung der Geschäftsführer] (1) Die Geschäftsführer haben in den Angelegenheiten der Gesellschaft die Sorgfalt eines ordentlichen Geschäftsmannes anzuwenden.

(2) Geschäftsführer, welche ihre Obliegenheiten verletzen, haften der Gesellschaft solidarisch für den entstandenen Schaden.

§ 45. [Rechte der Gesellschafter im allgemeinen] (1) Die Rechte, welche den Gesellschaftern in den Angelegenheiten der Gesellschaft, insbesondere in bezug auf die Führung der Geschäfte zustehen, sowie die Ausübung derselben bestimmen sich, soweit nicht gesetzliche Vorschriften entgegenstehen, nach dem Gesellschaftsvertrag.

§ 46. [Aufgabenkreis der Gesellschafter] Der Bestimmung der Gesellschafter unterliegen:
1. die Feststellung des Jahresabschlusses und die Verwendung des Ergebnisses;
1a. die Entscheidung über die Offenlegung eines Einzelabschlusses nach internationalen Rechnungslegungsstandards (§ 325 Abs. 2a des Handelsgesetzbuchs) und über die Billigung des von den Geschäftsführern aufgestellten Abschlusses;
1b. die Billigung eines von den Geschäftsführern aufgestellten Konzernabschlusses;
2. die Einforderung von Einzahlungen auf die Stammeinlagen;
3. die Rückzahlung von Nachschüssen;
4. die Teilung sowie die Einziehung von Geschäftsanteilen;
5. die Bestellung und die Abberufung von Geschäftsführern sowie die Entlastung derselben;
6. die Maßregeln zur Prüfung und Überwachung der Geschäftsführung;
7. die Bestellung von Prokuristen und von Handlungsbevollmächtigten zum gesamten Geschäftsbetrieb;
8. die Geltendmachung von Ersatzansprüchen, welche der Gesellschaft aus der Gründung oder Geschäftsführung gegen Geschäftsführer oder Gesellschafter zustehen, sowie die Vertretung der Gesellschaft in Prozessen, welche sie gegen die Geschäftsführer zu führen hat.

§ 47. [Abstimmung] (1) Die von den Gesellschaftern in den Angelegenheiten der Gesellschaft zu treffenden Bestimmungen erfolgen durch Beschlußfassung nach der Mehrheit der abgegebenen Stimmen.

(2) Jede fünfzig Euro eines Geschäftsanteils gewähren eine Stimme.

(3) Vollmachten bedürfen zu ihrer Gültigkeit der Textform.

§ 48. [Gesellschafterversammlung] (1) Die Beschlüsse der Gesellschafter werden in Versammlungen gefaßt.

(2) Der Abhaltung einer Versammlung bedarf es nicht, wenn sämtliche Gesellschafter in Textform mit der zu treffenden Bestimmung oder mit der schriftlichen Abgabe der Stimmen sich einverstanden erklären.

§ 51a. [Auskunfts- und Einsichtsrecht] (1) Die Geschäftsführer haben jedem Gesellschafter auf Verlangen unverzüglich Auskunft über die Angelegenheiten der Gesellschaft zu geben und die Einsicht der Bücher und Schriften zu gestatten.

(2) ¹Die Geschäftsführer dürfen die Auskunft und die Einsicht verweigern, wenn zu besorgen ist, daß der Gesellschafter sie zu gesellschaftsfremden Zwecken verwenden und dadurch der Gesellschaft oder einem verbundenen Unternehmen einen nicht unerheblichen Nachteil zufügen wird. ²Die Verweigerung bedarf eines Beschlusses der Gesellschafter.

GmbH-Gesetz 5.3 GmbHG §§ 51a–60

(3) Von diesen Vorschriften kann im Gesellschaftsvertrag nicht abgewichen werden.

§ 52. [Aufsichtsrat] (1) Ist nach dem Gesellschaftsvertrag ein Aufsichtsrat zu bestellen, so sind § 90 Abs. 3, 4, 5 Satz 1 und 2, § 95 Satz 1, § 100 Abs. 1 und 2 Nr. 2, § 101 Abs. 1 Satz 1, § 103 Abs. 1 Satz 1 und 2, §§ 105, 110 bis 114, 116 des Aktiengesetzes in Verbindung mit § 93 Abs. 1 und 2 des Aktiengesetzes, §§ 170, 171 des Aktiengesetzes entsprechend anzuwenden, soweit nicht im Gesellschaftsvertrag ein anderes bestimmt ist.

Auflösung und Nichtigkeit der Gesellschaft

§ 60. [Auflösungsgründe] (1) Die Gesellschaft mit beschränkter Haftung wird aufgelöst:
1. durch Ablauf der im Gesellschaftsvertrag bestimmten Zeit;
2. durch Beschluß der Gesellschafter; derselbe bedarf, sofern im Gesellschaftsvertrag nicht ein anderes bestimmt ist, einer Mehrheit von drei Vierteilen der abgegebenen Stimmen;
3. durch gerichtliches Urteil oder durch Entscheidung des Verwaltungsgerichts oder der Verwaltungsbehörde in den Fällen der §§ 61 und 62;
4. durch die Eröffnung des Insolvenzverfahrens; wird das Verfahren auf Antrag des Schuldners eingestellt oder nach Bestätigung eines Insolvenzplans, der den Fortbestand der Gesellschaft vorsieht, aufgehoben, so können die Gesellschafter die Fortsetzung der Gesellschaft beschließen;
5. mit der Rechtskraft des Beschlusses, durch den die Eröffnung des Insolvenzverfahrens mangels Masse abgelehnt worden ist;
6. mit der Rechtskraft einer Verfügung des Registergerichts, durch welche nach den §§ 144a, 144b des Gesetzes über die Angelegenheiten der freiwilligen Gerichtsbarkeit ein Mangel des Gesellschaftsvertrags oder die Nichteinhaltung der Verpflichtungen nach § 19 Abs. 4 dieses Gesetzes festgestellt worden ist.

(2) Im Gesellschaftsvertrag können weitere Auflösungsgründe festgesetzt werden.

Gesetz betreffend die Erwerbs- und Wirtschaftsgenossenschaften

In der Neufassung vom 16. Oktober 2006 mit Änderungen bis zum 3. September 2007

Errichtung der Genossenschaft

§ 1. Wesen der Genossenschaft (1) Gesellschaften von nicht geschlossener Mitgliederzahl, deren Zweck darauf gerichtet ist, den Erwerb oder die Wirtschaft ihrer Mitglieder oder deren soziale oder kulturelle Belange durch gemeinschaftlichen Geschäftsbetrieb zu fördern (Genossenschaften), erwerben die Rechte einer „eingetragenen Genossenschaft" nach Maßgabe dieses Gesetzes.

(2) Eine Beteiligung an Gesellschaften und sonstigen Personenvereinigungen einschließlich der Körperschaften des öffentlichen Rechts ist zulässig, wenn sie
1. der Förderung des Erwerbes oder der Wirtschaft der Mitglieder der Genossenschaft oder derer sozialer und kultureller Belange oder,
2. ohne den alleinigen oder überwiegenden Zweck der Genossenschaft zu bilden, gemeinnützigen Bestrebungen der Genossenschaft

zu dienen bestimmt ist.

§ 2. Haftung für Verbindlichkeiten Für die Verbindlichkeiten der Genossenschaft haftet den Gläubigern nur das Vermögen der Genossenschaft.

§ 4. Mindestzahl der Mitglieder Die Zahl der Genossen muss mindestens drei betragen.

§ 5. Form des Satzung Die Satzung der Genossenschaft bedarf der schriftlichen Form.

§ 9. Vorstand; Aufsichtsrat (1) ¹Die Genossenschaft muss einen Vorstand und einen Aufsichtsrat haben. ²Bei Genossenschaften mit nicht mehr als 20 Mitgliedern kann durch Bestimmung in der Satzung auf einen Aufsichtsrat verzichtet werden. ³In diesem Fall nimmt die Generalversammlung die Rechte und Pflichten des Aufsichtsrats wahr. ...

(2) Die Mitglieder des Vorstandes und des Aufsichtsrats müssen Mitglieder und natürliche Personen sein. ...

§ 10. Genossenschaftsregister (1) Die Satzung sowie die Mitglieder des Vorstandes sind in das Genossenschaftsregister bei dem Gericht einzutragen, in dessen Bezirk die Genossenschaft ihren Sitz hat.

(2) Das Genossenschaftsregister wird bei dem zur Führung des Handelsregisters zuständigen Gericht geführt.

§ 11. Anmeldung zur Eintragung (1) Der Vorstand hat die Genossenschaft bei dem Gericht zur Eintragung in das Genossenschaftsregister anzumelden.

(2) Der Anmeldung sind beizufügen:
1. die Satzung, die von den Mitgliedern unterzeichnet sein muss;
2. eine Abschrift der Urkunden über die Bestellung des Vorstands und des Aufsichtsrats;
3. die Bescheinigung eines Prüfungsverbandes, dass die Genossenschaft zum Beitritt zugelassen ist, sowie eine gutachtliche Äußerung des Prüfungsverbandes, ob nach den persönlichen oder wirtschaftlichen Verhältnissen, insbesondere der Vermögenslage der Genossenschaft, eine Gefährdung der Belange der Genossen oder der Gläubiger der Genossenschaft zu besorgen ist.

(3) In der Anmeldung ist ferner anzugeben, welche Vertretungsbefugnis die Vorstandsmitglieder haben.

(4) Für die Einreichung von Unterlagen nach diesem Gesetz gilt § 12 Abs. 2 des Handelsgesetzbuches entsprechend.

§ 13. Rechtszustand vor der Eintragung Vor der Eintragung in das Genossenschaftsregister ihres Sitzes hat die Genossenschaft die Rechte einer eingetragenen Genossenschaft nicht.

§ 15. Beitrittserklärung (1) Nach der Anmeldung der Satzung zum Genossenschaftsregister wird die Mitgliedschaft durch eine schriftliche, unbedingte Beitrittserklärung und die Zulassung des Beitritts durch die Genossenschaft erworben.

(2) ¹Das Mitglied ist unverzüglich in die Mitgliederliste einzutragen und hiervon unverzüglich zu benachrichtigen. ²Lehnt die Genossenschaft die Zulassung ab, hat sie dies dem Antragsteller unverzüglich unter Rückgabe seiner Beitrittserklärung mitzuteilen.

§ 16. Änderung der Satzung (1) Eine Abänderung der Satzung oder die Fortsetzung einer auf bestimmte Zeit beschränkten Genossenschaft kann nur durch die Generalversammlung beschlossen werden.

(2) Für folgende Änderungen der Satzung bedarf es einer Mehrheit, die mindestens drei Viertel der abgegebenen Stimmen umfasst:

1. Änderung des Gegenstandes des Unternehmens,
2. Erhöhung des Geschäftsanteils,
3. Einführung oder Erweiterung einer Pflichtbeteiligung mit mehreren Geschäftsanteilen,
4. Einführung oder Erweiterung der Verpflichtung der Mitglieder zur Leistung von Nachschüssen,
5. Verlängerung der Kündigungsfrist auf eine längere Frist als zwei Jahre,
6. Einführung oder Erweiterung der Beteiligung ausscheidender Mitglieder an der Ergebnisrücklage nach § 73 Abs. 3,
7. Einführung oder Erweiterung von Mehrstimmrechten,
8. Zerlegung von Geschäftsanteilen.

[2]... Die Satzung kann eine größere Mehrheit und weitere Erfordernisse bestimmen.

(3) [1]Zu einer Änderung der Satzung, durch die eine Verpflichtung der Mitglieder zur Inanspruchnahme von Einrichtungen oder anderen Leistungen der Genossenschaft oder zur Leistung von Sachen oder Diensten eingeführt oder erweitert wird, bedarf es einer Mehrheit, die mindestens neun Zehntel der abgegebenen Stimmen umfaßt. [2]...

(4) Zu sonstigen Änderungen der Satzung bedarf es einer Mehrheit, die mindestens drei Viertel der abgegebenen Stimmen umfasst, sofern nicht die Satzung andere Erfordernisse aufstellt.

(6) Der Beschluss hat keine rechtliche Wirkung, bevor er in das Genossenschaftsregister des Sitzes der Genossenschaft eingetragen ist.

Rechtsverhältnisse der Genossenschaft und ihrer Mitglieder

§ 17. Juristische Person; Formkaufmann
(1) Die eingetragene Genossenschaft als solche hat selbständig ihre Rechte und Pflichten; sie kann Eigentum und andere dingliche Rechte an Grundstücken erwerben, vor Gericht klagen und verklagt werden.

(2) Genossenschaften gelten als Kaufleute im Sinne des Handelsgesetzbuchs.

§ 18. Rechtsverhältnis zwischen Genossenschaft und Mitgliedern [1]Das Rechtsverhältnis der Genossenschaft und der Mitglieder richtet sich zunächst nach der Satzung. [2]Diese darf von den Bestimmungen dieses Gesetzes nur insoweit abweichen, als dies ausdrücklich für zulässig erklärt ist.

§ 19. Gewinn- und Verlustverteilung
(1) [1]Der bei Feststellung des Jahresabschlusses für die Mitglieder sich ergebende Gewinn oder Verlust des Geschäftsjahres ist auf diese zu verteilen. [2]Die Verteilung geschieht für das erste Geschäftsjahr nach dem Verhältnis ihrer auf den Geschäftsanteil geleisteten Einzahlungen, für jedes folgende nach dem Verhältnis ihrer durch die Zuschreibung von Gewinn oder die Abschreibung von Verlust zum Schluss des vorhergegangenen Geschäftsjahres ermittelten Geschäftsguthaben. [3]Die Zuschreibung des Gewinns erfolgt so lange, als nicht der Geschäftsanteil erreicht ist.

(2) [1]Die Satzung kann einen anderen Maßstab für die Verteilung von Gewinn und Verlust aufstellen und bestimmen, inwieweit der Gewinn vor Erreichung des Geschäftsanteils an die Genossen auszuzahlen ist. [2]Bis zur Wiederergänzung eines durch Verlust verminderten Guthabens findet eine Auszahlung des Gewinns nicht statt.

§ 20. Ausschluß der Gewinnverteilung Durch die Satzung kann festgesetzt werden, dass der Gewinn nicht verteilt, sondern der gesetzlichen Rücklage und anderen Ergebnisrücklagen zugeschrieben wird.

§ 23. Haftung der Mitglieder (1) Für die Verbindlichkeiten der Genossenschaft haften die Mitglieder nach Maßgabe dieses Gesetzes.

(2) Wer in die Genossenschaft eintritt, haftet auch für die vor seinem Eintritt eingegangenen Verbindlichkeiten.

(3) Ein den vorstehenden Bestimmungen zuwiderlaufender Vertrag ist ohne rechtliche Wirkung.

Verfassung der Genossenschaft

§ 24. Vorstand (1) Die Genossenschaft wird durch den Vorstand gerichtlich und außergerichtlich vertreten.

(2) [1]Der Vorstand besteht aus zwei Personen und wird von der Generalversammlung gewählt und abberufen. [2]Die Satzung kann eine höhere Personenzahl sowie eine andere Art der Bestellung und Abberufung bestimmen. [3]Bei Genossenschaften mit nicht mehr als 20 Mitgliedern kann die Satzung bestimmen, dass der Vorstand aus einer Person besteht.

(3) [1]Die Mitglieder des Vorstandes können besoldet oder unbesoldet sein. [2]Ihre Bestellung ist zu jeder Zeit widerruflich, unbeschadet der Entschädigungsansprüche aus bestehenden Verträgen.

§ 25. Vertretung; Zeichnung durch Vorstandsmitglieder (1) [1]Die Mitglieder des Vorstands sind nur gemeinschaftlich zur Vertretung der Genossenschaft befugt. [2]Die Satzung kann Abweichendes bestimmen. [3]Ist eine Willenserklärung gegenüber der Genossenschaft abzugeben, so genügt die Abgabe gegenüber einem Vorstandsmitglied.

(2) ¹Die Satzung kann auch bestimmen, daee einzelne Vorstandsmitglieder allein oder in Gemeinschaft mit einem Prokuristen zur Vertretung der Genossenschaft befugt sind. ²Absatz 1 Satz 3 gilt in diesen Fällen sinngemäß.

(3) ¹Zur Gesamtvertretung befugte Vorstandsmitglieder können einzelne von ihnen zur Vornahme bestimmter Geschäfte oder bestimmter Arten von Geschäften ermächtigen. ²Dies gilt sinngemäß, falls ein einzelnes Vorstandsmitglied in Gemeinschaft mit einem Prokuristen zur Vertretung der Genossenschaft befugt ist.

(4) Vorstandsmitglieder zeichnen für die Genossenschaft, indem sie der Firma der Genossenschaft oder der Benennung des Vorstands ihre Namensunterschrift beifügen.

§ 26. Vertretungsbefugnis des Vorstandes

(1) Die Genossenschaft wird durch die von dem Vorstand in ihrem Namen geschlossenen Rechtsgeschäfte berechtigt und verpflichtet; ...

§ 27. Beschränkung der Vertretungsbefugnis

(1) ¹Der Vorstand hat die Genossenschaft unter eigener Verantwortung zu leiten. ²Er hat dabei die Beschränkungen zu beachten, die durch die Satzung festgesetzt worden sind.

(2) Gegen dritte Personen hat eine Beschränkung der Befugnis des Vorstandes, die Genossenschaft zu vertreten, keine rechtliche Wirkung. ...

§ 29. Publizität des Genossenschaftsregisters

(1) Solange eine Änderung des Vorstands oder der Vertretungsbefugnis eines Vorstandsmitglieds nicht in das Genossenschaftsregister eingetragen und bekanntgemacht ist, kann sie von der Genossenschaft einem Dritten nicht entgegengesetzt werden, es sei denn, dass sie diesem bekannt war.

(2) ¹Ist die Änderung eingetragen und bekanntgemacht worden, so muss ein Dritter sie gegen sich gelten lassen. ²Dies gilt nicht bei Rechtshandlungen, die innerhalb von fünfzehn Tagen nach der Bekanntmachung vorgenommen werden, sofern der Dritte beweist, dass er die Änderung weder kannte noch kennen musste.

(3) Ist die Änderung unrichtig bekanntgemacht, so kann sich ein Dritter auf die Bekanntmachung der Änderung berufen, es sei denn, dass er die Unrichtigkeit kannte.

§ 30. Mitgliedsliste

(1) Der Vorstand ist verpflichtet, die Mitgliederliste zu führen.

(2) In die Mitgliederliste ist jedes Mitglied der Genossenschaft mit folgenden Angaben einzutragen:

1. Familienname, Vornamen und Anschrift, bei juristischen Personen und Personenhandelsgesellschaften Firma und Anschrift, bei anderen Personenvereinigungen Bezeichnung und Anschrift der Vereinigung oder Familiennamen, Vornamen und Anschriften ihrer Mitglieder,
2. Zahl der von ihm übernommenen weiteren Geschäftsanteile,
3. Ausscheiden aus der Genossenschaft.

²Der Zeitpunkt, zu dem die eingetragene Angabe wirksam wird oder geworden ist, sowie die die Eintragung begründenden Tatsachen sind anzugeben.

(3) ¹Die Unterlagen, aufgrund deren die Eintragung in die Mitgliederliste erfolgt, sind drei Jahre aufzubewahren. ²Die Frist beginnt mit dem Schluß des Kalenderjahres, in dem das Mitglied aus der Genossenschaft ausgeschieden ist.

§ 33. Buchführung; Jahresabschluss und Lagebericht

(1) ¹Der Vorstand hat dafür zu sorgen, dass die erforderlichen Bücher der Genossenschaft ordnungsgemäß geführt werden. ²Der Jahresabschluss und der Lagebericht sind unverzüglich nach ihrer Aufstellung dem Aufsichtsrat und mit dessen Bemerkungen der Generalversammlung vorzulegen.

(2) Mit einer Verletzung der Vorschriften über die Gliederung der Bilanz und der Gewinn- und Verlustrechnung sowie mit einer Nichtbeachtung von Formblättern kann, wenn hierdurch die Klarheit des Jahresabschlusses nur unwesentlich beeinträchtigt wird, eine Anfechtung nicht begründet werden.

(3) Ergibt sich bei Aufstellung der Jahresbilanz oder einer Zwischenbilanz oder ist nach pflichtgemäßem Ermessen anzunehmen, dass ein Verlust besteht, der durch die Hälfte des Gesamtbetrages der Geschäftsguthaben und die Rücklagen nicht gedeckt ist, so hat der Vorstand unverzüglich die Generalversammlung einzuberufen und ihr dies anzuzeigen.

§ 36. Aufsichtsrat

(1) ¹Der Aufsichtsrat besteht, sofern nicht die Satzung eine höhere Zahl festsetzt, aus drei von der Generalversammlung zu wählenden Mitgliedern. ²Die zu einer Beschlussfassung erforderliche Zahl ist durch das Statut zu bestimmen.

(2) Die Mitglieder des Aufsichtsrats dürfen keine nach dem Geschäftsergebnis bemessene Vergütung beziehen.

§ 37. Unvereinbarkeit von Ämtern

(1) Die Mitglieder des Aufsichtsrats dürfen nicht zugleich Vorstandsmitglieder, dauernde Stellvertreter der Vorstandsmitglieder, Prokuristen oder

zum Betrieb des gesamten Geschäfts ermächtigte Handlungsbevollmächtigte der Genossenschaft sein. ...

§ 38. Aufgaben des Aufsichtsrats (1) ¹Der Aufsichtsrat hat den Vorstand bei dessen Geschäftsführung zu überwachen. ²Er kann zu diesem Zweck von dem Vorstand jederzeit Auskünfte über alle Angelegenheiten der Genossenschaft verlangen und die Bücher und Schriften der Genossenschaft sowie den Bestand der Genossenschaftskasse und die Bestände an Wertpapieren und Waren einsehen und prüfen. ³Er kann einzelne seiner Mitglieder beauftragen, die Einsichtnahme und Prüfung durchzuführen. ⁴Auch ein einzelnes Mitglied des Aufsichtsrats kann Auskünfte, jedoch nur an den Aufsichtsrat, verlangen. ⁵Der Aufsichtsrat hat den Jahresabschluss, den Lagebericht und den Vorschlag für die Verwendung des Jahresüberschusses oder die Deckung des Jahresfehlbetrags zu prüfen; über das Ergebnis der Prüfung hat er der Generalversammlung vor der Feststellung des Jahresabschlusses zu berichten.
(2) Der Aufsichtsrat hat eine Generalversammlung einzuberufen, wenn dies im Interesse der Genossenschaft erforderlich ist. ...
(3) Weitere Aufgaben des Aufsichtsrats werden durch die Satzung bestimmt.
(4) Die Mitglieder des Aufsichtsrats können ihre Aufgaben nicht durch andere Personen wahrnehmen lassen.

§ 39. Vertretungsbefugnis des Aufsichtsrats
(1) Der Aufsichtsrat vertritt die Genossenschaft gegenüber den Vorstandsmitgliedern gerichtlich und außergerichtlich. ...

§ 43. Generalversammlung; Stimmrechte der Mitglieder (1) Die Mitglieder üben ihre Rechte in den Angelegenheiten der Genossenschaft in der Generalversammlung aus, soweit das Gesetz nichts anderes bestimmt.
(2) ¹Die Generalversammlung beschließt mit der Mehrheit der abgegebenen Stimmen (einfache Stimmenmehrheit), soweit nicht Gesetz oder Satzung eine größere Mehrheit oder weitere Erfordernisse bestimmen. ²Für Wahlen kann die Satzung eine abweichende Regelung treffen.
(3) ¹Jedes Mitglied hat eine Stimme. ²Die Satzung kann die Gewährung von Mehrstimmrechten vorsehen. ³Die Voraussetzungen für die Gewährung von Mehrstimmrechten müssen in der Satzung mit folgender Maßgabe bestimmt werden: ...

§ 43a. Vertreterversammlung (1) Bei Genossenschaften mit mehr als 1500 Mitgliedern kann die Satzung bestimmen, daß die Generalversammlung aus Vertretern der Mitglieder (Vertreterversammlung) besteht. ...

(2) Als Vertreter kann jede natürliche, unbeschränkt geschäftsfähige Person, die Mitglied der Genossenschaft ist und nicht dem Vorstand oder Aufsichtsrat angehört, gewählt werden. ...
(3) ¹Die Vertreterversammlung besteht aus mindestens fünfzig Vertretern, die von den Mitgliedern der Genossenschaft gewählt werden. ²Die Vertreter können nicht durch Bevollmächtigte vertreten werden. ³Mehrstimmrechte können ihnen nicht eingeräumt werden.
(4) Die Vertreter werden in allgemeiner, unmittelbarer, gleicher und geheimer Wahl gewählt; Mehrstimmrechte bleiben unberührt. ...
(5) ¹Fällt ein Vertreter vor Ablauf der Amtszeit weg, muss ein Ersatzvertreter an seine Stelle treten. ²Seine Amtszeit erlischt spätestens mit Ablauf der Amtszeit des weggefallenen Vertreters. ³Auf die Wahl des Ersatzvertreters sind die für den Vertreter geltenden Vorschriften anzuwenden.
(6) ¹Eine Liste mit den Namen und Anschriften der gewählten Vertreter und Ersatzvertreter ist mindestens zwei Wochen lang im Geschäftsraum der Genossenschaft und ihrer Niederlassungen zur Einsichtnahme für die Mitglieder auszulegen. ²Die Auslegung ist in einem öffentlichen Blatt bekanntzumachen. ³Die Auslegungsfrist beginnt mit der Bekanntmachung. ⁴...

§ 44. Einberufung der Generalversammlung
(1) Die Generalversammlung wird durch den Vorstand einberufen, soweit nicht nach der Satzung oder diesem Gesetze auch andere Personen dazu befugt sind.

§ 47. Niederschrift (1) Über die Beschlüsse der Generalversammlung ist eine Niederschrift anzufertigen. ...

§ 48. Zuständigkeit der Generalversammlung
(1) ¹Die Generalversammlung stellt den Jahresabschluss fest. ²Sie beschließt über die Verwendung des Jahresüberschusses oder die Deckung eines Jahresfehlbetrags sowie über die Entlastung des Vorstands und des Aufsichtsrats. ³Die Generalversammlung hat in den ersten sechs Monaten des Geschäftsjahres stattzufinden.
(2) ¹Auf den Jahresabschluss sind bei der Feststellung die für seine Aufstellung geltenden Vorschriften anzuwenden. ²Wird der Jahresabschluss bei der Feststellung geändert und ist die Prüfung nach § 53 bereits abgeschlossen, so werden vor der erneuten Prüfung gefaßte Beschlüsse über die Feststellung des Jahresabschlusses und über die Ergebnisverwendung erst wirksam, wenn auf Grund einer erneuten

Prüfung ein hinsichtlich der Änderung uneingeschränkter Bestätigungsvermerk erteilt worden ist.

(3) ¹Der Jahresabschluss, der Lagebericht sowie der Bericht des Aufsichtsrats sollen mindestens eine Woche vor der Versammlung in dem Geschäftsraum der Genossenschaft oder an einer anderen durch den Vorstand bekanntzumachenden geeigneten Stelle zur Einsichtnahme der Mitglieder ausgelegt oder ihnen sonst zur Kenntnis gebracht werden. ²Jedes Mitglied ist berechtigt, auf seine Kosten eine Abschrift des Jahresabschlusses, des Lageberichts und des Berichts des Aufsichtsrats zu verlangen.

Prüfung und Prüfungsverbände

§ 53. Zweijährliche oder jährliche Pflichtprüfung (1) ¹Zwecks Feststellung der wirtschaftlichen Verhältnisse und der Ordnungsmäßigkeit der Geschäftsführung sind die Einrichtungen, die Vermögenslage sowie die Geschäftsführung der Genossenschaft einschließlich der Führung der Mitgliedsliste mindestens in jedem zweiten Geschäftsjahr zu prüfen. ²Bei Genossenschaften, deren Bilanzsumme 2 Millionen Euro übersteigt, muß die Prüfung in jedem Geschäftsjahr stattfinden.

(2) ¹Im Rahmen der Prüfung nach Absatz 1 ist bei Genossenschaften, deren Bilanzsumme eine Million Euro und und deren Umsatzerlöse 2 Millionen Euro übersteigen, der Jahresabschluss unter Einbeziehung der Buchführung und des Lageberichts zu prüfen. ²§ 316 Abs. 3, § 317 Abs. 1 Satz 2 und 3, Abs. 2 § 324a des Handelsgesetzbuchs sind entsprechend anzuwenden.

§ 54. Pflichtmitgliedschaft im Prüfungsverband Die Genossenschaft muß einem Verband angehören, dem das Prüfungsrecht verliehen ist (Prüfungsverband).

Beendigung der Mitgliedschaft

§ 65. Kündigung des Mitglieds (1) Jedes Mitglied hat das Recht, seine Mitgliedschaft durch Kündigung zu beenden.

(2) ¹Die Kündigung kann nur zum Schluss eines Geschäftsjahres und mindestens drei Monate vor dessen Ablauf in schriftlicher Form erklärt werden. ²In der Satzung kann eine längere, höchstens fünfjährige Kündigungsfrist bestimmt werden. ³Bei Genossenschaften, bei denen alle Mitglieder als Unternehmer im Sinne des § 14 des Bürgerlichen Gesetzbuchs Mitglied sind, kann die Satzung zum Zweck der Sicherung der Finanzierung des Anlagevermögens eine Kündigungsfrist bis zu zehn Jahre bestimmen.

§ 77. Tod eines Mitglieds (1) ¹Mit dem Tod eines Mitglieds geht die Mitgliedschaft auf den Erben über. ²Sie endet mit dem Schluss des Geschäftsjahres, in dem der Erbfall eingetreten ist. ³Mehrere Erben können das Stimmrecht in der Generalversammlung nur durch einen gemeinschaftlichen Vertreter ausüben.

(2) Die Satzung kann bestimmen, dass im Falle des Todes eines Mitglieds dessen Mitgliedschaft in der Genossenschaft durch dessen Erben fortgesetzt wird.

Auflösung und Nichtigkeit der Genossenschaft

§ 78. Auflösung durch Beschluss der Generalversammlung (1) Die Genossenschaft kann durch Beschluss der Generalversammlung jederzeit aufgelöst werden; der Beschluss bedarf einer Mehrheit, die mindestens drei Viertel der abgegebenen Stimmen umfaßt.

§ 79. Auflösung durch Zeitablauf Ist die Genossenschaft nach der Satzung auf eine bestimmte Zeit beschränkt, ist sie mit dem Ablauf der bestimmten Zeit aufgelöst.

§ 80. Auflösung durch das Gericht (1) ¹Hat die Genossenschaft weniger als drei Mitglieder, hat das nach § 10 zuständige Gericht auf Antrag des Vorstands und, wenn der Antrag nicht binnen sechs Monaten erfolgt, von Amts wegen nach Anhörung des Vorstands die Auflösung der Genossenschaft auszusprechen. ²Bei der Bestimmung der Mindestmitgliederzahl nach Satz 1 bleiben investierende Mitglieder außer Betracht.

(2) ¹Der gerichtliche Beschluss ist der Genossenschaft zuzustellen. ²Gegen den Beschluss steht der Genossenschaft die sofortige Beschwerde nach der Zivilprozessordnung zu. ³Mit der Rechtskraft des Beschlusses ist die Genossenschaft aufgelöst.

Insolvenzverfahren, Nachschusspflicht der Mitglieder

§ 98. Voraussetzungen für die Eröffnung des Insolvenzverfahrens Abweichend von § 19 Abs. 1 der Insolvenzordnung ist bei einer Genossenschaft die Überschuldung nur dann Grund für die Eröffnung des Insolvenzverfahrens, wenn

1. die Mitglieder Nachschüsse bis zu einer Haftsumme zu leisten haben und die Überschuldung ein Viertel des Gesamtbetrages der Haftsummen aller Genossen übersteigt,
2. die Mitglieder keine Nachschüsse zu leisten haben oder
3. die Genossenschaft aufgelöst ist.

§ 99. Antragspflicht des Vorstandes
(1) ¹Wird die Genossenschaft zahlungsunfähig, so hat der Vorstand, bei einer aufgelösten Genossenschaft der Liquidator, unverzüglich, spätestens aber drei Wochen nach Eintritt der Zahlungsunfähigkeit, die Eröffnung des Insolvenzverfahrens zu beantragen. ²Dies gilt sinngemäß, wenn eine Überschuldung besteht, die für die Genossenschaft nach § 98 Grund für die Eröffnung des Insolvenzverfahrens ist. ³Der Antrag ist nicht schuldhaft verzögert, wenn der Vorstand die Eröffnung des gerichtlichen Vergleichsverfahrens mit der Sorgfalt eines ordentlichen und gewissenhaften Geschäftsleiters einer Genossenschaft betreibt.
(2) ¹Der Vorstand darf keine Zahlung mehr leisten, sobald die Genossenschaft zahlungsunfähig geworden ist oder sich eine Überschuldung ergeben hat, die für die Genossenschaft nach § 98 Grund für die Eröffnung des Insolvenzverfahrens ist. ²Dies gilt nicht für Zahlungen, die auch nach diesem Zeitpunkt mit der Sorgfalt eines ordentlichen und gewissenhaften Geschäftsleiters einer Genossenschaft vereinbar sind.

§ 105. Nachschusspflicht der Mitglieder
(1) ¹Soweit die Ansprüche der Massegläubiger oder die bei der Schlussverteilung nach § 196 der Insolvenzordnung berücksichtigten Forderungen der Insolvenzgläubiger aus dem vorhandenen Vermögen der Genossenschaft nicht berichtigt werden, sind die Mitglieder verpflichtet, Nachschüsse zur Insolvenzmasse zu leisten, es sei denn, dass die Nachschusspflicht durch die Satzung ausgeschlossen ist. ²Im Fall eines rechtskräftig bestätigten Insolvenzplans besteht die Nachschusspflicht insoweit, als sie im gestaltenden Teil des Plans vorgesehen ist.
(2) Die Nachschüsse sind von den Mitgliedern nach Köpfen zu leisten, es sei denn, dass die Satzung ein anderes Beitragsverhältnis bestimmt.
(3) Beiträge, zu deren Leistung einzelne Mitglieder nicht in der Lage sind, werden auf die übrigen Mitglieder verteilt.
(4) ¹Zahlungen, die Mitglieder über die von ihnen nach den vorstehenden Vorschriften geschuldeten Beiträge hinaus leisten, sind ihnen nach der Befriedigung der Gläubiger aus den Nachschüssen zu erstatten. ²Das Gleiche gilt für Zahlungen der Mitglieder auf Grund des § 87 a Abs. 2 nach Erstattung der in Satz 1 bezeichneten Zahlungen.
(5) Gegen die Nachschüsse kann das Mitglied eine Forderung an die Genossenschaft aufrechnen, sofern die Voraussetzungen vorliegen, unter denen es als Insolvenzgläubiger Befriedigung wegen der Forderung aus den Nachschüssen zu beanspruchen hat.

Haftsumme

§ 119. Bestimmung der Haftsumme
Bestimmt die Satzung, dass die Mitglieder beschränkt auf eine Haftsumme Nachschüsse zur Insolvenzmasse zu leisten haben, so darf die Haftsumme in der Satzung nicht niedriger als der Geschäftsanteil festgesetzt werden.

§ 121. Haftsumme bei mehreren Geschäftsanteilen
¹Ist ein Mitglied mit mehr als einem Geschäftsanteil beteiligt, so erhöht sich die Haftsumme, wenn sie niedriger als der Gesamtbetrag der Geschäftsanteile ist, auf den Gesamtbetrag. ²Die Satzung kann einen noch höheren Betrag festsetzen. ³Sie kann auch bestimmen, dass durch die Beteiligung mit weiteren Geschäftsanteilen eine Erhöhung der Haftsumme nicht eintritt.

Gesetz zur vorläufigen Regelung des Rechts der Industrie- und Handelskammern
Vom 18. Dezember 1956, mit Änderungen bis zum 7. September 2007

§ 1. [Aufgaben] (1) Die Industrie- und Handelskammern haben, soweit nicht die Zuständigkeit der Organisationen des Handwerks nach dem Gesetze zur Ordnung des Handwerks (Handwerksordnung) vom 17. September 1953 (Bundesgesetzbl. I S. 1411) gegeben ist, die Aufgabe, das Gesamtinteresse der ihnen zugehörigen Gewerbetreibenden ihres Bezirkes wahrzunehmen, für die Förderung der gewerblichen Wirtschaft zu wirken und dabei die wirtschaftlichen Interessen einzelner Gewerbezweige oder Betriebe abwägend und ausgleichend zu berücksichtigen; dabei obliegt es ihnen insbesondere, durch Vorschläge, Gutachten und Berichte die Behörden zu unterstützen und zu beraten sowie für Wahrung von Anstand und Sitte des ehrbaren Kaufmanns zu wirken.

(2) Die Industrie- und Handelskammern können Anlagen und Einrichtungen, die der Förderung der gewerblichen Wirtschaft oder einzelner Gewerbezweige dienen, begründen, unterhalten und unterstützen sowie Maßnahmen zur Förderung und Durchführung der kaufmännischen und gewerblichen Berufsbildung unter Beachtung der geltenden Rechtsvorschriften, insbesondere des Berufsbildungsgesetzes, treffen.

(3) Den Industrie- und Handelskammern obliegt die Ausstellung von Ursprungszeugnissen und anderen im Wirtschaftsverkehr dienenden Bescheinigungen, soweit nicht Rechtsvorschriften diese Aufgaben anderen Stellen zuweisen.

(4) Weitere Aufgaben können den Industrieund Handelskammern durch Gesetz oder Rechtsverordnung übertragen werden.

(5) Nicht zu den Aufgaben der Industrie- und Handelskammern gehört die Wahrnehmung sozialpolitischer und arbeitsrechtlicher Interessen.

§ 2. [Mitglieder] (1) Zur Industrie- und Handelskammer gehören, sofern sie zur Gewerbesteuer veranlagt sind, natürliche Personen, Handelsgesellschaften, andere Personenmehrheiten und juristische Personen des privaten und des öffentlichen Rechts, welche im Bezirk der Industrie- und Handelskammer eine Betriebsstätte unterhalten (Kammerzugehörige).

(2) Absatz 1 gilt für natürliche Personen und Gesellschaften, welche ausschließlich einen freien Beruf ausüben oder welche Land- oder Forstwirtschaft oder ein damit verbundenes Nebengewerbe betreiben, nur, soweit sie in das Handelsregister eingetragen sind.

(3) Natürliche und juristische Personen und Personengesellschaften, die in der Handwerksrolle oder in dem Verzeichnis der handwerksähnlichen Gewerbe eingetragen sind, gehören mit ihrem nichthandwerklichen oder nichthandwerksähnlichen Betriebsteil der Industrie- und Handelskammer an.

§ 3. [Rechtsform. Beiträge] (1) Die Industrieund Handelskammer ist Körperschaft des öffentlichen Rechts.

(2) ^{1}Die Kosten der Errichtung und Tätigkeit der Industrie- und Handelskammer werden, soweit sie nicht anderweitig gedeckt sind, nach Maßgabe des Wirtschaftsplan durch Beiträge der Kammerzugehörigkeit gemäß einer Beitragsordnung aufgebracht. ^{2}Der Wirtschaftsplan ist jährlich nach den Grundsätzen einer sparsamen und wirtschaftlichen Finanzgebarung unter pfleglicher Behandlung der Leistungsfähigkeit der Kammerzugehörigkeit aufzustellen und auszuführen.

(3) ^{1}Als Beiträge erhebt die Industrie- und Handelskammer Grundbeiträge und Umlagen. ^{2}Der Grundbeitrag kann gestaffelt werden; dabei sollen insbesondere Art, Umfang und Leistungskraft des Gewerbebetriebes berücksichtigt werden. ^{3}Nicht in das Handelsregister eingetragene natürliche Personen und Personengesellschaften, deren Gewerbeertrag nach dem Gewerbesteuergesetz oder, soweit für das Bemessungsjahr ein Gewerbesteuermessbetrag nicht festgesetzt wird, deren nach dem Einkommensteuergesetz ermittelter Gewinn aus Gewerbebetrieb 5 200 Euro nicht übersteigt, sind vom Beitrag freigestellt.
...

§ 4. [Beschlußfassung] ^{1}Über die Angelegenheiten der Industrie- und Handelskammer beschließt, soweit nicht die Satzung etwas anderes bestimmt, die Vollversammlung. ^{2}Der ausschließlichen Beschlußfassung durch die Vollversammlung unterliegen
1. die Satzung,
2. die Wahl-, Beitrags-, Sonderbeitrags- und Gebührenordnung,
3. die Feststellung des Haushaltsplanes,
4. die Festsetzung des Maßstabes für die Beiträge und Sonderbeiträge,
5. die Erteilung der Entlastung sowie
6. ...

IHK-Gesetz 5.5 IHKG §§ 5–11

§ 5. [Vollversammlung] (1) Die Mitglieder der Vollversammlung werden von den Kammerzugehörigen gewählt.

(2) ¹Wählbar sind natürliche Personen, die das Kammerwahlrecht auszuüben berechtigt sind, am Wahltag volljährig sind und entweder selbst Kammerzugehörige sind oder allein oder zusammen mit anderen zur gesetzlichen Vertretung einer kammerzugehörigen juristischen Person, Handelsgesellschaft oder Personenmehrheit befugt sind. ²Wählbar sind auch besonders bestellte Bevollmächtigte und in das Handelsregister eingetragene Prokuristen von Kammerzugehörigen.

...

§ 6. [Präsident] (1) Die Vollversammlung wählt aus ihrer Mitte den Präsidenten (Präses) und die von der Satzung zu bestimmende Zahl von weiteren Mitgliedern des Präsidiums.

(2) ¹Der Präsident (Präses) ist der Vorsitzende des Präsidiums. ²Er beruft die Vollversammlung ein und führt in ihr den Vorsitz.

§ 7. [Vertretungsmacht] (1) Die Vollversammlung bestellt den Hauptgeschäftsführer.

(2) Präsident (Präses) und Hauptgeschäftsführer vertreten nach näherer Bestimmung der Satzung die Industrie- und Handelskammer rechtsgeschäftlich und gerichtlich.

§ 8. [Ausschüsse] Werden bei den Industrie- und Handelskammern zur Durchführung anderer als der in § 58 des Berufsbildungsgesetzes genannten Aufgaben Ausschüsse gebildet, so kann die Satzung bestimmen, daß in diese Ausschüsse auch Personen berufen werden, die nach § 5 Abs. 2 nicht wählbar sind.

§ 11. [Aufsicht] (1) Die Industrie- und Handelskammern unterliegen der Aufsicht des Landes darüber, daß sie sich bei Ausübung ihrer Tätigkeit im Rahmen der für sie geltenden Rechtsvorschriften (einschließlich der Satzung, der Wahl-, Beitrags-, Sonderbeitrags- und Gebührenordnung) halten.

(2) Die Beschlüsse der Vollversammlung über die Satzung nach § 4 Satz 2 Nr. 1 und § 3 Abs. 3 Satz 3, Wahl-, Beitrags-, Sonderbeitrags- und Gebührenordnung, die Übertragung von Aufgaben an eine andere Industrie- und Handelskammer und die Bildung öffentlich-rechtlicher Zusammenschlüsse (§ 1 Abs. 4a) sowie über einen 0,8 vom Hundert der Bemessungsgrundlagen nach § 3 Abs. 3 Satz 6 übersteigenden Umlagesatz bedürfen der Genehmigung.

5.6 InsO §§ 1–13 — Eröffnung des Insolvenzverfahrens

Insolvenzordnung
Vom 5. Oktober 1994, mit Änderungen bis zum 12. Dezember 2007

Allgemeine Vorschriften

§ 1. Ziele des Insolvenzverfahrens. ¹Das Insolvenzverfahren dient dazu, die Gläubiger eines Schuldners gemeinschaftlich zu befriedigen, indem das Vermögen des Schuldners verwertet und der Erlös verteilt oder in einem Insolvenzplan eine abweichende Regelung insbesondere zum Erhalt des Unternehmens getroffen wird. ²Dem redlichen Schuldner wird Gelegenheit gegeben, sich von seinen restlichen Verbindlichkeiten zu befreien.

§ 2. Amtsgericht als Insolvenzgericht. (1) Für das Insolvenzverfahren ist das Amtsgericht, in dessen Bezirk ein Landgericht seinen Sitz hat, als Insolvenzgericht für den Bezirk dieses Landgerichts ausschließlich zuständig.

§ 3. Örtliche Zuständigkeit. (1) ¹Örtlich zuständig ist ausschließlich das Insolvenzgericht, in dessen Bezirk der Schuldner seinen allgemeinen Gerichtsstand hat. ²Liegt der Mittelpunkt einer selbständigen wirtschaftlichen Tätigkeit des Schuldners an einem anderen Ort, so ist ausschließlich das Insolvenzgericht zuständig, in dessen Bezirk dieser Ort liegt.
(2) Sind mehrere Gerichte zuständig, so schließt das Gericht, bei dem zuerst die Eröffnung des Insolvenzverfahrens beantragt worden ist, die übrigen aus.

§ 4. Anwendbarkeit der Zivilprozeßordnung. Für das Insolvenzverfahren gelten, soweit dieses Gesetz nichts anderes bestimmt, die Vorschriften der Zivilprozeßordnung entsprechend.

§ 5. Verfahrensgrundsätze. (1) ¹Das Insolvenzgericht hat von Amts wegen alle Umstände zu ermitteln, die für das Insolvenzverfahren von Bedeutung sind. ²Es kann zu diesem Zweck insbesondere Zeugen und Sachverständige vernehmen.
(2) Sind die Vermögensverhältnisse des Schuldners überschaubar und die Zahl der Gläubiger oder die Höhe der Verbindlichkeiten gering, kann das Insolvenzgericht anordnen, dass das Verfahren oder einzelne seiner Teile schriftlich durchgeführt werden. …
(3) Die Entscheidungen des Gerichts können ohne mündliche Verhandlung ergehen …
(4) Tabellen und Verzeichnisse können maschinell hergestellt und bearbeitet werden. …

§ 6. Sofortige Beschwerde. (1) Die Entscheidungen des Insolvenzgerichts unterliegen nur in den Fällen einem Rechtsmittel, in denen dieses Gesetz die sofortige Beschwerde vorsieht.
(2) Die Beschwerdefrist beginnt mit der Verkündung der Entscheidung oder, wenn diese nicht verkündet wird, mit deren Zustellung.
(3) ¹Die Entscheidung über die Beschwerde wird erst mit der Rechtskraft wirksam. ²Das Beschwerdegericht kann jedoch die sofortige Wirksamkeit der Entscheidung anordnen.

§ 9. Öffentliche Bekanntmachung. (1) Die öffentliche Bekanntmachung erfolgt durch eine zentrale und länderübergreifende Veröffentlichung im Internet [1]; diese kann auszugsweise geschehen. ²Dabei ist der Schuldner genau zu bezeichnen, insbesondere sind seine Anschrift und sein Geschäftszweig anzugeben. ³Die Bekanntmachung gilt als bewirkt, sobald nach dem Tag der Veröffentlichung zwei weitere Tage verstrichen sind.

Eröffnung des Insolvenzverfahrens. Erfaßtes Vermögen und Verfahrensbeteiligte

▶ **Eröffnungsvoraussetzungen und Eröffnungsverfahren**

§ 11. Zulässigkeit des Insolvenzverfahrens. (1) ¹Ein Insolvenzverfahren kann über das Vermögen jeder natürlichen und jeder juristischen Person eröffnet werden. ²Der nicht rechtsfähige Verein steht insoweit einer juristischen Person gleich.
(2) Ein Insolvenzverfahren kann ferner eröffnet werden:
1. über das Vermögen einer Gesellschaft ohne Rechtspersönlichkeit (offene Handelsgesellschaft, Kommanditgesellschaft, Partnerschaftsgesellschaft, Gesellschaft des Bürgerlichen Rechts, Partenreederei, Europäische wirtschaftliche Interessenvereinigung);
1) Die Insolvenzordnung ersetzt mit Wirkung vom 01. Januar 1999 die Konkursordnung und die Vergleichsordnung.

§ 13. Eröffnungsantrag. (1) ¹Das Insolvenzverfahren wird nur auf schriftlichen Antrag eröffnet. ²Antragsberechtigt sind die Gläubiger und der Schuldner.

---
[1] www.insolvenzbekanntmachungen.de

(2) Der Antrag kann zurückgenommen werden, bis das Insolvenzverfahren eröffnet oder der Antrag rechtskräftig abgewiesen ist.

§ 15. Antragsrecht bei juristischen Personen und Gesellschaften ohne Rechtspersönlichkeit.
(1) Zum Antrag auf Eröffnung eines Insolvenzverfahrens über das Vermögen einer juristischen Person oder einer Gesellschaft ohne Rechtspersönlichkeit ist außer den Gläubigern jedes Mitglied des Vertretungsorgans, bei einer Gesellschaft ohne Rechtspersönlichkeit oder bei einer Kommanditgesellschaft auf Aktien jeder persönlich haftende Gesellschafter, sowie jeder Abwickler berechtigt.

§ 16. Eröffnungsgrund. Die Eröffnung des Insolvenzverfahrens setzt voraus, daß ein Eröffnungsgrund gegeben ist.

§ 17. Zahlungsunfähigkeit. (1) Allgemeiner Eröffnungsgrund ist die Zahlungsunfähigkeit.
(2) ^{1}Der Schuldner ist zahlungsunfähig, wenn er nicht in der Lage ist, die fälligen Zahlungspflichten zu erfüllen. ^{2}Zahlungsunfähigkeit ist in der Regel anzunehmen, wenn der Schuldner seine Zahlungen eingestellt hat.

§ 18. Drohende Zahlungsunfähigkeit. (1) Beantragt der Schuldner die Eröffnung des Insolvenzverfahrens, so ist auch die drohende Zahlungsunfähigkeit Eröffnungsgrund.
(2) Der Schuldner droht zahlungsunfähig zu werden, wenn er voraussichtlich nicht in der Lage sein wird, die bestehenden Zahlungspflichten im Zeitpunkt der Fälligkeit zu erfüllen.

§ 19. Überschuldung. (1) Bei einer juristischen Person ist auch die Überschuldung Eröffnungsgrund.
(2) ^{1}Überschuldung liegt vor, wenn das Vermögen des Schuldners die bestehenden Verbindlichkeiten nicht mehr deckt. ^{2}Bei der Bewertung des Vermögens des Schuldners ist jedoch die Fortführung des Unternehmens zugrunde zu legen, wenn diese nach den Umständen überwiegend wahrscheinlich ist.

§ 21. Anordnung von Sicherungsmaßnahmen.
(1) Das Insolvenzgericht hat alle Maßnahmen zu treffen, die erforderlich erscheinen, um bis zur Entscheidung über den Antrag eine den Gläubigern nachteilige Veränderung in der Vermögenslage des Schuldners zu verhüten. ...

§ 22. Rechtsstellung des vorläufigen Insolvenzverwalters. (1) ^{1}Wird ein vorläufiger Insolvenzverwalter bestellt und dem Schuldner ein allgemeines Verfügungsverbot auferlegt, so geht die Verwaltungs- und Verfügungsbefugnis über das Vermögen des Schuldners auf den vorläufigen Insolvenzverwalter über. ^{2}In diesem Fall hat der vorläufige Insolvenzverwalter:
1. das Vermögen des Schuldners zu sichern und zu erhalten;
2. ein Unternehmen, das der Schuldner betreibt, bis zur Entscheidung über die Eröffnung des Insolvenzverfahrens fortzuführen, soweit nicht das Insolvenzgericht einer Stillegung zustimmt, um eine erhebliche Verminderung des Vermögens zu vermeiden;
3. zu prüfen, ob das Vermögen des Schuldners die Kosten des Verfahrens decken wird; das Gericht kann ihn zusätzlich beauftragen, als Sachverständiger zu prüfen, ob ein Eröffnungsgrund vorliegt und welche Aussichten für eine Fortführung des Unternehmens des Schuldners bestehen.

§ 26. Abweisung mangels Masse. (1) ^{1}Das Insolvenzgericht weist den Antrag auf Eröffnung des Insolvenzverfahrens ab, wenn das Vermögen des Schuldners voraussichtlich nicht ausreichen wird, um die Kosten des Verfahrens zu decken. ^{2}Die Abweisung unterbleibt, wenn ein ausreichender Geldbetrag vorgeschossen wird.
...
(2) ^{1}Das Gericht hat die Schuldner, bei denen der Eröffnungsantrag mangels Masse abgewiesen worden ist, in ein Verzeichnis einzutragen (Schuldnerverzeichnis). ^{2}Die Vorschriften über das Schuldnerverzeichnis nach der Zivilprozeßordnung gelten entsprechend; jedoch beträgt die Löschungsfrist fünf Jahre.

§ 27. Eröffnungsbeschluß. (1) Wird das Insolvenzverfahren eröffnet, so ernennt das Insolvenzgericht einen Insolvenzverwalter.
(2) Der Eröffnungsbeschluß enthält:
1. Firma oder Namen und Vornamen, Geburtsjahr, Registergericht und Registernummer, unter der der Schuldner in das Handelsregister eingetragen ist, Geschäftszweig oder Beschäftigung, gewerbliche Niederlassung oder Wohnung des Schuldners;
2. Namen und Anschrift des Insolvenzverwalters;
3. die Stunde der Eröffnung;
4. einen Hinweis, ob der Schuldner einen Antrag auf Restschuldbefreiung gestellt hat.
(3) Ist die Stunde der Eröffnung nicht angegeben, so gilt als Zeitpunkt der Eröffnung die Mittagsstunde des Tages, an dem der Beschluß erlassen worden ist.

§ 28. Aufforderung an die Gläubiger und die Schuldner. (1) ^{1}Im Eröffnungsbeschluß sind die Gläubiger aufzufordern, ihre Forderungen innerhalb einer bestimmten Frist unter Beachtung des § 174 beim Insolvenzverwalter anzumelden.

5.6 InsO §§ 28–36 Eröffnung des Insolvenzverfahrens

²Die Frist ist auf einen Zeitraum von mindestens zwei Wochen und höchstens drei Monaten festzusetzen.

(2) ¹Im Eröffnungsbeschluß sind die Gläubiger aufzufordern, dem Verwalter unverzüglich mitzuteilen, welche Sicherungsrechte sie an beweglichen Sachen oder an Rechten des Schuldners in Anspruch nehmen. ²Der Gegenstand, an dem das Sicherungsrecht beansprucht wird, die Art und der Entstehungsgrund des Sicherungsrechts sowie die gesicherte Forderung sind zu bezeichnen. ³Wer die Mitteilung schuldhaft unterläßt oder verzögert, haftet für den daraus entstehenden Schaden.

(3) Im Eröffnungsbeschluß sind die Personen, die Verpflichtungen gegenüber dem Schuldner haben, aufzufordern, nicht mehr an den Schuldner zu leisten, sondern an den Verwalter.

§ 29. Terminbestimmungen. (1) Im Eröffnungsbeschluß bestimmt das Insolvenzgericht Termine für:
1. eine Gläubigerversammlung, in der auf der Grundlage eines Berichts des Insolvenzverwalters über den Fortgang des Insolvenzverfahrens beschlossen wird (Berichtstermin); der Termin soll nicht über sechs Wochen und darf nicht über drei Monate hinaus angesetzt werden;
2. eine Gläubigerversammlung, in der die angemeldeten Forderungen geprüft werden (Prüfungstermin); der Zeitraum zwischen dem Ablauf der Anmeldefrist und dem Prüfungstermin soll mindestens eine Woche und höchstens zwei Monate betragen.

(2) Die Termine können verbunden werden.

§ 30. Bekanntmachung des Eröffnungsbeschlusses.. (1) ¹Die Geschäftsstelle des Insolvenzgerichts hat den Eröffnungsbeschluß sofort öffentlich bekanntzumachen. ²Hat der Schuldner einen Antrag nach § 287 gestellt, ist dies ebenfalls öffentlich bekannt zu machen, sofern kein Hinweis nach § 27 Abs. 2 Nr. 4 erfolgt ist.

(2) Den Gläubigern und Schuldnern des Schuldners und dem Schuldner selbst ist der Beschluß besonders zuzustellen.

§ 31. Handels-, Genossenschafts-, Partnerschafts- und Vereinsregister. Ist der Schuldner im Handels-, Genossenschafts-, Partnerschafts- oder Vereinsregister eingetragen, so hat die Geschäftsstelle des Insolvenzgerichts dem Registergericht zu übermitteln:
1. im Falle der Eröffnung des Insolvenzverfahrens eine Ausfertigung des Eröffnungsbeschlusses;
2. im Falle der Abweisung des Eröffnungsantrags mangels Masse eine Ausfertigung des abweisenden Beschlusses, wenn der Schuldner eine juristische Person oder eine Gesellschaft ohne Rechtspersönlichkeit ist, die durch die Abweisung mangels Masse aufgelöst wird.

§ 32. Grundbuch. (1) Die Eröffnung des Insolvenzverfahrens ist in das Grundbuch einzutragen:
1. bei Grundstücken, als deren Eigentümer der Schuldner eingetragen ist;
2. bei den für den Schuldner eingetragenen Rechten an Grundstücken und an eingetragenen Rechten, wenn nach der Art des Rechts und den Umständen zu befürchten ist, daß ohne die Eintragung die Insolvenzgläubiger benachteiligt würden.

(2) ¹Soweit dem Insolvenzgericht solche Grundstücke oder Rechte bekannt sind, hat es das Grundbuchamt von Amts wegen um die Eintragung zu ersuchen. ²Die Eintragung kann auch vom Insolvenzverwalter beim Grundbuchamt beantragt werden.

(3) ¹Werden ein Grundstück oder ein Recht, bei denen die Eröffnung des Verfahrens eingetragen worden ist, vom Verwalter freigegeben oder veräußert, so hat das Insolvenzgericht auf Antrag das Grundbuchamt um Löschung der Eintragung zu ersuchen. ²Die Löschung kann auch vom Verwalter beim Grundbuchamt beantragt werden.

§ 34. Rechtsmittel. (1) Wird die Eröffnung des Insolvenzverfahrens abgelehnt, so steht dem Antragsteller und, wenn die Abweisung des Antrags nach § 26 erfolgt, dem Schuldner die sofortige Beschwerde zu.

(2) Wird das Insolvenzverfahren eröffnet, so steht dem Schuldner die sofortige Beschwerde zu.

▶ **Insolvenzmasse. Einteilung der Gläubiger**

§ 35. Begriff der Insolvenzmasse. (1) Das Insolvenzverfahren erfaßt das gesamte Vermögen, das dem Schuldner zur Zeit der Eröffnung des Verfahrens gehört und das er während des Verfahrens erlangt (Insolvenzmasse).
...

§ 36. Unpfändbare Gegenstände. (1) Gegenstände, die nicht der Zwangsvollstreckung unterliegen, gehören nicht zur Insolvenzmasse. ...

(2) Zur Insolvenzmasse gehören jedoch
1. die Geschäftsbücher des Schuldners; gesetzliche Pflichten zur Aufbewahrung von Unterlagen bleiben unberührt;
2. die Sachen, die nach § 811 Abs. 1 Nr. 4 und

9 der Zivilprozeßordnung nicht der Zwangsvollstreckung unterliegen.
(3) Sachen, die zum gewöhnlichen Hausrat gehören und im Haushalt des Schuldners gebraucht werden, gehören nicht zur Insolvenzmasse, wenn ohne weiteres ersichtlich ist, daß durch ihre Verwertung nur ein Erlös erzielt werden würde, der zu dem Wert außer allem Verhältnis steht.

§ 38. Begriff der Insolvenzgläubiger. Die Insolvenzmasse dient zur Befriedigung der persönlichen Gläubiger, die einen zur Zeit der Eröffnung des Insolvenzverfahrens begründeten Vermögensanspruch gegen den Schuldner haben (Insolvenzgläubiger).

§ 39. Nachrangige Insolvenzgläubiger. (1) Im Rang nach den übrigen Forderungen der Insolvenzgläubiger werden in folgender Rangfolge, bei gleichem Rang nach dem Verhältnis ihrer Beträge, berichtigt:
1. die seit der Eröffnung des Insolvenzverfahrens laufenden Zinsen und Säumniszuschläge Forderungen der Insolvenzgläubiger;
2. die Kosten, die den einzelnen Insolvenzgläubigern durch ihre Teilnahme am Verfahren erwachsen;
3. Geldstrafen, Geldbußen, Ordnungsgelder und Zwangsgelder sowie solche Nebenfolgen einer Straftat oder Ordnungswidrigkeit, die zu einer Geldzahlung verpflichten;
4. Forderungen auf eine unentgeltliche Leistung des Schuldners;
5. Forderungen auf Rückgewähr des kapitalersetzenden Darlehens eines Gesellschafters oder gleichgestellte Forderungen.

§ 41. Nicht fällige Forderungen. (1) Nicht fällige Forderungen gelten als fällig.
(2) ¹Sind sie unverzinslich, so sind sie mit dem gesetzlichen Zinssatz abzuzinsen. ²Sie vermindern sich dadurch auf den Betrag, der bei Hinzurechnung der gesetzlichen Zinsen für die Zeit von der Eröffnung des Insolvenzverfahrens bis zur Fälligkeit dem vollen Betrag der Forderung entspricht.

§ 47. Aussonderung. ¹Wer auf Grund eines dinglichen oder persönlichen Rechts geltend machen kann, daß ein Gegenstand nicht zur Insolvenzmasse gehört, ist kein Insolvenzgläubiger. ²Sein Anspruch auf Aussonderung des Gegenstands bestimmt sich nach den Gesetzen, die außerhalb des Insolvenzverfahrens gelten.

§ 49. Abgesonderte Befriedigung aus unbeweglichen Gegenständen. Gläubiger, denen ein Recht auf Befriedigung aus Gegenständen zusteht, die der Zwangsvollstreckung in das unbewegliche Vermögen unterliegen (unbewegliche Gegenstände), sind nach Maßgabe des Gesetzes über die Zwangsversteigerung und die Zwangsverwaltung zur abgesonderten Befriedigung berechtigt.

§ 50. Abgesonderte Befriedigung der Pfandgläubiger. (1) Gläubiger, die an einem Gegenstand der Insolvenzmasse ein rechtsgeschäftliches Pfandrecht, ein durch Pfändung erlangtes Pfandrecht oder ein gesetzliches Pfandrecht haben, sind nach Maßgabe der §§ 166 bis 173 für Hauptforderung, Zinsen und Kosten zur abgesonderten Befriedigung aus dem Pfandgegenstand berechtigt.

§ 51. Sonstige Absonderungsberechtigte. Den in § 50 genannten Gläubigern stehen gleich:
1. Gläubiger, denen der Schuldner zur Sicherung eines Anspruchs eine bewegliche Sache übereignet oder ein Recht übertragen hat;
2. Gläubiger, denen ein Zurückbehaltungsrecht an einer Sache zusteht, weil sie etwas zum Nutzen der Sache verwendet haben, soweit ihre Forderung aus der Verwendung den noch vorhandenen Vorteil nicht übersteigt;
3. Gläubiger, denen nach dem Handelsgesetzbuch ein Zurückbehaltungsrecht zusteht;
4. Bund, Länder, Gemeinden und Gemeindeverbände, soweit ihnen zoll- und steuerpflichtige Sachen nach gesetzlichen Vorschriften als Sicherheit für öffentliche Abgaben dienen.

§ 53. Massegläubiger. Aus der Insolvenzmasse sind die Kosten des Insolvenzverfahrens und die sonstigen Masseverbindlichkeiten vorweg zu berichtigen.

§ 54. Kosten des Insolvenzverfahrens. Kosten des Insolvenzverfahrens sind:
1. die Gerichtskosten für das Insolvenzverfahren;
2. die Vergütungen und die Auslagen des vorläufigen Insolvenzverwalters, des Insolvenzverwalters und der Mitglieder des Gläubigerausschusses.

§ 55. Sonstige Masseverbindlichkeiten. (1) Masseverbindlichkeiten sind weiter die Verbindlichkeiten:
1. die durch Handlungen des Insolvenzverwalters oder in anderer Weise durch die Verwaltung, Verwertung und Verteilung der Insolvenzmasse begründet werden, ohne zu den Kosten des Insolvenzverfahrens zu gehören;
2. aus gegenseitigen Verträgen, soweit deren Erfüllung zur Insolvenzmasse verlangt wird

5.6 InsO §§ 55–133 Wirkungen der Eröffnung des Insolvenzverfahrens

oder für die Zeit nach der Eröffnung des Insolvenzverfahrens erfolgen muß;
3. aus einer ungerechtfertigten Bereicherung der Masse.

▶ Insolvenzverwalter. Organe der Gläubiger

§ 56. Bestellung des Insolvenzverwalters.
(1) Zum Insolvenzverwalter ist eine für den jeweiligen Einzelfall geeignete, insbesondere geschäftskundige und von den Gläubigern und dem Schuldner unabhängige natürliche Person zu bestellen. ...
(2) ¹Der Verwalter erhält eine Urkunde über seine Bestellung. ²Bei Beendigung seines Amtes hat er die Urkunde dem Insolvenzgericht zurückzugeben.

§ 58. Aufsicht des Insolvenzgerichts. (1) ¹Der Insolvenzverwalter steht unter der Aufsicht des Insolvenzgerichts. ²Das Gericht kann jederzeit einzelne Auskünfte oder einen Bericht über den Sachstand und die Geschäftsführung von ihm verlangen.

§ 60. Haftung des Insolvenzverwalters.
(1) ¹Der Insolvenzverwalter ist allen Beteiligten zum Schadenersatz verpflichtet, wenn er schuldhaft die Pflichten verletzt, die ihm nach diesem Gesetz obliegen. ²Er hat für die Sorgfalt eines ordentlichen und gewissenhaften Insolvenzverwalters einzustehen.

§ 66. Rechnungslegung. (1) Der Insolvenzverwalter hat bei der Beendigung seines Amtes einer Gläubigerversammlung Rechnung zu legen.

§ 77. Feststellung des Stimmrechts. (1) ¹Ein Stimmrecht gewähren die Forderungen, die angemeldet und weder vom Insolvenzverwalter noch von einem stimmberechtigten Gläubiger bestritten worden sind. ²Nachrangige Gläubiger sind nicht stimmberechtigt.

Wirkungen der Eröffnung des Insolvenzverfahrens

▶ Allgemeine Wirkungen

§ 80. Übergang des Verwaltungs- und Verfügungsrechts.
(1) Durch die Eröffnung des Insolvenzverfahrens geht das Recht des Schuldners, das zur Insolvenzmasse gehörende Vermögen zu verwalten und über es zu verfügen, auf den Insolvenzverwalter über.

§ 81. Verfügungen des Schuldners. (1) Hat der Schuldner nach der Eröffnung des Insolvenzverfahrens über einen Gegenstand der Insolvenzmasse verfügt, so ist diese Verfügung unwirksam.

§ 100. Unterhalt aus der Insolvenzmasse.
(1) Die Gläubigerversammlung beschließt, ob und in welchem Umfang dem Schuldner und seiner Familie Unterhalt aus der Insolvenzmasse gewährt werden soll.

§ 107. Eigentumsvorbehalt. (1) Hat vor der Eröffnung des Insolvenzverfahrens der Schuldner eine bewegliche Sache unter Eigentumsvorbehalt verkauft und dem Käufer den Besitz an der Sache übertragen, so kann der Käufer die Erfüllung des Kaufvertrages verlangen.

§ 123. Umfang des Sozialplans. (1) In einem Sozialplan, der nach der Eröffnung des Insolvenzverfahrens aufgestellt wird, kann für den Ausgleich oder die Milderung der wirtschaftlichen Nachteile, die den Arbeitnehmern infolge der geplanten Betriebsänderung entstehen, ein Gesamtbetrag von bis zu zweieinhalb Monatsverdiensten (§ 10 Abs. 3 des Kündigungsschutzgesetzes) der von einer Entlassung betroffenen Arbeitnehmer vorgesehen werden.
(2) ¹Die Verbindlichkeiten aus einem solchen Sozialplan sind Masseverbindlichkeiten. ²Jedoch darf, wenn nicht ein Insolvenzplan zustande kommt, für die Berichtigung von Sozialplanforderungen nicht mehr als ein Drittel der Masse verwendet werden, die ohne einen Sozialplan für die Verteilung an die Insolvenzgläubiger zur Verfügung stünde. ³Übersteigt der Gesamtbetrag aller Sozialplanforderungen diese Grenze, so sind die einzelnen Forderungen anteilig zu kürzen.

▶ Insolvenzanfechtung

§ 129. Grundsatz. (1) Rechtshandlungen, die vor der Eröffnung des Insolvenzverfahrens vorgenommen worden sind und die Insolvenzgläubiger benachteiligen, kann der Insolvenzverwalter nach Maßgabe der §§ 130 bis 146 anfechten.
(2) Eine Unterlassung steht einer Rechtshandlung gleich.

§ 133. Vorsätzliche Benachteiligung. (1) ¹Anfechtbar ist eine Rechtshandlung, die der Schuldner in den letzten zehn Jahren vor dem Antrag auf Eröffnung des Insolvenzverfahrens oder nach diesem Antrag mit dem Vorsatz, seine Gläubiger zu benachteiligen, vorgenommen hat, wenn der andere Teil zur Zeit der Handlung den Vorsatz des Schuldners kannte.

Insolvenzordnung

5.6 InsO §§ 133–187

²Diese Kenntnis wird vermutet, wenn der andere Teil wußte, daß die Zahlungsunfähigkeit des Schuldners drohte und daß die Handlung die Gläubiger benachteiligte.

(2) ¹Anfechtbar ist ein vom Schuldner mit einer nahestehenden Person (§ 138) geschlossener entgeltlicher Vertrag, durch den die Insolvenzgläubiger unmittelbar benachteiligt werden. ²Die Anfechtung ist ausgeschlossen, wenn der Vertrag früher als zwei Jahre vor dem Eröffnungsantrag geschlossen worden ist oder wenn dem anderen Teil zur Zeit des Vertragsschlusses ein Vorsatz des Schuldners, die Gläubiger zu benachteiligen, nicht bekannt war.

§ 134. Unentgeltliche Leistung. (1) Anfechtbar ist eine unentgeltliche Leistung des Schuldners, es sei denn, sie ist früher als vier Jahre vor dem Antrag auf Eröffnung des Insolvenzverfahrens vorgenommen worden.

§ 138. Nahestehende Personen. (1) Ist der Schuldner eine natürliche Person, so sind nahestehende Personen:
1. der Ehegatte des Schuldners, auch wenn die Ehe erst nach der Rechtshandlung geschlossen oder im letzten Jahr vor der Handlung aufgelöst worden ist;
1a. der Lebenspartner des Schuldners, auch wenn die Lebenspartnerschaft erst nach der Rechtshandlung eingegangen oder im letzten Jahr vor der Handlung aufgelöst worden ist;
2. Verwandte des Schuldners oder des in Nummer 1 bezeichneten Ehegatten in auf- und absteigender Linie und voll- und halbbürtige Geschwister des Schuldners oder des in Nummer 1 bezeichneten Ehegatten sowie die Ehegatten dieser Personen;
3. Personen, die in häuslicher Gemeinschaft mit dem Schuldner leben oder im letzten Jahr vor der Handlung in häuslicher Gemeinschaft mit dem Schuldner gelebt haben. ...

Verwaltung und Verwertung der Insolvenzmasse

▶ Sicherung der Insolvenzmasse

§ 148. Übernahme der Insolvenzmasse. (1) Nach der Eröffnung des Insolvenzverfahrens hat der Insolvenzverwalter das gesamte zur Insolvenzmasse gehörende Vermögen sofort in Besitz und Verwaltung zu nehmen.

§ 151. Verzeichnis der Massegegenstände. (1) ¹Der Insolvenzverwalter hat ein Verzeichnis der einzelnen Gegenstände der Insolvenzmasse aufzustellen. ²Der Schuldner ist hinzuzuziehen, wenn dies ohne eine nachteilige Verzögerung möglich ist.

(2) Bei jedem Gegenstand ist dessen Wert anzugeben.

§ 152. Gläubigerverzeichnis. (1) Der Insolvenzverwalter hat ein Verzeichnis aller Gläubiger des Schuldners aufzustellen, die ihm aus den Büchern und Geschäftspapieren des Schuldners, durch sonstige Angaben des Schuldners, durch die Anmeldung ihrer Forderungen oder auf andere Weise bekannt geworden sind.

(2) ¹In dem Verzeichnis sind die absonderungsberechtigten Gläubiger und die einzelnen Rangklassen der nachrangigen Insolvenzgläubiger gesondert aufzuführen. ²Bei jedem Gläubiger sind die Anschrift sowie der Grund und der Betrag seiner Forderung anzugeben. ³Bei den absonderungsberechtigten Gläubigern sind zusätzlich der Gegenstand, an dem das Absonderungsrecht besteht, und die Höhe des mutmaßlichen Ausfalls zu bezeichnen; § 151 Abs. 2 Satz 2 gilt entsprechend.

§ 153. Vermögensübersicht. (1) Der Insolvenzverwalter hat auf den Zeitpunkt der Eröffnung des Insolvenzverfahrens eine geordnete Übersicht aufzustellen, in der die Gegenstände der Insolvenzmasse und die Verbindlichkeiten des Schuldners aufgeführt und einander gegenübergestellt werden.

Befriedigung der Insolvenzgläubiger. Einstellung des Verfahrens

▶ Feststellung der Forderungen

§ 174. Anmeldung der Forderungen. (1) ¹Die Insolvenzgläubiger haben ihre Forderungen schriftlich beim Insolvenzverwalter anzumelden. ²Der Anmeldung sollen die Urkunden, aus denen sich die Forderung ergibt, in Abdruck beigefügt werden.

(2) Bei der Anmeldung sind der Grund und der Betrag der Forderung anzugeben. ...

(3) ¹Die Forderungen nachrangiger Gläubiger sind nur anzumelden, soweit das Insolvenzgericht besonders zur Anmeldung dieser Forderungen auffordert. ²Bei der Anmeldung solcher Forderungen ist auf den Nachrang hinzuweisen und die dem Gläubiger zustehende Rangstelle zu bezeichnen.

▶ Verteilung

§ 187. Befriedigung der Insolvenzgläubiger. (1) Mit der Befriedigung der Insolvenzgläubiger kann erst nach dem allgemeinen Prüfungstermin begonnen werden.

(2) ¹Verteilungen an die Insolvenzgläubiger können stattfinden, sooft hinreichende Barmittel in der Insolvenzmasse vorhanden sind. ²Nachrangige Insolvenzgläubiger sollen bei Abschlagsverteilungen nicht berücksichtigt werden.
(3) ¹Die Verteilungen werden vom Insolvenzverwalter vorgenommen. ²Vor jeder Verteilung hat er die Zustimmung des Gläubigerausschusses einzuholen, wenn ein solcher bestellt ist.

§ 196. Schlußverteilung. (1) Die Schlußverteilung erfolgt, sobald die Verwertung der Insolvenzmasse mit Ausnahme eines laufenden Einkommens beendet ist.
(2) Die Schlußverteilung darf nur mit Zustimmung des Insolvenzgerichts vorgenommen werden.

§ 200. Aufhebung des Insolvenzverfahrens. (1) Sobald die Schlußverteilung vollzogen ist, beschließt das Insolvenzgericht die Aufhebung des Insolvenzverfahrens.
(2) Der Beschluß und der Grund der Aufhebung sind öffentlich bekanntzumachen.

▶ Einstellung des Verfahrens

§ 207. Einstellung mangels Masse. (1) Stellt sich nach der Eröffnung des Insolvenzverfahrens heraus, daß die Insolvenzmasse nicht ausreicht, um die Kosten des Verfahrens zu decken, so stellt das Insolvenzgericht das Verfahren ein. ...

§ 208. Anzeige der Masseunzulänglichkeit. (1) ¹Sind die Kosten des Insolvenzverfahrens gedeckt, reicht die Insolvenzmasse jedoch nicht aus, um die fälligen sonstigen Masseverbindlichkeiten zu erfüllen, so hat der Insolvenzverwalter dem Insolvenzgericht anzuzeigen, daß Masseunzulänglichkeit vorliegt. ²Gleiches gilt, wenn die Masse voraussichtlich nicht ausreichen wird, um die bestehenden sonstigen Masseverbindlichkeiten im Zeitpunkt der Fälligkeit zu erfüllen.

§ 209. Befriedigung der Massegläubiger. (1) Der Insolvenzverwalter hat die Masseverbindlichkeiten nach folgender Rangordnung zu berichtigen, bei gleichem Rang nach dem Verhältnis ihrer Beträge:
1. die Kosten des Insolvenzverfahrens;
2. die Masseverbindlichkeiten, die nach der Anzeige der Masseunzulänglichkeit begründet worden sind, ohne zu den Kosten des Verfahrens zu gehören;
3. die übrigen Masseverbindlichkeiten, unter diesen zuletzt der nach den §§ 100, 101 Abs. 1 Satz 3 bewilligte Unterhalt.

Restschuldbefreiung

§ 286. Grundsatz Ist der Schuldner eine natürliche Person, so wird er nach Maßgabe der §§ 287 bis 303 von den im Insolvenzverfahren nicht erfüllten Verbindlichkeiten gegenüber den Insolvenzgläubigern befreit.

§ 287. Antrag des Schuldners. (1) Die Restschuldbefreiung setzt einen Antrag des Schuldners voraus, der mit seinem Antrag auf Eröffnung des Insolvenzverfahrens verbunden werden soll. ...
(2) ¹Dem Antrag ist die Erklärung beizufügen, daß der Schuldner seine pfändbaren Forderungen auf Bezüge aus einem Dienstverhältnis oder an deren Stelle tretende laufende Bezüge für die Zeit von sechs Jahren nach der Eröffnung des Insolvenzverfahrens an einen vom Gericht zu bestimmenden Treuhänder abtritt. ²Hatte der Schuldner diese Forderungen bereits vorher an einen Dritten abgetreten oder verpfändet, so ist in der Erklärung darauf hinzuweisen.
(3) Vereinbarungen, die eine Abtretung der Forderungen des Schuldners auf Bezüge aus einem Dienstverhältnis oder an deren Stelle tretende laufende Bezüge ausschließen, von einer Bedingung abhängig machen oder sonst einschränken, sind insoweit unwirksam, als sie die Abtretungserklärung nach Absatz 2 Satz 1 vereiteln oder beeinträchtigen würden.

§ 291. Ankündigung der Restschuldbefreiung. (1) Sind die Voraussetzungen des § 290 nicht gegeben, so stellt das Gericht in dem Beschluß fest, daß der Schuldner Restschuldbefreiung erlangt, wenn er den Obliegenheiten nach § 295 nachkommt und die Voraussetzungen für eine Versagung nach § 297 oder § 298 nicht vorliegen.
(2) Im gleichen Beschluß bestimmt das Gericht den Treuhänder, auf den die pfändbaren Bezüge des Schuldners nach Maßgabe der Abtretungserklärung (§ 287 Abs. 2) übergehen.

§ 295. Obliegenheiten des Schuldners. (1) Dem Schuldner obliegt es, während der Laufzeit der Abtretungserklärung
1. eine angemessene Erwerbstätigkeit auszuüben und, wenn er ohne Beschäftigung ist, sich um eine solche zu bemühen und keine zumutbare Tätigkeit abzulehnen;
2. Vermögen, das er von Todes wegen oder mit Rücksicht auf ein künftiges Erbrecht erwirbt, zur Hälfte des Wertes an den Treuhänder herauszugeben;
3. jeden Wechsel des Wohnsitzes oder der Beschäftigungsstelle unverzüglich dem Insol-

venzgericht und dem Treuhänder anzuzeigen, keine von der Abtretungserklärung erfaßten Bezüge und kein von Nummer 2 erfaßtes Vermögen zu verheimlichen und dem Gericht und dem Treuhänder auf Verlangen Auskunft über seine Erwerbstätigkeit oder seine Bemühungen um eine solche sowie über seine Bezüge und sein Vermögen zu erteilen;
4. Zahlungen zur Befriedigung der Insolvenzgläubiger nur an den Treuhänder zu leisten und keinem Insolvenzgläubiger einen Sondervorteil zu verschaffen.

(2) Soweit der Schuldner eine selbständige Tätigkeit ausübt, obliegt es ihm, die Insolvenzgläubiger durch Zahlungen an den Treuhänder so zu stellen, wie wenn er ein angemessenes Dienstverhältnis eingegangen wäre.

§ 297. Insolvenzstraftaten. (1) Das Insolvenzgericht versagt die Restschuldbefreiung auf Antrag eines Insolvenzgläubigers, wenn der Schuldner in dem Zeitraum zwischen Schlußtermin und Aufhebung des Insolvenzverfahrens oder während der Laufzeit der Abtretungserklärung wegen einer Straftat nach den §§ 283 bis 283 c des Strafgesetzbuchs rechtskräftig verurteilt wird.

Verbraucherinsolvenzverfahren und sonstige Kleinverfahren

▶ Anwendungsbereich

§ 304. Grundsatz.
(1) Ist der Schuldner eine natürliche Person, die keine selbständige wirtschaftliche Tätigkeit ausübt oder ausgeübt hat, so gelten für das Verfahren die allgemeinen Vorschriften, soweit in diesem Teil nichts anderes bestimmt ist. ...

▶ Schuldenbereinigungsplan

§ 305. Eröffnungsantrag des Schuldners.
(1) Mit dem schriftlich einzureichenden Antrag auf Eröffnung des Insolvenzverfahrens (§ 311) oder unverzüglich nach diesem Antrag hat der Schuldner vorzulegen:
1. eine Bescheinigung, die von einer geeigneten Person oder Stelle ausgestellt ist und aus der sich ergibt, daß eine außergerichtliche Einigung mit den Gläubigern über die Schuldenbereinigung auf der Grundlage eines Plans innerhalb der letzten sechs Monate vor dem Eröffnungsantrag erfolglos versucht worden ist; der Plan ist beizufügen und die wesentlichen Gründe für sein Scheitern sind darzulegen; die Länder können bestimmen, welche Personen oder Stellen als geeignet anzusehen sind;
2. den Antrag auf Erteilung von Restschuldbefreiung (§ 287) oder die Erklärung, daß Restschuldbefreiung nicht beantragt werden soll;
3. ein Verzeichnis des vorhandenen Vermögens und des Einkommens (Vermögensverzeichnis), eine Zusammenfassung des wesentlichen Inhalts dieses Verzeichnisses (Vermögensübersicht), ein Verzeichnis der Gläubiger und ein Verzeichnis der gegen ihn gerichteten Forderungen; den Verzeichnissen und der Vermögensübersicht ist die Erklärung beizufügen, dass die enthaltenen Angaben richtig und vollständig sind;
4. einen Schuldenbereinigungsplan; dieser kann alle Regelungen enthalten, die unter Berücksichtigung der Gläubigerinteressen sowie der Vermögens-, Einkommens- und Familienverhältnisse des Schuldners geeignet sind, zu einer angemessenen Schuldenbereinigung zu führen; in den Plan ist aufzunehmen, ob und inwieweit Bürgschaften, Pfandrechte und andere Sicherheiten der Gläubiger vom Plan berührt werden sollen.

(2) ¹In dem Verzeichnis der Forderungen nach Absatz 1 Nr. 3 kann auch auf beigefügte Forderungsaufstellungen der Gläubiger Bezug genommen werden. ²Auf Aufforderung des Schuldners sind die Gläubiger verpflichtet, auf ihre Kosten dem Schuldner zur Vorbereitung des Forderungsverzeichnisses eine schriftliche Aufstellung ihrer gegen diesen gerichteten Forderungen zu erteilen; insbesondere haben sie ihm die Höhe ihrer Forderungen und deren Aufgliederung in Hauptforderung, Zinsen und Kosten anzugeben. ³Die Aufforderung des Schuldners muß einen Hinweis auf einen bereits bei Gericht eingereichten oder in naher Zukunft beabsichtigten Antrag auf Eröffnung eines Insolvenzverfahrens enthalten.

(3) ¹Hat der Schuldner die in Absatz 1 genannten Erklärungen und Unterlagen nicht vollständig abgegeben, so fordert ihn das Insolvenzgericht auf, das Fehlende unverzüglich zu ergänzen. ²Kommt der Schuldner dieser Aufforderung nicht binnen eines Monats nach, so gilt sein Antrag auf Eröffnung des Insolvenzverfahrens als zurückgenommen. ...

§ 307. Zustellung an die Gläubiger. (1) ¹Das Insolvenzgericht stellt den vom Schuldner genannten Gläubigern den Schuldenbereinigungsplan sowie die Vermögensübersicht zu und fordert die Gläubiger zugleich auf, binnen einer Notfrist von einem Monat zu den in § 305 Abs. 1 Nr. 3 genannten Verzeichnissen und zu dem Schuldenbereinigungsplan Stellung zu nehmen; ... ²Zugleich ist jedem Gläubiger mit ausdrücklichem Hinweis auf die Rechtsfolgen des § 308 Abs. 3 Satz 2 Gelegenheit zu geben, binnen der Frist nach Satz 1 die Angaben über seine Forderungen in dem beim Insolvenzgericht zur Einsicht niedergelegten Forderungsverzeichnis zu überprüfen und erforderlichenfalls zu ergänzen. ³Auf die Zustellung nach Satz 1 ist § 8 Abs. 1 Satz 2, 3, Abs. 2 und 3 nicht anzuwenden.

(2) ¹Geht binnen der Frist nach Absatz 1 Satz 1 bei Gericht die Stellungnahme eines Gläubigers nicht ein, so gilt dies als Einverständnis mit dem Schuldenbereinigungsplan. ²Darauf ist in der Aufforderung hinzuweisen.

(3) ¹Nach Ablauf der Frist nach Absatz 1 Satz 1 ist dem Schuldner Gelegenheit zu geben, den Schuldenbereinigungsplan binnen einer vom Gericht zu bestimmenden Frist zu ändern oder zu ergänzen, wenn dies auf Grund der Stellungnahme eines Gläubigers erforderlich oder zur Förderung einer einverständlichen Schuldenbereinigung sinnvoll erscheint. ²Die Änderungen oder Ergänzungen sind den Gläubigern zuzustellen, soweit dies erforderlich ist. ³Absatz 1 Satz 1, 3 und Absatz 2 gelten entsprechend.

§ 310. Kosten. Die Gläubiger haben gegen den Schuldner keinen Anspruch auf Erstattung der Kosten, die ihnen im Zusammenhang mit dem Schuldenbereinigungsplan entstehen.

Kartellgesetz 5.7 GWB §§ 1–19

Gesetz gegen Wettbewerbsbeschränkungen (Kartellgesetz)
In der Fassung vom 26. August 1998, mit Änderungen bis zum 18. Dezember 2007

Erster Teil. Wettbewerbsbeschränkungen

Kartellvereinbarungen, Kartellbeschlüsse und abgestimmtes Verhalten

§ 1. Kartellverbot. Vereinbarungen zwischen Unternehmen, Beschlüsse von Unternehmensvereinigungen und aufeinander abgestimmte Verhaltensweisen, die eine Verhinderung, Einschränkung oder Verfälschung des Wettbewerbs bezwecken oder bewirken, sind verboten.

§ 2. Freigestellte Vereinbarungen. (1) Vom Verbot des § 1 freigestellt sind Vereinbarungen zwischen Unternehmen, Beschlüsse von Unternehmensvereinigungen oder aufeinander abgestimmte Verhaltensweisen, die unter angemessener Beteiligung der Verbraucher an dem entstehenden Gewinn zur Verbesserung der Warenerzeugung oder –verteilung oder zur Förderung des technischen oder wirtschaftlichen Fortschritts beitragen, ohne dass den beteiligten Unternehmen
1. Beschränkungen auferlegt werden, die für die Verwirklichung dieser Ziele nicht unerlässlich sind, oder
2. Möglichkeiten eröffnet werden, für einen wesentlichen Teil der betreffenden Waren den Wettbewerb auszuschalten.

(2) Bei der Anwendung von Absatz 1 gelten die Verordnungen des Rates oder der Kommission der Europäischen Gemeinschaft über die Anwendung von Artikel 81 Abs. 3 des Vertrages zur Gründung der Europäischen Gemeinschaft auf bestimmte Gruppen von Vereinbarungen, Beschlüsse von Unternehmensvereinigungen und aufeinander abgestimmte Verhaltensweisen (Gruppenfreistellungsverordnungen) entsprechend. Dies gilt auch, soweit die dort genannten Vereinbarungen, Beschlüsse und Verhaltensweisen nicht geeignet sind, den Handel zwischen den Mitgliedstaaten der Europäischen Gemeinschaft zu beeinträchtigen.

§ 3. Mittelstandskartelle. (1) Vereinbarungen zwischen miteinander im Wettbewerb stehenden Unternehmen und Beschlüsse von Unternehmensvereinigungen, die die Rationalisierung wirtschaftlicher Vorgänge durch zwischenbetriebliche Zusammenarbeit zum Gegenstand haben, erfüllen die Voraussetzungen des § 2 Abs. 1, wenn

1. dadurch der Wettbewerb auf dem Markt nicht wesentlich beeinträchtigt wird und
2. die Vereinbarung oder der Beschluss dazu dient, die Wettbewerbsfähigkeit kleiner oder mittlerer Unternehmen zu verbessern.

§ 4-18. (aufgehoben)

Marktbeherrschung, wettbewerbsbeschränkendes Verhalten

§ 19. Mißbrauch einer marktbeherrschenden Stellung. (1) Die mißbräuchliche Ausnutzung einer marktbeherrschenden Stellung durch ein oder mehrere Unternehmen ist verboten.

(2) Ein Unternehmen ist marktbeherrschend, soweit es als Anbieter oder Nachfrager einer bestimmten Art von Waren oder gewerblichen Leistungen auf dem sachlich und räumlich relevanten Markt. Der räumliche Markt im Sinne dieses Gesetzes kann weiter sein als der Geltungsbereich dieses Gesetzes.
1. ohne Wettbewerber ist oder keinem wesentlichen Wettbewerb ausgesetzt ist oder
2. eine im Verhältnis zu seinen Wettbewerbern überragende Marktstellung hat; hierbei sind insbesondere sein Marktanteil, seine Finanzkraft, sein Zugang zu den Beschaffungs- oder Absatzmärkten, Verflechtungen mit anderen Unternehmen, rechtliche oder tatsächliche Schranken für den Marktzutritt anderer Unternehmen, der tatsächlich oder potentielle Wettbewerb durch innerhalb oder außerhalb des Geltungsbereichs dieses Gesetzes ansässige Unternehmen, die Fähigkeit, sein Angebot oder seine Nachfrage auf andere Waren oder gewerbliche Leistungen umzustellen, sowie die Möglichkeit der Marktgegenseite, auf andere Unternehmen auszuweichen, zu berücksichtigen.

[2]Zwei oder mehr Unternehmen sind marktbeherrschend, soweit zwischen ihnen für eine bestimmte Art von Waren oder gewerblichen Leistungen ein wesentlicher Wettbewerb nicht besteht und soweit sie in ihrer Gesamtheit die Voraussetzungen des Satzes 1 erfüllen.

(3) [1]Es wird vermutet, daß ein Unternehmen marktbeherrschend ist, wenn es einen Marktanteil von mindestens einem Drittel hat. [2]Eine Gesamtheit von Unternehmen gilt als marktbeherrschend, wenn sie

1. aus drei oder weniger Unternehmen besteht, die zusammen einen Marktanteil von 50 vom Hundert erreichen, oder
2. aus fünf oder weniger Unternehmen besteht, die zusammen einen Marktanteil von zwei Dritteln erreichen,

es sei denn, die Unternehmen weisen nach, daß die Wettbewerbsbedingungen zwischen ihnen wesentlichen Wettbewerb erwarten lassen oder die Gesamtheit der Unternehmen im Verhältnis zu den übrigen Wettbewerbern keine überragende Marktstellung hat.

(4) Ein Mißbrauch liegt insbesondere vor, wenn ein marktbeherrschendes Unternehmen als Anbieter oder Nachfrager einer bestimmten Art von Waren oder gewerblichen Leistungen
1. die Wettbewerbsmöglichkeiten anderer Unternehmen in einer für den Wettbewerb auf dem Markt erheblichen Weise ohne sachlich gerechtfertigten Grund beeinträchtigt;
2. Entgelte oder sonstige Geschäftsbedingungen fordert, die von denjenigen abweichen, die sich bei wirksamem Wettbewerb mit hoher Wahrscheinlichkeit ergeben würden; hierbei sind insbesondere die Verhaltensweisen von Unternehmen auf vergleichbaren Märkten mit wirksamem Wettbewerb zu berücksichtigen;
3. ungünstigere Entgelte oder sonstige Geschäftsbedingungen fordert, als sie das marktbeherrschende Unternehmen selbst auf vergleichbaren Märkten von gleichartigen Abnehmern fordert, es sei denn, daß der Unterschied sachlich gerechtfertigt ist;
4. sich weigert, einem anderen Unternehmen gegen angemessenes Entgelt Zugang zu den eigenen Netzen oder anderen Infrastruktureinrichtungen zu gewähren, wenn es dem anderen Unternehmen aus rechtlichen oder tatsächlichen Gründen ohne die Mitbenutzung nicht möglich ist, auf dem vor- oder nachgelagerten Markt als Wettbewerber des marktbeherrschenden Unternehmens tätig zu werden; dies gilt nicht, wenn das marktbeherrschende Unternehmen nachweist, daß die Mitbenutzung aus betriebsbedingten oder sonstigen Gründen nicht möglich oder nicht zumutbar ist.

§ 20. Diskriminierungsverbot, Verbot unbilliger Behinderung. (1) Marktbeherrschende Unternehmen, Vereinigungen von miteinander in Wettbewerb stehenden Unternehmen im Sinne der §§ 2, 3 und 28 Abs. 1 und Unternehmen, die Preise nach § 28 Abs. 2 oder § 30 Abs. 1 Satz 1 binden, dürfen ein anderes Unternehmen in einem Geschäftsverkehr, der gleichartigen Unternehmen üblicherweise zugänglich ist, weder unmittelbar noch mittelbar unbillig behindern oder gegenüber gleichartigen Unternehmen ohne sachlich gerechtfertigten Grund unmittelbar oder mittelbar unterschiedlich behandeln.

(2) [1]Absatz 1 gilt auch für Unternehmen und Vereinigungen von Unternehmen, soweit von ihnen kleine oder mittlere Unternehmen als Anbieter oder Nachfrager einer bestimmten Art von Waren oder gewerblichen Leistungen in der Weise abhängig sind, daß ausreichende und zumutbare Möglichkeiten, auf andere Unternehmen auszuweichen, nicht bestehen. [2]Es wird vermutet, daß ein Anbieter einer bestimmten Art von Waren oder gewerblichen Leistungen von einem Nachfrager abhängig im Sinne des Satzes 1 ist, wenn dieser Nachfrager bei ihm zusätzlich zu den verkehrsüblichen Preisnachlässen oder sonstigen Leistungsentgelten regelmäßig besondere Vergünstigungen erlangt, die gleichartigen Nachfragern nicht gewährt werden.

(3) [1]Marktbeherrschende Unternehmen und Vereinigungen von Unternehmen im Sinne des Absatzes 1 dürfen ihre Marktstellung nicht dazu ausnutzen, andere Unternehmen im Geschäftsverkehr dazu aufzufordern oder zu veranlassen, ihnen ohne sachlich gerechtfertigten Grund Vorteile zu gewähren. [2]Satz 1 gilt auch für Unternehmen und Vereinigungen von Unternehmen im Sinne des Absatzes 2 Satz 1 im Verhältnis zu den von ihm abhängigen Unternehmen.

(4) [1]Unternehmen mit gegenüber kleinen und mittleren Wettbewerbern überlegener Marktmacht dürfen ihre Marktmacht nicht dazu ausnutzen, solche Wettbewerber unmittelbar oder mittelbar unbillig zu behindern. [2]Eine unbillige Behinderung im Sinne des Satzes 1 liegt insbesondere vor, wenn ein Unternehmen Waren oder gewerbliche Leistungen nicht nur gelegentlich unter Einstandspreis anbietet, es sei denn, dies ist sachlich gerechtfertigt.

(6) Wirtschafts- und Berufsvereinigungen sowie Gütezeichengemeinschaften dürfen die Aufnahme eines Unternehmens nicht ablehnen, wenn die Ablehnung eine sachlich nicht gerechtfertigte ungleiche Behandlung darstellen und zu einer unbilligen Benachteiligung des Unternehmens im Wettbewerb führen würde.

§ 21. Boykottverbot, Verbot sonstigen wettbewerbsbeschränkenden Verhaltens. (1) Unternehmen und Vereinigungen von Unternehmen dürfen nicht ein anderes Unternehmen oder Vereinigungen von Unternehmen in der Absicht, bestimmte Unternehmen unbillig zu beeinträchtigen, zu Liefersperren oder Bezugssperren auffordern.

(2) Unternehmen und Vereinigungen von Unternehmen dürfen anderen Unternehmen keine Nachteile androhen oder zufügen und keine Vorteile versprechen oder gewähren, um sie zu

Kartellgesetz

einem Verhalten zu veranlassen, das nach diesem Gesetz oder nach einer auf Grund dieses Gesetzes ergangenen Verfügung der Kartellbehörde nicht zum Gegenstand einer vertraglichen Bindung gemacht werden darf.

(3) Unternehmen und Vereinigungen von Unternehmen dürfen andere Unternehmen nicht zwingen,
1. einer Vereinbarung oder einem Beschluß im Sinne der §§ 2 bis 8, 28 Abs. 1 oder § 29 beizutreten oder
2. sich mit anderen Unternehmen im Sinne des § 37 zusammenzuschließen oder
3. in der Absicht, den Wettbewerb zu beschränken, sich im Markt gleichförmig zu verhalten.

(4) Es ist verboten, einem anderen wirtschaftlichen Nachteil zuzufügen, weil dieser ein Einschreiten der Kartellbehörde beantragt oder angeregt hat.

Anwendung des europäischen Wettbewerbrechts

§ 22. Verhältnis dieses Gesetzes zu den Artikeln 81 und 82 des Vertrages zur Gründung der Europäischen Gemeinschaft. (1) Auf Vereinbarungen zwischen Unternehmen, Beschlüsse von Unternehmensvereinigungen und aufeinander abgestimmte Verhaltensweisen im Sinne des Artikels 81 Abs. 1 des Vertrages zur Gründung der Europäischen Gemeinschaft, die den Handel zwischen den Mitgliedstaaten der Europäischen Gemeinschaft im Sinne dieser Bestimmung beeinträchtigen können, können auch die Vorschriften dieses Gesetzes angewandt werden. ...

(2) ¹Die Anwendung der Vorschriften dieses Gesetzes darf gemäß Artikel 3 Abs. 2 Satz 1 der Verordnung (EG) Nr. 1/2003 nicht zum Verbot von Vereinbarungen zwischen Unternehmen, Beschlüssen von Unternehmensvereinigungen und aufeinander abgestimmten Verhaltensweisen führen, welche den Handel zwischen den Mitgliedstaaten der Europäischen Gemeinschaft zu beeinträchtigen geeignet sind, aber den Wettbewerb im Sinne des Artikels 81 Abs. 1 des Vertrages zur Gründung der Europäischen Gemeinschaft erfüllen oder durch eine Verordnung zur Anwendung des Artikels 81 Abs. 3 des Vertrages zur Gründung der Europäischen Gemeinschaft erfasst sind. ²Die Vorschriften des Zweiten Abschnitts bleiben unberührt. ³In anderen Fällen richtet sich der Vorrang von Artikel 81 des Vertrages zur Gründung der Europäischen Gemeinschaft nach dem insoweit maßgeblichen europäischen Gemeinschaftsrecht.

(3) Auf Handlungen, die einen nach Artikel 82 des Vertrages zur Gründung der Europäischen Gemeinschaft verbotenen Missbrauch darstellen, können auch die Vorschriften dieses Gesetzes angewandt werden.

§ 23. Unverbindliche Preisempfehlung für Markenwaren. *(aufgehoben)*

Wettbewerbsregeln

§ 24. Begriff, Antrag und Anerkennung.
(1) Wirtschafts- und Berufsvereinigungen können für ihren Bereich Wettbewerbsregeln aufstellen.

(2) Wettbewerbsregeln sind Bestimmungen, die das Verhalten von Unternehmen im Wettbewerb regeln zum Zweck, einem den Grundsätzen des lauteren oder der Wirksamkeit eines leistungsgerechten Wettbewerbs zuwiderlaufenden Verhalten im Wettbewerb entgegenzuwirken und ein diesen Grundsätzen entsprechendes Verhalten im Wettbewerb anzuregen.

Befugnisse der Kartellbehörde, Sanktionen

§ 32. Abstellung und nachträgliche Feststellung von Zuwiderhandlungen. Die Kartellbehörde kann Unternehmen oder Vereinigungen von Unternehmen verpflichten, eine Zuwiderhandlung gegen eine Vorschrift dieses Gesetzes oder gegen Artikel 81 oder 82 des Vertrages zur Gründung der Europäischen Gemeinschaft abzustellen.

§ 33. Unterlassungsanspruch, Schadensersatzpflicht. ¹Wer gegen eine Vorschrift dieses Gesetzes, gegen Artikel 81 oder 82 des Vertrages zur Gründung der Europäischen Gemeinschaft oder eine Verfügung der Kartellbehörde verstößt, ist dem Betroffenen zur Beseitigung und bei Wiederholungsgefahr zur Unterlassung verpflichtet. ²Der Anspruch auf Unterlassung besteht bereits dann, wenn eine Zuwiderhandlung droht. ³Betroffen ist, wer als Mitbewerber oder sonstiger Marktbeteiligter durch den Verstoß beeinträchtigt ist.

Zusammenschlußkontrolle

§ 35. Geltungsbereich der Zusammenschlußkontrolle. (1) Die Vorschriften über die Zusammenschlußkontrolle finden Anwendung, wenn im letzten Geschäftsjahr vor dem Zusammenschluß

1. die beteiligten Unternehmen insgesamt weltweit Umsatzerlöse von mehr als 500 Millionen Euro und
2. mindestens ein beteiligtes Unternehmen im Inland Umsatzerlöse von mehr als 25 Millionen Euro
erzielt haben.
(2) Absatz 1 gilt nicht,
1. soweit sich ein Unternehmen, das nicht im Sinne des § 36 Abs. 2 abhängig ist und im letzten Geschäftsjahr weltweit Umsatzerlöse von weniger als zehn Millionen Euro erzielt hat, mit einem anderen Unternehmen zusammenschließt oder
2. soweit ein Markt betroffen ist, auf dem seit mindestens fünf Jahren Waren oder gewerbliche Leistungen angeboten werden und auf dem im letzten Kalenderjahr weniger als 15 Millionen Euro umgesetzt wurden.

§ 36. Grundsätze für die Beurteilung von Zusammenschlüssen. (1) Ein Zusammenschluß, von dem zu erwarten ist, daß er eine marktbeherrschende Stellung begründet oder verstärkt, ist vom Bundeskartellamt zu untersagen, es sei denn, die beteiligten Unternehmen weisen nach, daß durch den Zusammenschluß auch Verbesserungen der Wettbewerbsbedingungen eintreten und daß diese Verbesserungen die Nachteile der Marktbeherrschung überwiegen.

§ 37. Zusammenschluß. (1) Ein Zusammenschluß liegt in folgenden Fällen vor:
1. Erwerb des Vermögens eines anderen Unternehmens ganz oder zu einem wesentlichen Teil;
2. Erwerb der unmittelbaren oder mittelbaren Kontrolle durch ein oder mehrere Unternehmen über die Gesamtheit oder Teile eines oder mehrerer anderer Unternehmen. ²Die Kontrolle wird durch Rechte, Verträge oder andere Mittel begründet, die einzeln oder zusammen unter Berücksichtigung aller tatsächlichen und rechtlichen Umstände die Möglichkeit gewähren, einen bestimmenden Einfluß auf die Tätigkeit eines Unternehmens auszuüben, insbesondere durch
   a) Eigentums- oder Nutzungsrechte an einer Gesamtheit oder an Teilen des Vermögens des Unternehmens,
   b) Rechte oder Verträge, die einen bestimmenden Einfluß auf die Zusammensetzung, die Beratungen oder Beschlüsse der Organe des Unternehmens gewähren;
3. Erwerb von Anteilen an einem anderen Unternehmen, wenn die Anteile allein oder zusammen mit sonstigen, dem Unternehmen bereits gehörenden Anteilen
   a) 50 vom Hundert oder
   b) 25 vom Hundert

des Kapitals oder der Stimmrechte des anderen Unternehmens erreichen. Zu den Anteilen, die dem Unternehmen gehören, rechnen auch die Anteile, die einem anderen für Rechnung dieses Unternehmens gehören und, wenn der Inhaber des Unternehmens ein Einzelkaufmann ist, auch die Anteile, die sonstiges Vermögen des Inhabers sind. Erwerben mehrere Unternehmen gleichzeitig oder nacheinander Anteile im vorbezeichneten Umfang an einem anderen Unternehmen, gilt dies hinsichtlich der Märkte, auf denen das andere Unternehmen tätig ist, auch als Zusammenschluß der sich beteiligenden Unternehmen untereinander;
4. jede sonstige Verbindung von Unternehmen, auf Grund deren ein oder mehrere Unternehmen unmittelbar oder mittelbar einen wettbewerblich erheblichen Einfluß auf ein anderes Unternehmen ausüben können.
(2) Ein Zusammenschluß liegt auch dann vor, wenn die beteiligten Unternehmen bereits vorher zusammengeschlossen waren, es sei denn, der Zusammenschluß führt nicht zu einer wesentlichen Verstärkung der bestehenden Unternehmensverbindung.
(3) ¹Erwerben Kreditinstitute, Finanzinstitute oder Versicherungsunternehmen Anteile an einem anderen Unternehmen zum Zwecke der Veräußerung, gilt dies nicht als Zusammenschluß, solange sie das Stimmrecht aus den Anteilen nicht ausüben und sofern die Veräußerung innerhalb eines Jahres erfolgt. ²Diese Frist kann vom Bundeskartellamt auf Antrag verlängert werden, wenn glaubhaft gemacht wird, daß die Veräußerung innerhalb dieser Frist unzumutbar war.

§ 38. Berechnung der Umsatzerlöse und der Marktanteile. (1) ¹Für die Ermittlung der Umsatzerlöse gilt § 277 Abs. 1 des Handelsgesetzbuchs. ²Umsatzerlöse aus Lieferungen und Leistungen zwischen verbundenen Unternehmen (Innenumsatzerlöse) sowie Verbrauchsteuern bleiben außer Betracht.
(2) Für den Handel mit Waren sind nur drei Viertel der Umsatzerlöse in Ansatz zu bringen.
(3) Für den Verlag, die Herstellung und den Vertrieb von Zeitungen, Zeitschriften und deren Bestandteilen, die Herstellung, den Vertrieb und die Veranstaltung von Rundfunkprogrammen und den Absatz von Rundfunkwerbezeiten ist das Zwanzigfache der Umsatzerlöse in Ansatz zu bringen.
(4) ¹An die Stelle der Umsatzerlöse tritt bei Kreditinstituten, Finanzinstituten und Bausparkassen der Gesamtbetrag der in § 34 Abs. 2 Satz 1 Nr. 1 Buchstabe a bis e der Verordnung über die Rechnungslegung der Kreditinstitute vom 10. Februar 1992 (BGBl. I S. 203) genannten Erträge abzüglich der Umsatzsteuer

Kartellgesetz   5.7 GWB §§ 38–45

und sonstiger direkt auf diese Erträge erhobener Steuern. ²Bei Versicherungsunternehmen sind die Prämieneinnahmen des letzten abgeschlossenen Geschäftsjahres maßgebend. ³Prämieneinnahmen sind die Einnahmen aus dem Erst- und Rückversicherungsgeschäft einschließlich der in Rückdeckung gegebenen Anteile.

(5) Beim Erwerb des Vermögens eines anderen Unternehmens ist für die Berechnung der Marktanteile und der Umsatzerlöse des Veräußerers nur auf den veräußerten Vermögensteil abzustellen.

§ 39. Anmelde- und Anzeigepflicht. (1) Zusammenschlüsse sind vor dem Vollzug beim Bundeskartellamt gemäß den Absätzen 2 und 3 anzumelden.

(2) Zur Anmeldung sind verpflichtet:
1. die am Zusammenschluß beteiligten Unternehmen,
2. in den Fällen des § 37 Abs. 1 Nr. 1 und 3 auch der Veräußerer. ...

(3) In der Anmeldung ist die Form des Zusammenschlusses anzugeben. ...

§ 42. Ministererlaubnis. (1) ¹Der Bundesminister für Wirtschaft und Technologie erteilt auf Antrag die Erlaubnis zu einem vom Bundeskartellamt untersagten Zusammenschluß, wenn im Einzelfall die Wettbewerbsbeschränkung von gesamtwirtschaftlichen Vorteilen des Zusammenschlusses aufgewogen wird oder der Zusammenschluß durch ein überragendes Interesse der Allgemeinheit gerechtfertigt ist. ²Hierbei ist auch die Wettbewerbsfähigkeit der beteiligten Unternehmen auf Märkten außerhalb des Geltungsbereichs dieses Gesetzes zu berücksichtigen. ³Die Erlaubnis darf nur erteilt werden, wenn durch das Ausmaß der Wettbewerbsbeschränkung die marktwirtschaftliche Ordnung nicht gefährdet wird.

(2) Die Erlaubnis kann mit Bedingungen und Auflagen verbunden werden. ...

(4) ¹Der Bundesminister für Wirtschaft und Arbeit soll über den Antrag innerhalb von vier Monaten entscheiden. ²Vor der Entscheidung ist eine Stellungnahme der Monopolkommission einzuholen und den obersten Landesbehörden, in deren Gebiet die beteiligten Unternehmen ihren Sitz haben, Gelegenheit zur Stellungnahme zu geben.

Monopolkommission

§ 44. Aufgaben. (1) ¹Die Monopolkommission erstellt alle zwei Jahre ein Gutachten, in dem sie den Stand und die absehbare Entwicklung der Unternehmenskonzentration in der Bundesrepublik Deutschland beurteilt, die Anwendung der Vorschriften über die Zusammenschlußkontrolle würdigt sowie zu sonstigen aktuellen wettbewerbspolitischen Fragen Stellung nimmt. ²Das Gutachten soll die Verhältnisse in den letzten beiden abgeschlossenen Kalenderjahren einbeziehen und bis zum 30. Juni des darauffolgenden Jahres abgeschlossen sein. ³Die Bundesregierung kann die Monopolkommission mit der Erstattung zusätzlicher Gutachten beauftragen. ⁴Darüber hinaus kann die Monopolkommission nach ihrem Ermessen Gutachten erstellen.

(2) ¹Die Monopolkommission ist nur an den durch dieses Gesetz begründeten Auftrag gebunden und in ihrer Tätigkeit unabhängig. ²Vertritt eine Minderheit bei der Abfassung der Gutachten eine abweichende Auffassung, so kann sie diese in dem Gutachten zum Ausdruck bringen.

(3) ¹Die Monopolkommission leitet ihre Gutachten der Bundesregierung zu. ²Die Bundesregierung legt Gutachten nach Absatz 1 Satz 1 den gesetzgebenden Körperschaften unverzüglich vor und nimmt zu ihnen in angemessener Frist Stellung. ³Die Gutachten werden von der Monopolkommission veröffentlicht. ⁴Bei Gutachten nach Absatz Satz 1 erfolgt dies zu dem Zeitpunkt, zu dem sie von der Bundesregierung der gesetzgebenden Körperschaft vorgelegt werden.

§ 45. Mitglieder. (1) ¹Die Monopolkommission besteht aus fünf Mitgliedern, die über besondere volkswirtschaftliche, betriebswirtschaftliche, sozialpolitische, technologische oder wirtschaftsrechtliche Kenntnisse und Erfahrungen verfügen müssen. ²Die Monopolkommission wählt aus ihrer Mitte einen Vorsitzenden.

(2) ¹Die Mitglieder der Monopolkommission werden auf Vorschlag der Bundesregierung durch den Bundespräsidenten für die Dauer von vier Jahren berufen. ²Wiederberufungen sind zulässig. ³Die Bundesregierung hört die Mitglieder der Kommission an, bevor sie neue Mitglieder vorschlägt. ⁴Die Mitglieder sind berechtigt, ihr Amt durch Erklärung gegenüber dem Bundespräsidenten niederzulegen. ⁵Scheidet ein Mitglied vorzeitig aus, so wird ein neues Mitglied für die Dauer der Amtszeit des ausgeschiedenen Mitglieds berufen.

(3) ¹Die Mitglieder der Monopolkommission dürfen weder der Regierung oder einer gesetzgebenden Körperschaft des Bundes oder eines Landes noch dem öffentlichen Dienst des Bundes, eines Landes oder einer sonstigen juristischen Person des öffentlichen Rechts, es sei denn als Hochschullehrer oder als Mitarbeiter eines wissenschaftlichen Instituts, angehö-

ren. ²Ferner dürfen sie weder einen Wirtschaftsverband noch eine Arbeitgeber- oder Arbeitnehmerorganisation repräsentieren oder zu diesen in einem ständigen Dienst- oder Geschäftsbesorgungsverhältnis stehen. ³Sie dürfen auch nicht während des letzten Jahres vor der Berufung zum Mitglied der Monopolkommission eine derartige Stellung innegehabt haben.

Zweiter Teil. Kartellbehörden

Allgemeine Vorschriften

§ 48. Zuständigkeit. (1) Kartellbehörden sind das Bundeskartellamt, das Bundesministerium für Wirtschaft und Arbeit und die nach Landesrecht zuständigen obersten Landesbehörden.

Bundeskartellamt

§ 51. Sitz, Organisation. (1) ¹Das Bundeskartellamt ist eine selbständige Bundesoberbehörde mit dem Sitz in Bonn. ²Es gehört zum Geschäftsbereich des Bundesministeriums für Wirtschaft.

Unlauterer Wettbewerb, G 5.8 UWG §§ 1–4

Gesetz gegen den unlauteren Wettbewerb
In der Fassung der Bekanntmachung vom 21. Dezember 2006

Allgemeine Bestimmungen

§ 1. Zweck des Gesetzes Dieses Gesetz dient dem Schutz der Mitbewerber, der Verbraucherinnen und der Verbraucher sowie der sonstigen Marktteilnehmer vor unlauterem Wettbewerb. Es schützt zugleich das Interesse der Allgemeinheit an einem unverfälschten Wettbewerb.

§ 2. Definitionen (1) Im Sinne dieses Gesetzes bedeutet
1. „Wettbewerbshandlung" jede Handlung einer Person mit dem Ziel, zugunsten des eigenen oder eines fremden Unternehmens den Absatz oder den Bezug von Waren oder die Erbringung oder den Bezug von Dienstleistungen, einschließlich unbeweglicher Sachen, Rechte und Verpflichtungen zu fördern;
2. „Marktteilnehmer" neben Mitbewerbern und Verbrauchern alle Personen, die als Anbieter oder Nachfrager von Waren oder Dienstleistungen tätig sind;
3. „Mitbewerber" jeder Unternehmer, der mit einem oder mehreren Unternehmern als Anbieter oder Nachfrager von Waren oder Dienstleistungen in einem konkreten Wettbewerbsverhältnis steht;
4. „Nachricht" jede Information, die zwischen einer endlichen Zahl von Beteiligten über einen öffentlich zugänglichen elektronischen Kommunikationsdienst ausgetauscht oder weitergeleitet wird; dies schließt nicht Informationen ein, die als Teil eines Rundfunkdienstes über ein elektronisches Kommunikationsnetz an die Öffentlichkeit weitergeleitet werden, soweit die Informationen nicht mit dem identifizierbaren Teilnehmer oder Nutzer, der sie erhält, in Verbindung gebracht werden können.
(2) Für den Verbraucherbegriff und den Unternehmerbegriff gelten die §§ 13 und 14 des Bürgerlichen Gesetzbuchs entsprechend.

§ 3. Verbot unlauteren Wettbewerbs Unlautere Wettbewerbshandlungen, die geeignet sind, den Wettbewerb zum Nachteil der Mitbewerber, der Verbraucher oder der sonstigen Marktteilnehmer nicht nur unerheblich zu beeinträchtigen, sind unzulässig.

§ 4. Beispiele unlauteren Wettbewerbs Unlauter im Sinne von § 3 handelt insbesondere, wer
1. Wettbewerbshandlungen vornimmt, die geeignet sind, die Entscheidungsfreiheit der Verbraucher oder sonstiger Marktteilnehmer durch Ausübung von Druck, in menschenverachtender Weise oder durch sonstigen unangemessenen unsachlichen Einfluss zu beeinträchtigen;
2. Wettbewerbshandlungen vornimmt, die geeignet sind, die geschäftliche Unerfahrenheit insbesondere von Kindern oder Jugendlichen, die Leichtgläubigkeit, die Angst oder die Zwangslage von Verbrauchern auszunutzen;
3. den Werbecharakter von Wettbewerbshandlungen verschleiert;
4. bei Verkaufsförderungsmaßnahmen wie Preisnachlässen, Zugaben oder Geschenken die Bedingungen für ihre Inanspruchnahme nicht klar und eindeutig angibt;
5. bei Preisausschreiben oder Gewinnspielen mit Werbecharakter die Teilnahmebedingungen nicht klar und eindeutig angibt;
6. die Teilnahme von Verbrauchern an einem Preisausschreiben oder Gewinnspiel von dem Erwerb einer Ware oder der Inanspruchnahme einer Dienstleistung abhängig macht, es sei denn, das Preisausschreiben oder Gewinnspiel ist naturgemäß mit der Ware oder der Dienstleistung verbunden;
7. die Kennzeichen, Waren, Dienstleistungen, Tätigkeiten oder persönlichen oder geschäftlichen Verhältnisse eines Mitbewerbers herabsetzt oder verunglimpft;
8. über die Waren, Dienstleistungen oder das Unternehmen eines Mitbewerbers oder über den Unternehmer oder ein Mitglied der Unternehmensleitung Tatsachen behauptet oder verbreitet, die geeignet sind, den Betrieb des Unternehmens oder den Kredit des Unternehmers zu schädigen, sofern die Tatsachen nicht erweislich wahr sind; handelt es sich um vertrauliche Mitteilungen und hat der Mitteilende oder der Empfänger der Mitteilung an ihr ein berechtigtes Interesse, so ist die Handlung nur dann unlauter, wenn die Tatsachen der Wahrheit zuwider behauptet oder verbreitet wurden;
9. Waren oder Dienstleistungen anbietet, die eine Nachahmung der Waren oder Dienstleistungen eines Mitbewerbers sind, wenn er
   a) eine vermeidbare Täuschung der Abnehmer über die betriebliche Herkunft herbeiführt,
   b) die Wertschätzung der nachgeahmten

Ware oder Dienstleistung unangemessen ausnutzt oder beeinträchtigt oder
c) die für die Nachahmung erforderlichen Kenntnisse oder Unterlagen unredlich erlangt hat;
10. Mitbewerber gezielt behindert;
11. einer gesetzlichen Vorschrift zuwiderhandelt, die auch dazu bestimmt ist, im Interesse der Marktteilnehmer das Marktverhalten zu regeln.

§ 5. Irreführende Werbung (1) Unlauter im Sinne von § 3 handelt, wer irreführend wirbt.

(2) Bei der Beurteilung der Frage, ob eine Werbung irreführend ist, sind alle ihre Bestandteile zu berücksichtigen, insbesondere in ihr enthaltene Angaben über
1. die Merkmale der Waren oder Dienstleistungen wie Verfügbarkeit, Art, Ausführung, Zusammensetzung, Verfahren und Zeitpunkt der Herstellung oder Erbringung, die Zwecktauglichkeit, Verwendungsmöglichkeit, Menge, Beschaffenheit, die geographische oder betriebliche Herkunft oder die von der Verwendung zu erwartenden Ergebnisse oder die Ergebnisse und wesentlichen Bestandteile von Tests der Waren oder Dienstleistungen;
2. den Anlass des Verkaufs und den Preis oder die Art und Weise, in der er berechnet wird, und die Bedingungen, unter denen die Waren geliefert oder die Dienstleistungen erbracht werden;
3. die geschäftlichen Verhältnisse, insbesondere die Art, die Eigenschaften und die Rechte des Werbenden, wie seine Identität und sein Vermögen, seine geistigen Eigentumsrechte, seine Befähigung oder seine Auszeichnungen oder Ehrungen.

Bei der Beurteilung, ob das Verschweigen einer Tatsache irreführend ist, sind insbesondere deren Bedeutung für die Entscheidung zum Vertragsschluss nach der Verkehrsauffassung sowie die Eignung des Verschweigens zur Beeinflussung der Entscheidung zu berücksichtigen.

(3) Angaben im Sinne von Absatz 2 sind auch Angaben im Rahmen vergleichender Werbung sowie bildliche Darstellungen und sonstige Veranstaltungen, die darauf zielen und geeignet sind, solche Angaben zu ersetzen.

(4) ^{1}Es wird vermutet, dass es irreführend ist, mit der Herabsetzung eines Preises zu werben, sofern der Preis nur für eine unangemessen kurze Zeit gefordert worden ist. ^{2}Ist streitig, ob und in welchem Zeitraum der Preis gefordert worden ist, so trifft die Beweislast denjenigen, der mit der Preisherabsetzung geworben hat.

(5) ^{1}Es ist irreführend, für eine Ware zu werben, die, unter Berücksichtigung der Art der Ware sowie der Gestaltung und Verbreitung der Werbung nicht in angemessener Menge zur Befriedigung der zu erwartenden Nachfrage vorgehalten ist. ^{2}Angemessen ist im Regelfall ein Vorrat für zwei Tage, es sei denn, der Unternehmer weist Gründe nach, die eine geringere Bevorratung rechtfertigen. ^{3}Satz 1 gilt entsprechend für die Werbung für eine Dienstleistung.

§ 6. Vergleichende Werbung (1) Vergleichende Werbung ist jede Werbung, die unmittelbar oder mittelbar einen Mitbewerber oder die von einem Mitbewerber angebotenen Waren oder Dienstleistungen erkennbar macht.

(2) Unlauter im Sinne von § 3 handelt, wer vergleichend wirbt, wenn der Vergleich
1. sich nicht auf Waren oder Dienstleistungen für den gleichen Bedarf oder dieselbe Zweckbestimmung bezieht,
2. nicht objektiv auf eine oder mehrere wesentliche, relevante, nachprüfbare und typische Eigenschaften oder den Preis dieser Waren oder Dienstleistungen bezogen ist,
3. im geschäftlichen Verkehr zu Verwechslungen zwischen dem Werbenden und einem Mitbewerber oder zwischen den von diesen angebotenen Waren oder Dienstleistungen oder den von ihnen verwendeten Kennzeichen führt,
4. die Wertschätzung des von einem Mitbewerber verwendeten Kennzeichens in unlauterer Weise ausnutzt oder beeinträchtigt,
5. die Waren, Dienstleistungen, Tätigkeiten oder persönlichen oder geschäftlichen Verhältnisse eines Mitbewerbers herabsetzt oder verunglimpft oder
6. eine Ware oder Dienstleistung als Imitation oder Nachahmung einer unter einem geschützten Kennzeichen vertriebenen Ware oder Dienstleistung darstellt.

(3) ^{1}Bezieht sich der Vergleich auf ein Angebot mit einem besonderen Preis oder anderen besonderen Bedingungen, so sind der Zeitpunkt des Endes des Angebots und, wenn dieses noch nicht gilt, der Zeitpunkt des Beginns des Angebots eindeutig anzugeben. ^{2}Gilt das Angebot nur so lange, wie die Waren oder Dienstleistungen verfügbar sind, so ist darauf hinzuweisen.

§ 7. Unzumutbare Belästigungen (1) Unlauter im Sinne von § 3 handelt, wer einen Marktteilnehmer in unzumutbarer Weise belästigt.

(2) Eine unzumutbare Belästigung ist insbesondere anzunehmen
1. bei einer Werbung, obwohl erkennbar ist, dass der Empfänger diese Werbung nicht wünscht;
2. bei einer Werbung mit Telefonanrufen gegenüber Verbrauchern ohne deren Einwilligung oder gegenüber sonstigen Marktteilnehmern

ohne deren zumindest mutmaßliche Einwilligung;
3. bei einer Werbung unter Verwendung von automatischen Anrufmaschinen, Faxgeräten oder elektronischer Post, ohne dass eine Einwilligung der Adressaten vorliegt;
4. bei einer Werbung mit Nachrichten, bei der die Identität des Absenders, in dessen Auftrag die Nachricht übermittelt wird, verschleiert oder verheimlicht wird oder bei der keine gültige Adresse vorhanden ist, an die der Empfänger eine Aufforderung zur Einstellung solcher Nachrichten richten kann, ohne dass hierfür andere als die Übermittlungskosten nach den Basistarifen entstehen.
(3) Abweichend von Absatz 2 Nr. 3 ist eine unzumutbare Belästigung bei einer Werbung unter Verwendung elektronischer Post nicht anzunehmen, wenn
1. ein Unternehmer im Zusammenhang mit dem Verkauf einer Ware oder Dienstleistung von dem Kunden dessen elektronische Postadresse erhalten hat,
2. der Unternehmer die Adresse zur Direktwerbung für eigene ähnliche Waren oder Dienstleistungen verwendet,
3. der Kunde der Verwendung nicht widersprochen hat und
4. der Kunde bei Erhebung der Adresse und bei jeder Verwendung klar und deutlich darauf hingewiesen wird, dass er der Verwendung jederzeit widersprechen kann, ohne dass hierfür andere als die Übermittlungskosten nach den Basistarifen entstehen.

Rechtsfolgen

§ 8. Beseitigung und Unterlassung (1) ¹Wer dem § 3 zuwiderhandelt, kann auf Beseitigung und bei Wiederholungsgefahr auf Unterlassung in Anspruch genommen werden. ²Der Anspruch auf Unterlassung besteht bereits dann, wenn eine Zuwiderhandlung droht.
(2) Werden die Zuwiderhandlungen in einem Unternehmen von einem Mitarbeiter oder Beauftragten begangen, so sind der Unterlassungsanspruch und der Beseitigungsanspruch auch gegen den Inhaber des Unternehmens begründet.
(3) Die Ansprüche aus Absatz 1 stehen zu:
1. jedem Mitbewerber;
2. rechtsfähigen Verbänden zur Förderung gewerblicher oder selbständiger beruflicher Interessen, ...
3. qualifizierten Einrichtungen, ...
4. den Industrie- und Handelskammern oder den Handwerkskammern.
(4) Die Geltendmachung der in Absatz 1 bezeichneten Ansprüche ist unzulässig, wenn sie unter Berücksichtigung der gesamten Umstände missbräuchlich ist, insbesondere wenn sie vorwiegend dazu dient, gegen den Zuwiderhandelnden einen Anspruch auf Ersatz von Aufwendungen oder Kosten der Rechtsverfolgung entstehen zu lassen.
...

§ 9. Schadensersatz (1) Wer dem § 3 vorsätzlich oder fahrlässig zuwiderhandelt, ist den Mitbewerbern zum Ersatz des daraus entstehenden Schadens verpflichtet. Gegen verantwortliche Personen von periodischen Druckschriften kann der Anspruch auf Schadensersatz nur bei einer vorsätzlichen Zuwiderhandlung geltend gemacht werden.

§ 10. Gewinnabschöpfung (1) Wer dem § 3 vorsätzlich zuwiderhandelt und hierdurch zu Lasten einer Vielzahl von Abnehmern einen Gewinn erzielt, kann von den gemäß § 8 Abs. 3 Nr. 2 bis 4 zur Geltendmachung eines Unterlassungsanspruchs Berechtigten auf Herausgabe dieses Gewinns an den Bundeshaushalt in Anspruch genommen werden.
...

§ 11. Verjährung (1) Die Ansprüche aus §§ 8, 9 und 12 Abs. 1 Satz 2 verjähren in sechs Monaten.
(2) Die Verjährungsfrist beginnt, wenn
1. der Anspruch entstanden ist und
2. der Gläubiger von den den Anspruch begründenden Umständen und der Person des Schuldners Kenntnis erlangt oder ohne grobe Fahrlässigkeit erlangen müsste.
(3) Schadensersatzansprüche verjähren ohne Rücksicht auf die Kenntnis oder grob fahrlässige Unkenntnis in zehn Jahren von ihrer Entstehung, spätestens in 30 Jahren von der den Schaden auslösenden Handlung an.
(4) Andere Ansprüche verjähren ohne Rücksicht auf die Kenntnis oder grob fahrlässige Unkenntnis in drei Jahren von der Entstehung an.

Verfahrensvorschriften

§ 12. Anspruchsdurchsetzung, Veröffentlichungsbefugnis, Streitwertminderung (1) ¹Die zur Geltendmachung eines Unterlassungsanspruchs Berechtigten sollen den Schuldner vor der Einleitung eines gerichtlichen Verfahrens abmahnen und ihm Gelegenheit geben, den Streit durch Abgabe einer mit einer angemessenen Vertragsstrafe bewehrten Unterlassungsverpflichtung beizulegen. ²Soweit die Abmahnung berechtigt ist, kann der Ersatz der erforderlichen Aufwendungen verlangt werden.

(2) Zur Sicherung der in diesem Gesetz bezeichneten Ansprüche auf Unterlassung können einstweilige Verfügungen ... erlassen werden.
(3) Ist auf Grund dieses Gesetzes Klage auf Unterlassung erhoben worden, so kann das Gericht der obsiegenden Partei die Befugnis zusprechen, das Urteil auf Kosten der unterliegenden Partei öffentlich bekannt zu machen, wenn sie ein berechtigtes Interesse dartut. ...

§ 13. Sachliche Zuständigkeit (1) Für alle bürgerlichen Rechtsstreitigkeiten, mit denen ein Anspruch auf Grund dieses Gesetzes geltend gemacht wird, sind die Landgerichte ausschließlich zuständig. ...
(2) ¹Die Landesregierungen werden ermächtigt, durch Rechtsverordnung für die Bezirke mehrerer Landgerichte eines von ihnen als Gericht für Wettbewerbsstreitsachen zu bestimmen, wenn dies der Rechtspflege in Wettbewerbsstreitsachen, insbesondere der Sicherung einer einheitlichen Rechtsprechung, dienlich ist. ²Die Landesregierungen können die Ermächtigung auf die Landesjustizverwaltungen übertragen.

§ 14. Örtliche Zuständigkeit (1) ¹Für Klagen auf Grund dieses Gesetzes ist das Gericht zuständig, in dessen Bezirk der Beklagte seine gewerbliche oder selbständige berufliche Niederlassung oder in Ermangelung einer solchen seinen Wohnsitz hat. ²Hat der Beklagte auch keinen Wohnsitz, so ist sein inländischer Aufenthaltsort maßgeblich.
...

§ 15. Einigungsstellen (1) Die Landesregierungen errichten bei Industrie- und Handelskammern Einigungsstellen zur Beilegung von bürgerlichen Rechtsstreitigkeiten, in denen ein Anspruch auf Grund dieses Gesetzes geltend gemacht wird (Einigungsstellen).
...

Strafvorschriften

§ 16. Strafbare Werbung (1) Wer in der Absicht, den Anschein eines besonders günstigen Angebots hervorzurufen, in öffentlichen Bekanntmachungen oder in Mitteilungen, die für einen größeren Kreis von Personen bestimmt sind, durch unwahre Angaben irreführend wirbt, wird mit Freiheitsstrafe bis zu zwei Jahren oder mit Geldstrafe bestraft.
(2) Wer es im geschäftlichen Verkehr unternimmt, Verbraucher zur Abnahme von Waren, Dienstleistungen oder Rechten durch das Versprechen zu veranlassen, sie würden entweder vom Veranstalter selbst oder von einem Dritten besondere Vorteile erlangen, wenn sie andere zum Abschluss gleichartiger Geschäfte veranlassen, die ihrerseits nach der Art dieser Werbung derartige Vorteile für eine entsprechende Werbung weiterer Abnehmer erlangen sollen, wird mit Freiheitsstrafe bis zu zwei Jahren oder mit Geldstrafe bestraft.

§ 17. Verrat von Geschäfts- und Betriebsgeheimnissen (1) Wer als eine bei einem Unternehmen beschäftigte Person ein Geschäfts- oder Betriebsgeheimnis, das ihr im Rahmen des Dienstverhältnisses anvertraut worden oder zugänglich geworden ist, während der Geltungsdauer des Dienstverhältnisses unbefugt an jemand zu Zwecken des Wettbewerbs, aus Eigennutz, zugunsten eines Dritten oder in der Absicht, dem Inhaber des Unternehmens Schaden zuzufügen, mitteilt, wird mit Freiheitsstrafe bis zu drei Jahren oder mit Geldstrafe bestraft.
(2) Ebenso wird bestraft, wer zu Zwecken des Wettbewerbs, aus Eigennutz, zugunsten eines Dritten oder in der Absicht, dem Inhaber des Unternehmens Schaden zuzufügen,
1. sich ein Geschäfts- oder Betriebsgeheimnis durch
a) Anwendung technischer Mittel,
b) Herstellung einer verkörperten Wiedergabe des Geheimnisses oder
c) Wegnahme einer Sache, in der das Geheimnis verkörpert ist,
unbefugt verschafft oder sichert oder
2. ein Geschäfts- oder Betriebsgeheimnis, das er durch eine der in Absatz 1 bezeichneten Mitteilungen oder durch eine eigene oder fremde Handlung nach Nummer 1 erlangt oder sich sonst unbefugt verschafft oder gesichert hat, unbefugt verwertet oder jemandem mitteilt.
(3) Der Versuch ist strafbar.
(4) ¹In besonders schweren Fällen ist die Strafe Freiheitsstrafe bis zu fünf Jahren oder Geldstrafe. ²Ein besonders schwerer Fall liegt in der Regel vor, wenn der Täter
1. gewerbsmäßig handelt,
2. bei der Mitteilung weiß, dass das Geheimnis im Ausland verwertet werden soll, oder
3. eine Verwertung nach Absatz 2 Nr. 2 im Ausland selbst vornimmt.
...

§ 18. Verwertung von Vorlagen (1) Wer die ihm im geschäftlichen Verkehr anvertrauten Vorlagen oder Vorschriften technischer Art, insbesondere Zeichnungen, Modelle, Schablonen, Schnitte, Rezepte, zu Zwecken des Wettbewerbs oder aus Eigennutz unbefugt verwertet oder jemandem mitteilt, wird mit Freiheitsstrafe bis zu zwei Jahren oder mit Geldstrafe bestraft.
(2) Der Versuch ist strafbar.
...

§ 19. Verleiten und Erbieten zum Verrat
(1) Wer zu Zwecken des Wettbewerbs oder aus Eigennutz jemanden zu bestimmen versucht, eine Straftat nach § 17 oder § 18 zu begehen oder zu einer solchen Straftat anzustiften, wird mit Freiheitsstrafe bis zu zwei Jahren oder mit Geldstrafe bestraft.

(2) Ebenso wird bestraft, wer zu Zwecken des Wettbewerbs oder aus Eigennutz sich bereit erklärt oder das Erbieten eines anderen annimmt oder mit einem anderen verabredet, eine Straftat nach § 17 oder § 18 zu begehen oder zu ihr anzustiften.
…

Preisangaben- und Preisklauselgesetz

In der Fassung vom 3. Dezember 1984, mit Änderungen bis zum 7. September 2007

§ 1. [1]Zum Zwecke der Unterrichtung und des Schutzes der Verbraucher und zur Förderung des Wettbewerbs sowie zur Durchführung von diesen Zwecken dienenden Rechtsakten der Organe der Europäischen Gemeinschaften wird der Bundesminister für Wirtschaft und Technologie ermächtigt, durch Rechtsverordnung mit Zustimmung des Bundesrates zu bestimmen, daß und auf welche Art und Weise beim Anbieten von Waren oder Leistungen gegenüber Letztverbrauchern oder bei der Werbung für Waren oder Leistungen gegenüber Letztverbrauchern Preise und die Verkaufs- oder Leistungseinheiten sowie Gütebezeichnungen, auf die sich die Preise beziehen, anzugeben sind. [2]Bei Leistungen der elektronischen Informations- und Kommunikationsdienste können auch Bestimmungen über die Angabe des Preisstandes fortlaufender Leistungen getroffen werden.

§ 2. (aufgehoben)

§ 3. (1) [1]Soweit es erforderlich ist, um die Einhaltung einer auf Grund dieses Gesetzes erlassenen Rechtsverordnung zu überwachen, können die hierfür zuständigen Behörden von dem zur Preisangabe Verpflichteten Auskünfte verlangen. [2]Sie können zu diesem Zweck auch seine Grundstücke, Geschäftsräume und Betriebsanlagen während der Geschäfts- und Betriebszeiten betreten und dort Besichtigungen und Prüfungen vornehmen sowie Einblick in geschäftliche Unterlagen verlangen.

Preisangabenverordnung
In der Fassung der Bekanntmachung vom 18. Oktober 2002, mit Änderungen bis zum 3. Juli 2004

§ 1. Grundvorschriften. (1) [1]Wer Letztverbrauchern gewerbs- oder geschäftsmäßig oder regelmäßig in sonstiger Weise Waren oder Leistungen anbietet oder als Anbieter von Waren oder Leistungen gegenüber Letztverbrauchern unter Angabe von Preisen wirbt, hat die Preise anzugeben, die einschließlich der Umsatzsteuer und sonstiger Preisbestandteile zu zahlen sind (Endpreise). [2]Soweit es der allgemeinen Verkehrsauffassung entspricht, sind auch die Verkaufs- oder Leistungseinheit und die Gütebezeichnung anzugeben, auf die sich die Preise beziehen. [3]Auf die Bereitschaft, über den angegebenen Preis zu verhandeln, kann hingewiesen werden, soweit es der allgemeinen Verkehrsauffassung entspricht und Rechtsvorschriften nicht entgegenstehen.

(2) Wer Letztverbrauchern gewerbs- oder geschäftsmäßig oder regelmäßig in sonstiger Weise Waren oder Leistungen zum Abschluss eines Fernabsatzvertrages anbietet, hat zusätzlich zu Absatz 1 und § 2 Abs. 2 anzugeben,
1. dass die für Waren oder Leistungen geforderten Preise die Umsatzsteuer und sonstige Preisbestandteile enthalten und
2. ob zusätzlich Liefer- und Versandkosten anfallen.

[2]Fallen zusätzlich Liefer- und Versandkosten an, so ist deren Höhe anzugeben. Soweit die vorherige Angabe dieser Kosten in bestimmten Fällen nicht möglich ist, sind die näheren Einzelheiten der Berechnung anzugeben, aufgrund derer der Letztverbraucher die Höhe leicht errechnen kann.

(6) [1]Die Angaben nach dieser Verordnung müssen der allgemeinen Verkehrsauffassung und den Grundsätzen von Preisklarheit und Preiswahrheit entsprechen. [2]Wer zu Angaben nach dieser Verordnung verpflichtet ist, hat diese dem Angebot oder der Werbung eindeutig zuzuordnen sowie leicht erkennbar und deutlich lesbar oder sonst gut wahrnehmbar zu machen. [3]Bei der Aufgliederung von Preisen sind die Endpreise hervorzuheben.

§ 2. Grundpreis. (1) [1]Wer Letztverbrauchern gewerbs- oder geschäftsmäßig oder regelmäßig in sonstiger Weise Waren in Fertigpackungen, offenen Packungen oder als Verkaufseinheiten ohne Umhüllung nach Gewicht, Volumen, Länge oder Fläche anbietet, hat neben dem Endpreis auch den Preis je Mengeneinheit einschließlich der Umsatzsteuer und sonstiger Preisbestandteile (Grundpreis) in unmittelbarer Nähe des Endpreises gemäß Absatz 3 Satz 1, 2, 4 oder 5 anzugeben. [2]Dies gilt auch für denjenigen, der als Anbieter dieser Waren gegenüber Letztverbrauchern unter Angabe von Preisen wirbt. [3]Auf die Angabe des Grundpreises kann verzichtet werden, wenn dieser mit dem Endpreis identisch ist.

(2) Wer Letztverbrauchern gewerbs- oder geschäftsmäßig oder regelmäßig in sonstiger Weise unverpackte Waren, die in deren Anwesenheit oder auf deren Veranlassung abgemessen werden (lose Ware), nach Gewicht, Volumen, Länge oder Fläche anbietet oder als Anbieter dieser Waren gegenüber Letztverbrauchern unter Angabe von Preisen wirbt, hat lediglich den Grundpreis gemäß Absatz 3 anzugeben.

(3) [1]Die Mengeneinheit für den Grundpreis ist jeweils 1 Kilogramm, 1 Liter, 1 Kubikmeter, 1 Meter oder 1 Quadratmeter der Ware. [2]Bei Waren, deren Nenngewicht oder Nennvolumen üblicherweise 250 Gramm oder Milliliter nicht übersteigt, dürfen als Mengeneinheit für den Grundpreis 100 Gramm oder Milliliter verwendet werden. [3]Bei nach Gewicht oder nach Volumen angebotener loser Ware ist als Mengeneinheit für den Grundpreis entsprechend der allgemeinen Verkehrsauffassung entweder 1 Kilogramm oder 100 Gramm oder 1 Liter oder 100 Milliliter zu verwenden. [4]Bei Waren, die üblicherweise in Mengen von 100 Liter und mehr, 50 Kilogramm und mehr oder 100 Meter und mehr abgegeben werden, ist für den Grundpreis die Mengeneinheit zu verwenden, die der allgemeinen Verkehrsauffassung entspricht. [5]Bei Waren, bei denen das Abtropfgewicht anzugeben ist, ist der Grundpreis auf das angegebene Abtropfgewicht zu beziehen.

(4) [1]Bei Haushaltswaschmitteln kann als Mengeneinheit für den Grundpreis eine übliche Anwendung verwendet werden. [2]Dies gilt auch für Wasch- und Reinigungsmittel, sofern sie einzeln portioniert sind und die Zahl der Portionen zusätzlich zur Gesamtfüllmenge angegeben ist.

§ 3. Elektrizität, Gas, Fernwärme und Wasser. [1]Wer Letztverbrauchern gewerbs- oder geschäftsmäßig oder regelmäßig in sonstiger Weise Elektrizität, Gas, Fernwärme oder Wasser leitungsgebunden anbietet oder als Anbieter dieser Waren gegenüber Letztverbrauchern unter Angabe von Preisen wirbt, hat den verbrauchsabhängigen Preis je Mengeneinheit einschließlich der Umsatzsteuer und aller spezifischen Verbrauchssteuern (Arbeits- oder Mengenpreis) gemäß Satz 2 im Angebot oder in der Werbung anzugeben. ²Als Mengeneinheit für den Arbeitspreis bei Elektrizität, Gas und Fernwärme ist 1 Kilowattstunde und für den Mengenpreis bei Wasser 1 Kubikmeter zu verwenden. ...

§ 4. Handel. (1) Waren, die in Schaufenstern, Schaukästen, innerhalb oder außerhalb des Verkaufsraumes auf Verkaufsständen oder in sonstiger Weise sichtbar ausgestellt werden, und Waren, die vom Verbraucher unmittelbar entnommen werden können, sind durch Preisschilder der Beschriftung der Ware auszuzeichnen.

(2) Waren, die nicht unter den Voraussetzungen des Absatzes 1 im Verkaufsraum zum Verkauf bereitgehalten werden, sind entweder nach Absatz 1 auszuzeichnen oder dadurch, dass die Behältnisse oder Regale, in denen sich die Waren befinden, beschriftet werden oder dass Preisverzeichnisse angebracht oder zur Einsichtnahme aufgelegt werden.

(3) Waren, die nach Musterbüchern angeboten werden, sind dadurch auszuzeichnen, dass die Preise für die Verkaufseinheit auf den Mustern oder damit verbundenen Preisschildern oder Preisverzeichnissen angegeben werden.

(4) Waren, die nach Katalogen oder Warenlisten oder auf Bildschirmen angeboten werden, sind dadurch auszuzeichnen, dass die Preise unmittelbar bei den Abbildungen oder Beschreibungen der Waren oder in mit den Katalogen oder Warenlisten im Zusammenhang stehenden Preisverzeichnissen angegeben werden.

(5) Auf Angebote von Waren, deren Preise üblicherweise aufgrund von Tarifen oder Gebührenregelungen bemessen werden, ist § 5 Abs. 1 und 2 entsprechend anzuwenden.

§ 5. Leistungen. (1) ¹Wer Leistungen anbietet, hat ein Preisverzeichnis mit den Preisen für seine wesentlichen Leistungen oder in den Fällen des § 1 Abs. 3 mit seinen Verrechnungssätzen aufzustellen. ²Dieses ist im Geschäftslokal oder am sonstigen Ort des Leistungsangebots und, sofern vorhanden, zusätzlich im Schaufenster oder Schaukasten anzubringen.

(2) Werden entsprechend der allgemeinen Verkehrsauffassung die Preise und Verrechnungssätze für sämtliche angebotenen Leistungen in Preisverzeichnissen aufgenommen, so sind diese zur Einsichtnahme am Ort des Leistungsangebots bereitzuhalten, wenn das Anbringen der Preisverzeichnisse wegen ihres Umfangs nicht zumutbar ist.

(3) Werden die Leistungen in Fachabteilungen von Handelsbetrieben angeboten, so genügt das Anbringen der Preisverzeichnisse in den Fachabteilungen.

§ 6. Kredite. (1) ¹Bei Krediten sind als Preis die Gesamtkosten als jährlicher Vomhundertsatz des Kredits anzugeben und als „effektiver Jahreszins" oder, wenn eine Änderung des Zinssatzes oder anderer preisbestimmender Faktoren vorbehalten ist (§ 1 Abs. 5), als „anfänglicher effektiver Jahreszins" zu bezeichnen. ²Zusammen mit dem anfänglichen effektiven Jahreszins ist anzugeben, wann preisbestimmende Faktoren geändert werden können und auf welchen Zeitraum Belastungen, die sich aus einer nicht vollständigen Auszahlung des Kreditbetrages oder aus einem Zuschlag zum Kreditbetrag ergeben, zum Zwecke der Preisangabe verrechnet worden sind.

(2) ¹Der anzugebende Vomhundertsatz gemäß Absatz 1 ist mit der im Anhang angegebenen mathematischen Formel und nach den im Anhang zugrunde gelegten Vorgehensweisen zu berechnen. ²Er beziffert den Zinssatz, mit dem sich der Kredit bei regelmäßigem Kreditverlauf, ausgehend von den tatsächlichen Zahlungen des Kreditgebers und des Kreditnehmers, auf der Grundlage taggenauer Verrechnung aller Leistungen abrechnen lässt. ³Es gilt die exponentielle Verzinsung auch im unterjährigen Bereich. ⁴Bei der Berechnung des anfänglichen effektiven Jahreszinses sind die zum Zeitpunkt des Angebots oder der Werbung geltenden preisbestimmenden Faktoren zugrunde zu legen. ⁵Der anzugebende Vomhundertsatz ist mit der im Kreditgewerbe üblichen Genauigkeit zu berechnen.

(3) In die Berechnung des anzugebenden Vomhundertsatzes sind die Gesamtkosten des Kredits für den Kreditnehmer einschließlich etwaiger Vermittlungskosten mit Ausnahme folgender Kosten einzubeziehen:
1. Kosten, die vom Kreditnehmer bei Nichterfüllung seiner Verpflichtungen aus dem Kreditvertrag zu tragen sind;
2. Kosten mit Ausnahme des Kaufpreises, die vom Kreditnehmer beim Erwerb von Waren oder Dienstleistungen unabhängig davon zu tragen sind, ob es sich um ein Bar- oder Kreditgeschäft handelt;
3. Überweisungskosten sowie die Kosten für die Führung eines Kontos, das für die Tilgungszahlung im Rahmen der Rückzahlung des Kredits sowie für die Zahlung von Zinsen und sonstigen Kosten bestimmt ist, es sei denn, der Kreditnehmer hat hierbei keine angemessene Wahlfreiheit und diese Kosten sind ungewöhnlich hoch; diese Bestimmung gilt jedoch nicht für die Inkassokosten dieser Rückzahlungen oder Zahlungen, unabhängig davon, ob sie in bar oder auf eine andere Weise erhoben werden;
4. Mitgliedsbeiträge für Vereine oder Gruppen, die sich aus anderen Vereinbarungen als dem

Preisangabenverordnung 5.9a PAngV §§ 6–9

Kreditvertrag ergeben, obwohl sie sich auf die Kreditbedingungen auswirken.

§ 7. Gaststättengewerbe, Beherbergungsbetriebe. (1) [1]In Gaststätten und ähnlichen Betrieben, in denen Speisen oder Getränke angeboten werden, sind die Preise in Preisverzeichnissen anzugeben. [2]Die Preisverzeichnisse sind entweder auf Tischen aufzulegen oder jedem Gast vor Entgegennahme von Bestellungen und auf Verlangen bei Abrechnung vorzulegen oder gut lesbar anzubringen. [3]Werden Speisen und Getränke gemäß § 4 Abs. 1 angeboten, so muss die Preisangabe dieser Vorschrift entsprechen.

(2) [1]Neben dem Eingang der Gaststätte ist ein Preisverzeichnis anzubringen, aus dem die Preise für die wesentlichen angebotenen Speisen und Getränke ersichtlich sind. [2]Ist der Gaststättenbetrieb Teil eines Handelsbetriebes, so genügt das Anbringen des Preisverzeichnisses am Eingang des Gaststättenteils.

(3) In Beherbergungsbetrieben ist beim Eingang oder bei der Anmeldestelle des Betriebes an gut sichtbarer Stelle ein Verzeichnis anzubringen oder auszulegen, aus dem die Preise der im Wesentlichen angebotenen Zimmer und gegebenenfalls der Frühstückspreis ersichtlich sind.

(4) Kann in Gaststätten- und Beherbungsbetrieben eine Telekommunikationsanlage benutzt werden, so ist der bei Benutzung geforderte Preis je Minute oder je Benutzung in der Nähe der Telekommunikationsanlage anzugeben.

(5) Die in den Preisverzeichnissen aufgeführten Preise müssen das Bedienungsgeld und sonstige Zuschläge einschließen.

§ 8. Tankstellen, Parkplätze. (1) [1]An Tankstellen sind die Kraftstoffpreise so auszuzeichnen, dass sie

1. für den auf der Straße heranfahrenden Kraftfahrer,
2. auf Bundesautobahnen für den in den Tankstellenbereich einfahrenden Kraftfahrer

deutlich lesbar sind. [2]Dies gilt nicht für Kraftstoffmischungen, die erst in der Tankstelle hergestellt werden.

§ 9. Ausnahmen. (1) [1]Die Vorschriften dieser Verordnung sind nicht anzuwenden
1. auf Angebote oder Werbung gegenüber Letztverbrauchern, die die Ware oder Leistung in ihrer selbständigen beruflichen oder gewerblichen oder in ihrer behördlichen oder dienstlichen Tätigkeit verwenden; für Handelsbetriebe gilt dies nur, wenn sie sicherstellen, dass als Letztverbraucher ausschließlich die in Halbsatz 1 genannten Personen Zutritt haben, und wenn sie durch geeignete Maßnahmen dafür Sorge tragen, dass diese Personen nur die in ihrer jeweiligen Tätigkeit verwendbaren Waren kaufen;
2. auf Leistungen von Gebietskörperschaften des öffentlichen Rechts, soweit es sich nicht um Leistungen handelt, für die Benutzungsgebühren oder privat-rechtliche Entgelte zu entrichten sind;
3. auf Waren und Leistungen, soweit für sie auf Grund von Rechtsvorschriften eine Werbung untersagt ist;
4. auf mündliche Angebote, die ohne Angabe von PReisen abgegeben werden;
5. auf Warenangebote bei Versteigerungen.

(2) [1]§ 1 Abs. 1 und § 2 Abs. 1 sind nicht anzuwenden auf individuelle Preisnachlässe sowie auf nach Kalendertagen zeitlich begrenzte und durch Werbung bekannt gemachte generelle Preisnachlässe.

(3) [1]§ 1 Abs. 2 ist nicht anzuwenden auf die in § 312b Abs. 3 Nr. 1 bis 4 und 7 des Bürgerlichen Gesetzbuchs genannten Verträge

…

5.9b Mindestanforderungen — Getränke

Auszeichnungspflichten nach § 7 Abs. 2 Preisangaben-Verordnung
in der Neufassung vom 28. Juli 2000

Betriebstypen

I. Gaststättenbetriebe, in denen hauptsächlich Bier und Wein ausgegeben werden:
2 Biere
2 Weißweine
2 Rotweine
1 Sekt
2 Spirituosen
2 alkoholfreie Getränke
1 Kaffee

II. Gaststätten, in denen hauptsächlich Schaumwein, Sekt und Spirituosen abgegeben werden:
1 Flasche Schaumwein oder Sekt
2 Spirituosen
1 Mixgetränk
1 Bier
2 Weine
2 alkoholfreie Getränke
1 Kaffee

III. Gaststätten, in denen hauptsächlich Kaffee oder Tee abgegeben wird:
1 Kaffee
1 Tee
1 Schokoloade
1 Bier
1 Wein
1 Spirituose
2 alkoholfreie Getränke

Getränke

1. Weine
 a) **bei Qualitätsweinen bestimmter Anbaugebiete**
   – Bezeichnung als „Qualitätswein b.A." bzw. entsprechende ausländische Bezeichnung
   – Bestimmtes Anbaugebiet
   – ggf. Prädikat und engere Herkunftsbezeichnung
   – Nennvolumen
   – Angabe, ob „Rotwein", „Roséwein" oder „Weißwein"
   – Menge
   – Preis
 b) **bei Tafelwein**
   – Angabe der Herkunft, z.B. „Deutscher Tafelwein", „Verschnitt von Weinen aus mehreren Ländern der Europäischen Gemeinschaft"
   – Nennvolumen
   – Angabe, ob „Rotwein", „Roséwein" oder „Weißwein"
   – Menge
   – Preis
 c) **bei Schaumwein**
   – Angabe der Verkehrsbezeichnung
   – Nennvolumen
   – Angabe über Restzuckergehalt
 d) **bei ausländischem Perlwein/Perlwein mit zugesetzter Kohlensäure**
   – Angabe „Perlwein" (§ 20 II WeinG)
   – Name des Herstellungslandes (§ 20 II WeinG)
   – Importeur bzw. Abfüller (§ 14 II WeinVO)
   – Menge
   – Preis
 e) **bei inländischem Perlwein**
   – Angabe „Perlwein"
   – Angaben nach § 7 II und III WeinVO
   – Abfüller (§ 9 II S. 1 WeinVO)
   – Menge
   – Preis
 f) **bei ausländischem Likörwein**
   – Angabe „Likörwein" oder üblicher Name (z. B. Malaga)
   – Angabe Herstellerland
   – Importeur bzw. Abfüller (§ 15 WeinVO)
   – Menge
   – Preis

2. Biere
 – Art und Brauerei
 – Menge
 – Preis
 Die Angabe der Brauerei ist nicht notwendig, wenn sich aus dem Gesamtzusammenhang ergibt, dass in der Gaststätte nur Bier einer bestimmten Brauerei angeboten wird.

3. Spirituosen
 – Art oder Marke
 – Menge
 – Preis

4. Alkoholfreie Getränke
 – Art oder Marke
 – Menge

Abgabenordnung

6.1 AO §§ 1–101

Abgabenordnung
Vom 16. März 1976, in der Fassung der Bekanntmachung vom 1. Oktober 2002, mit Änderungen bis zum 21. Dezember 2007

Erster Teil. Einleitende Vorschriften

Anwendungsbereich

§ 1. Anwendungsbereich. (1) Dieses Gesetz gilt für alle Steuern einschließlich der Steuervergütungen, die durch Bundesrecht oder Recht der Europäischen Gemeinschaften geregelt sind, soweit sie durch Bundesfinanzbehörden oder durch Landesfinanzbehörden verwaltet werden. ...

Steuerliche Begriffsbestimmungen

§ 3. Steuern, steuerliche Nebenleistungen. (1) Steuern sind Geldleistungen, die nicht eine Gegenleistung für eine besondere Leistung darstellen und von einem öffentlich-rechtlichen Gemeinwesen zur Erzielung von Einnahmen allen auferlegt werden, bei denen der Tatbestand zutrifft, an den das Gesetz die Leistungspflicht knüpft; die Erzielung von Einnahmen kann Nebenzweck sein.

(2) Realsteuern sind die Grundsteuer und die Gewerbesteuer.

(3) Einfuhr- und Ausfuhrabgaben ... sind Steuern im Sinne dieses Gesetzes.

(4) Steuerliche Nebenleistungen sind Verspätungszuschläge (§ 152), ... Zinsen ..., Säumniszuschläge ..., Zwangsgelder ... und Kosten ....

Steuergeheimnis

§ 30. Steuergeheimnis. (1) Amtsträger haben das Steuergeheimnis zu wahren.

§ 30a. Schutz von Bankkunden. (1) Bei der Ermittlung des Sachverhalts (§ 88) haben die Finanzbehörden auf das Vertrauensverhältnis zwischen den Kreditinstituten und deren Kunden besonders Rücksicht zu nehmen.

(2) Die Finanzbehörden dürfen von den Kreditinstituten zum Zweck der allgemeinen Überwachung die einmalige oder periodische Mitteilung von Konten bestimmter Art oder bestimmter Höhe nicht verlangen.

(5) Für Auskunftsersuchen an Kreditinstitute gilt § 93. Ist die Person des Steuerpflichtigen bekannt und gegen ihn kein Verfahren wegen einer Steuerstraftat oder einer Steuerordnungswidrigkeit eingeleitet, soll auch im Verfahren nach § 208 Abs. 1 Satz 1 ein Kreditinstitut erst um Auskunft und Vorlage von Urkunden gebeten werden, wenn ein Auskunftsersuchen an den Steuerpflichtigen nicht zum Ziele führt oder keinen Erfolg verspricht.

Dritter Teil. Allgemeine Verfahrensvorschriften

Besteuerungsgrundsätze, Beweismittel

▶ **Allgemeines**

§ 90. Mitwirkungspflichten der Beteiligten. (1) [1]Die Beteiligten sind zur Mitwirkung bei der Ermittlung des Sachverhalts verpflichtet. [2]Sie kommen der Mitwirkungspflicht insbesondere dadurch nach, dass sie die für die Besteuerung erheblichen Tatsachen vollständig und wahrheitsgemäß offen legen und die ihnen bekannten Beweismittel angeben. [3]Der Umfang dieser Pflichten richtet sich nach den Umständen des Einzelfalls.

▶ **Auskunfts- und Vorlageverweigerungsrechte**

§ 101. Auskunfts- und Eidesverweigerungsrecht der Angehörigen. (1) [1]Die Angehörigen (§ 15) eines Beteiligten können die Auskunft verweigern, soweit sie nicht selbst als Beteiligte über ihre eigenen steuerlichen Verhältnisse auskunftspflichtig sind oder die Auskunftspflicht für einen Beteiligten zu erfüllen haben. [2]Die Angehörigen sind über das Auskunftsverweigerungsrecht zu belehren. [3]Die Belehrung ist aktenkundig zu machen.

Vierter Teil. Durchführung der Besteuerung

Erfassung der Steuerpflichtigen

▶ **Anzeigepflichten**

§ 138. Anzeigen über die Erwerbstätigkeit.
(1) Wer einen Betrieb der Land- und Forstwirtschaft, einen gewerblichen Betrieb oder eine Betriebstätte eröffnet, hat dies nach amtlich vorgeschriebenem Vordruck der Gemeinde mitzuteilen, in der der Betrieb oder die Betriebstätte eröffnet wird; die Gemeinde unterrichtet unverzüglich das nach § 22 Abs. 1 zuständige Finanzamt von dem Inhalt der Mitteilung. ...

Mitwirkungspflichten

▶ **Führung von Büchern und Aufzeichnungen**

§ 140. Buchführungs- und Aufzeichnungspflichten nach anderen Gesetzen. Wer nach anderen Gesetzen als den Steuergesetzen Bücher und Aufzeichnungen zu führen hat, die für die Besteuerung von Bedeutung sind, hat die Verpflichtungen, die ihm nach den anderen Gesetzen obliegen, auch für die Besteuerung zu erfüllen.

§ 141. Buchführungspflicht bestimmter Steuerpflichtiger. (1) Gewerbliche Unternehmer sowie Land- und Forstwirte, die nach den Feststellungen der Finanzbehörde für den einzelnen Betrieb
1. Umsätze einschließlich der steuerfreien Umsätze, ausgenommen die Umsätze nach § 4 Nr. 8 bis 10 des Umsatzsteuergesetzes, von mehr als 500 000 Euro im Kalenderjahr oder
2. *aufgehoben*
3. selbstbewirtschaftete land- und forstwirtschaftliche Flächen mit einem Wirtschaftswert ... von mehr als 25 000 Euro oder
4. einen Gewinn aus Gewerbebetrieb von mehr als 50 000 Euro im Wirtschaftsjahr oder
5. einen Gewinn aus Land- und Forstwirtschaft von mehr als 50 000 Euro im Kalenderjahr
gehabt haben, sind auch dann verpflichtet, für diesen Betrieb Bücher zu führen und auf Grund jährlicher Bestandsaufnahmen Abschlüsse zu machen, wenn sich eine Buchführungspflicht nicht aus § 140 ergibt. ...

§ 143. Aufzeichnung des Wareneingangs.
(1) Gewerbliche Unternehmer müssen den Wareneingang gesondert aufzeichnen.
(2) [1]Aufzuzeichnen sind alle Waren einschließlich der Rohstoffe, unfertigen Erzeugnisse, Hilfsstoffe und Zutaten, die der Unternehmer im Rahmen seines Gewerbebetriebs zur Weiterveräußerung oder zum Verbrauch entgeltlich oder unentgeltlich, für eigene oder für fremde Rechnung, erwirbt; dies gilt auch dann, wenn die Waren vor der Weiterveräußerung oder dem Verbrauch be- oder verarbeitet werden sollen. [2]Waren, die nach Art des Betriebs üblicherweise für den Betrieb zur Weiterveräußerung oder zum Verbrauch erworben werden, sind auch dann aufzuzeichnen, wenn sie für betriebsfremde Zwecke verwendet werden.
(3) Die Aufzeichnungen müssen die folgenden Angaben enthalten:
1. den Tag des Wareneingangs oder das Datum der Rechnung,
2. den Namen oder die Firma und die Anschrift des Lieferers,
3. die handelsübliche Bezeichnung der Ware,
4. den Preis der Ware,
5. einen Hinweis auf den Beleg.

§ 144. Aufzeichnung des Warenausgangs.
(1) Gewerbliche Unternehmer, die nach der Art ihres Geschäftsbetriebs Waren regelmäßig an andere gewerbliche Unternehmer zur Weiterveräußerung oder zum Verbrauch als Hilfsstoffe liefern, müssen den erkennbar für diese Zwecke bestimmten Warenausgang gesondert aufzeichnen.
(3) Die Aufzeichnungen müssen die folgenden Angaben enthalten:
1. den Tag des Warenausgangs oder das Datum der Rechnung,
2. den Namen oder die Firma und die Anschrift des Abnehmers,
3. die handelsübliche Bezeichnung der Ware,
4. den Preis der Ware,
5. einen Hinweis auf den Beleg.
(4) Der Unternehmer muss über jeden Ausgang der in den Absätzen 1 und 2 genannten Waren einen Beleg erteilen, der die in Absatz 3 bezeichneten Angaben sowie seinen Namen oder die Firma und seine Anschrift enthält.

§ 145. Allgemeine Anforderungen an Buchführung und Aufzeichnungen. (1) [1]Die Buchführung muss so beschaffen sein, dass sie einem sachverständigen Dritten innerhalb angemessener Zeit einen Überblick über die Geschäftsvorfälle und über die Lage des Unternehmens vermitteln kann. [2]Die Geschäftsvorfälle müssen sich in ihrer Entstehung und Abwicklung verfolgen lassen.
(2) Aufzeichnungen sind so vorzunehmen, dass der Zweck, den sie für die Besteuerung erfüllen sollen, erreicht wird.

§ 146. Ordnungsvorschriften für die Buchführung und für Aufzeichnungen. (1) ¹Die Buchungen und die sonst erforderlichen Aufzeichnungen sind vollständig, richtig, zeitgerecht und geordnet vorzunehmen. ²Kasseneinnahmen und Kassenausgaben sollen täglich festgehalten werden.

(2) ¹Bücher und die sonst erforderlichen Aufzeichnungen sind im Geltungsbereich dieses Gesetzes zu führen und aufzubewahren. ²Dies gilt nicht, soweit für Betriebstätten außerhalb des Geltungsbereichs dieses Gesetzes nach dortigem Recht eine Verpflichtung besteht, Bücher und Aufzeichnungen zu führen, und diese Verpflichtung erfüllt wird. ³In diesem Fall sowie bei Organgesellschaften außerhalb des Geltungsbereichs dieses Gesetzes müssen die Ergebnisse der dortigen Buchführung in die Buchführung des hiesigen Unternehmens übernommen werden, soweit sie für die Besteuerung von Bedeutung sind. ⁴Dabei sind die erforderlichen Anpassungen an die steuerrechtlichen Vorschriften im Geltungsbereich dieses Gesetzes vorzunehmen und kenntlich zu machen.

(3) ¹Die Buchungen und die sonst erforderlichen Aufzeichnungen sind in einer lebenden Sprache vorzunehmen. ²Wird eine andere als die deutsche Sprache verwendet, so kann die Finanzbehörde Übersetzungen verlangen. ³Werden Abkürzungen, Ziffern, Buchstaben oder Symbole verwendet, muss im Einzelfall deren Bedeutung eindeutig festliegen.

(4) ¹Eine Buchung oder eine Aufzeichnung darf nicht in einer Weise verändert werden, dass der ursprüngliche Inhalt nicht mehr feststellbar ist. ²Auch solche Veränderungen dürfen nicht vorgenommen werden, deren Beschaffenheit es ungewiss lässt, ob sie ursprünglich oder erst später gemacht worden sind.

(5) ¹Die Bücher und die sonst erforderlichen Aufzeichnungen können auch in der geordneten Ablage von Belegen bestehen oder auf Datenträgern geführt werden, soweit diese Formen der Buchführung einschließlich des dabei angewandten Verfahrens den Grundsätzen ordnungsmäßiger Buchführung entsprechen; bei Aufzeichnungen, die allein nach den Steuergesetzen vorzunehmen sind, bestimmt sich die Zulässigkeit des angewendeten Verfahrens nach dem Zweck, den die Aufzeichnungen für die Besteuerung erfüllen sollen. ²Bei der Führung der Bücher und der sonst erforderlichen Aufzeichnungen auf Datenträgern muss insbesondere sichergestellt sein, dass während der Dauer der Aufbewahrungsfrist die Daten jederzeit verfügbar sind und unverzüglich lesbar gemacht werden können. ... ³Absätze 1 bis 4 gelten sinngemäß.

(6) Die Ordnungsvorschriften gelten auch dann, wenn der Unternehmer Bücher und Aufzeichnungen, die für die Besteuerung von Bedeutung sind, führt, ohne hierzu verpflichtet zu sein.

§ 147. Ordnungsvorschriften für die Aufbewahrung von Unterlagen. (1) Die folgenden Unterlagen sind geordnet aufzubewahren:
1. Bücher und Aufzeichnungen, Inventare, Jahresabschlüsse, Lageberichte, die Eröffnungsbilanz sowie die zu ihrem Verständnis erforderlichen Arbeitsanweisungen und sonstigen Organisationsunterlagen,
2. die empfangenen Handels- oder Geschäftsbriefe,
3. Wiedergaben der abgesandten Handels- oder Geschäftsbriefe,
4. Buchungsbelege,
5. sonstige Unterlagen, soweit sie für die Besteuerung von Bedeutung sind.

(2) Mit Ausnahme der Jahresabschlüsse und der Eröffnungsbilanz können die in Absatz 1 aufgeführten Unterlagen auch als Wiedergabe auf einem Bildträger oder auf anderen Datenträgern aufbewahrt werden, wenn dies den Grundsätzen ordnungsmäßiger Buchführung entspricht und sichergestellt ist, dass die Wiedergabe oder die Daten
1. mit den empfangenen Handels- oder Geschäftsbriefen und den Buchungsbelegen bildlich und mit den anderen Unterlagen inhaltlich übereinstimmen, wenn sie lesbar gemacht werden,
2. während der Dauer der Aufbewahrungsfrist jederzeit verfügbar sind, unverzüglich lesbar gemacht und maschinell ausgewertet werden können.

(3) ¹Die in Absatz 1 Nr. 1 und 4 aufgeführten Unterlagen sind zehn Jahre, die sonstigen in Absatz 1 aufgeführten Unterlagen sechs Jahre aufzubewahren, sofern nicht in anderen Steuergesetzen kürzere Aufbewahrungsfristen zugelassen sind. ²Kürzere Aufbewahrungsfristen nach außersteuerlichen Gesetzen lassen die in Satz 1 bestimmten Frist unberührt. ³Die Aufbewahrungsfrist läuft jedoch nicht ab, soweit und solange die Unterlagen für Steuern von Bedeutung sind, für welche die Festsetzungsfrist noch nicht abgelaufen ist; ...;

(4) Die Aufbewahrungsfrist beginnt mit dem Schluss des Kalenderjahrs, in dem die letzte Eintragung in das Buch gemacht, das Inventar, die Eröffnungsbilanz, der Jahresabschluss oder der Lagebericht aufgestellt, der Handels- oder Geschäftsbrief empfangen oder abgesandt worden oder der Buchungsbeleg entstanden ist, ferner die Aufzeichnung vorgenommen worden ist oder die sonstigen Unterlagen entstanden sind.

(5) Wer aufzubewahrende Unterlagen in der Form einer Wiedergabe auf einem Bildträger oder auf anderen Datenträgern vorlegt, ist ver-

pflichtet, auf seine Kosten diejenigen Hilfsmittel zur Verfügung zu stellen, die erforderlich sind, um die Unterlagen lesbar zu machen; auf Verlangen der Finanzbehörde hat er auf seine Kosten die Unterlagen unverzüglich ganz oder teilweise auszudrucken oder ohne Hilfsmittel lesbare Reproduktionen beizubringen.

▶ **Steuererklärungen**

§ 149. Abgabe der Steuererklärungen.
(1) [1]Die Steuergesetze bestimmen, wer zur Abgabe einer Steuererklärung verpflichtet ist. [2]Zur Abgabe einer Steuererklärung ist auch verpflichtet, wer hierzu von der Finanzbehörde aufgefordert wird. [3]Die Aufforderung kann durch öffentliche Bekanntmachung erfolgen. [4]Die Verpflichtung zur Abgabe einer Steuererklärung bleibt auch dann bestehen, wenn die Finanzbehörde die Besteuerungsgrundlagen geschätzt hat (§ 162).
(2) Soweit die Steuergesetze nichts anderes bestimmen, sind Steuererklärungen, die sich auf ein Kalenderjahr oder einen gesetzlich bestimmten Zeitpunkt beziehen, spätestens fünf Monate danach abzugeben.

§ 150. Form und Inhalt der Steuererklärungen. (1) [1]Die Steuererklärungen sind nach amtlich vorgeschriebenem Vordruck abzugeben, soweit nicht eine mündliche Steuererklärung zugelassen ist. [2]§ 87 a ist nur anwendbar, soweit auf Grund eines Gesetzes oder einer nach Absatz 6 erlassenen Rechtsverordnung die Steuererklärung maschinell verwertbarem Datenträger oder durch Datenfernübertragung übermittelt werden darf. [3]Der Steuerpflichtige hat in der Steuererklärung die Steuer selbst zu berechnen, soweit dies gesetzlich vorgeschrieben ist (Steueranmeldung).
(2) [1]Die Angaben in den Steuererklärungen sind wahrheitsgemäß nach bestem Wissen und Gewissen zu machen. [2]Dies ist, wenn der Vordruck dies vorsieht, schriftlich zu versichern.
(3) [1]Ordnen die Steuergesetze an, dass der Steuerpflichtige die Steuererklärung eigenhändig zu unterschreiben hat, so ist die Unterzeichnung durch einen Bevollmächtigten nur dann zulässig, wenn der Steuerpflichtige infolge seines körperlichen oder geistigen Zustands oder durch längere Abwesenheit an der Unterschrift gehindert ist. [2]Die eigenhändige Unterschrift kann nachträglich verlangt werden, wenn der Hinderungsgrund weggefallen ist.

§ 152. Verspätungszuschlag. (1) [1]Gegen denjenigen, der seiner Verpflichtung zur Abgabe einer Steuererklärung nicht oder nicht fristgemäß nachkommt, kann ein Verspätungszuschlag festgesetzt werden. [2]Von der Festsetzung eines Verspätungszuschlags ist abzusehen, wenn die Versäumnis entschuldbar erscheint. [3]Das Verschulden eines gesetzlichen Vertreters oder eines Erfüllungsgehilfen steht dem eigenen Verschulden gleich.

§ 154. Kontenwahrheit. (1) Niemand darf auf einen falschen oder erdichteten Namen für sich oder einen Dritten ein Konto errichten oder Buchungen vornehmen lassen, Wertsachen (Geld, Wertpapiere, Kostbarkeiten) in Verwahrung geben oder verpfänden oder sich ein Schließfach geben lassen.
(2) [1]Wer ein Konto führt, Wertsachen verwahrt oder als Pfand nimmt oder ein Schließfach überlässt, hat sich zuvor Gewissheit über die Person und Anschrift des Verfügungsberechtigten zu verschaffen und die entsprechenden Angaben in geeigneter Form, bei Konten auf dem Konto, festzuhalten. [2]Er hat sicherzustellen, dass er jederzeit Auskunft darüber geben kann, über welche Konten oder Schließfächer eine Person verfügungsberechtigt ist.

Festsetzungs- und Feststellungsverfahren

▶ **Steuerfestsetzung**

Allgemeine Vorschriften

§ 155. Steuerfestsetzung. (1) Die Steuern werden, soweit nichts anderes vorgeschrieben ist, von der Finanzbehörde durch Steuerbescheid festgesetzt.

§ 157. Form und Inhalt der Steuerbescheide.
(1) [1]Steuerbescheide sind schriftlich zu erteilen, soweit nichts anderes bestimmt ist. [2]Schriftliche Steuerbescheide müssen die festgesetzte Steuer nach Art und Betrag bezeichnen und angeben, wer die Steuer schuldet. [3]Ihnen ist außerdem eine Belehrung darüber beizufügen, welcher Rechtsbehelf zulässig ist und binnen welcher Frist und bei welcher Behörde er einzulegen ist.

§ 158. Beweiskraft der Buchführung. Die Buchführung und die Aufzeichnungen des Steuerpflichtigen, die den Vorschriften der §§ 140 bis 148 entsprechen, sind der Besteuerung zugrunde zu legen, soweit nach den Umständen des Einzelfalls kein Anlass ist, ihre sachliche Richtigkeit zu beanstanden.

§ 162. Schätzung von Besteuerungsgrundlagen. (1) [1]Soweit die Finanzbehörde die Besteuerungsgrundlagen nicht ermitteln oder berechnen kann, hat sie sie zu schätzen. [2]Dabei

Abgabenordnung 6.1 AO §§ 162–231

sind alle Umstände zu berücksichtigen, die für die Schätzung von Bedeutung sind.

(2) ¹Zu schätzen ist insbesondere dann, wenn der Steuerpflichtige über seine Angaben keine ausreichenden Aufklärungen zu geben vermag oder weitere Auskunft oder eine Versicherung an Eides statt verweigert oder seine Mitwirkungspflicht nach § 90 Abs. 2 verletzt. ²Das Gleiche gilt, wenn der Steuerpflichtige Bücher oder Aufzeichnungen, die er nach den Steuergesetzen zu führen hat, nicht vorlegen kann oder wenn die Buchführung oder die Aufzeichnungen der Besteuerung nicht nach § 158 zugrunde gelegt werden.

§ 164. Steuerfestsetzung unter Vorbehalt der Nachprüfung. (1) ¹Die Steuern können, solange der Steuerfall nicht abschließend geprüft ist, allgemein oder im Einzelfall unter dem Vorbehalt der Nachprüfung festgesetzt werden, ohne dass dies einer Begründung bedarf. ²Die Festsetzung einer Vorauszahlung ist stets eine Steuerfestsetzung unter Vorbehalt der Nachprüfung.

Außenprüfung

▶ Allgemeine Vorschriften

§ 193. Zulässigkeit einer Außenprüfung.
(1) Eine Außenprüfung ist zulässig bei Steuerpflichtigen, die einen gewerblichen oder land- und forstwirtschaftlichen Betrieb unterhalten oder die freiberuflich tätig sind.

(2) Bei anderen als den in Absatz 1 bezeichneten Steuerpflichtigen ist eine Außenprüfung zulässig,

1. soweit sie die Verpflichtung dieser Steuerpflichtigen betrifft, für Rechnung eines anderen Steuern zu entrichten oder Steuern einzubehalten und abzuführen oder
2. wenn die für die Besteuerung erheblichen Verhältnisse der Aufklärung bedürfen und eine Prüfung an Amtsstelle nach Art und Umfang des zu prüfenden Sachverhalts nicht zweckmäßig ist.

Steuerfahndung (Zollfahndung)

§ 208. Steuerfahndung (Zollfahndung).
(1) Aufgabe der Steuerfahndung (Zollfahndung) ist
1. die Erforschung von Steuerstraftaten und Steuerordnungswidrigkeiten,
2. die Ermittlung der Besteuerungsgrundlagen in den in Nummer 1 bezeichneten Fällen,
3. die Aufdeckung und Ermittlung unbekannter Steuerfälle.

§ 210. Befugnisse der Finanzbehörde. (1) Die von der Finanzbehörde mit der Steueraufsicht betrauten Amtsträger sind berechtigt, Grundstücke und Räume von Personen, die eine gewerbliche oder berufliche Tätigkeit selbständig ausüben und denen ein der Steueraufsicht unterliegender Sachverhalt zuzurechnen ist, während der Geschäfts- und Arbeitszeiten zu betreten, um Prüfungen vorzunehmen oder sonst Feststellungen zu treffen, die für die Besteuerung erheblich sein können (Nachschau).

Fünfter Teil. Erhebungsverfahren

Verwirklichung, Fälligkeit und Erlöschen von Ansprüchen aus dem Steuerschuldverhältnis

▶ Zahlungsverjährung

§ 228. Gegenstand der Verjährung, Verjährungsfrist. ¹Ansprüche aus dem Steuerschuldverhältnis unterliegen einer besonderen Zahlungsverjährung. ²Die Verjährungsfrist beträgt fünf Jahre.

§ 229. Beginn der Verjährung. (1) Die Verjährung beginnt mit Ablauf des Kalenderjahrs, in dem der Anspruch erstmals fällig geworden ist.

§ 230. Hemmung der Verjährung. Die Verjährung ist gehemmt, solange der Anspruch wegen höherer Gewalt innerhalb der letzten sechs Monate der Verjährungsfrist nicht verfolgt werden kann.

§ 231. Unterbrechung der Verjährung. (1) Die Verjährung wird unterbrochen durch schriftliche Geltendmachung des Anspruches, durch Zahlungsaufschub, durch Stundung, durch Aussetzung der Vollziehung, durch Sicherheitsleistung, durch Vollstreckungsaufschub, durch eine Vollstreckungsmaßnahme, durch Anmeldung im Insolvenzverfahren, durch Aufnahme in einen Insolvenzplan oder einen gerichtlichen Schuldenbereinigungsplan, durch Einbeziehung in ein Verfahren, das die Restschuldbefreiung für den Schuldner zum Ziel hat, und durch Ermittlungen der Finanzbehörde nach

dem Wohnsitz oder dem Aufenthaltsort des Zahlungspflichtigen.
(3) Mit Ablauf des Kalenderjahrs, in dem die Unterbrechung geendet hat, beginnt eine neue Verjährungsfrist.

§ 232. Wirkung der Verjährung. Durch die Verjährung erlöschen der Anspruch aus dem Steuerschuldverhältnis und die von ihm abhängenden Zinsen.

Siebenter Teil. Außergerichtliches Rechtsbehelfsverfahren

Zulässigkeit

§ 347. Statthaftigkeit des Einspruchs. (1) Gegen Verwaltungsakte
1. in Abgabenangelegenheiten, auf die dieses Gesetz Anwendung findet,
2. in Verfahren zur Vollstreckung von Verwaltungsakten in anderen als den in Nummer 1 bezeichneten Angelegenheiten, soweit die Verwaltungsakte durch Bundesfinanzbehörden oder Landesfinanzbehörden nach den Vorschriften dieses Gesetzes zu vollstrecken sind,
3. in öffentlich-rechtlichen und berufsrechtlichen Angelegenheiten, auf die dieses Gesetz nach § 164 a des Steuerberatungsgesetzes Anwendung findet,
4. in anderen durch die Finanzbehörden verwalteten Angelegenheiten, soweit die Vorschriften über die außergerichtlichen Rechtsbehelfe durch Gesetz für anwendbar erklärt worden sind oder erklärt werden,

ist als Rechtsbehelf der Einspruch statthaft. ...

§ 348. Ausschluss des Einspruchs. Der Einspruch ist nicht statthaft
1. gegen Einspruchsentscheidungen (§ 367),
2. bei Nichtentscheidung über einen Einspruch,
3. gegen Verwaltungsakte der obersten Finanzbehörden des Bundes und der Länder, außer wenn ein Gesetz das Einspruchsverfahren vorschreibt,
4. gegen Entscheidungen der Oberfinanzdirektionen in Angelegenheiten des Zweiten Abschnitts des Zweiten Teils des Steuerberatungsgesetzes.

§ 350. Beschwer. Befugt, Einspruch einzulegen, ist nur, wer geltend macht, durch einen Verwaltungsakt oder dessen Unterlassung beschwert zu sein.

Verfahrensvorschriften

§ 355. Einspruchsfrist. (1) ¹Der Einspruch nach § 347 Abs. 1 Satz 1 ist innerhalb eines Monats nach Bekanntgabe des Verwaltungsakts einzulegen. ²Ein Einspruch gegen eine Steueranmeldung ist innerhalb eines Monats nach Eingang der Steueranmeldung bei der Finanzbehörde, in den Fällen des § 168 Satz 2 innerhalb eines Monats nach Bekanntwerden der Zustimmung, einzulegen.
(2) Der Einspruch nach § 347 Abs. 1 Satz 2 ist unbefristet.

§ 356. Rechtsbehelfsbelehrung. (1) Ergeht ein Verwaltungsakt schriftlich oder elektronisch, so beginnt die Frist für die Einlegung des Einspruchs nur, wenn der Beteiligte über den Einspruch und die Finanzbehörde, bei der er einzulegen ist, deren Sitz und die einzuhaltende Frist in der für den Verwaltungsakt verwendeten Form belehrt worden ist.

§ 357. Einlegung des Einspruchs. (1) ¹Der Einspruch ist schriftlich einzureichen oder zur Niederschrift zu erklären. ²Es genügt, wenn aus dem Schriftstück hervorgeht, wer den Einspruch eingelegt hat. ³Einlegung durch Telegramm ist zulässig. ⁴Unrichtige Bezeichnung des Einspruchs schadet nicht.
(2) Der Einspruch ist bei der Behörde anzubringen, deren Verwaltungsakt angefochten wird oder bei der ein Antrag auf Erlass eines Verwaltungsakts gestellt worden ist. ...

Achter Teil. Straf- und Bußgeldvorschriften; Straf- und Bußgeldverfahren

Strafvorschriften

§ 370. Steuerhinterziehung.
(1) Mit Freiheitsstrafe bis zu fünf Jahren oder mit Geldstrafe wird bestraft, wer
1. den Finanzbehörden oder anderen Behörden über steuerlich erhebliche Tatsachen unrichtige oder unvollständige Angaben macht,
2. die Finanzbehörden pflichtwidrig über steuerlich erhebliche Tatsachen in Unkenntnis lässt oder
3. pflichtwidrig die Verwendung von Steuerzeichen oder Steuerstempeln unterlässt

und dadurch Steuern verkürzt oder für sich oder

einen anderen nicht gerechtfertigte Steuervorteile erlangt.
(2) Der Versuch ist strafbar.
(3) In besonders schweren Fällen ist die Strafe Freiheitsstrafe von sechs Monaten bis zu zehn Jahren. ...

§ 371. Selbstanzeige bei Steuerhinterziehung.
(1) Wer in den Fällen des § 370 unrichtige oder unvollständige Angaben bei der Finanzbehörde berichtigt oder ergänzt oder unterlassene Angaben nachholt, wird insoweit straffrei.

Bußgeldvorschriften

§ 377. Steuerordnungswidrigkeiten. (1) Steuerordnungswidrigkeiten (Zollordnungswidrigkeiten) sind Zuwiderhandlungen, die nach den Steuergesetzen mit Geldbuße geahndet werden können.

§ 379. Steuergefährdung. (1) Ordnungswidrig handelt, wer vorsätzlich oder leichtfertig
1. Belege ausstellt, die in tatsächlicher Hinsicht unrichtig sind,
2. Belege gegen Entgelt in den Verkehr bringt oder
3. nach Gesetz buchungs- oder aufzeichnungspflichtige Geschäftsvorfälle oder Betriebsvorgänge nicht oder in tatsächlicher Hinsicht unrichtig verbucht oder verbuchen lässt

und dadurch ermöglicht, Steuern zu verkürzen oder nicht gerechtfertigte Steuervorteile zu erlangen. ...

Einkommensteuergesetz 1997 (EStG 1997)

In der Fassung der Bekanntmachung vom 19. Oktober 2002, mit Änderungen bis zum 20. Dezember 2007

I. Steuerpflicht

§ 1. (1) ¹Natürliche Personen, die im Inland einen Wohnsitz oder ihren gewöhnlichen Aufenthalt haben, sind unbeschränkt einkommensteuerpflichtig. ²Zum Inland im Sinne dieses Gesetzes gehört auch der der Bundesrepublik Deutschland zustehende Anteil am Festlandsockel, soweit dort Naturschätze des Meeresgrundes und des Meeresuntergrundes erforscht oder ausgebeutet werden oder dieser der Energieerzeugung unter Nutzung erneuerbarer Energien dient.

(2) Unbeschränkt einkommensteuerpflichtig sind auch deutsche Staatsangehörige, die

1. im Inland weder einen Wohnsitz noch ihren gewöhnlichen Aufenthalt haben und
2. zu einer inländischen juristischen Person des öffentlichen Rechts in einem Dienstverhältnis stehen und dafür Arbeitslohn aus einer inländischen öffentlichen Kasse beziehen

sowie zu ihrem Haushalt gehörende Angehörige, die die deutsche Staatsangehörigkeit besitzen oder keine Einkünfte oder nur Einkünfte beziehen, die ausschließlich im Inland einkommensteuerpflichtig sind. ...

II. Einkommen

Sachliche Voraussetzungen für die Besteuerung

§ 2. Umfang der Besteuerung, Begriffsbestimmungen. (1) ¹Der Einkommensteuer unterliegen
1. Einkünfte aus Land- und Forstwirtschaft,
2. Einkünfte aus Gewerbebetrieb,
3. Einkünfte aus selbständiger Arbeit,
4. Einkünfte aus nichtselbständiger Arbeit,
5. Einkünfte aus Kapitalvermögen,
6. Einkünfte aus Vermietung und Verpachtung,
7. sonstige Einkünfte im Sinne des § 22, ...

die der Steuerpflichtige während seiner unbeschränkten Einkommensteuerpflicht oder als inländische Einkünfte während seiner beschränkten Einkommensteuerpflicht erzielt. ²Zu welcher Einkunftsart die Einkünfte im einzelnen Fall gehören, bestimmt sich nach den §§ 13 bis 24.

(2) ¹Einkünfte sind
1. bei Land- und Forstwirtschaft, Gewerbebetrieb und selbständiger Arbeit der Gewinn (§§ 4 bis 7k),
2. bei den anderen Einkunftsarten der Überschuss der Einnahmen über die Werbungskosten (§§ 8 bis 9a).

Bei Einkünften aus Kapitalvermögen tritt § 20 Abs. 9 vorbehaltlich der Regelung in § 32 d Abs. 2 an die Stelle der §§ 9 und 9 a.

(3) ¹Die Summe der Einkünfte, vermindert um den Altersentlastungsbetrag, den Entlastungsbetrag für Alleinerziehende und den Abzug nach § 13 Abs. 3, ist der Gesamtbetrag der Einkünfte.

(4) ¹Der Gesamtbetrag der Einkünfte, vermindert um die Sonderausgaben und die außergewöhnlichen Belastungen, ist das Einkommen.

(5) ¹Das Einkommen, vermindert um die Freibeträge nach § 32 Abs. 6 und um die sonstigen vom Einkommen abzuziehenden Beträge, ist das zu versteuernde Einkommen; dieses bildet die Bemessungsgrundlage für die tarifliche Einkommensteuer. ²Knüpfen andere Gesetze an den Begriff des zu versteuernden Einkommens an, ist für deren Zweck das Einkommen in allen Fällen des § 32 um die Freibeträge nach § 32 Abs. 6 zu vermindern.

(5a) ¹Knüpfen außersteuerliche Rechtsnormen an die in den vorstehenden Absätzen definierten Begriffe (Einkünfte, Summe der Einkünfte, Gesamtbetrag der Einkünfte, Einkommen, zu versteuerndes Einkommen) an, erhöhen sich für deren Zwecke diese Größen um die nach § 32 d Abs. 1 und nach § 43 Abs. 5 zu besteuernden Beträge sowie um die nach § 3 Nr. 40 steuerfreien Beträge und mindern sich um die nach § 3 c Abs. 2 nicht abziehbaren Beträge.

(6) ¹Die tarifliche Einkommensteuer, vermindert um den Entlastungsbetrag nach § 32 a, die anzurechnenden ausländischen Steuern und die Steuerermäßigungen, vermehrt um ..., ist die festzusetzende Einkommensteuer. ²Wurde der Gesamtbetrag der Einkünfte in den Fällen des § 10 a Abs. 2 um Sonderausgaben nach § 10 a Abs. 1 gemindert, ist für die Ermittlung der festzusetzenden Einkommensteuer der Anspruch

Einkommensteuergesetz 6.2 EStG §§ 2–3

auf Zulage nach Abschnitt XI der tariflichen Einkommensteuer hinzuzurechnen. ³Gleiches gilt für das Kindergeld, wenn das Einkommen in den Fällen des § 31 um die Freibeträge nach § 32 Abs. 6 gemindert wurde.

(7) ¹Die Einkommensteuer ist eine Jahressteuer. ²Die Grundlagen für ihre Festsetzung sind jeweils für ein Kalenderjahr zu ermitteln. ...

Steuerfreie Einnahmen

§ 3. [Steuerfreie Einnahmen] ¹Steuerfrei sind

1. a) Leistungen aus einer Krankenversicherung, aus einer Pflegeversicherung und aus der gesetzlichen Unfallversicherung,
   b) Sachleistungen und Kinderzuschüsse aus den gesetzlichen Rentenversicherungen einschließlich der Sachleistungen nach dem Gesetz über die Alterssicherung der Landwirte,
   c) Übergangsgeld nach dem Sechsten Buch Sozialgesetzbuch und Geldleistungen nach den §§ 10, 36 bis 39 des Gesetzes über die Alterssicherung der Landwirte,
   d) das Mutterschaftsgeld nach dem Mutterschutzgesetz, ...
2. das Arbeitslosengeld, das Teilarbeitslosengeld, das Kurzarbeitergeld, das Winterausfallgeld, die Arbeitslosenhilfe, der Zuschuss zum Arbeitsentgelt, das Übergangsgeld, der Existenzsicherungszuschuss, das Unterhaltsgeld, die Eingliederungshilfe, das Überbrückungsgeld, der Gründungszuschuss nach dem Dritten Buch Sozialgesetzbuch oder dem Arbeitsförderungsgesetz sowie das aus dem Europäischen Sozialfonds finanzierte Unterhaltsgeld ...
2a. die Arbeitslosenbeihilfe und die Arbeitslosenhilfe nach dem Soldatenversorgungsgesetz;
2b. Leistungen zur Sicherung des Lebensunterhalts und zur Eingliederung in Arbeit nach dem Zweiten Buch Sozialgesetzbuch;
3. ...
14. Zuschüsse eines Trägers der gesetzlichen Rentenversicherung zu den Aufwendungen eines Rentners für seine Krankenversicherung;
16. die Vergütungen, die Arbeitnehmer außerhalb des öffentlichen Dienstes von ihrem Arbeitgeber zur Erstattung von Reisekosten, Umzugskosten oder Mehraufwendungen bei doppelter Haushaltsführung erhalten, soweit sie die beruflich veranlassten Mehraufwendungen, bei Verpflegungsmehraufwendungen die Pauschbeträge nach § 4 Abs. 5 Satz 1 Nr. 5 und bei Familienheimfahrten mit dem eigenen oder außerhalb des Dienstverhältnisses zur Nutzung überlassenen Kraftfahrzeug die Pauschbeträge nach § 9 Abs. 2 nicht übersteigen; Vergütungen zur Erstattung von Mehraufwendungen bei doppelter Haushaltsführung sind nur insoweit steuerfrei, als sie die nach § 9 Abs. 1 Satz 3 Nr. 5 und Abs. 5 sowie § 4 Abs. 5 Satz 1 Nr. 5 abziehbaren Aufwendungen nicht übersteigen;
24. Leistungen, die auf Grund des Bundeskindergeldgesetzes gewährt werden;
30. Entschädigungen für die betriebliche Benutzung von Werkzeugen eines Arbeitnehmers (Werkzeuggeld), soweit sie die entsprechenden Aufwendungen des Arbeitnehmers nicht offensichtlich übersteigen;
31. die typische Berufskleidung, die der Arbeitgeber seinem Arbeitnehmer unentgeltlich oder verbilligt überlässt;
32. die unentgeltliche oder verbilligte Sammelbeförderung eines Arbeitnehmers zwischen Wohnung und Arbeitsstätte mit einem vom Arbeitgeber gestellten Beförderungsmittel ...
33. zusätzlich zum ohnehin geschuldeten Arbeitslohn erbrachte Leistungen des Arbeitgebers zur Unterbringung und Betreuung von nicht schulpflichtigen Kindern der Arbeitnehmer in Kindergärten oder vergleichbaren Einrichtungen; ...
36. Einnahmen für Leistungen zur Grundpflege oder hauswirtschaftlichen Versorgung bis zur Höhe des Pflegegeldes nach § 37 des Elften Buches Sozialgesetzbuch, wenn diese Leistungen von Angehörigen des Pflegebedürftigen oder von anderen Personen, die damit eine sittliche Pflicht im Sinne des § 33 Abs. 2 gegenüber dem Pflegebedürftigen erfüllen, erbracht werden. ...
40. 40 Prozent
    a) der Betriebsvermögensmehrungen oder Einnahmen aus der Veräußerung oder der Entnahme von Anteilen an Körperschaften, Personenvereinigungen und Vermögensmassen, deren Leistungen beim Empfänger zu Einnahmen im Sinne des § 20 Abs. 1 Nr. 1 und 9 gehören, ... gehören, ...
    b) des Veräußerungspreises im Sinne des § 16 Abs. 2, soweit er auf die Veräußerung von Anteilen an Körperschaften, Personenvereinigungen und Vermögensmassen entfällt, deren Leistungen beim Empfänger zu Einnahmen im Sinne des § 20 Abs. 1 Nr. 1 und 9 ... gehören. ...

d) der Bezüge im Sinne des § 20 Abs. 1 Nr. 1 und der Einnahmen im Sinne des § 20 Abs. 1 Nr. 9. ...
e) der Bezüge im Sinne des § 20 Abs. 1 Nr. 2,
f) der besonderen Entgelte oder Vorteile im Sinne des § 20 Abs. 3, die neben den in § 20 Abs. 1 Nr. 1 und Abs. 2 Satz 1 Nr. 2 Buchstabe a bezeichneten Einnahmen oder an deren Stelle gewährt werden,
g) des Gewinns aus der Veräußerung von Dividendenscheinen und sonstigen Ansprüchen im Sinne des § 20 Abs. 2 Satz 1 Nr. 2 Buchstabe a,
h) des Gewinns aus der Abtretung von Dividendenansprüchen oder sonstigen Ansprüchen im Sinne des § 20 Abs. 2 ...,
i) der Bezüge im Sinne des § 22 Nr. 1 Satz 2, soweit diese von einer nicht von der Körperschaftsteuer befreiten Körperschaft, Personenvereinigung oder Vermögensmasse stammen.

45. die Vorteile des Arbeitnehmers aus der privaten Nutzung von betrieblichen Personalcomputern und Telekommunikationsgeräten;

47. Leistungen nach § 14 a Abs. 4 und § 14 b des Arbeitsplatzschutzgesetzes;

51. Trinkgelder, die anlässlich einer Arbeitsleistung dem Arbeitnehmer von Dritten freiwillig und ohne dass ein Rechtsanspruch auf sie besteht, zusätzlich zu dem Betrag gegeben werden, der für diese Arbeitsleistung zu zahlen ist;

58. das Wohngeld nach dem Wohngeldgesetz ...

62. Ausgaben des Arbeitgebers für die Zukunftssicherung des Arbeitnehmers, soweit der Arbeitgeber dazu nach sozialversicherungsrechtlichen oder anderen gesetzlichen Vorschriften oder nach einer auf gesetzlicher Ermächtigung beruhenden Bestimmung verpflichtet ist. ²Den Ausgaben des Arbeitgebers für die Zukunftssicherung, die auf Grund gesetzlicher Verpflichtung geleistet werden, werden gleichgestellt Zuschüsse des Arbeitgebers zu den Aufwendungen des Arbeitnehmers
a) für eine Lebensversicherung,
b) für die freiwillige Versicherung in der gesetzlichen Rentenversicherung,
c) für eine öffentlich-rechtliche Versicherungs- oder Versorgungseinrichtung seiner Berufsgruppe,
wenn der Arbeitnehmer von der Versicherungspflicht in der gesetzlichen Rentenversicherung befreit worden ist. ...

63. Beiträge des Arbeitgebers aus dem ersten Dienstverhältnis an einen Pensionsfonds, eine Pensionskasse oder für eine Direktversicherung zum Aufbau einer kapitalgedeckten betrieblichen Altersversorgung, bei der eine Auszahlung der zugesagten Alters-, Invaliditätts- oder Hinterbliebenenversorgungsleistung in Form einer Rente oder eines Auszahlungsplans ... vorgesehen ist, soweit die Beiträge im Kalenderjahr 4 vom Hundert der Beitragsbemessungsgrenze in der allgemeinen Rentenversicherung nicht übersteigen. ...

67. das Erziehungsgeld nach dem Bundeserziehungsgeldgesetz und vergleichbare Leistungen der Länder, das Elterngeld nach dem Bundeselterngeld- und Elternzeitgesetz sowie Leistungen für Kindererziehung ... ;

§ 3b. Steuerfreiheit von Zuschlägen für Sonntags-, Feiertags- oder Nachtarbeit. (1) ¹Steuerfrei sind Zuschläge, die für tatsächlich geleistete Sonntags-, Feiertags- oder Nachtarbeit neben dem Grundlohn gezahlt werden, soweit sie
1. für Nachtarbeit 25 vom Hundert,
2. vorbehaltlich der Nummern 3 und 4 für Sonntagsarbeit 50 vom Hundert,
3. vorbehaltlich der Nummer 4 für Arbeit am 31. Dezember ab 14 Uhr und an den gesetzlichen Feiertagen 125 vom Hundert,
4. für Arbeit am 24. Dezember ab 14 Uhr, am 25. und 26. Dezember sowie am 1. Mai 150 vom Hundert
des Grundlohns nicht übersteigen.

(2) ¹Grundlohn ist der laufende Arbeitslohn, der dem Arbeitnehmer bei der für ihn maßgebenden regelmäßigen Arbeitszeit für den jeweiligen Lohnzahlungszeitraum zusteht; er ist in einen Stundenlohn umzurechnen und mit höchstens 50 Euro anzusetzen. ²Nachtarbeit ist die Arbeit in der Zeit von 20 Uhr bis 6 Uhr. ³Sonntagsarbeit und Feiertagsarbeit ist die Arbeit in der Zeit von 0 Uhr bis 24 Uhr des jeweiligen Tages. ⁵Die gesetzlichen Feiertage werden durch am Ort der Arbeitsstätte geltenden Vorschriften bestimmt.

(3) ¹Wenn die Nachtarbeit vor 0 Uhr aufgenommen wird, gilt abweichend von den Absätzen 1 und 2 Folgendes:
1. Für Nachtarbeit in der Zeit von 0 Uhr bis 4 Uhr erhöht sich der Zuschlagssatz auf 40 vom Hundert,
2. als Sonntagsarbeit und Feiertagsarbeit gilt auch die Arbeit in der Zeit von 0 Uhr bis 4 Uhr des auf den Sonntag oder Feiertag folgenden Tages.

Einkommensteuergesetz

6.2 EStG § 4

Gewinn

§ 4. Gewinnbegriff im allgemeinen. (1) ¹Gewinn ist der Unterschiedsbetrag zwischen dem Betriebsvermögen am Schluss des Wirtschaftsjahres und dem Betriebsvermögen am Schluss des vorangegangenen Wirtschaftsjahres, vermehrt um den Wert der Entnahmen und vermindert um den Wert der Einlagen. ²Entnahmen sind alle Wirtschaftsgüter (Barentnahmen, Waren, Erzeugnisse, Nutzungen und Leistungen), die der Steuerpflichtige dem Betrieb für sich, für seinen Haushalt oder für andere betriebsfremde Zwecke im Laufe des Wirtschaftsjahres entnommen hat. ... ⁴Ein Wirtschaftsgut wird nicht dadurch entnommen, dass der Steuerpflichtige zur Gewinnermittlung nach § 13 a übergeht. ⁵Eine Änderung der Nutzung eines Wirtschaftsguts, die bei Gewinnermittlung nach Satz 1 keine Entnahme ist, ist auch bei Gewinnermittlung nach § 13 a keine Entnahme. ⁶Einlagen sind alle Wirtschaftsgüter (Bareinzahlungen und sonstige Wirtschaftsgüter), die der Steuerpflichtige dem Betrieb im Laufe des Wirtschaftsjahres zugeführt hat; ... ⁷Bei der Ermittlung des Gewinns sind die Vorschriften über die Betriebsausgaben, über die Bewertung und über die Absetzung für Abnutzung oder Substanzverringerung zu befolgen.

(2) ¹Der Steuerpflichtige darf die Vermögensübersicht (Bilanz) auch nach ihrer Einreichung beim Finanzamt ändern, soweit sie den Grundsätzen ordnungsmäßiger Buchführung unter Befolgung der Vorschriften dieses Gesetzes nicht entspricht; die Änderung ist nicht zulässig, wenn die Vermögensübersicht (Bilanz) einer Steuerfestsetzung zugrunde liegt, die nicht mehr aufgehoben oder geändert werden kann. ²Darüber hinaus ist eine Änderung der Vermögensübersicht (Bilanz) nur zulässig, wenn sie in einem engen zeitlichen und sachlichen Zusammenhang mit einer Änderung nach Satz 1 steht und soweit die Auswirkung der Änderung nach Satz 1 auf den Gewinn reicht.

(3) ¹Steuerpflichtige, die nicht auf Grund gesetzlicher Vorschriften verpflichtet sind, Bücher zu führen und regelmäßig Abschlüsse zu machen, und die auch keine Bücher führen und keine Abschlüsse machen, können als Gewinn den Überschuss der Betriebseinnahmen über die Betriebsausgaben ansetzen. ²Hierbei scheiden Betriebseinnahmen und Betriebsausgaben aus, die im Namen und für Rechnung eines anderen vereinnahmt und verausgabt werden (durchlaufende Posten). ³Die Vorschriften über die Bewertungsfreiheit für geringwertige Wirtschaftsgüter (§ 6 Abs. 2), die Bildung eines Sammelpostens (§ 6 Abs. 2a) und über die Absetzung für Abnutzung oder Substanzverringerung sind zu befolgen. ...

(4) ¹Betriebsausgaben sind die Aufwendungen, die durch den Betrieb veranlasst sind.

(4a) ¹Schuldzinsen sind nach Maßgabe der Sätze 2 bis 4 nicht abziehbar, wenn Überentnahmen getätigt worden sind. ²Eine Überentnahme ist der Betrag, um den die Entnahmen die Summe des Gewinns und der Einlagen des Wirtschaftsjahres übersteigen. ...

(5) ¹Die folgenden Betriebsausgaben dürfen den Gewinn nicht mindern:
1. Aufwendungen für Geschenke an Personen, die nicht Arbeitnehmer des Steuerpflichtigen sind. ²Satz 1 gilt nicht, wenn die Anschaffungs- oder Herstellungskosten der dem Empfänger im Wirtschaftsjahr zugewendeten Gegenstände insgesamt 35 Euro nicht übersteigen.
2. Aufwendungen für die Bewirtung von Personen aus geschäftlichem Anlass, soweit sie 70 vom Hundert der Aufwendungen übersteigen, die nach der allgemeinen Verkehrsauffassung als angemessen anzusehen und deren Höhe und betriebliche Veranlassung nachgewiesen sind. ²Zum Nachweis der Höhe und der betrieblichen Veranlassung der Aufwendungen hat der Steuerpflichtige schriftlich die folgenden Angaben zu machen: Ort, Tag, Teilnehmer und Anlass der Bewirtung sowie Höhe der Aufwendungen. ³Hat die Bewirtung in einer Gaststätte stattgefunden, so genügen Angaben zu dem Anlass und den Teilnehmern der Bewirtung; die Rechnung über die Bewirtung ist beizufügen.
3. Aufwendungen für Einrichtungen des Steuerpflichtigen, soweit sie der Bewirtung, Beherbergung oder Unterhaltung von Personen, die nicht Arbeitnehmer des Steuerpflichtigen sind, dienen (Gästehäuser) und sich außerhalb des Orts eines Betriebs des Steuerpflichtigen befinden;
4. Aufwendungen für Jagd oder Fischerei, für Segeljachten oder Motorjachten sowie für ähnliche Zwecke und für die hiermit zusammenhängenden Bewirtungen;
5. Mehraufwendungen für die Verpflegung des Steuerpflichtigen, soweit in den folgenden Sätzen nichts anderes bestimmt ist. ²Wird der Steuerpflichtige vorübergehend von seiner Wohnung und dem Mittelpunkt seiner dauerhaft angelegten betrieblichen Tätigkeit entfernt betrieblich tätig, ist für jeden Kalendertag, an dem der Steuerpflichtige wegen dieser vorübergehenden Tätigkeit von seiner Wohnung und seinem Tätigkeitsmittelpunkt
    a) 24 Stunden abwesend ist, ein Pauschbetrag von 24 Euro,
    b) weniger als 24 Stunden, aber mindestens

14 Stunden abwesend ist, ein Pauschbetrag von 12 Euro,

c) weniger als 14 Stunden, aber mindestens 8 Stunden abwesend ist, ein Pauschbetrag von 6 Euro

abzuziehen; ...

6. Aufwendungen für die Wege des Steuerpflichtigen zwischen Wohnung und Betriebsstätte und für Familienheimfahrten, soweit in den folgenden Sätzen nichts anderes bestimmt ist. [2]Zur Abgeltung dieser Aufwendungen ist § 9 Abs. 1 Satz 3 Nr. 4 und 5 Satz 1 bis 6 und Abs. 2 entprechend anzuwenden. [3]Bei Benutzung eines Kraftfahrzeugs dürfen die Aufwendungen in Höhe des positiven Unterschiedsbetrags zwischen 0,03 vom Hundert des inländischen Listenpreises im Sinne des § 6 Abs. 1 Nr. 4 Satz 2 des Kraftfahrzeugs im Zeitpunkt der Erstzulassung je Kalendermonat für jeden Entfernungskilometer und dem sich nach § 9 Abs. 1 Satz 3 Nr. 4 oder Abs. 2 ergebenden Betrag sowie Aufwendungen für Familienheimfahrten in Höhe des positiven Unterschiedsbetrags zwischen 0,002 vom Hundert des inländischen Listenpreises im Sinne des § 6 Abs. 1 Nr. 4 Satz 2 für jeden Entfernungskilometer und dem sich nach § 9 Abs. 1 Satz 3 Nr. 5 Satz 4 bis 6 oder Abs. 2 ergebenden Betrag den Gewinn nicht mindern; ermittelt der Steuerpflichtige die private Nutzung des Kraftfahrzeugs nach § 6 Abs. 1 Nr. 4 Satz 1 oder 3, treten an die Stelle des mit 0,03 oder 0,002 vom Hundert des inländischen Listenpreises ermittelten Betrags für Fahrten zwischen Wohnung und Betriebsstätte und für Familienheimfahrten die auf diese Fahrten entfallenden tatsächlichen Aufwendungen; ...

(5a) [1]Keine Betriebsausgaben sind die Aufwendungen für die Wege zwischen Wohnung und Betriebsstätte und für Familienheimfahrten. [2]Bei der Nutzung eines Kraftfahrzeugs sind die nicht als Betriebsausgaben abziehbaren Aufwendungen für Fahrten zwischen Wohnung und Betriebsstätte mit 0,03 Prozent des inländischen Listenpreises im Sinne des § 6 Abs. 1 Nr. 4 Satz 2 des Kraftfahrzeugs im Zeitpunkt der Erstzulassung je Kalendermonat für jeden Entfernungskilometer sowie für Familienheimfahrten mit 0,002 vom Hundert des inländischen Listenpreises im Sinne des § 6 Abs. 1 Nr. 4 Satz 2 des Kraftfahrzeugs im Zeitpunkt der Erstzulassung für jeden Entfernungskilometer zu ermitteln. ...

(5b) Die Gewerbesteuer und die darauf entfallenden Nebenleistungen sind keine Betriebsausgaben.

(6) [1]Aufwendungen zur Förderung staatspolitischer Zwecke (§ 10 b Abs. 2) sind keine Betriebsausgaben.

§ 4h. Betriebsausgabenabzug für Zinsaufwendungen (Zinsschranke) (1) [1]Zinsaufwendungen eines Betriebs sind abziehbar in Höhe des Zinsertrags, darüber hinaus nur bis zur Höhe von 30 Prozent des um die Zinsaufwendungen und um die nach § 6 Abs. 2 Satz 1, § 6 Abs. 2 a Satz 2 und § 7 dieses Gesetzes abgesetzten Beträge erhöhten sowie um die Zinserträge verminderten maßgeblichen Gewinns. [2]Zinsaufwendungen, die nicht abgezogen werden dürfen, sind in die folgenden Wirtschaftsjahre vorzutragen (Zinsvortrag). [3]Sie erhöhen die Zinsaufwendungen dieser Wirtschaftsjahre, nicht aber den maßgeblichen Gewinn.

(2) [1]Absatz 1 Satz 1 ist nicht anzuwenden, wenn

a) der Betrag der Zinsaufwendungen, soweit er den Betrag der Zinserträge übersteigt, weniger als eine Million Euro beträgt,

b) der Betrieb nicht oder nur anteilmäßig zu einem Konzern gehört oder

c) der Betrieb zu einem Konzern gehört und seine Eigenkapitalquote am Schluss des vorangegangenen Abschlussstichtages gleich hoch oder höher ist als die des Konzerns (Eigenkapitalvergleich). [2]Ein Unterschreiten der Eigenkapitalquote des Konzerns bis zu einem Prozentpunkt ist unschädlich. ...

[3]Die für den Eigenkapitalvergleich maßgeblichen Abschlüsse sind einheitlich nach den International Financial Reporting Standards (IFRS) zu erstellen. [4]Hiervon abweichend können Abschlüsse nach dem Handelsrecht eines Mitgliedstaats der Europäischen Union verwendet werden, wenn kein Konzernabschluss nach den IFRS zu erstellen und offen zu legen ist und für keines der letzten fünf Wirtschaftsjahre ein Konzernabschluss nach den IFRS erstellt wurde; nach den Generally Accepted Accounting Principles der Vereinigten Staaten von Amerika (US-GAAP) aufzustellende und offen zu legende Abschlüsse sind zu verwenden, wenn kein Konzernabschluss nach den IFRS oder dem Handelsrecht eines Mitgliedstaats der Europäischen Union zu erstellen und offen zu legen ist. [5]Ist ein dem Eigenkapitalvergleich zugrunde gelegter Abschluss unrichtig und führt der zutreffende Abschluss zu einer Erhöhung der nach Absatz 1 nicht abziehbaren Zinsaufwendungen, ist ein Zuschlag entsprechend § 162 Abs. 4 Satz 1 und 2 der Abgabenordnung festzusetzen. ...

(3) [1]Maßgeblicher Gewinn ist der nach den Vorschriften dieses Gesetzes mit Ausnahme des Absatzes 1 ermittelte steuerpflichtige Gewinn. [2]Zinsaufwendungen sind Vergütungen für Fremdkapital, die den maßgeblichen Gewinn gemindert haben. [3]Zinserträge sind Erträge aus Kapitalforderungen jeder Art, die den maßgeblichen Gewinn erhöht haben. [4]Die Auf- und Abzinsung unverzinslicher oder niedrig

verzinslicher Verbindlichkeiten oder Kapitalforderungen führen ebenfalls zu Zinserträgen oder Zinsaufwendungen. ...
(4) [1]Der Zinsvortrag ist gesondert festzustellen.
(5) [1]Bei Aufgabe oder Übertragung des Betriebs geht ein nicht verbrauchter Zinsvortrag unter. [2]Scheidet ein Mitunternehmer aus einer Gesellschaft aus, geht der Zinsvortrag anteilig mit der Quote unter, mit der der ausgeschiedene Gesellschafter an der Gesellschaft beteiligt war.

§ 5. Gewinn bei Kaufleuten und bei bestimmten anderen Gewerbetreibenden. (1) [1]Bei Gewerbetreibenden, die auf Grund gesetzlicher Vorschriften verpflichtet sind, Bücher zu führen und regelmäßig Abschlüsse zu machen, oder die ohne eine solche Verpflichtung Bücher führen und regelmäßig Abschlüsse machen, ist für den Schluss des Wirtschaftsjahres das Betriebsvermögen anzusetzen (§ 4 Abs. 1 Satz 1), das nach den handelsrechtlichen Grundsätzen ordnungsmäßiger Buchführung auszuweisen ist. [2]Steuerrechtliche Wahlrechte bei der Gewinnermittlung sind in Übereinstimmung mit der handelsrechtlichen Jahresbilanz auszuüben. ...
(2) [1]Für immaterielle Wirtschaftsgüter des Anlagevermögens ist ein Aktivposten nur anzusetzen, wenn sie entgeltlich erworben wurden.
(4a) [1]Rückstellungen für drohende Verluste aus schwebenden Geschäften dürfen nicht gebildet werden.
(4b) [1]Rückstellungen für Aufwendungen, die in künftigen Wirtschaftsjahren als Anschaffungs- oder Herstellungskosten eines Wirtschaftsguts zu aktivieren sind, dürfen nicht gebildet werden.
(5) [1]Als Rechnungsabgrenzungsposten sind nur anzusetzen
1. auf der Aktivseite Ausgaben vor dem Abschlussstichtag, soweit sie Aufwand für eine bestimmte Zeit nach diesem Tag darstellen;
2. auf der Passivseite Einnahmen vor dem Abschlussstichtag, soweit sie Ertrag für eine bestimmte Zeit nach diesem Tag darstellen.
(6) [1]Die Vorschriften über die Entnahmen und die Einlagen, über die Zulässigkeit der Bilanzänderung, über die Betriebsausgaben, über die Bewertung und über die Absetzung für Abnutzung oder Substanzverringerung sind zu befolgen.

§ 6. Bewertung. (1) [1]Für die Bewertung der einzelnen Wirtschaftsgüter, die nach § 4 Abs. 1 oder nach § 5 als Betriebsvermögen anzusetzen sind, gilt das Folgende:
1. [1]Wirtschaftsgüter des Anlagevermögens, die der Abnutzung unterliegen, sind mit den Anschaffungs- oder Herstellungskosten oder dem an deren Stelle tretenden Wert, vermindert um die Absetzungen für Abnutzung, erhöhte Absetzungen, Sonderabschreibungen, Abzüge nach § 6 b und ähnliche Abzüge, anzusetzen. [2]Ist der Teilwert auf Grund einer voraussichtlich dauernden Wertminderung niedriger, so kann dieser angesetzt werden. [3]Teilwert ist der Betrag, den ein Erwerber des ganzen Betriebs im Rahmen des Gesamtkaufpreises für das einzelne Wirtschaftsgut ansetzen würde; dabei ist davon auszugehen, dass der Erwerber den Betrieb fortführt. [4]Wirtschaftsgüter, die bereits am Schluss des vorangegangenen Wirtschaftsjahres zum Anlagevermögen des Steuerpflichtigen gehört haben, sind in den folgenden Wirtschaftsjahren gemäß Satz 1 anzusetzen, es sei denn, der Steuerpflichtige weist nach, dass ein niedrigerer Teilwert nach Satz 2 angesetzt werden kann.
1a. ...
2. [1]Andere als die in Nummer 1 bezeichneten Wirtschaftsgüter des Betriebs (Grund und Boden, Beteiligungen, Umlaufvermögen) sind mit den Anschaffungs- oder Herstellungskosten oder dem an deren Stelle tretenden Wert, vermindert um Abzüge nach § 6 b und ähnliche Abzüge, anzusetzen. [2]Ist der Teilwert (Nummer 1 Satz 3) auf Grund einer voraussichtlich dauernden Wertminderung niedriger, so kann dieser angesetzt werden. [3]Nummer 1 Satz 4 gilt entsprechend.
2a. [1]Steuerpflichtige, die den Gewinn nach § 5 ermitteln, können für den Wertansatz gleichartiger Wirtschaftsgüter des Vorratsvermögens unterstellen, dass die zuletzt angeschafften oder hergestellten Wirtschaftsgüter zuerst verbraucht oder veräußert worden sind, soweit dies den handelsrechtlichen Grundsätzen ordnungsmäßiger Buchführung entspricht. [2]Der Vorratsbestand am Schluss des Wirtschaftsjahres, das der erstmaligen Anwendung der Bewertung nach Satz 1 vorangeht, gilt mit seinem Bilanzansatz als erster Zugang des neuen Wirtschaftsjahres. [3]Von der Verbrauchs- oder Veräußerungsfolge nach Satz 1 kann in den folgenden Wirtschaftsjahren nur mit Zustimmung des Finanzamts abgewichen werden.
3. [1]Verbindlichkeiten sind unter sinngemäßer Anwendung der Vorschriften der Nummer 2 anzusetzen und mit einem Zinssatz von 5,5 vom Hundert abzuzinsen. [2]Ausgenommen von der Abzinsung sind Verbindlichkeiten, deren Laufzeit am Bilanzstichtag weniger als zwölf Monate beträgt, und Verbindlichkeiten, die verzinslich sind oder auf einer Anzahlung oder Vorausleistung beruhen.

3a. ¹Rückstellungen sind höchstens insbesondere unter Berücksichtigung folgender Grundsätze anzusetzen:
   a) bei Rückstellungen für gleichartige Verpflichtungen ist auf der Grundlage der Erfahrungen in der Vergangenheit aus der Abwicklung solcher Verpflichtungen die Wahrscheinlichkeit zu berücksichtigen, dass der Steuerpflichtige nur zu einem Teil der Summe dieser Verpflichtungen in Anspruch genommen wird;
   b) Rückstellungen für Sachleistungsverpflichtungen sind mit den Einzelkosten und den angemessenen Teilen der notwendigen Gemeinkosten zu bewerten;
   c) künftige Vorteile, die mit der Erfüllung der Verpflichtung voraussichtlich verbunden sein werden, sind, soweit sie nicht als Forderung zu aktivieren sind, bei ihrer Bewertung wertmindernd zu berücksichtigen;
   d) Rückstellungen für Verpflichtungen, für deren Entstehen im wirtschaftlichen Sinne der laufende Betrieb ursächlich ist, sind zeitanteilig in gleichen Raten anzusammeln. ...
   e) Rückstellungen für Verpflichtungen sind mit einem Zinssatz von 5,5 vom Hundert abzuzinsen; Nummer 3 Satz 2 ist entsprechend anzuwenden. ...
4. ¹Entnahmen des Steuerpflichtigen für sich, für seinen Haushalt oder für andere betriebsfremde Zwecke sind mit dem Teilwert anzusetzen. ... ²Die private Nutzung eines Kraftfahrzeugs, das zu mehr als 50 vom Hundert betrieblich genutzt wird, ist für jeden Kalendermonat mit 1 vom Hundert des inländischen Leistungspreises im Zeitpunkt der Erstzulassung zuzüglich der Kosten für Sonderausstattung einschließlich Umsatzsteuer anzusetzen. ...
5. ¹Einlagen sind mit dem Teilwert für den Zeitpunkt der Zuführung anzusetzen; sie sind jedoch höchstens mit den Anschaffungs- oder Herstellungskosten anzusetzen, wenn das zugeführte Wirtschaftsgut
   a) innerhalb der letzten drei Jahre vor dem Zeitpunkt der Zuführung angeschafft oder hergestellt worden ist,
   b) ein Anteil an einer Kapitalgesellschaft ist und der Steuerpflichtige an der Gesellschaft im Sinne des § 17 Abs. 1 beteiligt ist; § 17 Abs. 2 Satz 5 gilt entsprechend, oder
   c) ein Wirtschaftsgut im Sinne des § 20 Abs. 2 ist.
²Ist die Einlage ein abnutzbares Wirtschaftsgut, so sind die Anschaffungs- oder Herstellungskosten um Absetzungen für Abnutzung zu kürzen, die auf den Zeitraum zwischen der Anschaffung oder Herstellung des Wirtschaftsguts und der Einlage entfallen. ³Ist die Einlage ein Wirtschaftsgut, das vor der Zuführung aus einem Betriebsvermögen des Steuerpflichtigen entnommen worden ist, so tritt an die Stelle der Anschaffungs- oder Herstellungskosten der Wert, mit dem die Entnahme angesetzt worden ist, und an die Stelle des Zeitpunkts der Anschaffung oder Herstellung der Zeitpunkt der Entnahme.
...
6. Bei Eröffnung eines Betriebs ist Nummer 5 entsprechend anzuwenden.
7. Bei entgeltlichem Erwerb eines Betriebs sind die Wirtschaftsgüter mit dem Teilwert, höchstens jedoch mit den Anschaffungs- oder Herstellungskosten anzusetzen.

(2) ¹Die Anschaffungs- oder Herstellungskosten oder der nach Absatz 1 Nr. 5 bis 6 an deren Stelle tretende Wert von abnutzbaren beweglichen Wirtschaftsgütern des Anlagevermögens, die einer selbständigen Nutzung fähig sind, sind im Wirtschaftsjahr der Anschaffung, Herstellung oder Einlage des Wirtschaftsguts oder der Eröffnung des Betriebs in voller Höhe als Betriebsausgaben abzusetzen, wenn die Anschaffungs- oder Herstellungskosten, vermindert um einen darin enthaltenen Vorsteuerbetrag (§ 9 b Abs. 1), oder der nach Absatz 1 Nr. 5 bis 6 an deren Stelle tretende Wert für das einzelne Wirtschaftsgut 150 Euro nicht übersteigen. ²Ein Wirtschaftsgut ist einer selbständigen Nutzung nicht fähig, wenn es nach seiner betrieblichen Zweckbestimmung nur zusammen mit anderen Wirtschaftsgütern des Anlagevermögens genutzt werden kann und die in den Nutzungszusammenhang eingefügten Wirtschaftsgüter technisch aufeinander abgestimmt sind. ³Das gilt auch, wenn das Wirtschaftsgut aus dem betrieblichen Nutzungszusammenhang gelöst und in einen anderen betrieblichen Nutzungszusammenhang eingefügt werden kann.

(2a) ¹Für abnutzbare bewegliche Wirtschaftsgüter des Anlagevermögens, die einer selbständigen Nutzung fähig sind, ist im Wirtschaftsjahr der Anschaffung, Herstellung oder Einlage des Wirtschaftsguts oder der Eröffnung des Betriebs ein Sammelposten zu bilden, wenn die Anschaffungs- oder Herstellungskosten, vermindert um einen darin enthaltenen Vorsteuerbetrag (§ 9 b Abs. 1), oder der nach Absatz 1 Nr. 5 bis 6 an deren Stelle tretende Wert für das einzelne Wirtschaftsgut 150 Euro, aber nicht 1 000 Euro übersteigen. ²Der Sammelposten ist im Wirtschaftsjahr der Bildung und den folgenden vier Wirtschaftsjahren mit jeweils einem Fünftel gewinnmindernd aufzulösen. ³Scheidet ein Wirtschaftsgut im Sinne des Satzes 1 aus dem Betriebsver-

Einkommensteuergesetz

mögen aus, wird der Sammelposten nicht vermindert.

§ 7. Absetzung für Abnutzung oder Substanzverringerung. (1) ¹Bei Wirtschaftsgütern, deren Verwendung oder Nutzung durch den Steuerpflichtigen zur Erzielung von Einkünften sich erfahrungsgemäß auf einen Zeitraum von mehr als einem Jahr erstreckt, ist jeweils für ein Jahr der Teil der Anschaffungs- oder Herstellungskosten abzusetzen, der bei gleichmäßiger Verteilung dieser Kosten auf die Gesamtdauer der Verwendung oder Nutzung auf ein Jahr entfällt (Absetzung für Abnutzung in gleichen Jahresbeträgen). ²Die Absetzung bemisst sich hierbei nach der betriebsgewöhnlichen Nutzungsdauer des Wirtschaftsguts. ³Im Jahr der Anschaffung oder Herstellung des Wirtschaftsguts vermindert sich für dieses Jahr der Absetzungsbetrag nach Satz 1 um jeweils ein Zwölftel für jeden vollen Monat, der dem Monat der Anschaffung oder Herstellung vorangeht. ⁴Als betriebsgewöhnliche Nutzungsdauer des Geschäfts- oder Firmenwerts eines Gewerbebetriebs oder eines Betriebs der Land- und Forstwirtschaft gilt ein Zeitraum von 15 Jahren. ⁵Bei Wirtschaftsgütern, die nach einer Verwendung zur Erzielung von Einkünften im Sinne des § 2 Abs. 1 Nr. 4 bis 7 in ein Betriebsvermögen eingelegt worden sind, mindern sich die Anschaffungs- oder Herstellungskosten um die Absetzungen für Abnutzung oder Substanzverringerung, Sonderabschreibungen oder erhöhte Absetzungen, die bis zum Zeitpunkt der Einlage vorgenommen worden sind. ⁶Bei beweglichen Wirtschaftsgütern des Anlagevermögens, bei denen es wirtschaftlich begründet ist, die Absetzung für Abnutzung nach Maßgabe der Leistung des Wirtschaftsguts vorzunehmen, kann der Steuerpflichtige dieses Verfahren statt der Absetzung für Abnutzung in gleichen Jahresbeträgen anwenden, wenn er den auf das einzelne Jahr entfallenden Umfang der Leistung nachweist. ⁷Absetzungen für außergewöhnliche technische oder wirtschaftliche Abnutzung sind zulässig; ...

(2) *aufgehoben*

(3) *aufgehoben*

(4) ¹Bei Gebäuden sind abweichend von Absatz 1 als Absetzung für Abnutzung die folgenden Beträge bis zur vollen Absetzung abzuziehen:
1. bei Gebäuden, soweit sie zu einem Betriebsvermögen gehören und nicht Wohnzwecken dienen und für die der Bauantrag nach dem 31. März 1985 gestellt worden ist, jährlich 3 vom Hundert,
2. bei Gebäuden, soweit sie die Voraussetzungen der Nummer 1 nicht erfüllen und die
   a) nach dem 31. Dezember 1924 fertig gestellt worden sind, jährlich 2 vom Hundert,
   b) vor dem 1. Januar 1925 fertig gestellt worden sind, jährlich 2,5 vom Hundert

der Anschaffungs- oder Herstellungskosten; Absatz 1 Satz 5 gilt entsprechend. ²Beträgt die tatsächliche Nutzungsdauer eines Gebäudes in den Fällen des Satzes 1 Nr. 1 weniger als 33 Jahre, in den Fällen des Satzes 1 Nr. 2 Buchstabe a weniger als 50 Jahre, in den Fällen des Satzes 1 Nr. 2 Buchstabe b weniger als 40 Jahre, so können an Stelle der Absetzungen nach Satz 1 die der tatsächlichen Nutzungsdauer entsprechenden Absetzungen für Abnutzung vorgenommen werden. ³Absatz 1 letzter Satz bleibt unberührt. ⁴Bei Gebäuden im Sinne der Nummer 2 rechtfertigt die für Gebäude im Sinne der Nummer 1 geltende Regelung weder die Anwendung des Absatzes 1 letzter Satz noch den Ansatz des niedrigeren Teilwerts (§ 6 Abs. 1 Nr. 1 Satz 2).

(5) ¹Bei im Inland belegenen Gebäuden, die vom Steuerpflichtigen hergestellt oder bis zum Ende des Jahres der Fertigstellung angeschafft worden sind, können abweichend von Absatz 4 als Absetzung für Abnutzung die folgenden Beträge abgezogen werden:
1. bei Gebäuden im Sinne des Absatzes 4 Satz 1 Nr. 1, die vom Steuerpflichtigen auf Grund eines vor dem 1. Januar 1994 gestellten Bauantrags hergestellt oder auf Grund eines vor diesem Zeitpunkt rechtswirksam abgeschlossenen obligatorischen Vertrags angeschafft worden sind,
   im Jahr der Fertigstellung und in den folgenden 3 Jahren
   jeweils 10 vom Hundert,
   in den darauffolgenden 3 Jahren
   jeweils 5 vom Hundert,
   in den darauffolgenden 18 Jahren
   jeweils 2,5 vom Hundert,
2. bei Gebäuden im Sinne des Absatzes 4 Satz 1 Nr. 2, die vom Steuerpflichtigen auf Grund eines vor dem 1. Januar 1995 gestellten Bauantrags hergestellt oder auf Grund eines vor diesem Zeitpunkt rechtswirksam abgeschlossenen obligatorischen Vertrags angeschafft worden sind,
   im Jahr der Fertigstellung und in den folgenden 7 Jahren
   jeweils 5 vom Hundert,
   in den darauffolgenden 6 Jahren
   jeweils 2,5 vom Hundert,
   in den darauffolgenden 36 Jahren
   jeweils 1,25 vom Hundert
3. bei Gebäuden im Sinne des Absatzes 4 Satz 1 Nr. 2, soweit sie Wohnzwecken dienen, die vom Steuerpflichtigen
   a) auf Grund eines nach dem 28. Februar 1989 und vor dem 1. Januar 1996 gestell-

ten Bauantrags hergestellt oder nach dem 28. Februar 1989 auf Grund eines nach dem 28. Februar 1989 und vor dem 1. Januar 1996 rechtswirksam abgeschlossenen obligatorischen Vertrags angeschafft worden sind,
- im Jahr der Fertigstellung und in den folgenden 3 Jahren jeweils 7 vom Hundert,
- in den darauffolgenden 6 Jahren jeweils 5 vom Hundert,
- in den darauffolgenden 6 Jahren jeweils 2 vom Hundert,
- in den darauffolgenden 24 Jahren jeweils 1,25 vom Hundert,

b) auf Grund eines nach dem 31. Dezember 1995 und vor dem 1. Januar 2004 gestellten Bauantrags hergestellt oder auf Grund eines nach dem 31. Dezember 1995 und vor dem 1. Januar 2004 rechtswirksam abgeschlossenen obligatorischen Vertrags angeschafft worden sind,
- im Jahr der Fertigstellung und in den folgenden 7 Jahren jeweils 5 vom Hundert,
- in den darauffolgenden 6 Jahren jeweils 2,5 vom Hundert,
- in den darauffolgenden 36 Jahren jeweils 1,25 vom Hundert,

c) auf Grund eines nach dem 31. Dezember 2003 und vor dem 1. Januar 2006 gestellten Bauantrags hergestellt oder auf Grund eines nach dem 31. Dezember 2003 und vor dem 1. Januar 2006 rechtswirksam abgeschlossenen obligatorischen Vertrags angeschafft worden sind,
- im Jahr der Fertigstellung und in den folgenden 9 Jahren jeweils 4 vom Hundert,
- in den darauf folgenden 8 Jahren jeweils 2,5 vom Hundert,
- in den darauf folgenden 32 Jahren jeweils 1,25 vom Hundert,

der Anschaffungs- oder Herstellungskosten. ²Im Fall der Anschaffung kann Satz 1 nur angewendet werden, wenn der Hersteller für das veräußerte Gebäude weder Absetzungen für Abnutzung nach Satz 1 vorgenommen noch erhöhte Absetzungen oder Sonderabschreibungen in Anspruch genommen hat.

(5a) ¹Die Absätze 4 und 5 sind auf Gebäudeteile, die selbständige unbewegliche Wirtschaftsgüter sind, sowie auf Eigentumswohnungen und auf im Teileigentum stehende Räume entsprechend anzuwenden.

(6) ¹Bei Bergbauunternehmen, Steinbrüchen und anderen Betrieben, die einen Verbrauch der Substanz mit sich bringen, ist Absatz 1 entsprechend anzuwenden; dabei sind Absetzungen nach Maßgabe des Substanzverzehrs zulässig (Absetzung für Substanzverringerung).

Überschuss der Einnahmen über die Werbungskosten

§ 8. Einnahmen. (1) ¹Einnahmen sind alle Güter, die in Geld oder Geldeswert bestehen und dem Steuerpflichtigen im Rahmen einer der Einkunftsarten des § 2 Abs. 1 Satz 1 Nr. 4 bis 7 zufließen.

(2) ¹Einnahmen, die nicht in Geld bestehen (Wohnung, Kost, Waren, Dienstleistungen und sonstige Sachbezüge), sind mit den um übliche Preisnachlässe geminderten üblichen Endpreisen am Abgabeort anzusetzen.

(3) ¹Erhält ein Arbeitnehmer auf Grund seines Dienstverhältnisses Waren oder Dienstleistungen, die vom Arbeitgeber nicht überwiegend für den Bedarf seiner Arbeitnehmer hergestellt, vertrieben oder erbracht werden und deren Bezug nicht nach § 40 pauschal versteuert wird, so gelten als deren Werte abweichend von Absatz 2 die um 4 vom Hundert geminderten Endpreise, zu denen der Arbeitgeber oder der dem Abgabeort nächstansässige Abnehmer die Waren oder Dienstleistungen fremden Letztverbrauchern im allgemeinen Geschäftsverkehr anbietet. ²Die sich nach Abzug der vom Arbeitnehmer gezahlten Entgelte ergebenden Vorteile sind steuerfrei, soweit sie aus dem Dienstverhältnis insgesamt 1 080 Euro im Kalenderjahr nicht übersteigen.

§ 9. Werbungskosten. (1) ¹Werbungskosten sind Aufwendungen zur Erwerbung, Sicherung und Erhaltung der Einnahmen. ²Sie sind bei der Einkunftsart abzuziehen, bei der sie erwachsen sind. ³Werbungskosten sind auch
1. Schuldzinsen und auf besonderen Verpflichtungsgründen beruhende Renten und dauernde Lasten, soweit sie mit einer Einkunftsart in wirtschaftlichem Zusammenhang stehen. …
2. Steuern vom Grundbesitz, sonstige öffentliche Abgaben und Versicherungsbeiträge, soweit solche Ausgaben sich auf Gebäude oder auf Gegenstände beziehen, die dem Steuerpflichtigen zur Einnahmeerzielung dienen;
3. Beiträge zu Berufsständen und sonstigen Berufsverbänden, deren Zweck nicht auf einen wirtschaftlichen Geschäftsbetrieb gerichtet ist;
2. Steuern vom Grundbesitz, sonstige öffentliche Abgaben und Versicherungsbeiträge, soweit solche Ausgaben sich auf Gebäude oder auf Gegenstände beziehen, die dem Steuerpflichtigen zur Einnahmeerzielung dienen;
3. Beiträge zu Berufsständen und sonstigen Be-

Einkommensteuergesetz

6.2 EStG §§ 9–10

rufsverbänden, deren Zweck nicht auf einen wirtschaftlichen Geschäftsbetrieb gerichtet ist;
4. *(aufgehoben)*
5. notwendige Mehraufwendungen, die einem Arbeitnehmer wegen einer aus beruflichem Anlass begründeten doppelten Haushaltsführung entstehen, und zwar unabhängig davon, aus welchen Gründen die doppelte Haushaltsführung beibehalten wird. ²Eine doppelte Haushaltsführung liegt nur vor, wenn der Arbeitnehmer außerhalb des Ortes, in dem er einen eigenen Hausstand unterhält, beschäftigt ist und auch am Beschäftigungsort wohnt.
6. Aufwendungen für Arbeitsmittel, zum Beispiel für Werkzeuge und typische Berufskleidung.
7. § 6 Abs. 2 Satz 1 bis 3 kann mit der Maßgabe angewendet werden, dass Anschaffungs- oder Herstellungskosten bis 410 Euro sofort als Werbungskosten abgesetzt werden können.

(2) ¹Keine Werbungskosten sind die Aufwendungen des Arbeitnehmers für die Wege zwischen Wohnung und regelmäßiger Arbeitsstätte und für Familienheimfahrten. ²Zur Abgeltung erhöhter Aufwendungen für die Wege zwischen Wohnung und regelmäßiger Arbeitsstätte ist ab dem 21. Entfernungskilometer für jeden Arbeitstag, an dem der Arbeitnehmer die Arbeitsstätte aufsucht, für jeden vollen Kilometer der Entfernung eine Entfernungspauschale von 0,30 Euro wie Werbungskosten anzusetzen, höchstens jedoch 4 500 Euro im Kalenderjahr; ein höherer Betrag als 4 500 Euro ist anzusetzen, soweit der Arbeitnehmer einen eigenen oder ihm zur Nutzung überlassenen Kraftwagen benutzt. ³Die Entfernungspauschale gilt nicht für Flugstrecken und Strecken mit steuerfreier Sammelbeförderung nach § 3 Nr. 32. Für die Bestimmung der Entfernung ist die kürzeste Straßenverbindung zwischen Wohnung und Arbeitsstätte maßgebend; eine andere als die kürzeste Straßenverbindung kann zugrunde gelegt werden, wenn diese offensichtlich verkehrsgünstiger ist und vom Arbeitnehmer regelmäßig für die Wege zwischen Wohnung und Arbeitsstätte benutzt wird.
...

§ 9a. Pauschbeträge für Werbungskosten.
¹Für Werbungskosten sind bei der Ermittlung der Einkünfte die folgenden Pauschbeträge abzuziehen, wenn nicht höhere Werbungskosten nachgewiesen werden:
1.a) von den Einnahmen aus nichtselbständiger Arbeit vorbehaltlich Buchstabe b:
ein Arbeitnehmer-Pauschbetrag von 920 Euro; daneben sind Aufwendungen nach § 4f gesondert abzuziehen;
b) von den Einnahmen aus nichtselbständiger Arbeit soweit es sich um Versorgungsbezüge im Sinne des § 19 Abs. 2 handelt:
ein Pauschbetrag von 102 Euro.
2. *aufgehoben*
3. von den Einnahmen im Sinne des § 22 Nr. 1, 1 a und 5:
ein Pauschbetrag von insgesamt 102 Euro.
²Der Pauschbetrag nach Satz 1 Nr. 1 Buchstabe b darf nur bis zur Höhe der um den Versorgungs-Freibetrag (§ 19 Abs. 2) geminderten Einnahmen, die Pauschbeträge nach Satz 1 Nr. 1 Buchstabe a und Nr. 3 dürfen nur bis zur Höhe der Einnahmen abgezogen werden.

Umsatzsteuerrechtlicher Vorsteuerabzug

§ 9b. [Umsatzsteuerrechtlicher Vorsteuerabzug] (1) ¹Der Vorsteuerbetrag nach § 15 des Umsatzsteuergesetzes gehört, soweit er bei der Umsatzsteuer abgezogen werden kann, nicht zu den Anschaffungs- oder Herstellungskosten des Wirtschaftsguts, auf dessen Anschaffung oder Herstellung er entfällt.

Sonderausgaben

§ 10. [Sonderausgaben] (1) ¹Sonderausgaben sind die folgenden Aufwendungen, wenn sie weder Betriebsausgaben noch Werbungskosten sind:
1. Unterhaltsleistungen an den geschiedenen oder dauernd getrennt lebenden unbeschränkt einkommensteuerpflichtigen Ehegatten, wenn der Geber dies mit Zustimmung des Empfängers beantragt, bis zu 13 805 Euro im Kalenderjahr. ²Der Antrag kann jeweils nur für ein Kalenderjahr gestellt und nicht zurückgenommen werden. ³Die Zustimmung ist mit Ausnahme der nach § 894 Abs. 1 der Zivilprozeßordnung als erteilt geltenden bis auf Widerruf wirksam. ⁴Der Widerruf ist vor Beginn des Kalenderjahrs, für das die Zustimmung erstmals nicht gelten soll, gegenüber dem Finanzamt zu erklären. ⁵Die Sätze 1 bis 4 gelten für alle Fälle der Nichtigkeit oder der Aufhebung der Ehe entsprechend;
1.a) auf besonderen Verpflichtungsgründen beruhende, lebenslange und wiederkehrende Versorgungsleistungen, die nicht mit Einkünften in wirtschaftlichem Zusammenhang stehen, die bei der Veranlagung außer Betracht bleiben. ...
2.a) Beiträge zu den gesetzlichen Rentenversicherungen oder landwirtschaftlichen Al-

terskassen sowie zu berufständischen Versorgungseinrichtungen, die den gesetzlichen Rentenversicherungen vergleichbare Leistungen erbringen;
b) Beiträge des Steuerpflichtigen zum Aufbau einer eigenen kapitalgedeckten Altersversorgung, wenn der Vertrag nur die Zahlung einer monatlichen auf das Leben des Steuerpflichtigen bezogenen lebenslangen Leibrente nicht vor Vollendung des 60. Lebensjahres oder die ergänzende Absicherung des Eintritts der Berufsunfähigkeit (Berufsunfähigkeitsrente), der verminderten Erwerbsfähigkeit (Erwerbsminderungsrente) oder von Hinterbliebenen (Hinterbliebenenrente) vorsieht; ...;

Zu den Beiträgen nach den Buchstaben a und b ist der nach § 3 Nr. 62 steuerfreie Arbeitgeberanteil zur gesetzlichen Rentenversicherung und ein diesem gleichgestellter steuerfreier Zuschuss des Arbeitgebers hinzuzurechnen;

3.a) Beiträge zu Versicherungen gegen Arbeitslosigkeit, zu Erwerbs- und Berufsunfähigkeitsversicherungen, die nicht unter Nummer 2 Satz 1 Buchstabe b fallen, zu Kranken-, Pflege-, Unfall- und Haftpflichtversicherungen sowie zu Risikoversicherungen, die nur für den Todesfall eine Leistung vorsehen;
b) Beiträge zu Versicherungen im Sinne des § 10 Abs. 1 Nr. 2 Buchstabe b Doppelbuchstabe bb bis dd in der am 31. Dezember 2004 geltenden Fassung, wenn die Laufzeit dieser Versicherungen vor dem 1. Januar 2005 begonnen hat und ein Versicherungsbeitrag bis zum 31. Dezember 2004 entrichtet wurde; § 10 Abs. 1 Nr. 2 Satz 2 bis 6 und Abs. 2 Satz 2 in der am 31. Dezember 2004 geltenden Fassung ist in diesen Fällen weiter anzuwenden.
4. gezahlte Kirchensteuer; dies gilt vorbehaltlich § 32 d Abs. 2 und 6 nicht für die nach § 51 a Abs. 2 b bis 2 d erhobene Kirchensteuer.
5. zwei Drittel der Aufwendungen für Dienstleistungen zur Betreuung eines zum Haushalt des Steuerpflichten gehörenden Kindes im Sinne des § 32 Abs. 1, welches das dritte Lebensjahr vollendet, das sechste Lebensjahr aber noch nicht vollendet hat, höchstens 4 000 Euro je Kind, sofern die Beiträge nicht nach Nummer 8 zu berücksichtigen sind, ...
7. Aufwendungen für die eigene Berufsausbildung bis zu 4 000 Euro im Kalenderjahr. Bei Ehegatten, die die Voraussetzungen des § 26 Abs. 1 Satz 1 erfüllen, gilt Satz 1 für jeden Ehegatten. Zu den Aufwendungen im Sinne des Satzes 1 gehören auch Aufwendungen für eine auswärtige Unterbringung. ...
8. zwei Drittel der Aufwendungen für Dienstleistungen zur Betreuung eines zum Haushalt des Steuerpflichtigen gehörenden Kindes im Sinne des § 32 Abs. 1, welches das 14. Lebensjahr noch nicht vollendet hat oder wegen einer vor Vollendung des 27. Lebensjahr eingetretenen körperlichen, geistigen oder seelischen Behinderung außerstande ist, sich selbst zu unterhalten, höchstens 4000 Euro je Kind, wenn der Steuerpflichtige sich in Ausbildung befindet, körperlich, geistig oder seelisch behindert oder krank ist. ...

(3) ^{1}Vorsorgeaufwendungen nach Absatz 1 Nr. 2 Satz 2 sind bis zu 20 000 Euro zu berücksichtigen. ^{2}Bei zusammenveranlagten Ehegatten verdoppelt sich der Höchstbetrag. ^{3}Der Höchstbetrag nach Satz 1 oder 2 ist bei Steuerpflichtigen, die
1. zum Personenkreis des § 10 c Abs. 3 Nr. 1 und 2 gehören oder
2. Einkünfte im Sinne des § 22 Abs. 4 erzielen und die ganz oder teilweise ohne eigene Beitragsleistung einen Anspruch auf Altersversorgung erwerben,
um den Betrag zu kürzen, der, bezogen auf die Einnahmen aus der Tätigkeit, die die Zugehörigkeit zu dem genannten Personenkreis begründen, dem Gesamtbeitrag (Arbeitgeber- und Arbeitnehmeranteil) zur allgemeinen Rentenversicherung entspricht. ^{4}Im Kalenderjahr 2005 sind 60 vom Hundert der nach den Sätzen 1 bis 3 ermittelten Vorsorgeaufwendungen anzusetzen. ^{5}Der sich danach ergebende Betrag, vermindert um den nach § 3 Nr. 62 steuerfreien Arbeitgeberanteil zur gesetzlichen Rentenversicherung und einen diesem gleichgestellten steuerfreien Zuschuss des Arbeitgebers, ist als Sonderausgabe abziehbar. ^{6}Der Vomhundertsatz in Satz 4 erhöht sich in den folgenden Kalenderjahren bis zum Kalenderjahr 2025 um je 2 vom-Hundert-Punkte je Kalenderjahr.

(4) ^{1}Vorsorgeaufwendungen im Sinne des Absatzes 1 Nr. 3 können je Kalenderjahr bis 2 400 Euro abgezogen werden. ^{2}Der Höchstbetrag beträgt 1 500 Euro bei Steuerpflichtigen, die ganz oder teilweise ohne eigene Aufwendungen einen Anspruch auf vollständige oder teilweise Erstattung oder Übernahme von Krankheitskosten haben oder für deren Krankenversicherung Leistungen im Sinne des § 3 Nr. 14, 57 oder 62 erbracht werden. Bei zusammenveranlagten Ehegatten bestimmt sich der gemeinsame Höchstbetrag aus der Summe der jedem Ehegatten unter den Voraussetzungen der Sätze 1 und 2 zustehenden Höchstbeträge.

Einkommensteuergesetz 6.2 EStG §§ 10a–10c

§ 10 a. Zusätzliche Altersvorsorge. (1) ¹In der gesetzlichen Rentenversicherung Pflichtversicherte können Altersvorsorgebeiträge (§ 82) zuzüglich der dafür nach Abschnitt XI zustehenden Zulage
in den Veranlagungszeiträumen 2002 und 2003 bis zu 525 Euro,
in den Veranlagungszeiträumen 2004 und 2005 bis zu 1 050 Euro,
in den Veranlagungszeiträumen 2006 und 2007 bis zu 1 575 Euro,
ab dem Veranlagungszeitraum 2008 jährlich bis zu 2 100 Euro
als Sonderausgaben abziehen; das Gleiche gilt für
1. Empfänger von Besoldung nach dem Bundesbesoldungsgesetz oder einem Landesbesoldungsgesetz,
2. Empfänger von Amtsbezügen aus einem Amtsverhältnis, deren Versorgungsrecht die entsprechende Anwendung des § 69 e Abs. 3 und 4 des Beamtenversorgungsgesetzes vorsieht,
3. die nach § 5 Abs. 1 Satz 1 Nr. 2 und 3 des Sechsten Buches Sozialgesetzbuch versicherungsfrei Beschäftigten, die nach § 6 Abs. 1 Satz 1 Nr. 2 des Sechsten Buches Sozialgesetzbuch von der Versicherungspflicht befreiten Beschäftigten, deren Versorgungsrecht die entsprechende Anwendung des § 69 e Abs. 3 und 4 des Beamtenversorgungsgesetzes vorsieht, ...

(2) ¹Ist der Sonderausgabenabzug nach Absatz 1 für den Steuerpflichtigen günstiger als der Anspruch auf die Zulage nach Abschnitt XI, erhöht sich die unter Berücksichtigung des Sonderausgabenabzugs ermittelte tarifliche Einkommensteuer um den Anspruch auf Zulage. ...

§ 10b. Steuerbegünstigte Zwecke. (1) ¹Zuwendungen (Spenden und Mitgliedsbeiträge) zur Förderung steuerbegünstigter Zwecke im Sinne der §§ 52 bis 54 der Abgabenordnung an eine inländische juristische Person des öffentlichen Rechts oder an eine inländische öffentliche Dienststelle oder an eine nach § 5 Abs. 1 Nr. 9 des Körperschaftsteuergesetzes steuerbefreite Körperschaft, Personenvereinigung oder Vermögensmasse können insgesamt bis zu
1. 20 Prozent des Gesamtbetrags der Einkünfte oder
2. 4 Promille der Summe der gesamten Umsätze und der im Kalenderjahr aufgewendeten Löhne und Gehälter
als Sonderausgaben abgezogen werden. ²Nicht abziehbar sind Mitgliedsbeiträge an Körperschaften, die
1. den Sport (§ 52 Abs. 2 Nr. 21 der Abgabenordnung),

2. kulturelle Betätigungen, die in erster Linie der Freizeitgestaltung dienen,
3. die Heimatpflege und Heimatkunde (§ 52 Abs. 2 Nr. 22 der Abgabenordnung) oder
4. Zwecke im Sinne des § 52 Abs. 2 Nr. 23 der Abgabenordnung
fördern. ³Abziehbare Zuwendungen, die die Höchstbeträge nach Satz 1 überschreiten oder die den um die Beträge nach § 10 Abs. 3 und 4, § 10c und § 10d verminderten Gesamtbetrag der Einkünfte übersteigen, sind im Rahmen der Höchstbeträge in den folgenden Veranlagungszeiträumen als Sonderausgaben abzuziehen. ⁴§ 10d Abs. 4 gilt entsprechend.
(2) ¹Zuwendungen an politische Parteien im Sinne des § 2 des Parteiengesetzes sind bis zur Höhe von insgesamt 1 650 Euro und im Falle der Zusammenveranlagung von Ehegatten bis zur Höhe von insgesamt 3 300 Euro im Kalenderjahr abzugsfähig. ²Sie können nur insoweit als Sonderausgaben abgezogen werden, als für sie nicht eine Steuerermäßigung nach § 34 g gewährt worden ist.

§ 10c. Sonderausgaben-Pauschbetrag, Vorsorgepauschale. (1) ¹Für Sonderausgaben nach § 10 Abs. 1 Nr. 1, 1a, 4, 5, 7 bis 9 und nach § 10 b wird ein Pauschbetrag von 36 Euro abgezogen (Sonderausgaben-Pauschbetrag), wenn der Steuerpflichtige nicht höhere Aufwendungen nachweist.
(2) ¹Hat der Steuerpflichtige Arbeitslohn bezogen, wird für die Vorsorgeaufwendungen (§ 10 Abs. 1 Nr. 2) eine Vorsorgepauschale abgezogen, wenn der Steuerpflichtige nicht Aufwendungen nachweist, die zu einem höheren Abzug führen. ²Die Vorsorgepauschale ist die Summe aus
1. dem Betrag, der bezogen auf den Arbeitslohn, 50 vom Hundert des Beitrags in der allgemeinen Rentenversicherung entspricht, und
2. 11 vom Hundert des Arbeitslohns, jedoch höchstens 1 500 Euro.
Arbeitslohn im Sinne der Sätze 1 und 2 ist der um den Versorgungsfreibetrag (§ 19 Abs. 2) und den Altersentlastungsbetrag (§ 24 a) verminderte Arbeitslohn. ³In den Kalenderjahren 2005 bis 2024 ist die Vorsorgepauschale mit der Maßgabe zu ermitteln, dass im Kalenderjahr 2005 der Betrag, der sich nach Satz 2 Nr. 1 ergibt, auf 20 vom Hundert begrenzt und dieser Vomhundertsatz in jedem folgenden Kalenderjahr um je 4 vom-Hundert-Punkte erhöht wird.
(3) ¹Für Arbeitnehmer, die während des ganzen Jahres oder eines Teils des Kalenderjahres
1. in der gesetzlichen Rentenversicherung versicherungsfrei oder auf Antrag des Arbeitgebers von der Versicherungspflicht befreit waren und denen für den Fall ihres Ausscheidens aus der Beschäftigung auf Grund des

Beschäftigungsverhältnisses eine lebenslängliche Versorgung oder an deren Stelle eine Abfindung zusteht oder die in der gesetzlichen Rentenversicherung nachzuversichern sind oder
2. nicht der gesetzlichen Rentenversicherungspflicht unterliegen, eine Berufstätigkeit ausgeübt und im Zusammenhang damit auf Grund vertraglicher Vereinbarungen Anwartschaftsrechte auf eine Altersversorgung erworben haben oder
3. Versorgungsbezüge im Sinne des § 19 Abs. 2 Satz 2 Nr. 1 erhalten haben oder
4. Altersrente aus der gesetzlichen Rentenversicherung erhalten haben,

beträgt die Vorsorgepauschale 11 vom Hundert des Arbeitslohns, jedoch höchstens 1 500 Euro.

(4) ^{1}Im Fall der Zusammenveranlagung von Ehegatten zur Einkommensteuer sind die Absätze 1 bis 3 mit der Maßgabe anzuwenden, dass die Euro-Beträge nach Absatz 1, 2 Satz 2 Nr. 2 sowie Absatz 3 zu verdoppeln sind. ^{2}Wenn beide Ehegatten Arbeitslohn bezogen haben, ist Absatz 2 Satz 3 auf den Arbeitslohn jedes Ehegatten gesondert anzuwenden und eine Vorsorgepauschale abzuziehen, die sich ergibt aus der Summe
1. der Beträge, die sich nach Absatz 2 Satz 2 Nr. 1 in Verbindung mit Satz 4 für einen nicht unter Absatz 3 fallenden Ehegatten ergeben, und
2. 11 vom Hundert der Summe der Arbeitslöhne beider Ehegatten, höchstens jedoch 3 000 Euro.

...

Vereinnahmung und Verausgabung

§ 11. [Vereinnahmung und Verausgabung] (1) ^{1}Einnahmen sind innerhalb des Kalenderjahrs bezogen, in dem sie dem Steuerpflichtigen zugeflossen sind. ...

(2) ^{1}Ausgaben sind für das Kalenderjahr abzusetzen, in dem sie geleistet worden sind. ...

Nicht abzugsfähige Ausgaben

§ 12. [Nicht abzugsfähige Ausgaben] ^{1}Soweit in den §§ 4f, 10 Abs. 1 Nr. 1, 2 bis 5, 7 bis 9, § 10a, § 10 b und den §§ 33 bis 33 b nichts anderes bestimmt ist, dürfen weder bei den einzelnen Einkunftsarten noch vom Gesamtbetrag der Einkünfte abgezogen werden
1. die für den Haushalt des Steuerpflichtigen und für den Unterhalt seiner Familienangehörigen aufgewendeten Beträge. ^{2}Dazu gehören auch die Aufwendungen für die Lebensführung, die die wirtschaftliche oder gesellschaftliche Stellung des Steuerpflichtigen mit sich bringt, auch wenn sie zur Förderung des Berufs oder der Tätigkeit des Steuerpflichtigen erfolgen;
2. freiwillige Zuwendungen, Zuwendungen auf Grund einer freiwillig begründeten Rechtspflicht und Zuwendungen an eine gegenüber dem Steuerpflichtigen oder seinem Ehegatten gesetzlich unterhaltsberechtigte Person oder deren Ehegatten, auch wenn diese Zuwendungen auf einer besonderen Vereinbarung beruhen;
3. die Steuern vom Einkommen und sonstige Personensteuern sowie die Umsatzsteuer für Umsätze, die Entnahmen sind, und die Vorsteuerbeträge auf Aufwendungen, für die das Abzugsverbot der Nummer 1 oder des § 4 Abs. 5 Satz 1 Nr. 1 bis 5, 7 oder Abs. 7 gilt; das gilt auch für die auf diese Steuern entfallenden Nebenleistungen; ...
5. Aufwendungen des Steuerpflichtigen für seine erstmalige Berufsausbildung und für ein Erststudium, wenn diese nicht im Rahmen eines Dienstverhältnisses stattfinden.

Die einzelnen Einkunftsarten

▶ **Land- und Forstwirtschaft (§ 2 Abs. 1 Nr. 1)**

§ 13. Einkünfte aus Land- und Forstwirtschaft. (1) ^{1}Einkünfte aus Land- und Forstwirtschaft sind
1. Einkünfte aus dem Betrieb von Landwirtschaft, Forstwirtschaft, Weinbau, Gartenbau und aus allen Betrieben, die Pflanzen und Pflanzenteile mit Hilfe der Naturkräfte gewinnen. ^{2}Zu diesen Einkünften gehören auch die Einkünfte aus der Tierzucht und Tierhaltung, ...

§ 14. Veräußerung des Betriebs. ^{1}Zu den Einkünften aus Land- und Forstwirtschaft gehören auch Gewinne, die bei der Veräußerung eines land- oder forstwirtschaftlichen Betriebs oder Teilbetriebs oder eines Anteils an einem land- und forstwirtschaftlichen Betriebsvermögen erzielt werden. ...

▶ **Gewerbebetrieb (§ 2 Abs. 1 Nr. 2)**

§ 15. Einkünfte aus Gewerbebetrieb. (1) ^{1}Einkünfte aus Gewerbebetrieb sind
1. Einkünfte aus gewerblichen Unternehmen. ^{2}Dazu gehören auch Einkünfte aus gewerblicher Bodenbewirtschaftung, z. B. aus Bergbauunternehmen und aus Betrieben zur Gewinnung von Torf, Steinen und Erden, soweit

Einkommensteuergesetz

sie nicht land- oder forstwirtschaftliche Nebenbetriebe sind;
2. die Gewinnanteile der Gesellschafter einer Offenen Handelsgesellschaft, einer Kommanditgesellschaft und einer anderen Gesellschaft, bei der der Gesellschafter als Unternehmer (Mitunternehmer) des Betriebs anzusehen ist, und die Vergütungen, die der Gesellschafter von der Gesellschaft für seine Tätigkeit im Dienst der Gesellschaft oder für die Hingabe von Darlehen oder für die Überlassung von Wirtschaftsgütern bezogen hat.
3. die Gewinnanteile der persönlich haftenden Gesellschafter einer Kommanditgesellschaft auf Aktien, soweit sie nicht auf Anteile am Grundkapital entfallen, und die Vergütungen, die der persönlich haftende Gesellschafter von der Gesellschaft für seine Tätigkeit im Dienst der Gesellschaft oder für die Hingabe von Darlehen oder für die Überlassung von Wirtschaftsgütern bezogen hat.

(2) ¹Eine selbständige nachhaltige Betätigung, die mit der Absicht, Gewinn zu erzielen, unternommen wird und sich als Beteiligung am allgemeinen wirtschaftlichen Verkehr darstellt, ist Gewerbebetrieb, wenn die Betätigung weder als Ausübung von Land- und Forstwirtschaft noch als Ausübung eines freien Berufs noch als eine andere selbständige Arbeit anzusehen ist. ²Eine durch die Betätigung verursachte Minderung der Steuern vom Einkommen ist kein Gewinn im Sinne des Satzes 1. ³Ein Gewerbebetrieb liegt, wenn seine Voraussetzungen im Übrigen gegeben sind, auch dann vor, wenn die Gewinnerzielungsabsicht nur ein Nebenzweck ist.

§ 16. Veräußerung des Betriebs. (1) ¹Zu den Einkünften aus Gewerbebetrieb gehören auch Gewinne, die erzielt werden bei der Veräußerung
1. des ganzen Gewerbebetriebs oder eines Teilbetriebs. ²Als Teilbetrieb gilt auch die das gesamte Nennkapital umfassende Beteiligung an einer Kapitalgesellschaft; ...
2. des gesamten Anteils eines Gesellschafters, der als Unternehmer (Mitunternehmer) des Betriebs anzusehen ist (§ 15 Abs. 1 Satz 1 Nr. 2);
3. des gesamten Anteils eines persönlich haftenden Gesellschafters einer Kommanditgesellschaft auf Aktien (§ 15 Abs. 1 Satz 1 Nr. 3). ...

§ 17. Veräußerung von Anteilen an Kapitalgesellschaften. (1) Zu den Einkünften aus Gewerbebetrieb gehört auch der Gewinn aus der Veräußerung von Anteilen an einer Kapitalgesellschaft, wenn der Veräußerer innerhalb der letzten fünf Jahre am Kapital der Gesellschaft unmittelbar oder mittelbar zu mindestens 1 vom Hundert beteiligt war.

▶ **Selbständige Arbeit (§ 2 Abs. 1 Nr. 3)**

§ 18. [Selbständige Arbeit] (1) ¹Einkünfte aus selbständiger Arbeit sind
1. Einkünfte aus freiberuflicher Tätigkeit. ²Zu der freiberuflichen Tätigkeit gehören die selbständig ausgeübte wissenschaftliche, künstlerische, schriftstellerische, unterrichtende oder erzieherische Tätigkeit, die selbständige Berufstätigkeit der Ärzte, Zahnärzte, Tierärzte, Rechtsanwälte, Notare, Patentanwälte, Vermessungsingenieure, Ingenieure, Architekten, Handelschemiker, Wirtschaftsprüfer, Steuerberater, beratenden Volks- und Betriebswirte, vereidigten Buchprüfer, Steuerbevollmächtigten, Heilpraktiker, Dentisten, Krankengymnasten, Journalisten, Bildberichterstatter, Dolmetscher, Übersetzer, Lotsen und ähnlicher Berufe.

▶ **Nichtselbständige Arbeit (§ 2 Abs. 1 Nr. 4)**

§ 19. [Nichtselbständige Arbeit] (1) Zu den Einkünften aus nichtselbständiger Arbeit gehören
1. Gehälter, Löhne, Gratifikationen, Tantiemen und andere Bezüge und Vorteile für eine Beschäftigung im öffentlichen oder privaten Dienst;
2. Wartegelder, Ruhegelder, Witwen- und Waisengelder und andere Bezüge und Vorteile aus früheren Dienstleistungen;
3. laufende Beiträge und laufende Zuwendungen des Arbeitgebers aus einem bestehenden Dienstverhältnis an einem Pensionsfonds oder für eine Direkt-Versicherung für eine betriebliche Altersversorgung. ...

²Es ist gleichgültig, ob es sich um laufende oder um einmalige Bezüge handelt und ob ein Rechtsanspruch auf sie besteht.

▶ **Kapitalvermögen (§ 2 Abs. 1 Nr. 5)**

§ 20. [Kapitalvermögen] (1) Zu den Einkünften aus Kapitalvermögen gehören
1. Gewinnanteile (Dividenden), Ausbeuten und sonstige Bezüge aus Aktien, Genussrechten, mit denen das Recht am Gewinn und Liquidationserlös einer Kapitalgesellschaft verbunden ist, aus Anteilen an Gesellschaften mit beschränkter Haftung, an Erwerbs- und Wirtschaftsgenossenschaften sowie an bergbautreibenden Vereinigungen, die die Rechte einer juristischen Person haben. ²Zu den sonstigen Bezügen gehören auch verdeckte Gewinnausschüttungen. ³Die Bezüge gehören nicht

6.2 EStG § 20 — II. Einkommen

zu den Einnahmen, soweit sie aus Ausschüttungen einer Körperschaft stammen, für die Beträge aus dem steuerlichen Einlagekonto im Sinne des § 27 des Körperschaftsteuergesetzes als verwendet gelten. ...

2. Bezüge, die nach der Auflösung einer Körperschaft oder Personenvereinigung im Sinne der Nummer 1 anfallen ...

4. Einnahmen aus der Beteiligung an einem Handelsgewerbe als stiller Gesellschafter und aus partiarischen Darlehen, es sei denn, daß der Gesellschafter oder Darlehnsgeber als Mitunternehmer anzusehen ist. ...

5. Zinsen aus Hypotheken und Grundschulden und Renten aus Rentenschulden. Bei Tilgungshypotheken und Tilgungsgrundschulden ist nur der Teil der Zahlungen anzusetzen, der als Zins auf den jeweiligen Kapitalrest entfällt;

6. der Unterschiedsbetrag zwischen der Versicherungsleistung und der Summe der auf sie entrichteten Beiträge (Erträge) im Erlebensfall oder bei Rückkauf des Vertrags bei Rentenversicherungen mit Kapitalwahlrecht, soweit nicht die lebenslange Rentenzahlung gewählt und erbracht wird, und bei Kapitalversicherungen mit Sparanteil, wenn der Vertrag nach dem 31. Dezember 2004 abgeschlossen worden ist. Wird die Versicherungsleistung nach Vollendung des 60. Lebensjahres des Steuerpflichtigen und nach Ablauf von zwölf Jahren seit dem Vertragsabschluss ausgezahlt, ist die Hälfte des Unterschiedsbetrags anzusetzen. Bei entgeltlichem Erwerb des Anspruchs auf die Versicherungsleistung treten die Anschaffungskosten an die Stelle der vor dem Erwerb entrichteten Beiträge. Die Sätze 1 bis 3 sind auf Erträge aus fondsgebundenen Lebensversicherungen, auf Erträge im Erlebensfall bei Rentenversicherungen ohne Kapitalwahlrecht, soweit keine lebenslange Rentenzahlung vereinbart und erbracht wird, und auf Erträge bei Rückkauf des Vertrages bei Rentenversicherungen ohne Kapitalwahlrecht entsprechend anzuwenden.

7. Erträge aus sonstigen Kapitalforderungen jeder Art, ...

8. Diskontbeträge von Wechseln und Anweisungen einschließlich der Schatzwechsel.

(2) Zu den Einkünften aus Kapitalvermögen gehören auch

1. der Gewinn aus der Veräußerung von Anteilen an einer Körperschaft ...

2. der Gewinn aus der Veräußerung
   a) von Dividendenscheinen und sonstigen Ansprüchen durch den Inhaber des Stammrechts, wenn die dazugehörigen Aktien oder sonstigen Anteile nicht mitveräußert werden. ²Diese Besteuerung tritt an die Stelle der Besteuerung nach Absatz 1;
   b) von Zinsscheinen und Zinsforderungen durch den Inhaber oder ehemaligen Inhaber der Schuldverschreibung, wenn die dazugehörigen Schuldverschreibungen nicht mitveräußert werden. ²Entsprechendes gilt für die Einlösung von Zinsscheinen und Zinsforderungen durch den ehemaligen Inhaber der Schuldverschreibung; ...

3. der Gewinn
   a) bei Termingeschäften, durch die der Steuerpflichtige einen Differenzausgleich oder einen durch den Wert einer veränderlichen Bezugsgröße bestimmten Geldbetrag oder Vorteil erlangt;
   b) aus der Veräußerung eines als Termingeschäft ausgestalteten Finanzinstruments;

4. der Gewinn aus der Veräußerung von Wirtschaftsgütern, die Erträge im Sinne des Absatzes 1 Nr. 4 erzielen;

5. der Gewinn aus der Übertragung von Rechten im Sinne des Absatzes 1 Nr. 5;

6. der Gewinn aus der Veräußerung von Ansprüchen auf eine Versicherungsleistung im Sinne des Absatzes 1 Nr. 6. Das Versicherungsunternehmen hat nach Kenntniserlangung von einer Veräußerung unverzüglich Mitteilung an das für den Steuerpflichtigen zuständige Finanzamt zu machen und auf Verlangen des Steuerpflichtigen eine Bescheinigung über die Höhe der entrichteten Beiträge im Zeitpunkt der Veräußerung zu erteilen;

7. der Gewinn aus der Veräußerung von sonstigen Kapitalforderungen jeder Art im Sinne des Absatzes 1 Nr. 7;

8. der Gewinn aus der Übertragung oder Aufgabe einer die Einnahmen im Sinne des Absatzes 1 Nr. 9 vermittelnden Rechtsposition.

Als Veräußerung im Sinne des Satzes 1 gilt auch die Einlösung, Rückzahlung, Abtretung oder verdeckte Einlage in eine Kapitalgesellschaft; in den Fällen von Satz 1 Nr. 4 gilt auch die Vereinnahmung eines Auseinandersetzungsguthabens als Veräußerung. Die Anschaffung oder Veräußerung einer unmittelbaren oder mittelbaren Beteiligung an einer Personengesellschaft gilt als Anschaffung oder Veräußerung der anteiligen Wirtschaftsgüter.

(4) Gewinn im Sinne des Absatzes 2 ist der Unterschied zwischen den Einnahmen aus der Veräußerung nach Abzug der Aufwendungen, die im unmittelbaren sachlichen Zusammenhang mit dem Veräußerungsgeschäft stehen, und den Anschaffungskosten; ...

(5) ¹Einkünfte aus Kapitalvermögen im Sinne des Absatzes 1 Nr. 1 und 2 erzielt der Anteilseigner. ²Anteilseigner ist derjenige, dem nach § 39 der Abgabenordnung die Anteile an dem Kapitalvermögen im Sinne des Absatzes 1 Nr. 1 im Zeitpunkt des Gewinnverteilungsbe-

Einkommensteuergesetz — 6.2 EStG §§ 20–22

schlusses zuzurechnen sind. ³Sind einem Nießbraucher oder Pfandgläubiger die Einnahmen im Sinne des Absatzes 1 Nr. 1 oder 2 zuzurechnen, gilt er als Anteilseigner.

(6) ¹Verbleibende positive Einkünfte aus Kapitalvermögen sind nach der Verrechnung im Sinne des § 43 a Abs. 3 zunächst mit Verlusten aus privaten Veräußerungsgeschäften nach Maßgabe des § 23 Abs. 3 Satz 9 und 10 zu verrechnen. ²Verluste aus Kapitalvermögen dürfen nicht mit Einkünften aus anderen Einkunftsarten ausgeglichen werden; sie dürfen auch nicht nach § 10 d abgezogen werden. ³Die Verluste mindern jedoch die Einkünfte, die der Steuerpflichtige in den folgenden Veranlagungszeiträumen aus Kapitalvermögen erzielt. ⁴§ 10 d Abs. 4 ist sinngemäß anzuwenden. ⁵Verluste aus Kapitalvermögen im Sinne des Absatzes 2 Satz 1 Nr. 1 Satz 1, die aus der Veräußerung von Aktien entstehen, dürfen nur mit Gewinnen aus Kapitalvermögen im Sinne des Absatzes 2 Satz 1 Nr. 1 Satz 1, die aus der Veräußerung von Aktien entstehen, ausgeglichen werden; die Sätze 3 und 4 gelten sinngemäß. ⁶Verluste aus Kapitalvermögen, die der Kapitalertragsteuer unterliegen, dürfen nur verrechnet werden oder mindern die Einkünfte, die der Steuerpflichtige in den folgenden Veranlagungszeiträumen aus Kapitalvermögen erzielt, wenn eine Bescheinigung im Sinne des § 43 a Abs. 3 Satz 4 vorliegt.

(9) ¹Bei der Ermittlung der Einkünfte aus Kapitalvermögen ist als Werbungskosten ein Betrag von 801 Euro abzuziehen (Sparer-Pauschbetrag); der Abzug der tatsächlichen Werbungskosten ist ausgeschlossen. ²Ehegatten, die zusammenveranlagt werden, wird ein gemeinsamer Sparer-Pauschbetrag von 1602 Euro gewährt. ...

▶ Vermietung und Verpachtung (§ 2 Abs. 1 Nr. 6)

§ 21. (1) Einkünfte aus Vermietung und Verpachtung sind
1. Einkünfte aus Vermietung und Verpachtung von unbeweglichem Vermögen, insbesondere von Grundstücken, Gebäuden, Gebäudeteilen, Schiffen, die in ein Schiffsregister eingetragen sind, und Rechten, die den Vorschriften des bürgerlichen Rechts über Grundstücke unterliegen (z. B. Erbbaurecht, Mineralgewinnungsrecht);
2. Einkünfte aus Vermietung und Verpachtung von Sachinbegriffen, insbesondere von beweglichem Betriebsvermögen;
3. Einkünfte aus zeitlich begrenzter Überlassung von Rechten, insbesondere von schriftstellerischen, künstlerischen und gewerblichen Urheberrechten, von gewerblichen Erfahrungen und von Gerechtigkeiten und Gefällen;
4. Einkünfte aus der Veräußerung von Miet- und Pachtzinsforderungen, auch dann, wenn die Einkünfte im Veräußerungspreis von Grundstücken enthalten sind und die Miet- oder Pachtzinsen sich auf einen Zeitraum beziehen, in dem der Veräußerer noch Besitzer war.

▶ Sonstige Einkünfte (§ 2 Abs. 1 Nr. 7)

§ 22. Arten der sonstigen Einkünfte. Sonstige Einkünfte sind
1. Einkünfte aus wiederkehrenden Bezügen, soweit sie nicht zu den in § 2 Abs. 1 Nr. 1 bis 6 bezeichneten Einkunftsarten gehören. ... Zu den in Satz 1 bezeichneten Einkünften gehören auch
   a) Leibrenten und andere Leistungen,
      aa) die aus der gesetzlichen Rentenversicherung ... erbracht werden, soweit sie jeweils der Besteuerung unterliegen. ...
2. Einkünfte aus privaten Veräußerungsgeschäften im Sinne des § 23;
3. Einkünfte aus Leistungen, soweit sie weder zu anderen Einkunftsarten (§ 2 Abs. 1 Satz 1 Nr. 1 bis 6) noch zu den Einkünften im Sinne der Nummern 1, 1a, 2 oder 4 gehören, z. B. Einkünfte aus gelegentlichen Vermittlungen und aus der Vermietung beweglicher Gegenstände. ²Solche Einkünfte sind nicht einkommensteuerpflichtig, wenn sie weniger als 256 Euro im Kalenderjahr betragen haben. ³Übersteigen die Werbungskosten die Einnahmen, so darf der übersteigende Betrag bei Ermittlung des Einkommens nicht ausgeglichen werden; er darf auch nicht nach § 10 d abgezogen werden. ⁴Die Verluste mindern jedoch nach Maßgabe des § 10 d die Einkünfte, die der Steuerpflichtige in dem unmittelbar vorangegangenen Veranlagungszeitraum oder in den folgenden Veranlagungszeiträumen aus Leistungen im Sinne des Satzes 1 erzielt hat oder erzielt; ...
4. Entschädigungen, Amtszulagen, Zuschüsse zu Kranken- und Pflegeversicherungsbeiträgen, Übergangsgelder, Überbrückungsgelder, Sterbegelder, Versorgungsabfindungen, Versorgungsbezüge, die auf Grund des Abgeordnetengesetzes oder des Europaabgeordnetengesetzes, sowie vergleichbare Bezüge, die auf Grund der entsprechenden Gesetze der Länder gezahlt werden. ...
5. Leistungen aus Altersvorsorgeverträgen (§ 1 Abs. 1 des Altersvorsorgeverträge-Zertifizierungsgesetzes), auch wenn sie von inländischen Sondervermögen oder ausländischen Investmentgesellschaften erbracht werden,

sowie aus Direktversicherungen, Pensionsfonds und Pensionskassen.
...

§ 23. Private Veräußerungsgeschäfte. (1) Private Veräußerungsgeschäfte (§ 22 Nr. 2) sind
1. Veräußerungsgeschäfte bei Grundstücken und Rechten, die den Vorschriften des bürgerlichen Rechts über Grundstücke unterliegen (z. B. Erbbaurecht, Mineralgewinnungsrecht), bei denen der Zeitraum zwischen Anschaffung und Veräußerung nicht mehr als zehn Jahre beträgt. ²Gebäude und Außenanlagen sind einzubeziehen, soweit sie innerhalb dieses Zeitraums errichtet, ausgebaut oder erweitert werden; dies gilt entsprechend für Gebäudeteile, die selbständige unbewegliche Wirtschaftsgüter sind, sowie für Eigentumswohnungen und im Teileigentum stehende Räume. ³Ausgenommen sind Wirtschaftsgüter, die im Zeitraum zwischen Anschaffung oder Fertigstellung und Veräußerung ausschließlich zu eigenen Wohnzwecken oder im Jahr der Veräußerung und in den beiden vorangegangenen Jahren zu eigenen Wohnzwecken genutzt wurden;
2. Veräußerungsgeschäfte bei anderen Wirtschaftsgütern, bei denen der Zeitraum zwischen Anschaffung und Veräußerung nicht mehr als ein Jahr beträgt. Bei Wirtschaftsgütern im Sinne von Nummer 2 Satz 1, aus deren Nutzung als Einkunftsquelle zumindest in einem Kalenderjahr Einkünfte erzielt werden, erhöht sich der Zeitraum auf 10 Jahre.

²Als Anschaffung gilt auch die Überführung eines Wirtschaftsguts in das Privatvermögen des Steuerpflichtigen durch Entnahme oder Betriebsaufgabe. ³Bei unentgeltlichem Erwerb ist dem Einzelrechtsnachfolger für Zwecke dieser Vorschrift die Anschaffung, die Überführung des Wirtschaftsguts in das Privatvermögen durch den Rechtsvorgänger zuzurechnen. ⁴Die Anschaffung oder Veräußerung einer unmittelbaren oder mittelbaren Beteiligung an einer Personengesellschaft gilt als Anschaffung oder Veräußerung der anteiligen Wirtschaftsgüter. ⁵Als Veräußerung im Sinne des Satzes 1 Nr. 1 gilt auch
1. die Einlage eines Wirtschaftsguts in das Betriebsvermögen, wenn die Veräußerung aus dem Betriebsvermögen innerhalb eines Zeitraums von zehn Jahren seit Anschaffung des Wirtschaftsguts erfolgt, und
2. die verdeckte Einlage in eine Kapitalgesellschaft.

(2) Einkünfte aus privaten Veräußerungsgeschäften der in Absatz 1 bezeichneten Art sind den Einkünften aus anderen Einkunftsarten zuzurechnen, soweit sie zu diesen gehören.

(3) ¹Gewinn oder Verlust aus Veräußerungsgeschäften nach Absatz 1 ist der Unterschied zwischen Veräußerungspreis einerseits und den Anschaffungs- oder Herstellungskosten und den Werbungskosten andererseits. ²In den Fällen des Absatzes 1 Satz 5 Nr. 1 tritt an die Stelle des Veräußerungspreises der für den Zeitpunkt der Einlage nach § 6 Abs. 1 Nr. 5 angesetzte Wert, in den Fällen des Absatzes 1 Satz 5 Nr. 2 der gemeine Wert. ³In den Fällen des Absatzes 1 Satz 2 tritt an die Stelle der Anschaffungs- oder Herstellungskosten der nach § 6 Abs. 1 Nr. 4, § 16 Abs. 3 den angesetzte Wert. ⁴Die Anschaffungs- oder Herstellungskosten mindern sich um Absetzungen für Abnutzung, erhöhte Absetzungen und Sonderabschreibungen, soweit sie bei der Ermittlung der Einkünfte im Sinne des § 2 Abs. 1 Satz 1 Nr. 4 bis 6 abgezogen worden sind. ⁵Gewinne bleiben steuerfrei, wenn der aus den privaten Veräußerungsgeschäften erzielte Gesamtgewinn im Kalenderjahr weniger als 600 Euro betragen hat. ⁶In den Fällen des Absatzes 1 Satz 5 Nr. 1 sind Gewinne oder Verluste für das Kalenderjahr, in dem der Preis für die Veräußerung aus dem Betriebsvermögen zugeflossen ist, in den Fällen des Absatzes 1 Satz 5 Nr. 2 für das Kalenderjahr der verdeckten Einlage anzusetzen. ⁷Verluste dürfen nur bis zur Höhe des Gewinns, den der Steuerpflichtige im gleichen Kalenderjahr aus privaten Veräußerungsgeschäften erzielt hat, ausgeglichen werden; sie dürfen nicht nach § 10 d abgezogen werden. ⁹Die Verluste mindern jedoch nach Maßgabe des § 10 d die Einkünfte, die der Steuerpflichtige in dem unmittelbar vorangegangenen Veranlagungszeitraum oder in den folgenden Veranlagungszeiträumen aus privaten Veräußerungsgeschäften nach Absatz 1 erzielt hat oder erzielt; ...

§ 24a. Altersentlastungsbetrag. ¹Der Altersentlastungsbetrag ist bis zu einem Höchstbetrag im Kalenderjahr ein nach einem Vomhundertsatz ermittelter Betrag des Arbeitslohns und der positiven Summe der Einkünfte, die nicht solche aus nichtselbständiger Arbeit sind. ²...
³Der Altersentlastungsbetrag wird einem Steuerpflichtigen gewährt, der vor dem Beginn des Kalenderjahres, in dem er sein Einkommen bezogen hat, das 64. Lebensjahr vollendet hatte. ⁴Im Fall der Zusammenveranlagung von Ehegatten zur Einkommensteuer sind die Sätze 1 bis 3 für jeden Ehegatten gesondert anzuwenden. Der maßgebende Vomhundertsatz und der Höchstbetrag des Altersentlastungsbetrags sind der nachstehenden Tabelle zu entnehmen: ...

Einkommensteuergesetz

6.2 EStG §§ 25–32

III. Veranlagung

§ 25. Veranlagungszeitraum, Steuererklärungspflicht. (1) Die Einkommensteuer wird nach Ablauf des Kalenderjahres (Veranlagungszeitraum) nach dem Einkommen veranlagt, das der Steuerpflichtige in diesem Veranlagungszeitraum bezogen hat, soweit nicht nach § 43 Abs. 5 und § 46 eine Veranlagung unterbleibt.

§ 26. Veranlagung von Ehegatten. (1) Ehegatten, die beide unbeschränkt einkommensteuerpflichtig im Sinne des § 1 Abs. 1 oder 2 oder des § 1 a sind und nicht dauernd getrennt leben und bei denen diese Voraussetzungen zu Beginn des Veranlagungszeitraums vorgelegen haben oder im Laufe des Veranlagungszeitraums eingetreten sind, können zwischen getrennter Veranlagung (§ 26a) und Zusammenveranlagung (§ 26b) wählen.

(2) ¹Ehegatten werden getrennt veranlagt, wenn einer der Ehegatten getrennte Veranlagung wählt. ²Ehegatten werden zusammen veranlagt – oder für den Veranlagungszeitraum der Eheschließung – nach § 26 c veranlagt, wenn beide Ehegatten die betreffende Veranlagungsart wählen.

§ 26a. Getrennte Veranlagung von Ehegatten. (1) ¹Bei getrennter Veranlagung von Ehegatten in den in § 26 bezeichneten Fällen sind jedem Ehegatten die von ihm bezogenen Einkünfte zuzurechnen. ²Einkünfte eines Ehegatten sind nicht allein deshalb zum Teil dem anderen Ehegatten zuzurechnen, weil dieser bei der Erzielung der Einkünfte mitgewirkt hat.

(2) Sonderausgaben nach § 10 Abs. 1 Nr. 5 und 8 und außergewöhnliche Belastungen (§§ 33 bis 33b) werden in Höhe des bei einer Zusammenveranlagung in Betracht kommenden Betrags bei beiden Veranlagungen jeweils zur Hälfte abgezogen, wenn die Ehegatten nicht gemeinsam eine andere Aufteilung beantragen. ...

§ 26b. Zusammenveranlagung von Ehegatten. Bei der Zusammenveranlagung von Ehegatten werden die Einkünfte, die die Ehegatten erzielt haben, zusammengerechnet, den Ehegatten gemeinsam zugerechnet und, soweit nichts anderes vorgeschrieben ist, die Ehegatten sodann gemeinsam als Steuerpflichtiger behandelt.

IV. Tarif

§ 31. Familienleistungsausgleich. ¹Die steuerliche Freistellung eines Einkommensbetrags in Höhe des Existenzminimums eines Kindes einschließlich der Bedarfe für Betreuung und Erziehung oder Ausbildung wird im gesamten Veranlagungszeitraum entweder durch die Freibeträge nach § 32 Abs. 6 oder durch Kindergeld nach dem X. Abschnitt bewirkt. ²Soweit das Kindergeld dafür nicht erforderlich ist, dient es der Förderung der Familie. ³Im laufenden Kalenderjahr wird Kindergeld als Steuervergütung monatlich gezahlt. ⁴Bewirkt der Anspruch auf Kindergeld für den gesamten Veranlagungszeitraum die nach Satz 1 gebotene steuerliche Freistellung nicht vollständig und werden deshalb bei der Veranlagung zur Einkommensteuer die Freibeträge nach § 32 Abs. 6 vom Einkommen abgezogen, erhöht sich die unter Abzug dieser Freibeträge ermittelte tarifliche Einkommensteuer um den Anspruch auf Kindergeld für den gesamten Veranlagungszeitraum; ... ⁵Satz 4 gilt entsprechend für mit dem Kindergeld vergleichbare Leistungen nach § 65. ⁶Besteht nach ausländischem Recht Anspruch auf Leistungen für Kinder, wird dieser insoweit nicht berücksichtigt, als er das inländische Kindergeld übersteigt.

§ 32. Kinder, Freibeträge für Kinder. (1) Kinder sind
1. im ersten Grad mit dem Steuerpflichtigen verwandte Kinder,
2. Pflegekinder (Personen, mit denen der Steuerpflichtige durch ein familienähnliches, auf längere Dauer berechnetes Band verbunden ist, sofern er sie nicht zu Erwerbszwecken in seinen Haushalt aufgenommen hat und das Obhuts- und Pflegeverhältnis zu den Eltern nicht mehr besteht).

(2) ¹Besteht bei einem angenommenen Kind das Kindschaftsverhältnis zu den leiblichen Eltern weiter, ist es vorrangig als angenommenes Kind zu berücksichtigen. ²Ist ein im ersten Grad mit dem Steuerpflichtigen verwandtes Kind zugleich ein Pflegekind, ist es vorrangig als Pflegekind zu berücksichtigen.

(3) Ein Kind wird in dem Kalendermonat, in dem es lebend geboren wurde, und in jedem folgenden Kalendermonat, zu dessen Beginn es das 18. Lebensjahr noch nicht vollendet hat, berücksichtigt.

(4) Ein Kind, das das 18. Lebensjahr vollendet hat, wird berücksichtigt, wenn es
1. noch nicht das 21. Lebensjahr vollendet hat, nicht in einem Beschäftigungsverhältnis steht und bei einer Agentur für Arbeit im Inland als Arbeitssuchender gemeldet ist oder

2. noch nicht das 25. Lebensjahr vollendet hat und
   a) für einen Beruf ausgebildet wird oder
   b) sich in einer Übergangszeit von höchstens vier Monaten befindet, die zwischen zwei Ausbildungsabschnitten oder zwischen einem Ausbildungsabschnitt und der Ableistung des gesetzlichen Wehr- oder Zivildienstes, einer vom Wehr- oder Zivildienst befreienden Tätigkeit als Entwicklungshelfer oder als Dienstleistender im Ausland nach § 14 b des Zivildienstgesetzes oder der Ableistung eines freiwilligen Dienstes im Sinne des Buchstabens d liegt, oder
   c) eine Berufsausbildung mangels Ausbildungsplatzes nicht beginnen oder fortsetzen kann oder
   d) ein freiwilliges soziales Jahr im Sinne des Gesetzes zur Förderung eines freiwilligen sozialen Jahres, ein freiwilliges ökologisches Jahr im Sinne des Gesetzes zur Förderung eines freiwilligen ökologischen Jahres oder einen Freiwilligendienst ... leistet oder
3. wegen körperlicher, geistiger oder seelischer Behinderung außerstande ist, sich selbst zu unterhalten; Voraussetzung ist, dass die Behinderung vor Vollendung des 25. Lebensjahres eingetreten ist.

^{2}Nach Satz 1 Nr. 1 und 2 wird ein Kind nur berücksichtigt, wenn es Einkünfte und Bezüge, die zur Bestreitung des Unterhalts oder der Berufsausbildung bestimmt oder geeignet sind, von nicht mehr als 7 680 Euro im Kalenderjahr hat. ...

(5) In den Fällen des Absatzes 4 Satz 1 Nr. 1 oder Nr. 2 Buchstabe a und b wird ein Kind, das
1. den gesetzlichen Grundwehrdienst oder Zivildienst geleistet hat, oder
2. sich an Stelle des gesetzlichen Grundwehrdienstes freiwillig für die Dauer von nicht mehr als drei Jahren zum Wehrdienst verpflichtet hat, oder
3. eine vom gesetzlichen Grundwehrdienst oder Zivildienst befreiende Tätigkeit als Entwicklungshelfer im Sinne des § 1 Abs. 1 des Entwicklungshelfer-Gesetzes ausgeübt hat,
für einen der Dauer dieser Dienste oder der Tätigkeit entsprechenden Zeitraum, höchstens für die Dauer des inländischen gesetzlichen Grundwehrdienstes oder bei anerkannten Kriegsdienstverweigerern für die Dauer des inländischen gesetzlichen Zivildienstes über das 21. oder 25. Lebensjahr hinaus berücksichtigt. ...

(6) ^{1}Bei der Veranlagung zur Einkommensteuer wird für jedes zu berücksichtigende Kind des Steuerpflichtigen ein Freibetrag von 1 824 Euro für das sächliche Existenzminimum des Kindes (Kinderfreibetrag) sowie ein Freibetrag von 1 080 Euro für den Betreuungs- und Erziehungs- oder Ausbildungsbedarf des Kindes vom Einkommen abgezogen. ^{2}Bei Ehegatten, die nach den §§ 26, 26 b zusammen zur Einkommensteuer veranlagt werden, verdoppeln sich die Beträge nach Satz 1, wenn das Kind zu beiden Ehegatten in einem Kindschaftsverhältnis steht. ^{3}Die Beträge nach Satz 2 stehen dem Steuerpflichtigen auch dann zu, wenn
1. der andere Elternteil verstorben oder nicht unbeschränkt einkommensteuerpflichtig ist oder
2. der Steuerpflichtige allein das Kind angenommen hat oder das Kind nur zu ihm in einem Pflegekindschaftsverhältnis steht. ...

§ 32a. Einkommensteuertarif (1) ^{1}Die tarifliche Einkommensteuer bemisst sich nach dem zu versteuernden Einkommen. ^{2}Sie beträgt vorbehaltlich der §§ 32 b, 32 d, 34, 34 a, 34 b und 34 c jeweils in Euro für zu versteuernde Einkommen
1. bis 7 664 Euro (Grundfreibetrag): 0;
2. von 7 665 Euro bis 12 739 Euro: $(883{,}74 \cdot y + 1\,500) \cdot y$;
3. von 12 740 Euro bis 52 151 Euro: $(228{,}74 \cdot z + 2\,397) \cdot z + 989$;
4. von 52 152 Euro bis 250 000 Euro: $0{,}42 \cdot x - 7\,914$;
5. von 250 000 Euro an: $0{,}45 \cdot x - 15\,414$

^{3}„y" ist ein Zehntausendstel des 7 664 Euro übersteigenden Teils des auf einen vollen Euro-Betrag abgerundeten zu versteuernden Einkommens. ^{4}„z" ist ein Zehntausendstel des 12 739 Euro übersteigenden Teils des auf einen vollen Euro-Betrag abgerundeten zu versteuernden Einkommens. ^{5}„x" ist das auf einen vollen Euro-Betrag abgerundete zu versteuernde Einkommen. ^{6}Der sich ergebende Steuerbetrag ist auf den nächsten vollen Euro-Betrag abzurunden.

(2) (3) (4) *aufgehoben*

(5) Bei Ehegatten, die nach den §§ 26, 26 b zusammen zur Einkommensteuer veranlagt werden, beträgt die tarifliche Einkommensteuer vorbehaltlich der §§ 32b, 32 d, 34, 34 a, 34 b und 34 c das Zweifache des Steuerbetrags, der sich für die Hälfte ihres gemeinsam zu versteuernden Einkommens nach Abatz 1 ergibt (Splitting-Verfahren).

§ 32b. Progressionsvorbehalt. (1) Hat ein zeitweise oder während des gesamten Veranlagungszeitraums unbeschränkt Steuerpflichtiger oder ein beschränkt Steuerpflichtiger, auf den § 50 Abs. 5 Satz 2 Nr. 2 Anwendung findet,
1. a) Arbeitslosengeld, Teilarbeitslosengeld, Zuschüsse zum Arbeitsentgelt, Kurzarbeitergeld, Winterausfallgeld, Insolvenzgeld,

Einkommensteuergesetz 6.2 EStG §§ 32b–33

Arbeitslosenhilfe, Übergangsgeld, Altersübergangsgeld, Altersübergangsgeld-Ausgleichsbetrag, Unterhaltsgeld als Zuschuss, Eingliederungshilfe nach dem Dritten Buch Sozialgesetzbuch oder dem Arbeitsförderungsgesetz, das aus dem Europäischen Sozialfonds finanzierte Unterhaltsgeld sowie Leistungen nach § 10 des Dritten Buches Sozialgesetzbuch, die dem Lebensunterhalt dienen; Insolvenzgeld, das nach § 188 Abs. 1 des Dritten Buches Sozialgesetzbuch einem Dritten zusteht, ist dem Arbeitnehmer zuzurechnen.

b) Krankengeld, Mutterschaftsgeld, Verletztengeld, Übergangsgeld oder vergleichbare Lohnersatzleistungen nach dem Fünften, Sechsten oder Siebten Buch Sozialgesetzbuch, der Reichs-Versicherungsordnung, dem Gesetz über die Krankenversicherung der Landwirte oder dem Zweiten Gesetz über die Krankenversicherung der Landwirte,

c) Mutterschaftsgeld, Zuschuss zum Mutterschaftsgeld, die Sonderunterstützung nach dem Mutterschutzgesetz sowie den Zuschuss nach § 4 a der Mutterschutzverordnung oder einer entsprechenden Landesregelung, ...

bezogen, so ist auf das nach § 32 a Abs. 1 zu versteuernde Einkommen ein besonderer Steuersatz anzuwenden.

(2) Der besondere Steuersatz nach Absatz 1 ist der Steuersatz, der sich ergibt, wenn bei der Berechnung der Einkommensteuer das nach § 32 a Abs. 1 zu versteuernde Einkommen vermehrt oder vermindert wird um

1. im Fall des Absatzes 1 Nr. 1 die Summe der Leistungen nach Abzug des Arbeitnehmer-Pauschbetrags (§ 9 a Satz 1 Nr. 1), soweit er nicht bei der Ermittlung der Einkünfte aus nichtselbständiger Arbeit abziehbar ist; ...

§ 32 d. Gesonderter Steuertarif für Einkünfte aus Kapitalvermögen[1] (1) ¹Die Einkommensteuer für Einkünfte aus Kapitalvermögen, die nicht unter § 20 Abs. 8 fallen, beträgt 25 Prozent. ²Die Steuer nach Satz 1 vermindert sich um die nach Maßgabe des Absatzes 5 anrechenbaren ausländischen Steuern. ³Im Fall der Kirchensteuerpflicht ermäßigt sich die Steuer nach den Sätzen 1 und 2 um 25 Prozent der auf die Kapitalerträge entfallenden Kirchensteuer. Die Einkommensteuer beträgt damit $\frac{e-4q}{4+k}$.

Dabei sind „e" die nach den Vorschriften des § 20 ermittelten Einkünfte, „q" die nach Maßgabe des Absatzes 5 anrechenbare ausländische Steuer und „k" der für die Kirchensteuer erhebende Religionsgesellschaft (Religionsgemeinschaft) geltende Kirchensteuersatz.

(2) Absatz 1 gilt nicht
1. für Kapitalerträge im Sinne des § 20 Abs. 1 Nr. 4 und 7 sowie Abs. 2 Satz 1 Nr. 4 und 7,
   a) wenn Gläubiger und Schuldner einander nahe stehende Personen sind,
   b) wenn sie von einer Kapitalgesellschaft oder Genossenschaft an einen Anteilseigner gezahlt werden, der zu mindestens 10 Prozent an der Gesellschaft oder Genossenschaft beteiligt ist oder
   c) soweit ein Dritter die Kapitalerträge schuldet und diese Kapitalanlage im Zusammenhang mit einer Kapitalüberlassung an einen Betrieb des Gläubigers steht.
Insoweit findet § 20 Abs. 6 und 9 keine Anwendung;

2. für Kapitalerträge im Sinne des § 20 Abs. 1 Nr. 6 Satz 2. ²Insoweit findet § 20 Abs. 6 keine Anwendung. ...

(3) ¹Steuerpflichtige Kapitalerträge, die nicht der Kapitalertragsteuer unterlegen haben, hat der Steuerpflichtige in seiner Einkommensteuererklärung anzugeben. ²Für diese Kapitalerträge erhöht sich die tarifliche Einkommensteuer um den nach Absatz 1 ermittelten Betrag.

(4) Der Steuerpflichtige kann mit der Einkommensteuererklärung für Kapitalerträge, die der Kapitalertragsteuer unterlegen haben, eine Steuerfestsetzung entsprechend Absatz 3 Satz 2 insbesondere in Fällen eines nicht vollständig ausgeschöpften Sparer-Pauschbetrags, einer Anwendung der Ersatzbemessungsgrundlage nach § 43 a Abs. 2 Satz 7, eines nicht im Rahmen des § 43 a Abs. 3 berücksichtigten Verlusts, eines Verlustvortrags nach § 20 Abs. 6 und noch nicht berücksichtigter ausländischer Steuern, zur Überprüfung des Steuereinbehalts dem Grund oder der Höhe nach oder zur Anwendung von Absatz 1 Satz 3 beantragen.

...

(6) Auf Antrag des Steuerpflichtigen werden anstelle der Anwendung der vorstehenden Absätze die nach § 20 ermittelten Kapitaleinkünfte den Einkünften im Sinne des § 2 zugerechnet und der tariflichen Einkommensteuer unterworfen, wenn dies zu einer niedrigeren Einkommensteuer führt (Günstigerprüfung). Der Antrag kann für den jeweiligen Veranlagungszeitraum nur einheitlich für sämtliche Kapitalerträge gestellt werden. ...

§ 33. Außergewöhnliche Belastungen. (1) Erwachsen einem Steuerpflichtigen zwangsläufig größere Aufwendungen als der überwiegenden Mehrzahl der Steuerpflichtigen gleicher Ein-

---
1 Dieser Tarif (Abgeltungssteuer) gilt ab 1. Jan. 2009

6.2 EStG §§ 33–38 VI. Steuererhebung

kommensverhältnisse, gleicher Vermögensverhältnisse und gleichen Familienstands (außergewöhnliche Belastung), so wird auf Antrag die Einkommensteuer dadurch ermäßigt, dass der Teil der Aufwendungen, der die dem Steuerpflichtigen zumutbare Belastung ... übersteigt, vom Gesamtbetrag der Einkünfte abgezogen wird.

§ 33 c. Kinderbetreuungskosten. (*aufgehoben*)

Steuerermäßigung bei Einkünften aus Gewerbebetrieb

§ 35. [Steuerermäßigung bei Einkünften aus Gewerbebetrieb] (1) Die tarifliche Einkommensteuer, vermindert um die sonstigen Steuerermäßigungen mit Ausnahme der §§ 34 f und 34g, ermäßigt sich, soweit sie anteilig auf im zu versteuernden Einkommen enthaltene gewerbliche Einkünfte entfällt (Ermäßigungshöchstbetrag),
1. bei Einkünften aus gewerblichen Unternehmen im Sinne des § 15 Abs. 1 Satz 1 Nr. 1 um das 3,8fache des jeweils für den Veranlagungszeitraum entsprechenden Erhebungszeitraum nach § 14 des Gewerbesteuergesetzes für das Unternehmen festgesetzten Steuermessbetrags (Gewerbesteuer-Messbetrag); Absatz 2 Satz 5 ist entsprechend anzuwenden;
2. bei Einkünften aus Gewerbebetrieb als Mitunternehmer im Sinne des § 15 Abs. 1 Satz 1 Nr. 2 und 3

um das 3,8fache des jeweils für den Veranlagungszeitraum entsprechenden Erhebungszeitraum festgesetzten anteiligen Gewerbesteuer-Messbetrags. ²Der Ermäßigungshöchstbetrag ist wie folgt zu ermitteln:

$$\frac{\text{Summe der positiven gewerblichen Einkünfte}}{\text{Summe aller positiven Einkünfte}} \times \text{geminderte tarifliche Steuer}$$

³Gewerbliche Einkünfte im Sinne der Sätze 1 und 2 sind die der Gewerbesteuer unterliegenden Gewinne und Gewinnanteile, soweit sie nicht nach anderen Vorschriften von der Steuerermäßigung nach § 35 ausgenommen sind. ⁴Geminderte tarifliche Steuer ist die tarifliche Steuer nach Abzug von Beträgen auf Grund der Anwendung zwischenstaatlicher Abkommen und nach Anrechnung der ausländischen Steuern nach § 34c Abs. 1 und 6 dieses Gesetzes und § 12 des Außensteuergesetzes. ⁵Der Abzug des Steuerermäßigungsbetrags ist auf die tatsächlich zu zahlende Gewerbesteuer beschränkt.

VI. Steuererhebung

Erhebung der Einkommensteuer

§ 36. Entstehung und Tilgung der Einkommensteuer. (1) Die Einkommensteuer entsteht, soweit in diesem Gesetz nichts anderes bestimmt ist, mit Ablauf des Veranlagungszeitraums.

(2) Auf die Einkommensteuer werden angerechnet:
1. die für den Veranlagungszeitraum entrichteten Einkommensteuer-Vorauszahlungen (§ 37);
2. die durch Steuerabzug erhobene Einkommensteuer, soweit sie auf die bei der Veranlagung erfassten Einkünfte oder auf die nach § 3 Nr. 40 dieses Gesetzes oder nach § 8 b Abs. 1 und 6 Satz 2 des Körperschaftsteuergesetzes bei der Ermittlung des Einkommens außer Ansatz bleibenden Bezüge entfällt und nicht die Erstattung beantragt oder durchgeführt worden ist. ²Die durch Steuerabzug erhobene Einkommensteuer wird nicht angerechnet, wenn die in § 45 a Abs. 2 oder 3 bezeichnete Bescheinigung nicht vorgelegt worden ist. ...

§ 37. Einkommensteuer-Vorauszahlung.
(1) ¹Der Steuerpflichtige hat am 10. März, 10. Juni, 10. September und 10. Dezember Vorauszahlungen auf die Einkommensteuer zu entrichten, die er für den laufenden Veranlagungszeitraum voraussichtlich schulden wird. ²Die Einkommensteuer-Vorauszahlung entsteht jeweils mit Beginn des Kalendervierteljahres, in dem die Vorauszahlungen zu entrichten sind, oder, wenn die Steuerpflicht erst im Laufe des Kalendervierteljahres begründet wird, mit Begründung der Steuerpflicht.

Steuerabzug vom Arbeitslohn (Lohnsteuer)

§ 38. Erhebung der Lohnsteuer. (1) ¹Bei Einkünften aus nichtselbständiger Arbeit wird die Einkommensteuer durch Abzug vom Arbeitslohn erhoben (Lohnsteuer), soweit der Arbeitslohn von einem Arbeitgeber gezahlt wird, der
1. im Inland einen Wohnsitz, seinen gewöhnlichen Aufenthalt, seine Geschäftsleitung, seinen Sitz, eine Betriebsstätte oder einen ständigen Vertreter im Sinne der §§ 8 bis 13 der

Einkommensteuergesetz 6.2 EStG §§ 38–39

Abgabenordnung hat (inländischer Arbeitgeber) oder
2. einem Dritten (Entleiher) Arbeitnehmer gewerbsmäßig zur Arbeitsleistung im Inland überlässt, ohne inländischer Arbeitgeber zu sein (ausländischer Verleiher). ...

(2) ¹Der Arbeitnehmer ist Schuldner der Lohnsteuer. ²Die Lohnsteuer entsteht in dem Zeitpunkt, in dem der Arbeitslohn dem Arbeitnehmer zufließt.

(3) Der Arbeitgeber hat die Lohnsteuer für Rechnung des Arbeitnehmers bei jeder Lohnzahlung vom Arbeitslohn einzubehalten. ...

§ 38a. Höhe der Lohnsteuer. (1) Die Jahreslohnsteuer bemisst sich nach dem Arbeitslohn, den der Arbeitnehmer im Kalenderjahr bezieht (Jahresarbeitslohn). ... Arbeitslohn, der nicht als laufender Arbeitslohn gezahlt wird (sonstige Bezüge), wird in dem Kalenderjahr bezogen, in dem er dem Arbeitnehmer zufließt.

(2) Die Jahreslohnsteuer wird nach dem Jahresarbeitslohn so bemessen, dass sie der Einkommensteuer entspricht, die der Arbeitnehmer schuldet, wenn er ausschließlich Einkünfte aus nichtselbständiger Arbeit erzielt.

(3) Vom laufenden Arbeitslohn wird die Lohnsteuer jeweils mit dem auf den Lohnzahlungszeitraum fallenden Teilbetrag der Jahreslohnsteuer erhoben, die sich bei Umrechnung des laufenden Arbeitslohns auf einen Jahresarbeitslohn ergibt. ...

§ 38b. Lohnsteuerklassen. ¹Für die Durchführung des Lohnsteuerabzugs werden unbeschränkt einkommensteuerpflichtige Arbeitnehmer in Steuerklassen eingereiht. ²Dabei gilt Folgendes:
1. In die Steuerklasse I gehören Arbeitnehmer, die
   a) ledig sind,
   b) verheiratet, verwitwet oder geschieden sind und bei denen die Voraussetzungen für die Steuerklasse III oder IV nicht erfüllt sind;
2. in die Steuerklasse II gehören die unter Nummer 1 bezeichneten Arbeitnehmer, wenn bei ihnen der Entlastungsbetrag für Alleinerziehende (§ 24b) zu berücksichtigen ist;
3. in die Steuerklasse III gehören Arbeitnehmer,
   a) die verheiratet sind, wenn beide Ehegatten unbeschränkt einkommensteuerpflichtig sind und nicht dauernd getrennt leben und
      aa) der Ehegatte des Arbeitnehmers keinen Arbeitslohn bezieht oder
      bb) der Ehegatte des Arbeitnehmers auf Antrag beider Ehegatten in die Steuerklasse V eingereiht wird,
   b) die verwitwet sind, wenn sie und ihr verstorbener Ehegatte im Zeitpunkt seines Todes unbeschränkt einkommensteuerpflichtig waren und in diesem Zeitpunkt nicht dauernd getrennt gelebt haben, für das Kalenderjahr, das dem Kalenderjahr folgt, in dem der Ehegatte verstorben ist,
   c) deren Ehe aufgelöst worden ist, wenn
      aa) im Kalenderjahr der Auflösung der Ehe beide Ehegatten unbeschränkt einkommensteuerpflichtig waren und nicht dauernd getrennt gelebt haben und
      bb) der andere Ehegatte wieder geheiratet hat, von seinem neuen Ehegatten nicht dauernd getrennt lebt und er und sein neuer Ehegatte unbeschränkt einkommensteuerpflichtig sind,
   für das Kalenderjahr, in dem die Ehe aufgelöst worden ist;
4. in die Steuerklasse IV gehören Arbeitnehmer, die verheiratet sind, wenn beide Ehegatten unbeschränkt einkommensteuerpflichtig sind und nicht dauernd getrennt leben und der Ehegatte des Arbeitnehmers ebenfalls Arbeitslohn bezieht;
5. in die Steuerklasse V gehören die unter Nummer 4 bezeichneten Arbeitnehmer, wenn der Ehegatte des Arbeitnehmers auf Antrag beider Ehegatten in die Steuerklasse III eingereiht wird;
6. die Steuerklasse VI gilt bei Arbeitnehmern, die nebeneinander von mehreren Arbeitgebern Arbeitslohn beziehen, für die Einbehaltung der Lohnsteuer vom Arbeitslohn aus dem zweiten und weiteren Dienstverhältnis.

§ 39. Lohnsteuerkarte. (1) ¹Die Gemeinden haben den nach § 1 Abs. 1 unbeschränkt einkommensteuerpflichtigen Arbeitnehmern für jedes Kalenderjahr unentgeltlich eine Lohnsteuerkarte nach amtlich vorgeschriebenem Muster auszustellen und zu übermitteln, letztmalig für das Kalenderjahr 2010. ²Steht ein Arbeitnehmer nebeneinander bei mehreren Arbeitgebern in einem Dienstverhältnis, so hat die Gemeinde eine entsprechende Anzahl von Lohnsteuerkarten unentgeltlich auszustellen und zu übermitteln. ³Wenn eine Lohnsteuerkarte verlorengegangen, unbrauchbar geworden oder zerstört worden ist, hat die Gemeinde eine Ersatz-Lohnsteuerkarte auszustellen. ⁴Hierfür kann die ausstellende Gemeinde von dem Arbeitnehmer eine Gebühr bis 5 Euro erheben; das Verwaltungskostengesetz ist anzuwenden....

(2) Für die Ausstellung der Lohnsteuerkarte ist die Gemeinde örtlich zuständig, in deren Bezirk der Arbeitnehmer am 20. September des dem Kalenderjahr, für das die Lohnsteuerkarte gilt, vorangehenden Jahres oder erstmals nach diesem Stichtag seine Hauptwohnung oder in

Ermangelung einer Wohnung seinen gewöhnlichen Aufenthalt hatte.

§ 39a. Freibetrag und Hinzurechnungsbetrag.
(1) Auf der Lohnsteuerkarte wird als vom Arbeitslohn abzuziehender Freibetrag die Summe der folgenden Beträge eingetragen:
1. Werbungskosten, die bei den Einkünften aus nicht-selbständiger Arbeit anfallen, soweit sie den Arbeitnehmer-Pauschbetrag (§ 9 a Satz 1 Nr. 1 Buchstabe a) oder bei Versorgungsbezügen den Pauschbetrag (§ 9 a Satz 1 Nr. 1 Buchstabe b) übersteigen,
2. Sonderausgaben im Sinne des § 10 Abs. 1 Nr. 1, 1a, 1b, 4, 5, 7 bis 9 und des § 10b, soweit sie den Sonderausgaben-Pauschbetrag von 36 Euro übersteigen,
3. der Betrag, der nach den §§ 33, 33a und 33 b Abs. 6 wegen außergewöhnlicher Belastungen zu gewähren ist,
4. die Pauschbeträge für behinderte Menschen und Hinterbliebene (§ 33 b Abs. 1 bis 5),

§ 39b. Durchführung des Lohnsteuerabzugs für unbeschränkt einkommensteuerpflichtige Arbeitnehmer. (1) ¹Für die Durchführung des Lohnsteuerabzugs hat der unbeschränkt einkommensteuerpflichtige Arbeitnehmer seinem Arbeitgeber vor Beginn des Kalenderjahres oder beim Eintritt in das Dienstverhältnis eine Lohnsteuerkarte vorzulegen. ²Der Arbeitgeber hat die Lohnsteuerkarte während des Dienstverhältnisses aufzubewahren. ³Er hat sie dem Arbeitnehmer während des Kalenderjahres zur Vorlage beim Finanzamt oder der Gemeinde vorübergehend zu überlassen sowie innerhalb angemessener Frist nach Beendigung des Dienstverhältnisses herauszugeben.

§ 39c. Durchführung des Lohnsteuerabzugs ohne Lohnsteuerkarte. (1) ¹Solange der unbeschränkt einkommensteuerpflichtige Arbeitnehmer dem Arbeitgeber eine Lohnsteuerkarte schuldhaft nicht vorlegt oder die Rückgabe der ihm ausgehändigten Lohnsteuerkarte schuldhaft verzögert, hat der Arbeitgeber die Lohnsteuer nach der Steuerklasse VI zu ermitteln. ²Weist der Arbeitnehmer nach, dass er die Nichtvorlage oder verzögerte Rückgabe der Lohnsteuerkarte nicht zu vertreten hat, so hat der Arbeitgeber für die Lohnsteuerberechnung die ihm bekannten Familienverhältnisse des Arbeitnehmers zugrunde zu legen.

§ 40a. Pauschalierung der Lohnsteuer für Teilzeitbeschäftigte und geringfügig Beschäftigte.
(1) ¹Der Arbeitgeber kann unter Verzicht auf die Vorlage einer Lohnsteuerkarte bei Arbeitnehmern, die nur kurzfristig beschäftigt werden, die Lohnsteuer mit einem Pauschalsatz von 25 vom Hundert des Arbeitslohns erheben. ²Eine kurzfristige Beschäftigung liegt vor, wenn der Arbeitnehmer bei dem Arbeitgeber gelegentlich, nicht regelmäßig wiederkehrend beschäftigt wird, die Dauer der Beschäftigung 18 zusammenhängende Arbeitstage nicht übersteigt und
1. der Arbeitslohn während der Beschäftigungsdauer 62 Euro durchschnittlich je Arbeitstag nicht übersteigt oder
2. die Beschäftigung zu einem unvorhersehbaren Zeitpunkt sofort erforderlich wird.

(2) Der Arbeitgeber kann unter Verzicht auf die Vorlage einer Lohnsteuerkarte die Lohnsteuer einschließlich Solidaritätszuschlag und Kirchensteuern (einheitliche Pauschsteuer) für das Arbeitsentgelt aus geringfügigen Beschäftigungen im Sinne des § 8 Abs. 1 Nr. 1 oder des § 8 a des Vierten Buches Sozialgesetzbuch, für das er Beiträge nach § 168 Abs. 1 Nr. 1 b oder 1 c (geringfügig versicherungspflichtig Beschäftigte) oder nach § 172 Abs. 3 oder 3 a (versicherungsfrei geringfügig Beschäftigte) des Sechsten Buches Sozialgesetzbuch zu entrichten hat, mit einem einheitlichen Pauschsteuersatz in Höhe von insgesamt 2 vom Hundert des Arbeitsentgelts erheben.

(2a) Hat der Arbeitgeber in den Fällen des Absatzes 2 keine Beiträge nach § 168 Abs. 1 Nr. 1 b oder 1 c oder nach § 172 Abs. 3 oder 3 a des Sechsten Buches Sozialgesetzbuch zu entrichten, kann er unter Verzicht auf die Vorlage einer Lohnsteuerkarte die Lohnsteuer mit einem Pauschsteuersatz in Höhe von 20 vom Hundert des Arbeitsentgelts erheben.

§ 40b. Pauschalierung der Lohnsteuer bei bestimmten Zukunftssicherungsleistungen.
(1) Der Arbeitgeber kann die Lohnsteuer von den Zuwendungen zum Aufbau einer nicht kapitalgedeckten betrieblichen Altersversorgung an eine Pensionskasse mit einem Pauschsteuersatz von 20 vom Hundert der Zuwendungen erheben.

(2) ¹Absatz 1 gilt nicht, soweit die zu besteuernden Zuwendungen des Arbeitgebers für den Arbeitnehmer 1 752 Euro im Kalenderjahr übersteigen oder nicht aus seinem ersten Dienstverhältnis bezogen werden. ²Sind mehrere Arbeitnehmer gemeinsam in der Pensionskasse versichert, so gilt als Zuwendung für den einzelnen Arbeitnehmer der Teilbetrag, der sich bei einer Aufteilung der gesamten Beiträge oder der gesamten Zuwendungen durch die Zahl der begünstigten Arbeitnehmer ergibt, wenn dieser Teilbetrag 1 752 Euro nicht übersteigt; hierbei sind Arbeitnehmer, für die Beiträge und Zuwendungen von mehr als 2 148 Euro im Kalenderjahr geleistet werden, nicht einzubeziehen. ...

Einkommensteuergesetz   6.2 EStG §§ 40b–43

(3) Von den Beiträgen für eine Unfallversicherung des Arbeitnehmers kann der Arbeitgeber die Lohnsteuer mit einem Pauschsteuersatz von 20 vom Hundert der Beiträge erheben, wenn mehrere Arbeitnehmer gemeinsam in einem Unfallversicherungsvertrag versichert sind und der Teilbetrag, der sich bei einer Aufteilung der gesamten Beiträge nach Abzug der Versicherungsteuer durch die Zahl der begünstigten Arbeitnehmer ergibt, 62 Euro im Kalenderjahr nicht übersteigt.

§ 41. Aufzeichnungspflichten beim Lohnsteuerabzug. (1) ¹Der Arbeitgeber hat am Ort der Betriebsstätte ... für jeden Arbeitnehmer und jedes Kalenderjahr ein Lohnkonto zu führen. ...

§ 41a. Anmeldung und Abführung der Lohnsteuer. (1) ¹Der Arbeitgeber hat spätestens am zehnten Tag nach Ablauf eines jeden Lohnsteuer-Anmeldungszeitraums
1. dem Finanzamt, in dessen Bezirk sich die Betriebsstätte (§ 41 Abs. 2) befindet (Betriebsstättenfinanzamt), eine Steuererklärung einzureichen, in der er die Summen der im Lohnsteuer-Anmeldungszeitraum einzubehaltenden und zu übernehmenden Lohnsteuer angibt (Lohnsteuer-Anmeldung),
2. die im Lohnsteuer-Anmeldungszeitraum insgesamt einbehaltene und übernommene Lohnsteuer an das Betriebsstättenfinanzamt abzuführen.
...

§ 42b. Lohnsteuer-Jahresausgleich durch den Arbeitgeber. (1) ¹Der Arbeitgeber ist berechtigt, seinen unbeschränkt einkommensteuerpflichtigen Arbeitnehmern, die während des abgelaufenen Kalenderjahrs (Ausgleichsjahr) ständig in einem Dienstverhältnis gestanden haben, die für das Ausgleichsjahr einbehaltene Lohnsteuer insoweit zu erstatten, als sie die auf den Jahresarbeitslohn entfallende Jahreslohnsteuer übersteigt (Lohnsteuer-Jahresausgleich). ²Er ist zur Durchführung des Lohnsteuer-Jahresausgleichs verpflichtet, wenn er am 31. Dezember des Ausgleichsjahres mindestens zehn Arbeitnehmer beschäftigt. ...

Steuerabzug vom Kapitalertrag (Kapitalertragsteuer)

§ 43. Kapitalerträge mit Steuerabzug. (1) Bei den folgenden inländischen und in den Fällen der Nummer 6, 7 Buchstabe a und Nummer 8 bis 12 auch ausländischen Kapitalerträgen wird die Einkommensteuer durch Abzug vom Kapitalertrag (Kapitalertragsteuer) erhoben:

1. Kapitalerträgen im Sinne des § 20 Abs. 1 Nr. 1 und 2. Entsprechendes gilt für die Kapitalerträge im Sinne des § 20 Abs. 2 Satz 1 Nr. 2 Buchstabe a und Nr. 2 Satz 2;
2. Zinsen aus Teilschuldverschreibungen, bei denen neben der festen Verzinsung ein Recht auf Umtausch in Gesellschaftsanteile (Wandelanleihen) oder eine Zusatzverzinsung, die sich nach der Höhe der Gewinnausschüttungen des Schuldners richtet (Gewinnobligationen), eingeräumt ist, und Zinsen aus Genussrechten, die nicht in § 20 Abs. 1 Nr. 1 genannt sind. ...
3. Kapitalerträge im Sinne des § 20 Abs. 1 Nr. 4.
4. Kapitalerträgen im Sinne des § 20 Abs. 1 Nr. 6. ...
7. Kapitalerträgen im Sinne des § 20 Abs. 1 Nr. 7, außer bei Kapitalerträgen im Sinne der Nummer 2, wenn
   a) es sich um Zinsen aus Anleihen und Forderungen handelt, die in ein öffentliches Schuldbuch oder in ein ausländisches Register eingetragen oder über die Sammelurkunden im Sinne des § 9 a des Depotgesetzes oder Teilschuldverschreibungen ausgegeben sind;
   b) der Schuldner der nicht in Buchstabe a genannten Kapitalerträge ein inländisches Kreditinstitut oder ein inländisches Finanzdienstleistungsinstitut im Sinne des Gesetzes über das Kreditwesen ist. ...

⁴Der Steuerabzug muss nicht vorgenommen werden, wenn

   aa) auch der Gläubiger der Kapitalerträge ein inländisches Kreditinstitut oder ein inländisches Finanzdienstleistungsinstitut im Sinne des Gesetzes über das Kreditwesen einschließlich der inländischen Zweigstelle eines ausländischen Kreditinstituts oder eines ausländischen Finanzdienstleistungsinstituts im Sinne der §§ 53 und 53b des Gesetzes über deas Kreditwesen, eine Bausparkasse, ein Versicherungsunternehmen für Erträge aus Kapitalanlagen, die mit Einlagengeschäften bei Kreditinstituten vergleichbar sind, die Deutsche Postbank AG, die Deutsche Bundesbank oder die Kreditanstalt für Wiederaufbau ist,
   bb) es sich um Kapitalerträge aus Sichteinlagen handelt, für die kein höherer Zins oder Bonus als 1 vom Hundert gezahlt wird,
   cc) es sich um Kapitalerträge aus Guthaben bei einer Bausparkasse auf Grund eines Bausparvertrags handelt und wenn für den Steuerpflichtigen im Kalenderjahr der Gutschrift oder im Kalenderjahr vor der Gutschrift dieser

Kapitalerträge für Aufwendungen an die Bausparkasse eine Arbeitnehmer-Sparzulage oder eine Wohnungsbauprämie festgesetzt oder von der Bausparkasse ermittelt worden ist oder für die Guthaben kein höherer Zins oder Bonus als 1 vom Hundert gezahlt wird,
dd) die Kapitalerträge bei den einzelnen Guthaben im Kalenderjahr nur einmal gutgeschrieben werden und 10 Euro nicht übersteigen;
8. Kapitalerträgen im Sinne des § 20 Abs. 1 Nr. 11
...
²Dem Steuerabzug unterliegen auch Kapitalerträge im Sinne des § 20 Abs. 3, die neben den in den Nummern 1 bis 12 bezeichneten Kapitalerträgen oder an deren Stelle gewährt werden.
...

§ 44. Entrichtung der Kapitalertragsteuer.

(1) ¹Schuldner der Kapitalertragsteuer ist in den Fällen des § 43 Abs. 1 Satz 1 Nr. 1 bis 7 b und 8 bis 12 der Gläubiger der Kapitalerträge. ²Die Kapitalertragsteuer entsteht in dem Zeitpunkt, in dem die Kapitalerträge dem Gläubiger zufließen. ³In diesem Zeitpunkt haben in den Fällen des § 43 Abs. 1 Satz 1 Nr. 1 bis 4 ... der Schuldner der Kapitalerträge, ..., und in den Fällen des § 43 Abs. 1 Satz 1 Nr. 6, 7 und 8 bis 12 sowie Satz 2 die die Kapitalerträge auszahlende Stelle den Steuerabzug für Rechnung des Gläubigers der Kapitalerträge vorzunehmen. ⁴Die die Kapitalerträge auszahlende Stelle ist
1. in den Fällen des § 43 Abs. 1 Satz 1 Nr. 6, 7 Buchstabe a und Nr. 8 bis 12 sowie Satz 2
   a) das inländische Kreditinstitut oder das inländische Finanzdienstleistungsinstitut im Sinne des § 43 Abs. 1 Satz 1 Nr. 7 Buchstabe b, ...

Veranlagung von Steuerpflichtigen mit steuerabzugspflichtigen Einkünften

§ 46. Veranlagung bei Bezug von Einkünften aus nichtselbständiger Arbeit. (2) Besteht das Einkommen ganz oder teilweise aus Einkünften aus nichtselbständiger Arbeit, von denen ein Steuerabzug vorgenommen worden ist, so wird eine Veranlagung nur durchgeführt,
1. wenn die positive Summe der einkommensteuerpflichtigen Einkünfte, die nicht dem Steuerabzug vom Arbeitslohn zu unterwerfen waren, vermindert um die darauf entfallenden Beträge nach § 13 Abs. 3 und § 24a, oder die positive Summe der Einkünfte und Leistungen, die dem Progressionsvorbehalt unterliegen, jeweils mehr als 410 Euro beträgt;
2. wenn der Steuerpflichtige nebeneinander von mehreren Arbeitgebern Arbeitslohn bezogen hat; ...
3. wenn für einen Steuerpflichtigen, der zu dem Personenkreis des § 10 c Abs. 3 gehört, die Lohnsteuer im Veranlagungszeitraum oder für einen Teil des Veranlagungszeitraums nach den Steuerklassen I bis IV unter Berücksichtigung der Vorsorgepauschale nach § 10 c Abs. 2 zu erheben war;
3a. wenn von Ehegatten, die nach den §§ 26, 26 b zusammen zur Einkommensteuer zu veranlagen sind, beide Arbeitslohn bezogen haben und einer für den Veranlagungszeitraum oder einen Teil davon nach der Steuerklasse V oder VI besteuert worden ist;
4. wenn auf der Lohnsteuerkarte eines Steuerpflichtigen ein Freibetrag im Sinne des § 39 a Abs. 1 Nr. 1 bis 3, 5 oder 6 eingetragen worden ist; ...

IX. Sonstige Vorschriften, Bußgeld-, Ermächtigungs- und Schlussvorschriften

§ 52. Anwendungsvorschriften.
(1) Diese Fassung des Gesetzes ist, soweit in den folgenden Absätzen nichts anderes bestimmt ist, erstmals für den Veranlagungszeitraum 2008 anzuwenden. ...

X. Kindergeld

§ 62. Anspruchsberechtigte. (1) Für Kinder im Sinne des § 63 hat Anspruch auf Kindergeld nach diesem Gesetz, wer
1. im Inland einen Wohnsitz oder seinen gewöhnlichen Aufenthalt hat oder
2. ohne Wohnsitz oder gewöhnlichen Aufenthalt im Inland
   a) nach § 1 Abs. 2 unbeschränkt einkommensteuerpflichtig ist oder

Einkommensteuergesetz

b) nach § 1 Abs. 3 als unbeschränkt einkommensteuerpflichtig behandelt wird.

(2) Ein Ausländer hat nur Anspruch auf Kindergeld, wenn er im Besitz einer Aufenthaltsberechtigung oder Aufenthaltserlaubnis ist. ...

§ 63. Kinder. (1) Als Kinder werden berücksichtigt
1. Kinder im Sinne des § 32 Abs. 1,
2. vom Berechtigten in seinen Haushalt aufgenommene Kinder seines Ehegatten,
3. vom Berechtigten in seinen Haushalt aufgenommene Enkel. ...

§ 66. Höhe des Kindergeldes, Zahlungszeitraum. (1) Das Kindergeld beträgt für erste, zweite und dritte Kinder jeweils 154 Euro monatlich und für das vierte und jedes weitere Kind jeweils 179 Euro monatlich.

§ 67. Antrag. [1]Das Kindergeld ist bei der zuständigen Familienkasse schriftlich zu beantragen. [2]Den Antrag kann außer dem Berechtigten auch stellen, wer ein berechtigtes Interesse an der Leistung des Kindergeldes hat.

§ 70. Festsetzung und Zahlung des Kindergeldes. (1) Das Kindergeld nach § 62 wird von der Familienkasse durch Bescheid festgesetzt und ausgezahlt.

§ 71. Zahlungszeitraum. Das Kindergeld wird monatlich gezahlt.

XI. Altersvorsorgezulage

§ 79. Zulageberechtigte. [1]Nach § 10 a Abs. 1 begünstigte unbeschränkt steuerpflichtige Personen haben Anspruch auf eine Altersvorsorgezulage (Zulage). [2]Liegen bei Ehegatten die Voraussetzungen des § 26 Abs. 1 vor und ist nur ein Ehegatte nach Satz 1 begünstigt, so ist auch der andere Ehegatte zulageberechtigt, wenn ein auf seinen Namen lautender Altersvorsorgevertrag besteht.

§ 82. Altersvorsorgebeiträge. (1) Geförderte Altersvorsorgebeiträge sind im Rahmen der in § 10 a genannten Grenzen Beiträge, die der Zulageberechtigte (§ 79) zugunsten eines auf seinen Namen lautenden Vertrags leistet, der nach § 5 des Altersvorsorgeverträge-Zertifizierungsgesetzes zertifiziert ist (Altersvorsorgevertrag). ...

(2) Zu den Altersvorsorgebeiträgen gehören auch
a) die aus dem individuell versteuerten Arbeitslohn des Arbeitnehmers geleisteten Beiträge an eine Pensionskasse, einen Pensionsfonds, eine Pensionskasse oder eine Direktversicherung zum Aufbau einer kapitalgedeckten betrieblichen Altersversorgung und
b) Beiträge des Arbeitnehmers und des ausgeschiedenen Arbeitnehmers, die dieser im Fall der zunächst durch Entgeltumwandlung (§ 1a des Betriebsrentengesetzes) finanzierten und nach § 3 Nr. 63 oder § 10a und diesem Abschnitt geförderten kapitalgedeckten betrieblichen Altersversorgung nach Maßgabe des § 1a Abs. 4 und § 1b Abs. 5 Satz 1 Nr. 2 des Betriebsrentengesetzes selbst erbringt,
wenn eine Auszahlung der zugesagten Altersversorgungsleistung in Form einer Rente oder eines Auszahlungsplans (§ 1 Abs. 1 Satz 1 Nr. 4 des Altersvorsorgeverträge-Zertifizierungsgesetzes) vorgesehen ist. ...

(3) Zu den Altersvorsorgebeiträgen gehören auch die Beitragsanteile, die zur Absicherung der verminderten Erwerbsfähigkeit des Zulageberechtigten und zur Hinterbliebenenversorgung verwendet werden, wenn in der Leistungsphase die Auszahlung in Form einer Rente erfolgt.

(4) Nicht zu den Altersvorsorgebeiträgen zählen
1. Aufwendungen, die vermögenswirksame Leistungen nach dem Fünften Vermögensbildungsgesetz darstellen, ...
2. prämienbegünstigte Aufwendungen nach dem Wohnungsbau-Prämiengesetz ...
3. Aufwendungen, die im Rahmen des § 10 als Sonderausgaben geltend gemacht werden, oder
4. Rückzahlungsbeträge nach § 92a Abs. 2.

§ 83. Altersvorsorgezulage. In Abhängigkeit von den geleisteten Altersvorsorgebeiträgen wird eine Zulage gezahlt, die sich aus einer Grundzulage (§ 84) und einer Kinderzulage (§ 85) zusammensetzt.

§ 84. Grundzulage. Jeder Zulageberechtigte erhält eine Grundzulage; diese beträgt

in den Jahren 2002 und 2003	38 Euro,
in den Jahren 2004 und 2005	76 Euro,
in den Jahren 2006 und 2007	114 Euro,
ab dem Jahr 2008 jährlich	154 Euro.

§ 85. Kinderzulage. (1) Die Kinderzulage beträgt für jedes Kind, für das dem Zulageberechtigten Kindergeld ausgezahlt wird,

in den Jahren 2002 und 2003	46 Euro,
in den Jahren 2004 und 2005	92 Euro,

in den Jahren 2006 und 2007 138 Euro,
ab dem Jahr 2008 jährlich 185 Euro.
²Für ein nach dem 31. Dezember 2007 geborenes Kind erhöht sich die Kinderzulage nach Satz 1 auf 300 Euro. ³Der Anspruch auf Kinderzulage entfällt für den Veranlagungszeitraum, für den das Kindergeld insgesamt zurückgefordert wird. ⁴Erhalten mehrere Zulageberechtigte für dasselbe Kind Kindergeld, steht die Kinderzulage demjenigen zu, dem für den ersten Anspruchszeitraum (§ 66 Abs. 2) im Kalenderjahr Kindergeld ausgezahlt worden ist.
(2) Bei Eltern, die die Voraussetzungen des § 26 Abs. 1 erfüllen, wird die Kinderzulage der Mutter zugeordnet, auf Antrag beider Eltern dem Vater. ...

§ 86. Mindesteigenbeitrag. (1) ¹Die Zulage nach den §§ 84 und 85 wird gekürzt, wenn der Zulageberechtigte nicht den Mindesteigenbeitrag leistet. ²Dieser beträgt

in den Jahren 2002 und 2003   1 vom Hundert,
in den Jahren 2004 und 2005   2 vom Hundert,
in den Jahren 2006 und 2007   3 vom Hundert,
ab dem Jahr 2008 jährlich   4 vom Hundert
der Summe der in dem dem Kalenderjahr vorangegangenen Kalenderjahr
1. erzielten beitragspflichtigen Einnahmen im Sinne des Sechsten Buches Sozialgesetzbuch,
2. bezogenen Besoldung und Amtsbezüge und
3. in den Fällen des § 10 a Abs. 1 Satz 1 Nr. 3 und 4 erzielten Einnahmen, die beitragspflichtig wären, wenn die Versicherungsfreiheit in der gesetzlichen Rentenversicherung nicht bestehen würde,

jedoch nicht mehr als die in § 10 a Abs. 1 Satz 1 genannten Beträge, vermindert um die Zulage nach den §§ 84 und 85; gehört der Ehegatte zum Personenkreis nach § 79 Satz 2, berechnet sich der Mindesteigenbeitrag des nach § 79 Satz 1 Begünstigten unter Berücksichtigung der den Ehegatten insgesamt zustehenden Zulagen. ³Auslandsbezogene Bestandteile nach den §§ 52 ff. des Bundesbesoldungsgesetzes oder entsprechende Regelungen eines Landesbesoldungsgesetzes bleiben unberücksichtigt. ⁴Als Sockelbetrag sind ab dem Jahr 2005 jährlich 60 Euro zu leisten. ⁵Ist der Sockelbetrag höher als der Mindesteigenbeitrag nach Satz 2, so ist der Sockelbetrag als Mindesteigenbeitrag zu leisten. ⁶Die Kürzung der Zulage ermittelt sich nach dem Verhältnis der Altersvorsorgebeiträge zum Mindesteigenbeitrag.

(2) ¹Ein nach § 79 Satz 2 begünstigter Ehegatte hat Anspruch auf eine ungekürzte Zulage, wenn der zum begünstigten Personenkreis nach § 79 Satz 1 gehörende Ehegatte seinen geförderten Mindesteigenbeitrag unter Berücksichtigung der den Ehegatten insgesamt zustehenden Zulagen erbracht hat. ²Werden bei einer in der gesetzlichen Rentenversicherung pflichtversicherten Person beitragspflichtige Einnahmen zugrunde gelegt, die höher sind als das tatsächlich erzielte Entgelt oder die Lohnersatzleistung für die Berechnung des Mindesteigenbeitrags zu berücksichtigen. ³Satz 2 gilt auch in den Fällen, in denen im vorangegangenen Jahr keine der in Absatz 1 Satz 2 genannten Beträge bezogen wurden.

§ 92 a. Verwendung für eine eigenen Wohnzwecken dienende Wohnung im eigenen Haus.
(1) ¹Der Zulageberechtigte kann das in einem Altersvorsorgevertrag gebildete und nach § 10 a oder diesem Abschnitt geförderte Kapital in Höhe von insgesamt mindestens 10 000 Euro unmittelbar für die Anschaffung oder Herstellung einer zu eigenen Wohnzwecken dienenden Wohnung in einem im Inland belegenen eigenen Haus oder einer im Inland belegenen, zu eigenen Wohnzwecken dienenden, eigenen Eigentumswohnung verwenden (Altersvorsorge-Eigenheimbetrag). ²Insgesamt dürfen höchstens 50 000 Euro nach Satz 1 verwendet werden.

Einkommensteuertabelle 6.2a EStTab

Seit 2006 geltende ESt-Grundtabelle (Auszug)

zu versteuerndes Jahreseinkommen in EUR	ESt in EUR	SolZ[1] in EUR	Durchschnittssteuersatz[2] in Prozent	Grenzsteuersatz[3] in Prozent
7000	0	0	0,0	0,0
8000	51	0	0,6	15,6
9000	216	0	2,4	17,4
10000	398	0	4,0	19,1
11000	598	0	5,4	20,9
12000	816	0	6,8	22,7
13000	1051	16	8,1	24,1
14000	1294	64	9,2	24,5
15000	1542	85	10,3	25,0
16000	1794	99	11,2	25,5
17000	2051	113	12,1	25,9
18000	2313	127	12,9	26,4
19000	2579	142	13,6	26,8
20000	2850	157	14,3	27,3
22000	3405	187	15,5	28,2
24000	3978	219	16,6	29,1
26000	4569	251	17,6	30,0
28000	5179	285	18,5	31,0
30000	5807	319	19,4	31,9
32000	6454	355	20,2	32,8
34000	7119	392	20,9	33,7
36000	7802	429	21,7	34,6
38000	8503	468	22,4	35,5
40000	9223	507	23,1	36,4
42000	9961	548	23,7	37,4
44000	10717	589	24,4	38,3
46000	11492	632	25,0	39,2
48000	12285	676	25,6	40,1
50000	13096	720	26,2	41,0
55000	15186	835	27,6	42,0
60000	17286	951	28,8	42,0
65000	19386	1066	29,8	42,0
70000	21486	1182	30,7	42,0
80000	25686	1413	32,1	42,0
90000	29886	1644	33,2	42,0
100000	34086	1875	34,1	42,0
110000	38286	2106	34,8	42,0
120000	42486	2337	35,4	42,0

1 Solidaritätszuschlag: Zuschlag von 5,5 % zur ESt ohne Berücksichtigung von Kinderfreibeträgen und anzurechnender oder zu vergütender KSt
2 Durchschnittssteuersatz: Einkommensteuer (ohne SolZ) im Verhältnis zum zu versteuernden Einkommen.
3 Grenzsteuersatz: Prozentsatz, mit dem (theoretisch beliebig kleine) Einkommenszuwächse bzw. -verringerungen steuerlich be- bzw. entlastet werden. Die zusätzliche Belastung durch den SolZ ist nicht berücksichtigt.
4 Gemäß § 3 Abs. 3 Nr. 1 u. 2 SolZ (Freigrenze 909 € / 1818 €)
5 Gemäß § 4 SolZ mit Freigrenzen 909 € / 1818 €

6.2a EStTab — Einkommensteuertabelle

Seit 2006 geltende ESt-Grundtabelle (Auszug)

zu versteuerndes Jahreseinkommen in EUR	ESt in EUR	SolZ[1] in EUR	Durchschnittssteuersatz[2] in Prozent	Grenzsteuersatz[3] in Prozent
7000	0	0	0,0	0,0
8000	0	0	0,0	0,0
9000	0	0	0,0	0,0
10000	0	0	0,0	0,0
11000	0	0	0,0	0,0
12000	0	0	0,0	0,0
13000	0	0	0,0	0,0
14000	0	0	0,0	0,0
15000	0	0	0,0	0,0
16000	102	0	0,6	15,6
17000	262	0	1,5	16,5
18000	432	0	2,4	17,4
19000	610	0	3,2	18,2
20000	796	0	4,0	19,1
22000	1196	0	5,4	20,9
24000	1632	0	6,8	22,7
26000	2102	32	8,1	24,1
28000	2588	129	9,2	24,5
30000	3084	170	10,3	25,0
32000	3588	197	11,2	25,5
34000	4102	226	12,1	25,9
36000	4626	254	12,9	26,4
38000	5158	284	13,6	26,8
40000	5700	314	14,3	27,3
42000	6250	344	14,9	27,7
44000	6810	375	15,5	28,2
46000	7378	406	16,0	28,7
48000	7956	438	16,6	29,1
50000	8542	470	17,1	29,6
55000	10050	553	18,3	30,7
60000	11614	639	19,4	31,9
65000	13236	728	20,4	33,0
70000	14916	820	21,3	34,2
80000	18446	1015	23,1	36,4
90000	22204	1221	24,7	38,7
100000	26192	1441	26,2	41,0
110000	30372	1670	27,6	42,0
120000	34572	1901	28,8	42,0

1 Solidaritätszuschlag: Zuschlag von 5,5 % zur ESt ohne Berücksichtigung von Kinderfreibeträgen und anzurechnender oder zu vergütender KSt
2 Durchschnittssteuersatz: Einkommensteuer (ohne SolZ) im Verhältnis zum zu versteuernden Einkommen.
3 Grenzsteuersatz: Prozentsatz, mit dem (theoretisch beliebig kleine) Einkommenszuwächse bzw. -verringerungen steuerlich be- bzw. entlastet werden. Die zusätzliche Belastung durch den SolZ ist nicht berücksichtigt.
4 Gemäß § 3 Abs. 3 Nr. 1 u. 2 SolZ (Freigrenze 909 € / 1818 €)
5 Gemäß § 4 SolZ mit Freigrenzen 909 € / 1818 €

Einkommensteuer-Richtlinien 2005

Die Einkommensteuer-Richtlinien vom 25. November 2005 sind in „Richtlinien" und „Hinweise" aufgeteilt. R = Richtlinie, H = Hinweise

Einführung

(1) Die Einkommensteuer-Richtlinien ... sind Weisungen an die Finanzbehörden zur einheitlichen Anwendung des Einkommensteuerrechts, zur Vermeidung unbilliger Härten und zur Verwaltungsvereinfachung.

(3) Anordnungen, die mit den nachstehenden Richtlinien im Widerspruch stehen, sind nicht mehr anzuwenden.

Zu § 5 EStG

R 5.3 Bestandsaufnahme des Vorratsvermögens

Inventur

(1) ^{1}Die → Inventur für den Bilanzstichtag braucht nicht am Bilanzstichtag vorgenommen zu werden. ^{2}Sie muss aber **zeitnah** – in der Regel innerhalb der Frist von **zehn Tagen** vor oder nach dem Bilanzstichtag – durchgeführt werden. ^{3}Dabei muss sichergestellt sein, dass die Bestandsveränderungen zwischen dem Bilanzstichtag und dem Tag der Bestandsaufnahme anhand von Belegen oder Aufzeichnungen ordnungsgemäß berücksichtigt werden. ^{4}Können die Bestände aus besonderen, insbesondere klimatischen Gründen nicht zeitnah, sondern erst in einem größeren Zeitabstand vom Bilanzstichtag aufgenommen werden, so sind an die Belege und Aufzeichnungen über die zwischenzeitlichen Bestandsveränderungen strenge Anforderungen zu stellen.

Zeitverschobene Inventur

(2) ^{1}Nach § 241 Abs. 3 HGB kann die jährliche körperliche Bestandsaufnahme ganz oder teilweise innerhalb der letzten drei Monate vor oder der ersten zwei Monate nach dem Bilanzstichtag durchgeführt werden. ^{2}Der dabei festgestellte Bestand ist nach Art und Menge in einem besonderen Inventar zu verzeichnen, das auch auf Grund einer → permanenten Inventur erstellt werden kann. ^{3}Der in dem besonderen Inventar erfasste Bestand ist auf den Tag der Bestandsaufnahme (Inventurstichtag) nach allgemeinen Grundsätzen zu bewerten. ^{4}Der sich danach ergebende Gesamtwert des Bestands ist dann wertmäßig auf den Bilanzstichtag fortzuschreiben oder zurückzurechnen. ^{5}Der Bestand braucht in diesem Fall auf den Bilanzstichtag nicht nach Art und Menge festgestellt zu werden; es genügt die Feststellung des Gesamtwerts des Bestands auf den Bilanzstichtag. ^{6}Die Bestandsveränderungen zwischen dem Inventurstichtag und dem Bilanzstichtag brauchen ebenfalls nicht nach Art und Menge aufgezeichnet zu werden. ^{7}Sie müssen nur wertmäßig erfasst werden. ^{8}Das Verfahren zur wertmäßigen Fortschreibung oder Rückrechnung des Gesamtwerts des Bestands am Inventurstichtag auf den Bilanzstichtag muss den Grundsätzen ordnungsmäßiger Buchführung entsprechen. ^{9}Die Fortschreibung des Warenbestands kann dabei nach der folgenden Formel vorgenommen werden, wenn die Zusammensetzung des Warenbestands am Bilanzstichtag von der des Warenbestands am Inventurstichtag nicht wesentlich abweicht: Wert des Warenbestands am Bilanzstichtag = Wert des Warenbestands am Inventurstichtag zuzüglich Wareneingang abzüglich Wareneinsatz (Umsatz abzüglich des durchschnittlichen Rohgewinns). ^{10}Voraussetzung für die Inanspruchnahme von steuerlichen Vergünstigungen, für die es auf die Zusammensetzung der Bestände am Bilanzstichtag ankommt, wie z. B. bei der Bewertung nach § 6 Abs. 1 Nr. 2 a EStG, ist jedoch, daß die tatsächlichen Bestände dieser Wirtschaftsgüter am Bilanzstichtag durch körperliche Bestandsaufnahme oder durch → permanente Inventur nachgewiesen werden.

Nichtanwendbarkeit der permanenten und der zeitverschobenen Inventur

(3) Eine → permanente oder eine zeitverschobene Inventur ist nicht zulässig
1. für Bestände, bei denen durch Schwund Verdunsten, Verderb, leichte Zerbrechlichkeit oder ähnliche Vorgänge ins Gewicht fallende unkontrollierbare Abgänge eintreten, es sei denn, dass diese Abgänge auf Grund von Erfahrungssätzen schätzungsweise annähernd zutreffend berücksichtigt werden können;
2. für Wirtschaftsgüter, die – abgestellt auf die Verhältnisse des jeweiligen Betriebs – besonders wertvoll sind.

Fehlerhafte Bestandsaufnahme

(4) ^{1}Fehlt eine körperliche Bestandsaufnahme, oder enthält das Inventar in formeller oder materieller Hinsicht nicht nur unwesentliche Mängel, so ist die Buchführung nicht als ordnungsmäßig anzusehen. ^{2}R 5 Abs. 2 gilt entsprechend.

Anwendungsbereich

(5) Die Absätze 1 bis 4 gelten entsprechend für Steuerpflichtige, die nach § 141 Abs. 1 AO verpflichtet sind, Bücher zu führen und auf Grund jährlicher Bestandsaufnahme regelmäßig Abschlüsse zu machen, oder die freiwillig Bücher führen und regelmäßig Abschlüsse machen.

R 5.4 Bestandsmäßige Erfassung des beweglichen Anlagevermögens

Allgemeines

(1) ¹Nach § 240 Abs. 2 HGB, §§ 140 und 141 AO besteht die Verpflichtung, für jeden Bilanzstichtag auch ein Verzeichnis der Gegenstände des beweglichen Anlagevermögens aufzustellen (Bestandsverzeichnis). ²In das Bestandsverzeichnis müssen sämtliche beweglichen Gegenstände des Anlagevermögens, auch wenn sie bereits in voller Höhe abgeschrieben sind, aufgenommen werden. ³Ausnahmen gelten für geringwertige Wirtschaftsgüter (§ 6 Abs. 2 EStG) und für die mit einem → Festwert angesetzten Wirtschaftsgüter (→ Absatz 3). ⁴Das Bestandsverzeichnis muss
1. die genaue Bezeichnung des Gegenstandes und
2. seinen Bilanzwert am Bilanzstichtag

enthalten. ⁵Das Bestandsverzeichnis ist auf Grund einer jährlichen körperlichen Bestandsaufnahme aufzustellen; R 5.3 Abs. 1 bis 3 gilt sinngemäß.

Verzicht auf Erfassung

(3) ¹Geringwertige Anlagegüter im Sinne des § 6 Abs. 2 EStG, die im Jahr der Anschaffung oder Herstellung in voller Höhe abgeschrieben worden sind, brauchen nicht in das Bestandsverzeichnis aufgenommen zu werden, wenn ihre Anschaffungs- oder Herstellungskosten, vermindert um einen darin enthaltenen Vorsteuerbetrag (§ 9b Abs. 1 EStG), nicht mehr als 60 Euro betragen haben oder auf einem besonderen Konto gebucht oder bei ihrer Anschaffung oder Herstellung in einem besonderen Verzeichnis erfasst worden sind. ²Gegenstände des beweglichen Anlagevermögens, für die zulässigerweise ein → Festwert angesetzt wird, brauchen ebenfalls nicht in das Bestandsverzeichnis aufgenommen zu werden.

Keine Inventur bei fortlaufendem Bestandsverzeichnis

(5) Der Stpfl. braucht die jährliche körperliche Bestandsaufnahme (→ Absatz 1) für steuerliche Zwecke nicht durchzuführen, wenn er jeden Zugang und jeden Abgang laufend in das Bestandsverzeichnis einträgt und die am Bilanzstichtag vorhandenen Gegenstände des beweglichen Anlagevermögens auf Grund des fortlaufend geführten Bestandsverzeichnisses ermittelt werden können; in diesem Fall müssen aus dem Bestandsverzeichnis außer den in Absatz 1 bezeichneten Angaben noch ersichtlich sein:
1. der Tag der Anschaffung oder Herstellung des Gegenstandes,
2. die Höhe der Anschaffungs- oder Herstellungskosten oder, wenn die Anschaffung oder Herstellung vor dem 21.6.1948 oder im Beitrittsgebiet vor dem 1.7.1990 erfolgt ist, die in Euro umgerechneten Werte der DM-Eröffnungsbilanz,
3. der Tag des Abgangs.

²Wird das Bestandsverzeichnis in der Form einer Anlagekartei geführt, ist der Bilanzansatz als der Summe der einzelnen Bilanzwerte (→ Absatz 1 Satz 4 Nr. 2) der Anlagekartei nachzuweisen. ³Ist das Bestandsverzeichnis nach den einzelnen Zugangsjahren und Abschreibungssätzen gruppenweise geordnet, kann auf die Angabe des Bilanzwerts am Bilanzstichtag für den einzelnen Gegenstand (→ Absatz 1 Satz 4 Nr. 2) verzichtet werden, wenn für jede Gruppe in besonderen Zusammenstellungen die Entwicklung der Bilanzwerte unter Angabe der Werte der Abgänge und des Betrags der AfA summenmäßig festgehalten wird. ⁴Die in Absatz 1 Satz 4 Nr. 1 und unter den in Satz 1 Nr. 1 bis 3 bezeichneten Angaben müssen auch in diesem Fall für den einzelnen Gegenstand aus dem Bestandsverzeichnis ersichtlich sein. ⁵Die Sachkonten der Geschäftsbuchhaltung können als Bestandsverzeichnis gelten, wenn sie die in Absatz 1 und unter den in Satz 1 Nr. 1 bis 3 bezeichneten Angaben enthalten und wenn durch diese Angaben die Übersichtlichkeit der Konten nicht beeinträchtigt wird.

Erleichterungen

(6) Das Finanzamt kann unter Abweichung von den Absätzen 1 bis 5 für einzelne Fälle Erleichterungen bewilligen.

R 5.5 Immaterielle Wirtschaftsgüter

Allgemeines

(1) ¹Als → immaterielle (unkörperliche) Wirtschaftsgüter kommen in Betracht: Rechte, rechtsähnliche Werte und sonstige Vorteile. ²Trivialprogramme sind abnutzbare bewegliche und selbständig nutzbare Wirtschaftsgüter. ³Computerprogramme, deren Anschaffungskosten nicht mehr als 410 Euro betragen, sind wie Trivialprogramme zu behandeln. ⁴→ Keine immateriellen Wirtschaftsgüter sind die nicht

selbständig bewertbaren geschäftswertbildenden Faktoren.

Entgeltlicher Erwerb

(2) Für → immaterielle Wirtschaftsgüter des Anlagevermögens ist ein Aktivposten nur anzusetzen, wenn sie entgeltlich erworben (§ 5 Abs. 2 EStG) oder in das Betriebsvermögen eingelegt (→ R 4.3 Abs. 1) wurden.

R 5.7 Rückstellungen

Allgemeines

(1) Nach den handelsrechtlichen Grundsätzen ordnungsmäßiger Buchführung sind Rückstellungen zu bilden für
1. ungewisse Verbindlichkeiten und für drohende Verluste aus schwebenden Geschäften (§ 249 Abs. 1 Satz 1 HGB),
2. im Geschäftsjahr unterlassene Aufwendungen für Instandhaltung, die im folgenden Geschäftsjahr innerhalb von drei Monaten, oder für Abraumbeseitigung, die im folgenden Geschäftsjahr nachgeholt werden (§ 249 Abs. 1 Satz 2 Nr. 1 HGB), und
3. Gewährleistungen, die ohne rechtliche Verpflichtung erbracht werden (§ 249 Abs. 1 Satz 2 Nr. 2 HGB),

soweit steuerliche Sondervorschriften, z.B. § 5 Abs. 2 a, 3, 4, 4 a, 4 b und 6, § 6 a EStG und § 50 Abs. 2 Satz 4 und 5 DMBilG, dem nicht entgegenstehen und eine betriebliche Veranlassung besteht.

Ungewisse Verbindlichkeiten

Grundsätze

(2) Eine Rückstellung für ungewisse Verbindlichkeiten darf nur gebildet werden, wenn
1. es sich um eine Verbindlichkeit gegenüber einem Dritten oder eine öffentlich-rechtliche Verpflichtung handelt,
2. die Verpflichtung vor dem Bilanzstichtag verursacht ist und
3. mit einer Inanspruchnahme aus einer nach ihrer Entstehung oder Höhe ungewissen Verbindlichkeit ernsthaft zu rechnen ist.

Rechtliches Entstehen

(3) ^{1}Die Bildung einer Rückstellung für ungewisse Verbindlichkeiten setzt – als Abgrenzung zur → Aufwandsrückstellung – eine Verpflichtung gegenüber einem anderen voraus. ^{2}Auch öffentlich-rechtliche Verpflichtungen können Grundlage für eine Rückstellung sein; zur Abgrenzung von nicht zulässigen reinen Aufwandsrückstellungen ist jedoch Voraussetzung, dass die Verpflichtung hinreichend konkretisiert ist, d.h., es muss regelmäßig ein inhaltlich bestimmtes Handeln durch Gesetz oder Verwaltungsakt innerhalb eines bestimmten Zeitraums vorgeschrieben und an die Verletzung der Verpflichtung müssen Sanktionen geknüpft sein.

Wirtschaftliche Verursachung

(4) ^{1}Rückstellungen für ungewisse Verbindlichkeiten sind erstmals im Jahresabschluss des Wirtschaftsjahres zu bilden, in dem sie wirtschaftlich verursacht sind. ^{2}Die Annahme einer wirtschaftlichen Verursachung setzt voraus, dass der Tatbestand, an den das Gesetz oder der Vertrag die Verpflichtung knüpft, im Wesentlichen verwirklicht ist. ^{3}Die Erfüllung der Verpflichtung darf nicht nur an Vergangenes anknüpfen, sondern muss auch Vergangenes abgelten.

Wahrscheinlichkeit der Inanspruchnahme

(5) ^{1}Rückstellungen für ungewisse Verbindlichkeiten setzen in tatsächlicher Hinsicht voraus, dass die Verbindlichkeiten, die den Rückstellungen zu Grunde liegen, bis zum Bilanzstichtag entstanden sind oder aus Sicht am Bilanzstichtag mit einiger Wahrscheinlichkeit entstehen werden und der Stpfl. spätestens bei Bilanzaufstellung ernsthaft damit rechnen muss, hieraus in Anspruch genommen zu werden. ^{2}Die Wahrscheinlichkeit der Inanspruchnahme ist auf Grund objektiver, am Bilanzstichtag vorliegender und spätestens bei Aufstellung der Bilanz erkennbarer Tatsachen aus der Sicht eines sorgfältigen und gewissenhaften Kaufmanns zu beurteilen; es müssen mehr Gründe für als gegen die Inanspruchnahme sprechen.

Instandhaltung und Abraumbeseitigung

(11) ^{1}Die nach den Grundsätzen des § 249 Abs. 1 Satz 2 Nr. 1 HGB gebildete Rückstellung ist auch in der Steuerbilanz anzusetzen. ^{2}Das Gleiche gilt für die Bildung von Rückstellungen für unterlassene Aufwendungen für Abraumbeseitigungen, die im folgenden Wirtschaftsjahr nachgeholt werden. ^{3}Bei unterlassener Instandhaltung muss es sich um Erhaltungsarbeiten handeln, die bis zum Bilanzstichtag bereits erforderlich gewesen wären, aber erst nach dem Bilanzstichtag durchgeführt werden. ^{4}Soweit nach § 249 Abs. 1 Satz 3 HGB Rückstellungen auch für unterlassene Instandhaltungsaufwendungen zugelassen werden, die nach Ablauf der 3-Monats-Frist bis zum Ende des Wirtschaftsjahres nachgeholt werden dürfen (handelsrechtliches Passivierungswahlrecht), sind sie steuerrechtlich nicht zulässig. ^{5}Rückstellungen für Ab-

raumbeseitigungen auf Grund rechtlicher Verpflichtungen sind nach § 249 Abs. 1 Satz 1 HGB (ungewisse Verbindlichkeit) zu bilden.

Kulanzleistungen

(12) Rückstellungen nach § 249 Abs. 1 Satz 2 Nr. 2 HGB für Gewährleistungen, die ohne rechtliche Verpflichtungen erbracht werden, sind nur zulässig, wenn sich der Kaufmann den Gewährleistungen aus geschäftlichen Erwägungen nicht entziehen kann.

Auflösung von Rückstellungen

(13) Außer in den Fällen des § 52 Abs. 13, 14 und 16 EStG sind Rückstellungen nur aufzulösen, soweit die Gründe hierfür entfallen (→ § 249 Abs. 3 Satz 2 HGB).

Zu § 6 EStG

R 6.1 Anlagevermögen und Umlaufvermögen

(1) [1]Zum **Anlagevermögen** gehören die Wirtschaftsgüter, die bestimmt sind, dauernd dem Betrieb zu dienen. [2]Ob ein Wirtschaftsgut zum Anlagevermögen gehört, ergibt sich aus dessen Zweckbestimmung, nicht aus seiner Bilanzierung. [3]Ist die Zweckbestimmung nicht eindeutig feststellbar, kann die Bilanzierung Anhaltspunkt für die Zuordnung zum Anlagevermögen sein. [4]Zum Anlagevermögen können immaterielle Wirtschaftsgüter, Sachanlagen und Finanzanlagen gehören. [5]Zum abnutzbaren Anlagevermögen gehören insbesondere die auf Dauer dem Betrieb gewidmeten Gebäude, technischen Anlagen und Maschinen sowie die Betriebs- und Geschäftsausstattung. [6]Zum nichtabnutzbaren Anlagevermögen gehören insbesondere Grund und Boden, Beteiligungen und andere Finanzanlagen, die dazu bestimmt sind, dauernd dem Betrieb zu dienen. [7]Ein Wirtschaftsgut des Anlagevermögens, dessen Veräußerung beabsichtigt ist, bleibt so lange Anlagevermögen, wie sich seine bisherige Nutzung nicht ändert, auch wenn bereits vorbereitende Maßnahmen zu seiner Veräußerung getroffen worden sind. [8]Bei Grundstücken des Anlagevermögens, die bis zu ihrer Veräußerung unverändert genutzt werden, ändert somit selbst eine zum Zwecke der Veräußerung vorgenommene Parzellierung des Grund und Bodens oder Aufteilung des Gebäudes in Eigentumswohnungen nicht die Zugehörigkeit zum Anlagevermögen.

(2) Zum **Umlaufvermögen** gehören die Wirtschaftsgüter, die zur Veräußerung, Verarbeitung oder zum Verbrauch angeschafft oder hergestellt worden sind, insbesondere Roh-, Hilfs- und Betriebsstoffe, Erzeugnisse und Waren, Kassenbestände.

H 6.2

Anschaffungskosten. Begriff und Umfang → § 255 Abs. 1 HGB.
Ausländische Währung. [2]Bei einem Anschaffungsgeschäft in ausländischer Währung ist der Wechselkurs im Anschaffungszeitpunkt für die Berechnung der Anschaffungskosten maßgebend (→ BFH vom 16. 12. 1977 – BStBl. 1978 II S. 233).

R 6.3 Herstellungskosten

(1) In die → **Herstellungskosten** eines Wirtschaftsguts sind auch angemessene Teile der notwendigen **Materialgemeinkosten** und **Fertigungsgemeinkosten** (→ Absatz 2) sowie der **Wertverzehr von Anlagevermögen**, soweit er durch die Herstellung des Wirtschaftsguts veranlasst ist (→ Absatz 3) einzubeziehen.

(2) Zu den **Materialgemeinkosten und den Fertigungsgemeinkosten** gehören u. a. auch die Aufwendungen für folgende Kostenstellen:
Lagerhaltung, Transport und Prüfung des Fertigungsmaterials,
Vorbereitung und Kontrolle der Fertigung, Werkzeuglager,
Betriebsleitung, Raumkosten, Sachversicherungen,
Unfallstationen und Unfallverhütungseinrichtungen der Fertigungsstätten,
Lohnbüro, soweit in ihm die Löhne und Gehälter der in der Fertigung tätigen Arbeitnehmer abgerechnet werden.

(3) [1]Als **Wertverzehr des Anlagevermögens**, soweit er der Fertigung der Erzeugnisse gedient hat, ist grundsätzlich der Betrag anzusetzen, der bei der Bilanzierung des Anlagevermögens als AfA berücksichtigt ist. [2]Es ist nicht zu beanstanden, wenn der Steuerpflichtige, der bei der Bilanzierung des beweglichen Anlagevermögens die AfA in fallenden Jahresbeträgen (§ 7 Abs. 2 EStG) vorgenommen hat, bei der Berechnung der Herstellungskosten der Erzeugnisse die AfA in gleichen Jahresbeträgen (§ 7 Abs. 1 Satz 1 und 2 EStG) berücksichtigt. [3]In diesem Fall muss der Steuerpflichtige jedoch dieses Absetzungsverfahren auch dann bei der Berechnung der Herstellungskosten beibehalten, wenn gegen Ende der Nutzungsdauer die Absetzungen in fallenden Jahresbeträgen niedriger sind als die Absetzungen in gleichen Jahresbeträgen. [4]Der Wertverzehr des der Fertigung dienenden Anlagevermögens ist bei der Berechnung der Herstellungskosten der Erzeugnisse auch dann in Höhe der sich nach den Anschaffungs- oder Herstellungskosten des Anlagevermögens ergebenden AfA in gleichen Jahresbeträgen

zu berücksichtigen, wenn der Steuerpflichtige Bewertungsfreiheiten, Sonderabschreibungen oder erhöhte Absetzungen in Anspruch genommen und diese nicht in die Herstellungskosten der Erzeugnisse einbezogen hat. ⁵**Teilwertabschreibungen** auf das Anlagevermögen im Sinne des § 6 Abs. 1 Nr. 1 Satz 2 EStG sind bei der Berechnung der Herstellungskosten der Erzeugnisse nicht zu berücksichtigen.

(4) ¹Das **handelsrechtliche → Bewertungswahlrecht** für Kosten der allgemeinen Verwaltung und Aufwendungen für soziale Einrichtungen des Betriebs, für freiwillige soziale Leistungen und für betriebliche Altersversorgung sowie für → Zinsen für Fremdkapital gilt auch für die Steuerbilanz; Voraussetzung für die Berücksichtigung als Teil der Herstellungskosten ist, dass in der Handelsbilanz entsprechend verfahren wird. ²Zu den Kosten für die allgemeine Verwaltung gehören u. a. die Aufwendungen für Geschäftsleitung, Einkauf und Wareneingang, Betriebsrat, Personalbüro, Nachrichtenwesen, Ausbildungswesen, Rechnungswesen – z. B. Buchführung, Betriebsabrechnung, Statistik und Kalkulation –, Feuerwehr, Werkschutz sowie allgemeine Fürsorge einschließlich Betriebskrankenkasse. ³Zu den Aufwendungen für soziale Einrichtungen gehören z. B. Aufwendungen für Kantine einschließlich der Essenszuschüsse sowie für Freizeitgestaltung der Arbeitnehmer. ⁴Freiwillige soziale Leistungen sind nur Aufwendungen, die nicht arbeitsvertraglich oder tarifvertraglich vereinbart worden sind; hierzu können z. B. Jubiläumsgeschenke, Wohnungs- und andere freiwillige Beihilfen, Weihnachtszuwendungen oder Aufwendungen für die Beteiligung der Arbeitnehmer am Ergebnis des Unternehmens gehören. ⁵Aufwendungen für die betriebliche Altersversorgung sind Beiträge zu Direktversicherungen, Zuwendungen an Pensions- und Unterstützungskassen, Pensionsfonds sowie Zuführungen zu Pensionsrückstellungen.

(5) ¹Die **Steuern** vom **Einkommen** gehören nicht zu den steuerlich abziehbaren Betriebsausgaben und damit auch nicht zu den Herstellungskosten. ²Hinsichtlich der **Gewerbesteuer** hat der Steuerpflichtige ein **Wahlrecht**, ob er sie den Herstellungskosten zurechnen will. ³Die **Umsatzsteuer** gehört zu den Vertriebskosten, die die Herstellungskosten nicht berühren.

H 6.3

Ausnutzung von Produktionsanlagen. Die nicht volle Ausnutzung von Produktionsanlagen führt nicht zu einer Minderung der in die Herstellungskosten einzubeziehenden Fertigungsgemeinkosten, wenn sich die Schwankung in der Kapazitätsausnutzung aus der Art der Produktion, wie z. B. der Zuckerfabrik als Folge der Abhängigkeit von natürlichen Verhältnissen, ergibt (→ BFH vom 15. 2. 1966 – BStBl. III S. 468); → R 33 Abs. 6

Bewertungswahlrecht. Handelsrechtliches Bewertungswahlrecht führt steuerrechtlich zum Ansatz des höchsten nach Handels- und Steuerrecht zulässigen Werts, soweit nicht auch steuerrechtlich ein inhaltsgleiches Wahlrecht besteht (→ BFH vom 21. 10. 1993 – BStBl. 1994 II S. 176).

Geldbeschaffungskosten gehören nicht zu den Herstellungskosten (→ BFG vom 24. 5. 1968 – BStBl. II S. 574).

Halbfertige Arbeiten. Bei Wirtschaftsgütern, die am Bilanzstichtag noch nicht fertiggestellt sind, mit deren Herstellung aber bereits begonnen worden ist, sind die bis zum Bilanzstichtag angefallenen Herstellungskosten zu aktivieren, soweit nicht von ihrer Einbeziehung abgesehen werden kann (→ BFH vom 23. 11. 1978 – BStBl. 1979 II S. 143).

Herstellungskosten. Begriff und Umfang → § 255 Abs. 2 HGB sowie BFH vom 4. 7. 1990 (BStBl. II S. 830).

Kalkulatorische Kosten. Kalkulatorische Kosten sind nicht tatsächlich entstanden und rechnen deshalb **nicht** zu den Herstellungskosten. Das gilt z. B. für:
– **Zinsen für Eigenkapital** (→ BFH vom 30. 6. 1955 – BStBl. III S. 238)
– **Wert der eigenen Arbeitsleistung** (fiktiver Unternehmerlohn des Einzelunternehmers → BFH vom 10. 5. 1995 – BStBl. II S. 713); nicht dagegen Tätigkeitsvergütung im Sinne des § 15 Abs. 1 Satz 1 Nr. 2 EStG, die dem Gesellschafter von der Gesellschaft im Zusammenhang mit der Herstellung eines Wirtschaftsgutes gewährt wird (→ BFH vom 8. 2. 1996 – BStBl. II S. 427) → H 33a.

Zinsen für Fremdkapital → § 255 Abs. 3 HGB sowie → R 33 Abs. 4.

R 6.7. Teilwert

¹Der Teilwert kann nur im Wege der → Schätzung nach den Verhältnissen des Einzelfalls ermittelt werden. ²Zur Ermittlung des niedrigeren Teilwerts bestehen → Teilwertvermutungen. ³Die Teilwertvermutung kann widerlegt werden. ⁴Sie ist widerlegt, wenn der Steuerpflichtige anhand konkreter Tatsachen und Umstände darlegt und nachweist, dass die Anschaffung oder Herstellung eines bestimmten Wirtschaftsguts von Anfang an eine Fehlmaßnahme war, oder dass zwischen dem Zeitpunkt der Anschaffung oder Herstellung und dem maßgeblichen Bilanzstichtag Umstände eingetreten sind, die die Anschaffung oder Herstellung des Wirtschaftsguts nachträglich zur Fehlmaßnahme werden lassen. ⁵Die Teilwertvermutung

ist auch widerlegt, wenn der Nachweis erbracht wird, dass die Wiederbeschaffungskosten am Bilanzstichtag niedriger als der vermutete Teilwert sind. [6]Der Nachweis erfordert es, dass die behaupteten Tatsachen objektiv feststellbar sind.

R 6.8 Bewertung des Vorratsvermögens
Niedrigerer Teilwert

(1) [1]Wirtschaftsgüter des Vorratsvermögens, insbesondere Roh-, Hilfs- und Betriebsstoffe, unfertige und fertige Erzeugnisse sowie Waren, sind nach § 6 Abs. 1 Nr. 2 EStG mit ihren Anschaffungs- oder Herstellungskosten (→ R 32 und 33) anzusetzen. [2]Ist der Teilwert (→ R 35a) am Bilanzstichtag niedriger, so kann dieser angesetzt werden. [3]Steuerpflichtige, die den Gewinn nach § 5 EStG ermitteln, **müssen** nach den handelsrechtlichen Grundsätzen (Niederstwertprinzip) den niedrigeren Teilwert ansetzen. [4]Sie können jedoch Wirtschaftsgüter des Vorratsvermögens, die keinen Börsen- oder Marktpreis haben, mit den Anschaffungs- oder Herstellungskosten oder mit einem zwischen diesen Kosten und dem niedrigeren Teilwert liegenden Wert ansetzen, wenn und soweit bei vorsichtiger Beurteilung aller Umstände damit gerechnet werden kann, dass bei einer späteren Veräußerung der angesetzte Wert zuzüglich der Veräußerungskosten zu erlösen ist. [5]Steuerpflichtige, die den Gewinn nach § 4 Abs. 1 EStG ermitteln, sind nach § 6 Abs. 1 Nr. 2 EStG berechtigt, ihr Umlaufvermögen mit den Anschaffungs- oder Herstellungskosten auch dann anzusetzen, wenn der Teilwert der Wirtschaftsgüter erheblich und voraussichtlich dauernd unter die Anschaffungs- oder Herstellungskosten gesunken ist.

Einzelbewertung

(3) [1]Die Wirtschaftsgüter des Vorratsvermögens sind grundsätzlich **einzeln** zu bewerten. [2]Enthält das Vorratsvermögen am Bilanzstichtag Wirtschaftsgüter, die im Verkehr nach Maß, Zahl oder Gewicht bestimmt werden (vertretbare Wirtschaftsgüter) und bei denen die Anschaffungs- oder Herstellungskosten wegen Schwankungen der Einstandspreise im Laufe des Wirtschaftsjahrs im einzelnen nicht mehr einwandfrei feststellbar sind, so ist der Wert dieser Wirtschaftsgüter zu **schätzen**. [3]In diesen Fällen stellt die **Durchschnittsbewertung** (Bewertung nach dem gewogenen Mittel der im Laufe des Wirtschaftsjahrs erworbenen und gegebenenfalls zu Beginn des Wirtschaftsjahrs vorhandenen Wirtschaftsgüter) ein zweckentsprechendes Schätzungsverfahren dar.

Gruppenbewertung

(4) Zur Erleichterung der Inventur und der Bewertung können gleichartige Wirtschaftsgüter des Vorratsvermögens jeweils zu einer **Gruppe** zusammengefasst und mit dem gewogenen Durchschnittswert angesetzt werden. ...

H 6.8

Festwert. Begriff und Zulässigkeit → § 240 Abs. 3 i V. m. § 256 Satz 2 HGB; Ansatzvoraussetzungen und Bemessung → BMF vom 8. 3. 1993 (BStBl. I S. 276); Bestandsaufnahme und Wertanpassung → R 31 Abs. 4 Satz 2 bis 5 → H 31. Der Festwert darf nur der Erleichterung der Inventur und der Bewertung, nicht jedoch dem Ausgleich von Preisschwankungen, insbesondere Preissteigerungen, dienen (→ BFH vom 1. 3. 1955 – BStBl. III S. 144 und vom 3. 3. 1955 – BStBl. III S. 222).

R 6.9 Bewertung nach unterstellten Verbrauchs- und Veräußerungsfolgen
Allgemeines

(1) Andere Bewertungsverfahren mit unterstellter Verbrauchs- oder Veräußerungsfolge als die in § 6 Abs. 1 Nr. 2 a EStG genannte Lifo- Methode sind nicht zulässig.

Grundsätze ordnungsmäßiger Buchführung

(2) [1]Die Lifo-Methode muss den handelsrechtlichen Grundsätzen ordnungsmäßiger Buchführung entsprechen. [2]Das bedeutet nicht, daß die Lifo-Methode mit der tatsächlichen Verbrauchs- oder Veräußerungsfolge übereinstimmen muss; sie darf jedoch, wie z. B. bei leicht verderblichen Waren, nicht völlig unvereinbar mit dem betrieblichen Geschehensablauf sein. [3]Die Lifo-Methode muss nicht auf das gesamte Vorratsvermögen angewandt werden. [4]Sie darf auch bei der Bewertung der Materialbestandteile unfertiger oder fertiger Erzeugnisse angewandt werden, wenn der Materialbestandteil dieser Wirtschaftsgüter in der Buchführung getrennt erfasst wird und dies handelsrechtlichen Grundsätzen ordnungsmäßiger Buchführung entspricht.

Gruppenbildung

(3) [1]Für die Anwendung der Lifo-Methode können gleichartige Wirtschaftsgüter zu Gruppen zusammengefaßt werden. [2]Zur Beurteilung der Gleichartigkeit sind die kaufmännischen Gepflogenheiten, insbesondere die marktübliche Einteilung in Produktklassen unter Beachtung der Unternehmensstruktur, und die allgemeine Verkehrsanschauung heranzuziehen.

³Wirtschaftsgüter mit erheblichen Qualitätsunterschieden sind nicht gleichartig. ⁴Erhebliche Preisunterschiede sind Anzeichen für Qualitätsunterschiede.

Methoden der Lifo-Bewertung

(4) ¹Die Bewertung nach der Lifo-Methode kann sowohl durch permanente Lifo als auch durch Perioden-Lifo erfolgen. ²Die permanente Lifo setzt eine laufende mengen- und wertmäßige Erfassung aller Zu- und Abgänge voraus. ³Bei der Perioden-Lifo wird der Bestand lediglich zum Ende des Wirtschaftsjahrs bewertet. ⁴Dabei können Mehrbestände mit dem Anfangsbestand zu einem neuen Gesamtbestand zusammengefasst oder als besondere Posten (Layer) ausgewiesen werden. ⁵Bei der Wertermittlung für die Mehrbestände ist von den Anschaffungs- oder Herstellungskosten der ersten Lagerzugänge des Wirtschaftsjahrs oder von den durchschnittlichen Anschaffungs- oder Herstellungskosten aller Zugänge des Wirtschaftsjahrs auszugehen. ⁶Minderbestände sind beginnend beim letzten Layer zu kürzen.

Wechsel der Bewertungsmethoden

(5) ¹Von der Lifo-Methode kann in den folgenden Wirtschaftsjahren nur mit Zustimmung des Finanzamts abgewichen werden (§ 6 Abs. 1 Nr. 2 a Satz 3 EStG). ²Der Wechsel der Methodenwahl bei Anwendung der Lifo-Methode (Absatz 4) bedarf nicht der Zustimmung des Finanzamts. ³Der Grundsatz der → Bewertungsstetigkeit ist jedoch zu beachten.

Niedrigerer Teilwert

(6) ¹Das Niederstwertprinzip ist zu beachten (§ 6 Abs. 1 Nr. 2 Satz 2 EStG). ²Dabei ist der Teilwert der zu einer Gruppe zusammengefassten Wirtschaftsgüter mit dem Wertansatz, der sich nach Anwendung der Lifo-Methode ergibt, zu vergleichen. ³Hat der Steuerpflichtige Layer gebildet (→ Absatz 4), so ist der Wertansatz des einzelnen Layers mit dem Teilwert zu vergleichen und gegebenenfalls gesondert auf den niedrigeren Teilwert abzuschreiben.

Übergang zur Lifo-Methode

(7) Der beim Übergang zur Lifo-Methode vorhandene Warenbestand ist mit dem steuerrechtlich zulässigen Wertansatz fortzuführen, den der Steuerpflichtige in der Handelsbilanz des Wirtschaftsjahrs gewählt hat, das dem Wirtschaftsjahr des Übergangs zur Lifo-Methode vorangeht (Ausgangswert).

R 6.10 Bewertung von Verbindlichkeiten

(unbesetzt)

H 6.10

Anschaffungskosten. Als Anschaffungskosten einer Verbindlichkeit gilt der Nennwert (Rückzahlungsbetrag) der Verbindlichkeit (→ § 253 Abs. 1 Satz 2 HGB und BFH vom 4. 5. 1977 – BStBl. II S. 802).

Damnum. Darlehensschulden, bei denen der dem Schuldner zugefallene Betrag (Ausgabebetrag) niedriger als der Rückzahlungsbetrag ist, sind mit dem Rückzahlungsbetrag anzusetzen; der Unterschiedsbetrag (Agio, Disagio, Damnum, Abschluss-, Bearbeitungs- oder Verwaltungsgebühren) ist als Rechnungsabgrenzungsposten auf die Laufzeit des Darlehens zu verteilen (→ BFH vom 19. 1. 1978 – BStBl. II S. 262).

Rentenverpflichtungen. Rentenverpflichtungen sind – vorbehaltlich → R 41 – mit dem Barwert anzusetzen (→ § 253 Abs. 1 Satz 2 HGB und BFH vom 31. 1. 1980 – BStBl. II S. 491).

R 6.13 Bewertungsfreiheit für geringwertige Wirtschaftsgüter

(2) ¹Die Angaben nach § 6 Abs. 2 Satz 4 EStG sind aus der Buchführung ersichtlich, wenn sie sich aus einem besonderen Konto für geringwertige Wirtschaftsgüter oder aus dem Bestandsverzeichnis nach R 31 ergeben. ²Sie sind nicht erforderlich für geringwertige Wirtschaftsgüter, deren Anschaffungs- oder Herstellungskosten, vermindert um einen darin enthaltenen Vorsteuerbetrag (§ 9 b Abs. 1 EStG), nicht mehr als 60 Euro betragen haben.

(4) Es ist nicht zulässig, im Jahr der Anschaffung oder Herstellung nur einen Teil der Aufwendungen abzusetzen und den Restbetrag auf die betriebsgewöhnliche Nutzungsdauer zu verteilen.

Zu § 7 EStG

R 7.4 Höhe der AfA

Beginn der AfA

(1) ¹AfA ist vorzunehmen, sobald ein Wirtschaftsgut angeschafft oder hergestellt ist. ²Ein Wirtschaftsgut ist im Zeitpunkt seiner → Lieferung angeschafft. ³Ist Gegenstand eines Kaufvertrags über ein Wirtschaftsgut auch dessen Montage durch den Verkäufer, so ist das Wirtschaftsgut erst mit der Beendigung der Montage geliefert. ⁴Wird die Montage durch den Steuerpflichtigen oder in dessen Auftrag durch einen Dritten durchgeführt, so ist das Wirtschaftsgut

bereits bei Übergang der wirtschaftlichen Verfügungsmacht an den Steuerpflichtigen geliefert; das zur Investitionszulage ergangene BFH-Urteil vom 2. 9. 1988 (BStBl. II S. 1009) ist ertragsteuerrechtlich nicht anzuwenden. Ein Wirtschaftsgut ist zum Zeitpunkt seiner → Fertigstellung hergestellt.

AfA im Jahr der Anschaffung, Herstellung oder Einlage

(2) ¹Der auf das Jahr der Anschaffung oder Herstellung entfallende AfA-Betrag vermindert sich zeitanteilig für den Zeitraum, in dem das Wirtschaftsgut nach der Anschaffung oder Herstellung nicht zur Erzielung von Einkünften verwendet wird; dies gilt auch für die AfA nach § 7 Abs. 5 EStG. ²Bei Wirtschaftsgütern, die im Laufe des Wirtschaftsjahres in das Betriebsvermögen eingelegt werden, gilt § 7 Abs. 1 Satz 4 EStG entsprechend.

AfA-Tabelle

6.2c AfATab

Auszug aus der AfA-Tabelle für das Hotel- und Gaststättengewerbe

In der Fassung der Bekanntmachung vom 10. Oktober 1989, mit Änderungen bis zum 20. Dezember 2001

Die Tabelle gilt für alle Anlagegüter, die nach dem **31.12.2000** angeschafft oder hergestellt worden sind.

Allgemeine Vorbemerkungen zu den AfA-Tabellen

Die in diesen Tabellen für die einzelnen Anlagegüter angegebene betriebsgewöhnliche Nutzungsdauer (ND) beruht auf Erfahrungen der steuerlichen Betriebsprüfung. Die Fachverbände der Wirtschaft wurden vor der Aufstellung der AfA-Tabellen angehört.

1. Die in den AfA-Tabellen angegebene ND ist mit Ausnahme der Angaben in der AfA-Tabelle für allgemein verwendbare Anlagegüter branchengebunden. ...

2. Die in den AfA-Tabellen angegebene ND dient als Anhaltspunkt für die Beurteilung der Angemessenheit der steuerlichen Absetzungen für Abnutzung (AfA). Sie berücksichtigt die technische Abnutzung eines unter üblichen Bedingungen arbeitenden Betriebs (auch branchenüblicher Schichtbetrieb).
Eine mit wirtschaftlicher Abnutzung begründete kürzere Nutzungsdauer kann den AfA nur zugrunde gelegt werden, wenn das Wirtschaftsgut vor Ablauf der technischen Nutzbarkeit objektiv wirtschaftlich verbraucht ist. Ein wirtschaftlicher Verbrauch ist nur anzunehmen, wenn die Möglichkeit einer wirtschaftlich sinnvollen (anderweitigen) Nutzung oder Verwertung endgültig entfallen ist (vgl. BFH vom 19.11.1997, BStBl. 1998 II S. 59).

Lfd. Nr.	Anlagegüter	Nutzungsdauer (ND) i. J.	Linearer AfA-Satz v. H.
1	2	3	4
1	Ausschanksäulen	5	20
2	Barschränke	5	20
3	Bartheken	5	20
4	Bettgestelle aus Holz oder Metall	10	10
5	Bieraufzüge	10	10
6	Bilder (Für Werke anerkannter Meister sind Absetzungen für Abnutzung nicht zulässig.)		
6.1	hochwertige Gemälde (ab 2500 ??80 Anschaffungskosten)	20	5
6.2	Hochwertige Grafik, Aquarelle, Zeichnungen (ab 1 000 ??80 Anschaffungskosten)	20	5
6.3	Sonstige Gemälde	10	10
6.4	Sonstige (Druck-)Grafik	5	20
7	Brat- und Backöfen	5	20
8	Bühnenvorhänge	8	12

6.2c AfATab — AfA-Tabelle

Lfd. Nr.	Anlagegüter	Nutzungsdauer (ND) i. J.	Linearer AfA-Satz v. H.
1	2	3	4
9	Vitrinen	8	12
10	Elektro-Kleingeräte	3	33
11	Lastenfahrstühle	10	10
12	Fernsehgeräte (in Fremdenzimmern)	3	33
13	Fettabscheider	10	10
14	Fitnessgeräte	5	20
15	Garderoben	10	10
16	Geschirrspülmaschinen	5	20
17	Herde	5	20
18	Hühnerbratroste (elektrisch, mit Gas oder Kohle)	5	20
19	Infrarotheizungen (bewegl.)	5	20
20	Kaffeemaschinen (elektr.)	5	20
21	Kaffeemühlen (elektr.)	5	20
22	Kassen (mechan. u. elektron.)	5	20
23	Kegelbahnen	8	12
24	Kippbratpfannen	5	20
25	Kochkessel	7	14
26	Küchenspülbecken (falls Betriebsvorrichtung)	10	10
27	Kühlanlagen (elektr.)	5	20
28	Läufer	3	33
29	Markisen	8	12
30	Möbel (einschl. Einbaumöbel)		
30.1	antik und hochwertig	12	8
30.2	übrige	10	10
31	Musik- und Beschallungsanlagen (einschl. Musikboxen)	4	25
32	Musikinstrumente		
32.1	Flügel	15	7
32.2	Klaviere	10	10
33	Oberhitzer (Salamander)	5	20

AfA-Tabelle 6.2c AfATab

34	Plattierungsausrüstungen	8	12
35	Polstermöbel in Bars, Hallen und Restaurants	5	20
36	Radios	3	33
37	Reinigungsgeräte (Staubsauger, Shampoonierer)	3	33
38	Rühr-, Schlag- und Speiseeismaschinen	7	14
39	Sahneautomaten	7	14
40	Service- und Tranchierwagen	5	20
41	Teigknet- und –mischmaschinen	10	10
42	Teigwalzen	10	10
43	Tennisanlagen	10	10
44	Teppiche und Brücken		
44.1	Hochwertige Orientteppiche (Anschaffungskosten ü. 500 ??80/m²)	15	7
44.2	Normale	5	20
44.3	Einfache	3	33
45	Theken (einfach)	8	12
46	Theken- und Kellnerausgaben (fahrbar)	5	20
47	Unterhaltungsautomaten	3	33
48	Video-Übertragungsgeräte	3	33
49	Wärmeschränke	8	12
50	Wäschereiausrüstungen	7	14
51	Wäschereimaschinen (autom.)	7	14
52	Wasseraufbereitungsanlagen	10	10
53	Zimmermädchenwagen	3	33

Lohnsteuer-Durchführungsverordnung

In der Fassung der Bekanntmachung vom 10. Oktober 1989, mit Änderungen bis zum 13. Dezember 2006

§ 2. Arbeitslohn. (1) ¹Arbeitslohn sind alle Einnahmen, die dem Arbeitnehmer aus dem Dienstverhältnis zufließen. ²Es ist unerheblich, unter welcher Bezeichnung oder in welcher Form die Einnahmen gewährt werden.

§ 4. Lohnkonto. (1) Der Arbeitgeber hat im Lohnkonto des Arbeitnehmers folgendes aufzuzeichnen:

1. den Vornamen, den Familiennamen, den Geburtstag, den Wohnort, die Wohnung, den amtlichen Gemeindeschlüssel der Gemeinde, die die Lohnsteuerkarte ausgestellt hat, das Finanzamt, in dessen Bezirk die Lohnsteuerkarte oder die entsprechende Bescheinigung ausgestellt worden ist, sowie die auf der Lohnsteuerkarte oder in einer entsprechenden Bescheinigung eingetragenen allgemeinen Besteuerungsmerkmale und in den Fällen des § 41 Abs. 1 Satz 4 des Einkommensteuergesetzes den Großbuchstaben B. Ändern sich im Laufe des Jahres die auf der Lohnsteuerkarte oder in der entsprechenden Bescheinigung eingetragenen allgemeinen Besteuerungsmerkmale, so ist auch der Zeitpunkt anzugeben, von dem an die Änderung gilt;
2. den Jahresfreibetrag oder den Jahreshinzurechnungsbetrag sowie den Monatsbetrag, Wochenbetrag oder Tagesbetrag, der auf der Lohnsteuerkarte oder in einer entsprechenden Bescheinigung eingetragen ist, und den Zeitraum, für den die Eintragung gilt; ...

(2) Bei jeder Lohnabrechnung ist im Lohnkonto folgendes aufzuzeichnen:

1. der Tag der Lohnzahlung und der Lohnzahlungszeitraum;
3. der Arbeitslohn, getrennt nach Barlohn und Sachbezügen, und die davon einbehaltene Lohnsteuer. ³Dabei sind die Sachbezüge einzeln zu bezeichnen. ...

Lohnsteuertabelle 6.2e LStTab

Allgemeine Monats-Lohnsteuertabelle 2007 (Auszug)

Monatslohn in EUR	Steuer- klasse	LSt	ohne Kinderfreibetrag			mit 0,5 Kinderfreibetrag			mit 1,0 Kinderfreibetrag			mit 1,5 Kinderfreibeträgen			mit 2,0 Kinderfreibeträgen		
			SolZ	KiSt 8%	KiSt 9%	SolZ	KiSt 8%	KiSt 9%	SolZ	KiSt 8%	KiSt 9%	SolZ	KiSt 8%	KiSt 9%	SolZ	KiSt 8%	KiSt 9%
500,00	I, IV	0,00	0,00	0,00	0,00	0,00	0,00	0,00	0,00	0,00	0,00	0,00	0,00	0,00	0,00	0,00	0,00
(von 498,00	II	0,00	0,00	0,00	0,00	0,00	0,00	0,00	0,00	0,00	0,00	0,00	0,00	0,00	0,00	0,00	0,00
bis 500,99)	III	0,00	0,00	0,00	0,00												
	V	63,58	0,00	5,08	5,72												
	VI	75,08	0,00	6,00	6,75												
600,00	I, IV	0,00	0,00	0,00	0,00	0,00	0,00	0,00	0,00	0,00	0,00	0,00	0,00	0,00	0,00	0,00	0,00
(von 600,00	II	0,00	0,00	0,00	0,00	0,00	0,00	0,00	0,00	0,00	0,00	0,00	0,00	0,00	0,00	0,00	0,00
bis 602,99)	III	0,00	0,00	0,00	0,00												
	V	78,91	0,00	6,31	7,10												
	VI	90,41	1,88	7,23	8,13												
700,00	I, IV	0,00	0,00	0,00	0,00	0,00	0,00	0,00	0,00	0,00	0,00	0,00	0,00	0,00	0,00	0,00	0,00
(von 699,00	II	0,00	0,00	0,00	0,00	0,00	0,00	0,00	0,00	0,00	0,00	0,00	0,00	0,00	0,00	0,00	0,00
bis 701,99)	III	0,00	0,00	0,00	0,00												
	V	93,75	2,55	7,50	8,43												
	VI	105,25	4,85	8,42	9,47												
800,00	I, IV	0,00	0,00	0,00	0,00	0,00	0,00	0,00	0,00	0,00	0,00	0,00	0,00	0,00	0,00	0,00	0,00
(von 798,00	II	0,00	0,00	0,00	0,00	0,00	0,00	0,00	0,00	0,00	0,00	0,00	0,00	0,00	0,00	0,00	0,00
bis 800,99)	III	0,00	0,00	0,00	0,00												
	V	108,58	5,51	8,68	9,77												
	VI	131,33	7,22	10,50	11,81												

Hinweis: **Abweichungen zwischen amtlicher Lohnsteuertabelle und elektronischer Berechnung**
Die elektronische Berechnung der Lohnsteuer wird seit 2004 nach einem stufenlosen Tarif durchgeführt. Das bedeutet, dass sich für jeden Cent mehr Lohn grundsätzlich auch eine höhere Lohnsteuer ergibt. Die Berechnung der Lohnsteuer in den amtlichen Lohnsteuertabellen wird dagegen weiterhin wie in den Vorjahren nach einem Stufentarif ermittelt. Dadurch ändert sich die Lohnsteuer erst dann, wenn der Bruttolohn die nächste Stufe erreicht. Bei der Monatslohnsteuertabelle betragen diese Stufen 3,00 Euro. Dadurch kommt es zu kleinen Abweichungen gegenüber der elektronischen Berechnung. Der Gesetzgeber und die Finanzverwaltung billigen ausdrücklich beide Berechnungsarten.

6.2e LStTab **Lohnsteuertabelle**

Allgemeine Monats-Lohnsteuertabelle 2007 (Auszug)

Monatslohn in EUR	Steuer-klasse	LSt	ohne Kinderfreibetrag			mit 0,5 Kinderfreibetrag			mit 1,0 Kinderfreibetrag			mit 1,5 Kinderfreibeträgen			mit 2,0 Kinderfreibeträgen		
			SolZ	KiSt 8%	KiSt 9%	SolZ	KiSt 8%	KiSt 9%	SolZ	KiSt 8%	KiSt 9%	SolZ	KiSt 8%	KiSt 9%	SolZ	KiSt 8%	KiSt 9%
900,00	I, IV	0,58	0,00	0,07	0,08	0,00	0,00	0,00	0,00	0,00	0,00	0,00	0,00	0,00	0,00	0,00	0,00
(von 900,00	II	0,00	0,00	0,00	0,00	0,00	0,00	0,00	0,00	0,00	0,00	0,00	0,00	0,00	0,00	0,00	0,00
bis 902,99)	III	0,00	0,00	0,00	0,00	0,00	0,00	0,00	0,00	0,00	0,00	0,00	0,00	0,00	0,00	0,00	0,00
	V	141,91	7,80	11,25	12,77												
	VI	174,16	9,57	13,93	15,67												
1000,00	I, IV	13,16	0,00	1,05	1,18	0,00	0,00	0,00	0,00	0,00	0,00	0,00	0,00	0,00	0,00	0,00	0,00
(von 999,00	II	0,00	0,00	0,00	0,00	0,00	0,00	0,00	0,00	0,00	0,00	0,00	0,00	0,00	0,00	0,00	0,00
bis 1001,99)	III	0,00	0,00	0,00	0,00	0,00	0,00	0,00	0,00	0,00	0,00	0,00	0,00	0,00	0,00	0,00	0,00
	V	183,50	10,09	14,68	16,51												
	VI	215,75	11,86	17,26	19,41												
1200,00	I	49,66	0,00	3,97	4,46	0,00	0,42	0,47	0,00	0,00	0,00	0,00	0,00	0,00	0,00	0,00	0,00
(von 1200,00	II	28,16	0,00	2,25	2,53	0,00	0,00	0,00	0,00	0,00	0,00	0,00	0,00	0,00	0,00	0,00	0,00
bis 1202,99)	III	0,00	0,00	0,00	0,00	0,00	0,00	0,00	0,00	0,00	0,00	0,00	0,00	0,00	0,00	0,00	0,00
	IV	49,66	0,00	3,97	4,46	0,00	0,42	0,47	0,00	0,00	0,00	0,00	0,00	0,00	0,00	0,00	0,00
	V	266,66	14,66	21,33	23,99	0,00	2,07	2,33									
	VI	293,66	16,15	23,49	26,42												
1400,00	I	97,16	3,23	7,77	8,74	0,00	3,40	3,82	0,00	0,00	0,00	0,00	0,00	0,00	0,00	0,00	0,00
(von 1398,00	II	71,16	0,00	5,69	6,40	0,00	1,74	1,96	0,00	0,00	0,00	0,00	0,00	0,00	0,00	0,00	0,00
bis 1400,99)	III	0,00	0,00	0,00	0,00	0,00	0,00	0,00	0,00	0,00	0,00	0,00	0,00	0,00	0,00	0,00	0,00
	IV	97,16	3,23	7,77	8,74	0,00	3,40	3,82	0,00	0,00	0,00	0,00	0,00	0,00	0,00	0,00	0,00
	V	335,66	18,46	26,85	30,20	0,00	5,47	6,15	0,00	3,40	3,82	0,00	1,57	1,76			
	VI	362,00	19,91	28,96	32,58												

Lohnsteuertabelle

6.2e LStTab

Allgemeine Monats-Lohnsteuertabelle 2007 (Auszug)

Monatslohn in EUR	Steuer-klasse	LSt	ohne Kinderfreibetrag			mit 0,5 Kinderfreibetrag				mit 1,0 Kinderfreibetrag				mit 1,5 Kinderfreibetrag				mit 2,0 Kinderfreibeträgen			
			SolZ	KiSt 8%	KiSt 9%	SolZ	KiSt 8%	KiSt 9%		SolZ	KiSt 8%	KiSt 9%		SolZ	KiSt 8%	KiSt 9%		SolZ	KiSt 8%	KiSt 9%	
1600,00	I	155,16	8,53	12,41	13,96	2,78	7,59	8,54		0,00	3,25	3,65		0,00	0,00	0,00		0,00	0,00	0,00	
(von 1599,00	II	127,66	7,02	10,21	11,48	0,00	5,52	6,21		0,00	1,61	1,81		0,00	0,00	0,00		0,00	0,00	0,00	
bis 1601,99)	III	0,00	0,00	0,00	0,00	0,00	0,00	0,00		0,00	0,00	0,00		0,00	0,00	0,00		0,00	0,00	0,00	
	IV	155,16	8,53	12,41	13,96	6,85	9,97	11,21		2,78	7,59	8,54		0,00	5,30	5,96		0,00	3,25	3,65	
	V	404,33	22,23	32,34	36,38																
	VI	431,50	23,73	34,52	38,83																
1800,00	I	207,58	11,41	16,60	18,69	7,95	11,57	13,01		0,76	6,78	7,63		0,00	2,60	2,92		0,00	0,00	0,00	
(von 1800,00	II	178,83	9,83	14,30	16,09	6,45	9,38	10,55		0,00	4,78	5,37		0,00	1,04	1,17		0,00	0,00	0,00	
bis 1802,99)	III	12,66	0,00	1,01	1,13	0,00	0,00	0,00		0,00	0,00	0,00		0,00	0,00	0,00		0,00	0,00	0,00	
	IV	207,58	11,41	16,60	18,68	9,66	14,06	15,81		7,95	11,57	13,01		6,28	9,14	10,28		0,76	6,78	7,63	
	V	476,83	26,22	38,14	42,91																
	VI	505,50	27,80	40,44	45,49																
2000,00	I	260,25	14,31	20,82	23,42	10,78	15,57	17,51		7,27	10,58	11,90		0,00	5,86	6,59		0,00	1,88	2,11	
(von 1998,00	II	229,50	12,62	18,36	20,65	9,09	13,23	14,88		4,71	8,36	9,41		0,00	3,90	4,38		0,00	0,37	0,41	
bis 2000,99)	III	38,66	0,00	3,09	3,47	0,00	0,00	0,00		0,00	0,00	0,00		0,00	0,00	0,00		0,00	0,00	0,00	
	IV	259,41	14,26	20,75	23,34	12,44	18,10	20,36		10,66	15,51	17,45		8,92	12,98	14,60		7,23	10,52	11,84	
	V	551,16	30,31	44,09	49,60																
	VI	581,66	31,99	46,53	52,34																
2500,00	I	402,58	22,14	32,20	36,23	18,17	26,44	29,74		14,39	20,93	23,54		10,78	15,68	17,64		7,35	10,69	12,02	
(von 2499,00	II	369,66	20,33	29,57	33,26	16,44	23,92	26,91		12,74	18,54	20,85		9,21	13,40	15,08		5,13	8,53	9,59	
bis 2501,99)	III	136,50	0,00	10,92	12,28	0,00	6,77	7,61		0,00	3,13	3,52		0,00	0,00	0,00		0,00	0,00	0,00	
	IV	402,58	22,14	32,20	36,23	20,13	29,29	32,95		18,17	26,44	29,74		16,26	23,65	26,60		14,39	20,93	23,54	
	V	759,33	41,76	60,74	68,33																
	VI	791,50	43,53	63,32	71,23																

6.2e LStTab — Lohnsteuertabelle

Allgemeine Monats-Lohnsteuertabelle 2007 (Auszug)

Monatslohn in EUR	Steuer-klasse	LSt	ohne Kinderfreibetrag		mit 0,5 Kinderfreibetrag			mit 1,0 Kinderfreibetrag			mit 1,5 Kinderfreibeträgen			mit 2,0 Kinderfreibeträgen		
			SolZ	KiSt 8%	KiSt 9%	SolZ	KiSt 8%	KiSt 9%	SolZ	KiSt 8%	KiSt 9%	SolZ	KiSt 8%	KiSt 9%	SolZ	KiSt 8%	KiSt 9%
3000,00	I	558,00	30,69	44,64	50,22	26,37	38,36	43,15	22,22	32,33	36,37	18,26	26,56	29,88	14,47	21,05	23,68
(von 3000,00	II	522,25	28,72	41,78	47,00	24,48	35,61	40,06	20,41	29,70	33,41	16,53	24,04	27,05	12,82	18,65	20,98
bis 3002,99)	III	271,00	14,90	21,68	24,39	9,80	16,88	18,99	0,00	12,20	13,72	0,00	7,92	8,91	0,00	4,13	4,64
	IV	558,00	30,69	44,64	50,22	28,50	41,46	46,64	26,37	38,36	43,15	24,27	35,31	39,72	22,22	32,33	36,37
	V	969,75	53,33	77,58	82,27												
	VI	1001,91	55,10	80,15	90,17												
3500,00	I	725,58	39,90	58,04	65,30	35,23	51,24	57,65	30,73	44,70	50,28	26,41	38,42	43,22	22,26	32,28	36,43
(von 3498,00	II	686,91	37,78	54,95	61,82	33,18	48,26	54,29	28,76	41,84	47,07	24,52	35,67	40,13	20,46	29,76	33,48
bis 3500,99)	III	407,83	22,43	32,62	36,70	18,93	27,54	30,98	15,52	22,58	25,40	12,00	17,76	19,98	0,23	13,05	14,68
	IV	725,58	39,90	58,04	65,30	37,54	54,61	61,43	35,23	51,24	57,65	32,95	47,94	53,93	30,73	44,70	50,28
	V	1178,91	64,84	94,31	106,10												
	VI	1211,08	66,60	96,88	108,99												
4000,00	I	907,25	49,89	72,58	81,65	44,86	65,26	73,41	40,01	58,20	65,47	35,33	51,39	57,81	30,83	44,84	50,45
(von 3999,00	II	865,66	47,61	69,25	77,90	42,65	62,04	69,80	37,88	55,10	61,98	33,28	48,41	54,46	28,86	41,98	47,22
bis 4001,99)	III	541,83	29,80	43,34	48,76	26,12	38,00	42,75	22,53	32,77	36,86	19,03	27,69	31,15	15,62	22,72	25,56
	IV	907,25	49,89	72,58	81,65	47,35	68,88	77,49	44,86	65,26	73,41	42,41	61,70	69,41	40,01	58,20	65,47
	V	1389,33	76,41	111,14	125,03												
	VI	1421,50	78,18	113,72	127,93												

Solidaritätszuschlaggesetz 1995
Vom 23. Juni 1993, in der Fassung der Bekanntmachung vom 15. Oktober 2002, mit Änderungen bis zum 20. Dezember 2007

§ 1. Erhebung eines Solidaritätszuschlags.
(1) Zur Einkommensteuer und zur Körperschaftsteuer wird ein Solidaritätszuschlag als Ergänzungsabgabe erhoben.
(2) Auf die Festsetzung und Erhebung des Solidaritätszuschlags sind die Vorschriften des Einkommensteuergesetzes und des Körperschaftsteuergesetzes entsprechend anzuwenden.

§ 2. Abgabepflicht. Abgabepflichtig sind
1. natürliche Personen, die nach § 1 des Einkommensteuergesetzes einkommensteuerpflichtig sind,
2. natürliche Personen, die nach § 2 des Außensteuergesetzes erweitert beschränkt steuerpflichtig sind,
3. Körperschaften, Personenvereinigungen und Vermögensmassen, die nach § 1 oder 2 des Körperschaftsteuergesetzes körperschaftsteuerpflichtig sind.

§ 3. Bemessungsgrundlage und zeitliche Anwendung. (1) Der Solidaritätszuschlag bemisst sich vorbehaltlich der Absätze 2 bis 5
1. soweit eine Veranlagung zur Einkommensteuer oder Körperschaftsteuer vorzunehmen ist:
nach der nach Absatz 2 berechneten Einkommensteuer oder der festgesetzten Körperschaftsteuer für Veranlagungszeiträume ab 1998 vermindert um die anzurechnende oder vergütete Körperschaftsteuer, wenn ein positiver Betrag verbleibt; ...
3. soweit Lohnsteuer zu erheben ist:
nach der nach Absatz 2 a berechneten Lohnsteuer für
a) laufenden Arbeitslohn, der für einen nach dem 31. Dezember 1997 endenden Lohnzahlungszeitraum gezahlt wird,
b) sonstige Bezüge, die nach dem 31. Dezember 1997 zufließen;
4. soweit ein Lohnsteuer-Jahresausgleich durchzuführen ist, nach der nach § 51 a Abs. 2 a des Einkommensteuergesetzes sich ergebenden Jahreslohnsteuer für Ausgleichsjahre ab 1998;
5. soweit Kapitalertragsteuer oder Zinsabschlag zu erheben ist außer in den Fällen des § 43 b des Einkommensteuergesetzes:
nach der ab 1. Januar 1998 zu erhebenden Kapitalertragsteuer oder dem ab diesem Zeitpunkt zu erhebenden Zinsabschlag;
6. soweit bei beschränkt Steuerpflichtigen ein Steuerabzugsbetrag nach § 50 a des Einkommensteuergesetzes zu erheben ist:
nach dem ab 1. Januar 1998 zu erhebenden Steuerabzugsbetrag.

(3) Der Solidaritätszuschlag ist von einkommensteuerpflichtigen Personen nur zu erheben, wenn die Bemessungsgrundlage nach Absatz 1 Nr. 1 und 2
1. in den Fällen des § 32 a Abs. 5 oder 6 des Einkommensteuergesetzes 1 944 Euro,
2. in anderen Fällen 972 Euro übersteigt.

(4) Beim Abzug vom laufenden Arbeitslohn ist der Solidaritätszuschlag nur zu erheben, wenn die Bemessungsgrundlage im jeweiligen Lohnzahlungszeitraum
1. bei monatlicher Lohnzahlung
 a) in der Steuerklasse III mehr als 162 Euro und
 b) in den Steuerklassen I, II, IV bis VI mehr als 81 Euro
...
beträgt.
...

§ 4. Zuschlagsatz. ^{1}Der Solidaritätszuschlag beträgt 5,5 Prozent der Bemessungsgrundlage. ^{2}Er beträgt nicht mehr als 20 vom Hundert des Unterschiedsbetrags zwischen der Bemessungsgrundlage und der nach § 3 Abs. 3 bis 5 jeweils maßgebenden Freigrenze. Bruchteile eines Cents bleiben außer Ansatz.

6.3 GewStG §§ 1–9 — Bemessung der Gewerbesteuer

Gewerbesteuergesetz 1999
In der Fassung der Bekanntmachung vom 20. Dezember 2007

Allgemeines

§ 1. Steuerberechtigte. Die Gemeinden erheben eine Gewerbesteuer als Gemeindesteuer.

§ 2. Steuergegenstand. (1) ^{1}Der Gewerbesteuer unterliegt jeder stehende Gewerbebetrieb, soweit er im Inland betrieben wird. ^{2}Unter Gewerbebetrieb ist ein gewerbliches Unternehmen im Sinne des Einkommensteuergesetzes zu verstehen. ...
(2) Als Gewerbebetrieb gilt stets und in vollem Umfang die Tätigkeit der Kapitalgesellschaften (insbesondere Europäische Gesellschaften, Aktiengesellschaften, Kommanditgesellschaften auf Aktien, Gesellschaften mit beschränkter Haftung), Genossenschaften einschließlich Europäischer Genossenschaften sowie der Versicherungs- und Pensionsfondsvereine.

§ 5. Steuerschuldner. (1) ^{1}Steuerschuldner ist der Unternehmer. ^{2}Als Unternehmer gilt der, für dessen Rechnung das Gewerbe betrieben wird. ^{3}Ist die Tätigkeit einer Personengesellschaft Gewerbebetrieb, so ist Steuerschuldner die Gesellschaft. ...

§ 6. Besteuerungsgrundlagen. Besteuerungsgrundlage für die Gewerbesteuer ist der Gewerbeertrag.

Bemessung der Gewerbesteuer

§ 7. Gewerbeertrag. ^{1}Gewerbeertrag ist der nach den Vorschriften des Einkommensteuergesetzes oder des Körperschaftsteuergesetzes zu ermittelnde Gewinn aus dem Gewerbebetrieb, der bei der Ermittlung des Einkommens für den dem Erhebungszeitraum (§ 14) entsprechenden Veranlagungszeitraum zu berücksichtigen ist, vermehrt und vermindert um die in den §§ 8 und 9 bezeichneten Beträge. ... ^{3}Der nach § 5 a des Einkommensteuergesetzes ermittelte Gewinn und das nach § 8 Abs. 1 Satz 2 des Körperschaftsteuergesetzes ermittelte Einkommen gelten als Gewerbeertrag nach Satz 1.

§ 8. Hinzurechnungen. (1) ^{1}Dem Gewinn aus Gewerbebetrieb (§ 7) werden folgende Beträge wieder hinzugerechnet, soweit sie bei der Ermittlung des Gewinns abgesetzt worden sind:

1. Die Hälfte der Entgelte für Schulden, die wirtschaftlich mit der Gründung oder dem Erwerb des Betriebs (Teilbetriebs) oder eines Anteils am Betrieb oder mit einer Erweiterung oder Verbesserung des Betriebs zusammenhängen oder der nicht nur vorübergehenden Verstärkung des Betriebskapitals dienen;
2. ^{1}Renten und dauernde Lasten, die wirtschaftlich mit der Gründung oder dem Erwerb des Betriebs (Teilbetriebs) oder eines Anteils am Betrieb zusammenhängen. ^{2}Das gilt nicht, wenn diese Beträge beim Empfänger zur Steuer nach dem Gewerbeertrag heranzuziehen sind;
3. die Gewinnanteile des stillen Gesellschafters, wenn sie beim Empfänger nicht zur Steuer nach dem Gewerbeertrag heranzuziehen sind;
4. die Gewinnanteile, die an persönlich haftende Gesellschafter einer Kommanditgesellschaft auf Aktien auf ihre nicht auf das Grundkapital gemachten Einlagen oder als Vergütung (Tantieme) für die Geschäftsführung verteilt worden sind;
7. ^{1}die Hälfte der Miet- und Pachtzinsen für die Benutzung der nicht in Grundbesitz bestehenden Wirtschaftsgüter des Anlagevermögens, die im Eigentum eines anderen stehen. ... ;
8. die Anteile am Verlust einer in- oder ausländischen offenen Handelsgesellschaft, einer Kommanditgesellschaft oder einer anderen Gesellschaft, bei der die Gesellschafter als Unternehmer (Mitunternehmer) des Gewerbebetriebs anzusehen sind; ...

§ 9. Kürzungen. Die Summe des Gewinns und der Hinzurechnungen wird gekürzt um

1. 1,2 vom Hundert des Einheitswerts des zum Betriebsvermögen des Unternehmers gehörenden und nicht von der Grundsteuer befreiten Grundbesitzes; ...
2. die Anteile am Gewinn einer in- oder ausländischen offenen Handelsgesellschaft, einer Kommanditgesellschaft oder einer anderen Gesellschaft, bei der die Gesellschafter als Unternehmer (Mitunternehmer) des Gewerbebetriebs anzusehen sind, wenn die Gewinnanteile bei der Ermittlung des Gewinns angesetzt worden sind; ...; Satz 1 ist bei Lebens- und Krankenversicherungsunternehmen nicht anzuwenden; für Pensionsfonds gilt Entsprechendes;
2 a. ^{1}die Gewinne aus Anteilen an einer nicht steuerbefreiten inländischen Kapitalgesellschaft im Sinne des § 2 Abs. 2, einer Kre-

ditanstalt des öffentlichen Rechts, einer Erwerbs- und Wirtschaftsgenossenschaft oder einer Unternehmensbeteiligungsgesellschaft im Sinne des § 3 Nr. 23, wenn die Beteiligung zu Beginn des Erhebungszeitraums mindestens 15 Prozent des Grund- oder Stammkapitals beträgt und die Gewinnanteile bei Ermittlung des Gewinns (§ 7) angesetzt worden sind. ²Ist ein Grund- oder Stammkapital nicht vorhanden, so ist die Beteiligung an dem Vermögen, bei Erwerbs- und Wirtschaftsgenossenschaften die Beteiligung an der Summe der Geschäftsguthaben, maßgebend. Satz 1 ist bei Lebens- und Krankenversicherungsunternehmen auf Gewinne aus Anteilen, die den Kapitalanlagen zuzurechnen sind, nicht anzuwenden; für Pensionsfonds gilt Entsprechendes;
...

3. den Teil des Gewerbeertrags eines inländischen Unternehmens, der auf eine nicht im Inland belegene Betriebsstätte entfällt.
...

§ 11. Steuermeßzahl und Steuermeßbetrag.
(1) ¹Bei der Berechnung der Gewerbesteuer ist von einem Steuermeßbetrag auszugehen. ²Dieser ist vorbehaltlich des Absatzes 4 durch Anwendung eines Hundertsatzes (Steuermeßzahl) auf den Gewerbeertrag zu ermitteln. ³Der Gewerbeertrag ist auf volle 100 Euro nach unten abzurunden und
1. bei natürlichen Personen sowie bei Personengesellschaften um einen Freibetrag in Höhe von 24 500 Euro,

2. bei Unternehmen im Sinne des § 2 Abs. 3 und des § 3 Nr. 5, 6, 8, 9, 15, 17, 21, 26, 27, 28 und 29 sowie bei Unternehmen von juristischen Personen des öffentlichen Rechts um einen Freibetrag in Höhe von 3 900 Euro,

höchstens jedoch in Höhe des abgerundeten Gewerbeertrags, zu kürzen.
(2) Die Steuermeßzahl für den Gewerbeertrag beträgt 3,5 Prozent.

Steuermeßbetrag

§ 14. Festsetzung des Steuermeßbetrags. ¹Der Steuermeßbetrag wird für den Erhebungszeitraum nach dessen Ablauf festgesetzt. ²Erhebungszeitraum ist das Kalenderjahr. ³Besteht die Gewerbesteuerpflicht nicht während eines ganzen Kalenderjahrs, so tritt an die Stelle des Kalenderjahrs der Zeitraum der Steuerpflicht (abgekürzter Erhebungszeitraum).

Entstehung, Festsetzung und Erhebung der Steuer

§ 16. Hebesatz. (1) Die Steuer wird auf Grund des Steuermeßbetrags (§ 14) mit einem Hundertsatz (Hebesatz) festgesetzt und erhoben, der von der hebeberechtigten Gemeinde (§§ 4, 35 a) zu bestimmen ist.
(2) Der Hebesatz kann für ein Kalenderjahr oder mehrere Kalenderjahre festgesetzt werden.

6.4 UStG §§ 1–1a Steuergegenstand und Geltungsbereich

Umsatzsteuergesetz 2005

In der Neufassung der Bekanntmachung vom 22. August 2006, mit Änderungen bis zum 20. Dezember 2007

Steuergegenstand und Geltungsbereich

§ 1. Steuerbare Umsätze. (1) Der Umsatzsteuer unterliegen die folgenden Umsätze:
1. die Lieferungen und sonstigen Leistungen, die ein Unternehmer im Inland gegen Entgelt im Rahmen seines Unternehmens ausführt. Die Steuerbarkeit entfällt nicht, wenn der Umsatz auf Grund gesetzlicher oder behördlicher Anordnung ausgeführt wird oder nach gesetzlicher Vorschrift als ausgeführt gilt;
4. die Einfuhr von Gegenständen im Inland oder in den österreichischen Gebiete Jungholz und Mittelberg (Einfuhrumsatzsteuer);
5. der innergemeinschaftliche Erwerb im Inland gegen Entgelt.

(2) [1]Inland im Sinne dieses Gesetzes ist das Gebiet der Bundesrepublik Deutschland mit Ausnahme des Gebiets von Büsingen, der Insel Helgoland, der Freizonen des Kontrolltyps I nach § 1 Abs. 1 Satz 1 des Zollverwaltungsgesetzes (Freihäfen), der Gewässer und Watten zwischen der Hoheitsgrenze und der jeweiligen Strandlinie sowie der deutschen Schiffe und der deutschen Luftfahrzeuge in Gebieten, die zu keinem Zollgebiet gehören. [2]Ausland im Sinne dieses Gesetzes ist das Gebiet, das danach nicht Inland ist. [3]Wird ein Umsatz im Inland ausgeführt, so kommt es für die Besteuerung nicht darauf an, ob der Unternehmer deutscher Staatsangehöriger ist, seinen Wohnsitz oder Sitz im Inland hat, im Inland eine Betriebsstätte unterhält, die Rechnung erteilt oder die Zahlung empfängt.

§ 1a. Innergemeinschaftlicher Erwerb. (1) Ein innergemeinschaftlicher Erwerb gegen Entgelt liegt vor, wenn die folgenden Voraussetzungen erfüllt sind:
1. Ein Gegenstand gelangt bei einer Lieferung an den Abnehmer (Erwerber) aus dem Gebiet eines Mitgliedstaates in das Gebiet eines anderen Mitgliedstaates oder aus dem übrigen Gemeinschaftsgebiet in die in § 1 Abs. 3 bezeichneten Gebiete, auch wenn der Lieferer den Gegenstand in das Gemeinschaftsgebiet eingeführt hat;
2. der Erwerber ist
   a) ein Unternehmer, der den Gegenstand für sein Unternehmen erwirbt, oder
   b) eine juristische Person, die nicht Unternehmer ist oder die den Gegenstand nicht für ihr Unternehmen erwirbt,
   und
3. die Lieferung an den Erwerber
   a) wird durch einen Unternehmer gegen Entgelt im Rahmen seines Unternehmens ausgeführt und
   b) ist nach dem Recht des Mitgliedstaates, der für die Besteuerung des Lieferers zuständig ist, nicht auf Grund der Sonderregelung für Kleinunternehmer steuerfrei.

(2) [1]Als innergemeinschaftlicher Erwerb gegen Entgelt gilt das Verbringen eines Gegenstandes des Unternehmens aus dem übrigen Gemeinschaftsgebiet in das Inland durch einen Unternehmer zu seiner Verfügung, ausgenommen zu einer nur vorübergehenden Verwendung, auch wenn der Unternehmer den Gegenstand in das Gemeinschaftsgebiet eingeführt hat. [2]Der Unternehmer gilt als Erwerber.

(3) Ein innergemeinschaftlicher Erwerb im Sinne der Absätze 1 und 2 liegt nicht vor, wenn die folgenden Voraussetzungen erfüllt sind:
1. Der Erwerber ist
   a) ein Unternehmer, der nur steuerfreie Umsätze ausführt, die zum Ausschluß vom Vorsteuerabzug führen,
   b) ein Unternehmer, für dessen Umsätze Umsatzsteuer nach § 19 Abs. 1 nicht erhoben wird,
   c) ein Unternehmer, der den Gegenstand zur Ausführung von Umsätzen verwendet, für die die Steuer nach den Durchschnittsätzen des § 24 festgesetzt ist, oder
   d) eine juristische Person, die nicht Unternehmer ist oder die den Gegenstand nicht für ihr Unternehmen erwirbt,
   und
2. der Gesamtbetrag der Entgelte für Erwerbe im Sinne des Absatzes 1 Nr. 1 und des Absatzes 2 hat den Betrag von 12 500 Euro im vorangegangenen Kalenderjahr nicht überstiegen und wird diesen Betrag im laufenden Kalenderjahr voraussichtlich nicht übersteigen (Erwerbsschwelle).

(4) [1]Der Erwerber kann auf die Anwendung des Absatzes 3 verzichten. [2]Der Verzicht ist gegenüber dem Finanzamt zu erklären und bindet den Erwerber mindestens für zwei Kalenderjahre.

(5) [1]Absatz 3 gilt nicht für den Erwerb neuer Fahrzeuge und verbrauchsteuerpflichtiger Waren. [2]Verbrauchsteuerpflichtige Waren im Sinne

dieses Gesetzes sind Mineralöle, Alkohol und alkoholische Getränke sowie Tabakwaren.

§ 2. Unternehmer, Unternehmen. (1) [1]Unternehmer ist, wer eine gewerbliche oder berufliche Tätigkeit selbständig ausübt. [2]Das Unternehmen umfaßt die gesamte gewerbliche oder berufliche Tätigkeit des Unternehmers. [3]Gewerblich oder beruflich ist jede nachhaltige Tätigkeit zur Erzielung von Einnahmen, auch wenn die Absicht, Gewinn zu erzielen, fehlt oder eine Personenvereinigung nur gegenüber ihren Mitgliedern tätig wird.

§ 3. Lieferung, sonstige Leistung. (1) Lieferungen eines Unternehmers sind Leistungen, durch die er oder in seinem Auftrag ein Dritter den Abnehmer oder in dessen Auftrag einen Dritten befähigt, im eigenen Namen über einen Gegenstand zu verfügen (Verschaffung der Verfügungsmacht).

(1a) [1]Als Lieferung gegen Entgelt gilt das Verbringen eines Gegenstandes des Unternehmens aus dem Inland in das übrige Gemeinschaftsgebiet durch einen Unternehmer zu seiner Verfügung, ausgenommen zu einer nur vorübergehenden Verwendung, auch wenn der Unternehmer den Gegenstand in das Inland eingeführt hat. [2]Der Unternehmer gilt als Lieferer.

(1b) Einer Lieferung gegen Entgelt werden gleichgestellt
1. die Entnahme eines Gegenstandes durch einen Unternehmer aus seinem Unternehmen für Zwecke, die außerhalb des Unternehmens liegen;
2. die unentgeltliche Zuwendung eines Gegenstandes durch einen Unternehmer an sein Personal für dessen privaten Bedarf, sofern keine Aufmerksamkeiten vorliegen;
3. jede andere unentgeltliche Zuwendung eines Gegenstandes, ausgenommen Geschenke von geringem Wert und Warenmuster für Zwecke des Unternehmens.

[2]Voraussetzung ist, daß der Gegenstand oder seine Bestandteile zum vollen oder teilweisen Vorsteuerabzug berechtigt haben.

(3) [1]Beim Kommissionsgeschäft (§ 383 des Handelsgesetzbuchs) liegt zwischen dem Kommittenten und dem Kommissionär eine Lieferung vor. [2]Bei der Verkaufskommission gilt der Kommissionär, bei der Einkaufskommission der Kommittent als Abnehmer.

(4) [1]Hat der Unternehmer die Bearbeitung oder Verarbeitung eines Gegenstandes übernommen und verwendet er hierbei Stoffe, die er selbst beschafft, so ist die Leistung als Lieferung anzusehen (Werklieferung), wenn es sich bei den Stoffen nicht nur um Zutaten oder sonstige Nebensachen handelt. [2]Das gilt auch dann, wenn die Gegenstände mit dem Grund und Boden fest verbunden werden.

(9) [1]Sonstige Leistungen sind Leistungen, die keine Lieferungen sind. [2]Sie können auch in einem Unterlassen oder im Dulden einer Handlung oder eines Zustandes bestehen. ... [4]Die Abgabe von Speisen und Getränken zum Verzehr an Ort und Stelle ist eine sonstige Leistung. ...

(9a) Einer sonstigen Leistung gegen Entgelt werden gleichgestellt
1. die Verwendung eines dem Unternehmen zugeordneten Gegenstandes, der zum vollen oder teilweisen Vorsteuerabzug berechtigt hat, durch einen Unternehmer für Zwecke, die außerhalb des Unternehmens liegen, oder für den privaten Bedarf seines Personals, sofern keine Aufmerksamkeiten vorliegen;
2. die unentgeltliche Erbringung einer anderen sonstigen Leistung durch den Unternehmer für Zwecke, die außerhalb des Unternehmens liegen, oder für den privaten Bedarf seines Personals, sofern keine Aufmerksamkeiten vorliegen.

[2]Nummer 1 gilt nicht bei der Verwendung eines Fahrzeugs, bei dessen Anschaffung oder Herstellung, Einfuhr oder innergemeinschaftlichem Erwerb Vorsteuerbeträge nach § 15 Abs. 1 b nur zu 50 vom Hundert abziehbar waren oder wenn § 15 a Abs. 3 Nr. 2 Buchstabe a anzuwenden ist.

(12) [1]Ein Tausch liegt vor, wenn das Entgelt für eine Lieferung in einer Lieferung besteht. [2]Ein tauschähnlicher Umsatz liegt vor, wenn das Entgelt für eine sonstige Leistung in einer Lieferung oder sonstigen Leistung besteht.

Steuerbefreiungen bei Lieferungen und sonstigen Leistungen

§ 4. Steuerbefreiungen bei Lieferungen und sonstigen Leistungen. Von den unter § 1 Abs. 1 Nr. 1 fallenden Umsätzen sind steuerfrei:
1. a) die Ausfuhrlieferungen (§ 6) und die Lohnveredelungen an Gegenständen der Ausfuhr (§ 7),
   b) die innergemeinschaftlichen Lieferungen (§ 6a),
2. die Umsätze für die Seeschiffahrt und für die Luftfahrt (§ 8);
8. a) die Gewährung und die Vermittlung von Krediten,
   d) die Umsätze und die Vermittlung der Umsätze im Einlagengeschäft, im Kontokorrentverkehr, im Zahlungs- und Überweisungsverkehr und das Inkasso von Handelspapieren,
   e) die Umsätze im Geschäft mit Wertpapieren und die Vermittlung dieser Umsätze, ausgenommen die Verwaltung und die Verwaltung von Wertpapieren;

6.4 UStG §§ 4-14   Steuerbefreiungen b. Lieferungen und sonst. Leist.

9. a) die Umsätze, die unter das Grunderwerbssteuergesetz fallen,
   b) die Umsätze, die unter das Rennwett- und Lotteriegesetz fallen. Nicht befreit sind die unter das Rennwett- und Lotteriegesetz fallenden Umsätze, die von der Rennwett- und Lotteriesteuer befreit sind oder von denen diese Steuer allgemein nicht erhoben wird;
10. a) die Leistungen auf Grund eines Versicherungsverhältnisses im Sinne des Versicherungssteuergesetzes. Das gilt auch, wenn die Zahlung des Versicherungsentgelts nicht der Versicherungssteuer unterliegt;
    b) die Leistungen, die darin bestehen, daß anderen Personen Versicherungsschutz verschafft wird;
11. die Umsätze aus der Tätigkeit als Bausparkassenvertreter, Versicherungsvertreter und Versicherungsmakler;
12. a) die Vermietung und die Verpachtung von Grundstücken, ...
14. die Umsätze aus der Tätigkeit als Arzt, Zahnarzt, Heilpraktiker, Physiotherapeut (Krankengymnast), Hebamme oder aus einer ähnlichen heilberuflichen Tätigkeit ...
15. die Umsätze der gesetzlichen Träger der Sozialversicherung, der gesetzlichen Träger der Grundsicherung für Arbeitssuchende ..., der örtlichen und überörtlichen Träger der Sozialhilfe sowie der Verwaltungsbehörden und sonstigen Stellen der Kriegsopferversorgung einschließlich der Träger der Kriegsopferfürsorge ...

Bemessungsgrundlagen

§ 10. Bemessungsgrundlage für Lieferungen, sonstige Leistungen und innergemeinschaftliche Erwerbe. (1) ¹Der Umsatz wird bei Lieferungen und sonstigen Leistungen (§ 1 Abs. 1 Nr. 1 Satz 1) und bei dem innergemeinschaftlichen Erwerb (§ 1 Abs. 1 Nr. 5) nach dem Entgelt bemessen. ²Entgelt ist alles, was der Leistungsempfänger aufwendet, um die Leistung zu erhalten, jedoch abzüglich der Umsatzsteuer. ³Zum Entgelt gehört auch, was ein anderer als der Leistungsempfänger dem Unternehmer für die Leistung gewährt. ⁴Die Beträge, die der Unternehmer im Namen und für Rechnung eines anderen vereinnahmt und verausgabt (durchlaufende Posten), gehören nicht zum Entgelt. ...

§ 11. Bemessungsgrundlage für die Einfuhr. (1) Der Umsatz wird bei der Einfuhr (§ 1 Abs. 1 Nr. 4) nach dem Wert des eingeführten Gegenstandes nach den jeweiligen Vorschriften über den Zollwert bemessen.

Steuer und Vorsteuer

§ 12. Steuersätze. (1) Die Steuer beträgt für jeden steuerpflichtigen Umsatz neunzehn vom Hundert der Bemessungsgrundlage (§ 10, 11, 25 Abs. 3 und § 25 a Abs. 3 und 4).
(2) Die Steuer ermäßigt sich auf sieben vom Hundert für die folgenden Umsätze:
1. die Lieferungen, die Einfuhr und den innergemeinschaftlichen Erwerb der in der Anlage 2 bezeichneten Gegenstände;
2. die Vermietung der in der Anlage 2 bezeichneten Gegenstände;
3. die Aufzucht und das Halten von Vieh, die Anzucht von Pflanzen und die Teilnahme an Leistungsprüfungen für Tiere; ...

§ 13. Entstehung der Steuer. (1) Die Steuer entsteht
1. für die Lieferung und sonstige Leistungen
   a) bei der Berechnung der Steuer nach vereinbarten Entgelten (§ 16 Abs. 1 Satz 1) mit Ablauf des Voranmeldungszeitraums, in dem die Leistungen ausgeführt worden sind. ...
   b) bei der Berechnung der Steuer nach vereinnahmten Entgelten (§ 20) mit Ablauf des Voranmeldezeitraums, in dem die Entgelte vereinnahmt worden sind. Für Leistungen im Sinne des § 1 Abs. 1 Nr. 1 Satz 2 Buchstabe b und Nr. 3 entsteht die Steuer mit Ablauf des Voranmeldungszeitraums, in dem diese Leistungen ausgeführt worden sind; ...

§ 14. Ausstellung von Rechnungen. (1) ¹Rechnung ist jedes Dokument, mit dem über eine Lieferung oder sonstige Leistung abgerechnet wird, gleichgültig, wie dieses Dokument im Geschäftsverkehr bezeichnet wird. ²Rechnungen sind auf Papier oder vorbehaltlich der Zustimmung des Empfängers auf elektronischem Weg zu übermitteln.
(2) Führt der Unternehmer eine Lieferung oder eine sonstige Leistung nach § 1 Abs. 1 Nr. 1 aus, gilt Folgendes:
1. führt der Unternehmer eine steuerpflichtige Werklieferung (§ 3 Abs. 4 Satz 1) oder sonstige Leistung im Zusammenhang mit einem Grundstück aus, ist er verpflichtet, innerhalb von sechs Monaten nach Ausführung der Leistung eine Rechnung auszustellen;
2. führt der Unternehmer eine andere als die in Nummer 1 genannte Leistung aus, ist er berechtigt, eine Rechnung auszustellen. Soweit

er einen Umsatz an einen anderen Unternehmer für dessen Unternehmen oder an eine juristische Person ausführt, ist er verpflichtet, innerhalb von sechs Monaten nach Ausführung der Leistung eine Rechnung auszustellen. ²Unbeschadet der Verpflichtungen nach Satz 1 Nr. 1 und 2 Satz 2 kann eine Rechnung von einem in Satz 1 Nr. 2 bezeichneten Leistungsempfänger für eine Lieferung oder sonstige Leistung des Unternehmers ausgestellt werden, sofern dies vorher vereinbart wurde (Gutschrift). ³Die Gutschrift verliert die Wirkung einer Rechnung, sobald der Empfänger der Gutschrift dem ihm übermittelten Dokument widerspricht. ⁴Eine Rechnung kann im Namen und für Rechnung des Unternehmers oder eines in Satz 1 Nr. 2 bezeichneten Leistungsempfängers von einem Dritten ausgestellt werden.

(3) Bei einer auf elektronischem Weg übermittelten Rechnung müssen die Echtheit der Herkunft und die Unversehrtheit des Inhalts gewährleistet sein durch
1. eine qualifizierte elektronische Signatur oder eine qualifizierte elektronische Signatur mit Anbieter-Akkreditierung nach dem Signaturgesetz ..., oder
2. elektronischen Datenaustausch (EDI) ...

(4) Eine Rechnung muss folgende Angaben enthalten:
1. den vollständigen Namen und die vollständige Anschrift des leistenden Unternehmers und des Leistungsempfängers,
2. die dem leistenden Unternehmer vom Finanzamt erteilte Steuernummer oder die ihm vom Bundeszentralamt für Steuern erteilte Umsatzsteuer-Identifikationsnummer,
3. das Ausstellungsdatum,
4. eine fortlaufende Nummer mit einer oder mehreren Zahlenreihen, die zur Identifizierung der Rechnung vom Rechnungsaussteller einmalig vergeben wird (Rechnungsnummer),
5. die Menge und die Art (handelsübliche Bezeichnung) der gelieferten Gegenstände oder den Umfang und die Art der sonstigen Leistung,
6. den Zeitpunkt der Lieferung oder sonstigen Leistung; in den Fällen des Absatzes 5 Satz 1 den Zeitpunkt der Vereinnahmung des Entgelts oder eines Teils des Entgelts, sofern der Zeitpunkt der Vereinnahmung feststeht und nicht mit dem Ausstellungsdatum der Rechnung übereinstimmt,
7. das nach Steuersätzen und einzelnen Steuerbefreiungen aufgeschlüsselte Entgelt für die Lieferung oder sonstige Leistung (§ 10) sowie jede im Voraus vereinbarte Minderung des Entgelts, sofern sie nicht bereits im Entgelt berücksichtigt ist,
8. den anzuwendenden Steuersatz sowie den auf das Entgelt entfallenden Steuerbetrag oder im Fall einer Steuerbefreiung einen Hinweis darauf, dass für die Lieferung oder sonstige Leistung eine Steuerbefreiung gilt und
9. in den Fällen des § 14b Satz 5 einen Hinweis auf die Aufbewahrungspflicht des Leistungsempfängers.

²In den Fällen des § 10 Abs. 5 sind die Nummern 7 und 8 mit der Maßgabe anzuwenden, dass die Bemessungsgrundlage für die Leistung (§ 10 Abs. 4) und der darauf entfallende Steuerbetrag anzugeben sind. ³Unternehmer, die § 24 Abs. 1 bis 3 anwenden, sind jedoch auch in diesen Fällen nur zur Angabe des Entgelts und des darauf entfallenden Steuerbetrags berechtigt.

(5) ¹Vereinnahmt der Unternehmer das Entgelt oder einen Teil des Entgelts für eine noch nicht ausgeführte Lieferung oder sonstige Leistung, gelten die Absätze 1 bis 4 sinngemäß. ²Wird eine Endrechnung erteilt, sind in ihr die vor Ausführung der Lieferung oder sonstigen Leistung vereinnahmten Teilentgelte und die auf sie entfallenden Steuerbeträge abzusetzen, wenn über die Teilentgelte Rechnungen im Sinne der Absätze 1 bis 4 ausgestellt worden sind.

§ 14b. Aufbewahrung von Rechnungen.
(1) ¹Der Unternehmer hat ein Doppel der Rechnung, die er selbst oder ein Dritter in seinem Namen und für seine Rechnung ausgestellt hat, sowie alle Rechnungen, die er erhalten oder die ein Leistungsempfänger oder in dessen Namen und für dessen Rechnung ein Dritter ausgestellt hat, zehn Jahre aufzubewahren. ²Die Rechnungen müssen für den gesamten Zeitraum lesbar sein. ³Die Aufbewahrungsfrist beginnt mit dem Schluss des Kalenderjahrs, in dem die Rechnung ausgestellt worden ist; § 147 Abs. 3 der Abgabenordnung bleibt unberührt. ... ⁵In den Fällen des § 14 Abs. 2 Satz 1 Nr. 1 hat der Leistungsempfänger die Rechnung, einen Zahlungsbeleg oder eine andere beweiskräftige Unterlage zwei Jahre gemäß den Sätzen 2 und 3 aufzubewahren, soweit er
1. nicht Unternehmer ist oder
2. Unternehmer ist, aber die Leistung für seinen nichtunternehmerischen Bereich verwendet.

§ 15. Vorsteuerabzug. (1) Der Unternehmer kann die folgenden Vorsteuerbeträge abziehen:
1. die gesetzlich geschuldete Steuer für Lieferungen oder sonstige Leistungen, die von einem anderen Unternehmern für sein Unternehmen ausgeführt worden sind. Die Ausübung des Vorsteuerabzugs setzt voraus, dass der Unternehmer eine nach den §§ 14, 14a ausgestellte Rechnung besitzt. Soweit der gesondert ausgewiesene Steuerbetrag auf eine

6.4 UStG §§ 15–17 Steuerbefreiungen b. Lieferungen und sonst. Leist.

Zahlung vor Ausführung dieser Umsätze entfällt, ist er bereits abziehbar, wenn die Rechnung vorliegt und die Zahlung geleistet worden ist;
2. die entrichtete Einfuhrumsatzsteuer für Gegenstände, die für sein Unternehmen nach § 1 Abs. 1 Nr. 4 eingeführt worden sind;
3. die Steuer für den innergemeinschaftlichen Erwerb von Gegenständen für sein Unternehmen; ...

²Nicht als für das Unternehmen ausgeführt gilt die Lieferung, die Einfuhr oder der innergemeinschaftliche Erwerb eines Gegenstandes, den der Unternehmer zu weniger als 10 vom Hundert für sein Unternehmen nutzt.

(1a) Nicht abziehbar sind Vorsteuerbeträge, die auf Aufwendungen, für die das Abzugsverbot des § 4 Abs. 5 Satz 1 Nr. 1 bis 4, 7 oder des § 12 Nr. 1 des Einkommensteuergesetzes gilt, entfallen. ...

(2) Vom Vorsteuerabzug ausgeschlossen ist die Steuer für die Lieferungen, die Einfuhr und den innergemeinschaftlichen Erwerb von Gegenständen sowie für die sonstigen Leistungen, die der Unternehmer zur Ausführung folgender Umsätze verwendet:
1. steuerfreie Umsätze,
2. Umsätze im Ausland, die steuerfrei wären, wenn sie im Inland ausgeführt würden.

²Gegenstände oder sonstige Leistungen, die der Unternehmer zur Ausführung einer Einfuhr oder eines innergemeinschaftlichen Erwerbs verwendet, sind den Umsätzen zuzurechnen, für die der eingeführte Gegenstand verwendet wird.

Besteuerung

§ 16. Steuerberechnung, Besteuerungszeitraum und Einzelbesteuerung. (1) ¹Die Steuer ist, soweit nicht § 20 gilt, nach vereinbarten Entgelten zu berechnen. ²Besteuerungszeitraum ist das Kalenderjahr. ³Bei der Berechnung der Steuer ist von der Summe der Umsätze nach § 1 Abs. 1 Nr. 1 und 5 auszugehen, soweit für sie die Steuer in dem Besteuerungszeitraum entstanden und die Steuerschuldnerschaft gegeben ist.
...

(2) ¹Von der nach Absatz 1 berechneten Steuer sind die in den Besteuerungszeitraum fallenden, nach § 15 abziehbaren Vorsteuerbeträge abzusetzen. ²§ 15 a ist zu berücksichtigen. ³Die Einfuhrumsatzsteuer ist von der Steuer für den Besteuerungszeitraum abzusetzen, in dem sie entrichtet worden ist. ...

§ 17. Änderung der Bemessungsgrundlage.
(1) ¹Hat sich die Bemessungsgrundlage für einen steuerpflichtigen Umsatz im Sinne des § 1 Abs. 1 Nr. 1 geändert, hat der Unternehmer, der diesen Umsatz ausgeführt hat, den dafür geschuldeten Steuerbetrag zu berichtigen. ²Ebenfalls ist der Vorsteuerabzug bei dem Unternehmer, an den dieser Umsatz ausgeführt wurde, zu berichtigen. ³Dies gilt nicht, soweit er durch die Änderung der Bemessungsgrundlage wirtschaftlich nicht begünstigt wird. ⁴Wird in diesen Fällen ein anderer Unternehmer durch die Änderung der Bemessungsgrundlage wirtschaftlich begünstigt, hat dieser Unternehmer seinen Vorsteuerabzug zu berichtigen. ⁵Die Sätze 1 bis 4 gelten in den Fällen des § 1 Abs. 1 Nr. 5 und des § 13b sinngemäß. ⁶Die Berichtigung des Vorsteuerabzugs kann unterbleiben, soweit ein dritter Unternehmer den auf die Minderung des Entgelts entfallenden Steuerbetrag an das Finanzamt entrichtet; in diesem Fall ist der dritte Unternehmer Schuldner der Steuer. ⁷Die Berichtigungen nach Satz 1 sind für den Besteuerungszeitraum vorzunehmen, in dem die Änderung der Bemessungsgrundlage eingetreten ist. ⁸Die Berichtigung nach Satz 4 ist für den Besteuerungszeitraum vorzunehmen, in dem der andere Unternehmer wirtschaftlich begünstigt wird.

(2) Absatz 1 gilt sinngemäß, wenn
1. das vereinbarte Entgelt für eine steuerpflichtige Lieferung oder sonstige Leistung oder einen steuerpflichtigen innergemeinschaftlichen Erwerb uneinbringlich geworden ist. ²Wird das Entgelt nachträglich vereinnahmt, sind Steuerbetrag und Vorsteuerabzug erneut zu berichtigen;
2. für eine vereinbarte Lieferung oder sonstige Leistung ein Entgelt entrichtet, die Lieferung oder sonstige Leistung jedoch nicht ausgeführt worden ist;
3. eine steuerpflichtige Lieferung oder sonstige Leistung oder ein steuerpflichtiger innergemeinschaftlicher Erwerb rückgängig gemacht worden ist.

(3) ¹Ist Einfuhrumsatzsteuer, die als Vorsteuer abgezogen worden ist, herabgesetzt, erlassen oder erstattet worden, so hat der Unternehmer den Vorsteuerabzug entsprechend zu berichtigen. ²Absatz 1 Satz 7 gilt sinngemäß.

(4) Werden die Entgelte für unterschiedlich besteuerte Lieferungen oder sonstige Leistungen eines bestimmten Zeitabschnitts gemeinsam geändert (z. B. Jahresboni, Jahresrückvergütungen), so hat der Unternehmer dem Leistungsempfänger einen Beleg zu erteilen, aus dem zu ersehen ist, wie sich die Änderung der Entgelte auf die unterschiedlich besteuerten Umsätze verteilt.

Umsatzsteuergesetz 2005 6.4 UStG §§ 18–22

§ 18. Besteuerungsverfahren. (1) [1]Der Unternehmer hat bis zum 10. Tag nach Ablauf jedes Voranmeldungszeitraums eine Voranmeldung nach amtlich vorgeschriebenem Vordruck auf elektronischem Weg nach Maßgabe der Steuerdaten-Übermittlungsverordnung zu übermitteln, in der er die Steuer für den Voranmeldungszeitraum (Vorauszahlung) selbst zu berechnen hat; auf Antrag kann das Finanzamt zur Vermeidung unbilliger Härten auf eine elektronische Übermittlung verzichten. [2]§ 16 Abs. 1 und 2 und § 17 sind entsprechend anzuwenden. [3]Die Vorauszahlung ist am 10. Tag nach Ablauf des Voranmeldungszeitraums fällig.

(2) [1]Voranmeldungszeitraum ist das Kalendervierteljahr. [2]Beträgt die Steuer für das vorangegangene Kalenderjahr mehr als 6 136 Euro, ist der Kalendermonat Voranmeldungszeitraum. [3]Beträgt die Steuer für das vorangegangene Kalenderjahr nicht mehr als 512 Euro, kann das Finanzamt den Unternehmer von der Verpflichtung zur Abgabe der Voranmeldungen und Entrichtung der Vorauszahlungen befreien. [4]Nimmt der Unternehmer seine berufliche oder gewerbliche Tätigkeit auf, ist im laufenden und folgenden Kalenderjahr Voranmeldungszeitraum der Kalendermonat.

(2a) [1]Der Unternehmer kann anstelle des Kalendervierteljahres den Kalendermonat als Voranmeldungszeitraum wählen, wenn sich für das vorangegangene Kalenderjahr ein Überschuß zu seinen Gunsten von mehr als 6 136 Euro ergibt. [2]In diesem Fall hat der Unternehmer bis zum 10. Februar des laufenden Kalenderjahres eine Voranmeldung für den ersten Kalendermonat abzugeben. [3]Die Ausübung des Wahlrechts bindet den Unternehmer für dieses Kalenderjahr.

(3) [1]Der Unternehmer hat für das Kalenderjahr oder für den kürzeren Besteuerungszeitraum eine Steuererklärung nach amtlich vorgeschriebenem Vordruck abzugeben, in der er die zu entrichtende Steuer oder den Überschuß, der sich zu seinen Gunsten ergibt, nach § 16 Abs. 1 bis 4 und § 17 selbst zu berechnen hat (Steueranmeldung). [2]In den Fällen des § 16 Abs. 3 und 4 ist die Steueranmeldung binnen einem Monat nach Ablauf des kürzeren Besteuerungszeitraums abzugeben. [3]Die Steueranmeldung muß vom Unternehmer eigenhändig unterschrieben sein.

§ 19. Besteuerung der Kleinunternehmer. (1) [1]Die für Umsätze im Sinne des § 1 Abs. 1 Nr. 1 geschuldete Umsatzsteuer wird von Unternehmern, die im Inland oder in den in § 1 Abs. 3 bezeichneten Gebieten ansässig sind, nicht erhoben, wenn der in Satz 2 bezeichnete Umsatz zuzüglich der darauf entfallenden Steuer im vorangegangenen Kalenderjahr 17 500 Euro nicht überstiegen hat und im laufenden Kalenderjahr 50 000 Euro voraussichtlich nicht übersteigen wird. [2]Umsatz im Sinne des Satzes 1 ist der nach vereinnahmten Entgelten bemessene Gesamtumsatz, gekürzt um die darin enthaltenen Umsätze von Wirtschaftsgütern des Anlagevermögens. [3]Satz 1 gilt nicht für die nach § 13 a Abs. 1 Nr. 6, § 13 b Abs. 2, § 14 c Abs. 2 und § 25 b Abs. 2 geschuldete Steuer. [4]In den Fällen des Satzes 1 finden die Vorschriften über die Steuerbefreiung innergemeinschaftlicher Lieferungen (§ 4 Nr. 1 Buchstabe b, § 6a), über den Verzicht auf Steuerbefreiungen (§ 9), über den gesonderten Ausweis der Steuer in einer Rechnung (§ 14 Abs. 4), über die Angabe der Umsatzsteuer-Identifikationsnummer in einer Rechnung (§ 14 a Abs. 1, 3 und 7) und über den Vorsteuerabzug (§ 15) keine Anwendung.

§ 20. Berechnung der Steuer nach vereinnahmten Entgelten. (1) Das Finanzamt kann auf Antrag gestatten, daß ein Unternehmer,
1. dessen Gesamtumsatz ... im vorangegangenen Kalenderjahr nicht mehr als 250 000 Euro betragen hat, oder
2. der von der Verpflichtung, Bücher zu führen und auf Grund jährlicher Bestandsaufnahmen regelmäßig Abschlüsse zu machen ... befreit ist, oder
3. soweit er Umsätze aus einer Tätigkeit als Angehöriger eines freien Berufs im Sinne des § 18 Abs. 1 Nr. 1 des Einkommensteuergesetzes ausführt,

die Steuer nicht nach den vereinbarten Entgelten (§ 16 Abs. 1 Satz 1), sondern nach den vereinnahmten Entgelten berechnet. ...

§ 22. Aufzeichnungspflichten. (1) Der Unternehmer ist verpflichtet, zur Feststellung der Steuer und der Grundlagen ihrer Berechnung Aufzeichnungen zu machen. ...

(2) Aus den Aufzeichnungen müssen zu ersehen sein:
1. die vereinbarten Entgelte für die vom Unternehmer ausgeführten Lieferungen und sonstigen Leistungen. [2]Dabei ist ersichtlich zu machen, wie sich die Entgelte auf die steuerpflichtigen Umsätze, getrennt nach Steuersätzen, und auf die steuerfreien Umsätze verteilen. ...
2. die vereinnahmten Entgelte und Teilentgelte für noch nicht ausgeführte Lieferungen und sonstige Leistungen. ...
3. die Bemessungsgrundlagen für Lieferungen im Sinne des § 3 Abs. 1 b und für sonstige Leistungen im Sinne des § 3 Abs. 9 a Nr. 1. ...
6. die Bemessungsgrundlagen für die Einfuhr von Gegenständen (§ 11), die für das Unternehmen des Unternehmers eingeführt worden sind, sowie die dafür entrichtete oder in

6.4 UStG §§ 22–24   Steuerbefreiungen b. Lieferungen und sonst. Leist.

den Fällen des § 16 Abs. 2 Satz 4 zu entrichtende Einfuhrumsatzsteuer.

Besondere Besteuerungsformen

§ 23. Allgemeine Durchschnittssätze. (1) Der Bundesminister der Finanzen kann mit Zustimmung des Bundesrates zur Vereinfachung des Besteuerungsverfahrens für Gruppen von Unternehmern, bei denen hinsichtlich der Besteuerungsgrundlagen annähernd gleiche Verhältnisse vorliegen und die nicht verpflichtet sind, Bücher zu führen und auf Grund jährlicher Bestandsaufnahmen regelmäßig Abschlüsse zu machen, durch Rechtsverordnung Durchschnittssätze festsetzen für
1. die nach § 15 abziehbaren Vorsteuerbeträge oder die Grundlagen ihrer Berechnung oder
2. die zu entrichtende Steuer oder die Grundlagen ihrer Berechnung.

(2) Die Durchschnittssätze müssen zu einer Steuer führen, die nicht wesentlich von dem Betrage abweicht, der sich nach diesem Gesetz ohne Anwendung der Durchschnittssätze ergeben würde.

§ 24. Durchschnittssätze für land- und forstwirtschaftliche Betriebe. (1) Für die im Rahmen eines land- und forstwirtschaftlichen Betriebes ausgeführten Umsätze wird die Steuer vorbehaltlich der Sätze 2 bis 4 wie folgt festgesetzt:
1. für die Lieferungen von forstwirtschaftlichen Erzeugnissen, ausgenommen Sägewerkserzeugnisse, auf 5,5 vom Hundert,
2. für die Lieferungen der in der Anlage 2 nicht aufgeführten Sägewerkserzeugnisse und Getränke sowie von alkoholischen Flüssigkeiten, ausgenommen die Lieferungen in das Ausland und die im Ausland bewirkten Umsätze, ..., auf neunzehn vom Hundert,
3. für die übrigen Umsätze im Sinne des § 1 Abs. 1 Nr. 1 auf 10,7 vom Hundert der Bemessungsgrundlage. ...

Anlage 2 (zu § 12 Abs. 2 Nr. 1 und 2)

Liste der dem ermäßigten Steuersatz unterliegenden Gegenstände
Lfd. Nr.   Warenbezeichnung
1. Lebende Tiere ...
2. Fleisch ...
3. Fische ...
4. Milch und Milcherzeugnisse ...
5. Andere Waren tierischen Ursprungs ...
7. ... lebende Pflanzen
8. Blumen ..., geschnitten
10. Gemüse, Pflanzen, Wurzeln und Knollen ...
11. Genießbare Früchte und Nüsse
12. Kaffee, Tee ...
13. Getreide
14. Müllereierzeugnisse ...
26. Genießbare tierische und pflanzliche Fette und Öle ...
29. Zucker ...
30. Kakaopulver ...
31. Zubereitungen aus Getreide, Mehl, Stärke oder Milch ...
34. Wasser ...
49. Bücher, Zeitungen und andere Erzeugnisse des graphischen Gewerbes – mit Ausnahme der Erzeugnisse, für die die Hinweispflicht nach § 4 Abs. 2 des Gesetzes über die Verbreitung jugendgefährdender Schriften besteht oder die als jugendgefährdende Trägermedien den Beschränkungen des § 15 Abs. 1 bis 3 des Jugendschutzgesetzes unterliegen, sowie der Veröffentlichungen, die überwiegend Werbezwecken (...) dienen –,
51. Rollstühle ...
52. Körperersatzstücke, orthopädische Apparate ...
53. Kunstgegenstände ...
54. Sammlungsstücke ...

Umsatzsteuer-Durchführungsverordnung 2005

In der Fassung der Bekanntmachung vom 21. Februar 2005, mit Änderungen bis zum 20. Dezember 2007

Zu § 14 des Gesetzes

§ 31. Angaben in der Rechnung. (1) ¹Eine Rechnung kann aus mehreren Dokumenten bestehen, aus denen sich die nach § 14 Abs. 4 des Gesetzes geforderten Angaben insgesamt ergeben. ²In einem dieser Dokumente sind das Entgelt und der darauf entfallende Steuerbetrag jeweils zusammengefasst anzugeben und alle anderen Dokumente zu bezeichnen, aus denen sich die übrigen Angaben nach § 14 Abs. 4 des Gesetzes ergeben. ³Die Angaben müssen leicht und eindeutig nachprüfbar sein.

(2) Den Anforderungen des § 14 Abs. 4 Satz 1 Nr. 1 des Gesetzes ist genügt, wenn sich auf Grund der in die Rechnung aufgenommenen Bezeichnungen der Name und die Anschrift sowohl des leistenden Unternehmers als auch des Leistungsempfängers eindeutig feststellen lassen.

(3) ¹Für die in § 14 Abs. 4 Satz 1 Nr. 1 und 5 des Gesetzes vorgeschriebenen Angaben können Abkürzungen, Buchstaben, Zahlen oder Symbole verwendet werden, wenn ihre Bedeutung in der Rechnung oder in anderen Unterlagen eindeutig festgelegt ist. ²Die erforderlichen anderen Unterlagen müssen sowohl beim Aussteller als auch beim Empfänger der Rechnung vorhanden sein.

(4) Als Zeitpunkt der Lieferung oder sonstigen Leistung (§ 14 Abs. 4 Satz 1 Nr. 6 des Gesetzes) kann der Kalendermonat angegeben werden, in dem die Leistung ausgeführt wird.

§ 32. Rechnungen über Umsätze, die verschiedenen Steuersätzen unterliegen. Wird in einer Rechnung über Lieferungen oder sonstige Leistungen, die verschiedenen Steuersätzen unterliegen, der Steuerbetrag durch Maschinen automatisch ermittelt und durch diese in der Rechnung angegeben, ist der Ausweis des Steuerbetrages in einer Summe zulässig, wenn für die einzelnen Posten der Rechnung der Steuersatz angegeben wird.

§ 33. Rechnungen über Kleinbeträge. Eine Rechnung, deren Gesamtbetrag 150 Euro nicht übersteigt, muss mindestens folgende Angaben enthalten:
1. den vollständigen Namen und die vollständige Anschrift des leistenden Unternehmers,
2. das Ausstellungsdatum,
3. die Menge und die Art der gelieferten Gegenstände oder den Umfang und die Art der sonstigen Leistung und
4. das Entgelt und den darauf entfallenden Steuerbetrag für die Lieferung oder sonstige Leistung in einer Summe sowie den anzuwendenden Steuersatz oder im Fall einer Steuerbefreiung einen Hinweis darauf, dass für die Lieferung oder sonstige Leistung eine Steuerbefreiung gilt.

§ 34. Fahrausweise als Rechnungen. (1) Fahrausweise, die für die Beförderung von Personen ausgegeben werden, gelten als Rechnungen im Sinne des § 14 des Gesetzes, ...

Zu § 22 des Gesetzes

§ 63. Aufzeichnungspflichten. (1) Die Aufzeichnungen müssen so beschaffen sein, daß es einem sachverständigen Dritten innerhalb einer angemessenen Zeit möglich ist, einen Überblick über die Umsätze des Unternehmers und die abziehbaren Vorsteuern zu erhalten und die Grundlagen für die Steuerberechnung festzustellen.

§ 65. Aufzeichnungspflichten der Kleinunternehmer. Unternehmer, auf deren Umsätze § 19 Abs. 1 Satz 1 des Gesetzes anzuwenden ist, haben an Stelle der nach § 22 Abs. 2 bis 4 des Gesetzes vorgeschriebenen Angaben folgendes aufzuzeichnen:
1. die Werte der erhaltenen Gegenleistungen für die von ihnen ausgeführten Lieferungen und sonstigen Leistungen;
2. die sonstigen Leistungen im Sinne des § 3 Abs. 9 a Satz 1 Nr. 2 des Gesetzes. ²Für ihre Bemessung gilt Nummer 1 entsprechend.

³Die Aufzeichnungspflichten nach § 22 Abs. 2 Nr. 4, 7, 8 und 9 des Gesetzes bleiben unberührt.

§ 66. Aufzeichnungspflichten bei der Anwendung allgemeiner Durchschnittssätze. Der Unternehmer ist von den Aufzeichnungspflichten nach § 22 Abs. 2 Nr. 5 und 6 des Gesetzes befreit, soweit er die abziehbaren Vorsteuerbeträge nach einem Durchschnittssatz ... berechnet.

6.4a UStDV § 67   **Zu § 22 des Gesetzes**

§ 67. Aufzeichnungspflichten bei der Anwendung der Durchschnittssätze für land- und forstwirtschaftliche Betriebe. Unternehmer, auf deren Umsätze § 24 des Gesetzes anzuwenden ist, sind für den landund forstwirtschaftlichen Betrieb von den Aufzeichnungspflichten nach § 22 des Gesetzes befreit.

Tarifvertragsgesetz

In der Fassung vom 25. August 1969, mit Änderungen bis zum 31. Oktober 2006

§ 1. Inhalt und Form des Tarifvertrages.
(1) Der Tarifvertrag regelt die Rechte und Pflichten der Tarifvertragsparteien und enthält Rechtsnormen, die den Inhalt, den Abschluß und die Beendigung von Arbeitsverhältnissen sowie betriebliche und betriebsverfassungsrechtliche Fragen ordnen können.
(2) Tarifverträge bedürfen der Schriftform.

§ 2. Tarifvertragsparteien. (1) Tarifvertragsparteien sind Gewerkschaften, einzelne Arbeitgeber sowie Vereinigungen von Arbeitgebern.
(2) Zusammenschlüsse von Gewerkschaften und von Vereinigungen von Arbeitgebern (Spitzenorganisationen) können im Namen der ihnen angeschlossenen Verbände Tarifverträge abschließen, wenn sie eine entsprechende Vollmacht haben.
(3) Spitzenorganisationen können selbst Parteien eines Tarifvertrages sein, wenn der Abschluß von Tarifverträgen zu ihren satzungsgemäßen Aufgaben gehört.
(4) In den Fällen der Absätze 2 und 3 haften sowohl die Spitzenorganisationen wie die ihnen angeschlossenen Verbände für die Erfüllung der gegenseitigen Verpflichtungen der Tarifvertragsparteien.

§ 3. Tarifgebundenheit. (1) Tarifgebunden sind die Mitglieder der Tarifvertragsparteien und der Arbeitgeber, der selbst Partei des Tarifvertrages ist.
(2) Rechtsnormen des Tarifvertrages über betriebliche und betriebsverfassungsrechtliche Fragen gelten für alle Betriebe, deren Arbeitgeber tarifgebunden ist.
(3) Die Tarifgebundenheit bleibt bestehen, bis der Tarifvertrag endet.

§ 4. Wirkung der Rechtsnormen. (1) [1]Die Rechtsnormen des Tarifvertrages, die den Inhalt, den Abschluß oder die Beendigung von Arbeitsverhältnissen ordnen, gelten unmittelbar und zwingend zwischen den beiderseits Tarifgebundenen, die unter den Geltungsbereich des Tarifvertrages fallen. [2]Diese Vorschrift gilt entsprechend für Rechtsnormen des Tarifvertrages über betriebliche und betriebsverfassungsrechtliche Fragen.
(3) Abweichende Abmachungen sind nur zulässig, soweit sie durch den Tarifvertrag gestattet sind oder eine Änderung der Regelungen zugunsten des Arbeitnehmers enthalten.
(4) [1]Ein Verzicht auf entstandene tarifliche Rechte ist nur in einem von den Tarifvertragsparteien gebilligten Vergleich zulässig. [2]Die Verwirkung von tariflichen Rechten ist ausgeschlossen. [3]Ausschlußfristen für die Geltendmachung tariflicher Rechte können nur im Tarifvertrag vereinbart werden.
(5) Nach Ablauf des Tarifvertrages gelten seine Rechtsnormen weiter, bis sie durch eine andere Abmachung ersetzt werden.

§ 5. Allgemeinverbindlichkeit. (1) [1]Das Bundesministerium für Arbeit und Soziales kann einen Tarifvertrag im Einvernehmen mit einem aus je drei Vertretern der Spitzenorganisationen der Arbeitgeber und der Arbeitnehmer bestehenden Ausschuß auf Antrag einer Tarifvertragspartei für allgemeinverbindlich erklären, wenn
1. die tarifgebundenen Arbeitgeber nicht weniger als 50 vom Hundert der unter den Geltungsbereich des Tarifvertrages fallenden Arbeitnehmer beschäftigen und
2. die Allgemeinverbindlicherklärung im öffentlichen Interesse geboten erscheint.
[2]Von den Voraussetzungen der Nummern 1 und 2 kann abgesehen werden, wenn die Allgemeinverbindlicherklärung zur Behebung eines sozialen Notstandes erforderlich erscheint.
(2) Vor der Entscheidung über den Antrag ist Arbeitgebern und Arbeitnehmern, die von der Allgemeinverbindlicherklärung betroffen werden würden, den am Ausgang des Verfahrens interessierten Gewerkschaften und Vereinigungen der Arbeitgeber sowie den obersten Arbeitsbehörden der Länder, auf deren Bereich sich der Tarifvertrag erstreckt, Gelegenheit zur schriftlichen Stellungnahme sowie zur Äußerung in einer mündlichen und öffentlichen Verhandlung zu geben.
(3) Erhebt die oberste Arbeitsbehörde eines beteiligten Landes Einspruch gegen die beantragte Allgemeinverbindlicherklärung, so kann das Bundesministerium für Wirtschaft und Arbeit dem Antrag nur mit Zustimmung der Bundesregierung stattgeben.
(4) Mit der Allgemeinverbindlicherklärung erfassen die Rechtsnormen des Tarifvertrags in seinem Geltungsbereich auch die bisher nicht tarifgebundenen Arbeitgeber und Arbeitnehmer.
(5) [1]Das Bundesministerium für Wirtschaft und Arbeit kann die Allgemeinverbindlicherklärung eines Tarifvertrages im Einvernehmen mit dem in Abs. 1 genannten Ausschuß aufheben, wenn die Aufhebung im öffentlichen Interesse geboten erscheint. [2]Die Absätze 2 und 3 gelten entsprechend. [3]Im übrigen endet die

Allgemeinverbindlichkeit eines Tarifvertrages mit dessen Ablauf.

(6) Das Bundesministerium für Wirtschaft und Arbeit kann der obersten Arbeitsbehörde eines Landes für einzelne Fälle das Recht zur Allgemeinverbindlicherklärung sowie zur Aufhebung der Allgemeinverbindlichkeit übertragen.

(7) Die Allgemeinverbindlicherklärung und die Aufhebung der Allgemeinverbindlichkeit bedürfen der öffentlichen Bekanntmachung.

§ 6. Tarifregister. Bei dem Bundesministerium für Arbeit und Soziales wird ein Tarifregister geführt, in das der Abschluß, die Änderung und die Aufhebung der Tarifverträge sowie der Beginn und die Beendigung der Allgemeinverbindlichkeit eingetragen werden.

§ 8. Bekanntgabe des Tarifvertrages. Die Arbeitgeber sind verpflichtet, die für ihren Betrieb maßgebenden Tarifverträge an geeigneter Stelle im Betrieb auszulegen.

# Berufsbildungsgesetz

Berufsbildungsgesetz
vom 23. März 2005, mit Änderungen bis zum 7. September 2007

Teil 1. Allgemeine Vorschriften

§ 1. Ziele und Begriffe der Berufsbildung.
(1) Berufsbildung im Sinne dieses Gesetzes sind die Berufsausbildungsvorbereitung, die Berufsausbildung, die berufliche Fortbildung und die berufliche Umschulung.

(2) Die Berufsausbildungsvorbereitung dient dem Ziel, durch die Vermittlung von Grundlagen für den Erwerb beruflicher Handlungsfähigkeit an eine Berufsausbildung in einem anerkannten Ausbildungsberuf heranzuführen.

(3) ^{1}Die Berufsausbildung hat die für die Ausübung einer qualifizierten beruflichen Tätigkeit in einer sich wandelnden Arbeitswelt notwendigen beruflichen Fertigkeiten, Kenntnisse und Fähigkeiten (berufliche Handlungsfähigkeit) in einem geordneten Ausbildungsgang zu vermitteln. ^{2}Sie hat ferner den Erwerb der erforderlichen Berufserfahrungen zu ermöglichen.

(4) Die berufliche Fortbildung soll es ermöglichen, die berufliche Handlungsfähigkeit zu erhalten und anzupassen oder zu erweitern und beruflich aufzusteigen.

(5) Die berufliche Umschulung soll zu einer anderen beruflichen Tätigkeit befähigen.

§ 2. Lernorte der Berufsbildung. (1) Berufsbildung wird durchgeführt
1. in Betrieben der Wirtschaft, in vergleichbaren Einrichtungen außerhalb der Wirtschaft, insbesondere des öffentlichen Dienstes, der Angehörigen freier Berufe und in Haushalten (betriebliche Berufsbildung),
2. in berufsbildenden Schulen (schulische Berufsbildung) und
3. in sonstigen Berufsbildungseinrichtungen außerhalb der schulischen und betrieblichen Berufsbildung (außerbetriebliche Berufsbildung).

(2) Die Lernorte nach Absatz 1 wirken bei der Durchführung der Berufsbildung zusammen (Lernortkooperation).

(3) ^{1}Teile der Berufsausbildung können im Ausland durchgeführt werden, wenn dies dem Ausbildungsziel dient. ^{2}Ihre Gesamtdauer soll ein Viertel der in der Ausbildungsordnung festgelegten Ausbildungsdauer nicht überschreiten.

§ 3. Anwendungsbereich. (1) Dieses Gesetz gilt für die Berufsbildung, soweit sie nicht in berufsbildenden Schulen durchgeführt wird, die den Schulgesetzen der Länder unterstehen.

(2) Dieses Gesetz gilt nicht für
1. die Berufsbildung, die in berufsqualifizierenden oder vergleichbaren Studiengängen an Hochschulen auf der Grundlage des Hochschulrahmengesetzes und der Hochschulgesetze der Länder durchgeführt wird,
2. die Berufsbildung in einem öffentlich-rechtlichen Dienstverhältnis,
3. die Berufsbildung auf Kauffahrteischiffen, die nach dem Flaggenrechtsgesetz die Bundesflagge führen, soweit es sich nicht um Schiffe der kleinen Hochseefischerei oder der Küstenfischerei handelt.

(3) Für die Berufsbildung in Berufen der Handwerksordnung gelten die §§ 4 bis 9, 27 bis 49, 53 bis 70, 76 bis 80 sowie 102 nicht; insoweit gilt die Handwerksordnung.

Teil 2. Berufsbildung

Berufsausbildung

▶ **Ordnung der Berufsausbildung; Anerkennung von Ausbildungsberufen**

§ 4. Anerkennung von Ausbildungsberufen.
(1) Als Grundlage für eine geordnete und einheitliche Berufsausbildung kann das Bundesministerium für Wirtschaft und Arbeit oder das sonst zuständige Fachministerium im Einvernehmen mit dem Bundesministerium für Bildung und Forschung durch Rechtsverordnung, die nicht der Zustimmung des Bundesrates bedarf, Ausbildungsberufe staatlich anerkennen und hierfür Ausbildungsordnungen nach § 5 erlassen.

(2) Für einen anerkannten Ausbildungsberuf darf nur nach der Ausbildungsordnung ausgebildet werden.

(3) In anderen als anerkannten Ausbildungsberufen dürfen Jugendliche unter 18 Jahren nicht ausgebildet werden, soweit die Berufsbildung nicht auf den Besuch weiterführender Bildungsgänge vorbereitet.
…

§ 5. Ausbildungsordnung. (1) Die Ausbildungsordnung hat festzulegen

1. die Bezeichnung des Ausbildungsberufes, der anerkannt wird,
2. die Ausbildungsdauer; sie soll nicht mehr als drei und nicht weniger als zwei Jahre betragen,
3. die beruflichen Fertigkeiten, Kenntnisse und Fähigkeiten, die mindestens Gegenstand der Berufsausbildung sind (Ausbildungsberufsbild),
4. eine Anleitung zur sachlichen und zeitlichen Gliederung der Vermittlung der beruflichen Fertigkeiten, Kenntnisse und Fähigkeiten (Ausbildungsrahmenplan),
5. die Prüfungsanforderungen.

(2) Die Ausbildungsordnung kann vorsehen,
1. dass die Berufsausbildung in sachlich und zeitlich besonders gegliederten, aufeinander aufbauenden Stufen erfolgt; nach den einzelnen Stufen soll ein Ausbildungsabschluss vorgesehen werden, der sowohl zu einer qualifizierten beruflichen Tätigkeit im Sinne des § 1 Abs. 3 befähigt als auch die Fortsetzung der Berufsausbildung in weiteren Stufen ermöglicht (Stufenausbildung),
2. dass die Abschlussprüfung in zwei zeitlich auseinander fallenden Teilen durchgeführt wird,
3. dass abweichend von § 4 Abs. 4 die Ausbildung in diesem Ausbildungsberuf unter Anrechnung der bereits zurückgelegten Ausbildungszeit fortgesetzt werden kann, wenn die Vertragsparteien dies vereinbaren,
4. dass auf die durch die Ausbildungsordnung geregelte Berufsausbildung eine andere, einschlägige Berufsausbildung unter Berücksichtigung der hierbei erworbenen beruflichen Fertigkeiten, Kenntnisse und Fähigkeiten angerechnet werden kann,
5. dass über das in Absatz 1 Nr. 3 beschriebene Ausbildungsberufsbild hinaus zusätzliche berufliche Fertigkeiten, Kenntnisse und Fähigkeiten vermittelt werden können, die die berufliche Handlungsfähigkeit ergänzen oder erweitern,
6. dass Teile der Berufsausbildung in geeigneten Einrichtungen außerhalb der Ausbildungsstätte durchgeführt werden, wenn und soweit es die Berufsausbildung erfordert (überbetriebliche Berufsausbildung),
7. dass Auszubildende einen schriftlichen Ausbildungsnachweis zu führen haben.

Im Rahmen der Ordnungsverfahren soll stets geprüft werden, ob Regelungen nach Nummer 1, 2 und 4 sinnvoll und möglich sind.

§ 7. Anrechnung beruflicher Vorbildung auf die Ausbildungszeit. (1) Die Landesregierungen können nach Anhörung des Landesausschusses für Berufsbildung durch Rechtsverordnung bestimmen, dass der Besuch eines Bildungsganges berufsbildender Schulen oder die Berufsausbildung in einer sonstigen Einrichtung ganz oder teilweise auf die Ausbildungszeit angerechnet wird.
...

§ 8. Abkürzung und Verlängerung der Ausbildungszeit. (1) ¹Auf gemeinsamen Antrag der Auszubildenden und Ausbildenden hat die zuständige Stelle die Ausbildungszeit zu kürzen, wenn zu erwarten ist, dass das Ausbildungsziel in der gekürzten Zeit erreicht wird. ²Bei berechtigtem Interesse kann sich der Antrag auch auf die Verkürzung der täglichen oder wöchentlichen Ausbildungszeit richten (Teilzeitberufsausbildung).

(2) ¹In Ausnahmefällen kann die zuständige Stelle auf Antrag Auszubildender die Ausbildungszeit verlängern, wenn die Verlängerung erforderlich ist, um das Ausbildungsziel zu erreichen. ²Vor der Entscheidung nach Satz 1 sind die Ausbildenden zu hören.
...

▶ **Berufsausbildungsverhältnis**

§ 10. Vertrag. (1) Wer andere Personen zur Berufsausbildung einstellt (Ausbildende), hat mit den Auszubildenden einen Berufsausbildungsvertrag zu schließen.

(2) Auf den Berufsausbildungsvertrag sind, soweit sich aus seinem Wesen und Zweck und aus diesem Gesetz nichts anderes ergibt, die für den Arbeitsvertrag geltenden Rechtsvorschriften und Rechtsgrundsätze anzuwenden.

(3) Schließen die gesetzlichen Vertreter oder Vertreterinnen mit ihrem Kind einen Berufsausbildungsvertrag, so sind sie von dem Verbot des § 181 des Bürgerlichen Gesetzbuchs befreit.

(4) Ein Mangel in der Berechtigung, Auszubildende einzustellen oder auszubilden, berührt die Wirksamkeit des Berufsausbildungsvertrages nicht.

(5) Zur Erfüllung der vertraglichen Verpflichtungen der Ausbildenden können mehrere natürliche oder juristische Personen in einem Ausbildungsverbund zusammenwirken, soweit die Verantwortlichkeit für die einzelnen Ausbildungsabschnitte sowie für die Ausbildungszeit insgesamt sichergestellt ist (Verbundausbildung).

§ 11. Vertragsniederschrift. (1) ¹Ausbildende haben unverzüglich nach Abschluss des Berufsausbildungsvertrages, spätestens vor Beginn der Berufsausbildung, den wesentlichen Inhalt des Vertrages gemäß Satz 2 schriftlich niederzulegen; die elektronische Form ist ausgeschlossen. ²In die Niederschrift sind mindestens aufzunehmen

Berufsbildungsgesetz 7.2 BBiG §§ 11–16

1. Art, sachliche und zeitliche Gliederung sowie Ziel der Berufsausbildung, insbesondere die Berufstätigkeit, für die ausgebildet werden soll,
2. Beginn und Dauer der Berufsausbildung,
3. Ausbildungsmaßnahmen außerhalb der Ausbildungsstätte,
4. Dauer der regelmäßigen täglichen Ausbildungszeit,
5. Dauer der Probezeit,
6. Zahlung und Höhe der Vergütung,
7. Dauer des Urlaubs,
8. Voraussetzungen, unter denen der Berufsausbildungsvertrag gekündigt werden kann,
9. ein in allgemeiner Form gehaltener Hinweis auf die Tarifverträge, Betriebs- oder Dienstvereinbarungen, die auf das Berufsausbildungsverhältnis anzuwenden sind.

(2) Die Niederschrift ist von den Ausbildenden, den Auszubildenden und deren gesetzlichen Vertretern und Vertreterinnen zu unterzeichnen.

(3) Ausbildende haben den Auszubildenden und deren gesetzlichen Vertretern und Vertreterinnen eine Ausfertigung der unterzeichneten Niederschrift unverzüglich auszuhändigen.

(4) Bei Änderungen des Berufsausbildungsvertrages gelten die Absätze 1 bis 3 entsprechend.

§ 12. Nichtige Vereinbarungen. (1) ¹Eine Vereinbarung, die Auszubildende für die Zeit nach Beendigung des Berufsausbildungsverhältnisses in der Ausübung ihrer beruflichen Tätigkeit beschränkt, ist nichtig. ²Dies gilt nicht, wenn sich Auszubildende innerhalb der letzten sechs Monate des Berufsausbildungsverhältnisses dazu verpflichten, nach dessen Beendigung mit den Ausbildenden ein Arbeitsverhältnis einzugehen.

(2) Nichtig ist eine Vereinbarung über
1. die Verpflichtung Auszubildender, für die Berufsausbildung eine Entschädigung zu zahlen,
2. Vertragsstrafen,
3. den Ausschluss oder die Beschränkung von Schadensersatzansprüchen,
4. die Festsetzung der Höhe eines Schadensersatzes in Pauschbeträgen.

§ 13. Verhalten während der Berufsausbildung. ¹Auszubildende haben sich zu bemühen, die berufliche Handlungsfähigkeit zu erwerben, die zum Erreichen des Ausbildungsziels erforderlich ist. ²Sie sind insbesondere verpflichtet,
1. die ihnen im Rahmen ihrer Berufsausbildung aufgetragenen Aufgaben sorgfältig auszuführen,
2. an Ausbildungsmaßnahmen teilzunehmen, für die sie nach § 15 freigestellt werden,
3. den Weisungen zu folgen, die ihnen im Rahmen der Berufsausbildung von Ausbildenden, von Ausbildern oder Ausbilderinnen oder von anderen weisungsberechtigten Personen erteilt werden,
4. die für die Ausbildungsstätte geltende Ordnung zu beachten,
5. Werkzeug, Maschinen und sonstige Einrichtungen pfleglich zu behandeln,
6. über Betriebs- und Geschäftsgeheimnisse Stillschweigen zu wahren.

§ 14. Berufsausbildung. (1) Ausbildende haben
1. dafür zu sorgen, dass den Auszubildenden die berufliche Handlungsfähigkeit vermittelt wird, die zum Erreichen des Ausbildungsziels erforderlich ist, und die Berufsausbildung in einer durch ihren Zweck gebotenen Form planmäßig, zeitlich und sachlich gegliedert so durchzuführen, dass das Ausbildungsziel in der vorgesehenen Ausbildungszeit erreicht werden kann,
2. selbst auszubilden oder einen Ausbilder oder eine Ausbilderin ausdrücklich damit zu beauftragen,
3. Auszubildenden kostenlos die Ausbildungsmittel, insbesondere Werkzeuge und Werkstoffe zur Verfügung zu stellen, die zur Berufsausbildung und zum Ablegen von Zwischen- und Abschlussprüfungen, auch soweit solche nach Beendigung des Berufsausbildungsverhältnisses stattfinden, erforderlich sind,
4. Auszubildende zum Besuch der Berufsschule sowie zum Führen von schriftlichen Ausbildungsnachweisen anzuhalten, soweit solche im Rahmen der Berufsausbildung verlangt werden, und diese durchzusehen,
5. dafür zu sorgen, dass Auszubildende charakterlich gefördert sowie sittlich und körperlich nicht gefährdet werden.

(2) Auszubildenden dürfen nur Aufgaben übertragen werden, die dem Ausbildungszweck dienen und ihren körperlichen Kräften angemessen sind.

§ 15. Freistellung. ¹Ausbildende haben Auszubildende für die Teilnahme am Berufsschulunterricht und an Prüfungen freizustellen. ²Das Gleiche gilt, wenn Ausbildungsmaßnahmen außerhalb der Ausbildungsstätte durchzuführen sind.

§ 16. Zeugnis. (1) ¹Ausbildende haben den Auszubildenden bei Beendigung des Berufsausbildungsverhältnisses ein schriftliches Zeugnis auszustellen. ²Die elektronische Form ist ausgeschlossen. ³Haben Ausbildende die Berufsausbildung nicht selbst durchgeführt, so soll auch der Ausbilder oder die Ausbilderin das Zeugnis unterschreiben.

(2) ¹Das Zeugnis muss Angaben enthalten über Art, Dauer und Ziel der Berufsausbildung sowie über die erworbenen beruflichen Fertigkeiten, Kenntnisse und Fähigkeiten der Auszubildenden. ²Auf Verlangen Auszubildender sind auch Angaben über Verhalten und Leistung aufzunehmen.

§ 17. Vergütungsanspruch. (1) ¹Ausbildende haben Auszubildenden eine angemessene Vergütung zu gewähren. ²Sie ist nach dem Lebensalter der Auszubildenden so zu bemessen, dass sie mit fortschreitender Berufsausbildung, mindestens jährlich, ansteigt.

(2) Sachleistungen können in Höhe der nach § 17 Abs. 1 Satz 1 Nr. 4 des Vierten Buches Sozialgesetzbuch festgesetzten Sachbezugswerte angerechnet werden, jedoch nicht über 75 Prozent der Bruttovergütung hinaus.

(3) Eine über die vereinbarte regelmäßige tägliche Ausbildungszeit hinausgehende Beschäftigung ist besonders zu vergüten oder durch entsprechende Freizeit auszugleichen.

§ 18. Bemessung und Fälligkeit der Vergütung. (1) Die Vergütung bemisst sich nach Monaten. Bei Berechnung der Vergütung für einzelne Tage wird der Monat zu 30 Tagen gerechnet.

(2) Die Vergütung für den laufenden Kalendermonat ist spätestens am letzten Arbeitstag des Monats zu zahlen.

§ 19. Fortzahlung der Vergütung. (1) Auszubildenden ist die Vergütung auch zu zahlen
1. für die Zeit der Freistellung (§ 15),
2. bis zur Dauer von sechs Wochen, wenn sie
   a) sich für die Berufsausbildung bereithalten, diese aber ausfällt oder
   b) aus einem sonstigen, in ihrer Person liegenden Grund unverschuldet verhindert sind, ihre Pflichten aus dem Berufsausbildungsverhältnis zu erfüllen.

(2) Können Auszubildende während der Zeit, für welche die Vergütung fortzuzahlen ist, aus berechtigtem Grund Sachleistungen nicht abnehmen, so sind diese nach den Sachbezugswerten (§ 17 Abs. 2) abzugelten.

§ 20. Probezeit. ¹Das Berufsausbildungsverhältnis beginnt mit der Probezeit. ²Sie muss mindestens einen Monat und darf höchstens vier Monate betragen.

§ 21. Beendigung. (1) ¹Das Berufsausbildungsverhältnis endet mit dem Ablauf der Ausbildungszeit. ²Im Falle der Stufenausbildung endet es mit Ablauf der letzten Stufe.

(2) Bestehen Auszubildende vor Ablauf der Ausbildungszeit die Abschlussprüfung, so endet das Berufsausbildungsverhältnis mit Bekanntgabe des Ergebnisses durch den Prüfungsausschuss.

(3) Bestehen Auszubildende die Abschlussprüfung nicht, so verlängert sich das Berufsausbildungsverhältnis auf ihr Verlangen bis zur nächstmöglichen Wiederholungsprüfung, höchstens um ein Jahr.

§ 22. Kündigung. (1) Während der Probezeit kann das Berufsausbildungsverhältnis jederzeit ohne Einhalten einer Kündigungsfrist gekündigt werden.

(2) Nach der Probezeit kann das Berufsausbildungsverhältnis nur gekündigt werden
1. aus einem wichtigen Grund ohne Einhalten einer Kündigungsfrist,
2. von Auszubildenden mit einer Kündigungsfrist von vier Wochen, wenn sie die Berufsausbildung aufgeben oder sich für eine andere Berufstätigkeit ausbilden lassen wollen.

(3) Die Kündigung muss schriftlich und in den Fällen des Absatzes 2 unter Angabe der Kündigungsgründe erfolgen.

(4) ¹Eine Kündigung aus einem wichtigen Grund ist unwirksam, wenn die ihr zugrunde liegenden Tatsachen dem zur Kündigung Berechtigten länger als zwei Wochen bekannt sind. ²Ist ein vorgesehenes Güteverfahren vor einer außergerichtlichen Stelle eingeleitet, so wird bis zu dessen Beendigung der Lauf dieser Frist gehemmt.

§ 23. Schadensersatz bei vorzeitiger Beendigung. (1) ¹Wird das Berufsausbildungsverhältnis nach der Probezeit vorzeitig gelöst, so können Ausbildende oder Auszubildende Ersatz des Schadens verlangen, wenn die andere Person den Grund für die Auflösung zu vertreten hat. ²Dies gilt nicht im Falle des § 22 Abs. 2 Nr. 2.

(2) Der Anspruch erlischt, wenn er nicht innerhalb von drei Monaten nach Beendigung des Berufsausbildungsverhältnisses geltend gemacht wird.

§ 24. Weiterarbeit. Werden Auszubildende im Anschluss an das Berufsausbildungsverhältnis beschäftigt, ohne dass hierüber ausdrücklich etwas vereinbart worden ist, so gilt ein Arbeitsverhältnis auf unbestimmte Zeit als begründet.

§ 25. Unabdingbarkeit. Eine Vereinbarung, die zuungunsten Auszubildender von den Vorschriften dieses Teils des Gesetzes abweicht, ist nichtig.

Berufsbildungsgesetz

§ 26. Andere Vertragsverhältnisse. Soweit nicht ein Arbeitsverhältnis vereinbart ist, gelten für Personen, die eingestellt werden, um berufliche Fertigkeiten, Kenntnisse, Fähigkeiten oder berufliche Erfahrungen zu erwerben, ohne dass es sich um eine Berufsausbildung im Sinne dieses Gesetzes handelt, die §§ 10 bis 23 und 25 mit der Maßgabe, dass die gesetzliche Probezeit abgekürzt, auf die Vertragsniederschrift verzichtet und bei vorzeitiger Lösung des Vertragsverhältnisses nach Ablauf der Probezeit abweichend von § 23 Abs. 1 Satz 1 Schadensersatz nicht verlangt werden kann.

▶ **Eignung von Ausbildungsstätte und Ausbildungspersonal**

§ 27. Eignung der Ausbildungsstätte. (1) Auszubildende dürfen nur eingestellt und ausgebildet werden, wenn
1. die Ausbildungsstätte nach Art und Einrichtung für die Berufsausbildung geeignet ist und
2. die Zahl der Auszubildenden in einem angemessenen Verhältnis zur Zahl der Ausbildungsplätze oder zur Zahl der beschäftigten Fachkräfte steht, es sei denn, dass anderenfalls die Berufsausbildung nicht gefährdet wird.

(2) Eine Ausbildungsstätte, in der die erforderlichen beruflichen Fertigkeiten, Kenntnisse und Fähigkeiten nicht im vollen Umfang vermittelt werden können, gilt als geeignet, wenn diese durch Ausbildungsmaßnahmen außerhalb der Ausbildungsstätte vermittelt werden.
...

§ 28. Eignung von Ausbildenden und Ausbildern oder Ausbilderinnen. (1) ¹Auszubildende darf nur einstellen, wer persönlich geeignet ist. ²Auszubildende darf nur ausbilden, wer persönlich und fachlich geeignet ist.

(2) Wer fachlich nicht geeignet ist oder wer nicht selbst ausbildet, darf Auszubildende nur dann einstellen, wenn er persönlich und fachlich geeignete Ausbilder oder Ausbilderinnen bestellt, die die Ausbildungsinhalte in der Ausbildungsstätte unmittelbar, verantwortlich und in wesentlichem Umfang vermitteln.

(3) Unter der Verantwortung des Ausbilders oder der Ausbilderin kann bei der Berufsausbildung mitwirken, wer selbst nicht Ausbilder oder Ausbilderin ist, aber abweichend von den besonderen Voraussetzungen des § 30 die für die Vermittlung von Ausbildungsinhalten erforderlichen beruflichen Fertigkeiten, Kenntnisse und Fähigkeiten besitzt und persönlich geeignet ist.

§ 29. Persönliche Eignung. Persönlich nicht geeignet ist insbesondere, wer
1. Kinder und Jugendliche nicht beschäftigen darf oder
2. wiederholt oder schwer gegen dieses Gesetz oder die auf Grund dieses Gesetzes erlassenen Vorschriften und Bestimmungen verstoßen hat.

§ 30. Fachliche Eignung. (1) Fachlich geeignet ist, wer die beruflichen sowie die berufs- und arbeitspädagogischen Fertigkeiten, Kenntnisse und Fähigkeiten besitzt, die für die Vermittlung der Ausbildungsinhalte erforderlich sind.

(2) Die erforderlichen beruflichen Fertigkeiten, Kenntnisse und Fähigkeiten besitzt, wer
1. die Abschlussprüfung in einer dem Ausbildungsberuf entsprechenden Fachrichtung bestanden hat,
2. eine anerkannte Prüfung an einer Ausbildungsstätte oder vor einer Prüfungsbehörde oder eine Abschlussprüfung an einer staatlichen oder staatlich anerkannten Schule in einer dem Ausbildungsberuf entsprechenden Fachrichtung bestanden hat oder
3. eine Abschlussprüfung an einer deutschen Hochschule in einer dem Ausbildungsberuf entsprechenden Fachrichtung bestanden hat und eine angemessene Zeit in seinem Beruf praktisch tätig gewesen ist.
...

§ 32. Überwachung der Eignung. (1) Die zuständige Stelle hat darüber zu wachen, dass die Eignung der Ausbildungsstätte sowie die persönliche und fachliche Eignung vorliegen.
...

▶ **Verzeichnis der Berufsausbildungsverhältnisse**

§ 34. Einrichten, Führen. (1) ¹Die zuständige Stelle hat für anerkannte Ausbildungsberufe ein Verzeichnis der Berufsausbildungsverhältnisse einzurichten und zu führen, in das der Berufsausbildungsvertrag einzutragen ist. ²Die Eintragung ist für Auszubildende gebührenfrei.

(2) Die Eintragung umfasst für jedes Berufsausbildungsverhältnis
1. Name, Vorname, Geburtsdatum, Anschrift der Auszubildenden;
2. Geschlecht, Staatsangehörigkeit, allgemeinbildender Schulabschluss, vorausgegangene Teilnahme an berufsvorbereitender Qualifizierung oder beruflicher Grundbildung, berufliche Vorbildung;
3. erforderlichenfalls Name, Vorname und Anschrift der gesetzlichen Vertreter oder Vertreterinnen;

4. Ausbildungsberuf einschließlich Fachrichtung;
5. Datum des Abschlusses des Ausbildungsvertrages, Ausbildungsdauer, Dauer der Probezeit;
6. Datum des Beginns der Berufsausbildung;
7. Art der Förderung bei überwiegend öffentlich, insbesondere auf Grund des Dritten Buches Sozialgesetzbuch geförderten Berufsausbildungsverhältnissen;
8. Name und Anschrift der Ausbildenden, Anschrift der Ausbildungsstätte, Wirtschaftszweig, Zugehörigkeit zum öffentlichen Dienst;
9. Name, Vorname, Geschlecht und Art der fachlichen Eignung der Ausbilder und Ausbilderinnen.

§ 35. Eintragen, Ändern, Löschen. (1) Ein Berufsausbildungsvertrag und Änderungen seines wesentlichen Inhalts sind in das Verzeichnis einzutragen, wenn
1. der Berufsausbildungsvertrag diesem Gesetz und der Ausbildungsordnung entspricht,
2. die persönliche und fachliche Eignung sowie die Eignung der Ausbildungsstätte für das Einstellen und Ausbilden vorliegen und
3. für Auszubildende unter 18 Jahren die ärztliche Bescheinigung über die Erstuntersuchung nach § 32 Abs. 1 des Jugendarbeitsschutzgesetzes zur Einsicht vorgelegt wird.

(2) [1]Die Eintragung ist abzulehnen oder zu löschen, wenn die Eintragungsvoraussetzungen nicht vorliegen oder der Mangel nicht nach § 32 Abs. 2 behoben wird. [2]Die Eintragung ist ferner zu löschen, wenn die ärztliche Bescheinigung über die erste Nachuntersuchung nach § 33 Abs. 1 des Jugendarbeitsschutzgesetzes nicht spätestens am Tage der Anmeldung der Auszubildenden zur Zwischenprüfung oder zum ersten Teil der Abschlussprüfung zur Einsicht vorgelegt und der Mangel nicht nach § 32 Abs. 2 behoben wird.
...

▶ **Prüfungswesen**

§ 37. Abschlussprüfung. (1) [1]In den anerkannten Ausbildungsberufen sind Abschlussprüfungen durchzuführen. [2]Die Abschlussprüfung kann im Falle des Nichtbestehens zweimal wiederholt werden. [3]Sofern die Abschlussprüfung in zwei zeitlich auseinander fallenden Teilen durchgeführt wird, ist der erste Teil der Abschlussprüfung nicht eigenständig wiederholbar.

(2) [1]Dem Prüfling ist ein Zeugnis auszustellen. Ausbildenden werden auf deren Verlangen die Ergebnisse der Abschlussprüfung der Auszubildenden übermittelt. [2]Sofern die Abschlussprüfung in zwei zeitlich auseinander fallenden Teilen durchgeführt wird, ist das Ergebnis der Prüfungsleistungen im ersten Teil der Abschlussprüfung dem Prüfling schriftlich mitzuteilen.

(3) [1]Dem Zeugnis ist auf Antrag der Auszubildenden eine englischsprachige und eine französischsprachige Übersetzung beizufügen. [2]Auf Antrag der Auszubildenden kann das Ergebnis berufsschulischer Leistungsfeststellungen auf dem Zeugnis ausgewiesen werden.

(4) Die Abschlussprüfung ist für Auszubildende gebührenfrei.

§ 38. Prüfungsgegenstand. (1) [1]Durch die Abschlussprüfung ist festzustellen, ob der Prüfling die berufliche Handlungsfähigkeit erworben hat. [2]In ihr soll der Prüfling nachweisen, dass er die erforderlichen beruflichen Fertigkeiten beherrscht, die notwendigen beruflichen Kenntnisse und Fähigkeiten besitzt und mit dem im Berufsschulunterricht zu vermittelnden, für die Berufsausbildung wesentlichen Lehrstoff vertraut ist. [3]Die Ausbildungsordnung ist zugrunde zu legen.

§ 39. Prüfungsausschüsse. (1) [1]Für die Abnahme der Abschlussprüfung errichtet die zuständige Stelle Prüfungsausschüsse. [2]Mehrere zuständige Stellen können bei einer von ihnen gemeinsame Prüfungsausschüsse errichten.

(2) Der Prüfungsausschuss kann zur Bewertung einzelner, nicht mündlich zu erbringender Prüfungsleistungen gutachterliche Stellungnahmen Dritter, insbesondere berufsbildender Schulen, einholen.

(3) Im Rahmen der Begutachtung nach Absatz 2 sind die wesentlichen Abläufe zu dokumentieren und die für die Bewertung erheblichen Tatsachen festzuhalten.

§ 40. Zusammensetzung, Berufung. (1) [1]Der Prüfungsausschuss besteht aus mindestens drei Mitgliedern. [2]Die Mitglieder müssen für die Prüfungsgebiete sachkundig und für die Mitwirkung im Prüfungswesen geeignet sein.

(2) [1]Dem Prüfungsausschuss müssen als Mitglieder Beauftragte der Arbeitgeber und der Arbeitnehmer in gleicher Zahl sowie mindestens eine Lehrkraft einer berufsbildenden Schule angehören. [2]Mindestens zwei Drittel der Gesamtzahl der Mitglieder müssen Beauftragte der Arbeitgeber und der Arbeitnehmer sein. [3]Die Mitglieder haben Stellvertreter oder Stellvertreterinnen.
...

§ 42. Beschlussfassung, Bewertung der Abschlussprüfung. (1) Beschlüsse über die Noten zur Bewertung einzelner Prüfungsleistungen,

Berufsbildungsgesetz

der Prüfung insgesamt sowie über das Bestehen und Nichtbestehen der Abschlussprüfung werden durch den Prüfungsausschuss gefasst.
(2) ¹Zur Vorbereitung der Beschlussfassung nach Absatz 1 kann der Vorsitz mindestens zwei Mitglieder mit der Bewertung einzelner, nicht mündlich zu erbringender Prüfungsleistungen beauftragen. ²Die Beauftragten sollen nicht derselben Mitgliedergruppe angehören.
(3) Die nach Absatz 2 beauftragten Mitglieder dokumentieren die wesentlichen Abläufe und halten die für die Bewertung erheblichen Tatsachen fest.

§ 43. Zulassung zur Abschlussprüfung.
(1) Zur Abschlussprüfung ist zuzulassen,
1. wer die Ausbildungszeit zurückgelegt hat oder wessen Ausbildungszeit nicht später als zwei Monate nach dem Prüfungstermin endet,
2. wer an vorgeschriebenen Zwischenprüfungen teilgenommen sowie vorgeschriebene schriftliche Ausbildungsnachweise geführt hat und
3. wessen Berufsausbildungsverhältnis in das Verzeichnis der Berufsausbildungsverhältnisse eingetragen ist oder aus einem Grund nicht eingetragen ist, den weder die Auszubildenden noch deren gesetzliche Vertreter oder Vertreterinnen zu vertreten haben.

(2) ¹Zur Abschlussprüfung ist ferner zuzulassen, wer in einer berufsbildenden Schule oder einer sonstigen Berufsbildungseinrichtung ausgebildet worden ist, wenn dieser Bildungsgang der Berufsausbildung in einem anerkannten Ausbildungsberuf entspricht. ²Ein Bildungsgang entspricht der Berufsausbildung in einem anerkannten Ausbildungsberuf, wenn er
1. nach Inhalt, Anforderung und zeitlichem Umfang der jeweiligen Ausbildungsordnung gleichwertig ist,
2. systematisch, insbesondere im Rahmen einer sachlichen und zeitlichen Gliederung, durchgeführt wird und
3. durch Lernortkooperation einen angemessenen Anteil an fachpraktischer Ausbildung gewährleistet.

Die Landesregierungen werden ermächtigt, im Benehmen mit dem Landesausschuss für Berufsbildung durch Rechtsverordnung zu bestimmen, welche Bildungsgänge die Voraussetzungen der Sätze 1 und 2 erfüllen. Die Ermächtigung kann durch Rechtsverordnung auf oberste Landesbehörden weiter übertragen werden.

§ 44. Zulassung zur Abschlussprüfung bei zeitlich auseinander fallenden Teilen.
(1) Sofern die Abschlussprüfung in zwei zeitlich auseinander fallenden Teilen durchgeführt wird, ist über die Zulassung jeweils gesondert zu entscheiden.
(2) Zum ersten Teil der Abschlussprüfung ist zuzulassen, wer die in der Ausbildungsordnung vorgeschriebene, erforderliche Ausbildungszeit zurückgelegt hat und die Voraussetzungen des § 43 Abs. 1 Nr. 2 und 3 erfüllt.
(3) ¹Zum zweiten Teil der Abschlussprüfung ist zuzulassen, wer über die Voraussetzungen in § 43 Abs. 1 hinaus am ersten Teil der Abschlussprüfung teilgenommen hat. ²Dies gilt nicht, wenn Auszubildende aus Gründen, die sie nicht zu vertreten haben, am ersten Teil der Abschlussprüfung nicht teilgenommen haben. ³In diesem Fall ist der erste Teil der Abschlussprüfung zusammen mit dem zweiten Teil abzulegen.

§ 45. Zulassung in besonderen Fällen.
(1) Auszubildende können nach Anhörung der Ausbildenden und der Berufsschule vor Ablauf ihrer Ausbildungszeit zur Abschlussprüfung zugelassen werden, wenn ihre Leistungen dies rechtfertigen.
(2) ¹Zur Abschlussprüfung ist auch zuzulassen, wer nachweist, dass er mindestens das Einnhalbfache der Zeit, die als Ausbildungszeit vorgeschrieben ist, in dem Beruf tätig gewesen ist, in dem die Prüfung abgelegt werden soll. ²Als Zeiten der Berufstätigkeit gelten auch Ausbildungszeiten in einem anderen, einschlägigen Ausbildungsberuf. ...

§ 46. Entscheidung über die Zulassung.
(1) ¹Über die Zulassung zur Abschlussprüfung entscheidet die zuständige Stelle. ²Hält sie die Zulassungsvoraussetzungen nicht für gegeben, so entscheidet der Prüfungsausschuss.
(2) Auszubildenden, die Elternzeit in Anspruch genommen haben, darf bei der Entscheidung über die Zulassung hieraus kein Nachteil erwachsen.

§ 48. Zwischenprüfungen.
(1) ¹Während der Berufsausbildung ist zur Ermittlung des Ausbildungsstandes eine Zwischenprüfung entsprechend der Ausbildungsordnung durchzuführen. ²Die §§ 37 bis 39 gelten entsprechend.
...

Berufsbildung für besondere Personengruppen

▶ **Berufsausbildung behinderter Menschen**

§ 64. Berufsausbildung.
Behinderte Menschen (§ 2 Abs. 1 Satz 1 des Neunten Buches Sozialgesetzbuch) sollen in anerkannten Ausbildungsberufen ausgebildet werden.

§ 65. Berufsausbildung in anerkannten Ausbildungsberufen. (1) ¹Regelungen nach den §§ 9 und 47 sollen die besonderen Verhältnisse behinderter Menschen berücksichtigen. ²Dies gilt insbesondere für die zeitliche und sachliche Gliederung der Ausbildung, die Dauer von Prüfungszeiten, die Zulassung von Hilfsmitteln und die Inanspruchnahme von Hilfeleistungen Dritter wie Gebärdensprachdolmetscher für hörbehinderte Menschen.
(2) ¹Der Berufsausbildungsvertrag mit einem behinderten Menschen ist in das Verzeichnis der Berufsausbildungsverhältnisse (§ 34) einzutragen. ²Der behinderte Mensch ist zur Abschlussprüfung auch zuzulassen, wenn die Voraussetzungen des § 43 Abs. 1 Nr. 2 und 3 nicht vorliegen.

▶ **Berufsausbildungsvorbereitung**

§ 68. Personenkreis und Anforderungen. (1) ¹Die Berufsausbildungsvorbereitung richtet sich an lernbeeinträchtigte oder sozial benachteiligte Personen, deren Entwicklungsstand eine erfolgreiche Ausbildung in einem anerkannten Ausbildungsberuf noch nicht erwarten lässt. ²Sie muss nach Inhalt, Art, Ziel und Dauer den besonderen Erfordernissen des in Satz 1 genannten Personenkreises entsprechen und durch umfassende sozialpädagogische Betreuung und Unterstützung begleitet werden.
...

Teil 3. Organisation der Berufsbildung

Zuständige Stellen; zuständige Behörden

§ 71. Zuständige Stellen. (1) Für die Berufsbildung in Berufen der Handwerksordnung ist die Handwerkskammer zuständige Stelle im Sinne dieses Gesetzes.
(2) Für die Berufsbildung in nichthandwerklichen Gewerbeberufen ist die Industrie- und Handelskammer zuständige Stelle im Sinne dieses Gesetzes.
(3) Für die Berufsbildung in Berufen der Landwirtschaft, einschließlich der ländlichen Hauswirtschaft, ist die Landwirtschaftskammer zuständige Stelle im Sinne dieses Gesetzes.
(4) Für die Berufsbildung der Fachangestellten im Bereich der Rechtspflege sind jeweils für ihren Bereich die Rechtsanwalts-, Patentanwalts-und Notarkammern und für ihren Tätigkeitsbereich die Notarkassen zuständige Stelle im Sinne dieses Gesetzes.
(5) Für die Berufsbildung der Fachangestellten im Bereich der Wirtschaftsprüfung und Steuerberatung sind jeweils für ihren Bereich die Wirtschaftsprüferkammern und die Steuerberaterkammern zuständige Stelle im Sinne dieses Gesetzes.
(6) Für die Berufsbildung der Fachangestellten im Bereich der Gesundheitsdienstberufe sind jeweils für ihren Bereich die Ärzte-, Zahnärzte-, Tierärzte- und Apothekerkammern zuständige Stelle im Sinne dieses Gesetzes.
...

§ 76. Überwachung, Beratung. (1) Die zuständige Stelle überwacht die Durchführung
1. der Berufsausbildungsvorbereitung,
2. der Berufsausbildung und
3. der beruflichen Umschulung und fördert diese durch Beratung der an der Berufsbildung beteiligten Personen. ²Sie hat zu diesem Zweck Berater oder Beraterinnen zu bestellen.
...

§ 77. Errichtung. (1) ¹Die zuständige Stelle errichtet einen Berufsbildungsausschuss. ²Ihm gehören sechs Beauftragte der Arbeitgeber, sechs Beauftragte der Arbeitnehmer und sechs Lehrkräfte an berufsbildenden Schulen an, die Lehrkräfte mit beratender Stimme.
(2) Die Beauftragten der Arbeitgeber werden auf Vorschlag der zuständigen Stelle, die Beauftragten der Arbeitnehmer auf Vorschlag der im Bezirk der zuständigen Stelle bestehenden Gewerkschaften und selbständigen Vereinigungen von Arbeitnehmern mit sozial- oder berufspolitischer Zwecksetzung, die Lehrkräfte an berufsbildenden Schulen von der nach Landesrecht zuständigen Behörde längstens für vier Jahre als Mitglieder berufen.
...

§ 79. Aufgaben. (1) ¹Der Berufsbildungsausschuss ist in allen wichtigen Angelegenheiten der beruflichen Bildung zu unterrichten und zu hören. ²Er hat im Rahmen seiner Aufgaben auf eine stetige Entwicklung der Qualität der beruflichen Bildung hinzuwirken.
...

Landesausschüsse für Berufsbildung

§ 82. Errichtung, Geschäftsordnung, Abstimmung. (1) ¹Bei der Landesregierung wird

Berufsbildungsgesetz

ein Landesausschuss für Berufsbildung errichtet. ²Er setzt sich zusammen aus einer gleichen Zahl von Beauftragten der Arbeitgeber, der Arbeitnehmer und der obersten Landesbehörden. ³Die Hälfte der Beauftragten der obersten Landesbehörden muss in Fragen des Schulwesens sachverständig sein.

...

Ausbilder-Eignungsverordnung
Vom 16. Februar 1999, mit Änderungen bis zum 20. März 1999

§ 1. Geltungsbereich. Ausbilder in Gewerbebetrieben, im Bergwesen, in der Landwirtschaft, in der Hauswirtschaft und im öffentlichen Dienst haben für die Ausbildung in nach dem Berufsbildungsgesetz geregelten Ausbildungsberufen den Erwerb der berufs- und arbeitspädagogischen Kenntnisse gemäß den §§ 2 bis 6 nachzuweisen.

§ 2. Berufs- und arbeitspädagogische Eignung. Die berufs- und arbeitspädagogische Eignung umfaßt die Qualifikation zum selbständigen Planen, Durchführen und Kontrollieren in folgenden Handlungsfeldern:
1. Allgemeine Grundlagen:
   a) Gründe für die betriebliche Ausbildung,
   b) Einflußgrößen auf die Ausbildung,
   c) rechtliche Rahmenbedingungen der Ausbildung,
   d) Beteiligte und Mitwirkende an der Ausbildung,
   e) Anforderungen an die Eignung der Ausbilder;
2. Planung der Ausbildung:
   a) Ausbildungsberufe,
   b) Eignung des Ausbildungsbetriebes,
   c) Organisation der Ausbildung,
   d) Abstimmung mit der Berufsschule,
   e) Ausbildungsplan,
   f) Beurteilungssystem;
3. Mitwirkung bei der Einstellung von Auszubildenden:
   a) Auswahlkriterien,
   b) Einstellung, Ausbildungsvertrag,
   c) Eintragungen und Anmeldungen,
   d) Planen der Einführung,
   e) Planen des Ablaufs der Probezeit;
4. Ausbildung am Arbeitsplatz:
   a) Auswählen der Arbeitsplätze und Aufbereiten der Aufgabenstellung,
   b) Vorbereitung der Arbeitsorganisation,
   c) Praktische Anleitung,
   d) Fördern aktiven Lernens,
   e) Fördern von Handlungskompetenz,
   f) Lernerfolgskontrollen,
   g) Beurteilungsgespräche;
5. Förderung des Lernprozesses:
   a) Anleiten zu Lern- und Arbeitstechniken,
   b) Sichern von Lernerfolgen,
   c) Auswerten von Zwischenprüfungen,
   d) Umgang mit Lernschwierigkeiten und Verhaltensauffälligkeiten,
   e) Berücksichtigen kultureller Unterschiede bei der Ausbildung,
   f) Kooperation mit externen Stellen;
6. Ausbildung in der Gruppe:
   a) Kurzvorträge,
   b) Lehrgespräche,
   c) Moderation,
   d) Auswahl und Einsatz von Medien,
   e) Lernen in Gruppen,
   f) Ausbildung in Teams;
7. Abschluß der Ausbildung:
   a) Vorbereitung auf Prüfungen,
   b) Anmelden zur Prüfung,
   c) Erstellen von Zeugnissen,
   d) Abschluß und Verlängerung der Ausbildung,
   e) Fortbildungsmöglichkeiten,
   f) Mitwirkung an Prüfungen.

§ 3. Nachweis der Qualifikation. (1) Die Qualifikation nach § 2 ist in einer Prüfung nachzuweisen. Die Prüfung kann zweimal wiederholt werden.

(2) Die Prüfung besteht aus einem schriftlichen und einem praktischen Teil.

(3) Im schriftlichen Teil soll der Prüfungsteilnehmer in höchstens drei Stunden aus mehreren Handlungsfeldern fallbezogene Aufgaben unter Aufsicht bearbeiten.

(4) Der praktische Teil besteht aus der Präsentation oder praktischen Durchführung einer Ausbildungseinheit und einem Prüfungsgespräch. Der Prüfungsteilnehmer wählt dazu eine Ausbildungseinheit aus. Die Auswahl und Gestaltung der Ausbildungseinheit hat der Prüfungsteilnehmer in dem Prüfungsgespräch zu begründen. Die Prüfung im praktischen Teil soll höchstens 30 Minuten dauern.

(5) Im Bereich der Landwirtschaft und im Bereich der Hauswirtschaft besteht der praktische Teil aus der Durchführung einer vom Prüfungsteilnehmer in Abstimmung mit dem Prüfungsausschuß auszuwählenden Ausbildungseinheit und einem Prüfungsgespräch, in dem der Prüfungsteilnehmer die Auswahl und Gestaltung der Ausbildungseinheit zu begründen hat. Die Prüfung im praktischen Teil soll höchstens 60 Minuten dauern.

§ 4. Prüfungsausschüsse, Prüfungsverordnungen. (1) Für die Abnahme der Prüfung errichtet die zuständige Stelle einen Prüfungsausschuss. § 36 Satz 2 und die §§ 37 und 38 des Berufsbildungsgesetzes gelten entsprechend.

(2) Die zuständige Stelle hat eine Prüfungsordnung zu erlassen. § 41 Satz 2, 4 und 5 des Berufsbildungsgesetzes gilt entsprechend.

Ausbildereignungsverordnung

7.2a AEVO §§ 5–8

§ 5. Zeugnis. Über die bestandene Prüfung ist dem Prüfungsteilnehmer ein Zeugnis auszustellen, aus dem hervorgeht, dass er die berufs- und arbeitspädagogische Qualifikation nach dieser Verordnung durch die Prüfungsleistungen gemäß § 3 Abs. 2 nachgewiesen hat.

§ 6. Andere Nachweise. (1) Wer durch eine Meisterprüfung oder eine andere Prüfung der beruflichen Fortbildung nach der Handwerksordnung, dem Berufsbildungsgesetz oder nach beamtenrechtlichen Vorschriften eine dieser Verordnung entsprechende berufs- und arbeitspädagogische Qualifikation nachgewiesen hat, gilt für die Berufsausbildung als im Sinne dieser Verordnung berufs- und arbeitspädagogisch geeignet.

(2) Wer eine sonstige staatliche, staatlich anerkannte oder von einer öffentlich-rechtlichen Körperschaft abgenommene Prüfung bestanden hat, deren Inhalt den in § 2 genannten Anforderungen ganz oder teilweise entspricht, kann auf Antrag vom Prüfungsausschuss ganz oder teilweise von der Prüfung nach § 3 befreit werden. Die zuständige Stelle erteilt darüber eine Bescheinigung. § 5 gilt entsprechend.

(3) Die zuständige Stelle kann in Ausnahmefällen von dem nach den §§ 2 bis 3 und 5 erforderlichen Nachweis befreien, wenn eine ordnungsgemäße Ausbildung sichergestellt ist. Die zuständige Stelle kann Auflagen erteilen. Auf Antrag erteilt die zuständige Stelle hierüber eine Bescheinigung.

(4) In Betrieben der Landwirtschaft kann die zuständige Stelle denjenigen von dem nach den §§ 1 bis 3 und 5 erforderlichen Nachweis befreien, der seine Kinder, seine Enkel, seine Geschwister oder deren Kinder in Berufen der Landwirtschaft ausbilden will, wenn er an einem Lehrgang teilgenommen hat, in dem dem § 2 entsprechende Kenntnisse vermittelt wurden. Der Lehrgang soll mindestens 40 Unterrichtsstunden umfassen. Die zuständige Stelle kann die Befreiung vom Eignungsnachweis nach den Sätzen 1 und 2 ablehnen oder auf Ausbildungsabschnitte begrenzen, wenn in ihrem Zuständigkeitsbereich eine ausreichende Zahl freier Ausbildungsplätze angeboten wird, bei denen die Ausbilder den Eignungsnachweis erbracht haben.

§ 7. Übergangsvorschriften. (1) Die bis zum 28. Februar 1999 begonnenen Prüfungsverfahren können nach den bisherigen Vorschriften zu Ende geführt werden. Bei der Anmeldung zur Prüfung kann bis zum Ablauf des 30. November 1999 die Anwendung der bisherigen Vorschriften beantragt werden.

(2) Prüfungsteilnehmer, die die Prüfung nach den bis zum 28. Februar 1999 geltenden Vorschriften nicht bestanden haben und sich innerhalb von zwei Jahren ab dem 1. März 1999 zu einer Wiederholungsprüfung anmelden, können die Wiederholungsprüfung nach den am 28. Februar 1999 geltenden Vorschriften ablegen.

§ 8. Inkrafttreten, Außerkrafttreten. Diese Verordnung tritt am 1. März 1999 in Kraft. Mit dem Inkrafttreten dieser Verordnung treten
1. die Ausbilder-Eignungsverordnung öffentlicher Dienst vom 15. Juli 1976 (BGBl. I S. 1825), die zuletzt durch die Verordnung vom 6. November 1996 (BGBl. I S. 1684) geändert worden ist,
2. die Ausbilder-Eignungsverordnung Hauswirtschaft vom 29. Juni 1978 (BGBl. I S. 976), die zuletzt durch die Verordnung vom 6. November 1996 (BGBl. I S. 1686) geändert worden ist,
3. die Ausbilder-Eignungsverordnung Landwirtschaft vom 5. April 1978 (BGBl. I S. 923), die zuletzt durch die Verordnung vom 6. November 1996 (BGBl. I S. 1685) geändert worden ist und
4. die Ausbilder-Eignungsverordnung gewerbliche Wirtschaft vom 20. April 1972 (BGBl. I S. 707), die zuletzt durch die Verordnung vom 21. April 1998 (BGBl. I S. 737) geändert worden ist,

außer Kraft.

7.3 KSchG §§ 1–3 — Allgemeiner Kündigungsschutz

Kündigungsschutzgesetz

In der Fassung vom 25. August 1969, mit Änderungen bis zum 19. Juli 2007

Allgemeiner Kündigungsschutz

§ 1. Sozial ungerechtfertigte Kündigungen.
(1) Die Kündigung des Arbeitsverhältnisses gegenüber einem Arbeitnehmer, dessen Arbeitsverhältnis in demselben Betrieb oder Unternehmen ohne Unterbrechung länger als sechs Monate bestanden hat, ist rechtsunwirksam, wenn sie sozial ungerechtfertigt ist.

(2) ¹Sozial ungerechtfertigt ist die Kündigung, wenn sie nicht durch Gründe, die in der Person oder in dem Verhalten des Arbeitnehmers liegen, oder durch dringende betriebliche Erfordernisse, die einer Weiterbeschäftigung des Arbeitnehmers in diesem Betrieb entgegenstehen, bedingt ist. ²Die Kündigung ist auch sozial ungerechtfertigt, wenn
1. in Betrieben des privaten Rechts
   a) die Kündigung gegen eine Richtlinie nach § 95 des Betriebsverfassungsgesetzes verstößt,
   b) der Arbeitnehmer an einem anderen Arbeitsplatz in demselben Betrieb oder in einem anderen Betrieb des Unternehmens weiterbeschäftigt werden kann und der Betriebsrat oder eine andere nach dem Betriebsverfassungsgesetz insoweit zuständige Vertretung der Arbeitnehmer aus einem dieser Gründe der Kündigung innerhalb der Frist des § 102 Abs. 2 Satz 1 des Betriebsverfassungsgesetzes schriftlich widersprochen hat, ...

(3) ¹Ist einem Arbeitnehmer aus dringenden betrieblichen Erfordernissen im Sinne des Absatzes 2 gekündigt worden, so ist die Kündigung trotzdem sozial ungerechtfertigt, wenn der Arbeitgeber bei der Auswahl des Arbeitnehmers die Dauer der Betriebszugehörigkeit, das Lebensalter, die Unterhaltspflichten und die Schwerbehinderung des Arbeitnehmers nicht oder nicht ausreichend berücksichtigt hat; auf Verlangen des Arbeitnehmers hat der Arbeitgeber dem Arbeitnehmer die Gründe anzugeben, die zu der getroffenen sozialen Auswahl geführt haben. ²In die soziale Auswahl nach Satz 1 sind Arbeitnehmer nicht einzubeziehen, deren Weiterbeschäftigung, insbesondere wegen ihrer Kenntnisse, Fähigkeiten und Leistungen oder zur Sicherung einer ausgewogenen Personalstruktur des Betriebes, im berechtigten betrieblichen Interesse liegt. Der Arbeitnehmer hat die Tatsachen zu beweisen, die die Kündigung als sozial ungerechtfertigt im Sinne des Satzes 1 erscheinen lassen.

(4) Ist in einem Tarifvertrag, in einer Betriebsvereinbarung nach § 95 des Betriebsverfassungsgesetzes oder in einer entsprechenden Richtlinie nach den Personalvertretungsgesetzen festgelegt, wie die sozialen Gesichtspunkte nach Absatz 3 Satz 1 im Verhältnis zueinander zu bewerten sind, so kann die Bewertung nur auf grobe Fehlerhaftigkeit überprüft werden.
...

§ 1a. Abfindungsanspruch bei betriebsbedingter Kündigung. (1) ¹Kündigt der Arbeitgeber wegen dringender betrieblicher Erfordernisse nach § 1 Abs. 2 Satz 1 und erhebt der Arbeitnehmer bis zum Ablauf der Frist des § 4 Satz 1 keine Klage auf Feststellung, dass das Arbeitsverhältnis durch die Kündigung nicht aufgelöst ist, hat der Arbeitnehmer mit dem Ablauf der Kündigungsfrist Anspruch auf eine Abfindung. ²Der Anspruch setzt den Hinweis des Arbeitgebers in der Kündigungserklärung voraus, dass die Kündigung auf dringende betriebliche Erfordernisse gestützt ist und der Arbeitnehmer bei Verstreichenlassen der Klagefrist die Abfindung beanspruchen kann.

(2) ¹Die Höhe der Abfindung beträgt 0,5 Monatsverdienste für jedes Jahr des Bestehens des Arbeitsverhältnisses. ²§ 10 Abs. 3 gilt entsprechend. ³Bei der Ermittlung der Dauer des Arbeitsverhältnisses ist ein Zeitraum von mehr als sechs Monaten auf ein volles Jahr aufzurunden.

§ 2. Änderungskündigung. ¹Kündigt der Arbeitgeber das Arbeitsverhältnis und bietet er dem Arbeitnehmer im Zusammenhang mit der Kündigung die Fortsetzung des Arbeitsverhältnisses zu geänderten Arbeitsbedingungen an, so kann der Arbeitnehmer dieses Angebot unter dem Vorbehalt annehmen, daß die Änderung der Arbeitsbedingungen nicht sozial ungerechtfertigt ist (§ 1 Abs. 2 Satz 1 bis 3, Abs. 3 Satz 1 und 2). ²Diesen Vorbehalt muß der Arbeitnehmer dem Arbeitgeber innerhalb der Kündigungsfrist, spätestens jedoch innerhalb von drei Wochen nach Zugang der Kündigung erklären.

§ 3. Kündigungseinspruch. ¹Hält der Arbeitnehmer eine Kündigung für sozial ungerechtfertigt, so kann er binnen einer Woche nach der Kündigung Einspruch beim Betriebsrat einlegen. ²Erachtet der Betriebsrat den Einspruch für begründet, so hat er zu versuchen, eine Verständigung mit dem Arbeitgeber herbeizuführen. ³Er hat seine Stellungnahme zu dem Einspruch dem Arbeitnehmer und dem Arbeitgeber auf Verlangen schriftlich mitzuteilen.

Kündigungsschutzgesetz

7.3 KSchG §§ 4–15

§ 4. Anrufung des Arbeitsgerichtes. ¹Will ein Arbeitnehmer geltend machen, dass eine Kündigung sozial ungerechtfertigt oder aus anderen Gründen rechtsunwirksam ist, so muss er innerhalb von drei Wochen nach Zugang der schriftlichen Kündigung Klage beim Arbeitsgericht auf Feststellung erheben, dass das Arbeitsverhältnis durch die Kündigung nicht aufgelöst ist. ²Im Falle des § 2 ist die Klage auf Feststellung zu erheben, daß die Änderung der Arbeitsbedingungen sozial ungerechtfertigt oder aus anderen Gründen rechtsunwirksam ist. …

§ 9. Auflösung des Arbeitsverhältnisses durch Urteil des Gerichts; Abfindung des Arbeitnehmers. (1) ¹Stellt das Gericht fest, daß das Arbeitsverhältnis durch die Kündigung nicht aufgelöst ist, ist jedoch dem Arbeitnehmer die Fortsetzung des Arbeitsverhältnisses nicht zuzumuten, so hat das Gericht auf Antrag des Arbeitnehmers das Arbeitsverhältnis aufzulösen und den Arbeitgeber zur Zahlung einer angemessenen Abfindung zu verurteilen. ²Die gleiche Entscheidung hat das Gericht auf Antrag des Arbeitgebers zu treffen, wenn Gründe vorliegen, die eine den Betriebszwecken dienliche weitere Zusammenarbeit zwischen Arbeitgeber und Arbeitnehmer nicht erwarten lassen. ³Arbeitnehmer und Arbeitgeber können den Antrag auf Auflösung des Arbeitsverhältnisses bis zum Schluß der letzten mündlichen Verhandlung in der Berufungsinstanz stellen.

(2) Das Gericht hat für die Auflösung des Arbeitsverhältnisses den Zeitpunkt festzusetzen, an dem es bei sozial gerechtfertigter Kündigung geendet hätte.

§ 10. Höhe der Abfindung. (1) Als Abfindung ist ein Betrag bis zu zwölf Monatsverdiensten festzusetzen.

(2) Hat der Arbeitnehmer das fünfzigste Lebensjahr vollendet und hat das Arbeitsverhältnis mindestens fünfzehn Jahre bestanden, so ist ein Betrag bis zu fünfzehn Monatsverdiensten, hat der Arbeitnehmer das fünfundfünfzigste Lebensjahr vollendet und hat das Arbeitsverhältnis mindestens zwanzig Jahre bestanden, so ist ein Betrag bis zu achtzehn Monatsverdiensten festzusetzen. …

Kündigungsschutz im Rahmen der Betriebsverfassung und Personalvertretung

§ 15. Unzulässigkeit der Kündigung.

(1) ¹Die Kündigung eines Mitglieds eines Betriebsrats, einer Jugend- und Auszubildendenvertretung, einer Bordvertretung oder eines Seebetriebsrats ist unzulässig, es sei denn, daß Tatsachen vorliegen, die den Arbeitgeber zur Kündigung aus wichtigem Grund ohne Einhaltung einer Kündigungsfrist berechtigen, und daß die nach § 103 des Betriebsverfassungsgesetzes erforderliche Zustimmung vorliegt oder durch gerichtliche Entscheidung ersetzt ist. ²Nach Beendigung der Amtszeit ist die Kündigung eines Mitglieds eines Betriebsrats, einer Jugend- und Auszubildendenvertretung oder eines Seebetriebsrats innerhalb eines Jahres, die Kündigung eines Mitglieds einer Bordvertretung innerhalb von sechs Monaten, jeweils vom Zeitpunkt der Beendigung der Amtszeit an gerechnet, unzulässig, es sei denn, daß Tatsachen vorliegen, die den Arbeitgeber zur Kündigung aus wichtigem Grund ohne Einhaltung einer Kündigungsfrist berechtigen; dies gilt nicht, wenn die Beendigung der Mitgliedschaft auf einer gerichtlichen Entscheidung beruht.

(3) ¹Die Kündigung eines Mitglieds eines Wahlvorstands ist vom Zeitpunkt seiner Bestellung an, die Kündigung eines Wahlbewerbers vom Zeitpunkt der Aufstellung des Wahlvorschlags an, jeweils bis zur Bekanntgabe des Wahlergebnisses unzulässig, es sei denn, daß Tatsachen vorliegen, die den Arbeitgeber zur Kündigung aus wichtigem Grund ohne Einhaltung einer Kündigungsfrist berechtigen, und daß die nach § 103 des Betriebsverfassungsgesetzes oder nach dem Personalvertretungsrecht erforderliche Zustimmung vorliegt oder durch eine gerichtliche Entscheidung ersetzt ist. ²Innerhalb von sechs Monaten nach Bekanntgabe des Wahlergebnisses ist die Kündigung unzulässig, es sei denn, daß Tatsachen vorliegen, die den Arbeitgeber zur Kündigung aus wichtigem Grund ohne Einhaltung einer Kündigungsfrist berechtigen; dies gilt nicht für Mitglieder des Wahlvorstands, wenn dieser durch gerichtliche Entscheidung durch einen anderen Wahlvorstand ersetzt worden ist.

(3a) ¹Die Kündigung eines Arbeitnehmers, der zu einer Betriebs-, Wahl- oder Bordversammlung nach § 17 Abs. 3, § 17 a Nr. 3 Satz 2, § 115 Abs. 2 Nr. 8 Satz 1 des Betriebsverfassungsgesetzes einlädt oder die Bestellung eines Wahlvorstands nach § 16 Abs. 2 Satz 1, § 17 Abs. 4, § 17 a Nr. 4, § 63 Abs. 3, § 115 Abs. 2 Nr. 8 Satz 2 oder § 116 Abs. 2 Nr. 7 Satz 5 des Betriebsverfassungsgesetzes beantragt, ist vom Zeitpunkt der Einladung oder Antragstellung an bis zur Bekanntgabe des Wahlergebnisses unzulässig, es sei denn, dass Tatsachen vorliegen, die den Arbeitgeber zur Kündigung aus wichtigem Grund ohne Einhaltung einer Kündigungsfrist berechtigen; der Kündigungsschutz gilt für die ersten drei in der Einladung oder Antragstellung aufgeführten Arbeitnehmer. ²Wird ein Betriebsrat, eine Jugend- und Auszubildendenvertretung, eine Bordvertretung oder ein

Seebetriebsrat nicht gewählt, besteht der Kündigungsschutz nach Satz 1 vom Zeitpunkt der Einladung oder Antragstellung an drei Monate.
...

Anzeigepflichtige Entlassungen

§ 17. Anzeigepflicht. (1) Der Arbeitgeber ist verpflichtet, der Agentur für Arbeit Anzeige zu erstatten, bevor er
1. in Betrieben mit in der Regel mehr als 20 und weniger als 60 Arbeitnehmern mehr als 5 Arbeitnehmer,
2. in Betrieben mit in der Regel mindestens 60 und weniger als 500 Arbeitnehmern 10 vom Hundert der im Betrieb regelmäßig beschäftigten Arbeitnehmer oder aber mehr als 25 Arbeitnehmer,
3. in Betrieben mit in der Regel mindestens 500 Arbeitnehmern mindestens 30 Arbeitnehmer innerhalb von 30 Kalendertagen entläßt. Den Entlassungen stehen andere Beendigungen des Arbeitsverhältnisses gleich, die vom Arbeitgeber veranlaßt werden.

(2) Beabsichtigt der Arbeitgeber, nach Absatz 1 anzeigepflichtige Entlassungen vorzunehmen, hat er dem Betriebsrat rechtzeitig die zweckdienlichen Auskünfte zu erteilen und ihn schriftlich insbesondere zu unterrichten über
1. die Gründe für die geplanten Entlassungen,
2. die Zahl und die Berufsgruppen der zu entlassenden Arbeitnehmer,
3. die Zahl und die Berufsgruppen der in der Regel beschäftigten Arbeitnehmer,
4. den Zeitraum, in dem die Entlassungen vorgenommen werden sollen,
5. die vorgesehenen Kriterien für die Auswahl der zu entlassenden Arbeitnehmer,
6. die für die Berechnung etwaiger Abfindungen vorgesehenen Kriterien.
...

§ 18. Entlassungssperre. (1) Entlassungen, die nach § 17 anzuzeigen sind, werden vor Ablauf eines Monats nach Eingang der Anzeige bei der Agentur für Arbeit nur mit deren Zustimmung wirksam; ...

§ 19. Zulässigkeit von Kurzarbeit. (1) Ist der Arbeitgeber nicht in der Lage, die Arbeitnehmer bis zu dem in § 18 Abs. 1 und 2 bezeichneten Zeitpunkt voll zu beschäftigen, so kann die Bundesagentur für Arbeit zulassen, daß der Arbeitgeber für die Zwischenzeit Kurzarbeit einführt.

(2) Der Arbeitgeber ist im Falle der Kurzarbeit berechtigt, Lohn oder Gehalt der mit verkürzter Arbeitszeit beschäftigten Arbeitnehmer entsprechend zu kürzen; die Kürzung des Arbeitsentgelts wird jedoch erst von dem Zeitpunkt an wirksam, an dem das Arbeitsverhältnis nach den allgemeinen gesetzlichen oder den vereinbarten Bestimmungen enden würde.
...

Schlussbestimmungen

§ 23. Geltungsbereich. (1) [1]Die Vorschriften des Ersten und Zweiten Abschnitts gelten für Betriebe und Verwaltungen des privaten und des öffentlichen Rechts, vorbehaltlich der Vorschriften des § 24 für die Seeschiffahrts-, Binnenschiffahrts- und Luftverkehrsbetriebe. [2]Die Vorschriften des Ersten Abschnitts gelten mit Ausnahme der §§ 4 bis 7 und des § 13 Abs. 1 Satz 1 und 2 nicht für Betriebe und Verwaltungen, in denen in der Regel fünf oder weniger Arbeitnehmer ausschließlich der zu ihrer Berufsbildung Beschäftigten beschäftigt werden. [3]In Betrieben und Verwaltungen, in denen in der Regel zehn oder weniger Arbeitnehmer ausschließlich der zu ihrer Berufsbildung Beschäftigten beschäftigt werden, gelten die Vorschriften des Ersten Abschnitts mit Ausnahme der §§ 4 bis 7 und des § 13 Abs. 1 Satz 1 und 2 nicht für Arbeitnehmer, deren Arbeitsverhältnis nach dem 31. Dezember 2003 begonnen hat; diese Arbeitnehmer sind bei der Feststellung der Zahl der beschäftigten Arbeitnehmer nach Satz 2 bis zur Beschäftigung von in der Regel zehn Arbeitnehmern nicht zu berücksichtigen. [4]Bei der Feststellung der Zahl der beschäftigten Arbeitnehmer nach den Sätzen 2 und 3 sind teilzeitbeschäftigte Arbeitnehmer mit einer regelmäßigen wöchentlichen Arbeitszeit von nicht mehr als 20 Stunden mit 0,5 und nicht mehr als 30 Stunden mit 0,75 zu berücksichtigen.

(2) [1]Die Vorschriften des Dritten Abschnitts gelten für Betriebe und Verwaltungen des privaten Rechts sowie für Betriebe, die von einer öffentlichen Verwaltung geführt werden, soweit sie wirtschaftliche Zwecke verfolgen. [2]Sie gelten nicht für Seeschiffe und ihre Besatzung.

§ 25. Kündigung in Arbeitskämpfen. Die Vorschriften dieses Gesetzes finden keine Anwendung auf Kündigungen und Entlassungen, die lediglich als Maßnahmen in wirtschaftlichen Kämpfen zwischen Arbeitgebern und Arbeitnehmern vorgenommen werden.

Allgemeines Gleichbehandlungsgesetz
Vom 14. August 2006, mit Änderungen bis zum 12. Dezember 2007

Allgemeiner Teil

§ 1. Ziel des Gesetzes. Ziel des Gesetzes ist, Benachteiligungen aus Gründen der Rasse oder wegen der ethnischen Herkunft, des Geschlechts, der Religion oder Weltanschauung, einer Behinderung, des Alters oder der sexuellen Identität zu verhindern oder zu beseitigen.

§ 2. Anwendungsbereich. (1) Benachteiligungen aus einem in § 1 genannten Grund sind nach Maßgabe dieses Gesetzes unzulässig in Bezug auf:
1. die Bedingungen, einschließlich Auswahlkriterien und Einstellungsbedingungen, für den Zugang zu unselbstständiger und selbstständiger Erwerbstätigkeit, unabhängig von Tätigkeitsfeld und beruflicher Position, sowie für den beruflichen Aufstieg,
2. die Beschäftigungs- und Arbeitsbedingungen einschließlich Arbeitsentgelt und Entlassungsbedingungen, insbesondere in individual- und kollektivrechtlichen Vereinbarungen und Maßnahmen bei der Durchführung und Beendigung eines Beschäftigungsverhältnisses sowie beim beruflichen Aufstieg,
3. den Zugang zu allen Formen und allen Ebenen der Berufsberatung, der Berufsbildung einschließlich der Berufsausbildung, der beruflichen Weiterbildung und der Umschulung sowie der praktischen Berufserfahrung,
4. die Mitgliedschaft und Mitwirkung in einer Beschäftigten- oder Arbeitgebervereinigung oder einer Vereinigung, deren Mitglieder einer bestimmten Berufsgruppe angehören, einschließlich der Inanspruchnahme der Leistungen solcher Vereinigungen,
5. den Sozialschutz, einschließlich der sozialen Sicherheit und der Gesundheitsdienste,
6. die sozialen Vergünstigungen,
7. die Bildung,
8. den Zugang zu und die Versorgung mit Gütern und Dienstleistungen, die der Öffentlichkeit zur Verfügung stehen, einschließlich von Wohnraum.

(2) ¹Für Leistungen nach dem Sozialgesetzbuch gelten § 33 c des Ersten Buches Sozialgesetzbuch und § 19 a des Vierten Buches Sozialgesetzbuch. ²Für die betriebliche Altersvorsorge gilt das Betriebsrentengesetz.

(3) ¹Die Geltung sonstiger Benachteiligungsverbote oder Gebote der Gleichbehandlung wird durch dieses Gesetz nicht berührt. ²Dies gilt auch für öffentlich-rechtliche Vorschriften, die dem Schutz bestimmter Personengruppen dienen.

(4) Für Kündigungen gelten ausschließlich die Bestimmungen zum allgemeinen und besonderen Kündigungsschutz.

§ 3. Begriffsbestimmungen. (1) ¹Eine unmittelbare Benachteiligung liegt vor, wenn eine Person wegen eines in § 1 genannten Grundes eine weniger günstige Behandlung erfährt als eine andere Person in einer vergleichbaren Situation erfährt, erfahren hat oder erfahren würde. ²Eine unmittelbare Benachteiligung wegen des Geschlechts liegt in Bezug auf § 2 Abs. 1 Nr. 1 bis 4 auch im Falle einer ungünstigeren Behandlung einer Frau wegen Schwangerschaft oder Mutterschaft vor.

(2) Eine mittelbare Benachteiligung liegt vor, wenn dem Anschein nach neutrale Vorschriften, Kriterien oder Verfahren Personen wegen eines in § 1 genannten Grundes gegenüber anderen Personen in besonderer Weise benachteiligen können, es sei denn, die betreffenden Vorschriften, Kriterien oder Verfahren sind durch ein rechtmäßiges Ziel sachlich gerechtfertigt und die Mittel sind zur Erreichung dieses Ziels angemessen und erforderlich.

(3) Eine Belästigung ist eine Benachteiligung, wenn unerwünschte Verhaltensweisen, die mit einem in § 1 genannten Grund in Zusammenhang stehen, bezwecken oder bewirken, dass die Würde der betreffenden Person verletzt und ein von Einschüchterungen, Anfeindungen, Erniedrigungen, Entwürdigungen oder Beleidigungen gekennzeichnetes Umfeld geschaffen wird.

(4) Eine sexuelle Belästigung ist eine Benachteiligung in Bezug auf § 2 Abs. 1 Nr. 1 bis 4, wenn ein unerwünschtes, sexuell bestimmtes Verhalten, wozu auch unerwünschte sexuelle Handlungen und Aufforderungen zu diesen, sexuell bestimmte körperliche Berührungen, Bemerkungen sexuellen Inhalts sowie unerwünschtes Zeigen und sichtbares Anbringen von pornographischen Darstellungen gehören, bezweckt oder bewirkt, dass die Würde der betreffenden Person verletzt wird, insbesondere wenn ein von Einschüchterungen, Anfeidungen, Erniedrigungen, Entwürdigungen oder Beleidigungen gekennzeichnetes Umfeld geschaffen wird.

(5) ¹Die Anweisung zur Benachteiligung einer Person aus einem in § 1 genannten Grund gilt als Benachteiligung. ²Eine solche Anweisung liegt in Bezug auf § 2 Abs. 1 Nr. 1 bis 4 insbesondere vor, wenn jemand eine Person zu

7.4 AGG §§ 3–15   Schutz der Beschäftigten vor Benachteiligung

einem Verhalten bestimmt, das einen Beschäftigten oder eine Beschäftigte wegen eines in § 1 genannten Grundes benachteiligt oder benachteiligen kann.

Schutz der Beschäftigten vor Benachteiligung

§ 6. Persönlicher Anwendungsbereich. (1) Beschäftigte im Sinne dieses Gesetzes sind
1. Arbeitnehmerinnen und Arbeitnehmer,
2. die zu ihrer Berufsbildung Beschäftigten,
3. Personen, die wegen ihrer wirtschaftlichen Unselbstständigkeit als arbeitnehmerähnliche Personen anzusehen sind; zu diesen gehören auch die in Heimarbeit Beschäftigten und die ihnen Gleichgestellten.
²Als Beschäftigte gelten auch die Bewerberinnen und Bewerber für ein Beschäftigungsverhältnis sowie die Personen, deren Beschäftigungsverhältnis beendet ist.

(2) ¹Arbeitgeber (Arbeitgeber und Arbeitgeberinnen) im Sinne dieses Abschnitts sind natürliche und juristische Personen sowie rechtsfähige Personengesellschaften, die Personen nach Absatz 1 beschäftigen. ²Werden Beschäftigte einem Dritten zur Arbeitsleistung überlassen, so gilt auch dieser als Arbeitgeber im Sinne dieses Abschnitts. ³Für die in Heimarbeit Beschäftigten und die ihnen Gleichgestellten tritt an die Stelle des Arbeitgebers der Auftraggeber oder Zwischenmeister.

(3) Soweit es die Bedingungen für den Zugang zur Erwerbstätigkeit sowie den beruflichen Aufstieg betrifft, gelten die Vorschriften dieses Abschnitts für Selbstständige und Organmitglieder, insbesondere Geschäftsführer oder Geschäftsführerinnen und Vorstände, entsprechend.

§ 8. Zulässige unterschiedliche Behandlung wegen beruflicher Anforderungen. (1) Eine unterschiedliche Behandlung wegen eines in § 1 genannten Grundes ist zulässig, wenn dieser Grund wegen der Art der auszuübenden Tätigkeit oder der Bedingungen ihrer Ausübung eine wesentliche und entscheidende berufliche Anforderung darstellt, sofern der Zweck rechtmäßig und die Anforderung angemessen ist.

(2) Die Vereinbarung einer geringeren Vergütung für gleiche oder gleichwertige Arbeit wegen eines in § 1 genannten Grundes wird nicht dadurch gerechtfertigt, dass wegen eines in § 1 genannten Grundes besondere Schutzvorschriften gelten.

§ 9. Zulässige unterschiedliche Behandlung wegen der Religion oder Weltanschauung.
(1) Ungeachtet des § 8 ist eine unterschiedliche Behandlung wegen der Religion oder der Weltanschauung bei der Beschäftigung durch Religionsgemeinschaften, die ihnen zugeordneten Einrichtungen ohne Rücksicht auf ihre Rechtsform oder durch Vereinigungen, die sich die gemeinschaftliche Pflege einer Religion oder Weltanschauung zur Aufgabe machen, auch zulässig, wenn eine bestimmte Religion oder Weltanschauung unter Beachtung des Selbstverständnisses der jeweiligen Religionsgemeinschaft oder Vereinigung im Hinblick auf ihr Selbstbestimmungsrecht oder nach der Art der Tätigkeit eine gerechtfertigte berufliche Anforderung darstellt.
…

§ 10. Zulässige unterschiedliche Behandlung wegen des Alters. Ungeachtet des § 8 ist eine unterschiedliche Behandlung wegen des Alters auch zulässig, wenn sie objektiv und angemessen und durch ein legitimes Ziel gerechtfertigt ist. Die Mittel zur Erreichung dieses Ziels müssen angemessen und erforderlich sein.
…

§ 11. Ausschreibung. Ein Arbeitsplatz darf nicht unter Verstoß gegen § 7 Abs. 1 ausgeschrieben werden.

§ 13. Beschwerderecht. (1) ¹Die Beschäftigten haben das Recht, sich bei den zuständigen Stellen des Betriebs, des Unternehmens oder der Dienststelle zu beschweren, wenn sie sich im Zusammenhang mit ihrem Beschäftigungsverhältnis vom Arbeitgeber, von Vorgesetzten, anderen Beschäftigten oder Dritten wegen eines in § 1 genannten Grundes benachteiligt fühlen. ²Die Beschwerde ist zu prüfen und das Ergebnis der oder dem beschwerdeführenden Beschäftigten mitzuteilen.

(2) Die Rechte der Arbeitnehmervertretungen bleiben unberührt.

§ 14. Leistungsverweigerungsrecht. ¹Ergreift der Arbeitgeber keine oder offensichtlich ungeeignete Maßnahmen zur Unterbindung einer Belästigung oder sexuellen Belästigung am Arbeitsplatz, sind die betroffenen Beschäftigten berechtigt, ihre Tätigkeit ohne Verlust des Arbeitsentgelts einzustellen, soweit dies zu ihrem Schutz erforderlich ist. ²§ 273 des Bürgerlichen Gesetzbuchs bleibt unberührt.

§ 15. Entschädigung und Schadensersatz. Bei einem Verstoß gegen das Benachteiligungsverbot ist der Arbeitgeber verpflichtet, den hierdurch entstandenen Schaden zu ersetzen. Dies

Allgemeines Gleichbehandlungsgesetz 7.4 AGG §§ 15–27

gilt nicht, wenn der Arbeitgeber die Pflichtverletzung nicht zu vertreten hat.
...

Schutz vor Benachteiligung im Zivilrechtsverkehr

§ 19. Zivilrechtliches Benachteiligungsverbot.
(1) Eine Benachteiligung aus Gründen der Rasse oder wegen der ethnischen Herkunft, wegen des Geschlechts, der Religion, einer Behinderung, des Alters oder der sexuellen Identität bei der Begründung, Durchführung und Beendigung zivilrechtlicher Schuldverhältnisse, die
1. typischerweise ohne Ansehen der Person zu vergleichbaren Bedingungen in einer Vielzahl von Fällen zustande kommen (Massengeschäfte) oder bei denen das Ansehen der Person nach der Art des Schuldverhältnisses eine nachrangige Bedeutung hat und die zu vergleichbaren Bedingungen in einer Vielzahl von Fällen zustande kommen oder
2. eine privatrechtliche Versicherung zum Gegenstand haben,

ist unzulässig.
(2) Eine Benachteiligung aus Gründen der Rasse oder wegen der ethnischen Herkunft ist darüber hinaus auch bei der Begründung, Durchführung und Beendigung sonstiger zivilrechtlicher Schuldverhältnisse im Sinne des § 2 Abs. 1 Nr. 5 bis 8 unzulässig.
(3) Bei der Vermietung von Wohnraum ist eine unterschiedliche Behandlung im Hinblick auf die Schaffung und Erhaltung sozial stabiler Bewohnerstrukturen und ausgewogener Siedlungsstrukturen sowie ausgeglichener wirtschaftlicher, sozialer und kultureller Verhältnisse zulässig.
(4) Die Vorschriften dieses Abschnitts finden keine Anwendung auf familien- und erbrechtliche Schuldverhältnisse.
(5) ¹Die Vorschriften dieses Abschnitts finden keine Anwendung auf zivilrechtliche Schuldverhältnisse, bei denen ein besonderes Nähe- oder Vertrauensverhältnis der Parteien oder ihrer Angehörigen begründet wird. ²Bei Mietverhältnissen kann dies insbesondere der Fall sein, wenn die Parteien oder ihre Angehörigen Wohnraum auf demselben Grundstück nutzen. ³Die Vermietung von Wohnraum zum nicht nur vorübergehenden Gebrauch ist in der Regel kein Geschäft im Sinne des Absatzes 1 Nr. 1, wenn der Vermieter insgesamt nicht mehr als 50 Wohnungen vermietet.

§ 20. Zulässige unterschiedliche Behandlung.
Eine Verletzung des Benachteiligungsverbots ist nicht gegeben, wenn für eine unterschiedliche Behandlung wegen der Religion, einer Behinderung, des Alters, der sexuellen Identität oder des Geschlechts ein sachlicher Grund vorliegt.
...

Rechtsschutz

§ 22. Beweislast. Wenn im Streitfall die eine Partei Indizien beweist, die eine Benachteiligung wegen eines in § 1 genannten Grundes vermuten lassen, trägt die andere Partei die Beweislast dafür, dass kein Verstoß gegen die Bestimmungen zum Schutz vor Benachteiligung vorgelegen hat.

Antidiskriminierungsstelle

§ 25. Antidiskriminierungsstelle des Bundes.
(1) Beim Bundesministerium für Familie, Senioren, Frauen und Jugend wird unbeschadet der Zuständigkeit der Beauftragten des Deutschen Bundestages oder der Bundesregierung die Stelle des Bundes zum Schutz vor Benachteiligungen wegen eines in § 1 genannten Grundes (Antidiskriminierungsstelle des Bundes) errichtet.
(2) ¹Der Antidiskriminierungsstelle des Bundes ist die für die Erfüllung ihrer Aufgaben notwendige Personal- und Sachausstattung zur Verfügung zu stellen. ²Sie ist im Einzelplan des Bundesministeriums für Familie, Senioren, Frauen und Jugend in einem eigenen Kapitel auszuweisen.

§ 27. Aufgaben. (1) Wer der Ansicht ist, wegen eines in § 1 genannten Grundes benachteiligt worden zu sein, kann sich an die Antidiskriminierungsstelle des Bundes wenden.
(2) ¹Die Antidiskriminierungsstelle des Bundes unterstützt auf unabhängige Weise Personen, die sich nach Absatz 1 an sie wenden, bei der Durchsetzung ihrer Rechte zum Schutz vor Benachteiligungen. ²Hierbei kann sie insbesondere
1. über Ansprüche und die Möglichkeiten des rechtlichen Vorgehens im Rahmen gesetzlicher Regelungen zum Schutz vor Benachteiligungen informieren,
2. Beratung durch andere Stellen vermitteln,
3. eine gütliche Beilegung zwischen den Beteiligten anstreben.

³Soweit Beauftragte des Deutschen Bundestages oder der Bundesregierung zuständig sind, leitet die Antidiskriminierungsstelle des Bundes die Anliegen der in Absatz 1 genannten Personen mit deren Einverständnis unverzüglich an diese weiter.

7.4 AGG § 31 — Schlussvorschriften

Schlussvorschriften

§ 31. Unabdingbarkeit. Von den Vorschriften dieses Gesetzes kann nicht zu Ungunsten der geschützten Personen abgewichen werden.

Arbeitsplatzschutzgesetz 7.5 ArbPlSchG §§ 1–4

Gesetz über den Schutz des Arbeitsplatzes bei Einberufung zum Wehrdienst[1]

In der Neufassung vom 14. Februar 2001, mit Änderungen bis zum 22. April 2005

Grundwehrdienst und Wehrübungen

§ 1. Ruhen des Arbeitsverhältnisses. (1) Wird ein Arbeitnehmer zum Grundwehrdienst oder zu einer Wehrübung einberufen, so ruht das Arbeitsverhältnis während des Wehrdienstes.
(2) [1]Einem Arbeitnehmer im öffentlichen Dienst hat der Arbeitgeber während einer Wehrübung Arbeitsentgelt wie bei einem Erholungsurlaub zu zahlen. [2]Zum Arbeitsentgelt gehören nicht besondere Zuwendungen, die mit Rücksicht auf den Erholungsurlaub gewährt werden.
(3) Der Arbeitnehmer hat den Einberufungsbescheid unverzüglich seinem Arbeitgeber vorzulegen.
(4) Ein befristetes Arbeitsverhältnis wird durch Einberufung zum Grundwehrdienst oder zu einer Wehrübung nicht verlängert; das Gleiche gilt, wenn ein Arbeitsverhältnis aus anderen Gründen während des Wehrdienstes geendet hätte.
...

§ 2. Kündigungsschutz für Arbeitnehmer, Weiterbeschäftigung nach der Berufsausbildung. (1) Von der Zustellung des Einberufungsbescheides bis zur Beendigung des Grundwehrdienstes sowie während einer Wehrübung darf der Arbeitgeber das Arbeitsverhältnis nicht kündigen.
(2) [1]Im Übrigen darf der Arbeitgeber das Arbeitsverhältnis nicht aus Anlass des Wehrdienstes kündigen. [2]Muss er aus dringenden betrieblichen Erfordernissen (§ 1 Abs. 2 des Kündigungsschutzgesetzes) Arbeitnehmer entlassen, so darf er bei der Auswahl der zu Entlassenden den Wehrdienst eines Arbeitnehmers nicht zu dessen Ungunsten berücksichtigen. [3]Ist streitig, ob der Arbeitgeber aus Anlass des Wehrdienstes gekündigt oder bei der Auswahl der zu Entlassenden den Wehrdienst zu Ungunsten des Arbeitnehmers berücksichtigt hat, so trifft die Beweislast den Arbeitgeber.
(3) Das Recht zur Kündigung aus wichtigem Grunde bleibt unberührt. ...
(4) Geht dem Arbeitnehmer nach der Zustellung des Einberufungsbescheides oder während des Wehrdienstes eine Kündigung zu, so beginnt die Frist des § 4 Satz 1 des Kündigungsschutzgesetzes erst zwei Wochen nach Ende des Wehrdienstes.
...

§ 4. Erholungsurlaub. (1) [1]Der Arbeitgeber kann den Erholungsurlaub, der dem Arbeitnehmer für ein Urlaubsjahr aus dem Arbeitsverhältnis zusteht, für jeden vollen Kalendermonat, den der Arbeitnehmer Wehrdienst leistet, um ein Zwölftel kürzen. [2]Dem Arbeitnehmer ist der ihm zustehende Erholungsurlaub auf Verlangen vor Beginn des Wehrdienstes zu gewähren.
(2) Hat der Arbeitnehmer den ihm zustehenden Urlaub vor seiner Einberufung nicht oder nicht vollständig erhalten, so hat der Arbeitgeber den Resturlaub nach dem Wehrdienst im laufenden oder im nächsten Urlaubsjahr zu gewähren.
(3) Endet das Arbeitsverhältnis während des Wehrdienstes oder setzt der Arbeitnehmer im Anschluß an den Wehrdienst das Arbeitsverhältnis nicht fort, so hat der Arbeitgeber den noch nicht gewährten Urlaub abzugelten.
(4) Hat der Arbeitnehmer vor seiner Einberufung mehr Urlaub erhalten als ihm nach Absatz 1 zustand, so kann der Arbeitgeber den Urlaub, der dem Arbeitnehmer nach seiner Entlassung aus dem Wehrdienst zusteht, um die zuviel gewährten Urlaubstage kürzen.
(5) Für die Zeit des Wehrdienstes richtet sich der Urlaub nach den Urlaubsvorschriften für Soldaten.

---

[1] Für anerkannte Kriegsdienstverweigerer gilt das Arbeitsplatzschutzgesetz entsprechend § 78 Zivildienstgesetz.

Gesetz über den Nachweis der für ein Arbeitsverhältnis geltenden wesentlichen Bedingungen
Vom 20. Juli 1995, mit Änderungen bis zum 13. Juli 2001

§ 1. Anwendungsbereich. Dieses Gesetz gilt für alle Arbeitnehmer, es sei denn, daß sie nur zur vorübergehenden Aushilfe von höchstens einem Monat eingestellt werden.

§ 2. Nachweispflicht. (1) [1]Der Arbeitgeber hat spätestens einen Monat nach dem vereinbarten Beginn des Arbeitsverhältnisses die wesentlichen Vertragsbedingungen schriftlich niederzulegen, die Niederschrift zu unterzeichnen und dem Arbeitnehmer auszuhändigen. [2]In die Niederschrift sind mindestens aufzunehmen:
1. der Name und die Anschrift der Vertragsparteien,
2. der Zeitpunkt des Beginns des Arbeitsverhältnisses,
3. bei befristeten Arbeitsverhältnissen: die vorhersehbare Dauer des Arbeitsverhältnisses,
4. der Arbeitsort oder, falls der Arbeitnehmer nicht nur an einem bestimmten Arbeitsort tätig sein soll, ein Hinweis darauf, daß der Arbeitnehmer an verschiedenen Orten beschäftigt werden kann,
5. eine kurze Charakterisierung der vom Arbeitnehmer zu leistenden Tätigkeit,
6. die Zusammensetzung und die Höhe des Arbeitsentgelts einschließlich der Zuschläge, der Zulagen, Prämien und Sonderzahlungen sowie anderer Bestandteile des Arbeitsentgelts und deren Fälligkeit,
7. die vereinbarte Arbeitszeit,
8. die Dauer des jährlichen Erholungsurlaubs,
9. die Fristen für die Kündigung des Arbeitsverhältnisses,
10. ein in allgemeiner Form gehaltener Hinweis auf die Tarifverträge, Betriebs- oder Dienstvereinbarungen, die auf das Arbeitsverhältnis anzuwenden sind.

[3]Der Nachweis der wesentlichen Vertragsbedingungen in elektronischer Form ist ausgeschlossen. [4]Bei Arbeitnehmern, die eine geringfügige Beschäftigung nach § 8 Abs. 1 Nr. 1 des Vierten Buches Sozialgesetzbuch ausüben, ist außerdem der Hinweis aufzunehmen, daß der Arbeitnehmer in der gesetzlichen Rentenversicherung die Stellung eines versicherungspflichtigen Arbeitnehmers erwerben kann, wenn er nach § 5 Abs. 2 Satz 2 des Sechsten Buches Sozialgesetzbuch auf die Versicherungsfreiheit durch Erklärung gegenüber dem Arbeitgeber verzichtet.

(2) Hat der Arbeitnehmer seine Arbeitsleistung länger als einen Monat außerhalb der Bundesrepublik Deutschland zu erbringen, so muß die Niederschrift dem Arbeitnehmer vor seiner Abreise ausgehändigt werden und folgende zusätzliche Angaben enthalten:
1. die Dauer der im Ausland auszuübenden Tätigkeit,
2. die Währung, in der das Arbeitsentgelt ausgezahlt wird,
3. ein zusätzliches mit dem Auslandsaufenthalt verbundenes Arbeitsentgelt und damit verbundene zusätzliche Sachleistungen,
4. die vereinbarten Bedingungen für die Rückkehr des Arbeitnehmers.

(3) [1]Die Angaben nach Absatz 1 Satz 2 Nr. 6 bis 9 und Absatz 2 Nr. 2 und 3 können ersetzt werden durch einen Hinweis auf die einschlägigen Tarifverträge, Betriebs- oder Dienstvereinbarungen und ähnlichen Regelungen, die für das Arbeitsverhältnis gelten. [2]Ist in den Fällen des Absatzes 1 Satz 2 Nr. 8 und 9 die jeweilige gesetzliche Regelung maßgebend, so kann hierauf verwiesen werden.

(4) Wenn dem Arbeitnehmer ein schriftlicher Arbeitsvertrag ausgehändigt worden ist, entfällt die Verpflichtung nach den Absätzen 1 und 2, soweit der Vertrag die in den Absätzen 1 bis 3 geforderten Angaben enthält.

§ 3. Änderung der Angaben. [1]Eine Änderung der wesentlichen Vertragsbedingungen ist dem Arbeitnehmer spätestens einen Monat nach der Änderung schriftlich mitzuteilen. [2]Satz 1 gilt nicht bei einer Änderung der gesetzlichen Vorschriften, Tarifverträge, Betriebs- oder Dienstvereinbarungen und ähnlichen Regelungen, die für das Arbeitsverhältnis gelten.

Gesetz über Teilzeitarbeit und befristete Arbeitsverträge

Vom 21. Dezember 2000, mit Änderungen bis zum 19. April 2007

Allgemeine Vorschriften

§ 1. Zielsetzung. Ziel des Gesetzes ist, Teilzeitarbeit zu fördern, die Voraussetzungen für die Zulässigkeit befristeter Arbeitsveträge festzulegen und die Diskriminierung von teilzeitbeschäftigten und befristet beschäftigten Arbeitnehmern zu verhindern.

§ 2. Begriff des teilzeitbeschäftigten Arbeitnehmers. (1) Teilzeitbeschäftigt ist ein Arbeitnehmer, dessen regelmäßige Wochenarbeitszeit kürzer ist als die eines vergleichbaren vollzeitbeschäftigten Arbeitnehmers. ...

§ 3. Begriff des befristet beschäftigten Arbeitnehmers. (1) ¹Befristet beschäftigt ist ein Arbeitnehmer mit einem auf bestimmte Zeit geschlossenen Arbeitsvertrag. ²Ein auf bestimmte Zeit geschlossener Arbeitsvertrag (befristeter Arbeitsvertrag) liegt vor, wenn seine Dauer kalendermäßig bestimmt ist (kalendermäßig befristeter Arbeitsvertrag) oder sich aus Art, Zweck oder Beschaffenheit der Arbeitsleistung ergibt (zweckbefristeter Arbeitsvertrag).

(2) Vergleichbar ist ein unbefristet beschäftigter Arbeitnehmer des Betriebes mit der gleichen oder einer ähnlichen Tätigkeit. ...

§ 4. Verbot der Diskriminierung. (1) Ein teilzeitbeschäftigter Arbeitnehmer darf wegen der Teilzeitarbeit nicht schlechter behandelt werden als ein vergleichbarer vollzeitbeschäftigter Arbeitnehmer, es sei denn, dass sachliche Gründe eine unterschiedliche Behandlung rechtfertigen. ...

(2) Ein befristet beschäftigter Arbeitnehmer darf wegen der Befristung des Arbeitsvertrages nicht schlechter behandelt werden als ein vergleichbarer unbefristet beschäftigter Arbeitnehmer, es sei denn, dass sachliche Gründe eine unterschiedliche Behandlung rechtfertigen. ...

§ 5. Benachteiligungsverbot. Der Arbeitgeber darf einen Arbeitnehmer nicht wegen der Inanspruchnahme von Rechten nach diesem Gesetz benachteiligen.

Teilzeitarbeit

§ 6. Förderung von Teilzeitarbeit. Der Arbeitgeber hat den Arbeitnehmern, auch in leitenden Positionen, Teilzeitarbeit nach Maßgabe dieses Gesetzes zu ermöglichen.

§ 7. Ausschreibung; Information über freie Arbeitsplätze. (1) Der Arbeitgeber hat einen Arbeitsplatz, den er öffentlich oder innerhalb des Betriebes ausschreibt, auch als Teilzeitarbeitsplatz auszuschreiben, wenn sich der Arbeitsplatz hierfür eignet. ...

§ 8. Verringerung der Arbeitszeit. (1) Ein Arbeitnehmer, dessen Arbeitsverhältnis länger als sechs Monate bestanden hat, kann verlangen, dass seine vertraglich vereinbarte Arbeitszeit verringert wird.

(2) ¹Der Arbeitnehmer muss die Verringerung seiner Arbeitszeit und den Umfang der Verringerung spätestens drei Monate vor deren Beginn geltend machen. ²Er soll dabei die gewünschte Verteilung der Arbeitszeit angeben.

(7) Für den Anspruch auf Verringerung der Arbeitszeit gilt die Voraussetzung, dass der Arbeitgeber, unabhängig von der Anzahl der Personen in Berufsbildung, in der Regel mehr als 15 Arbeitnehmer beschäftigt.

§ 9. Verlängerung der Arbeitszeit. Der Arbeitgeber hat einen teilzeitbeschäftigten Arbeitnehmer, der ihm den Wunsch nach einer Verlängerung seiner vertraglich vereinbarten Arbeitszeit angezeigt hat, bei der Besetzung eines entsprechenden freien Arbeitsplatzes bei gleicher Eignung bevorzugt zu berücksichtigen, es sei denn, dass dringende betriebliche Gründe oder Arbeitszeitwünsche anderer teilzeitbeschäftigter Arbeitnehmer entgegenstehen.

§ 11. Kündigungsverbot. ¹Die Kündigung eines Arbeitsverhältnisses wegen der Weigerung eines Arbeitnehmers, von einem Vollzeit- in ein Teilzeitarbeitsverhältnis oder umgekehrt zu wechseln, ist unwirksam. ²Das Recht zur Kündigung des Arbeitsverhältnisses aus anderen Gründen bleibt unberührt.

§ 12. Arbeit auf Abruf. (1) ¹Arbeitgeber und Arbeitnehmer können vereinbaren, dass der Arbeitnehmer seine Arbeitsleistung entsprechend dem Arbeitsanfall zu erbringen hat (Arbeit auf Abruf). ²Die Vereinbarung muss eine bestimmte Dauer der wöchentlichen und täglichen Arbeitszeit festlegen ...

(2) Der Arbeitnehmer ist nur zur Arbeitsleistung verpflichtet, wenn der Arbeitgeber ihm die Lage seiner Arbeitszeit jeweils mindestens vier Tage im Voraus mitteilt.
...

§ 13. Arbeitsplatzteilung. (1) ¹Arbeitgeber und Arbeitnehmer können vereinbaren, dass mehrere Arbeitnehmer sich die Arbeitszeit an einem Arbeitsplatz teilen (Arbeitsplatzteilung). ²Ist einer dieser Arbeitnehmer an der Arbeitsleistung verhindert, sind die anderen Arbeitnehmer zur Vertretung verpflichtet, wenn sie der Vertretung im Einzelfall zugestimmt haben. ³Eine Pflicht zur Vertretung besteht auch, wenn der Arbeitsvertrag bei Vorliegen dringender betrieblicher Gründe eine Vertretung vorsieht und diese im Einzelfall zumutbar ist.
(2) ¹Scheidet ein Arbeitnehmer aus der Arbeitsplatzteilung aus, so ist die darauf gestützte Kündigung des Arbeitsverhältnisses eines anderen in die Arbeitsplatzteilung einbezogenen Arbeitnehmers durch den Arbeitgeber unwirksam. ²Das Recht zur Änderungskündigung aus diesem Anlass und zur Kündigung des Arbeitsverhältnisses aus anderen Gründen bleibt unberührt.
...

Befristete Arbeitsverträge

§ 14. Zulässigkeit der Befristung. (1) ¹Die Befristung eines Arbeitsvertrages ist zulässig, wenn sie durch einen sachlichen Grund gerechtfertigt ist. ²Ein sachlicher Grund liegt insbesondere vor, wenn
1. der betriebliche Bedarf an der Arbeitsleistung nur vorübergehend besteht,
2. die Befristung im Anschluss an eine Ausbildung oder ein Studium erfolgt, um den Übergang des Arbeitnehmers in eine Anschlussbeschäftigung zu erleichtern,
3. der Arbeitnehmer zur Vertretung eines anderen Arbeitnehmers beschäftigt wird,
4. die Eigenart der Arbeitsleistung die Befristung rechtfertigt,
5. die Befristung zur Erprobung erfolgt,
6. in der Person des Arbeitnehmers liegende Gründe die Befristung rechtfertigen,
7. der Arbeitnehmer aus Haushaltsmitteln vergütet wird, die haushaltsrechtlich für eine befristete Beschäftigung bestimmt sind, und er entsprechend beschäftigt wird oder
8. die Befristung auf einem gerichtlichen Vergleich beruht.
(2) ¹Die kalendermäßige Befristung eines Arbeitsvertrages ohne Vorliegen eines sachlichen Grundes ist bis zur Dauer von zwei Jahren zulässig; bis zu dieser Gesamtdauer von zwei Jahren ist auch die höchstens dreimalige Verlängerung eines kalendermäßig befristeten Arbeitsvertrages zulässig. ²Eine Befristung nach Satz 1 ist nicht zulässig, wenn mit demselben Arbeitgeber bereits zuvor ein befristetes oder unbefristetes Arbeitsverhältnis bestanden hat. ³Durch Tarifvertrag kann die Anzahl der Verlängerungen oder die Höchstdauer der Befristung abweichend von Satz 1 festgelegt werden. ⁴Im Geltungsbereich eines solchen Tarifvertrages können nicht tarifgebundene Arbeitgeber und Arbeitnehmer die Anwendung der tariflichen Regelungen vereinbaren.
(2a) ¹In den ersten vier Jahren nach der Gründung eines Unternehmens ist die kalendermäßige Befristung eines Arbeitsvertrages ohne Vorliegen eines sachlichen Grundes bis zur Dauer von vier Jahren zulässig; bis zu dieser Gesamtdauer von vier Jahren ist auch die mehrfache Verlängerung eines kalendermäßig befristeten Arbeitsvertrages zulässig. ²Dies gilt nicht für Neugründungen im Zusammenhang mit der rechtlichen Umstrukturierung von Unternehmen und Konzernen. ³Maßgebend für den Zeitpunkt der Gründung des Unternehmens ist die Aufnahme einer Erwerbstätigkeit, die nach § 138 der Abgabenordnung der Gemeinde oder dem Finanzamt mitzuteilen ist. ⁴Auf die Befristung eines Arbeitsvertrages nach Satz 1 findet Absatz 2 Satz 2 bis 4 entsprechende Anwendung.
(3) ¹Die kalendermäßige Befristung eines Arbeitsvertrages ohne Vorliegen eines sachlichen Grundes ist bis zu einer Dauer von fünf Jahren zulässig, wenn der Arbeitnehmer bei Beginn des befristeten Arbeitsverhältnisses das 52. Lebensjahr vollendet hat und unmittelbar vor Beginn des befristeten Arbeitsverhältnisses mindestens vier Monate beschäftigungslos im Sinne des § 119 Abs. 1 Nr. 1 des Dritten Buches Sozialgesetzbuch gewesen ist, Transferkurzarbeitergeld bezogen oder an einer öffentlich geförderten Beschäftigungsmaßnahme nach dem Zweiten oder Dritten Buch Sozialgesetzbuch teilgenommen hat. ²Bis zu der Gesamtdauer von fünf Jahren ist auch die mehrfache Verlängerung des Arbeitsvertrages zulässig.
(4) Die Befristung eines Arbeitsvertrages bedarf zu ihrer Wirksamkeit der Schriftform.

§ 15. Ende des befristeten Arbeitsvertrages. (1) Ein kalendermäßig befristeter Arbeitsvertrag endet mit Ablauf der vereinbarten Zeit.
(2) Ein zweckbefristeter Arbeitsvertrag endet mit Erreichen des Zwecks, frühestens jedoch zwei Wochen nach Zugang der schriftlichen Unterrichtung des Arbeitnehmers durch den Arbeitgeber über den Zeitpunkt der Zweckerreichung.
(3) Ein befristetes Arbeitsverhältnis unterliegt nur dann der ordentlichen Kündigung, wenn dies einzelvertraglich oder im anwendbaren Tarifvertrag vereinbart ist.
(5) Wird das Arbeitsverhältnis nach Ablauf der Zeit, für die es eingegangen ist, oder nach Zweckerreichung mit Wissen des Arbeitgebers

fortgesetzt, so gilt es als auf unbestimmte Zeit verlängert, wenn der Arbeitgeber nicht unverzüglich widerspricht oder dem Arbeitnehmer die Zweckerreichung nicht unverzüglich mitteilt.

§ 16. Folgen unwirksamer Befristung. ¹Ist die Befristung rechtsunwirksam, so gilt der befristete Arbeitsvertrag als auf unbestimmte Zeit geschlossen; er kann vom Arbeitgeber frühestens zum vereinbarten Ende ordentlich gekündigt werden, sofern nicht nach § 15 Abs. 3 die ordentliche Kündigung zu einem früheren Zeitpunkt möglich ist. ²Ist die Befristung nur wegen des Mangels der Schriftform unwirksam, kann der Arbeitsvertrag auch vor dem vereinbarten Ende ordentlich gekündigt werden.

Gesetz über die Zahlung des Arbeitsentgelts an Feiertagen und im Krankheitsfall

Vom 26. Mai 1994, mit Änderungen bis zum 23. Dezember 2003

§ 1. Anwendungsbereich. (1) Dieses Gesetz regelt die Zahlung des Arbeitsentgelts an gesetzlichen Feiertagen und die Fortzahlung des Arbeitsentgelts im Krankheitsfall an Arbeitnehmer sowie die wirtschaftliche Sicherung im Bereich der Heimarbeit für gesetzliche Feiertage und im Krankheitsfall.

(2) Arbeitnehmer im Sinne dieses Gesetzes sind Arbeiter und Angestellte sowie die zu ihrer Berufsbildung Beschäftigten.

§ 2. Entgeltzahlung an Feiertagen. (1) Für Arbeitszeit, die infolge eines gesetzlichen Feiertages ausfällt, hat der Arbeitgeber dem Arbeitnehmer das Arbeitsentgelt zu zahlen, das er ohne den Arbeitsausfall erhalten hätte.

(2) Die Arbeitszeit, die an einem gesetzlichen Feiertag gleichzeitig infolge von Kurzarbeit ausfällt und für die an anderen Tagen als an gesetzlichen Feiertagen Kurzarbeitergeld geleistet wird, gilt als infolge eines gesetzlichen Feiertages nach Absatz 1 ausgefallen.

(3) Arbeitnehmer, die am letzten Arbeitstag vor oder am ersten Arbeitstag nach Feiertagen unentschuldigt der Arbeit fernbleiben, haben keinen Anspruch auf Bezahlung für diese Feiertage.

§ 3. Anspruch auf Entgeltfortzahlung im Krankheitsfall. (1) [1]Wird ein Arbeitnehmer durch Arbeitsunfähigkeit infolge Krankheit an seiner Arbeitsleistung verhindert, ohne daß ihn ein Verschulden trifft, so hat er Anspruch auf Entgeltfortzahlung im Krankheitsfall durch den Arbeitgeber für die Zeit der Arbeitsunfähigkeit bis zur Dauer von sechs Wochen. [2]Wird der Arbeitnehmer infolge derselben Krankheit erneut arbeitsunfähig, so verliert er wegen der erneuten Arbeitsunfähigkeit den Anspruch nach Satz 1 für einen weiteren Zeitraum von höchstens sechs Wochen nicht, wenn
1. er vor der erneuten Arbeitsunfähigkeit mindestens sechs Monate nicht infolge derselben Krankheit arbeitsunfähig war oder
2. seit Beginn der ersten Arbeitsunfähigkeit infolge derselben Krankheit eine Frist von zwölf Monaten abgelaufen ist.

(2) [1]Als unverschuldete Arbeitsunfähigkeit im Sinne des Absatzes 1 gilt auch eine Arbeitsverhinderung, die infolge einer nicht rechtswidrigen Sterilisation oder eines nicht rechtswidrigen Abbruchs der Schwangerschaft eintritt. [2]Dasselbe gilt für einen Abbruch der Schwangerschaft, wenn die Schwangerschaft innerhalb von zwölf Wochen nach der Empfängnis durch einen Arzt abgebrochen wird, die schwangere Frau den Abbruch verlangt und dem Arzt durch eine Bescheinigung nachgewiesen hat, daß sie sich mindestens drei Tage vor dem Eingriff von einer anerkannten Beratungsstelle hat beraten lassen.

(3) Der Anspruch nach Absatz 1 entsteht nach vierwöchiger ununterbrochener Dauer des Arbeitsverhältnisses.

§ 4. Höhe des fortzuzahlenden Arbeitsentgelts. (1) Für den in § 3 Abs. 1 bezeichneten Zeitraum ist dem Arbeitnehmer das ihm bei der für ihn maßgebenden regelmäßigen Arbeitszeit zustehende Arbeitsentgelt fortzuzahlen.

(1a) [1]Zum Arbeitsentgelt nach Absatz 1 gehören nicht das zusätzlich für Überstunden gezahlte Arbeitsentgelt und Leistungen für Aufwendungen des Arbeitnehmers, soweit der Anspruch auf sie im Falle der Arbeitsfähigkeit davon abhängig ist, daß dem Arbeitnehmer entsprechende Aufwendungen tatsächlich entstanden sind, und dem Arbeitnehmer solche Aufwendungen während der Arbeitsunfähigkeit nicht entstehen. [2]Erhält der Arbeitnehmer eine auf das Ergebnis der Arbeit abgestellte Vergütung, so ist der von dem Arbeitnehmer in der für ihn maßgebenden regelmäßigen Arbeitszeit erzielbare Durchschnittsverdienst der Berechnung zugrunde zu legen.

(2) Ist der Arbeitgeber für Arbeitszeit, die gleichzeitig infolge eines gesetzlichen Feiertages ausgefallen ist, zur Fortzahlung des Arbeitsentgelts nach § 3 verpflichtet, bemißt sich die Höhe des fortzuzahlenden Arbeitsentgelts für diesen Feiertag nach § 2.

(3) [1]Wird in dem Betrieb verkürzt gearbeitet und würde deshalb das Arbeitsentgelt des Arbeitnehmers im Falle seiner Arbeitsfähigkeit gemindert, so ist die verkürzte Arbeitszeit für ihre Dauer als die für den Arbeitnehmer maßgebende regelmäßige Arbeitszeit im Sinne des Absatzes 1 anzusehen. [2]Dies gilt nicht im Falle des § 2 Abs. 2.

(4) [1]Durch Tarifvertrag kann eine von den Absätzen 1, 1a und 3 abweichende Bemessungsgrundlage des fortzuzahlenden Arbeitsentgelts festgelegt werden. [2]Im Geltungsbereich eines solchen Tarifvertrages kann zwischen nichttarifgebundenen Arbeitgebern und Arbeitnehmern die Anwendung der tarifvertraglichen Regelung über die Fortzahlung des Arbeitsentgelts im Krankheitsfalle vereinbart werden.

Entgeltfortzahlungsgesetz

§ 5. Anzeige- und Nachweispflichten. (1) ¹Der Arbeitnehmer ist verpflichtet, dem Arbeitgeber die Arbeitsunfähigkeit und deren voraussichtliche Dauer unverzüglich mitzuteilen. ²Dauert die Arbeitsunfähigkeit länger als drei Kalendertage, hat der Arbeitnehmer eine ärztliche Bescheinigung über das Bestehen der Arbeitsunfähigkeit sowie deren voraussichtliche Dauer spätestens an dem darauffolgenden Arbeitstag vorzulegen. ³Der Arbeitgeber ist berechtigt, die Vorlage der ärztlichen Bescheinigung früher zu verlangen. ⁴Dauert die Arbeitsunfähigkeit länger als in der Bescheinigung angegeben, ist der Arbeitgeber verpflichtet, eine neue ärztliche Bescheinigung vorzulegen. ⁵Ist der Arbeitnehmer Mitglied einer gesetzlichen Krankenkasse, muß die ärztliche Bescheinigung einen Vermerk des behandelnden Arztes darüber enthalten, daß der Krankenkasse unverzüglich eine Bescheinigung über die Arbeitsunfähigkeit mit Angaben über den Befund und die voraussichtliche Dauer der Arbeitsunfähigkeit übersandt wird.

...

§ 7. Leistungsverweigerungsrecht des Arbeitgebers. (1) Der Arbeitgeber ist berechtigt, die Fortzahlung des Arbeitsentgelts zu verweigern,
1. solange der Arbeitnehmer die von ihm nach § 5 Abs. 1 vorzulegende ärztliche Bescheinigung nicht vorlegt oder den ihm nach § 5 Abs. 2 obliegenden Verpflichtungen nicht nachkommt;
2. wenn der Arbeitnehmer den Übergang eines Schadensersatzanspruchs gegen einen Dritten auf den Arbeitgeber (§ 6) verhindert.

(2) Absatz 1 gilt nicht, wenn der Arbeitnehmer die Verletzung dieser ihm obliegenden Verpflichtungen nicht zu vertreten hat.

§ 8. Beendigung des Arbeitsverhältnisses. (1) ¹Der Anspruch auf Fortzahlung des Arbeitsentgelts wird nicht dadurch berührt, daß der Arbeitgeber das Arbeitsverhältnis aus Anlaß der Arbeitsunfähigkeit kündigt. ²Das gleiche gilt, wenn der Arbeitnehmer das Arbeitsverhältnis aus einem vom Arbeitgeber zu vertretenden Grunde kündigt, der den Arbeitnehmer zur Kündigung aus wichtigem Grund ohne Einhaltung einer Kündigungsfrist berechtigt.

(2) Endet das Arbeitsverhältnis vor Ablauf der in § 3 Abs. 1 bezeichneten Zeit nach dem Beginn der Arbeitsunfähigkeit, ohne daß es einer Kündigung bedarf, oder infolge einer Kündigung aus anderen als den in Absatz 1 bezeichneten Gründen, so endet der Anspruch mit dem Ende des Arbeitsverhältnisses.

§ 9. Maßnahmen der medizinischen Vorsorge und Rehabilitation. (1) ¹Die Vorschriften der §§ 3 bis 4 a und 6 bis 8 gelten entsprechend für die Arbeitsverhinderung infolge einer Maßnahme der medizinischen Vorsorge oder Rehabilitation, die ein Träger der gesetzlichen Renten-, Kranken- oder Unfallversicherung, eine Verwaltungsbehörde der Kriegsopferversorgung oder ein sonstiger Sozialleistungsträger bewilligt hat und die in einer Einrichtung der medizinischen Vorsorge oder Rehabilitation durchgeführt wird. ²Ist der Arbeitnehmer nicht Mitglied einer gesetzlichen Krankenkasse oder nicht in der gesetzlichen Rentenversicherung versichert, gelten die §§ 3 bis 4 a und 6 bis 8 entsprechend, wenn eine Maßnahme der medizinischen Vorsorge oder Rehabilitation ärztlich verordnet worden ist und in einer Einrichtung der medizinischen Vorsorge oder Rehabilitation oder einer vergleichbaren Einrichtung durchgeführt wird.

(2) Der Arbeitnehmer ist verpflichtet, dem Arbeitgeber den Zeitpunkt des Antritts der Maßnahme, die voraussichtliche Dauer und die Verlängerung der Maßnahme im Sinne des Absatzes 1 unverzüglich mitzuteilen und ihm
a) eine Bescheinigung über die Bewilligung der Maßnahme durch einen Sozialleistungsträger nach Absatz 1 Satz 1 oder
b) eine ärztliche Bescheinigung über die Erforderlichkeit der Maßnahme im Sinne des Absatzes 1 Satz 2

unverzüglich vorzulegen.

§ 12. Unabdingbarkeit. Abgesehen vom § 4 Abs. 4 kann von den Vorschriften dieses Gesetzes nicht zuungunsten des Arbeitnehmers oder der nach § 10 berechtigten Personen abgewichen werden.

7.10 ArbZG §§ 1–7   Werktägliche Arbeitszeit und arbeitsfreie Zeiten

Gesetz zur Vereinheitlichung und Flexibilisierung des Arbeitszeitrechts
Vom 6. Juni 1994, mit Änderungen bis zum 31. Oktober 2006

Allgemeine Vorschriften

§ 1 Zweck des Gesetzes   Zweck des Gesetzes ist es,
1. die Sicherheit und den Gesundheitsschutz der Arbeitnehmer bei der Arbeitszeitgestaltung zu gewährleisten und die Rahmenbedingungen für flexible Arbeitszeiten zu verbessern sowie
2. den Sonntag und die staatlich anerkannten Feiertage als Tage der Arbeitsruhe und der seelischen Erhebung der Arbeitnehmer zu schützen.

§ 2 Begriffsbestimmungen (1) ¹Arbeitszeit im Sinne dieses Gesetzes ist die Zeit vom Beginn bis zum Ende der Arbeit ohne die Ruhepausen; Arbeitszeiten bei mehreren Arbeitgebern sind zusammenzurechnen. ²Im Bergbau unter Tage zählen die Ruhepausen zur Arbeitszeit.
(2) Arbeitnehmer im Sinne dieses Gesetzes sind Arbeiter und Angestellte sowie die zu ihrer Berufsbildung Beschäftigten.
(3) Nachtzeit im Sinne dieses Gesetzes ist die Zeit von 23 bis 6 Uhr.
(4) Nachtarbeit im Sinne dieses Gesetzes ist jede Arbeit, die mehr als zwei Stunden der Nachtzeit umfaßt.
...

Werktägliche Arbeitszeit und arbeitsfreie Zeiten

§ 3 Arbeitszeit der Arbeitnehmer ¹Die werktägliche Arbeitszeit der Arbeitnehmer darf acht Stunden nicht überschreiten. ²Sie kann auf bis zu zehn Stunden nur verlängert werden, wenn innerhalb von sechs Kalendermonaten oder innerhalb von 24 Wochen im Durchschnitt acht Stunden werktäglich nicht überschritten werden.

§ 4 Ruhepausen ¹Die Arbeit ist durch im voraus feststehende Ruhepausen von mindestens 30 Minuten bei einer Arbeitszeit von mehr als sechs bis zu neun Stunden und 45 Minuten bei einer Arbeitszeit von mehr als neun Stunden insgesamt zu unterbrechen. ²Die Ruhepausen nach Satz 1 können in Zeitabschnitte von jeweils mindestens 15 Minuten aufgeteilt werden. ³Länger als sechs Stunden hintereinander dürfen Arbeitnehmer nicht ohne Ruhepause beschäftigt werden.

§ 5 Ruhezeit (1) Die Arbeitnehmer müssen nach Beendigung der täglichen Arbeitszeit eine ununterbrochene Ruhezeit von mindestens elf Stunden haben.
(2) Die Dauer der Ruhezeit des Absatzes 1 kann in Krankenhäusern und anderen Einrichtungen zur Behandlung, Pflege und Betreuung von Personen, in Gaststätten und anderen Einrichtungen zur Bewirtung und Beherbergung, in Verkehrsbetrieben, beim Rundfunk sowie in der Landwirtschaft und in der Tierhaltung um bis zu eine Stunde verkürzt werden, wenn jede Verkürzung der Ruhezeit innerhalb eines Kalendermonats oder innerhalb von vier Wochen durch Verlängerung einer anderen Ruhezeit auf mindestens zwölf Stunden ausgeglichen wird.
...

§ 6 Nacht- und Schichtarbeit (1) Die Arbeitszeit der Nacht- und Schichtarbeitnehmer ist nach den gesicherten arbeitswissenschaftlichen Erkenntnissen über die menschengerechte Gestaltung der Arbeit festzulegen.
(2) ¹Die werktägliche Arbeitszeit der Nachtarbeitnehmer darf acht Stunden nicht überschreiten. ²Sie kann auf bis zu zehn Stunden nur verlängert werden, wenn abweichend von § 3 innerhalb von einem Kalendermonat oder innerhalb von vier Wochen im Durchschnitt acht Stunden werktäglich nicht überschritten werden. ...

§ 7 Abweichende Regelungen (1) In einem Tarifvertrag oder auf Grund eines Tarifvertrags in einer Betriebs- oder Dienstvereinbarung kann zugelassen werden,
1. abweichend von § 3
   a) die Arbeitszeit über zehn Stunden werktäglich zu verlängern, wenn in die Arbeitszeit regelmäßig und in erheblichem Umfang Arbeitsbereitschaft oder Betriebsbereitschaftsdienst fällt,
   b) einen anderen Ausgleichszeitraum festzulegen,
2. abweichend von § 4 Satz 2 die Gesamtdauer der Ruhepausen in Schichtbetrieben und Verkehrsbetrieben auf Kurzpausen von angemessener Dauer aufzuteilen,
3. abweichend von § 5 Abs. 1 die Ruhezeit um bis zu zwei Stunden zu kürzen, wenn die Art der Arbeit dies erfordert und die Kürzung der Ruhezeit innerhalb eines festzulegenden Ausgleichszeitraums ausgeglichen wird,
4. abweichend von § 6 Abs. 2
   a) die Arbeitszeit über zehn Stunden werktäglich hinaus zu verlängern, wenn in die

Arbeitszeitgesetz

Arbeitszeit regelmäßig und in erheblichem Umfang Arbeitsbereitschaft oder Bereitschaftsdienst fällt,
b) einen anderen Ausgleichszeitraum festzulegen,
5. den Beginn des siebenstündigen Nachtzeitraums des § 2 Abs. 3 auf die Zeit zwischen 22 und 24 Uhr festzulegen. ...

Sonn- und Feiertagsruhe

§ 9 Sonn- und Feiertagsruhe (1) Arbeitnehmer dürfen an Sonn- und gesetzlichen Feiertagen von 0 bis 24 Uhr nicht beschäftigt werden.

(2) In mehrschichtigen Betrieben mit regelmäßiger Tag- und Nachtschicht kann Beginn oder Ende der Sonn- und Feiertagsruhe um bis zu sechs Stunden vor- oder zurückverlegt werden, wenn für die auf den Beginn der Ruhezeit folgenden 24 Stunden der Betrieb ruht.

(3) Für Kraftfahrer und Beifahrer kann der Beginn der 24-stündigen Sonn- und Feiertagsruhe um bis zu zwei Stunden vorverlegt werden.

§ 10 Sonn- und Feiertagsbeschäftigung
(1) Sofern die Arbeiten nicht an Werktagen vorgenommen werden können, dürfen Arbeitnehmer an Sonn- und Feiertagen abweichend von § 9 beschäftigt werden
1. in Not- und Rettungsdiensten sowie bei der Feuerwehr,
2. zur Aufrechterhaltung der öffentlichen Sicherheit und Ordnung sowie der Funktionsfähigkeit von Gerichten und Behörden und für Zwecke der Verteidigung,
3. in Krankenhäusern und anderen Einrichtungen zur Behandlung, Pflege und Betreuung von Personen,
4. in Gaststätten und anderen Einrichtungen zur Bewirtung und Beherbergung sowie im Haushalt,
5. bei Musikaufführungen, Theatervorstellungen, Filmvorführungen, Schaustellungen, Darbietungen und anderen ähnlichen Veranstaltungen,
6. bei nichtgewerblichen Aktionen und Veranstaltungen der Kirchen, Religionsgesellschaften, Verbände, Vereine, Parteien und anderer ähnlicher Vereinigungen,
7. beim Sport und in Freizeit-, Erholungs- und Vergnügungseinrichtungen, beim Fremdenverkehr sowie in Museen und wissenschaftlichen Präsenzbibliotheken,
8. beim Rundfunk, bei der Tages- und Sportpresse, bei Nachrichtenagenturen sowie bei der Tagesaktualität dienenden Tätigkeiten für andere Presseerzeugnisse einschließlich des Austragens, bei der Herstellung von Satz, Filmen und Druckformen für tagesaktuelle Nachrichten und Bilder, bei tagesaktuellen Aufnahmen auf Ton- und Bildträger sowie beim Transport und Kommissionieren von Presseerzeugnissen, deren Ersterscheinungstag am Montag oder am Tag nach einem Feiertag liegt,
9. bei Messen, Ausstellungen und Märkten im Sinne des Titels IV der Gewerbeordnung sowie bei Volksfesten,
10. in Verkehrsbetrieben sowie beim Transport und Kommissionieren von leichtverderblichen Waren im Sinne des § 30 Abs. 3 Nr. 2 der Straßenverkehrsordnung, ...
14. bei der Reinigung und Instandhaltung von Betriebseinrichtungen, soweit hierdurch der regelmäßige Fortgang des eigenen oder eines fremden Betriebs bedingt ist, bei der Vorbereitung der Wiederaufnahme des vollen werktägigen Betriebs sowie bei der Aufrechterhaltung der Funktionsfähigkeit von Datennetzen und Rechnersystemen,
15. zur Verhütung des Verderbens von Naturerzeugnissen oder Rohstoffen oder des Mißlingens von Arbeitsergebnissen sowie bei kontinuierlich durchzuführenden Forschungsarbeiten,
16. zur Vermeidung einer Zerstörung oder erheblichen Beschädigung der Produktionseinrichtungen.

(2) Abweichend von § 9 dürfen Arbeitnehmer an Sonn- und Feiertagen mit den Produktionsarbeiten beschäftigt werden, wenn die infolge der Unterbrechung der Produktion nach Absatz 1 Nr. 14 zulässigen Arbeiten den Einsatz von mehr Arbeitnehmern als bei durchgehender Produktion erfordern.

(3) Abweichend von § 9 dürfen Arbeitnehmer an Sonn- und Feiertagen in Bäckereien und Konditoreien für bis zu drei Stunden mit der Herstellung und dem Austragen oder Ausfahren von Konditorwaren und an diesem Tag zum Verkauf kommenden Bäckerwaren beschäftigt werden.

Durchführung des Gesetzes

§ 16 Aushang und Arbeitszeitnachweise
(1) Der Arbeitgeber ist verpflichtet, einen Abdruck dieses Gesetzes, der auf Grund dieses Gesetzes erlassenen, für den Betrieb geltenden Rechtsverordnungen und der für den Betrieb geltenden Tarifverträge und Betriebs- oder Dienstvereinbarungen im Sinne des § 7 Abs. 1 bis 3, §§ 12 und 21a Abs. 6 an geeigneter Stelle im Betrieb zur Einsichtnahme auszulegen oder auszuhängen.

(2) ¹Der Arbeitgeber ist verpflichtet, die über die werktägliche Arbeitszeit des § 3 Satz 1 hin-

ausgehende Arbeitszeit der Arbeitnehmer aufzuzeichnen und ein Verzeichnis der Arbeitnehmer zu führen, die in eine Verlängerung der Arbeitszeit gemäß § 7 Abs. 7 eingewilligt haben. ²Die Nachweise sind mindestens zwei Jahre aufzubewahren.

Bundesurlaubsgesetz

Mindesturlaubsgesetz für Arbeitnehmer
Vom 8. Januar 1963, mit Änderungen bis zum 7. Mai 2002

§ 1. Urlaubsanspruch. Jeder Arbeitnehmer hat in jedem Kalenderjahr Anspruch auf bezahlten Erholungsurlaub.

§ 2. Geltungsbereich. ^{1}Arbeitnehmer im Sinne des Gesetzes sind Arbeiter und Angestellte sowie die zu ihrer Berufsausbildung Beschäftigten. ^{2}Als Arbeitnehmer gelten auch Personen, die wegen ihrer wirtschaftlichen Unselbständigkeit als arbeitnehmerähnliche Personen anzusehen sind; für den Bereich der Heimarbeit gilt § 12.

§ 3. Dauer des Urlaubs. (1) Der Urlaub beträgt jährlich mindestens 24 Werktage.
(2) Als Werktage gelten alle Kalendertage, die nicht Sonn- oder gesetzliche Feiertage sind.

§ 4. Wartezeit. Der volle Urlaubsanspruch wird erstmalig nach sechsmonatigem Bestehen des Arbeitsverhältnisses erworben.

§ 5. Teilurlaub. (1) Anspruch auf ein Zwölftel des Jahresurlaubs für jeden vollen Monat des Bestehens des Arbeitsverhältnisses hat der Arbeitnehmer
 a) für Zeiten eines Kalenderjahres, für die er wegen Nichterfüllung der Wartezeit in diesem Kalenderjahr keinen vollen Urlaubsanspruch erwirbt;
 b) wenn er vor erfüllter Wartezeit aus dem Arbeitsverhältnis ausscheidet;
 c) wenn er nach erfüllter Wartezeit in der ersten Hälfte eines Kalenderjahres aus dem Arbeitsverhältnis ausscheidet.
(2) Bruchteile von Urlaubstagen, die mindestens einen halben Tag ergeben, sind auf volle Urlaubstage aufzurunden.
(3) Hat der Arbeitnehmer im Falle des Absatzes 1 Buchstabe c bereits Urlaub über den ihm zustehenden Umfang hinaus erhalten, so kann das dafür gezahlte Urlaubsentgelt nicht zurückgefordert werden.

§ 6. Ausschluß von Doppelansprüchen. (1) Der Anspruch auf Urlaub besteht nicht, soweit dem Arbeitnehmer für das laufende Kalenderjahr bereits von einem früheren Arbeitgeber Urlaub gewährt worden ist.
(2) Der Arbeitgeber ist verpflichtet, bei Beendigung des Arbeitsverhältnisses dem Arbeitnehmer eine Bescheinigung über den im laufenden Kalenderjahr gewährten oder abgegoltenen Urlaub auszuhändigen.

§ 7. Zeitpunkt, Übertragbarkeit und Abgeltung des Urlaubs. (1) ^{1}Bei der zeitlichen Festlegung des Urlaubs sind die Urlaubswünsche des Arbeitnehmers zu berücksichtigen, es sei denn, daß ihrer Berücksichtigung dringende betriebliche Belange oder Urlaubswünsche anderer Arbeitnehmer, die unter sozialen Gesichtspunkten den Vorrang verdienen, entgegenstehen. ^{2}Der Urlaub ist zu gewähren, wenn der Arbeitnehmer dies im Anschluß an eine Maßnahme der medizinischen Vorsorge oder Rehabilitation verlangt.
(2) ^{1}Der Urlaub ist zusammenhängend zu gewähren, es sei denn, daß dringende betriebliche oder in der Person des Arbeitnehmers liegende Gründe eine Teilung des Urlaubs erforderlich machen. ^{2}Kann der Urlaub aus diesen Gründen nicht zusammenhängend gewährt werden, und hat der Arbeitnehmer Anspruch auf Urlaub von mehr als zwölf Werktagen, so muß einer der Urlaubsteile mindestens zwölf aufeinanderfolgende Werktage umfassen.
(3) ^{1}Der Urlaub muß im laufenden Kalenderjahr gewährt und genommen werden. ^{2}Eine Übertragung des Urlaubs auf das nächste Kalenderjahr ist nur statthaft, wenn dringende betriebliche oder in der Person des Arbeitnehmers liegende Gründe dies rechtfertigen. ^{3}Im Fall der Übertragung muß der Urlaub in den ersten drei Monaten des folgenden Kalenderjahres gewährt und genommen werden. ^{4}Auf Verlangen des Arbeitnehmers ist ein nach § 5 Abs. 1 Buchstabe a entstehender Teilurlaub jedoch auf das nächste Kalenderjahr zu übertragen.
(4) Kann der Urlaub wegen Beendigung des Arbeitsverhältnisses ganz oder teilweise nicht mehr gewährt werden, so ist er abzugelten.

§ 8. Erwerbstätigkeit während des Urlaubs. Während des Urlaubs darf der Arbeitnehmer keine dem Urlaubszweck widersprechende Erwerbstätigkeit leisten.

§ 9. Erkrankung während des Urlaubs. Erkrankt ein Arbeitnehmer während des Urlaubs, so werden die durch ärztliches Zeugnis nachgewiesenen Tage der Arbeitsunfähigkeit auf den Jahresurlaub nicht angerechnet.

§ 10. Maßnahmen der medizinischen Vorsorge oder Rehabilitation. Maßnahmen der medizinischen Vorsorge oder Rehabilitation dürfen auf den Urlaub nicht angerechnet werden, soweit ein Anspruch auf Fortzahlung des Arbeitsentgelts nach den gesetzlichen Vorschriften über die Entgeltfortzahlung im Krankheitsfall besteht.

§ 11. Urlaubsentgelt. (1) ¹Das Urlaubsentgelt bemißt sich nach dem durchschnittlichen Arbeitsverdienst, das der Arbeitnehmer in den letzten dreizehn Wochen vor dem Beginn des Urlaubs erhalten hat, mit Ausnahme des zusätzlich für Überstunden gezahlten Arbeitsverdienstes. ²Bei Verdiensterhöhungen nicht nur vorübergehender Natur, die während des Berechnungszeitraums oder des Urlaubs eintreten, ist von dem erhöhten Verdienst auszugehen. ³Verdienstkürzungen, die im Berechnungszeitraum infolge von Kurzarbeit, Arbeitsausfällen oder unverschuldetem Arbeitsversäumnis eintreten, bleiben für die Berechnung des Urlaubsentgelts außer Betracht. ⁴Zum Arbeitsentgelt gehörende Sachbezüge, die während des Urlaubs nicht weitergewährt werden, sind für die Dauer des Urlaubs angemessen in bar abzugelten.

(2) Das Urlaubsentgelt ist vor Antritt des Urlaubs auszuzahlen.

§ 13. Unabdingbarkeit. (1) Von den vorstehenden Vorschriften mit Ausnahme der §§ 1, 2 und 3 Abs. 1 kann in Tarifverträgen abgewichen werden.
…

Gesetz zum Elterngeld und zur Elternzeit (Bundeselterngeld- und Elternzeitgesetz – BEEG)

Vom 05. Dezember 2006, mit Änderungen bis zum 19. August 2007

Elterngeld

§ 1. Berechtigte. (1) Anspruch auf Elterngeld hat, wer
1. einen Wohnsitz oder seinen gewöhnlichen Aufenthalt in Deutschland hat,
2. mit seinem Kind in einem Haushalt lebt,
3. dieses Kind selbst betreut und erzieht und
4. keine oder keine volle Erwerbstätigkeit ausübt.

(2) Anspruch auf Elterngeld hat auch, wer, ohne eine der Voraussetzungen des Absatzes 1 Nr. 1 zu erfüllen,
1. nach § 4 des Vierten Buches Sozialgesetzbuch dem deutschen Sozialversicherungsrecht unterliegt oder im Rahmen seines in Deutschland bestehenden öffentlich-rechtlichen Dienst- oder Amtsverhältnisses vorübergehend ins Ausland abgeordnet, versetzt oder kommandiert ist,
2. Entwicklungshelfer oder Entwicklungshelferin im Sinne des § 1 des Entwicklungshelfergesetzes ist oder als Missionar oder Missionarin der Missionswerke und -gesellschaften, die Mitglieder oder Vereinbarungspartner des Evangelischen Missionswerkes Hamburg, der Arbeitsgemeinschaft Evangelikaler Missionen e.V., des Deutschen katholischen Missionsrates oder der Arbeitsgemeinschaft pfingstlich-charismatischer Missionen sind, tätig ist oder
3. die deutsche Staatsangehörigkeit besitzt und nur vorübergehend bei einer zwischen- oder überstaatlichen Einrichtung tätig ist, insbesondere nach den Entsenderichtlinien des Bundes beurlaubte Beamte und Beamtinnen, oder wer vorübergehend eine nach § 123 a des Beamtenrechtsrahmengesetzes zugewiesene Tätigkeit im Ausland wahrnimmt.

²Dies gilt auch für mit der nach Satz 1 berechtigten Person in einem Haushalt lebende Ehegatten, Ehegattinnen, Lebenspartner oder Lebenspartnerinnen.

(3) Anspruch auf Elterngeld hat abweichend von Absatz 1 Nr. 2 auch, wer
1. mit einem Kind in einem Haushalt lebt, das er mit dem Ziel der Annahme als Kind aufgenommen hat,
2. ein Kind des Ehegatten, der Ehegattin, des Lebenspartners oder der Lebenspartnerin in seinem Haushalt aufgenommen hat oder
3. mit einem Kind in einem Haushalt lebt und die von ihm erklärte Anerkennung der Vaterschaft nach § 1594 Abs. 2 des Bürgerlichen Gesetzbuchs noch nicht wirksam oder über die von ihm beantragte Vaterschaftsfeststellung nach § 1600 d des Bürgerlichen Gesetzbuchs noch nicht entschieden ist.

²Für angenommene Kinder und Kinder im Sinne des Satzes 1 Nr. 1 sind die Vorschriften dieses Gesetzes mit der Maßgabe anzuwenden, dass statt des Zeitpunktes der Geburt der Zeitpunkt der Aufnahme des Kindes bei der berechtigten Person maßgeblich ist.

(4) Können die Eltern wegen einer schweren Krankheit, Schwerbehinderung oder Tod der Eltern ihr Kind nicht betreuen, haben Verwandte bis zum dritten Grad und ihre Ehegatten, Ehegattinnen, Lebenspartner oder Lebenspartnerinnen Anspruch auf Elterngeld, wenn sie die übrigen Voraussetzungen nach Absatz 1 erfüllen und von anderen Berechtigten Elterngeld nicht in Anspruch genommen wird.

(5) Der Anspruch auf Elterngeld bleibt unberührt, wenn die Betreuung und Erziehung des Kindes aus einem wichtigen Grund nicht sofort aufgenommen werden kann oder wenn sie unterbrochen werden muss.

(6) Eine Person ist nicht voll erwerbstätig, wenn ihre wöchentliche Arbeitszeit 30 Wochenstunden im Durchschnitt des Monats nicht übersteigt, sie eine Beschäftigung zur Berufsbildung ausübt oder sie eine geeignete Tagespflegeperson im Sinne des § 23 des Achten Buches Sozialgesetzbuch ist und nicht mehr als fünf Kinder in Tagespflege betreut.

(7) Ein nicht freizügigkeitsberechtigter Ausländer oder eine nicht freizügigkeitsberechtigte Ausländerin ist nur anspruchsberechtigt, wenn diese Person
1. eine Niederlassungserlaubnis besitzt,
2. eine Aufenthaltserlaubnis besitzt, die zur Ausübung einer Erwerbstätigkeit berechtigt oder berechtigt hat, es sei denn, die Aufenthaltserlaubnis wurde
   a) nach den §§ 16 oder 17 des Aufenthaltsgesetzes erteilt,
   b) nach § 18 Abs. 2 des Aufenthaltsgesetzes erteilt und die Zustimmung der Bundesagentur für Arbeit darf nach der Beschäftigungsverordnung nur für einen bestimmten Höchstzeitraum erteilt werden,
   c) nach § 23 Abs. 1 des Aufenthaltsgesetzes wegen eines Krieges in ihrem Heimatland oder nach den §§ 23 a, 24, 25 Abs. 3 bis 5 des Aufenthaltsgesetzes erteilt

oder

3. eine in Nummer 2 Buchstabe c genannte Aufenthaltserlaubnis besitzt und
   a) sich seit mindestens drei Jahren rechtmäßig, gestattet oder geduldet im Bundesgebiet aufhält und
   b) im Bundesgebiet berechtigt erwerbstätig ist, laufende Geldleistungen nach dem Dritten Buch Sozialgesetzbuch bezieht oder Elternzeit in Anspruch nimmt.

§ 2. Höhe des Elterngeldes. (1) [1]Elterngeld wird in Höhe von 67 Prozent des in den zwölf Kalendermonaten vor dem Monat der Geburt des Kindes durchschnittlich erzielten monatlichen Einkommens aus Erwerbstätigkeit bis zu einem Höchstbetrag von 1 800 Euro monatlich für volle Monate gezahlt, in denen die berechtigte Person kein Einkommen aus Erwerbstätigkeit erzielt. [2]Als Einkommen aus Erwerbstätigkeit ist die Summe der positiven Einkünfte aus Land- und Forstwirtschaft, Gewerbebetrieb, selbstständiger Arbeit und nichtselbstständiger Arbeit im Sinne von § 2 Abs. 1 Satz 1 Nr. 1 bis 4 des Einkommensteuergesetzes nach Maßgabe der Absätze 7 bis 9 zu berücksichtigen.
(2) In den Fällen, in denen das durchschnittlich erzielte monatliche Einkommen aus Erwerbstätigkeit vor der Geburt geringer als 1 000 Euro war, erhöht sich der Prozentsatz von 67 Prozent um 0,1 Prozentpunkte für je 2 Euro, um die das maßgebliche Einkommen den Betrag von 1 000 Euro unterschreitet, auf bis zu 100 Prozent.
...

§ 3. Anrechnung von anderen Leistungen.
(1) [1]Mutterschaftsgeld, das der Mutter nach der Reichsversicherungsverordnung oder dem Gesetz über die Krankenversicherung der Landwirte für die Zeit ab dem Tag der Geburt zusteht, wird mit Ausnahme des Mutterschaftsgeldes nach § 13 Abs. 2 des Mutterschutzgesetzes auf das ihr zustehende Elterngeld nach § 2 angerechnet. [2]Das Gleiche gilt für Mutterschaftsgeld, das der Mutter im Bezugszeitraum des Elterngeldes für die Zeit vor dem Tag der Geburt eines weiteren Kindes zusteht. [3]Die Sätze 1 und 2 gelten auch für den Zuschuss zum Mutterschaftsgeld nach § 14 des Mutterschutzgesetzes sowie für Dienstbezüge, Anwärterbezüge und Zuschüsse, die nach beamten- oder soldatenrechtlichen Vorschriften für die Zeit der Beschäftigungsverbote zustehen. [4]Stehen die Leistungen nach den Sätzen 1 bis 3 nur für einen Teil des Lebensmonats des Kindes zu, sind sie nur auf den entsprechenden Teil des Elterngeldes anzurechnen.
...

§ 4. Bezugszeitraum. (1) [1]Elterngeld kann in der Zeit vom Tag der Geburt bis zur Vollendung des 14. Lebensmonats des Kindes bezogen werden. [2]Für angenommene Kinder und Kinder im Sinne des § 1 Abs. 3 Nr. 1 kann Elterngeld ab Aufnahme bei der berechtigten Person für die Dauer von bis zu 14 Monaten, längstens bis zur Vollendung des achten Lebensjahres des Kindes bezogen werden.
(2) [1]Elterngeld wird in Monatsbeträgen für Lebensmonate des Kindes gezahlt. [2]Die Eltern haben insgesamt Anspruch auf zwölf Monatsbeträge. [3]Sie haben Anspruch auf zwei weitere Monatsbeträge, wenn für zwei Monate eine Minderung des Einkommens aus Erwerbstätigkeit erfolgt. [4]Die Eltern können die jeweiligen Monatsbeträge abwechselnd oder gleichzeitig beziehen.
(3) [1]Ein Elternteil kann höchstens für zwölf Monate Elterngeld beziehen. [2]Lebensmonate des Kindes, in denen nach § 3 Abs. 1 oder 3 anzurechnende Leistungen zustehen, gelten als Monate, für die die berechtigte Person Elterngeld bezieht. [3]Ein Elternteil kann abweichend von Satz 1 für 14 Monate Elterngeld beziehen, wenn eine Minderung des Einkommens aus Erwerbstätigkeit erfolgt und mit der Betreuung durch den anderen Elternteil eine Gefährdung des Kindeswohls im Sinne von § 1666 Abs. 1 und 2 des Bürgerlichen Gesetzbuches verbunden wäre oder die Betreuung durch den anderen Elternteil unmöglich ist, insbesondere weil er wegen einer schweren Krankheit oder Schwerbehinderung sein Kind nicht betreuen kann; für die Feststellung der Unmöglichkeit der Betreuung bleiben wirtschaftliche Gründe und Gründe einer Verhinderung wegen anderweitiger Tätigkeiten außer Betracht. [5]Elterngeld für 14 Monate steht einem Elternteil auch zu, wenn
1. ihm die elterliche Sorge oder zumindest das Aufenthaltsbestimmungsrecht allein zusteht oder er eine einstweilige Anordnung erwirkt hat, mit der ihm die elterliche Sorge oder zumindest das Aufenthaltsbestimmungsrecht für das Kind vorläufig übertragen worden sind,
2. eine Minderung des Einkommens aus Erwerbstätigkeit erfolgt und
3. der andere Elternteil weder mit ihm noch mit dem Kind in einer Wohnung lebt.
...

§ 5. Zusammentreffen von Ansprüchen.
(1) [1]Erfüllen beide Elternteile die Anspruchsvoraussetzungen, bestimmen sie, wer von ihnen welche Monatsbeträge in Anspruch nimmt. [2]Die im Antrag getroffene Entscheidung ist verbindlich. [3]Eine einmalige Änderung ist bis zum Ende des Bezugszeitraums möglich in Fällen besonderer Härte, insbesondere bei Eintritt einer

Bundeselterngeld- und Elternteilzeitgesetz 7.12 BEEG §§ 5–15

schweren Krankheit, Schwerbehinderung oder Tod eines Elternteils oder eines Kindes oder bei erheblich gefährdeter wirtschaftlicher Existenz der Eltern nach Antragstellung.

...

§ 7. Antragstellung. (1) ¹Das Elterngeld ist schriftlich zu beantragen. ²Es wird rückwirkend nur für die letzten drei Monate vor Beginn des Monats geleistet, in dem der Antrag auf Elterngeld eingegangen ist.

...

§ 10. Verhältnis zu anderen Sozialleistungen.
(1) Das Elterngeld und vergleichbare Leistungen der Länder sowie die nach § 3 auf das Elterngeld angerechneten Leistungen bleiben bei Sozialleistungen, deren Zahlung von anderen Einkommen abhängig ist, bis zu einer Höhe von insgesamt 300 Euro im Monat als Einkommen unberücksichtigt.

...

Elternzeit für Arbeitnehmerinnen und Arbeitnehmer

§ 15. Anspruch auf Elternzeit. (1) Arbeitnehmerinnen und Arbeitnehmer haben Anspruch auf Elternzeit, wenn sie
1. a) mit ihrem Kind,
   b) mit einem Kind, für das sie die Anspruchsvoraussetzungen nach § 1 Abs. 3 oder 4 erfüllen, oder
   c) mit einem Kind, das sie in Vollzeitpflege nach § 33 des Achten Buches Sozialgesetzbuch aufgenommen haben,
in einem Haushalt leben und
2. dieses Kind selbst betreuen und erziehen.

²Nicht sorgeberechtigte Elternteile und Personen, die nach Satz 1 Nr. 1 Buchstabe b und c Elternzeit nehmen können, bedürfen der Zustimmung des sorgeberechtigten Elternteils.

(2) ¹Der Anspruch auf Elternzeit besteht bis zur Vollendung des dritten Lebensjahres eines Kindes. ²Die Zeit der Mutterschutzfrist nach § 6 Abs. 1 des Mutterschutzgesetzes wird auf die Begrenzung nach Satz 1 angerechnet. ³Bei mehreren Kindern besteht der Anspruch auf Elternzeit für jedes Kind, auch wenn sich die Zeiträume im Sinne von Satz 1 überschneiden. Ein Anteil der Elternzeit von bis zu zwölf Monaten ist mit Zustimmung des Arbeitgebers auf die Zeit bis zur Vollendung des achten Lebensjahres übertragbar; dies gilt auch, wenn sich die Zeiträume im Sinne von Satz 1 bei mehreren Kindern überschneiden. ⁴Bei einem angenommenen Kind und bei einem Kind in Vollzeit- oder Adoptionspflege kann Elternzeit von insgesamt bis zu drei Jahren ab der Aufnahme bei der berechtigten Person, längstens bis zur Vollendung des achten Lebensjahres des Kindes genommen werden; die Sätze 3 und 4 sind entsprechend anwendbar, soweit sie die zeitliche Aufteilung regeln. ⁵Der Anspruch kann nicht durch Vertrag ausgeschlossen oder beschränkt werden.

(3) ¹Die Elternzeit kann, auch anteilig, von jedem Elternteil allein oder von beiden Elternteilen gemeinsam genommen werden. ²Satz 1 gilt in den Fällen des Absatzes 1 Satz 1 Nr. 1 Buchstabe b und c entsprechend.

(4) ¹Der Arbeitnehmer oder die Arbeitnehmerin darf während der Elternzeit nicht mehr als 30 Wochenstunden erwerbstätig sein. ²Eine im Sinne des § 23 des Achten Buches Sozialgesetzbuch geeignete Tagespflegeperson kann bis zu fünf Kinder in Tagespflege betreuen, wenn die wöchentliche Betreuungszeit 30 Stunden übersteigt. ³Teilzeitarbeit bei einem anderen Arbeitgeber oder selbstständige Tätigkeit nach Satz 1 bedürfen der Zustimmung des Arbeitgebers. ⁴Dieser kann sie nur innerhalb von vier Wochen aus dringenden betrieblichen Gründen schriftlich ablehnen.

(5) ¹Der Arbeitnehmer oder die Arbeitnehmerin kann eine Verringerung der Arbeitszeit und ihre Ausgestaltung beantragen. ²Über den Antrag sollen sich der Arbeitgeber und der Arbeitnehmer oder die Arbeitnehmerin innerhalb von vier Wochen einigen. ³Der Antrag kann mit der schriftlichen Mitteilung nach Absatz 7 Satz 1 Nr. 5 verbunden werden. ⁴Unberührt bleibt das Recht, sowohl die vor der Elternzeit bestehende Teilzeitarbeit unverändert während der Elternzeit fortzusetzen, soweit Absatz 4 beachtet ist, als auch nach der Elternzeit zu der Arbeitszeit zurückzukehren, die vor Beginn der Elternzeit vereinbart war.

(6) Der Arbeitnehmer oder die Arbeitnehmerin kann gegenüber dem Arbeitgeber, soweit eine Einigung nach Absatz 5 nicht möglich ist, unter den Voraussetzungen des Absatzes 7 während der Gesamtdauer der Elternzeit zweimal eine Verringerung seiner oder ihrer Arbeitszeit beanspruchen.

(7) Für den Anspruch auf Verringerung der Arbeitszeit gelten folgende Voraussetzungen:
1. Der Arbeitgeber beschäftigt, unabhängig von der Anzahl der Personen in Berufsbildung, in der Regel mehr als 15 Arbeitnehmer und Arbeitnehmerinnen,
2. das Arbeitsverhältnis in demselben Betrieb oder Unternehmen besteht ohne Unterbrechung länger als sechs Monate,
3. die vertraglich vereinbarte regelmäßige Arbeitszeit soll für mindestens zwei Monate auf einen Umfang zwischen 15 und 30 Wochenstunden verringert werden,

7.12 BEEG §§ 15–20 Elternzeit für Arbeitnehmerinnen und Arbeitnehmer

4. dem Anspruch stehen keine dringenden betrieblichen Gründe entgegen und
5. der Anspruch wurde dem Arbeitgeber sieben Wochen vor Beginn der Tätigkeit schriftlich mitgeteilt.

[2]Der Antrag muss den Beginn und den Umfang der verringerten Arbeitszeit enthalten. [3]Die gewünschte Verteilung der verringerten Arbeitszeit soll im Antrag angegeben werden. [4]Falls der Arbeitgeber die beanspruchte Verringerung der Arbeitszeit ablehnen will, muss er dies innerhalb von vier Wochen mit schriftlicher Begründung tun. [5]Soweit der Arbeitgeber der Verringerung der Arbeitszeit nicht oder nicht rechtzeitig zustimmt, kann der Arbeitnehmer oder die Arbeitnehmerin Klage vor den Gerichten für Arbeitssachen erheben.

§ 16. Inanspruchnahme der Elternzeit.

(1) [1]Wer Elternzeit beanspruchen will, muss sie spätestens sieben Wochen vor Beginn schriftlich vom Arbeitgeber verlangen und gleichzeitig erklären, für welche Zeiten innerhalb von zwei Jahren Elternzeit genommen werden soll. [2]Bei dringenden Gründen ist ausnahmsweise eine angemessene kürzere Frist möglich. [3]Nimmt die Mutter die Elternzeit im Anschluss an die Mutterschutzfrist, wird die Zeit der Mutterschutzfrist nach § 6 Abs. 1 des Mutterschutzgesetzes auf den Zeitraum nach Satz 1 angerechnet. [4]Nimmt die Mutter die Elternzeit im Anschluss an die auf die Mutterschutzfrist folgenden Erholungsurlaub, werden die Zeit der Mutterschutzfrist nach § 6 Abs. 1 des Mutterschutzgesetzes und die Zeit des Erholungsurlaubs auf den Zweijahreszeitraum nach Satz 1 angerechnet. [5]Die Elternzeit kann auf zwei Zeitabschnitte verteilt werden; eine Verteilung auf weitere Zeitabschnitte ist nur mit der Zustimmung des Arbeitgebers möglich. [6]Der Arbeitgeber hat dem Arbeitnehmer oder der Arbeitnehmerin die Elternzeit zu bescheinigen.
…

§ 17. Urlaub.

(1) [1]Der Arbeitgeber kann den Erholungsurlaub, der dem Arbeitnehmer oder der Arbeitnehmerin für das Urlaubsjahr zusteht, für jeden vollen Kalendermonat der Elternzeit um ein Zwölftel kürzen. [2]Dies gilt nicht, wenn der Arbeitnehmer oder die Arbeitnehmerin während der Elternzeit bei seinem oder ihrem Arbeitgeber Teilzeitarbeit leistet.

§ 18. Kündigungsschutz.

(1) [1]Der Arbeitgeber darf das Arbeitsverhältnis ab dem Zeitpunkt, von dem an Elternzeit verlangt worden ist, höchstens jedoch acht Wochen vor Beginn der Elternzeit und während der Elternzeit nicht kündigen. [2]In besonderen Fällen kann ausnahmsweise eine Kündigung für zulässig erklärt werden. [3]Die Zulässigkeitserklärung erfolgt durch die für den Arbeitsschutz zuständige oberste Landesbehörde oder die von ihr bestimmte Stelle. [4]Die Bundesregierung kann mit Zustimmung des Bundesrates allgemeine Verwaltungsvorschriften zur Durchführung des Satzes 2 erlassen.
…

§ 19. Kündigung zum Ende der Elternzeit.

Der Arbeitnehmer oder die Arbeitnehmerin kann das Arbeitsverhältnis zum Ende der Elternzeit nur unter Einhaltung einer Kündigungsfrist von drei Monaten kündigen.

§ 20. Zur Berufsbildung Beschäftigte, in Heimarbeit Beschäftigte.

(1) [1]Die zu ihrer Berufsbildung Beschäftigten gelten als Arbeitnehmer oder Arbeitnehmerin im Sinne dieses Gesetzes. [2]Die Elternzeit wird auf Berufsbildungszeiten nicht angerechnet.

Fünftes Gesetz zur Förderung der Vermögensbildung der Arbeitnehmer

In der Neufassung vom 4. März 1994, mit Änderungen bis zum 21. Dezember 2007

§ 1. Persönlicher Geltungsbereich. (1) Die Vermögensbildung der Arbeitnehmer durch vereinbarte vermögenswirksame Leistungen der Arbeitgeber wird nach den Vorschriften dieses Gesetzes gefördert.

(2) ¹Arbeitnehmer im Sinne dieses Gesetzes sind Arbeiter und Angestellte einschließlich der zu ihrer Berufsausbildung Beschäftigten. ²Als Arbeitnehmer gelten auch die in Heimarbeit Beschäftigten.

(3) Die Vorschriften dieses Gesetzes gelten nicht
1. für vermögenswirksame Leistungen juristischer Personen an Mitglieder des Organs, das zur gesetzlichen Vertretung der juristischen Person berufen ist,
2. für vermögenswirksame Leistungen von Personengesamtheiten an die durch Gesetz, Satzung oder Gesellschaftsvertrag zur Vertretung der Personengesamtheit berufenen Personen.

(4) Für Beamte, Richter, Berufssoldaten und Soldaten auf Zeit gelten die nachstehenden Vorschriften dieses Gesetzes entsprechend.

§ 2. Vermögenswirksame Leistungen, Anlageformen. (1) Vermögenswirksame Leistungen sind Geldleistungen, die der Arbeitgeber für den Arbeitnehmer anlegt
1. als Sparbeiträge des Arbeitnehmers auf Grund eines Sparvertrags über Wertpapiere oder andere Vermögensbeteiligungen (§ 4)
   a) zum Erwerb von Aktien, die vom Arbeitgeber ausgegeben werden oder an einer deutschen Börse zum regulierten Markt zugelassen oder in den Freiverkehr einbezogen sind,
   b) zum Erwerb von Wandelschuldverschreibungen, ...
   c) zum Erwerb von Anteilscheinen an Sondervermögen nach den §§ 46–65 und 83–86 des Investmentgesetzes ...
   f) zum Erwerb von Genußscheinen, die vom Arbeitgeber als Wertpapiere ausgegeben werden oder an einer deutschen Börse zum regulierten Markt zugelassen oder in den Freiverkehr einbezogen sind ...
   g) zur Begründung oder zum Erwerb eines Geschäftsguthabens bei einer Genossenschaft ...
   h) zur Übernahme einer Stammeinlage oder zum Erwerb eines Geschäftsanteils an einer Gesellschaft mit beschränkter Haftung ...
   i) zur Begründung oder zum Erwerb einer Beteiligung als stiller Gesellschafter im Sinne des § 230 des Handelsgesetzbuchs am Unternehmen des Arbeitgebers ...
   k) zur Begründung oder zum Erwerb einer Darlehensforderung gegen den Arbeitgeber ...
   l) zur Begründung oder zum Erwerb eines Genußrechts am Unternehmen des Arbeitgebers ...
2. als Aufwendungen des Arbeitnehmers auf Grund eines Wertpapier-Kaufvertrags (§ 5),
3. als Aufwendungen des Arbeitnehmers auf Grund eines Beteiligungs-Vertrags (§ 6) oder eines Beteiligungs-Kaufvertrags (§ 7),
4. als Aufwendungen des Arbeitnehmers nach den Vorschriften des Wohnungsbau-Prämiengesetzes; die Voraussetzungen für die Gewährung einer Prämie nach dem Wohnungsbau-Prämiengesetz brauchen nicht vorzuliegen.
5. als Aufwendungen des Arbeitnehmers
   a) zum Bau, zum Erwerb, zum Ausbau oder zur Erweiterung eines im Inland belegenen Wohngebäudes oder einer im Inland belegenen Eigentumswohnung,
   b) zum Erwerb eines Dauerwohnrechts im Sinne des Wohnungseigentumsgesetzes an einer im Inland belegenen Wohnung,
   c) zum Erwerb eines im Inland belegenen Grundstücks zum Zwecke des Wohnungsbaus oder
   d) zur Erfüllung von Verpflichtungen, die im Zusammenhang mit den in den Buchstaben a bis c bezeichneten Vorhaben eingegangen sind; die Förderung der Aufwendungen nach den Buchstaben a bis c setzt voraus, daß sie unmittelbar für die dort bezeichneten Vorhaben verwendet werden,
6. als Sparbeiträge des Arbeitnehmers auf Grund eines Sparvertrags (§ 8),
7. als Beiträge des Arbeitnehmers auf Grund eines Kapitalversicherungsvertrags (§ 9).

(6) Vermögenswirksame Leistungen sind steuerpflichtige Einnahmen im Sinne des Einkommensteuergesetzes und Einkommen, Verdienst oder Entgelt (Arbeitsentgelt) im Sinne der Sozialversicherung und des Dritten Buches Sozialgesetzbuch. Reicht der nach Abzug der vermögenswirksamen Leistung verbleibende Arbeitslohn zur Deckung der einzubehaltenden Steuern, Sozialversicherungsbeiträge und Beiträge zur Bundesagentur für Arbeit nicht aus, so hat der Arbeitnehmer dem Arbeitgeber den zur Deckung erforderlichen Betrag zu zahlen.

(7) ¹Vermögenswirksame Leistungen sind arbeitsrechtlich Bestandteil des Lohns oder Ge-

halts. ²Der Anspruch auf die vermögenswirksame Leistung ist nicht übertragbar.

§ 3. Vermögenswirksame Leistungen für Angehörige, Überweisung durch den Arbeitgeber, Kennzeichnungs-, Bestätigungs- und Mitteilungspflichten. (1) Vermögenswirksame Leistungen können auch angelegt werden
1. zugunsten des Ehegatten des Arbeitnehmers (§ 26 Abs. 1 des Einkommensteuergesetzes),
2. zugunsten der in § 32 Abs. 1 des Einkommensteuergesetzes bezeichneten Kinder, die zu Beginn des maßgebenden Kalenderjahrs das 17. Lebensjahr noch nicht vollendet hatten oder die in diesem Kalenderjahr lebend geboren wurden oder
3. zugunsten der Eltern oder eines Elternteils des Arbeitnehmers, wenn der Arbeitnehmer als Kind die Voraussetzungen der Nummer 2 erfüllt.

²Dies gilt nicht für die Anlage vermögenswirksamer Leistungen auf Grund von Verträgen nach den §§ 5 bis 7.

(2) Der Arbeitgeber hat die vermögenswirksamen Leistungen für den Arbeitnehmer unmittelbar an das Unternehmen oder Institut zu überweisen, bei dem sie angelegt werden sollen. ...

§ 11. Vermögenswirksame Anlage von Teilen des Arbeitslohns. (1) Der Arbeitgeber hat auf schriftliches Verlangen des Arbeitnehmers einen Vertrag über die vermögenswirksame Anlage von Teilen des Arbeitslohns abzuschließen.

§ 12. Freie Wahl der Anlage. ¹Vermögenswirksame Leistungen werden nur dann nach den Vorschriften dieses Gesetzes gefördert, wenn der Arbeitnehmer die Art der vermögenswirksamen Anlage und das Unternehmen oder Institut, bei dem sie erfolgen soll, frei wählen kann. ²Eine Anlage im Unternehmen des Arbeitgebers nach § 2 Abs. 1 Nr. 1 Buchstabe g bis l und Abs. 4 ist nur mit Zustimmung des Arbeitgebers zulässig.

§ 13. Anspruch auf Arbeitnehmer-Sparzulage. (1) ¹Der Arbeitnehmer, der Einkünfte aus nichtselbständiger Arbeit im Sinne des § 19 Abs. 1 des Einkommensteuergesetzes bezieht, hat Anspruch auf Sparzulage nach Absatz 2, wenn sein Einkommen die Einkommensgrenze nicht überschreitet. ²Diese beträgt 17 900 Euro oder bei einer Zusammenveranlagung von Ehegatten nach § 26 b des Einkommensteuergesetzes 35 800 Euro. ³Maßgeblich ist das zu versteuernde Einkommen nach § 2 des Einkommensteuergesetzes in dem Kalenderjahr, in dem die vermögenswirksamen Leistungen angelegt worden sind.

(2) ¹Die Arbeitnehmer-Sparzulage beträgt 18 vom Hundert der nach § 2 Abs. 1 Nr. 1 bis 3, Abs. 2 bis 4 angelegten vermögenswirksamen Leistungen, soweit sie 400 Euro im Kalenderjahr nicht übersteigen, und 9 vom Hundert der nach § 2 Abs. 1 Nr. 4 und 5 angelegten vermögenswirksamen Leistungen, soweit sie 470 Euro im Kalenderjahr nicht übersteigen. ²Für Arbeitnehmer, die ihren Hauptwohnsitz in dem in Artikel 3 des Einigungsvertrages genannten Gebiet haben, tritt an die Stelle des Zulagesatzes von 18 vom Hundert der Zulagesatz von 22 vom Hundert.

(3) Die Arbeitnehmer-Sparzulage gilt weder als steuerpflichtige Einnahme im Sinne des Einkommensteuergesetzes noch als Einkommen, Verdienst oder Entgelt (Arbeitsentgelt) im Sinne der Sozialversicherung und des Dritten Buches Sozialgesetzbuch; sie gilt arbeitsrechtlich nicht als Bestandteil des Lohns oder Gehalts.

(4) Der Anspruch auf Arbeitnehmer-Sparzulage entsteht mit Ablauf des Kalenderjahrs, in dem die vermögenswirksamen Leistungen angelegt worden sind. ...

§ 14. Festsetzung der Arbeitnehmer-Sparzulage, Anwendung der Abgabenordnung, Verordnungsermächtigung, Rechtsweg. (1) ¹Die Verwaltung der Arbeitnehmer-Sparzulage obliegt den Finanzämtern. ²Die Arbeitnehmer-Sparzulage wird aus den Einnahmen an Lohnsteuer gezahlt.

Schwarzarbeitsbekämpfungsgesetz

7.14 SchwarzArbG §§ 1–7

Gesetz zur Bekämpfung der Schwarzarbeit und illegalen Beschäftigung
Vom 23. Juli 2004, mit Änderungen bis zum 7. September 2007

Zweck

§ 1. Zweck des Gesetzes. (1) Zweck des Gesetzes ist die Intensivierung der Bekämpfung der Schwarzarbeit.

(2) Schwarzarbeit leistet, wer Dienst- oder Werkleistungen erbringt oder ausführen lässt und dabei
1. als Arbeitgeber, Unternehmer oder versicherungspflichtiger Selbstständiger seine sich auf Grund der Dienst- oder Werkleistungen ergebenden sozialversicherungsrechtlichen Melde-, Beitrags- oder Aufzeichnungspflichten nicht erfüllt,
2. als Steuerpflichtiger seine sich auf Grund der Dienst- oder Werkleistungen ergebenden steuerlichen Pflichten nicht erfüllt,
3. als Empfänger von Sozialleistungen seine sich auf Grund der Dienst- oder Werkleistungen ergebenden Mitteilungspflichten gegenüber dem Sozialleistungsträger nicht erfüllt,
4. als Erbringer von Dienst- oder Werkleistungen seiner sich daraus ergebenden Verpflichtung zur Anzeige vom Beginn des selbständigen Betriebes eines stehenden Gewerbes (§ 14 der Gewerbeordnung) nicht nachgekommen ist oder die erforderliche Reisegewerbekarte (§ 55 der Gewerbeordnung) nicht erworben hat,
5. als Erbringer von Dienst- oder Werkleistungen ein zulassungspflichtiges Handwerk als stehendes Gewerbe selbständig betreibt, ohne in die Handwerksrolle eingetragen zu sein (§ 1 der Handwerksordnung).

(3) Absatz 2 findet keine Anwendung für nicht nachhaltig auf Gewinn gerichtete Dienst- oder Werkleistungen, die
1. von Angehörigen im Sinne des § 15 der Abgabenordnung oder Lebenspartnern,
2. aus Gefälligkeit,
3. im Wege der Nachbarschaftshilfe oder
4. im Wege der Selbsthilfe …

erbracht werden. Als nicht nachhaltig auf Gewinn gerichtet gilt insbesondere eine Tätigkeit, die gegen geringes Entgelt erbracht wird.

Prüfungen

§ 2. Prüfungsaufgaben. (1) Die Behörden der Zollverwaltung prüfen, ob
1. die sich aus den Dienst- oder Werkleistungen ergebenden Pflichten nach § 28a des Vierten Buches Sozialgesetzbuch erfüllt werden oder wurden,
2. auf Grund der Dienst- oder Werkleistungen Sozialleistungen nach dem Zweiten und Dritten Buch Sozialgesetzbuch oder Leistungen nach dem Altersteilzeitgesetz zu Unrecht bezogen werden oder wurden,
3. die Angaben des Arbeitgebers, die für die Sozialleistungen nach dem Dritten Buch Sozialgesetzbuch erheblich sind, zutreffend bescheinigt wurden,
4. Ausländer nicht
   a) entgegen § 284 Abs. 1 des Dritten Buches Sozialgesetzbuch oder § 4 Abs. 3 Satz 1 und 2 des Aufenthaltsgesetzes und nicht zu ungünstigeren Arbeitsbedingungen als vergleichbare deutsche Arbeitnehmer oder Arbeitnehmerinnen beschäftigt werden oder wurden oder
   b) entgegen § 4 Abs. 3 Satz 1 und 2 des Aufenthaltsgesetzes mit entgeltlichen Dienst- oder Werkleistungen beauftragt werden oder wurden

und
5. Arbeitsbedingungen nach Maßgabe des Arbeitnehmer-Entsendegesetzes eingehalten werden oder wurden.
…

§ 3. Befugnisse bei der Prüfung von Personen. (1) Zur Durchführung der Prüfungen nach § 2 Abs. 1 sind die Behörden der Zollverwaltung und die sie gemäß § 2 Abs. 2 unterstützenden Stellen befugt, Geschäftsräume und Grundstücke des Arbeitgebers und des Auftraggebers von selbstständig tätigen Personen während der Arbeitszeit der dort tätigen Personen zu betreten und dabei
1. von diesen Auskünfte hinsichtlich ihrer Beschäftigungsverhältnisse oder ihrer Tätigkeiten einzuholen und
2. Einsicht in von ihnen mitgeführte Unterlagen zu nehmen, von denen anzunehmen ist, dass aus ihnen Umfang, Art oder Dauer ihrer Beschäftigungsverhältnisse oder Tätigkeiten hervorgehen oder abgeleitet werden können.
…

§ 7. Auskunftsansprüche bei anonymen Werbemaßnahmen. Erfolgen Werbemaßnahmen ohne Angabe von Name und Anschrift unter einer Chiffre und bestehen in diesem Zusammenhang Anhaltspunkte für eine Schwarzarbeit nach § 1, ist derjenige, der die Chiffreanzeige veröffentlicht hat, verpflichtet, den Behörden der Zollverwaltung Namen und Anschrift des

7.14 SchwarzArbG §§ 7–10 — Bußgeld- und Strafvorschriften

Auftraggebers der Chiffreanzeige unentgeltlich mitzuteilen.

Bußgeld- und Strafvorschriften

§ 9. Erschleichen von Sozialleistungen im Zusammenhang mit der Erbringung von Dienst- oder Werkleistungen. Wer eine in § 8 Abs. 1 Nr. 1 Buchstabe a, b oder c bezeichnete Handlung begeht und dadurch bewirkt, dass ihm eine Leistung nach einem dort genannten Gesetz zu Unrecht gewährt wird, wird mit Freiheitsstrafe bis zu drei Jahren oder mit Geldstrafe bestraft, wenn die Tat nicht in § 263 des Strafgesetzbuches mit Strafe bedroht ist.

§ 10. Beschäftigung von Ausländern ohne Genehmigung oder ohne Aufenthaltstitel und zu ungünstigen Arbeitsbedingungen. (1) Wer vorsätzlich eine in § 404 Abs. 2 Nr. 3 des Dritten Buches Sozialgesetzbuch bezeichnete Handlung begeht, und den Ausländer zu Arbeitsbedingungen beschäftigt, die in einem auffälligen Missverhältnis zu den Arbeitsbedingungen deutscher Arbeitnehmer und Arbeitnehmerinnen stehen, die die gleiche oder eine vergleichbare Tätigkeit ausüben, wird mit Freiheitsstrafe bis zu drei Jahren oder mit Geldstrafe bestraft.

…

Arbeitsgerichtsgesetz

In der Fassung der Bekanntmachung vom 2. Juli 1979,
mit Änderungen bis zum 12. Dezember 2007

Allgemeine Vorschriften

§ 1. Gerichte für Arbeitssachen. Die Gerichtsbarkeit in Arbeitssachen – §§ 2 bis 3 – wird ausgeübt durch die Arbeitsgerichte – §§ 14 bis 31 –, die Landesarbeitsgerichte – §§ 33 bis 39 – und das Bundesarbeitsgericht – §§ 40 bis 45 – (Gerichte für Arbeitssachen).

§ 2. Zuständigkeit im Urteilsverfahren.
(1) Die Gerichte für Arbeitssachen sind ausschließlich zuständig für
1. bürgerliche Rechtsstreitigkeiten zwischen Tarifvertragsparteien oder zwischen diesen und Dritten aus Tarifverträgen oder über das Bestehen oder Nichtbestehen von Tarifverträgen;
2. bürgerliche Rechtsstreitigkeiten zwischen tariffähigen Parteien oder zwischen diesen und Dritten aus unerlaubten Handlungen, soweit es sich um Maßnahmen zum Zweck des Arbeitskampfs oder um Fragen der Vereinigungsfreiheit einschließlich des hiermit im Zusammenhang stehenden Betätigungsrechts der Vereinigungen handelt;
3. bürgerliche Rechtsstreitigkeiten zwischen Arbeitnehmern und Arbeitgebern
   a) aus dem Arbeitsverhältnis;
   b) über das Bestehen oder Nichtbestehen eines Arbeitsverhältnisses;
   c) aus Verhandlungen über die Eingehung eines Arbeitsverhältnisses und aus dessen Nachwirkungen;
   d) aus unerlaubten Handlungen, soweit diese mit dem Arbeitsverhältnis im Zusammenhang stehen;
   e) über Arbeitspapiere;
4. bürgerliche Rechtsstreitigkeiten zwischen Arbeitnehmern oder ihren Hinterbliebenen und
   a) Arbeitgebern über Ansprüche, die mit dem Arbeitsverhältnis in rechtlichem oder unmittelbar wirtschaftlichem Zusammenhang stehen;
   b) gemeinsamen Einrichtungen der Tarifvertragsparteien oder Sozialeinrichtungen des privaten Rechts über Ansprüche aus dem Arbeitsverhältnis oder Ansprüche, die mit dem Arbeitsverhältnis in rechtlichem oder unmittelbar wirtschaftlichem Zusammenhang stehen,
   soweit nicht die ausschließliche Zuständigkeit eines anderen Gerichts gegeben ist;
9. bürgerliche Rechtsstreitigkeiten zwischen Arbeitnehmern aus gemeinsamer Arbeit und aus unerlaubten Handlungen, soweit diese mit dem Arbeitsverhältnis im Zusammenhang stehen; ...

§ 2 a. Zuständigkeit im Beschlußverfahren.
(1) Die Gerichte für Arbeitssachen sind ferner ausschließlich zuständig für
1. Angelegenheiten aus dem Betriebsverfassungsgesetz, soweit nicht für Maßnahmen nach seinen §§ 119 bis 121 die Zuständigkeit eines anderen Gerichts gegeben ist;
2. Angelegenheiten aus dem Sprecherausschußgesetz, soweit nicht für Maßnahmen nach seinen §§ 34 bis 36 die Zuständigkeit eines anderen Gerichts gegeben ist;
3. Angelegenheiten aus dem Mitbestimmungsgesetz, dem Mitbestimmungsergänzungsgesetz und dem Drittelbeteiligungsgesetz, soweit über die Wahl von Vertretern der Arbeitnehmer in den Aufsichtsrat und über ihre Abberufung mit Ausnahme der Abberufung nach § 103 Abs. 3 des Aktiengesetzes zu entscheiden ist;
3a. Angelegenheiten aus den §§ 94, 95, 139 des Neunten Buches Sozialgesetzbuch;
3b. Angelegenheiten aus dem Gesetz über Europäische Betriebsräte, soweit nicht für Maßnahmen nach seinen §§ 43 bis 45 die Zuständigkeit eines anderen Gerichts gegeben ist;
3c. Angelegenheiten aus § 18 a des Berufsbildungsgesetzes;
3d. Angelegenheiten aus dem SE-Beteiligungsgesetz vom 22. Dezember 2004 (BGBl. I S. 3675, 3686) ...
3e. Angelegenheiten aus dem SCE-Beteiligungsgesetz vom 14. August 2006 (BGBl. I S. 1911, 1917) ...
4. die Entscheidung über die Tariffähigkeit und die Tarifzuständigkeit einer Vereinigung.

(2) In Streitigkeiten nach diesen Vorschriften findet das Beschlußverfahren statt.

§ 5. Begriff des Arbeitnehmers. (1) [1]Arbeitnehmer im Sinne dieses Gesetzes sind Arbeiter und Angestellte sowie die zu ihrer Berufsausbildung Beschäftigten. [2]Als Arbeitnehmer gelten auch die in Heimarbeit Beschäftigten und die ihnen Gleichgestellten (§ 1 des Heimarbeitsgesetzes vom 14. März 1951 – BGBl. S. 191 –) sowie sonstige Personen, die wegen ihrer wirtschaftlichen Unselbständigkeit als arbeitnehmerähnliche Personen anzusehen sind. [3]Als Arbeitnehmer gelten nicht in Betrieben einer juristischen

7.15 ArbGG §§ 5–54   Verfahren vor den Gerichten für Arbeitssachen

Person oder einer Personengesamtheit Personen, die kraft Gesetzes, Satzung oder Gesellschaftsvertrags allein oder als Mitglieder des Vertretungsorgans zur Vertretung der juristischen Person oder der Personengesamtheit berufen sind.

(2) Beamte sind als solche keine Arbeitnehmer.

...

§ 6. Besetzung der Gerichte für Arbeitssachen.
(1) Die Gerichte für Arbeitssachen sind mit Berufsrichtern und mit ehrenamtlichen Richtern aus den Kreisen der Arbeitnehmer und Arbeitgeber besetzt.

§ 8. Gang des Verfahrens.
(1) Im ersten Rechtszug sind die Arbeitsgerichte zuständig.

(2) Gegen die Urteile der Arbeitsgerichte findet die Berufung an die Landesarbeitsgerichte nach Maßgabe des § 64 Abs. 1 statt.

(3) Gegen die Urteile der Landesarbeitsgerichte findet die Revision an das Bundesarbeitsgericht nach Maßgabe des § 72 Abs. 1 statt.

(4) Gegen die Beschlüsse der Arbeitsgerichte und ihrer Vorsitzenden im Beschlußverfahren findet die Beschwerde an die Landesarbeitsgerichte nach Maßgabe des § 87 statt.

(5) Gegen die Beschlüsse der Landesarbeitsgerichte im Beschlußverfahren findet die Rechtsbeschwerde an das Bundesarbeitsgericht nach Maßgabe des § 92 statt.

§ 10. Parteifähigkeit.
Parteifähig im arbeitsgerichtlichen Verfahren sind auch Gewerkschaften und Vereinigungen von Arbeitgebern sowie Zusammenschlüsse solcher Verbände; ...

§ 11. Prozessvertretung.
(1) ¹Die Parteien können vor dem Arbeitsgericht den Rechtsstreit selbst führen. ²Parteien, die eine fremde oder ihnen zum Zweck der Einziehung auf fremde Rechnung abgetretene Geldforderung geltend machen, müssen sich durch einen Rechtsanwalt als Bevollmächtigten vertreten lassen, soweit sie nach Maßgabe des Absatzes 2 zur Vertretung des Gläubigers befugt wären oder eine Forderung einziehen, deren ursprünglicher Gläubiger sie sind.

(2) Die Parteien können sich durch einen Rechtsanwalt als Bevollmächtigten vertreten lassen. Darüber hinaus sind als Bevollmächtigte vor dem Arbeitsgericht vertretungsbefugt nur
1. Beschäftigte der Partei oder eines mit ihr verbundenen Unternehmens (§ 15 des Aktiengesetzes); Behörden und juristische Personen des öffentlichen Rechts einschließlich der von ihnen zur Erfüllung ihrer öffentlichen Aufgaben gebildeten Zusammenschlüsse können sich auch durch Beschäftigte anderer Behörden oder juristischer Personen des öffentlichen Rechts einschließlich der von ihnen zur Erfüllung ihrer öffentlichen Aufgaben gebildeten Zusammenschlüsse vertreten lassen,
2. volljährige Familienangehörige (§ 15 der Abgabenordnung, § 11 des Lebenspartnerschaftsgesetzes), Personen mit Befähigung zum Richteramt und Streitgenossen, wenn die Vertretung nicht im Zusammenhang mit einer entgeltlichen Tätigkeit steht,
3. selbständige Vereinigungen von Arbeitnehmern mit sozial- oder berufspolitischer Zwecksetzung für ihre Mitglieder,
4. Gewerkschaften und Vereinigungen von Arbeitgebern sowie Zusammenschlüsse solcher Verbände für ihre Mitglieder oder für andere Verbände oder Zusammenschlüsse mit vergleichbarer Ausrichtung und deren Mitglieder, ...

Aufbau der Gerichte für Arbeitssachen

§ 16. Zusammensetzung.
(1) ¹Das Arbeitsgericht besteht aus der erforderlichen Zahl von Vorsitzenden und ehrenamtlichen Richtern. ²Die ehrenamtlichen Richter werden je zur Hälfte aus den Kreisen der Arbeitnehmer und der Arbeitgeber entnommen.

(2) Jede Kammer des Arbeitsgerichts wird in der Besetzung mit einem Vorsitzenden und je einem ehrenamtlichen Richter aus Kreisen der Arbeitnehmer und der Arbeitgeber tätig.

Verfahren vor den Gerichten für Arbeitssachen

§ 46 b. Einreichung elektronischer Dokumente.
(1) ¹Soweit für vorbereitende Schriftsätze und deren Anlagen, für Anträge und Erklärungen der Parteien sowie für Auskünfte, Aussagen, Gutachten und Erklärungen Dritter die Schriftform vorgesehen ist, genügt dieser Form die Aufzeichnung als elektronisches Dokument, wenn dieses für die Bearbeitung durch das Gericht geeignet ist. ²Die verantwortliche Person soll das Dokument mit einer qualifizierten elektronischen Signatur nach dem Signaturgesetz versehen.

...

§ 54. Güteverfahren.
(1) ¹Die mündliche Verhandlung beginnt mit einer Verhandlung vor dem Vorsitzenden zum Zwecke der gütlichen Einigung der Parteien (Güteverhandlung). ²Der Vorsitzende hat zu diesem Zwecke das gesamte Streitverhältnis mit den Parteien unter freier

Arbeitsgerichtsgesetz

Würdigung aller Umstände zu erörtern. ³Zur Aufklärung des Sachverhalts kann er alle Handlungen vornehmen, die sofort erfolgen können. ⁴Eidliche Vernehmungen sind jedoch ausgeschlossen. ⁵Der Vorsitzende kann die Güteverhandlung mit Zustimmung der Parteien in einem weiteren Termin, der alsbald stattzufinden hat, fortsetzen.

...

§ 64. Grundsatz. (1) Gegen die Urteile der Arbeitsgerichte findet, soweit nicht nach § 78 das Rechtsmittel der sofortigen Beschwerde gegeben ist, die Berufung an die Landesarbeitsgerichte statt.

(2) Die Berufung kann nur eingelegt werden,
a) wenn sie in dem Urteil des Arbeitsgerichts zugelassen worden ist,
b) wenn der Wert des Beschwerdegegenstandes 600 Euro übersteigt,
c) in Rechtsstreitigkeiten über das Bestehen, das Nichtbestehen oder die Kündigung eines Arbeitsverhältnisses ...

§ 72. Grundsatz. (1) ¹Gegen das Endurteil eines Landesarbeitsgerichts findet die Revision an das Bundesarbeitsgericht statt, wenn sie in dem Urteil des Landesarbeitsgerichts oder in dem Beschluß des Bundesarbeitsgerichts nach § 72 a Abs. 5 Satz 2 zugelassen worden ist. ²§ 64 Abs. 3 a ist entsprechend anzuwenden.

§ 82. Örtliche Zuständigkeit. (1) ¹Zuständig ist das Arbeitsgericht, in dessen Bezirk der Betrieb liegt. ²In Angelegenheiten des Gesamtbetriebsrats, des Konzernbetriebsrats, der Gesamtjugendvertretung oder der Gesamt-Jugend- und Auszubildendenvertretung, des Wirtschaftsausschusses und der Vertretung der Arbeitnehmer im Aufsichtsrat ist das Arbeitsgericht zuständig, in dessen Bezirk das Unternehmen seinen Sitz hat. ³Satz 2 gilt entsprechend in Angelegenheiten des Gesamtsprecherausschusses, des Unternehmenssprecherausschusses und des Konzernsprecherausschusses.

(2) ¹In Angelegenheiten eines Europäischen Betriebsrats, im Rahmen eines Verfahrens zur Unterrichtung und Anhörung oder des besonderen Verhandlungsgremiums ist das Arbeitsgericht zuständig, in dessen Bezirk das Unternehmen oder das herrschende Unternehmen nach § 2 des Gesetzes über Europäische Betriebsräte seinen Sitz hat. ²Bei einer Vereinbarung nach § 41 des Gesetzes über Europäische Betriebsräte ist der Sitz des vertragschließenden Unternehmens maßgebend.

(3) In Angelegenheiten aus dem SE-Beteiligungsgesetz ist das Arbeitsgericht zuständig, in dessen Bezirk die Europäische Gesellschaft ihren Sitz hat; vor ihrer Eintragung ist das Arbeitsgericht zuständig, in dessen Bezirk die Europäische Gesellschaft ihren Sitz haben soll.

(4) In Angelegenheiten nach dem SCE-Beteiligungsgesetz ist das Arbeitsgericht zuständig, in dessen Bezirk die Europäische Genossenschaft ihren Sitz hat; vor ihrer Eintragung ist das Arbeitsgericht zuständig, in dessen Bezirk die Europäische Genossenschaft ihren Sitz haben soll.

Schiedsvertrag in Arbeitsstreitigkeiten

§ 101. Grundsatz.

(1) Für bürgerliche Rechtsstreitigkeiten zwischen Tarifvertragsparteien aus Tarifverträgen oder über das Bestehen oder Nichtbestehen von Tarifverträgen können die Parteien des Tarifvertrags die Arbeitsgerichtsbarkeit allgemein oder für den Einzelfall durch die ausdrückliche Vereinbarung ausschließen, daß die Entscheidung durch ein Schiedsgericht erfolgen soll.

(3) Die Vorschriften der Zivilprozeßordnung über das schiedsrichterliche Verfahren finden in Arbeitssachen keine Anwendung.

§ 107. Vergleich. Ein vor dem Schiedsgericht geschlossener Vergleich ist unter Angabe des Tages seines Zustandekommens von den Streitparteien und den Mitgliedern des Schiedsgerichts zu unterschreiben.

§ 108. Schiedsspruch. (1) Der Schiedsspruch ergeht mit einfacher Mehrheit der Stimmen der Mitglieder des Schiedsgerichts, falls der Schiedsvertrag nichts anderes bestimmt.

(4) Der Schiedsspruch hat unter den Parteien dieselben Wirkungen wie ein rechtskräftiges Urteil des Arbeitsgerichts.

Betriebsverfassungsgesetz

Vom 15. Januar 1972 in der Neufassung vom 25. September 2001, mit Änderungen bis zum 31. Oktober 2006

Erster Teil. Allgemeine Vorschriften

§ 1. Errichtung von Betriebsräten. (1) ^{1}In Betrieben mit in der Regel mindestens fünf ständigen wahlberechtigten Arbeitnehmern, von denen drei wählbar sind, werden Betriebsräte gewählt. ^{2}Dies gilt auch für gemeinsame Betriebe mehrerer Unternehmen.

(2) Ein gemeinsamer Betrieb mehrerer Unternehmen wird vermutet, wenn
1. zur Verfolgung arbeitstechnischer Zwecke die Betriebsmittel sowie die Arbeitnehmer von den Unternehmen gemeinsam eingesetzt werden oder
2. die Spaltung eines Unternehmens zur Folge hat, dass von einem Betrieb ein oder mehrere Betriebsteile einem an der Spaltung beteiligten anderen Unternehmen zugeordnet werden, ohne dass sich dabei die Organisation des betroffenen Betriebs wesentlich ändert.

§ 2. Stellung der Gewerkschaften und Vereinigungen der Arbeitgeber. (1) Arbeitgeber und Betriebsrat arbeiten unter Beachtung der geltenden Tarifverträge vertrauensvoll und im Zusammenwirken mit den im Betrieb vertretenen Gewerkschaften und Arbeitgebervereinigungen zum Wohl der Arbeitnehmer und des Betriebs zusammen.

(2) Zur Wahrnehmung der in diesem Gesetz genannten Aufgaben und Befugnisse der im Betrieb vertretenen Gewerkschaften ist deren Beauftragten nach Unterrichtung des Arbeitgebers oder seines Vertreters Zugang zum Betrieb zu gewähren, soweit dem nicht unumgängliche Notwendigkeiten des Betriebsablaufs, zwingende Sicherheitsvorschriften oder der Schutz von Betriebsgeheimnissen entgegenstehen.

(3) Die Aufgaben der Gewerkschaften und der Vereinigungen der Arbeitgeber, insbesondere die Wahrnehmung der Interessen ihrer Mitglieder, werden durch dieses Gesetz nicht berührt.

§ 3. Abweichende Regelungen. (1) Durch Tarifvertrag können bestimmt werden:
1. für Unternehmen mit mehreren Betrieben
   a) die Bildung eines unternehmenseinheitlichen Betriebsrats oder
   b) die Zusammenfassung von Betrieben, wenn dies die Bildung von Betriebsräten erleichtert oder einer sachgerechten Wahrnehmung der Interessen der Arbeitnehmer dient;
2. für Unternehmen und Konzerne, soweit sie nach produkt- oder projektbezogenen Geschäftsbereichen (Sparten) organisiert sind und die Leitung der Sparte auch Entscheidungen in beteiligungspflichtigen Angelegenheiten trifft, die Bildung von Betriebsräten in den Sparten (Spartenbetriebsräte), wenn dies der sachgerechten Wahrnehmung der Aufgaben des Betriebsrats dient; ...

§ 5. Arbeitnehmer. (1) ^{1}Arbeitnehmer (Arbeitnehmerinnen und Arbeitnehmer) im Sinne dieses Gesetzes sind Arbeiter und Angestellte einschließlich der zu ihrer Berufsausbildung Beschäftigten, unabhängig davon, ob sie im Betrieb, im Außendienst oder mit Telearbeit beschäftigt werden. ^{2}Als Arbeitnehmer gelten auch die in Heimarbeit Beschäftigten, die in der Hauptsache für den Betrieb arbeiten.

(2) Als Arbeitnehmer im Sinne dieses Gesetzes gelten nicht
1. in Betrieben einer juristischen Person die Mitglieder des Organs, das zur gesetzlichen Vertretung der juristischen Person berufen ist;
2. die Gesellschafter einer offenen Handelsgesellschaft oder die Mitglieder einer anderen Personengesamtheit, soweit sie durch Gesetz, Satzung oder Gesellschaftsvertrag zur Vertretung der Personengesamtheit oder zur Geschäftsführung berufen sind, in deren Betrieben;
3. Personen, deren Beschäftigung nicht in erster Linie ihrem Erwerb dient, sondern vorwiegend durch Beweggründe karitativer oder religiöser Art bestimmt ist;
4. Personen, deren Beschäftigung nicht in erster Linie ihrem Erwerb dient und die vorwiegend zu ihrer Heilung, Wiedereingewöhnung, sittlichen Besserung oder Erziehung beschäftigt werden;
5. der Ehegatte, der Lebenspartner, Verwandte und Verschwägerte ersten Grades, die in häuslicher Gemeinschaft mit dem Arbeitgeber leben.

(3) ^{1}Dieses Gesetz findet, soweit in ihm nicht ausdrücklich etwas anderes bestimmt ist, keine Anwendung auf leitende Angestellte. ^{2}Leitender Angestellter ist, wer nach Arbeitsvertrag und Stellung im Unternehmen oder im Betrieb
1. zur selbständigen Einstellung und Entlassung von im Betrieb oder in der Betriebsabteilung

Betriebsverfassungsgesetz 7.16 BetrVG §§ 5–9

beschäftigten Arbeitnehmern berechtigt ist oder
2. Generalvollmacht oder Prokura hat und die Prokura auch im Verhältnis zum Arbeitgeber nicht unbedeutend ist oder
3. regelmäßig sonstige Aufgaben wahrnimmt, die für den Bestand und die Entwicklung des Unternehmens oder eines Betriebs von Bedeutung sind und deren Erfüllung besondere Erfahrungen und Kenntnisse voraussetzt, wenn er dabei entweder die Entscheidungen im wesentlichen frei von Weisungen trifft oder sie maßgeblich beeinflußt; dies kann auch bei Vorgaben insbesondere auf Grund von Rechtsvorschriften, Plänen oder Richtlinien sowie bei Zusammenarbeit mit anderen leitenden Angestellten gegeben sein.

(4) Leitender Angestellter nach Absatz 3 Nr. 3 ist im Zweifel, wer
1. aus Anlass der letzten Wahl des Betriebsrats, des Sprecherausschusses oder von Aufsichtsratsmitgliedern der Arbeitnehmer oder durch rechtskräftige gerichtliche Entscheidung den leitenden Angestellten zugeordnet worden ist oder
2. einer Leitungsebene angehört, auf der in dem Unternehmen überwiegend leitende Angestellte vertreten sind, oder
3. ein regelmäßiges Jahresarbeitsentgelt erhält, das für leitende Angestellte in dem Unternehmen üblich ist, oder, …

Zweiter Teil. Betriebsrat, Betriebsversammlung, Gesamt- und Konzernbetriebsrat

Zusammensetzung und Wahl des Betriebsrats

§ 7. Wahlberechtigung. [1]Wahlberechtigt sind alle Arbeitnehmer des Betriebs, die das 18. Lebensjahr vollendet haben. [2]Werden Arbeitnehmer eines anderen Arbeitgebers zur Arbeitsleistung überlassen, so sind diese wahlberechtigt, wenn sie länger als drei Monate im Betrieb eingesetzt werden.

§ 8. Wählbarkeit. (1) [1]Wählbar sind alle Wahlberechtigten, die sechs Monate dem Betrieb angehören oder als in Heimarbeit Beschäftigte in der Hauptsache für den Betrieb gearbeitet haben. [2]Auf diese sechsmonatige Betriebszugehörigkeit werden Zeiten angerechnet, in denen der Arbeitnehmer unmittelbar vorher einem anderen Betrieb desselben Unternehmens oder Konzerns (§ 18 Absatz 1 des Aktiengesetzes) angehört hat. [3]Nicht wählbar ist, wer infolge strafgerichtlicher Verurteilung die Fähigkeit, Rechte aus öffentlichen Wahlen zu erlangen, nicht besitzt.

(2) Besteht der Betrieb weniger als sechs Monate, so sind abweichend von der Vorschrift in Absatz 1 über die sechsmonatige Betriebszugehörigkeit diejenigen Arbeitnehmer wählbar, die bei der Einleitung der Betriebsratswahl im Betrieb beschäftigt sind und die übrigen Voraussetzungen für die Wählbarkeit erfüllen.

§ 9. Zahl der Betriebsratsmitglieder. Der Betriebsrat besteht in Betrieben mit in der Regel
  5 bis 20 wahlberechtigten Arbeitnehmern aus einer Person,
  21 bis 50 wahlberechtigten Arbeitnehmern aus 3 Mitgliedern,
  51 wahlberechtigten Arbeitnehmern bis 100 Arbeitnehmern aus 5 Mitgliedern,
  101 bis 200 Arbeitnehmern aus 7 Mitgliedern,
  201 bis 400 Arbeitnehmern aus 9 Mitgliedern,
  401 bis 700 Arbeitnehmern aus 11 Mitgliedern,
  701 bis 1 000 Arbeitnehmern aus 13 Mitgliedern,
  1 001 bis 1 500 Arbeitnehmern aus 15 Mitgliedern,
  1 501 bis 2 000 Arbeitnehmern aus 17 Mitgliedern,
  2 001 bis 2 500 Arbeitnehmern aus 19 Mitgliedern,
  2 501 bis 3 000 Arbeitnehmern aus 21 Mitgliedern,
  3 001 bis 3 500 Arbeitnehmern aus 23 Mitgliedern,
  3 501 bis 4 000 Arbeitnehmern aus 25 Mitgliedern,
  4 001 bis 4 500 Arbeitnehmern aus 27 Mitgliedern,
  4 501 bis 5 000 Arbeitnehmern aus 29 Mitgliedern,
  5 001 bis 6 000 Arbeitnehmern aus 31 Mitgliedern,
  6 001 bis 7 000 Arbeitnehmern aus 33 Mitgliedern,
  7 001 bis 9 000 Arbeitnehmern aus 35 Mitgliedern.
[2]In Betrieben mit mehr als 9000 Arbeitnehmern erhöht sich die Zahl der Mitglieder des Betriebsrats für je angefangene weitere 3000 Arbeitnehmer um 2 Mitglieder.

§ 11. Ermäßigte Zahl der Betriebsratsmitglieder. Hat ein Betrieb nicht die ausreichende Zahl von wählbaren Arbeitnehmern, so ist die Zahl der Betriebsratsmitglieder der nächstniedrigeren Betriebsgröße zugrunde zu legen.

§ 13. Zeitpunkt der Betriebsratswahlen.
(1) ¹Die regelmäßigen Betriebsratswahlen finden alle vier Jahre in der Zeit vom 1. März bis 31. Mai statt. ²Sie sind zeitgleich mit den regelmäßigen Wahlen nach § 5 Absatz 1 des Sprecherausschussgesetzes einzuleiten.
...

§ 14. Wahlvorschriften. (1) Der Betriebsrat wird in geheimer und unmittelbarer Wahl gewählt.
(2) ¹Die Wahl erfolgt nach den Grundsätzen der Verhältniswahl. ²Sie erfolgt nach den Grundsätzen der Mehrheitswahl, wenn nur ein Wahlvorschlag eingereicht wird oder wenn der Betriebsrat im vereinfachten Wahlverfahren nach § 14 a zu wählen ist.
(3) Zur Wahl des Betriebsrats können die wahlberechtigten Arbeitnehmer und die im Betrieb vertretenen Gewerkschaften Wahlvorschläge machen.
(4) ¹Jeder Wahlvorschlag der Arbeitnehmer muss von mindestens einem Zwanzigstel der wahlberechtigten Arbeitnehmer, mindestens jedoch von drei Wahlberechtigten unterzeichnet sein; in Betrieben mit in der Regel bis zu zwanzig wahlberechtigten Arbeitnehmern genügt die Unterzeichnung durch zwei Wahlberechtigte. ²In jedem Fall genügt die Unterzeichnung durch fünfzig wahlberechtigte Arbeitnehmer.
(5) Jeder Wahlvorschlag einer Gewerkschaft muss von zwei Beauftragten unterzeichnet sein.

§ 14a. Vereinfachtes Wahlverfahren für Kleinbetriebe. (1) ¹In Betrieben mit in der Regel fünf bis fünfzig wahlberechtigten Arbeitnehmern wird der Betriebsrat in einem zweistufigen Verfahren gewählt. ²Auf einer ersten Wahlversammlung wird der Wahlvorstand nach § 17 a Nr. 3 gewählt. ³Auf einer zweiten Wahlversammlung wird der Betriebsrat in geheimer und unmittelbarer Wahl gewählt. ⁴Diese Wahlversammlung findet eine Woche nach der Wahlversammlung zur Wahl des Wahlvorstands statt.
...

§ 15. Zusammensetzung nach Beschäftigungsarten und Geschlechter. (1) Der Betriebsrat soll sich möglichst aus Arbeitnehmern der einzelnen Organisationsbereiche und der verschiedenen Beschäftigungsarten der im Betrieb tätigen Arbeitnehmer zusammensetzen.
(2) Das Geschlecht, das in der Belegschaft in der Minderheit ist, muss mindestens entsprechend seinem zahlenmäßigen Verhältnis im Betriebsrat vertreten sein, wenn dieser aus mindestens drei Mitgliedern besteht.

§ 19. Wahlanfechtung. (1) Die Wahl kann beim Arbeitsgericht angefochten werden, wenn gegen wesentliche Vorschriften über das Wahlrecht, die Wählbarkeit oder das Wahlverfahren verstoßen worden ist und eine Berichtigung nicht erfolgt ist, es sei denn, dass durch den Verstoß das Wahlergebnis nicht geändert oder beeinflusst werden konnte.
(2) ¹Zur Anfechtung berechtigt sind mindestens drei Wahlberechtigte, eine im Betrieb vertretene Gewerkschaft oder der Arbeitgeber. ²Die Wahlanfechtung ist nur binnen einer Frist von zwei Wochen, vom Tage der Bekanntgabe des Wahlergebnisses an gerechnet, zulässig.

§ 20. Wahlschutz und Wahlkosten. (1) ¹Niemand darf die Wahl des Betriebsrats behindern. ²Insbesondere darf kein Arbeitnehmer in der Ausübung des aktiven und passiven Wahlrechts beschränkt werden.
(2) Niemand darf die Wahl des Betriebsrats durch Zufügung oder Androhung von Nachteilen oder durch Gewährung oder Versprechen von Vorteilen beeinflussen.
(3) ¹Die Kosten der Wahl trägt der Arbeitgeber. ²Versäumnis von Arbeitszeit, die zur Ausübung des Wahlrechts, zur Betätigung im Wahlvorstand oder zur Tätigkeit als Vermittler (§ 18a) erforderlich ist, berechtigt den Arbeitgeber nicht zur Minderung des Arbeitsentgelts.

Amtszeit des Betriebsrats

§ 21. Amtszeit. Die regelmäßige Amtszeit des Betriebsrats beträgt vier Jahre. ...

§ 24. Erlöschen der Mitgliedschaft. Die Mitgliedschaft im Betriebsrat erlischt durch
1. Ablauf der Amtszeit,
2. Niederlegung des Betriebsratsamtes,
3. Beendigung des Arbeitsverhältnisses,
4. Verlust der Wählbarkeit,
5. Ausschluss aus dem Betriebsrat oder Auflösung des Betriebsrats aufgrund einer gerichtlichen Entscheidung,
6. gerichtliche Entscheidung über die Feststellung der Nichtwählbarkeit nach Ablauf der in § 19 Abs. 2 bezeichneten Frist, es sei denn, der Mangel liegt nicht mehr vor.

Geschäftsführung des Betriebsrats

§ 26. Vorsitzender. (1) Der Betriebsrat wählt aus seiner Mitte den Vorsitzenden und dessen Stellvertreter. ...

Betriebsverfassungsgesetz   **7.16 BetrVG §§ 27–39**

§ 27. Betriebsausschuss. (1) ¹Hat ein Betriebsrat neun oder mehr Mitglieder, so bildet er einen Betriebsausschuss. ²Der Betriebsausschuss besteht aus dem Vorsitzenden des Betriebsrats, dessen Stellvertreter und bei Betriebsräten mit
 9 bis 15 Mitgliedern aus 3 weiteren Ausschussmitgliedern,
17 bis 23 Mitgliedern aus 5 weiteren Ausschussmitgliedern,
25 bis 35 Mitgliedern aus 7 weiteren Ausschussmitgliedern,
37 oder mehr Mitglieder aus 9 weiteren Ausschussmitgliedern.
³Die weiteren Ausschussmitglieder werden vom Betriebsrat aus seiner Mitte in geheimer Wahl und nach den Grundsätzen der Verhältniswahl gewählt. ⁴Wird nur ein Wahlvorschlag gemacht, so erfolgt die Wahl nach den Grundsätzen der Mehrheitswahl. ...

(2) ¹Der Betriebsausschuss führt die laufenden Geschäfte des Betriebsrats. ²Der Betriebsrat kann dem Betriebsausschuss mit der Mehrheit der Stimmen seiner Mitglieder Aufgaben zur selbständigen Erledigung übertragen; dies gilt nicht für den Abschluss von Betriebsvereinbarungen. ...

§ 30. Betriebsratssitzungen. ¹Die Sitzungen des Betriebsrats finden in der Regel während der Arbeitszeit statt. ²Der Betriebsrat hat bei der Ansetzung von Betriebsratssitzungen auf die betrieblichen Notwendigkeiten Rücksicht zu nehmen. ³Der Arbeitgeber ist vom Zeitpunkt der Sitzung vorher zu verständigen. ⁴Die Sitzungen des Betriebsrats sind nicht öffentlich.

§ 31. Teilnahme der Gewerkschaften. Auf Antrag von einem Viertel der Mitglieder des Betriebsrats kann ein Beauftragter einer im Betriebsrat vertretenen Gewerkschaft an den Sitzungen beratend teilnehmen; in diesem Fall sind der Zeitpunkt der Sitzung und die Tagesordnung der Gewerkschaft rechtzeitig mitzuteilen.

§ 33. Beschlüsse des Betriebsrats. (1) ¹Die Beschlüsse des Betriebsrats werden, soweit in diesem Gesetz nichts anderes bestimmt ist, mit der Mehrheit der Stimmen der anwesenden Mitglieder gefasst. ²Bei Stimmengleichheit ist ein Antrag abgelehnt.

(2) Der Betriebsrat ist nur beschlussfähig, wenn mindestens die Hälfte der Betriebsratsmitglieder an der Beschlussfassung teilnimmt; Stellvertretung durch Ersatzmitglieder ist zulässig.

(3) Nimmt die Jugend- und Auszubildendenvertretung an der Beschlussfassung teil, so werden die Stimmen der Jugend- und Auszubildendenvertreter bei der Feststellung der Stimmenmehrheit mitgezählt.

§ 34. Sitzungsniederschrift. (1) Über jede Verhandlung des Betriebsrats ist eine Niederschrift aufzunehmen, die mindestens den Wortlaut der Beschlüsse und die Stimmenmehrheit, mit der sie gefasst sind enthält. ...

§ 35. Aussetzung von Beschlüssen. (1) Erachtet die Mehrheit der Jugend- und Auszubildendenvertretung oder die Schwerbehindertenvertretung einen Beschluss des Betriebsrats als eine erhebliche Beeinträchtigung wichtiger Interessen der durch sie vertretenen Arbeitnehmer, so ist auf ihren Antrag der Beschluss auf die Dauer von einer Woche vom Zeitpunkt der Beschlussfassung an auszusetzen, damit in dieser Frist eine Verständigung, gegebenenfalls mit Hilfe der im Betrieb vertretenen Gewerkschaften, versucht werden kann.

(2) ¹Nach Ablauf der Frist ist über die Angelegenheit neu zu beschließen. ²Wird der erste Beschluss bestätigt, so kann der Antrag auf Aussetzung nicht wiederholt werden; dies gilt auch, wenn der erste Beschluss nur unerheblich geändert wird.

§ 37. Ehrenamtliche Tätigkeit, Arbeitsversäumnis. (1) Die Mitglieder des Betriebsrats führen ihr Amt unentgeltlich als Ehrenamt.

(2) Mitglieder des Betriebsrats sind von ihrer beruflichen Tätigkeit ohne Minderung des Arbeitsentgelts zu befreien, wenn und soweit es nach Umfang und Art des Betriebs zur ordnungsgemäßen Durchführung ihrer Aufgaben erforderlich ist.

(3) ¹Zum Ausgleich für Betriebsratstätigkeit, die aus betriebsbedingten Gründen außerhalb der Arbeitszeit durchzuführen ist, hat das Betriebsratsmitglied Anspruch auf entsprechende Arbeitsbefreiung unter Fortzahlung des Arbeitsentgelts. ²Betriebsbedingte Gründe liegen auch vor, wenn die Betriebsratstätigkeit wegen der unterschiedlichen Arbeitszeiten der Betriebsratsmitglieder nicht innerhalb der persönlichen Arbeitszeit erfolgen kann. ³Die Arbeitsbefreiung ist vor Ablauf eines Monats zu gewähren; ist dies aus betriebsbedingten Gründen nicht möglich, so ist die aufgewendete Zeit wie Mehrarbeit zu vergüten.
...

§ 39. Sprechstunden. (1) ¹Der Betriebsrat kann während der Arbeitszeit Sprechstunden einrichten. ²Zeit und Ort sind mit dem Arbeitgeber zu vereinbaren. ³Kommt eine Einigung nicht zustande, so entscheidet die Einigungsstelle. ⁴Der Spruch der Einigungsstelle ersetzt die Einigung zwischen Arbeitgeber und Betriebsrat.

(3) Versäumnis von Arbeitszeit, die zum Besuch der Sprechstunden oder durch sonstige Inanspruchnahme des Betriebsrats erforderlich ist, berechtigt den Arbeitgeber nicht zur Minderung des Arbeitsentgelts des Arbeitnehmers.

§ 40. Kosten und Sachaufwand des Betriebsrats. (1) Die durch die Tätigkeit des Betriebsrats entstehenden Kosten trägt der Arbeitgeber.

(2) Für die Sitzungen, die Sprechstunden und die laufende Geschäftsführung hat der Arbeitgeber in erforderlichem Umfang Räume, sachliche Mittel, Informations- und Kommunikationstechnik sowie Büropersonal zur Verfügung zu stellen.

§ 41. Umlageverbot. Die Erhebung und Leistung von Beiträgen der Arbeitnehmer für Zwecke des Betriebsrats ist unzulässig.

Betriebsversammlung

§ 42. Zusammensetzung, Teilversammlung, Abteilungsversammlung. (1) [1]Die Betriebsversammlung besteht aus den Arbeitnehmern des Betriebs; sie wird von dem Vorsitzenden des Betriebsrats geleitet. [2]Sie ist nicht öffentlich. [3]Kann wegen der Eigenart des Betriebs eine Versammlung aller Arbeitnehmer zum gleichen Zeitpunkt nicht stattfinden, so sind Teilversammlungen durchzuführen.

(2) Arbeitnehmer organisatorisch oder räumlich abgegrenzter Betriebsteile sind unbeschadet des Betriebs zu Abteilungsversammlungen zusammenzufassen, wenn dies für die Erörterung der besonderen Belange der Arbeitnehmer erforderlich ist. ...

§ 43. Regelmäßige Betriebs- und Abteilungsversammlungen. (1) [1]Der Betriebsrat hat einmal in jedem Kalendervierteljahr eine Betriebsversammlung einzuberufen und in ihr einen Tätigkeitsbericht zu erstatten. [2]Liegen die Voraussetzungen des § 42 Abs. 2 Satz 1 vor, so hat der Betriebsrat in jedem Kalenderjahr zwei der in Satz 1 genannten Betriebsversammlungen als Abteilungsversammlungen durchzuführen. ...

(2) [1]Der Arbeitgeber ist zu den Betriebs- und Abteilungsversammlungen unter Mitteilung der Tagesordnung einzuladen. [2]Er ist berechtigt, in den Versammlungen zu sprechen. [3]Der Arbeitgeber oder sein Vertreter hat mindestens einmal in jedem Kalenderjahr in einer Betriebsversammlung über das Personal- und Sozialwesen einschließlich des Stands der Gleichstellung von Frauen und Männern im Betrieb sowie der Integration der im Betrieb beschäftigten ausländischen Arbeitnehmer, über die wirtschaftliche Lage und Entwicklung des Betriebs sowie über den betrieblichen Umweltschutz zu berichten, soweit dadurch nicht Betriebs- oder Geschäftsgeheimnisse gefährdet werden.
...

§ 44. Zeitpunkt und Verdienstausfall. (1) [1]Die in den §§ 14a, 17 und 43 Abs. 1 bezeichneten und die auf Wunsch des Arbeitgebers einberufenen Versammlungen finden während der Arbeitszeit statt, soweit nicht die Eigenart des Betriebs eine andere Regelung zwingend erfordert. [2]Die Zeit der Teilnahme an diesen Versammlungen einschließlich der zusätzlichen Wegezeiten ist den Arbeitnehmern wie Arbeitszeit zu vergüten. [3]Dies gilt auch dann, wenn die Versammlungen wegen der Eigenart des Betriebs außerhalb der Arbeitszeit stattfinden; Fahrkosten, die den Arbeitnehmern durch die Teilnahme an diesen Versammlungen entstehen, sind vom Arbeitgeber zu erstatten. ...

§ 46. Beauftragte der Verbände. (1) [1]An den Betriebs- oder Abteilungsversammlungen können Beauftragte der im Betrieb vertretenen Gewerkschaften beratend teilnehmen. [2]Nimmt der Arbeitgeber an Betriebs- oder Abteilungsversammlungen teil, so kann er einen Beauftragten der Vereinigung der Arbeitgeber, der er angehört, hinzuziehen.

(2) Der Zeitpunkt und die Tagesordnung der Betriebs- oder Abteilungsversammlungen sind den im Betriebsrat vertretenen Gewerkschaften rechtzeitig schriftlich mitzuteilen.

Gesamtbetriebsrat

§ 47. Voraussetzungen der Errichtung, Mitgliederzahl, Stimmengewicht. (1) Bestehen in einem Unternehmen mehrere Betriebsräte, so ist ein Gesamtbetriebsrat zu errichten. ...

Dritter Teil. Jugend- u. Auszubildendenvertretung

Betriebliche Jugend- und Auszubildendenvertretungen

§ 60. Errichtung und Aufgabe. (1) In Betrieben mit in der Regel mindestens fünf Arbeitnehmern, die das 18. Lebensjahr noch nicht vollendet haben (jugendliche Arbeitnehmer) oder die zu ihrer Berufsausbildung beschäftigt sind und das 25. Lebensjahr noch nicht vollendet haben, werden Jugend- und Auszubildendenvertretungen gewählt.

(2) Die Jugend- und Auszubildendenvertretung nimmt nach Maßgabe der folgenden Vorschriften die besonderen Belange der in Absatz 1 genannten Arbeitnehmer wahr.

§ 61. Wahlberechtigung und Wählbarkeit.
(1) Wahlberechtigt sind alle in § 60 Abs. 1 genannten Arbeitnehmer des Betriebs.

(2) ¹Wählbar sind alle Arbeitnehmer des Betriebs, die das 25. Lebensjahr noch nicht vollendet haben; § 8 Abs. 1 Satz 3 findet Anwendung. ²Mitglieder des Betriebsrats können nicht zu Jugend- und Auszubildendenvertretern gewählt werden.

§ 62. Zahl der Jugend- und Auszubildendenvertreter, Zusammensetzung der Jugend- und Auszubildendenvertretung.
(1) Die Jugend- und Auszubildendenvertretung besteht in Betrieben mit in der Regel

5 bis 20 der in § 60 Abs. 1 genannten Arbeitnehmer aus einer Person,
21 bis 50 der in § 60 Abs. 1 genannten Arbeitnehmer aus 3 Mitgliedern,
51 bis 150 der in § 60 Abs. 1 genannten Arbeitnehmer aus 5 Mitgliedern,
151 bis 300 der in § 60 Abs. 1 genannten Arbeitnehmer aus 7 Mitgliedern,
301 bis 500 der in § 60 Abs. 1 genannten Arbeitnehmer aus 9 Mitgliedern,
501 bis 700 der in § 60 Abs. 1 genannten Arbeitnehmer aus 11 Mitgliedern,
701 bis 1 000 der in § 60 Abs. 1 genannten Arbeitnehmer aus 13 Mitgliedern,
mehr als 1 000 der in § 60 Abs. 1 genannten Arbeitnehmer aus 15 Mitgliedern.

(3) Das Geschlecht, das unter den in § 60 Abs. 1 genannten Arbeitnehmern in der Minderheit ist, muss mindestens entsprechend seinem zahlenmäßigen Verhältnis in der Jugend- und Auszubildendenvertretung vertreten sein, wenn diese aus mindestens drei Mitgliedern besteht.

§ 64. Zeitpunkt der Wahlen und Amtszeit.
(1) Die regelmäßigen Wahlen der Jugend- und Auszubildendenvertretung finden alle zwei Jahre in der Zeit vom 1. Oktober bis 30. November statt. …

(2) Die regelmäßige Amtszeit der Jugend- und Auszubildendenvertretung beträgt zwei Jahre. …

§ 66. Aussetzung von Beschlüssen des Betriebsrats.
(1) Erachtet die Mehrheit der Jugend- und Auszubildendenvertreter einen Beschluss des Betriebsrats als eine erhebliche Beeinträchtigung wichtiger Interessen der in § 60 Abs. 1 genannten Arbeitnehmer, so ist auf ihren Antrag der Beschluss auf die Dauer von einer Woche auszusetzen, damit in dieser Frist eine Verständigung, gegebenenfalls mit Hilfe der im Betrieb vertretenen Gewerkschaften, versucht werden kann.
…

§ 67. Teilnahme an Betriebsratssitzungen.
(1) ¹Die Jugend- und Auszubildendenvertretung kann zu allen Betriebsratssitzungen einen Vertreter entsenden. ²Werden Angelegenheiten behandelt, die besonders die in § 60 Abs. 1 genannten Arbeitnehmer betreffen, so hat zu diesen Tagesordnungspunkten die gesamte Jugend- und Auszubildendenvertretung ein Teilnahmerecht.

(2) Die Jugend- und Auszubildendenvertreter haben Stimmrecht, soweit die zu fassenden Beschlüsse des Betriebsrats überwiegend die in § 60 Abs. 1 genannten Arbeitnehmer betreffen.

(3) ¹Die Jugend- und Auszubildendenvertretung kann beim Betriebsrat beantragen, Angelegenheiten, die besonders die in § 60 Abs. 1 genannten Arbeitnehmer betreffen und über die sie beraten hat, auf die nächste Tagesordnung zu setzen. ²Der Betriebsrat soll Angelegenheiten, die besonders die in § 60 Abs. 1 genannten Arbeitnehmer betreffen, der Jugend- und Auszubildendenvertretung zur Beratung zuleiten.

§ 68. Teilnahme an gemeinsamen Besprechungen.
Der Betriebsrat hat die Jugend- und Auszubildendenvertretung zu Besprechungen zwischen Arbeitgeber und Betriebsrat beizuziehen, wenn Angelegenheiten behandelt werden, die besonders die in § 60 Abs. 1 genannten Arbeitnehmer betreffen.

§ 69. Sprechstunden.
¹In Betrieben, die in der Regel mehr als fünfzig der in § 60 Abs. 1 genannten Arbeitnehmer beschäftigen, kann die Jugend- und Auszubildendenvertretung Sprechstunden während der Arbeitszeit einrichten. ²Zeit und Ort sind durch Betriebsrat und Arbeitgeber zu vereinbaren. ³§ 39 Abs. 1 Satz 3 und 4 und Abs. 3 gilt entsprechend. ⁴An den Sprechstunden der Jugend- und Auszubildendenvertretung kann der Betriebsratsvorsitzende oder ein beauftragtes Betriebsratsmitglied beratend teilnehmen.

§ 70. Allgemeine Aufgaben.
(1) Die Jugend- und Auszubildendenvertretung hat folgende allgemeine Aufgaben:
1. Maßnahmen, die den in § 60 Abs. 1 genannten Arbeitnehmern dienen, insbesondere in Fragen der Berufsbildung und der Übernahme der zu ihrer Berufsausbildung Beschäftigten in ein Arbeitsverhältnis, beim Betriebsrat zu beantragen;
1a. Maßnahmen zur Durchsetzung der tatsächlichen Gleichstellung der in § 60 Abs. 1 ge-

7.16 BetrVG §§ 70–76   Vierter Teil. Mitwirkung und Mitbestimmung

nannten Arbeitnehmer entsprechend § 80 Abs. 1 Nr. 2 a und 2 b beim Betriebsrat zu beantragen;
2. darüber zu wachen, daß die zugunsten der in § 60 Abs. 1 genannten Arbeitnehmer geltenden Gesetze, Verordnungen, Unfallverhütungsvorschriften, Tarifverträge und Betriebsvereinbarungen durchgeführt werden;
3. Anregungen von in § 60 Abs. 1 genannten Arbeitnehmern, insbesondere in Fragen der Berufsbildung, entgegenzunehmen und, falls sie berechtigt erscheinen, beim Betriebsrat auf eine Erledigung hinzuwirken. ²Die Jugend- und Auszubildendenvertretung hat die betroffenen in § 60 Abs. 1 genannten Arbeitnehmer über den Stand und das Ergebnis der Verhandlungen zu informieren;
4. die Integration ausländischer, in § 60 Abs. 1 genannter Arbeitnehmer im Betrieb zu fördern und entsprechende Maßnahmen beim Betriebsrat zu beantragen. ...

§ 71. Jugend- und Auszubildendenversammlung. Die Jugend- und Auszubildendenvertretung kann vor oder nach jeder Betriebsversammlung im Einvernehmen mit dem Betriebsrat eine betriebliche Jugend- und Auszubildendenversammlung einberufen. ...

Vierter Teil. Mitwirkung und Mitbestimmung der Arbeitnehmer

Allgemeines

§ 74. Grundsätze für die Zusammenarbeit.
(1) ¹Arbeitgeber und Betriebsrat sollen mindestens einmal im Monat zu einer Besprechung zusammentreten. ²Sie haben über strittige Fragen mit dem ernsten Willen zur Einigung zu verhandeln und Vorschläge für die Beilegung von Meinungsverschiedenheiten zu machen.
(2) ¹Maßnahmen des Arbeitskampfes zwischen Arbeitgeber und Betriebsrat sind unzulässig; Arbeitskämpfe tariffähiger Parteien werden hierdurch nicht berührt. ²Arbeitgeber und Betriebsrat haben Betätigungen zu unterlassen, durch die der Arbeitsablauf oder der Frieden des Betriebs beeinträchtigt werden. ³Sie haben jede parteipolitische Betätigung im Betrieb zu unterlassen; die Behandlung von Angelegenheiten tarifpolitischer, sozialpolitischer, umweltpolitischer und wirtschaftlicher Art, die den Betrieb oder seine Arbeitnehmer unmittelbar betreffen, wird hierdurch nicht berührt.
(3) Arbeitnehmer, die im Rahmen dieses Gesetzes Aufgaben übernehmen, werden hierdurch in der Betätigung für ihre Gewerkschaft auch im Betrieb nicht beschränkt.

§ 75. Grundsätze für die Behandlung der Betriebsangehörigen. (1) Arbeitgeber und Betriebsrat haben darüber zu wachen, dass alle im Betrieb tätigen Personen nach den Grundsätzen von Recht und Billigkeit behandelt werden, insbesondere, dass jede Benachteiligung von Personen aus Gründen ihrer Rasse oder wegen ihrer ethnischen Herkunft, ihrer Abstammung oder sonstigen Herkunft, ihrer Nationalität, ihrer Religion oder Weltanschauung, ihrer Behinderung, ihres Alters, ihrer politischen oder gewerkschaftlichen Betätigung oder Einstellung oder wegen ihres Geschlechts oder ihrer sexuellen Identität unterbleibt.
(2) Arbeitgeber und Betriebsrat haben die freie Entfaltung der Persönlichkeit der im Betrieb beschäftigten Arbeitnehmer zu schützen und zu fördern. ...

§ 76. Einigungsstelle. (1) ¹Zur Beilegung von Meinungsverschiedenheiten zwischen Arbeitgeber und Betriebsrat, Gesamtbetriebsrat oder Konzernbetriebsrat ist bei Bedarf eine Einigungsstelle zu bilden. ²Durch Betriebsvereinbarung kann eine ständige Einigungsstelle errichtet werden.
(2) ¹Die Einigungsstelle besteht aus einer gleichen Anzahl von Beisitzern, die vom Arbeitgeber und Betriebsrat bestellt werden, und einem unparteiischen Vorsitzenden, auf dessen Person sich beide Seiten einigen müssen. ²Kommt eine Einigung über die Person des Vorsitzenden nicht zustande, so bestellt ihn das Arbeitsgericht. ³Dieses entscheidet auch, wenn kein Einverständnis über die Zahl der Beisitzer erzielt wird.
(3) ²Die Einigungsstelle hat unverzüglich tätig zu werden. Sie fasst ihre Beschlüsse nach mündlicher Beratung mit Stimmenmehrheit. ³Bei der Beschlussfassung hat sich der Vorsitzende zunächst der Stimme zu enthalten; kommt eine Stimmenmehrheit nicht zustande, so nimmt der Vorsitzende nach weiterer Beratung an der erneuten Beschlussfassung teil. ⁴Die Beschlüsse der Einigungsstelle sind schriftlich niederzulegen, vom Vorsitzenden zu unterschreiben und Arbeitgeber und Betriebsrat zuzuleiten.
(8) Durch Tarifvertrag kann bestimmt werden, dass an die Stelle der in Absatz 1 bezeichneten Einigungsstelle eine tarifliche Schlichtungsstelle tritt.

§ 76a. Kosten der Einigungsstelle. (1) Die Kosten der Einigungsstelle trägt der Arbeitgeber. ...

§ 77. Durchführung gemeinsamer Beschlüsse, Betriebsvereinbarungen. (1) ^{1}Vereinbarungen zwischen Betriebsrat und Arbeitgeber, auch soweit sie auf einem Spruch der Einigungsstelle beruhen, führt der Arbeitgeber durch, es sei denn, dass im Einzelfall etwas anderes vereinbart ist. ^{2}Der Betriebsrat darf nicht durch einseitige Handlungen in die Leitung des Betriebs eingreifen.
(2) Betriebsvereinbarungen sind von Betriebsrat und Arbeitgeber gemeinsam zu beschließen und schriftlich niederzulegen. ...
(3) ^{1}Arbeitsentgelte und sonstige Arbeitsbedingungen, die durch Tarifvertrag geregelt sind oder üblicherweise geregelt werden, können nicht Gegenstand einer Betriebsvereinbarung sein. ^{2}Dies gilt nicht, wenn ein Tarifvertrag den Abschluss ergänzender Betriebsvereinbarungen ausdrücklich zuläßt.
(4) ^{1}Betriebsvereinbarungen gelten unmittelbar und zwingend. ^{2}Werden Arbeitnehmern durch die Betriebsvereinbarung Rechte eingeräumt, so ist ein Verzicht auf sie nur mit Zustimmung des Betriebsrats zulässig. ...

§ 78. Schutzbestimmungen. ^{1}Die Mitglieder des Betriebsrats, des Gesamtbetriebsrats, des Konzernbetriebsrats, der Jugend- und Auszubildendenvertretung, der Gesamt-Jugend- und Auszubildendenvertretung, der Konzern-Jugend- und Auszubildendenvertretung, des Wirtschaftsausschusses, der Bordvertretung, des Seebetriebsrats, der in § 3 Abs. 1 genannten Vertretungen der Arbeitnehmer, der Einigungsstelle, einer tariflichen Schlichtungsstelle (§ 76 Abs. 8) und einer betrieblichen Beschwerdestelle (§ 86) sowie Auskunftspersonen (§ 80 Abs. 2 Satz 3) dürfen in der Ausübung ihrer Tätigkeit nicht gestört oder behindert werden. ^{2}Sie dürfen wegen ihrer Tätigkeit nicht benachteiligt oder begünstigt werden; dies gilt auch für ihre berufliche Entwicklung.

§ 78a. Schutz Auszubildender in besonderen Fällen. (1) Beabsichtigt der Arbeitgeber, einen Auszubildenden, der Mitglied der Jugend- und Auszubildendenvertretung, des Betriebsrats, der Bordvertretung oder des Seebetriebsrats ist, nach Beendigung des Berufsausbildungsverhältnisses nicht in ein Arbeitsverhältnis auf unbestimmte Zeit zu übernehmen, so hat er dies drei Monate vor Beendigung des Berufsausbildungsverhältnisses dem Auszubildenden schriftlich mitzuteilen.
(2) ^{1}Verlangt ein in Absatz 1 genannter Auszubildender innerhalb der letzten drei Monate vor Beendigung des Berufsausbildungsverhältnisses schriftlich vom Arbeitgeber die Weiterbeschäftigung, so gilt zwischen Auszubildendem und Arbeitgeber im Anschluss an das Berufsausbildungsverhältnis ein Arbeitsverhältnis auf unbestimmte Zeit als begründet. ^{2}Auf dieses Arbeitsverhältnis ist insbesondere § 37 Abs. 4 und 5 entsprechend anzuwenden.
(3) Die Absätze 1 und 2 gelten auch, wenn das Berufsausbildungsverhältnis vor Ablauf eines Jahres nach Beendigung der Amtszeit der Jugend- und Auszubildendenvertretung, des Betriebsrats, der Bordvertretung oder des Seebetriebsrats endet. ...

§ 79. Geheimhaltungspflicht. (1) ^{1}Die Mitglieder und Ersatzmitglieder des Betriebsrats sind verpflichtet, Betriebs- oder Geschäftsgeheimnisse, die ihnen wegen ihrer Zugehörigkeit zum Betriebsrat bekanntgeworden und vom Arbeitgeber ausdrücklich als geheimhaltungsbedürftig bezeichnet worden sind, nicht zu offenbaren und nicht zu verwerten. ^{2}Dies gilt auch nach dem Ausscheiden aus dem Betriebsrat. ^{3}Die Verpflichtung gilt nicht gegenüber Mitgliedern des Betriebsrats. ...

§ 80. Allgemeine Aufgaben. (1) Der Betriebsrat hat folgende allgemeine Aufgaben:
1. darüber zu wachen, dass die zugunsten der Arbeitnehmer geltenden Gesetze, Verordnungen, Unfallverhütungsvorschriften, Tarifverträge und Betriebsvereinbarungen durchgeführt werden;
2. Maßnahmen, die dem Betrieb und der Belegschaft dienen, beim Arbeitgeber zu beantragen;
2a. die Durchsetzung der tatsächlichen Gleichstellung von Frauen und Männern, insbesondere bei der Einstellung, Beschäftigung, Aus-, Fort- und Weiterbildung und dem beruflichen Aufstieg, zu fördern;
2b. die Vereinbarkeit von Familie und Erwerbstätigkeit zu fördern;
3. Anregungen von Arbeitnehmern und der Jugend- und Auszubildendenvertretung entgegenzunehmen und, falls sie berechtigt erscheinen, durch Verhandlungen mit dem Arbeitgeber auf eine Erledigung hinzuwirken; er hat die betreffenden Arbeitnehmer über den Stand und das Ergebnis der Verhandlungen zu unterrichten;
4. die Eingliederung Schwerbehinderter und sonstiger besonders schutzbedürftiger Personen zu fördern;
5. die Wahl einer Jugend- und Auszubildendenvertretung vorzubereiten und durchzuführen und mit dieser zur Förderung der Belange der in § 60 Abs. 1 genannten Arbeitnehmer eng zusammenzuarbeiten; er kann

von der Jugend- und Auszubildendenvertretung Vorschläge und Stellungnahmen anfordern;
6. die Beschäftigung älterer Arbeitnehmer im Betrieb zu fördern;
7. die Integration ausländischer Arbeitnehmer im Betrieb und das Verständnis zwischen ihnen und den deutschen Arbeitnehmern zu fördern sowie Maßnahmen zur Bekämpfung von Rassismus und Fremdenfeindlichkeit im Betrieb zu beantragen; ...

(2) ¹Zur Durchführung seiner Aufgaben nach diesem Gesetz ist der Betriebsrat rechtzeitig und umfassend vom Arbeitgeber zu unterrichten; die Unterrichtung erstreckt sich auch auf die Beschäftigung von Personen, die nicht in einem Arbeitsverhältnis zum Arbeitgeber stehen. ²Dem Betriebsrat sind auf Verlangen jederzeit die zur Durchführung seiner Aufgaben erforderlichen Unterlagen zur Verfügung zu stellen; in diesem Rahmen ist der Betriebsausschuss oder ein nach § 28 gebildeter Ausschuss berechtigt, in die Listen über die Bruttolöhne und -gehälter Einblick zu nehmen. ³Soweit es zur ordnungsgemäßen Erfüllung der Aufgaben des Betriebsrats erforderlich ist, hat der Arbeitgeber ihm sachkundige Arbeitnehmer als Auskunftspersonen zur Verfügung zu stellen; er hat hierbei die Vorschläge des Betriebsrats zu berücksichtigen, soweit betriebliche Notwendigkeiten nicht entgegenstehen. ...

Mitwirkungs- und Beschwerderecht des Arbeitnehmers

§ 81. Unterrichtungs- und Erörterungspflicht des Arbeitgebers. (1) ¹Der Arbeitgeber hat den Arbeitnehmer über dessen Aufgabe und Verantwortung sowie über die Art seiner Tätigkeit und ihre Einordnung in den Arbeitsablauf des Betriebs zu unterrichten. ²Er hat den Arbeitnehmer vor Beginn der Beschäftigung über die Unfall- und Gesundheitsgefahren, denen dieser bei der Beschäftigung ausgesetzt ist, sowie über die Maßnahmen und Einrichtungen zur Abwendung dieser Gefahren und die nach § 10 Abs. 2 des Arbeitsschutzgesetzes getroffenen Maßnahmen zu belehren.

(2) ¹Über Veränderungen in seinem Arbeitsbereich ist der Arbeitnehmer rechtzeitig zu unterrichten. ²Absatz 1 gilt entsprechend.

(3) In Betrieben, in denen kein Betriebsrat besteht, hat der Arbeitgeber die Arbeitnehmer zu allen Maßnahmen zu hören, die Auswirkungen auf Sicherheit und Gesundheit der Arbeitnehmer haben können.

(4) ¹Der Arbeitgeber hat den Arbeitnehmer über die aufgrund einer Planung von technischen Anlagen, von Arbeitsverfahren und Arbeitsabläufen oder der Arbeitsplätze vorgesehenen Maßnahmen und ihre Auswirkungen auf seinen Arbeitsplatz, die Arbeitsumgebung sowie auf Inhalt und Art seiner Tätigkeit zu unterrichten. ²Sobald feststeht, dass sich die Tätigkeit des Arbeitnehmers ändern wird und seine beruflichen Kenntnisse und Fähigkeiten zur Erfüllung seiner Aufgaben nicht ausreichen, hat der Arbeitgeber mit dem Arbeitnehmer zu erörtern, wie dessen berufliche Kenntnisse und Fähigkeiten im Rahmen der betrieblichen Möglichkeiten den künftigen Anforderungen angepasst werden können. ³Der Arbeitnehmer kann bei der Erörterung ein Mitglied des Betriebsrats hinzuziehen.

§ 82. Anhörungs- und Erörterungsrecht des Arbeitnehmers. (1) ¹Der Arbeitnehmer hat das Recht, in betrieblichen Angelegenheiten, die seine Person betreffen, von den nach Maßgabe des organisatorischen Aufbaus des Betriebs hierfür zuständigen Personen gehört zu werden. ²Er ist berechtigt, zu Maßnahmen des Arbeitgebers, die ihn betreffen, Stellung zu nehmen sowie Vorschläge für die Gestaltung des Arbeitsplatzes und des Arbeitsablaufs zu machen.

(2) ¹Der Arbeitnehmer kann verlangen, dass ihm die Berechnung und Zusammensetzung seines Arbeitsentgelts erläutert und dass mit ihm die Beurteilung seiner Leistungen sowie die Möglichkeiten seiner beruflichen Entwicklung im Betrieb erörtert werden. ²Er kann ein Mitglied des Betriebsrats hinzuziehen. ³Das Mitglied des Betriebsrats hat über den Inhalt dieser Verhandlungen Stillschweigen zu bewahren, soweit es vom Arbeitnehmer im Einzelfall nicht von dieser Verpflichtung entbunden wird.

§ 83. Einsicht in die Personalakten. (1) ¹Der Arbeitnehmer hat das Recht, in die über ihn geführten Personalakten Einsicht zu nehmen. ²Er kann hierzu ein Mitglied des Betriebsrats hinzuziehen. ³Das Mitglied des Betriebsrats hat über den Inhalt der Personalakte Stillschweigen zu bewahren, soweit es vom Arbeitnehmer im Einzelfall nicht von dieser Verpflichtung entbunden wird.

(2) Erklärungen des Arbeitnehmers zum Inhalt der Personalakte sind dieser auf sein Verlangen beizufügen.

§ 84. Beschwerderecht. (1) ¹Jeder Arbeitnehmer hat das Recht, sich bei den zuständigen Stellen des Betriebs zu beschweren, wenn er sich vom Arbeitgeber oder von Arbeitnehmern des Betriebs benachteiligt oder ungerecht behandelt oder in sonstiger Weise beeinträchtigt fühlt. ²Er kann ein Mitglied des Betriebsrats zur Unterstützung oder Vermittlung hinzuziehen.

Betriebsverfassungsgesetz

(2) Der Arbeitgeber hat den Arbeitnehmer über die Behandlung der Beschwerde zu bescheiden und, soweit er die Beschwerde für berechtigt erachtet, ihr abzuhelfen.

(3) Wegen der Erhebung einer Beschwerde dürfen dem Arbeitnehmer keine Nachteile entstehen.

§ 85. Behandlung von Beschwerden durch den Betriebsrat. (1) Der Betriebsrat hat Beschwerden von Arbeitnehmern entgegenzunehmen und, falls er sie für berechtigt erachtet, beim Arbeitgeber auf Abhilfe hinzuwirken.

(2) ¹Bestehen zwischen Betriebsrat und Arbeitgeber Meinungsverschiedenheiten über die Berechtigung der Beschwerde, so kann der Betriebsrat die Einigungsstelle anrufen. ²Der Spruch der Einigungsstelle ersetzt die Einigung zwischen Arbeitgeber und Betriebsrat. ³Dies gilt nicht, soweit Gegenstand der Beschwerde ein Rechtsanspruch ist.

(3) ¹Der Arbeitgeber hat den Betriebsrat über die Behandlung der Beschwerde zu unterrichten. ²§ 84 Abs. 2 bleibt unberührt.

§ 86. Ergänzende Vereinbarungen. ¹Durch Tarifvertrag oder Betriebsvereinbarungen können die Einzelheiten des Beschwerdeverfahrens geregelt werden. ²Hierbei kann bestimmt werden, dass in den Fällen des § 85 Abs. 2 an die Stelle der Einigungsstelle eine betriebliche Beschwerdestelle tritt.

Soziale Angelegenheiten

§ 87. Mitbestimmungsrechte. (1) Der Betriebsrat hat, soweit eine gesetzliche oder tarifliche Regelung nicht besteht, in folgenden Angelegenheiten mitzubestimmen:
1. Fragen der Ordnung des Betriebes und des Verhaltens der Arbeitnehmer im Betrieb;
2. Beginn und Ende der täglichen Arbeitszeit einschließlich der Pausen sowie Verteilung der Arbeitszeit auf die einzelnen Wochentage;
3. vorübergehende Verkürzung oder Verlängerung der betriebsüblichen Arbeitszeit;
4. Zeit, Ort und Art der Auszahlung der Arbeitsentgelte;
5. Aufstellung allgemeiner Urlaubsgrundsätze und des Urlaubsplans sowie die Festsetzung der zeitlichen Lage des Urlaubs für einzelne Arbeitnehmer, wenn zwischen dem Arbeitgeber und den beteiligten Arbeitnehmern kein Einverständnis erzielt wird;
6. Einführung und Anwendung von technischen Einrichtungen, die dazu bestimmt sind, das Verhalten oder die Leistung der Arbeitnehmer zu überwachen;
7. Regelungen über die Verhütung von Arbeitsunfällen und Berufskrankheiten sowie über den Gesundheitsschutz im Rahmen der gesetzlichen Vorschriften oder der Unfallverhütungsvorschriften;
8. Form, Ausgestaltung und Verwaltung von Sozialeinrichtungen, deren Wirkungsbereich auf den Betrieb, das Unternehmen oder den Konzern beschränkt ist;
9. Zuweisung und Kündigung von Wohnräumen, die den Arbeitnehmern mit Rücksicht auf das Bestehen eines Arbeitsverhältnisses vermietet werden, sowie die allgemeine Festlegung der Nutzungsbedingungen;
10. Fragen der betrieblichen Lohngestaltung, insbesondere die Aufstellung von Entlohnungsgrundsätzen und die Einführung und Anwendung von neuen Entlohnungsmethoden sowie deren Änderung;
11. Festsetzung der Akkord- und Prämiensätze und vergleichbarer leistungsbezogener Entgelte, einschließlich der Geldfaktoren;
12. Grundsätze über das betriebliche Vorschlagswesen.
13. Grundsätze über die Durchführung von Gruppenarbeit; Gruppenarbeit im Sinne dieser Vorschrift liegt vor, wenn im Rahmen des betrieblichen Arbeitsablaufs eine Gruppe von Arbeitnehmern eine ihr übertragene Gesamtaufgabe im Wesentlichen eigenverantwortlich erledigt.

(2) ¹Kommt eine Einigung über eine Angelegenheit nach Absatz 1 nicht zustande, so entscheidet die Einigungsstelle. ²Der Spruch der Einigungsstelle ersetzt die Einigung zwischen Arbeitgeber und Betriebsrat.

§ 88. Freiwillige Betriebsvereinbarungen. Durch Betriebsvereinbarung können insbesondere geregelt werden
1. zusätzliche Maßnahmen zur Verhütung von Arbeitsunfällen und Gesundheitsschädigungen;
1a. Maßnahmen des betrieblichen Umweltschutzes;
2. die Errichtung von Sozialeinrichtungen, deren Wirkungsbereich auf den Betrieb, das Unternehmen oder den Konzern beschränkt ist;
3. Maßnahmen zur Förderung der Vermögensbildung;
4. Maßnahmen zur Integration ausländischer Arbeitnehmer sowie zur Bekämpfung von Rassismus und Fremdenfeindlichkeit im Betrieb.

§ 89. Arbeits- und betrieblicher Umweltschutz.

(1) [1]Der Betriebsrat hat sich dafür einzusetzen, dass die Vorschriften über den Arbeitsschutz und die Unfallverhütung im Betrieb sowie über den betrieblichen Umweltschutz durchgeführt werden. [2]Er hat bei der Bekämpfung von Unfall- und Gesundheitsgefahren die für den Arbeitsschutz zuständigen Behörden, die Träger der gesetzlichen Unfallversicherung und die sonstigen in Betracht kommenden Stellen durch Anregung, Beratung und Auskunft zu unterstützen.

(2) [1]Der Arbeitgeber und die in Absatz 1 Satz 2 genannten Stellen sind verpflichtet, den Betriebsrat oder die von ihm bestimmten Mitglieder des Betriebsrats bei allen im Zusammenhang mit dem Arbeitsschutz oder der Unfallverhütung stehenden Besichtigungen und Fragen und bei Unfalluntersuchungen hinzuzuziehen. [2]Der Arbeitgeber hat den Betriebsrat auch bei allen im Zusammenhang mit dem betrieblichen Umweltschutz stehenden Besichtigungen und Fragen hinzuzuziehen und ihm unverzüglich die den Arbeitsschutz, die Unfallverhütung und den betrieblichen Umweltschutz betreffenden Auflagen und Anordnungen der zuständigen Stellen mitzuteilen. …

Gestaltung von Arbeitsplatz, Arbeitsablauf und Arbeitsumgebung

§ 90. Unterrichtungs- und Beratungsrechte.

(1) Der Arbeitgeber hat den Betriebsrat über die Planung
1. von Neu-, Um- und Erweiterungsbauten von Fabrikations-, Verwaltungs- und sonstigen betrieblichen Räumen,
2. von technischen Anlagen,
3. von Arbeitsverfahren und Arbeitsabläufen oder
4. der Arbeitsplätze

rechtzeitig unter Vorlage der erforderlichen Unterlagen zu unterrichten.

(2) [1]Der Arbeitgeber hat mit dem Betriebsrat die vorgesehenen Maßnahmen und ihre Auswirkungen auf die Arbeitnehmer, insbesondere auf die Art ihrer Arbeit sowie die sich daraus ergebenden Anforderungen an die Arbeitnehmer so rechtzeitig zu beraten, dass Vorschläge und Bedenken des Betriebsrats bei der Planung berücksichtigt werden können. [2]Arbeitgeber und Betriebsrat sollen dabei auch die gesicherten arbeitswissenschaftlichen Erkenntnisse über die menschengerechte Gestaltung der Arbeit berücksichtigen.

§ 91. Mitbestimmungsrecht.

[1]Werden die Arbeitnehmer durch Änderungen der Arbeitsplätze, des Arbeitsablaufs oder der Arbeitsumgebung, den den gesicherten arbeitswissenschaftlichen Erkenntnissen über die menschengerechte Gestaltung der Arbeit offensichtlich widersprechen, in besonderer Weise belastet, so kann der Betriebsrat angemessene Maßnahmen zur Abwendung, Milderung oder zum Ausgleich der Belastung verlangen. [2]Kommt eine Einigung nicht zustande, so entscheidet die Einigungsstelle. [3]Der Spruch der Einigungsstelle ersetzt die Einigung zwischen Arbeitgeber und Betriebsrat.

Personelle Angelegenheiten

▶ **Allgemeine personelle Angelegenheiten**

§ 92. Personalplanung.

(1) [1]Der Arbeitgeber hat den Betriebsrat über die Personalplanung, insbesondere über den gegenwärtigen und künftigen Personalbedarf sowie über die sich daraus ergebenden personellen Maßnahmen und Maßnahmen der Berufsbildung an Hand von Unterlagen rechtzeitig und umfassend zu unterrichten. [2]Er hat mit dem Betriebsrat über Art und Umfang der erforderlichen Maßnahmen und über die Vermeidung von Härten zu beraten.

(2) Der Betriebsrat kann dem Arbeitgeber Vorschläge für die Einführung einer Personalplanung und ihre Durchführung machen. …

§ 93. Ausschreibung von Arbeitsplätzen.

Der Betriebsrat kann verlangen, dass Arbeitsplätze, die besetzt werden sollen, allgemein oder für bestimmte Arten von Tätigkeiten vor ihrer Besetzung innerhalb des Betriebs ausgeschrieben werden.

§ 94. Personalfragebogen, Beurteilungsgrundsätze.

(1) [1]Personalfragebogen bedürfen der Zustimmung des Betriebsrats. [2]Kommt eine Einigung über ihren Inhalt nicht zustande, so entscheidet die Einigungsstelle. [3]Der Spruch der Einigungsstelle ersetzt die Einigung zwischen Arbeitgeber und Betriebsrat.

(2) Absatz 1 gilt entsprechend für persönliche Angaben in schriftlichen Arbeitsverträgen, die allgemein für den Betrieb verwendet werden sollen, sowie für die Aufstellung allgemeiner Beurteilungsgrundsätze.

§ 95. Auswahlrichtlinien.

(1) [1]Richtlinien über die personelle Auswahl bei Einstellungen, Versetzungen, Umgruppierungen und Kündigungen bedürfen der Zustimmung des Betriebsrats. [2]Kommt eine Einigung über die Richtlinien oder ihren Inhalt nicht zustande, so entscheidet auf Antrag des Arbeitgebers die Einigungsstelle.

Betriebsverfassungsgesetz

³Der Spruch der Einigungsstelle ersetzt die Einigung zwischen Arbeitgeber und Betriebsrat. ...

▶ **Berufsbildung**

§ 96. Förderung der Berufsbildung. (1) ¹Arbeitgeber und Betriebsrat haben im Rahmen der betrieblichen Personalplanung und in Zusammenarbeit mit den für die Berufsbildung und den für die Förderung der Berufsbildung zuständigen Stellen die Berufsbildung der Arbeitnehmer zu fördern. ²Der Arbeitgeber hat auf Verlangen des Betriebsrats den Berufsbildungsbedarf zu ermitteln und mit ihm Fragen der Berufsbildung der Arbeitnehmer des Betriebs zu beraten. ³Hierzu kann der Betriebsrat Vorschläge machen.

(2) ¹Arbeitgeber und Betriebsrat haben darauf zu achten, dass unter Berücksichtigung der betrieblichen Notwendigkeiten den Arbeitnehmern die Teilnahme an betrieblichen oder außerbetrieblichen Maßnahmen der Berufsbildung ermöglicht wird. ²Sie haben dabei auch die Belange älterer Arbeitnehmer, Teilzeitbeschäftigter und von Arbeitnehmern mit Familienpflichten zu berücksichtigen.

§ 97. Einrichtungen und Maßnahmen der Berufsbildung. (1) Der Arbeitgeber hat mit dem Betriebsrat über die Errichtung und Ausstattung betrieblicher Einrichtungen zur Berufsbildung, die Einführung betrieblicher Berufsbildungsmaßnahmen und die Teilnahme an außerbetrieblichen Berufsbildungsmaßnahmen zu beraten. ...

§ 98. Durchführung betrieblicher Bildungsmaßnahmen. (1) Der Betriebsrat hat bei der Durchführung von Maßnahmen der betrieblichen Berufsbildung mitzubestimmen.

(2) Der Betriebsrat kann der Bestellung einer mit der Durchführung der betrieblichen Berufsbildung beauftragten Person widersprechen oder ihre Abberufung verlangen, wenn diese die persönliche oder fachliche, insbesondere die berufs- und arbeitspädagogische Eignung im Sinne des Berufsbildungsgesetzes nicht besitzt oder ihre Aufgaben vernachlässigt.

(3) Führt der Arbeitgeber betriebliche Maßnahmen der Berufsbildung durch oder stellt er für außerbetriebliche Maßnahmen der Berufsbildung Arbeitnehmer frei oder trägt er die durch die Teilnahme von Arbeitnehmern an solchen Maßnahmen entstehenden Kosten ganz oder teilweise, so kann der Betriebsrat Vorschläge für die Teilnahme von Arbeitnehmern oder Gruppen von Arbeitnehmern des Betriebs an diesen Maßnahmen der beruflichen Bildung machen.

(4) ¹Kommt im Fall des Absatzes 1 oder über die nach Absatz 3 vom Betriebsrat vorgeschlagenen Teilnehmer eine Einigung nicht zustande, so entscheidet die Einigungsstelle. ²Der Spruch der Einigungsstelle ersetzt die Einigung zwischen Arbeitgeber und Betriebsrat. ...

▶ **Personelle Einzelmaßnahmen**

§ 99. Mitbestimmung bei personellen Einzelmaßnahmen. (1) ¹In Unternehmen mit in der Regel mehr als zwanzig wahlberechtigten Arbeitnehmern hat der Arbeitgeber den Betriebsrat vor jeder Einstellung, Eingruppierung, Umgruppierung und Versetzung zu unterrichten, ihm die erforderlichen Bewerbungsunterlagen vorzulegen und Auskunft über die Person der Beteiligten zu geben; er hat dem Betriebsrat unter Vorlage der erforderlichen Unterlagen Auskunft über die Auswirkungen der geplanten Maßnahme zu geben und die Zustimmung des Betriebsrats zu der geplanten Maßnahme einzuholen. ²Bei Einstellungen und Versetzungen hat der Arbeitgeber insbesondere den in Aussicht genommenen Arbeitsplatz und die vorgesehene Eingruppierung mitzuteilen. ³Die Mitglieder des Betriebsrats sind verpflichtet, über die ihnen im Rahmen der personellen Maßnahmen nach den Sätzen 1 und 2 bekanntgewordenen persönlichen Verhältnisse und Angelegenheiten der Arbeitnehmer, die ihrer Bedeutung oder ihrem Inhalt nach einer vertraulichen Behandlung bedürfen, Stillschweigen zu bewahren; § 79 Abs. 1 Satz 2 bis 4 gilt entsprechend.

(2) Der Betriebsrat kann die Zustimmung verweigern, wenn

1. die personelle Maßnahme gegen ein Gesetz, eine Verordnung, eine Unfallverhütungsvorschrift oder gegen eine Bestimmung in einem Tarifvertrag oder in einer Betriebsvereinbarung oder gegen eine gerichtliche Entscheidung oder eine behördliche Anordnung verstoßen würde,
2. die personelle Maßnahme gegen eine Richtlinie nach § 95 verstoßen würde,
3. die durch Tatsachen begründete Besorgnis besteht, dass infolge der personellen Maßnahme im Betrieb beschäftigte Arbeitnehmer gekündigt werden oder sonstige Nachteile erleiden, ohne dass dies aus betrieblichen oder persönlichen Gründen gerechtfertigt ist; als Nachteil gilt bei unbefristeter Einstellung auch die Nichtberücksichtigung eines gleich geeigneten befristet Beschäftigten,
4. der betroffene Arbeitnehmer durch die personelle Maßnahme benachteiligt wird, ohne daß dies aus betrieblichen oder in der Person des Arbeitnehmers liegenden Gründen gerechtfertigt ist,

5. eine nach § 93 erforderliche Ausschreibung im Betrieb unterblieben ist oder
6. die durch Tatsachen begründete Besorgnis besteht, dass der für die personelle Maßnahme in Aussicht genommene Bewerber oder Arbeitnehmer den Betriebsfrieden durch gesetzwidriges Verhalten oder grobe Verletzung der in § 75 Abs. 1 enthaltenen Grundsätze, insbesondere durch rassistische oder fremdenfeindliche Betätigung, stören werde.

(3) ¹Verweigert der Betriebsrat seine Zustimmung, so hat er dies unter Angabe von Gründen innerhalb einer Woche nach Unterrichtung durch den Arbeitgeber diesem schriftlich mitzuteilen. ²Teilt der Betriebsrat dem Arbeitgeber die Verweigerung seiner Zustimmung nicht innerhalb der Frist schriftlich mit, so gilt die Zustimmung als erteilt.

(4) Verweigert der Betriebsrat seine Zustimmung, so kann der Arbeitgeber beim Arbeitsgericht beantragen, die Zustimmung zu ersetzen.

§ 100. Vorläufige personelle Maßnahmen. (1) ¹Der Arbeitgeber kann, wenn dies aus sachlichen Gründen dringend erforderlich ist, die personelle Maßnahme im Sinne des § 99 Abs. 1 Satz 1 vorläufig durchführen, bevor der Betriebsrat sich geäußert oder wenn er die Zustimmung verweigert hat. ²Der Arbeitgeber hat den Arbeitnehmer über die Sach- und Rechtslage aufzuklären.

(2) Der Arbeitgeber hat den Betriebsrat unverzüglich von der vorläufigen personellen Maßnahme zu unterrichten. ...

§ 102. Mitbestimmung bei Kündigungen. (1) ¹Der Betriebsrat ist vor jeder Kündigung zu hören. ²Der Arbeitgeber hat ihm die Gründe für die Kündigung mitzuteilen. ³Eine ohne Anhörung des Betriebsrats ausgesprochene Kündigung ist unwirksam.

(2) ¹Hat der Betriebsrat gegen eine ordentliche Kündigung Bedenken, so hat er diese unter Angabe der Gründe dem Arbeitgeber spätestens innerhalb einer Woche schriftlich mitzuteilen. ²Äußert er sich innerhalb dieser Frist nicht, gilt seine Zustimmung zur Kündigung als erteilt. ³Hat der Betriebsrat gegen eine außerordentliche Kündigung Bedenken, so hat er diese unter Angabe der Gründe dem Arbeitgeber unverzüglich, spätestens jedoch innerhalb von drei Tagen, schriftlich mitzuteilen. ⁴Der Betriebsrat soll, soweit dies erforderlich erscheint, vor seiner Stellungnahme den betroffenen Arbeitnehmer hören. ⁵§ 99 Abs. 1 Satz 3 gilt entsprechend.

(3) Der Betriebsrat kann innerhalb der Frist des Absatzes 2 Satz 1 der ordentlichen Kündigung widersprechen, wenn
1. der Arbeitgeber bei der Auswahl des zu kündigenden Arbeitnehmers soziale Gesichtspunkte nicht oder nicht ausreichend berücksichtigt hat,
2. die Kündigung gegen eine Richtlinie nach § 95 verstößt,
3. der zu kündigende Arbeitnehmer an einem anderen Arbeitsplatz im selben Betrieb oder in einem anderen Betrieb des Unternehmens weiterbeschäftigt werden kann,
4. die Weiterbeschäftigung des Arbeitnehmers nach zumutbaren Umschulungs- oder Fortbildungsmaßnahmen möglich ist oder
5. eine Weiterbeschäftigung des Arbeitnehmers unter geänderten Vertragsbedingungen möglich ist und der Arbeitnehmer sein Einverständnis hiermit erklärt hat.
...

§ 103. Außerordentliche Kündigung und Versetzung in besonderen Fällen. (1) Die außerordentliche Kündigung von Mitgliedern des Betriebsrats, der Jugend- und Auszubildendenvertretung, der Bordvertretung und des Seebetriebsrats, des Wahlvorstands sowie von Wahlbewerbern bedarf der Zustimmung des Betriebsrats.

(2) ¹Verweigert der Betriebsrat seine Zustimmung, so kann das Arbeitsgericht sie auf Antrag des Arbeitgebers ersetzen, wenn die außerordentliche Kündigung unter Berücksichtigung aller Umstände gerechtfertigt ist. ²In dem Verfahren vor dem Arbeitsgericht ist der betroffene Arbeitnehmer Beteiligter. ...

§ 104. Entfernung betriebsstörender Arbeitnehmer. Hat ein Arbeitnehmer durch gesetzwidriges Verhalten oder durch grobe Verletzung der in § 75 Abs. 1 enthaltenen Grundsätze, insbesondere durch rassistische oder fremdenfeindliche Betätigungen, den Betriebsfrieden wiederholt ernstlich gestört, so kann der Betriebsrat vom Arbeitgeber die Entlassung oder Versetzung verlangen. ...

§ 105. Leitende Angestellte. Eine beabsichtigte Einstellung oder personelle Veränderung eines in § 5 Abs. 3 genannten leitenden Angestellten ist dem Betriebsrat rechtzeitig mitzuteilen.

Wirtschaftliche Angelegenheiten

▶ Unterrichtung in wirtschaftlichen Angelegenheiten

§ 106. Wirtschaftsausschuss. (1) ¹In allen Unternehmen mit in der Regel mehr als einhundert ständig beschäftigten Arbeitnehmern ist

Betriebsverfassungsgesetz

ein Wirtschaftsausschuss zu bilden. ²Der Wirtschaftsausschuss hat die Aufgabe, wirtschaftliche Angelegenheiten mit dem Unternehmer zu beraten und den Betriebsrat zu unterrichten.

(2) Der Unternehmer hat den Wirtschaftsausschuss rechtzeitig und umfassend über die wirtschaftlichen Angelegenheiten des Unternehmens unter Vorlage der erforderlichen Unterlagen zu unterrichten, soweit dadurch nicht die Betriebs- und Geschäftsgeheimnisse des Unternehmens gefährdet werden, sowie die sich daraus ergebenden Auswirkungen auf die Personalplanung darzustellen.

(3) Zu den wirtschaftlichen Angelegenheiten im Sinne dieser Vorschrift gehören insbesondere
1. die wirtschaftliche und finanzielle Lage des Unternehmens;
2. die Produktions- und Absatzlage;
3. das Produktions- und Investitionsprogramm;
4. Rationalisierungsvorhaben;
5. Fabrikations- und Arbeitsmethoden, insbesondere die Einführung neuer Arbeitsmethoden;
5a. Fragen des betrieblichen Umweltschutzes;
6. die Einschränkung oder Stilllegung von Betrieben oder von Betriebsteilen;
7. die Verlegung von Betrieben oder Betriebsteilen;
8. der Zusammenschluss oder die Spaltung von Unternehmen oder Betrieben;
9. die Änderung der Betriebsorganisation oder des Betriebszwecks sowie
10. sonstige Vorgänge und Vorhaben, welche die Interessen der Arbeitnehmer des Unternehmens wesentlich berühren können.

§ 107. Bestellung und Zusammensetzung des Wirtschaftsausschusses. (1) ¹Der Wirtschaftsausschuss besteht aus mindestens drei und höchstens sieben Mitgliedern, die dem Unternehmen angehören müssen, darunter mindestens einem Betriebsratsmitglied. ²Zu Mitgliedern des Wirtschaftsausschusses können auch die in § 5 Abs. 3 genannten Angestellten bestimmt werden. ³Die Mitglieder sollen die zur Erfüllung ihrer Aufgaben erforderliche fachliche und persönliche Eignung besitzen.

(2) Die Mitglieder des Wirtschaftsausschusses werden vom Betriebsrat für die Dauer seiner Amtszeit bestimmt. ...

§ 108. Sitzungen. (1) Der Wirtschaftsausschuss soll monatlich einmal zusammentreten.

(2) An den Sitzungen des Wirtschaftsausschusses hat der Unternehmer oder sein Vertreter teilzunehmen. ...

(5) Der Jahresabschluss ist dem Wirtschaftsausschuss unter Beteiligung des Betriebsrats zu erläutern.
...

▶ **Betriebsänderungen**

§ 111. Betriebsänderungen. ¹In Unternehmen mit in der Regel mehr als zwanzig wahlberechtigten Arbeitnehmern hat der Unternehmer den Betriebsrat über geplante Betriebsänderungen, die wesentliche Nachteile für die Belegschaft oder erhebliche Teile der Belegschaft zur Folge haben können, rechtzeitig und umfassend zu unterrichten und die geplanten Betriebsänderungen mit dem Betriebsrat zu beraten. ²Der Betriebsrat kann in Unternehmen mit mehr als 300 Arbeitnehmern zu seiner Unterstützung einen Berater hinzuziehen; § 80 Abs. 4 gilt entsprechend; im Übrigen bleibt § 80 Abs. 3 unberührt. ³Als Betriebsänderungen im Sinne des Satzes 1 gelten
1. Einschränkung und Stilllegung des ganzen Betriebs oder von wesentlichen Betriebsteilen,
2. Verlegung des ganzen Betriebs oder von wesentlichen Betriebsteilen,
3. Zusammenschluss mit anderen Betrieben oder die Spaltung von Betrieben,
4. grundlegende Änderungen der Betriebsorganisation, des Betriebszwecks oder der Betriebsanlagen,
5. Einführung grundlegend neuer Arbeitsmethoden und Fertigungsverfahren.

§ 112. Interessenausgleich über die Betriebsänderung, Sozialplan. (1) ¹Kommt zwischen Unternehmer und Betriebsrat ein Interessenausgleich über die geplante Betriebsänderung zustande, so ist dieser schriftlich niederzulegen und vom Unternehmer und Betriebsrat zu unterschreiben. ²Das Gleiche gilt für eine Einigung über den Ausgleich oder die Milderung der wirtschaftlichen Nachteile, die den Arbeitnehmern infolge der geplanten Betriebsänderung entstehen (Sozialplan). ³Der Sozialplan hat die Wirkung einer Betriebsvereinbarung. ⁴§ 77 Abs. 3 ist auf den Sozialplan nicht anzuwenden.

(2) ¹Kommt ein Interessenausgleich über die geplante Betriebsänderung oder eine Einigung über den Sozialplan nicht zustande, so können der Unternehmer oder der Betriebsrat den Vorstand der Bundesagentur für Arbeit um Vermittlung ersuchen, der Vorstand kann die Aufgabe auf andere Bedienstete der Bundesagentur für Arbeit übertragen. ²Erfolgt kein Vermittlungsvorschlag oder bleibt der Vermittlungsversuch ergebnislos, so können der Unternehmer oder der Betriebsrat die Einigungsstelle anrufen. ³Auf Ersuchen des Vorsitzenden der Eini-

7.16 BetrVG §§ 112–130   Achter Teil. Übergangs- u. Schlussvorschriften

gungsstelle nimmt ein Mitglied des Vorstands der Bundesagentur für Arbeit oder ein vom Vorstand der Bundesagentur für Arbeit benannter Bediensteter der Bundesagentur für Arbeit an der Verhandlung teil.

(3) ¹Unternehmer und Betriebsrat sollen der Einigungsstelle Vorschläge zur Beilegung der Meinungsverschiedenheiten über den Interessenausgleich und den Sozialplan machen. ²Die Einigungsstelle hat eine Einigung der Parteien zu versuchen. ³Kommt eine Einigung zustande, so ist sie schriftlich niederzulegen und von den Parteien und vom Vorsitzenden zu unterschreiben.

(4) ¹Kommt eine Einigung über den Sozialplan nicht zustande, so entscheidet die Einigungsstelle über die Aufstellung eines Sozialplans. ²Der Spruch der Einigungsstelle ersetzt die Einigung zwischen Arbeitgeber und Betriebsrat.

(5) ¹Die Einigungsstelle hat bei ihrer Entscheidung nach Absatz 4 sowohl die sozialen Belange der betroffenen Arbeitnehmer zu berücksichtigen als auch auf die wirtschaftliche Vertretbarkeit ihrer Entscheidung für das Unternehmen zu achten. ²Dabei hat die Einigungsstelle sich im Rahmen billigen Ermessens insbesondere von folgenden Grundsätzen leiten zu lassen:
1. Sie soll beim Ausgleich oder bei der Milderung wirtschaftlicher Nachteile, insbesondere durch Einkommensminderung, Wegfall von Sonderleistungen oder Verlust von Anwartschaften auf betriebliche Altersversorgung, Umzugskosten oder erhöhte Fahrtkosten, Leistungen vorsehen, die in der Regel den Gegebenheiten des Einzelfalles Rechnung tragen.
2. Sie hat die Aussichten der betroffenen Arbeitnehmer auf dem Arbeitsmarkt zu berücksichtigen. Sie soll Arbeitnehmer von Leistungen ausschließen, die in einem zumutbaren Arbeitsverhältnis im selben Betrieb oder in einem anderen Betrieb des Unternehmens oder eines zum Konzern gehörenden Unternehmens weiterbeschäftigt werden können und die Weiterbeschäftigung ablehnen; die mögliche Weiterbeschäftigung an einem anderen Ort begründet für sich allein nicht die Unzumutbarkeit.

2a. Sie soll insbesondere die im Dritten Buch des Sozialgesetzbuches vorgesehenen Förderungsmöglichkeiten zur Vermeidung von Arbeitslosigkeit berücksichtigen.
3. Sie hat bei der Bemessung des Gesamtbetrages der Sozialplanleistungen darauf zu achten, daß der Fortbestand des Unternehmens oder die nach Durchführung der Betriebsänderung verbleibenden Arbeitsplätze nicht gefährdet werden.

§ 112a. Erzwingbarer Sozialplan bei Personalabbau, Neugründungen. (1) Besteht eine geplante Betriebsänderung im Sinne des § 111 Satz 3 Nr. 1 allein in der Entlassung von Arbeitnehmern, so findet § 112 Abs. 4 und 5 nur Anwendung, wenn
1. in Betrieben mit in der Regel weniger als 60 Arbeitnehmern 20 vom Hundert der regelmäßig beschäftigten Arbeitnehmer, aber mindestens 6 Arbeitnehmer,
2. in Betrieben mit in der Regel mindestens 60 und weniger als 250 Arbeitnehmern 20 vom Hundert der regelmäßig beschäftigten Arbeitnehmer oder mindestens 37 Arbeitnehmer,
3. in Betrieben mit in der Regel mindestens 250 und weniger als 500 Arbeitnehmern 15 vom Hundert der regelmäßig beschäftigten Arbeitnehmer oder mindestens 60 Arbeitnehmer,
4. in Betrieben mit in der Regel mindestens 500 Arbeitnehmern 10 vom Hundert der regelmäßig beschäftigten Arbeitnehmer, aber mindestens 60 Arbeitnehmer

aus betriebsbedingten Gründen entlassen werden. ²Als Entlassung gilt auch das vom Arbeitgeber aus Gründen der Betriebsänderung veranlasste Ausscheiden von Arbeitnehmern auf Grund von Aufhebungsverträgen.

(2) ¹§ 112 Abs. 4 und 5 findet keine Anwendung bei Betriebe eines Unternehmens in den ersten vier Jahren nach seiner Gründung. ²Dies gilt nicht für Neugründungen im Zusammenhang mit der rechtlichen Umstrukturierung von Unternehmen und Konzernen. ³Maßgebend für den Zeitpunkt der Gründung ist die Aufnahme einer Erwerbstätigkeit, die nach § 138 der Abgabenordnung dem Finanzamt mitzuteilen ist.

Achter Teil. Übergangs- und Schlussvorschriften

§ 130. Öffentlicher Dienst. Dieses Gesetz findet keine Anwendung auf Verwaltungen und Betriebe des Bundes, der Länder, der Gemeinden und sonstiger Körperschaften, Anstalten und Stiftungen des öffentlichen Rechts.

Mitbestimmungsgesetz

Gesetz über die Mitbestimmung der Arbeitnehmer
Vom 4. Mai 1976, mit Änderungen bis zum 14. August 2006

Erster Teil Geltungsbereich

§ 1. Erfaßte Unternehmen. (1) In Unternehmen, die
1. in der Rechtsform einer Aktiengesellschaft, einer Kommanditgesellschaft auf Aktien, einer Gesellschaft mit beschränkter Haftung oder einer Genossenschaft betrieben werden und
2. in der Regel mehr als 2000 Arbeitnehmer beschäftigen,

haben die Arbeitnehmer ein Mitbestimmungsrecht nach Maßgabe dieses Gesetzes.

(2) Dieses Gesetz ist nicht anzuwenden auf die Mitbestimmung in Organen von Unternehmen, in denen die Arbeitnehmer nach
1. dem Gesetz über die Mitbestimmung der Arbeitnehmer in den Aufsichtsräten und Vorständen der Unternehmen des Bergbaus und der Eisen und Stahl erzeugenden Industrie vom 21. Mai 1951 – Montan-Mitbestimmungsgesetz –, ... ein Mitbestimmungsrecht haben.

(3) Die Vertretung der Arbeitnehmer in den Aufsichtsräten von Unternehmen, in denen die Arbeitnehmer nicht nach Absatz 1 oder nach den in Absatz 2 bezeichneten Gesetzen ein Mitbestimmungsrecht haben, bestimmt sich nach den Vorschriften des Drittelbeteiligungsgesetz ...

(4) Dieses Gesetz ist nicht anzuwenden auf Unternehmen, die unmittelbar und überwiegend
1. politischen, koalitionspolitischen, konfessionellen, karitativen, erzieherischen, wissenschaftlichen oder künstlerischen Bestimmungen oder
2. Zwecken der Berichterstattung oder Meinungsäußerung, auf die Artikel 5 Abs. 1 Satz 2 des Grundgesetzes anzuwenden ist,

dienen. ²Dieses Gesetz ist nicht anzuwenden auf Religionsgemeinschaften und ihre karitativen und erzieherischen Einrichtungen unbeschadet deren Rechtsform.

§ 2. Anteilseigner. Anteilseigner im Sinne dieses Gesetzes sind je nach der Rechtsform der in § 1 Abs. 1 Nr. 1 bezeichneten Unternehmen Aktionäre, Gesellschafter oder Mitglieder einer Genossenschaft.

§ 3. Arbeitnehmer und Betrieb. (1) Arbeitnehmer im Sinne dieses Gesetzes sind
1. die in § 5 Abs. 1 des Betriebsverfassungsgesetzes bezeichneten Personen mit Ausnahme der in § 5 Abs. 3 des Betriebsverfassungsgesetzes bezeichneten leitenden Angestellten,
2. die in § 5 Abs. 3 des Betriebsverfassungsgesetzes bezeichneten leitenden Angestellten.

²Keine Arbeitnehmer im Sinne dieses Gesetzes sind die in § 5 Abs. 2 des Betriebsverfassungsgesetzes bezeichneten Personen.

(2) ¹Betriebe im Sinne dieses Gesetzes sind solche des Betriebsverfassungsgesetzes. ²§ 4 Abs. 2 des Betriebsverfassungsgesetzes ist anzuwenden.

§ 4. Kommanditgesellschaft. (1) Ist ein in § 1 Abs. 1 Nr. 1 bezeichnetes Unternehmen persönlich haftender Gesellschafter einer Kommanditgesellschaft und hat die Mehrheit der Kommanditisten dieser Kommanditgesellschaft, berechnet nach der Mehrheit der Anteile oder der Stimmen, die Mehrheit der Anteile oder der Stimmen in dem Unternehmen des persönlich haftenden Gesellschafters inne, so gelten für die Anwendung dieses Gesetzes auf den persönlich haftenden Gesellschafter die Arbeitnehmer der Kommanditgesellschaft als Arbeitnehmer des persönlich haftenden Gesellschafters, sofern nicht der persönlich haftende Gesellschafter einen eigenen Geschäftsbetrieb mit in der Regel mehr als 500 Arbeitnehmern hat. ...

Zweiter Teil. Aufsichtsrat

...

Bildung und Zusammensetzung

§ 6. Grundsatz. (1) Bei den in § 1 Abs. 1 bezeichneten Unternehmen ist ein Aufsichtsrat zu bilden, soweit sich dies nicht schon aus anderen gesetzlichen Vorschriften ergibt.

§ 7. Zusammensetzung des Aufsichtsrats. (1) Der Aufsichtsrat eines Unternehmens
1. mit in der Regel nicht mehr als 10 000 Arbeitnehmern setzt sich zusammen aus je sechs

Aufsichtsratsmitgliedern der Anteilseigner und der Arbeitnehmer;
2. mit in der Regel mehr als 10 000, jedoch nicht mehr als 20 000 Arbeitnehmern setzt sich zusammen aus je acht Aufsichtsratsmitgliedern der Anteilseigner und der Arbeitnehmer;
3. mit in der Regel mehr als 20 000 Arbeitnehmern setzt sich zusammen aus je zehn Aufsichtsratsmitgliedern der Anteilseigner und der Arbeitnehmer. ...

(2) Unter den Aufsichtsratsmitgliedern der Arbeitnehmer müssen sich befinden
1. in einem Aufsichtsrat, dem sechs Aufsichtsratsmitglieder der Arbeitnehmer angehören, vier Arbeitnehmer des Unternehmens und zwei Vertreter von Gewerkschaften;
2. in einem Aufsichtsrat, dem acht Aufsichtsratsmitglieder der Arbeitnehmer angehören, sechs Arbeitnehmer des Unternehmens und zwei Vertreter von Gewerkschaften;
3. in einem Aufsichtsrat, dem zehn Aufsichtsratsmitglieder der Arbeitnehmer angehören, sieben Arbeitnehmer des Unternehmens und drei Vertreter von Gewerkschaften.

(3) ^{1}Die in Absatz 2 bezeichneten Arbeitnehmer des Unternehmens müssen das 18. Lebensjahr vollendet haben und ein Jahr dem Unternehmen angehören. ^{2}Auf die einjährige Unternehmensangehörigkeit werden Zeiten der Angehörigkeit zu einem anderen Unternehmen, dessen Arbeitnehmer nach diesem Gesetz an der Wahl von Aufsichtsratsmitgliedern des Unternehmens teilnehmen, angerechnet. ^{3}Diese Zeiten müssen unmittelbar vor dem Zeitpunkt liegen, ab dem die Arbeitnehmer zur Wahl von Aufsichtsratsmitgliedern des Unternehmens berechtigt sind. ^{4}Die weiteren Wählbarkeitsvoraussetzungen des § 8 Abs. 1 des Betriebsverfassungsgesetzes müssen erfüllt sein.

(4) Die in Absatz 2 bezeichneten Gewerkschaften müssen in dem Unternehmen selbst oder in einem anderen Unternehmen vertreten sein, dessen Arbeitnehmer nach diesem Gesetz an der Wahl von Aufsichtsratsmitgliedern des Unternehmens teilnehmen.

Bestellung der Aufsichtsratsmitglieder

▶ Aufsichtsratsmitglieder der Anteilseigner

§ 8. (1) Die Aufsichtsratsmitglieder der Anteilseigner werden durch das nach Gesetz, Satzung oder Gesellschaftsvertrag zur Wahl von Mitgliedern des Aufsichtsrats befugte Organ (Wahlorgan) und, soweit gesetzliche Vorschriften dem nicht entgegenstehen, nach Maßgabe der Satzung oder des Gesellschaftsvertrags bestellt.

(2) § 101 Abs. 2 des Aktiengesetzes bleibt unberührt.

▶ Aufsichtsratsmitglieder der Arbeitnehmer, Grundsatz

§ 9. (1) Die Aufsichtsratsmitglieder der Arbeitnehmer (§ 7 Abs. 2) eines Unternehmens mit in der Regel mehr als 8000 Arbeitnehmern werden durch Delegierte gewählt, sofern nicht die wahlberechtigten Arbeitnehmer die unmittelbare Wahl beschließen.

(2) Die Aufsichtsratsmitglieder der Arbeitnehmer (§ 7 Abs. 2) eines Unternehmens mit in der Regel nicht mehr als 8000 Arbeitnehmern werden in unmittelbarer Wahl gewählt, sofern nicht die wahlberechtigten Arbeitnehmer die Wahl durch Delegierte beschließen.

(3) ^{1}Zur Abstimmung darüber, ob die Wahl durch Delegierte oder unmittelbar erfolgen soll, bedarf es eines Antrags, der von einem Zwanzigstel der wahlberechtigten Arbeitnehmer des Unternehmens unterzeichnet sein muß. ^{2}Die Abstimmung ist geheim. ^{3}Ein Beschluß nach Absatz 1 oder 2 kann nur unter Beteiligung von mindestens der Hälfte der wahlberechtigten Arbeitnehmer und nur mit der Mehrheit der abgegebenen Stimmen gefaßt werden.

▶ Wahl der Aufsichtsratsmitglieder der Arbeitnehmer durch Delegierte

§ 10. Wahl der Delegierten. (1) In jedem Betrieb des Unternehmens wählen die Arbeitnehmer in geheimer Wahl und nach den Grundsätzen der Verhältniswahl Delegierte.

(2) ^{1}Wahlberechtigt für die Wahl von Delegierten sind die Arbeitnehmer des Unternehmens, die das 18. Lebensjahr vollendet haben. ^{2}§ 7 Satz 2 des Betriebsverfassungsgesetzes gilt entsprechend.

(3) Zu Delegierten wählbar sind die in Absatz 2 Satz 1 bezeichneten Arbeitnehmer, die die weiteren Wählbarkeitsvoraussetzungen des § 8 des Betriebsverfassungsgesetzes erfüllen. ...

§ 11. Errechnung der Zahl der Delegierten. (1) ^{1}In jedem Betrieb entfällt auf je 90 wahlberechtigte Arbeitnehmer ein Delegierter. ^{2}Ergibt die Errechnung nach Satz 1 in einem Betrieb mehr als
1. 25 Delegierte, so vermindert sich die Zahl der zu wählenden Delegierten auf die Hälfte; diese Delegierten erhalten je zwei Stimmen;
2. 50 Delegierte, so vermindert sich die Zahl der zu wählenden Delegierten auf ein Drittel; diese Delegierten erhalten je drei Stimmen;
3. 75 Delegierte, so vermindert sich die Zahl

der zu wählenden Delegierten auf ein Viertel; diese Delegierten erhalten je vier Stimmen;
4. 100 Delegierte, so vermindert sich die Zahl der zu wählenden Delegierten auf ein Fünftel; diese Delegierten erhalten je fünf Stimmen;
5. 125 Delegierte, so vermindert sich die Zahl der zu wählenden Delegierten auf ein Sechstel; diese Delegierten erhalten je sechs Stimmen;
6. 150 Delegierte, so vermindert sich die Zahl der zu wählenden Delegierten auf ein Siebtel; diese Delegierten erhalten je sieben Stimmen.

³Bei der Errechnung der Zahl der Delegierten werden Teilzahlen voll gezählt, wenn sie mindestens die Hälfte der vollen Zahl betragen.

(2) ¹Unter den Delegierten müssen in jedem Betrieb die in § 3 Abs. 1 Nr. 1 bezeichneten Arbeitnehmer und die leitenden Angestellten entsprechend ihrem zahlenmäßigen Verhältnis vertreten sein. ²Sind in einem Betrieb mindestens neun Delegierte zu wählen, so entfällt auf die Arbeiter, die in § 3 Abs. 3 Nr. 1 bezeichneten Angestellten und die leitenden Angestellten mindestens je ein Delegierter; dies gilt nicht, soweit in dem Betrieb nicht mehr als fünf in § 3 Abs. 1 Nr. 1 bezeichnete Arbeitnehmer oder leitende Angestellte wahlberechtigt sind. ³Soweit auf die in § 3 Abs. 1 Nr. 1 bezeichneten Arbeitnehmer und die leitenden Angestellten lediglich nach Satz 2 Delegierte entfallen, vermehrt sich die nach Absatz 1 errechnete Zahl der Delegierten des Betriebs entsprechend.

(3) ¹Soweit nach Absatz 2 auf die § 3 Abs. 1 Nr. 1 bezeichneten Arbeitnehmer eines Betriebs nicht mindestens je ein Delegierter entfällt, gelten diese für die Wahl der Delegierten als Arbeitnehmer des Betriebs der Hauptniederlassung des Unternehmens. ²Soweit nach Absatz 2 und nach Satz 1 auf die in § 3 Abs. 1 Nr. 1 bezeichneten Arbeitnehmer und die leitenden Angestellten des Betriebs der Hauptniederlassung nicht mindestens je ein Delegierter entfällt, gelten diese für die Wahl der Delegierten als Arbeitnehmer des nach der Zahl der wahlberechtigten Arbeitnehmer größten Betriebs des Unternehmens.

(4) Entfällt auf einen Betrieb oder auf ein Unternehmen, dessen Arbeitnehmer nach diesem Gesetz an der Wahl von Aufsichtsratsmitgliedern des Unternehmens teilnehmen, kein Delegierter, so ist Absatz 3 entsprechend anzuwenden.

(5) Die Eigenschaft eines Delegierten als Delegierter der Arbeitnehmer nach § 3 Abs. 1 Nr. 1 oder § 3 Abs. 1 Nr. 2 bleibt bei einem Wechsel der Eigenschaft als Arbeitnehmer nach § 3 Abs. 1 Nr. 1 oder § 3 Abs. 1 Nr. 2 erhalten.

§ 12. Wahlvorschläge für Delegierte. (1) ¹Zur Wahl der Delegierten können die wahlberechtigten Arbeitnehmer des Betriebs Wahlvorschläge machen. ²Jeder Wahlvorschlag muss von einem Zwanzigstel oder 50 der jeweils wahlberechtigten in § 3 Abs. 1 Nr. 1 bezeichneten Arbeitnehmer oder der leitenden Angestellten des Betriebs unterzeichnet sein.

...

§ 15. Wahl der unternehmensangehörigen Aufsichtsratsmitglieder der Arbeitnehmer.
(1) ¹Die Delegierten wählen die Aufsichtsratsmitglieder, die nach § 7 Abs. 2 Arbeitnehmer des Unternehmens sein müssen, geheim und nach den Grundsätzen der Verhältniswahl für die Zeit, die im Gesetz oder in der Satzung (im Gesellschaftsvertrag) für die durch das Wahlorgan der Anteilseigner zu wählenden Mitglieder des Aufsichtsrats bestimmt ist. ²Dem Aufsichtsrat muss ein leitender Angestellter angehören.

...

§ 16. Wahl der Vertreter der Gewerkschaften in den Aufsichtsrat. (1) Die Delegierten wählen die Aufsichtsratsmitglieder, die nach § 7 Abs. 2 Vertreter von Gewerkschaften sind, in geheimer Wahl und nach den Grundsätzen der Verhältniswahl für die in § 15 Abs. 1 bestimmte Zeit.

(2) ¹Die Wahl erfolgt auf Grund von Wahlvorschlägen der Gewerkschaften, die in dem Unternehmen selbst oder in einem anderen Unternehmen vertreten sind, dessen Arbeitnehmer nach diesem Gesetz an der Wahl von Aufsichtsratsmitgliedern des Unternehmens teilnehmen. ²Wird nur ein Wahlvorschlag gemacht, so findet abweichend von Satz 1 Mehrheitswahl statt. ³In diesem Fall muß der Wahlvorschlag mindestens doppelt so viele Bewerber enthalten, wie Vertreter von Gewerkschaften in den Aufsichtsrat zu wählen sind.

Innere Ordnung, Rechte und Pflichten des Aufsichtsrats

§ 26. Schutz von Aufsichtsratsmitgliedern vor Benachteiligung. ¹Aufsichtsratsmitglieder der Arbeitnehmer dürfen in der Ausübung ihrer Tätigkeit nicht gestört oder behindert werden. ²Sie dürfen wegen ihrer Tätigkeit im Aufsichtsrat eines Unternehmens, dessen Arbeitnehmer sie sind oder als dessen Arbeitnehmer sie nach § 4 oder § 5 gelten, nicht benachteiligt werden. ³Dies gilt auch für ihre berufliche Entwicklung.

§ 27. Vorsitz im Aufsichtsrat. (1) Der Aufsichtsrat wählt mit einer Mehrheit von zwei Dritteln der Mitglieder, aus denen er insgesamt zu bestehen hat, aus seiner Mitte einen Aufsichtsratsvorsitzenden und einen Stellvertreter.

(2) ¹Wird bei der Wahl des Aufsichtsratsvorsitzenden oder seines Stellvertreters die nach Absatz 1 erforderliche Mehrheit nicht erreicht, so findet für die Wahl des Aufsichtsratsvorsitzenden und seines Stellvertreters ein zweiter Wahlgang statt. ²In diesem Wahlgang wählen die Aufsichtsratsmitglieder der Anteilseigner den Aufsichtsratsvorsitzenden und die Aufsichtsratsmitglieder der Arbeitnehmer den Stellvertreter jeweils mit der Mehrheit der abgegebenen Stimmen.

(3) Unmittelbar nach der Wahl des Aufsichtsratsvorsitzenden und seines Stellvertreters bildet der Aufsichtsrat zur Wahrnehmung der in § 31 Abs. 3 Satz 1 bezeichneten Aufgabe einen Ausschuß, dem der Aufsichtsratsvorsitzende, sein Stellvertreter sowie je ein von den Aufsichtsratsmitgliedern der Arbeitnehmer und von den Aufsichtsratsmitgliedern der Anteilseigner mit der Mehrheit der abgegebenen Stimmen gewähltes Mitglied angehören.

§ 28. Beschlußfähigkeit. ¹Der Aufsichtsrat ist nur beschlußfähig, wenn mindestens die Hälfte der Mitglieder, aus denen er insgesamt zu bestehen hat, an der Beschlußfassung teilnimmt. ²§ 108 Abs. 2 Satz 4 des Aktiengesetzes ist anzuwenden.

§ 29. Abstimmungen. (1) Beschlüsse des Aufsichtsrats bedürfen der Mehrheit der abgegebenen Stimmen, soweit nicht in Absatz 2 und in den §§ 27, 31 und 32 etwas anderes bestimmt ist.

(2) ¹Ergibt eine Abstimmung im Aufsichtsrat Stimmengleichheit, so hat bei einer erneuten Abstimmung über denselben Gegenstand, wenn auch sie Stimmengleichheit ergibt, der Aufsichtsratsvorsitzende zwei Stimmen. ²§ 108 Abs. 3 des Aktiengesetzes ist auch auf die Abgabe der zweiten Stimme anzuwenden. ³Dem Stellvertreter steht die zweite Stimme nicht zu.

Dritter Teil. Gesetzliches Vertretungsorgan

§ 30. Grundsatz. Die Zusammensetzung, die Rechte und Pflichten des zur gesetzlichen Vertretung des Unternehmens befugten Organs sowie die Bestellung seiner Mitglieder bestimmen sich nach den für die Rechtsform des Unternehmens geltenden Vorschriften, soweit sich aus den §§ 31 bis 33 nichts anderes ergibt.

§ 31. Bestellung und Widerruf. (1) ¹Die Bestellung der Mitglieder des zur gesetzlichen Vertretung des Unternehmens befugten Organs und der Widerruf der Bestellung bestimmen sich nach den §§ 84 und 85 des Aktiengesetzes, soweit sich nicht aus den Absätzen 2 bis 5 etwas anderes ergibt. ²Dies gilt nicht für Kommanditgesellschaften auf Aktien.

(2) Der Aufsichtsrat bestellt die Mitglieder des zur gesetzlichen Vertretung des Unternehmens befugten Organs mit einer Mehrheit, die mindestens zwei Drittel der Stimmen seiner Mitglieder umfaßt.

(3) ¹Kommt eine Bestellung nach Absatz 2 nicht zustande, so hat der in § 27 Abs. 3 bezeichnete Ausschuß des Aufsichtsrats innerhalb eines Monats nach der Abstimmung, in der die in Absatz 2 vorgeschriebene Mehrheit nicht erreicht worden ist, dem Aufsichtsrat einen Vorschlag für die Bestellung zu machen; dieser Vorschlag schließt andeere Vorschläge nicht aus. ²Der Aufsichtsrat bestellt die Mitglieder des zur gesetzlichen Vertretung des Unternehmens befugten Organs mit der Mehrheit der Stimmen seiner Mitglieder.

(4) ¹Kommt eine Bestellung nach Absatz 3 nicht zustande, so hat bei einer erneuten Abstimmung der Aufsichtsratsvorsitzende zwei Stimmen; Absatz 3 Satz 2 ist anzuwenden. ²Auf die Abgabe der zweiten Stimme ist § 108 Abs. 3 des Aktiengesetzes anzuwenden. ³Dem Stellvertreter steht die zweite Stimme nicht zu.

(5) Die Absätze 2 bis 4 sind für den Widerruf der Bestellung eines Mitglieds des zur gesetzlichen Vertretung des Unternehmens befugten Organs entsprechend anzuwenden.

§ 33. Arbeitsdirektor. (1) ¹Als gleichberechtigtes Mitglied des zur gesetzlichen Vertretung des Unternehmens befugten Organs wird ein Arbeitsdirektor bestellt. ²Dies gilt nicht für Kommanditgesellschaften auf Aktien.

(2) ¹Der Arbeitsdirektor hat wie die übrigen Mitglieder des zur gesetzlichen Vertretung des Unternehmens befugten Organs seine Aufgaben im engsten Einvernehmen mit dem Gesamtorgan auszuüben. ²Das Nähere bestimmt die Geschäftsordnung.

(3) Bei Genossenschaften ist auf den Arbeitsdirektor § 9 Abs. 2 des Genossenschaftsgesetzes nicht anzuwenden.

Jugendarbeitsschutzgesetz

Gesetz zum Schutze der arbeitenden Jugend

Vom 12. April 1976, mit Änderungen bis zum 31. Oktober 2006

Erster Abschnitt. Allgemeine Vorschriften

§ 1. Geltungsbereich. (1) Dieses Gesetz gilt für die Beschäftigung von Personen, die noch nicht 18 Jahre alt sind,
1. in der Berufsausbildung,
2. als Arbeitnehmer oder Heimarbeiter,
3. mit sonstigen Dienstleistungen, die der Arbeitsleistung von Arbeitnehmern oder Heimarbeitern ähnlich sind,
4. in einem der Berufsausbildung ähnlichen Ausbildungsverhältnis.

(2) Dieses Gesetz gilt nicht
1. für geringfügige Hilfeleistungen, soweit sie gelegentlich
   a) aus Gefälligkeit,
   b) auf Grund familienrechtlicher Vorschriften,
   c) in Einrichtungen der Jugendhilfe,
   d) in Einrichtungen zur Eingliederung Behinderter erbracht werden,
2. für die Beschäftigung durch die Personensorgeberechtigten im Familienhaushalt.

§ 2. Kind, Jugendlicher. (1) Kind im Sinne dieses Gesetzes ist, wer noch nicht 15 Jahre alt ist.

(2) Jugendlicher im Sinne dieses Gesetzes ist, wer 15, aber noch nicht 18 Jahre alt ist.
...

§ 3. Arbeitgeber. Arbeitgeber im Sinne dieses Gesetzes ist, wer ein Kind oder einen Jugendlichen gemäß § 1 beschäftigt.

§ 4. Arbeitszeit. (1) Tägliche Arbeitszeit ist die Zeit vom Beginn bis zum Ende der täglichen Beschäftigung ohne die Ruhepausen (§ 11).

(2) Schichtzeit ist die tägliche Arbeitszeit unter Hinzurechnung der Ruhepausen (§ 11).

(4) ^{1}Für die Berechnung der wöchentlichen Arbeitszeit ist als Woche die Zeit von Montag bis einschließlich Sonntag zugrunde zu legen. ^{2}Die Arbeitszeit, die an einem Werktag infolge eines gesetzlichen Feiertags ausfällt, wird auf die wöchentliche Arbeitszeit angerechnet.

(5) Wird ein Kind oder ein Jugendlicher von mehreren Arbeitgebern beschäftigt, so werden die Arbeits- und Schichtzeiten sowie die Arbeitstage zusammengerechnet.

Zweiter Abschnitt. Beschäftigung von Kindern

§ 5. Verbot der Beschäftigung von Kindern.
(1) Die Beschäftigung von Kindern (§ 2 Abs. 1) ist verboten.

(2) Das Verbot des Absatzes 1 gilt nicht für die Beschäftigung von Kindern
1. zum Zwecke der Beschäftigungs- und Arbeitstherapie,
2. im Rahmen des Betriebspraktikums während der Vollzeitschulpflicht,
3. in Erfüllung einer richterlichen Weisung.
^{2}Auf die Beschäftigung finden § 7 Satz 1 Nr. 2 und die §§ 9 bis 46 entsprechende Anwendung.

(3) ^{1}Das Verbot des Absatzes 1 gilt ferner nicht für die Beschäftigung von Kindern über 13 Jahre mit Einwilligung des Personensorgeberechtigten, soweit die Beschäftigung leicht und für Kinder geeignet ist. ^{2}Die Beschäftigung ist leicht, wenn sie auf Grund ihrer Beschaffenheit und der besonderen Bedingungen, unter denen sie ausgeführt wird,
1. die Sicherheit, Gesundheit und Entwicklung der Kinder,
2. ihren Schulbesuch, ihre Beteiligung an Maßnahmen zur Berufswahlvorbereitung oder Berufsausbildung, die von der zuständigen Stelle anerkannt sind, und
3. ihre Fähigkeit, dem Unterricht mit Nutzen zu folgen,
nicht nachteilig beeinflußt. Die Kinder dürfen nicht mehr als zwei Stunden täglich, in landwirtschaftlichen Familienbetrieben nicht mehr als drei Stunden täglich, nicht zwischen 18 und 8 Uhr, nicht vor dem Schulunterricht und nicht während des Schulunterrichts beschäftigt werden. ^{3}Auf die Beschäftigung finden die §§ 15 bis 31 entsprechende Anwendung.

(4) ^{1}Das Verbot des Absatzes 1 gilt ferner nicht für die Beschäftigung von Jugendlichen (§ 2 Abs. 3) während der Schulferien für höchstens vier Wochen im Kalenderjahr. ^{2}Auf die Beschäftigung finden die §§ 8 bis 31 entsprechende Anwendung.

(5) Für Veranstaltungen kann die Aufsichtsbehörde Ausnahmen gemäß § 6 bewilligen.

§ 7. Beschäftigung von nicht vollzeitschulpflichtigen Kindern. Kinder, die der Vollzeitschulpflicht nicht mehr unterliegen, dürfen
1. im Berufsausbildungsverhältnis,
2. außerhalb eines Berufsausbildungsverhält-

nisses nur mit leichten und für sie geeigneten Tätigkeiten bis zu sieben Stunden täglich und 35 Stunden wöchentlich beschäftigt werden. ²Auf die Beschäftigung finden die §§ 8 bis 46 entsprechende Anwendung.

Dritter Abschnitt. Beschäftigung Jugendlicher

Arbeitszeit und Freizeit

§ 8. Dauer der Arbeitszeit. (1) Jugendliche dürfen nicht mehr als acht Stunden täglich und nicht mehr als 40 Stunden wöchentlich beschäftigt werden.

(2) ¹Wenn in Verbindung mit Feiertagen an Werktagen nicht gearbeitet wird, damit die Beschäftigten eine längere zusammenhängende Freizeit haben, so darf die ausfallende Arbeitszeit auf die Werktage von fünf zusammenhängenden, die Ausfalltage einschließenden Wochen nur dergestalt verteilt werden, daß die Wochenarbeitszeit im Durchschnitt dieser fünf Wochen 40 Stunden nicht überschreitet. ²Die tägliche Arbeitszeit darf hierbei achteinhalb Stunden nicht überschreiten.

(2a) Wenn an einzelnen Werktagen die Arbeitszeit auf weniger als acht Stunden verkürzt ist, können Jugendliche an den übrigen Werktagen derselben Woche achteinhalb Stunden beschäftigt werden.

(3) In der Landwirtschaft dürfen Jugendliche über 16 Jahre während der Erntezeit nicht mehr als neun Stunden täglich und nicht mehr als 85 Stunden in der Doppelwoche beschäftigt werden.

§ 9. Berufsschule. (1) ¹Der Arbeitgeber hat den Jugendlichen für die Teilnahme am Berufsschulunterricht freizustellen. ²Er darf den Jugendlichen nicht beschäftigen
1. vor einem vor 9 Uhr beginnenden Unterricht; dies gilt auch für Personen, die über 18 Jahre alt und noch berufsschulpflichtig sind,
2. an einem Berufsschultag mit mehr als fünf Unterrichtsstunden von mindestens je 45 Minuten, einmal in der Woche,
3. in Berufsschulwochen mit einem planmäßigen Blockunterricht von mindestens 25 Stunden an mindestens fünf Tagen; zusätzliche betriebliche Ausbildungsveranstaltungen bis zu zwei Stunden wöchentlich sind zulässig.

(2) Auf die Arbeitszeit werden angerechnet
1. Berufsschultage nach Absatz 1 Nr. 2 mit acht Stunden,
2. Berufsschulwochen nach Absatz 1 Nr. 3 mit 40 Stunden,
3. im übrigen die Unterrichtszeit einschließlich der Pausen.

(3) Ein Entgeltausfall darf durch den Besuch der Berufsschule nicht eintreten.

(4) (aufgehoben)

§ 10. Prüfungen und außerbetriebliche Ausbildungsmaßnahmen. (1) Der Arbeitgeber hat den Jugendlichen
1. für die Teilnahme an Prüfungen und Ausbildungsmaßnahmen, die auf Grund öffentlichrechtlicher oder vertraglicher Bestimmungen außerhalb der Ausbildungsstätte durchzuführen sind,
2. an dem Arbeitstag, der der schriftlichen Abschlußprüfung unmittelbar vorangeht,

freizustellen.
…

§ 11. Ruhepausen, Aufenthaltsräume. (1) ¹Jugendlichen müssen im voraus feststehende Ruhepausen von angemessener Dauer gewährt werden. ²Die Ruhepausen müssen mindestens betragen
1. 30 Minuten bei einer Arbeitszeit von mehr als viereinhalb bis zu sechs Stunden,
2. 60 Minuten bei einer Arbeitszeit von mehr als sechs Stunden.

³Als Ruhepause gilt nur eine Arbeitsunterbrechung von mindestens 15 Minuten.

(2) ¹Die Ruhepausen müssen in angemessener zeitlicher Lage gewährt werden, frühestens eine Stunde nach Beginn und spätestens eine Stunde vor Ende der Arbeitszeit. ²Länger als viereinhalb Stunden hintereinander dürfen Jugendliche nicht ohne Ruhepause beschäftigt werden.

(3) Der Aufenthalt während der Ruhepausen in Arbeitsräumen darf den Jugendlichen nur gestattet werden, wenn die Arbeit in diesen Räumen während dieser Zeit eingestellt ist und auch sonst die notwendige Erholung nicht beeinträchtigt wird.
…

§ 12. Schichtzeit. Bei der Beschäftigung Jugendlicher darf die Schichtzeit (§ 4 Abs. 2) 10 Stunden, im Bergbau unter Tage 8 Stunden, im Gaststättengewerbe, in der Landwirtschaft, in der Tierhaltung, auf Bau- und Montagestellen 11 Stunden nicht überschreiten.

§ 13. Tägliche Freizeit. Nach Beendigung der täglichen Arbeitszeit dürfen Jugendliche nicht

Jugendarbeitsschutzgesetz

vor Ablauf einer ununterbrochenen Freizeit von mindestens 12 Stunden beschäftigt werden.

§ 14. Nachtruhe. (1) Jugendliche dürfen nur in der Zeit von 6 bis 20 Uhr beschäftigt werden.

(2) Jugendliche über 16 Jahre dürfen
1. im Gaststätten- und Schaustellergewerbe bis 22 Uhr,
2. in mehrschichtigen Betrieben bis 23 Uhr,
3. in der Landwirtschaft ab 5 Uhr oder bis 21 Uhr,
4. in Bäckereien und Konditoreien ab 5 Uhr beschäftigt werden.

(3) Jugendliche über 17 Jahre dürfen in Bäckereien ab 4 Uhr beschäftigt werden.

(4) An dem einem Berufsschultag unmittelbar vorangehenden Tag dürfen Jugendliche auch nach Absatz 2 Nr. 1 bis 3 nicht nach 20 Uhr beschäftigt werden, wenn der Berufsschulunterricht am Berufsschultag vor 9 Uhr beginnt.

...

§ 15. Fünf-Tage-Woche. ¹Jugendliche dürfen nur an fünf Tagen in der Woche beschäftigt werden. ²Die beiden wöchentlichen Ruhetage sollen nach Möglichkeit aufeinander folgen.

§ 16. Samstagsruhe. (1) An Samstagen dürfen Jugendliche nicht beschäftigt werden.

(2) Zulässig ist die Beschäftigung Jugendlicher an Samstagen nur
1. in Krankenanstalten sowie in Alten-, Pflege- und Kinderheimen,
2. in offenen Verkaufsstellen, in Betrieben mit offenen Verkaufsstellen, in Bäckereien und Konditoreien, im Friseurhandwerk und im Marktverkehr,
3. im Verkehrswesen,
4. in der Landwirtschaft und Tierhaltung,
5. im Familienhaushalt,
6. im Gaststätten- und Schaustellergewerbe,
7. bei Musikaufführungen, Theatervorstellungen und anderen Aufführungen, bei Aufnahmen im Rundfunk (Hörfunk und Fernsehen), auf Ton- und Bildträger sowie bei Film- und Fotoaufnahmen,
8. bei außerbetrieblichen Ausbildungsmaßnahmen,
9. beim Sport,
10. im ärztlichen Notdienst,
11. in Reparaturwerkstätten für Kraftfahrzeuge.

²Mindestens zwei Samstage im Monat sollen beschäftigungsfrei bleiben.

(3) ¹Werden Jugendliche am Samstag beschäftigt, ist ihnen die Fünf-Tage-Woche (§ 15) durch Freistellung an einem anderen berufsschulfreien Arbeitstag derselben Woche sicherzustellen. ²In Betrieben mit einem Betriebsruhetag in der Woche kann die Freistellung auch an diesem Tage erfolgen, wenn die Jugendlichen an diesem Tage keinen Berufsschulunterricht haben.

(4) Können Jugendliche in den Fällen des Absatzes 2 Nr. 2 am Samstag nicht acht Stunden beschäftigt werden, kann der Unterschied zwischen der tatsächlichen und der nach § 8 Abs. 1 höchstzulässigen Arbeitszeit an dem Tage bis 13 Uhr ausgeglichen werden, an dem die Jugendlichen nach Absatz 3 Satz 1 freizustellen sind.

§ 17. Sonntagsruhe. (1) An Sonntagen dürfen Jugendliche nicht beschäftigt werden.

(2) Zulässig ist die Beschäftigung Jugendlicher an Sonntagen nur
1. in Krankenanstalten sowie in Alten-, Pflege- und Kinderheimen,
2. in der Landwirtschaft und Tierhaltung mit Arbeiten, die auch an Sonn- und Feiertagen naturnotwendig vorgenommen werden müssen,
3. im Familienhaushalt, wenn der Jugendliche in die häusliche Gemeinschaft aufgenommen ist,
4. im Schaustellergewerbe,
5. bei Musikaufführungen, Theatervorstellungen und anderen Aufführungen sowie bei Direktsendungen im Rundfunk (Hörfunk und Fernsehen),
6. beim Sport,
7. im ärztlichen Notdienst,
8. im Gaststättengewerbe.

²Jeder zweite Sonntag soll, mindestens zwei Sonntage im Monat müssen beschäftigungsfrei bleiben.

(3) ¹Werden Jugendliche am Sonntag beschäftigt, ist ihnen die Fünf-Tage-Woche (§ 15) durch Freistellung an einem anderen berufsschulfreien Arbeitstag derselben Woche sicherzustellen. ²In Betrieben mit einem Betriebsruhetag in der Woche kann die Freistellung auch an diesem Tage erfolgen, wenn die Jugendlichen an diesem Tage keinen Berufsschulunterricht haben.

§ 18. Feiertagsruhe. (1) Am 24. und 31. Dezember nach 14 Uhr und an gesetzlichen Feiertagen dürfen Jugendliche nicht beschäftigt werden.

(2) Zulässig ist die Beschäftigung Jugendlicher an gesetzlichen Feiertagen in den Fällen des § 17 Abs. 2, ausgenommen am 25. Dezember, am 1. Januar, am ersten Osterfeiertag und am 1. Mai.

(3) ¹Für die Beschäftigung an einem gesetzlichen Feiertag, der auf einen Werktag fällt, ist der Jugendliche an einem anderen berufsschulfreien Arbeitstag derselben oder der folgenden Woche freizustellen. ²In Betrieben mit einem Betriebsruhetag in der Woche kann die Freistellung auch an diesem Tage erfolgen, wenn die

7.18 JArbSchG §§ 18–22 Dritter Abschnitt. Beschäftigung Jugendlicher

Jugendlichen an diesem Tage keinen Berufsschulunterricht haben.

§ 19. Urlaub. (1) Der Arbeitgeber hat Jugendlichen für jedes Kalenderjahr einen bezahlten Erholungsurlaub zu gewähren.
(2) Der Urlaub beträgt jährlich
1. mindestens 30 Werktage, wenn der Jugendliche zu Beginn des Kalenderjahres noch nicht 16 Jahre alt ist,
2. mindestens 27 Werktage, wenn der Jugendliche zu Beginn des Kalenderjahres noch nicht 17 Jahre alt ist,
3. mindestens 25 Werktage, wenn der Jugendliche zu Beginn des Kalenderjahres noch nicht 18 Jahre alt ist.
²Jugendliche, die im Bergbau unter Tage beschäftigt werden, erhalten in jeder Altersgruppe einen zusätzlichen Urlaub von drei Werktagen.
(3) ¹Der Urlaub soll Berufsschülern in der Zeit der Berufsschulferien gegeben werden. ²Soweit er nicht in den Berufsschulferien gegeben wird, ist für jeden Berufsschultag, an dem die Berufsschule während des Urlaubs besucht wird, ein weiterer Urlaubstag zu gewähren.
(4) Im übrigen gelten für den Urlaub der Jugendlichen § 3 Abs. 2, §§ 4 bis 12 und § 13 Abs. 3 des Bundesurlaubsgesetzes. ...

§ 21a. Abweichende Regelungen. (1) In einem Tarifvertrag oder auf Grund eines Tarifvertrages in einer Betriebsvereinbarung kann zugelassen werden
1. abweichend von den §§ 8, 15, 16 Abs. 3 und 4, § 17 Abs. 3 und § 18 Abs. 3 die Arbeitszeit bis zu neun Stunden täglich, 44 Stunden wöchentlich und bis zu fünfeinhalb Tagen in der Woche anders zu verteilen, jedoch nur unter Einhaltung einer durchschnittlichen Wochenarbeitszeit von 40 Stunden in einem Ausgleichszeitraum von zwei Monaten,
2. abweichend von § 11 Abs. 1 Satz 2 Nr. 2 und Abs. 2 die Ruhepausen bis zu 15 Minuten zu kürzen und die Lage der Pausen anders zu bestimmen,
3. abweichend von § 12 die Schichtzeit mit Ausnahme des Bergbaus unter Tage bis zu einer Stunde täglich zu verlängern,
4. abweichend von § 16 Abs. 1 und 2 Jugendliche an 26 Samstagen im Jahr oder an jedem Samstag zu beschäftigen, wenn statt dessen der Jugendliche an einem anderen Werktag derselben Woche von der Beschäftigung freigestellt wird,
5. abweichend von den §§ 15, 16 Abs. 3 und 4, § 17 Abs. 3 und § 18 Abs. 3 Jugendliche bei einer Beschäftigung an einem Samstag oder an einem Sonn- oder Feiertag unter vier Stunden an einem anderen Arbeitstag derselben oder der folgenden Woche vor- oder nachmittags von der Beschäftigung freizustellen,
6. abweichend von § 17 Abs. 2 Satz 2 Jugendliche im Gaststätten- und Schaustellergewerbe sowie in der Landwirtschaft während der Saison oder der Erntezeit an drei Sonntagen im Monat zu beschäftigen.
(2) Im Geltungsbereich eines Tarifvertrages nach Absatz 1 kann die abweichende tarifvertragliche Regelung im Betrieb eines nicht tarifgebundenen Arbeitgebers durch Betriebsvereinbarung oder, wenn ein Betriebsrat nicht besteht, durch schriftliche Vereinbarung zwischen dem Arbeitgeber und dem Jugendlichen übernommen werden.
(3) Die Kirchen und die öffentlich-rechtlichen Religionsgesellschaften können die in Absatz 1 genannten Abweichungen in ihren Regelungen vorsehen.

Beschäftigungsverbote und -beschränkungen

§ 22. Gefährliche Arbeiten. (1) Jugendliche dürfen nicht beschäftigt werden
1. mit Arbeiten, die ihre physische oder psychische Leistungsfähigkeit übersteigen,
2. mit Arbeiten, bei denen sie sittlichen Gefahren ausgesetzt sind,
3. mit Arbeiten, die mit Unfallgefahren verbunden sind, von denen anzunehmen ist, daß Jugendliche sie wegen mangelnden Sicherheitsbewußtseins oder mangelnder Erfahrung nicht erkennen oder nicht abwenden können,
4. mit Arbeiten, bei denen ihre Gesundheit durch außergewöhnliche Hitze oder Kälte oder starke Nässe gefährdet wird,
5. mit Arbeiten, bei denen sie schädlichen Einwirkungen von Lärm, Erschütterungen oder Strahlen ausgesetzt sind,
6. mit Arbeiten, bei denen sie schädlichen Einwirkungen von Gefahrstoffen im Sinne des Chemikaliengesetzes ausgesetzt sind,
7. mit Arbeiten, bei denen sie schädlichen Einwirkungen von biologischen Arbeitsstoffen im Sinne der Richtlinie 90/679/EWG des Rates vom 26. November 1990 zum Schutze der Arbeitnehmer gegen Gefährdung durch biologische Arbeitsstoffe bei der Arbeit ausgesetzt sind.
(2) Absatz 1 Nr. 3 bis 7 gilt nicht für die Beschäftigung Jugendlicher, soweit
1. dies zur Erreichung ihres Ausbildungszieles erforderlich ist,
2. ihr Schutz durch die Aufsicht eines Fachkundigen gewährleistet ist und
3. der Luftgrenzwert bei gefährlichen Stoffen (Absatz 1 Nr. 6) unterschritten wird. ...
(3) Werden Jugendliche in einem Betrieb be-

Jugendarbeitsschutzgesetz

schäftigt, für den ein Betriebsarzt oder eine Fachkraft für Arbeitssicherheit verpflichtet ist, muß ihre betriebsärztliche oder sicherheitstechnische Betreuung sichergestellt sein.

§ 23. Akkordarbeit; tempoabhängige Arbeiten. (1) Jugendliche dürfen nicht beschäftigt werden
1. mit Akkordarbeit und sonstigen Arbeiten, bei denen durch ein gesteigertes Arbeitstempo ein höheres Entgelt erzielt werden kann,
2. in einer Arbeitsgruppe mit erwachsenen Arbeitnehmern, die mit Arbeiten nach Nummer 1 beschäftigt werden,
3. mit Arbeiten, bei denen ihr Arbeitstempo nicht nur gelegentlich vorgeschrieben, vorgegeben oder auf andere Weise erzwungen wird.

(2) Absatz 1 Nr. 2 gilt nicht für die Beschäftigung Jugendlicher,
1. soweit dies zur Erreichung ihres Ausbildungszieles erforderlich ist oder
2. wenn sie eine Berufsausbildung für diese Beschäftigung abgeschlossen haben

und ihr Schutz durch die Aufsicht eines Fachkundigen gewährleistet ist.

Sonstige Pflichten des Arbeitgebers

§ 28. Menschengerechte Gestaltung der Arbeit. (1) ^{1}Der Arbeitgeber hat bei der Einrichtung und der Unterhaltung der Arbeitsstätte einschließlich der Maschinen, Werkzeuge und Geräte und bei der Regelung der Beschäftigung die Vorkehrungen und Maßnahmen zu treffen, die zum Schutze der Jugendlichen gegen Gefahren für Leben und Gesundheit sowie zur Vermeidung einer Beeinträchtigung der körperlichen oder seelisch-geistigen Entwicklung der Jugendlichen erforderlich sind. ^{2}Hierbei sind das mangelnde Sicherheitsbewußtsein, die mangelnde Erfahrung und der Entwicklungsstand der Jugendlichen zu berücksichtigen und die allgemein anerkannten sicherheitstechnischen und arbeitsmedizinischen Regeln sowie die sonstigen gesicherten arbeitswissenschaftlichen Erkenntnisse zu beachten.
...

§ 31. Züchtigungsverbot; Verbot der Abgabe Alkohol und Tabak. (1) Wer Jugendliche beschäftigt oder im Rahmen eines Rechtsverhältnisses im Sinne des § 1 beaufsichtigt, anweist oder ausbildet, darf sie nicht körperlich züchtigen.

(2) ^{1}Wer Jugendliche beschäftigt, muß sie vor körperlicher Züchtigung und Mißhandlung und vor sittlicher Gefährdung durch andere bei ihm Beschäftigte und durch Mitglieder seines Haushalts an der Arbeitsstätte und in seinem Hause schützen. ^{2}Er darf Jugendlichen unter 16 Jahren keine alkoholischen Getränke und Tabakwaren, Jugendlichen über 16 Jahre keinen Branntwein geben.

Gesundheitliche Betreuung

§ 32. Erstuntersuchung. (1) Ein Jugendlicher, der in das Berufsleben eintritt, darf nur beschäftigt werden, wenn
1. er innerhalb der letzten vierzehn Monate von einem Arzt untersucht worden ist (Erstuntersuchung) und
2. dem Arbeitgeber eine von diesem Arzt ausgestellte Bescheinigung vorliegt.

(2) Absatz 1 gilt nicht für eine nur geringfügige oder eine nicht länger als zwei Monate dauernde Beschäftigung mit leichten Arbeiten, von denen keine gesundheitlichen Nachteile für den Jugendlichen zu befürchten sind.

§ 33. Erste Nachuntersuchung. (1) Ein Jahr nach Aufnahme der ersten Beschäftigung hat sich der Arbeitgeber die Bescheinigung eines Arztes darüber vorlegen zu lassen, daß der Jugendliche nachuntersucht worden ist (erste Nachuntersuchung).

(3) Der Jugendliche darf nach Ablauf von 14 Monaten nach Aufnahme der ersten Beschäftigung nicht weiterbeschäftigt werden, solange er die Bescheinigung nicht vorgelegt hat.

Vierter Abschnitt . Durchführung des Gesetzes

Aushänge und Verzeichnisse

§ 48. Aushang über Arbeitszeit und Pausen. Arbeitgeber, die regelmäßig mindestens drei Jugendliche beschäftigen, haben einen Aushang über Beginn und Ende der regelmäßigen täglichen Arbeitszeit und der Pausen der Jugendlichen an geeigneter Stelle im Betrieb anzubringen.

7.19 MuSchG §§ 1–9 — Kündigung

Gesetz zum Schutze der erwerbstätigen Mutter
In der Neufassung vom 20. Juni 2002, mit Änderungen bis zum 5. Dezember 2006

Allgemeine Vorschriften

§ 1. Geltungsbereich. Dieses Gesetz gilt
1. für Frauen, die in einem Arbeitsverhältnis stehen, ...

§ 2. Gestaltung des Arbeitsplatzes. (1) Wer eine werdende oder stillende Mutter beschäftigt, hat bei der Einrichtung und der Unterhaltung des Arbeitsplatzes einschließlich der Maschinen, Werkzeuge und Geräte und bei der Regelung der Beschäftigung die erforderlichen Vorkehrungen und Maßnahmen zum Schutze von Leben und Gesundheit der werdenden oder stillenden Mutter zu treffen.
...

Beschäftigungsverbote

§ 3. Beschäftigungsverbote für werdende Mütter. (1) Werdende Mütter dürfen nicht beschäftigt werden, soweit nach ärztlichem Zeugnis Leben oder Gesundheit von Mutter oder Kind bei Fortdauer der Beschäftigung gefährdet ist.

(2) Werdende Mütter dürfen in den letzten sechs Wochen vor der Entbindung nicht beschäftigt werden, es sei denn, daß sie sich zur Arbeitsleistung ausdrücklich bereit erklären; die Erklärung kann jederzeit widerrufen werden.

§ 4. Weitere Beschäftigungsverbote. (1) Werdende Mütter dürfen nicht mit schweren körperlichen Arbeiten und nicht mit Arbeiten beschäftigt werden, bei denen sie schädlichen Einwirkungen von gesundheitsgefährdenden Stoffen oder Strahlen, von Staub, Gasen oder Dämpfen, von Hitze, Kälte oder Nässe, von Erschütterungen oder Lärm ausgesetzt sind.

(3) Die Beschäftigung von werdenden Müttern mit
1. Akkordarbeit und sonstigen Arbeiten, bei denen durch ein gesteigertes Arbeitstempo ein höheres Entgelt erzielt werden kann,
2. Fließarbeit mit vorgeschriebenem Arbeitstempo

ist verboten. ...

§ 5. Mitteilungspflicht, ärztliches Zeugnis. (1) [1]Werdende Mütter sollen dem Arbeitgeber ihre Schwangerschaft und den mutmaßlichen Tag der Entbindung mitteilen, sobald ihnen ihr Zustand bekannt ist. [2]Auf Verlangen des Arbeitgebers sollen sie das Zeugnis eines Arztes oder einer Hebamme vorlegen. [3]Der Arbeitgeber hat die Aufsichtsbehörde unverzüglich von der Mitteilung der werdenden Mutter zu benachrichtigen. [4]Er darf die Mitteilung der werdenden Mutter Dritten nicht unbefugt bekanntgeben.

(2) Für die Berechnung der in § 3 Abs. 2 bezeichneten Zeiträume vor der Entbindung ist das Zeugnis eines Arztes oder einer Hebamme maßgebend; das Zeugnis soll den mutmaßlichen Tag der Entbindung angeben. ...

§ 6. Beschäftigungsverbote nach der Entbindung. (1) [1]Mütter dürfen bis zum Ablauf von acht Wochen, bei Früh- und Mehrlingsgeburten bis zum Ablauf von zwölf Wochen nach der Entbindung nicht beschäftigt werden. [2]Bei Frühgeburten und sonstigen vorzeitigen Entbindungen verlängern sich die Fristen nach Satz 1 zusätzlich um den Zeitraum der Schutzfrist nach § 3 Abs. 2, der nicht in Anspruch genommen werden konnte. [3]Beim Tod ihres Kindes kann die Mutter auf ihr ausdrückliches Verlangen ausnahmsweise schon vor Ablauf dieser Fristen, aber noch nicht in den ersten zwei Wochen nach der Entbindung, wieder beschäftigt werden, wenn nach ärztlichem Zeugnis nichts dagegen spricht. [4]Sie kann ihre Erklärung jederzeit widerrufen.

Frauen, die in den ersten Monaten nach der Entbindung nach ärztlichem Zeugnis nicht voll leistungsfähig sind, dürfen nicht zu einer ihre Leistungsfähigkeit übersteigenden Arbeit herangezogen werden.
...

§ 8. Mehrarbeit, Nacht- und Sonntagsarbeit. (1) Werdende und stillende Mütter dürfen nicht mit Mehrarbeit, nicht in der Nacht zwischen 20 und 6 Uhr und nicht an Sonn- und Feiertagen beschäftigt werden.
...

Kündigung

§ 9. Kündigungsverbot. (1) Die Kündigung gegenüber einer Frau während der Schwangerschaft und bis zum Ablauf von vier Monaten nach der Entbindung ist unzulässig, wenn dem Arbeitgeber zur Zeit der Kündigung die Schwangerschaft oder Entbindung bekannt war oder innerhalb zweier Wochen nach Zugang der Kündigung mitgeteilt wird. ...

(2) Kündigt eine schwangere Frau, gilt § 5 Abs. 1 Satz 3 entsprechend.
...

§ 10. Erhaltung von Rechten. (1) Eine Frau kann während der Schwangerschaft und während der Schutzfrist nach der Entbindung (§ 6 Abs. 1) das Arbeitsverhältnis ohne Einhaltung einer Frist zum Ende der Schutzfrist nach der Entbindung kündigen.

(2) ¹Wird das Arbeitsverhältnis nach Absatz 1 aufgelöst und wird die Frau innerhalb eines Jahres nach der Entbindung in ihrem bisherigen Betrieb wieder eingestellt, so gilt, soweit Rechte aus dem Arbeitsverhältnis von der Dauer der Betriebs- oder Berufszugehörigkeit oder von der Dauer der Beschäftigungs- oder Dienstzeit abhängen, das Arbeitsverhältnis als nicht unterbrochen. ²Dies gilt nicht, wenn die Frau in der Zeit von der Auflösung des Arbeitsverhältnisses bis zur Wiedereinstellung bei einem anderen Arbeitgeber beschäftigt war.

Leistungen

§ 13. Mutterschaftsgeld. (1) Frauen, die Mitglied einer gesetzlichen Krankenkasse sind, erhalten für die Zeit der Schutzfristen des § 3 Abs. 2 und des § 6 Abs. 1 sowie für den Entbindungstag Mutterschaftsgeld nach den Vorschriften der Reichsversicherungsordnung oder des Gesetzes über die Krankenversicherung der Landwirte über das Mutterschaftsgeld.
...

§ 15. Sonstige Leistungen bei Schwangerschaft und Mutterschaft. Frauen, die in der gesetzlichen Krankenversicherung versichert sind, erhalten auch die folgenden Leistungen bei Schwangerschaft und Mutterschaft nach den Vorschriften der Reichsversicherungsordnung oder des Gesetzes über die Krankenversicherung der Landwirte:
1. ärztliche Betreuung und Hebammenhilfe,
2. Versorgung mit Arznei-, Verband- und Heilmitteln,
3. stationäre Entbindung,
4. häusliche Pflege,
5. Haushaltshilfe.

Durchführung des Gesetzes

§ 18. Auslage des Gesetzes. (1) In Betrieben und Verwaltungen, in denen regelmäßig mehr als drei Frauen beschäftigt werden, ist ein Abdruck dieses Gesetzes an geeigneter Stelle zur Einsicht auszulegen oder auszuhängen.
...

7.21a SGB I §§ 1–9 Aufgaben des Sozialgesetzbuchs und soziale Rechte

Sozialgesetzbuch
Erstes Buch Allgemeiner Teil
Vom 11. Dezember 1975, mit Änderungen bis zum 19. Dezember 2007

Aufgaben des Sozialgesetzbuchs und soziale Rechte

§ 1. Aufgaben des Sozialgesetzbuchs. (1) [1]Das Recht des Sozialgesetzbuchs soll zur Verwirklichung sozialer Gerechtigkeit und sozialer Sicherheit Sozialleistungen einschließlich sozialer und erzieherischer Hilfen gestalten. [2]Es soll dazu beitragen, ein menschenwürdiges Dasein zu sichern, gleiche Voraussetzungen für die freie Entfaltung der Persönlichkeit, insbesondere auch für junge Menschen, zu schaffen, die Familie zu schützen und zu fördern, den Erwerb des Lebensunterhalts durch eine frei gewählte Tätigkeit zu ermöglichen und besondere Belastungen des Lebens, auch durch Hilfe zur Selbsthilfe, abzuwenden oder auszugleichen.

(2) Das Recht des Sozialgesetzbuchs soll auch dazu beitragen, daß die zur Erfüllung der in Absatz 1 genannten Aufgaben erforderlichen sozialen Dienste und Einrichtungen rechtzeitig und ausreichend zur Verfügung stehen.

§ 3. Bildungs- und Arbeitsförderung. (1) Wer an einer Ausbildung teilnimmt, die seiner Neigung, Eignung und Leistung entspricht, hat ein Recht auf individuelle Förderung seiner Ausbildung, wenn ihm die hierfür erforderlichen Mittel nicht anderweitig zur Verfügung stehen.

(2) Wer am Arbeitsleben teilnimmt oder teilnehmen will, hat ein Recht auf
1. Beratung bei der Wahl des Bildungswegs und des Berufs,
2. individuelle Förderung seiner beruflichen Weiterbildung,
3. Hilfe zur Erlangung und Erhaltung eines angemessenen Arbeitsplatzes und
4. wirtschaftliche Sicherung bei Arbeitslosigkeit und bei Zahlungsunfähigkeit des Arbeitgebers.

§ 4. Sozialversicherung. (1) Jeder hat im Rahmen dieses Gesetzbuchs ein Recht auf Zugang zur Sozialversicherung.

(2) Wer in der Sozialversicherung versichert ist, hat im Rahmen der gesetzlichen Kranken-, Pflege-, Unfall- und Rentenversicherung einschließlich der Alterssicherung der Landwirte ein Recht auf
1. die notwendigen Maßnahmen zum Schutz, zur Erhaltung, zur Besserung und zur Wiederherstellung der Gesundheit und der Leistungsfähigkeit und
2. wirtschaftliche Sicherung bei Krankheit, Mutterschaft, Minderung der Erwerbsfähigkeit und Alter.

[2]Ein Recht auf wirtschaftliche Sicherung haben auch die Hinterbliebenen eines Versicherten.

§ 5. Soziale Entschädigung bei Gesundheitsschäden. Wer einen Gesundheitsschaden erleidet, für dessen Folgen die staatliche Gemeinschaft in Abgeltung eines besonderen Opfers oder aus anderen Gründen nach versorgungsrechtlichen Grundsätzen einsteht, hat ein Recht auf
1. die notwendigen Maßnahmen zur Erhaltung, zur Besserung und zur Wiederherstellung der Gesundheit und der Leistungsfähigkeit und
2. angemessene wirtschaftliche Versorgung.

[2]Ein Recht auf angemessene wirtschaftliche Versorgung haben auch die Hinterbliebenen eines Beschädigten.

§ 6. Minderung des Familienaufwands. Wer Kindern Unterhalt zu leisten hat oder leistet, hat ein Recht auf Minderung der dadurch entstehenden wirtschaftlichen Belastungen.

§ 7. Zuschuß für eine angemessene Wohnung. Wer für eine angemessene Wohnung Aufwendungen erbringen muß, die ihm nicht zugemutet werden können, hat ein Recht auf Zuschuß zur Miete oder zu vergleichbaren Aufwendungen.

§ 8. Kinder- und Jugendhilfe. [1]Junge Menschen und Personensorgeberechtigte haben im Rahmen dieses Gesetzbuches ein Recht, Leistungen der öffentlichen Jugendhilfe in Anspruch zu nehmen. [2]Sie sollen die Entwicklung junger Menschen fördern und die Erziehung in der Familie unterstützen und ergänzen.

§ 9. Sozialhilfe. Wer nicht in der Lage ist, aus eigenen Kräften seinen Lebensunterhalt zu bestreiten oder in besonderen Lebenslagen sich selbst zu helfen, und auch von anderer Seite keine ausreichende Hilfe erhält, hat ein Recht auf persönliche und wirtschaftliche Hilfe, die seinem besonderen Bedarf entspricht, ihn zur Selbsthilfe befähigt, die Teilnahme am Leben in der Gemeinschaft ermöglicht und die Führung eines menschenwürdigen Lebens sichert. Hierbei müssen Leistungsberechtigte nach ihren Kräften mitwirken.

Sozialgesetzbuch I

7.21a SGB I §§ 10–19

§ 10. Teilhabe behinderter Menschen. Menschen, die körperlich, geistig oder seelisch behindert sind oder denen eine solche Behinderung droht, haben unabhängig von der Ursache der Behinderung zur Förderung ihrer Selbstbestimmung und gleichberechtigten Teilhabe ein Recht auf Hilfe, die notwendig ist, um
1. die Behinderung abzuwenden, zu beseitigen, zu mindern, ihre Verschlimmerung zu verhüten oder ihre Folgen zu mildern,
2. Einschränkungen der Erwerbsfähigkeit oder Pflegebedürftigkeit zu vermeiden, zu überwinden, zu mindern oder eine Verschlimmerung zu verhüten sowie den vorzeitigen Bezug von Sozialleistungen zu vermeiden oder laufende Sozialleistungen zu mindern,
3. ihnen einen ihren Neigungen und Fähigkeiten entsprechenden Platz im Arbeitsleben zu sichern,
4. ihre Entwicklung zu fördern und ihre Teilhabe am Leben in der Gesellschaft und eine möglichst selbständige und selbstbestimmte Lebensführung zu ermöglichen oder zu erleichtern sowie
5. Benachteiligungen auf Grund der Behinderung entgegenzuwirken.

Einweisungsvorschriften

▶ Allgemeines über Sozialleistungen und Leistungsträger

§ 11. Leistungsarten. ¹Gegenstand der sozialen Rechte sind die in diesem Gesetzbuch vorgesehenen Dienst-, Sach- und Geldleistungen (Sozialleistungen). ²Die persönliche und erzieherische Hilfe gehört zu den Dienstleistungen.

§ 12. Leistungsträger. ¹Zuständig für die Sozialleistungen sind die in den §§ 18 bis 29 genannten Körperschaften, Anstalten und Behörden (Leistungsträger). ²Die Abgrenzung ihrer Zuständigkeit ergibt sich aus den besonderen Teilen dieses Gesetzbuchs.

§ 13. Aufklärung. Die Leistungsträger, ihre Verbände und die sonstigen in diesem Gesetzbuch genannten öffentlich-rechtlichen Vereinigungen sind verpflichtet, im Rahmen ihrer Zuständigkeit die Bevölkerung über die Rechte und Pflichten nach diesem Gesetzbuch aufzuklären.

§ 14. Beratung. ¹Jeder hat Anspruch auf Beratung über seine Rechte und Pflichten nach diesem Gesetzbuch. ²Zuständig für die Beratung sind die Leistungsträger, denen gegenüber die Rechte geltend zu machen oder die Pflichten zu erfüllen sind.

§ 15. Auskunft. (1) Die nach Landesrecht zuständigen Stellen, die Träger der gesetzlichen Krankenversicherung und der sozialen Pflegeversicherung sind verpflichtet, über alle sozialen Angelegenheiten nach diesem Gesetzbuch Auskünfte zu erteilen.

(2) Die Auskunftspflicht erstreckt sich auf die Benennung der für die Sozialleistungen zuständigen Leistungsträger sowie auf alle Sach- und Rechtsfragen, die für die Auskunftsuchenden von Bedeutung sein können und zu deren Beantwortung die Auskunftsstelle imstande ist.

(3) Die Auskunftsstellen sind verpflichtet, untereinander und mit den anderen Leistungsträgern mit dem Ziel zusammenzuarbeiten, eine möglichst umfassende Auskunftserteilung durch eine Stelle sicherzustellen.

§ 16. Antragstellung. (1) ¹Anträge auf Sozialleistungen sind beim zuständigen Leistungsträger zu stellen. ²Sie werden auch von den anderen Leistungsträgern, von allen Gemeinden und bei Personen, die sich im Ausland aufhalten, auch von den amtlichen Vertretungen der Bundesrepublik Deutschland im Ausland entgegengenommen.

(2) ¹Anträge, die bei einem unzuständigen Leistungsträger, bei einer für die Sozialleistung nicht zuständigen Gemeinde oder bei einer amtlichen Vertretung der Bundesrepublik Deutschland im Ausland gestellt werden, sind unverzüglich an den zuständigen Leistungsträger weiterzuleiten. ²Ist die Sozialleistung von einem Antrag abhängig, gilt der Antrag als zu dem Zeitpunkt gestellt, in dem er bei einer der in Satz 1 genannten Stellen eingegangen ist.

(3) Die Leistungsträger sind verpflichtet, darauf hinzuwirken, daß unverzüglich klare und sachdienliche Anträge gestellt und unvollständige Angaben ergänzt werden.

▶ Einzelne Sozialleistungen und zuständige Leistungsträger

§ 18. Leistungen der Ausbildungsförderung.
(1) Nach dem Recht der Ausbildungsförderung können Zuschüsse und Darlehen für den Lebensunterhalt und die Ausbildung in Anspruch genommen werden.

(2) Zuständig sind die Ämter und die Landesämter für Ausbildungsförderung nach Maßgabe der §§ 39, 40, 40a und 45 des Bundesausbildungsförderungsgesetzes.

§ 19. Leistungen der Arbeitsförderung.
(1) Nach dem Recht der Arbeitsförderung können in Anspruch genommen werden:

435

1. Berufsberatung und Arbeitsmarktberatung,
2. Ausbildungsvermittlung und Arbeitsvermittlung,
3. Leistungen zur
   a) Unterstützung der Beratung und Vermittlung,
   b) Verbesserung der Eingliederungsaussichten,
   c) Förderung der Aufnahme einer Beschäftigung und einer selbständigen Tätigkeit,
   d) Förderung der Berufsausbildung und der beruflichen Weiterbildung,
   e) Förderung der beruflichen Eingliederung Behinderter,
   f) Eingliederung von Arbeitnehmern,
   g) Förderung der Teilnahme an Transfermaßnahmen und Arbeitsbeschaffungsmaßnahmen,
4. weitere Leistungen der freien Förderung,
5. Wintergeld in Betrieben des Baugewerbes und in Betrieben solcher Wirtschaftszweige, die von saisonbedingtem Arbeitsausfall betroffen sind,
6. als Entgeltersatzleistungen Arbeitslosengeld, Teilarbeitslosengeld, Übergangsgeld, Kurzarbeitergeld und Insolvenzgeld.

(2) Zuständig sind die Arbeitsämter und die sonstigen Dienststellen der Bundesanstalt für Arbeit.

§ 21. Leistungen der gesetzlichen Krankenversicherung. (1) Nach dem Recht der gesetzlichen Krankenversicherung können in Anspruch genommen werden:
1. Leistungen zur Förderung der Gesundheit, zur Verhütung und zur Früherkennung von Krankheiten,
2. bei Krankheit Krankenbehandlung, insbesondere
   a) ärztliche und zahnärztliche Behandlung,
   b) Versorgung mit Arznei-, Verband-, Heil- und Hilfsmitteln,
   c) häusliche Krankenpflege und Haushaltshilfe,
   d) Krankenhausbehandlung,
   e) medizinische und ergänzende Leistungen zur Rehabilitation,
   f) Betriebshilfe für Landwirte,
   g) Krankengeld,
3. bei Schwangerschaft und Mutterschaft ärztliche Betreuung, Hebammenhilfe, stationäre Entbindung, häusliche Pflege, Haushaltshilfe, Betriebshilfe für Landwirte, Mutterschaftsgeld,
4. Hilfe zur Familienplanung und Leistungen bei durch Krankheit erforderlicher Sterilisation und bei nicht rechtswidrigem Schwangerschaftsabbruch,

(2) Zuständig sind die Orts-, Betriebs- und Innungskrankenkassen, die See-Krankenkasse, die landwirtschaftlichen Krankenkassen, die Deutsche Rentenversicherung Knappschaft-Bahn-See und die Ersatzkassen.

§ 21a. Leistungen der sozialen Pflegeversicherung. (1) Nach dem Recht der sozialen Pflegeversicherung können in Anspruch genommen werden:
1. Leistungen bei häuslicher Pflege:
   a) Pflegesachleistung,
   b) Pflegegeld für selbst beschaffte Pflegehilfen,
   c) häusliche Pflege bei Verhinderung der Pflegeperson,
   d) Pflegehilfsmittel und technische Hilfen,
2. teilstationäre Pflege und Kurzzeitpflege,
3. Leistungen für Pflegepersonen, insbesondere
   a) soziale Sicherung und
   b) Pflegekurse,
4. vollstationäre Pflege.

(2) Zuständig sind die bei den Krankenkassen errichteten Pflegekassen.

§ 21b. Leistungen bei Schwangerschaftsabbrüchen. (1) Nach dem Gesetz zur Hilfe für Frauen bei Schwangerschaftsabbrüchen in besonderen Fällen können bei einem nicht rechtswidrigen oder unter den Voraussetzungen des § 218a Abs. 1 des Strafgesetzbuches vorgenommenen Abbruch einer Schwangerschaft Leistungen in Anspruch genommen werden.

(2) Zuständig sind die Orts-, Betriebs- und die landwirtschaftliche Krankenkasse, die Deutsche Rentenversicherung Knappschaft-Bahn-See und die Ersatzkassen.

§ 22. Leistungen der gesetzlichen Unfallversicherung. (1) Nach dem Recht der gesetzlichen Unfallversicherung können in Anspruch genommen werden:
1. Maßnahmen zur Verhütung von Arbeitsunfällen, Berufskrankheiten und arbeitsbedingten Gesundheitsgefahren und zur Ersten Hilfe sowie Maßnahmen zur Früherkennung von Berufskrankheiten und arbeitsbedingten Gesundheitsgefahren,
2. Heilbehandlung, Berufsförderung und andere Leistungen zur Erhaltung, Besserung und Wiederherstellung der Erwerbsfähigkeit sowie zur Erleichterung der Verletzungsfolgen einschließlich wirtschaftlicher Hilfen,
3. Renten wegen Minderung der Erwerbsfähigkeit,
4. Renten an Hinterbliebene, Sterbegeld und Beihilfen,
5. Rentenabfindungen,
6. Haushaltshilfe,
7. Betriebshilfe für Landwirte.

§ 23. Leistungen der gesetzlichen Rentenversicherung einschließlich der Alterssicherung der Landwirte. (1) Nach dem Recht der gesetzlichen Rentenversicherung einschließlich der Alterssicherung der Landwirte können in Anspruch genommen werden:
1. in der gesetzlichen Rentenversicherung:
   a) Heilbehandlung, Berufsförderung und andere Leistungen zur Erhaltung, Besserung und Wiederherstellung der Erwerbsfähigkeit einschließlich wirtschaftlicher Hilfen,
   b) Renten wegen Alters, Renten wegen verminderter Erwerbsfähigkeit und Knappschaftsausgleichsleistung,
   c) Renten wegen Todes,
   d) Witwen- und Witwerrentenabfindungen sowie Beitragserstattungen,
   e) Zuschüsse zu den Aufwendungen für die Krankenversicherung,
   f) Leistungen für Kindererziehung,
2. in der Alterssicherung der Landwirte:
   a) Heilbehandlung und andere Leistungen zur Erhaltung, Besserung und Wiederherstellung der Erwerbsfähigkeit einschließlich Betriebs- oder Haushaltshilfe,
   b) Renten wegen Erwerbsminderung und Alters,
   c) Renten wegen Todes,
   d) Beitragszuschüsse,
   e) Betriebs- und Haushaltshilfe oder sonstige Leistungen zur Aufrechterhaltung des Unternehmens der Landwirtschaft.
(2) Zuständig sind
1. in der allgemeinen Rentenversicherung die Regionalträger, die Deutsche Rentenversicherung Bund und die Deutsche Rentenversicherung Knappschaft-Bahn-See,
2. in der knappschaftlichen Rentenversicherung die Deutsche Rentenversicherung Knappschaft-Bahn-See,
3. in der Alterssicherung der Landwirte die landwirtschaftlichen Alterskassen.

§ 25. Kindergeld, Erziehungsgeld und Elterngeld. (1) Nach dem Bundeskindergeldgesetz kann nur dann Kindergeld in Anspruch genommen werden, wenn nicht der Familienleistungsausgleich nach § 31 des Einkommensteuergesetzes zur Anwendung kommt.
(2) Nach dem Recht des Erziehungsgeldes kann grundsätzlich für jedes Kind Erziehungsgeld in Anspruch genommen werden. Anspruch auf Elterngeld besteht nach dem Recht des Bundeselterngeld- und Elternzeitgesetzes.
(3) Für die Ausführung des Absatzes 1 sind die Familienkassen, für die Ausführung des Absatzes 2 Satz 1 die nach § 10 des Bundeserziehungsgeldgesetzes bestimmten Stellen und für die Ausführung des Absatzes 2 Satz 2 die nach § 12 des Bundeselterngeld- und Elternzeitgesetzes bestimmten Stellen zuständig.

§ 26. Wohngeld. (1) Nach dem Wohngeldrecht kann als Zuschuß zur Miete oder als Zuschuß zu den Aufwendungen für den eigengenutzten Wohnraum Wohngeld in Anspruch genommen werden.
(2) Zuständig sind die durch Landesrecht bestimmten Behörden.

§ 27. Leistungen der Kinder- und Jugendhilfe.
(1) Nach dem Recht der Kinder- und Jugendhilfe können in Anspruch genommen werden:
1. Angebote der Jugendarbeit, der Jugendsozialarbeit und des erzieherischen Jugendschutzes,
2. Angebote zur Förderung der Erziehung in der Familie,
3. Angebote zur Förderung von Kindern in Tageseinrichtungen und in Tagespflege,
4. Hilfe zur Erziehung, Eingliederungshilfe für seelisch behinderte Kinder und Jugendliche sowie Hilfe für junge Volljährige.
(2) Zuständig sind die Kreise und die kreisfreien Städte, nach Maßgabe des Landesrechts auch kreisangehörige Gemeinden; sie arbeiten mit der freien Jugendhilfe zusammen.

§ 28. Leistungen der Sozialhilfe. (1) Nach dem Recht der Sozialhilfe können in Anspruch genommen werden:
1. Hilfe zum Lebensunterhalt,
1a. Grundsicherung im Alter und bei Erwerbsminderung,
2. Hilfen zur Gesundheit,
3. Eingliederungshilfe für behinderte Menschen,
4. Hilfe zur Pflege,
5. Hilfe zur Überwindung besonderer sozialer Schwierigkeiten,
6. Hilfe in anderen Lebenslagen sowie die jeweils gebotene Beratung und Unterstützung.
(2) Zuständig sind die Kreise und kreisfreien Städte, die überörtlichen Träger der Sozialhilfe und für besondere Aufgaben die Gesundheitsämter; sie arbeiten mit den Trägern der freien Wohlfahrtspflege zusammen.

7.21b SGB II §§ 1–4 — Fördern und Fordern

Sozialgesetzbuch
Zweites Buch. Grundsicherung für Arbeitssuchende
Vom 24. Dezember 2003, mit Änderungen bis zum 23. Dezember 2007

Fördern und Fordern

§ 1. Aufgabe und Ziel der Grundsicherung für Arbeitsuchende. (1) [1]Die Grundsicherung für Arbeitsuchende soll die Eigenverantwortung von erwerbsfähigen Hilfebedürftigen und Personen, die mit ihnen in einer Bedarfsgemeinschaft leben, stärken und dazu beitragen, dass sie ihren Lebensunterhalt unabhängig von der Grundsicherung aus eigenen Mitteln und Kräften bestreiten können. [2]Sie soll erwerbsfähige Hilfebedürftige bei der Aufnahme oder Beibehaltung einer Erwerbstätigkeit unterstützen und den Lebensunterhalt sichern, soweit sie ihn nicht auf andere Weise bestreiten können. [3]Die Gleichstellung von Männern und Frauen ist als durchgängiges Prinzip zu verfolgen. [4]Die Leistungen der Grundsicherung sind insbesondere darauf auszurichten, dass
1. durch eine Erwerbstätigkeit Hilfebedürftigkeit vermieden oder beseitigt, die Dauer der Hilfebedürftigkeit verkürzt oder der Umfang der Hilfebedürftigkeit verringert wird,
2. die Erwerbsfähigkeit des Hilfebedürftigen erhalten, verbessert oder wieder hergestellt wird,
3. geschlechtsspezifischen Nachteilen von erwerbsfähigen Hilfebedürftigen entgegengewirkt wird,
4. die familienspezifischen Lebensverhältnisse von erwerbsfähigen Hilfebedürftigen, die Kinder erziehen oder pflegebedürftige Angehörige betreuen, berücksichtigt werden,
5. behindertenspezifische Nachteile überwunden werden.

(2) Die Grundsicherung für Arbeitsuchende umfasst Leistungen
1. zur Beendigung oder Verringerung der Hilfebedürftigkeit insbesondere durch Eingliederung in Arbeit und
2. zur Sicherung des Lebensunterhalts.

§ 2. Grundsatz des Forderns. (1) [1]Erwerbsfähige Hilfebedürftige und die mit ihnen in einer Bedarfsgemeinschaft lebenden Personen müssen alle Möglichkeiten zur Beendigung oder Verringerung ihrer Hilfebedürftigkeit ausschöpfen. [2]Der erwerbsfähige Hilfebedürftige muss aktiv an allen Maßnahmen zu seiner Eingliederung in Arbeit mitwirken, insbesondere eine Eingliederungsvereinbarung abschließen. [3]Wenn eine Erwerbstätigkeit auf dem allgemeinen Arbeitsmarkt in absehbarer Zeit nicht möglich ist, hat der erwerbsfähige Hilfebedürftige eine ihm angebotene zumutbare Arbeitsgelegenheit zu übernehmen.

(2) [1]Erwerbsfähige Hilfebedürftige und die mit ihnen in einer Bedarfsgemeinschaft lebenden Personen haben in eigener Verantwortung alle Möglichkeiten zu nutzen, ihren Lebensunterhalt aus eigenen Mitteln und Kräften zu bestreiten. [2]Erwerbsfähige Hilfebedürftige müssen ihre Arbeitskraft zur Beschaffung des Lebensunterhalts für sich und die mit ihnen in einer Bedarfsgemeinschaft lebenden Personen einsetzen.

§ 3. Leistungsgrundsätze. (1) [1]Leistungen zur Eingliederung in Arbeit können erbracht werden, soweit sie zur Vermeidung oder Beseitigung, Verkürzung oder Verminderung der Hilfebedürftigkeit für die Eingliederung erforderlich sind. [2]Bei den Leistungen zur Eingliederung in Arbeit sind
1. die Eignung,
2. die individuelle Lebenssituation, insbesondere die familiäre Situation,
3. die voraussichtliche Dauer der Hilfebedürftigkeit und
4. die Dauerhaftigkeit der Eingliederung
der erwerbsfähigen Hilfebedürftigen zu berücksichtigen. [3]Vorrangig sollen Maßnahmen eingesetzt werden, die die unmittelbare Aufnahme einer Erwerbstätigkeit ermöglichen. [4]Bei der Leistungserbringung sind die Grundsätze von Wirtschaftlichkeit und Sparsamkeit zu beachten.

(2) [1]Erwerbsfähige Hilfebedürftige, die das 25. Lebensjahr noch nicht vollendet haben, sind unverzüglich nach Antragstellung auf Leistungen nach diesem Buch in eine Arbeit, eine Ausbildung oder eine Arbeitsgelegenheit zu vermitteln. [2]Können Hilfebedürftige ohne Berufsabschluss nicht in eine Ausbildung vermittelt werden, soll die Agentur für Arbeit darauf hinwirken, dass die vermittelte Arbeit oder Arbeitsgelegenheit auch zur Verbesserung ihrer beruflichen Kenntnisse und Fähigkeiten beiträgt.

(3) Leistungen zur Sicherung des Lebensunterhalts dürfen nur erbracht werden, soweit die Hilfebedürftigkeit nicht anderweitig beseitigt werden kann, …

§ 4. Leistungsarten. (1) Die Leistungen der Grundsicherung für Arbeitsuchende werden in Form von
1. Dienstleistungen, insbesondere durch Information, Beratung und umfassende Unterstüt-

Sozialgesetzbuch II

zung durch einen persönlichen Ansprechpartner mit dem Ziel der Eingliederung in Arbeit,
2. Geldleistungen, insbesondere zur Eingliederung der erwerbsfähigen Hilfebedürftigen in Arbeit und zur Sicherung des Lebensunterhalts der erwerbsfähigen Hilfebedürftigen und der mit ihnen in einer Bedarfsgemeinschaft lebenden Personen, und
3. Sachleistungen

erbracht.

(2) Die nach § 6 zuständigen Träger der Grundsicherung für Arbeitssuchende wirken darauf hin, dass erwerbsfähige Hilfebedürftige und die mit ihnen in einer Bedarfsgemeinschaft lebenden Personen die erforderliche Beratung und Hilfe anderer Träger, insbesondere der Kranken- und Rentenversicherung, erhalten.

§ 6. Träger der Grundsicherung für Arbeitschende. (1) Träger der Leistungen nach diesem Buch sind:
1. die Bundesagentur für Arbeit (Bundesagentur), soweit Nummer 2 nichts Anderes bestimmt,
2. die kreisfreien Städte und Kreise für die Leistungen nach § 16 Abs. 2 Satz 2 Nr. 1 bis 4, § 22 und § 23 Abs. 3, soweit durch Landesrecht nicht andere Träger bestimmt sind (kommunale Träger).

Zu ihrer Unterstützung können sie Dritte mit der Wahrnehmung von Aufgaben beauftragen; sie sollen einen Außendienst zur Bekämpfung von Leistungsmissbrauch einrichten.
...

Anspruchsvoraussetzungen

§ 7. Berechtigte. (1) Leistungen nach diesem Buch erhalten Personen, die
1. das 15. Lebensjahr vollendet und die Altersgrenze nach § 7 a noch nicht erreicht haben,
2. erwerbsfähig sind,
3. hilfebedürftig sind und
4. ihren gewöhnlichen Aufenthalt in der Bundesrepublik Deutschland haben

(erwerbsfähige Hilfebedürftige). ²Ausgenommen sind
1. Ausländer, die weder in der Bundesrepublik Deutschland Arbeitnehmer oder Selbständige noch auf Grund des § 2 Abs. 3 des Freizügigkeitsgesetzes/EU freizügigkeitsberechtigt sind, und ihre Familienangehörigen für die ersten drei Monate ihres Aufenthalts,
2. Ausländer, deren Aufenthaltsrecht sich allein aus dem Zweck der Arbeitsuche ergibt, und ihre Familienangehörigen,
3. Leistungsberechtigte nach § 1 des Asylbewerberleistungsgesetzes.

³Satz 2 Nr. 1 gilt nicht für Ausländer, die sich mit einem Aufenthaltstitel nach Kapitel 2 Abschnitt 5 des Aufenthaltsgesetzes in der Bundesrepublik Deutschland aufhalten.

(2) ¹Leistungen erhalten auch Personen, die mit erwerbsfähigen Hilfebedürftigen in einer Bedarfsgemeinschaft leben. ²Dienstleistungen und Sachleistungen werden ihnen nur erbracht, wenn dadurch
1. die Hilfebedürftigkeit der Angehörigen der Bedarfsgemeinschaft beendet oder verringert,
2. Hemmnisse bei der Eingliederung der erwerbsfähigen Hilfebedürftigen beseitigt oder vermindert

werden.

(3) Zur Bedarfsgemeinschaft gehören
1. die erwerbsfähigen Hilfebedürftigen,
2. die im Haushalt lebenden Eltern oder der im Haushalt lebende Elternteil eines unverheirateten erwerbsfähigen Kindes, welches das 25. Lebensjahr noch nicht vollendet hat, und der im Haushalt lebende Partner dieses Elternteils,
3. als Partner der erwerbsfähigen Hilfebdürftigen
  a) der nicht dauernd getrennt lebende Ehegatte,
  b) der nicht dauernd getrennt lebende Lebenspartner,
  c) eine Person, die mit dem erwerbsfähigen Hilfebedürftigen in einem gemeinsamen Haushalt so zusammenlebt, dass nach verständiger Würdigung der wechselseitige Wille anzunehmen ist, Verantwortung füreinander zu tragen und füreinander einzustehen,
4. die dem Haushalt angehörenden unverheirateten Kinder der in den Nummern 1 bis 3 genannten Personen, wenn sie das 25. Lebensjahr noch nicht vollendet haben, soweit sie die Leistungen zur Sicherung ihres Lebensunterhalts nicht aus eigenem Einkommen oder Vermögen beschaffen können.

(3a) Ein wechselseitiger Wille, Verantwortung füreinander zu tragen und füreinander einzustehen, wird vermutet, wenn Partner
1. länger als ein Jahr zusammenleben,
2. mit einem gemeinsamen Kind zusammenleben,
3. Kinder oder Angehörige im Haushalt versorgen oder
4. befugt sind, über Einkommen oder Vermögen des anderen zu verfügen.

....

§ 7a. Altersgrenze. Personen, die vor dem 1. Januar 1947 geboren sind, erreichen die Altersgrenze mit Vollendung des 65. Lebensjahres. Für Personen, die nach dem 31. Dezember 1946 geboren sind, wird die Altersgrenze wie folgt angehoben:

7.21b SGB II §§ 7a–10 — Anspruchsvoraussetzungen

für den Geburtsjahrgang	erfolgt eine Anhebung um Monate	auf Vollendung eines Lebensalters von
1947	1	65 Jahren und 1 Monat
1948	2	65 Jahren und 2 Monaten
1949	3	65 Jahren und 3 Monaten
1950	4	65 Jahren und 4 Monaten
1951	5	65 Jahren und 5 Monaten
1952	6	65 Jahren und 6 Monaten
1953	7	65 Jahren und 7 Monaten
1954	8	65 Jahren und 8 Monaten
1955	9	65 Jahren und 9 Monaten
1956	10	65 Jahren und 10 Monaten
1957	11	65 Jahren und 11 Monaten
1958	12	66 Jahren
1959	14	6 Jahren und 2 Monaten
1960	16	66 Jahren und 4 Monaten
1961	18	66 Jahren und 6 Monaten
1962	20	66 Jahren und 8 Monaten
1963	22	66 Jahren und 10 Monaten
ab 1964	24	67 Jahren.

§ 8. Erwerbsfähigkeit. (1) Erwerbsfähig ist, wer nicht wegen Krankheit oder Behinderung auf absehbare Zeit außerstande ist, unter den üblichen Bedingungen des allgemeinen Arbeitsmarktes mindestens drei Stunden täglich erwerbstätig zu sein.

(2) Im Sinne von Absatz 1 können Ausländer nur erwerbstätig sein, wenn ihnen die Aufnahme einer Beschäftigung erlaubt ist oder erlaubt werden könnte.

§ 9. Hilfebedürftigkeit. (1) Hilfebedürftig ist, wer seinen Lebensunterhalt, seine Eingliederung in Arbeit und den Lebensunterhalt der mit ihm in einer Bedarfsgemeinschaft lebenden Personen nicht oder nicht ausreichend aus eigenen Kräften und Mitteln, vor allem nicht
1. durch Aufnahme einer zumutbaren Arbeit,
2. aus dem zu berücksichtigenden Einkommen oder Vermögen

sichern kann und die erforderliche Hilfe nicht von anderen, insbesondere nicht von Angehörigen oder von Trägern anderer Sozialleistungen erhält.

(2) ^{1}Bei Personen, die in einer Bedarfsgemeinschaft leben, sind auch das Einkommen und Vermögen des Partners zu berücksichtigen. ^{2}Bei minderjährigen unverheirateten Kindern, die mit ihren Eltern oder einem Elternteil in einer Bedarfsgemeinschaft leben und die die Leistungen zur Sicherung ihres Lebensunterhalts nicht aus ihrem eigenen Einkommen oder Vermögen beschaffen können, sind auch das Einkommen und Vermögen der Eltern oder des Elternteils und dessen in Bedarfsgemeinschaft lebenden Partners zu berücksichtigen. ^{3}Ist in einer Bedarfsgemeinschaft nicht der gesamte Bedarf aus eigenen Kräften und Mitteln gedeckt, gilt jede Person der Bedarfsgemeinschaft im Verhältnis des eigenen Bedarfs zum Gesamtbedarf als hilfebedürftig.

...

§ 10. Zumutbarkeit. (1) Dem erwerbsfähigen Hilfebedürftigen ist jede Arbeit zumutbar, es sei denn, dass
1. er zu der bestimmten Arbeit körperlich, geistig oder seelisch nicht in der Lage ist,
2. die Ausübung der Arbeit ihm die künftige Ausübung seiner bisherigen überwiegenden Arbeit wesentlich erschweren würde, weil

die bisherige Tätigkeit besondere körperliche Anforderungen stellt,
3. die Ausübung der Arbeit die Erziehung seines Kindes oder des Kindes seines Partners gefährden würde; die Erziehung eines Kindes, das das dritte Lebensjahr vollendet hat, ist in der Regel nicht gefährdet, soweit seine Betreuung in einer Tageseinrichtung oder in Tagespflege im Sinne der Vorschriften des Achten Buches oder auf sonstige Weise sichergestellt ist; die zuständigen kommunalen Träger sollen darauf hinwirken, dass erwerbsfähigen Erziehenden vorrangig ein Platz zur Tagesbetreuung des Kindes angeboten wird,
4. die Ausübung der Arbeit mit der Pflege eines Angehörigen nicht vereinbar wäre und die Pflege nicht auf andere Weise sichergestellt werden kann,
5. der Ausübung der Arbeit ein sonstiger wichtiger Grund entgegensteht.
(2) Eine Arbeit ist nicht allein deshalb unzumutbar, weil
1. sie nicht einer früheren beruflichen Tätigkeit des erwerbsfähigen Hilfebedürftigen entspricht, für die er ausgebildet ist oder die er ausgeübt hat,
2. sie im Hinblick auf die Ausbildung des erwerbsfähigen Hilfebedürftigen als geringerwertig anzusehen ist,
3. der Beschäftigungsort vom Wohnort des erwerbsfähigen Hilfebedürftigen weiter entfernt ist als ein früherer Beschäftigungs- oder Ausbildungsort,
4. die Arbeitsbedingungen ungünstiger sind als bei den bisherigen Beschäftigungen des erwerbsfähigen Hilfebedürftigen.
(3) Die Absätze 1 und 2 gelten für die Teilnahme an Maßnahmen zur Eingliederung in Arbeit entsprechend.

Leistungen

§ 14. Grundsatz des Förderns. ^{1}Die Träger der Leistungen nach diesem Buch unterstützen erwerbsfähige Hilfebedürftige umfassend mit dem Ziel der Eingliederung in Arbeit. ^{2}Die Agentur für Arbeit soll einen persönlichen Ansprechpartner für jeden erwerbsfähigen Hilfebedürftigen und die mit ihm in einer Bedarfsgemeinschaft Lebenden benennen. ^{3}Die Träger der Leistungen nach diesem Buch erbringen unter Beachtung der Grundsätze von Wirtschaftlichkeit und Sparsamkeit alle im Einzelfall für die Eingliederung in Arbeit erforderlichen Leistungen.

§ 15. Eingliederungsvereinbarung. (1) ^{1}Die Agentur für Arbeit soll im Einvernehmen mit dem kommunalen Träger mit jedem erwerbsfähigen Hilfebedürftigen die für seine Eingliederung erforderlichen Leistungen vereinbaren (Eingliederungsvereinbarung). ^{2}Die Eingliederungsvereinbarung soll insbesondere bestimmen,
1. welche Leistungen der Erwerbsfähige zur Eingliederung in Arbeit erhält,
2. welche Bemühungen der erwerbsfähige Hilfebedürftige in welcher Häufigkeit zur Eingliederung in Arbeit mindestens unternehmen muss und in welcher Form er die Bemühungen nachzuweisen hat.
...

§ 19. Arbeitslosengeld II. ^{1}Erwerbsfähige Hilfebedürftige erhalten als Arbeitslosengeld II Leistungen zur Sicherung des Lebensunterhalts einschließlich der angemessenen Kosten für Unterkunft und Heizung. ^{2}Das zu berücksichtigende Einkommen und Vermögen mindert die Geldleistungen der Agentur für Arbeit; soweit Einkommen und Vermögen darüber hinaus zu berücksichtigen ist, mindert es die Geldleistungen der kommunalen Träger.

§ 20. Regelleistung zur Sicherung des Lebensunterhalts. (1) Die Regelleistung zur Sicherung des Lebensunterhalts umfasst insbesondere Ernährung, Kleidung, Körperpflege, Hausrat, Bedarfe des täglichen Lebens sowie in vertretbarem Umfang auch Beziehungen zur Umwelt und eine Teilnahme am kulturellen Leben.
(2) ^{1}Die monatliche Regelleistung beträgt für Personen, die allein stehend oder allein erziehend sind oder deren Partner minderjährig ist, 345 Euro. ^{2}Die Regelleistung für sonstige erwerbsfähige Angehörige der Bedarfsgemeinschaft beträgt 80 vom Hundert der Regelleistung nach Satz 1
(2a) Abweichend von Absatz 2 Satz 1 erhalten Personen, die das 25. Lebensjahr noch nicht vollendet haben und ohne Zusicherung des zuständigen kommunalen Trägers nach § 22 Abs. 2a umziehen, bis zur Vollendung des 25. Lebensjahres 80 vom Hundert der Regelleistung.
(3) Haben zwei Angehörige der Bedarfsgemeinschaft das 18. Lebensjahr vollendet, beträgt die Regelleistung jeweils 90 vom Hundert der Regelleistung nach Absatz 2.
...

§ 28. Sozialgeld. (1) ^{1}Nicht erwerbsfähige Angehörige, die mit erwerbsfähigen Hilfebedürftigen in Bedarfsgemeinschaft leben, erhalten Sozialgeld, soweit sie keinen Anspruch auf Leistungen nach dem Vierten Kapitel des Zwölften Buches haben. ^{2}Das Sozialgeld umfasst die sich

aus § 19 Satz 1 Nr. 1 ergebenden Leistungen.
³Hierbei gelten ergänzend folgende Maßgaben:
1. Die Regelleistung beträgt bis zur Vollendung des 14. Lebensjahres 60 vom Hundert und im 15. Lebensjahr 80 vom Hundert der nach § 20 Abs. 2 maßgebenden Regelleistung;
...

§ 30. Freibeträge bei Erwerbstätigkeit. Bei erwerbsfähigen Hilfebedürftigen, die erwerbstätig sind, ist von dem monatlichen Einkommen aus Erwerbstätigkeit ein weiterer Betrag abzusetzen. Dieser beläuft sich
1. für den Teil des monatlichen Einkommens, das 100 Euro übersteigt und nicht mehr als 800 Euro beträgt, auf 20 vom Hundert und
2. für den Teil des monatlichen Einkommens, das 800 Euro übersteigt und nicht mehr als 1 200 Euro beträgt, auf 10 vom Hundert.

An Stelle des Betrages von 1 200 Euro tritt für erwerbsfähige Hilfebedürftige, die entweder mit mindestens einem minderjährigen Kind in Bedarfsgemeinschaft leben oder die mindestens ein minderjähriges Kind haben, ein Betrag von 1 500 Euro.

§ 31. Absenkung und Wegfall des Arbeitslosengeldes II und des befristeten Zuschlags.
(1) Das Arbeitslosengeld II wird unter Wegfall des Zuschlags nach § 24 in einer ersten Stufe um 30 vom Hundert der für den erwerbsfähigen Hilfebedürftigen nach § 20 maßgebenden Regelleistung abgesenkt, wenn
1. der erwerbsfähige Hilfebedürftige sich trotz Belehrung über die Rechtsfolgen weigert,
   a) eine ihm angebotene Eingliederungsvereinbarung abzuschließen,
   b) in der Eingliederungsvereinbarung festgelegte Pflichten zu erfüllen, insbesondere in ausreichendem Umfang Eigenbemühungen nachzuweisen,
   c) eine zumutbare Arbeit, Ausbildung, Arbeitsgelegenheit, eine mit einem Beschäftigungszuschuss nach § 16a geförderte Arbeit, ein zumutbares Angebot nach § 15a oder eine sonstige in der Eingliederungsvereinbarung vereinbarte Maßnahme aufzunehmen oder fortzuführen, oder
   d) zumutbare Arbeit nach § 16 Abs. 3 Satz 2 auszuführen,
2. der erwerbsfähige Hilfebedürftige trotz Belehrung über die Rechtsfolgen eine zumutbare Maßnahme zur Eingliederung in Arbeit abgebrochen oder Anlass für den Abbruch gegeben hat.
²Dies gilt nicht, wenn der erwerbsfähige Hilfebedürftige einen wichtigen Grund für sein Verhalten nachweist.

(2) Kommt der erwerbsfähige Hilfebedürftige trotz schriftlicher Belehrung über die Rechtsfolgen einer Aufforderung des zuständigen Trägers, sich bei ihr zu melden oder bei einem ärztlichen oder psychologischen Untersuchungstermin zu erscheinen, nicht nach und weist er keinen wichtigen Grund für sein Verhalten nach, wird das Arbeitslosengeld II unter Wegfall des Zuschlags nach § 24 in einer ersten Stufe um 10 vom Hundert der für den erwerbsfähigen Hilfebedürftigen nach § 20 maßgebenden Regelleistung abgesenkt.

(3) Bei wiederholter Pflichtverletzung nach Absatz 1 oder Absatz 2 wird das Arbeitslosengeld II zusätzlich um jeweils den Vomhundertsatz der nach § 20 maßgebenden Regelleistung gemindert, um den es in der ersten Stufe gemindert wurde. ...

Sozialgesetzbuch
Viertes Buch. Gemeinsame Vorschriften für die Sozialversicherung

In der Neufassung vom 23. Januar 2006, mit Änderungen bis zum 19. Dezember 2007

Grundsätze und Begriffsbestimmungen

▶ Geltungsbereich und Umfang der Versicherung

§ 1. Sachlicher Geltungsbereich. (1) ¹Die Vorschriften dieses Buches gelten für die gesetzliche Kranken-, Unfall- und Rentenversicherung einschließlich der Alterssicherung der Landwirte sowie die soziale Pflegeversicherung (Versicherungszweige). ²Die Vorschriften dieses Buches gelten mit Ausnahme des Ersten und Zweiten Titels des Vierten Abschnitts und des Fünften Abschnitts auch für die Arbeitsförderung. ³Die Bundesagentur für Arbeit gilt im Sinne dieses Buches als Versicherungsträger.
(2) § 18h gilt auch für die Sozialhilfe und die Grundsicherung für Arbeitsuchende; außerdem gelten die §§ 18 f und 18 g für die Grundsicherung für Arbeitsuchende.
...

§ 2. Versicherter Personenkreis. (1) Die Sozialversicherung umfasst Personen, die kraft Gesetzes oder Satzung (Versicherungspflicht) oder auf Grund freiwilligen Beitritts oder freiwilliger Fortsetzung der Versicherung (Versicherungsberechtigung) versichert sind.
...
(2) In allen Zweigen der Sozialversicherung sind nach Maßgabe der besonderen Vorschriften für die einzelnen Versicherungszweige versichert
1. Personen, die gegen Arbeitsentgelt oder zu ihrer Berufsausbildung beschäftigt sind,
2. behinderte Menschen, die in geschützten Einrichtungen beschäftigt werden,
3. Landwirte.
(4) Die Versicherung weiterer Personengruppen in einzelnen Versicherungszweigen ergibt sich aus den für sie geltenden besonderen Vorschriften.
...

▶ Beschäftigung und selbständige Tätigkeit

§ 7. Beschäftigung. (1) ¹Beschäftigung ist die nichtselbständige Arbeit, insbesondere in einem Arbeitsverhältnis. ²Anhaltspunkte für eine Beschäftigung sind eine Tätigkeit nach Weisungen und eine Eingliederung in die Arbeitsorganisation des Weisungsgebers.
(1a) Ist für Zeiten einer Freistellung von der Arbeitsleistung Arbeitsentgelt fällig, das mit einer vor oder nach diesen Zeiten erbrachten Arbeitsleistung erzielt wird (Wertguthaben), besteht während der Freistellung eine Beschäftigung gegen Arbeitsentgelt, wenn
1. die Freistellung auf Grund einer schriftlichen Vereinbarung erfolgt und
2. die Höhe des für die Zeit der Freistellung und des für die vorausgegangenen zwölf Kalendermonate monatlich fälligen Arbeitsentgelts nicht unangemessen voneinander abweichen und diese Arbeitsentgelte 400 Euro übersteigen. ...
(2) Als Beschäftigung gilt auch der Erwerb beruflicher Kenntnisse, Fertigkeiten oder Erfahrungen im Rahmen betrieblicher Berufsbildung.
...

§ 8. Geringfügige Beschäftigung und geringfügige selbständige Tätigkeit. (1) Eine geringfügige Beschäftigung liegt vor, wenn
1. das Arbeitsentgelt aus dieser Beschäftigung regelmäßig im Monat 400 Euro nicht übersteigt,
2. die Beschäftigung innerhalb eines Kalenderjahres auf längstens zwei Monate oder 50 Arbeitstage nach ihrer Eigenart begrenzt zu sein pflegt oder im Voraus vertraglich begrenzt ist, es sei denn, dass die Beschäftigung berufsmäßig ausgeübt wird und ihr Entgelt 400 Euro im Monat übersteigt.
(2) ¹Bei der Anwendung des Absatzes 1 sind mehrere geringfügige Beschäftigungen nach Nummer 1 oder Nummer 2 sowie geringfügige Beschäftigungen nach Nummer 1 mit Ausnahme einer geringfügigen Beschäftigung nach Nummer 1 und nicht geringfügige Beschäftigungen zusammenzurechnen. ²Eine geringfügige Beschäftigung liegt nicht mehr vor, sobald die Voraussetzungen des Absatzes 1 entfallen.
...
(3) ¹Die Absätze 1 und 2 gelten entsprechend, soweit anstelle einer Beschäftigung eine selbständige Tätigkeit ausgeübt wird. ²Dies gilt nicht für das Recht der Arbeitsförderung.

§ 8a. Geringfügige Beschäftigung in Privathaushalten. ¹Werden geringfügige Beschäftigungen ausschließlich in Privathaushalten ausgeübt, gilt § 8. ²Eine geringfügige Beschäftigung im Privathaushalt liegt vor, wenn diese durch einen privaten Haushalt begründet ist und die Tätigkeit sonst gewöhnlich durch Mitglieder des privaten Haushalts erledigt wird.

▶ **Arbeitsentgelt und sonstiges Einkommen**

§ 14. Arbeitsentgelt. (1) ^{1}Arbeitsentgelt sind alle laufenden oder einmaligen Einnahmen aus einer Beschäftigung, gleichgültig, ob ein Rechtsanspruch auf die Einnahmen besteht, unter welcher Bezeichnung oder in welcher Form sie geleistet werden und ob sie unmittelbar aus der Beschäftigung oder im Zusammenhang mit ihr erzielt werden. ^{2}Arbeitsentgelt sind auch Entgeltteile, die durch Entgeltumwandlung nach § 1 Abs. 2 Nr. 3 des Betriebsrentengesetzes in den Durchführungswegen Direktzusage oder Unterstützungskasse verwendet werden. ^{3}Steuerfreie Aufwandsentschädigungen und die in § 3 Nr. 26 und 26a des Einkommensteuergesetzes genannten steuerfreien Einnahmen gelten nicht als Arbeitsentgelt, soweit sie 4 vom Hundert der jährlichen Beitragsbemessungsgrenze der allgemeinen Rentenversicherung übersteigen.

(2) ^{1}Ist ein Nettoarbeitsentgelt vereinbart, gelten als Arbeitsentgelt die Einnahmen des Beschäftigten einschließlich der darauf entfallenden Steuern und der seinem gesetzlichen Anteil entsprechenden Beiträge zur Sozialversicherung und zur Arbeitsförderung. ^{2}Sind bei illegalen Beschäftigungsverhältnissen Steuern und Beiträge zur Sozialversicherung und zur Arbeitsförderung nicht gezahlt worden, gilt ein Nettoarbeitsentgelt als vereinbart.

...

§ 15. Arbeitseinkommen. (1) ^{1}Arbeitseinkommen ist der nach den allgemeinen Gewinnermittlungsvorschriften des Einkommensteuerrechts ermittelte Gewinn aus einer selbständigen Tätigkeit. ^{2}Einkommen ist als Arbeitseinkommen zu werten, wenn es als solches nach dem Einkommensteuerrecht zu bewerten ist.

(2) Bei Landwirten, deren Gewinn aus Land- und Forstwirtschaft nach § 13 a des Einkommensteuergesetzes ermittelt wird, ist als Arbeitseinkommen der sich aus § 32 Abs. 6 des Gesetzes über die Alterssicherung der Landwirte ergebende Wert anzusetzen.

§ 16. Gesamteinkommen. Gesamteinkommen ist die Summe der Einkünfte im Sinne des Einkommensteuerrechts; es umfasst insbesondere das Arbeitsentgelt und das Arbeitseinkommen.

§ 18h. Ausstellung, Pflicht zur Vorlage und Mitführung des Sozialversicherungsausweises.

(1) Die Datenstelle der Träger der Rentenversicherung stellt für Personen, für die sie eine Versicherungsnummer vergibt, einen Sozialversicherungsausweis aus.

(2) Der Sozialversicherungsausweis enthält folgende Angaben über die Inhaberin oder den Inhaber:
1. die Versicherungsnummer,
2. den Familiennamen und den Geburtsnamen,
3. den Vornamen sowie
4. in den Fällen, in denen Beschäftigte nach Absatz 6 zur Mitführung des Sozialversicherungsausweises verpflichtet sind, ein Lichtbild.

Weitere personenbezogene Daten darf der Ausweis nicht enthalten. Die Gestaltung des Sozialversicherungsausweises im Übrigen legt die Deutsche Rentenversicherung Bund in Grundsätzen fest, die vom Bundesministerium für Arbeit und Soziales zu genehmigen und im Bundesanzeiger zu veröffentlichen sind; das Bundesministerium der Finanzen ist anzuhören.

Meldepflichten des Arbeitgebers, Gesamtsozialversicherungsbeitrag

▶ **Meldungen des Arbeitgebers und ihre Weiterleitung**

§ 28a. Meldepflicht. (1) Der Arbeitgeber oder ein anderer Meldepflichtiger hat der Einzugsstelle für jeden in der Kranken-, Pflege-, Rentenversicherung oder nach dem Recht der Arbeitsförderung kraft Gesetzes Versicherten
1. bei Beginn der versicherungspflichtigen Beschäftigung,
2. bei Ende der versicherungspflichtigen Beschäftigung,
5. bei Änderungen in der Beitragspflicht,
6. bei Wechsel der Einzugsstelle,
8. bei Unterbrechung der Entgeltzahlung,
9. bei Auflösung des Arbeitsverhältnisses,
10. bei Änderung des Familiennamens oder des Vornamens,
11. bei Änderung der Staatsangehörigkeit,
12. bei einmalig gezahltem Arbeitsentgelt, soweit es nicht in einer Meldung aus anderem Anlass erfasst werden kann,
13. bei Beginn der Berufsausbildung,
14. bei Ende der Berufsausbildung,
15. bei Wechsel von einer Betriebsstätte im Beitrittsgebiet zu einer Betriebsstätte im übrigen Bundesgebiet oder umgekehrt,
16. bei Beginn der Altersteilzeitarbeit,
17. bei Ende der Altersteilzeitarbeit,
18. bei Änderung des Arbeitsentgelts, wenn die in § 8 Abs. 1 Nr. 1 genannte Grenze über- oder unterschritten wird,
19. bei nach § 23 b Abs. 2 bis 3 gezahltem Arbeitsentgelt oder

Sozialgesetzbuch IV

20. bei Wechsel von einem Wertguthaben, das im Beitrittsgebiet und einem Wertguthaben, das im übrigen Bundesgebiet erzielt wurde,

eine Meldung durch gesicherte und verschlüsselte Datenübertragung aus systemgeprüften Programmen oder mittels maschinell erstellter Ausfüllhilfen zu erstatten.
...

▶ Verfahren und Haftung bei der Beitragszahlung

§ 28e. Zahlungspflicht, Vorschuss. (1) Den Gesamtsozialversicherungsbeitrag hat der Arbeitgeber zu zahlen. ...

§ 28f. Aufzeichnungspflicht, Nachweise der Beitragsabrechnung und der Beitragszahlung.
(1) [1]Der Arbeitgeber hat für jeden Beschäftigten, getrennt nach Kalenderjahren, Lohnunterlagen im Geltungsbereich dieses Gesetzes in deutscher Sprache zu führen und bis zum Ablauf des auf die letzte Prüfung (§ 28p) folgenden Kalenderjahres geordnet aufzubewahren. [2]Satz 1 gilt nicht hinsichtlich der Beschäftigten in privaten Haushalten. [3]Die landwirtschaftlichen Krankenkassen können wegen der mitarbeitenden Familienangehörigen Ausnahmen zulassen. [4]Für die Aufbewahrung der Beitragsabrechnungen und der Beitragsnachweise gilt Satz 1. ...

(2) Hat ein Arbeitgeber die Aufzeichnungspflicht nicht ordnungsgemäß erfüllt und können dadurch die Versicherungs- oder Beitragspflicht oder die Beitragshöhe nicht festgestellt werden, kann der prüfende Träger der Rentenversicherung den Beitrag in der Kranken-, Pflege- und Rentenversicherung und zur Arbeitsförderung von der Summe der vom Arbeitgeber gezahlten Arbeitsentgelte geltend machen. ...

(3) [1]Der Arbeitgeber hat der Einzugsstelle einen Beitragsnachweis zwei Arbeitstage vor Fälligkeit der Beiträge durch Datenübertragung zu übermitteln; dies gilt nicht hinsichtlich der Beschäftigten in privaten Haushalten bei Verwendung von Haushaltsschecks. [2]Übermittelt der Arbeitgeber den Beitragsnachweis nicht zwei Arbeitstage vor Fälligkeit der Beiträge ein, so kann die Einzugsstelle das für die Beitragsberechnung maßgebende Arbeitsentgelt schätzen, bis der Nachweis ordnungsgemäß übermittelt wird. [3]Der Beitragsnachweis gilt für die Vollstreckung als Leistungsbescheid der Einzugsstelle. ...

(4) Arbeitgeber, die den Gesamtsozialversicherungsbeitrag an mehrere Orts- oder Innungskrankenkassen zu zahlen haben, können bei
1. dem jeweils zuständigen Bundesverband oder
2. einer Orts- oder Innungskrankenkasse (beauftragte Stelle) für die jeweilige Kassenart beantragen, dass der beauftragten Stelle der jeweilige Beitragsnachweis eingereicht wird. [2]Dies gilt auch für Arbeitgeber, die den Gesamtsozialversicherungsbeitrag an mehrere Betriebskrankenkassen oder landwirtschaftliche Krankenkassen zu zahlen haben, gegenüber dem jeweiligen Bundesverband. ...

(ab 01.01.2011:)
(4) Die Krankenkassen stellen sicher, dass der Arbeitgeber statt bei einer Einzugsstelle bei einer Weiterleitungsstelle (beauftragten Stelle)
1. die Meldungen nach § 28 a erstatten,
2. die Gesamtsozialversicherungsbeiträge nach § 28 d zahlen,
3. die Beitragsnachweise nach § 28 f einreichen kann. [2]Weiterleitungsstelle können Krankenkassen sowie Verbünde, Arbeitsgemeinschaften oder Verbände von Krankenkassen sein. ...

§ 28g. Beitragsabzug. [1]Der Arbeitgeber hat gegen den Beschäftigten einen Anspruch auf den vom Beschäftigten zu tragenden Teil des Gesamtsozialversicherungsbeitrags. [2]Dieser Anspruch kann nur durch Abzug vom Arbeitsentgelt geltend gemacht werden. [3]Ein unterbliebener Abzug darf nur bei den drei nächsten Lohn- oder Gehaltszahlungen nachgeholt werden, danach nur dann, wenn der Abzug ohne Verschulden des Arbeitgebers unterblieben ist. [4]Die Sätze 2 und 3 gelten nicht, wenn der Beschäftigte seinen Pflichten nach § 28 o Abs. 1 vorsätzlich oder grob fahrlässig nicht nachkommt oder er den Gesamtsozialversicherungsbeitrag allein trägt oder solange der Beschäftigte nur Sachbezüge erhält.

§ 28h. Einzugsstellen. (1) [1]Der Gesamtsozialversicherungsbeitrag ist an die Krankenkassen (Einzugsstellen) zu zahlen. [2]Die Einzugsstelle überwacht die Einreichung des Beitragsnachweises und die Zahlung des Gesamtsozialversicherungsbeitrags. [3]Beitragsansprüche, die nicht rechtzeitig erfüllt worden sind, hat die Einzugsstelle geltend zu machen.

(2) Die Einzugsstelle entscheidet über die Versicherungspflicht und Beitragshöhe in der Kranken-, Pflege- und Rentenversicherung sowie nach dem Recht der Arbeitsförderung, und prüft die Einhaltung der Arbeitsentgeltgrenzen bei geringfügiger Beschäftigung nach den §§ 8 und 8a; sie erlässt auch den Widerspruchsbescheid.

(3) Bei Verwendung eines Haushaltsschecks vergibt die Einzugsstelle im Auftrag der Bundesagentur für Arbeit die Betriebsnummer des Arbeitgebers, berechnet den Gesamtsozialversicherungsbeitrag und die Umlagen nach dem Aufwendungsausgleichsgesetz und zieht diese

vom Arbeitgeber im Wege des Lastschriftverfahrens ein. ...

§ 28i. Zuständige Einzugsstelle. ¹Zuständige Einzugsstelle für den Gesamtsozialversicherungsbeitrag ist die Krankenkasse, von der die Krankenversicherung durchgeführt wird. ²Für Beschäftigte, die bei keiner Krankenkasse versichert sind, werden Beiträge zur Rentenversicherung und zur Arbeitsförderung an die Einzugsstelle gezahlt, die der Arbeitgeber in entsprechender Anwendung des § 175 Abs. 3 Satz 2 des Fünften Buches gewählt hat. ...

Sozialgesetzbuch
Fünftes Buch. Gesetzliche Krankenversicherung
Vom 20. Dezember 1988, mit Änderungen bis zum 19. Dezember 2007

Allgemeine Vorschriften

§ 1. Solidarität und Eigenverantwortung. ^{1}Die Krankenversicherung als Solidargemeinschaft hat die Aufgabe, die Gesundheit der Versicherten zu erhalten, wiederherzustellen oder ihren Gesundheitszustand zu bessern. ^{2}Die Versicherten sind für ihre Gesundheit mit verantwortlich; sie sollen durch eine gesundheitsbewußte Lebensführung, durch frühzeitige Beteiligung an gesundheitlichen Vorsorgemaßnahmen sowie durch aktive Mitwirkung an Krankenbehandlung und Rehabilitation dazu beitragen, den Eintritt von Krankheit und Behinderung zu vermeiden oder ihre Folgen zu überwinden. ^{3}Die Krankenkassen haben den Versicherten dabei durch Aufklärung, Beratung und Leistungen zu helfen und auf gesunde Lebensverhältnisse hinzuwirken.

§ 2. Leistungen. (1) ^{1}Die Krankenkassen stellen den Versicherten die im Dritten Kapitel genannten Leistungen unter Beachtung des Wirtschaftslichkeitsgebots (§ 12) zur Verfügung, soweit diese Leistungen nicht der Eigenverantwortung der Versicherten zugerechnet werden. ... ^{2}Behandlungsmethoden, Arznei- und Heilmittel der besonderen Therapierichtungen sind nicht ausgeschlossen. ^{3}Qualität und Wirksamkeit der Leistungen haben dem allgemein anerkannten Stand der medizinischen Erkenntnisse zu entsprechen und den medizinischen Fortschritt zu berücksichtigen.
(2) ^{1}Die Versicherten erhalten die Leistungen als Sach- und Dienstleistungen, soweit dieses oder das Neunte Buch nichts Abweichendes vorsehen. ^{2}Über die Erbringung der Sach- und Dienstleistungen schließen die Krankenkassen nach den Vorschriften des Vierten Kapitels Verträge mit den Leistungserbringern.
(3) ^{1}Bei der Auswahl der Leistungserbringer ist ihre Vielfalt zu beachten. ^{2}Den religiösen Bedürfnissen der Versicherten ist Rechnung zu tragen.
(4) Krankenkassen, Leistungserbringer und Versicherte haben darauf zu achten, daß die Leistungen wirksam und wirtschaftlich erbracht und nur im notwendigen Umfang in Anspruch genommen werden.

§ 2a. Leistungen an behinderte und chronisch kranke Menschen. Den besonderen Belangen behinderter und chronisch kranker Menschen ist Rechnung zu tragen.

§ 3. Solidarische Finanzierung. ^{1}Die Leistungen und sonstigen Ausgaben der Krankenkassen werden durch Beiträge finanziert. ^{2}Dazu entrichten die Mitglieder und die Arbeitgeber Beiträge, die sich in der Regel nach den beitragspflichtigen Einnahmen der Mitglieder richten. ^{3}Für versicherte Familienangehörige werden Beiträge nicht erhoben.

§ 4. Krankenkassen. (1) Die Krankenkassen sind rechtsfähige Körperschaften des öffentlichen Rechts mit Selbstverwaltung.
(2) Die Krankenversicherung ist in folgende Kassenarten gegliedert:
Allgemeine Ortskrankenkassen, Betriebskrankenkassen, Innungskrankenkassen, Landwirtschaftliche Krankenkassen, die Deutsche Rentenversicherung Knappschaft-Bahn-See als Träger der Krankenversicherung (Deutsche Rentenversicherung Knappschaft-Bahn-See), Ersatzkassen.
(3) Im Interesse der Leistungsfähigkeit und Wirtschaftlichkeit der gesetzlichen Krankenversicherung arbeiten die Krankenkassen und ihre Verbände sowohl innerhalb einer Kassenart als auch kassenartenübergreifend miteinander und mit allen anderen Einrichtungen des Gesundheitswesens eng zusammen.
(4) Die Krankenkassen haben bei der Durchführung ihrer Aufgaben und in ihren Verwaltungsangelegenheiten sparsam und wirtschaftlich zu verfahren und dabei ihre Ausgaben so auszurichten, dass Beitragserhöhungen ausgeschlossen werden, es sei denn, die notwendige medizinische Versorgung ist auch nach Ausschöpfung von Wirtschaftlichkeitsreserven nicht zu gewährleisten. ...

Versicherter Personenkreis

▶ **Versicherung kraft Gesetzes**

§ 5. Versicherungspflicht. (1) Versicherungspflichtig sind
1. Arbeiter, Angestellte und zu ihrer Berufsausbildung Beschäftigte, die gegen Arbeitsentgelt beschäftigt sind,
2. Personen in der Zeit, für die sie Arbeitslosengeld oder Unterhaltsgeld nach dem Dritten Buch beziehen oder nur deshalb nicht beziehen, weil der Anspruch ab Beginn des zweiten Monats bis zur zwölften

Woche einer Sperrzeit (§ 144 des Dritten Buches) oder ab Beginn des zweiten Monats wegen einer Urlaubsabgeltung (§ 143 Abs. 2 des Dritten Buches) ruht; ...
3. Landwirte, ihre mitarbeitenden Familienangehörigen und Altenteiler nach näherer Bestimmung des Zweiten Gesetzes über die Krankenversicherung der Landwirte,
4. Künstler und Publizisten nach näherer Bestimmung des Künstlersozialversicherungsgesetzes,
5. Personen, die in Einrichtungen der Jugendhilfe für eine Erwerbstätigkeit befähigt werden sollen,
6. Teilnehmer an Leistungen zur Teilhabe am Arbeitsleben sowie an Abklärungen der beruflichen Eignung oder Arbeitserprobung, es sei denn, die Maßnahmen werden nach den Vorschriften des Bundesversorgungsgesetzes erbracht,
7. behinderte Menschen, die in anerkannten Werkstätten für behinderte Menschen oder in Blindenwerkstätten im Sinne des § 143 des Neunten Buches oder für diese Einrichtungen in Heimarbeit tätig sind,
8. behinderte Menschen, die in Anstalten, Heimen oder gleichartigen Einrichtungen in gewisser Regelmäßigkeit eine Leistung erbringen, die einem Fünftel der Leistung eines voll erwerbsfähigen Beschäftigten in gleichartiger Beschäftigung entspricht; hierzu zählen auch Dienstleistungen für den Träger der Einrichtung,
9. Studenten, die an staatlichen oder staatlich anerkannten Hochschulen eingeschrieben sind, ...
11. Personen, die die Voraussetzungen für den Anspruch auf eine Rente aus der gesetzlichen Rentenversicherung erfüllen und diese Rente beantragt haben, wenn sie seit der erstmaligen Aufnahme einer Erwerbstätigkeit bis zur Stellung des Rentenantrags mindestens neun Zehntel der zweiten Hälfte des Zeitraums Mitglied oder nach § 10 versichert waren,
13. Personen, die keinen anderweitigen Anspruch auf Absicherung im Krankheitsfall haben und
   a) zuletzt gesetzlich krankenversichert waren oder
   b) bisher nicht gesetzlich oder privat krankenversichert waren, es sei denn, dass sie zu den in Absatz 5 oder den in § 6 Abs. 1 oder 2 genannten Personen gehören oder bei Ausübung ihrer beruflichen Tätigkeit im Inland gehört hätten.

§ 6. Versicherungsfreiheit. (1) Versicherungsfrei sind
1. Arbeiter und Angestellte, deren regelmäßiges Jahresarbeitsentgelt die Jahresarbeitsentgeltgrenze nach den Absätzen 6 oder 7 übersteigt und in drei aufeinander folgenden Kalenderjahren überstiegen hat; Zuschläge, die mit Rücksicht auf den Familienstand gezahlt werden, bleiben unberücksichtigt, ...
2. Beamte, Richter, Soldaten auf Zeit sowie Berufssoldaten der Bundeswehr und sonstige Beschäftigte des Bundes, eines Landes, eines Gemeindeverbandes, einer Gemeinde, von öffentlich-rechtlichen Körperschaften, Anstalten, Stiftungen oder Verbänden öffentlich-rechtlicher Körperschaften oder deren Spitzenverbänden, wenn sie nach beamtenrechtlichen Vorschriften oder Grundsätzen bei Krankheit Anspruch auf Fortzahlung der Bezüge und auf Beihilfe oder Heilfürsorge haben,
3. Personen, die während der Dauer ihres Studiums als ordentliche Studierende einer Hochschule oder einer der fachlichen Ausbildung dienenden Schule gegen Arbeitsentgelt beschäftigt sind,
7. satzungsmäßige Mitglieder geistlicher Genossenschaften, Diakonissen und ähnliche Personen, wenn sie sich aus überwiegend religiösen oder sittlichen Beweggründen mit Krankenpflege, Unterricht oder anderen gemeinnützigen Tätigkeiten beschäftigen und nicht mehr als freien Unterhalt oder ein geringes Entgelt beziehen, das nur zur Beschaffung der unmittelbaren Lebensbedürfnisse an Wohnung, Verpflegung, Kleidung und dergleichen ausreicht,
8. Personen, die nach dem Krankheitsfürsorgesystem der Europäischen Gemeinschaften bei Krankheit geschützt sind.
(4) ^{1}Wird die Jahresarbeitsentgeltgrenze in drei aufeinander folgenden Kalenderjahren überschritten, endet die Versicherungspflicht mit Ablauf des dritten Kalenderjahres, in dem sie überschritten wird. ^{2}Dies gilt nicht, wenn das Entgelt die vom Beginn des nächsten Kalenderjahres an geltende Jahresarbeitsentgeltgrenze nicht übersteigt ...

§ 7. Versicherungsfreiheit bei geringfügiger Beschäftigung. (1) Wer eine geringfügige Beschäftigung nach §§ 8, 8a des Vierten Buches ausübt, ist in dieser Beschäftigung versicherungsfrei; dies gilt nicht für eine Beschäftigung
1. im Rahmen betrieblicher Berufsbildung,
2. nach dem Gesetz zur Förderung eines freiwilligen sozialen Jahres,
3. nach dem Gesetz zur Förderung eines freiwilligen ökologischen Jahres.
^{2}§ 8 Abs. 2 des Vierten Buches ist mit der Maßgabe anzuwenden, daß eine Zusammenrechnung mit einer nicht geringfügigen Beschäfti-

gung nur erfolgt, wenn diese Versicherungspflicht begründet.
...

§ 8. Befreiung von der Versicherungspflicht.
(1) Auf Antrag wird von der Versicherungspflicht befreit, wer versicherungspflichtig wird
1. wegen Erhöhung der Jahresarbeitsentgeltgrenze,
1a. durch den Bezug von Arbeitslosengeld oder Unterhaltsgeld (§ 5 Abs. 1 Nr. 2) und in den letzten fünf Jahren vor dem Leistungsbezug nicht gesetzlich krankenversichert war, wenn er bei einem Krankenversicherungsunternehmen versichert ist und Vertragsleistungen erhält, die der Art und dem Umfang nach den Leistungen dieses Buches entsprechen,
2. durch Aufnahme einer nicht vollen Erwerbstätigkeit nach § 2 des Bundeserziehungsgeldgesetzes oder nach § 1 Abs. 6 des Bundeselterngeld- und Elternzeitgesetzes während der Elternzeit; die Befreiung erstreckt sich nur auf die Elternzeit,
3. weil seine Arbeitszeit auf die Hälfte oder weniger als die Hälfte der regelmäßigen Wochenarbeitszeit vergleichbarer Vollbeschäftigter des Betriebes herabgesetzt wird; dies gilt auch für Beschäftigte, die im Anschluß an ihr bisheriges Beschäftigungsverhältnis bei einem anderen Arbeitgeber ein Beschäftigungsverhältnis aufnehmen, das die Voraussetzungen des vorstehenden Halbsatzes erfüllt; Voraussetzung ist ferner, daß der Beschäftigte seit mindestens fünf Jahren wegen Überschreitens der Jahresarbeitsentgeltgrenze versicherungsfrei ist,
4. durch den Antrag auf Rente oder den Bezug von Rente oder die Teilnahme an einer Leistung zur Teilhabe am Arbeitsleben (§ 5 Abs. 1 Nr. 6, 11 oder 12),
5. durch die Einschreibung als Student oder die berufspraktische Tätigkeit (§ 5 Abs. 1 Nr. 9 oder 10),
6. durch die Beschäftigung als Arzt im Praktikum,
7. durch die Tätigkeit in einer Einrichtung für behinderte Menschen (§ 5 Abs. 1 Nr. 7 oder 8).

(2) ¹Der Antrag ist innerhalb von drei Monaten nach Beginn der Versicherungspflicht bei der Krankenkasse zu stellen. ²Die Befreiung wirkt vom Beginn der Versicherungspflicht an, wenn seit diesem Zeitpunkt noch keine Leistungen in Anspruch genommen wurden, sonst vom Beginn des Kalendermonats an, der auf die Antragstellung folgt. ³Die Befreiung kann nicht widerrufen werden.
...

Versicherungsberechtigung

§ 9. Freiwillige Versicherung. (1) Der Versicherung können beitreten
1. Personen, die als Mitglieder aus der Versicherungspflicht ausgeschieden sind und in den letzten fünf Jahren vor dem Ausscheiden mindestens vierundzwanzig Monate oder unmittelbar vor dem Ausscheiden ununterbrochen mindestens zwölf Monate versichert waren; Zeiten der Mitgliedschaft nach § 189 und Zeiten, in denen eine Versicherung allein deshalb bestanden hat, weil Arbeitslosengeld II zu Unrecht bezogen wurde, werden nicht berücksichtigt. ...
2. Personen, deren Versicherung nach § 10 erlischt oder nur deswegen nicht besteht, weil die Voraussetzungen des § 10 Abs. 3 vorliegen, wenn sie oder der Elternteil, aus dessen Versicherung die Familienversicherung abgeleitet wurde, die in Nummer 1 genannte Vorversicherungszeit erfüllen,
3. (weggefallen)
4. schwerbehinderte Menschen im Sinne des Neunten Buches, wenn sie, ein Elternteil, ihr Ehegatte oder ihr Lebenspartner in den letzten fünf Jahren vor dem Beitritt mindestens drei Jahre versichert waren, es sei denn, sie konnten wegen ihrer Behinderung diese Voraussetzungen nicht erfüllen; die Satzung kann das Recht zum Beitritt von einer Altersgrenze abhängig machen,
5. Arbeitnehmer, deren Mitgliedschaft durch Beschäftigung im Ausland endete, wenn sie innerhalb von zwei Monaten nach Rückkehr in das Inland wieder eine Beschäftigung aufnehmen. ...

(2) Der Beitritt ist der Krankenkasse innerhalb von drei Monaten anzuzeigen,
1. im Falle des Absatzes 1 Nr. 1 nach Beendigung der Mitgliedschaft,
2. im Falle des Absatzes 1 Nr. 2 nach Beendigung der Versicherung oder nach Geburt des Kindes,
3. (weggefallen)
4. im Falle des Absatzes 1 Nr. 4 nach Feststellung der Behinderung nach § 4 des Schwerbehindertengesetzes,
5. im Falle des Absatzes 1 Nr. 5 nach Rückkehr in das Inland. ...

Versicherung der Familienangehörigen

§ 10. Familienversicherung. (1) Versichert sind der Ehegatte, der Lebenspartner und die Kinder von Mitgliedern, wenn diese Familienangehörigen

7.21d SGB V §§ 10–28   Leistungen der Krankenversicherung

1. ihren Wohnsitz oder gewöhnlichen Aufenthalt im Inland haben,
2. nicht nach § 5 Abs. 1 Nr. 1, 2, 3 bis 8, 11 oder 12 oder nicht freiwillig versichert sind,
3. nicht versicherungsfrei oder nicht von der Versicherungspflicht befreit sind; dabei bleibt die Versicherungsfreiheit nach § 7 außer Betracht,
4. nicht hauptberuflich selbständig erwerbstätig sind und
5. kein Gesamteinkommen haben, das regelmäßig im Monat ein Siebtel der monatlichen Bezugsgröße nach § 18 des Vierten Buches überschreitet; ... für geringfügig Beschäftigte nach § 8 Abs. 1 Nr. 1, § 8a des Vierten Buches beträgt das zulässige Gesamteinkommen 400 Euro.

(2) Kinder sind versichert
1. bis zur Vollendung des achtzehnten Lebensjahres,
2. bis zur Vollendung des dreiundzwanzigsten Lebensjahres, wenn sie nicht erwerbstätig sind,
3. bis zur Vollendung des fünfundzwanzigsten Lebensjahres, wenn sie sich in Schul- oder Berufsausbildung befinden oder ein freiwilliges soziales Jahr im Sinne des Gesetzes zur Förderung eines freiwilligen sozialen Jahres leisten; wird die Schul- oder Berufsausbildung durch Erfüllung einer gesetzlichen Dienstpflicht des Kindes unterbrochen oder verzögert, besteht die Versicherung auch für einen der Dauer dieses Dienstes entsprechenden Zeitraum über das fünfundzwanzigste Lebensjahr hinaus.
4. ohne Altersgrenze, wenn sie wegen körperlicher, geistiger oder seelischer Behinderung außerstande sind, sich selbst zu unterhalten; Voraussetzung ist, daß die Behinderung zu einem Zeitpunkt vorlag, in dem das Kind nach Nummer 1, 2 oder 3 versichert war. ...

Leistungen der Krankenversicherung

▶ Übersicht über die Leistungen

§ 11. Leistungsarten. (1) Versicherte haben nach den folgenden Vorschriften Anspruch auf Leistungen
1. (aufgehoben),
2. zur Verhütung von Krankheiten und von deren Verschlimmerung sowie zur Empfängnisverhütung, bei Sterilisation und bei Schwangerschaftsabbruch (§§ 20 bis 24),
3. zur Früherkennung von Krankheiten (§§ 25 und 26),
4. zur Behandlung einer Krankheit (§§ 27 bis 52).

(2) Versicherte haben auch Anspruch auf Leistungen zur medizinischen Rehabilitation sowie auf unterhaltssichernde und andere ergänzende Leistungen, die notwendig sind, um eine Behinderung oder Pflegebedürftigkeit abzuwenden, zu beseitigen, zu mindern, auszugleichen, ihre Verschlimmerung zu verhüten oder ihre Folgen zu mildern. ...

(3) Bei stationärer Behandlung umfassen die Leistungen auch die aus medizinischen Gründen notwendige Mitaufnahme einer Begleitperson des Versicherten.
...

▶ Leistungen bei Krankheit
Krankenbehandlung

§ 27. Krankenbehandlung. (1) [1]Versicherte haben Anspruch auf Krankenbehandlung, wenn sie notwendig ist, um eine Krankheit zu erkennen, zu heilen, ihre Verschlimmerung zu verhüten oder Krankheitsbeschwerden zu lindern. [2]Die Krankenbehandlung umfaßt
1. ärztliche Behandlung einschließlich Psychotherapie als ärztliche und psychotherapeutische Behandlung,
2. zahnärztliche Behandlung,
2a. Versorgung mit Zahnersatz einschließlich Zahnkronen und Suprakonstruktionen,
3. Versorgung mit Arznei-, Verband-, Heil- und Hilfsmitteln,
4. häusliche Krankenpflege und Haushaltshilfe,
5. Krankenhausbehandlung,
6. medizinische und ergänzende Leistungen zur Rehabilitation sowie Belastungserprobung und Arbeitstherapie.

[3]Bei der Krankenbehandlung ist den besonderen Bedürfnissen psychisch Kranker Rechnung zu tragen, insbesondere bei der Versorgung mit Heilmitteln und bei der medizinischen Rehabilitation. [4]Zur Krankenbehandlung gehören auch Leistungen zur Herstellung der Zeugungs- oder Empfängnisfähigkeit, wenn diese Fähigkeit nicht vorhanden war oder durch Krankheit oder wegen einer durch Krankheit erforderlichen Sterilisation verlorengegangen war. ...

§ 28. Ärztliche und zahnärztliche Behandlung. (1) [1]Die ärztliche Behandlung umfaßt die Tätigkeit des Arztes, die zur Verhütung, Früherkennung und Behandlung von Krankheiten nach den Regeln der ärztlichen Kunst ausreichend und zweckmäßig ist. [2]Zur ärztlichen Behandlung gehört auch die Hilfeleistung anderer Personen, die von dem Arzt angeordnet und von ihm zu verantworten ist.

(2) [1]Die zahnärztliche Behandlung umfaßt die Tätigkeit des Zahnarztes, die zur Verhütung, Früherkennung und Behandlung von Zahn-,

Mund- und Kieferkrankheiten nach den Regeln der zahnärztlichen Kunst ausreichend und zweckmäßig ist; sie umfasst auch konservierend-chirurgische Leistungen und Röntgenleistungen, die im Zusammenhang mit Zahnersatz einschließlich Zahnkronen und Suprakonstruktionen erbracht werden. ²Wählen Versicherte bei Zahnfüllungen eine darüber hinausgehende Versorgung, haben sie die Mehrkosten selbst zu tragen. ...

(4) Versicherte, die das 18. Lebensjahr vollendet haben, leisten je Kalendervierteljahr für jede erste Inanspruchnahme eines an der ambulanten ärztlichen, zahnärztlichen oder psychotherapeutischen Versorgung teilnehmenden Leistungserbringers, die nicht auf Überweisung aus demselben Kalendervierteljahr erfolgt, als Zuzahlung den sich nach § 61 Satz 2 ergebenden Betrag an den Leistungserbringer. ...

§ 29. Kieferorthopädische Behandlung.

(1) Versicherte haben Anspruch auf kieferorthopädische Versorgung in medizinisch begründeten Indikationsgruppen, bei denen eine Kiefer- oder Zahnfehlstellung vorliegt, die das Kauen, Beißen, Sprechen oder Atmen erheblich beeinträchtigt oder zu beeinträchtigen droht.

(2) Versicherte leisten zu der kieferorthopädischen Behandlung nach Absatz 1 einen Anteil in Höhe von 20 vom Hundert der Kosten an den Vertragszahnarzt. ...

§ 39. Krankenhausbehandlung.
(1) ¹Die Krankenhausbehandlung wird vollstationär, teilstationär, vor- und nachstationär (§ 115a) sowie ambulant (§ 115b) erbracht. ²Versicherte haben Anspruch auf vollstationäre Behandlung in einem zugelassenen Krankenhaus (§ 108), wenn die Aufnahme nach Prüfung durch das Krankenhaus erforderlich ist, weil das Behandlungsziel nicht durch teilstationäre, vor- und nachstationäre oder ambulante Behandlung einschließlich häuslicher Krankenpflege erreicht werden kann. ³Die Krankenhausbehandlung umfaßt im Rahmen des Versorgungsauftrags des Krankenhauses alle Leistungen, die im Einzelfall nach Art und Schwere der Krankheit für die medizinische Versorgung der Versicherten im Krankenhaus notwendig sind, insbesondere ärztliche Behandlung (§ 28 Abs. 1), Krankenpflege, Versorgung mit Arznei-, Heil- und Hilfsmitteln, Unterkunft und Verpflegung; die akutstationäre Behandlung umfasst auch die im Einzelfall erforderlichen und zum frühestmöglichen Zeitpunkt einsetzenden Leistungen zur Frührehabilitation.

(4) ¹Versicherte, die das achtzehnte Lebensjahr vollendet haben, zahlen vom Beginn der vollstationären Krankenhausbehandlung an innerhalb eines Kalenderjahres für längstens 28 Tage den sich nach § 61 Satz 2 ergebenden Betrag je Kalendertag an das Krankenhaus, das diesen Betrag an die Krankenkasse weiterleitet. ²Die innerhalb des Kalenderjahres bereits an einen Träger der gesetzlichen Rentenversicherung geleistete Zahlung nach § 32 Abs. 1 Satz 2 des Sechsten Buches sowie die nach § 40 Abs. 6 Satz 1 geleistete Zahlung sind auf die Zahlung nach Satz 1 anzurechnen. ...

Krankengeld

§ 44. Krankengeld.
(1) Versicherte haben Anspruch auf Krankengeld, wenn die Krankheit sie arbeitsunfähig macht oder sie auf Kosten der Krankenkasse stationär in einem Krankenhaus, einer Vorsorge- oder Rehabilitationseinrichtung ... behandelt werden.
(ab 01.01.2009)

(2) Keinen Anspruch auf Krankengeld haben
1. die nach § 5 Abs. 1 Nr. 2a, 5, 6, 9, 10 oder 13 sowie die nach § 10 Versicherten; dies gilt nicht für die nach § 5 Abs. 1 Nr. 6 Versicherten, wenn sie Anspruch auf Übergangsgeld haben, und für Versicherte nach § 5 Abs. 1 Nr. 13, soweit sie abhängig beschäftigt und nicht nach den §§ 8 und 8a des Vierten Buches geringfügig beschäftigt sind,
2. hauptberuflich selbstständig Erwerbstätige,
3. Versicherte nach § 5 Abs. 1 Nr. 1, die bei Arbeitsunfähigkeit nicht für mindestens sechs Wochen Anspruch auf Fortzahlung des Arbeitsentgelts oder auf Zahlung einer die Versicherungspflicht begründenden Sozialleistung haben; dies gilt nicht für Versicherte, die nach § 10 des Entgeltfortzahlungsgesetzes Anspruch auf Zahlung eines Zuschlags zum Arbeitsentgelt haben,
4. Versicherte, die eine Rente aus einer öffentlich-rechtlichen Versicherungseinrichtung oder Versorgungseinrichtung ihrer Berufsgruppe oder von anderen vergleichbaren Stellen beziehen, die ihrer Art nach den in § 50 Abs. 1 genannten Leistungen entspricht.
²Für Versicherte nach Satz 1 Nr. 4 gilt § 50 Abs. 2 entsprechend, soweit sie eine Leistung beziehen, die ihrer Art nach den in dieser Vorschrift aufgeführten Leistungen entspricht.

³Für die nach Nummer 2 und 3 aufgeführten Versicherten bleibt § 53 Abs. 6 unberührt. ...

§ 45. Krankengeld bei Erkrankung des Kindes.
(1) Versicherte haben Anspruch auf Krankengeld, wenn es nach ärztlichem Zeugnis erforderlich ist, daß sie zur Beaufsichtigung, Betreuung oder Pflege ihres erkrankten und versicherten Kindes der Arbeit fernbleiben, eine andere in ihrem Haushalt lebende Person das

Kind nicht beaufsichtigen, betreuen oder pflegen kann und das Kind das zwölfte Lebensjahr noch nicht vollendet hat oder behindert und auf Hilfe angewiesen ist. ...

(2) ¹Anspruch auf Krankengeld nach Absatz 1 besteht in jedem Kalenderjahr für jedes Kind längstens für 10 Arbeitstage, für alleinerziehende Versicherte längstens für 20 Arbeitstage. ²Der Anspruch nach Satz 1 besteht für Versicherte für nicht mehr als 25 Arbeitstage, für alleinerziehende Versicherte für nicht mehr als 50 Arbeitstage je Kalenderjahr.

(3) Versicherte mit Anspruch auf Krankengeld nach Absatz 1 haben für die Dauer dieses Anspruchs gegen ihren Arbeitgeber Anspruch auf unbezahlte Freistellung von der Arbeitsleistung, soweit nicht aus dem gleichen Grund Anspruch auf bezahlte Freistellung besteht. ...

§ 46. Entstehen des Anspruchs auf Krankengeld. Der Anspruch auf Krankengeld entsteht
1. bei Krankenhausbehandlung oder Behandlung in einer Vorsorge- oder Rehabilitationseinrichtung ... von ihrem Beginn an,
2. im übrigen von dem Tag an, der auf den Tag der ärztlichen Feststellung der Arbeitsunfähigkeit folgt.
...

§ 47. Höhe und Berechnung des Krankengeldes. (1) ¹Das Krankengeld beträgt 70 vom Hundert des erzielten regelmäßigen Arbeitsentgelts und Arbeitseinkommens, soweit es der Beitragsberechnung unterliegt (Regelentgelt). ²Das aus dem Arbeitsentgelt berechnete Krankengeld darf 90 vom Hundert des bei entsprechender Anwendung des Absatzes 2 berechneten Nettoarbeitsentgelts nicht übersteigen ....

§ 48. Dauer des Krankengeldes. (1) ¹Versicherte erhalten Krankengeld ohne zeitliche Begrenzung, für den Fall der Arbeitsunfähigkeit wegen derselben Krankheit jedoch für längstens achtundsiebzig Wochen innerhalb von je drei Jahren, gerechnet vom Tage des Beginns der Arbeitsunfähigkeit an. ²Tritt während der Arbeitsunfähigkeit eine weitere Krankheit hinzu, wird die Leistungsdauer nicht verlängert.

(2) Für Versicherte, die im letzten Dreijahreszeitraum wegen derselben Krankheit für achtundsiebzig Wochen Krankengeld bezogen haben, besteht nach Beginn eines neuen Dreijahreszeitraums ein neuer Anspruch auf Krankengeld wegen derselben Krankheit, wenn sie
bei Eintritt der erneuten Arbeitsunfähigkeit mit Anspruch auf Krankengeld versichert sind und in der Zwischenzeit mindestens sechs Monate
1. nicht wegen dieser Krankheit arbeitsunfähig waren und

2. erwerbstätig waren oder der Arbeitsvermittlung zur Verfügung standen.

§ 49. Ruhen des Krankengeldes. (1) Der Anspruch auf Krankengeld ruht,
1. soweit und solange Versicherte beitragspflichtiges Arbeitsentgelt oder Arbeitseinkommen erhalten; dies gilt nicht für einmalig gezahltes Arbeitsentgelt,
2. solange Versicherte Elternzeit nach dem Bundeselterngeld- und Elternzeitgesetz in Anspruch nehmen; dies gilt nicht, wenn die Arbeitsunfähigkeit vor Beginn der Elternzeit eingetreten ist oder das Krankengeld aus dem Arbeitsentgelt zu berechnen ist, das aus einer versicherungspflichtigen Beschäftigung während der Elternzeit erzielt worden ist,
3. soweit und solange Versicherte Versorgungskrankengeld, Übergangsgeld, Unterhaltsgeld oder Kurzarbeitergeld beziehen,
3a. solange Versicherte Mutterschaftsgeld oder Arbeitslosengeld beziehen oder der Anspruch wegen einer Sperrzeit nach dem Dritten Buch ruht,
4. soweit und solange Versicherte Entgeltersatzleistungen, die ihrer Art nach den in Nummer 3 genannten Leistungen vergleichbar sind, von einem Träger der Sozialversicherung oder einer staatlichen Stelle außerhalb des Geltungsbereichs dieses Gesetzbuchs erhalten,
5. solange die Arbeitsunfähigkeit der Krankenkasse nicht gemeldet wird; dies gilt nicht, wenn die Meldung innerhalb einer Woche nach Beginn der Arbeitsunfähigkeit erfolgt,
6. soweit und solange für Zeiten einer Freistellung von der Arbeitsleistung (§ 7 Abs. 1 a des Vierten Buches) eine Arbeitsleistung nicht geschuldet wird. ...

▶ **Selbstbehalt, Beitragsrückzahlung**

§ 53. Wahltarife. (1) ¹Die Krankenkasse kann in ihrer Satzung vorsehen, dass Mitglieder jeweils für ein Kalenderjahr einen Teil der von der Krankenkasse zu tragenden Kosten übernehmen können (Selbstbehalt). ²Die Krankenkasse hat für diese Mitglieder Prämienzahlungen vorzusehen.

(2) Die Krankenkasse kann in ihrer Satzung für Mitglieder, die im Kalenderjahr länger als drei Monate versichert waren, eine Prämienzahlung vorsehen, wenn sie und ihre nach § 10 mitversicherten Angehörigen in diesem Kalenderjahr Leistungen zu Lasten der Krankenkasse nicht in Anspruch genommen haben.
...

▶ Zahnersatz

§ 55. Leistungsanspruch. (1) [1]Versicherte haben nach den Vorgaben in den Sätzen 2 bis 7 Anspruch auf befundbezogene Festzuschüsse bei einer medizinisch notwendigen Versorgung mit Zahnersatz einschließlich Zahnkronen und Suprakonstruktionen (zahnärztliche und zahntechnische Leistungen) in den Fällen, in denen eine zahnprothetische Versorgung notwendig ist und die geplante Versorgung einer Methode entspricht, die gemäß § 135 Abs. 1 anerkannt ist. [2]Die Festzuschüsse umfassen 50 vom Hundert der nach § 57 Abs. 1 Satz 6 und Abs. 2 Satz 6 und 7 festgesetzten Beträge für die jeweilige Regelversorgung. [3]Für eigene Bemühungen zur Gesunderhaltung der Zähne erhöhen sich die Festzuschüsse nach Satz 2 um 20 vom Hundert. [4]Die Erhöhung entfällt, wenn der Gebisszustand des Versicherten regelmäßige Zahnpflege nicht erkennen lässt und der Versicherte während der letzten fünf Jahre vor Beginn der Behandlung
1. die Untersuchungen nach § 22 Abs. 1 nicht in jedem Kalenderhalbjahr in Anspruch genommen hat und
2. sich nach Vollendung des 18. Lebensjahres nicht wenigstens einmal in jedem Kalenderjahr hat zahnärztlich untersuchen lassen.

[5]Die Festzuschüsse nach Satz 2 erhöhen sich um weitere 10 vom Hundert, wenn der Versicherte seine Zähne regelmäßig gepflegt und in den letzten zehn Kalenderjahren vor Beginn der Behandlung, frühestens seit dem 1. Januar 1989, die Untersuchungen nach Satz 4 Nr. 1 und 2 ohne Unterbrechung in Anspruch genommen hat. [6]Dies gilt nicht in den Fällen des Absatzes 2. [7]Für Versicherte, die nach dem 31. Dezember 1978 geboren sind, gilt der Nachweis für eigene Bemühungen zur Gesunderhaltung der Zähne für die Jahre 1997 und 1998 als erbracht. ...

(2) Versicherte haben bei der Versorgung mit Zahnersatz zusätzlich zu den Festzuschüssen nach Absatz 1 Satz 2 Anspruch auf einen Betrag in jeweils gleicher Höhe, angepasst an die Höhe der für die Regelversorgungsleistungen tatsächlich anfallenden Kosten, höchstens jedoch in Höhe der tatsächlich entstandenen Kosten, wenn sie ansonsten unzumutbar belastet würden; ...

▶ Zuzahlungen, Belastungsgrenze

§ 61. Zuzahlungen. [1]Zuzahlungen, die Versicherte zu leisten haben, betragen 10 vom Hundert des Abgabepreises, mindestens jedoch 5 Euro und höchstens 10 Euro; allerdings jeweils nicht mehr als die Kosten des Mittels. [2]Als Zuzahlungen zu stationären Maßnahmen werden je Kalendertag 10 Euro erhoben. [3]Bei Heilmitteln und häuslicher Krankenpflege beträgt die Zuzahlung 10 vom Hundert der Kosten sowie 10 Euro je Verordnung. [4]Geleistete Zuzahlungen sind von dem zum Einzug Verpflichteten gegenüber dem Versicherten zu quittieren; ein Vergütungsanspruch hierfür besteht nicht.

§ 62. Belastungsgrenze. (1) [1]Versicherte haben während jedes Kalenderjahres nur Zuzahlungen bis zur Belastungsgrenze zu leisten; wird die Belastungsgrenze bereits innerhalb eines Kalenderjahres erreicht, hat die Krankenkasse eine Bescheinigung darüber zu erteilen, dass für den Rest des Kalenderjahres keine Zuzahlungen mehr zu leisten sind. [2]Die Belastungsgrenze beträgt 2 vom Hundert der jährlichen Bruttoeinnahmen zum Lebensunterhalt; für chronisch Kranke, die wegen derselben schwerwiegenden Krankheit in Dauerbehandlung sind, beträgt sie 1 vom Hundert der jährlichen Bruttoeinnahmen zum Lebensunterhalt. Abweichend von Satz 2 beträgt die Belastungsgrenze 2 vom Hundert der jährlichen Bruttoeinnahmen zum Lebensunterhalt
1. für nach dem 1. April 1972 geborene chronisch kranke Versicherte, die ab dem 1. Januar 2008 die in § 25 Abs. 1 genannten Gesundheitsuntersuchungen vor der Erkrankung nicht regelmäßig in Anspruch genommen haben,
2. für nach dem 1. April 1987 geborene weibliche und nach dem 1. April 1962 geborene männliche chronisch kranke Versicherte, die an einer Krebsart erkranken, für die eine Früherkennungsuntersuchung nach § 25 Abs. 2 besteht, und die diese Untersuchung ab dem 1. Januar 2008 vor ihrer Erkrankung nicht regelmäßig in Anspruch genommen haben.

...
[3]Die weitere Dauer der in Satz 2 genannten Behandlung ist der Krankenkasse jeweils spätestens nach Ablauf eines Kalenderjahres nachzuweisen und vom Medizinischen Dienst der Krankenversicherung, soweit erforderlich, zu prüfen. ... [7]Das Nähere zur Definition einer schwerwiegenden chronischen Erkrankung bestimmt der Gemeinsame Bundesausschuss in den Richtlinien nach § 92.
...

§ 65a. Bonus für gesundheitsbewusstes Verhalten. (1) Die Krankenkasse kann in ihrer Satzung bestimmen, unter welchen Voraussetzungen Versicherte, die regelmäßig Leistungen zur Früherkennung von Krankheiten nach den §§ 25 und 26 oder qualitätsgesicherte Leistungen der Krankenkasse zur primären Prävention in Anspruch nehmen, Anspruch auf einen Bonus haben, der zusätzlich zu der in § 62 Abs. 1 Satz 2

genannten abgesenkten Belastungsgrenze hinaus zu gewähren ist.
...

▶ Beziehungen zu Ärzten, Zahnärzten und Psychotherapeuten

§ 73b. Hausarztzentrierte Versorgung. (1) Die Krankenkassen haben ihren Versicherten eine besondere hausärztliche Versorgung (hausarztzentrierte Versorgung) anzubieten.

(3) ¹Die Teilnahme an der hausarztzentrierten Versorgung ist freiwillig. ²Die Teilnehmer verpflichten sich schriftlich gegenüber ihrer Krankenkasse, nur einen von ihnen aus dem Kreis der Hausärzte nach Absatz 4 gewählten Hausarzt in Anspruch zu nehmen sowie ambulante fachärztliche Behandlung mit Ausnahme der Leistungen der Augenärzte und Frauenärzte nur auf dessen Überweisung. ³Der Versicherte ist an diese Verpflichtung und an die Wahl seines Hausarztes mindestens ein Jahr gebunden; er darf den gewählten Hausarzt nur bei Vorliegen eines wichtigen Grundes wechseln. ⁴Das Nähere zur Durchführung der Teilnahme der Versicherten, insbesondere zur Bindung an den gewählten Hausarzt, zu weiteren Ausnahmen von dem Überweisungsgebot und zu den Folgen bei Pflichtverstößen der Versicherten, regeln die Krankenkassen in ihren Satzungen.
...

Wahlrechte der Mitglieder

§ 173. Allgemeine Wahlrechte. (1) Versicherungspflichtige (§ 5) und Versicherungsberechtigte (§ 9) sind Mitglied der von ihnen gewählten Krankenkasse, soweit in den nachfolgenden Vorschriften, im Zweiten Gesetz über die Krankenversicherung der Landwirte oder im Künstlersozialversicherungsgesetz nichts Abweichendes bestimmt ist.

(2) Versicherungspflichtige und Versicherungsberechtigte können wählen
1. die Ortskrankenkasse des Beschäftigungs- oder Wohnorts,
2. jede Ersatzkasse, deren Zuständigkeit sich nach der Satzung auf den Beschäftigungs- oder Wohnort erstreckt,
3. die Betriebs- oder Innungskrankenkasse, wenn sie in dem Betrieb beschäftigt sind, für den die Betriebs- oder die Innungskrankenkasse besteht,
4. die Betriebs- oder Innungskrankenkasse, wenn die Satzung der Betriebs- oder Innungskrankenkasse dies vorsieht,
4a. die Deutsche Rentenversicherung Knappschaft-Bahn-See,
5. die Krankenkasse, bei der vor Beginn der Versicherungspflicht oder Versicherungsberechtigung zuletzt eine Mitgliedschaft oder eine Versicherung nach § 10 bestanden hat,
6. die Krankenkasse, bei der der Ehegatte versichert ist.
...

§ 186. Beginn der Mitgliedschaft Versicherungspflichtiger. (1) Die Mitgliedschaft versicherungspflichtig Beschäftigter beginnt mit dem Tag des Eintritts in das Beschäftigungsverhältnis.

(2) ¹Die Mitgliedschaft unständig Beschäftigter (§ 179 Abs. 2) beginnt mit dem Tag der Aufnahme der unständigen Beschäftigung, für die die zuständige Krankenkasse erstmalig Versicherungspflicht festgestellt hat, wenn die Feststellung innerhalb eines Monats nach Aufnahme der Beschäftigung erfolgt, andernfalls mit dem Tag der Feststellung. ²Die Mitgliedschaft besteht auch an den Tagen fort, an denen der unständig Beschäftigte vorübergehend, längstens für drei Wochen, nicht beschäftigt wird.
...

§ 188. Beginn der freiwilligen Mitgliedschaft. (1) Die Mitgliedschaft Versicherungsberechtigter beginnt mit dem Tag ihres Beitritts zur Krankenkasse.

(2) ¹Die Mitgliedschaft der in § 9 Abs. 1 Nr. 1 und 2 genannten Versicherungsberechtigten beginnt mit dem Tag nach dem Ausscheiden aus der Versicherungspflicht oder mit dem Tag nach dem Ende der Versicherung nach § 10. ²Die Mitgliedschaft der in § 9 Abs. 1 Nr. 6 genannten Versicherungsberechtigten beginnt mit dem Eintritt der Versicherungspflicht nach § 5 Abs. 1 Nr. 11.

(3) Der Beitritt ist schriftlich zu erklären.

§ 198. Meldepflicht des Arbeitgebers für versicherungspflichtig Beschäftigte. Der Arbeitgeber hat die versicherungspflichtig Beschäftigten nach den §§ 28 a bis 28 c des Vierten Buches an die zuständige Krankenkasse zu melden.

Finanzierung

▶ Beiträge

Aufbringung der Mittel

§ 220. Grundsatz. (1) ¹Die Mittel für die Krankenversicherung werden durch Beiträge und sonstige Einnahmen aufgebracht. ²Die Beiträge sind so zu bemessen, daß sie zusammen mit den sonstigen Einnahmen die im Haushaltsplan vorgesehenen Ausgaben und die vorgeschriebene Auffüllung der Rücklage decken. ...

§ 220. ab 01.01.2009:. (1)¹Die Mittel der Krankenversicherung werden durch Beiträge und sonstige Einnahmen aufgebracht. ²Die Beiträge sind bei der erstmaligen Festsetzung des allgemeinen Beitragssatzes nach § 241 Abs. 1 so zu bemessen, dass die voraussichtlichen Beitragseinnahmen zusammen mit der Beteiligung des Bundes nach § 221 und den voraussichtlichen sonstigen Einnahmen des Gesundheitsfonds die voraussichtlichen Ausgaben der Krankenkassen sowie den vorgeschriebenen Aufbau der Liquiditätsreserve für den Gesundheitsfonds nach § 271 decken.

(2) ¹Der Beitragssatz nach § 241 ist zu erhöhen, wenn die voraussichtlichen Einnahmen des Gesundheitsfonds die voraussichtlichen Ausgaben der Krankenkassen einschließlich der für den vorgeschriebenen Aufbau der Liquiditätsreserve für den Gesundheitsfonds nach § 271 erforderlichen Mittel im laufenden und im Folgejahr nicht zu mindestens 95 vom Hundert decken. ²Der Beitragssatz ist zu ermäßigen, wenn eine Deckungsquote von 100 vom Hundert überschritten und bei einer Senkung des Beitragssatzes um mindestens 0,2 Beitragssatzpunkte die Deckungsquote von 95 vom Hundert im Laufe des Haushaltsjahres voraussichtlich nicht unterschritten wird.

Beitragssätze

§ 241. Allgemeiner Beitragssatz. Die Beiträge sind nach einem Beitragssatz zu erheben, der in Hundertsteln der beitragspflichtigen Einnahmen in der Satzung festgesetzt wird ...

§ 241. ab 01.01.2009:. (1) Die Bundesregierung legt nach Auswertung der Ergebnisse eines beim Bundesversicherungsamt zu bildenden Schätzerkreises durch Rechtsverordnung ohne Zustimmung des Bundesrates erstmalig bis zum 1. November 2008 mit Wirkung ab dem 1. Januar 2009 den allgemeinen Beitragssatz in Hundertsteln der beitragspflichtigen Einnahmen fest.
...

§ 242. Erhöhter Beitragssatz. Für Mitglieder, die bei Arbeitsunfähigkeit nicht für mindestens sechs Wochen Anspruch auf Fortzahlung ihres Arbeitsentgelts oder auf Zahlung einer die Versicherungspflicht begründenden Sozialleistung haben, ist der allgemeine Beitragssatz entsprechend zu erhöhen.

§ 242. ab 01.01.2009: Kassenindividueller Zusatzbeitrag. (1) ¹Soweit der Finanzbedarf einer Krankenkasse durch die Zuweisungen aus dem Fonds nicht gedeckt ist, hat sie in ihrer Satzung zu bestimmen, dass von ihren Mitgliedern ein Zusatzbeitrag erhoben wird. ²Der Zusatzbeitrag ist auf 1 vom Hundert der beitragspflichtigen Einnahmen des Mitglieds begrenzt. ³Abweichend von Satz 2 erhebt die Krankenkasse den Zusatzbeitrag ohne Prüfung der Höhe der Einnahmen des Mitglieds, wenn die monatliche Zusatzbeitrag den Betrag von 8 Euro nicht übersteigt.
...

§ 243. Ermäßigter Beitragssatz. (1) Besteht kein Anspruch auf Krankengeld oder beschränkt die Krankenkasse auf Grund von Vorschriften dieses Buches für einzelne Mitgliedergruppen den Umfang der Leistungen, ist der Beitragssatz entsprechend zu ermäßigen.

§ 243. ab 01.01.2009. (1) Für Mitglieder, die keinen Anspruch auf Krankengeld haben, gilt ein ermäßigter Beitragssatz. Dies gilt nicht für die Beitragsbemessung nach § 240 Abs. 4 a.

Tragung der Beiträge

§ 249. Tragung der Beiträge bei versicherungspflichtiger Beschäftigung. (1) Die nach § 5 Abs. 1 Nr. 1 und 13 versicherungspflichtig Beschäftigten und ihre Arbeitgeber tragen die nach dem Arbeitsentgelt zu bemessenden Beiträge jeweils zur Hälfte; den zusätzlichen Beitragssatz trägt der Versicherte allein. ...

(2) Der Arbeitgeber trägt den Beitrag allein für Beschäftigte, soweit Beiträge für Kurzarbeitergeld zu zahlen sind.

(3) (weggefallen)

(4) Abweichend von Absatz 1 werden die Beiträge bei versicherungspflichtig Beschäftigten mit einem monatlichen Arbeitsentgelt innerhalb der Gleitzone nach § 20 Abs. 2 des Vierten Buches vom Arbeitgeber in Höhe der Hälfte des Betrages, der sich ergibt, wenn der Beitragssatz der Krankenkasse auf das der Beschäftigung zugrunde liegende Arbeitsentgelt angewendet wird, im Übrigen vom Versicherten getragen.

§ 249. ab 01.01.2009:. (1) Bei versicherungspflichtig Beschäftigten nach § 5 Abs. 1 Nr. 1 und 13 trägt der Arbeitgeber die Hälfte der Beiträge des Mitglieds aus dem Arbeitsentgelt nach dem um 0,9 Beitragssatzpunkte verminderten allgemeinen Beitragssatz; im Übrigen tragen die Beschäftigten die Beiträge. Bei geringfügig Beschäftigten gilt § 249 b.

(2) Der Arbeitgeber trägt den Beitrag allein für Beschäftigte, soweit Beiträge für Kurzarbeitergeld zu zahlen sind.

7.21d SGB V §§ 249b–291a Informationsgrundlagen der Krankenkassen

§ 249b. Beitrag des Arbeitgebers bei geringfügiger Beschäftigung. [1]Der Arbeitgeber einer Beschäftigung nach § 8 Abs. 1 Nr. 1 des Vierten Buches hat für Versicherte, die in dieser Beschäftigung versicherungsfrei oder nicht versicherungspflichtig sind, einen Beitrag in Höhe von 13 vom Hundert des Arbeitsentgelts dieser Beschäftigung zu tragen. [2]Für den Beitrag des Arbeitgebers gelten der Dritte Abschnitt des Vierten Buches sowie § 111 Abs. 1 Nr. 2 bis 4, 8 und Abs. 4 des Vierten Buches entsprechend. [3]Für Beschäftigte in Privathaushalten nach § 8a Satz 1 des Vierten Buches, die in dieser Beschäftigung versicherungsfrei oder nicht versicherungspflichtig sind, hat der Arbeitgeber einen Beitrag in Höhe von 5 vom Hundert des Arbeitsentgelts dieser Beschäftigung zu tragen.

§ 252. Beitragszahlung, ab 01.01.2009. (1) [1]Soweit gesetzlich nichts Abweichendes bestimmt ist, sind die Beiträge [ab 01.01.2009: mit Ausnahme des Zusatzbeitrags nach § 242] von demjenigen zu zahlen, der sie zu tragen hat. [2]Abweichend von Satz 1 zahlen die Bundesagentur für Arbeit oder in den Fällen des § 6a des Zweiten Buches die zugelassenen kommunalen Träger die Beiträge für die Bezieher von Arbeitslosengeld II nach dem Zweiten Buch.

(2) [1]Die Beitragszahlung erfolgt in den Fällen des § 251 Abs. 3, 4 und 4 a an den Gesundheitsfonds. [2]Ansonsten erfolgt die Beitragszahlung an die nach § 28i des Vierten Buches zuständige Einzugsstelle. [3]Die Einzugsstellen leiten die nach Satz 2 gezahlten Beiträge einschließlich der Zinsen auf Beiträge und Säumniszuschläge arbeitstäglich an den Gesundheitsfonds weiter.

...

Finanz- und Risikostrukturausgleich

§ 266. Risikostrukturausgleich. (1) [1]Zwischen den Krankenkassen wird jährlich ein Risikostrukturausgleich durchgeführt. [2]Mit dem Risikostrukturausgleich werden die finanziellen Auswirkungen von Unterschieden in der Höhe der beitragspflichtigen Einnahmen der Mitglieder, der Zahl der nach § 10 Versicherten und der Verteilung der Versicherten auf nach Alter und Geschlecht getrennte Versichertengruppen (§ 267 Abs. 2) zwischen den Krankenkassen ausgeglichen. [3]Einnahmen- und Ausgabenunterschiede zwischen den Krankenkassen, die nicht auf die Höhe der beitragspflichtigen Einnahmen der Mitglieder, die Zahl der Versicherten nach § 10 oder die Alters- oder Geschlechtsverteilung der Versichertengruppen nach § 267 Abs. 2 zurückzuführen sind, sind nicht ausgleichsfähig.
(ab 01.01.2009)

§ 266. Zuweisungen aus dem Gesundheitsfonds (Risikostrukturausgleich). (1) Die Krankenkassen erhalten als Zuweisungen aus dem Gesundheitsfonds (§ 271) zur Deckung ihrer Ausgaben eine Grundpauschale, alters-, geschlechts- und risikoadjustierte Zu- und Abschläge zum Ausgleich der unterschiedlichen Risikostrukturen und Zuweisungen für sonstige Ausgaben (§ 270); die Zuweisungen werden jeweils entsprechend § 272 angepasst. Mit den alters-, geschlechts- und risikoadjustierten Zuweisungen wird jährlich ein Risikostrukturausgleich durchgeführt, mit dem die finanziellen Auswirkungen von Unterschieden in der Verteilung der Versicherten auf nach Alter und Geschlecht getrennte Versichertengruppen (§ 267 Abs. 2) und Morbiditätsgruppen (§ 268) zwischen den Krankenkassen ausgeglichen werden.

Informationsgrundlagen der Krankenkassen

§ 291. Krankenversichertenkarte. (1) [1]Die Krankenkasse stellt spätestens bis zum 1. Januar 1995 für jeden Versicherten eine Krankenversichertenkarte aus, die den Krankenschein nach § 15 ersetzt. [2]Die Karte ist von dem Versicherten zu unterschreiben. [3]Sie darf nur für den Nachweis der Berechtigung zur Inanspruchnahme von Leistungen im Rahmen der vertragsärztlichen Versorgung sowie für die Abrechnung mit den Leistungserbringern verwendet werden. [4]Die Karte gilt nur für die Dauer der Mitgliedschaft bei der ausstellenden Krankenkasse und ist nicht übertragbar. [5]Bei Inanspruchnahme ärztlicher Behandlung bestätigt der Versicherte auf dem Abrechnungsschein des Arztes das Bestehen der Mitgliedschaft durch seine Unterschrift. [6]Die Krankenkasse kann die Gültigkeit der Karte befristen. ...

§ 291a. Elektronische Gesundheitskarte.
(1) Die Krankenversichertenkarte nach § 291 Abs. 1 wird bis spätestens zum 1. Januar 2006 zur Verbesserung von Wirtschaftlichkeit, Qualität und Transparenz der Behandlung für die in den Absätzen 2 und 3 genannten Zwecke zu einer elektronischen Gesundheitskarte erweitert.
...

(2) Die elektronische Gesundheitskarte hat die Angaben nach § 291 Abs. 2 zu enthalten und muss geeignet sein, Angaben aufzunehmen für
1. die Übermittlung ärztlicher Verordnungen in elektronischer und maschinell verwertbarer Form sowie
2. den Berechtigungsnachweis zur Inanspruchnahme von Leistungen im Geltungsbereich

der Verordnung (EWG) Nr. 1408/71 des Rates vom 14. Juni 1971 zur Anwendung der Systeme der sozialen Sicherheit auf Arbeitnehmer und deren Familien, die innerhalb der Gemeinschaft zu- und abwandern (ABl. EG Nr. L 149 S. 2) und der Verordnung (EWG) Nr. 574/72 des Rates vom 21. März 1972 über die Durchführung der Verordnung (EWG) Nr. 1408/71 zur Anwendung der Systeme der sozialen Sicherheit auf Arbeitnehmer und deren Familien, die innerhalb der Gemeinschaft zu- und abwandern (ABl. EG Nr. L 74 S. 1) in den jeweils geltenden Fassungen.

...

§ 294. Pflichten der Leistungserbringer. Die an der vertragsärztlichen Versorgung teilnehmenden Ärzte und die übrigen Leistungserbringer sind verpflichtet, die für die Erfüllung der Aufgaben der Krankenkassen sowie der Kassenärztlichen Vereinigungen notwendigen Angaben, die aus der Erbringung, der Verordnung sowie der Abgabe von Versicherungsleistungen entstehen, aufzuzeichnen und gemäß den nachstehenden Vorschriften den Krankenkassen, den Kassenärztlichen Vereinigungen oder den mit der Datenverarbeitung beauftragten Stellen mitzuteilen.

Weitere Übergangsvorschriften

§ 315. Standardtarif für Personen ohne Versicherungsschutz. (1) Personen, die weder

1. in der gesetzlichen Krankenversicherung versichert oder versicherungspflichtig sind,
2. über eine private Krankheitsvollversicherung verfügen,
3. einen Anspruch auf freie Heilfürsorge haben, beihilfeberechtigt sind oder vergleichbare Ansprüche haben,
4. Anspruch auf Leistungen nach dem Asylbewerberleistungsgesetz haben noch
5. Leistungen nach dem Dritten, Vierten, Sechsten und Siebten Kapitel des Zwölften Buches beziehen,

können bis zum 31. Dezember 2008 Versicherungsschutz im Standardtarif gemäß § 257 Abs. 2a verlangen; in den Fällen der Nummern 4 und 5 begründen Zeiten einer Unterbrechung des Leistungsbezugs von weniger als einem Monat keinen entsprechenden Anspruch. Der Antrag darf nicht abgelehnt werden. ...

(2) Der Beitrag von im Standardtarif nach Absatz 1 versicherten Personen darf den durchschnittlichen Höchstbeitrag der gesetzlichen Krankenversicherung gemäß § 257 Abs. 2a Satz 1 Nr. 2 nicht überschreiten; ...

(3) Eine Risikoprüfung ist nur zulässig, soweit sie für Zwecke des finanziellen Spitzenausgleichs nach § 257 Abs. 2b oder für spätere Tarifwechsel erforderlich ist. ...

(4) Die gemäß Absatz 1 abgeschlossenen Versicherungsverträge im Standardtarif werden zum 1. Januar 2009 auf Verträge im Basistarif nach § 12 Abs. 1a des Versicherungsaufsichtsgesetzes umgestellt.

Verordnung über die sozialversicherungsrechtliche Beurteilung von Zuwendungen des Arbeitgebers als Arbeitsentgelt

Vom 21. Dezember 2006, mit Änderungen bis 19. Dezember 2007

§ 1. Dem sozialversicherungspflichtigen Arbeitsentgelt nicht zuzurechnende Zuwendungen. (1) Dem Arbeitsentgelt sind nicht zuzurechnen:

1. einmalige Einnahmen, laufende Zulagen, Zuschläge, Zuschüsse sowie ähnliche Einnahmen, die zusätzlich zu Löhnen oder Gehältern gewährt werden, soweit sie lohnsteuerfrei sind; dies gilt nicht für Sonntags-, Feiertags- und Nachtarbeitszuschläge, soweit das Entgelt, auf dem sie berechnet werden, mehr als 25 Euro für jede Stunde beträgt,
2. sonstige Bezüge nach § 40 Abs. 1 Satz 1 Nr. 1 des Einkommensteuergesetzes, die nicht einmalig gezahltes Arbeitsentgelt nach § 23a des Vierten Buches Sozialgesetzbuch sind,
3. Einnahmen nach § 40 Abs. 2 des Einkommensteuergesetzes,
4. Beiträge nach § 40b des Einkommensteuergesetzes in der am 31. Dezember 2004 geltenden Fassung, die zusätzlich zu Löhnen und Gehältern gewährt werden,
4a. Zuwendungen nach § 3 Nr. 56 und § 40b des Einkommensteuergesetzes, die zusätzlich zu Löhnen und Gehältern gewährt werden und für die Satz 3 und 4 nichts Abweichendes bestimmen,
5. Beträge nach § 10 des Entgeltfortzahlungsgesetzes,
6. Zuschüsse zum Mutterschaftsgeld nach § 14 des Mutterschutzgesetzes,
7. in den Fällen des § 3 Abs. 3 der vom Arbeitgeber insoweit übernommene Teil des Gesamtsozialversicherungsbeitrags,
8. Zuschüsse des Arbeitgebers zum Kurzarbeitergeld und Saison-Kurzarbeitergeld, soweit sie zusammen mit dem Kurzarbeitergeld 80 Prozent des Unterschiedsbetrages zwischen dem Sollentgelt und dem Ist-Entgelt nach § 179 des Dritten Buches Sozialgesetzbuch nicht übersteigen,
9. steuerfreie Zuwendungen an Pensionskassen, Pensionsfonds oder Direktversicherungen nach § 3 Nr. 63 Satz 1 und 2 des Einkommensteuergesetzes im Kalenderjahr bis zur Höhe von insgesamt 4 Prozent der Beitragsbemessungsgrenze in der allgemeinen Rentenversicherung,
10. Leistungen eines Arbeitgebers oder einer Unterstützungskasse an einen Pensionsfonds zur Übernahme bestehender Versorgungsverpflichtungen oder Versorgungsanwartschaften durch den Pensionsfonds, soweit diese nach § 3 Nr. 66 des Einkommensteuergesetzes steuerfrei sind,
11. steuerlich nicht belastete Zuwendungen des Beschäftigten zugunsten von durch Naturkatastrophen im Inland Geschädigten aus Arbeitsentgelt einschließlich Wertguthaben,
12. Sanierungsgelder der Arbeitgeber zur Deckung eines finanziellen Fehlbetrages an die Einrichtungen, für die Satz 3 gilt.

²Die in Satz 1 Nr. 2 bis 4 genannten Einnahmen, Beiträge und Zuwendungen sind nicht dem Arbeitsentgelt zuzurechnen, soweit der Arbeitgeber die Lohnsteuer mit einem Pauschsteuersatz erheben kann und er die Lohnsteuer nicht nach den Vorschriften des § 39b, § 39c oder § 39d des Einkommensteuergesetzes erhebt. ³Die Summe der in Satz 1 Nr. 4a genannten Zuwendungen nach § 3 Nr. 56 und § 40b des Einkommensteuergesetzes, höchstens jedoch monatlich 100 Euro, sind bis zur Höhe von 2,5 Prozent des für ihre Bemessung maßgebenden Entgelts dem Arbeitsentgelt zuzurechnen, wenn die Versorgungsregelung mindestens bis zum 31. Dezember 2000 vor der Anwendung etwaiger Nettobegrenzungsregelungen eine allgemein erreichbare Gesamtversorgung von mindestens 75 Prozent des gesamtversorgungsfähigen Entgelts und nach dem Eintritt des Versorgungsfalles eine Anpassung nach Maßgabe der Entwicklung der Arbeitsentgelte im Bereich der entsprechenden Versorgungsregelung oder gesetzlicher Versorgungsbezüge vorsieht; die dem Arbeitsentgelt zuzurechnenden Beiträge und Zuwendungen vermindern sich um monatlich 13,30 Euro. ⁴Satz 3 gilt mit der Maßgabe, dass die Zuwendungen nach § 3 Nr. 56 und § 40b des Einkommensteuergesetzes dem Arbeitsentgelt insoweit zugerechnet werden, als sie in der Summe monatlich 100 Euro übersteigen.

(2) In der gesetzlichen Unfallversicherung und in der Seefahrt sind auch lohnsteuerfreie Zuschläge für Sonntags-, Feiertags- und Nachtarbeit dem Arbeitsentgelt zuzurechnen; dies gilt in der Unfallversicherung nicht für Erwerbseinkommen, das bei einer Hinterbliebenenrente zu berücksichtigen ist.

§ 2. Verpflegung, Unterkunft und Wohnung als Sachbezug. (1) ¹Der Wert der als Sachbezug zur Verfügung gestellten Verpflegung wird auf

monatlich 205 Euro festgesetzt. ²Dieser Wert setzt sich zusammen aus dem Wert für
1. Frühstück von 45 Euro,
2. Mittagessen von 80 Euro und
3. Abendessen von 80 Euro.

(2) Für Verpflegung, die nicht nur dem Beschäftigten, sondern auch seinen nicht bei demselben Arbeitgeber beschäftigten Familienangehörigen zur Verfügung gestellt wird, erhöhen sich die nach Absatz 1 anzusetzenden Werte je Familienangehörigen,
1. der das 18. Lebensjahr vollendet hat, um 100 Prozent,
2. der das 14., aber noch nicht das 18. Lebensjahr vollendet hat, um 80 Prozent,
3. der das 7., aber noch nicht das 14. Lebensjahr vollendet hat, um 40 Prozent und
4. der das 7. Lebensjahr noch nicht vollendet hat, um 30 Prozent.
²Bei der Berechnung des Wertes ist das Lebensalter des Familienangehörigen im ersten Entgeltabrechnungszeitraum des Kalenderjahres maßgebend. ³Sind Ehegatten bei demselben Arbeitgeber beschäftigt, sind die Erhöhungswerte nach Satz 1 für Verpflegung der Kinder beiden Ehegatten je zur Hälfte zuzurechnen.

(3) ¹Der Wert einer als Sachbezug zur Verfügung gestellten Unterkunft wird auf monatlich 198 Euro festgesetzt. ²Der Wert der Unterkunft nach Satz 1 vermindert sich
1. bei Aufnahme des Beschäftigten in den Haushalt des Arbeitgebers oder bei Unterbringung in einer Gemeinschaftsunterkunft um 15 Prozent,
2. für Jugendliche bis zur Vollendung des 18. Lebensjahres und Auszubildende um 15 Prozent und
3. bei der Belegung
   a) mit zwei Beschäftigten um 40 Prozent,
   b) mit drei Beschäftigten um 50 Prozent und
   c) mit mehr als drei Beschäftigten um 60 Prozent.
³Ist es nach Lage des einzelnen Falles unbillig, den Wert einer Unterkunft nach Satz 1 zu bestimmen, kann die Unterkunft mit dem ortsüblichen Mietpreis bewertet werden; Absatz 4 Satz 2 gilt entsprechend.

(4) ¹Für eine als Sachbezug zur Verfügung gestellte Wohnung ist als Wert der ortsübliche Mietpreis unter Berücksichtigung der sich aus der Lage der Wohnung zum Betrieb ergebenden Beeinträchtigungen anzusetzen. ²Ist im Einzelfall die Feststellung des ortsüblichen Mietpreises mit außergewöhnlichen Schwierigkeiten verbunden, kann die Wohnung mit 3,45 Euro je Quadratmeter monatlich, bei einfacher Ausstattung (ohne Sammelheizung oder ohne Bad oder Dusche) mit 2,80 Euro je Quadratmeter monatlich bewertet werden. ³Bestehen gesetzliche Mietpreisbeschränkungen, sind die durch diese Beschränkungen festgelegten Mietpreise als Werte anzusetzen. ⁴Dies gilt auch für die vertraglichen Mietpreisbeschränkungen im sozialen Wohnungsbau, die nach den jeweiligen Förderrichtlinien des Landes für den betreffenden Förderjahrgang sowie für die mit Wohnungsfürsorgemitteln aus öffentlichen Haushalten geförderten Wohnungen vorgesehen sind. ⁵Für Energie, Wasser und sonstige Nebenkosten ist der übliche Preis am Abgabeort anzusetzen.

(5) Werden Verpflegung, Unterkunft oder Wohnung verbilligt als Sachbezug zur Verfügung gestellt, ist der Unterschiedsbetrag zwischen dem vereinbarten Preis und dem Wert, der sich bei freiem Bezug nach den Absätzen 1 bis 4 ergeben würde, dem Arbeitsentgelt zuzurechnen.

(6) ¹Bei der Berechnung des Wertes für kürzere Zeiträume als einen Monat ist für jeden Tag ein Dreißigstel der Werte nach den Absätzen 1 bis 5 zugrunde zu legen. ²Die Prozentsätze der Absätze 2 und 3 sind auf den Tageswert nach Satz 1 anzuwenden. ³Die Berechnungen werden jeweils auf 2 Dezimalstellen durchgeführt; die zweite Dezimalstelle wird um 1 erhöht, wenn sich in der dritten Dezimalstelle eine der Zahlen 5 bis 9 ergibt.

§ 3. Sonstige Sachbezüge. (1) ¹Werden Sachbezüge, die nicht von § 2 erfasst werden, unentgeltlich zur Verfügung gestellt, ist als Wert für diese Sachbezüge der um übliche Preisnachlässe geminderte übliche Endpreis am Abgabeort anzusetzen. ²Sind auf Grund des § 8 Abs. 2 Satz 8 des Einkommensteuergesetzes Durchschnittswerte festgesetzt worden, sind diese Werte maßgebend. ³Findet § 8 Abs. 2 Satz 2, 3, 4 oder 5 oder Abs. 3 Satz 1 des Einkommensteuergesetzes Anwendung, sind die dort genannten Werte maßgebend. ⁴§ 8 Abs. 2 Satz 9 des Einkommensteuergesetzes gilt entsprechend.

(2) Werden Sachbezüge, die nicht von § 2 erfasst werden, verbilligt zur Verfügung gestellt, ist als Wert für diese Sachbezüge der Unterschiedsbetrag zwischen dem vereinbarten Preis und dem Wert, der sich bei freiem Bezug nach Absatz 1 ergeben würde, dem Arbeitsentgelt zuzurechnen.

(3) ¹Waren und Dienstleistungen, die vom Arbeitgeber nicht überwiegend für den Bedarf seiner Arbeitnehmer hergestellt, vertrieben oder erbracht werden und die nach § 40 Abs. 1 Satz 1 Nr. 1 des Einkommensteuergesetzes pauschal versteuert werden, können mit dem Durchschnittsbetrag der pauschal versteuerten Waren und Dienstleistungen angesetzt werden; dabei kann der Durchschnittsbetrag des Vorjahres angesetzt werden. ²Besteht das Beschäftigungsverhältnis nur während eines Teils des Kalenderjahres, ist für jeden Tag des Beschäf-

tigungsverhältnisses der dreihundertsechzigste Teil des Durchschnittswertes nach Satz 1 anzusetzen. ³Satz 1 gilt nur, wenn der Arbeitgeber den von dem Beschäftigten zu tragenden Teil des Gesamtsozialversicherungsbeitrags übernimmt. ⁴Die Sätze 1 bis 3 gelten entsprechend für Sachzuwendungen im Wert von nicht mehr als 80 Euro, die der Arbeitnehmer für Verbesserungsvorschläge sowie für Leistungen in der Unfallverhütung und im Arbeitsschutz erhält. ⁵Die mit einem Durchschnittswert angesetzten Sachbezüge, die in einem Kalenderjahr gewährt werden, sind insgesamt dem letzten Entgeltabrechnungszeitraum in diesem Kalenderjahr zuzuordnen.

Sozialversicherungswerte   7.23 SozVW

Beitragssätze und Bemessungsgrenzen in der Sozialversicherung
(Stand: Januar 2008)

Versicherungszweig	Beitragssatz	Beitragsbemessungsgrenze	Versicherungspflichtgrenze
Gesetzliche Rentenversicherung Aktueller Rentenwert: Alte Bundesländer: 26,13 Euro, Neue Bundesländer: 22,97 Euro	19,9 %	Alte Bundesländer: 5 300 Euro Neue Bundesländer: 4 500 Euro	keine
Arbeitslosenversicherung	3,3 %	Alte Bundesländer: 5 300 Euro Neue Bundesländer: 4 500 Euro	keine
Gesetzliche Krankenversicherung	Wird mit Wirkung vom 1.1.2009 für alle Kassen gesetzlich einheitlich festgelegt. Arbeitgeber zahlen 0,9 % weniger.	3 600 Euro	4 012,50 Euro
Soziale Pflegeversicherung	1,7 % Beitragszuschlag für Kinderlose (nach 1940 geboren) 0,25 %	3 600 Euro	4 012,50 Euro

Stabilitätsgesetz 8.1 StabG §§ 1–6

Gesetz zur Förderung der Stabilität und des Wachstums der Wirtschaft
Vom 8. Juni 1967, mit Änderungen bis zum 31. Oktober 2006

§ 1. [Erfordernisse der Wirtschaftspolitik] ¹Bund und Länder haben bei ihren wirtschafts- und finanzpolitischen Maßnahmen die Erfordernisse des gesamtwirtschaftlichen Gleichgewichts zu beachten. ²Die Maßnahmen sind so zu treffen, daß sie im Rahmen der marktwirtschaftlichen Ordnung gleichzeitig zur Stabilität des Preisniveaus, zu einem hohen Beschäftigungsstand und außenwirtschaftlichem Gleichgewicht bei stetigem und angemessenem Wirtschaftswachstum beitragen.

§ 2. [Jahreswirtschaftsbericht] (1) ¹Die Bundesregierung legt im Januar eines jeden Jahres dem Bundestag und dem Bundesrat einen Jahreswirtschaftsbericht vor. ²Der Jahreswirtschaftsbericht enthält:
1. die Stellungnahme zu dem Jahresgutachten des Sachverständigenrates, ...
2. eine Darlegung der für das laufende Jahr von der Bundesregierung angestrebten wirtschafts- und finanzpolitischen Ziele (Jahresprojektion); die Jahresprojektion bedient sich der Mittel und der Form der volkswirtschaftlichen Gesamtrechnung, gegebenenfalls mit Alternativrechnungen;
3. eine Darlegung der für das laufende Jahr geplanten Wirtschafts- und Finanzpolitik.

(2) Maßnahmen nach § 6 Abs. 2 und 3 und nach den §§ 15 und 19 dieses Gesetzes ... dürfen nur getroffen werden, wenn die Bundesregierung gleichzeitig gegenüber dem Bundestag und dem Bundesrat begründet, daß diese Maßnahmen erforderlich sind, um eine Gefährdung der Ziele des § 1 zu verhindern.

§ 3. [Orientierungsdaten für konzertierte Aktion] (1) ¹Im Falle der Gefährdung eines der Ziele des § 1 stellt die Bundesregierung Orientierungsdaten für ein gleichzeitiges aufeinander abgestimmtes Verhalten (konzertierte Aktion) der Gebietskörperschaften, Gewerkschaften und Unternehmensverbände zur Erreichung der Ziele des § 1 zur Verfügung. ²Diese Orientierungsdaten enthalten insbesondere eine Darstellung der gesamtwirtschaftlichen Zusammenhänge im Hinblick auf die gegebene Situation.

(2) Das Bundesministerium für Wirtschaft und Technologie hat die Orientierungsdaten auf Verlangen eines der Beteiligten zu erläutern.

§ 4. [Außenwirtschaftliche Störungen] ¹Bei außenwirtschaftlichen Störungen des gesamtwirtschaftlichen Gleichgewichts, deren Abwehr durch binnenwirtschaftliche Maßnahmen nicht oder nur unter Beeinträchtigung der in § 1 genannten Ziele möglich ist, hat die Bundesregierung alle Möglichkeiten der internationalen Koordination zu nutzen. ²Soweit dies nicht ausreicht, setzt sie die ihr zur Wahrung des außenwirtschaftlichen Gleichgewichts zur Verfügung stehenden wirtschaftspolitischen Mittel ein.

§ 5. [Bundeshaushalt, Konjunkturausgleichsrücklage] (1) Im Bundeshaushaltsplan sind Umfang und Zusammensetzung der Ausgaben und der Ermächtigungen zum Eingehen von Verpflichtungen zu Lasten künftiger Rechnungsjahre so zu bemessen, wie es zur Erreichung der Ziele des § 1 erforderlich ist.

(2) Bei einer die volkswirtschaftliche Leistungsfähigkeit übersteigenden Nachfrageausweitung sollen Mittel zur zusätzlichen Tilgung von Schulden bei der Deutschen Bundesbank oder zur Zuführung an eine Konjunkturausgleichsrücklage veranschlagt werden.

(3) Bei einer die Ziele des § 1 gefährdenden Abschwächung der allgemeinen Wirtschaftstätigkeit sollen zusätzlich erforderliche Deckungsmittel zunächst der Konjunkturausgleichsrücklage entnommen werden.

§ 6. [Genehmigungsverfahren bei Überhitzung; zusätzliche Ausgaben bei Abschwächung] (1) ¹Bei der Ausführung des Bundeshaushaltsplans kann im Falle einer die volkswirtschaftliche Leistungsfähigkeit übersteigenden Nachfrageausweitung die Bundesregierung das Bundesministerium der Finanzen ermächtigen, zur Erreichung der Ziele des § 1 die Verfügung über bestimmte Ausgabemittel, den Beginn von Baumaßnahmen und das Eingehen von Verpflichtungen zu Lasten künftiger Rechnungsjahre von dessen Einwilligung abhängig zu machen. ²Die Bundesministerien der Finanzen und für Wirtschaft und Technologie schlagen die erforderlichen Maßnahmen vor. ³Das Bundesministerium der Finanzen hat die dadurch nach Ablauf des Rechnungsjahres freigewordenen Mittel zur zusätzlichen Tilgung von Schulden bei der Deutschen Bundesbank zu verwenden oder der Konjunkturausgleichsrücklage zuzuführen.

(2) ¹Die Bundesregierung kann bestimmen, daß bei einer die Ziele des § 1 gefährdenden Abschwächung der allgemeinen Wirtschaftstätigkeit zusätzliche Ausgaben geleistet werden; Absatz 1 Satz 2 ist anzuwenden. ²Die zusätzlichen Mittel dürfen nur für im Finanzplan (§ 9 in Verbindung mit § 10) vorgesehene Zwecke oder als Finanzhilfe für besondersbedeutsame Investitionen der Länder und Gemeinden (Ge-

meindeverbände) zur Abwehr einer Störung des gesamtwirtschaftlichen Gleichgewichts (Artikel 104 a Abs. 4 Satz 1 GG) verwendet werden. ²Zu ihrer Deckung sollen die notwendigen Mittel zunächst der Konjunkturausgleichsrücklage entnommen werden.

(3) ¹Das Bundesministerium der Finanzen wird ermächtigt, zu dem in Absatz 2 bezeichneten Zweck Kredite über die im Haushaltsgesetz erteilten Kreditmächtigungen hinaus bis zur Höhe von fünf Milliarden Deutsche Mark, gegebenenfalls mit Hilfe von Geldmarktpapieren, aufzunehmen. ²Soweit solche Kredite auf eine nachträglich in einem Haushaltsgesetz ausgesprochene Kreditmächtigung angerechnet werden, kann das Recht zur Kreditaufnahme erneut in Anspruch genommen werden.

§ 7. [Ansammlung der Konjunkturausgleichsrücklage bei der Deutschen Bundesbank]
(1) ¹Die Konjunkturausgleichsrücklage ist bei der Deutschen Bundesbank anzusammeln. ²Mittel der Konjunkturausgleichsrücklage dürfen nur zur Deckung zusätzlicher Ausgaben gemäß § 5 Abs. 3 und § 6 Abs. 2 verwendet werden.

(2) Ob und in welchem Ausmaß über Mittel der Konjunkturausgleichsrücklage bei der Ausführung des Bundeshaushaltsplans verfügt werden soll, entscheidet die Bundesregierung; § 6 Abs. 1 Satz 2 ist anzuwenden.

§ 9. [Fünfjähriger Finanzplan] (1) ¹Der Haushaltswirtschaft des Bundes ist eine fünfjährige Finanzplanung zugrunde zu legen. ²In ihr sind Umfang und Zusammensetzung der voraussichtlichen Ausgaben und die Deckungsmöglichkeiten in ihren Wechselbeziehungen zu der mutmaßlichen Entwicklung des gesamtwirtschaftlichen Leistungsvermögens darzustellen, gegebenenfalls durch Alternativrechnungen.

(2) ¹Der Finanzplan ist vom Bundesministerium für Finanzen aufzustellen und zu begründen. ²Er wird von der Bundesregierung beschlossen und Bundestag und Bundesrat vorgelegt.

(3) Der Finanzplan ist jährlich der Entwicklung anzupassen und fortzuführen.

§ 15. [Mittelzuführung an Konjunkturausgleichsrücklage] (1) Zur Abwehr einer Störung des gesamtwirtschaftlichen Gleichgewichts kann die Bundesregierung durch Rechtsverordnung mit Zustimmung des Bundesrates anordnen, daß der Bund und die Länder ihren Konjunkturausgleichsrücklagen Mittel zuzuführen haben.

§ 16. [Haushaltswirtschaft der Gemeinden]
(1) Gemeinden und Gemeindeverbände haben bei ihrer Haushaltswirtschaft den Zielen des § 1 Rechnung zu tragen.

(2) Die Länder haben durch geeignete Maßnahmen darauf hinzuwirken, daß die Haushaltswirtschaft der Gemeinden und Gemeindeverbände den konjunkturpolitischen Erfordernissen entspricht.

§ 17. [Auskunftspflicht von Bund und Ländern]
Bund und Länder erteilen sich gegenseitig die Auskünfte, die zur Durchführung einer konjunkturgerechten Haushaltswirtschaft und zur Aufstellung ihrer Finanzpläne notwendig sind.

§ 18. [Konjunkturrat] (1) ¹Bei der Bundesregierung wird ein Konjunkturrat für die öffentliche Hand gebildet. ²Dem Rat gehören an:
1. die Bundesminister für Wirtschaft und Technologie und der Finanzen,
2. je ein Vertreter eines jeden Landes,
3. vier Vertreter der Gemeinden und der Gemeindeverbände, die vom Bundesrat auf Vorschlag der kommunalen Spitzenverbände bestimmt werden.

³Den Vorsitz im Konjunkturrat führt der Bundesminister für Wirtschaft und Technologie.

(2) Der Konjunkturrat berät nach einer vom Bundesminister für Wirtschaft und Technologie zu erlassenden Geschäftsordnung in regelmäßigen Abständen:
1. alle zur Erreichung der Ziele dieses Gesetzes erforderlichen konjunkturpolitischen Maßnahmen;
2. die Möglichkeiten der Deckung des Kreditbedarfs der öffentlichen Haushalte.

²Der Konjunkturrat ist insbesondere vor allen Maßnahmen nach den §§ 15, 19 und 20 zu hören.

(3) Der Konjunkturrat bildet einen besonderen Ausschuß für Kreditfragen der öffentlichen Hand, der unter Vorsitz des Bundesministers der Finanzen nach einer von diesem zu erlassenden Geschäftsordnung berät.

(4) Die Bundesbank hat das Recht, an den Beratungen des Konjunkturrates teilzunehmen.

§ 19. [Beschränkung der Kreditbeschaffung]
Zur Abwehr einer Störung des gesamtwirtschaftlichen Gleichgewichts kann die Bundesregierung durch Rechtsverordnung mit Zustimmung des Bundesrates anordnen, daß die Beschaffung von Geldmitteln im Wege des Kredits im Rahmen der in den Haushaltsgesetzen oder Haushaltssatzungen ausgewiesenen Kreditermächtigungen durch den Bund, die Länder, die Gemeinden und Gemeindeverbände sowie die öffentlichen Sondervermögen und Zweckverbände beschränkt wird.

Bundesdatenschutzgesetz

Vom 20. Dezember 1990, mit Änderungen bis zum 22. August 2006

Erster Abschnitt. Allgemeine und gemeinsame Bestimmungen

§ 1. Zweck und Anwendungsbereich des Gesetzes. (1) Zweck dieses Gesetzes ist es, den Einzelnen davor zu schützen, dass er durch den Umgang mit seinen personenbezogenen Daten in seinem Persönlichkeitsrecht beeinträchtigt wird. ...

§ 3. Weitere Begriffsbestimmungen. (1) Personenbezogene Daten sind Einzelangaben über persönliche oder sachliche Verhältnisse einer bestimmten oder bestimmbaren natürlichen Person (Betroffener). ...

§ 3 a. Datenvermeidung und Datensparsamkeit. [1]Gestaltung und Auswahl von Datenverarbeitungssystemen haben sich an dem Ziel auszurichten, keine oder so wenig personenbezogene Daten wie möglich zu erheben, zu verarbeiten oder zu nutzen. [2]Insbesondere ist von den Möglichkeiten der Anonymisierung und Pseudonymisierung Gebrauch zu machen, soweit dies möglich ist und der Aufwand in einem angemessenen Verhältnis zu dem angestrebten Schutzzweck steht.

§ 4. Zulässigkeit der Datenerhebung, -verarbeitung und -nutzung. (1) Die Erhebung, Verarbeitung und Nutzung personenbezogener Daten sind nur zulässig, soweit dieses Gesetz oder eine andere Rechtsvorschrift dies erlaubt oder anordnet oder der Betroffene eingewilligt hat. ...

§ 4 f. Beauftragter für den Datenschutz.
(1) [1]Öffentliche und nicht-öffentliche Stellen, die personenbezogene Daten automatisiert verarbeiten, haben einen Beauftragten für den Datenschutz schriftlich zu bestellen. [2]Nicht-öffentliche Stellen sind hierzu spätestens innerhalb eines Monats nach Aufnahme ihrer Tätigkeit verpflichtet.
...

§ 5. Datengeheimnis. [1]Den bei der Datenverarbeitung beschäftigten Personen ist untersagt, personenbezogene Daten unbefugt zu erheben, zu verarbeiten oder zu nutzen (Datengeheimnis). [2]Diese Personen sind, soweit sie bei nicht-öffentlichen Stellen beschäftigt werden, bei der Aufnahme ihrer Tätigkeit auf das Datengeheimnis zu verpflichten. [3]Das Datengeheimnis besteht auch nach Beendigung ihrer Tätigkeit fort.

§ 7. Schadensersatz. [1]Fügt eine verantwortliche Stelle dem Betroffenen durch eine nach diesem Gesetz oder nach anderen Vorschriften über den Datenschutz unzulässige oder unrichtige Erhebung, Verarbeitung oder Nutzung seiner personenbezogenen Daten einen Schaden zu, ist sie oder ihr Träger dem Betroffenen zum Schadensersatz verpflichtet. [2]Die Ersatzpflicht entfällt, soweit die verantwortliche Stelle die nach den Umständen des Falles gebotene Sorgfalt beachtet hat.

§ 8. Schadensersatz bei automatisierter Datenverarbeitung durch öffentliche Stellen.
(1) Fügt eine verantwortliche öffentliche Stelle dem Betroffenen durch eine nach diesem Gesetz oder nach anderen Vorschriften über den Datenschutz unzulässige oder unrichtige automatisierte Erhebung, Verarbeitung oder Nutzung seiner personenbezogenen Daten einen Schaden zu, ist ihr Träger dem Betroffenen unabhängig von einem Verschulden zum Schadensersatz verpflichtet.
...

§ 9. Technische und organisatorische Maßnahmen. [1]Öffentliche und nicht-öffentliche Stellen, die selbst oder im Auftrag personenbezogene Daten erheben, verarbeiten oder nutzen, haben die technischen und organisatorischen Maßnahmen zu treffen, die erforderlich sind, um die Ausführung der Vorschriften dieses Gesetzes, insbesondere die in der Anlage zu diesem Gesetz genannten Anforderungen, zu gewährleisten. [2]Erforderlich sind Maßnahmen nur, wenn ihr Aufwand in einem angemessenen Verhältnis zu dem angestrebten Schutzzweck steht.

Anlage (zu § 9 Satz 1)

[1]Werden personenbezogene Daten automatisiert verarbeitet oder genutzt, ist die innerbehördliche oder innerbetriebliche Organisation so zu gestalten, dass sie den besonderen Anforderungen des Datenschutzes gerecht wird. [2]Dabei sind insbesondere Maßnahmen zu treffen, die je nach der Art der zu schützenden personenbezogenen Daten oder Datenkategorien geeignet sind,
1. Unbefugten den Zutritt zu Datenverarbeitungsanlagen, mit denen personenbezogene

8.2 BDSG §§ 9–14   Datenverarbeitung der öffentlichen Stellen

Daten verarbeitet oder genutzt werden, zu verwehren (Zutrittskontrolle),
2. zu verhindern, dass Datenverarbeitungssysteme von Unbefugten genutzt werden können (Zugangskontrolle),
3. zu gewährleisten, dass die zur Benutzung eines Datenverarbeitungssystems Berechtigten ausschließlich auf die ihrer Zugriffsberechtigung unterliegenden Daten zugreifen können, und dass personenbezogene Daten bei der Verarbeitung, Nutzung und nach der Speicherung nicht unbefugt gelesen, kopiert, verändert oder entfernt werden können (Zugriffskontrolle),
4. zu gewährleisten, dass personenbezogene Daten bei der elektronischen Übertragung oder während ihres Transports oder ihrer Speicherung auf Datenträger nicht unbefugt gelesen, kopiert, verändert oder entfernt werden können, und dass überprüft und festgestellt werden kann, an welche Stellen eine Übermittlung personenbezogener Daten durch Einrichtungen zur Datenübertragung vorgesehen ist (Weitergabekontrolle),
5. zu gewährleisten, dass nachträglich überprüft und festgestellt werden kann, ob und von wem personenbezogene Daten in Datenverarbeitungssysteme eingegeben, verändert oder entfernt worden sind (Eingabekontrolle),
6. zu gewährleisten, dass personenbezogene Daten, die im Auftrag verarbeitet werden, nur entsprechend den Weisungen des Auftraggebers verarbeitet werden können (Auftragskontrolle),
7. zu gewährleisten, dass personenbezogene Daten gegen zufällige Zerstörung oder Verlust geschützt sind (Verfügbarkeitskontrolle),
8. zu gewährleisten, dass zu unterschiedlichen Zwecken erhobene Daten getrennt verarbeitet werden können.

Zweiter Abschnitt. Datenverarbeitung der öffentlichen Stellen

Rechtsgrundlagen der Datenverarbeitung

§ 13. Datenerhebung.
(1) Das Erheben personenbezogener Daten ist zulässig, wenn ihre Kenntnis zur Erfüllung der Aufgaben der verantwortlichen Stelle erforderlich ist. ...
(2) Das Erheben besonderer Arten personenbezogener Daten (§ 3 Abs. 9) ist nur zulässig, soweit
1. eine Rechtsvorschrift dies vorsieht oder aus Gründen eines wichtigen öffentlichen Interesses zwingend erfordert,
2. der Betroffene nach Maßgabe des § 4 a Abs. 3 eingewilligt hat,
3. dies zum Schutz lebenswichtiger Interessen des Betroffenen oder eines Dritten erforderlich ist, sofern der Betroffene aus physischen oder rechtlichen Gründen außerstande ist, seine Einwilligung zu geben,
4. es sich um Daten handelt, die der Betroffene offenkundig öffentlich gemacht hat,
5. dies zur Abwehr einer erheblichen Gefahr für die öffentliche Sicherheit erforderlich ist,
6. dies zur Abwehr erheblicher Nachteile für das Gemeinwohl oder zur Wahrung erheblicher Belange des Gemeinwohls zwingend erforderlich ist,
7. dies zum Zweck der Gesundheitsvorsorge, der medizinischen Diagnostik, der Gesundheitsversorgung oder Behandlung oder für die Verwaltung von Gesundheitsdiensten erforderlich ist und die Verarbeitung dieser Daten durch ärztliches Personal oder durch sonstige Personen erfolgt, die einer entsprechenden Geheimhaltungspflicht unterliegen,
8. dies zur Durchführung wissenschaftlicher Forschung erforderlich ist, das wissenschaftliche Interesse an der Durchführung des Forschungsvorhabens das Interesse des Betroffenen an dem Ausschluss der Erhebung erheblich überwiegt und der Zweck der Forschung auf andere Weise nicht oder nur mit unverhältnismäßigem Aufwand erreicht werden kann oder
9. dies aus zwingenden Gründen der Verteidigung oder der Erfüllung über- oder zwischenstaatlicher Verpflichtungen einer öffentlichen Stelle des Bundes auf dem Gebiet der Krisenbewältigung oder Konfliktverhinderung oder für humanitäre Maßnahmen erforderlich ist.

§ 14. Datenspeicherung, -veränderung und -nutzung. (1) [1]Das Speichern, Verändern oder Nutzen personenbezogener Daten ist zulässig, wenn es zur Erfüllung der in der Zuständigkeit der verantwortlichen Stelle liegenden Aufgaben erforderlich ist und es für die Zwecke erfolgt, für die die Daten erhoben worden sind. [2]Ist keine Erhebung vorausgegangen, dürfen die Daten nur für die Zwecke geändert oder genutzt werden, für die sie gespeichert worden sind. ...

Bundesdatenschutzgesetz

Rechte des Betroffenen

§ 19. Auskunft an den Betroffenen. (1) Dem Betroffenen ist auf Antrag Auskunft zu erteilen über
1. die zu seiner Person gespeicherten Daten, auch soweit sie sich auf die Herkunft dieser Daten beziehen,
2. die Empfänger oder Kategorien von Empfängern, an die die Daten weitergegeben werden, und
3. den Zweck der Speicherung.

[2]In dem Antrag soll die Art der personenbezogenen Daten, über die Auskunft erteilt werden soll, näher bezeichnet werden. [3]Sind die personenbezogenen Daten weder automatisiert noch in nicht automatisierten Dateien gespeichert, wird die Auskunft nur erteilt, soweit der Betroffene Angaben macht, die das Auffinden der Daten ermöglichen, und der für die Erteilung der Auskunft erforderliche Aufwand nicht außer Verhältnis zu dem vom Betroffenen geltend gemachten Informationsinteresse steht. [4]Die verantwortliche Stelle bestimmt das Verfahren, insbesondere die Form der Auskunftserteilung, nach pflichtgemäßem Ermessen.
...

§ 20. Berichtigung, Löschung und Sperrung von Daten; Widerspruchsrecht. (1) [1]Personenbezogene Daten sind zu berichtigen, wenn sie unrichtig sind. [2]Wird festgestellt, dass personenbezogene Daten, die weder automatisiert verarbeitet noch in nicht automatisierten Dateien gespeichert sind, unrichtig sind, oder wird ihre Richtigkeit von dem Betroffenen bestritten, so ist dies in geeigneter Weise festzuhalten.

(2) Personenbezogene Daten, die automatisiert verarbeitet oder in nicht automatisierten Dateien gespeichert sind, sind zu löschen, wenn
1. ihre Speicherung unzulässig ist oder
2. ihre Kenntnis für die verantwortliche Stelle zur Erfüllung der in ihrer Zuständigkeit liegenden Aufgaben nicht mehr erforderlich ist.
...

§ 21. Anrufung des Bundesbeauftragten für den Datenschutz und Informationsfreiheit. [1]Jedermann kann sich an den Bundesbeauftragten für den Datenschutz wenden, wenn er der Ansicht ist, bei der Erhebung, Verarbeitung oder Nutzung seiner personenbezogenen Daten durch öffentliche Stellen des Bundes in seinen Rechten verletzt worden zu sein. [2]Für die Erhebung, Verarbeitung oder Nutzung von personenbezogenen Daten durch Gerichte des Bundes gilt dies nur, soweit diese in Verwaltungsangelegenheiten tätig werden.

Bundesbeauftragter für den Datenschutz und Informationsfreiheit

§ 22. Wahl des Bundesbeauftragten für den Datenschutz und Informationsfreiheit. (1) [1]Der Deutsche Bundestag wählt auf Vorschlag der Bundesregierung den Bundesbeauftragten für den Datenschutz mit mehr als der Hälfte der gesetzlichen Zahl seiner Mitglieder. [2]Der Bundesbeauftragte muss bei seiner Wahl das 35. Lebensjahr vollendet haben. [3]Der Gewählte ist vom Bundespräsidenten zu ernennen.

(4) [1]Der Bundesbeauftragte steht nach Maßgabe dieses Gesetzes zum Bund in einem öffentlich-rechtlichen Amtsverhältnis. [2]Er ist in Ausübung seines Amtes unabhängig und nur dem Gesetz unterworfen. [3]Er untersteht der Rechtsaufsicht der Bundesregierung. ...

§ 24. Kontrolle durch den Bundesbeauftragten für den Datenschutz und Informationsfreiheit. (1) Der Bundesbeauftragte für den Datenschutz kontrolliert bei den öffentlichen Stellen des Bundes die Einhaltung der Vorschriften dieses Gesetzes und anderer Vorschriften über den Datenschutz. ...

§ 26. Weitere Aufgaben des Bundesbeauftragten für den Datenschutz und Informationsfreiheit. (1) [1]Der Bundesbeauftragte für den Datenschutz erstattet dem Deutschen Bundestag alle zwei Jahre einen Tätigkeitsbericht. [2]Er unterrichtet den Deutschen Bundestag und die Öffentlichkeit über wesentliche Entwicklungen des Datenschutzes. ...

Dritter Abschnitt. Datenverarbeitung nicht-öffentlicher Stellen und öffentlich-rechtlicher Wettbewerbsunternehmen

Rechtsgrundlagen der Datenverarbeitung

§ 27. Anwendungsbereich. (1) Die Vorschriften dieses Abschnittes finden Anwendung, soweit personenbezogene Daten unter Einsatz von Datenverarbeitungsanlagen verarbeitet, genutzt oder dafür erhoben werden oder die Daten in oder aus nicht automatisierten Dateien verarbeitet, genutzt oder dafür erhoben werden durch

8.2 BDSG §§ 27–38   Dritter Abschnitt. Datenverarbeitung

1. nicht-öffentliche Stellen,
2. a) öffentliche Stellen des Bundes, soweit sie als öffentlich-rechtliche Unternehmen am Wettbewerb teilnehmen,
   b) öffentliche Stellen der Länder, soweit sie als öffentlich-rechtliche Unternehmen am Wettbewerb teilnehmen, Bundesrecht ausführen und der Datenschutz nicht durch Landesgesetz geregelt ist.

²Dies gilt nicht, wenn die Erhebung, Verarbeitung oder Nutzung der Daten ausschließlich für persönliche oder familiäre Tätigkeiten erfolgt. ³In den Fällen der Nummer 2 Buchstabe a gelten anstelle des § 38 die §§ 18, 21 und 24 bis 26. ...

§ 28. Datenerhebung, -verarbeitung und -nutzung für eigene Zwecke. (1) Das Erheben, Speichern, Verändern oder Übermitteln personenbezogener Daten oder ihre Nutzung als Mittel für die Erfüllung eigener Geschäftszwecke ist zulässig

1. wenn es der Zweckbestimmung eines Vertragsverhältnisses oder vertragsähnlichen Vertrauensverhältnisses mit dem Betroffenen dient,
2. soweit es zur Wahrung berechtigter Interessen der verantwortlichen Stelle erforderlich ist und kein Grund zu der Annahme besteht, dass das schutzwürdige Interesse des Betroffenen an dem Ausschluss der Verarbeitung oder Nutzung überwiegt oder,
3. wenn die Daten allgemein zugänglich sind oder die verantwortliche Stelle sie veröffentlichen dürfte, es sei denn, dass das schutzwürdige Interesse des Betroffenen an dem Ausschluss der Verarbeitung oder Nutzung gegenüber dem berechtigten Interesse der verantwortlichen Stelle offensichtlich überwiegt.

²Bei der Erhebung personenbezogener Daten sind die Zwecke, für die die Daten verarbeitet oder genutzt werden sollen, konkret festzulegen.
(2) Für einen anderen Zweck dürfen sie nur unter den Voraussetzungen des Absatzes 1 Satz 1 Nr. 2 und 3 übermittelt oder genutzt werden.
(3) Die Übermittlung oder Nutzung für einen anderen Zweck ist auch zulässig:

1. soweit es zur Wahrung berechtigter Interessen eines Dritten oder
2. zur Abwehr von Gefahren für die staatliche und öffentliche Sicherheit sowie zur Verfolgung von Straftaten erforderlich ist, oder
3. für Zwecke der Werbung, der Markt- und Meinungsforschung, wenn es sich um listenmäßig oder sonst zusammengefasste Daten über Angehörige einer Personengruppe handelt ...

Rechte des Betroffenen

§ 33. Benachrichtigung des Betroffenen. (1) Werden erstmals personenbezogene Daten für eigene Zwecke ohne Kenntnis des Betroffenen gespeichert, ist der Betroffene von der Speicherung, der Art der Daten, der Zweckbestimmung der Erhebung, Verarbeitung oder Nutzung und der Identität der verantwortlichen Stelle zu benachrichtigen. ...

§ 34. Auskunft an den Betroffenen. (1) Der Betroffene kann Auskunft verlangen über
1. die zu seiner Person gespeicherten Daten, auch soweit sie sich auf die Herkunft dieser Daten beziehen,
2. Empfänger oder Kategorien von Empfängern, an die Daten weitergegeben werden,
3. den Zweck der Speicherung.
...

§ 35. Berichtigung, Löschung und Sperrung von Daten. (1) Personenbezogene Daten sind zu berichtigen, wenn sie unrichtig sind. ...

Aufsichtsbehörde

§ 38. Aufsichtsbehörde. (1) ¹Die Aufsichtsbehörde kontrolliert die Ausführung dieses Gesetzes sowie anderer Vorschriften über den Datenschutz, soweit diese die automatisierte Verarbeitung personenbezogener Daten oder die Verarbeitung oder Nutzung personenbezogener Daten in oder aus nicht automatisierten Dateien regeln einschließlich des Rechts der Mitgliedstaaten in den Fällen des § 1 Abs. 5. ²Sie berät und unterstützt die Beauftragten für den Datenschutz und die verantwortlichen Stellen mit Rücksicht auf deren typische Bedürfnisse. ³Die Aufsichtsbehörde darf die von ihr gespeicherten Daten nur für Zwecke der Aufsicht verarbeiten und nutzen; ...

Bundesdatenschutzgesetz 8.2 BDSG §§ 39–44

Vierter Abschnitt. Sondervorschriften

§ 39. Zweckbindung bei personenbezogenen Daten, die einem Berufs- oder besonderen Amtsgeheimnis unterliegen. (1) ¹Personenbezogene Daten, die einem Berufs- oder besonderen Amtsgeheimnis unterliegen und die von der zur Verschwiegenheit verpflichteten Stelle in Ausübung ihrer Berufs- oder Amtspflicht zur Verfügung gestellt worden sind, dürfen von der verantwortlichen Stelle nur für den Zweck verarbeitet oder genutzt werden, für den sie sie erhalten hat. ²In die Übermittlung an eine nicht-öffentliche Stelle muss die zur Verschwiegenheit verpflichtete Stelle einwilligen.

(2) Für einen anderen Zweck dürfen die Daten nur verarbeitet oder genutzt werden, wenn die Änderung des Zwecks durch besonderes Gesetz zugelassen ist.

Fünfter Abschnitt. Schlussvorschriften

§ 43. Bußgeldvorschriften. (2) Ordnungswidrig handelt, wer vorsätzlich oder fahrlässig

1. unbefugt personenbezogene Daten, die nicht allgemein zugänglich sind, erhebt oder verarbeitet,
2. unbefugt personenbezogene Daten, die nicht allgemein zugänglich sind, zum Abruf mittels automatisierten Verfahrens bereithält,
3. unbefugt personenbezogene Daten, die nicht allgemein zugänglich sind, abruft oder sich oder einem anderen aus automatisierten Verarbeitungen oder nicht automatisierten Dateien verschafft,
4. die Übermittlung von personenbezogenen Daten, die nicht allgemein zugänglich sind, durch unrichtige Angaben erschleicht,
5. entgegen § 16 Abs. 4 Satz 1, § 28 Abs. 5 Satz 1, auch in Verbindung mit § 29 Abs. 4, § 39 Abs. 1 Satz 1 oder § 40 Abs. 1, die übermittelten Daten für andere Zwecke nutzt, indem er sie an Dritte weitergibt, oder
6. entgegen § 30 Abs. 1 Satz 2 die in § 30 Abs. 1 Satz 1 bezeichneten Merkmale oder entgegen § 40 Abs. 2 Satz 3 die in § 40 Abs. 2 Satz 2 bezeichneten Merkmale mit den Einzelangaben zusammenführt. ...

§ 44. Strafvorschriften. (1) Wer eine in § 43 Abs. 2 bezeichnete vorsätzliche Handlung gegen Entgelt oder in der Absicht, sich oder einen anderen zu bereichern oder einen anderen zu schädigen, begeht, wird mit Freiheitsstrafe bis zu zwei Jahren oder mit Geldstrafe bestraft.

(2) ¹Die Tat wird nur auf Antrag verfolgt. ²Antragsberechtigt sind der Betroffene, die verantwortliche Stelle, der Bundesbeauftragte für den Datenschutz und die Aufsichtsbehörde.

8.3 BImSchG §§ 1–3 Errichtung und Betrieb von Anlagen

Gesetz zum Schutz vor schädlichen Umwelteinwirkungen durch Luftverunreinigung, Geräusche, Erschütterungen und ähnliche Vorgänge

In der Neufassung vom 6. Januar 2004, mit Änderungen bis zum 23. Oktober 2007

Allgemeine Vorschriften

§ 1. Zweck des Gesetzes. (1) Zweck dieses Gesetzes ist es, Menschen, Tiere und Pflanzen, den Boden, das Wasser, die Atmosphäre sowie Kultur- und sonstige Sachgüter vor schädlichen Umwelteinwirkungen zu schützen und dem Entstehen schädlicher Umwelteinwirkungen vorzubeugen.

(2) Soweit es sich um genehmigungsbedürftige Anlagen handelt, dient dieses Gesetz auch
– der integrierten Vermeidung und Verminderung schädlicher Umwelteinwirkungen durch Emissionen in Luft, Wasser und Boden unter Einbeziehung der Abfallwirtschaft, um ein hohes Schutzniveau für die Umwelt insgesamt zu erreichen,
– dem Schutz und der Vorsorge gegen Gefahren, erhebliche Nachteile und erhebliche Belästigungen, die auf andere Weise herbeigeführt werden.

§ 2. Geltungsbereich. (1) Die Vorschriften dieses Gesetzes gelten für
1. die Errichtung und den Betrieb von Anlagen,
2. das Herstellen, Inverkehrbringen und Einführen von Anlagen, Brennstoffen und Treibstoffen, Stoffen und Erzeugnissen aus Stoffen nach Maßgabe der §§ 32 bis 37,
3. die Beschaffenheit, die Ausrüstung, den Betrieb und die Prüfung von Kraftfahrzeugen und ihren Anhängern und von Schienen-, Luft- und Wasserfahrzeugen sowie von Schwimmkörpern und schwimmenden Anlagen nach Maßgabe der §§ 38 bis 40 und
4. den Bau öffentlicher Straßen sowie von Eisenbahnen, Magnetschwebebahnen und Straßenbahnen nach Maßgabe der §§ 41 bis 43.

(2) ^{1}Die Vorschriften dieses Gesetzes gelten nicht für Flugplätze (soweit nicht der Sechste Teil betroffen ist) und für Anlagen, Geräte, Vorrichtungen sowie Kernbrennstoffe und sonstige radioaktive Stoffe, die den Vorschriften des Atomgesetzes oder einer hiernach erlassenen Rechtsverordnung unterliegen, soweit es sich um den Schutz vor den Gefahren der Kernenergie und der schädlichen Wirkung ionisierender Strahlen handelt. ^{2}Sie gelten ferner nicht, soweit sich aus wasserrechtlichen Vorschriften des Bundes und der Länder zum Schutz der Gewässer oder aus Vorschriften des Düngemittel- und Pflanzenschutzrechts etwas anderes ergibt.

§ 3. Begriffsbestimmungen. (1) Schädliche Umwelteinwirkungen im Sinne dieses Gesetzes sind Immissionen, die nach Art, Ausmaß oder Dauer geeignet sind, Gefahren, erhebliche Nachteile oder erhebliche Belästigungen für die Allgemeinheit oder die Nachbarschaft herbeizuführen.

(2) Immissionen im Sinne dieses Gesetzes sind auf Menschen, Tiere und Pflanzen, den Boden, das Wasser, die Atmosphäre sowie Kultur- und sonstige Sachgüter einwirkende Luftverunreinigungen, Geräusche, Erschütterungen, Licht, Wärme, Strahlen und ähnliche Umwelteinwirkungen.

(3) Emissionen im Sinne dieses Gesetzes sind die von einer Anlage ausgehenden Luftverunreinigungen, Geräusche, Erschütterungen, Licht, Wärme, Strahlen und ähnliche Erscheinungen.

(4) Luftverunreinigungen im Sinne dieses Gesetzes sind Veränderungen der natürlichen Zusammensetzung der Luft, insbesondere durch Rauch, Ruß, Staub, Gase, Aerosole, Dämpfe oder Geruchsstoffe.

(5) Anlagen im Sinne dieses Gesetzes sind
1. Betriebsstätten und sonstige ortsfeste Einrichtungen,
2. Maschinen, Geräte und sonstige ortsveränderliche technische Einrichtungen sowie Fahrzeuge, soweit sie nicht der Vorschrift des § 38 unterliegen, und
3. Grundstücke, auf denen Stoffe gelagert oder abgelagert oder Arbeiten durchgeführt werden, die Emissionen verursachen können, ausgenommen öffentliche Verkehrswege. ...

(6) ^{1}Stand der Technik im Sinne dieses Gesetzes ist der Entwicklungsstand fortschrittlicher Verfahren, Einrichtungen oder Betriebsweisen, der die praktische Eignung einer Maßnahme zur Begrenzung von Emissionen in Luft, Wasser und Boden, zur Gewährleistung der Anlagensicherheit, zur Gewährleistung einer umweltverträglichen Abfallentsorgung oder sonst zur Vermeidung oder Verminderung von Auswirkungen auf die Umwelt zur Erreichung eines allgemein hohen Schutzniveaus für die Umwelt insgesamt gesichert erscheinen lässt. ^{2}Bei der Bestimmung des Standes der Technik sind insbesondere die im Anhang aufgeführten Kriterien zu berücksichtigen.

(7) Dem Herstellen im Sinne dieses Gesetzes steht das Verarbeiten, Bearbeiten oder sonstige Behandeln, dem Einführen im Sinne dieses Ge-

setzes das sonstige Verbringen in den Geltungsbereich dieses Gesetzes gleich.
...

Errichtung und Betrieb von Anlagen

▶ **Genehmigungsbedürftige Anlagen**

§ 4. Genehmigung. (1) ¹Die Errichtung und der Betrieb von Anlagen, die auf Grund ihrer Beschaffenheit oder ihres Betriebs in besonderem Maße geeignet sind, schädliche Umwelteinwirkungen hervorzurufen oder in anderer Weise die Allgemeinheit oder die Nachbarschaft zu gefährden, erheblich zu benachteiligen oder erheblich zu belästigen, sowie von ortsfesten Abfallentsorgungsanlagen zur Lagerung oder Behandlung von Abfällen bedürfen einer Genehmigung. ²Mit Ausnahme von Abfallentsorgungsanlagen bedürfen Anlagen, die nicht gewerblichen Zwecken dienen und nicht im Rahmen wirtschaftlicher Unternehmungen Verwendung finden, der Genehmigung nur, wenn sie in besonderem Maße geeignet sind, schädliche Umwelteinwirkungen durch Luftverunreinigungen oder Geräusche hervorzurufen. ...

§ 5. Pflichten der Betreiber genehmigungsbedürftiger Anlagen. (1) Genehmigungsbedürftige Anlagen sind so zu errichten und zu betreiben, dass zur Gewährleistung eines hohen Schutzniveaus für die Umwelt insgesamt
1. schädliche Umwelteinwirkungen und sonstige Gefahren, erhebliche Nachteile und erhebliche Belästigungen für die Allgemeinheit und die Nachbarschaft nicht hervorgerufen werden können;
2. Vorsorge gegen schädliche Umwelteinwirkungen und sonstige Gefahren, erhebliche Nachteile und erhebliche Belästigungen getroffen wird, insbesondere durch die dem Stand der Technik entsprechenden Maßnahmen;
3. Abfälle vermieden, nicht zu vermeidende Abfälle verwertet und nicht zu verwertende Abfälle ohne Beeinträchtigung des Wohls der Allgemeinheit beseitigt werden; Abfälle sind nicht zu vermeiden, soweit die Vermeidung technisch nicht möglich oder nicht zumutbar ist; die Vermeidung ist unzulässig, soweit sie zu nachteiligeren Umweltauswirkungen führt als die Verwertung; die Verwertung und Beseitigung von Abfällen erfolgt nach den Vorschriften des Kreislaufwirtschafts- und Abfallgesetzes und den sonstigen für die Abfälle geltenden Vorschriften;
4. Energie sparsam und effizient verwendet wird.
...

§ 20. Untersagung, Stilllegung und Beseitigung. (1) Kommt der Betreiber einer genehmigungsbedürftigen Anlage einer Auflage, einer vollziehbaren nachträglichen Anordnung oder einer abschließend bestimmten Pflicht aus einer Rechtsverordnung nach § 7 nicht nach und betreffen die Auflage, die Anordnung oder die Pflicht die Beschaffenheit oder den Betrieb der Anlage, so kann die zuständige Behörde den Betrieb ganz oder teilweise bis zur Erfüllung der Auflage, der Anordnung oder der Pflichten aus der Rechtsverordnung nach § 7 untersagen.

(3) Die zuständige Behörde kann den weiteren Betrieb einer genehmigungsbedürftigen Anlage durch den Betreiber oder einen mit der Leitung des Betriebs Beauftragten untersagen, wenn Tatsachen vorliegen, welche die Unzuverlässigkeit dieser Personen in Bezug auf die Einhaltung von Rechtsvorschriften zum Schutz vor schädlichen Umwelteinwirkungen dartun, und die Untersagung zum Wohl der Allgemeinheit geboten ist. ...

▶ **Nicht genehmigungsbedürftige Anlagen**

§ 22. Pflichten der Betreiber nicht genehmigungsbedürftiger Anlagen. (1) Nicht genehmigungsbedürftige Anlagen sind so zu errichten und zu betreiben, dass
1. schädliche Umwelteinwirkungen verhindert werden, die nach dem Stand der Technik vermeidbar sind,
2. nach dem Stand der Technik unvermeidbare schädliche Umwelteinwirkungen auf ein Mindestmaß beschränkt werden und
3. die beim Betrieb der Anlagen entstehenden Abfälle ordnungsgemäß beseitigt werden können. ...

Beschaffenheit von Anlagen, Stoffen, Erzeugnissen, Brennstoffen, Treibstoffen und Schmierstoffen

§ 32. Beschaffenheit von Anlagen. (1) ¹Die Bundesregierung wird ermächtigt, nach Anhörung der beteiligten Kreise (§ 51) durch Rechtsverordnung mit Zustimmung des Bundesrates vorzuschreiben, dass serienmäßig hergestellte Teile von Betriebsstätten und sonstigen ortsfesten Einrichtungen sowie die in § 3 Abs. 5 Nr. 2 bezeichneten Anlagen und hierfür serienmäßig hergestellte Teile gewerbsmäßig oder im Rahmen wirtschaftlicher Unternehmungen nur in den Verkehr gebracht oder eingeführt werden dürfen, wenn sie bestimmten Anforderungen zum Schutz vor schädlichen Umwelteinwirkungen durch Luftverunreinigungen, Geräusche oder Erschütterungen genügen. ²In den

8.3 BImSchG §§ 32–47b — Beschaffenheit von Anlagen

Rechtsverordnungen nach Satz 1 kann insbesondere vorgeschrieben werden, dass
1. die Emissionen der Anlagen oder der serienmäßig hergestellten Teile bestimmte Werte nicht überschreiten dürfen,
2. die Anlagen oder die serienmäßig hergestellten Teile bestimmten technischen Anforderungen zur Begrenzung der Emissionen entsprechen müssen.

³Emissionswerte nach Satz 2 Nr. 1 können unter Berücksichtigung der technischen Entwicklung auch für einen Zeitpunkt nach Inkrafttreten der Rechtsverordnung festgesetzt werden. ⁴Wegen der Anforderungen nach den Sätzen 1 bis 3 gilt § 7 Abs. 5 entsprechend.

(2) In einer Rechtsverordnung kann ferner vorgeschrieben werden, dass die Anlagen oder die serienmäßig hergestellten Teile gewerbsmäßig oder im Rahmen wirtschaftlicher Unternehmungen nur in den Verkehr gebracht oder eingeführt werden dürfen, wenn sie mit Angaben über die Höhe ihrer Emissionen gekennzeichnet sind.

§ 37a. Mindestanteil von Biokraftstoff an der Gesamtmenge in Verkehr gebrachten Kraftstoffs. (1) Wer gewerbsmäßig oder im Rahmen wirtschaftlicher Unternehmungen nach § 2 Abs. 1 Nr. 1 und 4 des Energiesteuergesetzes vom 15. Juli 2006 (BGBl. I S. 1534) in der jeweils geltenden Fassung zu versteuernde Kraftstoffe (Otto- oder Dieselkraftstoff) in Verkehr bringt, hat sicherzustellen, dass die gesamte im Laufe eines Kalenderjahres in Verkehr gebrachte Menge Kraftstoffs nach Maßgabe von Absatz 3 einen Mindestanteil von Biokraftstoff enthält. …

Beschaffenheit und Betrieb von Fahrzeugen, Bau und Änderung von Straßen und Schienenwegen

§ 38. Beschaffenheit und Betrieb von Fahrzeugen. (1) ¹Kraftfahrzeuge und ihre Anhänger, Schienen-, Luft- und Wasserfahrzeuge sowie Schwimmkörper und schwimmende Anlagen müssen so beschaffen sein, dass ihre durch die Teilnahme am Verkehr verursachten Emissionen bei bestimmungsgemäßem Betrieb die zum Schutz vor schädlichen Umwelteinwirkungen einzuhaltenden Grenzwerte nicht überschreiten. ²Sie müssen so betrieben werden, dass vermeidbare Emissionen verhindert und unvermeidbare Emissionen auf ein Mindestmaß beschränkt bleiben.

§ 40. Verkehrsbeschränkungen. (1) ¹Die zuständige Straßenverkehrsbehörde beschränkt oder verbietet den Kraftfahrzeugverkehr nach Maßgabe der straßenverkehrsrechtlichen Vorschriften, soweit ein Luftreinhalte- oder Aktionsplan nach § 47 Abs. 1 oder 2 dies vorsehen. ²Die Straßenverkehrsbehörde kann im Einvernehmen mit der für den Immissionsschutz zuständigen Behörde Ausnahmen von Verboten oder Beschränkungen des Kraftfahrzeugverkehrs zulassen, wenn unaufschiebbare und überwiegende Gründe des Wohls der Allgemeinheit dies erfordern.
…

Überwachung und Verbesserung der Luftqualität, Luftreinhalteplanung und Lärmminderungspläne

§ 44. Überwachung der Luftqualität. (1) Zur Überwachung der Luftqualität führen die zuständigen Behörden regelmäßige Untersuchungen nach den Anforderungen der Rechtsverordnungen nach § 48 a Abs. 1 oder 1 a durch.
…

§ 47 a. Anwendungsbereich des Sechsten Teils. ¹Dieser Teil des Gesetzes gilt für den Umgebungslärm, dem Menschen insbesondere in bebauten Gebieten, in öffentlichen Parks oder anderen ruhigen Gebieten eines Ballungsraums, in ruhigen Gebieten auf dem Land, in der Umgebung von Schulgebäuden, Krankenhäusern und anderen lärmempfindlichen Gebäuden und Gebieten ausgesetzt sind. ²Er gilt nicht für Lärm, der von der davon betroffenen Person selbst oder durch Tätigkeiten innerhalb von Wohnungen verursacht wird, für Nachbarschaftslärm, Lärm am Arbeitsplatz, in Verkehrsmitteln oder Lärm, der auf militärische Tätigkeiten in militärischen Gebieten zurückzuführen ist.

§ 47 b. Begriffsbestimmungen. Im Sine dieses Gesetzes bezeichnen die Begriffe
1. „Umgebungslärm" belästigende oder gesundheitsschädliche Geräusche im Freien, die durch Aktivitäten von Menschen verursacht werden, einschließlich des Lärms, der von Verkehrsmitteln, Straßenverkehr, Eisenbahnverkehr, Flugverkehr sowie Geländen für industrielle Tätigkeiten ausgeht;
2. „Ballungsraum" ein Gebiet mit einer Einwohnerzahl von über 100 000 und einer Bevölkerungsdichte von mehr als 1 000 Einwohnern pro Quadratkilometer;
3. „Hauptverkehrsstraße" eine Bundesfernstraße, Landesstraße oder auch sonstige grenzüberschreitende Straße, jeweils mit einem

Verkehrsaufkommen von über drei Millionen Kraftfahrzeugen pro Jahr;
4. „Haupteisenbahnstrecke" ein Schienenweg von Eisenbahnen nach dem Allgemeinen Eisenbahngesetz mit einem Verkehrsaufkommen von über 30 000 Zügen pro Jahr;
5. „Großflughafen" ein Verkehrsflughafen mit einem Verkehrsaufkommen von über 50 000 Bewegungen pro Jahr, wobei mit „Bewegung" der Start oder die Landung bezeichnet wird, hiervon sind ausschließlich der Ausbildung dienende Bewegungen mit Leichtflugzeugen ausgenommen.

§ 47 c. Lärmkarten. (1) [1]Die zuständigen Behörden arbeiten bis zum 30. Juni 2007 bezogen auf das vorangegangene Kalenderjahr Lärmkarten für Ballungsräume mit mehr als 250 000 Einwohnern sowie für Hauptverkehrsstraßen mit einem Verkehrsaufkommen von über sehcs Millionen Kraftfahrzeugen pro Jahr, Haupteisenbahnstrecken mit einem Verkehrsaufkommen von über 60 000 Zügen pro Jahr und Großflughäfen aus. [2]Gleiches gilt bis zum 30. Juni 2012 und danach alle fünf Jahre für sämtliche Ballungsräume sowie für sämtliche Hauptverkehrsstraßen und Haupteisenbahnstrecken.
(2) Die Lärmkarten haben den Mindestanforderungen des Anhangs IV der Richtlinie 2002/49/EG des Europäischen Parlaments und des Rates vom 25. Juni 2002 über die Bewertung und Bekämpfung von Umgebungslärm (ABl. EG Nr. L 189 S. 12) zu entsprechen und die nach Anhang VI der Richtlinie 2002/49/EG an die Kommission zu übermittelnder Daten zu enthalten.
(3) Die zuständigen Behörden arbeiten bei der Ausarbeitung von Lärmkarten für Grenzgebiete mit den zuständigen Behörden anderer Mitgliedstaaten der Europäischen Union zusammen.
(4) Die Lärmkarten werden mindestens alle fünf Jahre nach dem Zeitpunkt ihrer Erstellung überprüft und bei Bedarf überarbeitet.
(5) [1]Die zuständigen Behörden teilen dem Bundesministerium für Umwelt, Naturschutz und Reaktorsicherheit oder einer von ihm benannten Stelle zum 30. Juni 2005 und danach alle fünf Jahre die Ballungsräume mit mehr als 250 000 Einwohnern, die Hauptverkehrsstraßen mit einem Verkehrsaufkommen von über sechs Millionen Kraftfahrzeugen pro Jahr, die Haupteisenbahnstrecken mit einem Verkehrsaufkommen von über 60 000 Zügen pro Jahr und die Großflughäfen mit. [2]Gleiches gilt zum 31. Dezember 2008 für sämtliche Ballungsräume sowie sämtliche Hauptverkehrsstraßen und Haupteisenbahnstrecken.
(6) Die zuständigen Behörden teilen Informationen aus den Lärmkarten, die in der Rechtsverordnung nach § 47 f bezeichnet werden, dem Bundesministerium für Umwelt, Naturschutz und Reaktorsicherheit oder einer von ihm benannten Stelle mit.

§ 47 d. Lärmaktionspläne. (1) Die zuständigen Behörden stellen bis zum 18. Juli 2008 Lärmaktionspläne auf, mit denen Lärmprobleme und Lärmauswirkungen geregelt werden für
1. Orte in der Nähe der Hauptverkehrsstraßen mit einem Verkehrsaufkommen von über sechs Millionen Kraftfahrzeugen pro Jahr, der Haupteisenbahnstrecken mit einem Verkehrsaufkommen von über 60 000 Zügen pro Jahr und der Großflughäfen,
2. Ballungsräume mit mehr als 250 000 Einwohnern.
[2]Gleiches gilt bis zum 18. Juli 2013 für sämtliche Ballungsräume sowie für sämtliche Hauptverkehrsstraßen und Haupteisenbahnstrecken. [3]Die Festlegung von Maßnahmen in den Plänen ist in das Ermessen der zuständigen Behörden gestellt, sollte aber auch unter Berücksichtigung der Belastung durch mehrere Lärmquellen insbesondere auf die Prioritäten eingehen, die sich gegebenenfalls aus der Überschreitung relevanter Grenzwerte oder aufgrund anderer Kriterien ergeben, und insbesondere für die wichtigsten Bereiche gelten, wie sie in den Lärmkarten ausgewiesen werden.
(3) [1]Die Öffentlichkeit wird zu Vorschlägen für Lärmaktionspläne gehört. [2]Sie erhält rechtzeitig und effektiv die Möglichkeit, an der Ausarbeitung und der Überprüfung der Lärmaktionspläne mitzuwirken. [3]Die Ergebnisse der Mitwirkung sind zu berücksichtigen. [4]Die Öffentlichkeit ist über die getroffenen Entscheidungen zu unterrichten. [5]Es sind angemessene Fristen mit einer ausreichenden Zeitspanne für jede Phase der Beteiligung vorzusehen.

Gemeinsame Vorschriften

§ 61. Bericht der Bundesregierung. (weggefallen)

Gesetz zur Förderung der Kreislaufwirtschaft und Sicherung der umweltverträglichen Beseitigung von Abfällen
Vom 27. September 1994, mit Änderungen bis zum 19. Juli 2007

§ 13. Überlassungspflichten. (1) [1]Abweichend von § 5 Abs. 2 und § 11 Abs. 1 sind Erzeuger oder Besitzer von Abfällen aus privaten Haushaltungen verpflichtet, diese den nach Landesrecht zur Entsorgung verpflichteten juristischen Personen (öffentlich-rechtliche Entsorgungsträger) zu überlassen, soweit sie zu einer Verwertung nicht in der Lage sind oder diese nicht beabsichtigen. [2]Satz 1 gilt auch für Erzeuger und Besitzer von Abfällen zur Beseitigung aus anderen Herkunftsbereichen, soweit sie diese nicht in eigenen Anlagen beseitigen oder überwiegende öffentliche Interessen eine Überlassung erfordern.

(2) Die Überlassungspflicht gegenüber den öffentlich-rechtlichen Entsorgungsträgern besteht nicht, soweit Dritten oder privaten Entsorgungsträgern Pflichten zur Verwertung und Beseitigung nach § 16,17 oder 18 übertragen worden sind.

(3) Die Überlassungspflicht besteht nicht für Abfälle,
1. die einer Rücknahme- oder Rückgabepflicht aufgrund einer Rechtsverordnung nach § 24 unterliegen, soweit nicht die öffentlich-rechtlichen Entsorgungsträger aufgrund einer Bestimmung nach § 24 Abs. 2 Nr. 4 an der Rücknahme mitwirken,
2. die durch gemeinnützige Sammlung einer ordnungsgemäßen und schadlosen Verwertung zugeführt werden,
3. die durch gewerbliche Sammlung einer ordnungsgemäßen und schadlosen Verwertung zugeführt werden, soweit dies den öffentlich-rechtlichen Entsorgungsträgern nachgewiesen wird und nicht überwiegende öffentliche Interessen entgegenstehen.

[2]Die Nummern 2 und 3 gelten nicht für besonders überwachungsbedürftige Abfälle. [3]Sonderregelungen der Überlassungspflicht durch Rechtsverordnungen nach den §§ 7 und 24 bleiben unberührt.

(4) [1]Die Länder können zur Sicherstellung der umweltverträglichen Beseitigung Andienungs- und Überlassungspflichten für besonders überwachungsbedürftige Abfälle zur Beseitigung bestimmen. [2]Sie können zur Sicherstellung der umweltverträglichen Abfallentsorgung Andienungs- und Überlassungspflichten für besonders überwachungsbedürftige Abfälle zur Verwertung bestimmen, soweit eine ordnungsgemäße Verwertung nicht anderweitig gewährleistet werden kann. [3]Die in Satz 2 genannten Abfälle zur Verwertung werden von der Bundesregierung durch Rechtsverordnung mit Zustimmung des Bundesrats bestimmt. [4]Andienungspflichten für besonders überwachungsbedürftige Abfälle zur Verwertung, die Länder bis zum Inkrafttreten dieses Gesetzes bestimmt haben, bleiben unberührt. [5]Soweit Dritten oder privaten Entsorgungsträgern Pflichten zur Entsorgung nach § 16,17 oder 18 übertragen worden sind, unterliegen diese nicht der Andienungs- oder Überlassungspflicht.

§ 24. Rücknahme- und Rückgabepflichten.
(1) Zur Festlegung von Anforderungen nach § 22 wird die Bundesregierung ermächtigt, nach Anhörung der beteiligten Kreise (§ 60) durch Rechtsverordnung mit Zustimmung des Bundesrats zu bestimmen, daß Hersteller oder Vertreiber
1. bestimmte Erzeugnisse nur bei Eröffnung einer Rückgabemöglichkeit abgeben oder in Verkehr bringen dürfen,
2. bestimmte Erzeugnisse zurückzunehmen und die Rückgabe durch geeignete Maßnahmen, insbesondere durch Rücknahmesysteme oder durch Erhebung eines Pfandes, sicherzustellen haben,
3. bestimmte Erzeugnisse an der Abgabe- oder Anfallstelle zurückzunehmen haben,
4. gegenüber dem Land, der zuständigen Behörde oder den Entsorgungsträgern im Sinne des § 15,17 oder 18 Nachweis zu führen über Art, Menge, Verwertung und Beseitigung der zurückgenommenen Abfälle, Belege einzubehalten und aufzubewahren und auf Verlangen vorzuzeigen haben.
…

§ 25. Freiwillige Rücknahme. (1) [1]Die Bundesregierung kann für die freiwillige Rücknahme von Abfällen nach Anhörung der beteiligten Kreise (§ 60) Zielfestlegungen treffen, die innerhalb einer angemessenen Frist zu erreichen sind. [2]Sie veröffentlicht die Festlegungen im Bundesanzeiger.
…

Verordnung über die Vermeidung und Verwertung von Verpackungsabfällen
Vom 21. August 1998, mit Änderungen bis zum 19. Juli 2007

Abfallwirtschaftliche Ziele, Anwendungsbereich und Begriffsbestimmungen

§ 1. Abfallwirtschaftliche Ziele. (1) Diese Verordnung bezweckt, die Auswirkungen von Abfällen aus Verpackungen auf die Umwelt zu vermeiden oder zu verringern. Verpackungsabfälle sind in erster Linie zu vermeiden; im Übrigen wird der Wiederverwendung von Verpackungen, der stofflichen Verwertung sowie den anderen Formen der Verwertung Vorrang vor der Beseitigung von Verpackungsabfällen eingeräumt.

(2) [1]Der Anteil der in Mehrweggetränkeverpackungen sowie in ökologisch vorteilhaften Einweggetränkeverpackungen abgefüllten Getränke soll durch diese Verordnung gestärkt werden mit dem Ziel, einen Anteil von mindestens 80 vom Hundert zu erreichen. [2]Die Bundesregierung führt die notwendigen Erhebungen über die entsprechenden Anteile durch und gibt die Ergebnisse jährlich im Bundesanzeiger bekannt. [3]Die Bundesregierung prüft die abfallwirtschaftlichen Auswirkungen der Regelungen der §§ 8 und 9 spätestens bis zum 1. Januar 2010. [4]Die Bundesregierung berichtet über das Ergebnis ihrer Prüfung gegenüber dem Bundestag und dem Bundesrat.

(3) [1]Spätestens bis zum 31. Dezember 2008 sollen von den gesamten Verpackungsabfällen jährlich mindestens 65 Masseprozent verwertet und mindestens 55 Masseprozent stofflich verwertet werden. [2]Dabei soll die stoffliche Verwertung der einzelnen Verpackungsmaterialien für Holz 15, für Kunststoffe 22,5, für Metalle 50 und für Glas sowie Papier und Karton 60 Masseprozent erreichen, wobei bei Kunststoffen nur Material berücksichtigt wird, das durch stoffliche Verwertung wieder zu Kunststoff wird. [3]Die Bundesregierung führt die notwendigen Erhebungen durch und veranlasst die Information der Öffentlichkeit und der Marktteilnehmer. [4]Verpackungsabfälle, die im Einklang mit der Verordnung (EG) Nr. 1013/2006 des Europäischen Parlaments und des Rates vom 14. Juni 2006 über die Verbringung von Abfällen in der jeweils geltenden Fassung, der Verordnung (EG) Nr. 1420/1999 des Rates und der Verordnung (EG) Nr. 1547/1999 der Kommission aus der Gemeinschaft ausgeführt werden, werden für die Erfüllung der Verpflichtungen und Zielvorgaben gemäß den Sätzen 1 und 2 nur berücksichtigt, wenn stichhaltige Beweise vorliegen, dass die Verwertung oder die stoffliche Verwertung unter Bedingungen erfolgt ist, die im Wesentlichen denen entsprechen, die in den einschlägigen Gemeinschaftsvorschriften vorgesehen sind.

§ 2. Anwendungsbereich. (1) Die Verordnung gilt für alle im Geltungsbereich des Kreislaufwirtschafts- und Abfallgesetzes in Verkehr gebrachten Verpackungen, unabhängig davon, ob sie in der Industrie, im Handel, in der Verwaltung, im Gewerbe, im Dienstleistungsbereich, in Haushaltungen oder anderswo anfallen und unabhängig von den Materialien, aus denen sie bestehen.

(2) Soweit auf Grund anderer Rechtsvorschriften besondere Anforderungen an Verpackungen oder die Entsorgung von Verpackungsabfällen oder die Beförderung von verpackten Erzeugnissen oder von Verpackungsabfällen bestehen, bleiben diese unberührt.

(3) Die Befugnis des Bundes, der Länder und Gemeinden, Dritte bei der Nutzung ihrer Einrichtungen oder Grundstücke sowie der Sondernutzung öffentlicher Straßen zur Vermeidung und Verwertung von Abfällen zu verpflichten, bleibt unberührt.

§ 3. Begriffsbestimmungen. (1) Im Sinne dieser Verordnung sind
1. Verpackungen:
   Aus beliebigen Materialien hergestellte Produkte zur Aufnahme, zum Schutz, zur Handhabung, zur Lieferung oder zur Darbietung von Waren, die vom Rohstoff bis zum Verarbeitungserzeugnis reichen können und vom Hersteller an den Vertreiber oder Endverbraucher weitergegeben werden. Die Begriffsbestimmung für „Verpackungen" wird ferner durch die im Anhang genannten Kriterien gestützt. Die im Anhang weiterhin aufgeführten Gegenstände sind Beispiele für die Anwendung dieser Kriterien.
2. Verkaufsverpackungen:
   Verpackungen, die als eine Verkaufseinheit angeboten werden und beim Endverbraucher anfallen. Verkaufsverpackungen im Sinne der Verordnung sind auch Verpackungen des Handels, der Gastronomie und anderer Dienstleister, die die Übergabe von Waren an den Endverbraucher ermöglichen oder unterstützen (Serviceverpackungen) sowie Einweggeschirr.

8.5 VerpackV §§ 3–4 Rücknahme-, Pfanderhebungs- u. Verwertungspfl.

3. Umverpackungen:
Verpackungen, die als zusätzliche Verpackungen zu Verkaufsverpackungen verwendet werden und nicht aus Gründen der Hygiene, der Haltbarkeit oder des Schutzes der Ware vor Beschädigung oder Verschmutzung für die Abgabe an den Endverbraucher erforderlich sind.

4. Transportverpackungen:
Verpackungen, die den Transport von Waren erleichtern, die Waren auf dem Transport vor Schäden bewahren oder die aus Gründen der Sicherheit des Transports verwendet werden und beim Vertreiber anfallen.

(2) Getränkeverpackungen im Sinne dieser Verordnung sind geschlossene oder überwiegend geschlossene Verpackungen für flüssige Lebensmittel im Sinne des § 1 Abs. 1 des Lebensmittel- und Bedarfsgegenständegesetzes, die zum Verzehr als Getränke bestimmt sind, ausgenommen Joghurt und Kefir.

(3) [1]Mehrwegverpackungen im Sinne dieser Verordnung sind Verpackungen, die dazu bestimmt sind, nach Gebrauch mehrfach zum gleichen Zweck wiederverwendet zu werden. [2]Einwegverpackungen im Sinne dieser Verordnung sind Verpackungen, die keine Mehrwegverpackungen sind.

(4) Ökologisch vorteilhafte Einweggetränkeverpackungen im Sinne dieser Verordnung sind:
– Getränkekartonverpackungen (Blockpackung, Giebelpackung),
– Getränke-Polyethylen-Schlauchbeutel-Verpackungen,
– Folien-Standbodenbeutel.

(5) Verbundverpackungen im Sinne dieser Verordnung sind Verpackungen aus unterschiedlichen, von Hand nicht trennbaren Materialien, von denen keines einen Masseanteil von 95 vom Hundert überschreitet.

(7) Schadstoffhaltige Füllgüter im Sinne dieser Verordnung sind
1. Stoffe und Zubereitungen, die bei einem Vertrieb im Einzelhandel dem Selbstbedienungsverbot nach § 4 Abs. 1 der Chemikalienverbotsverordnung unterliegen würden,
2. Pflanzenschutzmittel im Sinne des § 2 Nr. 9 des Pflanzenschutzgesetzes, die nach der Gefahrstoffverordnung
   a) als sehr giftig, giftig, brandfördernd oder hochentzündlich oder
   b) als gesundheitsschädlich und mit dem RSatz R 40, R 62 oder R 63 oder R 68
gekennzeichnet sind, ...

(8) Hersteller im Sinne dieser Verordnung ist, wer Verpackungen, Packstoffe oder Erzeugnisse herstellt, aus denen unmittelbar Verpackungen hergestellt werden, und derjenige, der Verpackungen in den Geltungsbereich der Verordnung einführt.

(9) [1]Vertreiber im Sinne dieser Verordnung ist, wer Verpackungen, Packstoffe oder Erzeugnisse, aus denen unmittelbar Verpackungen hergestellt werden, oder Waren in Verpackungen, gleichgültig auf welcher Handelsstufe, in Verkehr bringt. [2]Vertreiber im Sinne dieser Verordnung ist auch der Versandhandel.

(10) Als Einzugsgebiet des Herstellers oder Vertreibers ist das Gebiet des Landes anzusehen, in dem die Waren in Verpackungen in Verkehr gebracht werden.

(11) [1]Endverbraucher im Sinne dieser Verordnung ist derjenige, der die Waren in der an ihn gelieferten Form nicht mehr weiter veräußert. [2]Private Endverbraucher im Sinne dieser Verordnung sind Haushaltungen und vergleichbare Anfallstellen von Verpackungen, insbesondere Gaststätten, Hotels, Kantinen, Verwaltungen, Kasernen, Krankenhäuser, Bildungseinrichtungen, karitative Einrichtungen und Freiberufler sowie landwirtschaftliche Betriebe und Handwerksbetriebe mit Ausnahme von Druckereien und sonstigen papierverarbeitenden Betrieben, die über haushaltsübliche Sammelgefäße für Papier, Pappe, Kartonagen und Leichtverpackungen mit nicht mehr als maximal je Stoffgruppe einem 1 100-Liter-Umleerbehälter im haushaltsüblichen Abführrhythmus entsorgt werden können.

(12) Restentleerte Verpackungen im Sinne dieser Verordnung sind Verpackungen, deren Inhalt bestimmungsgemäß ausgeschöpft worden ist.

Rücknahme-, Pfanderhebungs- und Verwertungspflichten

§ 4. Rücknahmepflichten für Transportverpackungen. (1) [1]Hersteller und Vertreiber sind verpflichtet, Transportverpackungen nach Gebrauch zurückzunehmen. [2]Im Rahmen wiederkehrender Belieferungen kann die Rücknahme auch bei einer der nächsten Anlieferungen erfolgen.

(2) [1]Die zurückgenommenen Transportverpackungen sind einer erneuten Verwendung oder einer stofflichen Verwertung zuzuführen, soweit dies technisch möglich und wirtschaftlich zumutbar ist (§ 5 Abs. 4 des Kreislaufwirtschafts- und Abfallgesetzes), insbesondere für einen gewonnenen Stoff ein Markt vorhanden ist oder geschaffen werden kann. [2]Bei Transportverpackungen, die unmittelbar aus nachwachsenden Rohstoffen hergestellt sind, ist die energetische Verwertung der stofflichen Verwertung gleichgestellt.

Verpackungsverordnung

§ 5. Rücknahmepflichten für Umverpackungen. (1) ¹Vertreiber, die Waren in Umverpackungen anbieten, sind verpflichtet, bei der Abgabe der Waren an Endverbraucher die Umverpackungen zu entfernen oder dem Endverbraucher in der Verkaufsstelle oder auf dem zur Verkaufsstelle gehörenden Gelände Gelegenheit zum Entfernen und zur unentgeltlichen Rückgabe der Umverpackung zu geben. ²Dies gilt nicht, wenn der Endverbraucher die Übergabe der Waren in der Umverpackung verlangt; in diesem Fall gelten die Vorschriften über die Rücknahme von Verkaufsverpackungen entsprechend.

(2) Soweit der Vertreiber die Umverpackung nicht selbst entfernt, muß er an der Kasse durch deutlich erkennbare und lesbare Schrifttafeln darauf hinweisen, daß der Endverbraucher in der Verkaufsstelle oder auf dem zur Verkaufsstelle gehörenden Gelände die Möglichkeit hat, die Umverpackungen von der erworbenen Ware zu entfernen und zurückzulassen.

(3) ¹Der Vertreiber ist verpflichtet, in der Verkaufsstelle oder auf dem zur Verkaufsstelle gehörenden Gelände geeignete Sammelgefäße zur Aufnahme der Umverpackungen für den Endverbraucher gut sichtbar und gut zugänglich bereitzustellen. ²Dabei ist eine Getrennthaltung einzelner Wertstoffgruppen sicherzustellen, soweit dies ohne Kennzeichnung möglich ist. ³Der Vertreiber ist verpflichtet, Umverpackungen einer erneuten Verwendung oder einer stofflichen Verwertung zuzuführen. ⁴§ 4 Abs. 2 gilt entsprechend.

§ 6. Rücknahmepflichten für Verkaufsverpackungen. (1) ¹Der Vertreiber ist verpflichtet, vom Endverbraucher gebrauchte, restentleerte Verkaufsverpackungen am Ort der tatsächlichen Übergabe oder in dessen unmittelbarer Nähe unentgeltlich zurückzunehmen, einer Verwertung entsprechend den Anforderungen in Nummer 1 des Anhangs I zuzuführen und die Anforderungen nach Nummer 2 des Anhangs I zu erfüllen. ²Die Anforderungen an die Verwertung können auch durch eine erneute Verwendung oder Weitergabe an Vertreiber oder Hersteller nach Absatz 2 erfüllt werden. ³Der Vertreiber muß den privaten Endverbraucher durch deutlich erkennbare und lesbare Schrifttafeln auf die Rückgabemöglichkeit nach Satz 1 hinweisen. ⁴Die Verpflichtung nach Satz 1 beschränkt sich auf Verpackungen der Art, Form und Größe und auf Verpackungen solcher Waren, die der Vertreiber in seinem Sortiment führt. Für Vertreiber mit einer Verkaufsfläche von weniger als 200 m² beschränkt sich die Rücknahmeverpflichtung auf die Verpackungen der Marken, die der Vertreiber in Verkehr bringt. Im Versandhandel ist die Rücknahme durch geeignete Rückgabemöglichkeiten in zumutbarer Entfernung zum Endverbraucher zu gewährleisten. In der Warensendung und in den Katalogen ist auf die Rückgabemöglichkeit hinzuweisen. Soweit Verkaufsverpackungen nicht bei privaten Endverbrauchern anfallen, können abweichende Vereinbarungen über den Ort der Rückgabe und die Kostenregelung getroffen werden. Soweit Vertreiber die Verpflichtungen nach Satz 1 nicht durch Rücknahme an der Abgabestelle erfüllen, haben sie diese durch ein System nach Absatz 3 sicherzustellen. Für Vertreiber von Verpackungen, für die die Möglichkeit einer Beteiligung an einem System nach Absatz 3 nicht besteht, gelten abweichend von Satz 1 die Verwertungsanforderungen nach § 4 Abs. 2 entsprechend.

(2) ¹Hersteller und Vertreiber sind verpflichtet, die nach Absatz 1 von Vertreibern zurückgenommenen Verpackungen am Ort der tatsächlichen Übergabe unentgeltlich zurückzunehmen, einer Verwertung entsprechend den Anforderungen in Nummer 1 des Anhangs I zuzuführen und die Anforderungen nach Nummer 2 des Anhangs I zu erfüllen. ²Die Anforderungen an die Verwertung können auch durch eine erneute Verwendung erfüllt werden. ³Die Verpflichtungen nach Satz 1 beschränken sich auf Verpackungen der Art, Form und Größe sowie auf Verpackungen solcher Waren, welche die jeweiligen Hersteller und Vertreiber in Verkehr bringen. ⁴Absatz 1 Satz 8 bis 10 gilt entsprechend.

(3) ¹Die Verpflichtungen nach den Absätzen 1 und 2 entfallen bei Verpackungen, für die sich der Hersteller oder Vertreiber an einem System beteiligt, das flächendeckend im Einzugsgebiet des nach Absatz 1 verpflichteten Vertreibers eine regelmäßige Abholung gebrauchter Verkaufsverpackungen beim privaten Endverbraucher oder in dessen Nähe in ausreichender Weise gewährleistet und die im Anhang I genannten Anforderungen erfüllt. ²Ein System (Systembetreiber, Antragsteller) nach Satz 1 hat die in sein System eingebrachten Verpackungen einer Verwertung entsprechend den Anforderungen in Nummer 1 des Anhangs I zuzuführen und die Anforderungen nach den Nummern 3 und 4 des Anhangs I zu erfüllen. ³Die Beteiligung an einem System nach Satz 1 ist der zuständigen Behörde auf Verlangen nachzuweisen. ⁴Das System nach Satz 1 ist auf vorhandene Sammel- und Verwertungssysteme der öffentlich-rechtlichen Entsorgungsträger, in deren Bereich es eingerichtet wird, abzustimmen. ⁵Die Abstimmung hat zwischen dem Systembetreiber und dem öffentlich-rechtlichen Entsorgungsträger schriftlich zu erfolgen. ⁶Die Abstimmung ist Voraussetzung für die Feststellung nach Satz 11. ⁷Die Belange der öffentlich-recht-

8.5 VerpackV §§ 6–8 Rücknahme-, Pfanderhebungs- u. Verwertungspfl.

lichen Entsorgungsträger sind dabei besonders zu berücksichtigen. [8]Die öffentlichrechtlichen Entsorgungsträger können die Übernahme oder Mitbenutzung der Einrichtungen, die für die Sammlung und Sortierung von Materialien der im Anhang zu dieser Verordnung genannten Art erforderlich sind, gegen ein angemessenes Entgelt verlangen. [9]Die Abstimmung darf der Vergabe von Entsorgungsdienstleistungen im Wettbewerb (Anhang I Nr. 3 Abs. 3 Nr. 2) nicht entgegenstehen. [10]Der Systembetreiber ist verpflichtet, sich an den Kosten der öffentlichrechtlichen Entsorgungsträger zu beteiligen, die durch Abfallberatung für sein System und durch die Errichtung, Bereitstellung, Unterhaltung sowie Sauberhaltung von Flächen für die Aufstellung von Sammelgroßbehältnissen entstehen. [11]Die für die Abfallwirtschaft zuständige oberste Landesbehörde oder die von ihr bestimmte Behörde stellt auf Antrag des Systembetreibers fest, daß ein System nach Satz 1 flächendeckend eingerichtet ist. [12]Die Feststellung kann auch nachträglich mit Nebenbestimmungen versehen werden, die erforderlich sind, um die beim Erlaß der Feststellung vorliegenden Voraussetzungen auch während des Betriebs des Systems dauerhaft sicherzustellen. [13]Sie ist öffentlich bekanntzugeben und vom Zeitpunkt der öffentlichen Bekanntgabe an wirksam.

(4) [1]Die zuständige Behörde kann ihre Entscheidung nach Absatz 3 Satz 11 widerrufen, sobald und soweit sie feststellt, daß die in Absatz 3 Satz 1 genannten Anforderungen nicht eingehalten werden. [2]Sie gibt den Widerruf ebenfalls öffentlich bekannt. [3]Der Widerruf ist auf Verpackungen bestimmter Materialien zu beschränken, soweit nur für diese die im Anhang I zu dieser Verordnung genannten Verwertungsquoten nicht erreicht werden. [4]Die Absätze 1 und 2 finden am ersten Tage des auf die Bekanntgabe des Widerrufs folgenden sechsten Kalendermonats Anwendung. [5]Die zuständige Behörde kann ihre Entscheidung nach Absatz 3 Satz 11 ferner widerrufen, sobald und soweit sie feststellt, daß der Betrieb des Systems eingestellt ist. [6]Die Absätze 1 und 2 finden in diesem Falle zwei Monate nach Bekanntgabe des Widerrufs Anwendung.

(5) [1]Diese Vorschrift gilt für Vertreiber von Serviceverpackungen, die in Ladengeschäften des Lebensmittelhandwerks abgegeben werden, mit der Maßgabe, daß Nummer 2 Abs. 1 des Anhangs I keine Anwendung findet. [2]Die Vorschrift gilt nicht für Verkaufsverpackungen schadstoffhaltiger Füllgüter. Nummer 4 Abs. 1 des Anhangs I bleibt unberührt.

§ 7. Rücknahmepflichten für Verkaufsverpackungen schadstoffhaltiger Füllgüter. (1) [1]Hersteller und Vertreiber von Verkaufsverpackungen schadstoffhaltiger Füllgüter sind verpflichtet, durch geeignete Maßnahmen dafür zu sorgen, daß gebrauchte, restentleerte Verpackungen vom Endverbraucher in zumutbarer Entfernung unentgeltlich zurückgegeben werden können. [2]Sie müssen den Endverbraucher durch deutlich erkennbare und lesbare Schrifttafeln in der Verkaufsstelle und im Versandhandel durch andere geeignete Maßnahmen auf die Rückgabemöglichkeit hinweisen. [3]Soweit Verkaufsverpackungen nicht bei privaten Endverbrauchern anfallen, können abweichende Vereinbarungen über den Ort der Rückgabe und die Kostenregelung getroffen werden.

(2) Die zurückgenommenen Verpackungen sind einer erneuten Verwendung oder einer Verwertung, Verpackungen gemäß § 3 Abs. 7 Nr. 3 einer stofflichen Verwertung, zuzuführen, soweit dies technisch möglich und wirtschaftlich zumutbar ist.

...

§ 8. Pfanderhebungs- und Rücknahmepflicht für Einweggetränkeverpackungen. (1) [1]Vertreiber, die Getränke in Einweggetränkeverpackungen mit einem Füllvolumen von 0,1 Liter bis 3 Liter in Verkehr bringen, sind verpflichtet, von ihrem Abnehmer ein Pfand in Höhe von mindestens 0,25 Euro einschließlich Umsatzsteuer je Verpackung zu erheben. [2]Satz 1 gilt nicht für Verpackungen, die nicht im Geltungsbereich der Verordnung an Endverbraucher abgegeben werden. [3]Das Pfand ist von jedem weiteren Vertreiber auf allen Handelsstufen bis zur Abgabe an den Endverbraucher zu erheben. [4]Das Pfand ist jeweils bei Rücknahme der Verpackungen nach § 6 Abs. 1 Satz 1 und 6 sowie § 6 Abs. 2 Satz 1 zu erstatten. [5]Ohne eine Rücknahme der Verpackungen darf das Pfand nicht erstattet werden. [6]Beim Verkauf aus Automaten hat der Vertreiber die Rücknahme und Pfanderstattung durch geeignete Rückgabemöglichkeiten in zumutbarer Entfernung zu den Verkaufsautomaten zu gewährleisten. Bei Verpackungen, die nach Satz 1 einer Pfandpflicht unterliegen, gilt an Stelle des § 6 Abs. 1 Satz 4, dass sich die Rücknahmepflicht nach § 6 Abs. 1 Satz 1 auf Verpackungen der jeweiligen Materialarten Glas, Metalle, Papier/Pappe/Karton oder Kunststoffe einschließlich sämtlicher Verbundverpackungen mit diesen Hauptmaterialien beschränkt, die der Vertreiber in Verkehr bringt. [7]§ 6 Abs. 1 Satz 9 und 10 gelten nicht für die in Satz 1 genannten Verpackungen. [8]Im Rahmen der Verwertung nach Anhang I Nr. 1 Abs. 5 Satz 2 sind die zurückgenommenen Verpackungen vorrangig einer stofflichen Verwertung zuzuführen.

(2) Absatz 1 findet nur Anwendung auf nicht ökologisch vorteilhafte Einweggetränkever-

Verpackungsverordnung   8.5 VerpackV §§ 8–12

packungen im Sinne von § 3 Abs. 4, die folgende Getränke enthalten:
1. Bier (einschließlich alkoholfreies Bier) und Biermischgetränke,
2. Mineral-, Quell-, Tafel- und Heilwässer,
3. Erfrischungsgetränke mit oder ohne Kohlensäure (insbesondere Limonaden einschließlich Cola-Getränke, Brausen, Bittergetränke und Eistee), Fruchtsäfte, Fruchtnektare, Gemüsesäfte. Gemüsenektare, Getränke mit einem Mindestanteil von 50 vom Hundert an Milch oder an Erzeugnissen, die aus Milch gewonnen werden, diätetische Getränke im Sinne des § 1 Abs. 1 der Diätverordnung, ausgenommen solche für intensive Muskelanstrengungen, vor allem für Sportler, im Sinne von Anlage 8 Nr. 7 dieser Verordnung, und Mischungen dieser Getränke sind keine Erfrischungsgetränke im Sinne von Satz 1,
4. alkoholhaltige Mischgetränke
   – die hergestellt wurden unter Verwendung von
     – Erzeugnissen, die nach § 130 Abs. 1 des Gesetzes über das Branntweinmonopol der Branntweinsteuer unterliegen, oder
     – von Fermentationsalkohol aus Bier, Wein oder weinähnlichen Erzeugnissen, auch in weiterverarbeiteter Form, der einer technischen Behandlung unterzogen wurde, die nicht mehr der guten Herstellungspraxis entspricht,
   und einen Alkoholgehalt von weniger als 15 Vol. % aufweisen, oder
   – die einen Anteil an Wein oder weinähnlichen Erzeugnissen, auch in weiterverarbeiteter Form, von unter 50 vom Hundert enthalten.

In allen anderen Fällen findet Absatz 1 keine Anwendung, soweit sich Hersteller und Vertreiber an einem System nach § 6 Abs. 3 beteiligen. § 6 Abs. 4 gilt entsprechend.

§ 9. Pfanderhebungspflicht für Verpackungen von Wasch- und Reinigungsmitteln und von Dispersionsfarben. (1) § 8 Abs. 1 gilt entsprechend für an private Endverbraucher abgegebene Verpackungen
1. für Wasch- und Reinigungsmittel im Sinne von § 2 Abs. 1 des Wasch- und Reinigungsmittelgesetzes,
2. für Dispersionsfarben mit einer Füllmasse ab zwei Kilogramm. In diesem Fall beträgt das Pfand ein Euro einschließlich Umsatzsteuer.

(2) ¹Absatz 1 findet keine Anwendung für Verpackungen, für die sich der Hersteller oder Vertreiber an einem System nach § 6 Abs. 3 beteiligt. ²§ 6 Abs. 4 gilt entsprechend.

§ 10. Beschränkung der Pfanderstattungspflichten. Vertreiber, die Verpackungen in Verkehr bringen, die nach § 8 Abs. 1 oder § 9 Abs. 1 einer Pfandpflicht unterliegen, können die Pfanderstattung für solche Verpackungen verweigern, die nach § 8 Abs. 2 oder § 9 Abs. 2 in Verbindung mit § 6 Abs. 3 von der Pfandpflicht befreit sind.

§ 11. Beauftragung Dritter. Hersteller und Vertreiber können sich zur Erfüllung der in dieser Verordnung bestimmten Pflichten Dritter bedienen. Die Rücknahme von Verpackungen und die Erstattung von Pfandbeträgen kann auch über Automaten erfolgen.

Herstellen, Inverkehrbringen und Kennzeichnen von Verpackungen

§ 12. Allgemeine Anforderungen. Verpackungen sind so herzustellen und zu vertreiben, daß
1. Verpackungsvolumen und -masse auf das Mindestmaß begrenzt werden, das zur Erhaltung der erforderlichen Sicherheit und Hygiene des verpackten Produkts und zu dessen Akzeptanz für den Verbraucher angemessen ist;
2. ihre Wiederverwendung oder Verwertung möglich ist und die Umweltauswirkungen bei der Verwertung oder Beseitigung von Verpackungsabfällen auf ein Mindestmaß beschränkt sind;
3. schädliche und gefährliche Stoffe und Materialien bei der Beseitigung von Verpackungen oder Verpackungsbestandteilen in Emissionen, Asche oder Sickerwasser auf ein Mindestmaß beschränkt sind.

Anhang (zu § 3 Abs. 1 Nr. 1)

1. Kriterien für die Begriffsbestimmung „Verpackungen" nach § 3 Abs. 1 Nr. 1.
a) Gegenstände gelten als Verpackungen, wenn sie der in § 3 Abs. 1 Nr. 1 genannten Begriffsbestimmung entsprechen, unbeschadet anderer Funktionen, die die Verpackung möglicherweise ebenfalls erfüllt, es sei denn, der Gegenstand ist integraler Teil eines Produkts, der zur Umschließung, Unterstützung oder Konservierung dieses Produkts während seiner gesamten Lebensdauer benötigt wird, und alle Komponenten sind für die gemeinsame Verwendung, den gemeinsamen Verbrauch oder die gemeinsame Entsorgung bestimmt.
b) Gegenstände, die dafür konzipiert und bestimmt sind, in der Verkaufsstelle gefüllt zu werden, und „Einwegartikel", die in gefülltem Zustand verkauft oder dafür konzipiert

8.5 VerpackV   Anhang (zu § 3 Abs. 1 Nr. 1)

und bestimmt sind, in der Verkaufsstelle gefüllt zu werden, gelten als Verpackungen, sofern sie eine Verpackungsfunktion erfüllen.

c) Verpackungskomponenten und Zusatzelemente, die in eine Verpackung integriert sind, gelten als Teil der Verpackung, in die sie integriert sind. Zusatzelemente, die unmittelbar an einem Produkt hängen oder befestigt sind und eine Verpackungsfunktion erfüllen, gelten als Verpackungen, es sei denn, sie sind integraler Teil des Produkts und alle Komponenten sind für den gemeinsamen Verbrauch oder die gemeinsame Entsorgung bestimmt.

2. Beispiele für die genannten Kriterien.
Beispiele für Kriterium Buchstabe a
Gegenstände, die als Verpackung gelten:
- Schachteln für Süßigkeiten
- Klarsichtfolie um CD-Hüllen

Gegenstände, die nicht als Verpackung gelten:
- Blumentöpfe, die dazu bestimmt sind, dass die Pflanze während ihrer Lebenszeit darin verbleibt
- Werkzeugkästen
- Teebeutel
- Wachsschichten um Käse
- Wursthäute

Beispiele für Kriterium Buchstabe b
Gegenstände, die als Verpackung gelten, wenn sie dafür konzipiert und bestimmt sind, in der Verkaufsstelle gefüllt zu werden:
- Tragetaschen aus Papier oder Kunststoff
- Einwegteller und -tassen
- Frischhaltefolie
- Frühstücksbeutel
- Aluminiumfolie

Gegenstände, die nicht als Verpackung gelten:
- Rührgerät
- Einwegbestecke

Beispiele für Kriterium Buchstabe c
Gegenstände, die als Verpackung gelten:
- Etiketten, die unmittelbar am Produkt hängen oder befestigt sind

Gegenstände, die als Teil der Verpackung gelten:
- Wimperntuschebürste als Bestandteil des Packungsverschlusses
- Aufkleber, die an einem anderen Verpackungsobjekt befestigt sind
- Heftklammern
- Kunststoffumhüllung
- Dosierhilfe als Bestandteil des Verpackungsverschlusses von Waschmitteln.

Stichwortverzeichnis

Stichwortverzeichnis

Zeichenerklärung am Beispiel: **Abandonrecht** 5.3/27
5.3 = Ordnungsnummer des Gesetzes, hier GmbHG (s. dazu Systematische Übersicht)
/27 = Nummer des Paragraphen oder Artikels, hier § 27 Unbeschränkte Nachschusspflicht

A

Abandonrecht 5.3/27
Abfallbeseitigung 8.4/13
Abfallentsorgung umweltverträgliche 8.4/13
Abfallwirtschaft Ziele 8.5/1 ff.
Abfindung an Arbeitnehmer ESt 6.2/3
Abfindung des Arbeitnehmers bei Kündigung 7.3/9 f.
Abhängige Unternehmen 5.2/17
Abnahme bei Werkvertrag 4.1/640
Abnutzbare Anlagegüter Bewertung Steuerbilanz 6.2/6
Absatzkartell 5.7/6
Abschlagszahlungen Werkvertrag 4.1/632a
Abschlussprüfer AG 5.2/119, 171, 256, 258; GmbH 5.3/42a
Abschreibung s. a. *Absetzung für Abnutzung (AfA);* außerplanmäßige 5.1/277; bei Kapitalgesellschaften 5.1/279 ff.; der Aufwendungen für die Ingangsetzung u. Erweiterung des Geschäftsbetriebs 5.1/282; des Geschäfts- oder Firmenwertes 5.1/255; ESt 6.2b/7.4; in der GuV 5.1/275; steuerliche 5.1/254; überhöhte 5.1/280
Absetzung für Abnutzung 6.2/7 ff., 9; 6.2b/7.4
Absonderung 5.6/49 ff.
Abtretung einer Forderung 4.1/398 ff.
Abwicklung AG 5.2/264 ff.
Abzinsung Pensionsrückstellungen 6.2/6a
Abzugsverbot Ausgaben 6.2/12
AfA-Tabelle für das Hotel- und Gasstättengewerbe 6.2c
Agio Ausweis als Kapitalrücklage 5.1/272
Akkordarbeit Jugendlicher 7.18/23
Aktien 5.2/8 ff.; Ausgabebetrag 5.2/9; Bezugsrecht 5.2/186, 192 ff., 212; Bilanzausweis 5.2/152; eigene – 5.2/158; Eigene Aktien, Rücklage für eigene Anteile 5.1/272; Eintragung im Aktienbuch 5.2/67; Formen 5.2/8; Inhaberaktien 5.2/10, 23, 24; Insiderwissen 5.2/93; Mehrstimmrechtsaktien 5.2/12; Mindestbeträge 5.2/8; Namensaktien 5.2/10, 23, 24, 67, 68; Nennbetrag 5.2/6, 7; Nennbetragsaktien 5.2/8, 23; Neue Aktien 5.2/182 ff.; Stimmrecht 5.2/12, 133 ff.; Stückaktien 5.2/8, 23; Übertragung 5.2/68; Verbot der Ausgabe 5.2/41; Vorzugsaktien 5.2/11, 12, 139, 140; Zeichnung neuer 5.2/185; Zwischenscheine 5.2/10
Aktienbuch 5.2/67, 68
Aktiengesellschaft 5.3/1 ff.; Abschlussprüfer 5.2/119, 171, 256, 258; Anmeldung (s. auch *Eintragung*) 5.2/36 ff.; Auflösung 5.2/119, 262; Aufsichtsrat (s. auch *Aufsichtsrat der AG*) 5.2/30 f., 90, 95 ff., 170 ff.; ausstehende Einlagen 5.2/63; Bareinlagen 5.2/36, 36a; bedingte Kapitalerhöhung 5.2/192 ff.; Beherrschungsvertrag 5.2/291; Bekanntmachung 5.2/23, 24, 40; Betriebspachtvertrag 5.2/292; Betriebsüberlassungsvertrag 5.2/292; Bezüge der Vorstandsmitglieder 5.2/86, 87; Bilanzvorschriften 5.2/152; Börsennotierung 5.2/3; eigene Aktien 5.2/158; Einlagen 5.2/36, 36a, 57, 63; Einpersonen-Gesellschaft 5.2/42; Eintragung Auflösung 5.2/266; Eintragung Grundkapitalerhöhung 5.2/188; Eintragung Gründung 5.2/36 ff.; Eintragung Satzungsänderung 5.2/181; Eintragung Veränderungen Vorstand 5.2/81; Entlastung 5.2/119, 120; Errichtung 5.2/29; Firma 5.2/4; Formkaufmann 5.2/3; genehmigtes Kapital 5.2/202 ff.; Geschäftsbriefe 5.2/80; Geschäftsführung 5.2/77; Gewinnabführungsvertrag 5.2/291; Gewinnausschüttung 5.2/152, 233, 253; Gewinnermittlung 5.2/58 ff., 86, 113, 150 ff.; Gewinnrücklage 5.2/58; Gewinnverwendung 5.2/58 ff., 86, 113, 174, 233, 253 ff.; Gläubigerschutz 5.2/233; Gründer 5.2/2, 28; Grundkapital 5.2/1, 6; Gründung 5.2/23 ff.; GuV 5.2/158; Haftung des Vorstands 5.2/93; Haftung für Verbindlichkeiten 5.2/1; Haftung vor Eintragung 5.2/41; Handelsbücher, ergänzende Vorschr. 5.1/264 ff.; Hauptversammlung 5.2/58,118 ff., 173 ff., 179, 202, 222, 252 ff., 270; Herabsetzung des Grundkapitals 5.2/222 ff.; Insolvenzverfahren 5.2/92, 262; Jahresabschluss 5.1/264 ff., 5.2/150 ff., 170 ff.; Jahresüberschuss 5.2/58; Kapitalerhöhung 5.2/119, 182 ff.; Kapitalerhöhung aus Gesellschaftsmitteln 5.2/207 ff.; Kapitalerhöhung gegen Einlagen 5.2/182 ff.; Kapitalherabsetzung 5.2/222 ff.; Leitung 5.2/76; Mitbestimmung in der AG; 7.17/1 ff.; Mitteilungspflicht 5.2/21; Nichtigkeit des Jahresabschlusses 5.2/256; notarielle Beurkundung 5.2/23, 30, 130; Pflichten des Vorstands 5.2/92, 93; Prüfung 5.2/33, 171, 258 f.; Rücklage 5.2/58, 86, 150 ff., 174, 208; Sacheinlagen 5.2/27, 31, 36a, 205; Satzung 5.2/23, 179, 181; Sitz 5.2/5; Steuerpflicht 6.3/2; Stimmrecht 5.2/12, 133 ff.; Überkreuzverflechtung 5.2/100; Überschuldung 5.2/92; Unternehmensverträge 5.2/291 ff.; Verfassung 5.2/76 ff.; Vergütung der Aufsichtsratsmitglieder 5.2/113; Verlust 5.2/92; Vertretung 5.2/78, 79, 112; Verzinsung ausstehender Einlagen 5.2/63; Vorstand 5.2/30, 76 ff., 105, 172; Wettbewerbsverbot 5.2/88; Zahlungsunfähigkeit 5.2/92; Zwischenschein 5.2/8,10,68,185
Aktionäre Anspruch auf Bilanzgewinn 5.2/58;

481

Stichwortverzeichnis

Auskunftsrecht **5.2**/131 f.; Bezugsrecht **5.2**/186, 187; Einlage **5.2**/154, 57, 63; Eintragung im Aktienbuch **5.2**/67; Gewinnbeteiligung **5.2**/60; Mitteilungen **5.2**/125, 128; Pflichten **5.2**/54 ff. ; Rechte **5.2**/60, 131, 133 f., 186 f.; Sondervorteile **5.2**/26; Vorzugsaktionär **5.2**/140
Aktiva AG-Bilanz **5.2**/258
Aktives Wahlrecht zum Betriebsrat **7.16**/7; zur Jugendvertretung **7.16**/61
Aktivierung immaterielle Anlagegüter ESt **6.2**/5; Steuerbilanz **6.2**/6
Akzept (Anweisung) **4.1**/784
Alkoholfreie Getränke 1.1/6
Alkoholische Getränke 1.1/19; 20; **1.11**/9
Alkopops 1.11a
Allgemeine Geschäftsbedingungen 4.1/305 ff.; entgegen Gebot von Treu und Glauben **4.1**/307; ungültige Klauseln **4.1**/308 f.
Altersentlastungsbetrag 6.2/2, 24a
Altersvorsorge ESt **6.2**/10a, 79 ff.
Änderungskündigung 7.3/2
Aneignung von herrenlosen Sachen **4.1**/958 f.
Anfänglicher effektiver Jahreszins 5.9a/6
Anfechtung bei Insolvenz **5.6**/129 ff.; einer Willenserklärung **4.1**/119 ff.
Angaben Pflichtangaben im Anhang von Bilanz u. GuV **5.1**/285
Angebot zum Abschluss eines Vertrags **4.1**/145 ff.
Angestellter eines Geschäftsbetriebs **5.1**/59 ff.; im Laden oder Warenlager **5.1**/5; leitender **7.16**/5; Schweigepflicht **5.8**/17 ff.
Anhang der Bilanz u. GuV **5.1**/281, 284 ff.
Anhörungsrecht des Arbeitnehmers **7.16**/82
Anlagegüter geringwertige **6.2**/6; immaterielle **6.2**/5; Steuerbilanz **6.2**/6
Anlagenspiegel 5.1/268
Anlagevermögen s. a. *Anlagegüter;* Bilanzposten **5.1**/266; ESt **6.2b**/6.1; Wertansatz **5.1**/253
Anleihen Kapitalertragsteuer **6.2**/43
Anmeldung Finanzamt **6.1**/138; Gewerbe **1.7**/14; Kartelle **5.7**/9; Zusammenschlussvorhaben **5.7**/39
Annahme des Antrags **4.1**/145 ff., 151; einer Anweisung (Akzept) **4.1**/784; eines Antrags Schweigen des Kaufmanns **5.1**/362
Annahmeerklärung Frist **4.1**/146
Annahmeverweigerung 5.1/373
Annahmeverzug 4.1/293 ff.; **5.1**/373
Anrechnung GewSt auf die ESt **6.2**/35; KSt auf die ESt **6.2**/20, 36
Anschaffungskosten Bewertung **6.2**/6 f.; Bewertung in Bilanz **5.1**/253,255; EST **6.2b**/6.2
Anschwärzung 5.8/14
Anteile an Unternehmen **5.1**/271
Anteilseigner i.Sinne des MitbestG **7.17**/2
Antidiskriminierungsstelle 7.4/25
Antioxydationsmittel 3.2/Anlage 7
Antrag Erlöschen **4.1**/146; zum Abschluss eines Vertrags **4.1**/145 ff.

Anweisung 4.1/783 ff.
Anzeigepflicht bei Massenkündigung **7.3**/17; Finanzamt **6.1**/138; Gewerbebetrieb **1.7**/14; Zusammenschluss von Unternehmen **5.7**/39
Arbeitgeber Zusammenarbeit mit Gewerkschaften **7.16**/2, 74 ff.
Arbeitgeberanteil i.d.ges. Krankenvers. **7.21d**/249
Arbeitgebervereinigung 7.16/2
Arbeitnehmer Beschwerderecht **7.16**/84; betriebsstörender **7.16**/104; Einkünfte **6.2**/19; ESt **6.2**/1, 48; i. Sinne des MitbestG **7.17**/3; i.Sinne des ArbZG **7.10**/2; im Aufsichtsrat **7.17**/7, 9; im Sinne des ArbGG **7.15**/5; im Sinne des BetrVG **7.16**/5; jugendlicher **7.18**/1 ff.; LSt **6.2**/38 ff.; Pauschbetrag für Werbungskosten **6.2**/9a; Vorwegabzug für Sonderausgaben **6.2**/10
Arbeitnehmer-Sparzulage Anspruch auf A. **7.13**/13
Arbeitsdirektor 7.17/33
Arbeitsentgelt i. Sinne des SGB IV **7.21c**/14
Arbeitsförderung 7.21a/3, 19
Arbeitsförderungsgesetz Leistungen **6.2**/3
Arbeitsgericht 7.15/1 ff.; Güteverfahren **7.15**/54; Zuständigkeiten im Urteilsverfahren **7.15**/2
Arbeitskampf zwischen Arbeitgeber und Arbeitnehmer **7.16**/74
Arbeitslohn 6.2d/2
Arbeitslosengeld 6.2/3, 32b; **7.21b**/19
Arbeitslosengeld II 7.21b/19
Arbeitslosenversicherung Beiträge als Sonderausgaben **6.2**/10
Arbeitslosigkeit, Grundsicherung **7.21b**/1 ff.
Arbeitsmittel Werbungskosten **6.2**/9
Arbeitsplatzteilung 7.7/13
Arbeitsschutz 7.16/89; für Kinder und Jugendliche **7.18**/1 ff.; Fürsorgepflicht des Arbeitgebers **5.1**/62
Arbeitsstätten 1.10/2 ff.
Arbeitsunfähigkeit Anzeigepflicht **7.8**/5
Arbeitsverhältnis s. *auch Dienstverhältnis;* Beendigung **4.1**/623; Kündigung **4.1**/623
Arbeitsvertrag (*siehe auch Dienstvertrag*); /105; befristet **7.7**/3, 14 ff.; Handlungsgehilfe **5.1**/59 ff.; Nachweispflicht **7.6**/2; Niederschrift **7.6**/1 ff.
Arbeitszeit 7.10/1 ff.; **7.7**/8; abweichende Regelungen im Tarifvertrag **7.10**/7; Aushang im Betrieb **7.10**/16; für Jugendliche **7.18**/4, 8 ff.; Nacht-und Schichtarbeit **7.10**/6
Arrestanspruch zur Sicherung der Zwangsvollstreckung **4.3**/916
Artvollmacht 4.1/164 ff.; **5.1**/54 ff.
Ärztliche Untersuchung Jugendlicher **7.18**/32
Aufbewahrung Handelsbücher **5.1**/257; **6.1**/147; mangelhafte Ware **5.1**/379
Aufenthalt in Gaststätten 1.11/4
Aufgebotsverfahren Kraftloserklärung von Inhaberpapieren **4.1**/799
Auflagen 1.1/5

482

Stichwortverzeichnis

Auflassung 4.1/925; zum Erwerb von Grundstückseigentum **4.1**/925
Auflösung AG **5.2**/262; eG **5.4**/78 ff.; GmbH **5.3**/60 ff.
Aufrechnung Einwendungen des Schuldners **4.1**/404; von Schuld gegen Forderung **4.1**/387 f.
Aufsichtsrat Arbeitnehmer im A. **7.17**/7 ff.
Aufsichtsrat der AG 5.2/95 ff.; Abberufung **5.2**/103; Amtszeit **5.2**/102; Aufgaben **5.2**/111; Bestellung **5.2**/30, 31, 101, 119; der AG **5.2**/95 ff.; eG **5.4**/9, 36 ff.; Einberufung **5.2**/110; Entlastung **5.2**/119, 120; erster – **5.2**/30; Feststellung des Jahresabschlusses **5.2**/172; GmbH **5.3**/52; Pflichten **5.2**/116; Rechte **5.2**/111; Sitzungen **5.2**/110; Unvereinbarkeit der Zugehörigkeit zum Vorstand **5.2**/105; Vergütung **5.2**/113; Vertreter der Gewerkschaft i. A. **7.17**/16; Voraussetzungen für Mitglieder **5.2**/100; Wahl des Vorsitzenden nach MitbestG **7.17**/27; Zahl der Mitglieder **5.2**/95; Zusammensetzung **5.2**/96
Auftrag Ersatz von Aufwendungen **4.1**/670; vertragstypische Pflichten **4.1**/662
Aufwendungen steuerlich abziehbare **6.2**/4, 9, 10, 10b, 33
Aufzeichnungspflicht USt **6.4**/22
Auktion eines Pfandes **4.1**/1235 ff.; Vertragsabschluss bei einer A. **4.1**/156
Ausfallbürgschaft 4.1/771
Ausgaben Betriebsausgaben **6.2**/4; nicht abzugsfähige **6.2**/12; Werbungskosten **6.2**/9
Auskunftsrecht 5.3/51a
Ausschließlichkeitsbindungen 5.7/16
Außenprüfung 6.1/193
Außergewöhnliche Belastungen 6.2/33
Ausschankmaße 1.5; 1.6
Ausschreibung eines Arbeitsplatzes 7.4/1
Aussonderung 5.6/47
Ausspielungen 1.7/33h
Austauschpfändung 4.3/811a
Ausverkauf 5.8/7, 8
Auszubildende Handlungslehrlinge **5.1**/59 ff.
Autobahnraststätten 1.3/15
Automaten 1.1/20; **1.7**/14; **1.11**/9, 10
Automatische Datenverarbeitung durch öffentliche Stellen **8.2**/13 ff.

B

Banken Kapitalertragsteuer **6.2**/43; Stimmrechtsausübung **5.2**/134, 135
Bankgeheimnis Steuern **6.1**/30a
Bareinlagen AG **5.2**/36, 36a; GmbH **5.3**/9
Barwert Pensionsverpflichtungen **6.2**/6a
Barzahlung 4.1/368
Basistarif i.d.privaten Krankenvers. 7.21d/315(4)
Basiszinssatz 4.1/247
Bedarfsgemeinschaft 7.21b/9
Bedarfsgegenstände 3.1/2
Befristete Arbeitsverträge 7.7/3,14 ff.; als Vertretung nach dem Mutterschutzgesetz **7.12**/21
Beherbergungsstatistik 1.14/1 ff.
Beherrschungsvertrag 5.2/291; Leitungsmacht **5.2**/308
Behinderte Teihabe am Arbeitsleben **7.21a**/10
Beitragssatz i.d. gesetzl. Krankenvers., einheitlicher **7.21d**/241(1)
Beitragszahlung zur Sozialversicherung **7.21c**/28e
Beitrittsberechtigung, in die ges. Krankenvers. **7.21d**/5(13); in die Privatversicherung **7.21d**/315(1)
Beitrittserklärung eG **5.4**/15
Bekanntmachung Handelsregistereintragung AG **5.2**/40; Insolvenzverfahren **5.6**/9, 30
Bemessungsgrundlage ESt **6.2**/2; ESt-Vorauszahlung **6.2**/37; Kapitalertragsteuer **6.2**/43a; LSt **6.2**/38a; Solidaritätszuschlag **6.2f**/2); USt **6.4**/10 ff., 17; Vorsorgepauschale **6.2**/10c
Benachteiligung am Arbeitsplatz 7.4/1 ff.
Berufsausbildung, Ausbildungsberufe **7.2**/4; Ausbildungsstätte **7.2**/27; Abschlussprüfung **7.2**/37 ff.; Abschlussprüfung für behinderte Menschen **7.2**/64; Steuerfreibeträge für Kinder in Berufsausbildung **6.2**/82; Probezeit **7.2**/20; Sonderausgaben für Berufsausbildung der Kinder **6.2**/10; Vergütung **7.2**/17 ff.; Weiterarbeit nach Abschluss **7.2**/24; Zeugnis **7.2**/16
Berufsausbildungsverhältnis Kündigung **7.2**/22
Berufsausbildungsvertrag 7.2/10 ff.
Berufung 4.3/511 ff.; vor dem Landesarbeitsgericht **7.15**/8, 64
Beschäftigungsverbot für Jugendliche **7.18**/22 f.; für Kinder **7.18**/5, 7; für werdende Mütter **7.19**/3 ff.; beim Umgang mit Lebensmitteln **2.1**/42
Besitz 4.1/854 ff.
Besitzdiener 4.1/855
Besitzentziehung 4.1/861
Besitzkonstitut 4.1/930 ff.
Besitzstörung 4.1/862
Bestandteile einer Sache wesentliche **4.1**/93 f.
Bestellung (Antrag) 4.1/130
Besteuerungsgrundlage Schätzung der – **6.1**/162
Bestimmungskauf 5.1/375
Beteiligungen an Unternehmen **5.1**/271; der AG **5.2**/20, 21
Betreuung eines Volljährigen **4.1**/1896 ff.; rechtliche **4.1**/1896
Betriebliche Bildungsmaßnahmen 7.16/98
Betriebsausgaben ESt **6.2**/4 f.
Betriebsausschuss 7.16/27
Betriebsgeheimnis Verrat von – **5.8**/17
Betriebsgewöhnliche Nutzungsdauer 6.2/7
Betriebspachtvertrag AG und KGaA **5.2**/292
Betriebsprüfung 6.1/193
Betriebsrat Amtszeit **7.16**/21; Arbeitsversäumnis **7.16**/37; Aufgaben **7.16**/70, 74 ff.; Be-

483

Stichwortverzeichnis

schlüsse **7.16**/33 ff., 66; Betriebsvereinbarungen **7.16**/77; fristlose Kündigung von Mitgliedern des B. **7.16**/103; Geheimhaltungspflicht **7.16**/79; Kündigung eines Betriebsrats **7.3**/15; Wahlberechtigung und Wählbarkeit **7.16**/7 ff., 61 ff.; Wahlvorschriften **7.16**/14 f.; Zahl der Mitglieder **7.16**/9 f.; Zusammensetzung und Wahl **7.16**/7 ff.
Betriebsratssitzungen 7.16/30 ff.
Betriebsstätten 3.3/Anlage
Betriebsübergang 4.1/613a
Betriebsüberlassungsvertrag AG und KgaA **5.2**/292
Betriebsveräußerung ESt **6.2**/3, 6, 14, 16,
Betriebsvereinbarung Durchführung **7.16**/77; Inhalt **7.16**/88
Betriebsvermögen Steuerbilanz **6.2**/6
Betriebsvermögensvergleich Gewinnermittlung **6.2**/4, 5
Betriebsversammlung 7.16/42 ff.; Teilnahme der Gewerkschaften **7.16**/46
Bevollmächtigte Ausübung des Stimmrechts **5.2**/134, 135
Bewegliche Anlagegüter Abschreibung **6.2**/7
Beweis durch Sachverständige **4.3**/402 ff.; durch Zeugen **4.3**/373 ff.; im Wechselprozess **4.3**/592 ff.
Beweismittel im Zivilprozess **4.3**/371 ff.
Bewerbungskosten 4.1/670
Bewertung ESt **6.2**/6; ESt **6.2b**/36 f.; geringwertige Wirtschaftsgüter **6.2b**/40; LIFO – Prinzip **6.2**/6; LIFO – Prinzip **6.2b**/6.9; Rückstellungen **6.2**/6; Verbindlichkeiten **6.2**/6
Bewertungsmethoden ESt **6.2**/36a
Bewertungsvereinfachungsverfahren 5.1/256
Bewertungsvorschriften AG Verstoß gegen- **5.2**/256
Bewertungsvorschriften Kapitalgesellschaften **5.1**/279 ff.; Kaufleute **5.1**/252 ff.
Bewirtungskosten 6.2/4
Bezirksvertreter Provision **5.1**/87
Bezüge der AG-Vorstandsmitglieder **5.2**/87
Bezugskosten 4.1/448
Bezugsrecht AG **5.2**/186, 192; ESt **6.2**/20
BGB-Gesellschaft Auflösung **4.1**/726 ff.; Geschäftsführung **4.1**/709 ff.; Gesellschaftsvertrag **4.1**/705 ff.; Haftung der Gesellschafter **4.1**/708; Kündigung durch Gesellschafter **4.1**/723; Vertretungsmacht **4.1**/714; Widerspruchsrecht des Gesellschafters **4.1**/711
Biergattungen 3.10/3
Bilanz 5.1/242 ff.; AG **5.2**/150 ff., 208, 270; Änderung der Steuer- **6.2**/4; Angabe der Haftungsverhältnisse **5.1**/251; Anhang **5.1**/284 ff.; Aufbewahrung **5.1**/257; Aufbewahrung **6.1**/147; eG **5.4**/33, 48, 53 ff.; Gliederung **5.1**/266 ff.; GmbH **5.3**/42, 42a; Inhalt **5.1**/247; OHG **5.1**/120; Pflicht zur Aufstellung **5.1**/242; Steuer- **6.2**/4, 6; Vorschriften zu Posten der – **5.1**/268; Wertansätze **5.1**/252 ff.; 279 ff.

Bilanzgewinn 5.1/268; Anspruch der Aktionäre **5.2**/58; Ausweis in Bilanz und GuV der AG **5.2**/152, 158; Verwendung **5.2**/119, 174, 253 f.
Bilanzierungsverbote 5.1/248
Bildträger kaufm. Unterlagen **5.1**/257
Börsennotierung AG **5.2**/3
Boykottverbot GWB **5.7**/21
Branntwein ; **1.1**/20; **1.11**/9; **3.14**/1
Brennwert 3.5/2
Briefhypothek Eintragung ins Grundbuch **4.1**/1116; Erwerb **4.1**/1117
Bringschuld 4.1/270
Bruttogewicht 5.1/380
Buchführung 5.1/238 ff.; **6.1**/140 ff., 154; AG **5.2**/91; eG **5.4**/33; ESt **6.2**/5; GmbH **5.3**/ 41 ff.
Buchführungspflicht 6.1/ 140 ff.; **6.4**/ 22; der Kaufleute **5.1**/238 ff.; USt **6.4a**/ 63, 65
Buchungsbelege Aufbewahrung **5.1**/238.
Bundesarbeitsgericht 7.15/1
Bundesbeauftragter für den Datenschutz 8.2/22 ff.
Bundeskartellamt 5.7/51
Bürgerlicher Kauf 4.1/433 ff.
Bürgschaft Einrede der Vorausklage **4.1**/771 f.; Einreden des Bürgen **4.1**/768 ff.; Kaufmann **5.1**/349 f.; Schriftform **4.1**/766; vertragstypische Pflichten **4.1**/765 ff.
Bußgeld Steuern **6.1**/377, 379

C

Courtage Handelsmakler **5.1**/ 99

D

Damnum in der Bilanz **5.1**/250
Darlehen Verzinsung **5.1**/354
Darlehensvermittlungsvertrag 4.1/655a
Darlehensvertrag 4.1/488 ff.
Datenberichtigung Anspruch des Betroffenen **8.2**/2
Datenerhebung Zulässigkeit **8.2**/4 ff., 13
Datengeheimnis 8.2/5
Datenmissbrauch 8.2/1 ff.
Datenschutz 8.2/1 ff.; Aufsichtsbehörde **8.2**/38
Datenspeicherung Auskunft an Betroffene **8.2**/19; für eigene Zwecke **8.2**/28; Zulässigkeit **8.2**/14
Datenträger Handelsbücher auf – **5.1**/238 ff.; kaufm. Unterlagen, Aufbewahrung **5.1**/257
Datenverarbeitung für eigene Zwecke **8.2**/28
Dauerschuldverhältnisse Kündigung **4.1**/314
Deckungskauf 5.1/376
Delegierte b.d. Wahl des Aufsichtsrats **7.17**/9 ff.; Wahl der D. nach MitbestG **7.17**/11
Delkredereprovision Handelsvertreter **5.1**/86b
Depotstimmrecht 5.2/128, 135
Dienstbarkeiten 4.1/1018 ff.

484

Stichwortverzeichnis

Dienstverhältnis s. auch Dienstvertrag; **4.1/** 611 ff.; Beendigung **4.1/**620 f.
Dienstvertrag 4.1/611 ff.; Fälligkeit der Vergütung **4.1/**614; Handlungsgehilfe **5.1/**59 ff.; Minderjähriger **4.1/**113; Unübertragbarkeit der Dienstpflicht **4.1/**613
Dienstzeugnis 5.1/73
Direktversicherung LSt **6.2/**40b
Disagio in der Bilanz **5.1/**250
Diskriminierung GWB **5.7/**20
Dividende 5.2/58, 60, 113, 119
Dividenden ESt **6.2/**3, 20, 20, 43, 44
Doppelte Haushaltsführung ESt **6.2/**3, 9
Drittwiderspruchsklage 4.3/771
Drohung widerrechtliche **4.1/**123 ff.
Durchschnittssteuersatz ESt **6.2a**
Durchsuchung der Wohnung **4.3/**758

E

Effektiver Jahreszins 5.9a/6
Ehegatten-Veranlagung 6.2/26 ff.
Eid 4.3/391
Eidesstattliche Versicherung 4.3/807, 899 ff., 915; Haftbefehl wegen Nichterscheinens **4.3/**901
Eigenbesitz 4.1/872, 958
Eigenkapital GmbH **5.3/**5, 24, 30; in der Bilanz **5.1/**272; Wertansatz **5.1/**283
Eigenmacht verbotene **4.1/**858 f.
Eigenschaften zugesicherte **4.1/**633
Eigentum Aneignung **4.1/**958; Ansprüche aus E. **4.1/**985 ff.; Befugnisse des Eigentümers **4.1/**903; Ersitzung von E. **4.1/**937; Erwerb vom Nichtberechtigten **4.1/**932 ff.; Miteigentum **4.1/**1008 f.; Übertragung **4.1/**929
Eigentumserwerb an beweglichen Sachen **4.1/**929; an Grundstücken **4.1/**873, 925; durch Übergabe der Sache **4.1/**929 ff.; gutgläubiger **4.1/**932
Eigentumsvorbehalt 4.1/449; bei Insolvenz **5.6/**107
Eigenverwaltung Anordnung und Eintragung ins Handelsregister **5.1/**32
Eignungsfeststellung zur Berufsausbildung **7.2/**28 ff.
Einfuhrumsatzsteuer 6.4/ 1, 11
Einigungsmangel bei Vertragsabschluss **4.1/**154 f.; versteckter **4.1/**155
Einigungsstelle 7.16/76
Einkommensteuer 6.2/1 ff.; Arbeitnehmer-Pauschbetrag **6.2/**9a; Ausgaben **6.2/**11 f.; Bewertung **6.2/**6 f.; Einkunftsarten **6.2/**2, 13 ff.; Gewinn **6.2/** **6.2/**4f.; Sonderausgaben **6.2/**10 ff.; Tarif **6.2/**32a; Veranlagung **6.2/**26 f., 46; Werbungskosten **6.2/**9 f.
Einkommensteuerrichtlinien 6.2b
Einkommensteuertabelle 6.2a
Einkünfte ESt **6.2/**2, 13 ff.

Einkunftsarten ESt **6.2/**2, 13 ff.
Einlagen AG **5.2/**36a, 54, 55, 63, 182; ausstehende- in der Bilanz **5.1/**272; ESt **6.2/**4, 6; GmbH **5.3/**19, 20; Verzinsung **4.1/**248
Einlassungsfrist nach Zustellung der Klageschrift **4.3/**274
Einnahmen ESt **6.2/**2, 3, 8
Einpersonen-Gesellschaft AG **5.2/**42
Einrede der Vorausklage des Bürgen **4.1/**771 f.; Vorausklage des Bürgen beim Handelsgeschäft **5.1/**349
Einspruch Steuerbescheid **6.1/**347 f.
Einspruchsfrist 4.3/339; Steuerbescheid **6.1/**355
Einspruchsschrift gegen ein Versäumnisurteil **4.3/**340 f.
Eintragung Kaufmann kraft – **5.1/**5
Einwendungen im Wechselprozess **4.3/**598
Einwilligung eines Dritten zu einem Rechtsgeschäft **4.1/**182 ff.; zum Rechtsgeschäft eines Minderjährigen **4.1/**108
Einzelkaufmann 5.1/19
Einzelprokura 5.1/48
Einzugsstelle f.d. Beiträge zur Sozialversicherung **7.21c/**28h ff.
Elektronische Dokumente beim Arbeitsgericht **7.15/**46b
Elektronische Form des Rechtsgeschäfts **4.1/**126a
Elektronischer Geschäftsverkehr 4.1/312e
Elternzeit 7.12/15 ff.; Teilzeitarbeit während der E. **7.12/**15
Emissionen 8.3/3
Empfehlungsverbot GWB **5.7/**22
Entfernungspauschale ESt **6.2/**4, 9
Entgelt Besteuerung nach vereinbartem **6.4/**20 ff.
Entgeltfortzahlung an Feiertagen **7.8/**2; bei Rehabilitationsmaßnahmen **7.8/**9; im Krankheitsfall **7.8/**3, 4
Entgeltlicher Erwerb immaterielle Anlagegüter **6.2/**5
Entlassung aus dem Arbeitsverhältnis anzeigepflichtige **7.3/**17 f.
Entnahmen ESt **6.2/**3, 4, 6; OHG-Gesellschafter **5.1/**122; USt **6.4/** 3, 4
Entschädigung für Wettbewerbsverbot **5.1/**74 ff.
E-Nummern (Zusatzstoffe) **3.2/**Anhang
Erbe Fortführung eines Handelsgesch., Haftung **5.1/**22, 27; Fortsetzung der OHG **5.1/**139
Erfüllungsgehilfe 4.1/278
Erfüllungsort 4.1/269
Erfüllungszeit 4.1/271; **5.1/**358 f.
Erlass einer Schuld 4.1/397
Erlaubnis 1.1/2
Erlöschen Prokura **5.1/**52f.
Ersatzkasse 7.21a/21
Ersitzung 4.1/937
Erste Hilfe 1.10/6; Anhang

485

Stichwortverzeichnis

Erwerb der Briefhypothek **4.1** 1117; des Besitzes **4.1**/854; des Eigentums an beweglichen Sachen **4.1**/929 ff.; des Eigentums an Grundstücken 925; des Pfandrechts **4.1**/1205; Firma **5.1**/25 ff.; gutgläubiger **5.1**/366f.
Erwerbsfähigkeit 7.21b/8
Erziehungsberechtigter 1.11/1
Erziehungsgeld 7.12/1 ff.; ESt **6.2**/3
Existenzminimum ESt **6.2**/31, 32

F

Fahrausweis USt **6.4a**/34
Fahrlässigkeit des Schuldners im Gläubigerverzug **4.1**/300; Verantwortlichkeit des Schuldners **4.1**/276
Fahrten ESt Wohnung/Arbeitsstätte **6.2**/4, 3, 9, 10
Familienleistungsausgleich 6.2/31, 32, 62
Farbstoffe 3.2/3
Feiertage als Termin für die Abgabe einer Willenserklärung **4.1**/193
Feiertagsarbeit 6.2/3b; für werdende Mütter **7.19**/8; Lohnzahlung **7.8**/1
Feiertagsruhe für Jugendliche **7.18**/18
Fernabsatzverträge 4.1/312b ff.
Filialprokura 5.1/50
Finanzbehörde 6.1/1, 6, 155
Finanzdienstleistungsinstitute s. Banken
Finanzierungsleasingverträge 4.1/500
Firma (Name) 1.7/15a
Firma 5.1/ 17 ff.; AG **5.2**/4; Änderung des Gesellschafterbestands **5.1**/24; Änderung und Erlöschen **5.1**/31; Anmeldung **5.1**/29 ff.; Ausschließlichkeit, Unterscheidbarkeit **5.1**/30; des Kaufmanns **5.1**/17 f.; eG **5.4**/3; Erwerb des Handelsgeschäfts **5.1**/22; GmbH **5.3**/4; Haftung bei Erwerb, Schuldübernahme **5.1**/25; juristische Person **5.1**/33; KG **5.1**/19; KGaA **5.2**/279; Namensänderung des Inhabers o. Gesellschafters **5.1**/21; OHG **5.1**/19; Übertragbarkeit **5.1**/ 22; Veräußerungsverbot **5.1**/19; Wahrheit **5.1**/18
Firmenwert Abschreibung **5.1**/285; Bewertung **5.1**/255; Bilanzierung **5.1**/ 266; Bilanzierungsverbot **5.1**/ 248; Steuerbilanz **6.2**/6 f.
Fixgeschäft 5.1/376
Forderungen Insolvenzverfahren **5.6**/174 ff.
Forderungsabtretung 4.1/398 ff.; s.a. Forderungsübertragung
Forderungsübertragung 4.1/398 ff.; Beurkundung **4.1**/403; Einwendungen des Schuldners **4.1**/404; Vertrag zur P. **4.1**/398; Wirkung **4.1**/398
Form des Rechtsgeschäfts elektronische Form **4.1**/126a; Schriftform **4.1**/126; Textform **4.1**/126b; vereinbarte **4.1**/127
Formkaufmann 5.1/6; eG **5.4**/17
Formmangel des Rechtsgeschäfts **4.1**/125

Formvorschriften für Willenserklärungen **4.1**/126 ff.
Forstwirtschaft s. Land- und Forstwirtschaft
Fortführung des Betriebs **5.1**/21 ff.
Freibeträge Alterseinkünfte **6.2**/24a; Arbeitnehmer **6.2**/9a; Gewerbesteuer **6.3**/11; Haushaltsfreibetrag **6.2**/ 32; Kapitaleinkünfte **6.2**/20; Kinderfreibetrag **6.2**/ 2, 31,32,36; Lohnsteuerfreibetrag **6.2**/39a
Freigrenze priv. Veräußerungsgeschäfte **6.2**/23; Sachbezüge **6.2**/8
Freihändiger Verkauf 4.1/385, 1221; **5.1**/ 373
Freistellung für Berufsschulunterricht **7.2**/15; LSt **6.2**/39a; vom Kartellverbot **5.7**/10, 12
Freiwillige Versicherung i.d. gesetzl. Krankenvers. **7.21d**/9
Freizeichnungsklausel 4.1/145
Freizeit für Jugendliche **7.18**/8 ff.
Fremdwährungsschuld 4.1/244
Frist Aufbewahrung der Handelsbücher **5.1**/ 257; **6.1**/147; für Verbindlichkeiten nach Firmenübertragung **5.1**/26
Fristbeginn 4.1/187
Fristende 4.1/188
Fristlose Kündigung eines Dienstverhältnisses **4.1**/626; eines Mitglieds des Betriebsrats **7.3**/15; von Mitgliedern des Betriebsrats **7.16**/103
Früchte einer Sache oder eines Rechts **4.1**/99; Überfall auf ein Nachbargrundstück **4.1**/911
Fruchtnektar 3.7
Fruchtsaft 3.7
Fund 4.1/965 ff.; Anzeigepflicht des Finders **4.1**/965; Finderlohn **4.1**/971
Fünf-Tage-Woche für Jugendliche **7.18**/15
Fürsorgepflicht gegenüber Handlungsgehilfen **5.1**/62

G

Garantie beim Pfandverkauf **4.3**/806; beim Verbrauchsgüterkauf **4.1**/477 ff.; beim Werkvertrag **4.1**/631; für die Beschaffenheit einer Sache **4.1**/ 443 ff.
Gaststättengewerbe 1.1/1; Preisangabe **5.9a**/7
Gattungsschuld 4.1/243
Gattungsware 5.1/360
Gebäude AfA **6.2**/7
Gefahrenübergang beim Kauf **4.1**/446 ff.; beim Werkvertrag **4.1**/644
Gefährliche Arbeit für Jugendliche **7.18**/22
Gehalt Zeitpunkt der Zahlung an Handlungsgehilfen **5.1**/ 64
Gehaltspfändung 4.3/832, 850c
Gemeinnützige Zwecke Spenden **6.2**/10b
Genehmigung Rückwirkung **4.1**/184; von Verträgen Minderjähriger **4.1**/108
Genossen Haftung **5.4**/23; Mindestzahl **5.4**/4
Genossenschaft 5.4/1 ff.; Auflösung **5.4**/78 ff.; Aufsichtsrat **5.4**/9, 36 ff., 48; Ausscheiden eines Genossen **5.4**/65 ff.; Generalversammlung

486

Stichwortverzeichnis

5.4/33, 43 ff.; Geschäftsanteil **5.4**/16, 19; Gründung **5.4**/1 ff.; Haftsumme **5.4**/119, 121; Haftung **5.4**/2, 23; Insolvenzverfahren **5.4**/98; Kündigung eines Genossen **5.4**/65; Mitbestimmung in der Gen. **7.17**/1; Nachschusspflicht **5.4**/105; Prüfung **5.4**/53 ff.; Statut **5.4**/5 ff., 10 ff., 16, 19; Steuerpflicht **6.3**/2; Vertretung **5.4**/24 ff., 29; Vorstand **5.4**/9, 24 ff.
Genossenschaftsregister 5.4/10 ff.
Gericht Arbeitsgericht **7.15**/1 ff.; Insolvenzgericht **5.6**/2 ff.
Gerichtliches Mahnverfahren 4.3/688 ff.
Gerichtsstand allgemeiner **4.3**/12; bei Haustürgeschäften **4.3**/29c; bei Wechselklagen **4.3**/603; des Erfüllungsorts **4.3**/29; des Wohnsitzes **4.3**/13; vereinbarter **4.3**/38 ff.
Geringfügige Beschäftigung 7.21c/8; ESt **6.2**/3, 46
Geringwertige Wirtschaftsgüter 6.2/6; Bewertungsfreiheit **6.2b**/6.13
Gesamtgläubiger 4.1/428
Gesamthandsvermögen 4.1/719
Gesamtkostenverfahren Aufstellung der GuV **5.1**/275
Gesamtprokura 5.1/48
Gesamtschuldner als Mitbürge **4.1**/769; Leistungspflicht **4.1**/421
Gesamtversicherungsbeitrag zur Sozialversicherung **7.21b**/28e
Gesamtvollmacht 5.1/54
Gesamtwirtschaftliches Gleichgewicht 8.1/1, 4
Geschäftsanteil eG **5.4**/16, 19, 22; GmbH **5.3**/14 ff., 21 ff.; GmbH **5.3**/5, 14 ff., 23
Geschäftsbericht siehe Jahresabschluss und Lagebericht
Geschäftsbesorgung entgeltliche **4.1**/675; Vertrag zur G. **4.1**/662 ff.
Geschäftsbetrieb kaufmännischer **5.1**/2
Geschäftsbriefe Angaben bei GmbH **5.1**/125a; notwendige Angaben **5.1**/37a
Geschäftsbücher 5.1/238 ff.
Geschäftsfähigkeit 4.1/104 ff.
Geschäftsführung AG **5.2**/41, 76 ff., 111; bei der BGB – Gesellschaft **4.1**/709 ff.; eG **5.4**/24 ff.; GmbH **5.3**/6, 35 ff., 43; im Notfall **4.1**/680; KG **5.1**/164; KGaA **5.2**/278; OHG **5.1**/144 ff.; vor Eintragung der AG **5.2**/41
Geschäftsführung ohne Auftrag Herausgabe der Bereicherung **4.1**/684; Pflichten des Geschäftsführers **4.1**/677 ff.
Geschäftsgeheimnis Verrat von – **5.8**/17
Geschäftsguthaben eG **5.4**/22
Geschäftsjahr Dauer **5.1**/240
Geschäftsleitung siehe Geschäftsführung
Geschäftsnachfolger 5.1/25
Geschäftspapiere 5.1/257; Aufbewahrung **6.1**/147
Geschäftsübergang mit Firma **5.1**/22
Geschäftsunterlagen Aufbewahrung **6.1**/147
Geschäftswert s. Firmenwert

Geschäftszeit 5.1/358
Geschmacksverstärker 3.2/Anlage 7
Gesellschaft des bürgerlichen Rechts 4.1/705 ff.
Gesellschaft mit beschränkter Haftung Abstimmung **5.3**/47; Angaben auf Geschäftsbriefen **5.1**/125a; Anmeldung **5.3**/7 ff.; Auflösung **5.3**/60 ff.; Aufsichtsrat **5.3**/52; Auskunfts- und Einsichtsrecht **5.3**/51a; ausstehende Einlagen **5.3**/20, 42; Bilanz **5.3**/41 ff.; Buchhaltung **5.3**/41 ff.; Eintragung **5.3**/7, 9c, 10, 11; Einzahlung auf Stammeinlage **5.3**/19 ff.; Firma **5.3**/4; Geschäftsanteile **5.3**/14 ff.; Geschäftsführung **5.3**/6, 11, 35 ff., 43, 51a; Gesellschafter **5.3**/45 ff., 51a, 60; Gesellschafterdarlehen **5.3**/42; Gesellschafterversammlung **5.3**/48; Gesellschaftsvertrag **5.3**/2, 3; Gewinnverwendung **5.3**/29; Gründung **5.3**/1 ff.; Haftung **5.3**/11, 26 ff., 43; Haftung vor Eintragung **5.3**/11; Handelsbücher, ergänzende Vorschriften **5.3**/1/264 ff.; Insolvenzverfahren **5.3**/60; Jahresabschluss **5.3**/42; Liquidation **5.3**/60 ff.; Mitbestimmung in der GmbH **7.17**/1; Nachschusspflicht **5.3**/26 ff.; Rechtsverhältnisse der Gesellschafter **5.3**/13 ff.; Selbstkontrahieren **5.3**/35; Sitz **5.3**/4a; Stammeinlage **5.3**/3, 5, 14 ff.; Steuerpflicht **6.3**/2; Verjährung des Einlageanspruchs **5.3**/9; Vertretung **5.3**/35 ff.; Verzinsung ausstehender Einlagen **5.3**/20
Gesellschafter Ausscheiden bei OHG **5.1**/139, 140, 143; Ausscheiden bei Stiller Gesellschaft **5.1**/234; Haftung bei OHG **5.1**/128 ff.; Rechtsverhältnisse bei GmbH- **5.3**/1, 13 ff.; Tod des stillen – **5.1**/234
Gesellschafterversammlung 5.4/43 ff.; AG **5.2**/118 ff.; GmbH **5.3**/48
Gesellschaftsvermögen bei der BGB-Gesellschaft **4.1**/718; Haftung bei GmbH **5.3**/13
Gesellschaftsvertrag AG Satzung **5.2**/2, 23, 179, 181; eG Statut **5.4**/5 ff., 10 ff., 16, 19; GmbH **5.3**/2, 3; KG **5.1**/163; OHG **5.1**/109
Gesetzliche Krankenversicherung 7.21d/1 ff.; Beiträge 220, 241 ff., Gesundheitsfonds 220, 266, Krankengeld 44 ff., Leistungen 11 ff., Versicherungspflicht 5 ff.
Gesetzliche Krankenversicherung Leistungen **7.21a**/21
Gesetzliche Rentenversicherung Leistungen **7.21a**/23
Gesetzliche Rücklage 5.2/58, 150, 208, 230, 256
Gesetzliche Unfallversicherung Leistungen **7.21a**/22
Gesetzlicher Vertreter der Kapitalgesellschaften **5.1**/264; des Minderjährigen **4.1**/107
Gestattung 1.1/12
Gesundheitliche Betreuung Jugendlicher **7.18**/22 ff.
Gesundheitsfonds 7.21d/252(2); **7.21c**/28i
Gesundheitsschutz 3.1/5
Getränke 1.1/6, 19, 20; Alkoholische, an Jugendliche **1.11**/9

487

Stichwortverzeichnis

Getränkeverpackungen Begriffsbestimmung **8.5**/3, 8
Gewährleistung beim Pfandverkauf **4.3**/806; beim Werklieferungsvertrag **4.1**/651; beim Werkvertrag **4.1**/633 ff.
Gewerbeaufsichtsamt 1.7/14, 35
Gewerbebetrieb 1.7/1 ff.; **6.2**/ 4 ff., 15, 16, 35; Steuerpflicht **6.3**/2, 5, 7
Gewerbeertrag 6.3/7 ff.
Gewerbefreiheit 1.7/1, 35; **1.7**/1
Gewerbesteuer 6.1/3; **6.3**/1 ff.; Anrechnung auf die ESt **6.2**/35
Gewerbezentralregister 1.7/149
Gewerkschaft 7.1/2, 5; Vertreter im Aufsichtsrat **7.17**/16
Gewinn 5.1/264 ff.; durch Betriebsvermögensvergleich **6.2**/4, 5; ESt **6.2**/2
Gewinn- und Verlustrechnung 5.1/242 ff., 264 ff.; Gliederung **5.1**/ 275 ff.
Gewinn- und Verlustrechung Vorschriften zu einzelnen Posten der – **5.1**/277
Gewinnabführungsvertrag 5.2/291
Gewinnausschüttung ESt **6.2**/3, 20, 43
Gewinnbeteiligung Aufsichtsrat der AG **5.2**/113
Gewinnrücklage 5.1/272
Gewinnrücklagen 5.2/58, 152; Umwandlung in Grundkapital **5.2**/208
Gewinnverteilung AG **5.2**/58 ff., 174, 233; der BGB – Gesellschaft **4.1**/721; eG **5.4**/19 f.; GmbH **5.3**/29; KG **5.1**/167 ff.; Nichtigkeit bei AG **5.2**/252 ff.; OHG **5.1**/120 ff.; Stille Gesellschaft **5.1**/231 f.
Gewinnverwendung Bilanzausweis **5.1**/268
Gewinnzusagen 4.1/661a
Gläubiger Insolvenz **5.6**/14, 28, 38 ff., 152, 187, 307
Gläubigerschutz bei Auflösung der AG **5.2**/272; bei Kapitalherabsetzung der AG **5.2**/233
Gläubigerverzeichnis 5.6/152
Gläubigerverzug 4.1/293 ff.
Gleichberechtigung von Männern und Frauen **7.16**/80
Glücksspiel 1.7/33c ff.
Grenzsteuersatz ESt **6.2a**
Grobe Fahrlässigkeit bei der Leihe **4.1**/599; beim Annahmeverzug **4.1**/300
Größenklassen Größenabhängige Erleichterungen **5.1**/276; Kapitalgesellschaften **5.1**/267
Grundbuch Aufhebung eines Rechts **4.1**/875, 891; Eintragung der Hypothek **4.1**/873, 1113; Eintragung im Insolvenzverfahren **5.6**/32; öffentlicher Glaube **4.1**/892
Grunddienstbarkeit 4.1/1018
Grundfreibetrag 6.2/32a
Grundhöchstbetrag Sonderausgaben **6.2**/10
Grundkapital der AG **5.2**/1, 6, 7150
Grundkapitalerhöhung aus Gesellschaftsmitteln 207 ff.; bedingte**5.2**/192 ff.; gegen Einlagen **5.2**/182 ff.; genehmigte **5.2**/202 ff.

Grundkapitalherabsetzung 5.2/222 ff., 229 ff.
Grundpfandrechte 4.1/873 ff., 1113 ff.
Grundpreis 5.9a/2
Grundschuld 4.1/1191 ff.
Grundsicherung für Arbeitslose **7.21b**/4 ff.
Grundsteuer 6.1/3
Grundstücksrecht 4.1/873 ff.
Grundstücksvertrag 4.1/311b
Grundtabelle ESt **6.2**/32a; **6.2a**
Gründung AG **5.2**/2, 23 ff.; eG **5.4**/1 ff.; GmbH **5.3**/1 ff.
Gruppenarbeit Mitbestimmung des Betriebsrats **7.16**/87
Gutgläubiger Erwerb des Pfandrechts **4.1**/1207; durch Ersitzung **4.1**/937; vom Nichtberechtigten **4.1**/932

H

Haftpflichtversicherung Sonderausgaben **6.2**/10
Haftsumme eG **5.4**/119, 121
Haftung Aufsichtsrat der AG **5.2**/116; aus der Bürgschaft **4.1**/765 ff.; aus der Hypothek **4.1**/1113, aus unerlaubter Handlung **4.1**/823 ff.; bei Amtspflichtverletzung **4.1**/839; beim Lieferungsverzug **4.1**/287; beim Schuldnerverzug **4.1**/287; des Aufsichtspflichtigen **4.1**/832; des Gastwirts **4.1**/701 ff.; des Gebäudebesitzers **4.1**/837; des Gebäudeunterhaltungspflichtigen **4.1**/838; des Reiseveranstalters **4.1**/651h; des Schenkers 3,1/528; des Schuldners bei Gäubigerverzug **4.1**/300 ff.; des Tierhalters **4.1**/833; des Vertreters ohne Vertretungsmacht **4.1**/179; eG **5.4**/2, 23, 119, 121; Eintritt ins Geschäfts eines Einzelkaufmanns **5.1**/28; Erben bei Geschäftsfortführung **5.1**/27; Erwerber eines Handelsgeschäftes .**5.1**/25; Firmenfortführung **5.1**/25,27; für den Verrichtungsgehilfen **4.1**/831; GmbH **5.3**/26 ff., 43; Handelsmakler **5.1**/98; Insolvenzverwalter **5.6**/60; KGaA **5.2**/278; Kommanditist **5.1**/171 ff.; Kommanditist vor Eintragung **5.1**/176; Komplementär **5.1**/161; OHG-Gesellschafter **5.1**/120 ff.; OHG-Gesellschafter bei Ausscheiden **5.1**/160; Verbindlichkeiten der AG **5.2**/1; vor Eintragung der AG **5.2**/41; Vorstand der AG **5.2**/93
Haftungsverhältnisse Angabe in Bilanz **5.1**/268
Halbeinkünfteverfahren 6.2/3
Handel Preisangabe **5.9a**/4
Handelsbilanz Betriebsvermögen **6.2**/5; umgekehrte Maßgeblichkeit **6.2**/5
Handelsbräuche 5.1/346
Handelsbriefe Aufbewahrung **5.1**/238, 257; **6.1**/147
Handelsbücher 5.1/238 ff.; Aufbewahrung **5.1**/257; **6.1**/147
Handelsgeschäfte 5.1/ 343 ff.; allgemeine Vorschriften **5.1**/343 bis 372; einseitige **5.1**/345;

488

Stichwortverzeichnis

Gewohnheiten und Gebräuche **5.1**/346; Haftung **5.1**/347; Leistungszeit **5.1**/358 f.; Stillschweigen als Annahme **5.1**/362; Vermutung der Betriebszugehörigkeit von Geschäften **5.1**/344
Handelsgesellschaft GmbH **5.3**/13
Handelsgesellschaften 5.1/ 6, 105 bis 177a; AG **5.2**/3; KGaA **5.2**/278 ff.
Handelsgewerbe Begriff **5.1**/1
Handelskauf 5.1/373 bis 382; Annahmeverzug des Käufers **5.1**/373; Anzeige von Mängeln **5.1**/377 f.; Aufbewahrung der Ware **5.1**/379; Berechnung des Kaufpreises **5.1**/380; Bestimmung des Käufers, Bestimmungskauf **5.1**/375; Untersuchung der Ware **5.1**/377 f.
Handelsmakler 5.1/93 bis 104; Inkassovollmacht **5.1**/97; Maklerlohn **5.1**/99; Schlussnote **5.1**/94 f.
Handelsregister 5.1/5, 8 ff.; Anmeldung, Form **5.1**/12; Bekanntmachung **5.1**/10; Einsicht **5.1**/9; Eintragungen **5.1**/2 bis 5, 9,12, 28 bis 35, 53, 106, 143; Eintragungen AG **5.2**/36 ff., 81, 181, 184, 266, 273, 294; Führung **5.1**/8f; GmbH **5.3**/7, 10, 11; Insolvenz **5.1**/32; **5.6**/31; juristische Person **5.1**/33; Publizität **5.1**/15
Handelsvertreter 5.1/84 ff.; Pflichten des Unternehmers **5.1**/86a; Vollmachten **5.1**/55
Handlungsgehilfe 5.1/59 bis 75h; Wettbewerbsverbot **5.1**/60, 74, 75
Handlungslehrling 5.1/59 ff.
Handlungsvollmacht 5.1/54 ff.
Hauptversammlung AG **5.2**/101, 118 ff.; Satzungsänderung AG **5.2**/179
Haushaltsfreibetrag 6.2/2, 32
Haushaltshilfe 6.2/10
Haushaltsscheck z. Einzug der Sozialversicherungsbeiträge **7.21c**/28h
Haustürgeschäfte Widerrufsrecht **4.1**/312
Hebesatz Gewerbesteuer **6.3**/16
Heimarbeit von Jugendlichen **7.18**/1
Hektarertragsregelung 3.12/10
Hemmung der Verjährung 4.1/203 ff.
Herausgabeanspruch bei Bereicherung **4.1**/812 ff.; des Eigentümers vom Besitzer **4.1**/985 ff.
Herrschende Unternehmen 5.2/17
Hersteller 2.3/4; **2.4**/2
Herstellungskosten 6.2a/6; Bewertung in der Bilanz **5.1**/253, 255
Herstellungsvertrag 5.1/381
Hilfsbedürftigkeit 7.21b/9 f.
Hinterlegung als Sicherheitsleistung **4.1**/232 ff., 372 ff.; Annahmeverzug **5.1**/373 f.; Wirkung bei ausgeschlossener Rücknahme **4.1**/378
Hinzurechnungsbetrag LSt **6.2**/39a
Höchstarbeitszeit 7.10/3
Höchstbetrag Berufsausbildungskosten **6.2**/10; hauswirtschaftl. Beschäftigung **6.2**/10; Spenden **6.2**/10b; Vorsorgeaufwendungen **6.2**/10
Höchstmengenfestsetzung (Zusatzstoffe) 3.2/7
Höchstwertprinzip 5.1/253

Holschulden 4.1/269
Hotel- und Gaststättengewerbe Arbeitszeit für Jugendliche **7.18**/12
Hühnereier 2.5/3
Hypothek gesetzlicher Inhalt **4.1**/1113
Hypothekenforderung Pfändung einer H. **4.3**/830

I

Immaterielle Anlagegüter ESt **6.2**/5
Immaterieller Schaden 4.1/253
Immisssionen 8.3/3
Immobilienmakler 5.1/93
Imparitätsprinzip 5.1/252
Indossament Namensaktie **5.2**/68
Industrie- und Handelskammern 5.5/1 ff.
Infektionsschutz 2.1
Ingangsetzung Abschreibung der Aufwendungen für- **5.1**/282; Aufwendungen für- **5.1**/269
Inhaberaktien 5.2/10, 24
Inhaberpapier Kraftloserklärung **4.1**/799
Inkassovollmacht des Handelsmaklers **5.1**/97
Insichgeschäft 4.1/181
Insolvenz Vorkaufsrecht **4.1**/471
Insolvenzverfahren 5.6/1 ff.; Absonderung **5.6**/49 ff.; Abweisung mangels Masse **5.6**/26; AG **5.2**/92, 262; Anfechtung **5.6**/129 ff.; Aussonderung **5.6**/47; Einstellung des Verfahrens **5.6**/207 ff.; Eintragung im Handelsregister **5.1**/32; Eintragung im Register **5.6**/31; Eröffnung des Insolvenzverfahrens **5.6**/11 ff.; GmbH **5.3**/60; Insolvenzforderung **5.6**/174 ff.; Insolvenzgericht **5.6**/2ff.; Insolvenzgläubiger **5.6**/14, 28, 38 ff., 152, 187, 307; Insolvenzmasse **5.6**/26, 35 ff., 100, 148 ff., 151, 207; Insolvenzverwalter **5.6**/22, 56 ff., 60, 80; Massegläubiger **5.6**/53, 209; Masseverbindlichkeiten **5.6**/55; OHG-Auflösung **5.1**/131; Schuldenbereinigungsplan **5.6**/304 ff.; Stille Gesellschaft **5.1**/236; Verbraucherinsolvenzverfahren **5.6**/304 ff.; Vermögensübersicht **5.6**/153; Verteilung **5.6**/187 ff.
Insolvenzwaren 5.8/6
Inventar 5.1/ 240 f.; Aufbewahrung **6.1**/147
Inventur ESt **6.2b**/5.3
Inventurvereinfachungsverfahren 5.1/241
Irreführende Werbung 5.8/3
Irrtum 4.1/119 ff.
Istkaufmann 5.1/1

J

Jahresabschluss 5.1/242 ff., 264 ff.; AG **5.2**/150 ff., 170 ff., 270; Ansatzvorschriften **5.1**/246 ff.; Bewertungsgrundsätze **5.1**/252; Gliederung **5.1**/265; GmbH **5.3**/42; Kapitalgesellschaften **5.1**/264 bis 288; Nichtigkeit **5.2**/253, 256, 258; Pflicht zur Aufstellung **5.1**/264; Vorschriften für alle Kaufleute **5.1**/242 bis 256

489

Stichwortverzeichnis

Jahreswirtschaftsbericht der Bundesregierung 8.1/2
Jubiläumsverkäufe 5.8/7
Jugendhilfe 7.21a/8, 27
Jugendlicher 1.11/1; i.Sinne des JArbSchG 7.18/2
Jugendvertretung Errichtung und Aufgaben 7.16/1 f., 60 ff., 80; im Betriebsrat 7.16/60 – 71, 80; Zusammensetzung 7.16/62 ff.
Juristische Person 4.1/21 ff.; Eintragung ins Handelsregister 5.1/33; Genossenschaft 5.4/17; GmbH 5.3/13

K

Kaduzierung 5.3/21
Kannkaufmann 5.1/2 f.
Kapital genehmigtes 5.2/202 ff.; gezeichnetes 5.2/152
Kapitalabfindung als Schadensersatz 4.1/843
Kapitalerhöhung aus Gesellschaftsmitteln 5.2/207 ff.; bedingte – bei AG 5.2/192 ff.; gegen Einlagen 5.2/182 ff.; genehmigte – 5.2/202 ff.
Kapitalertragsteuer 6.2/43 ff.
Kapitalgesellschaft AG 5.2/1 ff.; Bewertungsvorschriften 5.1/279 ff.; größenabhängige Erleichterungen bei Bilanzierung 5.1/274a; größenabhängige Erleichterungen bei GuV 5.1/276; größenabhängige Erleichterungen beim Anhang 5.1/288; Größenklassen 5.1/267; Handelsbücher, ergänzende Vorschr. 5.1/264 bis 335; Jahresabschluss, Lagebericht 5.1/264 bis 288; KGaA 5.2/278 ff.; kleine 5.1/267, 276; Lagebericht 5.1/289
Kapitalherabsetzung AG 5.2/222 ff.
Kapitalrücklage 5.1/270, 272; AG 5.2/150, 152, 208
Kapitalvermögen Einkünfte aus – 6.2/2, 9a, 20, 43 f.; Werbungskostenpauschbetrag 6.2/9a
Kartell 5.7/1 ff.
Kartellbehörde 5.7/48 ff.
Kartellbeschlüsse 5.7/1 ff.
Kartellverbot 5.7/1; Freistellung 5.7/10, 12
Kartellvereinbarungen 5.7/1 ff.
Kassenbuch 6.1/146
Kauf bürgerlicher 4.1/433 ff.; Handelskauf 5.1/373 ff.
Kauf auf Probe Billigungsfrist 4.1/455;
Kauf bricht nicht Miete 4.1/566
Kaufleute siehe Kaufmann
Kaufmann 5.1/1 ff.; Aufbewahrung von Unterlagen 5.1/257; Firma 5.1/17 ff.; Führung von Handelsbüchern 5.1/238 ff.; Geschäftsbriefe 5.1/37a; Insolvenz 5.1/32
Kaufmännisches Hilfsgewerbe Handelsmakler 5.1/93 ff.; Handelsvertreter 5.1/84 ff.; Kommissionär 5.1/383 ff.
Kaufmannsgehilfe 5.1/59 ff.
Kaufvertrag bürgerlicher 4.1/433 ff.; Handelskauf 5.1/373 ff.; Kosten der Übergabe 4.1/448;

Rechte des Käufers bei Mängeln 4.1/437 ff.; Rechtsmangel 4.1/435; Sachmangel 4.1/434; Übergabe der Kaufsache 4.1/433, 446 ff.; vertragstypische Pflichten 4.1/433; Zustandekommen des Kaufs auf Probe 4.1/454 f.
Kenntlichmachung (Zusatzstoffe) 3.2/9
Kilometergeld ESt 6.2/4; 9
Kind ESt 6.2/31, 32; i. Sinne des JArbSchG 7.18/2
Kinder- und Jugendhilfe 7.21a/27
Kinderbetreuungskosten 6.2/3, 31, 32, 33c
Kinderfreibetrag 6.2/31, 32; LStTabelle 6.2e
Kindergeld 6.2/3, 31, 62 ff.; 7.21a/25
Kinderzulage Altersvorsorge 6.2/85
Kirchensteuer Abzug als Sonderausgaben 6.2/10; LSt-Tabelle 6.2e
Klage Gerichtsstand 4.3/12 ff.; beim Arbeitsgericht 7.15/1 ff.; Einreichung von Schriftsätzen 4.3/496; Landgericht 4.3/253 ff.
Klageerwiderung 4.3/277
Klageschrift 4.3/253 ff.
Kleinunternehmen USt 6.4/19; 6.4a/65
Kommanditgesellschaft 5.1/161 ff.; Angaben auf Geschäftsbriefen 5.1/177a; Anmeldung 5.1/162; auf Aktien 5.2/278 ff.; auf Aktien Handelsbücher, ergänzende Vorschr. 5.1/264 bis 335; Auflösung 5.1/177; Ausscheiden eines Kommanditisten 5.1/162; Ausschließung eines Gesellschafters 5.1/140; Einkünfte 6.2/15; Einlagen 5.1/167, 171, 172; Eintritt eines Kommanditisten 5.1/162; Firma 5.1/19; Geschäftsführung 5.1/164; Gewinn und Verlust 5.1/167 ff.; Haftung der Kommanditisten 5.1/161, 171, 173; Haftung der Komplementäre 5.1/161; Haftung vor Eintragung 5.1/176; Kontrollrecht des Kommanditisten 5.1/166; Rechtsverhältnisse der Gesellschafter untereinander 5.1/163 bis 169; Tod eines Kommanditisten 5.1/177; Überschuldung 5.1/177a; Vertretung durch Kommanditisten 5.1/170; Zahlungsunfähigkeit 5.1/177a
Kommanditist 5.1/28, 161 ff.
Kommissionär 5.1/383 ff. s. Kommissionsgeschäft
Kommissionsgeschäft 5.1/383 ff.; Pflichten des Kommissionärs 5.1/384 ff.; Schadenersatz 5.1/385
Kommittent 5.1/383 ff. siehe Kommissionsgeschäft
Komplementär 5.1/161 siehe Kommanditgesellschaft
Konditionenkartell 5.7/2
Konjunkturausgleichsrücklage 8.1/5 ff.
Konjunkturrat 8.1/18
Konkurrenzverbot siehe Wettbewerbsverbot; Vorstand AG 5.2/88
Konservierungsstoffe 3.2/Anlage 7
Kontrollrecht KG 5.1/166; OHG 5.1/118; Stille Gesellschaft 5.1/233
Konzern 5.2/15 ff., 18, 291 ff.
Konzertierte Aktion 8.1/3

Stichwortverzeichnis

Konzession 1.1/2
Kosten der Übergabe beim Kaufvertrag 4.1/448
Kraftfahrzeug private Nutzung 6.2/6
Kraftfahrzeugkosten ESt 6.2/4, 9
Krankengeld ESt 6.2/2
Krankenversicherungsbeiträge Sonderausgaben 6.2/10
Kredit Preisangabe 5.9a/6
Kreditgefährdung 4.1/824
Kreditinstitute s. Banken
Kundenwerbung progressive 5.8/6c
Kündigung BGB-Gesellschaft 4.1/723; eines Genossen 5.4/65; OHG-Gesellschafter 5.1/132; Stille Gesellschafter 5.1/234
Kündigung eines Arbeitsverhältnisses Änderungskündigung 7.3/2; Betriebsratsmitglieder mit wichtigem Grund 7.16/103; des Wahlvorstands 7.3/15; eines Betriebsrats 7.3/15; in Arbeitskämpfen 7.3/25
Kündigungsfrist gesetzliche eines Arbeitsverhältnisses 4.1/622 ff.
Kündigungsschutz 7.3/1 ff.; bei Einberufung zum Wehrdienst 7.5/1 ff.; während der Schwangerschaft 7.19/9; zum Ende der Elternzeit 7.12/19
Kurzarbeit Zulässigkeit 7.3/19
Kurzarbeitergeld ESt 6.2/3

L

Ladenangestellter 5.1/56
Ladenschlusszeiten 1.12/3 ff.
Ladenvollmacht 5.1/56
Lagebericht bei Auflösung der AG 5.2/270; Kapitalgesellschaften 5.1/264 ff., 289
Lagergeld 5.1/354
Land- und Forstwirtschaft 5.1/3; Arbeitszeit für Jugendliche 7.18/12; Besteuerung 6.2/2, 13; 6.4/24
Landesarbeitsgericht 7.15/1
Landwein 3.11/22; 3.12/2
Lebensmittel 3.1/2
Lebensmittelhygiene 3.3/1 ff.
Lebensmittelkennzeichnung 3.4/1 ff.
Lebensversicherung Beiträge als Sonderausgaben 6.2/10; Direktversicherung 6.2/40b; Kapitalerstragsteuer 6.2/20, 43a
Leihe 4.1/598 ff.; Rückgabepflicht des Entleihers 4.1/604
Leistung Preisangabe 5.9a/3
Leistungsgegenstand 5.1/360
Leistungsort 4.1/269
Leistungszeit 4.1/271; beim Handelsgeschäft 5.1/358 f.
Leitungsmacht 5.2/308
Letztverbraucher 5.8/6a; Preisangabe 5.9/1; 5.9a/1 ff.
Lieferung USt 6.4/1
Lieferungsverzug 4.1/286 ff.

Lieferzeit 4.1/271; beim Handelsgeschäft 5.1/358
Lifo-Verfahren Bewertung EStG 6.2/6
Liquidation AG 5.2/262; der BGB – Gesellschaft 4.1/726 ff.; eG 5.4/78 ff.; GmbH 5.3/60 ff.
Liquidatoren Anmeldepflicht 5.1/34, 35
Lohnfortzahlung (s. auch Entgeltfortzahlung); 4.1/616; 7.8/1 ff.; Ersatzanspruch gegen die gesetzl. Krankenkasse 7.9/10 ff.
Lohnkonto 6.2/41; 6.2d/4
Lohnsteuer 6.24/38 ff.
Lohnsteuerjahresausgleich 6.2/42b
Lohnsteuerkarte 6.2/39
Lohnsteuerklassen 6.2/38b
Lohnsteuerpauschalierung 6.2/40a ff.
Lohnsteuertabelle 6.2e
Löschung einer Firma 5.1/31
Lotterie 4.1/763
Lotterien im Gastgewerbe 1.7/33h
Luftreinhaltepläne 8.3/44
Luftverunreinigung Überwachung 8.3/44; Verkehrsbeschränkung wegen L. 8.3/40

M

Mahnbescheid 4.3/692, 703a; Widerspruchsrecht 4.3/694
Mahnung 5.1/373 ff.
Mahnverfahren gerichtliches 4.3/688 ff.
Makler 5.1/93 ff.
Mangel Aufbewahrungspflicht 5.1/379; Gewährleistung beim Pfandverkauf 4.3/806; Untersuchungs- und Rügepflicht 5.1/377
Mängelansprüche aus Kaufvertrag Minderung 4.1/441; Nacherfüllung 4.1/439; Rücktritt 4.1/440; Verjährung 4.1/438
Mängelrüge beim Handelskauf 5.1/377
Marktanteil bei Marktbeherrschung 5.7/19 ff.
Marktbeherrschung 5.7/19 ff.
Masse Abweisung mangels – 5.6/26; Einstellung mangels – 5.6/207; Insolvenz – 5.6/26, 35ff., 100, 148 ff., 151, 207
Massegläubiger 5.6/53, 209
Masseverbindlichkeiten 5.6/55
Maßgeblichkeit der Handelsbilanz für die Steuerbilanz 6.2/5
Maßregelungsverbot beim Arbeitsvertrag 4.1/612a
Mehrarbeit Verbot für werdende Mütter 7.19/8
Mehraufwendungen für Verpflegung 6.2/4, 9, 10
Mehrheitsbesitz 5.2/16
Mehrstimmrechtsaktie 5.2/12, 152
Mehrwegverpackungen Begriffsbestimmung 8.5/3
Meldegesetz 1.13/1 ff.
Meldepflicht bei Beginn sozialvers.pfl. Tätigkeit 7.21c/28a
Meldepflicht in Beherbergungsstätten 1.13/16
Miete Einkünfte 6.2/21

491

Stichwortverzeichnis

Mietvertrag Fälligkeit der Miete **4.1**/556b; Hauptpflichten **4.1**/535 ff.; Kündigung **4.1**/568 ff.; Mietminderung **4.1**/536; Untervermietung **4.1**/553
Minderjähriger Arbeitsverhältnis **4.1**/113; selbständiger Geschäftsbetrieb **4.1**/112 f.; unerlaubte Handlung **4.1**/828; Wohnsitz **4.1**/8
Minderung bei mangelhafter Lieferung **4.1**/441; beim Werkvertrag **4.1**/638
Mindestbesteuerung 6.2/2
Mindesthaltbarkeitsdatum 3.4/7
Mindestnennbetrag Aktien **5.2**/7, 8; GmbH **5.3**/5
Mineralstoffe 3.5/Anlage
Mineralwasser 2.2/1 ff.
Ministererlaubnis Unternehmenszusammenschluss **5.7**/8, 42
Missbrauch einer Firma **5.1**/37; einer marktbeherrschenden Stellung **5.7**/19
Missbrauchsaufsicht Kartelle **5.7**/12,16
Mitbesitz 4.1/866
Mitbestimmung 7.16/74 ff.; bei Kündigung **7.16**/102 f.; in personellen Angelegenheiten **7.16**/99 ff.; in sozialen Angelegenheiten **7.16**/87 ff.; in wirtschaftlichen Angelegenheiten **7.16**/106 ff.; Zuständigkeit vor dem Arbeitsgericht **7.15**/2a
Miteigentum 4.1/1008 f.
Mitgliedsbeiträge ESt **6.2**/10b
Mitteilungspflicht bei Beteiligungen der AG **5.2**/20, 21; einer Schwangerschaft **7.19**/5
Mittelbarer Besitz 4.1/868
Mittelstandskartell 5.7/4
Mitverschulden 4.1/254
Mitwirkung der Arbeitnehmer 7.16/74 ff.
Monatslohn LSt-Tabelle **6.2e**
Monopolkommission 5.7/44 ff.
Mutterschaftsgeld 7.12/7; ESt **6.2**/3
Mutterschutz 7.19/1 ff.
Mutterunternehmen 5.1/271

N

Nacherfüllung bei mangelhafter Lieferung **4.1**/439
Nachlass Handelsgeschäft im **5.1**/27
Nachschusspflicht eG **5.4**/105; GmbH **5.3**/26 ff., 42
Nachtarbeit Verbot für werdende Mütter **7.19**/8
Nachtarbeitszuschläge ESt **6.2**/3b
Nachtruhe für Jugendliche **7.18**/14
Nährwertkennzeichnung 3.5/1 ff.
Name(Firma) 1.7/15a
Namensaktie 5.2/10, 24, 55, 67, 68
Natürliche Personen 4.1/1 ff.
Nebenberuf ehrenamtliche Tätigkeit **6.2**/3
Nebeneinkünfte 6.2/46
Nebengewerbe Land- und Forstwirtschaft **5.1**/3
Nebenleistungen im Gaststättengewerbe **1.1**/7
Nebenverpflichtung der Aktionäre **5.2**/55

Negative Einkünfte s.a. *Verlust*; Verlustzuweisungsgesellschaften **6.2**/2b
Negative Publizität des Handelsregisters **5.1**/15
Nettogewicht 5.1/380
Nichtabzugsfähige Ausgaben 6.2/4, 12
Nichtigkeit der eG **5.4**/78 ff.
Nichtigkeit des Vertrags wegen Formmangel **4.1**/125; wegen Geschäftsunfähigkeit **4.1**/105; wegen Verstoß gegen ein gesetzliches Verbot **4.1**/134
Nichtigkeit des Wettbewerbsverbots **5.1**/74 f.; Jahresabschluss **5.2**/256
Nichtraucherschutz 1.10/5
Nichtselbständige Arbeit s.a. *Arbeitnehmer*; ESt **6.2**/1, 2, 19, 38 ff., 46
Nichtvertretbare Sachen 5.1/381
Niederstwertprinzip 5.1/253
Nießbrauch 4.1/1030, 1068
Normenkartell 5.7/2
Notarielle Beurkundung Ersatz der Schriftform **4.1**/126 ff.; Verträge über Grundstücke **4.1**/311b
Notstand 4.1/228; **4.1**/904
Notverkauf 5.1/373, 379
Notwehr 4.1/227
Nutzungen Begriff **4.1**/100
Nutzungsdauer 6.2/7 f.

O

Oechslegrade 3.12/17
Offene Handelsgesellschaft 5.1/105 bis 160; Anmeldungspflicht **5.1**/106, 143; Auflösung **5.1**/131, 133, 140, 143; Aufwendungen des Gesellschafters **5.1**/110; Ausscheiden eines Gesellschafters **5.1**/131 ff.; Ausschließung eines Gesellschafters **5.1**/140; ausstehende Einlagen **5.1**/111; Beschlussfassung **5.1**/119; Bilanz **5.1**/120; Einkünfte **6.2**/15; Einlagen **5.1**/121; Einwendungen des OHG-Gesellschafter **5.1**/129; Errichtung **5.1**/105 ff.; Firma **5.1**/19, 107; Fortsetzung mit den Erben **5.1**/139; Geschäftsbeginn vor Eintragung **5.1**/123; Geschäftsführung **5.1**/114 bis 118; Geschäftsführer **5.1**/109 ff.; Gesellschaftsvertrag **5.1**/109 ff.; Gewinnanteil der Gesellschafter **5.1**/120 ff.; Haftung der Gesellschafter **5.1**/128 ff.; Haftung der Gesellschafter bei Ausscheiden **5.1**/160; Insolvenzverfahren eines Gesellschafters **5.1**/131; Kapitalanteil der Gesellschafter **5.1**/120 ff.; Kontrollrecht der Gesellschafter **5.1**/118; Kündigung **5.1**/131, 132; Parteifähigkeit **5.1**/124; Pflichten der Gesellschafter **5.1**/111 bis 114; Prokurist **5.1**/116, 125; Rechte der Gesellschafter **5.1**/111 bis 122; Rechts- und Parteifähigkeit **5.1**/124; Rechtsverh. der Gesellschafter untereinander **5.1**/109 bis 122; Rechtsverh. der Gesellschafter zu Dritten **5.1**/123 bis 130; Tod eines Gesellschafters **5.1**/131; Überschuldung **5.1**/130a; Verjährung

Stichwortverzeichnis

der Ansprüche aus Wettbewerbsverbot **5.1**/113; Verjährung der Ansprüche gegen OHG-Gesellschafter; Vertretung der Gesellschaft **5.1**/ 125; Verzinsung ausstehender Einlagen **5.1**/ 111; Wettbewerbsverbot **5.1**/112 f.; Zahlungsunfähigkeit **5.1**/130a; Zeichnung der Gesellschafter **5.1**/108; Zwangsvollstreckung **5.1**/124, 129
Offenlegung des Jahresabschlusses **5.1**/328
Öffentliche Beglaubigung 4.1/129
Öffentliche Versteigerung 4.1/1235 ff.; beim Handelskauf **5.1**/373, 379; eines Pfandes **4.1**/ 1235; GmbH-Geschäftsanteil **5.3**/23
Öffentlicher Glaube des Grundbuchs **4.1**/892; Handelsregister **5.1**/15
Öffentlichkeit Handelsregister **5.1**/9 f.
Orderpapiere Hinterlegung zur Sicherheit **4.1**/ 234
Ordnungswidrigkeit des Handelns bei unzulässigem Firmengebrauch **5.1**/37
Ort im Firmenrecht **5.1**/30
Ortsgebrauch 5.1/59, 94

P

Pacht Einkünfte **6.2**/21; vertragstypische Pflichten **4.1**/581
Parteifähigkeit der OHG **5.1**/124; im arbeitsgerichtlichen Verfahren **7.15**/10; im gerichtlichen Streitverfahren **4.3**/50 ff.
Parteispenden Sonderausgaben **6.2**/10b
Passiva 5.1/266 ff.
Passives Wahlrecht zum Betriebsrat **7.16**/8; zur Jugendvertretung **7.16**/61
Pauschalierung Lohnsteuer **6.2**/ 40a ff.
Pauschbetrag 6.2/ 4, 9, 9a, 10c, 39a; Verpflegungsmehraufwand **6.2**/4; Werbungskosten **6.2**/9a
Pendlerpauschale 6.2/4, 9
Pensionsrückstellungen 5.1/249; Steuerbilanz **6.2**/6a
Personalakte Einsicht in die P. **7.16**/83
Personalfragebogen 7.16/94
Personalplanung Unterrichtspflicht des Arbeitgebers **7.16**/92
Personen juristische **4.1**/21 ff.; natürliche **4.1**/ 1 ff.; Steuerpflicht **6.2**/1
Personenbezogene Daten 8.2/3; Berichtigung und Sperrung **8.2**/20; Schadenersatz bei unrichtiger Verarbeitung **8.2**/7, 8; Widerspruchsrecht **8.2**/20; Zweckbindung **8.2**/39
Personengesellschaften KG **5.1**/161; OHG **5.1**/ 105 ff., Steuerpflicht **6.2**/1, 15; Stille Gesellschaft **5.1**/230
Persönlich haftender Gesellschafter KG **5.1**/ 161
Pfänderhebungspflicht für Verpackungen **8.5**/ 8 ff.

Pfandrecht an beweglichen Sachen **4.1**/1204 ff.; Bestellung durch Übergabe **4.1**/1205; des Gastwirts **4.1**/704
Pfändung in das bewegliche Vermögen **4.3**/803; Unpfändbarkeit bei Insolvenz **5.6**/36
Pfändungsschutz Arbeitseinkommen **4.3**/ 850c ff., Anlage Pfändungstabelle; unpfändbare Sachen **4.3**/811
Pfandverkauf bei drohendem Verderb **4.1**/ 1219
Pflegegeld ESt **6.2**/3
Pflegeversicherung ESt **6.2**(3, 10, 22
Pflichten Aktionär **5.2**/54 f.; Angestellter **5.1**/ 59; Angestellter **5.8**/17; Arbeitgeber **5.1**/62; Aufsichtsrat der AG **5.2**/111 ff.; Geschäftsführer GmbH **5.3**/35, 43, 51a; Gesellschafter GmbH **5.3**/26 ff., 46; Handelsvertreter **5.1**/86; Insolvenzverwalter **5.6**/60 ff.; Kommissionär **5.1**/ 384; Prinzipal **5.1**/62; Unternehmer gegenüber Handelsvertreter **5.1**/86a; Vorstand AG **5.2**/ 76 ff., 92, 93; Vorstand eG **5.4**/24 ff.
Pflichtwidrigkeit der Gesellschafter **5.1**/133
Postsperre Insolvenzverfahren **5.6**/99
Prädikatswein 3.11/20
Praktikant Jugendarbeitsschutz **7.18**/1
Preisangaben 5.9/1 f.; **5.9a**/1 ff.; Elektrizität, Gas, Fernwärme, Wasser **5.9**/3; Gaststätten **5.9a**/7; Handel **5.9**/4; Tankstellen **5.9a**/8
Preisauszeichnung Wesentliche Getränke **5.9b**
Preisbindung Verlagserzeugnisse **5.7**/15
Preisempfehlung 5.7/23
Preisgaberecht (Abandon) **5.3**/27
Preisklauseln 5.9/ 2
Privatvermögen Veräußerung **6.2**/23
Probennahme 3.1/43
Produkthaftung 2.3/1 ff.
Produktsicherheit 2.4
Progressionsvorbehalt 6.2/32b, 46
Prokura 5.1/48 bis 53
Provision Handelsgeschäfte **5.1**/65, 87,354; Handelsvertreter **5.1**/87, 87a, 87b; Handlungsgehilfe **5.1**/65
Prozess Klage vor dem Landgericht **4.3**/253 ff.; Revision **4.3**/545 ff.; Scheckprozess **4.3**/605a; Urkundenprozess **4.3**/592 ff.; Urteil **4.3**/300 ff.; Wechselprozess **4.3**/592 ff.
Prozessfähigkeit 4.3/50 ff.
Prüfer AG **5.2**/119, 258
Prüfung AG **5.2**/ 33, 111, 170 ff.; durch Finanzbehörden **6.1**/193; eG **5.4**/53 ff.
Prüfung i.d. Berufsausbildung Anrechnung auf die Arbeitszeit **7.18**/10
Prüfungsverband eG **5.4**/54 f.
Publizität Handelsregister **5.1**/15

Q

Qualität Gattungsschuld **5.1**/360
Qualitätsschaumwein 3.11/19

Stichwortverzeichnis

Qualitätswein b. A. 3.11/17
Qualitätswein mit Prädikat s. Prädikatswein
Quittung 4.1/368 ff.

R

Ratenlieferungsvertrag 4.1/505 ff.
Rationalisierungskartell 5.7/5
Rauchen 1.1/10
Räume 1.10/2 ff.
Räumungsverkauf 5.8/8
Realkonzession 1.1/24
Reallasten gesetzlicher Inhalt 4.1/1105
Realsteuer 6.1/3
Rechnungen USt 6.4/14; USt 6.4a/31 ff.
Rechnungsabgrenzung 5.1/250, 266, 268; Steuerbilanz 6.2/5
Rechnungszinsfuß Pensionsverpflichtungen 6.2/6a
Rechte der Aktionäre 5.2/58, 60, 118 ff.; der Hauptversammlung 5.2/118 ff.; des Aufsichtsrats 5.2/111 ff.; Gesellschafter GmbH 5.3/45 ff.
Rechtsfähigkeit 4.1/1; OHG 5.1/124
Rechtsgeschäfte 4.1/104 ff.; Anfechtbarkeit 4.1/119 ff.; einseitige – 4.1/111; Formvorschriften 4.1/126 ff.; Nichtigkeit 4.1/105, 125, 134, 138
Rechtsmangel 4.1/435
Rechtsmittel 4.3/511 ff.
Refaktie 5.1/380
Register AG Handelsregister 5.2/36 ff., 81, 181; Eintragung des Schuldners bei Insolvenz 5.6/31; Genossenschaftsregister 5.4/10 ff., 16, 29; GmbH Handelsregister 5.3/7, 10 ff.; Handelsregister 5.1/8 ff., 28 ff., 53. 106, 143; Kartellregister 5.7/9
Reisekosten ESt 6.2/3, 4
Reisender 5.1/84
Reisevertrag 4.1/651a ff.; 4.2/4 ff.; Gelegenheitsreiseveranstalter 4.2/7; Haftungsbeschränkung 4.1/651h; Kündigung wegen Mangels 4.1/651e; Prospektangaben 4.2/4; Reisebestätigung 4.2/6; Rücktritt 6.51i f.; Schadensersatz 4.1/651 f.; Unterrichtung vor Beginn der Reise 4.2/8; Unterrichtung vor Vertragsschluss 4.2/5; vertragstypische Pflichten 4.1/651a
Rente als Schadensersatz 4.1/843
Renten ESt 6.2/3, 9, 10, 22,
Rentenversicherung Beiträge als Sonderausgaben 6.2/10
Restschuldbefreiung Insolvenzverfahren 5.6/286 ff.
Restwert nach AfA 6.2/7 f.
Revision 4.3/545 ff.; vor dem Bundesarbeitsgericht 6.10/72
Risikostrukturausgleich 7.21d/266
Rücklagen freie 5.2/58; für eigene Aktien 5.2/158 ff.; für eigene Anteile 5.1/266, 272; gesetzliche 5.2/58, 150 ff., 207 f., 230, 256; Gewinnrücklagen 5.1/266, 272 f.; 5.2/58, 86, 150 ff., 174, 207 f., 230, 233 f., 256; Kapitalrücklagen 5.1/266, 272 f.; 5.2/150 ff., 207 f., 230 ff., 256
Rücknahmepflicht von Abfällen 8.4/13
Rückstellung ESt 6.2/4, 5, 6, 6a
Rückstellungen 5.1/249, 266, 285
Rücktritt bei mangelhafter Lieferung 4.1/440; bei unwahrer Werbung 5.8/13a; Fixhandelskauf 5.1/376; vom gegenseitigen Vertrag 4.1/323 ff.; wegen nicht vertragsgemäß erbrachter Leistung 4.1/323; Wirkung 4.1/346 ff.
Rückzahlung GmbH Stammkapital 5.3/30
Rügepflicht 5.1/377
Ruhepause 7.10/4 f.; für Jugendliche 7.18/11

S

Sachbezüge in der Sozialversicherung 7.22/1 ff.
Sachdarlehensvertrag Entgelt 4.1/609; Kündigung 4.1/608; vertragstypische Pflichten 4.1/607
Sache Begriff 4.1/90
Sacheinlagen AG 5.2/27, 31, 36a, 183 f., 205; GmbH 5.3/9
Sachen verbrauchbare 4.1/92; vertretbare 4.1/91
Sachgründung AG 5.2/27, 31
Sachmangel Begriff 4.1/434; Nacherfüllung 4.1/439; beim Werkvertrag 4.1/633 ff.; Rechte des Käufers 4.1/437
Sachverständige Beweis durch S. 4.3/402 ff.
Saisonschlussverkauf 5.8/7
Sammelverwahrung (Sammeldepot) 4.1/700
Samstage Abgabetermin einer Willenserklärung 4.1/193
Samstagsruhe für Jugendliche 7.18/16
Satzung AG 5.2/ 2, 23,179,181; eG 5.4/ 5 ff., 10, 16, 19; GmbH 5.3/2, 3
Satzungsänderung AG 5.2/179, 181; eG 5.4/16
Schadenersatz 2.4/5 ff.; Art und Umfang 4.1/249 ff.; bei Anfechtung einer Willenserklärung 4.1/122; bei Einwirkungen zur Abwehr eines Notstandes 4.1/904; bei Gebäudeeinsturz 4.1/836; bei unerlaubter Handlung 4.1/823 ff.; bei unlauterem Wettbewerb 5.8/13, 14; bei Unmöglichkeit der Leistung 4.1/283; bei unzulässiger Datenverarbeitung 8.2/7 f.; Bestimmungskauf 5.1/375; des Vertreters ohne Vertretungsmacht 4.1/179; entgangener Gewinn 4.1/252; Fixhandelskauf 5.1/376; nach Fristsetzung 4.1/250; nach Umfang des Mitverschuldens 4.1/254; statt der Leistung 4.1/281; unzulässiger Firmengebrauch 5.1/37; wegen Geschäftsgeheimnissen 5.8/17; wegen Pflichtverletzung 4.1/280; wegen Verletzung der Pflicht aus dem Schuldverhältnis 4.1/286 ff.; Wettbewerbsbeschränkung 5.7/33
Schankanlagen 2.4/2
Schankgefäße s. Ausschankmaße
Schätzung Besteuerungsgrundlage 6.1/162
Schaumwein 3.13/1 ff.

Stichwortverzeichnis

Scheingeschäft 4.1/117
Scheinselbständigkeit 7.21c/7
Schenkung Begriff 4.1/516 ff.; Formvorschrift des Schenkungsversprechens 4.1/518
Schichtarbeit 7.10/6
Schickschulden 4.1/270
Schiedsspruch in Arbeitsstreitigkeiten 7.15/101 ff.
Schikaneverbot 4.1/226
Schlechtwettergeld Progressionsvorbehalt 6.2/32b
Schlussnote Handelsmakler 5.1/94
Schlussverkäufe 5.8/7
Schneeballsystem 5.8/6c
Schriftform Berufsausbildungsvertrag 7.2/4; Bürgschaftsvertrag 5.1/350; des Bürgschaftsversprechens 4.1/766; des Rechtsgeschäfts 4.1/126; gesetzliche vorgeschriebene 4.1/126
Schuldanerkenntnis handelsrechtlich 5.1/350
Schulden Steuerbilanz 6.2/6
Schuldenbereinigungsplan 5.6/305 ff.
Schuldner Insolvenzverfahren 5.6/28
Schuldnerverzeichnis 4.3/915
Schuldnerverzug 4.1/286 ff.
Schuldschein kaufmännisch 5.1/344; Rückgabe 4.1/371
Schuldverhältnis Auftrag 4.1/662; aus Verträgen 4.1/311 ff.; Bürgschaft 4.1/765 ff.; Darlehensvertrag 4.1/607 ff.; Dienstvertrag 4.1/113, 611 ff.; Erfüllung 4.1/362 ff.; Gesellschaftsvertrag 4.1/705 ff.; Handelskauf 5.1/373 ff.; Kaufvertrag 4.1/433 ff.; Leihvertrag 4.1/598 ff.; Mietvertrag 4.1/535 ff.; Pachtvertrag 4.1/581 ff.; Pflichten aus dem – 4.1/241 ff.; Reisevertrag 4.1/651a; Schenkungsvertrag 4.1/516; Spiel 4.1/762; Tauschvertrag 4.1/580; Werklieferungsvertrag 4.1/651; Werkvertrag 4.1/631 ff.; Wette 4.1/762
Schuldzinsen Betriebsausgaben 6.2/4
Schutz der Beschäftigten vor Benachteiligung 7.4/6 ff.
Schwangerschaft Mitteilungspflicht 7.19/5
Schwarzarbeit 7.14/1 ff.
Schweigen als Annahme 5.1/362; als Genehmigung der Ware 5.1/377
Sekt 3.13/5
Selbständige Arbeit ESt 6.2/15, 18
Selbstanzeige Steuerhinterziehung 6.1/371
Selbsthilfe 4.1/229; gegen verbotene Eigenmacht 4.1/859
Selbsthilfeverkauf 4.1/383; 5.1/373, 379
Selbstkontrahierung 4.1/181; 5.3/35
Selbstschuldnerische Bürgschaft 4.1/773; 5.1/349
Sexuelle Belästigung am Arbeitsplatz 7.4/3(4)
Sicherheitsleistung 4.1/232 ff.
Sicherungsmaßnahmen Insolvenzverfahren 5.6/21
Sicherungsübereignung 4.1/930

Sittenwidrige Schädigung Schadensersatz 4.1/826
Sittenwidriges Rechtsgeschäft Nichtigkeit 4.1/138
Solidaritätszuschlag 6.2a; 6.2f/1 ff.; LSt-Tabelle 6.2e
Sonderangebot 5.8/7
Sonderausgaben 6.2/10 ff., 39a
Sonderprüfer AG 5.2/258 f.
Sonderveranstaltungen 5.8/7
Sonderverkauf Ausverkauf 5.8/8; Jubiläumsverkauf 5.8/7; Resteverkauf 5.8/8; Schlussverkauf 5.8/7
Sonn- und Feiertagsarbeit ESt 6.2/3b
Sonnabend als Termin für die Abgabe einer Willenserklärung 4.1/193
Sonntag Abgabetermin einer Willensnerklärung 4.1/193
Sonntagsruhe 7.10/9; für Jugendliche 7.18/17
Sonstige Einkünfte 6.2/21, 22
Sorgfalt in eigenen Angelegenheiten 4.1/277
Sorgfaltspflicht Aufsichtsrat AG 5.2/116; ordentlicher Kaufmann 5.1/347; Vorstand AG 5.2/93
Sozial ungerechtfertigte Kündigung eines Arbeitsverhältnisses 7.3/1
Soziale Pflegeversicherung Leistungen 7.21a/21
Sozialgeld 7.21b/28
Sozialgesetzbuch Aufgaben 7.21a/1
Sozialhilfe 7.21a/9, 28
Sozialleistungen Progressionsvorbehalt 6.2/32b
Sozialpartner 7.1/1 ff.
Sozialplan 7.16/112; Insolvenzverfahren 5.6/123
Sozialversicherung Beiträge als Sonderausgaben 6.2/10; Leistungen 6.2/3; versicherter Personenkreis 7.21b/2
Sparer-Pauschbetrag 6.2/20
Spediteur siehe Speditionsgeschäft
Spekulationsgeschäft 6.2/22, 23
Spenden Sonderausgaben 6.2/10b
Sperrzeit 1.1/8;
Spezialisierungskartell 5.7/3
Spezifikationskauf 5.1/375
Spiel 4.1/762 f.
Spielbanken 1.7/33h
Spiele 1.9/4 ff.; 1.7/33c, e
Spielgeräte 1.9/1 – 3a, 6 ff.; 1.7/33c, e
Spielhallen 1.7/33i; 1.11/6
Spirituosen 3.14/1; Brandy 4e, Branntwein 4d, Gin 4m, Likör 4r, Obstbrand 4i, Rum 4a, Trester („Grappa") 4f, Weinbrand 4e, Whisky 4b, Wodka 4q; 3.15/1 ff.
Splittingtabelle 6.2a
Splittingverfahren 6.2/32a
Stabilität des Wirtschaftswachtums 8.1/1 ff.
Stammeinlage GmbH 5.3/5, 14 f., 19, 20
Stammkapital GmbH 5.3/5, 24, 30

495

Stichwortverzeichnis

Standardtarif i.d. gesetzl. Krankenvers. **7.21d/** 315(2)
Statut eG **5.4/**5 ff., 10, 16, 19
Stellvertretungserlaubnis 1.1/9
Steuer Einkommensteuer **6.2/** 1 ff.; Gewerbesteuer **6.3/**1 ff.; Kapitalertragsteuer **6.2/**43 ff.; Lohnsteuer **6.2/**38; Realsteuer **6.1/**3; Umsatzsteuer **6.4/**1 ff.
Steuerabgrenzung 5.1/274
Steueraufsicht 6.1/210
Steueraufwand Bilanzposten **5.1/**274
Steuerbefreiung ESt **6.2/**2, 3b, 20; Existenzminimum **6.2/**31
Steuerbescheid 6.1/155 ff.
Steuerbilanz Bewertung **6.2/**6
Steuererklärung 6.1/149 ff.; ESt **6.2/**25 ff.
Steuerfahndung 6.1/ 208; **6.1/**208, 210
Steuerfestsetzung 6.1/155, 164
Steuergeheimnis 6.1/30 f.; Schutz von Bankkunden **6.1/** 208
Steuerkarte LSt **6.2/**39
Steuerklasse LSt-Tabelle **6.2e**
Steuerklassen LSt **6.2/**38b
Steuermessbetrag Gewerbesteuer **6.3/**11, 14
Steuermesszahl Gewerbesteuer **6.3/** 11
Steuern 6.1/1 ff.; in Gewinn- und Verlustrechnung **5.1/**278; steuerrechtliche Vorschriften **5.1/** 281
Steuersatz ESt **6.2/**32a; **6.2a;** Umsatzsteuer **6.4/** 12, 23, 24
Steuertarif ESt **6.2/**32a
Stille Gesellschaft 5.1/ 230 bis 236; Einlagen **5.1/**232
Stillschweigen als Annahme **5.1/**362; als Genehmigung der Ware **5.1/**370
Stimmrecht Aktie **5.2/**12, 133 ff., 139; Depot **5.2/**135; eG **5.4/**43; GmbH **5.3/**47; Insolvenzgläubiger **5.6/**77
Störung der Geschäftsgrundlage 4.1/313
Straftaten Insolvenz- **5.6/**297
Strafvorschriften für unbefugte Datenspeicherung **8.2/**43; Steuerhinterziehung **6.1/**370; Verstoß Wettbewerbsvorschriften **5.8/** 4 ff.
Straußwirtschaft 1.1/14
Strukturkrisenkartell 5.7/6
Stückaktie 5.2/8; Kapitalerhöhung aus Gesellschaftsmitteln **5.2/**207
Stückzinsen ESt **6.2/**20, 43, 43a
Süßung von Wein 3.12/16
Süßungsmittel 3.2/4

T

Tafelgeschäfte Zinsabschlag **6.2/**43a, 44
Tafelwasser 2.2/10 ff.
Tafelwein 3.12/1
Tankstellen Preisangabe **5.9/**8
Tantieme Aufsichtsrat **5.2/**113; eG Aufsichtsrat **5.4/** 36; Vorstand **5.2/**86

Tanzveranstaltungen 1.7/33b; **1.11/**5
Taragewicht 5.1/380
Tarif ESt **6.2/**32a
Tarifgebundenheit 7.1/3
Tarifregister 7.1/6
Tarifvertrag 7.1/1 ff.; Allgemeinverbindlichkeit **7.1** /5; Förderung von Teilzeitarbeit **7.7/**6; Regelungen der Arbeitszeit **7.10/**7
Taschengeldparagraf 4.1/110
Tätigkeitsverbot 2.1/42
Tausch 4.1/480
Täuschung zur Abgabe einer Willenserklärung **4.1/**123
Teilbare Leistung Erfüllung **4.1/**420
Teilhafter Kommanditgesellschaft **5.1/**161 ff.
Teilleistung 4.1/266
Teilwert ESt **6.2b/**6.3; Steuerbilanz **6.2/**6, 7
Teilzahlungsgeschäfte zwischen Unternehmer und Verbraucher **4.1/**501 f.
Teilzeitarbeit 7.7/2, 6 ff.
Teilzeitbeschäftigung ESt **6.2/**3
Termine 4.1/187 ff.
Textform eines Rechtsgeschäfts **4.1/**126b
Tiere keine Sache **4.1/**90a
Tochterunternehmen 5.1/271
Transportkosten 4.1/448
Transportverpackungen Begriffsbestimmung **8.5/**3; Rücknahmepflicht **8.5/**4
Treu und Glauben Auslegung von Verträgen **4.1/**157; bei der Erbringung von Leistungen **4.1/** 242
Trinkgelder ESt **6.2/**3
Trinkwasser 2.2/11; **3.2/**6a
Typenkartell 5.7/2

U

Übergabe zur Bestellung des Pfandrechts **4.1/** 1205
Überkreuzverflechtung AG **5.2/**100
Übernahme Handelsgeschäft **5.1/**22
Überschuldung AG **5.2/**92; Insolvenzverfahren **5.1/**130a; Insolvenzverfahren **5.6/**19; KG **5.1/** 177a; OHG **5.1/**130a
Überschussrechnung ESt **6.2/**2, 4, 8, 9
Übertragung einer Forderung **4.1/**398 ff.; GmbH Geschäftsanteil **5.3/** 15 f.; Namensaktien **5.2/**68
Überziehungskredit 4.1/493
Umgekehrte Maßgeblichkeit Steuerbilanz **6.2/** 5
Umlaufvermögen Bilanzposten **5.1/**266; ESt **6.2b/**6.1; Steuerbilanz **6.2/**6; Wertansatz **5.1/** 253
Umsatz USt **6.4/** 1 ff.
Umsatzkostenverfahren Aufstellung der Gewinn- und Verlustrechnung **5.1/**275
Umsatzsteuer 6.4/ 1 ff.; **6.4a/** 63 ff.; Handelsvertreter **5.1/**87b; Rechnung **6.4a/** 31 ff.; steuerbare Umsätze **6.4/** 1 ff.; Steuersätze **6.4/**12, 23,

Stichwortverzeichnis

24; Unternehmen **6.4/** 2; Vorsteuerabzug **6.4/** 15
Umsatzsteuerbefreiung 6.4/4
Umverpackungen Begriffsbestimmung **8.5/3**; Rücknahmepflicht **8.5/5**
Umweltschutz 8.3/1 ff.; betrieblicher **7.16/89**; durch Abfallwirtschaft **8.5/**1 ff.; Genehmigung von Anlagen **8.3/**4 ff.; Genehmigung von Fahrzeugen **8.3/**38 ff.
Unbestellte Leistungen 4.1/241a
Unerlaubte Handlung 4.1/823 ff.; Mittäter und Beteiligte **4.1/830**
Unfallverhütung 7.16/80, 87
Unfallversicherung Beiträge als Sonderausgaben **6.2/10**; Leistungen **6.2/3**; Lohnsteuerpauschalierung **6.2/40b**
Ungerechtfertigte Bereicherung 4.1/812 ff.
Unlauterer Wettbewerb 5.8/1 ff.
Unmöglichkeit der Leistung Ausschluss der Leistungspflicht **4.1/275**
Unselbständigkeit s. Nichtselbständig, Arbeitnehmer
Unsicherheitseinrede 4.1/321
Unterlassungsanspruch bei unlauterem Wettbewerb **5.8/**1, 13
Unternehmen abhängige- **5.2/17**; Anzeige bei Zusammenschluss **5.7/** 39; Anzeige über Eröffnung **6.1/138**; gewerbliches **5.1/2**; herrschende – **5.2/** 17; in Mehrheitsbesitz **5.2/16**; verbundene – **5.2/** 15; verbundene **5.1/271**; wechselseitig verbundene – **5.2/19**
Unternehmensverträge 5.2/291 ff.
Unternehmer Begriff **4.1/14**; Pflichten gegenüber Handelsvertreter **5.1/**86a; USt **6.4/**2
Unterrichtungsnachweis 1.1/4; **1.2**
Unterschrift Zeichnung **5.1/**12, 35
Unverbindliche Preisempfehlung 5.7/23
Unverzüglich 4.1/121
Unvollkommene Verbindlichkeit 4.1/762 ff.
Urkunde Auslieferungspflicht **4.1/402**
Urlaub f. Jugendliche **7.18/**19; Mitbestimmung des Betriebsrats **7.16/87**
Urlaubsanspruch 7.11/1 ff.
Urlaubsdauer 7.11/3
Urlaubsentgelt 7.11/11
Urlaubserkrankung 7.11/9
Urteil vollstreckbares Endurteil **4.3/704**; Endurteil des Gerichts **4.3/**300 ff.; Versäumnisurteil **4.3/**330 ff.

V

Veranlagung ESt **6.2/**25 ff.
Veräußerungsgeschäfte private **6.2/**3, 23
Verbindlichkeit Ausweis in der Bilanz **5.1/266**; Masseverbindlichkeit **5.6/55**
Verbotene Eigenmacht 4.1/858 f.
Verbraucher im Sinne des Lebensmittelgesetzes **3.1/6**; im Sinne des BGB **4.1/13**

Verbraucherdarlehensvertrag 4.1/491 ff.; bei Widerruf des Verbrauchervertrags **4.1/**358 f.; Formvorschrift **4.1/492**; Gültigkeit für Existenzgründer **4.1/507**; Rückgaberecht **4.1/503**; Überziehungskredit **4.1/493**; Verzugszinsen **4.1/497**; Widerrufsrecht **4.1/495**
Verbraucherschutz 5.9a/ 1 ff.
Verbrauchervertrag Rückgaberecht **4.1/**356 ff.; Widerrrufsrecht **4.1/**355 ff.
Verbrauchsdatum 3.4/7a
Verbrauchsgüterkauf 4.1/474 ff.; **4.1/**474 ff.
Verbundene Unternehmen 5.2/15 ff., 291 ff.
Verein Auflösung **4.1/41**; nichtrechtsfähiger **4.1/54**; nichtwirtschaftlicher **4.1/**21 ff.; Vertretung **4.1/26**; Vorstand **4.1/26**
Vereinbarte Form durch Rechtsgeschäft – **4.1/** 127
Vereine Kaufmannseigenschaften **5.1/6**
Verflechtung von Unternehmen **5.2/**15, 100, 291 ff.
Vergleichende Werbung 5.8/2
Vergütung Aufsichtsratsmitglieder **5.2/113**; Handlungsgehilfe **5.1/64**
Verhandlung mündliche **4.3/**128 ff.
Verjährung Ansprüche der OHG aus Wettbewerbsverbot **5.1/113**; Ansprüche des Prinzipals aus Wettbewerbsverbot **5.1/61**; Ansprüche gegen frühere Geschäftsinhaber **5.1/26**; Ansprüche gegen OHG-Gesellschafter aus Verbindlichkeiten **5.1/**159, 160; Beginn und Höchstfristen **4.1/**199 ff.; der Mängelansprüche aus Kaufvertrag **4.1/438**; der Mängelansprüche aus Werkvertrag **4.1/634a**; Ersatzpflicht aus unerlaubter Handlung **4.1/852**; Fristen **4.1/**195 ff.; Gegenstand und Dauer **4.1/**194 ff.; Hemmung **4.1/**203 ff.; Hemmung und Neubeginn **4.1/** 204 ff.; Steuerschulden **6.1/**228 ff.; Wirkung **4.1/**214 ff.; Wirkung der Hemmung – **4.1/** 209 ff.; Zulässigkeit von Vereinbarungen **4.1/** 202
Verkaufsstelle 1.12/1
Verkaufsverpackungen Rücknahmepflicht **8.5/** 6
Verkehrsbeschränkung wegen Luftverunreinigung **8.3/40**
Verlegung Handelsniederlassung **5.1/31**
Verleumdung 5.8/15
Verlust aus privaten Veräußerungsgeschäften **6.2/23**; aus schwebenden Geschäften **6.2/5**
Verlustausgleich ESt **6.2/**2, 23
Verlustrücktrag ESt **6.2/23**
Verlustvortrag ESt **6.2/23**
Verlustzuweisungsgesellschaften 6.2/2b
Vermietung Einkünfte aus – **6.2/**2, 21
Vermögen (s.a. Bewertung Jahresabschluss); **5.1/266**; **6.2/6**; ESt **6.2b/6.1**
Vermögen zur gesamten Hand 4.1/718 f.
Vermögensbildung der Arbeitnehmer 7.13/ 1 ff.

497

Stichwortverzeichnis

Vermögensübersicht Insolvenzverfahren **5.6/** 153
Vermögensvergleich s. *Betriebsvermögensvergleich*
Vermögenswirksame Leistungen 7.13/1 ff.; Anlageformen **7.13/**2 ff.
Verpachtung Einkünfte aus – **6.2/**2, 21
Verpackung beim Handelskauf **5.1/**380
Verpackungen Anforderungen an V. **8.5/**12
Verpackungsabfälle Vermeidung und Verwertung **8.5/**1
Verpfändung als Sicherheitsleistung **4.1/**232 ff.
Verpflegungsmehraufwand ESt **6.2/**4. 9, 10
Verrat Geschäfts- und Betriebsgeheimnisse **5.8/** 17 f.
Versandverpackung 5.1/380
Versäumnisurteil 4.3/330 f.
Verschulden 4.1/276 ff.
Versendungskauf Gefahrübergang **4.1/**447; Übergabe- und Versandkosten **4.1/**448
Versicherungsberechtigte in der Sozialversicherung **7.21c/**2
Versicherungsfreiheit i.d. ges. Krankenvers. **6.21d/**6
Versicherungspflicht 7.21d/5; für alle Nichtversicherten **7.21d/**5(13)
Versicherungspflicht in der Sozialversicherung **7.21c/**2
Versicherungszweige der Sozialversicherung **7.21c/**1
Verspätungszuschläge Steuerzahlung **6.1/**3, 152
Versteigerung s. *auch Auktion;* des Pfandes bei drohendem Verderb **4.1/**1219; im Falle des Annahmeverzugs **4.1/**383 f.; im Falle des Gläubigerverzugs **4.1/**383 f.; Selbsthilfeverkauf **5.1/**373, 379; Vertragsschluss bei der V. **4.1/** 156; zum Pfandverkauf **4.1/**1235
Verteilung Insolvenz **5.6/**187
Vertikalvereinbarungen Wettbewerbsbeschränkung **5.7/**14
Vertrag Ausbildungsvertrag **7.2/**10 ff.; Beherrschungsvertrag **5.2/**291; Einrede des nichterfüllten V. **4.1/**320 ff.; Erfüllung bei Handelsgeschäft **5.1/**358 ff.; Handelsvertreter **5.1/**84 ff.; Rücktritt bei unwahrer Werbung **5.8/** 13a; Tarifvertrag **7.1/**1 ff.; Wirkung des Rücktritts **4.1/** 346 ff.
Vertragserfüllung aus mehreren Schuldverhältnissen **4.1/**366
Vertragsstrafe Handelsgeschäft **5.1/**348
Vertretbare Sachen 4.1/91
Vertreter beschränkt geschäftsfähiger V. **4.1/** 165; Wirkungen seiner Erklärung **4.1/**164 ff.
Vertreterversammlung eG **5.4/**43a
Vertretung AG **5.2/**78, 81, 112; bei der Abgabe von Willenserklärungen **4.1/**164 ff.; der BGB – Gesellschaft **4.1/**714; eG **5.4/**25 ff.; GmbH **5.3/**35 ff.; KG **5.1/**170; OHG **5.1/**125 ff.; ohne Vertretungsmacht **4.1/**177 ff.

Verwahrung vertragstypische Pflichten **4.1/** 688 ff.
Verwandtschaft 4.1/1629 ff.
Verzug des Gläubigers **4.1/**293 ff.; des Schuldners **4.1/**286 ff.; Käufer beim Handelskauf **5.1/** 373 ff.
Verzugszinsen 4.1/288; **5.1/**352; **5.3/**20
Vinkulierte Namensaktien 5.2/55, 68
Vitamine 3.5/Anlage
Vollhafter 5.1/128 f., 161
Volljährigkeit 4.1/2
Vollmacht 5.1/ 48 ff.; Wirkung der Erklärung des Vertreters **4.1/**164 ff.
Vollstreckungsbescheid 4.3/699
Vollstreckungsklausel 4.3/725
Vorausklage Einrede der V. des Bürgen **5.1/** 349
Vorkaufsrecht bei Zwangsvollstreckung oder Insolvenz **4.1/**471; gesetzlicher Inhalt **4.1/**1094
Vorläufige Erlaubnis 1.1/11
Vormundschaft 4.1/1773 ff.
Vorschuss Zinsen **5.1/**354
Vorstand der AG 5.2/76 ff.; Amtszeit **5.2/**30, 84; Änderung **5.2/**81; Auskunftspflicht **5.2/**131 f.; Bezüge **5.2/**87; Einberufung der Hauptversammlung **5.2/**121; Entlastung **5.2/**119, 120; erster – **5.2/**30; Feststellung des Jahresabschlusses **5.2/**172, 256; Geschäftsführung **5.2/**77; Haftung **5.2/**93; Unvereinbarkeit der Zugehörigkeit **5.2/**105; Wettbewerbsverbot **5.2/**88
Vorstand des Vereins **4.1/**26; eG **5.4/**9, 24 ff.; Eintragung im Handelsregister **5.1/**33
Vorsteuerabzug 6.2/9b, 12; **6.4/**15
Vorzugsaktien 5.2/11, 12, 139, 140

W

Wachstum der Wirtschaft Stabilität **8.1/**1 ff.
Wahl der Jugendvertretung **7.16/**60 ff.; des Betriebsrats **7.16/**7 ff.
Wahlanfechtung der Betriebsratswahl **7.16/**19
Wahltarife i.d. gesetzl. Krankenvers. **7.21d/**53
Warenausgang Aufzeichnung **6.1/**144
Wareneingang Aufzeichnung **6.1/**143
Wechselmahnbescheid 4.3/703a
Wechselprozess 4.3/602
Wein 3.11/1 ff.
Weinanbaugebiete 3.11/3
Weinbrand 3.14/1; **3.15/**1 ff.
Werbung irreführende **5.8/**3, 13a; progressive Kunden- **5.8/**6c; strafbare **5.8/**4; unwahre **5.8/** 13a; vergleichende **5.8/**2
Werbungskosten ESt **6.2/**9, 9a, 20
Werklieferungsvertrag 5.1/381
Werkvertrag 4.1/631 ff.; Minderung **4.1/**638; Rechte des Bestellers bei Mängeln **4.1/**634; Sach-und Rechtsmängel **4.1/**633 ff.; Selbstvornahme zur Beseitigung eines Mangels **4.1/**637;

498

Stichwortverzeichnis

Verjährung des Mangelanspruchs **4.1**/634a; vertragstypische Pflichten **4.1**/631
Wertaufholungsgebot 5.1/280; nach außergewöhnlicher AfA **6.2**/7
Wertminderung Steuerbilanz **6.2**/6
Wertpapiere 5.1/381; ESt **6.2**/20, 43a; ESt **6.2**/3, 20, 43 ff.; private Veräußerungsgeschäfte **6.2**/23; zur Hinterlegung geeignete W. **4.1**/234; zur Sicherheitsleistung **4.1**/234
Wertverzehr s. *Abschreibung, Absetzung für Abnutzung*
Wesentliche Bestandteile eines Grundstücks oder Gebäudes **4.1**/94 f.
Wettbewerb 5.7/1 ff.; unlauterer **5.8**/1 ff.
Wettbewerbsbeschränkung 5.7/1 ff.
Wettbewerbsregeln 5.7/24 ff.
Wettbewerbsverbot Handlungsgehilfe **5.1**/60, 61, 74, 75; Kommanditist **5.1**/165; Persönlich haftender Gesellschafter **5.1**/112; Vorstand der AG **5.2**/88
Wette 4.1/762
Wichtiger Grund zur fristlosen Kündigung eines Dienstverhältnisses **4.1**/626
Widerrechtliche Drohung 4.1/123 f.
Widerruf Prokura **5.1**/52
Widerspruchsrecht Kommanditist **5.1**/164
Wiederkauf 4.1/456 ff.
Willenserklärung Formvorschriften **4.1**/126 ff.; geheimer Vorbehalt **4.1**/116; gesetzliches Verbot **4.1**/134; Mangel der Ernstlichkeit **4.1**/118; Nichtigkeit **4.1**/105; Wirksamwerden gegenüber Abwesenden **4.1**/130
Winterausfallgeld 7.21a/19
Wirtschaftsausschuss 7.16/106 ff.
Wirtschaftsgut geringwertiges **6.2**/6; immaterielles **6.2**/5
Wohngeld 7.21a/7, 26
Wohnung Abschreibung **6.2**/7; Veräußerung **6.2**/23; Verwendung als Altersvorsorge **6.2**/92a
Wucher 4.1/138

Z

Zahlungsort 4.1/270
Zahlungsunfähigkeit 5.1/130a; **5.4**/98 ff.; AG **5.2**/92; Insolvenzverfahren **5.6**/17 ff.
Zahlungsverzug 5.1/352
Zeichnungsschein neue Aktien **5.2**/185
Zeugnis 1.7/109; nach Beendigung der Berufsausbildung **7.2**/16; Pflicht zur Zeugniserteilung **4.1**/630
Zinsabschlagsteuer 6.2/43 ff.
Zinssatz gesetzlicher **4.1**/246
Zinsen Besteuerung **6.2**/ 4, 20, 43; effektiver Jahreszins **5.9a**/6; für Fremdkapital in Anhang der Bilanz **5.1**/284; Gesellschaftereinlage **5.1**/111; gesetzlicher Zinssatz **4.1**/246 ff.; **5.1**/352; handelrechtlich **5.1**/352; 353; Verzugszinsen **5.3**/20; während des Gläubigerverzugs **4.1**/301; Zinseszinsen **4.1**/248; Zinssatz bei Verzug von Geldschulden **4.1**/288; Zwischenzinsen **4.1**/272
Zinseszinsen 4.1/248; Handelsgeschäfte **5.1**/353
Zivilprozess 4.3/1 ff.
Zubehör 4.1/97
Zubehörwaren/-leistungen 1.1/7
Züchtigungsverbot des Arbeitgebers **7.18**/31
Zukunftssicherung ESt **6.2**/10
Zumutbarkeit, zur Arbeitsaufnahme **7.21b**/10
Zurückbehaltungsrecht bis zur Erbringung der Gegenleistung **4.1**/273; Kaufmännisches **5.1**/369
Zusammenschluss Unternehmen **5.7**/37 ff.
Zusammenschlusskontrolle 5.7/35 ff.
Zusammenveranlagung 6.2/ 26 ff., 32a
Zusatzbeitrag i.d. gesetzl. Krankenvers. **7.21d**/242(1)
Zusatzstoffe 3.1/2; **3.2**/1 ff.
Zuschlagsatz Solidaritätszuschlag **6.2f**/4
Zustellung durch den Gerichtsvollzieher **4.3**/192; Gerichtssachen **4.3**/166 ff.; öffentliche **4.3**/185; von gerichtlichen Schriftstücken **4.3**/166 ff.
Zustellungsurkunde 4.3/182
Zustimmung Dritter zu Rechtsgeschäften **4.1**/182
Zutaten 3.4/5 ff.
Zwangsgeld Anmeldung zum Handelsregister **5.1**/14; bei unkorrekten Geschäftsbriefen **5.1**/37a
Zwangshypothek 4.3/867 f.
Zwangsvollstreckung 4.3/704 ff.; Einwendungen gegen Z. **4.3**/766; Erklärungspflicht des Drittschuldners **4.3**/840; gegen OHG **5.1**/124; gegen OHG-Gesellschafter **5.1**/129; in das bewegliche Vermögen **4.3**/803 ff.; in das Grundstück **4.3**/866 ff.; in das unbewegliche Vermögen **4.3**/864 ff.; in Forderungen **4.3**/828 ff.; Quittung durch den Gerichtsvollzieher **4.3**/757; Vorkaufsrecht **4.1**/471
Zweigniederlassung Eintragung Handelsregister **5.1**/15; Firmenrecht **5.1**/30
Zwischenprüfung Berufsschule **7.2**/48
Zwischenschein 5.2/8, 10, 68
Zwischenzinsen 4.1/272